o islã clássico

COLEÇÃO PERSPECTIVAS

Direção: J. Guinsburg
Edição de texto: Claudio Cesar Santoro
Revisão: Marcio Honorio de Godoy e Adriano Carvalho A. Sousa
Projeto gráfico e capa: Sergio Kon
Produção: Ricardo Neves e Sergio Kon

o islã clássico

itinerários de uma cultura

Rosalie Helena de Souza Pereira
(organização)

PERSPECTIVA

Dados Internacionais de Catalogação na Publicação (CIP)
(Câmara Brasileira do Livro, SP, Brasil)

O Islã clássico : itinerários de uma cultura / Rosalie Helena de Souza Pereira, (organização) – São Paulo : Perspectiva, 2007. – (Perspectivas)

Bibliografia
ISBN 978-85-273-0778-9

1. Civilização islâmica 2. Cultura 3. Islã – História 4. Islamismo – História I. Pereira, Rosalie Helena de Souza. II. Série.

07-0903 CDD-297

Índices para catálogo sistemático:

1. Islã : Cultura islâmica 297

[PPD]

EDITORA PERSPECTIVA LTDA.

av. Brigadeiro Luís Antônio, 3025
01401-000 São Paulo SP Brasil

telefax: (11) 3885-8388
www.editoraperspectiva.com.br
editora@editoraperspectiva.com.br

2020

Sumário

Parte I:
Língua e Poesia

1. Josep Puig Montada
A Língua Árabe [51]

2. Aida Ramezá Hanania
O Patrimônio Literário Pré-Islâmico
e sua Repercussão na Cultura Árabe [69]

Parte II:
Teologia e Filosofia

3. Jamil Ibrahim Iskandar
Al-Qur'ān*: O* Corão*, o Livro Divino dos Muçulmanos* [97]

4. Şinasi Gündüz
O Problema da Identificação de Ahl al-Kitāb
(Povo do Livro) nas Antigas Fontes Islâmicas [129]

5. Tadeu Mazzola Verza
Kalām*: A Escolástica Islâmica* [149]

6. Rafael Ramón Guerrero
Al-Ġazālī: A Defesa do Islã Sunita [177]

Parte III: Direito e Política

7. Juan Martos Quesada
O Direito Islâmico Medieval (Fiqh) [213]

8. Massimo Campanini
O Pensamento Político Islâmico Medieval [247]

Parte IV: Filosofia e Ciência

9. Rafael Ramón Guerrero
Al-Fārābī: O Filósofo e a Felicidade [287]

10. Rosalie Helena de Souza Pereira
A Concepção de Profecia em Avicena (Ibn Sīnā) [329]

11. Rosalie Helena de Souza Pereira
A Arte Médica de Avicena e a Teoria Hipocrática dos Humores [379]

12. Joaquín Lomba Fuentes
Avempace (Ibn Bājjah), Primeiro Comentador de Aristóteles no Ocidente [411]

13. Josep Puig Montada
Averróis (Ibn Rušd) [455]

Parte V:
Mística

14. Edrisi Fernandes
Šihāb al-Dīn Suhrawardī al-Maqtūl [517]

15. Edrisi Fernandes
Mullā Ṣadrā [565]

16. Beatriz Machado
Mulheres de Luz [593]

17. Pablo Beneito Arias
"Invocai-me e vos Responderei"
A Resposta Divina no Sufismo [635]

18. Pablo Beneito Arias
A Arca da Criação: O Motivo do Markab *no Sufismo*
(ou a Arca da Ascensão em Ibn ᶜArabī) [665]

Parte VI:
Presença

19. Nachman Falbel
O Kalām *e sua Influência no Pensamento*
de Saᶜadia ben Joseph al-Fayyūmī [703]

20. Cecilia Cintra Cavaleiro de Macedo
Salomão Ibn Gabirol (Avicebron) [745]

21. Victor Pallejà de Bustinza
A Influência de Ibn ᶜArabī e do Islã em Raimundo Lúlio,
segundo Miguel Asín Palacios:
"História e Crítica de uma Polêmica" [793]

22. Helmi Nasr
A Escatologia Islâmica na Divina Comédia [831]

[...] cada qual considera bárbaro o que não se pratica em sua terra. E é natural, porque só podemos julgar da verdade e da razão de ser das coisas pelo exemplo e pela idéia dos usos e costumes do país em que vivemos. Neste, a religião é sempre a melhor, a administração excelente, e tudo o mais, perfeito.

Montaigne, *Essais* I, 31.

Colaboram neste Livro

AIDA RAMEZÁ HANANIA é Professora Titular de Cultura Árabe do Departamento de Letras Orientais da FFLCH-USP e autora de *A Caligrafia Árabe*. São Paulo: Martins Fontes, 2000, e da tradução direta do original árabe da obra de Averróis, *Discurso Decisivo*. São Paulo: Martins Fontes, 2005. Como membro das associações internacionais, Société Internationale d'Histoire de Science et de la Philosophie Arabes et Islamiques (SISPHAI), Asociación Latinoamericana de Estudios Afroasiáticos (ALADAA), Fédération Internationale des Professeurs de Français (FIPF), participou de vários seminários e entrevistas com figuras proeminentes de estudiosos árabes e orientalistas, estas publicadas pela *Revista de Estudos Árabes*, editada pelo Centro de Estudos Árabes da FFLCH-USP entre 1993 e 1995.

BEATRIZ MACHADO é Mestre e doutoranda em História da Filosofia na Universidade de São Paulo-FFLCH e autora do livro *Sentidos do Caleidoscópio* – uma leitura da Mística a partir de Muḥyiddīn Ibn ᶜArabī. São Paulo: Ed. Humanitas, 2004.

CECILIA CINTRA CAVALEIRO DE MACEDO é Mestre em Filosofia (PUC-Campinas) e Doutora em Ciências da Religião (PUC-SP) com tese sobre a Metafísica e a Mística em Schlomo Ibn Gabirol (Avicebron). Atualmente leciona Metafísica e Filosofia Medieval no Centro Universitário São Camilo e é professora convidada da Pós-Graduação em Ciências da Religião da PUC-SP. Estudiosa de Mística e Metafísica Medieval Islâmica e Judaica, participou de congressos e publicou diversos artigos em revistas especializadas.

EDRISI FERNANDES é médico e Mestre em filosofia pela UFRN, além de possuir algumas pós-graduações em medicina, com passagem por universidades no Japão (Okayama) e na Bélgica (Bruxelas). Pesquisador e docente ligado à base de pesquisa "Metafísica e Tradição" na UFRN, é filiado a diversas associações acadêmicas nacionais e internacionais, tais como a Sociedade Brasileira de Estudos Clássicos, a Sociedade Brasileira de Platonistas, a Associação Brasileira de Estudos Medievais, a Société Internationale pour l'Étude de la Philosophie Médiévale, a

Muḥyiddīn Ibn ᶜArabī Society e a Sadrâ Philosophy Research International. Tem apresentado e publicado diversos trabalhos no campo do pensamento místico e filosófico, tendo escrito um livro sobre o pensamento poético-filosófico-místico de ᶜAbd al-Raḥmān al-Jāmī, no prelo.

HELMI NASR obteve o seu doutorado na Sorbonne e defendeu sua livre-docência na FFLCH-USP em 1973. É Professor Catedrático de Língua Árabe do Departamento de Letras Orientais da FFLCH-USP. Foi fundador do curso oficial de Língua e Literatura Árabe da FFLCH-USP em 1963. Sua tradução do *Corão* para o português é a única reconhecida e aprovada pela comissão de Al-Madīnat Al-Munawara da Arábia Saudita. Traduziu para o árabe *Novo Mundo nos Trópicos*, de Gilberto Freire, e elaborou um *Dicionário Árabe-Português* (2002). Fundou a *Revista de Estudos Árabes* do Departamentos de Letras Orientais FFLCH-USP e foi membro de seu conselho editorial de janeiro de 1993 a dezembro de 1995. Em 2007, foi eleito membro do Conselho Executivo dos Sábios da Liga Islâmica de Meca, Árabia Saudita.

JAMIL IBRAHIM ISKANDAR é Professor Titular de Filosofia na Pontifícia Universidade Católica do Paraná. Defendeu o Mestrado em Filosofia na PUC-SP e o Doutorado em Filosofia na UNICAMP; fez o Pós-Doutorado em Filosofia na Universidade Complutense de Madri. Especialista do pensamento de Avicena (Ibn Sīnā), publicou *A Origem e o Retorno* – Tratado I. Porto Alegre: EDIPUCRS,1999; *A Origem e o Retorno* – Tratados I, II, III. São Paulo: Ed. Martins Fontes, 2005.

JOAQUÍN LOMBA FUENTES, Doutor em Filosofia e em Filologia Semítica, é Catedrático Emérito de Filosofía da Universidade de Saragoça. Especialista do pensamento islâmico e judaico espanhol, fundou a Sociedade Espanhola de Filosofia Medieval e a *Revista de Filosofía Medieval*. Autor de 220 artigos em revistas especializadas e de 35 livros, entre os quais três monografias de Avempace (Ibn Bājjah); *La raíz semítica de lo europeo*. Madrid: AKAL, 1997; *Dichos y narraciones de tres sabios judíos*. Zaragoza: Mira, 1997; *El Ebro, puente de Europa* (Pensamiento musulmán y judío). Zaragoza: Mira, 2002; *El mundo tan bello como es* (Pensamiento y arte musulmán). Barcelona: EDHASA, 2004. Realizou várias traduções do árabe e do hebraico, entre as quais, de Ibn Gabirol, *La corrección de los caracteres*. Zaragoza: Universidad de Zaragoza, 1990; de Ibn Paqūda, *Los deberes de los corazones*. Madrid: FUE, 1994, e de Avempace (Ibn Bājjah), *El régimen del solitario*. Madrid: Trotta, 1997; *La carta del adiós y cinco tratados más*. Madrid: Ed. Trotta, 2006.

JOSEP PUIG MONTADA foi Diretor do Insituto Hispano-Árabe de Cultura em Bagdá, pesquisador visitante na Universidade do Cairo e atualmente é Professor Titular de Estudos Árabes e Islâmicos na Universidade Complutense de Madri onde, desde 1983, ensina Língua e Literatura Árabe, Filosofia e Pensamento islâmicos. É Vice-Presidente da Société Internationale pour l'Étude de la Philosophie Médiévale (SIEPM). Traduziu e editou de Averróis, *Epitome in Physicorum libros*. (Critical edition). Madrid: CSIC–IHAC, 1983, com tradução espanhola, *Epítome de Física*. Madrid: CSIC–IHAC, 1987, e publicou a monografia *Averroes, juez, médico y filósofo andalusí*. Sevilha, 1998; de Avempace, a edição crítica com tradução espanhola, *Libro de la generación y la corrupción*, Madrid: CSIC, 1995; traduziu para o catalão o *Tahāfut al-Tahāfut*, de Averróis: *L'Ensorrament de l'Ensorrament*. Barcelona: Publicacions de l'Abadia de Montserrat i de la Universitat Autónoma, 2005.

JUAN MARTOS QUESADA é atualmente Diretor do Departamento de Estudos Árabes e Islâmicos da Universidade Complutense de Madri. Foi professor na Universidade de Orán, Argélia, Secretário do Centro Cultural Espanhol de Argel, Coordenador dos Centros educativos espanhóis do Leste de Marrocos e Professor Visitante na Universidade de Bengasi, Líbia. Foi Secretario da revista científica *Anaquel de Estudios Árabes*, publicação da Universidade Complutense de Madri; é membro da Associação Européia de Arabistas e Islamólogos e da Junta Diretiva da Sociedade Espanhola de Estudos Árabes. Escreveu numerosos artigos e monografias sobre seus dois campos de pesquisa, a Ciência árabe e o Direito islâmico, destacando-se *Los muftíes de al-Andalus* (1987), *Introducción al mundo jurídico de la España musulmana* (1999) e *El mundo jurídico de al-Andalus* (2004).

MASSIMO CAMPANINI é atualmente Professor de História do Islã e dos países árabes na Universidade Oriental de Nápoles. Ministrou cursos de Filosofia árabe medieval e História das instituições islâmicas em diversos centros acadêmicos italianos, como a Faculdade de Letras da Universidade Estatal de Milão, a Universidade San Raffaele de Milão e a Universidade de Urbino. É membro do Istituto per l'Oriente di Roma, da Società Italiana di Studi sul Medio Oriente e da British Society for Middle Eastern Studies. Traduziu para o italiano de Al-Fārābī, *La città virtuosa*. Milano: BUR Rizzoli, 1996; de Averróis, *Il trattato decisivo sull'accordo della religione con la filosofia*. Milano: BUR Rizzoli, 1ª ed.1994, 2ª ed. revista 2006; *L'Incoerenza dell'Incoerenza dei filosofi*. Torino: UTET, 1997; de Avempace (Ibn Bājjah) em parceria com A. Illuminati, *Il regime del solitario*. Milano: BUR Rizzoli, 2002; de Al-Ġazālī, *Le perle del Corano*. Milano: BUR Rizzoli, 2000; *La Bilancia dell'azione ed altri scritti*. Torino: UTET, 2005. Dentre os vários trabalhos dedicados à política medieval no Islã, destaca-se *Islam e Politica*. Bologna: Il Mulino, 1ª ed. 1999, 2ª ed. 2003, com tradução espanhola, *Islam y Política*. Madrid: Biblioteca Nueva, 2003.

NACHMAN FALBEL é Professor Titular de História Medieval no Departamento de História da FFLCH–USP. Dentre suas publicações destacam-se *De Reductione Artium ad Theologiam, de São Boaventura*. São Paulo: Ed. FFLCH–USP, 1974; *Heresias Medievais*. São Paulo: Ed. Perspectiva, 1977; *O Catálogo dos Inquisidores de Frei Pedro Monteiro e sua Complementação por um Autor Desconhecido*. São Paulo: Ed. FFLCH–CEJ–USP, 1979; *Estudos de História do Povo Judeu na Idade Média*. São Paulo: ED. FFLCH–CEJ–USP, 1980; *Os Espirituais Franciscanos*. São Paulo: Ed. Perspectiva–EDUSP, 1995; *Kidush HaShem: Crônicas Hebraicas sobre as Cruzadas*. São Paulo: EDUSP–Imprensa Oficial do Estado, 2001.

OLGÁRIA CHAIN FÉRES MATOS é Professora Titular em Filosofia Política no Departamento de Filosofia da FFLCH-USP. É autora dos livros *Os Arcanos do inteiramente Outro: a Escola de Frankfurt, a Melancolia e a Revolução*. São Paulo: Ed. Brasiliense, 1990; *O Iluminismo Visionário: Walter Benjamin, leitor de Descartes e Kant*. São Paulo: Ed. Brasiliense, 1995; *A Escola de Frankfurt. Sombras e Luzes do Iluminismo*. São Paulo: Ed. Moderna, 1993; *Filosofia – A Polifonia da Razão*. São Paulo: Ed. Scipione, 1997; *Vestígios: Escritos de Filosofia e Crítica Social*. São Paulo: Ed. Palas Athena, 1998; *Paris 1968. As barricadas do desejo*. São Paulo: Ed. Brasiliense, 1981; *História Viajante. Notações filosóficas*. São Paulo: Studio Nobel, 1997; *Discretas Esperanças*. São Paulo: Nova Alexandria, 2006, além da publicação de ensaios em coletâneas especializadas e cadernos de cultura da grande imprensa brasileira.

PABLO BENEITO ARIAS, doutor em Filologia Árabe, é atualmente Professor Titular da Área de Estudos Árabes e Islâmicos da Faculdade de Filologia da Universidade de Sevilha. Foi professor convidado da École Pratique des Hautes Études – Sorbonne, da Universidade de Kyoto (ASAFAS), da Universidade Federal de Juiz de Fora (RJ) e da Escola de Tradutores de Toledo. Especialista em islamologia e no estudo do sufismo, ministrou cursos, proferiu conferências e organizou congressos internacionais sobre esses tópicos em diversos países da Europa, da Ásia e das Américas. Publicou as primeiras edições e traduções de três obras de Ibn ᶜArabī: *Las contemplaciones de los misterios* (em parceria com S. Hakim; Murcia, 1994); *El secreto de los nombres de Dios* (Murcia, 1996); e, em inglês, *The Seven Days of the Heart* (em parceria com S. Hirtenstein; Oxford, 2001). Em seu estudo *An Unknown Akbarian of the Fourteenth Century, the Author of Latā'if al-Iᶜlām, and His Works* (Kyoto: ASAFAS, 2000), descobriu e reuniu as obras de um autor oriental da escola de Ibn ᶜArabī. Publicou a única obra conhecida de ᶜAbd al-ᶜAzīz al-Mahdawī (*Journal of the Muhyiddin Ibn Arabi Society*, XXXIV, Oxford, 2003), e editou, entre outras monografias, duas sobre o sufismo e a mística: *Ibn ᶜArabī, el descubrimiento de la tolerancia* (*Postdata* XV, Murcia, 1995) e *Mujeres de luz: la mística femenina, lo femenino en la mística* (Madrid: Trotta, 2001). Desde 1999, dirige a coleção *Alquitara* de literatura oriental (Madrid: Ediciones Mandala). Em 2000 fundou, com José Antonio Antón Pacheco, o Seminário Permanente de Hermenêutica Comparada da Universidade de Sevilha. Recentemente publicou os livros: *Ibn ᶜArabī y otros autores: La taberna de las luces*. Murcia: ERM,

2004; *El Lenguaje de las alusiones: amor, compasión y belleza en el sufismo de Ibn ᶜArabī*. Murcia: ERM, 2005; *Ibn ᶜArabī: Le secret des noms de Dieu*. Tradução francesa em colaboração com Nassim Motebassem. Beirut; Paris: Éditions Al-Bouraq, 2003.

RAFAEL RAMÓN GUERRERO é Professor Catedrático de História da Filosofia Medieval e Árabe na Universidade Complutense de Madri. Além de inúmeros artigos e capítulos em livros, publicou de Averróis, *Sobre filosofía y religión*. Pamplona: Cuadernos de Anuario Filosófico, 1998, e, de Al-Fārābī, editou e traduziu importantes textos agrupados em *Obras Filosófico-Políticas*. Madrid: Debate–CSIC, 1992; *El camino de la felicidad* (*Kitāb al-tanbīh ᶜalà sabīl al-saᶜāda*). Madrid: Ed. Trotta, 2002. Publicou também *Filosofías árabe y judía*, Madrid: Editorial Síntesis, 2001; uma monografia com tradução de textos de Avicena, *Avicena*. Madrid: Ediciones del Orto, 1994. Tem se destacado em congressos internacionais com conferências sobre autores árabes clássicos.

ROSALIE HELENA DE SOUZA PEREIRA é Mestre em História da Filosofia pela Universidade de São Paulo–FFLCH com tese de doutoramento na UNICAMP–IFCH sobre o pensamento político de Averróis. Ministrou cursos na PUC–SP; é filiada à Société Internationale pour l'Étude de la Philosophie Médiévale (SIEPM) e à Associação Brasileira de Estudos Medievais (ABREM); é membro do conselho consultivo da revista de religião, cultura e mitologia *Milel ve Nihal* da Universidade de Istambul. Com temas relacionados à filosofia árabe-islâmica, participou de congressos nacionais e internacionais, publicou capítulos de livros, artigos em revistas especializadas e a monografia *Avicena. A Viagem da Alma*. São Paulo: Ed. Perspectiva–FAPESP, 1ª ed. 2002, 2ª ed. 2005; de Averróis, traduziu em parceria com Anna Lia A. de Almeida Prado, *Exposição sobre a Substância do Orbe*. Porto Alegre: EDIPUCRS, 2006; organizou a coletânea *Busca do Conhecimento. Ensaios de Filosofia Medieval no Islã*. São Paulo: Paulus, 2007.

ŞINASI GÜNDÜZ é chefe do Departamento de Filosofia e Ciências Religiosas da Faculdade de Teologia da Universidade de Istambul, onde ensina História das Religiões. PhD pelo Department of Middle Eastern Studies of Victoria University de Manchester, Inglaterra, recebeu uma bolsa de Harvard University para participar do I Congresso Internacional sobre os Mandeus, pois se dedica ao estudo das heterodoxias religiosas ministrando cursos sobre as religiões gnósticas, História e Teologia cristãs, o diálogo interreligioso, religiões comparadas e sobre a diversidade e conflitos religiosos. Publicou *The Knowledge of Life. The Origins and Early History of the Mandaeans and Their Relation to the Sabians of the Qur'an and to the Harranians*. Oxford University Press, 1994; em parceria com Cafer S. Yaran, editou *Change and essence: dialectical relations between change and continuity in the Turkish intellectual tradition*. Washington: RVP Press, 2005. É editor da revista *Milel ve Nihal*: İnanç, Kültür ve Mitoloji Araştırmaları Dergisi, da Universidade de Istambul.

TADEU MAZZOLA VERZA é Mestre e Doutor em Filosofia pela UNICAMP–IFCH com tese de doutoramento sobre o pensamento metafísico de Averróis. Recebeu em 1998 uma bolsa de estudos da Universidade do Kuwait, onde passou um ano. Lecionou no curso de Filosofia da Universidade Estadual de Maringá, Paraná; atualmente é Professor de Filosofia na Universidade Federal da Bahia. É especialista em Filosofia Medieval Islâmica e Judaica e autor do livro *A doutrina dos atributos divinos no* Guia dos Perplexos *de Maimônides*. Porto Alegre, 1999.

VICTOR PALLEJÀ DE BUSTINZA é filólogo e Doutor em História das Religiões pela Universidade de Aix en Provence, França. Atualmente é Professor de Pensamento Islâmico e Literatura Andaluza na Universidade de Alicante, Valencia; é Professor de Mundo Islâmico na Universidade Aberta da Catalunha, e Professor de Multiculturalismo e Pensamento Político-filosófico da Idade Antiga e Média na Universidade Internacional da Catalunha. Fez a primeira tradução para o espanhol do primeiro capítulo da monumental obra de Ibn ᶜArabī, *Las Iluminaciones de la Meca* (*Al-Futūḥāt al-Makiyya*). Madrid: Editorial Ciruela, 1996.

Tabela de Transliteração*

CARACTER TRANSLITERADO	CARACTER EM ÁRABE	CARACTER TRANSLITERADO	CARACTER EM ÁRABE
’	ء	ḍ	ض
ā	ا	ṭ	ط
b	ب	ẓ	ظ
t	ت	^{c}	ع
ṯ	ث	ġ	غ
j	ج	f	ف
ḥ	ح	q	ق
ḫ	خ	k	ك
d	د	l	ل
ḏ	ذ	m	م
r	ر	n	ن
z	ز	h	ه
s	س	ū	و
š	ش	ī	ي
ṣ	ص	à	ى

Semivogais: w, y
Vogais breves: a, u, i.

* Transliteração de Maria Cecilia Jorgewich Skaf.

A nossa transliteração representa as palavras conforme sua escrita em árabe e não procura abarcar os fenômenos fonéticos ocorridos na sua pronúncia.

O plural de algumas palavras árabes foi representado com um *–s* final, seguindo a regra do português, a fim de facilitar a leitura e a compreensão, como ocorre em *ḥadīṯs*.

As referências bibliográficas foram grafadas conforme os padrões utilizados em sua publicação, os quais não coincidem necessariamente com os aqui adotados.

Apresentação

Rosalie Helena de Souza Pereira

O título deste livro justificaria um panorama mais amplo do que o aqui apresentado. De fato, ao nos limitarmos a apenas alguns aspectos das manifestações intelectuais produzidas no Islã clássico, deixamos de lado outras de enorme relevância. Ainda assim, pode-se questionar a omissão, no material selecionado, dos relatos de viagem de um Ibn Baṭṭūṭa ou de um Al-Masᶜūdī e, sobretudo, da magnitude do pensamento de Ibn Ḫaldūn. E o que dizer da arte, com suas expressões na arquitetura, na música, na dança, na prosa, na caligrafia etc.? Se considerarmos o pensamento produzido no Islã em sua "Idade de Ouro" uma "reflexão" (*fikr*), é necessário buscar nesse legado uma concepção de mundo que seja abrangente, levando em conta as noções não apenas dos filósofos helenizantes (*falāsifa*), dos doutores da teologia e da Lei revelada (*Šarīᶜa*), dos pensadores que se dedicaram à mística, mas também dos viajantes que produziram uma historiografia, dos prosadores, dos lingüistas, dos poetas, dos astrônomos, dos médicos, entre tantos outros que contribuíram para esse legado. Inicialmente, portanto, a idéia era organizar um livro que se dedicasse a uma gama mais variada de temáticas, mas a vasta produção cultural da civilização islâmica impôs, neste primeiro volume, a seleção de apenas alguns tópicos que indicassem algumas trajetórias do pensamento relativo ao período formativo do Islã.

Há uma dificuldade terminológica a ser mencionada: deve-se qualificar essa produção intelectual de "árabe", uma vez que foi a língua árabe o instrumento de expressão e de expansão cultural, ou de "islâmica", uma vez que se desenvolveu num espaço político e cultural dominado pela referência ao fato corânico?

"Árabe" se refere a uma etnia já presente na Península Arábica quando ocorreu o fato corânico, entre os anos 610 e 632. Com a conquista islâmica, entre 632 e 800, e a dispersão dos árabes por territórios étnico-lingüísticos diversos, o árabe, a língua do *Corão*, foi promovido a língua de civilização. Persas, turcos, berberes, curdos, coptas, andaluzes, indianos, judeus, cristãos, zoroastrianos e maniqueus escrevem em árabe, a fim de participarem do espaço político dominado pelo poder islâmico – o califa ou *imām*. Vemos, desse modo, surgir uma teologia judaica e cristã que articula um saber na expressão árabe para difundi-lo. E, no âmbito das ciências e da filosofia, evidencia-se o uso da língua árabe na elaboração de um aparelho conceitual e na fixação dos significados.

O qualificativo "islâmico" diz respeito à doutrina, às crenças e aos ensinamentos da religião propagada por Muḥammad, aos códigos normativos ético-jurídicos que regulam a conduta dos fiéis e estabelecem os horizontes de um pensamento, à civilização que ocupou o espaço geográfico em que predominou a cultura nascida do fato corânico; o qualificativo "muçulmano" se aplica ao agente social, político e cultural. Assim, o qualificativo "árabe-islâmico" se refere à produção filosófica, científica e cultural dos séculos que correspondem à Idade Média européia, pois, se aplicado ao mundo atual, daria margem a discussão.

O pensamento elaborado entre os séculos VIII e XII, principalmente, é um pensamento original, embora tenha se servido de aportes gregos e helenísticos. Convém, porém, observar que nomear Idade Média o período em que essa produção em língua árabe se desenvolveu é outro problema, pois denomina-se Medievo ocidental o período histórico interposto entre a civilização clássica grega, berço da cultura ocidental, e o Renascimento. Como se sabe, a Idade Média é considerada, por uma visão historiográfica enviesada, um período de trevas compreendido entre o tempo do "verdadeiro modelo de humanidade" (o homem antigo) e o da renascença desse modelo. Como, então, considerar o Islã desses séculos formativos um interregno entre os gregos clássicos e o Renascimento europeu? Se considerado *per se*, seria talvez mais acertado designar esse período como "Islã clássico". Contudo, em razão de sua significativa contribuição para o pensamento do Ocidente latino medieval, costuma-se chamá-lo de "medieval".

Outra dificuldade ao expor o pensamento árabe-islâmico está na escolha do método. Poder-se-ia apresentar a produção literária da civilização árabe-islâmica por via cronológica, isto é, pela sucessão histórica dos gênios que se exprimiram em língua árabe, ou por via analítica, em que se tem em conta o passado herdado dos gregos, no caso das ciências e da filosofia. Poder-se-ia passar de um pensamento religioso inicial (o sagrado) ao pensamento místico (o invisível), ao pensamento jurídico ou canônico (a Lei), ao pensamento filosófico (o intelecto e a razão), ao científico (o saber) e aos pensamentos que concernem à língua, à história, à moral, à política, à cultura artística, aos relatos de viagem, à poesia, à pedagogia, à economia e assim por diante. Optou-se, porém, em delimitar o objeto de estudo em partes que correspondem a determinadas produções intelectuais em terras orientais e ocidentais do Islã, para facilitar a referência do leitor, que poderá assim seguir a linha temática que mais lhe convier. Este livro não pretende ser uma história das idéias, mas uma coleção de textos que possam despertar o interesse por questões que motivaram os muçulmanos a formar a sua civilização.

A expressão *al-Islām hūa dīn wa-dunyà* (o Islã é religião e mundo) denota essa realidade pluralista e complexa: o Islã é religião, civilização, filosofia e modo de vida regido por um código de organização social e de regras de vida pessoal. O termo "religião" não traduz o significado exato de *dīn*, que, em sentido mais amplo, não significa apenas o culto e o dogma, mas o viver cotidiano de acordo com as regras prescritas pela Lei sagrada (*Šarīᶜa*).

Desde a sua origem, o Islã abrange uma diversidade de horizontes culturais e sociais que vivem, no entanto, sob uma mesma identidade cultural. Uma das três grandes religiões monoteístas, o Islã abriga fiéis desde a Indonésia até as margens do Atlântico, englobando uma massa gigantesca na Ásia e outra considerável na África. De fato, para o Islã, a religião abraça a política, a regra de vida, a lei e, está claro, a religião propriamente dita (*dīn*), embora faltem certas conotações sacerdotal-ritualísticas características da noção de religião ocidental. Mas, como a realização da configuração social e a da política são estreitamente conexas com as questões espirituais, elas não podem ser dissociadas do que comumente se entende por "religião".

Apesar do atual interesse diante dos eventos da história recente, o Islã permanece em grande parte desconhecido para a maioria do público ocidental. O fascinante percurso aqui traçado por especialistas busca preencher uma lacuna na compreensão dessa civilização distante e diversa, desse "outro" tão bem descrito no prefácio da Profª. Olgária Matos.

A primeira parte apresenta dois ensaios, o primeiro sobre a língua árabe, e o segundo sobre a poesia pré-islâmica. No despertar do Islã, os árabes já traziam consigo uma longa história. A Arábia do sul conhecia, desde o primeiro milênio a.C., uma brilhante civilização, e, ao norte da Península, havia muito que pequenos reinos floresciam, como o dos nabateus de Petra e o de Palmira, no deserto sírio. Na Arábia pagã, a poesia era a forma de expressão por excelência, e os poetas, julgando-se inspirados pelos *jinns*, cantavam os méritos de suas tribos, o amor pela mulher, as paisagens do deserto, usando todos os recursos da língua árabe. Meca, fundada cerca de dois séculos antes da Hégira, abrigava a *Kaᶜba* – na época pré-islâmica, um santuário que conservava vários ídolos –, que todos os anos atraía um grande número de peregrinos; em seu recinto está a pedra negra, um meteorito, cuja origem se acreditou, mais tarde, remontar a Abraão. Durante as peregrinações, as regiões circundantes serviam de cenário para concursos dos poetas árabes, que também se aproveitavam da platéia para denunciar traidores e inimigos e reclamar justiça. Situada na rota comercial entre o Iêmen e a Síria, entre a Etiópia e os mercados do Mediterrâneo, Meca viu seus habitantes enriquecerem nesse "tempo da ignorância". É num ambiente de ofuscamento do antigo ideal tribal que Muḥammad, da poderosa tribo dos coraixitas, surge para pregar a devoção a um único deus e uma nova moralidade nos costumes.

A segunda parte recupera as grandes linhas do elemento fundador do Islã: focaliza a elaboração, o conteúdo e o estatuto do pólo principal de referência da religião islâmica, o *Corão*. Apresenta também dois ensaios em que são aduzidas as divisões nascidas no interior do Islã, a posição dos teólogos racionalistas (*mutakallimūn*) e a defesa do Islã sunita por Al-Ġazālī, estrela de maior grandeza no universo teológico islâmico. Levados a refletir sobre os fundamentos próprios do Islã, os sábios conceberam uma reflexão teológica e filosófica original e essencial para a compreensão do pensamento produzido nos horizontes islâmicos.

Todavia, a reflexão racional no Islã não surgiu, como na Grécia, da curiosidade e da necessidade de descobrir as causas dos fenômenos, uma vez que a onipotência e a vontade divina já bastavam como explicação da existência do mundo e de seus fenômenos. Mais do que da tendência a filosofar, a reflexão no Islã surgiu da necessidade de resolver problemas de ordem prática com os quais a comunidade se defrontava, especificamente os problemas jurídico-políticos.

Na terceira parte, os dois ensaios apresentam temas muito pouco conhecidos pelos ocidentais, o Direito islâmico (*fiqh*) e a política. Como afirma Ibn Ḫaldūn, "*fiqh* é o ato de extrair das raízes e das fontes as normas prescritas pela Lei revelada (*Šarīʿa*) para que, em suas ações, o muçulmano cumpra suas obrigações jurídico-religiosas." O eminente especialista em Direito islâmico, Joseph Schacht, definiu o *fiqh* como "o epítome do pensamento islâmico, a mais característica manifestação do modo de vida islâmico, o núcleo e âmago do próprio Islã."

O termo *fiqh* indica que, desde os primórdios, o Islã concebeu o conhecimento da Lei sagrada (*Šarīʿa*) como o conhecimento por excelência porque fundado no *Corão* e no *corpus* dos ensinamentos de Muḥammad, descritos como a sua *sunna*, isto é, o modo paradigmático de sua vida. Do ponto de vista do crente, *Corão* e *sunna* revelam um segmento racionalmente compreensível acerca do desenho divino da criação. Nos primeiros tempos, as regras tinham por objetivo facilitar a aplicação dos princípios da *Šarīʿa* a questões específicas. Com o tempo, essas regras passaram a fazer parte integrante da própria Lei sagrada. A política é a aplicação social do *fiqh*.

A Lei islâmica se desenvolveu em um contexto político turbulento. À época de Muḥammad sucedeu o período do Califado de Medina (632-661), com a expansão do Islã e o surgimento de facções, de que o xiismo foi a principal. Durante o reinado da dinastia omíada, formaram-se a nova sociedade árabe-islâmica e, com a administração da justiça, a jurisprudência fundada na Lei islâmica. Com os abássidas, a Lei se consolidou como única lei do Estado. Embora "sagrada", a Lei islâmica foi elaborada por meio de um contínuo processo de interpretação racional que introduziu as regras morais religiosas num quadro estrutural ordenado.

A íntima conexão entre a religião e a política, característica da história islâmica, é de difícil compreensão entre os ocidentais, acostumados a fazer uma absoluta separação entre esses dois domínios. O ensaio sobre a política islâmica medieval pontua essa conexão.

A quarta parte é dedicada aos filósofos de cunho helenizante (os *falāsifa*) e consagra suas páginas aos dois maiores expoentes que floresceram no Oriente, Al-Fārābī e Ibn Sīnā (Avicena), e aos dois principais de Al-Andalus – a porção ocidental do Islã –, Ibn Bājjah (Avempace) e Ibn Rušd (Averróis).

De meados do século VIII até o final do século X, com exceção das produções literária e histórica, foi traduzido para o árabe quase tudo o que foi encontrado nos livros gregos na parte oriental do Império Bizantino e no Oriente Médio. A conseqüência desse vasto movimento de traduções é de grande importância, pois o que chegou ao Ocidente da Grécia clássica e da Antigüidade tardia, inclusive textos que não sobreviveram no original grego, passou, como diz Dimitri Gutas, pela "transformação mágica da pluma do tradutor": astrologia e alquimia e o restante das ciências ocultas; o *quadrivium* (aritmética, geometria, astronomia e teoria da música); o *corpus* aristotélico: metafísica, ética, física, zoologia, botânica e lógica – o *Órganon*; e principalmente todas as ciências da vida: medicina, farmacologia e veterinária.

A filosofia helenizante escrita em língua árabe (*falsafa*) nas regiões do Império Islâmico deve ser compreendida à luz de uma continuidade da filosofia grega que o neoplatonismo tardio elaborou: o amálgama de noções retiradas do aristotelismo e do platonismo de filósofos da época tardia do Império Romano, os quais já refletiam sobre qualquer aspecto do mundo e da vida humana. A *falsafa* emprestou da razão grega as noções necessárias para moldar um pensamento próprio que explicasse a civilização islâmica, que se tornara uma entidade cultural e política ancorada na aceitação incondicional da autoridade do *Corão* e da Tradição (*Ḥadīṯ*). Os pensadores muçulmanos criaram uma filosofia teísta (e uma teologia natural) fundada na razão. Com os sistemas e as categorias da razão grega, os filósofos muçulmanos explicaram temas relativos à fé, como a criação do universo, a eternidade de Deus, a vida após a morte, o fenômeno da profecia, a mediação dos anjos entre os homens e Deus, a existência de milagres e outras tantas crenças religiosas. A filosofia dos *falāsifa* é representativa dessa herança grega, e a maioria deles buscou conciliar o platonismo com o aristotelismo, com exceção de Averróis, o Comentador, que procurou recuperar o "verdadeiro" aristotelismo, depurando-o do neoplatonismo.

A quinta parte se debruça sobre a via filosófico-mística elaborada no Oriente e no Ocidente. No contexto islâmico, a tradição mística é entendida como o caminho do conhecimento na dimensão esotérica, na maior parte das vezes identificada com o sufismo, mas abrangendo também o esoterismo xiita nas suas vertentes dodecimana e ismaelita. No século XII, Šihāb al-Dīn Suhrawardī fundou, na Pérsia, a Escola da Iluminação (*al-Išrāq*), uma significante síntese entre a filosofia e a mística cuja perspectiva é o conhecimento por meio da iluminação, da razão e da purificação do adepto. Os filósofos *išrāqī* deixaram um legado que caracterizou quase toda a filosofia islâmica posterior, que pode ser constatado pela Escola de Isfahan, fundada no século XVI durante a dinastia safávida. A "teosofia transcendental" de seu maior representante, Mullà Ṣadrā, fundamenta-se na revelação, na iluminação interior e na razão. Grande defensor dos sufis, Mullà Ṣadrā foi muito influenciado pelas doutrinas de Ibn ᶜArabī, originário de Al-Andalus. Conhecido pelos sufis como *Al-Šayḫ al-Akbar*, o "Grande Mestre", Ibn ᶜArabī deixou uma obra vasta em que discute, se não todas, a maioria das questões que ocuparam os muçulmanos nos campos dos comentários ao *Corão* e ao *Ḥadīṯ*, da jurisprudência, do *Kalām*, do sufismo e da *falsafa*.

A sexta parte se concentra na presença do Islã no judaísmo e na cristandade. Após Filo de Alexandria (ca. 20 a.C. – ca. 50 d.C.), os primeiros filósofos judeus surgiram no final do século IX quando se propagava a apologia islâmica conhecida por *Kalām*. Nessa época, o árabe era a língua franca do Império Islâmico, e, portanto, judeus e cristãos arabófonos tinham amplo acesso às traduções das obras gregas para o árabe e à produção dos sábios muçulmanos. A circulação de obras neoplatônicas em árabe no ambiente judaico, como a *Pseudo-teologia de Aristóteles* e o *Liber de Causis*, e a emergência das obras dos filósofos árabes contribuíram significativamente para o entrelace entre a filosofia judaica e a árabe. O primeiro ensaio aborda a atividade filosófica de Sa^{c}adia Gaon, judeu da Mesopotâmia, que recebeu aportes do *mu^{c}tazilismo*, corrente de pensamento racionalista dos teólogos muçulmanos. O segundo ensaio versa sobre Ibn Gabirol, originário de Al-Andalus, cuja principal obra, *A Fonte da Vida*, foi, no mundo latino, atribuída a Avicebron, que, até o século XIX, acreditou-se ser ou muçulmano ou cristão. O terceiro e o quarto ensaios discutem respectivamente a influência do Islã na obra de Raimundo Lúlio e na *opus magna* de Dante Alighieri, a *Divina Comédia*, e questionam as teses do eminente arabista espanhol Miguel Asín Palacios.

Por conterem uma apresentação apenas parcial de um vasto conjunto, os ensaios neste livro não têm a pretensão de exaurir as problemáticas aqui expostas, mas pretendem apenas incitar um maior interesse do público brasileiro na produção cultural do que foi essa grandiosa civilização, pouco conhecida entre nós, da qual entretanto somos todos devedores.

Quero agradecer aos autores pelo empenho em difundir temas tão relevantes e pouco conhecidos entre nós. Sua dedicação irrefutável representou para mim o incentivo maior para realizar a difícil tarefa de coordenar essa coletânea, que a editora Perspectiva acolheu em sua programação e a publica nesta sua coleção.

Prefácio

Olgária Chain Féres Matos

Para compreender os paradoxos e possibilidades da democracia e da tolerância no mundo contemporâneo é preciso rever o modo de formação e as mutações da cultura no Ocidente, no entrecruzamento das três grandes correntes do pensamento teológico-político: o judaísmo, o cristianismo e o islamismo[1]. Se para alguns autores os conceitos da filosofia política, do direito, da lei natural e da justiça procedem de idéias teológicas secularizadas, pode-se dizer que o presente volume questiona a atitude que vê na Idade Média a filosofia separada da política, da literatura, do direito e das artes. Que se pense na Baixa Idade Média e no intenso diálogo de Santo Tomás de Aquino com os filósofos árabes, Avicena e Averróis, para nos darmos conta da urgência dessa reflexão retardatária entre nós, uma vez que nem sequer os Departamentos de Filosofia, em que se estuda a Filosofia Medieval, apresentam uma disciplina voltada para a contribuição islâmica. Pensar o islamismo em seus trânsitos com as demais culturas no Ocidente

1. Não está nomeada explicitamente a filosofia grega, uma vez que a assimilação do estoicismo em grande parte realizou-se no cristianismo, como, por exemplo, a ética do sofrimento e da resignação, suportar a dor e renunciar ao prazer.

europeu de que somos tributários é questionar a noção de origem e de identidade como instâncias homogêneas e estáticas. Eis por que Freud, em *Moisés e o Monoteísmo*, contradizendo ortodoxias consagradas, afirma a identidade não-judaica[2] de Moisés no sentido de ter sido ele egípcio, de tal forma que as idéias do líder "hebreu" são herança do Faraó Aquenáton, inventor do monoteísmo. Pondo de lado as mais recentes pesquisas em egiptologia – que datam o monoteísmo anteriormente a Aquenáton –, o mais significativo em Freud é o questionamento da noção de identidade. Com efeito, ele assevera que a circuncisão é uma prática egípcia, e não hebraica ou judaica, e que foram os levitas – os "mais judeus entre os judeus", segundo a tradição – que acompanharam Moisés para as novas terras, como seus mais fiéis seguidores. Importa a Freud restabelecer um quadro laico e histórico das origens teológicas, éticas e políticas das religiões e, no caso, do monoteísmo. Se Moisés era egípcio, ele era estrangeiro com respeito ao povo que o adotou como chefe, de maneira que, ao estudar a arqueologia da identidade judaica, Freud mostra que ela não começava coincidindo consigo mesma, mas com outras identidades: a egípcia e a árabe. Os procedimentos teóricos de Freud revelam que o "princípio de identidade" – que subjaz a toda reivindicação de uma origem fundadora sólida e estável, religiosa ou laica – se desfaz[3]. Para ele, todas as formas de identidade e de origem, que se pretendem *uma* e *una*, têm antecedentes diversos. No caso da identidade judaica, eles são não-judaicos: os judeus não são uma raça asiática, mas um compósito de vestígios dos povos mediterrâneos, com o que Freud mostra a que ponto as identidades são provisórias[4]. Todos os indivíduos ou coletividades que se prendem

2. Freud não distingue, para fins de sua argumentação, os antigos hebreus da época de Moisés e os "judeus" pós-Judéia.

3. Freud afastava-se, *avant la lettre*, de qualquer desejo de confirmar "materialmente" asserções bíblicas, que visavam legitimar o Estado de Israel como Estado teológico-político. Lembre-se que os imigrantes provenientes da Europa com destino a Israel, em particular depois de 1948, experimentavam um sentimento tanto de parentesco como de estranhamento com relação ao país que os acolhia e que deveria tornar-se um lugar de pertencimento e de auto-reconhecimento. Cf. SELIGMANN-SILVA, Marcio. (Org.). *História, Memória, Literatura:* o testemunho na era das catástrofes. Campinas: Unicamp, 2003, bem como toda a literatura que trata do exílio. Cf. MASSIMO, Fusillo. *L'altro e lo stesso. Teoria e storia del doppio.* Milano: La Nuova Italia, 1998.

4. Referindo-se à idéia de um passado identitário e a tradições sedentárias, Freud escreve: "todo elemento que ressurge do passado (recalcado) impõe-se segundo uma forma particular,

a uma identidade essencialista do passado não aceitam a irreversibilidade do tempo, com o que tentam enfrentar o presente, cristalizando-o em uma "imagem eterna do passado". A crítica à noção de identidade indica a fonte ideológico-teórica da intolerância de todos os universalismos abstratos, bem como dos particularismos regressivos e privatizantes.

Derrida, por sua vez, considera a necessidade de se proceder a uma história dos conceitos da metafísica ocidental e, no caso, da idéia de "homem", pois tudo se passa como se este não tivesse uma origem, ou qualquer limite histórico, cultural e lingüístico[5]. A crítica à identidade significa dissolver todo essencialismo filosófico, teológico-político ou ético-religioso. A multiplicidade dos relatos históricos poderia contrarrestá-lo, começando por atenuar, se não suspender, a oposição excludente de termos como masculino e feminino, homem e animal, racionalidade e instinto, natureza e cultura, oposições tão indesejáveis quanto perigosas. Todas as formas de dogmatismo – que inviabilizam a tolerância e a hospitalidade – provêm da adesão a uma origem identitária factícia que produz uma patologia da comunicação, uma ruptura na compreensão recíproca assim perturbada, resultando em desconfiança universal. Vencer esse propósito requer ultrapassar situações e sentimentos de opressão e medo, de sua coincidência, já que a

exerce uma imensa influência sobre as massas e torna-se um irresistível objeto de fé contra o qual qualquer objeção lógica é impotente. Esse estranho aspecto só pode ser compreendido se comparado aos delírios da psicose". FREUD, Sigmund. *Moses and Monotheism*. Standard Edition. 1971. vol. XXIII, p. 85. Recorde-se que Freud realiza essa obra sem ter conhecido o traumatismo da Segunda Guerra Mundial, uma vez que seu desaparecimento ocorreu no ano de 1939.

5. Cf. DERRIDA, Jacques. *Marges de la Philosophie*. Paris: Minuit, 1972. p. 179. As preocupações de Derrida desenvolvem-se nas relações que o homem estabelece com a natureza, donde a necessidade de proceder à genealogia ou desconstrução do poder do homem sobre a natureza e sobre todos os viventes do universo, em particular sobre outros homens e sobre os animais. Quando e por que o homem se concebeu como um ser soberano na natureza, fazendo da racionalidade o elemento de superioridade e destituindo os demais seres do *lógos*? A esse respeito observa que "os seres 'privados de razão' foram obrigados a sofrê-la". Também a diferença entre *zoé* (vida) e *bios* (modo de vida) é da maior importância para as análises biopolíticas e os genocídios modernos. Cf. AGAMBEN, Giorgio. *Ce qui reste de Auschwitz*: l'archive et le témoin. Paris: Rivages, 1999. (Col. Homo Sacer, n. 3), entre outros. E, ainda, DERRIDA, Jacques. *Politiques de l'Amitié*. Paris: Galilée, 1994; FONTENAY, Elisabeth. *Le Silence des Bêtes*. Paris: Fayard, 1996; ADORNO, Theodor W.; HORKHEIMER, Max. *Dialektik der Aufklärung*. São Paulo: Zahar, 1985. Tradução para o português com o título, discutível, de *Dialética do Esclarecimento*; principalmente os fragmentos finais sobre "Anti-semitismo" e "Vida dos Animais".

representação que se identifica aos acontecimentos não precede nem sucede o real, sendo-lhe simplesmente contemporânea – o que priva os homens do tempo necessário ao pensamento do que lhes sucede. O medo, ou ainda, o pânico, recusa qualquer "prazo", inviabilizando reflexões e condutas sobre a natureza e sobre o que ocorre, o que resulta em angústia e atos sem saída: a coincidência do real e de sua representação – que determina o pânico – define, também, aquilo a que se denomina catástrofe. Há catástrofe sempre que o acontecimento cola-se à representação por coincidir excessivamente com ele, de forma a que não reste mais àquele que nele está engajado senão agir de maneira irreflexiva, precipitada e, de maneira geral, ineficaz – de maneira precisa – "catastroficamente"[6]. O sentimento da catástrofe em permanência oblitera a compreensão de que todos os homens fazem parte de uma comunidade universal e cosmopolita[7].

Cosmopolitismo e hospitalidade, na tradição filosófica do Ocidente, encontraram na *phylía* grega e no amor ao próximo [não matarás] – do judaísmo, cristianismo e islamismo[8] – uma forma de resistência e reinvenção dos valores da tradição, à distância do mundo das convenções ideológicas travestidas de religião.

Esse tempo necessário ao pensamento encontra-se nas grandes obras, justamente as que trazem à luz essa consciência. Assim, o poema-filosófico *Ilíada*. Primeira obra escrita no Ocidente, para alguns ela pode parecer paradoxal, pois deveria tratar da guerra entre gregos e troianos, contendo ao

6. Cf. ROSSET, Clément. *Le Réel:* Traité de l'Idiotie. Paris: Minuit, 2004. p. 138.
7. Kant, em seu *A Paz Perpétua*, diz existir um direito que autoriza todos os homens a fazerem parte de uma sociedade pelo direito de posse comum da superfície da Terra, pois, sendo esta esférica, os homens não podem se dispersar ao infinito e devem acabar por "se tolerarem uns aos outros", de tal forma que "a violação deste direito em um lugar da Terra é imediatamente sentido *em todos os lugares*". (Grifo do autor).
8. Levinas, em diversas obras, como também em *Totalité et Infini,* vale-se de Kant e do respeito ético incondicionado ao Outro. Para Levinas, o Outro encontra-se, a um só tempo, dentro e fora de nós, e a lei ética – que antecede ou é um "além" da política, como também sua condição de possibilidade – encontra em Kant a formulação: "talvez não haja no código civil dos judeus passagem mais sublime que o mandamento: 'não farás na Terra imagens nem símbolos do que está no céu [...]'. Este mandamento basta para compreender o entusiasmo que o povo judeu, em sua época de vida em cidade, sentia com respeito à religião, como também o orgulho que o Islã inspira. O Algo semelhante ocorre com respeito à lei moral em nós". Cf. KANT, Immanuel. Observação Geral. *Duas Introduções à Crítica do Juízo.* São Paulo: Iluminuras, 1995.

todo, no entanto, quatro dias de batalha. Zeus adia ao máximo os combates, como que a dilatar o tempo a fim de que os gregos tirem proveito do retardamento da ação e possam evitar a luta mortal, "ceifadora de vidas", de "tantas lágrimas", de "sofrimentos atrozes". "Efêmeros" – "seres de um dia" –, escreve o poeta sobre os homens, gregos ou troianos. Os homens, na visão do poeta, não cumprem, assim, um destino já decidido por Zeus. Homero preserva aos homens-heróis a iniciativa de reencontrar a paz e evitar o sangue, a começar por Páris, o "raptor" de Helena, que propõe um enfrentamento a dois, entre ele próprio e Menelau, o rei grego, o marido abandonado. No Canto III, Heitor, o troiano, adianta essa proposta aos gregos que o recebem já apontando-lhe suas flechas. A que Agamenon pondera: "não atirem, ó filhos dos Aqueus! Heitor – o de casco cintilante – propõe-se a nos falar". Surge, emblemático, um Heitor pacífico que sonha e só pensa em evitar a guerra. Importa menos, aqui, a discussão das causas do combate – se a necessidade de espólios ou a vontade de poder. O decisivo é refletir acerca do que separa e do que une os homens, *ánthropos*, *brotós* ou *andres*. Com efeito, *ánthropos* refere-se ao homem em sua relação horizontal com outros homens, seu destino compartilhado de mortais, iguais entre iguais na *pólis*; *brotós* fala da verticalidade e superioridade dos deuses imortais e de homens perecíveis que acompanham, nunca se lhes apresentando visivelmente, mas falando-lhes ou enviando-lhes emissários; e *andres*, por fim, o homem "viril e corajoso". Gregos e bárbaros recebem seu lote de glória e de heroísmo, são mais que amigos e inimigos, são, antes de mais nada e primeiro de tudo, seres expostos, vulneráveis, mortais.

Com efeito, a filosofia grega antiga viria a conceber para o Ocidente o ideal cosmopolita de um mundo sem fronteiras. Diógenes de Sínope, entre os séculos V e IV a.C., reconhecia nelas convenções que separam os homens e os isolam, produzindo perseguições e guerras em nome das quais ora os indivíduos se entrematam ora trocam medalhas: "verdade aquém, falsidade além dos Pireneus", exclamava, mais tarde, Pascal. Experiência do absurdo e da ambição dos homens, o "cidadão do mundo" nasce, pois, de um generoso cosmopolitismo apátrida que faz do mundo um mundo comum compartilhado.

Também o humanismo da Renascença endossava a unidade do homem e da natureza, recepcionando-a agora pelo enlaçamento de todos os viventes do universo pela "alma do mundo". Nesse horizonte inscreveu-se, também, a visão internacionalista que esperava do proletariado mundial a emancipação do gênero humano, herói libertador do atavismo da exploração e da dominação e que reuniria, por sua ação criadora, poesia e revolução, em que a ação "fosse a irmã do sonho", dissolvendo barreiras entre os homens e as nações. Um princípio de reciprocidade entre culturas diversas esperava uma harmonização do diverso e mesmo do oposto. Humanismo renascentista[9] e iluminismo marxiano possuíam uma determinada interpretação do homem e da sociedade, a partir da qual procuravam formar o homem para o aperfeiçoamento de si, de seus talentos e habilidades, e para a concórdia na cidade, de modo a prevenir a cisão entre poderosos e oprimidos, arrogância por um lado, humilhação por outro, tudo o que pudesse engendrar ressentimento e desejo de vingança.

A partir da Revolução Francesa e com a Declaração Universal dos Direitos Humanos – e, mais tarde, com os direitos dos animais e da natureza –, direitos e responsabilidades foram ampliados e novos foram criados, a começar pela ecologia e a luta contra os fins anti-humanos de certos desenvolvimentos da ciência e da tecnologia – como a exploração produtivista da natureza para fins de consumo e o desenvolvimento irresponsável da industrialização a qualquer preço, que receberam o nome de progresso, como, por exemplo, as usinas nucleares, tecnologia tão próxima à catástrofe que alguns a ela se referem com a expressão "genocídio" e não "progresso". Esse ideário de desalienação, para que os homens retomem o uso e os sentidos de suas vidas, passou a constituir o mais nobre do pensamento moderno. Sua

9. É preciso lembrar ao menos três figuras do humanismo para sua compreensão: o humanismo ligado à modernidade tecnocientífica, ao mundo desencantado e des-animado e inanimado; a modernidade como abandono da prática de sacrifícios – rituais que exigiam a imolação do "escolhido" – e a modernidade citadina. O humanismo que predominou e deu origem à modernidade pode ser representado por Bacon no *Novum Organum* e pelo momento galilaico-cartesiano – projetos de dominação e posse da natureza e soberania do homem sobre a natureza e todas as criaturas. Esse exercício de poder se contrapõe a outra compreensão do humanismo, como a de Montaigne e sua atitude de reconciliação com o mundo, com a terra, com o corpo, contra a visão religiosa da Idade Média e seu ascetismo. Esse humanismo, na senda de um certo ideal de doçura grega – o de Teofrasto e de Plutarco, que se recusam a limitar a filantropia –, constitui o sentimento de humanidade dos homens, estendido aos animais. Assim, o humanismo metafísico, fundado na experiência do *Cogito* e do poder de dispor de toda *rex-extensa* e de todos os seres vivos, contrapõe-se àquele que não dissocia ciência, literatura, filosofia e pintura.

transmissão, na alternância das gerações, faz-se pela educação formadora do caráter na vida privada e nas instituições de cunho social – como a escola – e a tolerância no espaço público. Com efeito, *e-ducere* significa "conduzir para fora de", evocando a idéia de itinerário e caminho, de um ponto a outro, de um ao Outro. *Tolerare*, por seu lado, é "levar", "suportar", mas também "combater". Neste caso, tolerar é o esforço para desfazer ortodoxias, revelar a dessemelhança no que parece homogêneo, a fim de que se possa ir ao encontro do Outro. Se a tolerância é algo que se aprende e se ensina, seu lugar preferencial é a escola.

Com a instituição da escola pública e a educação universal humanista de qualidade, aboliram-se privilégios privatizantes, advindo a "modernidade", modernidade que veio a significar, entre outras coisas, ler pensadores clássicos no Ocidente, no original, grego ou latim, porque ricos e pobres, religiosos ou ateus, raças ou nacionalidades dividiam os mesmos bancos escolares. Tratava-se, aqui, de progresso entendido no sentido de que só haveria avanços quando os desenvolvimentos tecnocientíficos e econômicos correspondessem ao desenvolvimento e felicidade humanos. Hoje, ao contrário, a idéia de progresso fusiona conquistas tecnológicas e científicas com o desenvolvimento da humanidade enquanto tal, dissimulando as regressões da sociedade, que passam a ser consideradas "acidentes de percurso" rumo ao bem-estar das gerações futuras, ou seja, o sacrifício dos viventes de hoje em nome de um futuro hipotético e abstrato. A fé na ciência, independentemente de suas injunções ideológicas, políticas e econômicas, produz a ideologia de que a maior parte dos problemas dos homens pode ser resolvida por ela[10].

Nosso século combinou de maneira singular industrialismo e militarismo, expansão do capitalismo milionário e dissipação do Estado-nação, racismo e patriotismo em um misto praticamente indiscernível entre ciência e falsa consciência, entre conformismo científico e político. Sua gênese dessa combinação pode ser encontrada na *racionalidade* que constitui o mundo moderno.

10. Sobre o discurso hegemônico da ciência e sua força intimidadora, cf. LEFORT, Claude. Ciência e Educação. *Revista Libre*, n. 1, 1975; ainda, HABERMAS, Jürgen. *A Ciência e a Técnica como Ideologia*. Portugal: Edições 70, 2001; MARCUSE, Herbert. *A Ideologia na Sociedade Industrial*. São Paulo: Paz e Terra, 1969, entre outros.

Nesse sentido, Hannah Arendt pôde escrever ter sido Galileu um dos primeiros a realizar um gesto de alienação do homem no mundo, ao transformar a observação à longa distância – pela utilização do telescópio – em alienação do homem com respeito ao universo. Para ela, trata-se aqui de uma das formas de privatização da política – da vida em comum dos homens –, que se torna um monopólio oligárquico subtraído à esfera pública cidadã, com a crescente distância entre os centros de decisão, a tecnicização e a redução instrumental da vida entre os indivíduos-cidadãos levadas a termo pela ideologia da racionalidade tecnológica, seja na política seja na ciência ou na sociedade.

Diferentemente do saber medieval, que pretendia preparar o homem para a santidade, ou do Renascimento, que buscava a geometria cósmica e a expressão do divino na Terra para inscrever o homem no reino da criação, utilizando o que Deus lhe oferecia para seu bem-estar e dignidade, a ciência moderna é essencialmente mundana e destituída de valores (*wertfrei*) "limitativos" – como a busca dos fins últimos e do sumo Bem entre os gregos, da sacralização da natureza na Idade Média, que não permitia ao saber humano rivalizar com o divino. A ciência contemporânea confunde liberdade de pesquisa com onipotência e se legitima porque dela derivam nossos bens úteis e materiais. Além disso, a ciência contemporânea desenvolve-se em um universo que ignora os homens e seus dias, enquanto o homem é o habitante de um mundo que desconhece o universo. Sobrepondo-se à humanidade, a ciência constrói um sujeito abstrato ao qual corresponde uma natureza convertida a triângulos, retas e planos. O mundo "natural" passa a ser considerado segundo realidades quantificáveis, pretendendo abranger o homem que é, ao contrário da tecnologia e de seus artefatos, incoerente e imprevisível.

A predominância da racionalidade tecnoburocrática resolve-se no plano político, no genocídio. A catástrofe não se aloja mais no domínio da natureza, mas no da cultura: o homem tem hoje muito mais a temer que a natureza hostil. O terror e o pânico são obras humanas: "o terremoto de Lisboa", escreveu Adorno,

> foi suficiente para curar Voltaire da teodicéia leibniziana, e a catástrofe, ainda compreensível da natureza, foi mínima se confrontada com a segunda, social, que escapa à imaginação humana. Porque, nos campos de concentração, não morria

mais o indivíduo, mas o exemplar. O genocídio é a integração absoluta que se prepara, onde os homens são homogeneizados, onde "acertam o passo", como se diz em jargão militar[11].

Se o terremoto de 1755 constituiu um acontecimento filosófico crucial, isso não se deveu a seus incontáveis mortos, às ruínas, à destruição da cidade, mas à reinserção, no centro das investigações metafísicas, da questão do mal na natureza, o que abalava os fundamentos da harmonia preestabelecida do mundo leibniziano e seu "melhor dos mundos possíveis". Quanto à catástrofe atual, ela não se vincula mais à história da natureza, mas à da cultura, posta a nu na "desordem" estabelecida por Auschwitz, como matriz do "mal radical"[12], já antecipado pelos desenvolvimentos científicos da eugenia dos fins do século XIX europeu[13], que aniquilou o mais inassimilável do humano no totalitarismo. Tão abstratos quanto os números são os homens quando reduzidos à condição de conceito ou sujeito des-subjetivado, na indiferenciação entre os momentos lógico e psicológico do conhecimento, uma vez que a ciência é indiferente a seus objetos de reflexão. A predominância do cânone das ciências exatas hoje resulta, entre outras dimensões, em uma sociologia sem sociedade, em uma democracia sem democratas.

Na razão científica, Adorno indica o que torna possível a exclusão, a perseguição, o preconceito. O mundo, construído pela ciência e pela multiplicação de instrumentos técnicos que medeiam e freqüentemente prescindem do contato direto entre os homens, culmina em sua desertificação técnica desresponsabilizadora de ações. Com efeito, a responsabilidade de atos se transfere aos objetos técnicos. Eis por que, para Adorno, procedimentos teóricos e metódicos da ciência demitizadora não passam "de práticas mágicas sublimadas", exigindo, freqüentemente, sacrifícios de sangue: "o animismo animou o inanimado, o industrialismo reificou a alma"[14].

11. ADORNO, Theodor W. *Negative Dialektik*. Frankfurt am Main: Suhrkamp, (c1966) 1970. p. 326-327.
12. A expressão é de Kant, mas utilizada não em seu sentido próprio.
13. Cf. BAUMAN, Zygmunt. *Modernidade e Ambivalência*. Rio de Janeiro: Jorge Zahar Editor, 1995.
14. Cf. ADORNO, Theodor W.; HORKHEIMER, Max. *Dialektik der Aufklärung*. Frankfurt: Fischer Taschenbrich, 1982. p. 29; tradução para o espanhol, *Dialectica del Iluminismo*; para o francês, *Dialectique de la Raison*; para o português, *Dialética do Esclarecimento*, op. cit., 1985.

A conversão de todos os existentes à condição de coisas provém, a um só tempo, do mercado mundial e da ciência planetária: "sem pretender minimamente aproximar-me do significado das causas econômicas da guerra", escreve Walter Benjamin, "podemos afirmar que a guerra imperialista [o filósofo refere-se à Primeira Guerra Mundial], no que tem de mais terrível e fatal, é co-determinada pelo abismo entre os gigantescos meios da técnica, por um lado, e sua exígua iluminação moral, de outro"[15]. A associação entre ciência e guerra ocorre no apogeu do domínio humano sobre a natureza: a humanidade, que renunciou ao milenarismo na História[16], o adotou, não obstante, em sua imagem tecnocêntrica:

> [...] o saber que é poder não reconhece limites. Esse saber serve aos empreendimentos de qualquer um [...], na fábrica ou no campo de batalha, está a serviço de todos os fins da economia burguesa. [...] A técnica é a essência desse saber. Seu objetivo não são os conceitos ou imagens, nem a felicidade da contemplação, mas o método, a exploração do trabalho, o capital[17].

Assim fetichizadas, os homens perdem o controle do sentido e dos usos da ciência e da técnica. Seu universo é o da sociedade tecnocrática e sua forma moderna de fetichismo, fim da centralidade do trabalho, sua dispersão planetária

15. BENJAMIN, Walter. *Documentos de Cultura, Documentos de Barbárie*. Seleção e apresentação de Willi Bolle. São Paulo: Cultrix/Universidade de São Paulo, 1986. p. 130; 137.
16. Essa afirmação leva em conta a idéia moderna, datando do Iluminismo, segundo a qual a História é racional e a Razão na História, ou a luta entre as classes, ou a *práxis*, supõem a vontade e a liberdade. Não obstante, a crença na razão histórica segundo a qual "todo real é racional e todo racional é real", ou seu sucedâneo – o pressuposto lógico na racionalização do campo histórico pela ação revolucionária do proletariado –, são reconhecidos como formas de milenarismo e de fé na racionalidade da história (racionalidade da Razão, racionalidade do antagonismo entre as classes). Políticas teológicas, as milenaristas afastam-se da *práxis*, que diz respeito a um mundo comum compartilhado, onde o conflito é legítimo e resolvido pela política e não pelo recurso à violência dita revolucionária ou reacionária, ambas dominadas pelo princípio do "realismo político", donde o elemento absolutista comum a ambas. Cf. ARENDT, Hannah. *A Condição Humana*. Rio de Janeiro: Forense-Universitária, 2003; DERRIDA, Jacques. *L'Hospitalité*. Paris: Galilée, 2000; id. *Le concept du 11 septembre*: Dialogues à New York (octobre-décembre 2001) avec Giovanna Borradori. Paris: Éditions Galilée, 2004. LEVINAS, Emmanuel. *Totalité et Infini. Essai sur l'extériorité*. La Haye: Martinus Nijhoff, Kluwer Academic Publishers, 1972; id. *Autrement qu'être ou Au-delà de l'essence*. La Haye: Martinus Nijhoff, Kluwer Academic Publishers, 1974, entre outros.
17. ADORNO, Theodor W.; HORKHEIMER, Max. *O Conceito de Iluminismo*. São Paulo: Abril Cultural, 1973. (Coleção Os Pensadores). p. 98.

e a criação de objetos parciais e nunca da completude de um objeto. Sociedades da "otimização" e das "competências", elas formam destros escultores, sem que jamais se tenham interrogado sobre o que é o belo; formam hábeis construtores que utilizam materiais de ponta, mas que desconhecem as nervuras do conhecimento; substituem a lei pela regra, em seguida, a regra pela fórmula, para o funcionamento lógico do pensamento. Com exímios gestores financeiros, não se corre o risco de enfrentar o drama da condição humana e do sentido da vida. O método científico transforma o saber em instrumento:

> [...] o avião de combate enquanto artilharia eficaz, o telecomando enquanto bússola de maior confiança. O que os homens querem aprender da natureza é como aplicá-la para dominar completamente sobre ela e completamente sobre os homens. [...] Poder e conhecimento são sinônimos[18].

O nazismo, como protótipo do mal radical, fez que se questionasse o otimismo científico. Fanatismos, racismo, etnocentrismos e guerras ocorrem em meio às conquistas da ciência, cujos desenvolvimentos viabilizariam, para utilizar a expressão de Marcuse, a passagem não mais do socialismo utópico ao científico, mas do científico ao socialismo utópico. A cultura, fundada no princípio científico-filosófico da identidade e no de fetichismo e "previsibilidade" na economia – esta última tomada como uma ciência –, tem como aliado o princípio de "origem". Havendo sempre algo de primeiro e uno, cada qual se vê como o seu verdadeiro representante e herdeiro, origem tão identitária quanto sedentária.

Não se podem, porém, encontrar em um homem características gerais que permitam assimilá-lo a outros e dizer: "sou grego, sou alemão". Quando Nietzsche analisa a palavra *Entstehung* (origem), ele se dirige à história do século XIX europeu,

> pátria de misturas e bastardias, época do homem-mistura; o europeu não sabe o que ele é, ignora que raças se misturam nele, procura o papel que poderia ter; não possui individualidade [...]. Os alemães se pretendem a raça pura para dominar a confusão das raças de que são constituídos![19].

18. Ibid.
19. Ver NIETZSCHE, Friedrich. *Genealogia da Moral*. São Paulo: Aguilar, 1949.

Assim como Nietzsche aponta na cultura grega clássica o princípio apolíneo como negação interna de seu dionisismo, algo semelhante se passa nas guerras de seu tempo: "tal como os gregos se enfureciam no sangue grego, assim agora o fazem os europeus no sangue europeu"[20]. A *hýbris* da identidade é a da ciência, da política e a do mercado mundial, essa forma moderna do destino. Neutralidade da ciência e lei da equivalência só reconhecem o poder como o princípio de todas as relações.

A associação entre indústria, guerra e ciência já se encontra, até certo ponto em Bacon, que, no século XVI, em seu *Novum Organum*, associa a ciência ao desenvolvimento industrial agressivo, sob os auspícios expressamente materiais. Sua crítica pode ser encontrada nas palavras do filósofo francês do século XX, Alain, quando trata da Primeira Guerra Mundial: "essa guerra é um erro do pensamento"[21]. Se o filósofo assim a considera é por reconhecer nela um engano teórico e intelectual, uma vez que na explosão sangrenta e na destruição há um fio condutor dirigindo os homens e as armas: "a guerra não é a manifestação periódica da violência ou a eclosão espontânea da agressividade". Implica, ao contrário, em organização, controle, autocontrole, subordinação e obediência, disciplina, "educação para a guerra"[22]. A cultura do pânico, como a denominou Hermann Broch em 1944, é a de nossa contemporaneidade. Diferentemente do medo – que se liga a um perigo iminente –, o pânico é do campo do delírio, pois não pode ser desmentido pela realidade – além de se consolidar segundo o desejo de obediência e de servidão voluntária. Assim se completa o que Foucault já indicara, em seu *Vigiar e Punir*.

O panóptico, idealizado por Benthan no século XVIII, fora concebido para fins carcerários e se transformou, segundo Adorno, em uma prisão a céu aberto na modernidade. A modernidade é panóptica como a estrutura arquitetônica de Benthan, que permitia vigiar prisioneiros, os quais, por sua vez, não tinham acesso ao olhar de seus vigias, protegidos estes, em seus escritórios, por biombos. Os prisioneiros são, ao mesmo tempo, visíveis mas incapazes de ver. Há aqui um dispositivo de visão que é, melhor dizendo,

20. Ver id. *Origem da Tragédia*. Lisboa: Guimarães Editores, 1972.
21. Cf. ALAIN. *Propos sur le Bonheur*. Paris: Seuil, 1938. p. 27.
22. Ibid.

uma sugestão de visão: o indivíduo se torna dócil, submetendo-se a uma vigilância tanto real quanto virtual. O panóptico é um pequeno teatro em que cada detento aprende a desempenhar seu papel de prisioneiro para um público hipotético. O pânico conduz à abdicação das leis e das liberdades em nome da "segurança", e todo choque é tal como um "prodígio" – algo que se produz de maneira incompreensível e incognoscível, daí seu caráter "único", que o fecha sobre si mesmo, de tal modo que lhe falta qualquer outro objeto a partir do qual possa ser interpretado: o estado traumático sente como estranho o que vê e não entra em contato com o que vê. Um contato "sem duplo". Os acontecimentos não encontram qualquer inscrição na consciência ou na memória – donde o desaparecimento de qualquer possibilidade de "sentido": o sentido, escreve em um outro contexto Clément Rosset, "é, de agora em diante, reconhecido como invisível".

Para as situações de pânico e de paranóia, o "real" não é senão, e no melhor dos casos, anamorfose no espaço e no tempo. Trata-se de um "eterno presente", vazio, pois o pânico não reconhece a passagem do tempo e este é vivido como "irreversível", ou melhor, como se não houvesse um passado, tão-somente repetição e eterno retorno, pois a reversibilidade em sentido enfático existe na idéia do perdão. Na repetição, no ressentimento, no trauma, desaparece a noção de futuro como advento do "novo", do "miraculoso". Ele é confiscado. O futuro é visto como previsível e controlável e é evocado como necessitarismo a fim de responder às contingências do presente coisificado, autonomizado com respeito ao tempo do agir histórico, da cicatrização das feridas, do perdão, do esquecimento ativo, porque este primeiramente é inscrito na memória, simbolizado, "irrealizado", ficcionado, para depois poder ser esquecido.

O discurso oficial celebrativo da insegurança – próprio à contemporaneidade, seja de catástrofes iminentes, seja do retorno ao hobbesianismo social – não reconhece os descontentes da civilização e dessocializa os esforços civilizatórios de toda a história do pensamento, das tradições filosófica, literária, religiosa, artística e científica e de suas inter-relações e transculturações, circunstância a que Haroldo de Campos dedicou a expressão "De Babel a Pentecostes: uma utopia concreta". O filósofo, poeta, crítico e tradutor, referindo-se à experiência da amizade e da hospitalidade do encontro das línguas, afasta-se de qualquer visada "nacionalista" entre povos, homens, literaturas:

> a questão do "nacionalismo" literário não pode ser encarada de um ponto de vista monológico. Desde o barroco [...] não podemos pensar-nos como identidade conclusa, acabada, mas, sim, como diferença, como abertura, como movimento dialógico da diferença contra o pano de fundo da universalidade (no caso, da "literatura universal"). Nacionalismo dialógico, portanto, modal relacional, ao invés de ontológico, xenófobo, fundamentalista [...]. Sob o signo bíblico da "Torre de Babel", o homem dispersou-se, dividiu-se em línguas e nações. A balbúrdia dos particularismos, ensina-nos a história, poucas vezes tem encontrado condições harmoniosas de coexistência não-excludente. Sob o signo da reconversão de Babel em Pentecostes – de que a literatura e a cultura podem muito bem ser portadoras – a humanidade do novo milênio conseguirá, quem sabe, reencontrar-se num espaço convivial planetário, plural e transcultural, expandindo no sentido pleno o conceito fecundo de *Weltliteratur*, tão caro a Goethe como ao goetheano Marx[23].

Nesse horizonte, os ideais de respeito, tolerância e autonomia do pensamento, mesmo anacrônicos, podem constituir uma reversão de dogmas que geram preconceitos, se a estes se contrapuser a prática do diálogo. Noção das mais importantes, ela se encontra intimamente ligada não somente à Filosofia, mas ao próprio ato de pensar. Diálogo supõe movimentar-se num campo semântico e conceitual que leva em conta a distinção, a diferença. O diálogo "é o fazer-se palavra da consciência"[24].

A assim denominada "mundialização da cultura" pela cultura média midiática produz uma inflação da linguagem, contrária ao diálogo. O prefixo *dia* justaposto ao logos indica, ao mesmo tempo, o que une e o que distingue contrários. Para haver diálogo – na sociedade, na política e entre

23. CAMPOS, Haroldo de. De Babel a Pentecostes: uma "utopia concreta". In: FABBRINI, Regina; OLIVEIRA, Sergio Lopes. (Org.). *Interpretação*. São Paulo: Lovise, 1998. p. 32; 345. Haroldo de Campos lembra ainda: "Em pleno século XIII, o rei castelhano Don Alfonso X, El Sábio (1221 - 1284), entreviu (essa utopia concreta) e trovava em galaico-português (sob a influência da Provença, cuja língua dominava) e foi ele que auspiciou a 'Escola de Tradutores de Toledo', onde o grego, o latim, o árabe e o hebraico permeavam-se num confraterno e seminal movimento translatício. Gostaria de invocá-lo como patrono, ao subscrever-me, poeta brasileiro e cidadão ecumênico da língua portuguesa, no limiar de um terceiro milênio que auguro pentecostal e pós-babélico". Cf. ibid., p 35.

24. PERNIOLA, Mario. *Transiti. Come si va dallo stesso allo stesso.* Bologna: Capelli, 1985. p. 140.

culturas –, é preciso haver encontro, o que só ocorre com a condição "de que duas culturas tenham esquecido a própria origem, e isto depende de que cada uma tenha já se tornado dupla com respeito a si mesma"[25]. Ressoam aqui as palavras de Montaigne: "somos duplos em nós mesmos. [...]. Eu agora, eu depois, somos a bem dizer dois"[26]. Somos constituídos de matéria tão informe e diversa que "cada peça, cada momento faz seu jogo. E há mais diferença de nós a nós mesmos do que de nós a um outro"[27]. Segue-se, em Montaigne, um respeito "pela estranheza aparente do Outro", que seria logo adiante compreendida na naturalidade universal deste país "ampliado" que somos, diversificado e tolerante:

> Tive, por longo período, um homem comigo (um indígena vindo do Brasil a Rouen em 1556) que permaneceu dez anos (entre nós). O novo mundo foi descoberto em nosso século, no lugar em que Villegaignon aportou e denominou França Antártica. A descoberta deste país infinito deve ser levada em consideração [...]. Esses homens estrangeiros e estranhos não conhecem nenhuma forma de contato (como aqueles estabelecidos entre nós)[28].

São frugais, diferentes dos europeus, canibais em certas horas, mas de forma alguma desprovidos de bom senso nesse rito, tendo talento poético em seu folclore. Montaigne hesita em chamá-los de bárbaros: "pode-se muito bem tratá-los de bárbaros, de acordo com as leis da razão, mas não em comparação conosco que os ultrapassamos em toda espécie de crueldade"[29]. Montaigne critica o domínio colonial dos espanhóis e da Igreja dizendo que os nativos da América nada têm a invejar nos europeus, nem em habilidades, e "quanto à sua devoção, observância das leis, bondade, generosidade, sinceridade e liberdade (*franchise*) nos foi muito útil não tê-las tanto quanto eles"[30]. Os massacres com os quais os colonos dizimaram homens no México e no Peru são matanças, horríveis hostilidades e miseráveis calamidades. Montaigne defende religiões e raças contra todos os excessos das religiões e das raças.

25. Ibid., p. 145.
26. MONTAIGNE. *Essais*, II, 16; III, 9. Paris: Livre de Poche, 1972.
27. Ibid., II, 2.
28. Ibid., I, 31.
29. Ibid.
30. Ibid.

Interrogar a intolerância é, pois, questionar as relações do eu ao outro, mas sobretudo de nós a nós mesmos. Ou, nos termos de Freud, este Eu, que nos é tão íntimo, é também inquietantemente estranho. Partindo do estudo semântico do adjetivo *heimlich* (familiar) e de seu antônimo *unheimlich* (secreto, escondido), Freud indica a coincidência final entre conhecido e desconhecido. Na própria palavra inverte-se o mais conhecido em seu contrário, nessa enigmática presença do estranho no mais familiar, familiar que, em certas condições, manifesta-se como estranho. Eis que o medo fixa o estranho fora de nós, revelando naquilo que um dia foi familiar algo potencialmente "impregnado" do estranho, no caso, o inconsciente[31]. Também nosso eu primitivo, ainda não delimitado pelo mundo externo, projeta para fora de si tudo o que experimenta como perigoso e assustador: assim um duplo – estranho e inquietante justamente por conter a destrutividade de nosso próprio eu. Diante do estrangeiro que recusamos sem consciência da recusa – e com o qual nos identificamos sem o saber –, perdem-se os limites entre o real e o imaginário, de forma que se estabelece o conflito entre a necessidade de identificação com o outro (para que não permaneça desconhecido e ameaçador) e o medo de consegui-la (e perder-se na alteridade).

Orientados pelas considerações freudianas, Horkheimer e Adorno mostram como procedem o preconceituoso racista e o fanático religioso: confundindo representações verdadeiras acerca de si, atribuem-nas falsamente aos outros. Sua prática é a do "bode-expiatório". O antisemita inveja secretamente o judeu por qualidades que ele lhe confere e não suporta a frustração de não as ter. Pratica, por assim dizer, a identificação com um opressor imaginário para tornar-se ele próprio, "justificadamente" agora, o próprio opressor. Trata-se de um dispositivo que os filósofos denominam "falsa *mímesis*", adaptação, através da tecnologia e da maquinaria social, a algo tomado como inanimado: como observam Adorno e Horkheimer, "é o medo que favorece a assimilação do diferente ao idêntico – o exorcismo do perigo através do talismã da identidade"[32]. Quanto mais fraco o ego, mais forte é sua ancoragem no idêntico. A *mímesis* é, neste caso, projeção fóbica e destruidora.

31. Cf. FREUD, Sigmund. O Estranho. In: *Edições Standard Brasileiras das Obras Completas de Sigmund Freud.* Rio de Janeiro: Imago, 1976. vol. XVII, p. 273-318.
32. Ver ADORNO; HORKHEIMER, op. cit., 1985.

Reconhecer o estrangeiro em nós mesmos nos revela um país desconhecido, onde fronteiras e alteridades são permanentemente construídas e desfeitas. Não se trata, pois, de "integrar" o estrangeiro e, ainda menos, de persegui-lo, mas acolhê-lo neste inquietante estranhamento que é tanto o seu quanto o nosso: "somos cristãos", anotou Montaigne, "a mesmo título que somos perigordinos ou alemães"[33]. Trata-se de um cosmopolitismo de tipo novo, transverso a governos, economias e mercados – aquele que instala em nós a *diferença* como condição de nosso estar com os outros. Disso resulta a ampliação de nossa identidade. Se os princípios de identidade e de não contradição determinam um "terceiro excluído", rever este "princípio de razão" significa apreender um pensamento eclético e plural que recusa a lógica binária das ortodoxias. "Razão mestiça", poderíamos dizer, porque mista e porque joga com descobertas, "com plasticidade e metamorfose, destacando um terceiro termo que, incluído, é a tolerância heterodoxa"[34].

Poder-se-ia aqui falar em sincretismos e hibridizações, compreendendo-os como uma metodologia, indicando um plano diferente daquele que se engaja em uma verdade essencial, espécie de identidade eleata, garantidora de uma origem. O sincretismo é um outro logos – que atesta a crise das aculturações violentas e corsárias, aparentando-se ao oximoro: uma loucura (*oxy*) da linguagem que põe em desordem as fronteiras das palavras para dar novos sentidos às coisas. Oximoros, sincretismos, *heterologos* provêm de lógicas "ilegítimas" e sem "coerência" transitando em assimetrias, contagiando significações permanentes, desviando-se de universalismos intolerantes, indigenizando-se em mutações culturais. Disciplinado numa síntese, o heterogêneo recai na universalidade homogênea, que tudo reconverte à dimensão do mesmo: o sujeito

33. MONTAIGNE, op. cit., II, 12.

34. Cf. VARELA, Maria Helena. *O Heterologos em Língua Portuguesa*: elementos para uma antropologia filosófica situada. Rio de Janeiro: Espaço e Tempo, 1996. p. 96. Para a compreensão das hibridizações culturais, algo semelhante pode ser encontrado no conceito de *sincretismo*, para além da restrição que lhe confere o âmbito religioso. Na origem da palavra "há algo de enigmático e de alusivo [...]. Dizia-se, de fato, que os cretenses, sempre dispostos a uma luta entre si, se aliavam quando um inimigo externo aparecia. *Sincretismo* é a união dos cretenses, um conceito defensivo que ultrapassa a fragmentação política interna [...]. Essa determinação em unir grupos conflituais, em busca de alianças entre partes da própria Creta, serviu para a posterior migração do conceito, da política à religião." Cf. CANEVACCI, Massimo. *Sincretismos. Exploração das Hibridizações Culturais*. São Paulo: Studio Nobel, 1996. p. 15.

soberano. Necessita-se, pois, manter o passado em sua dispersão, procurando demarcar os ínfimos desvios ou mesmo completas reversões que lhe deram nascimento. O pensamento que presume ter encontrado a verdade é falso justamente por subentender a pacificação entre o pensamento e a coisa. Pondo o Eu em estado de questão, o *heterologos* mestiço dá-se plena liberdade de se contradizer, já que a insularidade do Eu não responde "à realidade do real". Nas palavras de Pascal: "Tudo é um, tudo é diverso. Quantas naturezas na do homem"[35]. Nesse sentido, o Outro não é nosso limite externo, mas o que nos pluraliza e através de quem podemos nos totalizar. Restritos a uma única identidade de origem, diminuímos em realidade, em humanidade.

Viver é mais do que sobreviver. No século XVI, La Boétie escrevia: "Não pode haver amizade onde há desconfiança, deslealdade, injustiça. Entre os maus, quando se reúnem, é um complô e não companhia. Eles não se entretêm, entretemem-se. Não são amigos, mas cúmplices"[36]. A sociedade que não se funda nos laços da amizade e da fraternidade é, também, sem compaixão. Essa é uma "tristeza mimética" pela qual desejamos o fim do sofrimento de um outro nós mesmos. Não é algo que se descobre na reflexão apenas, mas que é criado com a ampliação de nossa identidade e sensibilidade aos pormenores da dor, pois o que os homens têm em comum é serem todos suscetíveis a sofrimentos e decepções. O co-padecimento funda-se em nossa capacidade de identificação no sentido de que "o caminho mais curto de chegarmos a nós mesmos é o que dá a volta ao mundo". Relativizando nossos costumes, saberemos que se ninguém possui a verdade, todos têm direito a serem compreendidos[37].

Em Heródoto encontramos indicações sobre a exemplaridade de conhecer-se a si mesmo pela mediação do Outro. Quando o historiador narra detalhadamente e com admiração respeitosa os costumes dos egípcios, é a própria Grécia que dá a conhecer:

> Entre os egípcios, as mulheres compram e vendem, enquanto os homens ficam em casa a tecer [...]. Os homens carregam os fardos na cabeça, mas as mulheres os carregam nos ombros [...]. Nenhuma mulher é consagrada ao serviço de divindades,

35. PASCAL, Blaise. *Pensées.* Paris: Garnier, 1964. p. 107.
36. LA BOÉTIE, Etienne de. *Discurso da Servidão Voluntária.* São Paulo: Brasiliense, 1982. p. 106.
37. KUNDERA, Milan. *Contingência, Ironia, Solidariedade.* Lisboa: Presença, 1992.

> sejam estas masculinas ou femininas. Os homens são os sacerdotes de todas as divindades. Os filhos não são compelidos contra a vontade a sustentar seus pais, mas as filhas devem fazê-lo mesmo sem o querer[38].

Conhecer o Outro é conhecer melhor a si mesmo. Se o Outro é um nós mesmos invertido, podemos dele nos aproximar pelos laços da confiança e da amizade. Horkheimer, por sua vez, quando ainda existia o socialismo histórico, o do Leste Europeu, anotou: "Os estudantes fugidos do Leste, nos primeiros meses depois de sua chegada à Alemanha (Federal), são felizes porque há mais liberdade, mas logo se tornam melancólicos porque não há amizade alguma"[39]. Um mundo no qual só conta a lei do valor e a lógica do saber a ele associada não é o mundo humano, mas o do capital. Sociedade sem espaço para a amizade e para a fraternidade não merece o nome de cidade, mas antes o de solidão[40].

Recentemente, Derrida, ao considerar a amizade, referiu-se à hospitalidade, contrapondo-a ao cosmopolitismo ou, pelo menos, indicando-a como seu limite. Ao cosmopolitismo corresponde a noção de tolerância. No par cosmopolitismo-tolerância, trata-se, sempre, de um "direito de visita", de não ser admitido como inimigo em terra estrangeira. A tolerância "encontra-se", observa Derrida,

> do lado da "razão do mais forte", que é uma marca suplementar de soberania – é a boa face da soberania que, do alto, significa ao outro: eu te deixo viver, não me és insuportável, eu te ofereço um lugar em minha casa, mas não te esqueças, estou em minha casa. Eu te acolho com a condição de que te adaptes às leis e normas de meu território, segundo minha língua, minha tradição e memória[41].

Quanto à hospitalidade, ela é incondicional, diz respeito ao estrangeiro que chega sem ter avisado: "A hospitalidade é antecipadamente aberta a quem não é esperado nem convidado, a todo aquele que chega como visitante – visitante

38. HERÓDOTO. *L'Egypte. Histoires II*. Livro II:35. Paris: Classiques en Poche, Les Belles Lettres, 1997. p. 45.
39. HORKHEIMER, Max. Actualidad de Schopenhauer. In: HORKHEIMER, Max; ADORNO, Theodor W. *Sociologica*. Madrid: Taurus, 1971. p. 194.
40. Ver SPINOZA. *Traité Politique*. Paris: J. Vrin, 1968.
41. DERRIDA, op. cit., 2004, p. 186.

absolutamente estrangeiro, alguém que chega e que não é nem identificável nem previsível"[42]. A hospitalidade é da ordem do puro "dom", ultrapassando as noções comuns ligadas a formas jurídicas e políticas, ambas resguardando a noção de "dívida". A hospitalidade é um "salto" absoluto para além do saber e do poder, da norma e da regra, sendo a condição de possibilidade do mundo ético e político; nela não há sequer a noção da "alteridade do Outro", daquele que entra em nossa vida sem dizer que vinha. Experiência só possível – a da hospitalidade – quando já se fez a experiência da identidade instável e cambiante. Como escreveu o filósofo: "não existe um limite a que podemos chegar e dizer, enfim, esse sou eu"[43].

Referências Bibliográficas

ADORNO, Theodor W. *Negative Dialektik.* Frankfurt am Main: Suhrkamp, (c1966) 1970.

ADORNO, Theodor W.; HORKHEIMER, Max. *O Conceito de Iluminismo.* São Paulo: Abril Cultural, 1973. (Coleção Os Pensadores).

____. *Dialektik der Aufklärung.* Frankfurt: Fischer Taschenbrich, 1982.

____. *Dialética do Esclarecimento.* Rio de Janeiro: Jorge Zahar Editor, 1985.

AGAMBEN, Giorgio. *Ce qui reste de Auschwitz*: l'archive et le témoin. Paris: Rivages, 1999. (Col. Homo Sacer, n. 3).

ALAIN. *Propos sur le Bonheur.* Paris: Seuil, 1938.

ARENDT, Hannah. *A Condição Humana.* Rio de Janeiro: Forense-Universitária, 2003.

BAUMAN, Zygmunt. *Modernidade e Ambivalência.* Rio de Janeiro: Jorge Zahar Editor, 1995.

BENJAMIN, Walter. *Documentos de Cultura, Documentos de Barbárie.* Seleção e apresentação de Willi Bolle. São Paulo: Cultrix/Universidade de São Paulo, 1986.

CAMPOS, Haroldo de. De Babel a Pentecostes: uma "utopia concreta". In: FABBRINI, Regina; OLIVEIRA, Sergio Lopes. (Org.). *Interpretação.* São Paulo: Lovise, 1998.

42. Ibid., p. 43.

43. PLOTINO. *Ennéades* VI, 5, 7. Paris: Les Belles Lettres, Tome VI, 1ère Partie (I-V), 1992. p. 204.

CANEVACCI, Massimo. *Sincretismos. Exploração das Hibridizações Culturais.* São Paulo: Studio Nobel, 1996.

DERRIDA, Jacques. *Marges de la Philosophie.* Paris: Minuit, 1972.

____. *Politiques de l'Amitié.* Paris: Galilée, 1994.

____. *L'Hospitalité.* Paris: Galilée, 2000.

____. *Le concept du 11 septembre*: Dialogues à New York (octobre-décembre 2001) avec Giovanna Borradori. Paris: Éditions Galilée, 2004.

FONTENAY, Elisabeth. *Le Silence des Bêtes.* Paris: Fayard, 1996.

FREUD, Sigmund. Moses and Monotheism. *Standard Edition.* 1971. vol. XXIII.

____. O Estranho. In: *Edições Standard Brasileiras das Obras Completas de Sigmund Freud.* Rio de Janeiro: Imago, 1976. vol. XVII.

HABERMAS, Jürgen. *A Ciência e a Técnica como Ideologia.* Portugal: Edições 70, 2001.

HERÓDOTO. *L'Egypte. Histoires II.* Livro II:35. Paris: Classiques en Poche, Les Belles Lettres, 1997.

HORKHEIMER, Max. Actualidad de Schopenhauer. In: HORKHEIMER, Max; ADORNO, Theodor W. *Sociologica.* Madrid: Taurus, 1971.

KANT, Immanuel. *Duas Introduções à Crítica do Juízo.* São Paulo: Iluminuras, 1995.

KUNDERA, Milan. *Contingência, Ironia, Solidariedade.* Lisboa: Presença, 1992.

LA BOÉTIE, Etienne de. *Discurso da Servidão Voluntária.* São Paulo: Brasiliense, 1982.

LEFORT, Claude. Ciência e Educação. *Revista Libre*, n. 1, 1975.

LEVINAS, Emmanuel. *Totalité et Infini. Essai sur l'extériorité.* La Haye: Martinus Nijhoff, Kluwer Academic Publishers, 1972.

____. *Autrement qu'être ou Au-delà de l'essence.* La Haye: Martinus Nijhoff, Kluwer Academic Publishers, 1974.

MARCUSE, Herbert. *A Ideologia na Sociedade Industrial.* São Paulo: Paz e Terra, 1969.

MASSIMO, Fusillo. *L'altro e lo stesso. Teoria e storia del doppio.* Milano: La Nuova Italia, 1998.

MONTAIGNE. *Essais*, II, 16; III, 9. Paris: Livre de Poche, 1972.

NIETZSCHE, Friedrich. *Genealogia da Moral.* São Paulo: Aguilar, 1949.

____. *Origem da Tragédia.* Lisboa: Guimarães Editores, 1972.

PASCAL, Blaise. *Pensées.* Paris: Garnier, 1964.

PERNIOLA, Mario. *Transiti. Come si va dallo stesso allo stesso.* Bologna: Capelli, 1985.

PLOTINO. *Ennéades.* Paris: Les Belles Lettres, Tome VI, 1ère Partie (I-V), 1992.

ROSSET, Clément. *Le Réel*: Traité de l'Idiotie. Paris: Minuit, 2004.

SELIGMANN-SILVA, Marcio. (Org.). *História, Memória, Literatura*: o testemunho na era das catástrofes. Campinas: Unicamp, 2003.

SPINOZA. *Traité Politique*. Paris: J. Vrin, 1968.

VARELA, Maria Helena. *O* Heterologos *em Língua Portuguesa*: elementos para uma antropologia filosófica situada. Rio de Janeiro: Espaço e Tempo, 1996.

parte I
língua e poesia

1.

A Língua Árabe*

Josep Puig Montada

O número de pessoas consideradas arabófonas foi estimado, em 2005, em cerca de 300 milhões, se incluirmos aqueles que, embora falem árabe, têm outra língua materna, em particular o berbere, no norte da África, mas que estão familiarizados com o árabe falado. Na Síria e no norte do Iraque, encontram-se minorias que falam dialetos neo-aramaicos, conquanto entendam o árabe. Também no norte do Iraque, uma importante minoria curda conhece o árabe, e, na própria Península Arábica, existem grupos de povoação com línguas sul-arábicas. Quanto ao sul do Sudão, onde a população fala vários dialetos bantos, o árabe é imposto como língua oficial.

O árabe é a língua oficial de uns vinte países independentes do Oriente Próximo e do norte da África[1]. Israel reconhece também o árabe como uma de suas línguas oficiais, e em diversos países industrializados há comunidades de imigrantes árabes. Na Espanha, após séculos de ausência, boa parte de um milhão de imigrantes, em sua maioria marroquinos, o falam como língua

* Tradução (do original espanhol) de Rosalie Helena de Souza Pereira.

1. Remeto ao informe da Unesco sobre línguas do mundo para qualquer atualização.

materna. No plano intergovernamental, o árabe é uma das línguas oficiais da Organização das Nações Unidas, desde 1974.

Contudo, existem regiões onde a língua oficial é outra, mas parte da população fala árabe: no Khuzistão (Arabistão), ao sul do Irã, em Balkh, em "ilhotas" do Afeganistão, do Uzbekistão, do sul da Turquia (Siirt, Iskenderun) ou do norte de Níger, de Mali ou do Chad. Como curiosidade, cita-se o dialeto maltês, influenciado pelo italiano e relacionado com o árabe outrora falado na Sicília.

O árabe é, além disso, a língua de culto de todos os muçulmanos, independentemente de sua língua nativa. Mais de um bilhão e trezentos milhões de crentes consideram o árabe sua própria língua porque é a de seu texto sagrado. A *Escritura* é algo que todo muçulmano, árabe ou não, conhece em seu original árabe, embora, de maneira muito limitada, conheça apenas algumas frases.

No entanto, em que sentido podemos dizer que todas essas comunidades falam o árabe? Suas falas procedem do árabe falado na época da grande expansão muçulmana e normalizado no século VIII; é indiscutível este antecedente comum. De modo geral, são possíveis as distinções entre dialetos urbanos e rurais ou beduínos, mas as diferenças entre os dialetos árabes, próprios de cada região, são tais que quem freqüentemente fala o de uma é incapaz de entender o de outra, menos do que um holandês poderia entender um dinamarquês. No entanto, todos eles admitem falar "árabe". Os dialetos árabes são de fato línguas maternas: quem fala árabe o adquire de sua família antes de ir à escola. Define-se assim uma língua viva: a que se aprende dos pais. Diante de uma diferença objetiva tão clara, causa surpresa essa afirmação tão geral, mas ela é explicada mais pela vontade política e pela consciência cultural do que pela recordação de um antecedente comum.

Ora, esse antecedente sobrevive porque essas pessoas têm acesso a outra língua culta, unificadora, por meio da educação (em sentido amplo). Durante séculos esta língua foi o árabe do *Corão*, ou árabe clássico, que aos poucos resultou em um "árabe moderno culto", em uma unificação lingüística.

Todavia, a escola não é o único fator "desfragmentador". Um forte intercâmbio de populações se registra no próprio mundo árabe, por exemplo, de trabalhadores egípcios nos Estados do Golfo Arábico, e essas populações se vêm obrigadas a entender e fazer-se entender numa língua distinta, seja o dialeto do país de acolhida, seja uma língua comum. Esta língua é a dos meios de comunicação e da administração.

A presença do árabe clássico assegura a escolarização, mas, num âmbito muito maior, consolida a religião, porque a sociedade árabe é uma sociedade religiosa, e o *Corão* está presente na vida cotidiana. Numa pessoa que fala árabe amiúde convivem, pois, três níveis de língua: a familiar, que poucas vezes se escreve, o "árabe culto moderno", conhecido em inglês por Modern Standard Arabic (MSA), e, de maneira receptiva, uma língua litúrgica, ou árabe clássico. Estes dois últimos níveis são assimiláveis numa mesma forma "alta", sendo lícito falar de diglossia entre o árabe culto moderno e o árabe clássico, de um lado, e os dialetos, de outro. Toda análise do árabe deve ter em conta esta situação.

As Origens do Árabe Clássico

O árabe pertence ao conjunto de línguas semíticas, línguas vivas ou mortas que oferecem suficientes traços comuns em suas fonologias morfossintáticas e léxicas para esboçar uma língua mãe, o protossemítico, anterior a 2500 a.C. Convém lembrar que esta língua é uma convenção ou postulado e que o semítico comum é parte de um complexo de línguas chamado hamito-semítico (ou camítico), incluindo o egípcio dos faraós e dos coptas, o líbico-berbere e o cuchítico[2]. Embora existam teorias acerca de um antepassado comum do hamito-semítico, que alguns denominam ário-semítico e outros, nostrático, não passam de teorias pouco embasadas.

As línguas semíticas são línguas fundadas em raízes consonânticas, quase sempre triconsonânticas. Essa é a doutrina generalizada, mas não é unânime. Von Soden, Ullendorff e Voigt consideram que há elementos vocálicos, algo que se fortalece nas raízes trilíteras formadas por duas consoantes

2. Cuch, na *Bíblia*, é o filho mais velho de Ham, ou Cam, e dele deriva o nome cuchítico, que agrupa uma série de línguas hamito-semíticas que hoje são faladas por uns quinze milhões de pessoas na zona limítrofe do Mar Vermelho e na Etiópia.

e uma semiconsoante, de modo que *bnī*, "construir", seria um caso de raiz originariamente consonântica e vocálica.

É evidente que a maioria das raízes nas línguas semíticas é triconsonântica; as palavras com raízes de duas consoantes não são tão comuns, embora pertençam a um fundo muito antigo, por exemplo, *yad* "mão", *yam* "mar". Além disso, os verbos chamados "côncavos", por exemplo, o verbo *qām* em hebraico, deixam entrever uma estrutura biconsonântica, e comparações com outras línguas hamito-semíticas ajudam a pressupor o mesmo. Em qualquer caso, no semítico comum coexistiam os dois tipos.

Sobre as raízes atuam tanto os morfemas léxicos como os gramaticais, que consistem em vocalização e afixos. Por exemplo, *ktb* é uma raiz triconsonântica que expressa a noção de "escritura". Em árabe, um morfema léxico é $maC_1C_2aC_3at$[3], e sua aplicação da *maktabat*, "biblioteca", e um morfema gramatical é $yaC_1C_2uC_3u$, "ele escreve".

Os morfemas podem ser externos, internos ou sintáticos. Externos são os afixos, e internos são consoantes, vogais e pautas prosódicas. Os sintáticos correspondem à ordem das palavras ou a elementos independentes. A flexão interna, isto é, o recurso a morfemas internos, é característico das línguas semíticas.

Brockelmann reuniu as línguas semíticas em três grupos: norte-oriental, norte-ocidental e sul-ocidental, uma classificação sempre operativa:

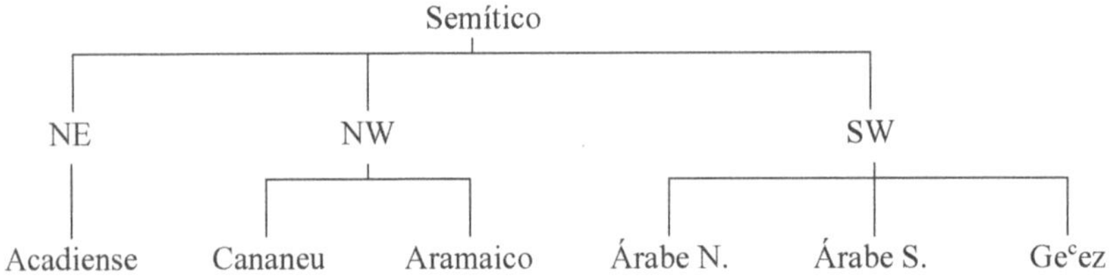

1. O grupo NW costuma subdividir-se em cananeu e aramaico. Essa subdivisão é verificável a partir do primeiro milênio a.C., quando o aramaico aparece em inscrições.

O cananeu abarca a zona sírio-palestina a partir do final do segundo milênio a.C. No subgrupo cananeu incluem-se o ugarítico, o hebraico e o

3. C = Consoante; C_1 = Consoante primeira da raiz; C_2, segunda; C_3, terceira; *ma* e *ya* = prefixo.

puno-fenício. O ugarítico é a linguagem dos textos descobertos em Ugarit (Ra's Šamrā), pertencentes aos séculos XIII-XIV a.C. O puno-fenício está representado por inscrições em cidades – entre os séculos X e I a.C. – e colônias púnicas – entre os séculos IX a.C. e II d.C.

O hebraico inclui o período bíblico (1200-200 a.C.); o pós-bíblico, que se inicia com a literatura apócrifa, está presente nos documentos do Mar Morto e prepondera na literatura rabínica dos primeiros séculos da era cristã (*Mishna*, *Tosefta*, *Midrash*); o medieval, na literatura exegética, poética e filosófica; e, finalmente, o atual, ressuscitado pelo Estado de Israel como língua falada e oficial, desenvolvida por E. Ben Yehuda.

O aramaico apresenta suas primeiras manifestações em princípios do primeiro milênio a.C. Desenvolve-se grandemente como língua de comunicação do antigo Império persa e substitui o hebraico como língua falada na Palestina, desde o século II a.C. Divide-se, possivelmente, por volta do século I a.C., em dois ramos, ocidental e oriental.

O aramaico antigo é encontrado nas inscrições sírias e nas do norte do Iraque dos séculos X-VIII a.C. O aramaico clássico é usado durante os séculos VII-IV a.C. nos Impérios assírio, babilônico e persa. Sobrevive em inscrições e também em papiros e óstracos. Algumas partes do Antigo Testamento contêm frases do chamado aramaico bíblico (séculos V-II a.C.).

O aramaico ocidental compreende o nabateu, o palmireno e o judaico-palestino. O nabateu era a língua da povoação árabe que fundou o Estado de Petra (séculos I a.C.-III d.C.), conhecida pela quantidade de suas inscrições. O palmireno era a língua da povoação árabe que se assentou em Palmira, no deserto sírio, entre os séculos I a.C. e III d.C., também conhecida por suas inscrições. O judaico-palestino era a língua falada na Palestina no tempo de Jesus e durante o primeiro século da era cristã. O *Targum* palestino se apresenta nesse aramaico, assim como numerosos textos da tradição judaica. Outras variantes do aramaico ocidental são o samaritano, o cristão-palestino – a língua dos melquitas entre os séculos V-VIII d.C. – e a língua dos povoados de Maᶜlūla, Jubᶜadīn e Baḫᶜa, perto de Damasco.

O aramaico oriental abrange o siríaco, o babilônico, o mandeu e o dialeto que ainda é falado na região de Mosul, junto ao lago Urmia (Irã), e em Ṭūr ᶜAbdīn, ao norte da Síria. O siríaco nasceu em Edessa e serviu para expressar uma importante cultura cristã entre os séculos III-XIII d.C., tendo cedido lugar ao árabe. O aramaico babilônico era a língua dos judeus residentes no centro do Iraque (séculos IV-VI d.C.), que a utilizaram para escrever o seu *Talmūd*. O mandeu era a linguagem de uma seita gnóstica que existiu na Mesopotâmia entre os séculos III-VIII d.C.

2. Ao grupo norte-oriental pertence o acádio, falado na Mesopotâmia em tempos anteriores à cristianização. Toma seu nome de Akkād, a capital do império de Sargão, o Grande (2350-2294 a.C.). Sua forma antiga (2500-2000 a.C.) dá origem, a partir de 2000 a.C., ao assírio e ao babilônio, dominantes no norte e no sul da região, respectivamente.

3. No grupo sul-ocidental, distinguem-se três famílias: as línguas da Etiópia, o árabe meridional e o árabe setentrional. A partir do século IV a.C., fala-se o geᶜez, a linguagem clássica da Etiópia. Atualmente, os dialetos da Etiópia são dois setentrionais, tigré e tigrínia, e cinco meridionais, amhárico, argobba, harari, gafat e gurage.

O árabe antigo meridional, também conhecido como sul-arábico epigráfico (ESA), foi falado entre os séculos IX a.C. e VI d.C., e seus dialetos mais importantes eram o sabeu, o mineu, o qatabanio e o ḥaḍramī. Coincidem com as cidades-estado às quais pertencem as inscrições. Conserva-se em inscrições, especialmente, o sabeu. Hoje, os principais dialetos sul-arábicos são o mehri (com seu dialeto ḥarsūsī), o suquṭrī e o jibbālī.

O norte-arábico pré-clássico está documentado em inscrições do período V a.C.-IV d.C., mas é difícil estabelecer a época em que se origina essa língua árabe, ou seja, quando ela começa a ser falada, o que não ocorre antes do século IX a.C. Seus dialetos eram o ṯamūd, o liḥyānī e o ṣafā', e, no norte, era e é o árabe que aqui consideramos. Cantineau e Leslau afirmam que pertencem a um grupo próprio, independente do etiópico, de maneira que seriam quatro os grupos: NE, NW, SE (Etiópia), S (árabe meridional e árabe setentrional).

Até há pouco tempo, considerava-se que a inscrição mais antiga em língua árabe era a de uma tumba real em Al-Nammāra, ao sudeste de Damasco, datada de 328 d.C., que ainda utilizava caracteres nabateus. No entanto, deve-se retroceder a 267 d.C., ano de uma redatada inscrição funerária basicamente em árabe[4]. Todavia, em sua plenitude, com uma literatura extensa e bem comprovada, o árabe só se dá a conhecer no século VI d.C.

As tribos beduínas do deserto da Arábia possuíam uma rica poesia, que só se mantinha na forma oral. A linguagem dessa poesia métrica é muito elaborada, embora não se possa descartar, melhor dizendo, embora se devam levar em conta modificações introduzidas posteriormente pelos transmissores e editores, algumas das quais serviriam para uniformizar essa linguagem, eliminando peculiaridades dialetais.

A primeira e básica pergunta é se a linguagem da poesia pré-islâmica e a linguagem cotidiana são idênticas. Fück acreditava que de fato a língua dessa poesia oral e a língua falada no dia-a-dia coincidiam. Os árabes utilizavam terminações para a conjugação dos verbos e a declinação dos nomes (*iᶜrāb*), mas, no século VI, ou mesmo antes, elas já se perdem. Quanto ao léxico, os termos que parecem inventados são simples arcaísmos, e um argumento de peso em favor da unidade da língua poética e do árabe antigo é que, dois séculos mais tarde, no século IX, os gramáticos ainda acudiam aos beduínos como informantes e árbitros em discussões gramaticais.

No entanto, é inegável a probabilidade de que o árabe usado na poesia oral represente uma forma elaborada, depurada, que lima diferenças entre os dialetos, da mesma maneira que não se pode negar que qualquer beduíno fosse capaz de compreender esta poesia de transmissão oral, porque a língua desta não era muito distinta da que ele falava. Os elementos que poderiam ser convencionais não eram nem tantos nem tão fortes a ponto de impedir a sua compreensão.

A linguagem do *Corão* é parecida com a dessa poesia oral. A tradição afirma que Muhammad foi recebendo, ao longo de 23 anos, as distintas partes do *Corão* como revelações. A história islâmica revela que depois da batalha de Yamāma, em 633, Abū Bakr encomendou a compilação do *Corão*, tarefa prosseguida por seus sucessores, ᶜUmar e ᶜUṯmān. Sob o califado de ᶜUṯmān ibn ᶜAffān (634-644), ela seria concluída e se estabeleceria a versão canônica atual.

4. Ver ROBIN, Christian Jules. Les inscriptions de l'Arabie antique et les études arabes. *Arabica*, 48, p. 547, 2001. Trata-se do documento Jaussen-Sauvignac, 17; ver id. *Mission archéologique en Arabie*. vol. 1, mars/mai 1907. (Réimp. Cairo: IFAO, 1997). p. 172-176.

O *Corão* é composto de prosa rimada, *saj*^{c}, e esta rima é condicionada pelas pausas na recitação. Os gramáticos nacionais falam de *waqf*, "parada", e distinguem até treze variantes, estudadas por Birkenland. Como fato fundamental, é preciso assinalar que, em pausa, nenhuma frase termina em vogal breve; termina em vogal longa ou em sílaba fechada, pois as vogais breves desaparecem. A rima corânica é determinada por estas formas finais, que marcam os distintos versículos corânicos e terminam quase sempre em consoante (exceto em *–n* da nunação, o *tanwīn*[5] nunca se dá antes da pausa), embora haja alguns casos em *ā*, provenientes do indeterminado *-an*. A poesia inclui as outras vogais longas, e, por meio da liberdade do *tarannum*, alonga as vogais breves finais (correspondendo à terminação de caso nominal ou modo verbal) e elimina a nunação ou *tanwīn*: em vez de *lā*^{c}*imun*, recita-se *lā*^{c}*imū* sempre no final do verso.

Mais importante que a rima é o fato de que, enquanto os versos da poesia são isomórficos, iguais, e se ajustam a alguns metros ou pés, as linhas de prosa rimada corânica variam em extensão e não seguem nenhum metro. A forma de falar se parece principalmente com a dos oráculos, *kuhhān*, da Arábia pré-islâmica, e é menos arcaizante que a poética.

Os recursos estilísticos da poesia e do *Corão* são também distintos. Os poetas dispõem de uma linha de verso para transmitir uma mensagem completa e têm de conservar um metro, de modo que as mudanças de ordem sintática são inevitáveis. Outra possibilidade é utilizar termos pouco freqüentes, mas que se "encaixem" no verso, e os dois recursos dificultam a compreensão. O *Corão*, sem restrições de metro e número de sílabas, pode seguir uma sintaxe comum e utilizar outros recursos estilísticos, bem estudados na retórica árabe (^{c}*ilm al-balāġa*), tais como a eufonia (*talā'um*), a paronomásia (*tajānus*) ou a ênfase (*mubālaġa*), de modo que a sua compreensão é sempre mais fácil. Enquanto as terminações de casos e modos são necessárias para decifrar a poesia, o *Corão* freqüentemente pode ser entendido sem elas. Outras vezes, no entanto, o *i*^{c}*rāb*[6] é importante, por exemplo:

5. O árabe não tem artigo indefinido, mas um *–n* no final da palavra expressa a indeterminação, *kitābun*, "um livro"; *al-kitābu*, "o livro".
6. Termo árabe para designar que se marcam tanto os casos do nome como os modos do verbo.

وإذ ابتلى إبراهيمَ ربه "Quando seu Senhor pôs Abraão à prova" (II:124).

O conteúdo e a finalidade influem na forma de ambos os gêneros. O poeta descreve um ambiente físico com detalhes e precisão, seu mundo é o dos sentidos e das paixões, e a poesia pré-islâmica é quase sempre profana. Seu objetivo é despertar no ouvinte sentimentos de nostalgia, de admiração, de deleite, de compaixão etc. O ambiente religioso do *Corão*, principalmente no período mecano, é o oposto: um Deus criador e todo-poderoso que um dia próximo ressuscitará os mortos e julgará suas ações. Muḥammad descreve a grandeza deste Ser e as cenas do fim do mundo de forma às vezes poética, porém sempre subordinada à sua mensagem religiosa.

Apesar dessas diferenças, poesia e texto corânico utilizam uma mesma língua, arcaizante, mas não fictícia, que chamamos *ᶜarabiyya*, "árabe clássico" (CA). Quanto ao árabe falado pelas tribos da Península Arábica no século VII, não há dúvida de que havia diferenças dialetais, como o demonstram estudos, por exemplo, de restos de dialeto do Ḥijāz no *Corão*. Assim, em seu conjunto, tanto o árabe antigo (OA) – o falado no Najd ou no Ḥijāz – como o árabe clássico (CA) – recitado por poetas e memorizadores do *Corão* – formam uma unidade, mas não é fácil deduzir quais são as características próprias do árabe antigo, fragmentado nos mencionados dialetos.

A Escrita

O semítico oriental e o do norte, o acádio, eram escritos em caracteres cuneiformes, em tabuinhas de argila, às vezes de metal. Os caracteres foram tomados dos sumérios e compreendem centenas de signos com valor ideográfico ou silábico.

O semítico ocidental, tanto do sul como do norte, utilizava alfabetos somente consonânticos. Por volta de 1500 a.C., na área sírio-palestina, o ugarítico (NW) utilizava signos cuneiformes, mas de estrutura alfabética.

Os alfabetos das inscrições sul-arábicas, das de Ṯamūd, Liḥyān e Ṣafā', ou do silabário etíope, remontam a um alfabeto desenvolvido também na região sírio-palestina.

De meados do segundo milênio a.C. data o alfabeto fenício, que compreende 22 grafemas. As inscrições dos reis de Biblos, 1500-900 a.C., são o testemunho mais antigo. Os alfabetos moabita, samaritano e hebraico antigo derivam do fenício, embora a derivação mais frutífera tenha sido o alfabeto aramaico, do qual procedem o hebraico clássico e o árabe. Esses três alfabetos, que são consonânticos como os demais, introduzem mais tarde signos para marcar as vogais.

O alfabeto árabe começa a se desenvolver no século III d.C., pois a inscrição bilíngüe greco-aramaica de Umm al-Jimāl, ao sul de Bosra (estudada por Enno Littmann em 1909), datada aproximadamente de 250 d.C., torna patente a sua evolução a partir do aramaico-nabateu.

A primeira escrita propriamente árabe surge em 512 d.C. em uma inscrição cristã de Zabad, sudeste de Alepo (greco-siríaca-árabe). Depois, outra de 528 em Jabal Usays e outra de 568, a inscrição de Ḥarrān, em Jabal al-Ḥawrān, ambas encontradas ao sul de Damasco, e outra em Umm al-Jimāl, ao sul de Bosra (todas reunidas no *Répertoire chronologique d'épigraphie arabe*[7]).

O caminho seguido pela escrita árabe até Meca pode ter sido o mesmo das caravanas: da Síria através de Petra, de Aram, de Madā'in Ṣāliḥ e de Yaṯrib (Medina). Outra via possível é a iraquiana, desde o Eufrates e a cidade de Ḥīra, capital dos reis laḫmitas.

Inscrições em pedra, moedas e papiros são os testemunhos mais antigos da escrita árabe. Às investigações de Adolph Grohmann devemos a datação dos primeiros papiros com escrita árabe no ano de 642 d.C. A forma cursiva, tão característica do árabe, se inicia neles, assim como, decênios mais tarde, começam a ser desenvolvidos os diversos estilos caligráficos.

7. COHEN, Marcel et. al. *Répertoire chronologique d'épigraphie arabe*. Cairo, 1931-64. 16 v.

A Evolução do Árabe Clássico

Durante o califado de ᶜUmar (634-644), o terceiro califa "retamente guiado", o Islã se estende além da Península Arábica e, portanto, a zonas onde não se falava o árabe. A oeste, nas terras arrebatadas ao Império Bizantino, o grego era a língua usada na administração, mas não a língua nativa, que, na Síria, era o aramaico ocidental, e no Egito (invadido em 640), a língua copta. Durante o Império Sassânida, no Iraque, falava-se o aramaico oriental e o pálavi, persa médio, que era a língua majoritária no Irã. Mais tarde, os muçulmanos chegaram ao norte da África, habitada pelos povos berberes, onde o latim servia de língua comum.

Embora nos desertos sírio e egípcio estivessem assentadas tribos árabes, o que pouco representava em termos de povoamento e de consolidação da língua, os conquistadores levaram consigo uma língua desconhecida para a maioria das populações. No princípio, o árabe não foi sequer língua administrativa. No Egito, por exemplo, os primeiros documentos bilíngües copta-árabes só aparecem depois de 705.

Toda conquista necessita de um "repovoamento" para a sua consolidação, e a superpovoação relativa à Península Arábica, no século VII, encontra nos novos territórios uma saída, de maneira que se chega a uma "massa crítica" arabófona que progressivamente substituirá não somente o grego, mas ainda as mesmas línguas vernáculas, o aramaico da Síria – a língua dos impropriamente denominados "nabateus" –, o berbere do norte da África, línguas que em nossos dias são minoritárias (neo-aramaico, berbere), ou o copta do Egito, que se conserva apenas como língua religiosa, pouco utilizada, de uma minoria. A religião representa um grande papel na arabização: a conversão ao Islã é acompanhada da aprendizagem memorística do *Corão*, logo do árabe. A conversão não foi forçada, mas sim incentivada social e economicamente, pois o não-muçulmano pagava mais impostos do que o muçulmano e, se não pudesse pagar, era vendido como escravo.

Coincidindo com essa expansão e, em alguma medida, condicionada por ela, produz-se a normalização do árabe. Os gramáticos árabes são especialmente ativos no século IX. Seu modelo é o árabe da poesia e do *Corão*, e buscam seus informantes entre os beduínos, porque o árabe que se fala nos novos territórios é diferente.

Qual é esse árabe? S. Hopkins estudou papiros do princípio do século IX, as fontes escritas mais antigas, que não são literárias. São datas nas quais a normalização gramatical ainda não se generalizara e, dado o caráter "cotidiano" dos papiros, ela tampouco era imprescindível. Supõe-se que refletem a língua falada naquele momento, com variações em relação ao árabe antigo, e essa língua, que se pode denominar árabe médio, é a que os gramáticos árabes, como Ibn Qutayba (m. 828), descrevem quando querem corrigir os "vícios" da gente comum.

A maneira de falar dos incultos, *laḥn al-ᶜawāmm*, não é o dialeto falado no respectivo lugar, embora o influencie. É um árabe que se escreve "mal", porque já não faz distinção da *hamza*, porque confunde *sīn* com *šīn*, ou *sīn* com *ṣād*, ou *tā'* com *ṭā'*. As terminações marcando os casos ou os modos verbais, *iᶜrāb*, desaparecem e tampouco se vocaliza "corretamente", ou seja, há mudanças no vocalismo interno. Um autor, modelo de prosa por excelência, como Al-Jāḥiẓ (m. 868/869), já não escapa a essa evolução para o árabe médio, como observa Blau.

O estudo do árabe médio ficou centrado no dialeto judaico-árabe (ver Blau) e no dialeto andaluz (ver Steiger e Corriente) não por casualidade, mas porque em ambos os casos ocorria o contato do árabe com outras línguas, e o contraste revela as peculiaridades dialetais. É preciso que se estenda o estudo do árabe médio a outros dialetos para que se possa estabelecer detalhadamente as características comuns e diferenciais do mesmo.

Dominar as normas do árabe tal como as determinou Sībawayhi (m. c. 798) foi sempre condição para uma carreira administrativa, mas, com o tempo, o domínio se limitaria ao árabe escrito. Entretanto, na época de Ibn Qutayba, no primeiro período abássida, era importante saber falar utilizando o *iᶜrāb*; já no princípio do segundo período[8], pôr o *iᶜrāb* ao falar era sinal de pedantismo.

No final do período abássida, digamos em 1258, a fragmentação do árabe falado nas distintas regiões e a divisão entre o modelo escrito e a

8. A partir de 945, coincidindo com o início da administração buída em Bagdá e do renascimento cultural.

língua falada se consumaram. O mesmo árabe escrito reflete a dualidade da situação: num extremo, encontramos obras arcaizantes, como as *Maqāmāt*, de Al-Ḥarīrī (m. 1122), que apenas os eruditos eram capazes de entender; no outro, os contos e lendas, como os de ᶜAntar, que transgrediam com freqüência as normas da *ᶜarabiyya* e se aproximavam do árabe médio falado, em vez de utilizarem a composição. Os dialetos dos beduínos da Península Arábica eram a exceção, pois continuavam próximos do árabe antigo.

Em grandes traços, os dialetos se dividem em orientais e ocidentais. Mais exatamente, classificam-se assim:

A. Dialetos arábicos, com cinco subdivisões:
  a) setentrionais (nômades da área Síria-Jordânia-Iraque);
  b) do Golfo (Kuwait, Bahrain, Qatar, Dubai, Abu Dabi etc.);
  c) do Ḥijāz (Meca, Medina, Jidá);
  d) do Sudoeste (Iêmen, Aden, Hadramaut);
  e) Omã e Zanzibar.

B. Mesopotâmia (Alto Iraque, Anatólia). O dialeto do Baixo Iraque se aproxima ao do Golfo.

C. Ásia central (enclave de Bukhara).

D. Síria, Líbano, Jordânia, Palestina.

E. Egito (Alto, Baixo e nômades).

F. Sudão e Chade.

G. Líbia (Tripolitânia, Cirenaica, Fezzán).

H. Tunísia (Dialetos das cidades, dos nômades, do Sahel). O maltês tem semelhanças com os antigos dialetos das cidades.

I. Argélia (Cidades orientais, centrais, ocidentais, região de Orán, nômades etc.).

J. Marrocos (Cidades, nômades).

K. Mauritânia, Saara atlântico.

Até o século XIX perdura essa situação. A maior parte dos territórios árabes se integra no Império otomano, que, no entanto, jamais tentou impor o turco. A língua turca é a língua dos administradores, não se estende à religião. O fato de os senhores do império não falarem o árabe contribuiu para fazer do árabe escrito uma língua morta, até que fosse fomentado um interesse pelo árabe, além do religioso.

Muḥammad ᶜAlī (1805-1848), um albanês enviado pela Sublime Porta para combater os franceses que haviam invadido o Egito, converte-se no senhor efetivo deste país, que ele impulsiona para a modernização, promovendo os contatos com o Ocidente. No Egito e no Levante tem início o renascimento cultural, e um dos meios mais efetivos para a modernização e a conseqüente revitalização do árabe clássico foi a imprensa: o árabe literário deixou de ser domínio de uma minoria e de ser utilizado apenas para fins religiosos; aproximou-se de uma maioria, com outros fins – administrativos, literários, científicos. Outro instrumento decisivo foram, e continuam sendo, as traduções de línguas ocidentais, que começaram com Rifāᶜa al-Ṭahṭāwī (1801-1873)[9].

O árabe clássico é declarado língua oficial dos novos Estados, mas é uma língua que precisa transformar-se e adaptar-se, especialmente para designar novos instrumentos e conceitos. Quando se criam academias da língua, a tarefa principal é "arabizar" termos, evitando os empréstimos lingüísticos.

O incremento da escolarização e os novos meios de comunicação de massa impulsionam a modernização do árabe, que recorre a numerosos cálculos estruturais, agora tomados geralmente do inglês. No entanto, como salienta Joshua Blau, não há um salto do árabe clássico para o árabe moderno; o fato é que este absorveu mudanças próprias do árabe médio. A evolução do árabe poderia ser assim esquematizada:

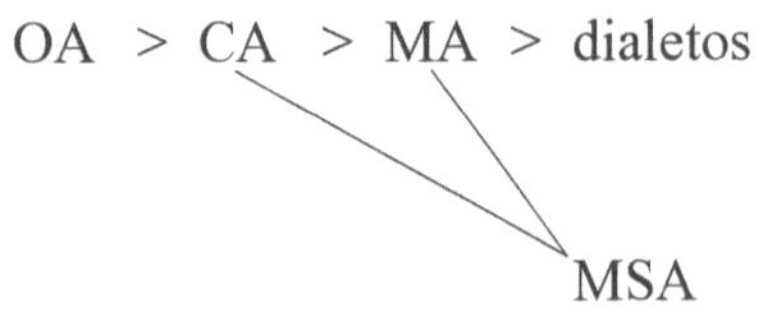

9. Da quantidade impressionante de traduções, é merecedor de crédito o estudo de Jamāl al-Dīn al-Šayyāl, AL-ŠAYYĀL, Jamāl al-Dīn. *Ta'rīḫ al-tarjama wa-al-ḥarakat al-ṯaqāfiyya fī ᶜaṣr Muḥammad ᶜAlī*. Cairo, 1951.

A diglossia existe sem dúvida: de um lado, um árabe clássico modernizado, de outro, a língua falada, e, no entanto, a distância entre ambas as formas se encurta e as interferências entre elas proliferam. O árabe moderno culto é uma língua que se escreve e se fala, cuja unidade não é absoluta, exceto nos elementos fundamentais de uma língua. Sua referência permanente é o árabe clássico, mas não se pode esquecer o árabe médio. Devem-se, portanto, reconhecer tanto a continuidade como a novidade do MSA (Modern Standard Arabic).

Referências Bibliográficas

AL-ŠAYYĀL, Jamāl al-Dīn. *Ta'rīḫ al-tarjama wa-al-ḥarakat al-ṯaqāfiyya fī ᶜaṣr Muḥammad ᶜAlī*. Cairo, 1951.

BAKALLAH, M. H. *Bibliography of Arabic Linguistics*. München, 1976; London, 1983.

BARTH, Jacob. *Sprachwissenschaftliche Untersuchungen zum Semitischen*. Leipzig, 1907-1911. 2 v.

BIRKENLAND, Harris. *Altarabische Pausalformen*. Oslo, 1940.

____. *Stress Patterns in Arabic*. Oslo, 1954.

BLAU, Joshua. The Importance of Middle Arabic Dialects for the History of Arabic. *Scripta Hierosolymitana*, 9, p. 206-228, 1961.

____. *The Renaissance of Modern Hebrew and Modern Standard Arabic. Parallels and differences in the revival of the Semitic languages*. Berkeley, Los Angeles; Londres, 1981.

____, *Studies in Middle Arabic and its Judaeo-Arabic variety*. Leiden, 1988.

BOHAS, Georges. (Ed.). *Développements récents en linguistique arabe et sémitique*. Damasco: Institut Français, 1993.

BROCKELMANN, Carl. *Grundriss der vergleichenden Grammatik der semitischen Sprachen*. Berlin, 1908-1913. 2 v. (Repr. Hildesheim, 1961).

CANTARINO, Vicente. *Syntax of Modern Arabic Prose*. Bloomington: Indiana UP, 1974. 3 v.

CANTINEAU, Jean. Esquisse d'une phonologie de l'arabe classique. *Bul. Société de Linguistique*, 126, p. 93-140, 1946.

____. *Études de linguistique arabe*. Mémorial Jean Cantineau. Paris, 1960.

CHEIJNE, Anwar. *The Arabic Language*: its Role in History. Minneapolis, 1969.

COHEN, David. *Études de linguistique sémitique et arabe*. La Haya, 1975.

____. (Ed.). *Les langues chamito-sémitiques*. In: *Les langues dans le monde ancien et moderne*. Paris: CNRS, 1988.

COHEN, Marcel. *La grande invention de l'écriture et son évolution*. Paris, 1958. 3 v.

COHEN, Marcel et al. *Répertoire chronologique d'épigraphie arabe*. Cairo, 1931-64. 16 v.

____. *Index*, 1975.

CORRIENTE, Federico. From Old Arabic to Classical Arabic through the Pre-Islamic Koiné. Some Notes on the Native Grammarians' Sources, Attitudes and Goals. *Journal of Semitic Studies*, 21, p. 62-98, 1976.

____. *Árabe andalusí y lenguas romances*. Madrid, 1992.

CORTÉS, Julio. *Diccionario de árabe culto moderno*. Madrid: Gredos, 1996.

DIEM, Werner. *Hochsprache und Dialekt im Arabischen. Untersuchungen zur heutigen arabischen Zweisprachigkeit*. Wiesbaden, 1974. (Abhandlungen für die Kunde des Morgenlandes 41:1).

FISCHER, Wolfdietrich. (Ed.). *Grundriss der arabischen Philologie*. Band I: Sprachwissenschaft. Wiesbaden Reichert, 1982.

FLEISCH, Henri. *Introduction à l'étude des langues sémitiques*. Bibliographie. Paris, 1947.

____. Esquisse d'une histoire de la langue arabe. *Arabica*, 4, p. 1-22, 1957.

____. *L'arabe classique. Esquisse d'une structure linguistique*. Beyrouth, 1968.

FÜCK, Johann. *ᶜArabiyya. Untersuchungen zur arabischen Sprach- und Stilgeschichte*. Trad. Ch. Denizeau. Berlin, 1950; Paris, 1955.

GROHMANN, Adolf. *Einführung und Chrestomathie zur arabischen Papyruskunde*. Praga, 1954.

HOPKINS, Simon. *Studies in the Grammar of Early Arabic* (based upon papyri datable to before 300/911). Oxford UP, 1984.

LESLAU, Wolf. South-East Semitic (Ethiopic and South-Arabic). *Journal of the American Oriental Society*, 63, p. 4-14, 1943.

MOSCATI, Sabatino et al. *An Introduction to the Comparative Grammar of the Semitic Languages*. 2. ed. Wiesbaden, 1969 (1964).

NALLINO, Carlo. Come si è formata la lingua araba. *Raccolta di scritti editi e inediti*, Roma, VI, p. 181-190, 1948.

PERSPECTIVES ON ARABIC Linguistics. Amsterdam: John Benjamins Publishing Co. (Periódico).

RABIN, Chaim. *Ancient West-Arabian*. Londres, 1951.

____. The Beginnings of Classical Arabic. *Studia Islamica*, 4, p. 19-37, 1955.

RATCLIFFE, Robert A. *The "Broken" Plural Problem in Arabic and Comparative Semitic*. Amsterdam: Benjamins, 1998.

ROBIN, Christian Jules. *Mission archéologique en Arabie.* vol. 1, mars/mai 1907. (Réimp. Cairo: IFAO, 1997).

____. Les inscriptions de l'Arabie antique et les études arabes. *Arabica*, 48, p. 547, 2001.

ROMAN, André. *Étude de la phonologie et de la morphologie de la koiné arabe.* Univ. Aix-en-Provence, 1983. 2 v.

SODEN, Wolfram von. Zur Einteilung der semitischen Sprachen. *Wiener Zeitschrift für die Kunde des Morgenlandes*, 56, p. 177-191, 1960.

STEIGER, Arnald. *Contribución a la fonética del hispano-árabe y de los arabismos en el ibero-románico y el siciliano.* Madrid, 1932. 528 p. (Reimp. 1991).

ULLENDORF, Edward. What is a Semitic language. *Orientalia*, 28, p. 66-75, 1958.

VOIGT, Rainer. *Die infirmen Verbaltypen des Arabischen und das Birradikalismus – Problem.* Stuttgart, 1988.

VOLLERS, Karl. *Volkssprache und Schriftssprache im alten Arabien.* Strasbourg, 1906.

WRIGHT, William. *A Grammar of Arabic Language, translated from the German of Caspari by W. Wright.* 1859-1862. 2 v.; 2 ed. Londres, 1874; 3 ed. rev. W. R. Smith & M. J. de Goeje, 1896. (Reprint in Cambridge University Press).

2.

O Patrimônio Literário Pré-Islâmico e sua Repercussão na Cultura Árabe

Aida Ramezá Hanania

A consideração da literatura como instância essencial da revelação cultural de um povo: sua língua, sua história, seus valores, sua emoção estética..., propicia, naturalmente, a aceitação da diversidade de manifestação e de percepção de mundo que ela veicula.

No que concerne ao Mundo Árabe, não se pode falar de cultura em sentido amplo, tampouco analisar os traços mais genuínos da tradição árabe, sem remontar aos textos pré-islâmicos, primeira e única fonte de sua vida social e espiritual mais antiga.

Uma retrospectiva, ainda que rápida da Literatura Árabe, evidencia que, desde a época pré-islâmica até os albores do século XX, a literatura de língua árabe clássica é essencialmente poética, encerrando um mundo muito peculiar em que devemos penetrar cuidadosamente, com neutralidade de olhar, despojados de todo exotismo e, sobretudo, livres de um viés marcadamente ocidental (postura que tanto tem desvirtuado a verdade e o pensamento de seu povo).

A recompensa é o desvelar do homem árabe, cuja mentalidade e sensibilidade foram forjadas inicialmente pelo deserto e suas circunstâncias.

É mister, pois, recuar à origem, à remota Arábia, cujos documentos estendem-se por volta de fins do século V até o advento do Islã, no início do século VII, para captar as linhas de força dessa literatura e a motivação de seu vitorioso percurso ao longo do tempo.

Isolada naturalmente por ser, em sua quase totalidade, inóspita, desértica, a Península Arábica abrigou um povo que permaneceu fundamentalmente em seus limites geográficos – sobretudo até o período islâmico – permitindo que a língua árabe – à época, como que desdobrada em dialetos – evoluísse por meio de empréstimos socioculturais provenientes apenas do tronco semítico (ou que a ele se incorporaram).

Seu povo era formado de gente simples e rude, nômades em sua essência. Beduínos erravam principalmente pelos desertos do norte e da região central da Arábia, ou se fixavam em pequenos núcleos urbanos no Ḥijāz, ou ainda buscavam contato com grupos sedentários evoluídos, próximos da região do grande deserto sírio-mesopotâmico.

De formação tribal, o árabe exercia atividades pastoris e lutava pela sobrevivência, amparado pelo credo politeísta e idólatra.

Ao sul, em tempo muito longínquo, havia grupos – em menor número – sedentários, que apresentavam nível sociocultural muito superior aos nômades: viviam em cidades e trabalhavam na agricultura e no comércio. Habitavam a região sempre mencionada nos textos da Antigüidade Clássica como *Arabia Felix* (assim chamada em função de sua fertilidade e dos negócios bem-sucedidos, realizados por duas caravanas anuais à Síria que ocorriam por ocasião do inverno e do verão).

Consta que a represa de Ma'rab fora arruinada e as águas inundaram toda a região como castigo a certa desobediência de seus habitantes[1], os quais migraram para os núcleos tribais, sobretudo do norte, onde foram acolhidos. Seus descendentes formaram novas tribos, dentre as quais a tribo de Qurayš, no centro-oeste da Península, que gozou de grande prestígio, como veremos mais adiante.

O isolacionismo da Arábia (muito embora as duas maiores civilizações da época dela se avizinhassem: a sassânida e a bizantina) no período

1 Episódio mencionado em *Corão* XXXIV (*Sabā'*):15-16.

pré-islâmico, também chamado período da *Jāhiliyya* (tempo da ignorância e da indisciplina, entenda-se, pelo desconhecimento da mensagem islâmica), predispôs beduínos, que tinham no deserto a grande fonte de sobrevivência material e espiritual, à conservação de valores autenticamente árabes.

Num mundo estruturado pela solidão, pelo vazio e pelo silêncio que eloqüentemente o povoa, num mundo privado de emoção telúrica e que tem como constantes a aridez, a invisibilidade e a monótona sucessão do tempo, o homem volta-se inapelavelmente a si mesmo e a seu meio, perscrutando-o e revelando-o poeticamente, em filigrana, fazendo emergir, a um tempo, o particular e sua ligação com o universal.

Ao falar do destino, das contradições da vida, da morte, do amor, das agruras e angústias, espelhando o *modus vivendi* e os ideais da vida pré-islâmica, a poesia árabe manteve-se como repositório de toda uma cultura, como o âmbito do exercício de uma consciência coletiva, permitindo a constatação de que o homem, em sua essência, é o mesmo: no Oriente e no Ocidente, no passado e no presente, no deserto e na cidade...

Encontramos na *Ḫuṭba*, de Quss Ibn Sāᶜida, grande orador e poeta do século VI, exemplo frisante dessas afirmações. Na peça, misto de discurso e poesia, o autor dirige-se aos membros de sua tribo, Iyād, convidando-os a ler a mensagem escrita nos céus, na terra e na contingência humana:

Ó gente! Ouvi e meditai!
É certo que quem vive, morre
E quem morre, finda
E o que tiver que ser, será.
(Contemplai...) A noite escura
O dia sereno
O céu, com suas constelações!
E estrelas, que brilham
E mares, que se agitam
Montanhas assentadas
A terra, que se estende
Rios que correm
Não vedes que no céu há notícias
E na terra, sinais?
Por que será que os que se foram não voltam?

Será que estão satisfeitos e, por isso, lá ficaram?
Ou então, por que ninguém cuidou de despertá-los, permanecem adormecidos?
Ó tribo Iyād: onde estão nossos pais, onde os avós?
Onde o poder dos faraós?
Acaso sois mais ricos do que eles?
Ou vossa vida, mais longa do que a deles?
(E, no entanto) Foram esmagados pelo peso dos anos
Rasgados ao meio pelo fluir do tempo.

Neste ir-se das antigas gerações, há para nós luz interior
Quando vi ondas de morte chegando, sem que saibamos de onde procedem
E vi meu povo ser por elas tragado, tanto os pequenos como os grandes!
E vi que não volta o passado, nem retorna quem se foi
Então me convenci de que também eu irei para onde meu povo está...[2].

Os meios de expressão artística, já na primitiva realidade árabe, são, compreensivelmente, a poesia e a música: duas vertentes *essenciais* que procedem do espírito e a ele retornam, suprindo a necessidade de beleza e de ligação com o mundo de que todo homem não prescinde, o errante em particular.

A palavra avulta em importância por materializar a poesia que se mistura ao canto e com ele freqüentemente se identifica. Ligado mais ao tempo que ao espaço, o homem do deserto aproxima-se da realidade por meio de signos abstratos que se concretizam, desde sempre, na forma de dizer, de escrever, de entoar...

O agudo senso rítmico, típico do nômade – que se manifesta na marcha, na dança, na música –, encontra sua expressão mais justa na prosódia árabe, chegando à retórica e à poesia, através de uma expansão de pensamento que adquire precisão por meio de paralelismos e inversões de raciocínio estritamente interligados.

As palavras de Michel Tournier vêm ao encontro das afirmações que fizemos alhures[3] e que acabamos de retomar. Para o autor, "a poesia é a

2. IMRU' AL-QAYS. Trad. Helmi M. I. Nasr, apud NASR, Helmi M. I. A Contingência na *Khutbah de Qus Ibn Sa'ida*. In: *Oriente e Ocidente*. São Paulo: Salesianas, 1994. vol. II (*Filosofia e Arte*). (Publicação do Centro de Estudos Árabes/DLO-FFLCH/USP). p. 55-56.
3. HANANIA, Aida Ramezá. *A Caligrafia Árabe*. São Paulo: Martins Fontes, 2000. p. 23-24.

celebração do espírito"[4]. E diríamos, a propósito, que tal tarefa é amplamente facilitada pela língua árabe, uma vez que "força e clareza" – lembrando as palavras de Jamil Almansur Haddad – resultam do "extraordinário poder de síntese da língua árabe, tal que permite, muitas vezes, que uma única palavra seja um mundo de concepções e assombros"[5]. Nesse sentido, o crítico recolhe o marcante exemplo dado pelo arabista Gabrieli: o da palavra *adab*, cujo significado tem seu mais próximo correlato, hoje, em nossa língua, no vocábulo "literatura".

Assim – aponta Gabrieli –, *adab* admite as interpretações: "vária humanidade narrativa, didática, ensaística, histórica, literária, em que o interesse da *matéria* mais vária domina ou rivaliza com o da forma; norma de conduta, sabedoria prática e social, alguma coisa de parecido com o *humanitas* latino". *Adab*, prossegue Haddad,

> é também, para além da técnica retórica, o posicionamento espiritual do orador; a "cortesia" da poesia trovadoresca: só o *adab* permite a junção de amor e poesia; a educação; o ideal de formação da paidéia grega; a moral, entendida como seguimento das normas e exemplos dos antigos; a gentileza do *dolce stil nuovo*, que traz consigo a idéia de lealdade, nobreza e honra; *adab* no homem é o conjunto de todos os atributos do perfeito cavalheiro; na mulher, todas as superiores qualidades da dama. É também o corpo de regras de convívio social, particularmente o protocolo da corte etc. etc.[6].

Todas essas acepções remetem à observação e codificação normativa da cultura e da ética e procedem do sentido original de *adab*: convite, isto é, a grandiosidade em oferecer um banquete (*ma'duba*). Daí, por extensão, os significados relativos à fartura da alma.

Em outros termos: muitas vezes a exatidão do sentido depende da *confusão*. Freqüentemente mais rico e mais sugestivo é o *pensamento confundente*, como destaca o filósofo Julián Marías: "Uma das mais interessantes

4. TOURNIER, Michel, apud ibid., p. 71.
5. HADDAD, Jamil Almansur. Doze Temas Árabes (Prefácio). In: LE BON, Gustave. *A Civilização Árabe*. Trad. Augusto Souza. Curitiba: Paraná Cultural, [s.d.]. p. xxx.
6. Id. Introdução ao Conto Árabe. In: HADDAD, Jamil Almansur. (Introdução, seleção e notas). *Contos Árabes*. São Paulo: Edições de Ouro, [s.d.].

descobertas de Ortega y Gasset é a do *pensamento confundente*: *confundir* é uma função tão necessária, quanto distinguir, porque permite descobrir as conexões entre realidades que, por outro lado, é necessário distinguir [...]"[7], com o que concorda Lauand:

> Precisamente essas riquezas e possibilidades do *pensamento confundente* são-nos oferecidas constantemente pela língua árabe: a mesma palavra, ou mais amplamente, o mesmo radical triconsonantal *confunde* em si vários significados, brindando-nos a oportunidade de apreender relações de significado insuspeitadas [...] É o caso, por exemplo, do radical *s l m*, da palavra *salām*, que o ocidental costuma traduzir por "paz". Em torno desta raiz, *s l m*, confundem-se na linguagem – e no pensamento – os significados de: integridade, no sentido físico e moral (*salīm* é o íntegro); saúde (e fórmula universal de saudação); normalidade (o plural *sālim* na gramática, é o plural regular); salvação ("sair-se são e salvo", mas também salvação no sentido religioso); submissão, aceitação (de boa ou má vontade); daí *islām* e *muslim* (muçulmano); acolhimento, conclusão de um assunto, paz etc.[8].

Acrescente-se que para o árabe – em que simplesmente não há o verbo ser, como verbo de ligação – é muito mais freqüente e natural a frase nominal (em nossa acepção de frase nominal). Portanto, já pela concisão, já pela soltura da frase, desprovida freqüentemente da amarra semântica, caracterizando-se antes pela abrangência e pela maleabilidade conceituais, parece que a delimitação é tarefa de cada um: aquele que ouve ou lê pode ser, às vezes, tão criador quanto aquele que escreve ou diz...

É atentando para o processo de derivação vocabular – o mesmo e único que nos é dado conhecer da época pré-islâmica até nossos dias – que René Khawam nos surpreende com a imagem que segue: "Nas palavras prejudicadas pelo uso, a raiz primitiva é uma safira que guarda sua consistência, apesar da poeira acumulada sobre ela, e recupera seu brilho, assim que uma mão piedosa tenha o cuidado de limpá-la"[9].

7. MARÍAS, Julián. *La felicidad humana*. Madrid: Alianza Editorial, 1988. p. 16-17, apud LAUAND, Luiz Jean. Estudo Complementar I. Linguagem, pensamento "confundente" e aprendizagem por Provérbios. In: *Oriente e Ocidente*. Seleção, tradução, estudos e notas por Luiz Jean Lauand. São Paulo: Centro de Estudos Árabes/DLO-FFLCH/USP, 1994. vol. IV (*Provérbios Árabes*), p. 47-49. p. 47.
8. Ibid., p. 48-49.
9. KHAWAM, René. *La Poésie Arabe (des origines à nos jours)*. Verviers, Belgique: Marabout, 1967. (Collection Marabout Université). p. 8.

Na linha de apreciação formal, vale citar outra observação de René Khawam, também ela bastante poética: "A língua árabe é um instrumento maravilhoso para a expressão poética. Só aparecem as consoantes, enquanto as vogais simbolizam o sopro de vida que vem animar cada corpo e combinar as formas, seguindo o ritmo da imaginação"[10].

Para a realidade pré-islâmica, o poeta tinha uma vocação sobrenatural, era um "inspirado", ungido por um *jinn* particular. Tinha a atribuição de contar e cantar os feitos da Península. Cada tribo tinha um poeta que, além de lhe enaltecer as glórias, declarava a guerra e promovia a paz, sendo investido assim de uma função política.

Era respeitado, mas também temido por suas invectivas diante dos combates, pois acreditava-se fossem os poetas capazes de interferir na sorte daqueles que atacavam em seus poemas. Por outro lado, em circunstância positiva de convívio, era um privilégio para quantos dele privassem. A título de curiosidade, cabe citar que os árabes da tribo de Taġlib, por exemplo, quando recebiam a visita de um poeta, construíam, perto de sua tenda, um cercado, onde encerravam os animais que lhe eram oferecidos, todo dia, como presente...

Tudo leva a crer que suas composições eram cantadas, donde se compreendem certos procedimentos de construção do verso, tais como a "romança" ritmada e a evocação da "arcada" (já no primeiro verso). Na verdade, o coro e a recitação socorriam um povo, em sua maioria iletrado, que ansiava por ouvir e guardar de cor seus poetas, no que colaboravam as escravas cantoras, sempre mencionadas nos poemas.

A grande difusão da poesia, entretanto, ocorria durante as "feiras literárias", que muito contribuíram para a fusão dos dialetos, uma vez que os poemas eram vazados numa espécie de *koiné*. A uniformidade lingüística dos textos pré-islâmicos é notória, em razão do caráter artificial do idioma poético: linguagem culta, rica no léxico, densa em sinônimos procedentes dos diversos dialetos tribais da antiga Arábia, dentre os quais se destacava o da tribo de Qurayš, uma das mais tradicionais e das mais valorizadas da Península, já pelo *status* econômico, ou seja, ao dominar o comércio, seu

10. Ibid.

dialeto predominava nas relações de negócio com outros grupos, já por se tratar da tribo mais culta e civilizada, pois tinha a atribuição de guardar a Ka^{c}ba, à época, importante centro de peregrinação, e, portanto, seu dialeto tornava-se mais rico em vocabulário, passando a ser o mais usado para compor a linguagem poética.

Dadas as características da linguagem utilizada, os inúmeros sinônimos de nomes de animais, por exemplo (e que perduraram na língua), representavam designações dialéticas; o mesmo pode-se dizer dos muitos termos para oásis ou para a natureza dos pontos de água, palavras que também foram integradas à língua posteriormente unificada.

As feiras, que tinham lugar ao redor de Meca, acabavam por constituir-se em verdadeiros concursos, nos quais os poemas eram julgados e divulgados pelos comerciantes que os transportavam junto com suas mercadorias. As mais célebres eram as de Majanna, de Ḏū al-Majāz e de Ukāẓ, que ocorriam em períodos de peregrinação (de que Meca era um importante centro), contando assim com grande número de pessoas, por causa da participação dos próprios peregrinos que vinham ouvir os menestréis recitarem suas composições, com vistas à atribuição de prêmio.

O júri era formado pelos chefes das tribos mais proeminentes, e as composições premiadas tornaram-se conhecidas como *Mu^{c}allaqāt* (literalmente, penduradas) ou *Muḏahhabāt* (literalmente, douradas), porque os poemas selecionados eram escritos com tinta da cor de ouro e expostos à apreciação pública em meio aos locais sagrados.

É interessante notar que, por ocasião das feiras, impunha-se uma trégua de armas em relação às guerras tribais. Desse modo, pode-se dizer que essas manifestações pré-islâmicas foram fatores de real integração, ao menos cultural e lingüística, entre tribos que se achavam em constantes conflitos.

Apesar de freqüentes durante o período da *Jāhiliyya*, as *Mu^{c}allaqāt* mais reconhecidas são sete, como afirma o rapsodo Ḥammād al-Rāwiya, por resumirem o mais puro conjunto da antiga poesia árabe. Porém, há controvérsias em relação a esse número: seriam oito? Seriam dez? Considerando que são sete, número mais aceito por críticos árabes e arabistas, encontramos certo acordo quanto a seus autores: Imru' al-Qays, Zuhayr, Ṭarafa, Labīd, ^{c}Antara, ^{c}Amr ibn Kulṯūm e Ḥāriṯ ibn Ḥilliza.

As poesias apresentadas nessas feiras mostram que os árabes conheciam os fenômenos atmosféricos; a diversidade dos céus; a coloração e o movimento das areias como indicação das intempéries; o gado, que constituía sua riqueza (cuja defesa, bem como a de sua tenda, geravam violência); os saques pela sobrevivência; a ferocidade dos animais que representavam o perigo de todo dia; a presença imprescindível do cavalo e principalmente do camelo (montaria, alimento, riqueza e moeda de intercâmbio do beduíno); a solidariedade humana, espontânea, generosa, em relação ao hóspede e até ao inimigo, diante da fome e da sede, da morte ou da separação; o forte patriarcado que garantia a unidade de poder, de opinião e, assim, o êxito na luta pela vida.

Dentre os inúmeros exemplos de caráter do beduíno e de seu quotidiano, sensivelmente captados pela poesia pré-islâmica, chamam a atenção as descrições que faz Imru' al-Qays dos "companheiros do deserto". Sobre o camelo, discorre com entusiasmo: "[...] tem os flancos de um cervo, as patas de uma avestruz, o galope de um lobo e a corrida de uma pequena raposa"[11].

Igualmente interessante é o trecho de um poema em que

> o poeta começa descrevendo a sensação de cavalgar um volumoso corcel dotado da força do vento. É de madrugada, os pássaros ainda nem saíram de seus ninhos; é tal a importância do nobre animal que, se alguma fera o avista, fica imediatamente paralisada, estarrecida ante a fogosidade do puro-sangue. Seu tropel é belo e harmônico, embora indomável como a rocha que a chuva precipita em desabalada carreira desde o alto etc.
> Ao descrever a impetuosidade desse movimento, o poeta cavaleiro diz que sua montaria "avança, retrocede, arranca e recua num mesmo ato", o que no original árabe é toda uma onomatopéia: "*mikarrin, mifarrin, muqbilin, mudbirin, ma'an*"[12].

As proverbiais generosidade e hospitalidade, tão louvadas e tão presentes no árabe têm em Ḥātim al-Ṭā'ī seu representante mais legítimo. Contanos ele em um poema o seguinte episódio:

11. IMRU' AL-QAYS, apud WIET, Gaston. *Littérature Arabe*. Paris: Maisonneuve et Larose, 1966, p. 30.
12. NASR, Helmi M. I. Entrevista. *Revista de Estudos Árabes*, São Paulo: Centro de Estudos Árabes/DLO-FFLCH/USP, ano I, n. 2, p. 9-19, 1993. p. 17.

> É noite no deserto e ele está em sua solitária tenda. De repente, o inesperado: ecoam gritos terríveis como de alguém lutando contra os terrores noturnos, clamando desesperadamente como se fora louco... Ao ouvir esses gritos, o poeta sai da tenda, desarmado de mãos e de espírito, afasta seu cão de guarda, intensifica o lume e dirige-se ao estranho com voz doce e fraterna, numa fórmula hiperbolicamente calorosa de boas vindas: "*Ahlan wa-sahlan wa-marḥaban rušidta*" (acumulando os sentidos de: bem-vindo, que sejais iluminado...). E prossegue em suas lembranças: "Não me sentei para interrogá-lo (!); o que fiz, foi tomar um camelo de raça (!) para preparar-lhe, eu mesmo, uma refeição digna do autêntico hóspede que era para mim, seguindo o ensinamento de meu pai e, desde sempre, dos antepassados"[13].

Envolvidos por uma ambiência familiar, os ouvintes compraziam-se com as peças que, longe de tentar explicar o deserto e seus problemas, ressaltavam os elos que o ligavam ao beduíno; este via-se, então, enaltecido pelo poema que, não-raro, elogiava seu estoicismo ao enfrentar o perigo, ao aceitar o risco e ao resignar-se com a inclemência do meio em que vivia.

Eivados de sinceridade e de verdade, muitas vezes os versos impregnavam-se de profunda tristeza, como é o caso da elegia, apanágio das mulheres, que tem na poetisa Al-Ḫansā' a mais famosa representante da beduína aguerrida que cantava os feitos do guerreiro e chorava sua morte. O tom de lamúria, entretanto, não traz resignação, mas incita, muitas vezes, à vingança do ente desaparecido.

São particularmente significativos os versos dolorosos em que a autora lamenta a morte do irmão, de que são exemplos os trechos a seguir:

> Pois eu não, por Deus não, eu não te esquecerei
> até que me separe de minha alma e até que se fenda o meu sepulcro[14].
>
> Chorai (meus olhos) pela perda de um irmão,
> chorai por Ṣaḫr que, para sempre, deteve sua marcha
> num lugar estreito, entre fosso e lajes de pedra[15].

13. Ibid., p. 18.
14. Ibid.
15. AL-ḪANSĀ', apud KHAWAM, op. cit., p. 65.

É também tarefa da mulher beduína conservar os valores do clã, preservando sua harmonia, como nos é dado apreciar em *Os Dez Conselhos da Beduína* (de autoria desconhecida):

> Ó filhinha: estás para te separar do ambiente em que te criaste
> E prestes a trocar o ninho em que engatinhaste
> Por uma casa e um companheiro, para ti desconhecidos.
> Leva de minha parte estes dez conselhos, para ti, um tesouro:
> 1) Acompanha-o docemente (com sobriedade).
> 2) Convive com ele em suave obediência e respeito.
> 3) Esteja atenta ao lugar onde pousa, em ti, o olho de teu marido: que não encontre em ti feiúra.
> 4-5) Não descuides da hora das refeições e não perturbes com estrépito o seu sono, pois, certamente, a força da fome é como o fogo e perturbar o sono, algo odioso.
> 6-7) Evita ostentar alegria, quando ele estiver triste, e mostrar-te aborrecida, quando ele estiver alegre. Isso contrariaria o primeiro de meus conselhos e angustiá-lo-ias com tua tristeza.
> 8) Sê, entre todas as pessoas, a que mais o respeita e, assim, ele será o primeiro a honrar-te.
> 9) Não alcançarás o que gostas, se não antepões a satisfação dele à tua.
> 10) O mesmo farás para as coisas de que não gostas.
> Procede assim e Deus te favorecerá[16].

Versos de profunda coragem e denodo ressaltam em quase todos os gêneros de manifestação poética e constituem-se em ingredientes que sempre acudiram o moral de uma caravana mergulhada na aflição e na angústia, seja pela opacidade das noites sem lua, o que as tornava intermináveis, seja pelo lento caminhar na inquietude e na incerteza do longínquo e do desconhecido, ou pela ameaça contínua da própria imaginação.

Rememorando as aterradoras cavalgadas noturnas no deserto, assim as caracteriza o poeta Al-Mas^{c}ūdī (século X):

> O homem entrega-se aos poderes do sonho e do pavor. Encolhido sobre si mesmo, é assaltado por toda sorte de superstições maléficas. Crê ouvir sons e ver espectros que fazem

16. Apud NASR, op. cit., 1993, p. 21. (Trad. Helmi Nasr).

surgir a seus olhos visões fantásticas. Uma vez dentro deste ciclo demoníaco, pelo efeito de sua imaginação à deriva, crê perceber perigos, presságios de infelicidade e toda sorte de fins trágicos. Em seu espírito, vive e se agita todo um mundo obscuro e seus sentidos hipertrofiados lhe sugerem a presença de fantasmas invisíveis que lhe falam[17].

A poesia árabe consolida-se na *qaṣīda*, poema que consiste na articulação de quadros que remetem a um assunto central que se vai evidenciando ao longo da composição: as partes se concatenam, obedecendo a rígido padrão formal, e, sem pretender uma síntese, busca alcançar o *objetivo*, o *propósito* (sentido literal de *qaṣīda*). No dizer dos próprios árabes, cada verso da *qaṣīda* encerra um sentido completo, alinhando-se com os outros, como se fosse "uma das contas de um colar de pérolas".

A *qaṣīda* contém, via de regra, três partes: a evocação da amada (*nasīb*), quase sempre vista como um bem perdido ou idealizado. Por vezes, expressam-se aí, com intensidade, os afetos familiares, os vínculos sanguíneos (configurando, às vezes, uma elegia, pois que as alusões feitas referem-se freqüentemente a membros que partiram, ou morreram), salientando o ideal de virtude do beduíno, a *murū'a*. Seguem-se o relato de jornadas pelo deserto e os sofrimentos conseqüentes (*raḥīl*), e o panegírico para quem o poema se dirige, *madīḥ*, ou *faḫr*, no caso do auto-elogio tribal: o poeta atribui qualidades (tais como bravura, proezas guerreiras, respeito à palavra dada etc.) a sua tribo e possivelmente a sua pessoa, configurando uma poesia do orgulho e do heroísmo.

Não se pode deixar de mencionar, como motivo da última parte, por vezes, o *hijā'* (insulto) que se volta ao inimigo com a finalidade de destruí-lo: é quando a veemência do panegírico incorpora-se à sátira e ao escárnio, tornando inevitável sua derrota.

Permeando o poema, destaque-se a parte descritiva (*waṣf*), de presença considerável na poesia da época, que procede da identificação do poeta com a natureza. São seus elementos habituais: as noites estreladas, as diversas faces da natureza em cada momento do dia, as chuvas torrenciais, o sol a pino, a lua e suas fases, os oásis, a escuridão, o camelo, tido como "navio do deserto" (*safīnat al-ṣaḥrā'*).

Dentre os temas mais típicos da *qaṣīda* pré-islâmica sobressai o de gênero laudatário, que foi cultivado de muitas formas, seja por elogiar o chefe

17. AL-MAS^cŪDĪ, apud WIET, op. cit., p. 26.

da tribo, seja por tecer loas ao príncipe (o que caracteriza o poeta-cortesão), cuja remuneração era esperada após o relato e a exaltação do personagem, por meio de seus feitos e qualidades, como a coragem, a generosidade etc.

Chamados aos principados para louvar a corte, os poetas-cortesãos não só organizavam as recepções e cerimônias públicas como defendiam a política exercida pelo governante, visando à atenção da opinião pública por meio de seus poemas, muitas vezes frutos de grande esforço e de excessiva bajulação.

Por outro lado, houve poetas que, de modo equilibrado, louvavam o benfeitor. É o caso de Zuhayr ibn Abī Sulmà, quando celebra em *Elogios aos Mediadores* a generosidade de Al-Ḥāriṯ ibn Awf e de Harim ibn Sinān, da tribo de Murra ibn Ġaṭafān, que tomaram para si a responsabilidade de deter a guerra fratricida de Dāḥis, entre os ᶜAbs e os Ḍubyān, de que os versos abaixo são uma pequena amostra:

> [...]
> Juro pela Morada sagrada em torno da qual
> vão em procissão homens de Qurayš e Jurhum
>
> que vossas qualidades de chefes despontaram com brilho,
> frustrando a intriga de trama simples ou torcida.
>
> Vós reconciliastes as tribos de ᶜAbs e Ḍubyān,
> ungidos do bálsamo de Munjim para a guerra implacável.
>
> Vós dissestes: Se nós pudéssemos obter uma paz
> durável à custa de benevolência, (seria) para nós, a felicidade.
>
> Assim, vós alcançastes a melhor vitória
> neste combate, evitando os delitos e crimes,
>
> celebrando-vos assim entre os heróis de Maᶜad
> e outros, pois um tesouro de glória é uma conquista[18].

Entretanto, os poetas, fossem cortesãos aduladores (ou mesmo saqueadores), permaneciam pobres, pois, em face do que auferiam, prevalecia seu compromisso com a honra, o que os obrigava a partilhar os ganhos com seus protegidos ou com os necessitados.

18. ZUHAYR IBN ABĪ SULMÀ, apud KHAWAM, op. cit., p. 65.

Lembrando Ḥātim al-Ṭā'ī – cuja generosidade não conheceu limites –, sabe-se que quando participava das razias, muito comuns no deserto, distribuía, ao voltar, tudo o que conseguira, guardando para si o estritamente necessário à sobrevivência.

Cabe mencionar, aqui, também os poemas de sentimento religioso, cujos autores mostram-se imbuídos dos princípios dos *ḥanīf* que precederam o surgimento do Islã, cujas crenças rejeitavam o culto idólatra rudimentar e buscavam um culto de tendência monoteísta: acreditavam na existência de um ser superior, mas utilizavam-se dos ídolos para se aproximarem do "deus verdadeiro". É como se antecipassem, de certa maneira, o momento do triunfo do Deus único que estava por ocorrer.

O poeta Umayya ibn Abī al-Ṣalt ilustra bem essa manifestação, como se constata já no início de seu poema *O Deus que nos criou*:

É o Deus dos mundos,
e de toda terra,
o Senhor dos montes,
barcos imensos
que lançaram a âncora para sempre
no porto.

Ele os construiu
E construiu sete regiões
Solidamente,
Sobre colunas que se pode ver,
Sem a ajuda dos homens.
[...]
Ele fendeu a terra
e a água jorrou,
límpida e saborosa,
em fontes,
em regatos, ribeirões
ou rios"[19].

19. UMAYYA IBN ABĪ AL-ṢALT, apud KHAWAM, op. cit., p. 60.

Contam-se ainda, em meio aos poetas primitivos, os que cultuavam o vinho, cuja dimensão simbólica é acentuada na interpretação de um poeta árabe:

> O vinho, são os prazeres da vida, exaltantes, inebriantes, capazes de conduzir inexoravelmente ao caminho do mal, ou de fortalecer o entusiasmo dos homens para as tarefas difíceis. O mundo é a cabana empoleirada no topo do monte, frágil e miserável, onde a escansão versa o licor reconfortante, a despeito da instabilidade essencial dos viandantes que a freqüentam.
> Um raio de sol a atravessa de parte a parte, jogando os rubis na taça, purificando as intenções, sondando os corações[20].

A poesia báquica, a *ḫamriyya,* tem no poeta Ṭarafa seu exemplo mais significativo. São dele os conhecidos versos:

> [...]
> dissipando assim minha herança e os bens adquiridos
>
> Até que me tenha abandonado a tribo inteira
> Deixando-me só como um animal contaminado.
> [...]
> Ó tu que me criticas por correr para todos os combates,
> Por saborear os prazeres, podes tu me tornar imortal?
>
> Deixe-me então estancar minha sede ao longo da vida
> de medo que após minha morte não tenha eu a beber a não ser a lama[21].

No que se refere, ainda, à urdidura temática da *qaṣīda*, não se pode abdicar da importância dada ao provérbio, enraizado no contexto semítico, tanto quanto a poesia, cuja origem perde-se no tempo.

Presentes de modo marcante em todas as literaturas do Antigo Oriente e procedentes, via de regra, de contos sentenciados de transmissão oral (em que se constituem na própria sentença), muitos provérbios são recuperados pela *qaṣīda* para integrarem temas freqüentemente tratados. Observe-se,

20. Apud KHAWAM, op. cit., p. 25.
21. ṬARAFA, apud KHAWAM, op. cit., p. 50.

entretanto, que inseridos em contexto poético adquirem valor artístico que os redimensiona, afastando-os do lugar-comum.

Na poesia árabe, que se volta mais à imagem que à idéia propalada, o provérbio tem lugar adequado, já que a imagem concreta é um elemento de fulcral importância no campo de relações de correspondência que se estabelecem entre a forma proverbial e a estrutura de língua/pensamento árabe.

Outro traço que justifica a inclusão do provérbio na *qaṣīda* é o profundo respeito do árabe pelo passado e sua milenaridade sapiencial, aspecto que foi captado admiravelmente por Jamil Almansur Haddad:

> O árabe vê o passado como um bloco homogêneo. E vê o futuro como um bloco homogêneo [...] O Ocidente faz o contrário; faz essa atomização, essa dissecção, essa separação temporal, que inventou toda uma máquina de dividir o tempo (clepsidra, relógios e assim por diante, até chegar aos mecanismos atuais que medem centésimos de segundo). O contrário daquele complexo de infinito de árabes, de orientais, de todo o Oriente[22].

Aspecto explicitado por nós em outra parte: "É como se nessa visão monolítica do tempo, o presente e o futuro não tivessem autonomia em face do passado, este sim, determinante e determinador"[23].

Importante espaço é ocupado ainda pelos chamados poetas-filósofos, dentre os quais é notória a presença de Labīd, em razão de sua expressão sobre a longevidade, a vida, o ser humano, sempre se utilizando da concretude da imagem para invólucro de sua reflexão:

> Os homens nesta vida não são mais que hóspedes
> que chegam a um albergue lotado,
> passam aí o tempo de um dia, e no dia seguinte
> vão-se apressados; e os lugares tornam-se matagais incultos
>
> O homem não é mais que um meteoro brilhante;
> e não brilha mais que um momento, sua luz fugitiva,

22. HADDAD, Jamil Almansur. Interpretações das *Mil e uma Noites*. *Revista de Estudos Árabes*, São Paulo: Centro de Estudos Árabes/DLO-FFLCH/USP, ano I, n. 2, p. 53-63, 1993. p. 59.
23. HANANIA, Aida Ramezá. Prefácio. In: *Oriente e Ocidente*. Seleção, tradução, estudos e notas por Luiz Jean Lauand. São Paulo: Centro de Estudos Árabes/DLO-FFLCH/USP, 1994. vol. IV (*Provérbios Árabes*), p. 7-10. p. 8.

para desaparecer, para sempre, quando então se torna cinzas,
mesmo se sua presença iluminava toda a terra.
[...]
O dinheiro, assim como todos os membros de nossa família,
Não são senão valores a nós confiados por um tempo:
um dia chega, necessariamente, em que este depósito
deverá deixar nossas mãos para voltar a quem de direito[24].

Note-se que o poeta não faz questionamentos metafísicos sobre o mundo, o homem, a vida e a morte; move-se impulsionado pelo que lhe mostra a natureza, seu meio, sua vivência quotidiana, o que lhe permite meditar a respeito e fazer *constatações* a propósito da realidade.

A Imru' al-Qays, considerado o "príncipe dos poetas", conforme a tradição árabe, "em virtude de seu valor jamais ultrapassado", atribui-se a criação de regras de construção do poema lírico, no que se refere a temas, a comparações e mesmo ao início melancólico dos poemas árabes.

Observemos o trecho inicial da mais célebre *qaṣīda* do poeta: "Na areia, a marca de nossos corpos", que, uma vez traduzido, *ça va sans dire*, vê-se desprovido de seu valor estético-formal, intimamente associado aos recursos da língua árabe (observação válida, evidentemente, para todos os trechos traduzidos aqui apresentados):

Detenhamo-nos e choremos com a lembrança da amada.
Morada próxima do banco de areia entre Daḫūl e Ḥawmal.

Tūdiḥa e Miqrāṭ, os ventos do Norte e do Sul
teceram sua matéria, mas não apagaram seu rastro.

Meus companheiros junto de mim pararam suas montarias
dizendo: "Recomponha-se e fuja desta aflição mortal."

Minha cura, amigos, é deixar correr minhas lágrimas;
mas que socorro há de haver nestes rastros apagados?
[...]
Quando elas se levantavam, eflúvios de almíscar
espalhavam-se por toda parte, perfume de cravo trazido pelo zéfiro.

24. LABĪD, apud KHAWAM, op. cit., p. 53.

E, ao deixá-las, lágrimas corriam de meus olhos
até meu peito, chegando a molhar meu talim.

Mais de um dia perfeito com elas tive
e sobretudo, dentre eles, aquele em Dārat Juljul[25].

Valorizado por sua percepção e perspicácia na apreensão da realidade nômade (principalmente a do coração...), Imru' al-Qays apresenta densidade e refinamento de expressão, o que lhe valeu a marca de modelo a seguir.

Príncipe, com efeito, por sua ascendência, rejeitou a vida de governante, trocando-a pela do poeta-errante, que – apesar de ter buscado a vingança (jamais alcançada) pela morte de seu pai, assassinado pelos Banū Asad – plasmou com extrema naturalidade, graça e delicadeza suas descrições líricas e suas passagens eróticas, consagrando-se como "amante do amor", que cantou como nenhum de seus contemporâneos.

Neste ponto, convém atentar para a descrição que faz uma *Arte Poética* árabe do período medieval, a propósito da motivação e das etapas da construção de uma *qaṣīda,* certamente calcadas nos ensinamentos do poeta:

> O autor de uma *qaṣīda* começa sempre por falar de acampamentos, de restos, de vestígios: chora e incita o companheiro a deter-se para aproveitar a ocasião de dirigir uma lembrança melancólica às pessoas que partiram. A esse começo, o poeta liga o canto do amor, explora a violência de sua paixão, os males da separação, o excesso de ternura e de seu desejo, a fim de ganhar os corações, de voltar para si os rostos e a atenção de seus ouvintes. Quando o poeta constata que conseguiu a benevolência do auditório, ele passa à afirmação de seus direitos; como que cavalga seu poema, lamenta-se de suas fadigas e de suas vigílias, das caminhadas à noite, do calor dos meios-dias, da lassidão de sua camela, ou de seu camelo. Quando sente que afirmou bem, diante do personagem ao qual dedica seus versos, seu direito de esperar encontrar satisfação de seus desejos e que o convenceu bem sobre os males que sofreu durante sua viagem, introduz o elogio. Incita-o a compensá-lo de tudo isso e a se mostrar generoso. O excelente poeta é aquele que sabe percorrer estes diversos caminhos e manter o equilíbrio entre as diferentes partes do poema. Evita que uma delas seja invasiva e se alongue, de modo a enfadar os ouvintes, ou ainda que ela seja encurtada e que as almas tenham sede de alguma coisa mais[26].

25. IMRU' AL-QAYS, apud CORRIENTE CÓRDOBA, Federico. *Las Mu'allaqat*: Antología y Panorama de Arabia Preislámica. Madrid: Instituto Hispano-Árabe de Cultura, 1974. p. 71.
26. Apud WIET, op. cit., p. 27.

Ainda que a incomparável riqueza verbal e a forma (de considerável repercussão na constituição e valorização dos poemas pré-islâmicos) sejam intraduzíveis e só se revelem na língua árabe, são importantes alguns esclarecimentos que expliquem rapidamente a estrutura que acolhe os conteúdos temáticos abordados anteriormente.

A poesia pré-islâmica assenta em esquema formal de grande perfeição, o que faz crer que pôde dispor de amplo conhecimento técnico, acumulado num passado longínquo, em que, certamente, era constante o exercício da língua em dimensão tecnicamente elaborada, dado o equilíbrio com que os poetas manejaram os recursos e as sutilezas da língua, a métrica e a rima, a sonoridade e a harmonia vocálica que privilegiam suas composições.

A *qaṣīda* se apresenta como uma série de dísticos ou *bayt* (casa), que encerra, em geral, um sentido completo, ocorrendo, por isso, uma justaposição e não uma fusão dos mesmos ao longo do poema.

As duas partes do *bayt* seguem a mesma métrica e correspondem, segundo Khawam, cada uma a um verso nas outras línguas, ao passo que arabistas ocidentais, a exemplo de Gabrieli, concebem o dístico como um único verso e dois hemistíquios.

Trata-se de uma poesia monorrima, pois a rima é homófona da última sílaba do dístico, mantendo-se a mesma em toda a composição, podendo ainda rimar entre si os dois versos (ou hemistíquios) do *bayt*.

> Este eco – diz Khawam – que volta a intervalos regulares, longe de ser um fator de monotonia, contribui para conservar um caráter encantatório à poesia árabe. Atende a uma expectativa do ouvido, marca o fim de um período rítmico, como a batuta de um chefe de orquestra invisível. Provoca um balanço do corpo, seguindo as combinações numéricas do sentido interno. Convoca um gesto de aprovação e marca o passo para uma dança real, ou imaginária[27].

Quanto à métrica – de importância fundamental, ao lado da rima, para a poesia árabe – teve em Al-Ḫalīl ibn Aḥmad (século VIII) um atento estudioso. É interessante acompanhar, nas palavras de Khawam, o modo como ocorreu sua descoberta do metro árabe e de suas dezesseis modalidades,

27. KHAWAM, op. cit., p. 18.

compostas, cada uma, de sílabas longas ou breves que se sucedem em grupos de combinações variadas:

> [Diz-se que] foi ouvindo o retinir do martelo sobre a bigorna, na rua dos Pisoadores em Basra, que ele teve a idéia de fixar as quantidades de cada tipo de verso. Outros falam de gotas d'água caindo de uma goteira sobre uma superfície sonora. Os cameleiros improvisavam seus versos a partir do balanço de sua montaria e cantavam uma melopéia para escandir sua marcha. Seja como for, é preciso notar aqui a conexão do ritmo poético com o ritmo do trabalho do homem, sensível à harmonia da natureza. O canto certamente contribuiu para enriquecer esse ritmo[28].

Jamil Almansur Haddad, poeta, assim se manifestou:

> Como se sabe, nas *qaṣīdas,* ou seja, nos poemas clássicos árabes, o ritmo começou sendo aprendido a partir da marcha dos camelos. O camelo, quando anda, move, ao mesmo tempo, o membro anterior e o posterior, alternando o lado direito com o lado esquerdo. Isto dá uma espécie de ritmo, é uma marcha embaladora, como acalanto, como *berceuse,* que passa do andar do camelo para os ritmos poéticos. É algo que o ocidental não compreende[29].

Tendo em vista a sujeição dos poetas árabes a regras precisas, no que se refere a aspectos tanto conceituais quanto formais, pode-se inferir que uma certa monotonia permeia as composições da época (não se trata, aqui, da "monotonia hipnógena", típica do deserto, tão presente e natural no ritmo poético e também na música árabe; mas, da mesmice, pouco ou nada criativa). No entanto, detendo-se nas peças *per se*, torna-se evidente que os autores se destacam e se perpetuam por um estilo próprio de lidar com os elementos constituintes dos poemas, sobretudo com o ritmo e o vocabulário, sem dúvida, distintivos, quando manejados com inteligência e arte.

Os poetas pré-islâmicos não se preocupam exclusivamente com idéias novas; preocupam-se com a beleza da expressão, com a elegância, ou poder da frase, com a maneira diferente e peculiar de tratar os mesmos temas. É interessante relembrar que a língua árabe conserva a imagem acima da idéia.

28. Ibid., p. 19.
29. HADDAD, op. cit., 1993, p. 56-57.

Daí, o burilamento incessante das palavras em que se empenha sobremaneira todo autor *jāhilī*.

É este, talvez, o âmago da observação que faz Ibn Ḫaldūn, o grande pensador árabe do século XIV: "A arte de discorrer em verso não se aplica aos pensamentos, mas às palavras: estas constituem seu objetivo principal, enquanto os pensamentos são simples acessórios"[30].

O patrimônio pré-islâmico foi transmitido de geração a geração por via da oralidade, graças à memória coletiva e, particularmente, à dos rapsodos profissionais, até que, a partir do segundo século da Hégira, procedeu-se à sua coleção, representando uma das mais famosas compilações, o *Kitāb al-Aġānī*, literalmente "livro das canções", ou "cancioneiro", recolhido por Abū al-Faraj al-Iṣbahānī em quinze volumes.

O fato de essa produção se ter transmitido oralmente, aliado à data em que as compilações foram iniciadas (século VIII, já em período islâmico), suscitou dúvidas quanto à sua autenticidade nos críticos árabes e nos arabistas ocidentais, ganhando corpo a tese de que, na realidade, tratou-se de falsificação, por parte dos rapsodos ou dos "filólogos-poetas", movidos pela vaidade excessiva e até por orgulho tribal. Entretanto, se recordarmos o momento especial que vivia a língua árabe – o empenho na sua codificação, visando à sua perpetuação no estágio que deu origem ao Islã –, torna-se difícil desprezar o fato de que os gramáticos muçulmanos buscavam, nos textos pré-islâmicos, as regras da língua, por absoluto respeito a essa poesia, ainda que de fundo profano.

Contra a possível inautenticidade que possa ter acarretado a transmissão oral, como querem alguns estudiosos, Gabrieli irmana-se aos críticos árabes voltados à defesa da legitimidade das obras transcritas (admitindo apenas algumas dúvidas em casos individuais):

> Há que se ter em conta – salienta o autor – a excepcional potência e fidelidade da memória oriental, totalmente incomensurável em relação à nossa; isto outorga ao material assim transmitido um coeficiente de estabilidade muito superior ao que admitiríamos em nossa própria medida[31].

30. IBN ḪALDŪN, apud WIET, op. cit., p. 22.
31. GABRIELI, Francesco. *La Literatura Árabe*. Trad. (do italiano) Rosa Maria Pentimalli. Buenos Aires: Editorial Losada, S/A, 1971. p. 27.

Gaston Wiet, por sua vez, lembra-nos que "o caso (da possível falsificação) não é isolado: muitas literaturas antigas foram recolhidas por um esforço de memória". E prossegue: "[...] conhecemos o irritante problema das epopéias homéricas e, recentemente, os poemas de Ossian, ou os cantos bretões de La Villemarqué que provocaram muito escândalo [...]." Entretanto, nossa posição segue a de Régis Blachère, que afirma:

> Ninguém, em sã consciência, tem o poder de demonstrar com provas concretas que a transmissão oral alterou estes poemas totalmente, que cometeu erros de atribuição, que se debruçou sobre eles num trabalho de correção, louvável em seu espírito, mas desastroso em seus resultados[32].

Ṭāha Ḥusayn, poeta e crítico contemporâneo que reacendeu a polêmica em torno da inautenticidade dos poemas da *Jāhiliyya* em nosso tempo, assim mostrou sua importância em 1957: "É esta poesia anterior ao Islã que primeiramente deu origem ao nacionalismo árabe. É ela que contribuiu – já que o Alcorão o constituiu – para reforçá-lo"[33].

Importa, pois, analisar a literatura pré-islâmica da maneira como ela se nos apresenta, independentemente da controvérsia gerada quanto à sua autenticidade.

O conjunto de poemas que a representa, além do reconhecido mérito como composição literária – pela maturidade revelada na estrutura formal e legitimidade dos temas tratados –, tem, por seu caráter documental, um papel extremamente importante na recuperação do contexto histórico-social e cultural originário do universo árabe.

Colabora, para tanto, a característica do poeta-beduíno, que, segundo Šawqī Ḍayf[34], praticamente se anula (chegando, por vezes, a falar pela boca de um amigo...), em favor do coletivo, que busca retratar com realismo e objetividade.

Deve-se aos poetas primitivos o fato de terem conservado as tradições da época, os hábitos e costumes nômades, a índole do beduíno, valores,

32. BLACHÈRE, Régis, apud WIET, op. cit., p. 29.
33. ḤUSAYN, Ṭāha, apud WIET, op. cit., p. 35.
34. ḌAYF, Šawqī. *Al-ᶜAṣr al-Jāhilī* (O Período Pré- Islâmico). Cairo: Dār al Maᶜārif bi-Miṣr, 1982. p. 189-190.

enfim, de um povo ao mesmo tempo refinado e rude. Isso, em conseqüência de uma vida eivada de dificuldades de toda ordem, num meio absolutamente adverso, o que levou o árabe a, fatalmente, acercar-se da aridez e do perigo, para aproximar-se da seiva vivificadora do espírito, a arte essencialista da poesia. Poesia que, curiosamente, parece ter se efetivado, a partir do conceito árabe de *ši*^{c}*r* e do conceito ocidental de poesia, como que numa intuitiva percepção de complementaridade...

Na verdade, a poesia da *Jāhiliyya* plasmou na *qaṣīda* o sentir e o perceber (acumulação semântica da raiz *š* ^{c} *r*; aliás, *ši*^{c}*r* é a palavra árabe para poesia...) e a noção contida na *poiésis* grega: de elaboração, construção, lembrando a preocupação com a *forma*.

Os poetas pré-islâmicos fixaram em seus poemas uma série de características culturais muito peculiares e diferentes dos períodos posteriores, ao lado de serem coerentes com sua realidade nômade.

E – extremamente importante – a linguagem poética, que, como vimos, formou-se com o aporte de léxicos distintos, provindos dos numerosos dialetos da Península, foi a mediadora da Revelação, o que lhe imprimiu um caráter sacralizado e a justificou como língua da unificação dos povos árabes em torno do Islã.

A reverência, pois, com que o muçulmano trata a língua árabe estende-se necessariamente à sua origem, à *"koiné"* poética e aos textos pré-islâmicos.

Essa linguagem, cujo refinamento se materializou na poesia, foi erigida como modelo lingüístico e estético e fecundou toda a literatura subseqüente, firmando-se como significativo patrimônio na consciência coletiva do arabismo.

Disse-o bem Corriente: "A vida dos árabes estava compendiada em sua poesia"[35].

Não será exagerada, portanto, a formulação de críticos árabes (a exemplo de Ḍayf), endossada por Wiet: "As composições líricas tiveram no Mundo Árabe a mesma ressonância que os versos de Homero na civilização grega"[36].

35. CORRIENTE CÓRDOBA, op. cit., p. 11.
36. WIET, op. cit., p. 23.

Acrescente-se, nessa linha, a observação de Miquel: "[...] a Arábia vivia com um sistema de valores inspirado em seu meio. É este código que, sublimado pelo Islã e sua fé, forneceu seus valores para os árabes"[37].

"Transportando por toda parte o relato versificado de todos os acontecimentos gloriosos e funestos", como lembra Khawam[38], o poeta *jāhilī* possibilitou a ligação do árabe de hoje com seu passado remoto e foi "para os antigos árabes [como define um de seus autores] a proteção de sua honra, a defesa de suas virtudes, a perenidade de seus feitos, a difusão de sua reputação"[39], e, diríamos nós, o arquiteto de sua língua e de sua arte mais legítima.

Referências Bibliográficas

BENCHEIKH, Jamel Eddine. *Poétique Arabe (précédée de Essai sur un Discours Critique)*. Paris: Gallimard, 1989.

BENCHEIKH, Jamel Eddine; MIQUEL, André. *D'Arabie et d'Islam*. Paris: Editions Odile Jacob, 1992.

COLEÇÃO Oriente e Ocidente. Dirigida por Aida Ramezá Hanania e Luiz Jean Lauand. Publicação do Centro de Estudos Árabes/DLO-FFLCH/USP, 1993-1995. 10 v.

CORRIENTE CÓRDOBA, Federico. *Las Mu'allaqat*: Antología y Panorama de Arabia Preislámica. Madrid: Instituto Hispano-Árabe de Cultura, 1974.

ḌAYF, Šawqī. *Al-ᶜAṣr al-Jāhilī* (O Período Pré- Islâmico). Cairo: Dār al Maᶜārif bi-Miṣr, 1982.

GABRIELI, Francesco. *La Literatura Árabe*. Trad. (do italiano) Rosa Maria Pentimalli. Buenos Aires: Editorial Losada, S/A, 1971.

HADDAD, Jamil Almansur. Introdução ao Conto Árabe. In: ____. (Introdução, seleção e notas). *Contos Árabes*. São Paulo: Edições de Ouro, [s.d.].

____. Doze Temas Árabes (Prefácio). In: LE BON, Gustave. *A Civilização Árabe*. Trad. Augusto Souza. Curitiba: Paraná Cultural, [s.d.].

37. BENCHEIKH, Jamel Eddine; MIQUEL, André. *D'Arabie et d'Islam*, Paris: Editions Odile Jacob, 1992, p. 121.
38. KHAWAM, op. cit., p. 10.
39. Apud WIET, op. cit., p. 35.

____. Interpretações das *Mil e uma Noites*. *Revista de Estudos Árabes*, São Paulo: Centro de Estudos Árabes/DLO-FFLCH/USP, ano I, n. 2, p. 53-63, 1993.

HANANIA, Aida Rameză. Prefácio. In: *Oriente e Ocidente*. Seleção, tradução, estudos e notas por Luiz Jean Lauand. São Paulo: Centro de Estudos Árabes/DLO-FFLCH/USP, 1994. vol. IV (*Provérbios Árabes*), p. 7-10.

____. *A Caligrafia Árabe*. São Paulo: Martins Fontes, 2000.

HANANIA, Aida Rameză; LAUAND, Luiz Jean. *Oriente e Ocidente*. São Paulo: APEL; Centro de Estudos Árabes/DLO-FFLCH/USP. 1994. vol. I (*Língua e Mentalidade*).

KHAWAM, René. *La Poésie Arabe (des origines à nos jours)*. Verviers, Belgique: Marabout, 1967. (Collection Marabout Université).

LAUAND, Luiz Jean. Estudo Complementar I. Linguagem, pensamento "confundente" e aprendizagem por Provérbios. In: *Oriente e Ocidente*. Seleção, tradução, estudos e notas por Luiz Jean Lauand. São Paulo: Centro de Estudos Árabes/DLO-FFLCH/USP, 1994. vol. IV (*Provérbios Árabes*), p. 47-49.

MARÍAS, Julián. *La felicidad humana*. Madrid: Alianza Editorial, 1988.

MONTEIL, Vincent Mansour. *La Pensée Arabe*. Paris: Seghers, 1987. (Collection Clefs pour la Pensée Arabe).

NASR, Helmi M. I. Entrevista. *Revista de Estudos Árabes*, São Paulo: Centro de Estudos Árabes/DLO-FFLCH/USP, ano I, n. 2, p. 9-19, 1993.

____. A Contingência na *Khutbah de Qus Ibn Sa'ida*. In: *Oriente e Ocidente*. São Paulo: Salesianas, 1994. vol. II (*Filosofia e Arte*). (Publicação do Centro de Estudos Árabes/DLO-FFLCH/USP). p. 55-56.

REVISTA DE ESTUDOS ÁRABES. São Paulo: Centro de Estudos Árabes/DLO-FFLCH/USP, n. 1-6, 1993-1995.

WIET, Gaston. *Littérature Arabe*. Paris: Maisonneuve et Larose, 1966.

parte II
teologia e filosofia

3.

Al-Qur'ān: O *Corão*, o Livro Divino dos Muçulmanos

Jamil Ibrahim Iskandar

O surgimento do Islã (*Islām*) foi um marco decisivo na história da humanidade. Ocorreu em princípios do século VII de nossa era, na Península Arábica (*Jazīrat al-ᶜArab*), num planalto desértico conhecido por Ḥijāz (que significa "barreira"), situado ao longo da costa ocidental da atual Arábia Saudita.

Nessa região, o período pré-islâmico é conhecido pelos muçulmanos por *Jāhiliyya*, isto é, "Tempo da Ignorância" – que quer dizer ignorância de Deus –, pois a religiosidade era pautada por um paganismo que não diferia muito do politcísmo comum aos povos semitas. Adoravam-se deuses e deusas, acreditava-se em mitos e seres fantasiosos, em superstições como espíritos materializados em árvores e pedras, praticavam-se cultos e ritos mágicos, que variavam de uma tribo para outra. A primitiva sociedade árabe, na precariedade do ambiente rude e hostil, impunha a lei da sobrevivência. Reinava a lei do talião, eram corriqueiros os saques entre as tribos, o abandono de viúvas e órfãos, a matança de meninas recém-nascidas e tantas outras práticas distantes do que se entende por moralidade dos costumes.

A esse povo, o Islã se apresentou como uma nova concepção do mundo, fundada na absoluta Unicidade de Deus (*Tawḥīd*). *Islām* significa "submissão" a Deus, uma submissão voluntária Àquele que é o Senhor absoluto dos mundos.

O Profeta Muḥammad ibn ᶜAbd Allāh, fundador da nova religião, o islamismo, é para os muçulmanos o Mensageiro-Enviado de Deus (*Rasūl Allāh*). Conhecido na língua portuguesa por Maomé[1], teve sua primeira biografia importante (*Sīrat al-Nabī*) escrita em 732 por Muḥammad ibn Isḥāq, nascido em Medina em 704 – setenta e dois anos, portanto, após a morte do Profeta – e morto no Iraque em 768. As duas fontes para o conhecimento histórico da vida do Profeta são o próprio *Corão*, que, porém, contém poucos dados biográficos, e o imenso corpo de tradições recolhidas nos séculos sucessivos, o *Ḥadīṯ*.

Deve-se salientar que não há nem jamais houve no Islã qualquer dúvida quanto à historicidade do Profeta e à veracidade de sua biografia, embora alguns orientalistas discordem de sua autenticidade por desconhecimento, preconceito ou, talvez, por leviandade no manuseio das fontes[2]. É impossível aceitar-se que, depois de somente uns 80 anos, a personalidade grandiosa e venerada do Profeta tivesse sido esquecida pelo povo árabe, possuidor de uma potente memória que magnificamente se expressava na sua tradição oral. Como bem afirma o historiador Claude Cahen, "de todos os fundadores de religiões, é Muḥammad quem provavelmente tem o perfil histórico mais acentuado"[3]. Muḥammad é o único fundador de religião que foi também fundador de um império.

Muḥammad, sobre quem o *Corão* "desceu" (*nazala*), nasceu por volta de 570 na cidade de Meca e morreu em 8 de junho de 632 em Medina, onde está sepultado. Esse homem, que de início provocou uma mudança radical na história de seu próprio povo – e posteriormente na do mundo –, parece que já pressentira a sua missão profética (*biᶜṯa*) desde a juventude, visto que sempre tivera o hábito de fazer retiros meditativos (*taḥannuṯ*). Foi num desses retiros, na gruta de Ḥīra, no Monte da Luz (*Jabal al-Nūr*), próximo

1. Manteremos o nome árabe Muḥammad, que significa o Glorificado, por estar mais de acordo com a religião.
2. Por exemplo, o historiador italiano CAETANI, L., que, em sua monumental obra *Annali dell'Islam*, Milano, 1905-1926. 10 v., conclui que nada de verdadeiro sobre Muḥammad pode ser encontrado na tradição, sendo apócrifo, portanto, o material que possuímos.
3. CAHEN, Claude. *El Islam. Desde los orígenes hasta el comienzo del Império Othomano*. 14. ed. Trad. José Maria Palao. Madrid: Siglo XXI de España Editores, 1992. p. 27.

à cidade sagrada de Meca, que, em agosto de 610[4], quando então já contava 40 anos de idade, Muḥammad viveu o instante ímpar de esplendor e de perplexidade ao ter a visão do arcanjo Gabriel, que lhe revelou o primeiro versículo (*āya*) de um capítulo (*sūra*) do que viria a ser o Livro sagrado dos muçulmanos, o *Corão* (*Al-Qur'ān*): "Lê em nome de teu Senhor", disse o anjo. Reticente, de início, o Profeta respondeu: "eu não sei ler".

Muḥammad, porém, cedeu à ordem do anjo. Aturdido e admirado, posto que era iletrado – o Profeta pronunciou as primeiras palavras do Livro sagrado; os versículos, que são parte da *Sūra d'o Coágulo*, ordenam: "Lê em nome de teu Senhor que criou; criou o homem de um coágulo. Lê que teu Senhor é Dadivoso; que ensinou com o cálamo, ensinou ao homem o que ele não sabia".

Posteriormente, Muḥammad recebeu a revelação (*tanzīl*)[5] dos outros 14 versículos que completam este capítulo, que, na ordenação do *Corão*, traz o número XCVI.

Estrutura do *Corão*

O *Corão* não foi revelado de um só lance, mas em fragmentos. A revelação, em língua árabe, de todos os 114 capítulos (*suwar*)[6], que constituem o texto completo do *Corão*, deu-se num espaço de 23 anos, de 610 até a morte do Profeta, em 632. Em Meca, foram revelados 86 capítulos e, por isso, são ditos "mecanos"; os 28 revelados em Medina, durante os últimos 10 anos de vida de Muḥammad, são conhecidos por "medinenses". As suras não foram sempre reveladas por inteiro, pois muitas vezes o Profeta recebia delas apenas fragmentos. Após a primeira revelação – dos cinco primeiros versículos

4. Há uma tradição que diz que o *Corão* foi por inteiro revelado na "Noite de Qadr", fixada em 27 de Ramadã; esta tradição se funda nas passagens XCVII:1 e XLIV:3, as quais, contudo, podem bem estar indicando a revelação de apenas os primeiros versículos.
5. *Tanzīl* é sinônimo de *waḥy*, que significa "revelação" propriamente; *tanzīl* deriva do verbo *nazala*, isto é, "descer", porque o *Corão* "desceu" sobre Muḥammad. Ambos os termos podem ser usados como sinônimos.
6. Os muçulmanos, em geral, se referem às suras por seus títulos e não por seus números.

supracitados (XCVI)[7] –, o fluxo da palavra divina cessou durante algum tempo, conhecido na tradição por *fatra* – espécie de atenuação da proximidade com o divino –, para retomar o seu curso, que perdurou ininterruptamente durante os últimos 20 anos de vida do Profeta.

Durante os quase três primeiros anos, as revelações recebidas por intermédio do arcanjo eram transmitidas por Muḥammad apenas àqueles que pertenciam a seu núcleo familiar – sua esposa Ḫadīja, seu primo ᶜAlī, seu filho adotivo Zayd – e a seus dois amigos, os futuros califas Abū Bakr e ᶜUṯmān. Esse período é conhecido por pré-apostólico.

Por volta de 612, o Profeta recebeu de Deus a ordem para iniciar o seu apostolado público. Nesse segundo período mecano, as revelações insistem no anúncio do Dia do Juízo final, na ressurreição dos corpos e na conseqüente necessidade de purificação e de um aprimoramento ético. Cada vez mais elas acentuam a Unicidade divina e a crítica ao politeísmo.

Doravante, o Profeta passa a enfrentar uma situação bastante diversa da que até então conhecera durante os primeiros quatro ou cinco anos de missão. Inicialmente indiferentes ou desdenhosos, os mercadores de Meca passam a uma ofensiva hostil e malevolente. Diante de uma acirrada oposição, Muḥammad vê-se compelido a buscar refúgio em outras paragens.

Em 620, alguns habitantes de Yaṯrib – um próspero oásis ao norte de Meca – converteram-se à predicação de Muḥammad. Em Yaṯrib, havia um numeroso núcleo de monoteístas, os judeus, cujas principais tribos, em constante pé de guerra, ameaçavam os habitantes. Estes viram no Profeta a possibilidade de um chefe imparcial. Em junho de 622, concluíram o Pacto de ᶜAqaba em que reconheciam a liderança de Muḥammad. O Profeta, desgostoso desde a morte, em 619, de sua esposa Ḫadīja e de seu tio Abū Ṭālib, e perseguido pelos poderosos de Meca, escolheu Yaṯrib para aí assentar a sua comunidade. Segundo a tradição, em 24 de setembro de 622 (mês lunar: 12 de *Rabīᶜ al-Awwal*)[8], Muḥammad deixou Meca com destino a Yaṯrib, que

7. Os capítulos são indicados com algarismos romanos, e os versículos, em algarismos arábicos.

8. Em 639, o califa ᶜUmar estabeleceu a data da Hégira (emigração de Muḥammad) em 16 de julho de 622, que corresponde ao primeiro dia do primeiro mês lunar, *Muḥarram*, início da era islâmica.

virá a ser conhecida por *Madīnat al-Nabī*, a "Cidade do Profeta", ou Medina por antonomásia.

À medida que Muḥammad recebia as revelações do arcanjo Gabriel e as transmitia a seus seguidores, anotações iam sendo feitas em folhas de tamareira, pedaços de couro fino, ossos de camelo ou ovelha (*aktāf*), tábuas de madeira utilizadas como sela de montaria de camelo (*aqtāb*), ossos de costelas dos animais (*aḍlāᶜ*), telas de seda (*ḥarīr*) e certos tipos de papéis (*qarāṭīs*) oriundos da Índia. O próprio Profeta ditou aos "escribas da revelação" (*kuttāb al-waḥī*) cada versículo, cada capítulo, o que permite afirmar com segurança que não houve qualquer tipo de alteração ou manipulação da mensagem original da Escritura sagrada. Há apenas os escritos originais, e, neles, nenhuma modificação foi feita. Nada no *Corão* pode ser considerado apócrifo. Até hoje o Livro sagrado permanece em sua forma originária e íntegra, tal como fora revelado diretamente ao "Selo dos profetas" (*Ḫātim al-anbiyā'*), epíteto dado a Muḥammad por ter recebido a mensagem divina na sua forma definitiva e confirmado a mensagem de todos os profetas anteriores. Acrescente-se, ainda, que o ordenamento dos versículos dentro dos capítulos também fora realizado inteiramente durante a vida missionária do Profeta. Depois de sua morte, a revelação cessou e a comunidade não acrescentou nem suprimiu nada do *Corão* ditado pelo próprio Profeta.

A ordenação dos capítulos, tal qual a temos, não segue a cronologia temporal em que Muḥammad recebeu as revelações. Como elas ocorriam oportunamente segundo as necessidades e circunstâncias do momento histórico, foi possível estabelecer os diferentes períodos em que foram reveladas, seja em Meca ou em Medina. De Meca são as revelações em forma de homilia, dedicadas ao ensinamento das crenças básicas: a exortação à fé na Unicidade (*Al Tawḥīd*) de Deus e a evocação ao Juízo final; elas também condenam a cegueira dos iníquos, ameaçam com o castigo eterno os perseguidores mecanos, mas encorajam os seguidores da nova fé e fazem menção à história dos profetas anteriores ao Islã.

As características mais relevantes dos capítulos medinenses, revelados após a Hégira – a emigração do Profeta da Meca para Medina e que marca o ano 1 no calendário muçulmano –, consistem no diálogo com o "Povo do Livro" (*Ahl al-Kitāb*), ou melhor, com os judeus e cristãos, além da enunciação das obrigações e direitos de cada um na comunidade, do estabelecimento das questões sobre heranças, leis políticas e econômicas. São, portanto, revelações de conteúdo social, voltadas para a realidade da nova comunidade. Convém observar que os versículos revelados em Meca são em geral mais breves do que os revelados em Medina e que as revelações do primeiro período mecano, traduzidas em versículos curtos de um grande lirismo, caracterizam-se pela unidade de estilo.

Os 114 capítulos estão ordenados segundo uma ordem de extensão decrescente. Os capítulos iniciais são os mais longos e correspondem à revelação recebida em Medina, enquanto os médios e curtos que se seguem correspondem ao período mecano. Excetua-se dessa ordenação o primeiro capítulo, *Al-Fātiḥa* ("A Liminar" ou "A Abertura"), cuja colocação no início do Livro se justifica por sua importância litúrgica.

O comprimento de cada sura varia muito: de 286 versículos da mais longa, "A Vaca" (II), até os três versículos das mais curtas (CIII, CVIII e CX). A sura "A Abundância" (CVIII) tem apenas 10 palavras. Todas as suras, com exceção da IXª, começam pela *basmala*, a invocação *Bism Allāh al-Raḥmān al-Raḥīm*, comumente traduzida por "Em nome de Deus, o Clemente, o Misericordioso".

No início de 29 suras, imediatamente depois da *basmala*, surgem letras ou grupos de letras que durante séculos têm intrigado os sábios muçulmanos. Essas letras, conhecidas por *fawātiḥ al-suwar* (preliminares às suras), *awā'il al-suwar* (inícios das suras), são, no Ocidente, também chamadas de "letras misteriosas". Há uma variedade de interpretações dessas letras que vão desde a aceitação de que são apenas abreviações de palavras, ou sons entoados pelo Profeta para chamar a atenção dos fiéis, ou sinais para separar as suras, ou sinais místicos com significado simbólico fundado no valor numérico das letras do alfabeto árabe etc.

É possível proceder-se a uma divisão superposta à ordem canônica, destinada à leitura. O texto corânico pode ser dividido em partes iguais no comprimento, destinadas à leitura que, segundo a capacidade ou piedade do recitante, poderão ser recitadas em sete, 30 ou 60 dias. Essas divisões responderam às preocupações rituais, cultuais e pedagógicas. A fração (*ḥizb*) e suas subdivisões são unidades de medida pedagógica. Assim, as crianças começam o aprendizado na ordem inversa da que está estabelecida no texto, isto é, começam pelas suras mais curtas, do final do Livro. Quando se diz saber dois, três ou 10 *ḥizbs*, entende-se que se trata das suras finais e menores.

O Significado de *Qur'ān*, *Sūra* e *Āya*

É no próprio Livro sagrado que encontramos o uso atestado mais antigo do termo *qur'ān*, que ocorre cerca de 70 vezes. O significado mais aceito pelas autoridades muçulmanas é o dado por Lahyanī[9], segundo o qual o termo *qur'ān* – com uma *hamza* em sua raiz – é um nome derivado do verbo *qara'a*, que significa "leu, recitou (em voz alta)"[10]. Em alguns dos mais antigos manuscritos, *qurān* surge sem a *hamza*, o que levou autoridades como Abū Zakariyyā' al-Farrā' (c. 761-822)[11], Qatāda (c. 679-735)[12] e Abū ᶜUbayda (c. 728-824)[13] a afirmar que o termo deriva da mesma raiz de *qarīna*, que significa "unido, junto com", e, portanto, *qur'ān* significa a reunião dos capítulos, "porque suas *suwar* (capítulos) são parecidas umas às outras". Para Al-Ašᶜarī (873-935), fundador da escola teológica que leva seu nome, o termo deriva de *qarana*, que significa "unir com", já que as suras e *āyas* estão dispostas uma depois da outra. Ibn al-Aṯīr[14] faz derivar *qur'ān*

9. Cf. ARASTEH, Husain Yavân. *Las ciencias coránicas*. Trad. Zohre Rabbani. Qom, Irã: Fundação Cultural Oriente, 2004.

10. Recitar de memória, como em XVII:78 80; LXXV:17 et seq. Alguns orientalistas ocidentais acham que o sentido de "ler" que há nos dicionários talvez seja anacrônico em relação ao tempo de Muḥammad na Meca, pois a escrita era prerrogativa de muito poucos e é possível que somente após a Hégira a escrita da revelação tenha se tornado um hábito, embora possa bem ter sido feita apenas como recurso mnemônico. Cf. WATT, W. Montgomery; BELL, Richard. *Introduction to the Qur'ān*. Edinburgh: Edinburgh University Press, 1970. (Reprint 1991). p. 136.

11. AL-FARRĀ', Abū Zakarriyyā'. *Maᶜānī al-Qur'ān*. Cairo, 1955-1975. 3 v.

12. Qatāda ibn Diyāma ibn ᶜAzīz era de Basra. Parece que foi o primeiro a usar o nome *muᶜtazila*, segundo IBN AL-NADĪM. *The Fihrist*. Edited and translated by Bayard Dodge. Columbia University Press, 1970. (Reprint 1998). Cap. V, seção 1.

13. Abū ᶜUbayda Maᶜmar ibn al-Muṯannà foi o célebre gramático de Basra, cuja obra *Majāz al-Qur'ān* foi editada no Cairo, 1954-1962.

14. Célebre historiador da língua árabe que viveu em Mosul. Compôs um dicionário biográfico dos companheiros do Profeta, *Usd al-Ġāba*.

– com uma *hamza* em sua raiz – de *qar*, com o significado de "reunir", uma vez que reúne em si os frutos de outros livros divinos[15].

O termo *Qur'ān* é mais usado no período inicial das revelações, enquanto a designação *Al-Kitāb* (o Livro) é mais freqüente no período final, embora a passagem do termo *Qur'ān* para o termo *Kitāb* possa ter sido gradual. A sura "A Vaca" (*Al-Baqara*), revelada em Medina, principia anunciando que "este é o Livro (*Kitāb*) sobre o qual não há nenhuma dúvida". Conquanto o Livro seja mais conhecido com o nome de *Al-Qur'ān*, também é conhecido por *Al-Furqān*, literalmente "discernimento", ou seja, o que capacita a distinguir entre o falso e o verdadeiro, entre o bem e o mal. Outro nome pelo qual o Livro sagrado é conhecido é *Al-Hudà*, o Guia, porque contém todo o conhecimento necessário para que o muçulmano permaneça no reto caminho (*al-ṣirāṭ al-mustaqīm*), consciente da vontade divina para tudo o que lhe concerne. E, como é o protótipo de todos os livros, isto é, contém as raízes de todos os saberes, é também chamado de *Umm al-kitāb*, Mãe do livro. Acrescentemos outro nome do *Corão*, *Ḏikr Allāh*[16], que significa lembrança, recordação (que o ser humano tem) de Deus. *Tanzīl*, nome derivado do verbo *nazala* (enviar para baixo), refere-se à revelação que foi "enviada para baixo" por Deus; a frase *tanzīlu al-kitāb* encabeça algumas suras[17] do *Corão*. Daí o sentido de "o *Corão* desceu".

A tradução de *sūra* por "capítulo" é imprecisa. A primeira, *Al-Fātiḥa* ("A Abertura") está mais próxima de uma oração, e as duas últimas, conhecidas por *al-mu*^{c}*awwiḏatāni* (as duas que se refugiam), estão mais próximas de palavras

15. A freqüente expressão "este *Qur'ān*" pode ser interpretada como significando a existência de outros *Qur'ān*, interpretação que pode ser confirmada pela frase "um *Qur'ān* árabe" (XXXIX:27-28 et seq.). Entre os estudiosos ocidentais, aceita-se que *qur'ān* derive do siríaco *qeryânâ*, que significa "leitura ou lição das Escrituras", como era usual na liturgia cristã. Cf. WELSH, A. T. Al-Kur'ān. In: ENCYCLOPAEDIA of Islam (EI^2). New Edition. Leiden: E. J. Brill, 1986. vol. V, p. 400 et seq. Contudo, o próprio *Corão* afirma o seu uso litúrgico, cf. XVII:78-80; LXXIII:20.

16. *Ḏikr*, *ḏikrà*, *taḏkira* são nomes formados do verbo *ḏakara*, "lembrar-se, mencionar", ou de *ḏakkara*, "fazer lembrar, admoestar, advertir". Em várias passagens, Muḥammad é instruído para admoestar, advertir as pessoas, e, em LXXX:21, ele é chamado de "admoestador", *muḏakkir*. Contudo, também os nomes *ḏikr*, *ḏikrà* e *taḏkira* podem ser associados ao significado de advertir, cf. XXXVIII:1, em que o *Corão* é descrito como *ḏū al-ḏikr*, "tendo admoestado".

17. XXXII; XXXIX; XL; XLV; XLVI. Todas essas, à exceção de XXXIX, começam pelas misteriosas letras. A sura XLI principia: "Hā', Mīm, um *tanzīl* do Misericordioso [...]", em que *tanzīl* significa uma revelação mandada por Deus para baixo.

de encantamento para proteção contra o mal. Poucas são as suras que na sua totalidade tratam de um mesmo tópico; as exceções são as suras XII e LXXI, que respectivamente relatam as histórias bíblicas de José e de Noé.

O *Corão* é composto de *suwar* (capítulos) e *āyāt* (versículos). Uma sura é a reunião de diversos versículos. Quanto à *āya*, significa, no âmbito lingüístico, "signo, sinal". Contudo, uma análise exegética mostra que, além desses significados, a palavra *āya*, que surge quase 400 vezes, tem outros significados, como, por exemplo, o sentido de "imperativo" ou "mandato", quando o Livro afirma que "não ab-rogamos nenhum mandato (*āya*), nem o deixamos no esquecimento sem substituí-lo por outro melhor ou semelhante. Ignoras que Deus tem poder sobre todas as coisas?" (II:106).

Com o sentido de "milagre", lê-se na seguinte passagem: "ainda que apresentes qualquer espécie de milagres (*āyātun*) ante os que receberam o livro, jamais adotarão tua orientação (*al-qibla*)"[18] (II:145).

No versículo que se refere à história de José, *āya* mantém o significado de "signo": "Certamente que há (na história) de José e de seus irmãos signos (*āyātun*) para os que inquirem" (XII:7).

O Caráter Divino do *Corão*

O *Corão* é o Livro sagrado dos muçulmanos, que o consideram "a Palavra in-criada de Deus". O "Senhor dos mundos" revelou-o ao profeta de sua escolha, a fim de que ele o comunicasse a seu povo. Nada mais ofensivo a um muçulmano do que dizer que Muḥammad é o autor do *Corão*, pois o Profeta é apenas o agente de transmissão, que nada acrescentou nem suprimiu da palavra divina que sobre ele "desceu".

O *Corão* é a mensagem de Deus revelada. Tudo nele é sagrado, não apenas o conteúdo, mas também a forma. Não é apenas a mensagem nele

18. *Al-qibla*: é o nome dado pelos muçulmanos à orientação geográfica da cidade sagrada de Meca, onde se encontra a Kaᶜba, em direção da qual os muçulmanos voltam seus rostos no momento da prática diária da oração (*ṣalāt*).

contida que é sagrada, mas tudo o que a ele se refere tem um caráter sagrado: a caligrafia das palavras escritas, os sons da recitação do texto, a própria presença física do Livro.

No islamismo, acredita-se que o *Corão* seja inimitável (*i*ᶜ*jāz al-Qur'ān*), infalível e inalterável. A tradução do *Corão* para outras línguas é aceita como auxílio para a sua compreensão, porém jamais é aceita como substituto do texto. Uma tradução é sempre um esforço humano e constitui uma forma de *tafsīr* (exegese). O texto árabe é a palavra divina que não pode ser substituída. O versículo que proclama a sua inalterabilidade não põe dúvidas quando afirma: "Somos Nós que revelamos a mensagem e somos Nós o Seu Preservador" (XV:9).

Ainda sobre a origem divina do *Corão*, há uma outra passagem, mais enfática, que, para os muçulmanos, representa uma sólida certeza de que nenhuma falsidade pode atingi-lo: "Certamente é um Livro majestoso; o falso nem por diante nem por detrás o alcança" (XLI:41-42).

Todavia, quando o *Corão* foi revelado, houve quem negasse a sua origem divina e argumentasse que qualquer um seria capaz de elaborar algo igual. Em resposta à negativa da origem divina do Livro sagrado, um versículo da sura "A Viagem Noturna" adverte: "Dize-lhes: ainda que os humanos e os gênios (*jinn*) tivessem se unido para produzir algo semelhante a este *Corão*, jamais o teriam feito, mesmo que tivessem se ajudado mutuamente" (XVII:88).

E ninguém jamais fez nada igual. Esse versículo pertence a um capítulo revelado ao Profeta em Meca e tornou-se um verdadeiro desafio para os incrédulos, que, naquela época, zombavam da veracidade do *Corão*. Esse desafio propiciou aos muçulmanos uma maior confiança em seu Livro revelado, num tempo em que formavam uma comunidade ainda pequena.

O estilo e o método do *Corão* são únicos e sem paralelos; servem a seu propósito e missão e, conseqüentemente, não cabem em qualquer desenho concebido por mente humana. Seu desígnio é a orientação (*hidāya*) e dirige-se como tal ao ser humano. Tem por alvo desenvolver uma nova consciência da realidade e promover um novo movimento social a fim de fundar uma nova cultura e civilização. Para tanto, apresenta um diálogo direto (embora mediado pelo anjo) entre Deus e o homem, Muḥammad, por meio de breves, porém concisas, *ḫuṭubāt*, que contêm todos os elementos de um diálogo significativo entre ambas as partes. Cada versículo (*āya*) do *Corão* serve a esse propósito, tanto é que podem bem ser lidos e compreendidos se destacados da sura à qual pertencem.

Para os muçulmanos não há qualquer dúvida de que o *Corão* seja um milagre de Deus. Como todo milagre, possui, no entanto, aspectos insólitos. Um deles, mencionado no *Corão*, é a própria pessoa de Muḥammad. Como poderia, já que iletrado, elaborar um conteúdo dessa natureza? Levantou-se a hipótese de que ele tivera como preceptor um homem de língua persa. Todavia, novamente encontramos uma resposta revelada refutando tal possibilidade: "Bem sabemos que dizem ter sido um ser humano que ensinou (o *Corão* a Muḥammad). Mas, a língua daquele a quem aludem é a persa, enquanto a deste (o *Corão*) é a língua árabe clara" (XVI:103).

Outro aspecto relevante quanto ao milagre do *Corão* está na acentuada eloqüência de suas expressões. Trata-se de uma linguagem própria e peculiar, uma vez que não é nem poesia nem prosa. Muitos estudiosos apontam a relação que há entre o conteúdo do texto revelado e a sua dimensão estética. O *Corão* sobrepuja em beleza lírica as mais célebres e reverenciadas obras literárias em língua árabe, e sua precisão conceitual não poderia ter sido sequer imaginada por mente humana. Os versículos corânicos se impõem com vigor de expressão e de musicalidade, e sua amplidão e síntese conceituais jamais foram atingidas.

Formação e Unificação do Texto Corânico

A recitação da palavra divina durou 20 anos. Na oração e na meditação, os fiéis que acompanhavam o Profeta se deixavam envolver pela palavra sagrada, que, para eles, era a experiência direta da presença divina, o contato mais íntimo com Deus.

Em vida, o próprio Profeta ensinava a seus discípulos a correta recitação litúrgica (*tartīl*) do *Corão*. Posteriormente, esses mesmos discípulos assumiram a tarefa de ensinar a recitação aos demais fiéis. Este fato é constatado historicamente e constitui um dado importante no que concerne à preservação da maneira correta de recitar. Desde os primórdios do Islã já havia em Medina um centro de "memorizadores" (*ḥuffāẓ*, sing. *ḥāfiẓ*) do *Corão*. Em seguida, foram criados outros tantos centros semelhantes, que se espalharam por todo o mundo islâmico. Ainda hoje, esses centros que ensinam a memorizar o *Corão* estão disseminados nos países islâmicos. Os primeiros "memorizadores" desempenharam um papel seminal na compilação do texto sagrado. E, até hoje, quem sabe de cor o *Corão* é cercado de honra, distinção e grande respeito entre os muçulmanos. Entre os primeiros "memorizadores" destacam-se ᶜAlī ibn Abī Ṭālib, ᶜUṯmān ibn ᶜAffān, Ibn Masᶜūd, Ubay ibn Kaᶜb, Zayd ibn Ṯābit, Abū al-Dardā', Maᶜāḏ ibn Jabal, Abū Zayd. Foram estes os que inicialmente ensinaram a correta leitura do *Corão*.

Os Companheiros que aprenderam diretamente do Profeta a recitação do Livro transmitiram a sua correta leitura. Contudo, em razão da pronúncia de certas palavras e da maneira de proferir certas letras, as leituras apresentavam diferenças[19].

O termo *qirā'a* é impropriamente traduzido por "leitura"; seu significado mais próximo talvez seja o de "lição", no sentido de uma lição de recitação correta do texto sagrado, de memória ou com o auxílio de um texto escrito. Durante os dois primeiros séculos do Islã, o *qāri'* (ou *muqri'*) é o recitante, isto é, um muçulmano capaz de reproduzir, em voz alta, com absoluta fidelidade o texto corânico. O *qāri'*, além de ser alguém destacado por sua virtuosidade na recitação do Livro, deve também ser um exemplo por sua vida marcada pela piedade e pelo ascetismo.

A primeira geração de muçulmanos recitou o *Corão* apenas para transmitir o que ouvira diretamente da boca do Profeta; não fez disso um ofício, como se tornaria mais tarde, quando o *qāri'* faria da "leitura" a sua ocupação corrente. Nas leituras do texto sagrado surgiram variações principalmente

19. Cf. IBN KHALDÛN. *Os Prolegômenos ou Filosofia Social* (*Muqaddima*). Trad. José Khoury e A. B. Khoury. São Paulo: Comercial Safady Ltda., 1958. vol. I; 1959. vol. II; 1960. vol. III. 3 v. vol. II, cap. XI, p. 406 et seq.

em função da falta de sinais que deveriam designar as vogais breves[20]. Isso levou ao reconhecimento de sete formas ou maneiras diferentes de enunciar o texto; a canonização das sete leituras suscitou o surgimento das escolas de recitação nos principais centros: em Medina, com o mestre Nāfiᶜ (m. 785); em Meca, com Ibn Kaṯīr (m. 737); em Basra, com Abū ᶜAmr Zabān ibn al-ᶜAlā' (c. 689-770); em Damasco, com Ibn ᶜĀmir (m. 736) e, finalmente, três escolas em Kūfa, com os mestres ᶜĀṣim ibn Abī al-Najūd (m. 744), Hamza ibn Ḥabīb (m. 772) e Al-Kisā'ī (m. 804).

As sete lições ou maneiras de recitar o *Corão* foram transmitidas às gerações seguintes até que foram registradas por escrito e fixadas. Por volta da metade do século IX, as sete leituras são aceitas pela maioria como as únicas lícitas. Isso se deve ao *Ḥadīṯ*, que informa que Ibn ᶜAbbās e o califa ᶜUmar atestam que o próprio Muḥammad disse que o *Corão* foi revelado em sete *aḥruf* (sing. *ḥarf*), palavra que parece significar "sistema de leitura com variantes na vocalização". Houve, porém, uma reação à canonização dessas sete leituras, e surgiram novas listas de 10 e de 14 leituras[21]. Prevaleceu, no entanto, a primazia das sete leituras aceitas pela grande maioria dos muçulmanos[22]. Por correta leitura entende-se a correta pronúncia do *Corão* salmodiado, com suas pausas, tons, ritmos, nuanças melódicas, nasalizações, pronúncia de certas vogais e consoantes. Os tratados islâmicos sobre as leituras recorrem às provas testemunhais e à tradição oral para a fixação de uma ou de outra leitura. Contudo, é importante assinalar que essas leituras não introduzem nenhuma variação no texto escrito.

Durante o período dos abássidas, em Bagdá, os recitantes constituíram uma corporação organizada, dirigida por um chefe, o *šayḫ al-qurrā'*.

O ensino da leitura correta do *Corão* permaneceu nos séculos posteriores, a fim de que o verdadeiro sentido da mensagem divina não fosse alterado, e, até hoje, são rigorosamente conservadas e seguidas a estrita observação das rimas e a proibição dogmática da recitação errônea do *Corão*.

20. No final do século X, ainda se discutia sobre a validade de assinalar as vogais breves no texto sagrado. Nos manuscritos mais antigos, as vogais breves são assinaladas em tinta vermelha.

21. Cf. IBN AL-NADĪM, op. cit., cap. I, seção 3.

22. No século XV, Ibn al-Jazarī compôs seu tratado *Al-Našr fī al-qirā'āt al-ᶜašr* (Sobre as Dez Leituras), em que aceita a primazia das sete leituras canônicas.

Já havia escrita das revelações antes da Hégira (622), como testemunham os versículos XXV:5, LVI:79, XCVIII:2 etc. Entretanto, não se sabe a data exata em que Muḥammad determinou a redação das revelações que recebia. Cogita-se que tenha sido já no quinto ano de seu apostolado – oito anos antes da Hégira. Cabe lembrar que a primeira revelação tem por tema o cálamo como meio de conhecimento humano. Daí o cuidado do Profeta para conservar o *Corão* por escrito. Os versículos LXXX:12-16 fazem menção aos escribas "nobres e caridosos" que guardam em suas mãos "as folhas venerandas, sublimes e puras" da revocação divina.

Os títulos dados a cada sura datam de época muito distante e são, em sua maioria, extraídos ou do primeiro versículo, ou de um elemento recorrente, ou de um traço episódico contido no capítulo, como, por exemplo, o título da segunda sura, "A Vaca".

Com a morte de Muḥammad, Abū Bakr foi designado o seu sucessor (*ḫalīfa*) e continuou a expansão do Islã. Perderam suas vidas nas batalhas muitos Companheiros do Profeta, os *aṣḥāb*, que haviam ouvido e retido os versículos transmitidos diretamente da boca de Muḥammad e que sabiam o *Corão* de cor. Deparou-se, assim, com a necessidade de recolher por escrito a totalidade do texto sagrado. Segundo a tradição, Abū Bakr, de início relutante, acabou por consentir que se recolhesse tudo o que havia de escrita do *Corão*, além de tudo o que fora conservado na memória dos fiéis, para que fosse copiado em "folhas" (*ṣuḥuf*). Zayd ibn Ṯābit, o "escriba" do Profeta, encarregado dessa missão, recolheu o que achou, transcreveu em "folhas" e consignou-as a Abū Bakr, que, por sua vez, as transmitiu a seu sucessor, ᶜUmar, o qual as confiou à sua filha, Ḥafṣa, uma das viúvas do Profeta.

A recensão definitiva foi feita durante o califado de ᶜUṯmān ibn ᶜAffān, o terceiro *ḫalīfa* na sucessão de Muḥammad, que governou o império de 644 a 656. Os historiadores muçulmanos narram que, por volta de 650, havia alguns *corpora* particulares do *Corão*, sobretudo nos centros político-administrativos de Šām (Damasco), Homs, Basra e Kūfa, além das célebres "folhas" de Ḥafṣa, em Medina. É relatado que, durante uma campanha na Armênia, surgiram discussões entre os árabes da Síria e os do Iraque sobre o entendimento de certas questões corânicas e sobre o valor das respectivas versões. Ao retornar da expedição, o califa, informado dessa dificuldade, ordenou que se fizesse uma única compilação. ᶜUṯmān delegou a um grupo de pessoas, distinguidas pela confiabilidade, a tarefa de recolher e reunir todas as anotações até então realizadas nos quatro cantos de seu vasto domínio. Foram então elaborados cinco exemplares (*codices*) do *Corão* (*maṣāḥif*, sing. *muṣḥaf*)[23] com o texto unificado e fixado, que, fundado no antigo texto de Zayd ibn Ṯābit, preservou, desse modo, o original de todos os 114 capítulos – com seus 6.236 versículos – que compõem o Livro revelado. Esse texto único e estabelecido é conhecido por *Vulgata ᶜuṯmaniana*. Assim feito, foram enviados exemplares às quatro cidades mais importantes na época, Kūfa, Basra, Šām (Damasco) e Meca. Para cada cidade, o califa enviou um recitador a fim de ensinar o modo correto dessa nobre prática, ficando um exemplar em Medina, que, na época, era a sede do califado. Para Meca foi enviado ᶜAbd Allāh ibn Sā'ib Majzūmī (m. c. 692); para Kūfa, Abū ᶜAbd al-Raḥmān Sulamī (m. c. 667); para Basra, ᶜĀmir ibn ᶜAbd al-Qays (m. 677); para Šām, Muġayrah ibn Šahāb Majzumī. Em Medina, o recitador era Zayd ibn Ṯābit. As leituras canônicas remontam a esses primeiros recitadores.

Conteúdo do *Corão*

O *Corão* contém preceitos de crença e de conduta, diretrizes morais, prescrições legais, exortações e admoestações, condenação e censura aos pecadores, advertências sobre a Verdade, palavras de consolo aos que sofreram perseguições por sua fé em Deus, argumentos e evidências que corroboram a sua mensagem básica, alusões aos sinais de Deus no universo, relatos sucintos de fatos passados. Para um ocidental, a leitura do *Corão* pode, numa primeira abordagem, parecer desconexa e fragmentária. A disposição dos assuntos no texto corânico não se assemelha em nada à dos escritos usuais. Os assuntos se alternam sem ordem aparente, e, às vezes, o mesmo tema é repetido várias vezes em diferentes suras com diferentes fraseologias. O

23. Ibn al-Nadīm indica, no *Fihrist*, cap. I, seção 3, as obras sobre as "discrepâncias entre os *codices*" (*iḫtilāf al-maṣāḥif*).

Orador (*Allāh*) fala na primeira pessoa tanto do singular como do plural. Às vezes, há uma transição abrupta de um assunto a outro. Não há divisão entre os capítulos e versículos que seja conforme à dos livros convencionais. Nos temas históricos, a narrativa não segue os padrões convencionais. Nos temas filosóficos e metafísicos, a linguagem não segue a terminologia usual e tampouco as expressões da lógica e da filosofia aceitas em círculos acadêmicos. Tópicos políticos, econômicos e sociais são apresentados de forma muito diferente da observada nos livros das ciências sociais. Princípios jurídicos e legais não são tratados da maneira convencional, e não se encontram nos livros convencionais de ética as instruções morais que o *Corão* transmite. Por essas dificuldades, o estudo do *Corão* requer a orientação de mestres e muita dedicação.

O *Corão* é abordado como principal fonte de orientação destinada a ter um papel decisivo no pensamento e na ação das instituições e da sociedade. Para os muçulmanos, o *Corão* contém tudo o que precisam saber para a sua conduta em todos os aspectos de suas vidas, bem como o critério para a apreciação de todas as fontes de conhecimento religioso do Islã. O versículo 89 do capítulo XVI afirma: "Temos te revelado o Livro (o *Corão*) como aclaração de cada coisa, guia, misericórdia e boa nova para os muçulmanos".

O *Corão* generoso (*Al-Qur'ān al-karīm*), como também é conhecido entre os muçulmanos pela generosidade de seu conteúdo, é o guia, orientação (*hidāya*), fonte e princípio, a partir do qual eles moldam suas vidas espiritual, moral e social. Este Livro, contudo, não é dirigido apenas aos muçulmanos, mas a todos os seres humanos. Nesse sentido, as palavras do *Corão* são categóricas: "é um livro que revelamos a ti para que retires os seres humanos das trevas, conduzindo-os para a luz, com a permissão de teu Senhor, para a senda do Poderoso, o Louvável" (XIV:1).

O *Corão* apresenta um modo completo de vida: trata-se de um código de conduta e de um sistema de organização da vasta gama dos assuntos humanos, desde as crenças religiosas até as práticas sociais. Constrói e organiza a vida humana sobre a lealdade suprema a *Allāh* e a seu Profeta. Convida o ser humano a aceitar o Criador como o seu Soberano e Sustentador (*Rabb*), a fim de harmonizar sua vontade humana com a vontade divina em todos os aspectos (*ᶜibāda*) e realizá-la na totalidade da vida. É a via pela qual os seres humanos podem chegar à plenitude de sua real natureza. Embora lide com aspectos de história, geografia, relações socioeconômicas, fenômenos naturais etc., o *Corão* é basicamente um livro de orientação de vida. E, ainda que seja uma obra-prima literária, não tem por objetivo ser uma mera peça de literatura.

Ciências Corânicas[24]

No ambiente islâmico despontou um vasto movimento em torno ao *Corão* dedicado ao estudo do texto. Além da gramática, da lexicografia, da filologia, para melhor explorar o conteúdo do texto desenvolveu-se a exegese corânica (*tafsīr*), já que os crentes eram naturalmente levados a uma criteriosa reflexão sobre a mensagem divina. Na mente dos muçulmanos dedicados, ecoava um versículo: "Se houvéssemos feito revelar este *Corão* sobre uma montanha, tê-la-ias visto humilhar-se e fender-se por temor a Deus. Propomos esses exemplos aos homens; quiçá assim reflitam" (LIX:21).

Desde o início, a história da exegese corânica revelou duas tendências principais[25]: a do comentário literal e óbvio (*tafsīr*) e a da explicação interpretativa, que busca extrapolar a linguagem comum para atingir o sentido primário (*awwal*, donde *ta'wīl*, recondução dos significados a suas origens). Os partidários da primeira permaneceram fiéis à tradição que remonta ao tempo de vida do Profeta e não acrescentaram nenhum ponto de vista pessoal; foram eles os seguidores da escola jurídica ḥanbalita e os ẓahiritas. Os partidários da segunda se esforçaram para acrescentar informações que não tinham fundamento na Lei islâmica, fizeram análises críticas da Tradição e deram seus pontos de vista pessoais, buscando significados ocultos (*bāṭin*). Esta foi a técnica de interpretação mais seguida pelos xiitas, sobretudo os *ismāᶜīlī*[26].

24. Para quem conhece a língua árabe, há um excelente compêndio das Ciências Corânicas composto por Jalāl al-Dīn al-Suyūṭī (m. 911), *Al-Itqān fī ᶜulūm al-Qur'ān* (*A Perfeição nas Ciências Corânicas*), reeditado no Cairo em 1990.
25. Tal é o ponto de vista de Ibn Ḫaldūn, que permanece válido até hoje.
26. Ver CORBIN, Henry. *Histoire de la philosophie islamique*, Paris: Gallimard, 1986. (1. ed. 1964).

Durante os dois primeiros séculos, a atividade exegética do *Corão* se desenvolveu paralela à compilação do *Ḥadīṯ*, o *corpus* dos ditos e feitos do Profeta. Recolheram-se todos os testemunhos relativos à vida de Muḥammad, às circunstâncias da revelação (*asbāb al-nuzūl*) e à atividade dos Companheiros do Profeta. Privilegiou-se a transmissão oral (*riwāya*) que deu origem à autoridade da cadeia de transmissões (*isnād*), para autenticar os fatos históricos.

No *Corão* há capítulos considerados explícitos (*muḥkam*) e capítulos considerados alegóricos (*mutašābih*), estes por usarem palavras em sentido figurado (*majāz*) e metafórico (*isti*ᶜ*āra*). Os explícitos não apresentam nenhuma dificuldade quanto a seu entendimento. Já os alegóricos, ou equívocos, são passíveis de receber vários significados ao serem interpretados, o que pode gerar dúvidas e, por conseguinte, oferecer uma hermenêutica equivocada, muitas vezes em função da incapacidade e da ineficácia da interpretação. Há passagens que antropomorfizam Deus e que, para uma correta compreensão de seu real significado, necessitam de uma interpretação que leve em conta o aspecto metafórico, como por exemplo: "A mão de Deus está sobre suas mãos" (XLVIII:10). É evidente que não se pode aceitar que Deus tenha mãos como as humanas. Interpreta-se, portanto, que "as mãos de Deus" representam a ajuda que Ele concede aos humanos. Ou, ainda, "Não há nada que se Lhe assemelhe, é o Oni-ouvinte, o Onividente" (*Al-Samī*ᶜ *Al-Baṣīr*) (*Corão* XLII:11). Nesse caso, não se podem atribuir a Deus audição e visão humanas. Interpreta-se que Ele tudo vê, tudo ouve, está em toda parte e tudo sabe.

Há uma imensa literatura exegética relativa ao *Corão* composta durante mais de um milênio. Para se ter uma idéia do vasto movimento exegético, somente dos séculos iniciais, basta consultar a lista dos autores que Ibn al-Nadīm (c. 935-990) apresenta no *Fihrist* (*Catálogo*) até o século X, completada mais tarde pelo cairota de origem iraniana Al-Suyūṭī (1445-1505), em *Al-Itqān fī* ᶜ*Ulūm al-Qur'ān* (A Perfeição nas Ciências Corânicas). A interpretação do texto sagrado apóia-se sempre nas informações recebidas da transmissão oral, que remonta aos primeiros muçulmanos. Os primeiros discípulos transmitiram oralmente esse conhecimento às gerações seguintes, e esse hábito continuou até que se formaram as várias ciências relativas ao *Corão*. Surgiram as "ciências da língua árabe, dos princípios que regem as flexões gramaticais, do modo de combinar as palavras para exprimir as idéias com clareza e elegância"[27], e viu-se a necessidade de reuni-las em coletâneas para que não caíssem no esquecimento. Na interpretação do *Corão*, essas obras representaram um auxílio essencial.

Nessas ciências que nasceram em torno ao *Corão*, contaram-se o número dos versículos, o das palavras, o das letras e até o dos pontos do texto sagrado. Muitas vezes, a exegese apenas indica a distinção entre as suras reveladas em Meca e as reveladas em Medina. Isso absolutamente não anula a classificação original das suras, que permanece sempre como o próprio Muḥammad havia realizado.

Segundo Ibn Ḫaldūn, "o *Corão* enviado do céu em língua árabe e num estilo adequado à maneira seguida pelos árabes para bem exprimir seus pensamentos"[28] era inicialmente compreendido por todos, porque foi da boca do próprio Profeta que os Companheiros aprenderam o significado de cada versículo em cada circunstância que ocasionara a revelação. Após a morte de Muḥammad, alguns Companheiros, como Ibn Masᶜūd e Ibn ᶜAbbās (m. 687), reuniram os comentários do texto. No primeiro século da Hégira, os sábios que estudavam e interpretavam o *Corão* se dividiram, segundo Ibn Ḫaldūn, em dois grupos ou dois caminhos, o tradicional e o filológico[29]. O primeiro se apoiou na transmissão oral que remontava aos primeiros muçulmanos. Nessa linha de interpretação surgiu um sistema, ou ciência, do ab-rogante e do ab-rogado (*ᶜilm al-nāsiḫ wa-al-mansūḫ*), fundado em *Corão* II:106: "Se Nós ab-rogarmos um versículo (*āya*) qualquer ou se Nós o fizermos esquecer, [é porque] vos trazemos um melhor ou um equivalente". Entre os muçulmanos, a interpretação desse versículo é "fazer desaparecer da memória" o que já não servia mais. Como os versículos eram transmitidos na recitação oral, Deus podia anular o que já não era mais oportuno às circunstâncias vigentes, fazendo que os fiéis se esquecessem do que já se esgotara. Ab-rogante (*nāsiḫ*) é a qualidade reconhecida a um versículo que, numa perspectiva histórico-jurídica, traz uma modificação a uma regra anunciada por um versículo considerado ab-rogado (*mansūḫ*). É importante lembrar que a revelação foi feita paulatinamente durante 23 anos e

27. IBN KHALDÛN, op. cit., 1959, p. 411.
28. Ibid., p. 410.
29. Ibid., p. 410-411.

que Muḥammad recebia os preceitos divinos segundo as necessidades que se apresentavam à comunidade muçulmana. Como a literatura do ab-rogante e do ab-rogado é tributária principalmente das biografias (*sīra*) de Muḥammad, é evidente que ela também tem uma origem tradicional.

Em síntese, é importante frisar que no *Corão* não há contradições, apesar de serem abordados assuntos tão diversos como questões econômicas, políticas, sociais, artísticas, éticas, além dos relativos à sabedoria da razão (*ḥikma*). Para os muçulmanos, esse fato reforça a constatação de que o *Corão* jamais pôde ter sido obra humana. Está escrito: "Não refletem, acaso, sobre o *Corão*? Se fosse de outra origem que não Deus, eles teriam encontrado nele muitas contradições" (IV:82).

O segundo grupo de intérpretes do *Corão*, mencionado por Ibn Ḫaldūn, o dos filólogos, apoiou-se "no conhecimento da língua e na arte de bem exprimir as idéias por meio de termos e de arranjos adequados"[30]. Contudo, Ibn Ḫaldūn acrescenta que este ramo está raramente separado do outro, sempre o principal. A interpretação filológica do *Corão* se desenvolveu quando surgiram as ciências da língua e as afins. A mais célebre obra dessa via de interpretação, segundo Ibn Ḫaldūn, é *Al-Kaššāf*, de Al-Zamaḫšarī (m. 1144), especialista de exegese, de gramática e de língua árabe. Al-Zamaḫšarī seguiu a escola *muᶜtazilī* na interpretação de versículos obscuros, que, segundo ele próprio, necessitam da razão para serem corretamente compreendidos. É o caso, por exemplo, da interpretação de versículos que arriscam fazer de Deus um ser corporal. Quando é dito que Deus está "próximo" de suas criaturas, não significa uma proximidade espacial, pois Deus não está num lugar determinado. Na interpretação racional de Al-Zamaḫšarī, Deus está "próximo" significa que Ele conhece tudo e sabe de tudo o que fazemos. "A mão de Deus" e o "Trono" são símbolos da Sua potência, da Sua onisciência e de Sua essência. "Ver" Deus é impossível, dada a Sua transcendência, incompatível com o antropomorfismo.

A leitura de um *tafsīr* no original pode ser um tanto penosa em razão da forma como as explicações estão expostas. A exegese é tributária da Tradição (*Ḥadīṯ*) e se funda no princípio de autoridade, que reproduz a cadeia de testemunhos e transmissores (*isnād*), que remonta, em geral, ao círculo próximo ao

30. Ibid., p. 414.

Profeta. As autoridades últimas a que se referem os exegetas são as mesmas apresentadas no *Ḥadīṯ*, ou seja, Ubay, Ibn Masᶜūd, ᶜAlī, ᶜUmar, Ibn ᶜUmar e Ibn ᶜAbbās. Esse sistema de apresentar a cadeia dos transmissores é a defesa contra qualquer inovação (*bidᶜa*), pois assegura ao exegeta a aquisição do que sabe de um mestre, o qual recebeu de outro mestre e assim sucessivamente até os mais antigos muçulmanos, os Companheiros imediatos de Muḥammad, que reproduziram o ensinamento oral recebido diretamente do Profeta. Desse modo, com o *isnād* é possível constatar a cadeia de testemunhos de geração em geração por via da transmissão oral. Cada explicação no *tafsīr* é acompanhada de um *isnād* para garantir a sua autenticidade, do mesmo modo como são recolhidos os ditos do Profeta no *Ḥadīṯ*. Cada dito é recebido de um mestre, que recebeu de outro, e assim até chegar aos Companheiros do Profeta. Na exegese corânica, a explicação é dada a cada frase, ou palavra, seguindo o significado tradicionalista, gramatical e filológico, muitas vezes acompanhada de citações dos antigos poetas para confirmar o sentido de uma palavra ou de uma expressão. As exegeses mais representativas são de Al-Ṭabarī (m. 923), de Al-Zamaḫšarī (m. 1144)[31], de Faḫr al-Dīn al-Rāzī (m. 1209)[32], de Al-Bayḍāwī (m. 1316)[33], de Abū Ḥayyān al-Nahwī al-Andalusī (m. 1344)[34], de Jalāl al-Dīn Al-Maḥallī (m. 1459) e de seu discípulo Jalāl al-Dīn al-Suyūṭī (m. 1505)[35]. Entre os xiitas, destaca-se o comentário de Al-Ṭabarsī (m. 1153)[36], que contém muitas interpretações alegóricas.

Muḥammad ibn Jarīr al-Ṭabarī é o comentador mais célebre da tendência ancorada na tradição. Em seu *Jāmiᶜ al-bayān fī tafsīr al-Qur'ān*[37], mais conhecido por *Tafsīr*, cita as suas fontes e evita os relatos legendários,

31. AL-ZAMAḪŠARĪ. *Tafsīr al-kaššāf ᶜan ḥaqā'iq ġawāmid al-tanzīl* (Desvelador das Verdades da Revelação), Cairo, 1953-4; Beirut, 1966. 4 v.
32. AL-RĀZĪ. Faḫr al-Dīn. *Mafātīh al-ġayb* (As Chaves do Mistério), mais conhecido por *Tafsīr al-Rāzī*, Cairo, [s.d.]. 32 v.
33. AL-BAYḌĀWĪ. *Anwār al-tanzīl wa-asrār al-ta'wīl* (Luzes da Revelação e Mistérios da Interpretação). Leipzig: Ed. H. O. Fleischer, 1846-8. 2 v.
34. AL-NAHWĪ AL-ANDALUSĪ Abū Ḥayyān. *Al-Baḥr al-Muḥīṭ* (O Oceano). Cairo, 1910. 8 v. Representa a tradição exegética do Magreb.
35. AL-MAḤALLĪ; AL-SUYŪṬĪ. *Tafsīr al-Jalālayn* (Comentário dos dois Jalāl). Cairo, 1970.
36. AL-ṬABARSĪ. *Majmaᶜ al-bayān fī tafsīr al-Qur'ān* (Coletânea de Declarações sobre o Comentário ao *Corão*). Litografias, Teheran, 1858 e 1896.
37. AL-ṬABARĪ, Muḥammad ibn Jarīr. *Jāmiᶜ al-bayān fī tafsīr al-Qur'ān* (Coletânea das Declarações a Propósito do Comentário ao *Corão*). Cairo, 1900-11. 30 v. em 10.

e seu método se apóia no sentido literal e no espírito de texto. Classifica os versículos em três grupos: 1) os inacessíveis ao entendimento humano de que somente Deus conhece o significado; 2) os versículos obscuros cujo sentido pode ser elucidado graças à tradição que remonta ao Profeta; e 3) os versículos que apresentam dificuldades lingüísticas, mas que podem ser esclarecidos com a ajuda da gramática e da filologia.

Dos comentários (*tafsīr*) clássicos que se fundam na tradição, os mais importantes, depois do de Al-Ṭabarī, são os de Ibn Kaṯīr (m. 1373)[38], de Al-Suyūṭī (m. 1505)[39], de Al-Qurṭubī (m. 1273)[40], de Al-Ḫāzin (m. 1340)[41]. Os comentários mais críticos, fundados em um julgamento pessoal, pertencem a Al-Zamaḫšarī (m. 1144), a Faḫr al-Dīn al-Rāzī (1149-1209) e a Al-Bayḍāwī (m. 1316). Há ainda os comentários partidários do sentido "oculto" que se desenvolveram em ambiente xiita e os que seguem uma via mística em que predomina o sentido simbólico. Destes últimos, o mais célebre é sem dúvida o de Ibn ᶜArabī (m. 1240).

Corolária do *tafsīr*, surgiu a já mencionada ciência do ab-rogante e do ab-rogado, *ᶜilm al-nāsiḫ wa-al-mansūḫ*, tributária das biografias de Muḥammad, logo mais tradicionalista. Essa ciência estuda as modalidades e circunstâncias em que certos versículos foram ab-rogados por outros, estuda os lugares e os momentos da revelação, quais as suras reveladas de dia e quais as reveladas de noite, investiga o deslocamento de Muḥammad, se estava em viagem ou em alguma parada, se caminhava a pé ou montado etc. A ciência do ab-rogante e do ab-rogado permitiu o conhecimento da cronologia dos versículos, a distinção entre as suras mecanas e as medinenses. Pode-se constatar que alguns versículos inseridos em suras mecanas haviam sido revelados em Medina. Alguns exegetas lembram que a expressão "Ó povo" surge apenas nas revelações mecanas, enquanto nas da época de Medina, é mais freqüente ler-se "Ó vós que credes". Muitas obras foram compostas sobre a ciência do ab-rogante e do ab-rogado, sendo as mais conhecidas a de Ibn Salāma (m. 1019) e a de Ibn Ḥazm (m. 1064).

38. IBN KAṮĪR. *Tafsīr al-Qur'ān al-ᶜaẓīm*. Beirut, 1966. 7 v.
39. AL-SUYŪṬĪ. *Al-durr al-manṯūr fī al-tafsīr bi-al-ma'ṯūr*. Teheran, 1957. 6 v.
40. AL-QURṬUBĪ. *Al-jāmiᶜ li-aḥkām al-Qur'ān*. Cairo, 1933-50. 20 v. Al-Qurṭubī procura conciliar Al-Ṭabarī e Al-Rāzī.
41. AL-ḪĀZIN, *Lubāb al-ta'wīl*. Contém muitas lendas.

Na religião dos muçulmanos é essencial a noção de *šar*ᶜ, ou seja, o caminho dado aos fiéis pelos dogmas e pelas leis fundadas na revelação corânica e na *sunna* (a prática religiosa do Profeta Muḥammad registrada por sua família e pelos Companheiros). Muḥammad não foi apenas o receptor da divina revelação contida no *Corão*; ele foi também o seu mais fiel e autêntico intérprete e expositor. Assim, a *sunna* representa o *Corão* na prática, com o auxílio do *Ḥadīṯ nabawī*. Do ponto de vista lingüístico, a palavra *ḥadīṯ* significa "discurso, narrativa, conversa, diálogo"; *nabawī*, quer dizer "profético". Na cultura religiosa islâmica, a expressão *Ḥadīṯ nabawī* significa o que o Profeta disse em diversas situações perante seus companheiros e amigos (*ṣaḥāba*), para dar soluções a problemas sociais ou religiosos que eventualmente surgiam no dia-a-dia da comunidade islâmica. É comum hoje o uso apenas da palavra *Ḥadīṯ* para referir-se à Tradição profética. Em termos de autoridade religiosa, o *Ḥadīṯ* só é inferior ao *Corão*.

Desde o final da vida do Profeta, passou-se a recolher o que viria a ser o *corpus* do *Ḥadīṯ*. O estudo do *Ḥadīṯ* (Tradição) começara em Medina já no primeiro século da Hégira; em seguida, passou-se a recolher os testemunhos dos melhores "tradicionalistas" (*muḥaddiṯūn*) nas principais cidades do Império: Meca, Basra, Kūfa, Bagdá, Damasco etc. Como surgiram tradições falsas, o califa ᶜUmar ibn ᶜAbd al-ᶜAzīz (m. 720) ordenou a transcrição oficial dos *ḥadīṯ*. A partir do século IX apareceram coletâneas mais elaboradas, sendo as mais célebres *Al-Musnad*, de Ibn Ḥanbal (m. 855), *Al-Ṣaḥīḥ*, de Al-Buḫārī (m. 870), *Al-Ṣaḥīḥ*, de Muslim (m. 875), e as *Sunan* (Tradições), de Tirmiḏī (m. 883)[42]. Essas coletâneas têm autoridade no mundo islâmico porque são consideradas autênticas, e delas se servem todos os especialistas em Ciências Corânicas.

Relativas ao *Ḥadīṯ*, desenvolveram-se cinco ciências: 1) a ciência dos "homens do *Ḥadīṯ*", ou seja, sobre os que o transmitiram; 2) a ciência das divergências do *Ḥadīṯ* (*muḫtalif*), que estuda o que pode parecer contraditório e elimina as divergências aparentes; 3) a ciência do *ḥadīṯ* defeituoso (*mu*ᶜ*allal*), que examina principalmente as fontes da transmissão, além de questionar os *āḥādīṯ* que são mal estabelecidos; 4) a ciência do *ḥadīṯ* que não é usual (*ġarīb*), que estuda os

42. Há ainda as coleções de Abū Dāwud (m. 889), de Ibn Mājah (m. 889) e de Nasā'ī (m. 915).

erros de vocabulário e de língua; e, finalmente, 5) a ciência do *ḥadīṯ* ab-rogante (*nāsiḫ*), que se ocupa do dito que pode anular um outro dito do Profeta.

Com o tempo surgiram três tipos de especialistas do *Ḥadīṯ*, conhecidos por "tradicionalistas": os especialistas em *musnād*, isto é, nas cadeias de transmissão, os que estudam o texto propriamente e os que o recitam de memória (*ḥuffāẓ*).

Já no século XI estavam estabelecidas as Ciências Corânicas, que se dedicavam exclusivamente ao estudo do *Corão*. Como vimos, essas ciências abrangiam desde a compilação do *Ḥadīṯ* até a leitura e a recitação do *Corão*, além de investigarem os aspectos milagrosos e a inalterabilidade do Livro. Em épocas posteriores, foram sempre realizados esforços contínuos para que se compreendesse o real significado do *Corão* e do *Ḥadīṯ* e se avaliasse a relevância de seus ensinamentos no tocante aos eventuais problemas que surgiam em cada situação particular. Hoje, esses estudos avançaram muito, tanto em países muçulmanos como em países de outras religiões, seja pelo interesse que esse tipo de conhecimento desperta em várias áreas do saber, seja para uma maior compreensão do islamismo. A aceitação do outro, com sua cultura própria e, de um modo geral, diversa, deveria promover o respeito pelas diferenças culturais e fomentar a harmonia na convivência entre os povos desse nosso mundo globalizado. Assim nos ensina o sagrado *Corão*.

Exemplos de Interpretação

Passamos em seguida a dar alguns exemplos de como se procede na exegese ou interpretação dos versículos corânicos.

Entre os muitos aspectos fundamentais concernentes aos ensinamentos corânicos, ganham relevo a justiça e a fidelidade: "Por certo que Deus vos ordena a restituir o confiado [a vós] a seu dono e quando julgardes entre as pessoas, fazei-o com eqüidade" (IV:58); destacam-se os princípios de paz e de irmandade: "Por certo que os crentes são irmãos, reconciliai-vos entre vossos irmãos e temei a Deus" (XLIX:10); o princípio da obrigação segundo a capacidade de cada um: "Deus não encarrega a nenhum ser senão na medida de sua capacidade" (II:286); o princípio do cumprimento dos pactos: "Ó crentes, cumpri com os pactos" (V:1).

A relação entre o princípio de igualdade entre as pessoas e a determinação de um critério para certos privilégios é, porém, lembrada em várias passagens, dentre as quais destacamos os seguintes versículos: "Certamente que nós vos criamos de um homem e de uma mulher e vos dispusemos em povos e tribos para que vós vos reconheceis. Por certo que o mais nobre dentre vós, ante Deus, seja o mais pio" (XLIX:13); no que respeita à relação entre o princípio de igualdade e a aquisição de conhecimento, o Livro afirma: "Dizei: por acaso, são iguais os que sabem e os que não sabem?" (XXXIX:9); embora mencione as diferenças entre os humanos, prega a sua união e confraternização: "E apegai-vos todos ao cordel de Deus e não vos dividais" (III:103).

Quanto à origem divina do *Corão*, há de se lembrar ainda das predições nele anunciadas que posteriormente vieram a se realizar, como é o caso da derrota e da vitória dos bizantinos em diferentes épocas: "Os bizantinos foram derrotados, na terra mais próxima, mas após a sua derrota, depois de alguns anos vencerão" (XXX:2-4). O vocábulo "alguns" é tradução da palavra árabe *biḍ*ᶜ, utilizada para designar uma quantidade entre 3 e 10. Historicamente os bizantinos foram vitoriosos antes que se completassem 10 anos depois de sua derrota. Outro fato histórico anunciado no *Corão* – e considerado um milagre – é a predição do triunfo dos muçulmanos num importante combate, a batalha de Badr. Antes da batalha, um dos comandantes do exército inimigo dos muçulmanos, Abū Jahl, anunciou por certa a sua vitória, já que o total de muçulmanos perfazia apenas um terço do de seus homens. Porém, muito antes dessa batalha, já havia sido revelado ao Profeta um versículo anunciando a vitória dos muçulmanos: "Ou dirão eles [os inimigos]: somos uma multidão vitoriosa. Esta multidão será prontamente derrotada e debandará" (LIV:44-45).

Ao contrário do que muitos pensam, o *Corão* determina que se respeitem as crenças de judeus e cristãos, mencionados no Livro sagrado por *Ahl al-Kitāb* (Povo do Livro), no sentido de que também são possuidores de um livro sagrado como o são os muçulmanos. Sobre isso, o *Corão* ordena: "Não discutais com o Povo do Livro a não ser da maneira mais amável, com exceção dos ímpios entre eles. Dizei: nós cremos no que nos foi revelado, bem como no que vos foi revelado. Nosso Deus que é vosso Deus é Único e a Ele nós estamos submetidos" (XXIX:46).

Com essas advertências, o *Corão* indica que a religião dos muçulmanos não veio para anular as duas religiões monoteístas anteriores, o judaísmo e o cristianismo. O Islã prega a aceitação dos milagres tanto de Moisés com o bastão como de Jesus ao curar doentes graves e ao ressuscitar os mortos. Para os muçulmanos, o milagre de Muḥammad é o próprio *Corão*, porque, como já foi mencionado, o Profeta era um homem iletrado que legou à humanidade um livro cujo conteúdo desafia o tempo. O *Corão* nos dá os sinais deste milagre quando Deus se dirige ao Profeta: "Não recitavas nenhum livro antes dele (do *Corão*), nem escrevias com tua destra; se houvera sido assim, os difamadores teriam duvidado" (XXIX:48).

O *Corão* e as Ciências

Na opinião dos muçulmanos, a formulação de questões científicas, muitas vezes de forma bastante clara, é outro aspecto retumbante do *Corão*. Noções pouco conhecidas – até mesmo desconhecidas na época – são mencionadas, como a descrita no versículo 22 do capítulo XV: "E enviamos os ventos fecundantes". Como sabemos, atualmente é bem conhecido o fenômeno de fecundação de plantas que se realiza pelo transporte do pólen pelo vento. Este é o sentido dado pelos exegetas para a expressão "ventos fecundantes".

Os versículos 1-9 do capítulo LXXXI, "*Sūrat al-Takwīr*" ("Capítulo do Escurecimento" ou "Capítulo do Encobrimento"), não só ilustram a situação em que os humanos se defrontarão no Dia do Juízo final como também fazem algumas predições que hoje são confirmadas pela ciência. O versículo 1 adverte: "Quando o sol se escurecer". Hoje a ciência afirma que o sol caminha para a sua extinção e, ao deixar de produzir combustão, passará a ser um corpo escuro. Essa é uma predição feita há aproximadamente 1.400 anos, quando não se poderia sequer imaginar tal possibilidade. Já o versículo 2 diz: "Quando as estrelas se precipitarem". Sabe-se que, se as estrelas, no caso, os meteoritos, se precipitam em direção à Terra, ao caírem, perdem a luz e seus fragmentos se dispersam. O versículo 3 anuncia: "Quando as montanhas escaparem" (no sentido de sair de seus lugares). Se a Terra fosse completamente plana, seria, na ausência de montanhas, extremamente difícil manter nela a vida, em razão do conseqüente excesso de adversidades climáticas e da elevada temperatura. O versículo 4 apresenta mais uma situação do Dia do Juízo final, ao afirmar: "Quando as camelas prenhes de dez meses (*ᶜišār*) forem abandonadas (*ᶜuṭṭilat*)[43]". Uma fêmea de camelo prenhe de dez meses está prestes a ter sua cria. Nesse estado, a fêmea tem seus ubres repletos de leite, alimento valiosíssimo nas regiões desérticas, sobretudo naquele tempo. Numa situação normal, ninguém abandonaria um animal em tal estado, porém o versículo está se referindo a um determinado contexto de adversidade. O versículo 5 alerta: "Quando as feras forem encurraladas". Normalmente as feras e os animais de uma maneira geral vivem na natureza ou solitários ou em grupos. Em certas situações, porém, alguns animais fogem de outros para não serem atacados ou devorados. Se os animais forem encurralados, todos juntos, presume-se uma situação bastante adversa e dificilmente contornável. O versículo 6 continua: "Quando os mares se incendiarem (entrarem em ebulição) (*sujjirat*)". Hoje não surpreende que os mares possam chegar a tal estado, uma vez que a água é composta de hidrogênio e oxigênio, duas substâncias passíveis de provocar combustão. Na época em que esse versículo foi revelado ao Profeta, tal hipótese não era nem cogitada. Outros intérpretes do *Corão* dizem que a palavra *sujjirat* significa "encher", "transbordar". Se aceitarmos esse significado, podemos imaginar que, no fim dos tempos, a destruição das montanhas, a ocorrência de terremotos e a precipitação de meteoritos no mar poderão eventualmente fazê-lo transbordar. O versículo 7 prossegue na descrição desta situação: "Quando as almas forem reunidas". Nesse caso, o termo "reunidas" significa que os bons estarão juntos aos bons e os iníquos, aos iníquos. Porém, como tal situação nem sempre é possível neste nosso mundo, esta seria uma condição bastante incomum. Existe, contudo, outra interpretação desse versículo que defende a idéia de que as almas se reunirão a seus respectivos

43. Alguns interpretam *ᶜišār* como nuvens e *ᶜuṭṭilat* como a interrupção da chuva, no sentido de que não choverá mais. Mesmo admitindo essa interpretação, ela se refere a uma situação ruim para o ser humano.

corpos. Os versículos 8 e 9 dizem, respectivamente: "Quando a filha [sepultada viva] for interrogada", "Por que delito foi assassinada?" Para explicar essas passagens, é necessário lembrarmos da era pré-islâmica (*Jāhiliyya*) na Arábia, quando os antigos árabes praticavam o hediondo ato de enterrar vivas suas filhas mulheres porque elas não tinham qualquer valor. A pobreza era grande, e as mulheres não eram consideradas força de trabalho, tampouco tinham a mesma capacidade física dos homens para participar nas guerras e saques realizados entre as tribos. No que concerne à justiça, observe-se a coerência dessa passagem, uma vez que o *Corão* afirma que Deus dialoga primeiro com a vítima e não com o assassino.

Dos poucos exemplos dados quanto ao conteúdo das passagens citadas, podemos inferir que não há contradição entre a ciência e a mensagem corânica; ao contrário, essa mensagem permitiu, e foi, a abertura ao conhecimento para os que puderam, e podem, compreendê-la.

Conceitos Metafísicos no *Corão*

Os versículos 1 a 5 do capítulo LXXXVII, "*Al-A*ᶜ*là*" ("O Altíssimo"), trazem uma mensagem metafísica extraordinária quando interpretados corretamente. O versículo 1 afirma: "Glorifica o nome de teu Senhor, o Altíssimo". Certos intérpretes do *Corão* afirmam que a palavra "nome" (*ism*) nessa frase tem o sentido de Deus. Desse modo, esse versículo poderia ser expresso assim: "Glorifica a Deus, o Altíssimo". Outros dizem que a palavra "nome" refere-se a Deus. As duas interpretações têm praticamente o mesmo sentido, uma como "nome" de Deus e a outra como referência direta a Deus. Mas, a advertência é para que os homens não atribuam a Deus um nome, como, por exemplo, o faziam aos ídolos; tampouco que se dê a Deus atributos humanos, pois estes são peculiares às criaturas. A palavra "Altíssimo" (*A*ᶜ*là*) significa "o mais alto", no sentido de que Deus é superior a qualquer ser criado, pois Deus está acima de qualquer comparação que o intelecto humano possa sequer conceber, como pode ser verificado nos versículos subseqüentes. No versículo 2, lê-se: "Que criou e aperfeiçoou tudo". A palavra "aperfeiçoou" (*sawwà*) tem o significado de "pôr ordem", ou seja, dispôs, organizou desde o mais simples dos seres até o mais complexo. O versículo 3 continua: "Que predestinou e encaminhou". "Encaminhou" (*qadara*) tem o sentido de determinar o caminho de cada um à meta para a qual os seres foram criados, ou seja, a mensagem tem um significado tanto teleológico quanto escatológico. Ainda, o versículo 4 expõe: "E que fez brotar o pasto". A palavra "brotar" (*aḫraja*) está aqui empregada com o sentido de "tirar, extrair"; querendo dizer que da terra Deus fez sair este alimento para os animais que, por sua vez, servem de alimento ao ser humano. O versículo 5 é uma continuidade do anterior: "Que se convertem em feno seco". Como é sabido, o feno seco traz muitos benefícios ao mundo natural, como, por exemplo, servir de forragem para os animais, de adubo para a terra e até de combustível para o homem.

O *Corão* e a Ética

No capítulo LXXXIII do Sagrado *Corão*, chamado "Dos Fraudadores", há partes que advertem veementemente os injustos. O versículo 1 diz: "Ai dos fraudadores". Há aqui uma advertência pesada aos espoliadores, aos fraudadores e aos injustos em relação ao direito alheio. O "ai" (*waylī*) é uma interjeição utilizada em árabe para expressar tristeza, dor e castigo, além de outros sentidos semelhantes. O versículo 2 diz: "Que quando lhes medem [algo], exigem a medida exata". O versículo 3 afirma: "Mas, quando eles medem ou pesam para os demais, defraudam". Nessas linhas, o *Corão* adverte que não se pratique nenhum tipo de fraude tanto no peso como na medida. A Lei islâmica (*šarīᶜa*) censura severamente a fraude, repudiada com veemência por toda a comunidade islâmica.

As frases seguintes continuam na advertência, a fim de que se pratique sempre a justiça. O versículo 4 afirma: "Porventura não pensam que serão ressuscitados?" O versículo 5 declara: "Para o grande dia"; no versículo 6, lê-se: "Dia em que as pessoas comparecerão diante do Senhor do Universo?" Logo, um muçulmano que crê na ressurreição não pode cometer injustiças para com os seus semelhantes. No Islã, a prática da justiça está intimamente correlacionada à ética, ou seja, quanto mais justa for uma ação, mais ética ela será.

Sobre a Criação e os Benefícios para as Criaturas

No capítulo LXXVIII, "A Notícia", o versículo 8 afirma: "E não vos criamos, acaso, como casais?". Interpreta-se que um casal, formado por macho e fêmea, garante a perpetuação da espécie, e, particularmente no que se refere ao ser humano, os cônjuges encontram um no outro a tranqüilidade necessária para seus espíritos, como menciona o *Corão* numa outra passagem. O versículo 9 diz: "E fizemos vosso sono para descanso". Sabe-se que o ato de dormir traz inúmeros benefícios para o homem, logo o sono é mencionado como uma dádiva divina. O versículo 10 continua: "E fizemos a noite como um manto". Aqui o manto da noite é a vestimenta do corpo da Terra e de todos os seres que nela vivem. A noite traz sossego e condições mais propícias para o sono ao mesmo tempo que quebra a rotina do dia. O ciclo do dia e da noite é aceito como um benefício para as criaturas e uma dádiva do Criador.

Os preceitos religiosos, sociais, econômicos, políticos, éticos, entre tantos outros contidos no *Corão*, e a prática da religião islâmica, no seu surgimento, proporcionaram as condições necessárias para a formação de uma nação árabe organizada, cujo início ocorreu a partir da instituição da primeira comunidade islâmica (*umma islāmiyya*), assentada numa intensa relação de solidariedade entre todos os seus membros. É interessante observar que os muçulmanos sentem-se até hoje pertencentes a uma única comunidade, constituída por todos os muçulmanos do mundo, independentemente de fronteiras geográficas ou de características étnicas.

dos Muçulmanos

Referências Bibliográficas

AL-BAYḌĀWĪ. *Anwār al-tanzīl wa-asrār al-ta'wīl* (Luzes da Revelação e Mistérios da Interpretação). Leipzig: Ed. H. O. Fleischer, 1846-1848. 2 v.
AL-FARRĀ', Abū Zakarriyyā'. *Maʿānī al-Qur'ān*. Cairo, 1955-1975. 3 v.
AL-MAḤALLĪ; AL-SUYŪṬĪ. *Tafsīr al-Jalālayn* (Comentário dos Dois Jalāl). Cairo, 1970.
AL-NAHWĪ AL-ANDALUSĪ, Abū Ḥayyān. *Al-Baḥr al-Muḥīṭ* (O Oceano). Cairo, 1910. 8 v.
AL-QUR'ĀN AL-KARĪM (O *Corão* Generoso). Medina, Arábia Saudita: Fundação Rei Fahd ᶜAbdul ᶜAbdul ᶜAzīz, [s.d.].
AL-QURṬUBĪ. *Al-jāmiʿ li-aḥkām al-Qur'ān*. Cairo, 1933-1950. 20 v.
AL-RĀZĪ. Faḫr al-Dīn. *Mafātīḥ al-ġayb* (As Chaves do Mistério), mais conhecido por *Tafsīr al-Rāzī*, Cairo, [s.d.]. 32 v.
AL-SUYŪṬĪ. *Al-durr al-manṯūr fī al-tafsīr bi-al-ma'ṯūr*. Teheran, 1957. 6 v.
AL-ṬABARĪ, Muḥammad ibn Jarīr. *Jāmiʿ al-bayān fī tafsīr al-Qur'ān* (Coletânea das Declarações a Propósito do Comentário ao *Corão*). Cairo, 1900-11. 30 v. em 10.
AL-ṬABARSĪ. *Majmaʿ al-bayān fī tafsīr al-Qur'ān* (Coletânea de Declarações sobre o Comentário ao *Corão*). Litografias, Teheran, 1858 e 1896.
AL-ŠIRĀZĪ, Nāṣir Makārim. *Al-amṯāl fī tafsīr kitāb Allāh al-munzal* (A Interpretação Exemplar do Livro de Deus Revelado). Beirut: Al-Baᶜṯa, 1992. 20 v.
AL-YŪSUF, ᶜAbd Allāh Aḥmad. *Falsafat al-fikr al-islāmī* (Filosofia do Pensamento Islâmico). Beirut: Al-Balāġ, 2002.
AL-ZAMAḪŠARĪ. *Tafsīr al-kaššāf ʿan ḥaqā'iq ġawāmid al-tanzīl* (Desvelador das Verdades da Revelação), Cairo, 1953-4; Beirut, 1966. 4 v.
ARASTEH, Husain Yavân. *Las ciencias coránicas*. Trad. Zohre Rabbani. Qom, Irã: Fundação Cultural Oriente, 2004.
ARKOUN, Mohammed. *Essais sur la pensée islamique*. 3. ed. Paris: Maisonneuve & Larose, 1984. (1.ed. 1973).
ARNALDEZ, Roger. *Le Coran. Guide de lecture*. Paris: Desclée, 1983.
BLACHÈRE, Régis. *O Alcorão*. São Paulo, Difusão Européia do Livro, 1969.
____. *Introduction au Coran*. Paris: Maisonneuve & Larose, 1991. (1. ed. 1959).
BOUAMRANE, Chikh; GARDET, Louis. *Panorama de la pensée islamique*. Paris: Sinbad, 1984.
CAETANI, L. *Annali dell'Islam*, Milano, 1905-1926. 10 v.
CAHEN, Claude. *El Islam. Desde los orígenes hasta el comienzo del Império Othomano*. 14. ed. Trad. José Maria Palao. Madrid: Siglo XXI de España Editores, 1992.
CORBIN, Henry. *Histoire de la philosophie islamique*. Paris: Gallimard, 1986. (1. ed. 1964).

IBN AL-MUṮANNÀ, Abū ᶜUbayda Maᶜmar. *Majāz al-Qur'ān*. Cairo, 1954-1962.

IBN AL-NADĪM. *The Fihrist*. Edited and translated by Bayard Dodge. Columbia University Press, 1970. (Reprint 1998).

IBN KAṮĪR. *Tafsīr al-Qur'ān al-ᶜaẓīm*. Beirut, 1966. 7 v.

IBN KHALDÛN. *Os Prolegômenos ou Filosofia Social* (*Muqaddima*). Trad. José Khoury e A. B. Khoury. São Paulo: Comercial Safady Ltda., 1958. vol. I; 1959. vol. II; 1960. vol. III. 3 v.

LE SAINT CORAN. Edição bilíngüe árabe-francesa. 10. ed. rev. e completa. Tradução integral e notas de Muhammad Hamidullah. Beirut, 1981.

NASR, Helmi. Tradução do sentido do *Nobre Alcorão* para a língua portuguesa. Al-Madinah Al-Munauarah K.S.A., Arábia Saudita: Complexo do Rei Fahd para imprimir o Alcorão Nobre, 2005.

WAḤDA TA'LĪF AL-KUTUB AL-DIRĀSIYYA (União para Elaboração de Livros para Estudos). 2. ed. Qom, Irã: Organização Internacional de Seminários e Escolas Islâmicas, 2004.

WATT, W. Montgomery; BELL, Richard. *Introduction to the Qur'ān*. Edinburgh: Edinburgh University Press, 1970. (Reprint 1991).

WELSH, A. T. Al-Kur'ān. In: ENCYCLOPAEDIA of Islam (EI^2). New Edition. Leiden: E. J. Brill, 1986. vol. V, p. 400 et seq.

4.

O Problema da Identificação de *Ahl al-Kitāb* (Povo do Livro) nas Antigas Fontes Islâmicas*

Şinasi Gündüz

A expressão *Ahl al-Kitāb*, Povo do Livro, ocorre várias vezes no *Corão*. Porém, além dos trinta e um versículos corânicos em que surge essa expressão, há ainda outros que contêm frases relacionadas a ela, como *ūtū naṣīban min al-Kitāb* (aqueles aos quais foi dada uma parte do Livro) e *ūtū al-Kitāb* (aqueles aos quais foi dado o Livro)[1]. Além de ser encontrada nos versículos corânicos, a expressão também surge com freqüência em vários ditos (*aḥādīṯ*) de Muḥammad[2].

* Tradução (do original inglês) de Rosalie Helena de Souza Pereira. A tradução dos versículos corânicos é de Helmi Nasr: Tradução do sentido do Nobre Alcorão para a língua portuguesa. Al-Madinah Al-Munauarah K.S.A. (Arábia Saudita): Complexo do Rei Fahd para imprimir o Alcorão Nobre, 2005.

1. *Al-Baqara* (A Vaca) II:120-121; 145-146; *Al-Nisā'* (As Mulheres) IV:44, 47, 131; *Āl ᶜImrān* (A Família de ᶜImrān) III:23.

2. Por exemplo, ver AL-BUḪĀRĪ, Abū ᶜAbdillāh Muḥammad ibn Ismāᶜīl. *Jāmiᶜ al-ṣaḥīḥ*. 4. ed. Beirut, 1990. vol. II, p. 953 (*Šahāda*, 29); vol. VI, p. 2742 (*Tawḥīd*, 51); vol. VI, p. 2679 (*Iᶜtiṣām*, 25); ABŪ DĀWUD, Sulaymān ibn al-Ašᶜaṯ. *Al-sunan*. Humus, 1973. vol. IV, p. 59 (*ᶜIlm*, 2); TIRMIḎĪ, Abū ᶜĪsà Muḥammad ibn ᶜĪsà. *Al-sunan*. Istanbul, 1981 (*Tafsīr*, 5/343); IBN HANBAL, Aḥmad. *Musnad*. Beirut, [s.d.]. vol. I, p. 276.

Uso Corânico de *Ahl al-Kitāb*

É digno de nota que quase todos os versículos do *Corão* relativos ao *Ahl al-Kitāb* foram revelados durante o período em que Muḥammad já se havia fixado em Medina, exceção feita a *Al-ᶜAnkabūt* (A Aranha) XXIX:46-47, sura que pertence ao final do período mecano[3]. Acrescente-se a isso que a expressão "aqueles aos quais fora concedido o Livro"[4] ocorre na sura *Al-Muddaṯir* (O Enroupado), capítulo do *Corão* geralmente aceito pelos comentadores muçulmanos como um dos primeiros revelados. Se assim for, isto é, se *Al-Muddaṯir* pertence ao período mecano, é possível aceitar-se que o *Corão* menciona o Povo do Livro desde o início da revelação. Todavia, como esse versículo também fala das gentes consideradas *munāfiqūn* (hipócritas), presume-se que pertença ao período profético de Muḥammad em Medina. Nada se sabe da existência dos *munāfiqūn* durante o período mecano[5].

Alguns comentadores do *Corão* afirmam, com razão, que o conceito de *Ahl al-Ḏikr* está contido no sentido de *Ahl al-Kitāb*[6]. Pertencem ao período mecano as afirmações que mencionam essa expressão, como as referidas em *Al-Naḥl* (As Abelhas) XVI:43 e em *Al-Anbiyā'* (Os Profetas) XXI:7. Assim, há razão suficiente para argumentar que as afirmações relativas ao *Ahl al-Kitāb* começaram a ser usadas no *Corão* desde o final do período mecano da profecia de Muḥammad.

Como veremos mais adiante, o *Corão* divide o povo de Ḥijāz em duas categorias: *ummiyyūn* e *Ahl al-Kitāb*. Uma outra classificação relativa aos não-muçulmanos que aparece no *Corão*, junto ao *Ahl al-Kitāb*, é *mušrikūn*,

3. Ver AL-ṬABARĪ, Abū Jaᶜfar Muḥammad ibn Jarīr. *Jāmiᶜ al-bayān ᶜan ta'wīl āy al-Qur'ān*. Cairo, 1954. vol. XXI, p. 1-3; YAZIR, Elmalılı Hamdi. *Hak Dini Kur'an Dili*. Istanbul, [s.d.]. vol. V, p. 559.

4. *Al-Muddaṯir* (O Enroupado) LXXIV:31.

5. Alguns comentadores atribuem à pergunta que os judeus fizeram aos muçulmanos acerca do número de guardiães do inferno (*jahannam*) a razão da revelação deste versículo. Ver YAZIR, op. cit., vol. VIII, p. 165-166.

6. Ver AL-ṬABARĪ, op. cit., vol. XIV, p. 108; IBN KAṮĪR. Abū al-Fidā' Ismāᶜīl al-Qurašī. *Tafsīr al-Qur'ān al-ᶜaẓīm*. Cairo, 1956. vol. II, p. 591.

isto é, os árabes politeístas[7]. De quando em quando, o *Corão* faz algumas comparações entre esses grupos de não-muçulmanos, especialmente no que concerne à sua atitude em relação à mensagem corânica e em relação aos muçulmanos. Nesse contexto, maior respeito e simpatia são conferidos ao *Ahl al-Kitāb*, com a expectativa, porém, de que este retribua e tenha a mesma disposição de respeito e de simpatia para com os muçulmanos. Mas, o *Corão* também critica a atitude de oposição aos muçulmanos pelo *Ahl al-Kitāb*[8].

Em afirmações relativas às características éticas dos que integram o *Ahl al-Kitāb*, o *Corão* considera as suas diferentes maneiras e atitudes: por exemplo, critica as suas atitudes negativas mencionando que

> [...] a maioria deles é perversa (III:110). [...] muitos deles são perversos (V:81). Muitos dos seguidores do Livro almejaram, por inveja vinda de suas almas – após haver-se tornado evidente, para eles, a Verdade –, tornar-vos renegadores da Fé, depois de haverdes crido. (II:109)[9]. E não discreparam dele (do Livro) senão aqueles aos quais fora concedido o Livro, após lhes haverem chegado as evidências, movidos por rivalidade entre eles. (II:213). [...] e por certo, um grupo deles oculta a verdade, enquanto sabe. (II:146). Ó seguidores do Livro! por que renegais os versículos de Allāh, enquanto testemunhais que são verdadeiros? Ó seguidores do Livro! Por que confundis o verdadeiro com o falso, e ocultais a verdade, enquanto sabeis? (III:70-71).

O *Corão* também diz que "[...] muitos deles se aliaram aos que renegam a Fé" (V:80); crêem em ídolos e no mal (IV:51); chamam a Uzair (Ezra)

7. *Āl ᶜImrān* (A Família de ᶜImrān) III:186: "Em verdade, sereis postos à prova em vossas riquezas e em vós mesmos; e, em verdade, ouvireis muitas moléstias daqueles aos quais, antes de vós, fora concedido o Livro, e dos que idolatram". *Al-ᶜAnkabūt* (A Aranha) XXIX:47: "E, assim fizemos descer para ti o Livro. Então, aqueles aos quais concedêramos o Livro (a *Torá*), nele (no *Alcorão*) crêem. E, dentre estes (os habitantes de Makkah), há quem nele creia. E não negam Nossos sinais senão os renegadores da Fé." Ver ainda *Al-Baqara* (A Vaca) II:105.
8. Por exemplo, o *Corão* condena os indivíduos dentre o *Ahl al-Kitāb* que professam que os descrentes "são os mais bem guiados, no caminho, que os que crêem" *Al-Nisā'* (As Mulheres) IV:51. Cf. também *Al-Mā'ida* (A Mesa Provida) V:59.
9. *Āl ᶜImrān* III:72: "E uma facção dos seguidores do Livro disse: 'Crede no que foi descido sobre os que crêem, no início do dia, e renegai-o, no fim dele, na esperança de eles retornarem.'"; III:99: "Dize: 'Ó seguidores do Livro! Por que afastais os que crêem do caminho de Allāh, buscando torná-lo tortuoso, enquanto sois testemunhas de que esse é o caminho certo?' E Allāh não está desatento ao que fazeis."; III:100: "Ó vós que credes! Se obedeceis a um grupo daqueles aos quais fora concedido o Livro (a *Torá*), eles vos tornarão renegadores da Fé, após haverdes crido". Ver ainda *Al-Nisā'* (As Mulheres) IV:44.

e a Cristo de "filho de *Allāh*" e adoram seus sacerdotes e seus anacoretas para derrogação de *Allāh* (IX:30-31).

Por outro lado, o *Corão* enfatiza que há entre eles algumas diferenças[10]. Por exemplo, apesar de a maioria ser considerada transgressora pervertida, o Livro sublinha que alguns dentre eles têm fé[11], crêem em *Allāh*, na revelação ao Profeta e na revelação a eles próprios, e que prestam reverência, em humildade, a *Allāh*[12]. Estes são os que possuem grandes qualidades éticas[13]. São mencionados no *Corão* os indivíduos que apreciam o que é correto, proíbem o que é iníquo e emulam em realizar todas as obras boas dos justos[14].

O Problema da Identificação do *Ahl al-Kitāb* no *Corão*

Entre os sábios muçulmanos houve um longo debate sobre quem seria designado por *Ahl al-Kitāb* – Povo do Livro – ou a que comunidade religiosa essa expressão do *Corão* se refere. Todavia, parece ter havido um consenso geral sobre a idéia de que judeus e cristãos tivessem sido de fato incluídos no teor da expressão[15], uma vez que uma série de versículos do *Corão* o

10. De fato, o *Corão* considera não apenas as diferenças entre os Povos do Livro, mas ainda as diferentes atitudes e maneiras dos árabes pagãos. Ver *Al-Tawba* (O Arrependimento) IX:97-99: "Os beduínos são mais veementes na renegação da Fé e na hipocrisia e mais afeitos a não saber os limites do que Allāh faz descer sobre Seu Mensageiro. E Allāh é Onisciente, Sábio. E, dentre os beduínos, há quem tome por dano o que despende pela causa de Allāh, e aguarde, para vós, os reveses. Que sobre eles seja o revés do mal! E Allāh é Oniouvinte, Onisciente. E, dentre os beduínos, há quem creia em Allāh e no Derradeiro Dia e tome o que despende pela causa de Allāh por oferendas a Allāh e meio de acesso às preces do Mensageiro. Ora, por certo, é uma oferenda para eles. Allāh fá-los-á entrar em Sua Misericórdia. Por certo, Allāh é Perdoador, Misericordiador".
11. Cf. *Āl ᶜImrān* III:110.
12. Cf. *Āl ᶜImrān* III:199. Ver ainda *Al-Nisā'* (As Mulheres) IV:162.
13. Cf. *Āl ᶜImrān* III:75.
14. Cf. *Āl ᶜImrān* III:113-114.
15. Ver AL-QURṬUBĪ, Abū ᶜAbdillāh Muḥammad ibn Aḥmad. *Al-Jāmiᶜ li-aḥkām al-Qur'ān*. Cairo, 1967. vol. I, s. 434.

evidenciam[16]. Por outro lado, o debate sobre a identificação da expressão continua ainda, e as discussões estão sobremaneira centradas em duas questões principais: 1) Sob que condição ou condições são os judeus e cristãos mencionados como *Ahl al-Kitāb*? 2) Além de judeus e cristãos, refere-se a expressão também a outras comunidades religiosas, em especial à dos magos (*majūs*) e à dos sabeus (*ṣābi'ūn*), ambas mencionadas por seus nomes no *Corão*?[17].

Não há qualquer evidência nas fontes da região do Ḥijāz dos tempos pré-corânicos, como os poemas árabes pré-islâmicos, que mostrem que estes árabes, os assim chamados árabes da *Jāhiliyya*, usaram a expressão *Ahl al-Kitāb*. Contudo, é certo que o conceito de *Ahl al-Kitāb* pertencia à terminologia árabe do Ḥijāz, uma vez que tanto os versículos corânicos como os dizeres do Profeta freqüentemente fazem uso da expressão. Por exemplo, um relato do tempo do Profeta Muḥammad mostra claramente que o povo do Ḥijāz já a utilizava e que era utilizada ao referir-se aos cristãos bizantinos. Segundo esse relato, no período mecano da profecia de Muḥammad, os árabes descrentes de Meca, isto é, os árabes pagãos, deleitaram-se ao saber que o excército dos sassânidas havia derrotado os bizantinos. Eles discutiram com os muçulmanos e ameaçaram derrotá-los e expulsá-los, tal como os iranianos *ummī* derrotaram os bizantinos que pertenciam ao *Ahl al-Kitāb*. Desse modo, compararam-se aos iranianos e compararam os muçulmanos aos cristãos[18].

16. *Āl ᶜImrān* (A Família de ᶜImrān) III:65: "Ó seguidores do Livro! Por que argumentais, sobre Abraão, enquanto a Torá e o Evangelho não foram descidos senão depois dele? Então, não razoais?"; III:66: "Ei-vos que argumentais, sobre aquilo (sobre a religião de Moisés e de Jesus) de que tendes ciência. Então, por que argumentais, sobre aquilo (a religião de Abraão) de que não tendes ciência? E Allāh sabe, e vós não sabeis."; III:67: Abraão não era nem judeu nem cristão, mas monoteísta sincero, moslim (entregue inteiramente a Deus). E não era dos idólatras." Ver *Al-Nisā'* (As Mulheres) IV:153: "Os seguidores do Livro pedem-te que faças descer sobre eles um Livro do céu. E, com efeito, eles pediram a Moisés prova maior que essa, e disseram: 'Faze-nos ver a Allāh, declaradamente'. Então, o raio apanhou-os, por sua injustiça. Em seguida, tomaram o bezerro por divindade, após lhes haverem chegado as evidências; e, indultamo-los, por isso. E concedemos a Moisés evidente comprovação". Ver ainda *Al-Nisā'* (As Mulheres) IV:171; *Al-Mā'ida* (A Mesa Provida) V:65-68.

17. Sobre os *majūs* e os *ṣābi'ūn* no *Corão*, ver *Al-Baqara* (A Vaca) II:62; *Al-Mā'ida* (A Mesa Provida) V:67; *Al-Ḥajj* (A Peregrinação) XXII:17.

18. Ver AL-ṬABARĪ, op. cit., vol. XXI, p. 16 et seq.; AL-ZAMAḪŠARĪ, Abū al-Qāsim Jārullāh Maḥmūd ibn ᶜUmar. *Al-kaššāf ᶜan ḥaqā'iq al-tanzīl.* Beirut, [s.d.]. vol. III, p. 214. Ainda, TIRMIḎĪ, op. cit.; IBN HANBAL, op. cit., vol. I, s. 276.

Por esse relato, entendemos que a expressão *Ahl al-Kitāb* não só era conhecida, mas também usada pelos árabes.

Uma outra evidência de que a expressão *Ahl al-Kitāb* não era desconhecida pelos árabes é o seu uso no *Corão*. Sabe-se que os árabes reagiram e fizeram objeções ao uso de alguns termos por eles desconhecidos ou não empregados. Freqüentemente questionavam o significado de qualquer termo desconhecido que o *Corão* apresentasse. Por exemplo, quando o termo *raḥmān* ocorreu pela primeira vez no *Corão*, os árabes descrentes objetaram-lhe e, criticando o seu uso, perguntaram se Muḥammad havia produzido uma nova deidade[19]. Silenciaram, quando o *Corão* usou a expressão *Ahl al-Kitāb*, assim como também silenciaram quanto aos termos *ṣābi'ūn*, *majūs* e *naṣārā*. Embora estivessem furiosos com o discurso corânico e com os muçulmanos, não argumentaram contra o uso da expressão *Ahl al-Kitāb*. Isso evidentemente testemunha que tanto a expressão como o significado de *Ahl al-Kitāb* pertenciam à sua terminologia, tal como é usada no *Corão*.

Como já mencionamos, o *Corão* caracteriza os que não eram muçulmanos, na comunidade árabe do tempo de Muḥammad, em dois grupos: *Ahl al-Kitāb* e *ummiyyūn*.

> [...] E dize àqueles, aos quais fora concedido o Livro (*Ahl al-Kitāb*), e aos iletrados (*ummiyyūn*): "Quereis islamizar-vos?" (III:20);
> E, dentre os seguidores do Livro, há quem, se lhe confiares um quintal de ouro, restituir-to-á, e, dentre eles, há quem, se lhe confiares um dinar, não to restituirá, a menos que permaneças ao pé dele. Isso, porque dizem: "Não há repreensão alguma, contra nós, no que concerne aos iletrados". E dizem mentiras acerca de Allāh, enquanto sabem. (III:75)

Nessa categorização, o *Corão* usa o termo *ummiyyūn* para os árabes não-muçulmanos e para os cristãos e judeus, além de enfatizar num versículo que Muḥammad é o profeta enviado junto a eles[20]. Esses versículos, em que é utilizado o termo, revelam a estrutura da comunidade no tempo de Muḥammad. As pessoas a quem o *Corão* se dirigia foram divididas em dois

19. Sobre esse relato, ver ABŪ ḤAYYĀN. *Tafsīr kabīr al-baḥr al-muḥīṭ*. Riyad 1329H. vol. 8, p. 186 et seq.
20. *Al-Jumuᶜa* (A Sexta-feira) LXII:2. Também *Al-Baqara* (A Vaca) II:78.

grupos, e os chamados *Ahl al-Kitāb* consideravam-se superiores aos conhecidos por *ummiyyūn*, como sustenta um dos versículos referidos (*Āl ͨImrān* III:75). Essa categorização no *Corão* claramente evidencia que os árabes, no tempo de Muḥammad, conheciam e usavam a expressão *Ahl al-Kitāb*.

Desde os primórdios da História islâmica, vários comentadores muçulmanos do *Corão* e outros sábios discutiram sobre a amplitude da expressão *Ahl al-Kitāb*, argumentando que algumas comunidades religiosas, excluindo os judeus e cristãos, talvez pertencessem também à esfera da expressão. Conseqüentemente, surgiram especulações sobre quais grupos religiosos poderiam ser considerados *Ahl al-Kitāb* e qual seria a condição para pertencer ao Povo do Livro. O foco do debate se centrava em ajuizar se comunidades religiosas, tais como os sabeus – mencionados no *Corão*, embora apenas por seu nome –, poderiam ser reconhecidas por *Ahl al-Kitāb*.

No que se refere ao estatuto dos sabeus diante da Lei islâmica, o célebre sábio muçulmano Abū Ḥanīfa (m. 767), fundador da escola jurídica *ḥanafiyya*, observou que eles poderiam ser considerados *Ahl al-Kitāb*, posto que, em sua opinião, possuíam um sistema religioso entre o judaísmo e o cristianismo e liam o *Zabūr* (*Salmos*)[21]. Assim sendo, ele afirmou ser lícito o casamento com suas mulheres e a alimentação com carne de animal abatido pelos sabeus[22]. Parece que a convicção de que os sabeus liam o *Zabūr* tenha servido de base à opinião de Abū Ḥanīfa. Tal convicção é partilhada por outros sábios da época, como Abū al-Aliya (m. 708), Suddī (m. 745), Al-Ḍaḥḥāk ibn Mazāḥim (m. 720), Rabīͨa ibn Anas (m. 756), Ḫalīl ibn Aḥmad (m. 786), Ḥassān al-Baṣrī (m. 728) e Qatāda ibn Diyāma (m. 736)[23]. Abū al-Aliya e Suddī consideravam os sabeus pertencentes ao *Ahl al-Kitāb* e

21. *Zabūr* é o livro dado ao profeta Davi, segundo o *Corão*; ver *Al-Anbiyā'* (Os Profetas) XXI:105; *Al-Nisā'* (As Mulheres) IV:163; *Al-Isrā'* (Os Filhos de Israel) XVII:55; corresponde aos *Salmos* da *Bíblia*.

22. Ver ABŪ AL-LAYṮ AL-SAMARQANDĪ, Naṣr ibn Muḥammad. *Tafsīr*. Istanbul: Süleymaniye Kütüphanesi Fatih Bölümü No:227. vol. I, p. 19-B. Contrariamente a essa informação no *Tafsīr* de Al-Samarqandī, Ibn Buṭlān, que viveu quase cem anos depois, sustenta que Abū Ḥanīfa proibiu comer carne de animal abatido pelos sabeus e o casamento com suas mulheres. Acrescenta ainda que os discípulos de Abū Ḥanīfa, isto é, Abū Yūsuf e Imām Muḥammad, defenderam o contrário. Ver SCHACHT, J.; MEYERHOF, M. *The Medico-Philosophical Controversy between Ibn Butlan of Baghdad and Ibn Ridwan of Cairo*. Cairo, 1937. p. 101 et seq.

23. Ver AL-QURṬUBĪ, op. cit., vol. I, p. 434; IBN KAṮĪR, op. cit., vol. I, p. 104; AL-ṬABARĪ, op. cit., vol. I, p. 320.

defendiam a opinião de que suas mulheres poderiam casar-se com muçulmanos e a carne de animal abatido por eles poderia ser ingerida. Contudo, os discípulos de Abū Ḥanīfa – Abū Yūsuf (m. 798) e o Imām Muḥammad (m. 804) – e também Mujāhid (m. 722) – um sábio contemporâneo de Abū Ḥanīfa – mantiveram a opinião de que os sabeus não poderiam ser considerados *Ahl al-Kitāb*, já que adoravam os anjos (*malā'ika*)[24].

Segundo algumas fontes, a opinião de que os sabeus pertenciam ao *Ahl al-Kitāb* e, por essa razão, suas mulheres poderiam contrair matrimônio com muçulmanos foi defendida por ᶜUmar, o segundo califa[25]. De mais a mais, o Imām Šāfiᶜī (m. 819), fundador da escola jurídica *šāfiᶜīta*, aponta que é lícito contrair matrimônio com as mulheres dos sabeus e comer carne abatida por eles, embora não os inclua na categoria de *Ahl al-Kitāb*[26].

Além dos sabeus, os seguidores de Zoroastro (*majūs*), também mencionados no *Corão*, embora apenas pelo nome, constituíram igualmente tema de discussão entre os sábios muçulmanos: se seriam considerados *Ahl al-Kitāb*. A base para essa discussão é um célebre dito do Profeta (*ḥadīṯ*). Nele, Muḥammad declara, em relação ao estatuto jurídico dos zoroastristas da região do Hajar: "trate-os como tratais o *Ahl al-Kitāb*"[27]. Assim, Muḥammad considera os zoroastristas admissíveis para o estatuto de *Ahl al-Ḏimma*, que garante, mediante o pagamento de um imposto (*jizya*), a proteção aos indivíduos que habitam numa comunidade islâmica. Em razão desse *ḥadīṯ*, houve consenso entre os sábios muçulmanos de que os zoroastristas não pertenciam ao *Ahl al-Kitāb*, embora devessem, do ponto de vista jurídico, ser tratados como *Ahl al-Kitāb*, ainda que fosse ilícito o casamento com suas mulheres e a ingestão de carne abatida por eles. Contudo, alguns dos primeiros muçulmanos questionaram o porquê da aceitação pelo Profeta dos zoroastristas como *Ahl al-Ḏimma*, já que estes não pertenciam ao *Ahl al-Kitāb*. Sobre esse tema, o quarto califa, ᶜAlī ibn Abī Ṭālib, observou que Muḥammad aceitou os zoroastristas como *Ahl al-Ḏimma* porque eles teriam

24. Cf. ABŪ AL-LAYṮ AL-SAMARQANDĪ, op. cit., c. 1, p. 19-B; AL-ṬABARĪ, op. cit., vol. I, p. 319; AL-JAṢĀṢ, Aḥmad ibn ᶜAlī. *Aḥkām al-Qur'ān*. Cairo, 1347H. vol. II, p. 401 et seq.
25. Ver AL-BAĠAWĪ, Abū Muḥammad Ḥusayn ibn Masᶜūd. *Maᶜālim al-tanzīl*. Cairo, 1343H. vol. I, p. 188-189.
26. AL-ŠĀFIᶜĪ, Muḥammad ibn Idrīs. *Al-umm*. Beirut, 1973. vol. V, p. 7.
27. MĀLIK IBN ANAS. *Al-muwaṭṭa'*. Istanbul, 1981. (*Al-Zakāh*, 24).

tido um livro sagrado recebido de Deus. O Profeta acreditou que, por causa desse livro, os zoroastristas teriam outrora pertencido ao *Ahl al-Kitāb* e depois abandonado o livro (ou o livro lhes fora tirado por Deus)[28].

Essa abordagem relativa aos zoroastristas foi, num período posterior da História islâmica, o critério geral adotado em relação a todos os que não eram muçulmanos, mas que viviam nas comunidades islâmicas. Conseqüentemente, não somente grupos religiosos como os sabeus e os zoroastristas, mas também quase todas as comunidades que viviam sob o domínio islâmico, desde os pagãos de Ḥarrān até os indianos (hindus), foram tratados, por lei, como *Ahl al-Kitāb* e, portanto, considerados *Ahl al-Ḏimma*[29]. Por exemplo, Abū Yūsuf, célebre jurista do período abássida, afirmou que era legítimo receber tributo (*jizya*) de todos os que não eram muçulmanos, com exceção dos muçulmanos infiéis (*murtadd*) e dos árabes pagãos (*mušrikūn*). Todavia, ele ainda afirmou que era ilícito contrair matrimônio com suas mulheres e ingerir carne abatida por eles (pelos povos considerados *Ahl al-Ḏimma*), embora isso fosse considerado lícito ao se tratar do Povo do Livro, *Ahl al-Kitāb*, ou seja, os judeus e os cristãos[30].

Contudo, de tempos em tempos, alguns sábios muçulmanos e governantes impunham condições precisas para o estatuto de *Ahl al-Ḏimma*. Alguns deles mantiveram a necessidade de que as comunidades religiosas em questão fossem mencionadas no *Corão* junto aos judeus e cristãos. O califa abássida Al-Ma'mūn, por exemplo, não aprovava o fato de os pagãos de Ḥarrān viverem, no Império Islâmico, como *Ahl al-Ḏimma* e, como condição para assim viverem, forçou-os a aceitar qualquer religião mencionada no *Corão*.

> Ele [Al-Ma'mūn] respondeu-lhes [aos sabeus de Ḥarrān]: "O imposto (*jizya*) é aceito somente de pessoas que pertencem às seitas não-islâmicas que *Allāh* – seja Seu nome exaltado e glorificado – mencionou em Seu Livro e que possuem um livro próprio que lhes assevere manter boas relações com os muçulmanos. Já que

28. Ver ABŪ YŪSUF. *Kitāb al-ḫarāj*. Trad. (turca) A. Özek. Istanbul, 1973. p. 210-212.
29. Ver VAJDA, G. Ahl al-Kitāb. In: THE ENCYCLOPAEDIA of Islam (EI²). New Edition. Leiden: E. J. Brill, 1979. vol. I, p. 264; GOLDZIHER, I. Ehlülkitap. *İslam Ansiklopedisi*. Istanbul, 1977. vol. IV, p. 208 et seq.
30. ABŪ YŪSUF, op. cit., p. 210.

vós não pertenceis nem a um nem a outro desses grupos, escolhei agora uma das duas alternativas: ou adotai a religião do Islã ou uma daquelas religiões que *Allāh* mencionou em Seu Livro"[31].

Tal como o califa Al-Ma'mūn, o célebre comentador do *Corão*, Al-Jaṣāṣ, também não aprovava que os sabeus vivessem sob o domínio islâmico; declarou que não lhes era permitido pagar a *jizya* porque adoravam os astros e que, portanto, teriam de escolher entre duas alternativas: ou se tornavam muçulmanos ou seriam mortos[32]. Contrariamente à opinião sustentada por Al-Ma'mūn, por Al-Jaṣāṣ e alguns outros, sabe-se que os pagãos ḥarrānianos estabeleceram um tratado de paz com os muçulmanos, assim como também o fizeram os cristãos de Edessa, quando a cidade de Ḥarrān caiu – juntamente com Edessa e com outros povoados radicados na região – sob o domínio dos muçulmanos, sem qualquer batalha, durante o tempo de ᶜUmar, o segundo califa. Tal como ocorreu com os cristãos de Edessa, aos ḥarrānianos foi concedido o estatuto de *Ahl al-Ḏimma* mediante o pagamento do imposto (*jizya*)[33].

Ao considerarmos as discussões supracitadas, dos antigos sábios muçulmanos, relativas à identificação de *Ahl al-Kitāb*, entendemos que eles se dividiram em dois grupos. O primeiro, que abrangia a maioria desses sábios, inclusive Abū Ḥanīfa, adotou como critério principal – para que uma comunidade religiosa fosse considerada parte do *Ahl al-Kitāb* – a crença em um livro sagrado cujo nome aparece no *Corão*. Por isso, segundo eles, os sabeus, que liam o *Zabūr* – cujo nome está no *Corão* junto aos Evangelhos (*Injīl*, pl. *Anājīl*)[34] e à *Torá* (*Tawrā*) –, aceitavam-no como livro sagrado e fariam, portanto, parte do *Ahl al-Kitāb*. Como está evidente, a condição fundamental para ser aceito como *Ahl al-Kitāb*, em tais considerações, é ter e crer num livro sagrado oriundo de Deus.

Para o outro grupo, no entanto, o critério fundamental para que uma comunidade religiosa fosse considerada, ou não, parte do *Ahl al-Kitāb* não

31. IBN AL-NADĪM, Muḥammad ibn Isḥāq. *Kitāb al-fihrist*. Ed. G. Flügel. Leipzig, 1872. p. 320.
32. AL-JAṢĀṢ, op. cit., vol. II, p. 402.
33. Ver ABŪ YŪSUF, op. cit., p. 80.
34. No *Corão*, ocorre sempre no singular, *Injīl*. (N. da T.).

era acreditar em um livro sagrado recebido de Deus, mas crer em e adorar somente a Deus. Em outras palavras, para esse grupo, era necessário crer e adorar apenas a Deus e recusar quaisquer princípios ou rituais opostos a essa crença. Portanto, os sábios desse grupo não consideravam os sabeus *Ahl al-Kitāb* – embora estivessem mencionados no *Corão* junto aos judeus e aos cristãos – uma vez que eles adoravam os anjos[35].

Nesse ínterim, quase todos os sábios muçulmanos concordavam em que os judeus e os cristãos pertenciam à categoria de *Ahl al-Kitāb*. Contudo, como examinaremos mais adiante, questionava-se ainda sob que condições os judeus e os cristãos seriam considerados *Ahl al-Kitāb*. Havia discussão entre os sábios muçulmanos sobre que grupos ou seitas judaicas e cristãs (ou a qual período histórico dos judeus e cristãos) deveriam ser considerados *Ahl al-Kitāb*.

Em relação aos critérios exigidos para fazer parte do *Ahl al-Kitāb*, as duas teorias apresentadas não estão livres de problemas. A primeira obviamente aceita o conceito de *kitāb* como critério[36]. Como foi mencionado, o quarto califa, ^{c}Alī ibn Abī Ṭālib, explica o célebre dito do Profeta relativo aos zoroastristas: "tratai-os como trataríeis o *Ahl al-Kitāb*". Segundo ^{c}Alī, o Profeta queria que os zoroastristas fossem tratados como era tratado o *Ahl al-Kitāb*, posto que eles outrora já tinham tido um livro sagrado revelado por

35. A alegação de que os sabeus adoravam os anjos (*malā'ika*) é às vezes expressada pelos antigos sábios muçulmanos, como já mencionamos. Contudo, é sabido que os sabeus, que se autodenominavam mandeus ou nasoreus, não adoravam os anjos propriamente; na sua fé, os termos *uthria* (riquezas) e *malkia* (reis) correspondem aproximadamente a anjos: trata-se, na verdade, de incontáveis seres de luz que viviam ao redor do ser supremo, Magna Vida, Senhor da Magnitude. O termo *malka* na literatura mandaica é usado seja para os bons como para os maus espíritos, significando "anjo" e "demônio". Todavia, *malkia* indica preferentemente os espíritos bons, semidivindades que cumprem a vontade de Magna Vida. Todos estão subordinados ao Criador, de quem foram a primeira manifestação. O *malka* mais elevado é Malka d Nhura, Senhor (ou Rei) da Luz. Ninguém é como ele e ninguém jamais sequer tentou disputar o seu poder. Malka d Nhura é um dos nomes dados ao ser supremo na religião mandaica. Ver DROWER, E. S. *The Mandaeans of Iraq and Iran, Their Cults, Customs, Magic, Legends, and Folklore*. Oxford, 1937. p. 38; 94; LIDZBARSKI, M. *Ginzâ. Der Schatz oder das grosse Buch der Mandäer übersetz und erklärt*. Göttingen, 1925. p. 5 et seq. É plausível que os muçulmanos, vizinhos aos sabeus/mandeus desde os primórdios do Islã, tenham notado o termo *malka* na tradição mandaica e o tenham confundido com *malak* (pl. *malā'ika*), anjo em árabe. Conseqüentemente, supuseram que os sabeus adoravam os anjos. Ver GÜNDÜZ, Şinasi. *The Knowledge of Life*: The Origins and Early History of the Mandaeans and Their Relation to the Sabians of the Qur'an and to the Harranians. Oxford: Oxford University Press, 1994. p. 27.

36. Ou seja, todo povo que possui um livro revelado pertence ao *Ahl al-Kitāb*.

Deus. Se aceitarmos essa explicação, devemos também aceitar que é plausível que o próprio Profeta tivesse também aceitado o critério de que basta possuir um livro sagrado para receber o estatuto de *Ahl al-Kitāb*. Por outro lado, não há evidência, ou sequer alusão, no referido dito de Muḥammad, que sugiram que, segundo o Profeta, os zoroastristas alguma vez tivessem feito parte do *Ahl al-Kitāb* ou que a posse de um livro sagrado de Deus fosse condição para pertencer ao *Ahl al-Kitāb*. O relevante dito somente enfatiza como tratar os zoroastristas. O Profeta evidentemente também não disse que eles poderiam fazer parte do *Ahl al-Kitāb*. Torna-se, portanto, óbvio que não é correto ampliar a extensão do conceito de *Ahl al-Kitāb* utilizando esse dito.

Não obstante, ᶜAlī ibn Abī Ṭālib, Abū Ḥanīfa e muitos outros destacaram o termo *kitāb*, na expressão *Ahl al-Kitāb*, quando demonstraram os povos que seriam considerados *Ahl al-Kitāb* ou as condições que seriam necessárias para fazer parte do *Ahl al-Kitāb*. Vimos isso quando ᶜAlī ibn Abī Ṭālib explicou o dito de Muḥammad concernente aos zoroastristas, sustentando que estes haviam tido outrora um livro sagrado e que depois o abandonaram. Tomou, assim, o termo *kitāb* como base para o seu argumento. Igualmente, Abū Ḥanīfa e alguns outros sábios muçulmanos dos primeiros tempos do Islã asseveraram que os sabeus liam o *Zabūr*, ao ponderarem que eles faziam parte do *Ahl al-Kitāb*. Todavia, contrariamente a essa suposição, os sabeus não liam o *Zabūr*, tampouco o tinham como livro sagrado. É claro que possuíam diversos livros sagrados, como o *Ginza Rba*, o *Drashia d Yahya* e o *Qolasta*. No entanto, trata-se de um engano supor que o *Zabūr* fosse o seu livro sagrado. Por outro lado, sabemos que alguns dos livros sagrados dos mandeus, como a parte esquerda do *Ginza* (*Ginza Smala*) e o *Qolasta*, estão na forma de salmos. Sabemos, também, que os sabeus liam a sua escritura sagrada do mesmo modo como os muçulmanos e judeus liam as suas, isto é, com entonação musical. É possível que os muçulmanos vizinhos aos sabeus supusessem que eles liam o *Zabūr* – os Salmos de Davi –, quando os ouviam lendo ou recitando as suas escrituras. Por essa razão, houve ampla aceitação de que o livro sagrado para os sabeus fosse o *Zabūr*.

Nesse ponto, é necessário discutirmos se é correto explicar a identificação do *Ahl al-Kitāb* pela abordagem que utiliza o termo *kitāb* como critério central. Há duas possíveis explicações do termo *kitāb* na expressão *Ahl al-Kitāb*. Em uma delas, poderíamos considerá-lo no sentido de "qualquer livro (sagrado)". Logo, *Ahl al-Kitāb* poderia referir-se a todos os que têm qualquer livro (ou texto) sagrado. Nesse caso, poderíamos facilmente afirmar que quase todos os não-muçulmanos fazem parte do conteúdo da expressão *Ahl al-Kitāb*, porque, do conhecimento que temos da história das religões, sabemos que quase todas as comunidades religiosas possuem, ou possuíram, algum tipo de escrituras sagradas, embora, às vezes, apenas em fragmentos. Depois da invenção da escrita, os seres humanos imprimiram suas escrituras em materiais como pedras, ossos, couro, chapas de metal, potes de barro, papiros ou papéis, e os livros sagrados das várias tradições religiosas foram transmitidos de geração a geração até chegarem a nós. Desse modo, não só judeus, cristãos e sabeus tiveram e têm seus livros e escrituras sagradas, mas também quase todos os grupos religiosos conhecidos. Até mesmo as comunidades pagãs, como os ḥarrānianos, os babilônios etc., tiveram suas escrituras sagradas. Se considerarmos o termo *kitāb* em um sentido mais amplo, isto é, de qualquer livro, todos esses grupos religiosos deveriam ser incluídos na categoria de *Ahl al-Kitāb*; mas o uso do termo no *Corão* não permite aceitá-lo com esse sentido ampliado. Em segundo lugar, o termo *kitāb* pode ser tomado num sentido restrito, de "revelação divina" ou "palavra divina"[37]. Nesse caso, a expressão *Ahl al-Kitāb* poderia significar "aqueles que receberam a revelação divina". Observe-se que os sábios muçulmanos, como ᶜAlī ibn Abī Ṭālib e Abū Ḥanīfa, preferiram este significado específico. Eles encontraram uma conexão entre a expressão *Ahl al-Kitāb* e os zoroastristas e sabeus, ao supor que estes tivessem, ainda que outrora, recebido a revelação divina ou sido fiéis a um livro mencionado no *Corão*. Entre os comentadores muçulmanos atuais, Muḥammad Asad concorda também com essa interpretação da expressão, enfatizando que é mais apropriado aceitar o significado de *Ahl al-Kitāb* como "discípulos de revelações passadas"[38].

37. Em diversos versículos do *Corão*, o termo *kitāb* é usado com o significado seja de "revelação divina" seja de "texto", "página", "a vontade de Deus", "sentença" e "livro". *Al-Anᶜām* (Os Rebanhos) VI:7. Ver também *Al-Anᶜām* (Os Rebanhos) VI:38 e *Al-Baqara* (A Vaca) II:78, 213.
38. Ver ESED, M. *Kur'an Mesajı*. Istanbul, 1999. vol. I, p. XXVI.

O *Corão* enfatiza que Deus não puniria nenhum povo, a menos que lhe tivesse sido enviado algum mensageiro[39]. Infere, portanto, que os mensageiros (profetas ou outros) têm sido enviados para todos os povos desde o início da História humana. Nesse caso, segundo o Islã, todos os povos anteriores ao *Corão*, onde quer que tenham vivido, tiveram diante de si uma mensagem divina ou uma revelação de Deus, anunciada por Seus mensageiros. Se entendermos o termo *Ahl al-Kitāb* nesse contexto, isto é, no sentido de "aqueles que foram designados para receber uma revelação divina desde o início da História humana", seria necessário, então, classificar a humanidade em dois grupos: os muçulmanos, principalmente, e o *Ahl al-Kitāb*, desde que, segundo o *Corão*, todos os povos, da África até a Ásia e da Austrália até a América, de algum modo tiveram diante de si uma revelação divina, apesar de não sabermos, na maioria das vezes, quando e como isso ocorreu.

Além da expressão *Ahl al-Kitāb*, ocorrem ainda no *Corão* afirmações como "aqueles a quem foi concedida uma parte do Livro" e "aqueles a quem foi concedido o Livro"[40]. Quando examinamos os versículos corânicos em que ocorrem tanto a expressão *Ahl al-Kitāb* quanto os outros usos a ela relacionados e já mencionados, entendemos que esses versículos referem-se evidentemente aos judeus e aos cristãos (ou freqüentemente a ambos). Nenhum dos versículos menciona grupos religiosos além desses dois. Há também afirmações claras no *Corão* que pressupõem que a expressão *Ahl al-Kitāb* refere-se a ambos os grupos; por exemplo, quanto à razão da revelação do *Corão*, a sura *Al-An^{c}ām* (Os Rebanhos) VI:155-156 adverte:

> E este é um Livro, que fizemos descer: bendito. Segui-o, então, e sede piedosos, na esperança de obterdes misericórdia. Fizemo-lo descer, para não dizerdes: "Apenas, fora descido o Livro, sobre duas facções, antes de nós, e, por certo, estávamos desatentos a seu estudo".

As "duas facções" enfatizadas nessa afirmação é uma clara referência às populações judaica e cristã. Esses versículos assinalam que o Livro, no

39. *Al-Isrā'* (Os Filhos de Israel) XVII:15: "[...] E não é admissível que castiguemos a quem quer que seja, até que lhe enviemos um Mensageiro (para advertir a comunidade)."
40. Ver nota 1 supra.

contexto da revelação divina, não foi apenas revelado aos judeus e cristãos, mas a toda a humanidade durante o curso de sua História, pois uma outra afirmação do *Corão* assinala que Deus revelou Sua divina ordem e mensagem para todos os povos. Essa afirmação de que "o Livro foi enviado a dois povos antes de nós" infere, também, que os árabes pagãos, no tempo de Muḥammad, entenderam que a característica de possuir um *kitāb* era relativa aos dois grupos religiosos específicos da época, os judeus e os cristãos, a quem tinham por vizinhos. Além disso, a expressão *Ahl al-Kitāb* é igualmente empregada em diversos versículos, tanto para os judeus como para os cristãos, e, às vezes, para os dois grupos juntos[41]. Quando examinamos, em seu contexto, as afirmações corânicas "aqueles a quem foi concedido o Livro" e "aqueles a quem foi concedida uma parte do Livro", deduzimos que elas dizem respeito principalmente aos judeus e, às vezes, aos judeus e cristãos juntamente[42]. Como último ponto para a identificação de *Ahl al-Kitāb* no *Corão*, podemos contemplar estes versículos no capítulo *Āl ᶜImrān* III:65-67:

> Ó seguidores do Livro! Por que argumentais, sobre Abraão, enquanto a Torá e o Evangelho não foram descidos senão depois dele? Então, não razoais? Ei-vos que argumentais, sobre aquilo (a religião de Abraão) de que tendes ciência. Então, por que argumentais, sobre aquilo (a religião de Abraão) de que não tendes ciência? E Allāh sabe, e vós não sabeis. Abraão não era nem judeu nem cristão, mas monoteísta sincero, moslim (entregue inteiramente a Deus). E não era dos idólatras.

Como se vê, esses versículos discorrem sobre a questão entre a população judaica e a cristã do Ḥijāz e concernem ao patriarca Abraão. Depois de mencionar suas alegações (os judeus alegavam que Abraão era judeu, e os cristãos, que era cristão), o *Corão* adverte que essa disputa entre eles é um contra-senso, uma vez que a *Torá* e o *Injīl* (os Evangelhos) foram revelados depois de Abraão, além de enfatizar que ele não era nem judeu nem cristão.

41. Ver *Al-Mā'ida* (A Mesa Provida) V:18-19, 65-68; *Al-Nisā'* (As Mulheres) IV:51, 153, 159, 171; *Al-Baqara* (A Vaca) II:109-111; *Al-Ḥašr* (O Reagrupamento) LIX:2, 11.
42. Por exemplo, *Al-Baqara* (A Vaca) II:120-121, 145-146; *Al-Nisā'* (As Mulheres) IV:44, 47, 131; *Āl ᶜImrān* (A Família de ᶜImrān) III:23; *Al-Tawba* (O Arrependimento) IX:29-31.

Tentativa de Limitar o Uso da Expressão apenas aos Judeus e Cristãos

Apesar de ter havido um consenso geral entre os sábios muçulmanos de que a expressão *Ahl al-Kitāb* referia-se aos judeus e aos cristãos, houve ainda uma discussão sobre qual seria a condição para que judeus e cristãos fossem considerados *Ahl al-Kitāb*. Alguns sábios, por exemplo, foram de opinião de que seria necessário fazer algumas restrições ao uso da expressão para os judeus e os cristãos.

Šāfiᶜī, o célebre jurista muçulmano, narra o ponto de vista de ᶜAṭā', segundo o qual a expressão *Ahl al-Kitāb* é um nome que poderia referir-se apenas aos Filhos de Israel (*Banī Isrā'īl*), a quem os livros sagrados *Torá* e *Injīl* foram revelados. Assim, ele alega que os judeus e os cristãos que não pertenciam à tribo dos Filhos de Israel não poderiam ser considerados *Ahl-al-Kitāb*[43]. Além dessa restrição, feita por ᶜAṭā' e Šāfiᶜī, alguns sábios muçulmanos tendem a sugerir uma outra limitação ao uso da expressão. O estatuto de *Ahl al-Kitāb* poderia ser atribuído tão-somente aos judeus e aos cristãos que tivessem vivido antes (ou no tempo) da profecia de Muḥammad e da revelação do *Corão*. Portanto, não seria apropriado aos que viveram depois de Muḥammad, isto é, depois da revelação do *Corão*. Eles argumentam que se esperava que os judeus e os cristãos que viveram após Muḥammad se tornassem muçulmanos, posto que viveram após a declaração da verdade final (*islām*) pelo *Corão*[44]. Se aceitarmos essa opinião como certa, é óbvio que não podemos considerar os judeus e os cristãos atuais parte do *Ahl al-Kitāb*.

Torna-se evidente que todas essas concepções tentam restringir o uso da expressão *Ahl al-Kitāb* e procuram demonstrar o seu uso em um sentido mais restrito, ao aplicá-lo seja para os judeus e os cristãos que pertencem à tribo dos Filhos de Israel, seja para os que viveram antes (ou no tempo) da revelação do *Corão*. Contudo, elas contêm alguns problemas importantes. Em primeiro lugar, sabe-se que entre a população judaica que vivia em

43. AL-ŠĀFIᶜĪ, op. cit., vol. V, p. 7. Ver ainda SIDDIQI, I. M. *The Family Laws of Islam*. Lahore, [s.d.]. p. 176 et seq.
44. Ver IBN ḤAZM, Abū Muḥammad ᶜAlī ibn Aḥmad. *Al-muḥallà*. Beirut, [s.d.]. vol. 7, p. 456-457.

Medina no tempo do profeta Muḥammad havia indivíduos de origem árabe, de modo que não eram descendentes da tribo dos Filhos de Israel. Das primitivas fontes islâmicas, sabe-se que existiam algumas instituições/escolas de educação administradas por judeus e conhecidas por *bayt al-midrās* (*bet ha midrash*), cujos mestres, igualmente judeus, ensinavam principalmente a ler e a escrever, mas também ensinavam a cultura judaica e o seu conhecimento religioso. As fontes islâmicas salientam que os estudantes dessas escolas eram crianças tanto árabes como judias. Por via da educação ministrada pelos professores judeus, alguns dos estudantes árabes se interessaram pelo judaísmo e, segundo nossas fontes islâmicas, alguns se converteram a essa religião. Como exemplo, cita-se que algumas dessas crianças árabes judaizadas quiseram deixar Medina junto com os judeus quando a tribo judaica de Banī Naḍīr de Medina foi mandada ao exílio, pelos muçulmanos, mas foram impedidas pelos seus pais muçulmanos. Quando o caso foi levado ao Profeta, ele sentenciou que a decisão cabia às crianças, e, por isso, algumas delas deixaram a cidade junto com os judeus exilados[45]. Além desses árabes judaizados, os judeus de Medina parecem ter adotado a língua e a cultura árabe em sua vida sociocultural. Sabe-se, também, como já mencionado, que os árabes pagãos consideravam *Ahl al-Kitāb* os cristãos bizantinos que lutaram contra os sassânidas. E, para concluir, é também sabido que o Profeta Muḥammad incluiu os bizantinos na categoria de *Ahl al-Kitāb*, usando versículos corânicos sobre o *Ahl al-Kitāb*[46] em sua carta ao imperador Heráclio[47].

A opinião de alguns sábios muçulmanos defensores da tese de que a expressão *Ahl al-Kitāb* era usada exclusivamente para designar os não-muçulmanos pertencentes à tribo dos Filhos de Israel certamente não é correta quando se consideram os árabes judeus e os cristãos bizantinos que não pertenciam a essa tribo. É também falso pôr limites ao uso da expressão e afirmar que ela pode ser usada apenas em relação aos judeus e aos cristãos

45. Ver HAMIDULLAH, M. *İslam Peygamberi*. Istanbul, 1980. vol. I, p. 629. Para uma discussão sobre esse tema, ver GÜNER, O. *Resulullah'ın Ehli Kitap'la Münasebetleri*. Ankara, 1997. p. 60-61.
46. *Āl ᶜImrān* (A Família de ᶜImrān) LXIV; *Al-Tawba* (O Arrependimento) XXIX.
47. Sobre as cartas de Muḥammad para os romanos, ver HAMIDULLAH, op. cit., vol. I, p. 361-362; 367.

que viveram antes (ou no tempo) da revelação do *Corão*. Antes de mais nada, não existe no *Corão* essa limitação para o uso da expressão *Ahl al-Kitāb*. E ainda, é sabido que os antigos muçulmanos, após Muḥammad, continuaram a utilizá-la para designar os judeus e os cristãos onde quer que eles vivessem.

Observação Final

Como vimos, houve muitos debates entre os antigos sábios muçulmanos acerca da identificação de *Ahl al-Kitāb*. Apesar de ter havido consenso no que se refere a considerar judeus e cristãos *Ahl al-Kitāb*, alguns desses sábios fizeram objeção ao uso da expressão para designar todos os judeus e cristãos, porquanto alegavam que ela poderia apenas ser utilizada para designar os judeus e os cristãos com determinadas características.

Por outro lado, muitos sábios muçulmanos ampliaram o significado da expressão ao sustentar que não só os judeus e os cristãos, mas outros grupos religiosos, como os sabeus, poderiam ser aceitos como *Ahl al-Kitāb*, desde que possuíssem uma escritura sagrada revelada originariamente por Deus.

Todas essas discussões e opiniões refletem: 1) o entendimento geral do *Corão* pelos antigos sábios muçulmanos e a sua metodologia na interpretação do Livro; e 2) a abordagem sociopolítica dos sábios muçulmanos do período islâmico antigo. Parece que cada sábio muçulmano explicou sua própria opinião segundo a metodologia de sua escola. Assim sendo, sábios como Abū Ḥanīfa abordaram as questões de um ponto de vista racional, fundamentando sua opinião na interpretação do termo *kitāb*. Como é bem sabido, Abū Ḥanīfa, como jurista, foi um paladino da escola que seguia o princípio de *ra'y*[48], considerando *qiyās*[49], *istiḥsān*[50] e *istiṣlāḥ*[51] para interpre-

48. Opinião, raciocínio pessoal de um jurista. (N. da T.)
49. Analogia, dedução analógica, raciocínio jurídico por analogia. (N. da T.)
50. Princípio de jurisprudência segundo o qual, em certos casos não regulamentados pela autoridade irrefutável do *Corão*, da Tradição (*Ḥadīṯ*) ou do consenso geral (*ijmāᶜ*), pode-se não levar em consideração o uso da analogia restrita (*qiyās*). (N. da T.)
51. Princípio de jurisprudência segundo o qual a consideração do interesse público é critério para a elaboração de regras jurídicas. (N. da T.)

tar, junto às fontes, o *Kitāb* e a *Sunna*, suas opiniões acadêmicas. Ao passo que sábios como Šāfi[c]ī, [c]Aṭā' e Al-Jaṣāṣ, conhecidos como rigorosos literalistas, explicaram a expresssão *Ahl al-Kitāb* num contexto restrito, segundo a perspectiva textual.

Referências Bibliográficas

ABŪ AL-LAYṮ AL-SAMARQANDĪ, Naṣr ibn Muḥammad. *Tafsīr*. Istanbul: Süleymaniye Kütüphanesi Fatih Bölümü No:227.

ABŪ DĀWUD, Sulaymān ibn al-Aš[c]aṯ. *Al-sunan*. Humus, 1973.

ABŪ ḤAĠĀN. *Tafsīr kabīr al-baḥr al-muḥīṭ*. Riyad 1329H.

ABŪ YŪSUF. *Kitāb al-ḫarāj*. Trad. (turca) A. Özek. Istanbul, 1973.

AL-BAĠAWĪ, Abū Muḥammad Ḥusayn ibn Mas[c]ūd. *Ma[c]ālim al-tanzīl*. Cairo, 1343H.

AL-BUḪĀRĪ, Abū [c]Abdillāh Muḥammad ibn Ismā[c]īl. *Jāmi[c] al-ṣaḥīḥ*. 4. ed. Beirut, 1990.

AL-JAṢĀṢ, Aḥmad ibn [c]Alī. *Aḥkām al-Qur'ān*. Cairo, 1347H.

AL-QURṬUBĪ, Abū [c]Abdillāh Muḥammad ibn Aḥmad. *Al-Jāmi[c] li-aḥkām al-Qur'ān*. Cairo, 1967.

AL-ŠĀFI[C]Ī, Muḥammad ibn Idrīs. *Al-umm*. Beirut, 1973.

AL-ṬABARĪ, Abū Ja[c]far Muḥammad ibn Jarīr. *Jāmi[c] al-bayān [c]an ta'wīl āy al-Qur'ān*. Cairo, 1954.

AL-ZAMAḪŠARĪ, Abū al-Qāsim Jārullāh Maḥmūd ibn [c]Umar. *Al-kaššāf [c]an ḥaqā'iq al-tanzīl*. Beirut, [s.d.].

DROWER, E. S. *The Mandaeans of Iraq and Iran, Their Cults, Customs, Magic, Legends, and Folklore*. Oxford, 1937.

ESED, M. *Kur'an Mesajı*. Istanbul, 1999.

GOLDZIHER, I. Ehlülkitab. *İslam Ansiklopedisi*. Istanbul, 1977. vol. IV.

GÜNDÜZ, Şinasi. *The Knowledge of Life*: The Origins and Early History of the Mandaeans and Their Relation to the Sabians of the Qur'an and to the Harranians. Oxford: Oxford University Press, 1994.

GÜNER, O. *Resulullah'ın Ehli Kitap'la Münasebetleri*. Ankara, 1997.

HAMIDULLAH, M. *İslam Peygamberi*. Istanbul, 1980.

IBN AL-NADĪM, Muḥammad ibn Isḥāq. *Kitāb al-fihrist*. Ed. G. Flügel. Leipzig, 1872.

IBN HANBAL, Aḥmad. *Musnad*. Beirut, [s.d.].

IBN ḤAZM, Abū Muḥammad ᶜAlī ibn Aḥmad. *Al-muḥallà*. Beirut, [s.d.].

IBN KAṮĪR, Abū al-Fidā' Ismāᶜīl al-Qurašī. *Tafsīr al-Qur'ān al-ᶜaẓīm*. Cairo, 1956.

LIDZBARSKI, M. *Ginzâ. Der Schatz oder das grosse Buch der Mandäer übersetz und erklärt*. Göttingen, 1925.

MĀLIK IBN ANAS. *Al-muwaṭṭa'*. Istanbul, 1981.

NASR, Helmi. Tradução do sentido do *Nobre Alcorão* para a língua portuguesa. Al-Madinah Al-Munauarah K.S.A. (Arábia Saudita): Complexo do Rei Fahd para imprimir o Alcorão Nobre, 2005.

SCHACHT, J.; MEYERHOF, M. *The Medico-Philosophical Controversy between Ibn Butlan of Baghdad and Ibn Ridwan of Cairo*. Cairo, 1937.

SIDDIQI, I. M. *The Family Laws of Islam*. Lahore, [s.d.].

TIRMIḎĪ, Abū ᶜĪsà Muḥammad ibn ᶜĪsà. *Al-sunan*. Istanbul, 1981.

VAJDA, G. Ahl al-Kitāb. In: THE ENCYCLOPAEDIA of Islam (EI²). New Edition. Leiden: E. J. Brill, 1979. vol. I.

YAZIR, Elmalılı Hamdi. *Hak Dini Kur'an Dili*. Istanbul, [s.d.].

5.

Kalām: A Escolástica Islâmica

Tadeu Mazzola Verza

O objetivo deste artigo é relatar as primeiras discussões teológicas do Islã. Para tanto, expõe-se o que foi o *Kalām*, apresentam-se duas de suas principais escolas, a *muᶜtazilita* e a *aš̌ᶜarita*, a doutrina que as alicerça como tais e as mais importantes polêmicas em torno delas. Convém ressaltar que se limitará a aspectos teológicos da doutrina dos *mutakallimūn*, que, no entanto, também abrange aspectos de lógica, de epistemologia e de cosmologia, como estudos sobre o movimento, os átomos, o vazio, a causalidade etc., questões trabalhadas com grande sofisticação em seus tratados e que não se manifestam como meros coadjuvantes na constituição de um mundo teologicamente ordenado.

O termo *kalām* significa, literalmente, palavra, fala, mas adquire, em função das crescentes discussões político-religiosas que ocorreram depois da morte do Profeta Muḥammad[1], o sentido de conversação, debate, controvérsia[2]. Nas versões árabes de obras de filosofia grega, foi utilizado para traduzir *lógos*: palavra, razão, argumento. Em seu sentido mais amplo, *kalām* é usado para

1. Opta-se pelo uso de Muḥammad por ser Maomé deveras corrompido.
2. GARDET, Louis. ᶜIlm al-Kalām. In: THE ENCYCLOPAEDIA of Islam (EI²). New Edition. Leiden; London: E. J. Brill; Luzac & Co., 1971. vol. 3, p. 1141.

designar qualquer disciplina específica. O particípio plural, *mutakallimūn* (sing. *mutakallim*), é a designação dos que dominam qualquer ramo de uma ciência específica. Por exemplo, o termo grego para teólogos (*theologoi*) é traduzido por "mestres do *kalām* divino" (*aṣḥāb al-kalām al-ilāhī*) ou por "os *mutakallimūn* em divindade" (*al-mutakallimūn* ᶜ*an al-ilāhiyyāt*). O termo foi, porém, aplicado propriamente a um sistema específico de pensamento que surgiu no Islã antes do advento da filosofia (*falsafa*), cujos partidários, denominados *mutakallimūn*, foram posteriormente contrastados com os chamados filósofos (*falāsifa*)[3].

Estabelecer o momento em que o *Kalām* tornou-se uma ciência religiosa autônoma é no mínimo complexo, visto que a história de sua origem é repleta de informações parciais e de fontes secundárias, principalmente de heresiografias e refutações elaboradas por seus detratores[4].

Antes da introdução e da difusão da filosofia grega no mundo islâmico no século IX (II da Hégira), os muçulmanos, fora a poesia, basicamente se dedicaram às controvérsias político-religiosas, conseqüência da ruptura da unidade originada pela sucessão do Profeta Muḥammad[5]. Tais discussões versavam principalmente sobre as bases da crença e tinham como pano de fundo a tentativa de legitimar as diferentes e conflituosas posições políticas, fruto dessa ruptura.

Um dos primeiros problemas políticos que resultaram em questões religiosas foi a Batalha de Ṣiffīn, em 657, travada entre ᶜAlī, quarto califa e genro do Profeta, e Muᶜāwiya, governador de Damasco e fundador da dinastia omíada. Nessa batalha[6], ᶜAlī consentiu na arbitragem (*ḥukūma*)[7] da disputa, proposta

3. Cf. WOLFSON, Harry Austryn. *The Philosophy of the Kalam*. Cambridge, Massachusetts; London: Harvard University Press, 1976. p. 1-2.

4. GARDET, op. cit., 1971, p. 1142.

5. FAKHRY, Majid. *A History of Islamic Philosophy*. New York: Columbia University Press, 1983. p. 37.

6. Esse evento, somado ao assassinato de ᶜUṯmān e à escolha de ᶜAlī como *Imām*, são considerados o "grande cisma (*fitna*)" ou a "primeira *fitna*" e são responsáveis pelo surgimento dos xiitas, os partidários de ᶜAlī (*šīᶜat* ᶜAlī) e os *ḫārijitas*. Cf. GARDET, Louis. Fitna. In: THE ENCYCLOPAEDIA of Islam (EI²). New Edition. Leiden; London: E. J. Brill; Luzac & Co., 1965. vol. 2, p. 931. Para uma bela descrição da batalha, ver MASᶜŪDI. *Les Prairies d'Or*. Trad. Barbier de Meynard et Pavet de Courteille. Paris: Société Asiatique, 1971. Tome III. (Collection d'Ouvrages Orientaux). Tradução de: *Kitāb murūj al-ḏahab wa-maᶜādin al-jawhar.* p. 649-674.

7. Ou seja, com recurso ao *Corão*. Cada parte escolhe, entre os seus, os considerados "neutros", isto é, os que põem de lado sua inclinação pessoal e não se deixam influenciar (de outro modo, sua decisão seria nula), para serem os árbitros. No tocante a essa batalha, eles devem deliberar, baseados no *Corão*, se o califa ᶜUṯmān, assassinado, fora ou não responsável por atos contrários

por Mu^{c}āwiya, tendo despertado sérias dúvidas em alguns de seus partidários quanto à legitimidade para ocupar o cargo de califa. Estes se opuseram a ^{c}Alī e foram chamados de *al-ḫawārij* (pl. de *al-ḫārij*) formando os *ḫārijitas*[8].

Esse episódio, aparentemente desvinculado da formação do *Kalām*, levantava pelo menos duas questões muito pertinentes num período em que o Islã não tinha ainda uma doutrina constituída acerca da Lei, dos fundamentos de fé e do poder: a legitimidade da sucessão do Profeta e a confiabilidade no califa. Seriam esses soberanos verdadeiros muçulmanos, aos quais se deveria obedecer, ou seriam eles usurpadores, infiéis, que deveriam ser combatidos?[9]

Para os *ḫārijitas*, por exemplo, um muçulmano que cometesse um pecado grave deixaria de ser um muçulmano; e se este fosse um califa, poderia ser legitimamente deposto ou morto[10]. O califa, para os *ḫārijitas*, deveria ser eleito independentemente de sua tribo ou do grau de parentesco com o Profeta. Assim, como consideram infiéis ^{c}Alī, por ter aceitado arbitragem na batalha de Ṣiffīn, e Mu^{c}āwiya, por ser parente de ^{c}Uṯmān (terceiro califa), elegeram Al-Rāsibī[11].

Os xiitas[12], partidários (*šī^{c}a*) de ^{c}Alī, defendiam uma teocracia. Segundo eles, Muḥammad foi eleito profeta por Deus e não pelos muçulmanos, logo, a

à Lei. Em caso afirmativo, seu assassinato seria considerado um ato de justiça, e ^{c}Alī (acusado, mesmo que não tivesse participado do assassinato, de ter dado cobertura aos responsáveis) poderia exigir que Mu^{c}āwiya lhe devesse obediência. Em caso negativo, Mu^{c}āwiya poderia vingar-se, e ^{c}Alī perderia o califado. Em razão dos eventos posteriores à arbitragem, muito provavelmente ^{c}Uṯmān tenha sido inocentado, o que levou ^{c}Alī a não reconhecer a decisão e a acusar os árbitros de não terem decidido baseados no *Corão*. Após esse evento, houve ainda outra batalha, chamada Batalha de Al-Nahrawān, na qual ^{c}Alī foi derrotado. Na Conferência de Aḏruḥ (659), ^{c}Alī foi deposto. Cf. VECCIA VAGLIERI, L. ^{c}Alī b. Abī Ṭālib. In: THE ENCYCLOPAEDIA of Islam (FI[2]) New Edition. Leiden; London: E. J. Brill; Luzac & Co., 1960. vol. I, p. 381-386.

8. Sobre os *ḫārijitas*, ver ŠAHRASTĀNĪ. *Livre des religions et des sectes*. Tradução, Introdução e Notas de Daniel Gimaret e Guy Monnot. Paris: Peeters/Unesco, 1986. 2 v. Tradução de: *Kitāb al-milal wa-al-niḥal*, Cairo, 1968. vol. I, p. 364-365. WENSINCK, Arent Jan. *The Muslim Creed*: its genesis and historical development. 2. ed. New York: Barnes and Noble, 1966. cap. III, p. 36-57. (1. ed. 1932).

9. GARDET, Louis; ANAWATI, M.-M. *Introduction à la Théologie Musulmane*: Essai de Théologie Comparée. 3. ed. Paris: J. Vrin, 1981. p. 32-33.

10. FAKHRY, op. cit., p. 38.

11. NADER, Albert N. *Le système philosophique des Mu^{c}tazila*. 2. ed. Beyrouth: Dār Al-Mašriq Sarl, 1984. p. 2.

12. Sobre os xiitas, ver ŠAHRASTĀNĪ, op. cit., 1986, vol. I, p. 435-566.

seus legítimos herdeiros pertenceria o cargo de califa, o qual chamam *Imām*. ᶜAlī era esse herdeiro, e a sucessão deveria ocorrer por meio do primogênito. O imã não era apenas o legítimo sucessor do Profeta, mas o único intérprete autorizado do *Corão* (a Tradição é desconsiderada). Visto ser o porta-voz de Deus, era incapaz de errar ou pecar; portanto, a infidelidade nunca poderia ser utilizada como pretexto para acusá-lo e usurpar seu cargo: fazê-lo seria pôr em risco a comunidade e a pureza da Lei sagrada[13].

Quanto aos *murji'itas*[14], não usaram daquele pretexto para desmerecer os califas, comum aos grupos anteriores. Segundo eles, xiitas, *ḫārijitas* e omíadas eram fiéis, todos acreditavam que Alá é único e que Muḥammad é seu Profeta, e, se alguns dentre eles estavam errados, não cabia aos homens julgá-los, mas apenas a Deus. Os *murji'itas* não se envolveram nas lutas de sucessão do califado[15].

Além dessas discussões, tratava-se também da predestinação (se o homem seria dotado de livre-arbítrio, se estaria radicalmente sujeito aos desígnios de Deus ou se teria, ainda que minimamente, alguma responsabilidade por seus atos), da natureza do *Corão* (se criado ou incriado), dos atributos divinos (se fariam parte da essência de Deus, se seriam meras palavras atribuídas a Deus ou se deveriam ser radicalmente negados). Debates dessa natureza, cujas perspectivas políticas e religiosas muitas vezes eram quase inseparáveis, constituíram o que veio a ser designado *Kalām*.

O modo de proceder característico dos primeiros *mutakallimūn* nessas discussões foi a analogia (*qiyās*)[16], tomada do *Fiqh*[17], a jurisprudência islâmica. Pela analogia, uma questão nova é tratada por meio de semelhanças parciais com questões já discutidas, ainda que na totalidade sejam distintas, de modo a solucioná-la. Assim, por exemplo, em *Corão* II:216; V:92, 93, encontra-se a proibição de beber *ḫamr*, vinho de uva; no *Fiqh*, essa proibição é

13. FAKHRY, op. cit., p. 40.
14. Sobre os *murji'itas*, ver ŠAHRASTĀNĪ, op. cit., 1986, vol. I, p. 419 et seq.
15. NADER, op. cit., p. 3.
16. Cf. WOLFSON, op. cit., p. 13-17. Sobre a analogia jurídica, ver BRUNSCHVIG, R. Argumentation fatimide contre le raisonnement juridique par analogie (*qiyās*). In: ARNALDEZ, Roger; VAN RIET, Simone. (Org.). *Recherches d'islamologie*. Recueil d'articles offerts à Georges C. Anawati et Louis Gardet par leurs collègues et amis. Louvain: Éditions Peeters, 1977. p. 75-84.
17. A jurisprudência islâmica é baseada em quatro fontes: *Corão*, Tradição, analogia (*qiyās*) e consenso (*ijmāᶜ*).

estendida também ao *nabīḏ*, vinho de tâmaras fermentadas, baseada no argumento de que, embora sejam distintos, ambos causam intoxicação[18].

Apesar da multiplicidade das questões discutidas e da diversidade de posições que defenderam, os primeiros *mutakallimūn* não chegaram a constituir uma escola, mas tendências, em razão da inexistência de um corpo de doutrinas definidas e sistematizadas pelas quais se pautassem. Um mesmo *mutakallim* poderia adotar tendências diversas e até mesmo opostas em função do que defendesse[19].

No bojo dessa diversidade surgiu a primeira escola[20], a dos *mu^{c}tazila*, cujo refinamento tanto metodológico quanto conceitual destaca-a sensivelmente das tendências que a antecederam. Com o advento da escola *mu^{c}tazilita*, pode-se dizer que o *Kalām* já constituía autonomamente o *^{c}ilm al-kalām*, ou seja, a ciência[21] do *kalām*, uma das ciências religiosas[22] do Islã, ou teologia.

> *^{c}Ilm al-kalām* é uma ciência que fornece os meios de provar os dogmas da fé por argumentos racionais, e de refutar os inovadores que, no que tange às crenças, se afastam da doutrina seguida pelos primeiros muçulmanos e pelos observadores da *sunna*. A chave destes dogmas é a profissão da unidade de Deus[23].

18. Segundo Wolfson, op. cit., p. 13, referindo-se a Ibn Ḫaldūn, *Muqaddima* III (p. 288, ii 12-16).
19. GARDET, op. cit., 1971, p. 1142 et seq.
20. Gardet, em seu verbete sobre o Kalām (ibid.), afirma que os *mu^{c}tazila* podem verdadeiramente ser designados por "escola". No entanto, Gardet e Anawati (op. cit., p. 47) afirmam que os *mu^{c}tazila* estão longe de poderem ser considerados uma "escola", em razão da falta de sua unidade; o termo "escola" se aplica a eles, portanto, de modo bastante amplo. Para o propósito deste artigo, consideram-se os *mu^{c}tazila* uma "escola", a fim de demarcar a diferença entre eles e seus antecessores.
21. O termo ciência deve ser aqui tomado em sentido amplo; traduz *^{c}ilm*, que também pode ser traduzido por conhecimento, informação, indicando um ramo de conhecimento, uma disciplina. Assim, *^{c}ilm al-kalām* pode ser traduzido por teologia, *^{c}ilm al-nafs* por psicologia (literalmente: ciência da alma), *^{c}ilm al-luġa* por lexicografia (literalmente: ciência da língua).
22. As ciências religiosas (*^{c}ulūm al-šarī^{c}a*) são: recitação do *Corão* (*^{c}ilm al-qirā'a*), Tradição (*^{c}ilm al-ḥadīṯ*), exegese, ou comentário (*^{c}ilm al-tafsīr*), direito (*^{c}ilm al-fiqh*), mística (*^{c}ilm al-taṣawwuf*) e teologia (*^{c}ilm al-kalām*). Cf. CRUZ HERNÁNDEZ, Miguel. *Historia del pensamiento en el mundo islámico*. Madrid: Alianza Universidad, 1981. 3 v. vol. I, p. 47.
23. IBN ḪALDŪN. *Os Prolegômenos ou Filosofia Social* (*Muqaddima*). Trad. José Khoury e Angelina Bierrenbach Khoury. São Paulo: Editora Comercial Safady Ltda., 1958. vol. I; 1959. vol. II; 1960. vol. III. 3 v. vol. III, cap. XIX, p. 46.

Os *Mu^{c}tazilitas*

A origem dos *mu^{c}tazilitas* ainda é matéria de discussão. De acordo com o relato tradicional, o fundador da escola foi Wāṣil b. ^{c}Aṭā' (m. 748), discípulo de Ḥasan al-Baṣrī (m. 728), um *ḫārijita*[24], de quem se afastou em razão da discordância acerca do livre-arbítrio. É relatado que se discutia no grupo de Al-Baṣrī sobre os prêmios e castigos na outra vida, quando foi proposta uma questão: o muçulmano que comete um grave pecado (*kabīra*) deixa de ser muçulmano e se torna infiel ou continua um crente? Está irremediavelmente condenado ao inferno ou pode esperar salvação? Um *ḫārijita* defenderia a tese de que o pecado condena o muçulmano eternamente; no entanto, segundo Wāṣil, o muçulmano que comete um grave pecado não é absolutamente crente, mas também não é completamente infiel: seria condenado ao inferno, embora seus tormentos fossem menores que o tormento dos infiéis. Finda sua exposição, Al-Baṣrī teria dito: "Wāṣil separou-se (*i^{c}tazala*) de nós". Daí o nome *mu^{c}tazila*, dissidentes, separatistas[25].

Cruz Hernández[26] considera esse relato mera anedota. Para ele, provavelmente a escola *mu^{c}tazilita* surgiu do grupo de muçulmanos que não quis participar da disputa dinástica entre os partidários de ^{c}Alī e os de Mu^{c}āwiya. Sua posição vai ao encontro dos relatos xiitas, segundo os quais os *mu^{c}tazilitas* são assim chamados porque se *separaram* de ^{c}Alī, ao se esquivarem de combater, quer a favor quer contra ele[27].

Segundo comentadores modernos[28], o termo *mu^{c}tazila* não tem origem no cisma teológico, mas foi escolhido (ou acolhido) pelos primeiros

24. Conforme dito, defensor da predestinação.
25. Cf. ŠAHRASTĀNĪ, op. cit., 1986, vol. I, p. 187; FAKHRY, op. cit., p. 44.
26. CRUZ HERNÁNDEZ, op. cit., vol. I, p. 57.
27. Segundo Henry Corbin, Abū Isḥāq Nawbaḫtī (c. 961) expõe o ponto de vista xiita em *Firaq al-shī^{c}a*. Cf. CORBIN, Henry. *Historia de la filosofía islámica*. Madrid: Editorial Trotta, 1994. p. 106.
28. GARDET; ANAWATI, op. cit., p. 46, n. 3: os autores citam NALLINO, Carlo A. Sull' origine del nome dei Mu^{c}taziliti. *Rivista degli Studi Orientali*, t. VII, p. 431-435, 1916. (Reproduzido em *Raccolta di scritti editi ed inediti*, Roma, II, p. 146-169, 1940); GARDET; ANAWATI, op. cit., p. 46, n. 4: os autores citam AMIN, Ahmad. *Fajr al-islām*. Cairo: lajaat al-nash wa l-ta'līf, [s.d.]. p. 341.

mu^{c}tazilitas por sua neutralidade diante das duas facções, de ortodoxos e de *ḫārijitas*, que divergiam profundamente quanto ao estatuto do pecador.

Quanto à doutrina, convém ressaltar que os escritos dos *mu^{c}tazilitas*, à exceção de raras obras, não chegaram até nós. Isso porque, apesar de ter sido a doutrina oficial dos abássidas[29] durante os reinados de Al-Ma'mūn (813-833), de Al-Mu^{c}taṣim (833-842) e de Al-Wāṯiq (842-847), o *mu^{c}tazilismo* foi condenado e a maior parte de sua produção, destruída[30]. Os relatos do *mu^{c}tazilismo* usados na reconstrução da doutrina devem-se, principalmente, a Abū al-Ḥasan al-Aš^{c}arī (873-935), fundador do *aš^{c}arismo* (que se comentará mais adiante) e principal rival do *mu^{c}tazilismo*, mas que durante algum tempo defendeu essa escola e estudou com seus mestres. Também destaca-se Al-Šahrastānī (1076-1153), simpatizante *aš^{c}arita* cujas obras fornecem uma exposição detalhada das escolas e doutrinas do Islã.

A perseguição sofrida pelo *mu^{c}tazilismo* decorreu principalmente de seu caráter racionalista, no sentido de entender que é obrigação da razão elevar-se a Deus e buscar entendê-Lo, posto que isso é da natureza da própria razão, e não um comando da Lei sagrada (como defenderão os *aš^{c}aritas*). Se a Lei não tivesse existido, segundo essa posição, ainda assim seria função da razão buscar Deus, pois o conhecimento de Deus não seria pautado pela Lei, mas pela razão; interpretar o *Corão* e não tomá-lo literalmente faria parte dessa obrigação (os *māturīdītas*[31], por exemplo, defenderão que, sem a Lei, a razão se veria livre dessa busca por Deus)[32].

Para que o *mu^{c}tazilismo* se tornasse uma escola combatida, certamente contribuíram a negação da possibilidade da visão beatífica, a defesa da criação do *Corão*, a negação das indicações do Dia do Julgamento, como a vinda do anticristo (*al-dajjāl*), e a negação ou interpretação alegórica das muitas características escatológicas do Islã, como a Ponte e a Balança. Por

29. Dinastia descendente de ^{c}Abbās ibn ^{c}Abd al-Muṭṭalib (m. 653), tio do Profeta; os abássidas governaram o Império Islâmico, com a capital em Bagdá, de 750 a 1258, e o primeiro governante foi Abū al-^{c}Abbās al-Saffāḥ (750-754).

30. GARDET, op. cit., 1971, p. 1144.

31. Sobre os *māturīdītas*, ver GARDET; ANAWATI, op. cit., p. 60-61.

32. Cf. ibid., p. 350.

tais posições e outras, de acordo com a Tradição[33], eles são desaprovados e considerados elementos insubordinados da Comunidade[34].

O que caracteriza o *muᶜtazilismo* como doutrina é sua preocupação em defender a fé contra os infiéis (*zanādiqa*)[35] de seu tempo, inspirados pelo masdeísmo e pelo maniqueísmo e, posteriormente, pela filosofia grega. Apesar de suas divisões[36] e dos diferentes momentos por que passou[37], o *muᶜtazilismo* estrutura-se em cinco bases (*uṣūl*), que constituem sua unidade como escola: (1) a unidade divina (*al-tawḥīd*), (2) a justiça divina (*al-ᶜadl*), (3) a promessa e admoestação (*al-waᶜd wa-al-waᶜīd*), (4) o estado intermediário entre fé e falta de fé (*fī al-manzilatin bayna al-manzilatayn*, lit. posição entre duas posições), e (5) a ordenação do bem e proibição do mal (*al-amr bi-al-maᶜrūf wa-al-nahī ᶜan al-munkar*).

Acerca da primeira base, a unidade divina, os *muᶜtazilitas* se opõem à crença surgida no Islã, por volta da primeira metade do século VIII, de que alguns termos atribuídos a Deus, no *Corão*, são entidades reais que existem em Deus

33. *Sunna* é a norma de conduta fundamentada na tradição consagrada pelo *Ḥadīṯ*, o corpo de atos, dizeres e silêncios do Profeta, que complementam a Lei revelada no *Corão* e recolhidos por relato.

34. Cf. KLEIN, Walter Conrad. Introduction. In: AL-AŠᶜARĪ, Abū al-Ḥasan ᶜAlī ibn Ismāᶜīl. *Al-Ibāna ᶜan uṣūl al-diyāna* (*The elucidation of Islam's Foundation*). New Haven, Connecticut: American Oriental Society, 1940. p. 15.

35. Ver STROUMSA, Sarah. *Freethinkers of Medieval Islam*: Ibn al-Rawandi, Abu Bakr al-Razi, and their Impact on Islamic Thought. Leiden: E. J. Brill, 1999.

36. O *muᶜtazilismo* divide-se em dois ramos, o de Basra e o de Bagdá. Pelo ramo de Basra tem-se o grupo dos *wāṣilitas*, iniciado por Wāṣil b. ᶜAṭā'; o grupo dos *ᶜamritas*, iniciado por ᶜAmr b. ᶜUbayd (m. 762); o dos *huḏaylitas*, iniciado por Abū al-Huḏayl al-ᶜAllāf (m. 849); o dos *naẓẓāmitas*, iniciado por Ibrāhīm al-Naẓẓām (m. 845); o dos *aswārītas*, iniciado por ᶜAlī al-Aswārī (contemporâneo de Al-Naẓẓām); o dos *mu'ammaritas*, iniciado por Mu'ammar (sob o califado de Harūn al-Rašīd); o dos *hišāmitas*, iniciado por Hišām al-Fuwaṭī (m. c. 815/832); o grupo de ᶜAbbād b. Sulaymān (m. 864); o dos *jāḥiẓitas*, iniciado por Jāḥiẓ (m. 869); o dos *šahhāmitas*, iniciado por Šahhām (m. c. 842/847), o dos *jubbā'itas*, iniciado por Abū ᶜAlī al-Jubbā'ī (m. 915); e, finalmente, o grupo dos *bahšamītas*, iniciado por Abū Hāšim b. al-Jubbā'ī (m. 933). Pelo ramo de Bagdá, tem-se o grupo dos *bišritas*, iniciado pelo fundador do ramo Bišr b. al-Muᶜtamir (m. 825); o grupo dos *murdāritas*, iniciado por Abū Mūsā al-Murdār (m. 841); o de Jaᶜfar b. Harb (m. 851); o dos *jaᶜfaritas*, iniciado por Jaᶜfar b. Mubaššar (m. 849); o dos *ṯamāmitas*, iniciado por Ṯamāma b. al-Ašras (m. 828); o dos ḫayyātitas, iniciado por Abū al-Ḥusayn al-Ḫayyāt (m. 902); o dos *kaᶜbitas*, iniciado por Abū al-Qāsim b. Muḥammad al-Balaḫī al-Kaᶜbī (m. 931), e, finalmente, o grupo dos *iskāfitas*, iniciado por Muḥammad b. ᶜAbd Allāh al-Iskāfī (m. 854). Cf. NADER, op. cit., p. 17-18.

37. As etapas são: a dos primeiros momentos do *Kalām*, a posterior ao advento do *ašᶜarismo* e a posterior à introdução da lógica grega e da assimilação do vocabulário da *falsafa*. Cf. FRANK, Richard M. *Beings and their Attributes*: the teachings of the Basrian School of the Muᶜtazila in the Classical Period. New York: SUNY, 1978. p. 7, n. 1.

desde a eternidade[38], os chamados atributos (*ṣifāt*) essenciais, descritos como "coisas" (*ma^c^ānī*), que, apesar da grande variação de seu número, dependendo do grupo, basicamente se reduzem a três: vida, poder e conhecimento.

A oposição aos atributos essenciais diz-se ter sido primeiramente levantada por Wāṣil b. ^c^Aṭā', o fundador do *mu^c^tazilismo*. Ainda que não seja o caso, os argumentos-chave contra esses atributos foram transmitidos pelos *mu^c^tazilitas*: primeiro, assume-se que nada eterno pode ser Deus, pois "aquele que pressupõe algo e o considera eterno pressupõe dois deuses"[39]; e segundo, assume-se que a unidade de Deus exclui qualquer pluralidade interna, mesmo que suas supostas partes sejam inseparavelmente unidas desde a eternidade: um atributo é eterno ou contingente; se eterno e distinto da essência, haveria dois eternos, a essência e o atributo, havendo assim dois deuses; se contingente, a essência também seria contingente, pois teria adquirido esse atributo, o que contradiz a absoluta perfeição de Deus. Assim, os atributos não podem ser outra coisa senão a própria essência divina[40].

> Deus é eterno (*qadīm*) e eternidade é a mais peculiar descrição de Sua essência, e conseqüentemente os mu^c^tazilitas negam totalmente os atributos eternos [...], pois se os atributos compartilham com Deus a eternidade, que é a mais peculiar descrição de Suas descrições, eles teriam também uma parte na divindade (*al-ilāhiyya*)[41].

Os *mu^c^tazilitas* negam, assim, a existência de atributos divinos distintos da essência e negam a realidade dos atributos como entidades ontologicamente distintas da natureza divina. Para eles, atributos como conhecimento, vida e poder são um só e o mesmo que a natureza divina, idênticos à essência de Deus, e são apenas nomes diferentes da mesma coisa. Assim, o problema da compatibilidade entre os atributos e a simplicidade da essência divina não mais se apresenta: o que Deus é e o que ele faz são explicados por sua essência e não por atributos que subsistem nela[42].

38. Segundo Wolfson, essa crença tem a sua origem no Islã em razão da influência da doutrina cristã da Trindade, cf. WOLFSON, op. cit., p 113-132.
39. ŠAHRASTĀNĪ, *Kitāb al-milal wa-al-niḥal* (p. 31, I, 19), apud WOLFSON, op. cit., p. 133.
40. NADER, op. cit., p. 50.
41. ŠAHRASTĀNĪ, *Kitāb al-milal wa-al-niḥal* (p. 30, II, 6-9), apud WOLFSON, op. cit., p. 133.
42. Para uma breve história dos atributos, ver VERZA, Tadeu Mazzola. *A Doutrina dos Atributos Divinos no* Guia dos Perplexos *de Maimônides*. Porto Alegre: EDIPUCRS, 1999.

Os *muᶜtazilitas* opõem-se, também, aos *rāfiḍitas*, que sustentam que Deus é um corpo que possui um aspecto e uma forma, que se move e fica em repouso, que muda (não era sábio e tornou-se sábio), que deseja etc., e aos *mušabihas* (antropomorfistas), que interpretam literalmente os versos do *Corão* nos quais Deus é descrito com olhos, com mãos, sentado em um trono etc., de modo que se estabelece entre Ele e suas criaturas uma semelhança tal que tudo o que pode afetar a criatura pode também afetar Deus[43].

Al-Ašᶜarī relata assim a noção *muᶜtazilita* de Deus:

> Alá é único, sem igual, audição ou visão. Ele não é corpo, nem objeto, nem volume, nem forma, nem carne, nem sangue, nem pessoa, nem substância, nem acidente, nem dotado de cor, gosto, cheiro, calor, frieza, umidade, secura, comprimento, largura, espessura, união, distinção, movimento, repouso ou participação. Não é dotado de partes, divisões, membros, direções, mão direita ou esquerda, antes e depois, acima ou abaixo. Nenhum lugar O abriga, nenhum tempo O percorre. As noções de intercurso, privação e encarnação não podem ser aplicadas a Ele. Não pode ser descrito por qualquer descrição aplicável às criaturas [...] Os sentidos não O alcançam, nem pode ser determinado por qualquer analogia. Não se parece com qualquer criatura de nenhum modo, nem acidente ou dano pode afetá-Lo. Nada que ocorre a qualquer mente ou que possa ser concebido pela imaginação assemelha-se a Ele. Não deixa nunca de ser o primeiro, o principal, aquele que precedeu as coisas criadas e existiu antes da criação. Não deixa de ser cognoscente, árbitro, vivente [...]. Os olhos não O vêem, a visão não O alcança, a imaginação não pode concebê-Lo nem pode ser ouvido pelos ouvidos. Ele é ser, mas não como outros seres, é cognoscente, árbitro, vivente, distinto daqueles que medem os seres vivos pelo conhecimento. Apenas Ele é eterno e não há nada eterno que não Ele, nem um deus como Ele. Não tem nenhum associado em Seu reino, nem um vizir em Seu governo nem alguém que O auxilie em produzir o que produz e criar o que cria [...]. Para Ele, a criação de algo não é nem mais fácil nem mais difícil do que a de outra. Não há qualquer tipo de relação entre Ele e o que visa lucro. Nenhum mal pode alcançá-Lo, nem é movido por ofensa ou dor [...]. A idéia de deixar de existir não pode ser aplicada a Ele, nem está sujeito à fraqueza ou diminuição[44].

43. NADER, op. cit., p. 53.
44. AL-AŠᶜARĪ, *Al-Maqālāt al-islāmiyīn* (Concepções das Seitas Islâmicas) (I, 148 et seq.), apud WENSINCK, op. cit., p. 73-74.

Note-se que a descrição de Deus apresentada por Al-Aš^carī em nome dos *mu^ctazilitas* é negativa, ou seja, é impossível ter-se uma idéia de Deus, mesmo apelando para uma analogia entre ele e as criaturas. Aparentemente, os *mu^ctazilitas* foram influenciados pelo conceito aristotélico de Deus como puro ato, em cuja essência identificam-se atributo, pensamento e objeto do pensamento, e pela noção plotiniana segundo a qual Deus, que transcende razão e ser, apenas pode ser conhecido negativamente[45].

No entanto, apesar de tentar salvaguardar a qualquer custo a absoluta simplicidade divina, a visão corânica de um Deus pessoal torna impossível a rejeição completa de todos os atributos, principalmente o de poder, e a atitude negativa não pôde ser completamente efetivada[46]. Reconhecendo essa impossibilidade e as dificuldades que ela apresenta, os *mu^ctazilitas* buscaram salvaguardar a unidade divina sem comprometer sua natureza descrita no *Corão*.

Quatro diferentes modos de resolver o problema são apontados por Al-Aš^carī ao descrever o *mu^ctazilismo*[47]. O primeiro sustentava que afirmar que Deus tem conhecimento, poder e vida, é simplesmente afirmar que ele é cognoscente, poderoso e vivente, e conseqüentemente não é ignorante, nem impotente e nem está morto, uma vez que não poderia vir a ter essas determinações. Tal posição é atribuída a Al-Naẓẓām (775-846) e à maioria dos *mu^ctazilitas*, tanto da escola de Bagdá quanto da de Basra.

> Com relação ao conhecimento e poder de Alá, o primeiro grupo diz: dizemos que o Criador tem conhecimento, porém preferimos ser cognoscente. Do mesmo modo, dizemos que tem poder, porém preferimos ser poderoso. Fazemos isso pois Alá menciona o Seu conhecimento de modo geral, por exemplo, "Ele a [mensagem] fez descer com Seu conhecimento" (*Corão* XLI:14). Da mesma forma, ele menciona o Seu poder: "Eles não viram que Deus, seu criador, é mais poderoso que eles?" (*Corão* III:165). Assim, os mu^ctazilitas não aplicam isto a nenhum dos atributos. Eles não reconhecem a vida de Alá no sentido de ser vivente [...]. Dos atributos essenciais eles apenas aplicam o de poder e o de conhecimento[48].

45. Cf. FAKHRY, op. cit., p. 57.
46. WENSINCK, op. cit., cap. IV, p. 76.
47. Cf. FAKHRY, op. cit., p. 58.
48. AL-AŠ^CARĪ, *Al-Maqālāt al-islāmiyīn* (I, 178 et seq.), apud WENSINCK, op. cit., cap. IV, p. 76.

O segundo interpretava as afirmações segundo as quais Deus tem conhecimento ou poder referindo-se não aos atributos em si, mas aos objetos desses atributos; ou seja, os atributos são efeitos da essência de Deus.

> O segundo grupo dos *muᶜtazilitas* diz: Alá tem conhecimento no sentido do que é conhecido por Ele e poder no sentido do que é realizado. Quando Alá diz: "nada de Seu conhecimento eles compreendem" (*Corão* II:256), Ele quer dizer daquilo que é conhecido por Ele. Os muçulmanos, quando vêem chuva, dizem: "este é o poder de Alá", eles querem dizer desse modo o que é realizado por Seu poder. Assim, este grupo de mu'tazilitas não estende essa posição a outros atributos essenciais[49].

O terceiro, no qual se incluíam Abū al-Hu̱dayl al-ᶜAllāf (c. 752-841) e seus partidários, defendia o princípio de que Deus tem poder, conhecimento, vida etc., mas isso apenas para demonstrar a identidade desses atributos com Deus.

> O terceiro grupo diz que Alá tem um conhecimento que está em Si, e poder que está em Si, e vida que está em Si, e audição que está em Si. Consideram do mesmo modo os outros atributos essenciais[50].

Já o último contestava a legitimidade de formular a questão nesses termos e sustentava que é igualmente errado dizer que Deus tem poder, conhecimento, vida etc., ou que não tem.

> O quarto grupo afirma que é proibido dizer: Deus tem conhecimento, poder, audição, visão. Do mesmo modo é proibido dizer: Deus não tem conhecimento, não tem poder. Consideram do mesmo modo os outros atributos[51].

Apesar da diversidade de posições que podem ser atribuídas aos *muᶜtazilitas*, por vezes diferentes apenas no que diz respeito a este ou àquele atributo, o que subjaz a todas elas é a preocupação, já mencionada, de resguardar, a qualquer custo, a unidade divina, motivo pelo qual os *muᶜtazilitas* também são chamados de defensores da unidade (*ahl al-tawḥīd*).

49. Ibid., p. 77.
50. Ibid.
51. Ibid.

Em relação à segunda base do *mu^c^tazilismo*, a justiça divina, ela conduz a duas perspectivas: o chamado otimismo *mu^c^tazilita* e o livre-arbítrio e predestinação. Quanto à primeira perspectiva, o otimismo, em razão da perfeição absoluta de Deus, ele deve necessariamente agir tendo em vista um fim, um propósito determinado e sempre almejando o melhor (*al-aṣlaḥ*): há uma ordem desejada no universo, uma ordem objetiva, cujos intermediários levam a um fim último. Assim, não há um bem ou um mal objetivos que precedem as orientações fornecidas pela Lei[52]. Os *mu^c^tazilitas* afirmam também que, assim como Deus só pode desejar o bem, não quer o mal.

> Deus não pode cegar uma pessoa nem torná-la pobre se sabe que a visão e a riqueza são um bem para ela. Do mesmo modo, Ele não pode enriquecer um pobre nem curar um doente se sabe que a pobreza e a doença são um bem para eles[53].

Al-Naẓẓām vai mais longe ao dizer que "Deus não pode criar uma serpente ou um escorpião, ou não importa qual monstro, se sabe que a não-criação deles é melhor que a criação"[54]. Os *mu^c^tazilitas* eram, portanto, "otimistas", convencidos de que Deus não pode agir senão pelo bem da criatura e pelo bem universal.

Quanto à segunda perspectiva, o livre-arbítrio e predestinação (*qadar*), os *mu^c^tazilitas* defendem a tese de que o homem deve ser completamente responsável por seus atos. Se ele não é autor de seus atos, e se estes são criação de Deus, como pode ser culpado por eles e receber os castigos de eventuais pecados ou os méritos de eventuais bens?

> Os *mu^c^tazilitas* unanimemente sustentam que o homem decide sobre e cria seus atos, quer bons quer maus, que ele merece recompensa ou punição no outro mundo pelo que fez. Desse modo Deus está salvaguardado de qualquer associação com qualquer maldade, erro ou ato de infidelidade ou transgressão. Se Ele criasse o errado, seria errado, e se criasse a justiça, seria justo[55].

52. GARDET; ANAWATI, op. cit., p. 49.
53. AL-BAĠDĀDĪ, *Kitāb al-farq bayna al-firaq* (p. 115), expondo a posição de Al-Naẓẓām, apud NADER, op. cit., p. 78.
54. Ibid.
55. ŠAHRASTĀNĪ, *Kitāb al-milal wa-al-niḥal* (*Livre des religions et des sectes*), apud VALIUDDIN, Mir. Mu^c^tazilism. In: SHARIF, Mian Mohammad. (Ed.). *A history of muslim philosophy*. Wiesbaden: Otto Harrassowitz, 1963-1966. 2 v. vol. I, cap. X, p. 199-219. p. 201.

Sobre a terceira base do *mu^c^tazilismo*, a promessa e admoestação (*al-wa^c^d wa-al-wa^c^īd*), seus partidários defendem o princípio de que ter fé não é apenas fazer a profissão verbal (*šahāda*)[56], mas realizar os atos prescritos pelo *Corão*. Quem vive por esses princípios é um crente (*mu'min*) e quem comete um grande pecado (*kabīra*), tal como politeísmo e antropomorfismo, torna-se infiel (*kāfir*) e está destinado ao inferno. A sorte do pecador (*fāsiq*), crente cometedor de um pecado que não é *kabīra,* e a de um infiel são distintas, conforme mencionado anteriormente (para os ortodoxos, não havia diferença entre pecador e infiel: ambos não faziam parte do Islã). No entanto, não se discutem apenas as recompensas e as punições, mas seu estatuto jurídico[57].

Al-Naẓẓām define a fé dizendo que ela "consiste em evitar o grande pecado", pois "não são necessariamente fiéis os que rezam, mas os que não cometem pecado" [58]; aqui, a noção de fé está intimamente relacionada à idéia de não-desobediência a Deus, afinal a Lei foi dada por Ele e há um ordenamento de sua parte para que todos a cumpram. Complementa essa noção uma outra, a saber, que o fiel, além de não desobedecer a Deus, deve

> crer que Deus não é um corpo, nem uma forma, que não pode ver com os olhos, que é justo, que não comete injustiças, que não tolera a rebelião da criatura; aquele que é verdadeiramente muçulmano o é sob a condição de pôr em prática essa crença. Mas, se conhecendo todas essas verdades não as leva em conta e crê no antropomorfismo e na predestinação, torna-se verdadeiramente politeísta e infiel[59].

Quanto ao que caracteriza o infiel, visto que a fé é um ato de obediência, a infidelidade é um ato de desobediência, de revolta contra Deus, e tal ato parte de um ser livre que cria esse estado em si:

> a infidelidade não existe senão em um homem infiel: Deus não cria a infidelidade assim como não a torna detestável; mas é em si mesma detestável e Deus a julga

56. Expressa pela fórmula "não há Deus senão Alá, e Muḥammad é Seu profeta" (*Lā ilāha illa Allāh wa-Muḥammad rasūl Allāh*).
57. Cf. GARDET; ANAWATI, op. cit., p. 47 et seq.; GARDET, op. cit., 1971, p. 1143.
58. AL-BAĠDĀDĪ, *Kitāb al-farq bayna al-firaq* (p. 130), apud NADER, op. cit., p. 294.
59. ŠAHRASTĀNĪ, *Kitāb al-milal wa-al-niḥal* (I, p. 80, expõe a definição de crente de Al-Jāḥiẓ), apud NADER, op. cit., p. 295.

como tal. Portanto, é o homem que se torna infiel, e esse estado que cria em si é por si mesmo detestável60.

Viu-se que, segundo o otimismo *mu*^{c}*tazilita*, Deus não cria o mal e, portanto, também não cria a infidelidade: ela é um ato exclusivo do homem dotado de livre-arbítrio. No caso do pecador, seu estatuto é intermediário entre o do crente e o do infiel. Segundo Abū Hāšim, "todo fiel que comete um grande pecado cai no estado de pecador: não é nem fiel nem infiel"[61]. Se ele se arrepende, volta a ser fiel; se não, morre nesse estado.

Sob a perspectiva da promessa e admoestação, os *mu*^{c}*tazilitas* defendem, contrariamente à doutrina ortodoxa, o princípio de que nem todos os que transmitem as Tradições devem ser muçulmanos, e que a *ijmā*^{c}[62] (unanimidade) não é infalível.

No que diz respeito à quarta base, o estado intermediário entre fé e falta de fé (*al-manzila bayna al-manzilatayn*), confunde-se com a terceira, supracitada. Porém, enquanto a anterior visa, na realidade, à distinção entre fiel e infiel, o estado intermediário visa distinguir a figura do pecador e mostrar que, embora morra como tal, sofrerá os suplícios do inferno, menores, no entanto, do que os que sofrerá um infiel, e que, diferentemente deste, ainda será membro da comunidade muçulmana.

60. AL-ḪAYYĀT, *Kitāb al-Intiṣār* (p. 29, expondo as concepções de Al-Naẓẓām), apud NADER, op. cit., p. 296.
61. AL-BAĠDĀDĪ, *Kitāb al-farq bayna al-firaq*, p. 171, apud NADER, op. cit., p. 302.
62. No Direito islâmico há duas figuras bastante importantes: *ijmā*^{c} (consenso/resolução) e *ta'wīl* (interpretação). Mais propriamente, *ijmā*^{c} significa a unanimidade de todos os eruditos muçulmanos que atingiram o nível de *ijtihād*, ou seja, a capacidade de elaborar interpretações jurídicas pessoais acerca de uma determinada questão. Os maiores exemplos de *ijmā*^{c} são os que tratam dos fundamentos do Islã (testemunhar a unicidade de Deus e o caráter profético de Muḥammad (*šahāda*), rezar cinco vezes por dia (*ṣalāt*), dar esmolas (*zakāt*), jejuar no Ramadã (*ṣawm*) e fazer a peregrinação a Meca (*ḥajj*) e dos princípios da fé (crer em Deus, em seus anjos, no Livro sagrado (*Corão*), em seus profetas, no dia da ressurreição e na predestinação). Quanto aos fundamentos do Islã, a unanimidade é absoluta, e nenhuma escola, qualquer que seja sua vertente legal, questiona-os. Já quanto aos princípios da fé, a unanimidade ocorre quando constituem de fato os princípios da fé islâmica, na sua totalidade e não nos detalhes. Assim, os modos da crença em Deus (atributos), o estatuto e a natureza dos anjos e das revelações (*Corão* criado ou incriado), os graus de profecia e a forma da ressurreição e da predestinação não são pontos que alcançam unanimidade. São alvo de intensas e acirradas discussões, nas quais é empregado o *ta'wīl*, interpretação. Cf. BELLO, Iysa A. *The Medieval Islamic Controversy between Philosophy and Orthodoxy*. Ijmā^{c} and Ta'wīl in the Conflict between Al-Ġazzālī and Ibn Rušd. Leiden: Brill Academic Pub., 1989. p. 17.

Quanto à última base do *mu^{c}tazilismo*, a ordenação do bem e proibição do mal (*al-amr bi-al-ma^{c}rūf wa-al-nahī ^{c}an al-munkar*), reza que é obrigação de todo muçulmano defender a justiça e combater a injustiça pela palavra, pelas mãos e pela espada, se necessário, com relação tanto a outro muçulmano quanto a um governante. Bem e mal não são, para os *mu^{c}tazilitas*, conceitos relativos: Deus é absolutamente bom (e não pode ordenar o mal, o que seria uma violação de sua perfeição) e deu-nos a Lei, que é necessariamente boa em si.

O excesso de racionalismo dos *mu^{c}tazilitas* e a truculência com que faziam valer sua doutrina – chegando a estabelecer, principalmente durante o reinado de Al-Ma'mūn, a *miḥna*, prova, uma espécie de interrogatório em que se avaliava se o interrogado, sob pena de morte, era ou não partidário do *mu^{c}tazilismo*, originaram uma forte reação de seus adversários, pois, segundo estes,

> eles fizeram da razão a única base da verdade e da realidade e identificaram a esfera da filosofia com aquela da religião; tentaram interpretar a fé em termos de puro pensamento. Ignoraram o fato de que os princípios básicos da religião são, por sua própria natureza, incapazes de uma demonstração lógica ou de uma prova racional. Os princípios básicos do Islã tratam de realidades supra-sensíveis e, como tais, devem ser primeiro aceitas pela autoridade da Revelação. Os *mu^{c}tazilitas*, em seu zelo por julgar tudo apenas pela razão, destruíram a personalidade de Deus e O reduziram a uma universalidade indefinível ou a uma mera unidade abstrata. A idéia de um Deus impessoal, absoluto e abstrato não agrada ao muçulmano[63].

Com a ascensão ao trono de Al-Mutawakkil, em 847, o *mu^{c}tazilismo* deixa de ser a escola oficial dos abássidas. Seus partidários são perseguidos e sua doutrina é condenada como inovação (*bid^{c}a*)[64]. A reação ortodoxa é violenta, e as escolas que se fundamentam na Tradição e na interpretação literal

63. HYE, Abdul. Ash^{c}arism. In: SHARIF, Mian Mohammad. (Ed.). *A history of muslim philosophy*. Wiesbaden: Otto Harrassowitz, 1963-1966. 2 v. vol. I, cap. XI, p. 220-243. p. 221.
64. Questão elaborada pela primeira vez, tendo como referência a Tradição (*Sunna*, a norma de conduta consagrada pelas compilações do *Ḥadīṯ*). A inovação pode ser boa ou má. A boa é a obtida por *ijmā^{c}*, consenso. A má é a que rompe com os costumes dos primeiros tempos do Islã, ou seja, é uma questão que não pode ser discutida do ponto de vista teológico, pois não foi em nenhum momento mencionada pela Tradição, e que, portanto, pode comprometer os princípios da fé. Ainda que haja uma inovação boa, normalmente possui o sentido pejorativo de inovação perigosa ou reprovável. Cf. GARDET; ANAWATI, op. cit., p. 438-439.

do *Corão* ressurgem com força, porém não dominam o cenário teológico do Islã. As bases lançadas pelo *mu^{c}tazilismo* não poderiam ser ignoradas, e não o foram. O *mu^{c}tazilismo* não acaba. Sua influência permanece, em relação não só à doutrina mas também ao método, tanto que o *aš^{c}arismo*, escola que surge no interior do *mu^{c}tazilismo* para lhe fazer oposição e que se tornará o porta-voz da ortodoxia do Islã até o século XIX, incorpora seu racionalismo diante das questões teológicas e herda seus conceitos e problemas[65].

Os *Aš^{c}aritas*

O *aš^{c}arismo* foi fundado por um discípulo de Al-Jubbā'ī – chefe do ramo de Basra da escola *mu^{c}tazilita* –, Abū al-Ḥasan al-Aš^{c}arī (c. 873-c. 941). Não se sabe o que levou Al-Aš^{c}arī a romper com o *mu^{c}tazilismo* e a opor-lhe forte resistência, apesar da quantidade de relatos sobre o assunto. Segundo o mais conhecido, o rompimento de Al-Aš^{c}arī teria sido motivado pela insuficiência da doutrina *mu^{c}tazilita* em fornecer respostas satisfatórias para algumas questões teológicas. Conta-se que

> o xeique (Al-Aš^{c}arī) perguntou para Abū ^{c}Alī (Al-Jubbā'ī): "ó xeique, o que tens a dizer sobre três pessoas, um crente, um infiel e uma criança?". Ele respondeu: "o crente está entre os glorificados, o infiel, entre os que pereceram e a criança, entre aqueles que estão salvos". O xeique perguntou: "se a criança quisesse ocupar um lugar entre os glorificados, ela poderia?". Al-Jubbā'ī respondeu: "Não. Seria dito para ela: 'o crente atingiu esse estado de glória apenas pela obediência, e tu não obedeceste'". O xeique disse: "então, se ela dissesse: 'a deficiência não é culpa minha, e, portanto, se tivésseis me permitido viver, eu teria sido obediente como o crente', o que aconteceria?". Al-Jubbā'ī disse: "Deus diria para ela: 'Eu sabia que se tivesses sobrevivido serias desobediente e serias punida, portanto eu decidi o que seria melhor para ti e te trouxe a morte antes de atingires a idade de te tornares responsável'". O xeique disse: "Então, se o infiel perguntasse: 'ó meu Senhor, conhecíeis a condição

65. FAKHRY, op. cit., p. 64.

dele assim como conhecíeis a minha. Por que não decidistes o que seria melhor para mim?', o que aconteceria?" Então Al-Jubbā'ī hesitou[66].

Segundo outro relato, durante o mês de Ramadã do ano 907, Al-Aš^{c}arī teve três visões do Profeta. Na primeira, Muḥammad lhe disse: "Ó, ^{c}Alī, defende as opiniões baseadas em minha autoridade, pois elas são a verdade". O Profeta veio novamente e perguntou: "O que tens feito com relação àquilo que ordenei?". Al-Aš^{c}arī respondeu: "Fiz o que pude e encontrei algumas defesas às opiniões baseadas em tua autoridade". Muḥammad disse: "Defende as opiniões baseadas em minha autoridade, pois elas são a Verdade". Al-Aš^{c}arī, então, decidiu desistir do *Kalām* e passou a voltar-se assiduamente para o *Corão* e para a Tradição. No vigésimo sétimo dia do mês, forçado pelo sono a desistir de sua vigília, Al-Aš^{c}arī teve uma terceira visão na qual Muḥammad novamente perguntou o que havia feito para cumprir sua ordem. Al-Aš^{c}arī anunciou que havia desistido do *Kalām* e havia estudado apenas o *Corão* e a Tradição. O profeta respondeu que não havia ordenado que fizesse isso[67], ao que Al-Aš^{c}arī retrucou que não poderia retomar, após ter rejeitado, posições que havia defendido por trinta anos. Muḥammad prometeu-lhe a ajuda de Deus, e quando Al-Aš^{c}arī acordou, começou nova vida[68]. Qualquer que tenha sido o motivo de seu rompimento com o *mu^{c}tazilismo*, Al-Aš^{c}arī o faz publicamente, renuncia aos princípios dessa doutrina, prometendo refutá-la e expor sua "infâmia e torpeza"[69].

Para explicar essa refutação, Al-Aš^{c}arī inaugura um caminho intermediário entre o racionalismo dos *mu^{c}tazilitas* e a absoluta literalidade na interpretação do *Corão* e na Tradição (literalistas) encontrada entre os *ẓāhiritas*[70] e os *mujassimitas*[71] (antropomorfistas), assim como entre todos os que de uma

66. AL-SUQQĪ, *Ṭabaqāt al-šāfi^{c}iyya al-kubra* (p. 230-231), apud KLEIN, op. cit., p. 27.
67. Ou seja, Muḥammad não lhe ordenara que abandonasse o método racional dos *mutakallimūn*. Cf. WATT, W. Montgomery. *Islamic Philosophy and Theology*. 2. ed. Edinburgh: Edinburgh University Press, 1985. (1. ed. 1962). p. 65.
68. Segundo AL-SUQQĪ, *Ṭabaqāt al-šāfi^{c}iyya al-kubra* (p. 246), apud KLEIN, op. cit., p. 28.
69. GARDET; ANAWATI, op. cit., p. 53.
70. Aqueles que, no que respeita aos julgamentos legais, limitam-se à letra (*ẓāhir*) do *Corão*, seguem os preceitos ditados pela *sunna* e pelo consenso (*ijmā^c*), rejeitando por princípio qualquer recurso ao raciocínio por analogia. Cf. ŠAHRASTĀNĪ, op. cit., 1986, vol. 1, p. 581.
71. Aqueles que representam Deus como um corpo. Cf. ibid., p. 120, n. 28.

forma ou de outra se opunham ao uso do *Kalām* para defender ou esclarecer os fundamentos da fé, considerando a discussão sobre eles uma inovação.

> Alguns indivíduos (isto é, os *ẓāhiritas* e outros ortodoxos) tomam a própria ignorância como benefício. As discussões e o pensamento racional sobre questões de fé tornaram-se um fardo pesado para eles e, portanto, eles voltaram-se para a fé cega e para a obediência cega (*taqlīd*). Eles condenaram aqueles que tentaram racionalizar os princípios da religião como "inovadores". Consideraram a discussão acerca do movimento, repouso, corpo, acidente, cor, espaço, átomo e atributos de Deus como inovações e pecado. Disseram que, se tais discussões fossem corretas, o Profeta e os Companheiros as teriam feito. Então, disseram que o Profeta antes de sua morte havia explicado detalhadamente todas aquelas matérias que eram necessárias do ponto de vista religioso, não deixando nenhuma para ser discutida por seus seguidores, e, visto que não havia discutido os problemas mencionados acima, era evidente que discuti-los devia ser considerado inovação[72].

O caminho intermediário inaugurado por Al-Ašᶜarī deveria antes ser legitimado: deveria ser demonstrado que era possível discutir teologia ao modo dos *mutakallimūn*, considerando os conceitos trazidos pela filosofia grega (*falsafa*), sem que isso configurasse inovação. O procedimento de Al-Ašᶜarī foi dizer que a acusação de inovação também era inovação, pois o Profeta não dissera que os que discutiam essas questões deveriam ser condenados e acusados de inovadores; tratava-se de discutir e condenar atos que o Profeta não discutira ou condenara.

> É também verdade que o Profeta nunca disse: "Se alguém se puser a investigar essas coisas e discuti-las [isto é, movimento, repouso, corpo, acidente, átomos e atributos divinos], considere-o desviado e inovador". Assim, serás obrigado a considerar-te inovador, pois discutiste algo que o Profeta não discutiu, e acusaste de desvio aqueles que o Profeta não acusou[73].

Depois, utilizando-se da análise do *Corão* e da Tradição, Al-Ašᶜarī mostrou que essas questões estavam neles presentes, mas não em detalhes. Finalmente,

72. AL-AŠᶜARĪ, *Risāla fī istiḥsān al-ḫauḍ fī ᶜilm al-kalām*, apud HYE, op. cit., p. 225.
73. AL-AŠᶜARĪ. *Risāla fī istiḥsān al-ḫauḍ fī ᶜilm al-kalām* (*A Vindication of the Science of Kalam*). Trad. Richard Joseph McCarthy. In: MCCARTHY, Richard Joseph. *Theology of al-Ašᶜarī*. Beiruth, 1953. p. 121-122.

afirmou que o "Profeta não ignorava estas questões a as conhecia em detalhe, mas como os problemas que as envolvem ainda não haviam surgido enquanto estava vivo, não havia por que discuti-las ou não discuti-las"[74], e que os Companheiros[75] haviam discutido questões e divergido sobre elas, embora não houvesse qualquer dito do Profeta. Para Al-Aš^c^arī, inovadores não são os que discutem questões não previstas pelo Profeta ou pela Tradição, mas os que

> interpretaram o *Corão* de acordo com sua opinião e por meio de uma interpretação pela qual Deus nem revelou autoridade nem deu qualquer prova, a qual não remontaram ao Apóstolo do Senhor dos Mundos nem aos sábios do passado e, como resultado, opuseram à tradição dos Companheiros, baseada na autoridade do Profeta de Deus [...][76].

Depois de uma longa exposição das principais teses, nas quais se incorre em erro, finaliza:

> desse tipo são todos os inovadores – os *jahmitas*[77], os *murji'itas* e os *ḥarūritas*[78] – que se desviaram devido a suas inovações, que divergiram do Livro [*Corão*] e da tradição sobre os quais o Profeta e seus Companheiros basearam seus argumentos e com os quais a comunidade unanimemente concordou [...][79].

Do ponto de vista da doutrina de Al-Aš^c^arī, tratar-se-á de três de seus principais pontos: atributos divinos, livre-arbítrio e predestinação, e eternidade do *Corão*.

Quanto ao primeiro, sua posição é intermediária entre a doutrina dos *ṣifatitas* (atributistas) e dos *mu^c^tazilitas*. Para manter o conceito de um Deus pessoal, sustenta que Deus possui os atributos de conhecimento, vida, poder

74. Id., *Risāla fī istiḥsān al-ḫauḍ fī ^c^ilm al-kalām*, apud HYE, op. cit., p. 225.
75. Aqueles que se converteram ao islamismo em seus primórdios e fizeram parte do círculo íntimo do Profeta.
76. AL-AŠ^C^ARĪ, Abū al-Ḥasan ^c^Alī ibn Ismā^c^īl. *Al-Ibāna ^c^an uṣūl al-diyāna* (*The elucidation of Islam's Foundation*). Trans., Intr., Notes by Walter C. Klein. New Haven, Connecticut: American Oriental Society, 1940. p. 47.
77. Seguidores de Jahm ibn Ṣafwān, que sustentava que a fé era de natureza intelectual, sendo simplesmente conhecimento, enquanto a infidelidade era apenas ignorância. Cf. WENSINCK, op. cit., p. 119 et seq.
78. Um dos nomes dos *ḫārijitas*.
79. AL-AŠ^C^ARĪ, op. cit., 1940, p. 49.

e vontade, que Ele escuta, vê e tem fala (os chamados atributos existenciais, *al-ṣifāt al-wujūdiyya*), e que estes são eternos e subsistem na essência de Deus, mas não são distintos dela nem se identificam com ela, como os *mu*ᶜ*tazilitas* defenderam, pois isso significaria que o conhecimento de Deus, seu poder e vontade etc., seriam o mesmo que Deus, e tal posição seria absurda, uma vez que tornaria possível fazer um apelo para o conhecimento, a vontade ou o poder de Deus, em vez de fazê-lo ao próprio Deus.

> Um de seus líderes [*mu*ᶜ*tazilitas*], Abū al-Huḏayl al-ᶜAllāf, disse que o conhecimento de Deus é Deus, e assim entendeu o conhecimento de Deus. Deve ser dito a ele: "visto que para ti o conhecimento de Deus é Deus, dize 'ó conhecimento de Deus, perdoai-me e tende misericórdia de mim!'". Ele não fará isso e se verá envolvido em contradição. Saibas que aqueles que dizem "cognoscente, mas não [pelo] conhecimento"[80] contradizem a si próprios, e o mesmo com relação à crença relativa ao poder e ao poderoso, à vida e ao vivente [...][81].

Como os atributos não são idênticos à essência de Deus, eles só podem ser diferentes. No entanto, o modo como os atributos são diferentes da essência de Deus não é esclarecido por Al-Ašᶜarī, que, visando explicar essa relação, lança mão de fórmulas, como: "o conhecimento de Deus é distinto (*ġayr*) de Deus e diferente (*ḫilāf*) dele, mas apesar disso são incriados e eternos"[82], e "[com relação aos atributos] não deve ser dito que eles são Deus ou distintos Dele, nem que não são Ele nem não distintos Dele"[83].

Já quanto aos atributos que implicam corporeidade, os *ṣifatitas*, por exemplo, defendiam a tese de que devem ser entendidos literalmente. Al-Ašᶜarī sustentava que são atribuíveis a Deus, mas que não devem ser entendidos literalmente: devem ser apreendidos *bi-lā kayfa*, sem perguntar como, e *bi-lā tašbīh*, sem estabelecer qualquer comparação.

> Confessamos que Deus é único, não há outro Deus senão Ele, eterno, não possuindo esposa ou filhos, que Muḥammad é Seu servo e apóstolo, aquele que foi enviado

80. Ou seja, que Deus é cognoscente mas não pelo atributo do conhecimento.
81. AL-AŠᶜARĪ, op. cit., 1940, p. 95.
82. Ibn Ḥazm citando Al-Ašᶜarī, apud WOLFSON, op. cit., p. 212.
83. ŠAHRASTĀNĪ, *Kitāb al-milal wa-al-niḥal* (p. 67, II, 8-10), apud WOLFSON, op. cit., 1976, p. 212-213.

com a orientação e a verdadeira religião, que o paraíso é real, que o inferno é real e que não há qualquer dúvida quanto ao dia do juízo final, no qual Deus levantará aqueles que estão nos túmulos, que Deus está sentado em Seu trono [como dito por Ele: "o Misericordioso está sentado no trono" (*Corão* XX:4)], que Ele tem uma face [como dito por Ele: "e a face de teu senhor resplandecerá com majestade e glória" (*Corão* LV:27)], que Ele tem mãos *bi-lā kayfa*, [como dito por Ele: Eu criei com Minhas mãos" (*Corão* XXXVIII:75)], e que Ele tem olhos *bi-lā kayfa* [como dito por Ele: "sob Nossos olhos isto flutua" (*Corão* LIV:14)] [...][84].

Acerca da impossibilidade de qualquer semelhança, escreve:

Se Deus fosse semelhante a algo, seria semelhante em todos os aspectos, ou em um aspecto. Agora, se fosse semelhante em todos os aspectos, Ele necessariamente teria de ser produzido em todos os Seus aspectos, e, se fosse semelhante em apenas um aspecto, seria necessariamente produzido, como o aspecto, naquilo que se assemelha a Ele, pois duas coisas semelhantes são consideradas iguais com relação àquilo que são semelhantes. Porém, é impossível para o que foi produzido ser eterno e para o eterno ser produzido. Por fim, Deus disse "Não há nada como Ele" (*Corão* XLII:11-9) e "Ninguém é igual a Ele" (*Corão* CXII:4)[85].

Al-Aš^c^arī, portanto, mantém uma posição, no mínimo, desconfortável. Não pode afirmar a identidade dos atributos com a essência de Deus, como os *mu^c^tazilitas*, pois isso significaria a anulação dos atributos. Da mesma forma, afirmar serem distintos, de modo a afirmar sua existência, implicaria em refutar a possibilidade de redundarem numa multiplicidade em Deus, que teria, além de atributos, uma essência, o que Al-Aš^c^arī não faz. A inconsistência em seu tratamento desse problema suscitou diferentes interpretações de seu pensamento entre seus seguidores[86].

Quanto ao livre-arbítrio e predestinação, Al-Aš^c^arī também defendeu uma posição intermediária entre a liberdade na escolha das ações defendida pelos *mu^c^tazilitas* e a absoluta predestinação defendida pelos literalistas, buscando uma saída para o dilema moral da responsabilidade, sem sacrificar a onipotência de Deus[87].

84. AL-AŠ^C^ARĪ, op. cit., 1940, p. 50.
85. AL-AŠ^C^ARĪ, op. cit., 1953, p. 127.
86. Cf. WOLFSON, op. cit., p. 213-215.
87. Cf. FAKHRY, op. cit., p. 208.

Ele estabelece uma distinção entre criação (*ḫalq*) e aquisição (*kasb*) de uma ação. Deus é o criador (*ḫallāq*) da ação humana, e o homem, o adquirente (*muktasib*) dela, pois necessariamente toda ação é criada por Deus: "Não há criador exceto Deus, e, portanto, as ações dos homens são sua criação"[88].

Al-Aš^c^arī divide poder em original (*qadīma*) e derivado (*ḥadīṯa*). Apenas o poder original é efetivo e realmente cria. O poder derivado não cria nada e é dado por Deus.

> Não pode haver, sob a autoridade de Deus, qualquer aquisição (*iktisāb*) da parte do ser humano que Deus não tenha querido, assim como não pode haver nenhum ato universalmente reconhecido como de Deus que Ele não tenha querido, pois, se ocorresse algum ato sem que Ele o desejasse, implicaria uma carência em Deus, e o mesmo seria verdade se algum ato humano ocorresse sem que Ele o conhecesse. Desse modo, nenhum ato humano pode ocorrer sem que Ele o deseje, pois implicaria que ocorreu pela ausência de cuidado e negligência, ou pela fraqueza e inadequação da parte de Deus com relação ao que quer, assim como isso também seria necessariamente verdade se tivesse ocorrido qualquer ato universalmente reconhecido como sendo de Deus que Ele não quisesse[89].

Apesar de não poder criar, o homem ainda assim é responsável por seus atos, mesmo que Deus crie nele suas ações, pois Deus cria nele o poder de fazer uma escolha (*iḫtiyār*) e cria a ação correspondente ao que foi escolhido. Assim, o homem, ao escolher um determinado ato, adquire esse ato de Deus e passa a responder pelas conseqüências dessa escolha, sendo punido ou obtendo mérito.

Quanto à eternidade do *Corão*, era bastante corrente no Islã a crença na existência de um *Corão* antes de sua revelação ou mesmo antes da criação do mundo[90]. Essa discussão, apesar de ocorrer autonomamente, está ligada à dos atributos divinos, mais precisamente se a palavra constitui ou não um desses atributos. Também se discute acerca da "enlivração", ou seja, se todo *Corão*, criado pela escrita, pela recitação, pela memorização ou pela escuta,

88. AL-AŠ^C^ARĪ, *Al-Maqālāt al-islāmiyīn*, p. 484, apud HYE, op. cit., p. 229.
89. AL-AŠ^C^ARĪ, op. cit., 1940, p. 103-104.
90. WOLFSON, op. cit., p. 238.

torna livro a palavra incriada de Deus, de modo que todo *Corão* possua duas naturezas, uma criada e outra incriada.

Sobre esse ponto, novamente a posição de Al-Aš^carī é intermediária. Os *mu^ctazilitas* acreditavam que o *Corão* era a fala criada de Deus que passou a existir junto com a profecia, pois, como se viu, negavam todos os atributos, inclusive a palavra. Ademais, o *Corão* era composto de partes, ou seja, de letras, de palavras, de sons, e tudo o que é composto de partes deve necessariamente ser criado, o que o leva a negar a "enlivração". Os literalistas, principalmente os *ḥanbalitas* e os *ẓāhiritas*, sustentavam que o *Corão* era a palavra incriada de Deus e existia, desde a eternidade, do modo como se apresenta; suas partes, letras, palavras e sons, inerem à essência de Deus e, portanto, também são eternos, permitindo-lhes inferir a "enlivração". Al-Aš^carī, por sua vez, sustentou que o *Corão* é incriado e eterno, pois é a palavra de Deus, e, como tal, é incriada.

> Se alguém pergunta sobre a prova de que o *Corão* é a palavra incriada de Deus, a resposta é: a prova disso são Suas palavras "e de Seus sinais, um também é aquele que os céus e a terra permanecem por Seu comando (*Corão* XXX:24)". Deus também disse: "Não são Dele a criação e o comando (*Corão* VII:52)", portanto tudo o que Ele criou está contido em "a criação", pois, se o uso da expressão é universal, é universal em seu real sentido [e não podemos retirar a expressão de seu real sentido sem prova e argumento]. Assim, quando Ele diz "a criação não é Dele?" isto implica toda criação, e quando diz "e o comando", fala do comando como algo distinto de toda criação. Nossa exposição dessa questão é uma prova de que o comando de Deus é incriado" [...] Visto que Ele disse "Não são Dele a criação e o comando?" e nenhuma prova fornece um sentido particular para Suas palavras "a criação", Suas palavras "não é Dele a criação" aplica-se a toda criação; imediatamente Ele diz, logo depois de falar da criação, "e o comando", distinguindo o comando da criação. O comando de Deus é Sua palavra, e isto torna necessariamente verdadeiro que a palavra de Deus é incriada[91].

Para reforçar a posição supracitada, Al-Aš^carī lança mão do seguinte argumento:

> Uma das coisas no livro de Deus [*Corão*] que prova que Sua palavra é incriada são Suas palavras: "Nossa palavra para algo quando a desejamos não é senão 'seja!',

91. AL-AŠ^CARĪ, op. cit., 1940, p. 66-67.

> e ela passa a ser (*Corão* XVI:42)". Portanto, se o *Corão* fosse criado, "seja!" seria uma palavra da palavra [de Deus]. Isto torna uma das duas coisas necessárias: ou nos conduz à conclusão que a palavra de Deus é incriada ou toda palavra depende de outra palavra, e assim infinitamente, o que é impossível. Visto que é impossível, é certo e correto que Deus tem uma palavra incriada[92].

Assim, pode-se dizer que o *Corão* é incriado pois é a palavra de Deus, e não se pode esperar que Deus diga para Sua própria palavra "seja!"[93]. Já em relação à "enlivração", crê que o *Corão* escrito, memorizado, recitado ou escutado é criado e que nessas modalidades em que se apresenta o *Corão* incriado, ele está "enlivrado": "O *Corão* [usado no sentido de palavra incriada de Deus] está realmente escrito em nossos livros, realmente preservado em nossos corações[94], é realmente lido por nossas línguas e realmente ouvido por nós"[95]. No entanto, Al-Aš^c^arī não permite a aplicação do termo "criado" a qualquer parte recitada, ouvida, escrita ou memorizada do *Corão*, mesmo defendendo a duplicidade de sua natureza: uma criada e outra incriada. Ele afirma: "não pode ser dito: 'uma parte do *Corão* é criada', pois o *Corão* em sua completude é incriado"[96].

Quanto ao *aš^c^arismo*, apesar da tendência de seguir um caminho intermediário entre o conservadorismo ortodoxo dos literalistas e o *mu^c^tazilismo*, não obteve sucesso rapidamente. Tratar as questões teológicas pelo método racional, ainda que o fiel da balança fosse a Revelação, era considerado por muitos inovação, e a resistência oferecida ao *aš^c^arismo* foi forte. No século X (V da Hégira), a perseguição aos *aš^c^aritas* estendia-se da Síria ao Iraque, onde eram proibidos de pregar, destituídos de seus cargos e presos. A perseguição durou até que Niẓām al-Mulk (m. 1092) criasse, nas escolas de Nīšāpūr e Bagdá, cadeiras para o *aš^c^arismo*, escola que, desenvolvida por Al-Bāqillānī (m. 1013), sendo popularizada por Al-Juwaynī (1028-1085), Al-Ġazālī (1058-1111) e Ibn Tūmart (c. 1080-1130), constitui a fonte da atual ortodoxia islâmica.

92. Ibid., p. 67.
93. Ibid., p. 74.
94. Isto é, memória.
95. AL-AŠ^C^ARĪ, *Al-Ibāna ^c^an uṣūl al-diyāna*, apud WOLFSON, op. cit., p. 254.
96. Ibid., p. 255.

Referências Bibliográficas

AL-AŠ^cARĪ. *Al-maqālāt al-islāmiyīn*. Ed. H. Ritter. Istanbul, 1929/30. 3 v. (2. ed. Wiesbaden: Helmut Ritter, 1963).

_______. *Al-Ibāna ^can uṣūl al-diyāna* (*The Elucidation of Islam's Foundation*). Trans., Intr., Notes by Walter C. Klein. Connecticut: American Oriental Society, 1940.

____. *Risāla fī istiḥsān al-ḫauḍ fī ^cilm al-kalām*. (*A Vindication of the Science of Kalam*). Trad. Richard Joseph McCarthy. In: MCCARTHY, Richard Joseph. *Theology of al-Aš^carī*. Beiruth, 1953.

AL-BAĠDĀDĪ. *Kitāb al-farq bayn al-firaq*. Ed. Muhammad Badr. Cairo, 1910. (Ed. M. Zāhid al-Jawtarī. Cairo, 1948).

AL-ḪAYYĀT. *Kitāb al-Intiṣār*. Cairo, 1925.

AMIN, Ahmad. *Fajr al-islām*. Cairo: lajaat al-nash wa l-ta'līf, [s.d.].

ARNALDEZ, Roger; VAN RIET, Simone (Org.). *Recherches d'Islamologie*. Louvain: Éditions Peeters, 1977.

BELLO, Iysa A. *The Medieval Islamic Controversy between Philosophy and Orthodoxy*. Ijmā^c and Ta'wīl in the Conflict between Al-Ġazzālī and Ibn Rušd. Leiden: Brill Academic Pub., 1989.

BLACK, Antony. *The History of the Islamic Political Thought*. From the prophet to the present. New York: Routledge, 2001.

BRUNSCHVIG, R. Argumentation fatimide contre le raisonnement juridique par analogie (*qiyās*). In: ARNALDEZ, Roger; VAN RIET, Simone. (Org.). *Recherches d'islamologie*. Recueil d'articles offerts à Georges C. Anawati et Louis Gardet par leurs collègues et amis. Louvain: Éditions Peeters, 1977.

CORBIN, Henry. *Historia de la filosofía islámica*. Madrid: Editorial Trotta, 1994.

CRUZ HERNÁNDEZ, Miguel. *Historia del pensamiento en el mundo islámico*. Madrid: Alianza Universidad, 1981. 3 v.

FAKHRY, Majid. *A History of Islamic Philosophy*. New York: Columbia University Press, 1983.

FRANK, Richard M. *Beings and their Attributes*: the teachings of the Basrian School of the Mu^ctazila in the Classical Period. New York: SUNY, 1978.

GARDET, Louis; ANAWATI, M.-M. *Introduction à la Théologie Musulmane*: Essai de Théologie Comparée. Paris: J. Vrin, 1981.

GARDET, Louis. Fitna. In: THE ENCYCLOPAEDIA of Islam (EI²). New Edition. Leiden; London: E. J. Brill; Luzac & Co., 1965. vol. 2, p. 930-931.

____. ^cIlm al-Kalām. In: THE ENCYCLOPAEDIA of Islam (EI²). New Edition. Leiden; London: E. J. Brill; Luzac & Co., 1971. vol. 3, p. 1141-1150.

HYE, Abdul. Ash^{c}arism. In: SHARIF, Mian Mohammad. (Ed.). *A history of muslim philosophy*. Wiesbaden: Otto Harrassowitz, 1963-1966. 2 v. vol. I, cap. XI, p. 220-243.

IBN ḪALDŪN. *Os Prolegômenos ou Filosofia Social* (*Muqaddima*). Trad. José Khoury e Angelina Bierrenbach Khoury. São Paulo: Editora Comercial Safady Ltda., 1958. vol. I; 1959. vol. II; 1960. vol. III. 3 v.

KLEIN, Walter Conrad. Introduction. In: AL-AŠ^{C}ARĪ, Abū al-Ḥasan ^{c}Alī ibn Ismā^{c}īl. *Al-Ibāna ^{c}an uṣūl al-diyāna* (*The elucidation of Islam's Foundation*). New Haven, Connecticut: American Oriental Society, 1940.

MAS^{C}ŪDI. *Les Prairies d'Or*. Trad. Barbier de Meynard et Pavet de Courteille. Paris: Société Asiatique, 1971. Tome III. (Collection d'Ouvrages Orientaux). Tradução de: *Kitāb murūj al-ḏahab wa-ma^{c}ādin al-jawhar.*

NADER, Albert N. *Le système philosophique des Mu^{c}tazila*. 2. ed. Beyrouth: Dār Al-Mašriq Sarl, 1984.

NALLINO, Carlo A. Sull' origine del nome dei Mu^{c}taziliti. *Rivista degli Studi Orientali*, t. VII, p. 431-435, 1916. (Reproduzido em *Raccolta di scritti editi ed inediti*, Roma, II, p. 146-169, 1940).

ŠAHRASTĀNĪ. *Kitāb nihāyat al-aqdām fī ^{c}ilm al-kalām*. Ed. and Trans. Alfred Guillaume. Oxford: Oxford University Press, 1934.

____. *Livre des religions et des sectes*. Tradução, Introdução e Notas de Daniel Gimaret e Guy Monnot. Paris: Peeters/Unesco, 1986. 2 v. Tradução de: *Kitāb al-milal wa-al-niḥal*, Cairo, 1968.

SHARIF, Mian Mohammad. (Ed.). *A history of muslim philosophy*. Wiesbaden: Otto Harrassowitz, 1963-1966. 2 v.

STROUMSA, Sarah. *Freethinkers of Medieval Islam*: Ibn al-Rawandi, Abu Bakr al-Razi, and their Impact on Islamic Thought. Leiden: E. J. Brill, 1999.

VALIUDDIN, Mir. Mu^{c}tazilism. In: SHARIF, Mian Mohammad. (Ed.). *A history of muslim philosophy*. Wiesbaden: Otto Harrassowitz, 1963-1966. 2 v. vol. I, cap X, p. 199-219.

VECCIA VAGLIERI, L. ^{c}Alī b. Abī Ṭālib. THE ENCYCLOPAEDIA of Islam (EI^{2}). New Edition Leiden; London: E. J. Brill; Luzac & Co., 1960. vol. I, p. 381-386.

VERZA, Tadeu Mazzola. *A Doutrina dos Atributos Divinos no* Guia dos Perplexos *de Maimônides*. Porto Alegre: EDIPUCRS, 1999.

WATT, W. Montgomery. *Islamic Philosophy and Theology*. 2. ed. Edinburgh: Edinburgh University Press, 1985. (1. ed. 1962).

WENSINCK, Arent Jan. *The Muslim Creed*: its genesis and historical development. 2. ed. New York: Barnes and Noble, 1966. (1. ed. 1932).

WOLFSON, Harry Austryn. *The Philosophy of the Kalam*. Cambridge, Massachusetts; London: Harvard University Press, 1976.

6.

Al-Ġazālī: A Defesa do Islã Sunita*

Rafael Ramón Guerrero

O Contexto Histórico

A morte de Avicena, em 1037, significou o final de uma época no Oriente, no que se refere à filosofia islâmica, entendida como o movimento que recolheu, assimilou e aplicou o pensamento filosófico nascido na Grécia. Todavia, a filosofia continuou o seu desenvolvimento, inclusive de maneira frutífera, se o termo for considerado em sentido mais amplo, tal como foi mais tarde entendido por Mullā Ṣadrā (m. 1640), cuja conversão filosófica foi mais o resultado de uma iluminação divina do que de um mero discurso racional. Seu pensamento procedia, como ele próprio afirma, "das provas relativas ao desvelamento, cuja autenticidade é dada pelo Livro de Deus, pela tradição de Seu Profeta e pelos *ḥadīṯs* dos seguidores da casa da profecia, da amizade (*walāya*) e da sabedoria"[1].

* Tradução (do original espanhol) de Rosalie Helena de Souza Pereira.

1. MULLĀ ṢADRĀ ŠĪRĀZĪ. *Le Livre des pénétrations métaphysiques (Kitāb al-mašā'ir)*. Ed. Henry Corbin. Téhéran; Paris, 1982. p. 5; id. *Le Livre des pénétrations métaphysiques (Kitāb al-mašā'ir)*. Introdução, tradução e notas de Henry Corbin. Paris: Éditions Verdier, 1988.

Sob o aspecto político, o Oriente havia iniciado uma transformação, que, com resultados bastante complexos, foi se estendendo a amplos domínios. A presença dos turcos seljúcidas, apoiados pelos iranianos sunitas e comandados por seu grande soberano, Tugrīl Beg (1038-1063), provocou o fim do domínio dos ghaznevidas e dos buídas e a sua rápida expansão no Irã e no Iraque. Apresentado como protetor do califado abássida, o califa deu-lhe em 1058 os títulos de "sultão" e de "rei do Oriente e do Ocidente" e o encarregou da missão de completar a reunificação político-religiosa da Ásia islâmica e de combater o califado fatímida do Egito. Tanto ele como seu sucessor, Alp Arslān (1063-1072), empreenderam a obra de reconstrução sunita, que consistiu menos em perseguir os dissidentes do que em oferecer um amplo apoio a escolas e mesquitas sunitas. Com o terceiro sultão, Malik Šāh (1072-1092), o domínio dos seljúcidas atingiu o seu apogeu e consumou uma organização que há muito tempo não era conhecida nessas regiões, graças à enorme obra realizada por seu vizir, Niẓām al-Mulk, o verdadeiro motor da grande política religiosa de renovação do Islã sunita diante dos xiitas, fundador de notáveis *madrasas* ou escolas, às quais deu o seu nome e cujo fim eram o estudo e a predicação da fé ortodoxa em toda a sua pureza. A ele, Al-Ġazālī esteve ligado.

No âmbito do pensamento, a reação contra o racionalismo, que havia surgido na área da teologia com o movimento *ašᶜarita*, foi pouco a pouco ganhando terreno. Igualmente, outros movimentos teológicos e jurídicos, de caráter mais tradicionalista, também se ampliaram e foram formando a base do Islã sunita, como, por exemplo, a corrente *ḥanbalita*. Todos esses movimentos proporcionaram os elementos que, em uma época bastante conturbada pelas lutas por uma maior influência entre sunitas e xiitas ou entre as diversas escolas jurídicas, acabaram definitivamente com o florescimento da *falsafa*. Entre os teólogos *ašᶜaritas*, várias autoridades deixaram um profundo e quase indelével vestígio no Islã e permaneceram como referências prestigiadas até os dias de hoje. Esses teólogos configuraram o que Ibn Ḫaldūn chamou de "via dos modernos" (*ṭarīqat al-muta'aḫḫirīn*), que se caracterizou pelo conhecimento e utilização da filosofia grega para explicar doutrinas como as da essência e dos atributos divinos, da natureza do *Corão*, do antropomorfismo de alguns versículos, da criação, dos atos humanos etc.; mas, também, e de maneira importante, para criticar os *falāsifa*, os filósofos propriamente.

Dentre todos eles, destaca-se, com luz própria, o autor que assestou um duro golpe na filosofia estrita do Islã: Al-Ġazālī, representante mais característico da ortodoxia islâmica por seu esforço em explorar todas as ciências de sua época, por sua preocupação em acolher tudo o que poderia enriquecer o Islã e por sua contribuição individual. Além disso, encarnou um caso paradoxal na História da filosofia: foi considerado o autor de um sistema filosófico que chegou a exercer profunda influência sobre os pensadores latinos medievais, que o aceitaram como filósofo[2]; no entanto, o seu propósito foi refutar os filósofos. Ibn Ḫaldūn assim se expressou:

> Foi introduzida a refutação a certas doutrinas ensinadas pelos antigos filósofos e contrárias aos dogmas da fé; inclusive esses filósofos foram tidos por adversários da religião, em razão da evidente analogia que havia entre numerosas opiniões suas e as que as seitas heterodoxas do Islã professavam. Al-Ġazālī foi o primeiro a adotar este objetivo em seus escritos [...] recomendamos a quem queira defender suas crenças, refutando a dos filósofos, que estude os tratados de Al-Ġazālī[3].

Foi este o propósito que orientou grande parte de seu empenho intelectual e de sua vida: atacar a filosofia, segundo a sua própria confissão:

> Aprendi que refutar uma doutrina (*maḏhab*) antes de compreendê-la e conhecê-la a fundo é caminhar às cegas. Levei muito a sério o estudo desta ciência nos livros [...] Após ter compreendido essas ciências [...] dei-me conta, sem qualquer dúvida, da mentira, do engano, da verdade e do fingimento que elas contêm[4].

Esta foi uma das muitas tarefas a que devotou sua vida.

2. Cf. SALMAN, D. Algazel et les latins. *Archives d'Histoire Doctrinale et Littéraire du Moyen Âge*, n. 10, p. 103-127, 1935-1936.
3. IBN KHALDUN (IBN ḪALDŪN). *Al-muqaddima. Introducción a la Historia Universal.* México: F.C.E., 1977. p. 847-848. *Os Prolegômenos ou Filosofia Social.* Trad. (do árabe) José Khoury e Angelina Bierrenbach Khoury. São Paulo: Editora Comercial Safady Ltda., 1958. vol. I; 1959. vol. II; 1960. vol. III.
4. AL-ĠAZĀLĪ. *Al-munqiḏ min al-ḍalāl* (O que Libera do Erro). 2. ed. Cairo: Editora Qasim, 1372H./1952; id. *Erreur et délivrance.* Edição e tradução de Farid Jabre. Beirut: Comission Libanaise pour la Traduction des Chefs-d'œuvre, 1969. p. 18; id. *Confesiones*: El salvador del error. Trad. E. Tornero. Madrid: Editorial Alianza, 1989.

O Homem e sua Obra

Foram muitos os epítetos conferidos a esse notável personagem do Islã do século XI. Dele se disse que foi filósofo – assim considerado pelos filósofos e teólogos latinos da Idade Média durante o século XIII e pelos posteriores –, teólogo, jurista, pensador original, reformador religioso, político lutador contra os inovadores, místico. O eminente polígrafo espanhol, Marcelino Menéndez y Pelayo, afirmava que, a julgar pelos escassos textos que, em fins do século XIX, se conheciam de autores árabes e muçulmanos, o mais original, o mais perfeito e, talvez, o mais profundo do pensamento árabe encontra-se nos pensadores místicos e céticos, dentre os quais ocupa o primeiro lugar Al-Ġazālī, em quem, por um fator ímpar, juntaram-se ambas as tendências[5]. Qual dessas caracterizações corresponde ao personagem histórico? Quem foi, na realidade, Al-Ġazālī e por que o Islã sunita o tem por um de seus mais ilustres pensadores?

Para inteirar-se de alguns aspectos da biografia de Al-Ġazālī, dispõe-se de um precioso documento de cunho autobiográfico, embora não isento de dificuldades, para que se determine o seu verdadeiro caráter, já que se discute ainda se é uma narrativa de experiências vividas ou, ao contrário, uma pura fabulação criada por seu autor. Refiro-me à sua obra *Al-munqiḏ min al-ḍalāl* (O que Libera do Erro)[6], obra que dividiu os estudiosos do pensador muçulmano. Nela se relata como, a partir de um estado inicial de ceticismo em que se prostrou – espécie de dúvida metódica que ele próprio apresenta como momento necessário por que teve de passar para descobrir a certeza –, voltou-se para um estudo crítico dos sistemas filosóficos e teológicos, sem, contudo, esquecer-se das doutrinas *ismā*ᶜ*īlitas*, até alcançar uma prática do ascetismo e do sufismo que o levou a suscitar a questão de revivificar a vida religiosa de sua época. Essa questão foi apresentada em sua obra *Iḥyā' ᶜulūm al-dīn* (Vivificação das Ciências da Religião)[7],

5. MENENDEZ Y PELAYO, Marcelino. Prólogo. In: ASÍN PALACIOS, Miguel. *Algazel. Dogmática, moral, ascética.* Zaragoza: Tip. de Comas Hermanos, 1901. p. XIV.
6. AL-ĠAZĀLĪ, op. cit. Ver nota 4.
7. Id. *Kitāb iḥyā' ᶜulūm al-dīn* (Livro sobre a Vivificação das Ciências da Religião). Cairo: Imprimerie ᶜUṯmāniyya, 1352H./1933. 4 v. (Nova ed. A. H. Sayyid B. Ibrahim. Cairo: Dār al-Ḥadīṯ, 1992. 5 v.).

que ainda hoje orienta e conforta muitos muçulmanos, razão pela qual ficou conhecido pelos vários epítetos, tais como *Ḥujjat al-Islām* (Prova do Islã) ou *Zayn al-dīn* (Ornamento da Religião).

Abū Ḥāmid Muḥammad b. Muḥammad al-Ġazālī nasceu em 1058, em Ṭūs, cidade atualmente desaparecida que se situava nas vizinhanças da atual Mašhad, no Ḫurāsān persa[8]. Ainda que seja citado em alguns textos como Abū Ḥāmid, é usualmente conhecido apenas por sua *nisba*, Al-Ġazālī[9], nome transformado em Algazel pelos latinos. Sua origem era modesta, embora fosse interessado na grandeza do espírito e da educação, como atesta o fato de que a seu pai agradava a companhia de juristas e de sufis. Seu pai morreu quando Abū Ḥāmid e seu irmão Aḥmad ainda eram jovens, e o pouco dinheiro que possuía foi legado a um mestre sufi para que facultasse a instrução de ambos os filhos. Terminado o dinheiro, com o que puderam iniciar-se no conhecimento do sufismo, os dois irmãos ingressaram em uma *madrasa*, onde receberam educação e sustento. Assim, a educação de Al-Ġazālī começou em Ṭūs e se fundou nos estudos tradicionais islâmicos: o *Corão*, as tradições e a jurisprudência, a gramática árabe a as biografias dos Companheiros do Profeta e dos tradicionalistas.

Com o mestre Aḥmad b. Muḥammad al-Raḏkānī, Al-Ġazālī iniciou-se nos fundamentos do Direito. Em seguida, estabeleceu-se em Nišāpūr, capital da província e sede de uma prestigiada *madrasa*, a *Niẓāmiyya*, fundada pelo vizir Niẓām al-Mulk, onde foi discípulo do célebre teólogo Abū al-Maālī ʿAbd al-Malik al-Juwaynī (1028-1085), conhecido pela alcunha de Imām al-Ḥaramayn (Imã dos Santuários, isto é, de Medina e de Meca, porque nessas cidades fora imã, pregador e mufti), com quem estudou até a morte do mestre. Al-Ġazālī

8. "Ṭūs, uma das maiores e mais nobres cidades do Ḫurāsān, lugar de nascimento do famoso imã Abū Ḥāmid al- Ġazālī e onde está o seu túmulo. Daí partimos para a cidade de Mašhad al-Riḍā (Mausoléu de al-Riḍā)". IBN BAṬŪṬA. *A través del islam*. Trad. Serafín Fanjul y Federico Arbós. Madrid: Alianza Editorial, 1987. p. 478.

9. WATT, W. Montgomery. *Muslim Intellectual. A Study of al-Ghazali*. Edinburgh: At the University Press, 1963. p. 181-183. O autor recolhe a secular disputa acerca de sua *nisba*, Ġazālī ou Ġazzālī. A primeira procederia de Ġazāl, uma pequena aldeia nas vizinhanças de Ṭūs, enquanto a segunda proviria da palavra *ġazzāl*, "fiandeiro" ou "autor de cantos ou de poesia erótica". Um antigo biógrafo assinala que seu pai era fiandeiro de lã, enquanto outro afirma que um descendente de Al-Ġazālī fora notificado de que a família era originária da aldeia Ġazāl. Apesar das dificuldades e obscuridades que existem tanto para uma denominação como para a outra, Watt conclui que é mais provável que seja Ġazālī.

aproveitou-se muito dos estudos de Direito da escola *šāfiᶜita* e da teologia *ašᶜarita* que seu mestre lhe dispensou com grande liberdade de pensamento e de expressão, segundo afirmam alguns biógrafos. Em Nišāpūr também estudou com o sufi Abū ᶜAlī al-Faḍl al-Farmaḏī (m. 1084), discípulo do reputado Al-Qušayrī (m. 1074), de quem aprendeu teoria e prática sufi. Já nessa época inicial de seu aprendizado, surgiram as primeiras incertezas, que mais tarde se manifestaram em dúvidas acerca da verdade. Ele o assim confessa em *Al-munqiḏ*: "Desde a flor da minha juventude, desde antes que eu completasse os vinte anos, até os dias de hoje, com mais de cinqüenta anos, nunca deixei de lançar-me nas profundezas desse oceano"[10]. Segundo ele, suas dúvidas foram motivadas pela perplexidade em que se viu mergulhado diante da diversidade de crenças, de seitas, de doutrinas, de religiões, inclusive da afirmação de Muḥammad de que a sua comunidade se dividiria em setenta e três grupos (*firqa*)[11].

Após a morte do Imām al-Ḥaramayn, Al-Ġazālī partiu de Nišāpūr e se mudou para o acampamento (*al-muᶜaskar*) do vizir Niẓām al-Mulk, lugar de reunião de estudiosos, onde rapidamente se destacou por sua inteligência e sua capacidade de discussão e de debate. Seu profundo conhecimento do Direito, da teologia e da filosofia impressionou tanto ao vizir que este lhe confiou o ensino na *Niẓāmiyya* de Bagdá. Era o ano 1091 e Al-Ġazālī contava trinta e quatro anos de idade. Em razão da excelência, da abrangência e da lucidez, da eloqüência, da erudição e da capacidade dialética, o seu magistério na capital do califado foi um sucesso, o que lhe granjeou a estima do califa, que passou a consultá-lo para assuntos de Estado.

Contudo, durante a sua permanência em Bagdá, ocorreram graves incidentes políticos, entre os quais o assassinato, em 1092, de Niẓām al-Mulk e, dias depois, o do sultão Malik Šāh, ao que parece cometidos pelos "assassinos", os *ismāᶜīlitas* seguidores de Al-Ḥasan ibn al-Ṣabbāḥ (m. 1124). Por isso, ou por razões que se desconhecem, Al-Ġazālī sofreu uma profunda crise de cunho religioso que o fez abandonar o ensino em Bagdá em 1095. Entregou-se então à oração e à meditação, levando uma vida retirada e de prática mística. Assim o descreve um biógrafo: "Bruscamente, em plena

10. AL-ĠAZĀLĪ, op. cit., 1969, p. 59.
11. Ibid.

glória, abandonou a sua cátedra e se afastou de Bagdá, desaparecendo da cena pública. Durante dez anos refugiou-se em um retiro cujo mistério ainda não se chegou a elucidar"[12].

Em novembro de 1095 deixou definitivamente Bagdá com o pretexto de que iria fazer a peregrinação. Na realidade, porém, foi para a Síria, detendo-se em Damasco durante dez anos. Habitava um dos minaretes da Grande Mesquita dos omíadas, onde vivia em rigoroso ascetismo e praticava exercícios religiosos. Suas únicas preocupações eram a disciplina da alma e a purificação do coração. Depois, mudou-se para Jerusalém, onde continuou os seus exercícios de devoção na Mesquita do Rochedo. Depois da viagem a Hebron, para rezar diante do sepulcro de Abraão, visitou, em Medina, o túmulo do Profeta e realizou a peregrinação a Meca, onde permaneceu dois anos, também em retiro. Segundo alguns biógrafos, esteve no Egito e viveu em Alexandria, o que, no entanto, ainda não foi confirmado. Tampouco foi confirmado o seu desejo, expresso por alguns biógrafos, de visitar Yūsuf b. Tašfīn (1061-1106), o príncipe almorávida que, na África, conquistou o norte do Magreb e fundou a cidade de Marrakesh, que parece ter sido discípulo de Al-Ġazālī na *Niẓāmiyya* de Bagdá e que, ao que parece também, teria pedido uma consulta jurídica (*fatwà*) para legitimar a sua intervenção contra os reis de taifas em *Al-Andalus*. Retornou, finalmente, à sua cidade natal, Ṭūs, onde dedicou-se à mística, ao ensino particular e à composição de livros, entre eles o já mencionado *Iḥyā' ᶜulūm al-dīn*, até que Faḫr al-Mulk, o filho de Niẓām al-Mulk, chamou-o, em 1106, para ensinar na *Niẓāmiyya* de Nišāpūr. Al-Ġazālī aceitou o convite, mas, em vez de instruir seus discípulos nas ciências que conduzem às honras, preferiu ensiná-los a aperfeiçoar os seus costumes. Foi nessa época que compôs *Al-munqiḏ min al-ḍalāl*, a sua autobiografia, e escreveu outras obras, de Direito islâmico e de lógica. Afastado definitivamente do magistério desde 1109, morreu na sua cidade natal no dia 14 do mês de *jumāda* do ano 505 da Hégira, isto é, segunda-feira, 18 de dezembro de 1111. Segundo Ibn Ḫallikān[13], foi sepultado em Al-Ṭābarān, a fortaleza (*qaṣaba*) de Ṭūs.

12. AL-SUBKĪ, T. *Al-Ṭabaqāt al-šāfiᶜiyya*. Cairo, 1324H./1906. vol. IV, p. 106.
13. IBN ḪALLIKĀN. *Kitāb wafayāt al-aᶜyān*. Ed. I. Abbas. Beirut, 1972. vol. IV, p. 219. DE SLANE, Baron Mac Guckin. (Org.). *Ibn Khallikhān's Biographical Dictionary*. Translated from the Arabic by Bⁿ Mac Guckin de Slane. London: Allen and Co., 1842. vol. II, p. 624.

Quanto às obras de Al-Ġazālī, é muito difícil identificá-las, uma vez que foram atribuídos ao autor tratados que nunca escreveu. Por outro lado, seus estudiosos procuraram estabelecer uma cronologia de seus livros[14] que evidenciasse a existência de uma radical vinculação entre os seus escritos e as circunstâncias de sua vida, como parece exprimir o próprio testemunho de Al-Ġazālī em *Al-munqiḏ min al-ḍalāl*. O estabelecimento da cronologia é também importante porque permite discernir uma linha de desenvolvimento no seu pensamento e esclarecer as etapas cruciais de sua vida. Foram-lhe atribuídos até quatrocentos e quatro títulos, mas muitos deles ou procedem de listas de suas próprias obras – e não de obras existentes – ou procedem de diferentes títulos de uma mesma obra. Afirmou-se ainda que escreveu para o público idéias contrárias às que professava, o que teria complicado a questão da atribuição de algumas obras. A esse respeito, é interessante mencionar as palavras do filósofo Ibn Ṭufayl, de Guadix (m. 1185), em sua célebre *Risāla Ḥayy b. Yaqẓān*:

> A respeito dos livros do *Šayḫ* Abū Ḥāmid al-Ġazālī, [é preciso dizer que] enquanto se dirigem ao vulgo (*li-al-jumhūr*), ele amarra de um lado o que desamarra de outro, declara ímpias (*yukaffiru*) o que ele próprio professa [...] Em seus livros há muita coisa deste gênero, que será notada por quem os examine e neles detenha o seu olhar. No final de seu livro *Mīzān al-ᶜamal*, ele se desculpou por esse procedimento ao escrever que há três classes de opiniões: a opinião que se professa a fim de se conciliar à do vulgo; a que se adapta para responder a quem pergunta e pede para ser orientado; e a que se guarda para si próprio e não se compartilha com ninguém, a não ser com quem seja da mesma opinião[15].

14. Cf. GOLDZIHER, I. *Die Streitschrift des Ghazâlî gegen die Bātinijja-Sekte*, Leiden, 1916. p. 25-29. ASÍN PALACIOS, M. *La espiritualidad de Algazel y su sentido cristiano*. Madrid; Granada: Escuelas de Estudios Árabes, 1935-1941. 4 v. vol. I, p. 35-36. WATT, W. Montgomery. The Authenticity of the Works Attributed to Al-Ghazâlî. *Journal of the Royal Asiatic Society*, p. 24-45, 1952. BOUYGES, M. *Essai de chronologie des oeuvres de al-Ghazâlî*. Beirut: M. Allard, 1959. HOURANI, G. F. The Chronology of Ghazâlî's Writings. *Journal of the American Oriental Society*, 79, p. 225-233, 1959. BADAWĪ, ᶜAbd al-Raḥmān. *Mu'allafāt al-Ġazālī*. Cairo, 1961. HOURANI, G. F. A Revised Chronology of Ghazâlî's Writings. *Journal of the American Oriental Society*, 104, p. 284-302, 1984.

15. IBN ṬUFAYL. *Risāla Ḥayy b. Yaqẓān*. Ed. A. Nader, Beirut: Dār al-Mašriq, 1968. p. 22-23. Id. *El filósofo autodidacto* (*Risāla Ḥayy b. Yaqẓān*). Trad. A. González Palencia. Madrid: Publicaciones de las Escuelas de Estudios Árabes de Madrid y Granada, 1948. p. 55-56.

Entre os livros fundamentais para o conhecimento de seu pensamento, mencionam-se os seguintes: a obra em que Al-Ġazālī expõe suas impressões pessoais havidas ao longo de sua vida, a já citada *Al-munqiḏ min al-ḍalāl* (O que Libera do Erro)[16]; algumas de suas obras escritas enquanto jurista, *Wajīz* (Tratado Breve [de Direito])[17] e *Al-Mustaṣfà min ᶜilm al-uṣūl* (Fundamentos da Ciência do Direito)[18] – nesta, pode-se apreciar, embora mantendo-se no interior da tradição jurista, uma grande influência de seus conhecimentos filosóficos, ainda que tenha sido escrita em época final de sua vida –; as obras filosóficas, que o tornaram conhecido no Ocidente latino medieval, *Maqāṣid al-falāsifa* (Intenções dos Filósofos)[19] e *Tahāfut al-falāsifa* (Destruição dos Filósofos)[20]; dois livros sobre a lógica aristotélica, *Miḥakk al-naẓar fī al-manṭiq* (Pedra de Toque da Especulação sobre a Lógica)[21] e *Miᶜyār al-ᶜilm fī fann al-manṭiq* (Fiel Contraste da Ciência na Arte da Lógica)[22]; uma obra que poderia ser considerada de conteúdo ético, *Mīzān al-ᶜamal* (Critério da Ação)[23]; textos notáveis em teologia, dentre os quais cabe mencionar *Al-iqtiṣād fī al-iᶜtiqād* (O Justo Médio na Crença)[24] e *Fayṣal al-tafriqa bayn al-islām wa-al-zandaqa* (Livro da Separação Definitiva entre o Islã e o Livre Pensamento)[25]; algumas obras que resultaram de polêmicas que manteve du-

16. Ver nota 4. Cf. BADAWĪ, op. cit., 1961, p. 202-204.
17. AL-ĠAZĀLĪ. *Wajīz*. (Tratado Breve [de Direito]). Cairo, 1917; cf. BADAWĪ, op. cit., 1961, p. 25-29.
18. AL-ĠAZĀLĪ. *Mustaṣfà min ᶜilm al-uṣūl* (Fundamentos da Ciência do Direito). Cairo, 1352H./1937; cf. BADAWĪ, op. cit., 1961, p. 216-218.
19. AL-ĠAZĀLĪ. *Maqāṣid al-falāsifa* (Intenções dos Filósofos). Cairo, 1331H.; cf. BADAWĪ, op. cit., 1961, p. 53-62; AL-ĠAZĀLĪ. *Las intenciones de los filósofos* (*Maqāṣid al-falāsifa*). Trad. M. Alonso. Barcelona. Juan Flors editor, 1963.
20. Id. *Tahāfut al-falāsifa*. Ed. M. Bouyges. Beirut: Imprimerie Catholique, 1927. Nova edição com tradução inglesa (*The Incoherence of the Philosophers*) por M. E. Marmura. Provo, Utha: Brigham Young University Press, 1997 (2. ed. 2000). Cf. BADAWĪ, op. cit., 1961, p. 63-69.
21. AL-ĠAZĀLĪ. *Miḥakk al-naẓar fī al-manṭiq* (Pedra de Toque da Especulação sobre a Lógica). Cairo, [s.d.]; cf. BADAWĪ, op. cit., 1961, p. 73-78.
22. AL-ĠAZĀLĪ. *Miᶜyār al-ᶜilm fī fann al-manṭiq* (Fiel Contraste da Ciência na Arte da Lógica). Cairo, 1329H. (Nova ed. Beirut, 1993); cf. BADAWĪ, op. cit., 1961, p. 70-71.
23. AL-ĠAZĀLĪ. *Mīzān al-ᶜamal* (Critério da Ação). Cairo, 1328H. (Nova ed. Beirut, 1995); cf. BADAWĪ, op. cit., 1961, p. 79-81.
24. AL-ĠAZĀLĪ. *Al-iqtiṣād fī al-iᶜtiqād* (O Justo Médio na Crença). Cairo, 1327H. (Nova ed. Beirut, 1993); id. *El justo medio en la creencia*. Trad. M. Asín Palacios. Madrid, 1929; cf. BADAWĪ, op. cit., 1961, p. 87-88.
25. AL-ĠAZĀLĪ. *Fayṣal al-tafriqa bayn al-islām wa-al-zandaqa* (Livro da Separação Definitiva entre o Islã e o Livre Pensamento). Cairo, 1319/1325H.; cf. BADAWĪ, op. cit., 1961, p. 166-167.

rante a sua vida, como *Kitāb al-mustaẓhirī fī al-radd ᶜalà al-bāṭiniyya* (Livro por Requerimento do Califa Al-Mustaẓhir para a Refutação dos Bāṭiniyya)[26] e *Al-qisṭās al-mustaqīm* (A Balança Justa)[27], escrita para os fiéis que foram atraídos pelas doutrinas *bāṭinitas*, na qual ele expõe as regras da lógica que procedem da reta razão, a balança verdadeiramente justa que inclusive segue o próprio Deus nos textos da revelação; e, finalmente, um conjunto de obras de cunho religioso, muitas delas relativas à teoria e à prática sufi, das quais a mais importante é a sua grande obra, já mencionada, *Iḥyā' ᶜulūm al-dīn* (Vivificação das Ciências da Religião)[28], dividida em quatro longas partes, em que são tratadas as práticas cultuais, os costumes sociais, os vícios e as virtudes. Merecem ainda ser notadas as que trazem os títulos *Miškāt al-anwār* (Nicho das Luzes)[29] e *Kitāb al-maqṣad al-asnà fī šarḥ maᶜānī asmā' Allāh al-ḥusnà* (Livro em que se Expõe e Comenta os Significados dos mais Belos Nomes de Deus)[30].

A Busca do Conhecimento e da Certeza. Al-Ġazālī e a Filosofia

Em *Al-munqiḏ*, Al-Ġazālī esboça um esquema de sua vida, organizada em torno de suas diferentes atitudes relativas ao conhecimento e à natureza da verdade. Narra a sua peregrinação através das diversas escolas de pensamento

26. AL-ĠAZĀLĪ. *Kitāb al-mustaẓhirī fī al-radd ᶜalà al-bāṭiniyya* (Livro por Requerimento do Califa Al-Mustaẓhir para a Refutação dos Bāṭiniyya), apud GOLDZIHER, op. cit., 1916, p. 32-112; cf. BADAWĪ, op. cit., 1961, p. 82-84.
27. AL-ĠAZĀLĪ. *Al-qisṭās al-mustaqīm* (A Balança Justa). Cairo, 1318H. (Nova ed. Riyād Muṣṭafà. Damasco: Dār Al-Ḥikma, 1986); cf. BADAWĪ, op. cit., 1961, p. 160-165.
28. AL-ĠAZĀLĪ. *Iḥyā' ᶜulūm al-dīn* (Vivificação das Ciências da Religião). Ver nota 7; cf. BADAWĪ, op. cit., 1961, p. 98-122.
29. AL-ĠAZĀLĪ. *Miškāt al-anwār* (Nicho das Luzes). Cairo, 1322H.; cf. BADAWĪ, op. cit., 1961, p. 193-198.
30. AL-ĠAZĀLĪ. *Kitāb al-maqṣad al-asnà fī šarḥ maᶜānī asmā' Allāh al-ḥusnà* (Livro em que se Expõe e Comenta os Significados dos mais Belos Nomes de Deus). Cairo, 1322H. (Nova ed. F. A. Shehadi. Beirut: Dār al-Mašriq, 1982); cf. BADAWĪ, op. cit., 1961, p. 135-136. Uma ampla seleção de textos de Al-Ġazālī encontra-se em ASÍN PALACIOS, op. cit., 1935-1941.

de sua época e, segundo o que disse, apresenta-se como cético durante um dado período de sua vida:

> De minha parte, desde que cheguei à puberdade, antes dos vinte anos, na flor da vida e em plena juventude, até agora, quando já passei dos cinqüenta, nunca deixei de lançar-me nos abismos desse profundo mar e de, com ousadia, mergulhar nessa imensidão, sem covardia nem qualquer temor, embrenhando-me na treva total, investindo contra todas as dificuldades, precipitando-me em qualquer abismo, esmiuçando a crença de qualquer seita e tratando de inquirir os segredos da doutrina de qualquer grupo para distinguir entre o verdadeiro e o falso, entre o que segue a tradição ortodoxa e o herético, aquele que introduz novas doutrinas. Não deixei de lado nenhum esotérico sem antes fazer aflorar a sua doutrina, nem um literalista sem desejar conhecer o resultado de sua crença, nem um filósofo sem cuidar de conhecer o ápice de sua filosofia, nem um teólogo sem esforçar-me em examinar o limite máximo de sua teologia e de sua dialética, nem um sufi sem estar ávido para dedicar-me ao segredo de seu sufismo, nem um piedoso sem observar o que resulta de seus atos de devoção, nem um incrédulo negador de Deus sem espiar mais longe para considerar os motivos de sua ousada atitude. A sede por conhecer as naturezas verdadeiras das coisas foi um costume e um hábito meus, desde o princípio e desde a flor da minha vida. Tem sido como um instinto e como uma predisposição inata, posta por Deus na minha natureza, e não devido a uma minha escolha ou habilidade, mas para que me fosse desatado o nó da imitação cega e para que me fossem lisonjeadas as crenças herdadas, e tudo isso em um tempo ainda próximo à infância[31].

Afirmou-se que essas são palavras da linguagem de um homem que tudo quer examinar sem, contudo, pronunciar-se sobre qualquer doutrina. Muitos estudiosos viram, nas primeiras páginas de *Al-munqid*, uma dedicação ao ceticismo. A trajetória vital de Al-Ġazālī, ao recorrer às diversas escolas de pensamento, parece mostrar que ele não poderia abraçar nenhuma doutrina de modo definitivo, exatamente por sua natureza cética. Nem sequer na prática do sufismo pôde ele encontrar a satisfação que ansiava, tampouco alcançar a tranqüilidade que desejava:

> Quando terminei com essas ciências, meu interesse dirigiu-se ao caminho dos sufis e dei-me conta de que o seu caminho somente permanecia perfeito com a teoria e com

31. AL-ĠAZĀLĪ, op. cit., 1969, p. 10-11.

> a prática [...] Como resultou-me que a teoria é mais fácil do que a prática, comecei por acolhê-la mediante a leitura de seus livros [...] Em seguida examinei as minhas circunstâncias e encontrei-me submerso em meio a todos os tipos de impedimentos que me cercavam por todos os lados [...] Quando dei-me conta da minha impotência e veio abaixo totalmente a minha capacidade de escolha, voltei-me a Deus[32].

Ao final de sua viagem, Al-Ġazālī, como muitos outros no mundo islâmico, pôde ser visto como um sábio formado em todas as ciências, porém, com uma característica muito especial: ele é alguém que tem necessidade da certeza, algo exigido pelo próprio texto revelado: o *Corão* faz elogio à certeza[33]. E Al-Ġazālī volta-se para o Livro, convencido de que é possível encontrar nele a certeza, sempre que seja lido como deve ser lido. Antes, porém, teria de se inteirar das "classes dos buscadores" (*aṣnāf al-ṭālibīn*) da verdade: os teólogos (*mutakallimūn*), que se dedicam ao discernimento e à especulação; os *bāṭiniyya*, que professam o "ensino" (*ta^{c}līm*) do *Imām* e defendem a sua infalibilidade; os filósofos (*falāsifa*), que seguem a lógica e a demonstração; e, enfim, os místicos ou sufis, que gozam do privilégio da Presença (*al-ḥaḍra*) e possuem a visão e a intuição. A intenção de Al-Ġazālī é seguir essas quatro vias e examinar em qual delas se encontra a verdade.

Al-Ġazālī afirmou, no início de *Al-Munqiḏ*, que a via da certeza é "um oceano muito profundo, em que a maioria se perdeu e a minoria se liberou"[34]. Depois de mergulhar nesse oceano e de recolher as doutrinas de cada grupo, Al-Ġazālī verificou que todas as ciências alheias ao âmbito espiritual e religioso não podem oferecer nem credibilidade nem segurança; estas somente podem ser obtidas na ciência da certeza, a qual depende, como já foi mencionado, do *Corão*. Como este conduz apenas ao abandono em Deus, somente a tranqüilidade da alma – inerente ao abandonar-se em Deus – levará à verdadeira confiança e segurança.

A partir dessa busca e de suas conseqüências, surgiu uma radical preocupação: aprimorar a religião islâmica. A isto entregou-se na sua *Iḥyā' ^{c}ulūm*

32. Ibid., p. 35-37.
33. Cf. ARNALDEZ, Roger. Les grands traits de la pensée et de l'œuvre de Ghazâlî. In: *Ghazali*: La raison et le miracle. Table Ronde Unesco, 9-10 déc. 1985; Paris: Maisonneuve et Larose, 1987. p. 3.
34. AL-ĠAZĀLĪ, op. cit., 1969, p. 10.

al-dīn, obra que permitiu a outros estudiosos afirmar que o ceticismo de Al-Ġazālī, somente teórico, foi ultrapassado pela certeza de sua fé nos princípios essenciais do Islã; uma certeza que procurou obter dentro dos limites do Islã:

> O que adquiri das ciências nas quais me habilitei e dos caminhos que percorri na perscrutação das ciências legais e especulativas foi uma fé certa em Deus, na Profecia e no Último Dia. Estas três bases da fé arraigaram-se na minha alma, não por uma demonstração específica e precisa, mas por motivos, indícios e experiências, cujos detalhes particulares não podem ser designados[35].

Embora Al-Ġazālī tivesse se assegurado na certeza da fé, isso não o impediu de reconhecer que passara por um longo período de busca intelectual, por um "mar insondável, onde a maioria naufraga e poucos se salvam"[36]. Nesse percurso, passou por seu momento de dúvida cética que parece ter sido a época de Bagdá. Em um determinado momento de sua vida, Al-Ġazālī questionou-se quanto ao valor do conhecimento sensível e do conhecimento intelectual; foi quando a dúvida se acentuou, prolongando-se durante dois meses:

> Quando irromperam esses pensamentos e capturaram minha alma, tentei saná-los, mas não me foi fácil, posto que não podia repeli-los sem recorrer ao raciocínio, e não foi possível manter o raciocínio de pé, a não ser a partir da combinação dos princípios primeiros; mas, como a probidade destes não era indiscutível, resultou, por conseguinte, impossível estabelecer o raciocínio. Esta enfermidade, pois, agravou-se e passei cerca de dois meses num estado de ceticismo (*ᶜalà maḏhab al-safsaṭa*), ainda que não seguisse explicitamente esta doutrina, até que Deus curou-me dessa enfermidade e recuperei a saúde e o equilíbrio, voltando a aceitar os princípios primeiros, na confiança de que estava a salvo do erro e de que deles tinha certeza. Isto, porém, não aconteceu por meio da ordenação de provas, tampouco por uma seqüência de proposições, mas por uma luz lançada por Deus Altíssimo em meu peito. Esta luz é a chave da maioria dos conhecimentos. Quem quer que creia que o desvelamento da verdade se realiza mediante os arrazoados bem dispostos, calcifica a imensa misericórdia divina[37].

35. Ibid., p. 36.
36. Ibid., p. 10.
37. Ibid., p. 13-14.

Foi, portanto, a luz divina que o retirou de seu estado de dúvida. Seu ceticismo durou pouco tempo, porque, em seguida, começou a valorizar também a razão, embora desse um valor relativo ao conhecimento humano, já que a razão só pode ser aplicada na interpretação do texto revelado:

> Os profetas são os médicos das enfermidades do coração. A utilidade e o proceder da razão consistem somente em dar-nos a conhecer isto e em dar testemunho em favor do Profeta, mediante a anuência; e, quanto a si própria, em declarar-se incapaz de alcançar o que alcança o olho da Profecia e de tomar-nos a mão e entregar-nos a ela como se entrega o cego aos que o conduzem, e como se entregam os enfermos, que não sabem qual tratamento seguir, aos médicos solícitos. Até aqui chegam o passo e o andamento da razão, e daqui não passam, exceto se a razão tratar de compreender o que o médico prescreve[38].

Al-Ġazālī reconheceu a necessidade de meditar sobre as maravilhas da criação como meio para chegar ao conhecimento de Deus, pois a razão é um compêndio de dons outorgados por Deus, e, por ela, o homem pode chegar a Deus:

> Resulta, pois, evidente com o que dissemos que a nobreza do homem, igualmente a sua capacidade, procedem da razão [...] Temos de ter presente que [é] grande a sua importância, elevado o seu poder, excelente a sua condição, evidente a sua prova, excelsa a sua estrutura e altos os seus fundamentos[39].

Todavia, a razão por que Al-Ġazālī se interessou é a razão lógica, aquela capaz de estabelecer um método indispensável para o reto exercício do pensar. Por isso, o seu ceticismo pôde estar motivado pelo uso teológico da razão, ao comprovar que os argumentos usados na teologia islâmica não eram conformes à metodologia lógica, mas meras suposições que não se justificavam racionalmente. Al-Ġazālī interessou-se igualmente pelas doutrinas físicas e metafísicas dos filósofos, cujos arrazoados não satisfazem os cânones da estrita demonstração estabelecida pelos lógicos. Ele explica

38. Ibid., p. 46.
39. Id. *Libro de las intuiciones intelectuales*. In CABANELAS, D. Un capítulo inédito de Algazel sobre la razón. *Miscelánea de Estudios Árabes y Hebraicos*, n. 8, p. 29-46, 1959. (Texto na p. 43).

que a lógica constitui um método indispensável para o pensamento, que se deve utilizá-la não só em filosofia, mas também em todos os âmbitos do pensar humano, porque é ela que proporciona o correto exercício da razão. Na sua autobiografia podemos ler: "A lógica nada tem a ver com a religião, não nega nem afirma"[40]. Para ele, a razão tem um importante valor metodológico. Desaprova, no entanto, as conseqüências às quais pode chegar o uso exclusivo e abusivo da razão. É aqui que se pode encontrar a chave para entender a postura que adotou.

Depois de ter estudado a filosofia – que, apesar de tudo, ter-lhe-ia permitido incorporar alguns elementos no interior do pensamento islâmico – e de ter sofrido a crise, Al-Ġazālī chegou à conclusão de que o reto saber somente poderia ser obtido com a inquirição e a compreensão da verdadeira revelação, não, porém, através do caminho da razão, isto é, da filosofia, porque esta, simplesmente, se mostra incapaz disso:

> Quando terminei de examinar e estudar a filosofia, observando as falsidades e os erros que há nela, soube que ela é insuficiente para concluir nosso propósito, pois a razão não está apta para conhecer todos os problemas, tampouco para descobrir o envoltório de todas as dificuldades[41].

Por esse motivo, Al-Ġazālī se propôs a *renovar o Islã*, segundo reza o título de um de seus escritos mais significativos e importantes, a *Vivificação das Ciências da Religião*, síntese de todo o pensamento religioso. Essa vivificação haveria de realizar-se por meio da experiência religiosa, sendo imprescindível que antes se destruíssem os sistemas que confiavam na razão como guia da indagação humana. E, como os expoentes máximos dessa tendência eram os filósofos, fazia-se necessário combatê-los. Para realizar essa crítica, Al-Ġazālī concebeu uma grande obra, composta em três partes.

A primeira é constituída pelo livro *Maqāṣid al-falāsifa* (Intenções dos Filósofos), provável versão árabe, com exceção do prólogo e da conclusão, da obra de Avicena o *Livro da Ciência*[42]. Essa obra começou a ser redigida

40. Id., 1969, p. 22.
41. Ibid., p. 28.
42. Cf. JANSSENS, J. Le Dânesh-Nâmeh d'Ibn Sīnā: un texte à revoir? *Bulletin de philosophie médiévale*, n. 28, p. 163-177, 1986.

pouco tempo depois de sua partida de Bagdá, composta, talvez, a pedido de estudantes. Nela, ele oferece uma exposição sistemática das ciências filosóficas a partir da perspectiva aristotélica, para ele representada por Al-Fārābī e por Avicena, como prelúdio à refutação que delas fará na segunda parte:

> Pediste a mim um tratado claro e suficiente em que se descobre o precipício (*tahāfut*) no qual caíram os filósofos e quão contraditórias são entre si as suas opiniões e como eles encobrem seus equívocos e faltas de inteligência. Antes, porém, de dar-te a conhecer os seus métodos (*maḏhab*) e de instruir-te sobre as suas opiniões, não me sinto muito movido a prestar-te este favor, já que é absurdo querer alcançar a falsidade de seus métodos antes de compreender perfeitamente o que eles entendem [...] Assim, pois, achei necessário que a exposição de sua ruína, ou precipício, deva ser precedida por um estudo breve e sucinto que contenha uma simples narrativa de suas intenções em suas ciências [...]. Assim que o tenha terminado, darei imediatamente, com todo o meu empenho, início ao mesmo assunto em um livro especial, cujo título será *A Ruína dos Filósofos*[43].

Por ter sido traduzido para o latim no século XII, a sua leitura[44] pelos latinos converteu Al-Ġazālī em um grande filósofo, que expunha doutrinas filosóficas similares às de Avicena.

Al-Ġazālī assinala as quatro partes de que consta a filosofia: lógica, metafísica, matemática e física. As verdades matemáticas nada têm a ver com a revelação, já que são necessárias e evidentes por si próprias; portanto, não é necessário ocupar-se delas. A lógica tem como fim dirigir a razão, sendo um preâmbulo de todas as ciências e necessária para quem quer defender o Islã; por isso, expõem-se o objetivo e o conteúdo dessa ciência. As outras duas partes, a metafísica e a física, são as que devem ser refutadas por via dos perigos que introduzem na religião: "Quanto à metafísica, em quase todas as suas doutrinas, está em contradição com a verdade, e, nela, a conformidade com a razão é coisa rara [...] Na física, a verdade aparece mesclada ao erro; nela, o racional muitas vezes se assemelha ao errôneo"[45].

A obra em que Al-Ġazālī realiza a crítica do pensamento filosófico é a que tem por título, como ele próprio já advertira em seu prólogo anterior,

43. AL-ĠAZĀLĪ, op. cit., 1963, p. 3-4.
44. Esta leitura não incluía o prólogo em que Al-Ġazālī expõe o seu propósito.
45. AL-ĠAZĀLĪ, op. cit., 1963, p. 4.

Tahāfut al-falāsifa, em que volta a exprimir o seu ceticismo e realiza a crítica e o ataque aos filósofos, por manterem doutrinas perigosas para o Islã e por não oferecerem provas estritas sobre as verdades fundamentais:

> Quando vi este filão de desatinos palpitando dentro desses nécios, dediquei-me a compor este livro para refutar os filósofos antigos, para expor a destruição de sua crença e a contradição de seu discurso, no que tange à metafísica (*ilāhiyyāt*), para pôr de manifesto os perigos e defeitos de sua doutrina[46].

Como as idéias dos filósofos procedem da razão humana e como algumas delas são contrárias aos princípios do Islã, Al-Ġazālī reafirmou a sua escassa credibilidade na razão humana, que não se aplica a alcançar a outra certeza, a da fé, e afirmou o seu ceticismo diante das doutrinas decorrentes unicamente dela, que não se apóiam na revelação, porque a razão é incapaz de oferecer uma visão completa do mundo. Revela aí a origem da decadência da fé islâmica a partir da fascinação que os nomes dos filósofos gregos exerceram sobre os árabes:

> A fonte de toda a incredulidade (*kufr*) é dar ouvidos a nomes como os de Sócrates, Hipócrates, Platão, Aristóteles e outros, e à exageração e aos erros de grupos de seus seguidores ao descrever suas mentes, a excelência de seus princípios e a precisão de suas ciências geométricas, lógicas, físicas e metafísicas[47].

Al-Ġazālī propôs-se a demonstrar, em vinte questões, que o que os filósofos muçulmanos creram e sustentaram carece de fundamento por contradizer as doutrinas oferecidas pela revelação. Dessas questões, três são consideradas atentatórias contra a própria religião, e Al-Ġazālī as censura como infiéis e atéias: a eternidade do mundo, a negação do conhecimento que Deus tem dos particulares e a negação da ressurreição dos corpos; as dezessete restantes, ele as qualifica como heresias, que apenas imputam dano ou prejuízo a algum ponto concreto da religião. Do ponto de vista filosófico, essa crítica dirige-se principalmente contra o necessitarismo implícito nas teorias de Al-Fārābī e de Avicena.

46. Id., 1927, p. 6.
47. Ibid., p. 5.

Segundo Al-Ġazālī, a tese que expressa explicitamente essa ordem necessária do universo é a afirmação da eternidade do mundo. Por isso, ele trata de mostrar – apoiando-se em argumentos retirados do neoplatônico João Filopono, como já havia feito Al-Kindī – que o mundo teve um início temporal, isto é, que foi criado do nada porque Deus assim o quis. Sustenta que a criação é um ato absolutamente livre que procede diretamente da vontade de Deus, posto que não está de modo algum nem condicionada nem circunscrita pelo conhecimento e pela ciência que o próprio Deus possui como atributos essenciais. Assim, Deus não é tanto um ser puramente intelectual, mas, melhor, uma vontade que decidiu que o universo existisse em determinados limites temporais. Se não há criação necessária em Deus, por Ele não estar sujeito a nenhum tipo de lei, os conceitos de necessidade, de possibilidade e de contingência não têm razão de ser.

Al-Ġazālī tampouco encontra justificativa para aquilo em que se expressa tal necessidade: o princípio de causalidade. Submete esse princípio a uma dura crítica, resumida nas seguintes proporções: em primeiro lugar, quando duas circunstâncias existem sempre simultaneamente, nada prova que uma seja a causa da outra. Em segundo lugar, inclusive quando se admite a ação de certas causas por uma lei da natureza, não se segue de modo algum que o efeito seja sempre o mesmo, ainda que as circunstâncias sejam análogas e os objetos análogos. O que os filósofos denominam de causalidade nada mais é do que algo que se sucede habitualmente, porque Deus assim o quis; o que se vê como nexo causal não é mais do que o costume de ver dois fenômenos consecutivos:

> A união entre o que usualmente se crê causa e o que se crê causado não é necessária para nós; ao contrário, em cada uma destas duas coisas, esta não é aquela e aquela não é esta; a afirmação de uma não inclui a afirmação de outra e a negação de uma não inclui a negação de outra; a existência de uma não exige necessariamente a inexistência da outra. Por exemplo, a satisfação da sede e o beber, a saciedade e o comer, a combustão e o contato com o fogo, a luz e o despontar do sol, a morte e a degolação, a cura e o sorver da medicina, a diarréia e o uso do laxante, e assim sucessivamente em todas aquelas coisas que observamos que estão unidas, tanto em medicina como em astronomia, nas artes e nos ofícios. A sua união foi preestabelecida por um decreto de Deus Altíssimo ao criá-las de modo sucessivo, não porque a sua geração fosse necessária por si própria, sem que pudessem se separar[48].

48. Ibid., p. 277-278.

Por conseguinte, não há nenhuma necessidade nem lei natural que obriguem a vontade divina a atuar de uma determinada maneira. Ainda em *Al-Munqiḏ*, Al-Ġazālī sustenta o mesmo: Deus é a única causa; os seres que chamamos de "causas" nada mais são do que instrumentos da ação de Deus:

> De todos os modos, creio com uma fé certa, e por tê-la experimentado, que não há força nem poder, a não ser em Deus, e que não fui eu quem se moveu de um lugar para outro, mas foi Ele quem me moveu, que não fui eu quem agiu, mas foi Ele quem me usou como instrumento de Seu agir[49].

O resultado a que chegou foi esse ceticismo em face de todas as doutrinas que provêm única e exclusivamente da razão humana, sem que esta se apóie na revelação divina. Por isso, Al-Ġazālī concebeu um terceiro livro em seu amplo projeto, antes assinalado, que teria por título *As Bases da Crença*, em que exporia a verdade fundada em bases inflexíveis. Não obstante, parece que não chegou a compô-lo. Há que destacar, ainda, que a sua negativa da teoria da causalidade e o seu repúdio em aceitar o que está além da aparência fenomênica tornam-no um filósofo próximo ao empirismo.

A conseqüência da crítica algazaliana foi o eclipse da *falsafa* como movimento específico do mundo muçulmano que expunha, no Oriente islâmico, uma filosofia continuadora da grega. Afirmou-se que esse desaparecimento não deixa de ser uma lenda, já que houve uma certa continuação da filosofia. É certo que se encontram determinados elementos neoplatônicos em diversos autores posteriores ou, inclusive, algum comentário a alguma obra aristotélica; todavia, trata-se mais de pensadores que desenvolveram a corrente iluminativa, a filosofia *išrāqī*, desenvolvida por Suhrawardī, que depois, com a recepção do pensamento de Ibn ᶜArabī, de Múrcia, convergiria na escola de Iṣfahān. Por outro lado, depois de Al-Ġazālī, no mundo islâmico, apagou-se no âmbito oriental a razão como faculdade humana superior à revelação, capaz de elaborar um sistema completo de explicação do universo; permaneceram um ou outro filósofo, considerando esse termo na sua significação mais estrita. Surgiram algumas exposições simbólicas da

49. Id., 1969, p. 50.

realidade, mas não racionais. A imaginação converteu-se então em criadora de mundos[50]; poderia ela explicar o nosso mundo real como o faz a razão?

A Afirmação do Islã Sunita contra os *Bāṭiniyya*

Se, no âmbito do pensamento especulativo, Al-Ġazālī reafirmava, com a sua destruição da filosofia, a validade universal do Islã como caminho rumo à Verdade, restava-lhe ainda expor, entre as múltiplas vias que se abrem no Islã, qual seria a verdadeiramente correta.

No interior do Islã, os teólogos (*mutakallimūn*), ou seguidores do *Kalām*, que ocuparam os interesses iniciais de Al-Ġazālī como estudioso, não o convenceram. Ao examinar suas doutrinas, ele reconhece que alcançam a sua finalidade, que é defender a Tradição por meio de arrazoados tomados de seus adversários, motivo por que não poderiam estar bem preparados para a luta contra eles:

> Li todos os tratados de seus estudiosos e eu mesmo escrevi meus próprios tratados contra ela. Nela encontrei uma ciência que convém para os seus próprios fins, porém não para os meus. Seu único objeto é o de conservar a fé dos seguidores da Tradição (*ᶜaqīdat ahl al-sunna*) e preservá-la contra a confusão dos inovadores (*ahl al-bidᶜa*) [...] Alguns deles cumpriram perfeitamente sua tarefa: protegeram a Tradição, refutaram os ataques contra a fé na profecia e lutaram contra as inovações religiosas. Todavia, para isto se serviram de argumentos tomados de seus adversários, o que os obrigou a submeter-se a eles de uma maneira cega [...] Por tudo isto, no que concerne a mim, o *Kalām* não me foi suficiente, nem foi remédio para a enfermidade que me afligia[51].

Como, além disso, os teólogos pretendiam estudar a natureza das coisas por meio das noções de substância e de acidentes, não alcançaram seu

50. Cf. CORBIN, Henry. *Avicenne et le récit visionnaire*. Téhéran; Paris: Librairie d'Amérique et d'Orient A. Maisonneuve, 1954.
51. AL-ĠAZĀLĪ, op. cit., 1969, p. 16.

fim último, porque o estudo dessas categorias filosóficas não pertencia à sua ciência; a saber, não alcançavam o significado das categorias aristotélicas, tornando impossível que chegassem a um bom resultado.

Porém, apesar dessa refutação da teologia de seu tempo, Al-Ġazālī não deixou de trabalhar em favor da doutrina ortodoxa do Islã[52]. Como foi mencionado, compôs escritos que são uma expressão adequada de sua fé muçulmana. Não somente *Iḥyā'*, em que o conceito mesmo de "vivificação", "revitalização", "re-animação" (*iḥyā'*)[53] deve ser entendido como algo que está dirigido a reviver o que está morto. No caso de Al-Ġazālī, eram as próprias ciências islâmicas que ele acreditava mortas, pois se haviam distanciado dos objetivos iniciais da *šarīᶜa*. Nessa sua obra, além das copiosas instruções sobre as práticas litúrgicas e prescrições acerca da piedade, encontram-se idéias em que se funda a sua teologia e em que é ressaltado que a mais elevada forma de conhecimento é o sufismo, ao qual logo se encaminharia. Também em seu livro *Iqtiṣād fī al-iᶜtiqād*, Al-Ġazālī, ao recolher os ensinamentos de seu mestre Al-Juwaynī, expõe princípios da doutrina *ašᶜarita*[54] e assinala com clareza qual deve ser o objeto da teologia: o próprio Deus, Deus nos seus atributos e nos seus atos, e os atos de seus profetas, de acordo com o que foi transmitido pela profecia. Para ele, o único fundamento da teologia é a revelação divina, conhecida pela mediação do Profeta. O *Corão* converte-se, assim, na verdadeira e única fonte desta ciência:

> Diz-se que o mal do *Kalām* consiste nos efeitos que freqüentemente produz, a saber, as discrepâncias de critério entre os muçulmanos, o fanatismo com o qual se combatem mutuamente, as inimizades e ódios violentos que engendra; portanto, por esta razão, não negamos que o *Kalām* seja coisa proibida da qual se deva fugir. Mas também o orgulho, a vaidade, a hipocrisia, a ambição etc. nascem por ocasião do estudo das tradições, da hermenêutica e do Direito; e, por mais que tais estudos sejam, por esta razão, abomináveis, ninguém os declara em absoluto proibidos [...] De outro lado, como será proibido o estudo, quando o próprio Profeta o aconselha?

52. Cf. ASÍN PALACIOS, op. cit., 1901, p. 194.
53. Este termo árabe é o nome de ação da quarta forma da raiz *ḥayy*, "viver", "estar vivo". Na sua quarta forma significa "vivificar", "ressuscitar", "reviver", "dar vida", "animar".
54. G. Makdisi nega que a teologia algazaliana seja *ašᶜarita*. Cf. MAKDISI, G. Al-Ġazālī, disciple de Shāfiᶜī en droit et en théologie. In: *Ghazali*: La raison et le miracle. Table Ronde Unesco, 9-10 déc. 1985; Paris: Maisonneuve et Larose, 1987. p. 45-55.

> [...] Todo o *Corão*, desde o início até o final, é uma polêmica com os infiéis; e, por isto, o fundamento das provas dos *mutakallimūn* em favor da unicidade de Deus, da revelação, da ressurreição dos mortos, e de outros dogmas, são textos corânicos[55].

Em *Al-iqtiṣād*[56], Al-Ġazālī assinala a importância da ciência da teologia, ao revelar o que tem a ver com Deus. Não serve, porém, para a maioria dos homens, incapazes de ocupar-se dela. Lamenta os tempos dos Companheiros do Profeta, quando a teologia não era necessária. Em sua época, porém, como é preciso recorrer a ela, a sua utilidade consiste em resolver algumas dúvidas e em convencer os infiéis inteligentes. É a "justa medida" que pode ser utilizada para proteger as crenças da comunidade contra quem as ataque; trata mais de eliminar o erro, distanciando-o dos fiéis, do que de demonstrar a verdade, posto que esta vem de Deus e se encontra além das provas racionais. Todavia, e aqui estamos diante de um paradoxo, Al-Ġazālī contribuiu a um desenvolvimento próprio da teologia, por sua metodologia racional, ao usar o silogismo aristotélico e aplicá-lo sistematicamente aos problemas teológicos.

Os princípios afirmados por Al-Ġazālī, embora não originais, já que estão presentes nos *aš^caritas* anteriores, especialmente em seu mestre, o Imām al-Ḥaramayn, são os seguintes: Deus, absolutamente transcendente e somente predicável de maneira negativa, é o Ser supremo, incomparável e diverso do universo, criado por Ele por um ato de Sua vontade. Esta analogia negativa, porém, comum aos *mu^ctazilitas* e aos *aš^caritas*, não impede Al-Ġazālī de reconhecer a realidade positiva dos atributos divinos, explicitamente reconhecidos e assinalados no *Corão*, inclusive com as suas características antropomórficas, distintas da essência divina incognoscível.

Todavia, mais grave que o perigo dos teólogos foi o representado pela força político-religiosa dos xiitas ismaelitas, especialmente sob a sua forma doutrinária, conhecida pelos nomes de *bāṭiniyya* e de *ta^clīmiyya*, cujas idéias constituíam uma espécie de síntese da filosofia e da mística, que pretendia desvelar o sentido oculto (*bāṭin*) do *Corão*, graças ao ensino (*ta^clīm*) do imã oculto. A sua ameaça não era apenas doutrinária, mas principalmente

55. AL-ĠAZĀLĪ. *Kitāb iḥyā' ^culūm al-dīn.* Texto em ASÍN PALACIOS, op. cit., 1901, p. 205-206.
56. Foi analisado por GARDET, L.; ANAWATI, G. *Introduction à la théologie musulmane.* 2. ed. Paris: J. Vrin, 1970 (1. ed. 1948). p. 157-160.

política, uma vez que haviam criado uma espécie de terrorismo fanático ao recorrer, para realizar seus fins políticos, ao assassinato de seus adversários políticos. Dentre os que foram assassinados, devem-se mencionar Niẓām al-Mulk, o vizir do sultão seljúcida, assassinado em 11 de outubro de 1092; Barkyārūq, sultão seljúcida, em setembro-outubro de 1095; o governador de Iṣfahān, em agosto de 1099; o emir de Rayy, assassinado no palácio de Faḫr al-Mulk, em outubro de 1100; Faḫr al-Mulk, protetor de Al-Ġazālī, em setembro de 1106; Niẓām al-Dīn Abū Naṣr Aḥmad, vizir do sultão, atacado e ferido em Bagdá, em fevereiro-março de 1110. O regime de terror em que se vivia na época de Al-Ġazālī era, portanto, muito grave. Foram os ismaelitas, denominados *niẓarīs*, conduzidos por Ḥasan ibn al-Ṣabbāḥ, os que se estabeleceram primeiro na montanha de Alamūt e em outras partes do Irã, e, depois, em diversas fortalezas na Síria, especialmente na de Miṣyāf[57], e dos quais se diz que usavam *ḥašīš*, termo do qual teria derivado a palavra "assassinos" (*ḥašāšīn*, "os que usam *ḥašīš*"), segundo uma etimologia muito difundida, mas que suscitou dúvidas[58]; a erva induzia-os à visão do paraíso, tornava-os disponíveis para se entregarem à causa do grupo como mártires e despertava neles uma feroz determinação para fazer do assassinato o instrumento para conseguir seus fins: são os *fedayins* (*fidā'iyyūn*), "os que se sacrificam", "os que dão a vida por algo".

Foi na luta contra esse grupo que Al-Ġazālī se destacou em favor da defesa da doutrina sunita. Interessado em suas doutrinas e na sua metodologia, enfrentou-o, incentivado pela petição que lhe fizera o califa de Bagdá: que escrevesse um livro contra ele, por representar uma ameaça ao governo de Bagdá. Assim narra ele:

> Quando terminei com a filosofia, depois de tê-la estudado e compreendido, e depois de ter condenado o que nela é reprovável, soube que ela não satisfazia a totalidade de nossos propósitos e que a razão não bastava nem para compreender

57. No cume de uma montanha, perto dessa fortaleza, Rāšid al-Dīn Sinān (m. 1193), chefe carismático dos *niẓarīs* sírios, estabeleceu o seu retiro e lugar de oração. Os Cruzados o chamaram de "Velho da Montanha", e foram os cronistas cruzados os primeiros a recolher informações sobre esses *niẓarīs* da Síria, impressionando-se com a conduta de auto-imolação de que se vangloriavam os *fidā'iyyūn*.
58. Cf. CORBIN, Henry. *Histoire de la Philosophie islamique*. Paris: Gallimard, 1964. p. 137.

> todas as questões nem para resolver todas as dificuldades. Surgiram, então, os *ta^c^līmīs* (os partidários do ensino do imã), cujas doutrinas sobre o conhecimento dos assuntos poderiam ser difundidas entre as gentes somente pelo imã infalível e verdadeiro. Ocorreu-me, então, estudar as suas doutrinas, a fim de informar-me sobre o que havia em suas aljavas. Coincidentemente chegou-me a ordem talhante do califa para compor um escrito em que se tornasse patente a realidade de suas doutrinas. A isto, não pude esquivar-me; foi um estímulo exterior que se acrescentou ao motivo original interior[59].

Tratava-se do texto já mencionado, o *Kitāb al-mustaẓhirī fī al-radd ^c^alà al-bāṭiniyya*, uma de suas mais interessantes obras pela forma e pelo conteúdo[60], composta, como se disse, por requisição do califa Al-Mustaẓhir. Este andava muito preocupado com a importância crescente dos *ta^c^līmīs*, pois as suas doutrinas implicavam o reconhecimento, por parte de alguns muçulmanos, de uma autoridade contrária à do próprio califa. Desse modo, foram motivações tanto políticas como doutrinárias que levaram o califa a solicitar a Al-Ġazālī a realização de tal tarefa. Além disso, como ele próprio assinala, Al-Ġazālī compôs outros textos com essa mesma finalidade: *Kitāb ḥujjat al-ḥaqq* (Livro da Prova da Verdade), *Mufaṣṣil al-ḫilāf* (Esclarecedor do Desacordo), *Al-darj* (A Consignação por Escrito) e *Al-qisṭās al-mustaqīm* (A Balança Justa)[61].

Para preparar esses textos contra o grupo de ismaelitas, Al-Ġazālī reuniu e organizou afirmações e crenças dos *bāṭiniyya*, com o fim de expor e de explicar as suas doutrinas antes de criticá-las, como já havia feito com os filósofos:

> Comecei, assim, a buscar os seus escritos e a reunir as suas doutrinas. Ainda agora chegaram a mim alguns de seus mais recentes tratados, compostos por contemporâneos nossos, que não seguiam o método usado por seus antecessores. Reuni esses tratados, organizei-os numa ordem objetiva, comparando-os, a fim de verificação, e dei a eles longas respostas[62].

59. AL-ĠAZĀLĪ, op. cit., 1969, p. 28.
60. GOLDZIHER, I. *Le dogme et la foi de l'Islam*. Nova ed. Paris: P. Geuthner, 1958. p. 295, nota 156.
61. AL-ĠAZĀLĪ, op. cit., 1969, p. 33.
62. Ibid., p. 28.

Os *ta^c^līmīs* sustentavam, como idéia fundamental assinalada por Al-Ġazālī, que a verdade reside no "ensino" dado pelo imã infalível. Al-Ġazālī concorda em que seja necessária a existência de um mestre e de sua infalibilidade. Todavia, tal mestre foi o Profeta Muḥammad, e não há necessidade de nenhum outro, porque, como lhe foi revelado por Deus, "hoje vos completei a vossa religião"[63]. Diz Al-Ġazālī que o seu êxito se deve ao fato de que eram ignorantes os que tentaram argumentar contra os *ta^c^līmīs*, porquanto contestavam suas premissas, que são verdadeiras, e não suas conclusões, que são falsas.

A doutrina *ta^c^līmī* do "ensino" de autoridade era complementada por outra, de grande importância para ela: a doutrina do sentido oculto (*bāṭin*) do *Corão*, que pode ser desentranhado pelo imã. Isso implicava uma completa e cega obediência à leitura ou interpretação do imã, capaz de permitir que o *Corão* fosse entendido segundo a reflexão do imã. E no caso concreto desse grupo, na falta do imã oculto, quem assumia essa autoridade inefável era o próprio Al-Ḥasan ibn Al-Ṣabbāḥ, que exigia obediência cega, fidelidade e acatamento à sua interpretação do *Corão*[64].

Diante de tais premissas, o esforço pessoal (*ijtihād*), a opinião (*ra'y*) e a especulação (*naẓar*) não têm qualquer utilidade, posto que não conduzem à verdade. Por conseguinte, a razão humana individual não é confiável, como se comprova pelas contradições e divergências que existem entre os homens. Al-Ġazālī assim o expõe: "Permanece ainda a sua pergunta: 'Como julgais aquilo que não haveis ouvido? Por acaso em referência a um texto ao qual não haveis prestado atenção, ou em referência ao esforço pessoal e à opinião própria que pressupõem um desacordo?'"[65]. A mesma opinião, ele a expressa em *Al qisṭās al-mustaqīm* (A Balança Justa), em que lemos:

> Em uma de minhas viagens, um dos companheiros dos *ta^c^līmīs* veio ao meu encontro e me afrontou com perguntas e discussões, como quem toca com uma mão branca e com provas sedutoras. Disse-me: "Vi que apelas ao conhecimento perfeito. Com que balança pesas a verdadeira realidade do conhecimento? Com a balança da opinião pessoal (*ra'y*) e da analogia (*qiyās*)? Esta é o cúmulo da contradição e da ambigüidade e por sua causa se promove o desacordo entre os homens. Ou com a balança do

63. *Corão* V:3.
64. Cf. WATT, op. cit., 1963, p. 80-81.
65. AL-ĠAZĀLĪ, op. cit., 1969, p. 30.

ensino de autoridade (*ta^clīm*)? Neste caso deverás seguir ao imã infalível (*al-ma^cṣūm*), o mestre; não vejo, porém, que tu ardas em desejos por buscá-lo". Eu lhe respondi: "No que se refere à balança da opinião pessoal e da analogia, Deus impede que eu me aferre [unicamente] a ela, posto tratar-se da balança de Satã"[66].

Em suas diversas obras, Al-Ġazālī realça a pobreza do ensino dos *ta^clīmīs* e o modo como sabem esconder-se quando vislumbram a menor possibilidade de perigo, por meio do discernimento, familiarizando-se com a pessoa que querem converter, semeando a dúvida, comprometendo-se mediante um acordo, ou por meio do engano, confundindo, abandonando as obrigações religiosas ou se afastando das crenças[67]. Também assinala as razões que movem os homens a unir-se a essas doutrinas, que representam a vontade de poder, o ressentimento, o desejo de distinguir-se dos demais, a imitação dos mestres e o desejo de liberação das obrigações impostas[68].

Como a opinião dos *ta^clīmīs* se contrapunha à dos que faziam do esforço pessoal e da opinião própria pontos de apoio na sua interpretação do texto revelado, Al-Ġazālī viu-se obrigado a refutar também este segundo aspecto da doutrina *ta^clīmī*, o que não foi difícil em razão de seu conhecimento e domínio da lógica aristotélica, que pôs em jogo na sua obra *Al-qisṭās al-mustaqīm*, na qual justifica os princípios lógicos em referência ao *Corão*, isto é, sempre que não se fie unicamente na "balança da opinião e da analogia", da demonstração racional, que por si só é obra do diabo. Deixar os homens à sorte de sua própria razão provocará dissensões e desacordos.

Em *Al-munqiḏ*, faz dos *ta^clīmīs* discípulos da "vulgar" filosofia de Pitágoras, um dos primeiros filósofos refutados por Aristóteles, o qual demonstrou a debilidade e o aviltamento de suas doutrinas, presentes no *Livro dos Irmãos da Pureza*[69], cujo pensamento parece ter exercido uma grande influência nos *bāṭinīs*.

66. Id. *Al-qisṭās al-mustaqīm*. Edição de Damasco, 1318H. p. 17-19.
67. Cf. BADAWĪ, ^cAbd al-Raḥmān. L'actualité d'Al-Ghazâlî. In: *Ghazali*: La raison et le miracle. Table Ronde Unesco, 9-10 déc. 1985; Paris: Maisonneuve et Larose, 1987. p. 74-75.
68. Ibid., p. 75-76.
69. Os *Iḫwān al-Ṣafā'* (Irmãos da Pureza) formavam um grupo de filósofos que constituiu uma associação de caráter secreto em Basra e em Bagdá durante o século X. Os Irmãos da Pureza foram os autores de uma ampla Enciclopédia, composta por cinqüenta e duas Epístolas (*Rasā'il*), nas quais são abordadas questões matemáticas, lógicas, metafísicas, físicas, místicas e mágicas, muito influenciadas pelo hermetismo neopitagórico. Sobre eles, cf. verbete de MARQUET, Y. Iḫwān al-Ṣafā'. In: ENCYCLOPÉDIE de l'Islam (EI²). Nouvelle Édition. vol. III, p. 1098-1103.

A filosofia deles é, portanto, puro palavreado[70]. Além disso, Al-Ġazālī reprova-os por, ao desejarem buscar a ciência com grande esforço, contentarem-se com tantas doutrinas banais, acreditando que alcançaram o ápice das ciências, e afirma que seduziram as gentes argumentando sobre a necessidade de um mestre, incapazes, porém, de solucionar qualquer problema. Por essa razão, Al-Ġazālī decidiu afastar-se deles e prosseguir o seu caminho rumo à verdade.

Depois de ter exposto a sem-razão dos *bāṭinīs* e dos *ta^c^līmīs*, Al-Ġazālī encontrou-se com a via sufi (*al-ṭuruq al-ṣūfiyya*), que somente poderia ter êxito ao unir conhecimento e ação. Após estudar os livros dos mais notáveis místicos, compreendeu que ao mais específico deles só se pode chegar pelo gosto[71], pelos estados da alma e pela modificação das qualidades (*bi-al-ḏawq wa-al-ḥāl wa-tabaddul al-ṣifāt*)[72]. A sua tarefa, como sufi, consistiu em converter os princípios teóricos desse movimento em algo ortodoxo. Recolhendo a parte ascética e moral dos sufis anteriores, sustentou, todavia, que a união entre o homem e Deus jamais pode ser compreendida como união existencial ou habitação de Deus no homem. Para ele, o sufismo é essencialmente um método de purificação da alma, a fim de que esta possa refletir perfeitamente a vontade de Deus. Com essa interpretação, o sufismo torna-se parte integrante do Islã sunita. Esse método não se aprende em livro nenhum, mas apenas com a vivência e a total entrega a ele, o que consiste na força de convicção interna que culmina na *ma^c^rifa*, ou conhecimento intuitivo e deleitoso de Deus, e na *maḥabba*, ou amor a Deus.

Al-Ġazālī chegou a reconhecer que havia atingido, em seus estudos, as verdadeiras bases da crença: a fé certa em Deus, na Profecia e no Dia do Julgamento[73]. Meditava sobre esta e a outra vida, sobre as paixões e desejos mundanos. Continuou indeciso durante seis meses, inclusive deixou de lecionar ao ficar sem fala, como afirma no texto[74]. Foi o momento de sua grande crise, cuja origem fora atribuída ao medo que nutria pelos ismaelitas. Todavia, fora

70. AL-ĠAZĀLĪ, op. cit., 1969, p. 33.
71. Trata-se de uma forma de conhecimento direta e intuitiva que transcende toda realidade física e que se adquire por experiência imediata. O termo latino *sapientia*, que originariamente significa "sabor, gosto", procede do verbo *sapio*, "ter sabor ou gosto, saber bem ou mal".
72. AL-ĠAZĀLĪ, op. cit., 1969, p. 35.
73. Ibid., p. 36.
74. Ibid., p. 37.

mais o medo do divino que a causara, visto que, diante do aumento do poder político dos *bāṭinīs*, continuou escrevendo obras anti-ismaelitas depois da crise. Al-Ġazālī não se desesperou, aliás percebeu que o momento crítico por que passava tinha solução: abandonar tudo o que possuía, além daquilo a que se dedicava, para consagrar sua vida totalmente a Deus por meio do ascetismo. Foi quando decidiu partir de Bagdá e retornar a seu lugar de origem, onde, depois de realizar a peregrinação a Meca e de um período de silêncio de dez anos, voltou a ensinar, especialmente a doutrina sufi, que, na verdade, foi a que o curou de suas aflições.

Após reconhecer, como já indicado, os princípios fundamentais do Islã, Deus, Profecia e Dia do Julgamento, Al-Ġazālī reconheceu a importância da aceitação pelo crente da presença de Deus, percebida pelos latejos do coração e pelos mistérios dos pensamentos mais íntimos; ao converter esta certeza em convicção íntima que domina seu coração, o homem tem um comportamento digno e praticará um conjunto de virtudes e atos de obediência que o levarão a purificar seu coração diante de Deus. Isso requer o fortalecimento da fé mediante a luta espiritual, a resistência às paixões e a plena entrega à menção de Deus. Com essa dedicação, o fiel verá abrir-se seu coração ao mundo do *malakūt*, do reino de Deus, onde estão os anjos e onde se encontra a Tábua, arquétipo de todos os Livros, por meio dos quais Deus transmitiu Seu ensinamento, e na qual está escrito tudo o que foi, o que é e o que será.

Na obra que compôs para revitalizar o espírito verdadeiro do Islã, a célebre *Iḥyā' ᶜulūm al-dīn*, Al-Ġazālī sustentou que a mais elevada forma de conhecimento está no sufismo e que todas as demais a ele estão subordinadas. Uma vez reconhecida a existência de uma dupla classificação das ciências em religiosas (*šarᶜiyya*) e racionais (*ġayr šarᶜiyya*), nesse grande texto Al-Ġazālī trata das ciências religiosas, necessárias para o homem em sua vida individual e social, que subdivide em dois grupos, o das que pertencem a este mundo (*dunyā*), porque têm por objeto a vida terrena do homem, e o das que se ocupam de seu destino final, as ciências do outro mundo (*āḫira*)[75].

Dentre as ciências deste mundo, ocupa um lugar privilegiado o *Fiqh*, o Direito, imprescindível para os homens que vivem em sociedade, os quais

75. *Iḥyā'*, I, 2.

devem submeter-se a normas e regras. O *Fiqh* não é apenas a codificação da norma, mas uma atitude de espírito e um método cujas regras têm de ser fixadas pela ciência dos fundamentos do Direito (*uṣūl al-Fiqh*), que atribuirá à razão a sua função e os seus limites[76]. Contudo, essas ciências não são suficientes para o destino final do homem, porque tão-somente correspondem ao aspecto exterior (*ẓāhir*) da religião. Pontuais são as ciências relativas ao aspecto interior (*bāṭin*), que se aplicam ao âmbito da crença e ao das disposições da alma para com esta crença, condicionando o comportamento do homem[77]. Tais ciências, relativas à felicidade no outro mundo, são duas: a ciência da ação (*^{c}ilm al-mu^{c}āmala*) e a ciência que "desvela" o conhecimento divino mediante um desenvolvimento interior (*^{c}ilm al-mukāšafa*), constituindo este o fim último de todas as ciências e sendo definido como o saber (*ma^{c}rifa*) que permite atingir o conhecimento vivenciado de Deus[78].

Esse conhecimento, mais elevado que o racional, é "desvelado" ao sufi, que, por seu intermédio, alcança o conhecimento direto da fonte divina. Al-Ġazālī não se ocupa da natureza desse conhecimento, afirmando que não tem permissão para revelá-lo e que a linguagem humana é incapaz de expressar tal experiência. Trata-se de um conhecimento que necessariamente conduzirá ao amor, por meio do qual a grandeza e a sublimidade do Senhor serão admiradas e cujo fim é o aniquilamento do "eu" em Deus, tal como descreve em *Al-Munqiḏ*:

> Em suma, que dizer do caminho, cuja purificação, que é a primeira de suas condições, consiste em purificar totalmente o coração de tudo o que não é Deus Altíssimo, e cujo início, que é como a sacralização para a oração, consiste em submeter o coração totalmente na menção (*ḏikr*) de Deus e cujo final consiste na aniquilação total (*al-fanā'*) em Deus?[79].

A purificação do coração exige o amor, adquirido com a perseverança na menção (*ḏikr*) de Deus. Purificado o coração, obtém-se uma convicção

76. Ibid., I, 2.
77. Ibid., I, 3-4.
78. Ibid. Cf. LAOUST, Henri. *La Politique d'al-Ghazâlî.* Paris: Librairie Orientaliste Paul Geuthner, 1970. p. 197-200.
79. AL-ĠAZĀLĪ, op. cit., 1969, p. 39.

sólida, adquire-se a certeza. É esta que torna o homem tranqüilo e o leva a Deus. Quem conhece o mundo criado por Deus conhece a Deus, converte-se em conhecedor (*ᶜārif*) e ama o Criador, porque vê a Deus em todas as ações e obtém a certeza de Sua realidade. Quem depois confessa a unidade de Deus, aniquila-se na unicidade divina.

No percurso desse conhecimento interior, o místico encontra em si próprio as respostas e certezas de que sua alma necessita. Quem não é místico, porém, necessita dos demais pilares da religião e necessita seguir os ensinamentos dos ulemás e alfaquis. Com isso, Al-Ġazālī reconhecia e determinava a vinculação da mística com a religião ortodoxa, ao fazer uma síntese consciencciosa dos três principais aspectos do Islã: a busca da razão, embora esta seja limitada, a legislação jurídica e a prática mística. Foi criticado pelos muçulmanos mais tradicionalistas, que afirmavam que *Iḥyā'* era uma obra que contradizia a *šarīᶜa* ao afirmar que a *ᶜilm al-mukāšafa* era uma fonte de conhecimento. A defesa que ele próprio fez de sua grande obra indica o seu compromisso com o sufismo como única via para o verdadeiro conhecimento, apesar de reconhecer a insatisfação que esta via provocava.

Referências Bibliográficas

ABRAHAMOV, Benyamin. Al-Ghazālī's Theory of Causality. *Studia Islamica*, n. 67, p. 75-98, 1988.

AL-ĠAZĀLĪ. *Miḥakk al-naẓar fī al-manṭiq* (Pedra de Toque da Especulação sobre a Lógica). Cairo, [s.d.].

____. *Al-qisṭās al-mustaqīm* (A Balança Justa). Cairo, 1318H. (Nova ed. Riyād Muṣṭafà. Damasco: Dār Al-Ḥikma, 1986).

____. *Fayṣal al-tafriqa bayn al-islām wa-al-zandaqa* (Livro da Separação Definitiva entre o Islã e o Livre Pensamento). Cairo, 1319/1325H.

____. *Miškāt al-anwār* (Nicho das Luzes). Cairo, 1322H.

____. *Kitāb al-maqṣad al-asnà fī šarḥ maᶜānī asmā' Allāh al-ḥusnà* (Livro em que se Expõe e Comenta os Significados dos mais Belos Nomes de Deus). Cairo, 1322H. (Nova ed. F. A. Shehadi. Beirut: Dār al-Mašriq, 1982).

____. *Al-iqtiṣād fī al-iᶜtiqād* (O Justo Médio na Crença). Cairo, 1327H. (Nova ed. Beirut, 1993).

____. *Mīzān al-ᶜamal* (Critério da Ação). Cairo, 1328H. (Nova ed. Beirut, 1995).

____. *Miᶜyār al-ᶜilm fī fann al-manṭiq* (Fiel Contraste da Ciência na Arte da Lógica). Cairo, 1329H. (Nova ed. Beirut, 1993).

____. *Maqāṣid al-falāsifa* (Intenções dos Filósofos). Cairo, 1331H.

____. *Wajīz*. (Tratado Breve [de Direito]). Cairo, 1917.

____. *Tahāfut al-falāsifa*. Ed. M. Bouyges. Beirut: Imprimerie Catholique, 1927. Nova edição com tradução inglesa (*The Incoherence of the Philosophers)* por M. E. Marmura. Provo, Utha: Brigham Young University Press, 1997 (2. ed. 2000).

____. *El justo medio en la creencia*. Trad. M. Asín Palacios. Madrid, 1929.

____. *Kitāb iḥyā' ᶜulūm al-dīn* (Livro sobre a Vivificação das Ciências da Religião). Cairo: Imprimerie ᶜUṯmāniyya, 1352H./1933. 4 v. (Nova ed. A. H. Sayyid B. Ibrahim. Cairo: Dār al-Ḥadīṯ, 1992. 5 v.).

____. *Mustaṣfà min ᶜilm al-uṣūl* (*Fundamentos da ciência do Direito*). Cairo, 1352H./1937.

____. *Al-munqiḏ min al-ḍalāl* (O que Libera do Erro). 2. ed. Cairo: Editora Qasim, 1372H./1952.

____. *Libro de las intuiciones intelectuales*. In CABANELAS, D. Un capítulo inédito de Algazel sobre la razón. *Miscelánea de Estudios Árabes y Hebraicos*, n. 8, p. 29-46, 1959.

____. *Las intenciones de los filósofos* (*Maqāṣid al-falāsifa*). Trad. M. Alonso. Barcelona: Juan Flors editor, 1963.

____. *Erreur et délivrance*. Edição e tradução de Farid Jabre. Beirut: Comission Libanaise pour la Traduction des Chefs-d'œuvre, 1969.

____. *La raison et le miracle*. Table Ronde Unesco, 9-10 déc. 1985; Paris: Maisonneuve et Larose, 1987.

____. *Confesiones*: El salvador del error. Trad. E. Tornero. Madrid: Editorial Alianza, 1989.

ALON, I. Al-Ghazālī on Causality. *Journal of the American Oriental Society*, n. 100, p. 397-405, 1980.

AL-SUBKĪ, I. *Al-Ṭabaqāt al-šāfiᶜiyya*. Cairo, 1324H./1906.

ARNALDEZ, Roger. Les grands traits de la pensée et de l'œuvre de Ghazâlî. In: GHAZALI: La raison et le miracle. Table Ronde Unesco, 9-10 déc. 1985; Paris: Maisonneuve et Larose, 1987.

ASÍN PALACIOS, Miguel. *Algazel. Dogmática, moral, ascética*. Con prólogo de Menéndez y Pelayo. Zaragoza: Tip. de Comas Hermanos, 1901.

____. *La espiritualidad de Algazel y su sentido cristiano*. Madrid; Granada: Escuelas de Estudios Arabes, 1935-1941. 4 v.

BADAWĪ, ᶜAbd al-Raḥmān. *Mu'allafāt al-Ġazālī.* Cairo, 1961.

____. L'actualité d'Al-Ghazâlî. In: GHAZALI: La raison et le miracle. Table Ronde Unesco, 9-10 déc. 1985; Paris: Maisonneuve et Larose, 1987.

BELLO, Iysa A. *The Medieval Islamic Controversy between Philosophy and Orthodoxy*: Ijmāᶜ and Ta'wīl in the Conflict between al-Ghazālī and Ibn Rushd. Leiden: E. J. Brill, 1989.

BOUYGES, M. *Essai de chronologie des oeuvres de al-Ghazâlî.* Beirut: M. Allard, 1959.

BURRELL, D. The Unknowability of God in al-Ghazālī. *Religious Studies*, n. 23, p. 171-182, 1987.

CABANELAS, D. Un capítulo inédito de Algazel sobre la razón. *Miscelánea de Estudios Árabes y Hebraicos*, n. 8, p. 29-46, 1959.

CHAIX-RUY, Jules. Du pythagorisme d'Avicenne au soufisme d'Al-Ghazāli. *Revue Méditerranée*, n. 19, p. 289-327, 1959.

CHELHOT, V. *Al-Qisṭās al-mustaqīm* et la connaissance rationelle chez Ghazālī. *Bulletin d'Études orientales*, n. 15, p. 7-98, 1955-1957.

CORBIN, Henry. *Avicenne et le récit visionnaire.* Téhéran; Paris: Librairie d'Amérique et d'Orient A. Maisonneuve, 1954.

____. *Histoire de la Philosophie islamique.* Paris: Gallimard, 1964.

DE SLANE, Baron Mac Guckin. (Org.). *Ibn Khallikhān's Biographical Dictionary.* Translated from the Arabic by Bⁿ Mac Guckin de Slane. London: Allen and Co., 1842.

FRANK, R. M. *Creation and the Cosmic System*: Al-Ghazālī & Avicenna. Heidelberg: Carl Winter-Universitätsverlag, 1992.

FRICK, H. *Ghazalis Selbstbiographie. Ein Vergleich mit Augustins Konfessionen.* Leipzig, 1919.

GARDET, Louis. Qu'est que l'homme? Texte d'Al-Ghazālī traduit et presenté. *IBLA*, n. 7, p. 395-426, 1944.

GARDET, L.; ANAWATI, G. *Introduction à la théologie musulmane.* 2. ed. Paris: J. Vrin, 1970 (1. ed. 1948).

GOLDZIHER, I. *Die Streitschrift des Ghazâlî gegen die Bātinijja-Sekte*, Leiden, 1916.

____. *Le dogme et la foi de l'Islam.* Nova ed. Paris: P. Geuthner, 1958.

GOODMAN, Lenn. E. Did al-Ghazālī deny Causality? *Studia Islamica*, n. 47, p. 83-120, 1978.

HOURANI, G. F. The dialogue between al-Ghazâlî and the Philosophers on the Origin of the World. *The Muslim World*, n. 48, p. 183-191; 308-314, 1958.

____. The Chronology of Ghazâlî's Writings. *Journal of the American Oriental Society*, 79, p. 225-233, 1959.

____. A Revised Chronology of Ghazâlî's Writings. *Journal of the American Oriental Society*, 104, p. 284-302, 1984.

IBN BAṬŪṬA. *A través del islam*. Trad. Serafín Fanjul y Federico Arbós. Madrid: Alianza Editorial, 1987.

IBN ḪALLIKĀN. *Kitāb wafayāt al-aᶜyān*. Ed. I. Abbas. Beirut, 1972. vol. IV.

IBN KHALDUN (IBN ḪALDŪN). *Os Prolegômenos ou Filosofia Social*. Trad. (do árabe) José Khoury e Angelina Bierrenbach Khoury. São Paulo: Editora Comercial Safady Ltda., 1958. vol. I; 1959. vol. II; 1960. vol. III.

____. *Al-muqaddima. Introducción a la Historia Universal*. México: F.C.E., 1977.

IBN ṬUFAYL. *El filósofo autodidacto* (*Risāla Ḥayy b. Yaqẓān*). Trad. A. González Palencia. Madrid: Publicaciones de las Escuelas de Estudios Árabes de Madrid y Granada, 1948.

____. *Risāla Ḥayy b. Yaqẓān*. Ed. A. Nader, Beirut: Dār al-Mašriq, 1968.

JANSSENS, J. Le Dânesh-Nâmeh d'Ibn Sīnā: un texte à revoir? *Bulletin de philosophie médiévale*, n. 28, p. 163-177, 1986.

LAOUST, Henri. *La Politique d'al-Ghazâlî*. Paris: Librairie Orientaliste Paul Geuthner, 1970.

LAZARUS-YAFEH, H. *Studies in al-Ghazālī*. Jerusalem, 1975.

LEAMAN, Oliver. Ghazali and Averroes on Meaning. *Al-Masaq: Studia Arabo-Islamica Mediterranea*, n. 9, p. 179-189, 1996-1997.

MAKDISI, G. Al-Ġazālī, disciple de Shāfiᶜī en droit et en théologie. In: *Ghazali*: La raison et le miracle. Table Ronde Unesco, 9-10 déc. 1985; Paris: Maisonneuve et Larose, 1987. p. 45-55.

MARMURA, Michael. E. Ghazālī on Ethical Premises. *The Philosophical Forum*, n. 1, p. 393-403, 1969.

____. Ghazali and the Avicennian Proof from Personal Identity for an Immaterial Self. LINK-SALINGER, Ruth. (Ed.). *A Straight Path. Studies in Medieval Philosophy and Culture. Essays in Honor of Arthur Hyman*. Washington: The Catholic University of American Press, 1988. p. 195-205.

MARQUET, Y. Iḫwān al-Ṣafā'. In: ENCYCLOPÉDIE de l'Islam (EI²). Nouvelle Édition. vol. III, p. 1098-1103.

MENENDEZ Y PELAYO, Marcelino. Prólogo. In: ASÍN PALACIOS, Miguel. *Algazel. Dogmática, moral, ascética*. Zaragoza: Tip. de Comas Hermanos, 1901. p. XIV.

MULLĀ ṢADRĀ ŠĪRĀZĪ. *Le Livre des pénétrations métaphysiques (Kitāb al-mašā'ir)*. Ed. Henry Corbin. Téhéran; Paris, 1982.

____. *Le Livre des pénétrations métaphysiques (Kitāb al-mašā'ir)*. Introdução, tradução e notas de Henry Corbin. Paris: Éditions Verdier, 1988.

NASSEEM, Z. B. Motion in Muslim Peripatetic School: Brief Exposition and Echo of Al-Ghazzālī's Critique. *Islamic Studies*, n. 31, p. 451-461, 1992.

PUIG MONTADA, Josep. Ibn Rushd Versus al-Ghazālī: Reconsideration of a Polemic. *The Muslim World*, n. 82, p. 113-131, 1992.

REGOURD, A. L'amour de Dieu par Lui-même chez al-Gazâlî. *Arabica*, n. 39, p. 151-183, 1992.

SALMAN, D. Algazel et les latins. *Archives d'Histoire Doctrinale et Littéraire du Moyen Âge*, n. 10, p. 103-127, 1935-1936.

SINACEUR, M. A. Al-Ghazālī et l'ironie de Malebranche sur Averroès. *Arabica*, n. 34, p. 287-304, 1987.

VALDIVIA VALOR, J. Al-Gazzālī o la armonía de la mística religiosa y el saber filosófico. *Homenaje al Prof. José María Fórneas Besteiro*, Granada: Universidad de Granada, vol. II, p. 1255-1261, 1995.

WATT, W. Montgomery. The Authenticity of the Works Attributed to al-Ghazālī. *Journal of the Royal Asiatic Society*, p. 24-45, 1952.

____. *Muslim Intellectual. A Study of al-Ghazali.* Edinburgh: At the University Press, 1963.

WEISS, B. Knowledge of the Past: The Theory of *Tawātur* According to Ghazālī. *Studia Islamica*, n. 61, p. 81-105, 1985.

WENSINCK, Arent Jan. *La pensée de Ghazz*ālī. Paris: Adrien-Maisonneuve, 1940.

parte III
direito e política

7·

O Direito Islâmico Medieval (*Fiqh*)*

Juan Martos Quesada

Características do Direito Islâmico Medieval

É fato sabido que o Direito, isto é, as normas que regulam a vida comunitária de uma sociedade, de um Estado, é fruto do grau de complexidade a que chega tal sociedade, estando, portanto, em claro paralelismo sua evolução, sua formação e seu progressivo enriquecimento e a evolução, a formação e o grau de complexidade de seu Direito.

Este princípio, evidentemente, também é válido para o Direito muçulmano, que, nessa perspectiva, pode-se afirmar, é resultado direto das distintas etapas, fases e evoluções pelas quais a sociedade islâmica passou, desde as mudanças revolucionárias que se abriram com a chegada de Maomé até as transformações ocorridas nos distintos Direitos nacionais dos atuais países islâmicos, para adaptá-los a suas modernas formas políticas.

* Tradução (do original espanhol) de Rosalie Helena de Souza Pereira.

Assim, caberia insistir na especificidade muçulmana, nessas características que fazem do Islã um mundo jurídico com personalidade e características diferentes de mundos jurídicos de outras civilizações. Desse ponto de vista, cremos que seja conveniente rever os aspectos mais originais do Direito islâmico medieval, o que, sem dúvida, contribuirá para melhor compreendê-lo.

Em primeiro lugar, é necessário referir-se ao elemento religioso subjacente em todos os aspectos da sociedade islâmica, ao caráter nitidamente religioso do Direito islâmico[1]. Qualquer expressão pública do mundo islâmico está sempre acompanhada de um cunho tipicamente religioso que, obviamente, também tem seu reflexo na formação do Direito muçulmano. Como afirma Milliot[2], a revelação divina é o princípio supremo seguido pela existência islâmica, portanto, nenhuma instituição é estranha à vida religiosa; todo ato humano para o muçulmano expressa, em última instância, uma autêntica submissão a *Allāh*, estabelecendo-se numa vida futura os prêmios e castigos dos atos realizados neste mundo, segundo está determinado pela moral revelada.

Esse caráter supra-estatal extramundano revestirá de forma sutil todas as normas, leis e instituições que conduzirão o desenvolvimento da vida cotidiana e a busca de soluções para as necessidades sociais que se apresentarem. Como diz Grunebaum[3], estendendo-se a toda especificidade da época medieval, é a religião que fixa as bases justificativas dos feitos históricos.

Apesar de tudo o que foi dito, é oportuno fazer referência às observações de Rodinson a esse caráter religioso do Islã[4]. Ao refletir acerca dos condicionamentos da ideologia ocidental no que se refere à visão que esta tem do

1. Sobre o caráter religioso do Direito islâmico, ver GRUNEBAUM, Gustave Edmund von. (Org.). *Theology and Law in Islam.* Wiesbaden: O. Harrassowitz, 1971; CHARNEY, Jean Paul. *Sociologie religieuse de l'Islam.* Paris: Sinbad, 1977. (Nouvelle éd. Paris: Hachette, 1994. Coll. Pluriel); GARDET, Louis. *L'Islam, religion et communauté.* Paris: Desclée, de Brouwer, 1967; LAMMENS, Henri. *L'Islam. Croyances et institutions.* Beyrouth: Imprimerie Catholique, 1926; CHELHOD, Joseph. *Les structures du sacré chez les Arabes.* 2. ed. Paris: Maisonneuve et Larose, 1986. (1. ed. 1964).

2. MILLIOT, Louis. *Introduction à l'étude du droit musulman.* Paris: Recueil Sirey, 1953. p. 6-7. (Ed. aum. e corrigida por François-Paul Blanc. Paris: Éditions Dalloz-Sirey, 2001).

3. GRUNEBAUM, Gustave Edmund von. *Medieval Islam. A Study in Cultural Orientation.* 2. ed. Chicago: Chicago University Press, 1954. (1. ed. 1946); id. *L'Islam medieval. Histoire et civilization.* Trad. Odile Mayot. Paris: Payot, 1962. p. 9 et seq.; ver também id. (Org.). *Unity and Variety in Muslim Civilization.* Chicago: Chicago University Press, 1956.

4. Cf. RODINSON, Maxime. *La fascination de l'Islam.* Paris: Éditions La Découverte, 1980, p. 75-80.

mundo do Islã, Rodinson conclui que, efetivamente, a consideração religiosa, como elemento mais expoente da civilização islâmica, ocorreu de fato no século XIX, proveniente da necessidade que tinham os estudiosos ocidentais da época de caracterizar, definir e buscar o fio condutor de uma civilização tão complexa e tão irradiada por suas colônias, como era a islâmica.

No entanto, essa apreciação religiosa impôs também um obstáculo ao conhecimento dessa civilização, ao fazer pesar, de forma excessiva e implacável, tal religiosidade em todas as suas instituições. O Direito chegou a ser visto como mais uma expressão da religião, visão inequivocamente falsa, inexata e excessivamente simplista. É, pois, necessário livrar o ente jurídico do manto religioso e estudar o Direito islâmico e suas instituições como um elemento histórico, fruto do desenvolvimento da sociedade islâmica, como dissemos no princípio.

O Direito é, portanto, um fato histórico, mas o caráter religioso penetra em todos os rincões do mundo islâmico. As funções do Estado não se limitam apenas à proteção do território, interna e externamente, mas também à proteção da fé de seus súditos. A esse respeito, Claude Cahen afirma:

> Já se assinalou que uma exigência fundamental da sociedade islâmica, assim como o foi na antiga sociedade hebraica, consistiu na vontade de uma ordem social inteiramente organizada de acordo com a Lei de Deus. Dito de outro modo, a noção romana, parcialmente assumida pelo cristianismo, de uma legitimidade do Estado em si próprio, que implica, sem dúvida sob a alta soberania de Deus, a capacidade de legislar validamente sem necessidade de fazer referência em qualquer momento a uma indicação divina, em princípio não existe[5].

Outro aspecto a enfatizar, quando se trata do Direito islâmico medieval e sua formação, é a importância da estrutura jurídica existente nos países conquistados na elaboração do Direito islâmico[6]. É uma constante

5. Cf. CAHEN, Claude. *El Islam. Desde los origenes hasta el comienzo del imperio otomano.* Trad. J. M. Palao. Madrid: Siglo XXI de España Editores, 1970. p. 68.
6. Cf. BRUNSCHVIG, Robert. Considérations sociologiques sur le droit musulman ancien. In: BRUNSCHVIG, Robert. (Ed.). *Études d'Islamologie.* 2. ed. Paris: Maisonneuve et Larose, 1995. (1. ed. 1976). 2 v. vol. I, p. 7-35; HASSAN, A. Le droit musulman et le droit romain. *Archives Historiques du Droit Oriental*, n. IV, p. 301-321, 1949; D'EMILIA, Antonio. Il Diritto musulmano comparato al bizantino. *Studia Islamica*, n. IV, p. 57-77, 1955 (cf. p. 58).

histórica que todo povo conquistador sofra, de algum modo, a influência do conquistado e, evidentemente, vice-versa. Mas em nenhum povo é possível rastrear em sua História uma influência tão grande e decisiva como a recebida pelos árabes, no campo do Direito, das nações vizinhas ou países conquistados.

As explicações históricas podem ser encontradas no caráter embrionário do Direito muçulmano no momento da expansão do Império islâmico medieval, ou então na necessidade de se amparar em uma estrutura já criada, a fim de evitar uma lacuna jurídica. Ainda assim, ao lado dessa influência, existe outro aspecto básico na elaboração do Direito islâmico, que o diferencia de outros Direitos medievais: a decisiva importância que tem o alfaqui (*faqīh*), o estudioso do Direito, na citada elaboração[7].

A separação de poderes – executivo, legislativo, judiciário – na Idade Moderna, ou a aplicação do Direito na Europa medieval, em que o monarca centraliza e catalisa essas funções, nada tem a ver com o Direito islâmico, em que o califa delega ao cádi (*qāḍī*), ou juiz, as funções judiciárias, embora continue ostentando nominalmente o poder de julgar; o soberano passa a ser, no Direito muçulmano, a figura encarregada de manter a Lei, mas a capacidade de criar o Direito está em boa parte nas mãos dos alfaquis.

A consideração de qualquer sistema legal de um ponto de vista lógico e metódico implica, inconscientemente, estabelecer a existência de um organismo ou um ente coerente que tenha como missão fundamental a elaboração do Direito, papel adjudicado em nossas sociedades democráticas atuais aos Parlamentos, Câmaras ou Senados. Mas no Direito muçulmano, embora o califa pudesse criar leis, eram os alfaquis, os especialistas em Direito islâmico, que se incumbiam de construir um sistema jurídico a partir de textos revelados e imutáveis (*Corão*, *Ḥadīṯ*), que se autojustificam, sem que haja necessidade de recorrer a princípios do Direito Natural ou a consensos entre diversas forças sociais para legitimá-los.

O que foi dito nos leva a salientar a autonomia da esfera jurídica com relação ao poder político no Islã medieval. Segundo a construção doutrinal

7. Cf. COULSON, Noel J. *A History of Islamic Law*. Edinburgh: Edinburgh University Press, 1964. (Existe tradução espanhola: *História del Derecho Islámico*. Trad. Mª. E. Eyras. Barcelona: Bellaterra, 1998).

de qualquer das quatro escolas jurídicas ortodoxas – que veremos mais adiante –, o califa não deve ter nenhuma ingerência no âmbito do Direito, limitando o seu poder de criação e arbítrio à esfera mais puramente administrativa e política, no dizer de Schacht[8].

A fenomenologia do Direito mostra como existem Direitos em cuja criação o Estado intervém de forma direta e decisiva, seja por meio de instituições que dependem diretamente dele, como no Direito romano, seja por meio do exercício pessoal do monarca ou rei, como no visigótico. Isso é praticamente desconhecido no Direito islâmico mais ortodoxo.

Da perspectiva da aplicação do Direito no Islã, o *qāḍī*, ou juiz, é a peça chave do aparato jurídico. No Direito muçulmano, ele é o eixo sobre o qual gira e funciona toda a estrutura jurídica, desenvolvendo uma importância que supera amplamente as atribuições de outros cargos sinônimos em outras sociedades[9]. Sua decisão final é inapelável e só está condicionada pela assessoria que recebe dos alfaquis de seu Conselho, os quais marcam os pontos de referência existentes no *Corão* ou nos *ḥadīṯs*, a fim de decidir sobre a legalidade ou não de um fato. A prova da importância dessa figura é que seu aparecimento se confunde com os primeiros tempos do Islã[10].

Outro aspecto relevante do Direito islâmico é o seu caráter consultivo. O princípio de *mašūra* (conselho, aconselhar-se com outro) é um dos princípios em que mais insistiram todos os autores muçulmanos medievais que trataram das regras gerais de Governo[11]. Em todos os tratados, há um capítulo especial dedicado à necessidade, que sente toda pessoa investida de uma função pública, de recorrer aos conselhos de gente especializada. Assim, se o cádi é efetivamente o único com capacidade de julgar, deve, em princípio, rodear-se de um Conselho composto de juristas, alfaquis e peritos em Direito.

8. Cf. SCHACHT, Joseph. *Esquisse d'une histoire du droit musulman*. Trad. Jeanne e Felix Arin. Paris: M. Besson, 1952. p. 62. Id. *An Introduction to Islamic Law*. Oxford: Clarendon Press, 1964.
9. Cf. TYAN, Emile. *Histoire de l'organisation judiciaire en Pays d'Islam*. Paris: Librairie du Recueil Sirey, 1938. Reed. Leiden: E. J. Brill, 1960. (Coll. Annales de l'Université de Lyon).
10. Cf. KHADDURI, Majid; LIEBESNY, Herbert J. (Ed.). *Law in the Middle East*. Washington DC: The Middle East Institute, 1955. vol. I (*Origin and Development of Islamic Law*).
11. Cf. TYAN, op. cit., 1960, p. 232.

Outra característica predominante no Direito muçulmano é o seu caráter urbano. A vida urbana ocupa um lugar privilegiado na civilização muçulmana[12]. O descobrimento de uma relação entre o Direito islâmico e o aspecto urbano do Islã não se fez esperar[13]. Aspectos jurídicos referentes ao sistema de propriedade, à noção de abuso na jurisprudência muçulmana, aos direitos e deveres de proprietários de herdades vizinhas etc. baseiam-se numa fenomenologia mais urbana que rural. Ao contrário de grande parte da produção jurídica medieval cristã ocidental (como, por exemplo, a espanhola) – dedicada mais ao nascimento de núcleos de povoação que ao desenvolvimento jurídico em cidades já assentadas –, a literatura muçulmana do Direito aplicado apóia grande parte de sua problemática em feitos que têm como pano de fundo a cidade.

A tolerância relativa à prática de outros Direitos nos territórios do Império islâmico medieval e, portanto, a existência de um sistema dual na aplicação do Direito às diversas sociedades englobadas no espaço islâmico, são outro aspecto a destacar.

Já é notório que a política dos califas em relação aos povos submetidos se definiu mais por vias de tolerância que por métodos de coação, repressão ou imposição[14]. O sistema de pactos com os não-muçulmanos – quer dizer, com os judeus e cristãos – implicava uma ampla flexibilidade em todos os campos exceto no pagamento de impostos, caso em que as comunidades

12. MARÇAIS, W. L'Islamisme et la vie urbaine. *Comptes Rendus Acad. Inscript. Belles Lettres*, p. 86-100, 1926; id. L'urbanisme musulman. *Mélanges de l'Institut Dominicain d'Études Orientales (MIDEO)*, vol. I, p. 233-244, 1950; para uma atualização sobre esse tema, tão querido pelos estudiosos e sobre o qual existe uma ampla bibliografia, consultar SERGEANT, R. B. (Ed.). *La ciudad islámica*. Barcelona: Serbal/Unesco, 1982.

13. SCHACHT, Joseph. Urbanisme médiéval et Droit Islamique. In: BRUNSCHVIG, Robert. (Ed.). *Études d'Islamologie*. 2. ed. Paris: Maisonneuve et Larose, 1995. (1. ed. 1976). 2 v. vol. II, p. 7-35.

14. Sobre as relações muçulmanos/não-muçulmanos, cf. EDELBY, N. L'autonomie legislative des chrétiens en terre d'Islam. *Archives Historiques du Droit Oriental*, n. V, p. 307-351, 1950-1951; NELSON, L-H. Christian-Muslim relations in eleventh-century Spain. *Military Affaires*, n. XLIII, p. 195-198, 1979; DUFOURCQ, Charles-Emmanuel. La coexistence des chrétiens et des musulmans dans al-Andalus et dans le Maghreb du Xème siècle. *Orient et Occident au Xème siècle*. Paris: Publications de l'Université de Dijon, n. LVII, p. 209-234, 1979; SCHWAB, M. Les non-musulmans dans le monde de l'Islam. *Revue du Monde Musulman*, n. VI, p. 622-639, 1908; FIERRO, M. (Org.). *Judíos y musulmanes en al-Andalus y el Magreb. Contactos intelectuales*. Madrid: Casa de Velazquez, 2002.

judaicas e cristãs poderiam continuar utilizando seu Direito civil, pessoal e familiar.

Por último, mencionaremos a peculiaridade do Direito islâmico no âmbito da personalidade jurídica[15]. Existe em Direito uma contraposição entre dois conceitos relativos à aplicação do mesmo: o conceito de personalidade e o de territorialidade. Quando um Direito baseia seus mecanismos de criação no Estado, tende a aplicar o conceito de territorialidade na precisão dos limites da administração desse poder central, como é o caso do Direito romano ou bizantino: suas leis só são aplicáveis dentro de seu território.

Mas, quando um Direito é mais um produto religioso, de consciência, e menos o resultado de uma mera disposição social – como o Direito muçulmano –, o campo de aplicação desse Direito busca seus princípios no conceito de personalidade. O regulamento jurídico muçulmano está baseado nesse princípio de personalidade, e, portanto, uma solução jurídica dada por um alfaqui ou um mufti (*muftī*) do Egito é igualmente válida para um muçulmano de Marrocos que pertença à mesma escola jurídica[16].

Fontes e Gêneses do Direito Islâmico

Antes de falarmos do nascimento do Direito islâmico e de suas fontes jurídicas, é oportuno fazer uma breve referência a três conceitos básicos que, embora sinônimos, aparentemente guardam uma sutil diferença entre si, tal como afirma Hallaq[17]. *Šarīʿa*, ou *šarʿ*, significa em árabe o caminho trilhado que conduz ao bebedouro e é também o termo técnico utilizado para designar a Lei canônica do Islã, tal como a apresentam as obras elaboradas pelos alfaquis e ulemás de qualquer escola jurídica. Em sentido mais amplo e mais

15. Sobre esse ponto, ver o interessante artigo de BRUNSCHVIG, op. cit., com abundantes exemplos acerca desse tema.
16. Cf. SIEGMAN, H. The state and individual in sunni Islam. *The Muslim World*, n. 54, p. 188-195, 1964.
17. HALLAQ, Wael B. *Law and Legal theory in Classical and Medieval Islam*. Wiesbaden: Franz Steiner, 1972. p. 76. (Reed. Aldershot, Hampshire: Ashgate/Variorum, 1994; 2000).

tardio, o termo *šarīʿa* pode, além disso, significar o conjunto de preceitos divinos que regulam as ações humanas.

Essa *šarīʿa* ou Lei islâmica vem a concretizar-se no *fiqh*, a prática do Direito concreto, o Direito fundado no estudo atento dos casos tratados pelos especialistas em leis, pelas obras desses sábios jurídicos, tornadas infalíveis e inapeláveis pelo consenso da comunidade islâmica, que se convertem em critério e norma de vida, em que cada muçulmano encontra expressada, de forma imperativa, a vontade de *Allāh*, segundo a própria escola jurídica na qual se move; é o termo mais próximo do nosso conceito de Direito.

Por último, além da *šarīʿa* e de sua expressão concreta no *fiqh*, há o *qānūn*, regulamentos dos emires, califas, príncipes e sultãos, os quais, embora geralmente reconhecessem a Lei canônica e não pretendessem reformá-la, nem por isso se abstiveram de ditar normas diversas, e às vezes contrárias, ou de criar e dar legitimidade a organismos judiciários encarregados de aplicar a Lei.

Quanto à gênese e evolução do Direito islâmico medieval, a peculiar evolução histórica do Império árabe-islâmico condicionou o próprio nascimento e o próprio desenvolvimento de seu Direito e de suas instituições jurídicas[18]. Mas antes de nos referirmos a esse nascimento e desenvolvimento, devemos tratar das fontes do Direito islâmico, eixo sobre o qual se estrutura todo o processo de sua formação.

O conceito de fontes do Direito no Islã[19] é algo diferente do existente habitualmente no Direito ocidental: não se refere às normas e suas manifestações, mas aos pilares, aos princípios básicos em que deverá basear-se qualquer normativa, expressão ou feito jurídico.

Historicamente, essas fontes jurídicas se encontram nitidamente fixadas desde o século IX e, conforme L. Milliot[20], podem ser classificadas em dois grandes grupos, segundo sua importância e hierarquia: fontes básicas (somente duas: o *Corão* e a *sunna* ou compilação dos *ḥadīṯs*) e fontes avalizadas pelos ulemás muçulmanos e pelos alfaquis ou especialistas jurídicos,

18. Cf. MANTRAN, R. *La expansión musulmana (siglos VII al XI)*. La Historia y sus problemas. Barcelona: Ed. Labor, 1973. (Col. Nueva Clio). vol. XX, p. 82 et seq.

19. Cf. LINANT DE BELLEFONDS, E. The formal sources of Islamic law. *Islamic Studies*, n. XV, p. 187-194, 1976; ou também TYAN, Emile. Méthodologie et sources du droit musulman. *Studia Islamica*, n. XX, p. 79-109, 1959.

20. MILLIOT, op. cit., p. 82 et seq.

em suas obras sobre os *uṣūl al-fiqh* (ou princípios do Direito), fontes que canonicamente foram fixadas em onze, embora nem todas da mesma importância; essas fontes secundárias são fruto da reflexão dos alfaquis, dos especialistas em Direito, acerca do conteúdo jurídico do *Corão* e dos *ḥadīṯs*, empregando técnicas de raciocínio como a lógica, a similitude, a adaptação, a prioridade do bem geral sobre o particular etc. Das onze que normalmente se aceitam, quatro são mais utilizadas e generalizadas em seu uso: *ijmāᶜ*, *qiyās*, *ijtihād* e *ra'y*; as restantes são as seguintes: *istiḥsān*, *istiṣlāḥ*, *maṣlaḥa mursala*, *ᶜurf*, *istiṣḥāb al-ḥāl*, *šarᶜ man qablanat* e *maḏhab al-ṣaḥābī*. Vejamos em detalhe cada uma dessas fontes básicas e secundárias.

O *Corão* (que significa recitação, declamação, leitura) é, de acordo com os princípios islâmicos, o livro que contém todas as revelações que Maomé recebeu do arcanjo Gabriel ao longo de sua vida; é, portanto, um livro revelado, imutável. Está dividido em 114 *sūras* ou capítulos, de diferentes comprimentos de versos ou versículos, com um total de 6.236 versículos; a ordem seguida por esses capítulos no *Corão* canônico não é a cronológica, ela obedece a um critério de número decrescente de versículos, em que os capítulos mais longos precedem os mais curtos[21].

Maomé costumava informar literalmente a seus companheiros (*aṣḥāb*) o que lhe transmitia o anjo, e eles o escreviam em suportes variados (folhas de palma, peles, pergaminho, cerâmica etc.). Já no tempo do primeiro califa, Abū Bakr – o imediato sucessor de Maomé –, foi recolhida, por sua ordem, a maior quantidade de folhas soltas que continham revelações ou fragmentos delas; a custódia do legado formado pelo conjunto de folhas foi entregue a uma das viúvas de Maomé. Enquanto isso, a atividade de alguns ulemás muçulmanos ensejou a circulação de ao menos quatro redações do *Corão*. ᶜUṯmān (644-656), o terceiro califa, diante do crescente número de *Corões* diferentes que iam aparecendo, decidiu unificá-los em uma só redação autêntica, nomeando para isso uma comissão, presidida por um companheiro de Maomé que, às vezes, lhe servia de secretário, Zayd b. Ṯābit, que partiu

21. Cf. REEBER, Michel. *Le Coran*. Paris: Editions Milan, 2002; BLACHÈRE, Régis. *Le Coran*. Paris: Presses Universitaires de France, 1999. (Coll. Que sais-je?).

de quinze *codices* principais e doze *codices* secundários. O resultado foi uma redação oficial e única do *Corão*, que é a que se mantém até agora[22].

Como afirma Saïd Ramadan[23], as prescrições de tipo legal coletadas no *Corão* são relativamente pouco numerosas. As prescrições relativas ao Direito de família são enunciadas em 70 preceitos; as relativas ao Direito civil, em outros 70; as relativas ao Direito penal, em 30; as relativas à jurisprudência e procedimento, em 13; as relativas ao Direito constitucional, em 10; as relativas às relações internacionais, em 25; e as relativas ao sistema econômico e financeiro, em 10.

Naturalmente, com apenas o que se podia extrair juridicamente do *Corão*, era impossível[24] poder construir um sistema legal e normativo do novo Império islâmico, que rapidamente ia se tornando hegemônico desde a Espanha e o Norte da África até a China e a Índia. Por isso, foi necessário que se recorresse ao que o Profeta havia dito ou feito, de acordo com o capítulo XXX, que diz: "formoso exemplo vos deu o Profeta para todos vós que esperais no Senhor e no Dia do Julgamento, e guardastes *Allāh* em vossa memória".

Assim, o que disse e fez Maomé não poderia deixar de ser uma realização do ideal por ele revelado: sua conduta (*sunna*) tinha de ser um comentário vivo à revelação, carregado de legitimidade[25].

Essa conduta se manifestava de três maneiras: o que disse, à margem dos preceitos corânicos; o que fez, exemplo a imitar; e, finalmente, o que consentiu, costumes ou fatos sobre os quais guardou silêncio, aprovando-os tacitamente. Essas três manifestações estão contidas no termo geral de *sunna*.

Portanto, a *sunna* ou tradição é a compilação de ditos e atos de Maomé, segundo os depoimentos dos primeiros muçulmanos que o acompanharam, relatados oralmente a seus discípulos sob a forma de *ḥadīṯ* (narração), cujo conjunto forma o corpo da *sunna*. Etimologicamente, *sunna* se refere ao caminho por onde se costuma transitar e significou, além disso, em tempos

22. Cf. REEBER, op. cit., p. 12.
23. SAÏD RAMADAN. *La shari'a. Le Droit islamique, son envergure et son equité.* Paris: Al-Qalam, 1977.
24. Cf. ᶜABD WAHHAB JALLAF. *ᶜIlm uṣūl al-fiqh.* Cairo, 1956. p. 34-35. Kuwait: Dar al-Qalam, 1978.
25. Cf. LÓPEZ ORTIZ, J. *Derecho musulmán.* Barcelona; Buenos Aires: Labor, 1932a. p. 22.

anteriores a Maomé, os usos imemoriais que regulavam a vida dos árabes (*sunnat al-awwalīn*, o costume dos antepassados)[26].

No Islã, e em sentido técnico, chama-se *sunnat al-nabī*, ou simplesmente *sunna*, o conjunto de *ḥadīṯs* que coletam os ditos e feitos de Maomé e sua maneira de proceder, de acordo com o testemunho dos *aṣḥāb*, seus companheiros e contemporâneos. Concede-se ainda assim importância jurídica à *sunna* destes, dos que o acompanharam, como testemunhas de seus atos, e também ao depoimento das duas gerações seguintes (isto é, aos que acompanharam os companheiros de Maomé), chamadas respectivamente *tābiᶜūn* e *tābiᶜūn al-tābiᶜīn*. O conceito de *bidᶜa*, inovação, novidade perniciosa, é o termo empregado para designar tudo o que se opõe à *sunna*, à tradição.

Ḥadīṯ – que deu em castelhano a palavra "hadiz" – tem em árabe o sentido geral de narração, e como a transmissão dos dados da *sunna* conservou durante muito tempo a forma de comunicações pessoais feitas de viva voz, *ḥadīṯ* significa tecnicamente o relato de algum feito referente à *sunna*, apresentado segundo uma pauta estereotipada, em que a enumeração dos transmissores do feito precede o relato do mesmo[27].

Dada a importância dos *ḥadīṯs* na questão das origens e princípios do Direito islâmico, é oportuno dedicar algumas linhas aos homens que configuraram essa fonte jurídica, os tradicionalistas, e aos repertórios e coleções que os contêm.

A importante questão da origem e da legitimidade dos *ḥadīṯs* é antiga entre os muçulmanos e ocupou também os islamólogos ocidentais[28]. Uns e outros estão de acordo em que há muitas tradições espúrias, muitos *ḥadīṯs* falsos considerados verdadeiros; porém, na hora de analisar um *ḥadīṯ*, diferem tanto os critérios de cada autor, que se torna difícil apresentar um sistema generalizado para detectar anomalias nos *ḥadīṯs*.

Por ocasião da morte de Maomé, o Islã era como um edifício inacabado. Sua conclusão se deve às primeiras gerações seguintes de muçulmanos, as

26. Cf. WENSINCK, Arent Jan. *Handbook of Early Muhammad Tradition*. Leiden: E. J. Brill, 1927.
27. Cf. ROBSON, J. *ḥadīṯ*. In: L'ENCYCLOPÉDIE de l'Islam (EI[1]). Leiden; Paris: E. J. Brill; Klincksieck, 1913-1936. 9 v. vol. III, p. 24-30.
28. Cf. BURTON, John. *An Introduction to the Hadîth*. Edinburgh: Edinburgh University Press, 1994.

quais se viram na necessidade de encontrar normas administrativas, políticas e religiosas em muitas questões não tratadas ou insuficientemente declaradas no *Corão*. Essa necessidade revelou-se ainda mais urgente quando, da noite para o dia, os muçulmanos tornaram-se donos e senhores de vastos países de diferentes culturas. O único referencial em situação tão imprevista era a vontade geral de concluir o edifício do mesmo modo como fora iniciado, isto é, buscando a norma de vida dos crentes na *sunna* de Maomé e de seus companheiros.

É assim que começa a minuciosa investigação de tudo o que Maomé dissera ou fizera ou de algum modo aprovara ou rechaçara, descendo-se aos detalhes mais íntimos. E, mais tarde, perscruta-se de modo semelhante a vida dos mais conspícuos companheiros de Maomé. O que professaram em matéria de fé e de costumes considera-se comentário autorizado e suplemento dos silêncios do *Corão* e das lacunas na *sunna* do Profeta. Medina foi o principal palco de suas atividades, e para lá se acorria como "à casa da *sunna*". Esses anos de hegemonia de Medina são para os muçulmanos a idade de ouro do Islã[29].

Pouco a pouco, já esgotada a memória, e sem, contudo, esgotar-se a necessidade, foi-se transitando do mais seguro ao menos firme: infundiu-se a idéia de que fora Maomé quem completara narrações e passagens apenas apontadas no *Corão*, e impôs-se que se detalhasse minuciosamente tudo o que era permitido e proibido em todo tipo de questões, como pureza legal, alimentos e bebidas, Direito civil e penal, Direito de família, instruções morais, máximas edificantes, urbanidade, boa educação e criação.

Como afirma F. Mª Pareja[30], "muito se turvou o caudal da tradição quando nas primeiras encarniçadas lutas dos partidos e nas ásperas contendas religiosas dos primeiros tempos, cada uma das facções quis ter a seu favor a autoridade de Maomé".

Foi nessa época, no século VIII, que apareceram muitos *ḥadīṯs* em que o Profeta favorecia ora a um ora a outro partido, além de interesses particulares, chegando-se ao ponto de que bastava, por exemplo, que um mestre castigasse o filho de um especialista em *ḥadīṯs*, em tradições, para que este saísse com um *ḥadīṯ* no qual os mestres eram desacreditados.

29. Cf. SIDDIQI, Muhammad Zubayr. *Hadîth Literature*. Cambrigde: The Islamic Text Society, 1993.
30. PAREJA, F. Mª. *Islamologia*. Madrid: Razón y Fe, 1962. 2 v. vol. II, p. 512.

Na promiscuidade daquela ingente massa de tradições, importava, sobretudo a teólogos e juristas, distinguir entre o autêntico e o falso, e, quando por volta do século IX vão se estabilizando e concretizando o dogma, o ritual e as instituições, aparece uma nova disciplina para responder à necessidade de separar o autêntico do falso e fixar os *ḥadīṯs* verdadeiros: o *ᶜilm al-ḥadīṯ*, a ciência da tradição[31].

Não obstante, o critério aplicado para sanear a massa de *ḥadīṯs* atribuídos a Maomé e a seus companheiros foi extremamente deficiente. Deixando de lado a valiosa ajuda da evidência interna dos textos (por exemplo, um *ḥadīṯ* de Maomé que falava dos ursos era obviamente falso, já que Maomé jamais vira um urso), os eruditos se aplicaram com ardor minucioso a valorizar a veracidade dos garantes, dos transmissores: uma tradição, um *ḥadīṯ*, só poderia ser fidedigna se todos os garantes fossem testemunhas excepcionais; nesse caso, o relato seria autêntico, ou seja, se a maçã tinha boa cor, não poderia ter verme. E se o *ḥadīṯ* que revelasse que o galo de *Allāh*, do céu, dá aos galos da terra o sinal para anunciar a hora da oração tinha bons garantes, deveria ser aceito de olhos fechados.

Tudo isso levou a uma classificação dos *ḥadīṯs* que atendia à sua cadeia de transmissores[32]: as tradições *ṣaḥīḥ* (saudáveis), livres de toda suspeita com relação a seus transmissores, as *ḥasan* (belas), com ligeiras imperfeições na cadeia de garantes, as *ḍaᶜīf* (débeis, enfermas), cuja cadeia (*isnād*) de transmissão padecia de graves defeitos, a *matrūk* (abandonada), a tradição sem cadeia de transmissores, e a *mawḍūᶜ* (falsa), a tradição cujo conteúdo é considerado apócrifo. Assim, como se vê, o *ᶜilm al-rijāl*, o conhecimento dos homens, dos transmissores de *ḥadīṯs*, da *sunna*, converte-se no requisito indispensável para todos os que se interessavam pela ciência do *Ḥadīṯ*.

Finalmente, chegou-se à consolidação de toda uma série de *ḥadīṯs*, compilados essencialmente numa dezena de coleções, de livros repertoriais, dos quais mencionamos os quatro mais importantes:

31. Cf. AT-TAHHAN, Mahmud. *Précis des sciences du hadîth.* Paris: Al-Qalam, 1994.
32. SIDDIQI, op. cit., 1993, p. 85 et seq.

O *Kitāb al-Muwaṭṭa'*, de Mālik b. Anas (m. 795), o primeiro livro jurídico islâmico, que contém numerosas tradições, codifica e sistematiza a tradição jurídica e a *sunna* de Medina.

O *Musnad*, de Aḥmad Muḥammad b. Ḥanbal (m. 855), compilação de tradições precedidas de sua cadeia (*isnād*) completa de transmissores.

O *Kitāb Jāmi*^c^ *al-Ṣaḥīḥ*, de Al-Buḫārī (m. 870), com mais de 7 mil tradições, entre as quais cerca de 2.500 se encontram repetidas; é uma compilação muito rigorosa e escrupulosa, em que os *ḥadīṯs* estão ordenados por grupos de matérias e precedidos de breves observações introdutórias.

O *Ṣaḥīḥ* de Muslim b. al-Ḥajjāj al-Quṣayrī (m. 874) e o *Ṣaḥīḥ* de Al-Buḫārī são as coleções de *ḥadīṯs* mais famosas, porque as tradições recolhidas nessas duas compilações são consideradas as mais confiáveis; o *Ṣaḥīḥ* de Muslim contém mais de 300 mil *ḥadīṯs*, precedidos por uma introdução à ciência do *Ḥadīṯ*.

A autoridade desses quatro livros, em especial os dois *Ṣaḥīḥ*, foi aumentando progressivamente, até que, em meados do século XII, foram erigidos em norma canônica e considerados livros sagrados depois do *Corão*. Mais tarde, não faltaram juristas muçulmanos, contemporâneos ou posteriores, autores de repertórios semelhantes, de coleções mais bem ordenadas e mais manipuláveis pela supressão do *isnād*, da cadeia de transmissores, que, porém, não encontraram tanta aceitação[33].

Depois de termos apresentado o *Corão* e a *sunna*, isto é, o conjunto de *ḥadīṯs*, como as duas fontes principais do Direito islâmico, vejamos agora as fontes, os princípios do Direito, os *uṣūl al-fiqh*, baseados no trabalho de reflexão e argumentação levado a cabo pelos alfaquis. Das onze que citaremos, as mais importantes são quatro: a *ijmā*^c^, o *qiyās*, o *ijtihād* e o *ra'y*.

A *ijmā*^c^ é o consenso na comunidade islâmica, ou pelo menos entre os especialistas em leis de uma região ou cidade, para dar uma solução a um problema não apresentado nem no *Corão* nem na *sunna*. O *qiyās* é o termo genérico atribuído à argumentação ou interpretação realizada pelos ulemás ou pelos doutores da Lei, os alfaquis, destinada a preencher as lacunas jurídicas para as quais não havia resposta nas fontes básicas. Esse

33. Cf. id. *The Hadîth for beginners*. Calcuta: Al-Risala, 2000.

aprofundamento na Lei podia ser feito de três formas: por analogia (*qiyās* propriamente dito), por dedução (*ijtihād*) ou por argumentação (*ra'y*)[34].

Por último, quanto às fontes do Direito, avalizadas pelos *uṣūl al-fiqh*, que complementam as quatro anteriormente citadas, há o *istiḥsān*, ou eleição preferencial, recurso jurídico baseado na aprovação derivada da benignidade da coisa que se considera justa, que serviu para ampliar a margem de manobra já estabelecida pelo *qiyās*, pois poderiam ser criadas normas jurídicas de acordo com princípios de eqüidade e conveniência do momento, preferíveis a outras, opostas ou diferentes, que poderiam ser extraídas do *qiyās*. Para substituir a vaga liberdade deixada pelo *istiḥsān* a critérios subjetivos na apreciação do bom e do conveniente, recorre-se à *istiṣlāḥ* (correção), que é uma norma mais objetiva e exata do que se pode entender por utilidade, ao condicionar esta a três circunstâncias: a de ser indubitável, geral e de grave necessidade. A *maṣlaḥat al-mursala* ou *maṣlaḥat al-muṭlaqa* significa o interesse geral, livre e indeterminado, ou seja, aquele sobre o qual o legislador não se pronuncia e sobre o qual não existe texto algum que indique se deve ou não ser considerado; é a norma, em nome do interesse geral, pela qual, por exemplo, se deixarão as terras conquistadas em mãos dos camponeses que as cultivavam, submetidas aos impostos pertinentes. O *ᶜurf* ou costume é o Direito consuetudinário reconhecido ou seguido por uma comunidade, que pode ser um hábito oral, gestual ou de comportamento. O *istiṣḥāb al-ḥāl*, presunção jurídica segundo a qual, se houver constância na existência de um estado de fato num determinado momento, presume-se que tal estado perdure até que haja prova em contrário, constitui princípio introduzido pelos juristas – em particular os *šāfiᶜīs* – que recusavam o *istiḥsān* subjetivo, mas aceitavam o recurso do *istiṣḥāb al-ḥāl*. Mesmo assim, há o *šarᶜ man qablanat* ou leis dos povos monoteístas – judeus e cristãos –, que podiam ser seguidas por esses povos e até serem tomadas como referência pelos muçulmanos, se não existisse uma lei ou norma islâmica expressa que as contradissesse. E, finalmente, o *maḏhab al-ṣaḥābī* ou opinião dos Companheiros, aqueles que seguiram e acompanharam Maomé; legitimados por esse fato, suas prescrições ou ditames, realizados por eles na condição

34. Cf. CHEHATA, Ch. Logique juridique et droit musulman. *Studia Islamica*, n. XXIII, p. 5-23, 1965.

de juízes, ou então suas respostas jurídicas, realizadas por eles na condição de muftis ou de alfaquis, coletados na segunda ou terceira geração de muçulmanos, foram considerados fontes no Direito islâmico[35].

A esse conjunto de fontes do Direito islâmico na Idade Média, seria imposta uma hierarquia específica, segundo a prioridade, assim ordenada: 1) as próprias fontes imutáveis do Direito islâmico: o *Corão* e a *sunna*; 2) a *ijmā^c* ou consenso da comunidade islâmica; 3) o Direito aplicado pelo método casuístico (*qiyās, ijtihād* e *ra'y*), isto é, o Direito prático baseado no estudo atento dos casos tratados pelos especialistas em leis: o *fiqh*; 4) a prática do Direito concreto, as soluções e respostas a problemas jurídicos que surgem na vida cotidiana: as *fatwàs*; 5) as regras jurídicas que em diversos Estados são promulgadas pela autoridade: o *qānūn*; 6) o costume (*^curf*), que em certos casos é admitido para completar os conteúdos do *fiqh*. Como vemos, a ordem hierárquica e de prioridade das leis é bem distinta da de outras instituições sociais, em que o costume, o Direito consuetudinário ou a lei emanada do poder – o Direito por decreto – ocupam os primeiros postos.

Pondo de lado as fontes do Direito, podemos estabelecer que a elaboração do Direito islâmico – a capacidade de legislar –, quanto à sua gênese e à sua evolução histórica, está em princípio nas mãos do califa, que, na realidade, não tem teoricamente mais poder que o de organizar a aplicação da Lei, que, por sua vez, se encontra no *Corão* e na *sunna*.

Durante o período do califado medinense (632-661), em que pesem a importância do *Corão* e da *sunna* e o exercício do Direito militar ocasionado pela conquista árabe, o califa continua conservando um patente poder jurídico, como todos os monarcas e soberanos, mas a rápida expansão islâmica obriga-o a delegar essa função a subordinados (cádis: juízes)[36].

Posteriormente, ao longo do califado omíada oriental (661-750), os cádis, encarregados de exercer a justiça, vêem-se diante de problemas cada vez mais diversos e complexos, e só dispõem da *sunna*, do *Corão* e dos empréstimos jurídicos tomados de outras sociedades para resolvê-los: a princípio, serviam-se

35. Cf. SIDDIQI, op. cit., 1993, p. 33 et seq.
36. ANDERSON, J. N. D. Le droit comme force sociale dans la culture et dans l'histoire de l'Islam. *Institut des Belles Lettres Arabes*, n. XXI, 1959; SCHACHT, Joseph. *The origins of Muhammedan Jurisprudence*. Oxford: Clarendon Press, 1950.

apenas de sua própria reflexão, davam sua opinião pessoal ou buscavam o acordo (*ijmāᶜ*) entre si ou entre os especialistas em leis, os alfaquis, a fim de dar uma resposta adequada às necessidades crescentes da vida pública.

Com a chegada dos abássidas ao califado (750-1075), abre-se caminho para uma nova mentalidade na jurisprudência: inicia-se a composição de exposições metódicas gerais e tende-se a fundamentar cada opinião emitida por um cádi ou alfaqui num *ḥadīṯ*, isto é, num feito ou dito do Profeta. Essa nova virada da capacidade de legislação e as próprias exigências do desenvolvimento do Direito favorecem a proliferação de *ḥadīṯs* e o início da problemática da sua falsidade, ou não, já mencionada anteriormente.

Como para os juízes e alfaquis era impossível encontrar um *ḥadīṯ* com a resposta exata para cada problema apresentado, não se fez esperar o uso da analogia para deduzir ou relacionar, a partir do volume de tradições ou *ḥadīṯs*. Juntamente com a *ijmāᶜ*, este último método, a comparação e o questionamento (*qiyās* e suas variantes *ijtihād* e *ra'y*), convertia-se na quarta fonte mais importante do pensamento jurídico, assentada sobre as duas grandes fontes, o *Corão* e a *sunna*.

Tal liberdade de interpretação e de criação do Direito, embora fundando-se nos mesmos princípios jurídicos, admite a existência, no século IX, de quatro maneiras diferentes de interpretação, de quatro escolas jurídicas: as escolas *mālikita*, *ḥanafita*, *šāfiᶜita* e *ḥanbalita*[37]. Apesar de não terem sido as únicas ao longo da história do Islã, cada uma delas tem seus próprios tratados jurídicos, seu próprio modo de resolver problemas idênticos, de aplicar a prioridade nas fontes jurídicas e, ainda, de configurar a estrutura das instituições jurídicas. A seguir, de forma sucinta, apresentamos as principais características dessas quatro escolas e o âmbito geográfico de cada uma delas.

Escola *ḥanafita*: fundada por Abū Ḥanīfa (m. 767), de origem persa e habitante de Kūfa. Essa escola é partidária do *qiyās* (analogia) como fonte do Direito, mais ainda que da *sunna* ou da tradição. Comparada às outras, é a mais liberal e ostenta certo aspecto de desafogo e liberdade. Com ela, deu-se um passo adiante, no sentido de que ao procedimento da analogia metódica, *qiyās*,

37. Sobre a origem das escolas jurídicas, ver HASAN, A. Origins of the early schools of law. *Islamic Studies*, n. IX, p. 255-269, 1970; 'ABDU'RRAHIM. *I principi della giurisprudenza musulmana secondo le scuole hanafita, malekita, sciafeita e hanbalita.* Trad. G. Camino. Roma, 1922.

se associou o recurso do *istiḥsān*, aprovação derivada da benignidade da coisa que se considera justa, por meio do qual podem ser criadas normas jurídicas de conformidade com princípios de eqüidade e conveniência do momento, como já referido, antepondo-as a outras, opostas ou diferentes, que poderiam ser extraídas do *qiyās*. Essa escola afirmou-se no Iraque durante o governo dos abássidas, estendendo-se ao Irã, Ḫurāsān e Transoxiana; o advento do Império otomano (século XVI) restituiu a escola na Turquia, na Síria, no Iraque e no Egito, bem como em alguns países da Ásia central, como o Afeganistão e a Índia. Pode-se dizer que, atualmente, a metade dos muçulmanos do mundo segue o Direito islâmico na versão da escola *ḥanafita*.

Escola *mālikita*: fundada por Mālik b. Anas (m. 795), reúne a *sunna* de Medina, e sob sua influência é escrita a compilação mais antiga de Direito, a *Muwaṭṭa'*. Essa escola medinense é defensora do *Corão* e da *sunna* como fontes primordiais, embora admita o uso do *qiyās* e do *ra'y*, pois com eles chega-se a uma solução propiciadora do bem público, apesar de estes não merecerem a importância que lhes foi dada pelos *ḥanafitas* do Iraque. Aceita também o consenso *(ijmā*ᶜ*)* dos alfaquis de Medina sobre uma questão determinada e o *istiḥsān*, na medida em que se aproxima dos princípios do *istiṣlāḥ*. Estende-se pelo Norte da África e foi a doutrina oficial de *Al-Andalus*.

Escola *šāfi*ᶜ*ita*: fundada pelo *imām* Abū ᶜAbd Allāh Muḥammad b. Idrīs al-Šāfiᶜī (m. 820), que desenvolve suas atividades nas cidades de Bagdá e Fusṭāṭ (antigo Cairo). É a escola mais voltada ao uso do *Ḥadīṯ* e da *sunna* como bases do Direito, opondo-se às diversas formas do *qiyās*. Pode-se considerar Al-Šāfiᶜī como o fundador da ciência jurídica muçulmana, por ter sistematizado o uso das fontes e por ter definido os limites para a sua utilização, ao optar por uma via intermediária entre os partidários da tradição e os amantes do *ra'y* ou opinião pessoal. Al-Šāfiᶜī recusa o *istiḥsān* subjetivo, mas introduz como recurso o *istiṣḥāb al-ḥāl*, visto anteriormente. A escola de Al-Šāfiᶜī fixou definitivamente o conceito de *sunna* como fonte do Direito, limitando-a à *sunnat al-nabī*, o modo de proceder de Maomé, e foi a que definiu o *ijmā*ᶜ como expressão do sentir da maioria dos muçulmanos. Estende-se aos países da Península Arábica e da África central, assim como à Indonésia, ao Egito, ao Daguestão e a algumas regiões da Ásia central.

Escola *ḥanbalita*: criada por Aḥmad b. Muḥammad b. Ḥanbal, morto em Bagdá em 855, cidade em que foi discípulo de Al-Šāfiᶜī. Essa escola é inimiga de qualquer inovação (*bidᶜa*) e do apoio aos *šāfiᶜitas* mais extremistas quanto ao uso exclusivo e prioritário do *Ḥadīṯ* como fonte jurídica. Ibn Ḥanbal limita o uso do *ra'y* e do *qiyās* ao mais imprescindível, e, por isso, fundamenta-se o mais possível na Tradição, mesmo quando se tratar de *ḥadīṯs* pouco seguros. Estende-se por algumas regiões da Arábia central, pelo Omã e pelo Golfo Arábico, e, na atualidade, a doutrina *ḥanbalita* chegou a um novo ápice, graças ao favor dos *wahhābitas* da Arábia Saudita.

Embora essas quatro escolas jurídicas pertençam à tendência sunita do Islã, majoritária, deve-se dedicar algumas linhas à outra tendência, minoritária, o xiismo. Como já se sabe, no ano de 659[38], os partidários do califa ᶜAlī, genro do Profeta, não aceitaram os acordos que levaram Muᶜāwiya ao califado, razão pela qual a comunidade islâmica se dividiu em duas tendências: a dos xiitas, partidários de ᶜAlī que não aceitaram Muᶜāwiya como califa, e a dos sunitas, seguidores deste último. Desde então, a minoria xiita foi perseguida pela maioria sunita, e atualmente se localiza principalmente no Irã e no sul do Iraque.

Do ponto de vista jurídico, os três ramos mais importantes do xiismo são o dos minoritários *zayditas*, o dos *ismāᶜīlitas* e o dos majoritários *duodecimanos* ou *imāmitas*. Para os *zayditas*, a autoridade do imã é a de um ser humano que deve dirigir a comunidade islâmica; é eleito pela comunidade por seus dotes pessoais e não tem nenhum vínculo mais íntimo com *Allāh* que o de ser geralmente "guiado pelo caminho correto".

Os *ismāᶜīlitas* e os *duodecimanos*, por outro lado, afirmam que o imã, embora possa ser formalmente designado por seu predecessor, é de fato nomeado por Deus e possui algo da essência divina. No entanto, enquanto os imãs *ismāᶜīlitas* sempre existiram, desde os tempos de ᶜAlī até o presente, os *duodecimanos* são assim chamados porque só reconhecem doze imãs, o último dos quais se "ocultou" em 874 e está destinado a reaparecer em seu devido tempo[39]. Uma vez que cada um desses três ramos possui os seus

38. Cf. MANTRAN, op. cit, p. 52 et seq.

39. Para informação teológica e jurídica dessas seitas, cf. WATT, W. Montgomery. *Islamic Philosophy and Theology*. Edinburgh: Edinburgh University Press, 1962, p. 20-26; 50-56; 99-104.

próprios sistemas legais, o termo "Direito xiita" pode ser usado unicamente de um modo muito geral e com freqüência aparece tão desprovido de significado quanto o termo "Direito sunita".

A Estrutura Jurídica e o Processo

A máquina jurídica, a estrutura legal, alcança no Direito islâmico um grau de complexidade e coerência dificilmente encontrado em outras instituições desse tipo durante a época medieval.

Diante da transitoriedade e da estreita interdependência com o poder central que registramos no caso da sociedade visigoda – os juízes são nomeados para determinados casos e de nenhuma maneira podem legislar fora das leis emanadas do poder –, as instituições jurídicas islâmicas mostram em todo momento sua autonomia de funcionamento em relação ao emir ou ao califa, e o cádi não apenas emite sentenças por analogia, mas também, ao fazê-lo, cria jurisprudência.

Por outro lado, a escassa atenção que o Direito romano concede à criação de instituições que arbitrem litígios entre particulares, por estar mais voltado para o Direito público, não encontra paralelo no Direito muçulmano, que, ao fundamentar-se em princípios éticos e religiosos, faz do estatuto pessoal e do Direito privado e da família um de seus campos favoritos de atuação; de fato, como veremos mais adiante, é esta a principal atuação do cádi.

A acumulação de tarefas governativas e legislativas que encontramos no caso bizantino – a ponto de o governador de uma província passar a chamar-se *iudex provinciae* ou simplesmente *iudex* – é também alheia à prática na estrutura jurídica muçulmana, o que não implica, em absoluto, negar a influência, decisiva em muitos casos, que essas culturas exerceram na criação das instituições jurídicas árabes medievais[40].

40. Cf. MARTOS QUESADA, Juan. *Introducción al mundo jurídico de la España musulmana*. Madrid: G. Martín, 1999. p. 59.

A jurisprudência e o estilo próprio dos tribunais muçulmanos são determinados por este princípio religioso, ao qual já aludimos, que impregna as instituições de uma legitimidade diferente da concedida pelo poder político e que, em última instância, possibilita a formação de um poder legislativo à margem do governo e uma vida muito mais regular e autônoma das instituições jurídicas, por não dependerem de forma rígida do soberano.

O eixo principal de toda a estrutura jurídica é o juiz (*qāḍī*), que não era, de modo nenhum, a única autoridade judiciária de uma cidade ou comunidade islâmica. Na prática, as funções judiciárias ficavam limitadas a questões pessoais (conflitos matrimoniais, heranças etc.) e a assuntos de índole civil que implicassem prejuízo a um membro da comunidade, por exemplo, o não-cumprimento de um contrato.

O cádi Al-Nubāhī, em sua obra *Al-Marqaba*[41], chama a atenção para algumas das funções específicas do cádi: a) deve julgar entre os litigantes e aplicar a justiça aos infratores da Lei, procurando agir a contento em cada caso e devendo seguir obrigatoriamente a Lei religiosa (*šarīᶜa*); b) deve impor a justiça aos oprimidos; c) deve velar pelos interesses dos loucos e dos deficientes psíquicos; d) deve julgar testamentos e heranças; e) deve ocupar-se dos matrimônios e dos órfãos; f) deve administrar os bens procedentes de doações piedosas; g) deve zelar pela segurança das estradas; h) deve castigar os infratores da Lei: ladrões, adúlteros e bêbados; i) deve julgar com igual justiça ricos e pobres, homens e mulheres; j) deve sempre escolher testemunhas fiéis, dignas de crédito e honradas.

Os requisitos para o cargo não eram absolutamente de caráter técnico ou específicos de especialista em Direito (função que cumpriam os membros da *šūrà*, do Conselho do cádi), mas o juiz deveria ser, antes de tudo, um homem justo, reto, sábio e virtuoso; autores jurídicos medievais, como Al-Ḫušānī, Al-Nubāhī, Ibn Farḥūn, Al-Māwardī ou Ibn ᶜAbdūn, entre outros[42], deixaram uma lista de condições obrigatórias e outra de condições desejáveis.

41. AL-NUBĀHĪ. *Al-Marqaba al-ᶜulyā*. Cairo: Dār al-Kātib al-Miṣrī, 1948. p. 42.
42. Cf. AL-ḪUŠĀNĪ. Ta'rīḫ quḍāt Qurṭuba. Edição e Tradução de J. Ribera. Madrid: Tipografía Comas, 1914. p. XXV-XXXII; AL-NUBĀHĪ, op. cit., p. 2-4; IBN FARḤŪN. Tabṣira. Cairo, 1933. p. 17-21; AL-MĀWARDĪ. Al-Aḥkām al-sulṭāniyya. Cairo: Al-Maṭbaᶜat al-Maḥmūdiyyat al-Tijāriyya, 1960. p. 65-66; GARCÍA GÓMEZ, E.; LÉVI-PROVENÇAL, E. Sevilla a comienzo del siglo XII: el tratado de IBN ᶜABDUN (*Risāla fī al-qaḍā'*). Trad. Garcia Gómez e Lévi-Provençal. Madrid: Moneda y Crédito, 1948.

Entre as condições obrigatórias para que o cádi exerça sua função, apresentam-se as seguintes: a) ser varão; b) ser inteligente e sensato; c) ser sempre um muçulmano, jamais um infiel; d) ser um indivíduo livre, já que um escravo não pode exercer o cargo de juiz; e) ser maior de idade; f) ser, a qualquer momento, justo e reto; g) ter conhecimentos suficientes do *Corão* e do *Ḥadīṯ*; h) ter bons os sentidos da visão e da audição, e não ter qualquer incapacidade física para falar.

Já entre as condições desejáveis, relacionam-se: a) procurar ter conhecimentos suficientes da língua árabe; b) ter também conhecimentos básicos da matéria notarial; c) ser uma pessoa piedosa; d) ser rico, a fim de evitar a tentação do suborno; em caso contrário, receber, do emir ou do califa, um salário por seu trabalho; e) procurar ser paciente, benevolente, indulgente, misericordioso e humano, em especial com os órfãos e as viúvas; f) ser, na medida do possível, um sábio em assuntos religiosos; g) não deverá se importar com as censuras e as críticas das pessoas; h) ser respeitável, firme e reto em seus julgamentos; i) atuar primordialmente no lugar de sua jurisdição; j) não ser filho de bastardo e tampouco objeto de maledicência; k) não ter sido anteriormente castigado; e, por último, l) procurar ser uma pessoa hábil, e não torpe, no exercício de suas funções.

Sua nomeação era feita pelo soberano, após consulta a seus mais íntimos cortesãos[43], embora as intrigas palacianas e as pressões de todo tipo não estivessem, às vezes, muito distantes dessas nomeações; além desse critério, Al-Ḫušānī oferece exemplos de cádis nomeados pelos governadores das províncias, e, em algumas regiões, como *Al-Andalus*, não é raro encontrar juízes nomeados diretamente pela comunidade islâmica, sempre no entanto, formalmente, em nome do emir ou do califa.

A circunscrição judiciária de um cádi é um problema ainda não resolvido de forma plenamente satisfatória, pois, apesar de ser normal encontrar um juiz por cidade (as fontes dizem que não pode haver dois juízes em um mesmo lugar), em várias cidades – principalmente nas maiores – registra-se a presença simultânea de vários deles.

43. TYAN, op. cit., 1960, capítulo dedicado ao cádi.

A duração no cargo é muito variável e sempre temporária, e depende de quem nomeou o juiz; na Espanha muçulmana, há exemplos de juízes que exerceram o cargo apenas por um dia e de juízes que mantiveram sua atividade durante quarenta anos.

O cádi, além de suas funções puramente judiciais, pode ser também o responsável pelo controle das fundações pias (*waqf*) e pela supervisão do amplo conjunto de serviços sociais para os quais se haviam constituído os bens de mão-morta (*ḥabīs*), o que significa o controle de uma considerável parte do que hoje chamaríamos o "orçamento municipal".

Como era de se esperar, o número e a diversidade de responsabilidades sociais e judiciais dos cádis exigiam a ajuda de um determinado número de colaboradores e ajudantes, assim como a nomeação de juízes especiais ou auxiliares, entre os quais destacaremos os seguintes:

- *Qāḍī al-jund* (juiz do exército): no Oriente e nas primeiras crônicas, é o juiz das tropas em campanha, mas em *Al-Andalus* serve para designar o juiz de Córdoba, até a época do emir Muḥammad I, quando passa a denominar-se *qāḍī al-jamā*ᶜ*a* (juiz da comunidade)[44].
- *Qāḍī al-quḍāt* (juiz dos juízes): no Oriente, é o vértice máximo da hierarquia dos juízes; sem chegar a ser uma espécie de ministro da Justiça, ou algo parecido, é na verdade nomeado pelos califas durante os séculos IX e X, com a missão de supervisionar e investigar a conduta de alguns juízes que eram alvo de denúncias.
- *Qāḍī al-jamā*ᶜ*a* (juiz da comunidade): é o juiz de Córdoba, assim designado em *Al-Andalus*; no caso de haver vários, é o de categoria mais elevada. No Ocidente muçulmano, corresponde ao juiz dos juízes.
- *Qāḍī al-naṣārà* (juiz dos cristãos): é o juiz encarregado de dirimir os litígios entre os cristãos, quando a ele recorriam ou quando surgia um conflito entre um cristão e um muçulmano.
- *Qāḍī al-*ᶜ*askar* (juiz do exército): de categoria menos elevada que o *qāḍī al-jund*, é o juiz encarregado de executar a ação judicial entre as tropas de campanha.

44. Cf. MARTOS QUESADA, op. cit., 1999, p. 66.

– *Qāḍī al-ankiḥa* (juiz dos matrimônios): é o juiz que se incumbe de tudo o que se refere a matrimônio, sendo muito popular e conhecido.
– *Qāḍī al-miyāh* (cádi das águas): é o juiz cujas atribuições são dirimir os conflitos causados pelo direito à irrigação, pelo uso e abuso das águas etc.
– *Wākib* (juiz da nobreza): é o juiz especial encarregado particularmente dos pleitos entre pessoas da nobreza (*ḫāṣṣa*).

Por sua parte, os cádis secundários ou juízes secundários são na prática pessoas às quais o cádi delega certas funções e que dele dependem diretamente. Os três mais importantes são:

– *Ḥakīm* (juiz secundário), termo utilizado às vezes em lugar de cádi – especialmente pelos autores orientais –, tem sido uma figura bastante confusa até agora; para alguns autores, como Gaudefroy-Demombynes, é um magistrado encarregado da justiça administrativa extracorânica; para outros, como De Slane ou Dozy, é um funcionário que executa a sentença pronunciada pelo cádi; para outros ainda, como Lévi-Provençal, é um juiz cujas funções se confundem com as realizadas pelo *ṣāḥib al-aḥkām* (senhor das apelações). Em *Al-Andalus*, é um juiz subalterno com competência em assuntos de escassa importância ou que atua em bairros ou lugares dependentes do cádi, como seu delegado.
– *Masaddid* é, segundo as indicações de Ibn Saᶜīd[45], uma espécie de juiz menor, com competências limitadas, que julga nos povoados de pequena relevância.
– *Nā'ib al-qāḍī* (substituto do juiz), ou *nā'ib*, é a pessoa que pode substituir o juiz, em determinados casos, com plenos poderes para resolver questões jurídicas de todo tipo.

Mas não é só o cádi que tem competência para julgar. À parte o emir ou o califa, que possuem plenos poderes para julgar quando lhes é conveniente, há uma série de instituições que agem como magistraturas secundárias, e de pessoas investidas de cargos especiais, por terem entre suas funções

45. Cf. ibid., p. 67.

capacidade para julgar e emitir sentença em determinados casos. As mais importantes são:

- *Ṣāḥib al-sūq* (o senhor do mercado): ocupante de cargo municipal importante, voltado particularmente para o mercado. Uma de suas funções judiciais, por exemplo, é a capacidade de agir como árbitro nas disputas suscitadas entre patrões e empregados; ao contrário do cádi, o *ṣāḥib al-sūq* pode intervir por iniciativa própria, sem esperar que os litigantes venham diretamente a ele, ou por meio de denúncia, a fim de evitar disputas[46].
- *Ṣāḥib al-šurṭa* (encarregado da polícia): pessoa cujas atribuições jurídicas são requisitadas pela justiça repressiva, a polícia, nos casos em que o cádi, tanto em matéria cível como criminal, se declara incompetente para dar sentença, baseando-se em problemas de forma ou procedimento. Essa jurisdição, que sem dúvida complementa a do cádi, é por sua vez mais flexível e arbitrária que a deste último e tem à sua disposição uma ampla gama de penas correcionais.
- *Ṣāḥib al-madīna* (magistrado civil da cidade): ocupante de cargo que concentra um alto número de funções muito amplas e complexas, desde garantir a ordem pública até arrecadar impostos. Intervém nos conflitos que, por sua importância, superam os conflitos da competência do cádi ou nos que este se declara incompetente para julgar[47].
- *Ṣāḥib al-radd* (senhor dos recursos): faz parte de uma instituição típica do Ocidente muçulmano definida por Lévi-Provençal com base nos dados apresentados por Ibn Sahl[48], como a instituição à qual chegavam algumas sentenças apeladas, "devolvidas" pelos cádis; o *ṣāḥib al-radd* não dita ele próprio a sua sentença, a não ser nos assuntos dos quais os cádis se apartavam por lhes parecer "duvidosos" em sua exposição ou em algum de seus aspectos. Esse cargo cai em desuso a partir do século IX, substituído pelo *ṣāḥib al-maẓālim*.

46. Ver o estudo de CHALMETA, P. El señor del zoco. *Al-Andalus*, Madrid, 1973.
47. Cf. VALLVÉ, J. El zalmedina de Córdoba. *Al-Qantara*, n. II, p. 277-318, 1981.
48. LÉVI-PROVENÇAL, Évariste. *España musulmana*. In: MENÉNDEZ PIDAL, Ramon. (Org.). *Historia de España*. Madrid: Espasa-Calpe, 1973. vol. V, p. 82; ARIÉ, R. *España musulmana (Siglos VIII-XV)*. In: TUÑÓN DE LARA, M. (Org.). *Historia de España*. Barcelona: Ed. Labor, 1982. vol. III, p. 100.

– *Ṣāḥib al-maẓālim*: integra, na realidade, uma instituição de apelações à qual qualquer muçulmano pode recorrer caso se sinta prejudicado ou agravado por uma sentença injusta; julga apenas em casos extraordinários.

Quanto à composição do tribunal e à administração de justiça, diremos que o tribunal islâmico era composto pelo juiz ou cádi, a *šūrà* ou Conselho do cádi (que funcionava como orgão consultivo) e o *kātib* ou secretário, além de uma série de funcionários judiciais necessários, técnicos ou subalternos, que ajudavam o cádi em suas tarefas. Em relação ao funcionamento do tribunal e ao desenrolar do julgamento, na verdade a cerimônia era bem simples e menos complexa que na atualidade. López Ortiz, num documentado artigo[49], dá uma visão panorâmica desse ato, que tentaremos sintetizar.

O lugar da audiência era normalmente uma dependência da mesquita maior, embora não fossem raros os casos de julgamentos realizados na própria casa do juiz. Nos primeiros tempos do Islã, não existia nenhum edifício especial como sede do tribunal do cádi: o lugar onde o juiz exercia sua função era a mesquita ou sua casa, e até era permitido julgar em via pública. A sala ou o espaço que mais tarde foi reservado para suas audiências era, em geral, um anexo da mesquita ou um lugar escolhido em seu pórtico. Outros cádis julgavam em suas próprias casas, mas a audiência na mesquita dava ao julgamento um caráter mais oficial e social. Se julgasse na mesquita, o cádi deveria sentar-se orientado para a *qibla*; se o fizesse em sua casa, esta deveria ser central e acessível às pessoas; e, só julgaria na rua, se o pleito fosse muito urgente e houvesse a possibilidade de rápida solução[50]. Em todos os casos, o juiz deveria exercer suas funções todos os dias, desde cedo da manhã até o meio-dia, quando iria fazer a oração, reservando a tarde para os seus assuntos.

Para a realização do julgamento, o cádi, por meio de seus ajudantes, convocava as partes interessadas; ao chegar ao lugar da audiência, sentava-se com sua pasta (*ḫarīṭa*) de documentos jurídicos, e punha os litigantes

49. LÓPEZ ORTIZ, J. La jurisprudencia y el estilo de los tribunales musulmanes en España. *Anuario de Historia del Derecho español*, n. IX, p. 213-248, 1932b.
50. Cf. PELÁEZ PORTALES, D. *El proceso judicial en la España musulmana (siglos VIII-XII)*. Córdoba: El Almendro, 2000. p. 44 et seq.

sentados à sua frente. A cenografia do tribunal era composta pelo cádi, sentado com as pernas cruzadas, e pelo *kātib* e os membros da *šūrà* a seu lado; o *ḥājib* fazia passar os litigantes previamente citados que haviam enviado ao juiz as suas declarações por escrito, os quais se apresentavam acompanhados de seus procuradores, advogados e testemunhas. Após ouvir as partes em questão e deliberar com seus conselheiros da *šūrà*, o juiz pronunciava a sentença, que geralmente era expeditiva e normalmente gratuita.

Entre os litigantes, o demandado é o favorecido pelas presunções legais, e o demandante, o que deve apresentar as provas testemunhais necessárias ou trazer as testemunhas.

Além dos juízes e dos membros que compunham o tribunal, existia no mundo jurídico muçulmano uma série de pessoas, de suma importância, que não estavam subordinadas ao juiz e que ajustavam e completavam a visão do sistema judiciário. São as seguintes:

- *Ḫaṣm* (notário, procurador), também conhecido por *wakīl* ou *muḥāmī*: profissional do direito que cobra por seus serviços e que assessora seu cliente e o acompanha ou representa em juízo; o cádi, por meio do *muḥtasib*, vela pela honestidade desse cargo, podendo recusar o profissional se assim o considerar pertinente.
- *Waṯṯāq* (notário) ou *ṣāḥib al-šurūṭ*: pessoa cuja atividade se centra na redação ou levantamento de atas, na expedição de certificados, na protocolização e na redação de contratos e documentos etc., dada a importância da prática notarial e da inspeção judiciária no Direito islâmico.
- *ᶜadl* (testemunha) ou *šāhid*: testemunha instrumental que representa um papel essencial no mecanismo jurídico muçulmano, visto que no Direito islâmico é o testemunho, e não o documento escrito, a prova por excelência. Embora qualquer um possa ser chamado como testemunha, ela acaba se profissionalizando, mas para isso são requeridas tanto uma irrepreensível moralidade como uma sólida cultura jurídica; o cádi, por meio do *mukazzi*, controla a atividade dessas testemunhas.
- *ᶜālim* (sábio): estudioso do Direito e especialista em *Ḥadīṯ* e sua interpretação, que é consultado pelas pessoas ou pelo juiz e que oportunamente é chamado para formar parte do Conselho de cádis ou *šūrà*.

- *Faqīh* (alfaqui, especialista em Direito): especialista em *fiqh*, em Direito prático, com funções muito similares a dos ulemás em relação a assessoramento às pessoas ou às instituições jurídicas.
- *Muftī* (jurisconsulto): alfaquis especializados na interpretação do *fiqh* prático, na busca de soluções e respostas legais apresentadas a partir dos textos dos mestres consagrados. O *muftī* tem capacidade para dar respostas jurídicas (*fatwàs*) a determinados problemas legais que lhe sejam apresentados[51].

A Literatura Jurídica

A literatura jurídica islâmica medieval pode classificar-se em dois grandes grupos de obras: as de criação e metodologia jurídica, por um lado, e as jurídicas de aplicação prática do Direito, por outro[52].

O primeiro grupo é composto por obras de caráter mais teórico, dedicadas a estudar e analisar os *ḥadīṯs*, as fontes do Direito, a legitimidade jurídica e a lógica legal, a partir de pontos de vista abstratos. Dentro desse grupo, podemos ainda discernir as obras dedicadas aos tratados e coleções de *ḥadīṯs*, como as que foram citadas anteriormente, e outras, dedicadas à análise das fontes do Direito islâmico (*kitāb uṣūl al-fiqh*).

O segundo grupo, de caráter mais pragmático, aglutina os livros compilatórios de sentenças, pareceres jurídicos, respostas legais etc., compostos por alfaquis, cádis, ulemás ou muftis, que eram de grande ajuda no momento de encontrar uma solução a um problema legal real. Dentro desse grupo de obras mais empíricas, podemos fazer uma classificação ou diferenciação entre os tratados e compêndios de aplicação jurídica (*kitāb al-furūᶜ*), as respostas legais dadas por alfaquis ou juízes a problemas concretos (*kitāb al-nawāzil*)[53], os

51. Cf. MARTOS QUESADA, Juan. Características del muftí en al-Ándalus: contribución al estudio de una institución jurídica hispanomusulmana. *Anaquel de Estudios Árabes*, n. VII, p. 127-144, 1996.
52. Cf. LÓPEZ ORTIZ, op. cit., 1932a, p. 36 et seq.
53. Cf. DAGA PORTILLO, R. Los *nawazil* y géneros relacionados en la literatura jurídica: fetua y *al-masa'il*. *Miscelánea de Estudios Árabes y Hebraicos*, n. XL-XLI, p. 79-85, 1991-1992.

tratados e atas notariais (*kitāb al-waṯā'iq*)[54] e os tratados de *ḥisba* ou normas de mercado[55].

Como vemos, dentro do campo da literatura jurídica de aplicação prática, existe um gênero de obras, conhecidas geralmente com o nome de *nawāzil*, que reúnem, essencialmente, um número indeterminado de casos jurídicos práticos. Sua principal característica é não serem dedicadas à exposição dogmática metódica do Direito, do *fiqh*, pois seu conteúdo se acha mais próximo de uma série de hipóteses jurídicas com a solução que convém a cada uma delas, sempre de acordo com os princípios e fontes do *fiqh* e com a opinião particular do autor.

A identificação do termo *nawāzil* com o de *fatwà* é muito comum e quase total na Espanha muçulmana. A *fatwà* é a explicação de um jurisconsulto autorizado – um mufti – sobre o sentido da Lei num caso concreto. Serve, pois, para declarar e tornar aplicáveis a casos particulares os preceitos contidos nos livros de *fiqh*, de Direito prático. O campo da *fatwà* é tão amplo quanto o da Lei muçulmana, nas ordens tanto social e religiosa como moral e política.

A *fatwà* é, pois, o meio autorizado mais corrente e idôneo para orientar a opinião dos muçulmanos sobre o lícito e o ortodoxo em casos determinados, sendo, em última instância, a soma de *fatwà*s, dessas respostas orientadoras, a posição tomada pela comunidade diante da contínua evolução das circunstâncias da vida. Graças à *fatwà*, a doutrina, que é teoricamente imutável, vai se adaptando à realidade concreta, até mesmo nos casos em que isso teria sido impossível segundo as antigas opiniões[56].

Essas obras representaram um papel essencial no desenvolvimento da prática jurídica, ao terem preenchido a lacuna causada pela falta de códigos de estilo ocidental, uma vez que serviram de ponto de referência a cádis, muftis e juristas em geral, para encontrarem, por analogia com os exemplos coletados, soluções aos casos que diariamente lhes eram apresentados.

54. Cf. AGUIRRE, J. Notas acerca de la proyección de los *"kutub al-wata'iq"* en el estudio social y económico de al-Andalus. *Miscelánea de Estudios Árabes y Hebraicos*, vol. XLIX, p. 3-30, 2000.
55. Cf. CHALMETA, P. La *hisba* en Ifiriqiya et al-Andalus; étude comparative. *Cahiers de la Tunisie*, vol. XVIII, p. 87-105, 1970.
56. Cf. MASUD, Muhammad Khalid; MESSICK, Brinkley; POWERS, David S. (Org.). *Islamic legal interpretation. Muftis and their fatwas.* Cambrigde, Massachusetts; London: Harvard Middle Eastern Studies; Harvard University Press, 1996.

Para simples fins de classificação, podemos dizer que, em linhas gerais, o gênero *nawāzil* é composto basicamente por quatro tipos de livros: a) os *kitāb al-aḥkām* ou compilações de decisões jurídicas dos juízes, dos cádis; b) os *kitāb al-fatāwà*, conjunto de respostas dadas pelos muftis a problemas de âmbito diverso; c) os *kitāb masā'il al-fiqh*, livros de questões jurídicas com sua resposta correspondente e d) os *kitāb nawāzil al-fiqh*, compêndio ou exposição de casos práticos de Direito.

Todas essas obras têm em comum a mesma estrutura, embora apresentem certas diferenças, fundadas quer na exposição de uma questão prática de tipo jurídico quer na sua resposta segundo as opiniões autorizadas dos mestres, seja em nome do cádi, do alfaqui ou do mufti, seja em nome de quem provém a solução.

Referências Bibliográficas

ᶜABD WAHHAB JALLAF. *ᶜIlm uṣūl al-fiqh*. Cairo, 1956. p. 34-35. Kuwait: Dar al-Qalam, 1978.

'ABDU'RRAHIM. *I principi della giurisprudenza musulmana secondo le scuole hanafita, malekita, sciafeita e hanbalita*. Trad. G. Camino. Roma, 1922.

AGUIRRE, J. Notas acerca de la proyección de los *"kutub al-wata'iq"* en el estudio social y económico de al-Andalus. *Miscelánea de Estudios Árabes y Hebraicos*, vol. XLIX, p. 3-30, 2000.

AL-ḪUŠĀNĪ. *Ta'rīḫ quḍāt Qurṭuba*. Edição e Tradução de J. Ribera. Madrid: Tipografía Comas, 1914. p. XXV-XXXII.

AL-MĀWARDĪ. *Al-Aḥkām al-sulṭāniyya*. Cairo: Al-Maṭbaᶜat al-Maḥmūdiyyat al-Tijāriyya, 1960.

AL-NUBĀHĪ. *Al-Marqaba al-ᶜulyā*. Cairo: Dār al-Kātib al-Miṣrī, 1948.

ANDERSON, J. N. D. Le droit comme force sociale dans la culture et dans l'histoire de l'Islam. *Institut des Belles Lettres Arabes*, n. XXI, 1959.

ARIÉ, R. *España musulmana (Siglos VIII-XV)*. In: TUÑÓN DE LARA, M. (Org.). *Historia de España*. Barcelona: Ed. Labor, 1982. vol. III, p. 100.

ARKOUN, Mohammad; GARDET, Louis. *L'Islam, hier-demain*. Paris: Éditions Buchet-Castel, 1978.

AT-TAHHAN, Mahmud. *Précis des sciences du hadîth.* Paris: Al-Qalam, 1994.

BLACHÈRE, Régis. *Le Coran.* Paris: Presses Universitaires de France, 1999. (Coll. Que sais-je?).

BOUSQUET, Georges Henri. *Précis de Droit Musulman, principalement mâlékite et algérien.* Alger: Maison des Livres, 1950.

____. *Précis de Droit Musulman.* Alger: Maison des Livres, 1954. Tome II (*Le Droit Musulman par les Textes*).

BRUNSCHVIG, Robert. Considérations sociologiques sur le droit musulman ancien. In: ____. (Ed.). *Études d'Islamologie.* 2. ed. Paris: Maisonneuve et Larose, 1995. (1. ed. 1976). 2 v. vol. I, p. 7-35

BURTON, John. *An Introduction to the Hadîth.* Edinburgh: Edinburgh University Press, 1994.

CAHEN, Claude. *El Islam. Desde los origenes hasta el comienzo del imperio otomano.* Trad. J. M. Palao. Madrid: Siglo XXI de España Editores, 1970.

CHALMETA, P. La *hisba* en Ifiriqiya et al-Andalus; étude comparative. *Cahiers de la Tunisie*, vol. XVIII, p. 87-105, 1970.

____. El señor del zoco. *Al-Andalus*, Madrid, 1973.

CHARLES, Raymond. *Le Droit Musulman.* Paris: France Presses Universitaires, 1956.

CHARNEY, Jean Paul. *Sociologie religieuse de l'Islam.* Paris: Sinbad, 1977. (Nouvelle éd. Paris: Hachette, 1994. Coll. Pluriel).

CHEHATA, Ch. Logique juridique et droit musulman. *Studia Islamica*, n. XXIII, p. 5-23, 1965.

CHELHOD, Joseph. *Les structures du sacré chez les Arabes.* 2. ed. Paris: Maisonneuve et Larose, 1986. (1. ed. 1964).

COULSON, Noel J. *A History of Islamic Law.* Edinburgh: Edinburgh University Press, 1964.

D'EMILIA, Antonio. Il Diritto musulmano comparato al bizantino. *Studia Islamica*, n. IV, p. 57-77, 1955.

DAGA PORTILLO, R. Los *nawazil* y géneros relacionados en la literatura jurídica: fetua y *al-masa'il. Miscelánea de Estudios Árabes y Hebraicos*, n. XL-XLI, p. 79-85, 1991-1992.

DUFOURCQ, Charles-Emmanuel. La coexistence des chrétiens et des musulmans dans al-Andalus et dans le Maghreb du Xème siècle. *Orient et Occident au Xème siècle.* Paris: Publications de l'Université de Dijon, n. LVII, p. 209-234, 1979.

EDELBY, N. L'autonomie legislative des chrétiens en terre d'Islam. *Archives Historiques du Droit Oriental*, n. V, p. 307-351, 1950-1951.

L'ENCYCLOPÉDIE DE L'ISLAM (EI[1]). Leiden; Paris: E. J. Brill; Klincksieck, 1913-1936.

THE ENCYCLOPAEDIA OF ISLAM (EI[1]). Leiden; New York, 1913-1936. 9 v.

THE ENCYCLOPAEDIA of Islam (EI²). New Edition. Leiden; London: E. J. Brill; Luzak & Co., 1960-2003. vol. I-XI.

FIERRO, M. (Org.). *Judíos y musulmanes en al-Andalus y el Magreb. Contactos intelectuales*. Madrid: Casa de Velazquez, 2002.

GARCÍA GÓMEZ, E.; LÉVI-PROVENÇAL, E. *Sevilla a comienzo del siglo* XII: el tratado de Ibn ᶜAbdūn (*Risāla fī al-qaḍā'*). Trad. Garcia Gómez e Lévi-Provençal. Madrid: Moneda y Crédito, 1948.

GARDET, Louis. *L'Islam, religion et communauté*. Paris: Desclée, de Brouwer, 1967.

GRUNEBAUM, Gustave Edmund von. *Medieval Islam. A Study in Cultural Orientation*. 2. ed. Chicago: Chicago University Press, 1954. (1. ed. 1946).

____. (Org.). *Unity and Variety in Muslim Civilization*. Chicago: Chicago University Press, 1956.

____. *L'Islam medieval. Histoire et civilization*. Trad. Odile Mayot. Paris: Payot, 1962.

____. (Org.). *Theology and Law in Islam*. Wiesbaden: O. Harrassowitz, 1971.

HALLAQ, Wael B. *Law and Legal theory in Classical and Medieval Islam*. Wiesbaden: Franz Steiner, 1972. (Reed. Aldershot, Hampshire: Ashgate/Variorum, 1994; 2000).

HASSAN, A. Le droit musulman et le droit romain. *Archives Historiques du Droit Oriental*, n. IV, p. 301-321, 1949.

____. Origins of the early schools of law. *Islamic Studies*, n. IX, p. 255-269, 1970.

IBN FARḤŪN. *Tabṣira*. Cairo, 1933.

KAMALI, Mohammad Hashim. *Principles of Islamic Jurisprudence*. Cambridge, UK: Islamic Text Society, 1989.

KHADDURI, Majid; LIEBESNY, Herbert J. (Ed.). *Law in the Middle East*. Washington DC: The Middle East Institute, 1955. vol. I (*Origin and Development of Islamic Law*).

LAMMENS, Henri. *L'Islam. Croyances et institutions*. Beyrouth: Imprimerie Catholique, 1926 (2. ed. 1941; 3. ed. 1943; 4. ed. Leiden: E. J. Brill, 1944).

LÉVI-PROVENÇAL, Évariste. *España musulmana*. In: MENÉNDEZ PIDAL, Ramon. (Org.). *Historia de España*. Madrid: Espasa-Calpe, 1973. vol. V, p. 82.

LINANT DE BELLEFONDS, E. The formal sources of Islamic law. *Islamic Studies*, n. XV, p. 187-194, 1976.

LÓPEZ ORTIZ, J. *Derecho Islámico*. Barcelona; Buenos Aires: Labor, 1932a.

____. La jurisprudencia y el estilo de los tribunales musulmanes en España. *Anuario de Historia del Derecho español*, n. IX, p. 213-248, 1932b.

MANDIROLA BRIEUX, P. *Introducción al Derecho Islámico*. Madrid; Barcelona: Marcial Pons, 1998.

MANTRAN, R. *La expansión musulmana (siglos* VII *al* XI*)*. La Historia y sus problemas. Barcelona: Ed. Labor, 1973. (Col. Nueva Clio). vol. XX, p. 82 et seq.

MARÇAIS, W. L'Islamisme et la vie urbaine. *Comptes Rendus Acad. Inscript. Belles Lettres*, p. 86-100, 1926.

____. L'urbanisme musulman. *Mélanges de l'Institut Dominicain d'Études Orientales (MIDEO)*, vol. I, p. 233-244, 1950.

MARTOS QUESADA, Juan. Características del muftí en al-Ándalus: contribución al estudio de una institución jurídica hispanomusulmana. *Anaquel de Estudios Árabes*, n. VII, p. 127-144, 1996.

____. *Introducción al mundo jurídico de la España musulmana.* Madrid: G. Martín, 1999.

MASUD, Muhammad Khalid; MESSICK, Brinkley; POWERS, David S. (Org.). *Islamic legal interpretation. Muftis and their fatwas.* Cambrigde, Massachusetts; London: Harvard Middle Eastern Studies; Harvard University Press, 1996.

MILLIOT, Louis. *Introduction à l'étude du droit musulman.* Paris: Recueil Sirey, 1953. p. 6-7. (Ed. aum. e corrigida por François-Paul Blanc. Paris: Éditions Dalloz-Sirey, 2001).

NELSON, L-H. Christian-Muslim relations in eleventh-century Spain. *Military Affaires*, n. XLIII, p. 195-198, 1979.

PAREJA, F. Mª. *Islamología.* Madrid: Razón y Fe, 1962. 2 v.

PELÁEZ PORTALES, D. *La Administración de Justicia en la España musulmana.* Córdoba: El Almendro, 1999.

____. *El proceso judicial en la España musulmana (siglos VIII-XII).* Córdoba: El Almendro, 2000.

REEBER, Michel. *Le Coran.* Paris: Editions Milan, 2002.

ROBSON, J. *ḥadīṯ.* In: L'ENCYCLOPÉDIE de l'Islam (EI[1]). Leiden; Paris: E. J. Brill; Klincksieck, 1913-1936. 9 v. vol. III, p. 24-30.

RODINSON, Maxime. *La fascination de l'Islam.* Paris: Éditions La Découverte, 1980.

SAÏD RAMADAN. *La shari'a. Le Droit islamique, son envergure et son equité.* Paris: Al-Qalam, 1977.

SCHACHT, Joseph. *The origins of Muhammedan Jurisprudence.* Oxford: Clarendon Press, 1950.

____. *Esquisse d'une histoire du droit musulman.* Trad. Jeanne e Felix Arin. Paris: M. Besson, 1952.

____. *An introduction to Islamic law.* Oxford: Clarendon Press, 1964.

____. Urbanisme médiéval et Droit Islamique. In: BRUNSCHVIG, Robert. (Ed.). *Études d'Islamologie.* 2. ed. Paris: Maisonneuve et Larose, 1995. (1. ed. 1976). 2 v. vol. II, p. 7-35.

____. *Introduction au Droit Musulman.* Trad. P. Kempf e A. M. Turki. Paris: Maisonneuve et Larose, 1999.

SCHWAB, M. Les non-musulmans dans le monde de l'Islam. *Revue du Monde Musulman*, n. VI, p. 622-639, 1908.

SERGEANT, R. B. (Ed.). *La ciudad islámica*. Barcelona: Serbal/Unesco, 1982.

SIDDIQI, Muhammad Zubayr. *Hadîth Literature*. Cambrigde: The Islamic Text Society, 1993.

____. *The Hadîth for beginners*. Calcuta: Al-Risala, 2000.

SIEGMAN, H. The state and individual in sunni Islam. *The Muslim World*, n. 54, p. 188-195, 1964.

TYAN, Emile. *Histoire de l'organisation judiciaire en Pays d'Islam*. Paris: Librairie du Recueil Sirey, 1938. (Reed. Leiden: E. J. Brill, 1960). (Coll. Annales de l'Université de Lyon).

____. *Institutions du Droit Public Musulman*. Beirut; Paris: Recueil Sirey, 1954-1956. vol. I (*Le Califat*); vol. II (*Sultanat et Califat*).

____. Méthodologie et sources du droit musulman. *Studia Islamica*, n. XX, p. 79-109, 1959.

VALLVÉ, J. El zalmedina de Córdoba. *Al-Qantara*, n. II, p. 277-318, 1981.

WATT, W. Montgomery. *Islamic Philosophy and Theology*. Edinburgh: Edinburgh University Press, 1962, p. 20-26; 50-56; 99-104.

WENSINCK, Arent Jan. *Handbook of Early Muhammad Tradition*. Leiden: E. J. Brill, 1927.

8.

O Pensamento Político Islâmico Medieval*

Massimo Campanini

A Comunidade das Origens e o Nascimento do Califado

Os princípios da teoria e da prática políticas islâmicas[1], sobretudo medievais, mas também contemporâneas, têm raízes no *Corão*, o Livro sagrado, e na *sunna*, isto é, o comportamento e as opiniões de Muḥammad conservados nas Tradições ou *Ḥadīṯ*. O *Corão* não contém indicações políticas explícitas, isto é, não determina como constituir um Estado islâmico. Limita-se a ressaltar, em dois versículos, de um lado a necessidade da justiça dos governantes como pilar do governo islâmico – cuja contrapartida é a

* Tradução (do original italiano) de Domingos Zamagna

1. Como introduções gerais, ver: ROSENTHAL, Erwin I. J. *Political Thought in Medieval Islam*. Cambridge: Cambridge University Press, 1958; BLACK, Antony. *The History of Islamic Political Thought*. Edinburgh: Edinburgh University Press, 2001; CAMPANINI, Massimo. *Islam e Politica*. 2. ed. Bologna: Il Mulino, 2003. (1. ed. 1999). (*Islam y Política*. Trad. castelhana. Madrid: Biblioteca Nueva, 2003); CRONE, Patricia. *Medieval Islamic Political Thought (ca. 650-1250)*. Edinburgh: Edinburgh University Press, 2004.

fidelidade dos súditos – e, do outro, o dever da consulta aos crentes na prospectiva das decisões políticas, dever que os muçulmanos voluntariamente consideram fundamento de uma democracia islâmica. Trata-se antes de tudo do célebre versículo dos poderosos (*Corão* IV:58-59):

> Deus vos manda restituir os depósitos fiduciários aos seus donos e, quando julgardes vossos semelhantes, fazei-o com justiça. [...] Ó crentes, obedecei a Deus, ao seu Mensageiro, e aos que detêm autoridade entre vós. Se disputardes sobre qualquer questão, recorrei a Deus e ao seu Mensageiro.

Em segundo lugar, da breve indicação do *Corão* (XLII:38): "Os que obedecem ao seu Senhor e cumprem a oração [...] resolvem seus assuntos consultando-se entre si". A insistência corânica na justiça (dos governantes para com os governados) e na consulta (entre governantes e governados) fazem que, na doutrina política clássica, se insista mais sobre a legitimidade e a retidão do poder do que sobre os direitos dos indivíduos, sejam esses a liberdade ou o direito de propriedade ou qualquer outro direito "natural" semelhante aos reconhecidos pelo pensamento político moderno no Ocidente. A propriedade, por exemplo, é de Deus, que possui toda a terra, e os soberanos a administram em Seu nome para o bem-estar do povo. Analogamente, a liberdade consiste em obedecer à Lei de Deus, e se o governo em vigor aplica com justiça a Lei de Deus, segue-se imediatamente a liberdade. Até um governo tirânico é lícito e legítimo, desde que aplique a Lei de Deus. A sedição, geralmente, é proibida. Ordenar o bem e proibir o mal, como está no *Corão* (III:104;110), são simplesmente exortações de caráter moral, mesmo que tenham um conteúdo político, uma vez que engajam o crente a tornar-se responsável pela aplicação e pelo respeito à Lei de Deus: "Forme-se entre vós uma comunidade (*umma*) de homens dedicados ao bem, que promovem o louvável, que impedem o censurável. [...] Vós sois a melhor comunidade (*umma*) jamais suscitada entre os homens: promovei o louvável, impedi o censurável e crede em Deus".

O texto sagrado, portanto, não oferece indicações políticas específicas, e isso não ocorreu nem mesmo com a *sunna* do Profeta. O primeiro problema teórico e prático que se apresentou à Comunidade muçulmana foi, por conseguinte, a construção do Estado islâmico. O Profeta Muḥammad, ao morrer em 632, não designou o seu sucessor político nem indicou claramente como a Comunidade deveria gerir-se. Seu silêncio conferiu, desde o início, importância central à questão de como administrar a Comunidade. O problema, entretanto, foi inicialmente enfrentado apenas no plano prático; as reflexões filosófica e teórica começaram relativamente tarde e só atingiram uma maturidade expressiva no século XI. Isso aconteceu basicamente porque, por um longo período, o poder se legitimou mediante o seu exercício e não por meio de uma ciente sistematização teórica. Enquanto o poder (entenda-se, o califado) se manteve sólido, não houve necessidade de legitimação; essa necessidade se apresentou quando as circunstâncias históricas (a decadência do califado) impeliram os pensadores políticos a buscar um enunciado de princípios gerais de funcionamento do Estado.

No momento, porém, em que as reflexões filosófica e teórica atingiram o seu ápice, a discussão deixou de ser sobre o Estado islâmico e centrou-se no(s) modelo(s) islâmico(s) do Estado. A distinção não é peregrina. O Estado islâmico, de fato, progressivamente se identificou com a Comunidade de Medina, diretamente dirigida pelo Profeta, e com o reino dos califas "bem guiados" sucessores de Muḥammad (ao menos os três primeiros ou somente ᶜAlī, para os xiitas), isto é, Abū Bakr (632-634); ᶜUmar (634-644); ᶜUṯmān (644-656) e, precisamente, ᶜAlī (656-661). O que veio depois, na prática e na teoria, não mais pode ser considerado um Estado efetivamente islâmico: somente Muḥammad e os primeiros califas, sob o direto influxo da bênção divina, puderam soldar a inspiração moral e religiosa à reta gestão do poder. Por essa razão, a doutrina política posterior procurou, voltando-se para a experiência originária como referência imprescindível, teorizar um ou mais modelos islâmicos de Estado.

Ora, Muḥammad foi ao mesmo tempo profeta e homem de Estado; revelou o Islã aos homens, mas teve o encargo de construir e dirigir a Comunidade muçulmana[2]. Isso aconteceu após a Hégira, a emigração de Meca para Medina em 622. Em Medina, sua mensagem espiritual se traduziu também em prática política, e assim, além do *Corão*, seus comportamentos tornaram-se texto e jurisprudência, a supramencionada *sunna*. Logo que

2. Sobre a vida de Muḥammad, ver: WATT, W. Montgomery. *Muhammad, Prophet and Statesman*. London; New York: Oxford University Press, 1974. (1. ed. 1961); LINGS, Martin. *Muhammad. His Life based on the Earliest Sources*. London; Sidney: Unwin, 1988.

chegou em Medina, o Profeta, pela necessidade de fazer coexistirem muçulmanos (ainda minoritários) com os árabes pagãos e com os judeus, exarou a assim chamada Constituição de Medina, um documento legislativo que, ratificando as regras de convivência dos grupos presentes na cidade, lançava as bases do profundo senso solidário e comunitário do Islã. Com efeito, a Constituição de Medina sublinhava, em primeiro lugar, que os crentes e os que deles dependiam formassem uma só Comunidade ou *umma*, cujos vínculos eram a religião (para os crentes) e a aliança ou a clientela (para as relações entre os crentes e seus súditos não-convertidos). Desde o início delineava-se, no Islã, o princípio (e, no fundo, também a prática) de que o vínculo que mantém unidos os homens não é a língua, ou o território, ou a nação, no sentido europeu dos vocábulos, mas a religião. A Comunidade é superior a qualquer formação nacional ou estatal. Por isso o califado, expressão política da *umma*, foi, no período de sua maior eficiência (até ao século IX), supranacional: na prática, unindo todas as terras islâmicas, do Marrocos ao rio Indo; na teoria, impondo a própria soberania aos régulos e governantes locais. Além disso, a *umma* é Comunidade carismática[3], pois, segundo prescreve uma célebre tradição do Profeta, "jamais estará de acordo sobre um erro". Conseqüentemente, o acordo comunitário, o que em seguida será chamado *ijmāᶜ*, que consiste fundamentalmente no acordo dos ulemás (os jurisconsultos), é infalível e tem valor de Lei.

Em segundo lugar, se os muçulmanos são os principais componentes da Comunidade e lhes é garantido o direito de gerir o poder político, junto deles vivem, na qualidade de protegidas, as minorias religiosas. Disso nasce o conceito de *ḏimma*, significando precisamente que as minorias religiosas (os monoteístas, judeus e cristãos, e os zoroastristas, não os pagãos e os politeístas) podem permanecer no interior do Estado muçulmano, gozando de direitos especiais e submetendo-se a deveres especiais. É importante realçar que a obrigação de escolher entre a conversão ou a espada foi reservada exclusivamente aos "pagãos". Muḥammad jamais teve a intenção de impor a conversão pela força. O próprio *Corão* (II:256) diz: "Que não haja constrangimento na fé". A doutrina

3. Cf. WATT, W. Montgomery. *Islamic Political Thought*. Edinburgh: Edinburgh University Press, 1980. (1. ed. 1968). p. 96.

do *jihād*, impropriamente traduzido por "guerra santa"[4], foi elaborada bem cedo no Direito islâmico; foi, todavia, mais um princípio teórico que um empenho prático[5]. A expansão não se realizou *somente* por motivos religiosos, mas também por motivos sociais e econômicos. Em teoria, o *jihād* era obrigatório contra os pagãos e os descrentes rebeldes, mas na prática assumiu um caráter sobretudo defensivo. A necessidade do *jihād* permaneceu uma jaculatória presente em todos os textos de teologia e jurisprudência, mas os muçulmanos logo souberam compactuar tanto com as necessidades de gestão e de administração de seu império como com as necessidades de boa vizinhança com os demais impérios. As conversões, exatamente por causa desse princípio de tolerância e, certamente, para usufruir dos benefícios que derivavam da participação à *umma* e à classe dirigente, foram, aos poucos, cada vez mais numerosas, até que, em torno do século X, o Islã tornou-se a religião majoritária em todas as terras já politicamente submetidas ao império dos califas. A expansão no Ocidente cessou, como é sabido, desde a metade do século VIII[6].

O problema da sucessão dos califas é o fato histórico que determinou a fundação e o desenvolvimento da doutrina política[7]. Por isso, é necessário

4. *Jihād* significa literalmente "esforço" (no caminho de Deus). O esforço pode ser militar, mas também espiritual. A maior parte dos teólogos, na esteira de uma tradição profética, afirma que o "grande *jihād*" não é o bélico, mas a luta ética e moral para purificar os costumes. Assim, o grande Al-Ġazālī pôde escrever: "O conhecimento do Espírito é muito difícil, pois não existe na religião uma via mestra para atingi-lo. A religião não impõe a necessidade de conhecê-lo, sendo a religião luta (espiritual) (*mujāhada*) e conhecimento dos elementos característicos da (reta) orientação (*hidāya*), como disse – louvado seja Ele! – o Altíssimo: 'Aqueles que lutarão (*jahadu*) zelosos por Nós, Nós os guiaremos pelos Nossos caminhos' (*Corão* XXIX:69). Quem não exercita (*lam yajtahid*) um autêntico esforço (*ijtihād*) não pode chegar ao conhecimento da verdadeira realidade do Espírito. O primeiro fundamento da luta (espiritual) (*mujāhada*) é o conhecimento dos exércitos do coração; porque ao homem, se não conhece estes exércitos, não se destina a "guerra santa" (*jihād*)". AL-ĠAZĀLĪ, *Majmūʿa al-Rasā'il*. Beirut: Dār al-Fikr, 2000. p. 421 (*Kimiyya' al-Saʿāda* [A Alquimia da Felicidade]). A única tradução do opúsculo está no volume: CAMPANINI, Massimo. (Org.). *La Bilancia dell'azione e altri scritti*. Torino: UTET, 2005.

5. Cf. MORABIA, Alfred. *Le Jihad dans l'Islam Médiéval*. Paris: Albin Michel, 1993; PETERS, Rudoph. *Jihad in Classical and Modern Islam*. Princeton: Markus Wiener, 1996; FIRESTONE, Reuven. *Jihad. The Origin of Holy War in Islam*. Oxford: Oxford University Press, 1999.

6. Sobre todas essas questões, principalmente do ponto de vista teórico, cf. SCARCIA AMORETTI, Biancamaria. *Tolleranza e guerra santa nell'Islam*. Firenze: Sansoni, 1974.

7. Ver, sobretudo, MADELUNG, Wilfred. *The Succession to Muhammad. A Study of the Early Caliphate*. Cambridge: Cambridge University Press, 1997; para um ponto de vista islâmico, DJAIT, Hichem. *La Grande Discorde. Religion et Politique dans l'Islam des Origines*. Paris: Gallimard, 1989.

recordar os fatos essenciais. Como foi dito, Muḥammad não escolheu sucessores. Abū Bakr foi nomeado numa assembléia pública na qual os contrastes entre as facções medinense e mecana dos crentes foram muito ásperos. De seu lado, Abū Bakr designou diretamente ᶜUmar talvez para recompensá-lo pelo apoio recebido anteriormente. Por sua vez, ᶜUmar constituiu um Conselho consultivo de seis personagens (*šūrà*), que elegeu, não sem agudas contendas internas, um aristocrata mecano, ᶜUṯmān, no lugar de ᶜAlī, genro e primo do Profeta, que então se sentiu defraudado de seus direitos. Por ocasião do assassinato de ᶜUṯmān, alguns consideraram ᶜAlī, com ou sem razão, conivente com o crime, e um parente do velho califa Muᶜāwiya rebelou-se contra ele, provocando uma guerra civil conhecida como a "grande discórdia" (*al-fitna al-kubrà*). Também ᶜAlī foi morto por um dissidente *ḫārijita* que o repreendia por aquiescer a uma arbitragem e a um acordo de paz com o seu adversário; Muᶜāwiya pôde assim inaugurar a dinastia dos omíadas.

Dessas complexas vicissitudes, aqui apenas acenadas, surgiram dois problemas de valência contemporaneamente política e teológica: o problema do estatuto do pecador e o problema da legitimidade dos califas. Quem tinha razão, primeiro entre ᶜUṯmān e ᶜAlī, depois entre ᶜAlī e Muᶜāwiya? A Comunidade tendeu a identificar quem errou com o pecador, mas isso apresentava um problema ulterior: é lícito obedecer ao pecador? No decurso do tempo prevaleceu a doutrina dos chamados *murji'itas*: o pecador é de qualquer forma um crente e não deve ser expulso da Comunidade, os homens não têm o direito de julgá-lo; será Deus a prescrever a pena daquele que de fato for culpado. Os *muᶜtazilitas*, a mais importante corrente teológica dos primórdios do Islã, chegaram a uma conclusão convergente: o pecador, mesmo permanecendo pecador, não poderia ser considerado nem propriamente crente, tampouco descrente, devendo ser aceito na Comunidade. Desse modo, postergando ou suspendendo o juízo, todos os reinados dos protagonistas da "grande discórdia", ᶜUṯmān, ᶜAlī e Muᶜāwiya, resultavam substancialmente legítimos. Objetivamente, as soluções *murji'itas* e também as *muᶜtazilitas* aceitavam e consolidavam o poder das dinastias governantes e aspiravam a garantir a paz numa Comunidade dilacerada por uma inconcebível guerra fratricida.

Os *ḫārijitas*, entretanto, ex-apoiadores de ᶜAlī, assumiram uma posição mais radical: o pecador é sumariamente descrente e deve ser expulso da

Comunidade e eventualmente morto. O califa a ser escolhido deve ser o melhor homem da Comunidade, graças aos seus dotes morais e religiosos; não deve pertencer necessariamente à tribo do Profeta, os Coraixitas, e nem mesmo precisa ser árabe. Tais propósitos levaram os *ḫārijitas* a punir ᶜAlī, considerado pecador, com a morte e a enunciar uma doutrina em certo sentido democrática do califado e do poder. De fato, segundo eles, a legitimação da autoridade deriva das massas e isso evoca a sociedade perfeita de Medina; o soberano corrupto e descrente deve ser deposto e, se necessário, morto. O extremismo *ḫārijita* está na origem de muitas teorias políticas radicais contemporâneas.

A consolidação dos omíadas – e depois dos abássidas – no trono califal não resolveu, contudo, a questão fundamental da legitimidade do próprio califado. Os adeptos de ᶜAlī continuaram a professar que seu chefe deveria ser o Príncipe dos Crentes. O segundo filho de ᶜAlī, Ḥusayn, foi assassinado pelos omíadas em Karbala em 680 por uma reivindicação que não era apenas política, mas também religiosa: assim, Ḥusayn tornou-se o mártir que se sacrificara para restaurar a justiça aviltada; tornou-se oportunamente o herói símbolo do xiismo, a versão do Islã conclamada por ᶜAlī e seus descendentes. Na pretensão dos xiitas, ᶜAlī deveria ter sido o sucessor imediato de Muḥammad, enquanto na dos majoritários sunitas, o califado seria contínuo e legítimo, desde ᶜUṯmān – e através do próprio ᶜAlī – até os omíadas e os abássidas[8].

O Imamato Segundo os Sunitas e os Xiitas

As lutas políticas que acabamos de descrever provocaram a ruptura – ainda não reconstituída – político-religiosa entre sunitas e xiitas e, naturalmente,

8. Sobre a evolução das seitas islâmicas é fundamental, para uma primeira abordagem: LAOUST, Henri. *Schismes dans l'Islam*. Paris: Payot, 1983. (1. ed. 1965). Para a teologia em geral, cf. NAGEL, Tilman. *Geschichte der islamischen Theologie*. München: Beck, 1994; e, sobretudo, a monumental obra de VAN ESS, Josef. *Theologie und Gesellschaft im 2 und 3 Jahrhundert Hidschra. Eine Geschichte des religiösen Denkens im frühen Islam*. Berlin; New York: De Gruyter, 1991-1997. 6 v.; para o pensamento político, ver uma síntese em id. Political Ideas in Early Islamic Religious Thought. *British Journal of Middle Eastern Studies*, XXVIII, p. 151-164, 2001.

induziram a uma diversa teorização do califado ou imamato[9] e do Estado islâmico. O xiismo se articula fundamentalmente em três ramos, com suas respectivas expressões políticas[10]. O ramo de menor importância é o *zaydismo*, que se reporta a um bisneto de Ḥusayn, precisamente Zayd, morto pelos omíadas em 740. Trata-se de uma forma de xiismo moderado, tal como assumiu uma dinastia de imãs *zayditas* que governou durante muito tempo no Iêmen. Contudo, a corrente *imāmita* representa o corpo principal do xiismo. É inclusive definida como duodecimana, porquanto reconhece uma sucessão de doze imãs, a partir de ᶜAlī até um certo Muḥammad al-Mahdī, que entra em ocultação em 873. Mais adiante voltaremos a falar sobre a ocultação do imã, que teve importantes desdobramentos políticos. O xiismo *imāmita* é professado sobretudo no Irã, onde foi imposto como religião oficial pela dinastia dos safávidas, no século XVI, mas também tem adeptos no Iraque e no Líbano. Há, enfim, o *ismāᶜīlismo*, que reconhece uma sucessão inicial de sete imãs a partir de ᶜAlī – razão por que às vezes é chamado de setemano, conquanto a denominação seja imprópria –, cuja principal realização política foi o império dos fatímidas, no Norte da África e no Egito (909-1171). A principal doutrina que distingue os xiitas entre si é a do imamato, isto é, ainda uma vez, uma doutrina política.

Em linhas gerais, para os xiitas, o *imām*, isto é, o chefe religioso e político da Comunidade, deve ser um membro da família de Muḥammad (*ahl al-bayt*). Particularmente, para os *zayditas*, é suficiente que seja um *ᶜalīda*[11], deve ser o melhor dos muçulmanos do ponto de vista ético e moral, mas não há nenhuma qualidade particular que o distinga dos outros. Além disso, segundo os *zayditas*, o pretendente ao imamato deve saber reivindicar seu próprio direito com as forças das armas, se necessário. Trata-se de uma concepção "moderada" que, de um lado, implica a possibilidade de surgir em qualquer momento histórico e em qualquer lugar, o que, como se verá, contrasta com a opinião dos outros xiitas, e, de outro, pressupõe a legitimidade

9. Os dois termos são intercambiáveis, embora tradicionalmente o califado represente o sistema político sunita, e o imamato, o sistema político xiita. Isso não impede que freqüentemente os teóricos sunitas prefiram imamato a califado.

10. Cf. HALM, Heinz. *Shiism*. Edinburgh: Edinburgh University Press, 1991; SCARCIA AMORETTI, Biancamaria. *Sciiti nel mondo*. Roma: Jouvence, 1994.

11. Partidário de ᶜAlī. (N. da Org.)

de, pelo menos, Abū Bakr e ᶜUmar como califas, ainda que inferiores em qualidades morais a ᶜAlī. É a assim chamada doutrina do "imamato dos inferiores", partilhada também por muitos teólogos *muᶜtazilitas*.

A doutrina do *imām* segundo os imamitas é muito mais complexa e elaborada. Um dos maiores teólogos da corrente, Al-Mufīd (m. 1022), assim define as qualidades e funções do chefe da Comunidade:

> Os imamitas estão de acordo sobre a necessidade da existência permanente de um *imām* que, como prova, serve a Deus diante dos seus fiéis – os crentes – e que, com a sua própria existência, mantém perfeitamente a integridade da religião. [...] Os imamitas estão de acordo sobre o fato de que o *imām* deverá ser impecável, impossibilitado de opor-se a Deus, sabedor de todas as ciências religiosas e de uma virtude perfeita. [...] Os imamitas estão de acordo sobre o fato de que o imamato não pode ser conferido a quem quer que seja senão em virtude de um texto que designe expressamente o seu detentor, ou em virtude de um testamento (da parte do *imām* precedente). [...] Estão de acordo sobre o fato de que o imamato, após o Profeta, esteve nas mãos de ᶜAlī, de Ḥasan (o primeiro filho de ᶜAlī), e de Ḥusayn e de seus descendentes, excluídos os de Ḥasan, até o fim do mundo. [...] Os imãs, depois do Enviado de Deus, são doze[12].

Evidentemente, essa concepção do *imām* privilegia a sua investidura divina (é o chamado princípio do *naṣṣ* ou designação textual), garantindo-lhe até a impecabilidade. Como homem perfeito, investido da iluminação de Deus, o *imām* é fonte do conhecimento secreto e único intérprete autorizado da Lei religiosa. De fato, um dos pilares da concepção xiita é que, na religião e na Escritura, existe um significado literal ou exotérico (*ẓāhir*) e um significado alegórico ou esotérico (*bāṭin*); este último, obviamente, representa a efetiva penetração do autêntico conhecimento

A sucessão de ᶜAlī é determinada com rigor até ao duodécimo *imām*. Além da exclusão dos descendentes de Ḥasan em favor dos de Ḥusayn, reconhece-se a legitimidade somente de ᶜAlī al-Riḍà como oitavo *imām*, sucessor de Mūsà al-Kāẓim, em relação a um outro pretendente. O duodécimo *imām*, Muḥammad, é o último da *silsila* (cadeia) do imamato. Como

12. SOURDEL, Dominique. *L'imamisme vu par le Cheikh al-Mufid*. Paris: Geuthner, 1974. p. 41-43.

foi dito, ele entrou em ocultação a partir de 873 e permanecerá oculto até que, segundo a vontade de Deus, retorne como Messias (*mahdī*) no fim do mundo e traga a paz e a justiça sobre a Terra, após séculos de guerra e corrupção. A doutrina do *imām* esperado tem, pois, um profundo significado escatológico e projeta a dimensão da política numa esfera transcendente. Com efeito, a política e a realização prática do Estado devem confrontar-se com a prospectiva de um porvir indeterminado, supondo uma historicidade que se reveste de ânsia messiânica. Trata-se de uma prospectiva que poderia parecer utópica, mas o fato de projetar a idéia da sociedade reta e justa numa dimensão escatológica torna tal utopia não só impraticável, mas, no final, também pouco "política".

De qualquer forma, apresenta-se um par de questões fundamentais que têm forte valência política. A primeira se formula da seguinte maneira: será legítimo o Estado na ausência do *imām*? Geralmente o xiismo imamita responde que todo tipo de Estado é na realidade *ilegítimo* na ausência do *imām*, que é o único que tem o direito de dirigir a Comunidade e sancionar suas leis. Como é de fácil compreensão, trata-se de um princípio abstrato sem validade prática: o Estado, ou melhor, os Estados continuam a existir e é necessário governá-los. Por isso, o xiismo imamita desenvolveu uma articulada e complexa doutrina do vicariato do *imām* (*wilāya*). A concepção sistematizada na idade contemporânea por Ḫumaynī sobre a *wilāyat al-faqīh*, o vicariato dos jurisconsultos, segundo a qual os doutores da Lei têm a faculdade de substituir o *imām* nas funções políticas[13], é na realidade o fruto de uma longa evolução doutrinal iniciada na Idade Média. Tal concepção foi favorecida por dois precisos elementos: a persuasão de que a opinião concorde dos jurisperitos seja sempre válida e o dever do crente de recorrer à autoridade de personagens dotados da necessária sabedoria religiosa para dirimir as dificuldades e afrontar as necessidades da vida social. O segundo desdobramento político da doutrina do *imām* oculto consiste no comportamento substancialmente quietista que por longos séculos os fiéis xiitas imamitas mantiveram em relação aos regimes de poder. Na ausência do *imām* é lícito suportar o governo

13. Ḫumaynī, a propósito, compôs um tratado sobre o governo islâmico *(Al-hukūmat al-islāmiyya)*.

ilegítimo ou até mesmo descrente, eventualmente encobrindo e disfarçando as próprias convicções religiosas – o chamado princípio da *taqiyya* ou dissimulação. O espírito revolucionário de Ḫumaynī, que levou à instauração da República Islâmica no Irã em 1979, na realidade é uma novidade em relação à teoria política clássica[14].

O *ismā^cīlismo*[15] tem uma concepção mais oscilante em relação ao problema da ocultação do *imām*. Alguns acreditaram poder interromper a cadeia dos sucessores de ᶜAlī com o sétimo, Muḥammad ibn Ismāᶜīl, que teria entrado em ocultação depois de 766. Mas a maior parte dos *ismāᶜīlitas* – desde os fatímidas até os fiéis atuais que se reconhecem no Āġā Ḫān – acreditou no *imām* presente e ativo a guiar diretamente a Comunidade. O *imām* presente, entretanto, não reivindica por necessidade o poder político: a condução da Comunidade pode ser, pelo contrário, puramente religiosa e administrativa. Depois da queda do Estado *ismāᶜīlita nizārī* de Alamut[16], na época das invasões mongóis no Oriente Médio, em 1256, os *ismāᶜīlitas* não mais pretenderam ter acesso ao poder político. Uma outra diferença ainda mais substancial em relação aos imamitas consiste no fato de que, no *ismāᶜīlismo*, o *imām* não é apenas um homem perfeito, mas uma viva encarnação de Deus. A doutrina *ismāᶜīlita* das relações entre Profeta e *imām* prevê que o Profeta, como o próprio Muḥammad, seria tão-somente o portador da Lei exterior ou exotérica: seria por isso um *nāṭiq*, um "loqüente", que fala a todos os homens para informá-los sobre as regras do culto exterior e da vida social. Já o *imām* é o "herdeiro" (*waṣī*) do Profeta "loqüente": ele é "silente" (*ṣāmit*) no sentido adotado na interpretação gnóstica e esotérica da Lei exterior e a comunica somente a um restrito círculo de privilegiados. Uma grave conseqüência dessa prospectiva é que o *imam* torna-se finalmente superior e mais importante que o Profeta: um "exagero" que os sunitas consideram certamente "herético" e que não é compartilhado nem mesmo com os xiitas imamitas e *zayditas*. Além do mais, segundo os *ismāᶜīlitas*, a história é hiero-história, sendo

14. Sobre a doutrina política do xiismo imamita, ver sobretudo SACHEDINA, Abdulaziz Abdulhusein. *The Just Ruler in Shi'ite Islam*. Oxford; New York: Oxford University Press, 1988.
15. DAFTARY, Farhad. *The Ismâ'îlis. Their History and Doctrines*. Cambridge: Cambridge University Press, 1990.
16. Ver também LEWIS, Bernard. *The Assassins. A Radical Sect in Islam*. London: Al-Saqi, 1985. (1. ed. 1967).

a explicação de ininterruptos eventos de desvelamento e ocultação da verdade divina. No curso da vida da humanidade (antes, de todo o cosmo), sucederam-se diversos ciclos de profetas e de imãs, sete ciclos para maior exatidão, cada qual composto de profetas "loqüentes" e de imãs *ṣāmit*, "silentes". A repetição do número sete tem naturalmente um alto valor simbólico, quase mágico. O ciclo profético dos imãs termina com uma "grande ressurreição", um momento palingenético e de desvelamento a todos os fiéis dos mais íntimos segredos da Revelação, com prevalência do esotérico e do gnóstico sobre o exotérico e o literal, que aliás serão cancelados e derribados. Na espera do momento crucial da ressurreição, os próprios *ismāᶜīlitas* professam a necessidade da *taqiyya*, da dissimulação, que os induz, como induz os imamitas, ao quietismo político: este é o motivo pelo qual seus imãs não têm mais reivindicado o poder.

Os sunitas, por sua vez, não compartilham a prospectiva hiero-histórica e escatológica dos xiitas. No passado, o Profeta Muḥammad e os "bem guiados" realizaram o Estado islâmico; é tarefa do político teórico e do governador voltar-se para ele e imitar aquele longínqüo modelo. A doutrina política sunita deu seus primeiros passos já no final do século VIII e início do século IX com juristas como Abū Yūsuf e Aḥmad ibn Ḥanbal. Foi sobretudo este último quem tornou dogmática a aceitação, pelos sunitas, da sucessão dos califas, os quatro "bem guiados" e, depois, os omíadas e os abássidas. Além disso, os "bem guiados" se sucederam segundo a correta ordem de legitimidade e de qualidade moral. Contudo, é somente com Al-Māwardī (m. 1058), autor do livro *Al-aḥkām al-sulṭāniyya* (Os Princípios do Poder)[17], que foi formulada a doutrina "ortodoxa" do califado[18].

O primeiro ponto evidenciado por Al-Māwardī é que o califado não é uma instituição natural ou racional, mas uma prescrição divina imposta pela Revelação, ou seja, o califado é expressamente desejado por Deus para o bem da Comunidade. O califa deve pertencer à tribo de Muḥammad, a dos Coraixitas, e deve ser púbere, livre, mental e corporalmente sadio, dotado de profundas qualidades morais, douto em ciências religiosas e capaz de

17. AL-MĀWARDĪ. *Al-Aḥkām al-Sulṭāniyya wa-al-Wilāyāt al-Dīniyya. The Ordinances of Government.* London: Garnet Publishers Ltd., 1996.
18. Cf. MIKHAIL, Hanna. *Politics and Revelation. Mawardî and after*. Edinburgh: Edinburgh University Press, 1995.

travar a guerra. Ele é o substituto do Profeta, não o substituto de Deus, o que significa que a sua função não tem nenhum caráter sagrado. Houve quem pretendesse comparar o califado com o papado, mas trata-se de uma comparação infundada. Mesmo porque o califa não substitui o Profeta no plano legislativo, mas somente no plano executivo. O califa não é um mensageiro transmissor da Revelação e muito menos pode modificar ou intervir na Lei revelada por Deus e comunicada aos homens por Muḥammad. Sua tarefa é exclusivamente aplicar e fazer respeitar a Lei. A eleição para o califado é fruto da "livre escolha" (*iḫtiyār*) da comunidade (princípio alternativo ao *naṣṣ* dos xiitas) estabelecida pelo consenso (*ijmāᶜ*). Teoricamente, pode-se dizer que se trata de um princípio "democrático" de legitimação a partir da base. Al-Māwardī, entretanto, sabedor da impraticabilidade de uma autêntica escolha por consenso comunitário, formulou toda uma série de artifícios para garantir a sucessão legal dos califas de pai para filho. A teorização de Al-Māwardī foi estruturada numa época (século XI) em que a parábola histórica do califado estava substancialmente encerrada. Os califas detinham apenas um poder nominal, uma vez que eram os sultões, apoiados pela força militar dos exércitos, que detinham o exercício do poder. Sabendo disso, mas desejoso de salvaguardar o primado do califa, o teórico sunita afirmou decididamente que a autoridade é conferida ao sultão pelo califa e que o sultão deve ao califa absoluta obediência e reverência.

Ainda que Al-Māwardī pretendesse revitalizar a dignidade califal, esta estava irremediavelmente comprometida, e o poder já estava irremediavelmente desequilibrado em favor dos sultões e de um policentrismo que esvaziava a dimensão supranacional do califado tradicional. Dois teólogos, Al-Ġazālī (1058-1111) e Ibn Jamāᶜa (1241-1333), perceberam perfeitamente o problema. O primeiro teorizou que o califado e o sultanato são dois poderes paralelos que se legitimam autonomamente. Apesar de o califa deter um prestígio moral e religioso inigualável, é o sultão quem detém efetivamente o poder político, o qual é legítimo e prescinde da investidura do califa, assim perdurando mesmo se conquistado e mantido pela força e pela violência. Ibn Jamāᶜa, por sua vez, admite até mesmo que o detentor do poder e da força, o sultão, possa proclamar-se califa "para o bem e a paz da Comunidade", recebendo a outorga de todos os poderes califais.

O mesmo realismo pessimista de Al-Ġazālī e de Ibn Jamāᶜa surge também nos mais tardios teóricos políticos do sunismo, embora dessa vez, o califado figure acima de tudo como uma imagem ética, mesmo quando se desenha a possibilidade de uma reforma religiosa da realidade política. Taqī al-Dīn Aḥmad ibn Taymiyya, teólogo e jurisconsulto ḥanbalita (1263-1328), escreveu uma *Siyāsa Šarᶜiyya* (A Política Segundo a Lei Religiosa) com tal intenção reformadora[19]. Ibn Taymiyya, consciente de que vivia numa época crítica em que a Comunidade era ameaçada por perigos internos e externos, uma vez que o califado fora desfeito e os mongóis, superficialmente convertidos ao Islã, ameaçavam com suas razias o coração das terras islâmicas, clamava por re-fundar a Comunidade dos crentes e reavivar-lhes o espírito religioso. O "justo meio" como regra áurea moral deveria ser o princípio condutor também da ação de governo, fundada sobre a justiça. A correta sociedade alicerçada em bases corânicas é regida pela justiça da parte dos governantes e pela obediência da parte dos governados:

> O presente tratado baseia-se sobre o "versículo dos poderosos": "Deus vos ordena a restituição dos depósitos fiduciários aos que têm direito e, quando julgais entre os homens, julgai segundo a justiça. Como é sublime o que Deus vos exorta a praticar! Deus ouve e vê. Ó vós que credes! Obedecei a Deus, ao Seu Mensageiro e aos que entre vós detêm a autoridade. E se acontecer de surgirem disputas a respeito de qualquer coisa, reportai-a a Deus e ao seu Mensageiro, se credes em Deus e no Último Dia" (*Corão* IV:58-59). A primeira parte do versículo, dizem os jurisconsultos, foi revelada para os que detêm a autoridade, os quais devem restituir os depósitos aos seus proprietários e, quando julgam os homens, praticar a justiça. A segunda parte foi revelada para os súditos, pertençam ou não ao exército; todos devem obedecer aos representantes da autoridade toda vez que eles praticam o seu dever na distribuição dos recursos, nas operações judiciárias e nas expedições bélicas, salvo se ordenam a desobediência a Deus. Nenhuma criatura, com efeito, deve obedecer a uma ordem que o induza a desobedecer a Deus. Em caso de desacordo sobre algum ponto, reportem-no ao Livro de Deus e à *sunna* do seu Profeta[20].

19. IBN TAYMIYYA. *Le Traité de Droit Public d'Ibn Taymiyya. La Siyāsa Šarᶜiyya*. Introdução, Tradução e Notas de Henri Laoust. Beirut: Institut Français de Damas, 1948.
20. Ibid., p. 2-3.

É significativa a última frase citada que revela a precisa tomada de posição de Ibn Taymiyya: se os governantes não respeitarem a Lei divina, é lícito, aliás obrigatório, que os crentes rebelem-se contra o poder opressor e o abatam. Ao afirmar a liceidade, ou melhor, até mesmo a obrigatoriedade de opor-se a quem não respeita a Lei divina, Ibn Taymiyya radicalizava uma idéia constante do pensamento político islâmico sunita: não é consentido suportar um poder descrente. Ele, porém, só insistia na necessidade do *jihād* quando a religião e a Comunidade dos muçulmanos fossem ameaçadas por perigos externos ou quando, internamente, os deveres da Lei fossem infringidos.

O sentido da *Siyāsa Šarᶜiyya* é o da religião com um claro endereçamento político, visto que, no Islã, existe uma estreita relação entre religião e Estado (*al-dīn wa-al-dawla*). Ibn Taymiyya sustentava explicitamente esse princípio, que, na realidade, não é compartilhado por todos os muçulmanos[21]. O poder reside em Deus (o governo, *ḥukm*, é somente de Deus, uma idéia que os teóricos radicais contemporâneos como Sayyid Quṭb e Al-Mawdūdī elaborarão no conceito de *ḥakimiyya*), não obstante, com base no *Corão*, os crentes, os membros componentes da sociedade, devam consultar-se entre si (*šūrà*) para dar apoio e sustentação ao monarca. O estreito liame que existe entre Direito e política, de um lado, e religião, de outro, tal como percebido por Ibn Taymiyya, confere-lhe o título de fundador de uma teologia política no Islã. Com efeito, a política, para realizar-se, refere-se à Lei divina, e Deus, através do Direito revelado, impõe à política a sua vontade legisladora. Ibn Taymiyya era plenamente sabedor do fato de que o califado era uma instituição impossível de ser revitalizada, dado que o poder estava então reservado aos sultões; em todo caso, o califado perdura como a época áurea do Islã e como sistema político mais marcante e especificamente muçulmano[22].

21. É lugar-comum afirmar que o Islã é religião e mundo (*Al-Islām dīn wa-dunyā*), isto é, que na ideologia islâmica estão integradas as dimensões religiosa e social do comportamento; no entanto, é contestado que o Islã seja religião e política (*Al-Islām dīn wa-dawla*). Ibn Taymiyya pensava assim, mas, por exemplo, Al-Ġazālī não tinha essa certeza, mesmo sublinhando que o Estado deve proteger a religião e a religião deve dar forma ao Estado do ponto de vista ético. Foram principalmente os pensadores islâmicos radicais contemporâneos, como Al-Mawdūdī ou Sayyid Quṭb, que revigoraram e repropuseram de maneira peremptória que o Islã é religião e Estado simultaneamente.

22. Ver KHAN, Quamaruddin. *The Political Thought of Ibn Taymiyya*. Islamabad: Islamic Research Institute, 1973.

Uma análoga saudade dos belos tempos passados do califado originário está presente em ᶜAbd al-Raḥman ibn Ḫaldūn, historiador e filósofo magrebino (1332-1406), mas que viveu longamente no Cairo sob os mamelucos. Compôs uma monumental História universal intitulada *Livro dos Exemplos*, à qual antepõe uma *Introdução* (ou *Muqaddima*) que compendia a novidade de seu pensamento[23]. Tal novidade consiste na apresentação de um método de análise realista do devir histórico que leva Ibn Ḫaldūn a considerar a sociedade no centro da história e a política no centro da sociedade. Logo, o estudo da política permite traçar as linhas fundamentais de uma sociologia da história e, pois, chegar a uma interpretação filosófica da própria História. A evolução histórica é determinada pela expansão ou contração do "espírito de corpo" (*ᶜaṣabiyya*): é o espírito de corpo que consente a uma tribo ou a um grupo de tribos a construção do Estado e a transformação dos beduínos e nômades em sedentários. A civilização urbana é o êxito final da evolução histórica assim como o Estado é o fim do espírito de corpo. A civilização urbana, porém, se corrompe e decai: a decadência de uma dinastia em que se enfraqueceu o espírito de corpo é irreversível, a menos que se estabeleça uma nova dinastia com um novo, jovem e agressivo espírito de corpo que promova a retomada da evolução histórica e social. Esse esquema interpretativo – que não podemos descrever pormenorizadamente – está fundado num certo número de pressupostos teóricos. A agregação social e o Estado são fenômenos naturais; constituem-se por razões biológicas, econômicas e sociais e não têm necessidade da religião. Ibn Ḫaldūn afirma claramente que pode haver espírito de corpo – e por isso o Estado – sem religião, mas não pode haver religião e Estado sem espírito de corpo. Entretanto, a religião, e – obviamente – sobretudo a religião islâmica, é necessária e indispensável, se não para o nascimento, ao menos para a consolidação das dinastias e dos Estados que não queiram ser meras expressões de violência e força, mas realidades éticas. Ibn Ḫaldūn distingue nitidamente três formas de poder e de instituições estatais:

> Vê-se claramente o significado do califado. O exercício do poder régio natural (*mulk ṭabīᶜī*) consiste em acionar as massas segundo os projetos e desígnios (do

23. A bibliografia sobre Ibn Ḫaldūn é muito ampla. Para uma abordagem geral, pode-se recorrer a MAHDI, Muhsin. *Ibn Khaldûn's Philosophy of History*. London: Allen und Unwin, 1957; e a AL-AZMEH, Aziz. *Ibn Khaldûn*. London: Routledge, 1990.

monarca). O exercício da realeza política (*mulk siyāsī*) consiste em fazer agir segundo a prospectiva da razão (*al-naẓar al-ᶜaqlī*) para salvaguardar seus interesses materiais, evitando o que lhes possa prejudicar. Quanto ao califado (*ḫilāfa*), consiste em dirigir os povos segundo a Lei divina, para assegurar-lhes felicidade neste e no outro mundo. Os interesses temporais se conectam entre si, já que, segundo o Legislador (o profeta Muḥammad), todas as circunstâncias deste mundo devem ser consideradas na prospectiva do outro mundo. De modo que o califa é, na realidade, o vicário de Muḥammad, na medida em que, como ele, protege a fé e governa o mundo[24].

No Estado de natureza, vigora a opressão, e o poder natural é tirânico e violento. No Estado que chamaremos de "laico", vigora a racionalidade do bom governo, mas o escopo do poder racional é somente garantir o bem-estar deste mundo. O califado é o sistema perfeito: nele vigora a racionalidade do bom governo, mas a religião islâmica lhe garante um sólido suporte moral, garantindo também o bem-estar deste e do outro mundo. Ibn Ḫaldūn teoriza lucidamente a possibilidade de um poder impessoal e racional. Todavia, as suas experiências e o seu conhecimento da história do Islã o compelem a verificar amargamente como o Estado já não mais é racional, tendo se tornado o patrimônio pessoal de califas degenerados e de sultões tiranos. O califado – bem entendido, o califado das origens, dos "bem guiados", mas também dos primeiros omíadas e dos primeiros abássidas – transformou-se num *mulk*, em que dominam o egoísmo e a avidez. Ibn Ḫaldūn é pessimista: a realidade não é modificável, inclusive porque imodificável é o caráter do ser humano.

Em síntese, Al-Ġazālī era um místico e, apesar de sua doutrina ser voltada para salvaguardar a paz social, estava convicto da necessidade de o sábio abster-se da vida política. Ibn Ḫaldun ofereceu menos um modelo islâmico de Estado e mais uma análise desencantada de como se deveria governar o Estado para evitar sua ruína. Al-Māwardī e Ibn Taymiyya elaboraram um modelo islâmico de Estado porque não mais existia o Estado islâmico "puro", e eles almejavam restaurá-lo. Ibn Ḫaldūn também sabia que não mais existia o Estado islâmico "puro", mas duvidava que fosse possível renová-lo, mesmo

24. IBN KHALDÛN. *Muqaddima*. Trad. Vincent Monteil. Beirut: Comission pour la Traduction des Chefs-d'Oeuvres, 1967. p. 370.

porque a evolução natural da sociedade impede a utopia, isto é, impede que se realize de algum modo um sistema político ideal. Ibn Ḫaldūn elaborou um modelo "natural" (filosófico/aristotélico) de Estado, conservando a idéia ético-teleológica do califado como autêntico modelo de Estado islâmico. Ibn Ḫaldūn, como notou Abdallah Laroui, era antiutopista[25]. Mas também Al-Māwardī e Ibn Taymiyya foram contrários à utopia: para ambos, somente no passado se realizou de fato o Estado perfeito: não vale a pena projetar um novo tipo de Estado, basta revitalizar o antigo modelo. Os projetos políticos do Islã clássico sunita são antiutopistas porque não se projetam no porvir, mas olham para trás. O fundamento antiutópico já está presente num Ibn Ḥanbal, quando exalta o período de Muḥammad e dos "bem guiados" como a época indefectível em que a vontade e a Lei de Deus se encarnaram na sociedade islâmica original. E a postura antiutópica tornou-se uma *forma mentis* comum da teologia e do pensamento político clássico, incidindo remotamente sobre as elaborações políticas do Islã contemporâneo.

As Declinações Filosóficas da Teoria Política

Antes de tudo devemos recordar os chamados "espelhos para os príncipes", um gênero literário-filosófico desenvolvido particularmente entre os séculos XI e XII na Pérsia e nos territórios orientais do Império islâmico. A afirmação, contra o decadente centralismo califal, de potentados locais, cujos soberanos precisavam de conselhos e de uma reflexão pragmática sobre princípios de governo, conduziu a um parcial afastamento da doutrina política tradicional do Islã, para o qual, ainda que não faltem referências morais e religiosas, os espelhos para os príncipes têm, no conjunto, um caráter leigo. Trata-se de textos de orientação prática, destinados ao governo atual do Estado, portanto não são utópicos no sentido de delinear os contornos de um Estado ideal

25. LAROUI, Abdallah. *Islam et modernité*. Paris: La Decouverte, 1986. Aqui – insistimos mesmo que talvez não seja necessário –, entende-se "utopia" no sentido de Ernst Bloch: o projeto de um Estado futuro.

futuro nem se dirigem positivamente ao passado inigualável da sociedade de Medina. Os dois princípios fundamentais sustentados nesses textos são a proeminência do dever da justiça como critério do bom governo e a estreita relação existente entre religião e Estado, que são freqüentemente considerados "irmãos gêmeos". Embora constituam doutrinas que podem ser seguramente deduzidas dos textos canônicos da religião muçulmana, sua primeira origem remonta à antiga Pérsia sassânida, cujos reis, especialmente Ardashir e Anushirvan, tinham fama de soberanos sábios e capazes. O famoso "testamento" de Ardashir, que teve influência sobre o califa abássida Al-Ma'mūn (813-833), consigna:

> Saiba que a autoridade régia e a religião são duas irmãs em perfeito acordo entre si. Nenhuma pode subsistir sem a outra porque a religião é o fundamento da autoridade régia e sucessivamente a autoridade régia torna-se a guardiã da religião; a autoridade régia não pode prescindir do seu fundamento e a religião não pode prescindir da sua guardiã, pois tudo o que não tem proteção se perde e tudo o que não tem fundamento é demolido[26].

Al-Ġazālī exprimirá o mesmo conceito e usará palavras muito semelhantes no seu texto de teologia dogmática *O Justo Médio na Crença*:

> A vida mundana e a segurança das pessoas e das propriedades não são garantidas senão por um poder cuja autoridade é respeitada. Demonstra-o a experiência de lutas e de assassínios dos sultões e califas (que se verificam em nossos tempos). [...] a religião e o poder estão em perfeito acordo. A religião é a base sólida da qual o poder deve ser guardião. O que não tem base se despedaça e o que não é vigiado termina se perdendo. Todo homem inteligente se dá conta de que, dadas as diferenças de classes e de opiniões, o povo perecerá se não houver uma autoridade poderosa e obedecida, capaz de impor-se às diversidades e oposições das tendências. Em conclusão, a autoridade política é indispensável para a ordem da vida social e a ordem da vida social é indispensável para garantir a religião, e a religião é necessária para que se ganhe a vida futura[27].

26. Citado em GUTAS, Dimitri. *Greek Thought, Arabic Culture*. London: Routledge, 1998. p. 95-96.
27. AL-ĠAZĀLĪ. *El Justo Medio en la Creencia. Compendio de teología dogmática.* Seleção de textos e Tradução de M. Asín Palacios. Madrid: Instituto de Valencia de Don Juan, 1929. p. 351-352.

Entre os mais importantes espelhos, recorda-se o *Qabus-nāma*, um livro escrito pelo príncipe do Tabaristão (na zona do Cáspio), Kay Ka'us, que viveu no século XI, para instrução do filho. Os mais famosos textos do gênero, porém, são provavelmente o *Siyāsat-nāma* (Livro da Política), de Niẓām al-Mulk, grão-vizir dos seljúcidas[28], e o *Conselho para o Rei*, de Al-Ġazālī, (considerado apócrifo por alguns)[29].

A utopia política foi, ao invés, cultivada pelos filósofos islâmicos de inspiração helênica, os *falāsifa*[30]. Partiam obviamente de Platão e Aristóteles, que eles procuravam harmonizar pela convicção de que ambos compartilhavam as mesmas idéias. Al-Fārābī (m. 950) tomava como ponto de partida a *República*, de Platão, embora relendo a metafísica num viés fortemente aristotélico; na ausência da *Política*, de Aristóteles[31], Averróis (1126-1198) se debruçava sobre a leitura da *República*, de Platão, na qual estaria contida a parte prática da ciência política. O texto platônico é claramente uma utopia, mas a postura dos *falāsifa* era determinada também pelo fato de que não estavam particularmente condicionados pela idéia do califado, e até podiam ser indiferentes a ela.

***

Al-Fārābī pode ser considerado o principal filósofo político do Islã medieval[32], e já se chegou a sustentar que, para ele, a política era a única ciência religiosa[33], o que pode ser entendido em duplo sentido: que a religião tem

28. AL-MULK, Niẓām. *The Book of Government or Rules for Kings*. Trad. (do persa) H. Darke. 2. ed. London, 1978.
29. AL-ĠAZĀLĪ. *Ghazali's Book of Counsel for Kings (Nasîhat al-mulûk)*. Trad. (do persa) F. R. C. Bagley. London: Oxford University Press, 1964.
30. Sobre o pensamento filosófico islâmico em geral, ver NASR, Sayyed H.; LEAMAN, Oliver. (Org.). *History of Islamic Philosophy*. London: Routledge, 1996. 2 v.; e me permito citar também, CAMPANINI, Massimo. *Introduzione alla filosofia islamica*. Roma; Bari: Laterza, 2004.
31. LEAMAN, Oliver. Averroes' "Commentary on Plato's Republic" and the Missing "Politics". In: AGIUS, Dionisius A.; NETTON, Ian Richard. (Org.). *Across the Mediterranean Frontiers. Trade, Politics and Religion*, 650-1450. Turnhout: Brepols, 1997. p. 195-203.
32. GALSTON, Miriam. *Politics and Excellence. The Political Philosophy of Alfarabi*. Princeton: Princeton University Press, 1990; MAHDI, Muhsin. *Alfarabi and the Foundation of Islamic Political Philosophy*. Chicago: University of Chicago, 2001.
33. GÓMEZ NOGALES, Salvador. La Política como única ciencia religiosa in Al-Fārābī. *Cuadernos del Seminario de Estudios de Filosofía y Pensamiento Islámico*. Madrid: Instituto Hispano-Árabe de Cultura, n. 1, 1980.

dimensões políticas e que a política representa o âmbito privilegiado de aplicação da religião. Os tratados farabianos que abordam a metafísica e a fundação metafísica da política são numerosos, mas faremos referência sobretudo aos paralelos *As Idéias dos Habitantes da Cidade Virtuosa*[34] e o *Livro da Ciência Política*[35]. Para Al-Fārābī, a base da política se encontra na metafísica, uma idéia provavelmente extraída da *República*, de Platão. Deus é posto no vértice de um cosmo hierarquizado, e a hierarquia se repete no corpo humano (cujo vértice é o coração) e na cidade (cujo vértice é o *imām*). De Deus provém uma cascata emanativa de Inteligências, em que cada Inteligência produz a sucessiva, graças ao conhecimento que possui do Primeiro Ser. No termo da escala encontra-se a Inteligência Agente, cujo escopo, além de mover a esfera da Lua, é ativar o intelecto humano. O intelecto humano, quando está em potência, recebe os inteligíveis e se transforma em ato; quando então se conjuga com a Inteligência Agente, torna-se adquirido. O estado de intelecto adquirido é o estado de máxima perfeição humana e fonte da felicidade.

O alcance da felicidade é o objetivo da vida social:

> Com a finalidade de conservar-se a si mesmo e de atingir a mais alta perfeição, cada ser humano tem, por natureza, necessidade de muitas coisas que não pode prover por si só. Tem, pois, necessidade de um conjunto de pessoas, cada uma das quais suprindo-o no que for carente. Cada um, em relação a um outro, encontra-se nesse estado. Por isso não é possível que o ser humano atinja a perfeição para a qual a natureza o predispôs, senão associando-se a uma multidão de outros que colaborem com ele, cada qual providenciando para seu semelhante aquilo de que este necessita para sobreviver. Logo, por causa da contribuição de toda a comunidade, cada qual receberá o que lhe é indispensável para sobreviver e para atingir a felicidade[36].

Tal felicidade será sobretudo mental para os filósofos, mas os homens do vulgo poderão gozar especialmente da felicidade prática que deriva da cooperação comum e da satisfação das necessidades.

34. AL-FĀRĀBĪ. *Alfarabi on the Perfect State*. Introdução, Tradução e Notas de Richard Walzer. Oxford: Clarendon Press, 1985.
35. Id. *Al-Fārābī. Obras filosófico-políticas*. Introdução, Tradução e Notas de Rafael Ramón Guerrero. Madrid: CSIC, 1992.
36. Id., 1985, cap. 15, § 1, p. 229.

O *imām*, chefe da Cidade Virtuosa, é aquele que, semelhante a Deus, é a um só tempo intelecto, inteligência e inteligível. Além de conhecer a filosofia, ele é simultaneamente chefe político do Estado, legislador e profeta, sendo dotado da capacidade imaginativa que lhe consente guiar as massas[37]. Vejamos como Al-Fārābī descreve o condutor da cidade perfeita:

> O governante da Cidade Virtuosa não pode ser um homem qualquer, pois [a arte de] governar implica duas coisas: ser inclinado por natureza e instinto inato para isso, e ter uma disposição e índole voluntária. A [arte de] governar é própria de quem para isso está inclinado por natureza e instinto inato. Não é possível governar exercitando uma arte qualquer, pois a maior parte das artes tem funções subalternas e de serviço na cidade, como grande parte das inclinações naturais tem vocação para a servidão. Entre as artes, algumas há que permitem dominar e algumas que permitem servir a outras habilidades, mas existem algumas que servem sem absolutamente jamais dominar. Assim, não é possível que a arte de governar a Cidade Virtuosa seja uma habilidade qualquer ou uma atitude qualquer.
>
> [...] O governante supremo da Cidade Virtuosa deve possuir uma habilidade tal que não seja de nenhum modo assujeitada por outras, nem por estas dominada. Para o fim e escopo da sua arte tendem todas as demais artes e todas as ações realizadas no âmbito da Cidade Virtuosa. Um homem de tal natureza não é dominado por ninguém; é um homem que atingiu a perfeição e tornou-se inteligência e inteligível em ato; a sua imaginação alcançou por natureza o grau de máxima completude e perfeição, segundo o modo anteriormente acenado, e está disposta por natureza a receber da Inteligência Agente (a última das Inteligências angelicais emanadas de Deus) os particulares, seja em si mesmos, seja segundo suas imitações, e portanto as imitações dos inteligíveis. O intelecto passivo (do governante da Cidade Virtuosa) atingiu a sua perfeição por meio de todos os inteligíveis, sem que nada lhe esteja faltando; por isso é que se tornou uma inteligência em ato[38].

A concepção farabiana do filósofo-rei pode ter origens islâmicas. Brevemente sintetizadas, estas são as características fundamentais do governante virtuoso: a) antes de tudo, é semelhante a Deus na organização da cidade: assim como Deus organiza o cosmo, analogamente o *imām* estrutura

37. Para uma análise dessa reconstrução, cf. MAHDI, Muhsin. *La Cité Vertueuse d'Alfarabi*. Paris: Albin Michel, 2000.
38. AL-FĀRĀBĪ, op. cit., 1985, cap. 15, § 7-8, p. 239 et seq.

e dirige a cidade; b) em segundo lugar, como foi dito de passagem, ele é intelecto, inteligência e inteligível, qualidades que nele reproduzem as qualidades próprias de Deus; c) em terceiro lugar, adquire perfeita e completa felicidade na união com a Inteligência Agente. O *imām* é definido por Al-Fārābī como "sapiente" (*ḥakīm*) e "filósofo" (*faylasūf*); e aos filósofos é reconhecida, nas pegadas de Platão na *República*, uma função diretiva na cidade. Mas o *imām* é sobretudo um profeta-enviado (o termo é característico da teologia islâmica: *nabī*) em conexão direta com a Inteligência Agente. É o herdeiro dos profetas, o intérprete esotérico da Lei, o chefe político da Comunidade. Sintetizam-se nele os dotes do *imām* iluminado por Deus com o chefe de Estado que sabe postar-se à frente de um exército. Por isso, ao *imām* farabiano são reconhecidas capacidade e faculdade que, além de platônicas, resultam curiosamente bastante semelhantes às do califa sunita; d) enfim, compõe, com os imãs que o precederam, uma única alma.

Parece evidente que as características divinas do *imām* configuram-se particularmente nítidas na linha contrária à teoria islâmica clássica sobre o poder do califa, mas também não correspondem ao filósofo platônico da *República*. Por hipótese, digamos que este homem perfeito, posto por Al-Fārābī na condução da Cidade Virtuosa, seja o *imām* xiita-*ismā*ᶜ*īlita*. De fato, se levarmos em conta o que foi dito de Al-Fārābī, acerca das peculiaridades que o xiismo-*ismā*ᶜ*īlismo* prevê para o *imām* e a sua situação cósmica, veremos que muitos elementos terminam por coincidir. Para os *ismā*ᶜ*īlitas*, em primeiro lugar, o *imām* participa da natureza "separada" da realidade eterna própria de Muḥammad (*ḥaqīqa muḥammadiyya*) – a alma universal; em segundo lugar, é a plena realização da Inteligência; a Inteligência (ou Intelecto) constitui o eixo da estrutura cósmica, através do qual o mundo é rigorosamente hierarquizado. No xiismo-*ismā*ᶜ*īlismo*, a natureza profética do *imām* é particularmente acentuada, quer se trate do enviado *nāṭiq* ou "loqüente", enunciador da Lei exotérica, quer se trate do *imām* propriamente dito, o *waṣī* ou "herdeiro", depositário da interpretação esotérica ou "hermenêutica espiritual" (*ta'wīl*).

Em todo caso, é verossímil que, embora não tenha sido um *ismā*ᶜ*īlita*, Al-Fārābī tenha sofrido influência xiita, e nesse caso o seu sistema parece uma tentativa de explicar os alicerces fundamentais da doutrina islâmica à luz da filosofia grega. Contudo, é difícil afirmar que o seu modelo seja de fato um modelo islâmico de Estado; sem dúvida, não é um modelo de Estado islâmico. Segundo Al-Fārābī, o homem pode ser verdadeiramente feliz somente no interior da sociedade, mesmo que ele não considere a cidade perfeita e virtuosa uma *conditio sine qua non* para atingir a felicidade. A felicidade pode ser obtida também na cidade imperfeita. Em todo caso, na Cidade Virtuosa os habitantes compartilham idéias virtuosas. Essas idéias são de tal modo "puras" que entre os cidadãos virtuosos não existem conflitos nem imperfeições, razão por que para eles é fácil alcançar a felicidade. Al-Fārābī não se estende na explicação de quais devam ser as instituições de uma sociedade perfeita; para ele é suficiente que os componentes de tal sociedade compartilhem as mesmas idéias. E isso constitui a autêntica diferenciação. Com efeito, segundo o filósofo, os que na Cidade Virtuosa se opõem à opinião dominante são "plantas" (*nawābit*) que devem ser extirpadas para permitir uma efetiva harmonia social[39].

Nem sempre torna-se óbvio compreender a postura de Al-Fārābī a respeito da religião. A concepção política da Cidade Virtuosa não faz nenhuma referência às categorias políticas islâmicas, mesmo que o *imām* não seja somente um chefe político filósofo, mas também um profeta. A Cidade Virtuosa, contudo, não exclui em absoluto a religião da gestão política do Estado, mesmo que demonstre tolerância ao afirmar que no Estado ideal todas as religiões retas e salutares têm direito à cidadania. Em outros contextos das obras farabianas, poderia parecer que a religião fosse apenas uma pálida imagem das verdades filosóficas, útil apenas para guiar e educar as massas. Por exemplo, no livro para a *Obtenção da Felicidade*, Al-Fārābī se exprime assim:

> Uma vez que as imagens que representam as coisas teoréticas, demonstradas nas ciências teoréticas, se produzem nas almas da multidão e a conduzem a anuir com tais imagens, e uma vez que as coisas práticas (unidas às condições da possibilidade de sua existência) se apoderam das almas e as dominam de tal modo que são constrangidas a comportar-se de acordo com elas, então as coisas teoréticas e práticas se realizam. Pois bem, tais coisas são *filosofia* quando se encontram na mente do legislador (isto é, do filósofo), ao passo que são *religião* quando

39. Cf. ALON, I. Farabi's Funny Flora: al-nawabit as "Opposition". *Arabica*, n. XXXVII, p. 56-60, 1990.

se encontram nas almas da multidão. Quando o legislador conhece de fato tais coisas, essas se lhe parecem evidentes por causa de uma segura introspecção, em que o que se enraíza nas almas da multidão assim o faz por meio de imagens e argumentos persuasivos[40].

A impressão é que, para Al-Fārābī, onde quer que a religião seja necessária para o povo, os filósofos estão em condição de passar ao largo e contentar-se com a pesquisa racional. A religião parece uma imitação da filosofia num nível mais baixo de complexidade e de conhecimento, ainda que nosso autor não negue de modo nenhum que, substancialmente, o conteúdo da filosofia e da religião coincidem.

***

Embora seguindo a trilha traçada por Al-Fārābī e desenvolvendo as mesmas temáticas, o andaluz Abū Bakr ibn Bājjah, ou Avempace (m. 1139), como era conhecido no mundo latino, chega a conclusões diametralmente opostas. Avempace viveu na Espanha almorávida, porém já ameaçada pela invasão dos almôades. Achava que o mundo islâmico em que vivia estava irremediavelmente corrompido e, à luz dessa visão pessimista, indagava-se sobre o papel do filósofo. Invertendo, então, a prospectiva farabiana, Avempace achou que o filósofo deveria retirar-se da vida pública e cultivar privadamente a perfeição espiritual. Somente assim poderia alcançar a felicidade. A obra que o pensador andaluz dedicou a esse tema intitula-se *O Regime do Solitário*[41]. Como é obra inconclusa, é difícil extrair-lhe as idéias. De qualquer modo, no prólogo do tratado, a passagem que mais diretamente trata de política, Avempace articula o seu raciocínio do modo como em seguida expomos.

40. AL-FĀRĀBĪ. *The Attainment of Happinness* (*Taḥṣīl al-saᶜāda*). In: *Afarabi's Philosophy of Plato and Aristotle*. Introdução, Tradução e Notas de Muhsin Mahdi. Glencoe: Free Press, 1962. § 59. Ver também *Kitāb al-ḥurūf* (*Livro das Letras*), citado em LEAMAN, Oliver. *An Introduction to Classical Islamic Philosophy*. Cambridge: Cambridge University Press, 2002. p. 168.

41. AVEMPACE. *El Régimen del Solitario*. Introdução, Tradução e Notas de Joaquín Lomba. Madrid: Trotta, 1997. p. 93-104.

O vocábulo árabe *tadbīr*, ou "regime", indica substancialmente a "organização dos atos em vista de um fim". Em outro lugar, o autor dirá que os atos humanos se distinguem dos atos dos animais porque são conscientes e, portanto, "finalizados". O *tadbīr* mais nobre, em relação à obra humana, é a organização da casa e da cidade, o que, em linguagem aristotélica, é denominado *oikonomía* e *politiké*. A ordenação divina do mundo é por certo um *tadbīr*, mas em sentido equívoco. O regime da cidade ideal fora amplamente estudado por Platão na *República*, e é por isso que possivelmente Avempace se sentiu eximido de tratá-lo mais uma vez. Limitou-se a retomar o molde platônico da única cidade perfeita e dos quatro tipos de cidades imperfeitas (como de resto tinha feito Al-Fārābī). O regime da casa é parte integrante do regime da cidade, que não é buscado por si próprio, mas em vista do aperfeiçoamento da cidade. Um ponto interessante do discurso de Avempace é que a cidade perfeita é caracterizada pela ausência da arte da medicina e da arte da jurisprudência, e isso porque, sendo os habitantes da sociedade virtuosa incapazes de cometer atos malvados, seja contra seus corpos seja contra os seus concidadãos, tais profissões se revelam inúteis. Na cidade perfeita, cada um recebe em proporção de suas necessidades e méritos, uma espécie de antecipação da sociedade socialista de Marx. Cada ação e cada opinião contrárias às professadas na cidade perfeita são falsas e errôneas. Conseqüentemente, nas cidades imperfeitas e desviadas, existem ciências e concepções errôneas. Aqueles que, embora permaneçam em uma sociedade desviada, professam idéias justas e salutares são os solitários, os filósofos, denominados por Avempace com o termo farabiano de "plantas" (*nawābit*). Enquanto a presença de "plantas" numa sociedade perfeita significa corrupção, a presença de "plantas", isto é, de solitários, numa cidade malvada significa reforma e progresso. Em todo caso, na presença de um regime político corrupto, o comportamento mais correto do filósofo é permanecer à parte.

Como se vê, Avempace inverte o significado do termo "planta" elaborado por Al-Fārābī. Para Avempace, as "plantas" desempenham uma função positiva. Os solitários, com efeito, não só formam uma única alma no sentido da Inteligência Agente, mas também formam, no interior das sociedades imperfeitas, uma comunidade de eleitos, que apenas com sua presença constitui uma crítica às estruturas corrompidas e opressoras do poder. Os solitários, os filósofos, "plantas" nas sociedades imperfeitas, são assim os elementos revolucionários de mudança que poderão abrir o caminho para a realização da sociedade perfeita. Eles estabelecem uma espécie de "rede" de inteligências e de vontades políticas que saberão agir para a transformação do presente estado de coisas.

Avempace é considerado um pensador racionalista por excelência, sobretudo porque, para ele, a felicidade que o filósofo deve conseguir na cidade imperfeita é uma felicidade essencialmente "mental". A propósito, deve-se fazer aqui uma distinção. Em *O Regime do Solitário*, ele distingue entre os solitários em sentido próprio, que atingem um nível científico-cognitivo do saber, e os místicos intelectivos, que se tornam divinos e nos quais se realiza plenamente a perfeição intelectual. Somente os místicos intelectivos são os autênticos "felizes" (*su*ᶜ*adā'*), pois tornaram-se puros espíritos desmaterializados, tendo abandonado todo liame com o corpo. O nível de felicidade desses místicos intelectivos é o mesmo prefigurado por Al-Fārābī na Cidade Virtuosa, já que evidencia o reverso inteiramente intelectual da beatitude. Enquanto, porém, totalmente separados da materialidade, os felizes não são mais "políticos" em sentido estrito, os solitários, os que ocupam um nível mais baixo na escala da perfeição, têm no interior das sociedades imperfeitas a tarefa de colaborar para a sua correção. É oportuno motivar e discutir tal distinção.

A duplicidade entre o nível científico-cognitivo e o contemplativo-intelectivo já está, em certa medida, implícita na ética avempaciana, em que se distingue entre uma virtude teorética que diz respeito ao mundo imutável das realidades espirituais e uma virtude prática que se desenvolve ainda no interior do mundo da materialidade. Como notou Joaquín Lomba:

> O mundo da virtude teorética e contemplativa, o nível do intelecto, é o mundo da eternidade imutável, da máxima desmaterialização (e portanto da des-temporalização e da desespacialização), o mundo da universalização e da unidade. Inversamente, o mundo da prática (incluída a moral) é o contrário: trata-se do mundo do temporal, do engendrável e do corruptível, do material (direta ou indiretamente material), do singular e do multíplice (cada ação é algo de concreto-singular e a virtude moral implica necessariamente a repetição dos atos, isto é, a multiplicidade). Para tanto,

> na vida teorética intelectual não pode haver nada que tenha relação com este mundo sensível e, portanto, com a práxis[42].

Segue-se que em *O Regime do Solitário* a distinção é aplicada no plano das capacidades e das estratificações cognitivas. No capítulo VI da seção dedicada às *formas espirituais*, Avempace individua como dignos de louvor os que, mesmo não renunciando aos atos corpóreos, preferem a prática dos atos espirituais – melhor, anelam por eles – como seu fim, para aperfeiçoar a faculdade racional nas formas espirituais universais[43]. É evidente que esses são os solitários que permanecem no nível científico-cognitivo. São homens virtuosos nos quais o aperfeiçoamento espiritual se realiza por inclinação natural[44]. Em um nível decididamente superior, por sua vez, estão os que se tornam divinos com a prática do conhecimento. Numa célebre passagem de *O Regime*, Avempace chega a distinguir três tipos de homens, dos quais o segundo repete as características fundamentais dos "solitários", enquanto somente o último se projeta para fora da dimensão da materialidade:

> Com a corporeidade o homem é um ser existente; com a espiritualidade, ele é mais nobre; com a intelectualidade, ele é divino e virtuoso. Quem é dotado de sabedoria, necessariamente é um homem virtuoso e divino, que de todos os atos extrai as qualidades mais excelentes. [...] Ao atingir o derradeiro fim, que consiste em inteligir as Inteligências simples e substanciais de que tratam (os livros de Aristóteles), ele se torna um com aquelas Inteligências de modo a tornar-se verdadeiramente divino. Dele desaparecem os atributos sensíveis e caducos, bem como os elevados e espirituais: restam-lhe somente os simples e divinos[45].

As passagens citadas não são nem contraditórias nem alternativas. Solitários puros e simples são os que, mesmo mantendo-se em contato com as formas materiais, desenvolvem atributos espirituais de modo tão elevado que podem, a partir de certo ponto, prescindir das primeiras. Os místicos contemplativos intelectivos são os que se tornam únicos com a Inteligência Agente e

42. LOMBA, Joaquín. Lectura de la Etica Griega por el Pensamiento de Ibn Bāŷŷa. *Al-Qantara*, n. XIV, p. 3-46, 1993. p. 25, nota 1.
43. AVEMPACE, op.cit., p. 138-139.
44. Ibid., p. 140-141.
45. Ibid., p. 153-154.

depõem toda espécie de materialidade. Os primeiros, os solitários em sentido próprio, ainda estão ligados à dimensão da política; os segundos tornam-se apolíticos, porque deles desapareceu completamente toda dimensão material da política. Por isso pode-se dizer que os solitários governam a si próprios, constituindo, porém, um modelo a ser imitado pelo povo comum que a eles se dirige para ser governado[46]. O que corrobora a idéia de Al-Fārābī, para quem o filósofo-profeta-rei conduz os demais a comportar-se como ele.

De certo modo, é verdadeiro que os solitários negam a política ou, pelo menos, constituem uma ponte para a sua superação. Segundo Avempace, a autêntica sociedade política é sempre imperfeita, pois a Cidade Virtuosa é somente utópica. Desse modo ele parece compartilhar a postura do agostinismo político e afastar-se da habitual prospectiva islâmica que vê na política um benefício de Deus. Avempace é explícito na condenação da sociedade e do Estado de seu tempo como desviantes em relação a um autêntico modelo de justiça. A ação dos solitários tende a curar tal imperfeição, mas, uma vez que se consuma a realização da sociedade virtuosa, a própria esfera política torna-se pleonástica e desnecessária. Segundo a célebre imagem que citamos de *O Regime do Solitário*, retomada por Averróis no *Comentário à República de Platão*, na Cidade Virtuosa não existem nem médicos nem juízes: não há mais necessidade de uma organização política que discipline as atividades dos seres humanos, visto que todos esses se comportam segundo as leis da justiça e do equilíbrio. De outro lado, o místico contemplativo-intelectivo não é mais político, pois nenhuma ação será necessária no mundo social, já que é "desmaterializado". Ainda uma vez cita-se Lomba, que toca no ponto nodal da questão:

> a sociedade espiritual [...], como tal, constitui um Estado num Estado: o Estado perfeito dentro do Estado imperfeito no qual se desenvolve materialmente. É uma cidade mística e espiritual (portanto material e atemporal) dentro da matéria, espaço e tempo histórico da sociedade imperfeita na qual vivem os solitários[47].

46. LOMBA, Joaquín. *La Idea de Felicidad en el Aragón Musulmán*. Zaragoza: Universidad de Zaragoza, Facultad de Filosofía y Letras, 2001. p. 145-146; que remete também à *Carta del adiós* ou *Epístola do adeus*.
47. Id. *Avempace*. Zaragoza: Disputación General de Aragón, 1989. p. 79.

Enquanto o escopo dos solitários é político, para reformar a cidade imperfeita, o escopo dos místicos intelectivos é o gozo da felicidade mediante a sua transformação em seres divinos, graças à conjunção com a Inteligência Agente. Desse modo eles podem constituir um único super-intelecto que reproduz sobre esta Terra a super-alma após a morte, idealizada por Al-Fārābī[48], uma super-alma para a qual confluirão todas as almas dos filósofos e dos sábios que aperfeiçoaram a si próprios e que (possivelmente) representa a única forma de imortalidade que Al-Fārābī tenha sabido prever.

***

O *Comentário à "República" de Platão*, de Averróis[49], é substancialmente uma apologia do bom governo. O próprio autor, reconhecendo que a *Política*, de Aristóteles, não havia chegado a *Al-Andalus*, afirma que a parte prática da arte de governar estava contida exatamente na *Política*, enquanto a parte teórica, na *Ética a Nicômaco*. Ora, na falta do texto aristotélico (a *Ética*, ao contrário, lhe era familiar), era preciso voltar-se para a *República* platônica, que também se ocupa do lado prático da arte do governo[50]. Averróis acolhe, naturalmente, o princípio platônico e aristotélico, e conseqüentemente também farabiano, de que o homem é por excelência um animal político, mas critica patentemente Avempace, mesmo sem citá-lo, acerca da teoria do "regime do solitário". Quem se isola da sociedade não poderá jamais adquirir a perfeição teorética e espiritual, porque – por mais paradoxal que possa parecer – o filósofo tem necessidade das massas para desempenhar sua função[51].

A primeira parte do *Comentário* discute as características do Estado, da classe dirigente dos guardiões e do chefe supremo da cidade. O Estado perfeito, segundo Averróis, é o monárquico ou aristocrático[52] e se sustenta sobre quatro

48. AL-FĀRĀBĪ, op. cit., 1985, cap. 16, § 4, p. 265.
49. AVERRÓIS. *Averroes' Commentary on Plato's "Republic"*. Introdução, Tradução e Notas de Erwin I. J. Rosenthal. Cambridge: Cambridge University Press, 1956; id. *Averroes on Plato's "Republic"*. Introdução, Tradução e Notas de Ralph Lerner. Ithaca: Cornell University Press, 1974. BUTTERWORTH, Charles E. *Philosophy, Ethics and Virtuous Rule. A Study of Averroes' Commentary on Plato's Republic*. Cairo: Cairo Papers in Social Science, 1986.
50. AVERRÓIS, op. cit., 1956, p. 112.
51. Ibid., p. 183-184.
52. Ibid., p. 164.

pilares ético-morais: a sabedoria, a coragem, a temperança e a justiça – elementos claramente platônicos[53]. Sabedoria significa ter correto conhecimento das leis e das disposições que regem o Estado. O bom governo e o sábio conselho são indubitavelmente um gênero de conhecimento mediante o qual a sabedoria pode aperfeiçoar-se somente à luz dos fins últimos do ser humano. Coragem significa conservar límpidas e puras as convicções que guiam o governo; estimular os cidadãos a persegui-las, manifestando força e não fraqueza, inclusive no controle das emoções. A temperança é o justo meio no comportamento, sobretudo no comer, no beber e nas relações sexuais. Em termos nitidamente platônicos, a justiça consiste em operar de tal modo que o cidadão desenvolva a profissão para a qual está destinado por natureza e cumpra o que deve cumprir segundo a sua medida e oportunamente.

O chefe do Estado é filósofo, legislador e rei, mas, diversamente de Al-Fārābī, não é profeta[54]. Averróis diz explicitamente que os três atributos do chefe de Estado são conversíveis ao conceito de *imām*. Isso parece desvincular ainda mais a idéia do *imām* da sua origem islâmica, mas o pensador andaluz poderia ter sofrido a influência de Al-Fārābī, quando este sublinha (em *Obtenção da Felicidade*) que, em si, o termo *imām* se refere puramente a quem "está à frente", sem ter particulares conotações político-religiosas. De qualquer forma, pelo menos em *Cidade Virtuosa*, mesmo se em outras obras possa ocorrer diversamente, Al-Fārābī conecta de modo preciso as funções de regência do governo às de teórico e às de profeta, reconhecendo ao *imām* qualificações religiosas, além de filosóficas e políticas. Isso, porém, não se verifica em nenhuma parte do *Comentário à "República" de Platão* averroísta.

Averróis distingue seis tipos de constituições: duas boas, ou seja, a monárquica e a aristocrática; e quatro degeneradas, a saber: a timocrática, a oligárquica, a democrática e a tirânica. O esquema é platônico, mas no exame das características do soberano virtuoso e do reto governo sobressaem os elementos islâmicos. O soberano, certamente, deve ser filósofo, pois a sabedoria intelectiva é indispensável para governar a cidade[55]. Mas Averróis reconhece também ao soberano outras qualidades platônicas paralelas às assinaladas por

53. Ibid., p. 156-160.
54. Ibid., p. 177.
55. Ibid., p. 115; 141-142.

Al-Fārābī, ainda que mais desequilibradas do ponto de vista teorético[56]. Com efeito, a primeira qualificação de um chefe de Estado é ter a inclinação e a predisposição para o estudo das ciências teoréticas; a segunda é ser dotado de uma potente memória para aprender o máximo possível; a terceira é, ainda, o desejo de aprofundar o saber; a quarta é amar a verdade e odiar a mentira como pressupostos do amor ao Único Verdadeiro, Deus; a quinta é saber manter sob controle os prazeres sensíveis; a sexta é desprezar o dinheiro e a riqueza; a sétima é possuir uma alma nobre e previdente; a oitava é ser corajoso; a nona é ter a inclinação natural para a prática da justiça e o gozo da beleza. Além disso, o governante deve ser um bom orador, versado na arte da disputa e da lógica. Para o governante ideal convergem, pois, os atributos típicos do califa (o perito legal que conhece a Lei) e do sultão que guerreia: "quem trava a guerra santa e quem é perito nos negócios legais – ambos necessariamente compartilharão o governo"[57]. Esta é a situação de "muitos dos reis muçulmanos", reconhece Averróis, que desenvolve uma constante análise da sociedade de seu tempo à luz da utopia que está delineando.

Extrapolados do contexto platônico, esses elementos têm evidentemente uma intenção propedêutica e pedagógica supostamente dirigida aos almôades, a dinastia que governava *Al-Andalus* na época de Averróis, para a educação filosófica da classe dirigente. Com efeito, na minha opinião, o *Comentário à "República" de Platão* é um texto composto por Averróis na prospectiva do projeto político almôade. Nisso é que se encontra o indício da afirmação do autor, de que a persuasão e a guerra são necessárias para fazer predominar o Estado justo sobre os Estados desviados e perversos[58]. A propaganda para a educação religiosa das massas e o *jihād*, primeiramente em relação aos almorávidas e depois, aos cristãos, eram dois pilares da política almôade. Averróis condena nitidamente o regime almorávida, em cuja parábola histórica discerne uma progressiva involução para formas de governo sempre piores: inicialmente sob Yūsuf ibn Tāšfīn, os almorávidas imitaram a constituição baseada na Lei, mas em seguida, sob ᶜAlī ibn Yūsuf, o regime tornou-se timocrático e, enfim, sob Tāšfīn, tornou-se hedonista e

56. Ibid., p. 178-179.
57. Ibid., p. 208-209.
58. Ibid., p. 119; 121.

caiu[59]. De resto, segundo Averróis, a maior parte dos regimes de seu tempo era "democrática", com tudo de negativo que, na esteira de Platão, o termo "democracia" evoca. Por isso a reforma era imprescindível.

Averróis, portanto, faz votos para que a dinastia almôade tenha vida longa e próspera: uma sucessão de soberanos iluminados, com efeito, influencia o Estado e acarreta o bom governo[60]. Isso pode acontecer de dois modos: através da ação, ou seja, da sábia administração do Estado, e através da convicção, ou seja, da reta opinião filosófica, política e religiosa que deve ser difundida às massas pela propaganda. Os almôades podem realizar o bom governo esposando a Lei do Islã com os princípios teóricos da filosofia. Averróis está convencido de que tem as condições de pôr a filosofia à disposição do governo amigo, enquanto os califas devem agir em conformidade com a Lei religiosa (*šarīʿa*), pois, se a Lei religiosa é corretamente aplicada, desenvolvem-se qualidades positivas e virtudes excelentes; se, porém, a Lei religiosa se corrompe, também a moral se torna repreensível e corrompida[61]. Um autêntico soberano virtuoso, que seja também filósofo, exercerá maior influência no Estado e saberá governá-lo com previdência por meio da filosofia e da sabedoria, forjando as convicções das massas. E se, coerentemente com as idéias farabianas, a gestão do Estado serve para a aquisição da felicidade, é no Estado ideal que soberano e súditos reciprocamente se ajudam para atingir tão nobre objetivo. "Isto significa que as massas servem aos seus senhores com o fim de permitirlhes a realização dos objetivos da filosofia, ao passo que os senhores servem às massas enquanto as conduzem à sua felicidade"[62]. Mas, "nestes nossos tempos", a gestão do poder é essencialmente um fato prático, e é importante que os califas almôades saibam induzir as boas ações. Governar o Estado à luz da filosofia permitirá urdir a *ortopráxis* com a retidão das convicções. Desse modo, Averróis incita os soberanos almôades a fazer da filosofia o fundamento de sua reforma social inspirada em princípios religiosos.

59. Ibid., p. 227.
60. Ibid., p. 205.
61. Ibid., p. 246-247.
62. Ibid., p. 216.

Observações Conclusivas

Que conclusão oferecer desta análise de certo modo paralela e comparada dos principais pensadores políticos do Islã medieval? Poder-se-ia dizer, em geral, que os teólogos e os juristas foram antiutopistas, enquanto os filósofos foram favoráveis à utopia. Em particular, talvez se possa afirmar que o utopismo dos filósofos resulta do exato antiutopismo dos juristas. Em nenhum dos dois casos, porém, formulam-se concepções de Estado islâmico, ou modelos islâmicos de Estado. Os teólogos e os juristas tencionavam estabelecer regras possíveis de funcionamento de um Estado que se inspirasse nos princípios fundamentais do Islã, a fim de renovar a época perfeita do Profeta e dos "bem guiados". Em contrapartida, os filósofos procuravam fortalecer a prospectiva de um Estado inspirado pelo Islã, com as estruturas argumentativas e demonstrativas da filosofia derivada da herança grega clássica, mas sem nenhuma nostalgia ou concessão à época de ouro de Medina. Produziu-se então uma dialética que, na realidade, permaneceu insolúvel. O utopismo filosófico se esgotou porque a filosofia desapareceu (em torno do século XIV, depois de Ibn Ḫaldūn) no mundo islâmico, à parte a teosofia persa tão cara a Corbin, porém impregnada de esoterismo e de espiritualismo antitéticos à política[63]. Sobreviveu, ao invés, o antiutopismo dos teólogos-juristas, que se reproduziu nas concepções dos muçulmanos radicais contemporâneos, como Al-Mawdūdī e Sayyid Quṭb. Nestes últimos, o antiutopismo dos juristas e dos teólogos transformou-se na inflexível convicção de que o Estado realizado por Muḥammad e pelos seus companheiros em Medina seria o único verdadeiramente islâmico e reproduzível no mundo contemporâneo. De qualquer modo, o problema fundamental do pensamento político islâmico em todo o curso da sua História, no meu parecer, consiste exatamente nisto: se é possível, ou não, adequar a idéia de imutabilidade da Lei e da validade eterna do Estado islâmico do Profeta e dos "bem guiados" às exigências do mundo atual, eventualmente elaborando modelos islâmicos de Estado. O estudo da teoria política medieval, portanto, não parece um fim em si mesmo, mas projetável numa contínua dimensão histórica.

63. CORBIN, Henry. *Histoire de la Philosophie Islamique*. Paris: Gallimard, 1986.

Referências Bibliográficas

AL-AZMEH, Aziz. *Ibn Khaldûn*. London: Routledge, 1990.

AL-FĀRĀBĪ. *The Attainment of Happinness (Taḥṣīl al-sa*[c]*āda)*. In: *Afarabi's Philosophy of Plato and Aristotle*. Introdução, Tradução e Notas de Muhsin Mahdi. Glencoe: Free Press, 1962.

____. *Alfarabi on the Perfect State*. Introdução, Tradução e Notas de Richard Walzer. Oxford: Clarendon Press, 1985.

____. *Al-Fārābī. Obras filosófico-políticas*. Introdução, Tradução e Notas de Rafael Ramón Guerrero. Madrid: CSIC, 1992.

AL-ĠAZĀLĪ. *El Justo Medio en la Creencia. Compendio de teología dogmática*. Seleção de textos e Tradução de M. Asín Palacios. Madrid: Instituto de Valencia de Don Juan, 1929.

____. *Ghazali's Book of Counsel for Kings (Nasîhat al-mulûk)*. Trad. (do persa) F. R. C. Bagley. London: Oxford University Press, 1964.

____. *Majmū*[c]*a al-Rasā'il*. Beirut: Dār al-Fikr, 2000.

AL-MĀWARDĪ. *Al-Aḥkām al-Sulṭāniyya wa-al-Wilāyāt al-Dīniyya. The Ordinances of Government*. London: Garnet Publishers Ltd., 1996.

AL-MULK, Niẓām. *The Book of Government or Rules for Kings*. Trad. (do persa) H. Darke. 2. ed. London, 1978.

ALON, I. Farabi's Funny Flora: al-nawabit as "Opposition". *Arabica*, n. XXXVII, p. 56-60, 1990.

AVEMPACE. *El Régimen del Solitario*. Introdução, Tradução e Notas de Joaquín Lomba. Madrid: Trotta, 1997.

AVERRÓIS. *Averroes' Commentary on Plato's "Republic"*. Introdução, Tradução e Notas de Erwin I. J. Rosenthal. Cambridge: Cambridge University Press, 1956.

____. *Averroes on Plato's "Republic"*. Introdução, Tradução e Notas de Ralph Lerner. Ithaca: Cornell University Press, 1974.

BLACK, Antony. *The History of Islamic Political Thought*. Edinburgh: Edinburgh University Press, 2001.

BUTTERWORTH, Charles E. *Philosophy, Ethics and Virtuous Rule. A Study of Averroes' Commentary on Plato's Republic*. Cairo: Cairo Papers in Social Science, 1986.

CAMPANINI, Massimo. *Islam e Politica*. 2. ed. Bologna: Il Mulino, 2003. (1. ed. 1999). (*Islam y Política*. Trad. castelhana. Madrid: Biblioteca Nueva, 2003).

____. *Introduzione alla filosofia islamica*. Roma; Bari: Laterza, 2004.

____. (Org.). *La Bilancia dell'azione e altri scritti*. Torino: UTET, 2005.

CORBIN, Henry. *Histoire de la Philosophie Islamique*. Paris: Gallimard, 1986.

CRONE, Patricia. *Medieval Islamic Political Thought (ca. 650-1250)*. Edinburgh: Edinburgh University Press, 2004.

DAFTARY, Farhad. *The Ismâ'îlis. Their History and Doctrines*. Cambridge: Cambridge University Press, 1990.

DJAIT, Hichem. *La Grande Discorde. Religion et Politique dans l'Islam des Origines*. Paris: Gallimard, 1989.

FIRESTONE, Reuven. *Jihad. The Origin of Holy War in Islam*. Oxford: Oxford University Press, 1999.

GALSTON, Miriam. *Politics and Excellence. The Political Philosophy of Alfarabi*. Princeton: Princeton University Press, 1990

GÓMEZ NOGALES, Salvador. La Política como única ciencia religiosa in Al-Fārābī. *Cuadernos del Seminario de Estudios de Filosofía y Pensamiento Islámico*. Madrid: Instituto Hispano-Árabe de Cultura, n. 1, 1980.

GUTAS, Dimitri. *Greek Thought, Arabic Culture*. London: Routledge, 1998.

HALM, Heinz. *Shiism*. Edinburgh: Edinburgh University Press, 1991.

IBN KHALDÛN. *Muqaddima*. Trad. Vincent Monteil. Beirut: Comission pour la Traduction des Chefs-d'Oeuvres, 1967.

IBN TAYMIYYA. *Le Traité de Droit Public d'Ibn Taymiyya. La Siyāsa Šarʿiyya*. Introdução, Tradução e Notas de Henri Laoust. Beirut: Institut Français de Damas, 1948.

KHAN, Quamaruddin. *The Political Thought of Ibn Taymiyya*. Islamabad: Islamic Research Institute, 1973.

LAOUST, Henri. *Schismes dans l'Islam*. Paris: Payot, 1983. (1. ed. 1965).

LAROUI, Abdallah. *Islam et modernité*. Paris: La Decouverte, 1986.

LEAMAN, Oliver. Averroes' "Commentary on Plato's Republic" and the Missing "Politics". In: AGIUS, Dionisius A.; NETTON, Ian Richard. (Org.). *Across the Mediterranean Frontiers. Trade, Politics and Religion,* 650-1450. Turnhout: Brepols, 1997. p. 195-203.

____. *An Introduction to Classical Islamic Philosophy*. Cambridge: Cambridge University Press, 2002.

LEWIS, Bernard. *The Assassins. A Radical Sect in Islam*. London: Al-Saqi, 1985. (1. ed. 1967).

LINGS, Martin. *Muhammad. His Life based on the Earliest Sources*. London; Sidney: Unwin, 1988.

LOMBA, Joaquín. *Avempace*. Zaragoza: Disputación General de Aragón, 1989.

____. Lectura de la Etica Griega por el Pensamiento de Ibn Bāŷŷa. *Al-Qantara*, n. XIV, p. 3-46, 1993.

____. *La Idea de Felicidad en el Aragón Musulmán*. Zaragoza: Universidad de Zaragoza, Facultad de Filosofía y Letras, 2001.

MADELUNG, Wilfred. *The Succession to Muhammad. A Study of the Early Caliphate*. Cambridge: Cambridge University Press, 1997.

MAHDI, Muhsin. *Ibn Khaldûn's Philosophy of History*. London: Allen und Unwin, 1957.

____. *La Cité Vertueuse d'Alfarabi*. Paris: Albin Michel, 2000.

____. *Alfarabi and the Foundation of Islamic Political Philosophy*. Chicago: University of Chicago, 2001.

MIKHAIL, Hanna. *Politics and Revelation. Mawardî and after*. Edinburgh: Edinburgh University Press, 1995.

MORABIA, Alfred. *Le Jihad dans l'Islam Médiéval*. Paris: Albin Michel, 1993.

NAGEL, Tilman. *Geschichte der islamischen Theologie*. München: Beck, 1994.

NASR, Sayyed H.; LEAMAN, Oliver. (Org.). *History of Islamic Philosophy*. London: Routledge, 1996. 2 v.

PETERS, Rudoph. *Jihad in Classical and Modern Islam*. Princeton: Markus Wiener, 1996.

ROSENTHAL, Erwin I. J. *Political Thought in Medieval Islam*. Cambridge: Cambridge University Press, 1958.

SACHEDINA, Abdulaziz Abdulhusein. *The Just Ruler in Shi'ite Islam*. Oxford; New York: Oxford University Press, 1988.

SCARCIA AMORETTI, Biancamaria. *Tolleranza e guerra santa nell'Islam*. Firenze: Sansoni, 1974.

____. *Sciiti nel mondo*. Roma: Jouvence, 1994.

SOURDEL, Dominique. *L'imamisme vu par le Cheikh al-Mufid*. Paris: Geuthner, 1974.

VAN ESS, Josef. *Theologie und Gesellschaft im 2 und 3 Jahrhundert Hidschra. Eine Geschichte des religiösen Denkens im frühen Islam*. Berlin; New York: De Gruyter, 1991-1997. 6 v.

____. Political Ideas in Early Islamic Religious Thought. *British Journal of Middle Eastern Studies*, XXVIII, p. 151-164, 2001.

WATT, W. Montgomery. *Muhammad, Prophet and Statesman*. London; New York: Oxford University Press, 1974. (1. ed. 1961).

____. *Islamic Political Thought*. Edinburgh: Edinburgh University Press, 1980. (1. ed. 1968).

parte IV
filosofia e ciência

9.

Al-Fārābī : O Filósofo e a Felicidade*

Rafael Ramón Guerrero

O Filósofo

Foi Al-Fārābī, conhecido na literatura árabe com a alcunha *Al-Muᶜallim al-ṯānī*, "o segundo Mestre", e nos textos latinos da Idade Média como Alpharabius ou Abennasar, quem expôs em toda a sua originalidade a maior parte dos problemas suscitados no pensamento filosófico islâmico, tendo sido o verdadeiro mestre de todos os *falāsifa* posteriores, de Avicena a Averróis, inclusive o filósofo judeu Maimônides. Não é de estranhar, portanto, que fosse considerado pelos antigos biógrafos um dos mais ilustres representantes da filosofia no Islã:

> Al-Fārābī, o célebre filósofo, escreveu tratados sobre lógica, música e outras ciências; foi o mais importante dos filósofos muçulmanos, nunca tendo sido suplantado

* Tradução (do original espanhol) de Rosalie Helena de Souza Pereira.

por ninguém em sua categoria científica, pois até mesmo o *ra'īs* Abū ᶜAlī ibn Sīnā, já citado por nós, instruiu-se em seus livros e tratados[1].

Foi o primeiro a construir um sistema metafísico; igualmente, legou-nos uma exposição do neoplatonismo árabe, além dos grandes conhecimentos que assimilou de Aristóteles.

Al-Fārābī obstinou-se em conceder à filosofia uma posição dominante no mundo islâmico, marcando sua própria posição, como o havia feito Platão no mundo grego[2]. Reinterpretou o conjunto do Islã a partir de seu ponto de vista filosófico, trazendo uma nova luz aos diversos aspectos da vida islâmica, desde a teologia até a organização da sociedade. Para entender o projeto que tentou realizar, é preciso levar em conta a sua insistência na tarefa política da filosofia, algo que só ele expôs de maneira tão explícita no mundo islâmico e que explica a grande importância e originalidade de seu pensamento na filosofia árabe.

De sua biografia já se encarregou, de maneira magistral, com uma erudita e minuciosa análise das fontes disponíveis, Moritz Steinschneider[3]. O pouco que posteriormente se escreveu sobre a sua vida depende dessa obra, incluindo a importante monografia que Ibrahim Madkour lhe consagrou[4]. Mas, foram apenas noticiadas algumas das histórias que lhe são atribuídas pelas fontes, talvez por causa das dúvidas suscitadas sobre sua autenticidade, embora elas pudessem ajudar a delinear a personalidade de Al-Fārābī. As principais notícias biográficas se encontram nos clássicos autores de biografias: Ibn al-Nadīm (c. 998)[5], Sāᶜid al-Andalusī (m. 1069)[6], Al-Bayhaqī (c. 1100)[7], Ibn

1. IBN ḪALLIKĀN. *Wafayāt al-aᶜyān*. Ed. de Iḥsān ᶜAbbās. Beirut: Dār al-Ṯaqāfa, 1972. 8 v. vol. v, p. 153.
2. WALZER, Richard. *Greek into Arabic*. Oxford: Bruno Cassirer, 1962. p. 18.
3. STEINSCHNEIDER, Moritz. *Al-Farabi (Alpharabius). Des arabischen Philosophen Leben und Schriften*. San Petersburg, 1869. (Reimp. Amsterdam: Philo Press, 1966. p. 1-11).
4. MADKOUR, Ibrahim. *La place d'al-Fārābī dans l'école philosophique musulmane*. Paris: Librairie d'Amérique et d'Orient Adrien-Maisonneuve, 1934.
5. IBN AL-NADĪM. *Kitāb al-fihrist*. Ed. G. Flügel. Leipzig, 1881. p. 263. Citado em seguida pela sigla IN.
6. SĀᶜID AL-ANDALUSĪ. *Kitāb ṭabaqāt al-umam*. Ed. H. Bū ᶜAlwān. Beirut: Dār al-Ṭalīᶜa, 1985. p. 137-140. *Libro de las categorías de las naciones*. Trad. (espanhola) F. Maíllo Salgado. Madrid: Akal, 1999. p. 106-108. Citado em seguida por SA.
7. AL-BAYHAQĪ. *Ta'rīḫ ḥukamā' al-Islām*. Ed. M. Kurd ᶜAlī. Damasco, 1946. p. 30-35. Trata-se da obra conhecida por *Tatimma Ṣiwān al-ḥikma*. Ed. M. Shafi'. Lahore, 1935. Citado a seguir por B.

al-Qifṭī (m. 1248)[8], Ibn Abī Uṣaybiᶜa (m. 1270)[9] e Ibn Ḫallikān (m. 1282)[10]; estes dois últimos são os que oferecem mais informações.

Al-Fārābī nasceu possivelmente por volta do ano 873, porque há notícia de que morreu com oitenta anos de idade[11] e todos os biógrafos concordam em datar sua morte no mês de *rajab* do ano 339 da Hégira, isto é, no final de 950. Seu pai, de origem persa, era oficial do exército[12]. Al-Fārābī usava sempre roupas turcas[13]; diz-se que era de baixa estatura e imberbe como alguns turcos[14]. Foi um homem de hábitos moderados, alimentava-se de vísceras de cordeiros e de sucos de frutas, não se preocupava nem com seu aspecto nem com seu alojamento ou com seus ganhos[15] e necessitava de muito pouco para satisfazer suas necessidades: Sayf al-Dawla lhe dava apenas quatro diréns diários para o sustento; era só o que Al-Fārābī lhe havia pedido[16].

Parece que conhecia várias línguas, entre elas o turco, talvez sua língua materna[17], o sogdiano e o persa[18]. Talvez dominasse alguma outra, uma vez que se dizia que sabia mais de setenta[19]. Aprendeu também o árabe[20], talvez ao chegar a Bagdá, chegando a dominá-lo, pois sabemos que estudava gramática árabe com Abū Bakr b. al-Sarrāj[21], que por sua vez estudava lógica

8. IBN AL-QIFṬĪ. *Ta'rīḫ al-ḥukamā'*. Ed. J. Lippert. Leipzig: Dieterichsche Verlagsbuchhandlung, 1903. p. 277-280. Citado a seguir por IQ.
9. IBN ABĪ UṢAYBIᶜA. *ᶜUyūn al-anbā' fī ṭabaqāt al-aṭibbā'*. Ed. N. Rida. Beirut, 1965. p. 603-609. Citado a seguir por IU.
10. IBN ḪALLIKĀN, op. cit., p. 153-157. Citado a seguir por IḪ.
11. IḪ, 156.
12. IU, 603.
13. IḪ, 155; B, 32; dizem que usava uma túnica puída e suja, com capuz.
14. B, 32.
15. IU, 604.
16. IḪ, 156; IU, 603.
17. IḪ, 153.
18. Como parece testemunhar sua obra *Kitāb al-ḥurūf*: AL-FĀRĀBĪ, Abū Naṣr. *Book of Letters (Kitāb al-ḥurūf). Commentary on Aristotle's Metaphysics*. Arabic Text. Edited with Introduction and Notes by Muhsin Mahdi. Beirut: Dār al-Mašriq, 1969, p. 111. Cf. RAMÓN GUERRERO, Rafael. Al-Fārābī: El concepto del ser. *Revista de Filosofía*, 3. época, VII, 1994, n. 11, p. 27-49.
19. IḪ, 155.
20. Possivelmente isso quer dizer que quando chegou a Bagdá não dominava, mas sabia o árabe. Aperfeiçoou-o com Ibn al-Sarrāj.
21. Foi um dos mais conceituados mestres na arte da gramática, autor de várias obras sobre essa disciplina. Foi discípulo de Abū al-ᶜAbbās al-Mubarrad e mestre de Abū al-Qāsim al-Zajjājī, de Abū Saᶜīd al-Sīrāfī e de outros célebres gramáticos. Morreu em 929. Cf. FLEISCH, H. Al-Sarrāj. In: THE ENCYCLOPAEDIA of Islam (EI²). New Edition. Leiden; London: E. J.

com ele[22], o que realça as relações de cooperação entre lógicos e gramáticos em Bagdá em princípios do século IX e princípios do seguinte[23], assim como a importância que Al-Fārābī concedia às relações entre pensamento e linguagem, preocupação constante em sua reflexão filosófica, como o provam numerosas páginas em distintas obras: lógica e gramática estão intimamente relacionadas; mas a gramática, que é uma ciência particular, própria de cada povo, diante do caráter de arte universal que a lógica apresenta, não é instrumento idôneo para a busca da verdade[24].

Deve ter se formado em ciências tradicionais islâmicas, pois foi juiz até adquirir conhecimento de outros saberes, deixando então esse cargo para dedicar-se ao estudo deles[25]. Possivelmente estudou medicina, que nunca chegou a exercer, matemáticas e música, antes de ir para o Ocidente, chegando a destacar-se como um grande mestre de música[26]; muitas histórias foram contadas sobre seu domínio nessa arte, inclusive a construção de um instrumento musical, uma espécie de alaúde[27], do qual extraía maravilhosas melodias que comoviam o espírito[28]. Diz-se também que foi o primeiro a construir o instrumento conhecido como *qānūn*[29], instrumento de corda, espécie de cítara com uma caixa pouco profunda de forma trapezoidal, que se toca com os dedos.

Conta-se que começou a ler as obras de Aristóteles depois que um homem as deixara em depósito: ao folheá-las, animou-se a lê-las, só deixando de o fazer após tê-las compreendido completamente; converteu-se então em

Brill; Luzac & Co., 1971. vol. III, p. 954-955. Cf. também KRAUS, Paul. *Jābir ibn Ḥayyān. Contribution à l'histoire des idées scientifiques dans l'Islam. Jābir et la science grecque.* Cairo, 1935. (Réimp. Paris: Les Belles Lettres, 1986. p. 251, n. 2).

22. IU, 606.

23. Cf. VERSTEEGH, Cornelis Henricus Maria. *Greek Elements in Arabic Linguistic Thinking.* Leiden: E. J. Brill, 1977. p. 124.

24. Cf. VAJDA, Georges. Langage, philosophie, politique et religion d'après un traité récemment publié d'Abū Naṣr al-Fārābī. *Journal Asiatique*, n. 258, p. 247-260, 1970. ARNALDEZ, Roger. Pensée et langage dans la philosophie de Fārābī (à propos du *Kitāb al-Ḥurūf*). *Studia Islamica*, n. 45, p. 57-65, 1977. LANGHADE, Jacques. Grammaire, logique, études linguistiques chez Al-Fārābī. In: VERSTEEGH, C. H. M.; KOERNER, K.; NIEDEREHE, H.-J. (Ed.). *The History of Linguistic in the Near East.* Amsterdam; Philadelphia: John Benjamins Publishing Company, 1983. p. 129-141.

25. IU, 604.

26. B, 33; IU, 604; IḤ, 155-156.

27. B, 32.

28. IU, 604.

29. IḤ, 156.

filósofo[30]. Afirma-se que sobre o texto do *De anima*, de Aristóteles, escreveu de seu próprio punho e letra "Li este livro duzentas vezes" e que ele disse que havia lido a *Física* aristotélica quarenta vezes e que ainda precisava lê-la mais vezes[31]. Perguntaram-lhe quem era mais sábio, se Aristóteles ou ele, e respondeu: "Se é que eu o compreendi, sou seu maior discípulo"[32].

Dizem os biógrafos que foi a pé para Bagdá. É possível, porém, que ele tenha antes parado na cidade de Marw, onde talvez ensinasse lógica o cristão nestoriano Yūḥannā b. Ḥaylān, mestre de Al-Fārābī nessa arte[33]. Ibn Abī Uṣaybiᶜa narra, copiando de um suposto livro perdido de Al-Fārābī, *Fī ẓuhūr al-falsafa* (Sobre o Surgimento da Filosofia)[34], que

> o ensino [da filosofia] transferiu-se de Alexandria para Antioquia, onde permaneceu durante muito tempo, até restar ali apenas um mestre. Este teve dois discípulos, que partiram levando [consigo] os livros [de filosofia]. Um deles era de Ḥarrān, e o outro, de Marw. Com o de Marw estudaram dois homens, Ibrāhīm al-Marwazī e Yūḥannā b. Ḥaylān. Com o de Ḥarrān estudaram o bispo Isrā'īl e Quwayrī. Foram para Bagdá. Isrā'īl se consagrou aos assuntos religiosos e Quwayrī, ao ensino. Yūḥannā b. Ḥaylān também se dedicou à sua religião. Ibrāhīm al-Marwazī voltou para Bagdá e, lá se estabelecendo, estudou com Mattà b. Yūnān[35].

Teria sido pois em Marw, e não em Ḥarrān, que Al-Fārābī estudou com Ibn Ḥaylān. E quando este se mudou para Bagdá, com certeza Al-Fārābī o seguiu, durante o califado de Al-Muqtadir (908-932)[36]. Afirma-se que adquiriu tal conhecimento da lógica que superou todos os seus companheiros em saber e em pesquisa[37].

Em Bagdá, entrou em contato com o cristão nestoriano, tradutor e lógico, Abū Bišr Mattà b. Yūnus – morto em 940 durante o califado de

30. IU, 604.
31. IḤ, 154.
32. IU, 606.
33. SA, 138; IU, 605; IḤ, 154, é quem diz que foi em Ḥarrān.
34. Cf. RESCHER, Nicholas. *Al-Fārābī. An Annotated Bibliography.* Pittsburgh: University of Pittsburgh Press, 1962.
35. IU, 605.
36. IU, 605.
37. IQ, 277.

Al-Rāḍī[38] –, o qual tinha uma grande quantidade de alunos[39], com quem também estudou lógica; afirma-se que Al-Fārābī era mais agudo de mente e de colóquio mais agradável que Mattà b. Yūnus[40]. É possível que tenha permanecido durante oito anos em algum lugar do Império Bizantino, talvez em Constantinopla, "aprendendo o sílabo filosófico completo", segundo o testemunho do estudioso da Tradição, Ḥamd b. Muḥammad al-Ḫaṭṭābī (m. 998), que afirma tê-lo ouvido do próprio Al-Fārābī[41]. Tal permanência poderia explicar o pouco de grego que conhecia nosso filósofo[42].

Permaneceu em Bagdá até o ano 942, quando então foi para a corte do soberano *ḥamdânida*[43] Sayf al-Dawla (916-967), de Alepo e Damasco, em cujos salões se respirava um ambiente cultural, elegante e refinado, onde se encontravam homens de ciência, poetas e filólogos famosos. Sayf al-Dawla o cumulou de honrarias, e seu prestígio aumentou diante do príncipe de Alepo[44].

Durante sua permanência em Damasco, Al-Fārābī vivia, como era seu hábito, uma vida solitária[45], com a aparência exterior de um sufi[46], residindo perto de água e num jardim sombreado, onde compunha seus livros. Parece que inicialmente fora guardião de um jardim de Damasco, onde passava as noites em vigília, ora utilizando sua lamparina para poder ler, ora aproximando-se de outros guardiões para aproveitar a claridade de suas lâmpadas[47].

38. SA, 140; IQ, 278.
39. IḪ, 154.
40. IU, 605.
41. Este testemunho é mencionado por MAHDI, Muhsin. Al-Fārābī, Abū Naṣr Muḥammad ibn Muḥammad ibn Tarḫān ibn Awzalaġ. In: DICTIONARY of Scientific Biography. Ed. C. Gillispie. New York: Charles Scribners'Son, 1971. p. 523-524. Segundo Mahdi (p. 526), o texto de Al-Ḫaṭṭābī se encontra no manuscrito árabe MS 217, f. 154r, na Biblioteca do Ministério da Informação em Kabul, Afeganistão.
42. Algumas referências a palavras gregas se acham no *Kitāb al-ḥurūf*, anteriormente citado.
43. A dinastia dos *ḥamdânidas* teve dois ramos: na Mesopotâmia, de 905 a 1004 (com sede em Mosul), e na Síria, de 945 a 1004 (com sede em Alepo); Sayf al-Dawla ᶜAlī I governou o ramo sírio de 945 a 967. Os *ḥamdânidas* eram xiitas, como a maioria das tribos árabes nas margens do deserto sírio. Cf. BOSWORTH, Clifford E. *The Islamic Dynasties*. Edinburgh: Edinburgh University Press, 1967. p. 49-50. (N. da T.).
44. IQ, 279.
45. IḪ, 156.
46. IQ, 279.
47. IU, 603.

No final de sua vida fez uma breve viagem ao Egito[48], onde compôs alguns *fuṣūl*, seções ou capítulos, para a sua mais conhecida obra, o *Kitāb al-madīnat al-fāḍila* (Livro da Cidade Ideal)[49]:

> Começou a compor este livro em Bagdá e o levou para a Síria em fins do ano 330H.; em Damasco, terminou de o redigir no ano 331H. Depois de tê-lo composto, revisou a cópia e nela anotou os capítulos (*al-abwāb*). Mais tarde, alguém lhe pediu para dispô-lo em seções (*fuṣūl*), que indicavam a divisão de suas idéias principais. Redigiu estas seções no Egito no ano 337H. São seis as seções[50].

e lá terminou de compor o seu *Kitāb al-siyāsat al-madaniyya* (Livro da Política)[51].

Morreu, após retornar a Damasco, quando estava perto dos 80 anos[52]. Sayf al-Dawla determinou a celebração de cerimônias fúnebres, às quais ele próprio compareceu, acompanhado de oficiais de sua corte[53]. Al-Fārābī foi enterrado nos arredores de Damasco, na saída de Al-Bāb al-Ṣaġīr[54]. Outra notícia diz que foi morto por uns salteadores quando ia de Damasco para Ascalão[55] e que seus assassinos foram, por ordem de Sayf al-Dawla, crucificados sobre a sua tumba.

Sobre sua vida, há dois detalhes biográficos que considero de grande interesse para compreender o sentido e o significado de seu pensamento filosófico. Em primeiro lugar, o fato de que em Bagdá estudara gramática árabe com Abū Bakr al-Sarrāj. Esse fato confirma o dado de que sua língua materna não deveria ser o árabe, e sim o turco. No entanto, o mais importante dessa informação é que ela nos leva a compreender a importância que ele concedia às relações entre pensamento e linguagem, preocupação constante em sua reflexão filosófica.

48. IU, 603; IJ, 155.
49. Tradução castelhana desses capítulos em RAMÓN GUERRERO, Rafael. Tres breves textos de Abū Naṣr al-Fārābī. *Al-Qantara*, n. 8, p. 7-27, 1987. Texto p. 19-26.
50. IU, 608. Antes afirmara que esteve no Egito em 949.
51. IḤ, 155.
52. IḤ, 156.
53. IU, 603.
54. IḤ, 156.
55. B, 33-34. Ascalão era uma cidade muito importante, de origem fenícia, na costa da Síria, que foi destruída por Saladino.

O outro detalhe biográfico diz respeito à sua suposta relação com o movimento xiita (*šīᶜa*). Havia uma afinidade de pensamento entre a sua filosofia e a especulação intelectual de diversos grupos xiitas[56]. Sua estada na corte de Sayf al-Dawla, conhecido por sua filiação à *šīᶜa*, cujos salões se impregnavam de um faustuoso ambiente cultural, prolongou-se até a data de sua morte, salvo o período correspondente à breve viagem que fez ao Egito, onde se estava iniciando o império fatímida, também vinculado aos xiitas. Que sentido poderia ter tido sua permanência em lugares regidos por soberanos xiitas?

Nada se sabe sobre tal permanência. Não poderia ter sido por motivos econômicos ou de luxo, por atração pelo esplendor de Alepo, uma vez que os biógrafos o apresentam como um homem que se contentava com o indispensável para viver. Teria sido por um certo tipo de afinidade ideológica com os governantes de Alepo e do Egito? Em seus *Fuṣūl al-madanī* (*Aforismos do Homem de Estado*), há uma referência significativa:

> Proíbe-se ao homem virtuoso permanecer nos governos políticos imorais, devendo ele emigrar para as cidades virtuosas, se é que existem de fato em sua época. Caso não existam, o virtuoso será então um estranho neste mundo e sua vida será um mal, e será preferível para ele morrer a continuar vivendo[57].

Estaria por acaso aludindo aos problemas por que passava o califado sunita de Bagdá, que ele via como um exemplo de mau governo e que o fez

56. Assim, por exemplo, Karam sustenta que a "cidade ideal" do filósofo indica uma organização religiosa da terra, revelando-se aí, de maneira mais exata, a doutrina ismaelita do *Imām*. Cf. KARAM, J. La *Ciudad Virtuosa* de Alfarabi. *Ciência Tomista*, n. 58, 1939. p. 104. Gibb afirma que entre os partidários ou simpatizantes do movimento fatímida se encontrava nosso filósofo. Cf. GIBB, Hamilton A. R. An Interpretation of Islamic History. In: *Studies on the Civilization of Islam*. Londres: Routledge & Kegan Paul, 1962. p. 20. De sua parte, Najjār declara que sua doutrina política parece uma justificação teórica do movimento xiita. Cf. NAJJĀR, Fawzī. Farabi's political philosophy and Shî`ism. *Studia Islamica*, n. 14, p. 62, 1961. Outros autores que defendem idéias semelhantes são Watt, Walzer e Gardet. Sobre essas afirmações, cf. RAMÓN GUERRERO, Rafael. El compromiso político de Al-Fārābī. ¿Fué un filósofo *shî'î*? In: *Actas de las* II *Jornadas de Cultura Árabe e Islámica* (Madrid, 1980). Madrid: Instituto Hispano-Árabe de Cultura, 1985. p. 463-477.

57. AL-FĀRĀBĪ. *Fuṣūl muntazaᶜa* (*Selected Aphorisms*). Texto árabe, editado com uma introdução e notas por Fawzī M. Najjār. Beirut: Dār al-Mašriq, 1971. p. 95.

decidir "emigrar" (*hijra*) para uma *madīna fāḍila*, para um "governo virtuoso", que para ele seria sem dúvida o de Sayf al-Dawla?

Suas principais obras são de caráter político. Nelas, ele propõe um novo enfoque da realidade política, que tem como base e ponto de partida as normas emanadas da razão humana. Parece, então, que sua intenção foi propor uma reforma do Estado islâmico. Tal reforma só poderia ser entendida a partir de um distanciamento da ideologia oficial. No âmbito sunita, isso só poderia vir de quem estivesse próximo das propostas xiitas, movimento que no século X havia se caracterizado por uma intensa atividade política e missionária. Nesse caso, poder-se-ia pensar que a posição farabiana teria sido a de um intelectual xiita.

É verdade que há paralelismos, similitudes, semelhanças e referências bastante explícitas entre o seu pensamento e o dos xiitas. Isso abonaria a tese de sua militância nesse grupo. Mas, uma análise profunda da filosofia de Al-Fārābī mostra que são maiores as diferenças que as semelhanças, especialmente em duas questões de muita relevância para o pensamento xiita: a elaboração intelectual da teoria da profecia, por um lado, e a doutrina do conhecimento, por outro. Nesses dois aspectos, as divergências doutrinais são tão grandes que dificilmente se poderia ver em Al-Fārābī um expoente da "filosofia" xiita. E, se coincidências houver, estas se devem mais à fonte comum, a filosofia grega, de que se nutrem ambos os sistemas, do que a afinidades ideológicas e intelectuais.

Sua Filosofia: Caminho para a Felicidade

A filosofia farabiana é resultado de uma reflexão realizada a partir da filosofia grega com a intenção de ser aplicada à realidade vivida. Seu pensamento poderia ser uma tentativa de introduzir uma visão racional da realidade em uma sociedade regida por uma lei religiosa. Essa nova apreciação da realidade proporcionaria novas normas sobre as quais seria fundada uma ordem social perfeita, a ideal ou virtuosa (*fāḍila*), na qual o homem, definido como ser social por natureza, poderia alcançar sua perfeição máxima e sua felicidade.

É assim que a filosofia de Al-Fārābī adquire um caráter essencialmente político, uma vez que seu objetivo final consistiria em modificar os próprios fundamentos da comunidade muçulmana, com o fim de os integrar em outros diferentes, cuja fonte já não seria apenas a lei divina, mas também uma lei procedente da razão humana, como duas expressões de uma e mesma lei ou verdade. Não se deve esquecer que Al-Fārābī se move dentro da tradição platônica que se iniciou com o médio-platonismo de Albino e de Numênio e continuou com o neoplatonismo de Plotino, de Porfírio e de Simplício, entre outros. A saber, inspirou-se em um pensamento dominado pela concepção de uma coincidência de idéias, segundo as doutrinas de Platão e de Aristóteles, como o prova a sua obra *Concordância entre as Opiniões dos Sábios o Divino Platão e Aristóteles*[58].

As duas observações destacadas em sua biografia, o interesse pela lógica e o interesse pelo pensamento político, constituem o núcleo de sua filosofia, que tem como fundamento essencial uma síntese platônico-aristotélica[59], embora Al-Fārābī tivesse plena consciência das doutrinas platônicas e dos ensinamentos aristotélicos[60]. Em uma de suas pequenas obras, a que tem por título *Risāla fī mā yanbaġī an yuqaddam qabl taᶜallum al-falsafa* (Sobre o que Deve Preceder o Estudo da Filosofia), Al-Fārābī estabelece o que se poderia tomar como declaração de princípios de seu pensamento: "Quanto aos livros em que [Aristóteles] estuda a aplicação da filosofia, alguns versam sobre a reforma dos costumes (*Ética*), outros sobre o governo das cidades (*Política*) e outros sobre o governo das casas (*Economia*)"[61]. Embora nesse texto ele se refira à

58. Id. *Concordia entre el divino Platón y el sabio Aristóteles*. Trad. M. Alonso. *Pensamiento*, n. 25, p. 21-70, 1969. Cf. CABANELAS, Darío. Al-Fārābī y su *Libro de la concordancia entre Platón y Aristóteles*. *Verdad y Vida*, n. 8, p. 325-350, 1950. Cf. FAKHRY, Majid. Al-Fārābī and the reconciliation of Plato and Aristotle. *Journal of the History of Ideas*, n. 26, p. 469-478, 1965.

59. Cf. GÓMEZ NOGALES, Salvador. Síntesis aristotélico-platónica de Al-Fārābī. In: *Actas del XII Congreso de la U. E. A. I.* Madrid, 1986. p. 315-333.

60. Cf. RAMÓN GUERRERO, Rafael. Al-Fārābī y la *Metafísica* de Aristóteles. *La Ciudad de Dios*, n. 196, p. 211-240, 1983. DRUART, Thérèse-Anne. Al-Fārābī and Emanationism. In: WIPPEL, John F. *Studies in Medieval Philosophy.* Washington: The Catholic University of America Press, 1987. p. 23-43.

61. AL-FĀRĀBĪ. *Risāla fī mā yanbaġī an yuqaddam qabl taᶜallum al-falsafa* (Sobre o que Deve Preceder o Estudo da Filosofia). Editada em *Alfarabi's philosophische Abhandlungen*

divisão aristotélica da filosofia prática, as palavras com que a descreve, "estuda a aplicação da filosofia", estabelecem sua concepção do saber filosófico e a sua divisão: a filosofia prática é apenas a culminância e a realização efetiva, atual e dinâmica da filosofia teórica. Assim continua o texto:

> O caminho que deve seguir quem deseja estudar filosofia é o de voltar-se para as ações a fim de alcançar o fim. Voltar-se para as ações é algo que se realiza por meio da ciência, porque a perfeição da ciência é a ação. Alcançar o fim na ciência se realiza pelo conhecimento das coisas naturais, porque estão mais próximas de nossa compreensão, e depois pela geometria. E alcançar o fim na ciência se realiza também, em primeiro lugar, pela reforma de si mesmo e, depois, pela reforma dos demais, dos que estão na mesma casa e dos que estão na mesma cidade[62].

Portanto, o fim do filósofo consiste primeiro no conhecimento e, depois, na ação, porque a perfeição da ciência e do conhecimento está na ação. E essa ação é tanto ética (reforma de si mesmo) como política (reforma dos demais). A filosofia é entendida por Al-Fārābī como um saber teórico e prático ao mesmo tempo.

Por que Al-Fārābī adota essa concepção da filosofia? Porque, como estudioso e seguidor das filosofias de Platão e de Aristóteles, concorda com eles que a finalidade da vida humana consiste na aquisição da felicidade. Em vez de expor essa questão do ponto de vista da religião que ele professa – o Islã –, ele o faz a partir da crença de que a filosofia é superior à religião, porque enquanto aquela procede da faculdade racional, que é a faculdade superior do homem, esta é apenas a expressão da imaginação, e por isso se serve de um método distinto e inferior ao da filosofia. Porque, como indica em *Madīna*[63], os resultados da investigação filosófica podem ser alcançados

por F. Dieterici. Leiden: E. J. Brill, 1890; reprint Osnabrück, Biblio Verlag, 1982; *Alfarabi's philosophische Abhandlungen.* Trad. (alemã) F. Dieterici. Leiden: E. J. Brill, 1892; reprint Osnabrück, Biblio Verlag, 1982, p. 86; *Una introducción de Al-Fārābī a la filosofía.* Trad. (espanhola) R. Ramón Guerrero. *Al-Qantara*, n. 5, p. 11, 1984.

62. Id. *Risāla fī mā yanbaġī an yuqaddam qabl taᶜallum al-falsafa* (Sobre o que Deve Preceder o Estudo da Filosofia), 1982, p. 53; trad. alemã, 1982, p. 89. Trad. espanhola, 1984, p. 12-13.

63. Id. *On the Perfect State* (*Mabādi' ārā' ahl al-madīnat al-fāḍila*). 2. ed. Revised Text with Introduction, Translation, and Commentary by R. Walzer. Oxford: Clarendon Press. Oxford University Press, 1998. (1. ed. 1985). p. 278. *La Ciudad Ideal.* Trad. (espanhola) M. Alonso com apresentação de M. Cruz Hernández. Madrid: Tecnos, 1985. p. 110.

de duas maneiras: ou são impressos na mente dos homens tal como são, ou são representados analogicamente mediante símbolos que imitam e reproduzem a verdade abstrata. E em *Al-Siyāsat al-madaniyya* reconhece a incapacidade de todos os homens para alcançar essa verdade:

> A maioria dos homens, por disposição natural ou por hábito, não tem capacidade para compreender e conceber estas coisas. São aqueles para quem é preciso representar em imagem, por meio de coisas que as imitam, como são os princípios dos seres e seus graus [...]. A religião consiste nas impressões destas coisas ou nas impressões de suas imagens em suas almas[64].

Ou seja, há uma verdade à qual os filósofos têm acesso direto, mas que pode ser conhecida por todos os homens por outros métodos diferentes do filosófico.

A religião segue os métodos retórico e poético, pois

> as vias retóricas são utilizadas no conjunto das artes para ensinar às pessoas muitas coisas especulativas [...] e para os discursos que se utilizam nas relações (*al-muᶜāmalāt*) políticas [...]. Ela foi instituída mais para convencer, e não para ser utilizada na reflexão ou como meio de se descobrir aquilo sobre o que ela persuade[65].

Por outro lado, a filosofia se identifica com a arte da demonstração, que conduz à certeza, e se divide em quatro partes: Matemática, Física, Teologia e Política, sendo necessário que se considere esta última a ciência que completa a filosofia, porquanto é a ciência que se encarrega do estudo da verdadeira felicidade[66]. Ao se dedicar a esta, Al-Fārābī iniciou uma tradição, que

64. Id. *Kitāb al-siyāsat al-madaniyya*. Texto editado em *Al-Fārābī's The political Regime (Al-siyāsat al-madaniyya also known as the Treatise on the Principles of Beings)*. Arabic text, edited with an Introduction and notes by Fawzī M. al-Najjār. Beirut: Imprimerie Catholique, 1964, p. 85-86. *Libro de la Política* también llamado *De los Principios de los Seres*. In: AL-FĀRĀBĪ. *Al-Fārābī. Obras Filosófico-Políticas*. Edição, Tradução e Introdução de Rafael Ramón Guerrero. Madrid: CSIC; Editorial Debate, 1992.

65. Id. *Al-Fārābī. Deux ouvrages inédits sur la Réthorique. I. Kitāb al-ḫaṭṭāba. II. Didascalia in Rethoricam Aristotelis ex glosa Alpharabi*. Publication préparée par Jacques Langhade et Mario Grignaschi. Beirut: Dār al-Mašriq. 1971. p. 57-59.

66. Cf. RAMÓN GUERRERO, Rafael. Al-Fārābī lógico. Su "Epístola de introducción a la lógica". In: *Homenaje al Profesor Darío Cabanelas Rodríguez O.F.M. con motivo de su LXX aniversario*. Granada: Universidad de Granada; Departamento de Estudios Semíticos. 1987. p. 451.

continuou na segunda metade do século X, de obras de diversos autores que têm como característica comum a tendência a definir as condições racionais que permitem ao homem alcançar a felicidade. Foram as obras de Platão e de Aristóteles que orientaram o pensamento de Al-Fārābī sobre a felicidade nos planos individual e social, principalmente a *Ética a Nicômaco*.

Al-Fārābī e a *Ética a Nicômaco*

Às primeiras reflexões éticas de juristas e teólogos no Islã, vieram juntar-se outras tradições distintas da estritamente islâmica: por um lado, a literatura de origem persa, na qual se formulavam princípios ético-religiosos fundados principalmente na religião zoroástrica, plasmada em fábulas, aforismos, poesias, antologias e outros escritos; por outro, a procedente do mundo grego, que, além de sua literatura gnômica[67], trouxe uma ética de tipo popular, entendida como medicina da alma, e uma ética filosófica, que propiciou o nascimento de um pensamento moral, mais centrado no homem que em Deus ou na própria Lei, em que se procurou harmonizar a razão e os desejos, tratando de evitar conflitos entre eles e valorizando, em sua justa medida, a razão humana.

As teorias éticas elaboradas a partir da tradição filosófica de origem grega refletem o pensamento platônico e o aristotélico, que oferecem grande vinculação entre ética e política, por constituírem apenas dois aspectos de uma mesma realidade, a que pertence ao homem, considerado em suas dimensões individual e social, inseparáveis em uma sociedade, a islâmica, que teve início na inseparável conexão entre religião e comunidade, quando Muḥammad foi encarregado por Deus de instituir "a melhor comunidade que já surgiu para os homens"[68]. Esta união foi explicitamente indicada por Averróis:

67. Cf. GUTAS, Dimitri. *Greek wisdom literature in Arabic translation. A study of the Graeco-Arabic gnomologie.* New Haven: Eisenbrauns. American Oriental Series, 1975. vol. 60.
68. *Corão* III:110.

> Este saber ético foi dividido em duas partes; na primeira, os costumes e hábitos são tratados de um modo geral, estabelecendo-se assim a mútua correlação das condutas. Na segunda parte, conhece-se o modo como se organizam os costumes nos grupos sociais de tal maneira que umas condutas se inter-relacionam com outras[69].

Por outro lado, as reflexões éticas na filosofia islâmica parecem corresponder a duas tradições distintas; uma, mais popular, que entende a ética como medicina ou terapia da alma, como preparação necessária para iniciar-se no estudo da filosofia[70], e outra, mais científica, fundada no conhecimento dos textos filosóficos gregos, que chega a considerar a ética um saber demonstrativo[71].

Assim que foram conhecidos os diálogos de Platão, soube-se que Sócrates havia sido o iniciador da corrente ético-política da filosofia grega, como refletem obras de vários biógrafos e descritores árabes da cultura e filosofia grega:

> Os primeiros filósofos gregos se dedicaram ao estudo da filosofia natural, a que professavam Pitágoras, Tales de Mileto e todos os sábios gregos e egípcios. Em seguida, seus sucessores, Sócrates, Platão, Aristóteles e seus discípulos preferiram a filosofia moral. Aristóteles observa-o em sua *História dos Animais*, quando diz: "Há um século, isto é, desde a época de Sócrates, desdenhou-se a filosofia natural em proveito da filosofia moral"[72].

Tiveram também conhecimento das diversas obras éticas de Aristóteles[73], mas foi a *Ética a Nicômaco* que modelou definitivamente o pensamento ético na filosofia islâmica. Nela, oferecia-se um modelo de vida ideal, distinto do apresentado no *Corão*, assim como indicações apropriadas

69. AVERRÓES. *Exposición de la "República" de Platón*. Tradução e Estudo preliminar de M. Cruz Hernández. Madrid: Tecnos, 1986. p. 4.
70. Cf. GUTAS, Dimitri. The Starting Point of Philosophical Studies in Alexandrian and Arabic Aristotelism. *Rutgers University Studies in Classical Humanities*, n. 2, p. 115-123, 1985.
71. Cf. DRUART, Thérèse-Anne. La philosophie morale arabe et l'antiquité tardive. *Bulletin d'Études Orientales*, n. 48, p. 183-187, 1996.
72. SA, 94-95; trad., p. 76.
73. É o que se pode deduzir da informação proporcionada por vários biobibliógrafos e alguns filósofos que, além de citarem a *Ética a Nicômaco*, falam de outros livros de ética, como a *Ética a Eudemo*, os dois *Livros Grandes de Ética* e a *Pequena Nicomaquéia*. Cf. a edição árabe da *Ética a Nicômaco*, ARISTÓTELES. *Ethica Nicomachea* (*Kitāb al-aḫlāq*). Recognovit, annutavit et prolegumenis instruxit A. Badawī. Kuwait, 1979. Introdução, p. 12-17.

para alcançar essa vida na sociedade humana. A história dessa obra aristotélica no mundo árabe ainda está, no entanto, para ser escrita, em virtude das dificuldades que apresentam as informações bibliográficas e historiográficas sobre a sua tradução e transmissão[74].

A existência atual do texto árabe da *Ética a Nicômaco* foi anunciada pela primeira vez por A. J. Arberry[75], que havia encontrado na mesquita Qarawiyyīn, em Fez, um manuscrito contendo o texto dos livros VII-X. Posteriormente, D. M. Dunlop encontrou os livros I-VI em outro manuscrito e o apresentou num artigo[76], ao qual pouco depois se juntou outro trabalho[77] que assinalava a existência de um livro anexado entre o VI e o VII, formando um conjunto de onze livros que constitui hoje a versão árabe, editada por ʿAbd al-Raḥmān Badawī. Esse livro acrescentado é o texto árabe do escrito conhecido na Idade Média latina pelo título *Summa quorundam Alexandrinorum*. Além disso, o manuscrito de Fez contém um pequeno tratado de ética que M. C. Lyons[78] atribui a Nicolau de Laodicéia; inserida nele, há uma espécie de paráfrase ou resumo da própria *Ética a Nicômaco*.

O editor do texto, A. Badawī, acrescenta à introdução notáveis depoimentos sobre a tradução, que atribui a Isḥāq b. Ḥunayn. Existiu, porém, outra versão, realizada por Abū al-Ḫayr al-Ḥasan b. Suwār b. Al-Ḫammār (942-1017), que verteu a *Ética* do siríaco ao árabe[79]. Independentemente de quem tenha sido o autor da tradução árabe da *Ética a Nicômaco* que hoje conhecemos, interessa salientar a ampla difusão e a influência que a obra aristotélica teve no mundo árabe. Al-Fārābī comentou-a. Foi um texto amplamente utilizado pelo

74. Cf. ARBERRY, Arthur J. The Nicomachean Ethics in Arabic. *Bulletin of the School of Oriental and African Studies*, n. 17, p. 1-9, 1955. PETERS, Francis E. *Aristoteles Arabus. The Oriental Translations and Commentaries on the Aristotelian "Corpus"*. Leiden: E. J. Brill, 1968. p. 52-53.

75. ARBERRY, Arthur J. An Arabic Treatise on Politics. *Islamic Quarterly*, n. 2, p. 18-19, 1955.

76. DUNLOP, Douglas M. The Nicomachean Ethics in Arabic. Books I-VI. *Oriens*, n. 15, p. 18-34, 1962.

77. Id. Observations on the medieval Arabic version of Aristotle's *Nicomachean Ethics*. In: *Oriente e Occidente nel Medioevo. Filosofia e Scienze*. Atti del Conv. Internaz. Roma: Accademia Nazionale dei Lincei, 1971. p. 229-250.

78. LYONS, M. C. A Greek Ethical Treatise. *Oriens*, n. 13-14, p. 35-57, 1961.

79. IQ, p. 164. Sobre esse tradutor, cf. KRAEMER, Joel L. *Humanism in the Renaissance of Islam*. Leiden: E. J. Brill, 1986. p. 123-130.

filósofo Abū al-Ḥasan al-ᶜAmirī (m. 992)[80], que faz um copioso uso da obra aristotélica em seu *Kitāb al-saᶜāda wa-al-isᶜād fī al-sīra al-insāniyya* (Sobre a Felicidade e o Fazer Feliz na Vida Humana)[81], que também se serve dos comentários de Porfírio e de Temístio[82]. O célebre bibliófilo Yaḥyà b. ᶜAdī (m. 974), discípulo cristão de Al-Fārābī, compôs um *Kitāb tahḏīb al-aḫlāq* (Livro da Reforma dos Costumes)[83]. Avicena parece ter-se inspirado na obra de Aristóteles para a redação de diversas passagens de seu *Kitāb al-išārāt* (Livro das Indicações). O autor persa Miskawayh (m. 1030), contemporâneo de Avicena, inspirou-se no texto do filósofo grego para compor o seu *Tahḏīb al-aḫlāq* (Reforma dos Costumes)[84], em que propõe um conceito filosófico de vida feliz para o homem. Ele está também presente em Avempace, tanto no *Tadbīr al-mutawaḥḥid* (Regime do Solitário)[85], como na *Risālat al-wadāᶜ* (Carta da Despedida)[86]. E, finalmente, Averróis finalizou no dia 27 de maio do ano de 1177 um *talḫīṣ*, uma exposição ou paráfrase, da qual se conservam a versão latina, realizada em 1240 por Hermann, o Alemão, e a hebraica, de 1322, feita por Samuel de Marselha, ao passo que o texto árabe só é conhecido por escassos fragmentos[87]. A obra aristotélica foi, portanto, lida e comentada no mundo islâmico.

80. Sobre esse autor, cf. ibid., p. 233-241. ROWSON, Everett K. *A Muslim Philosopher on the Soul and its Fate*: Al-ᶜAmirī's "Kitāb al-amad ᶜalà al-abad". New Haven: American Oriental Society, 1988.
81. ABŪ AL-ḤASAN AL-ᶜAMIRĪ. *Al-saᶜāda wa-al-isᶜād (On seeking and causing happiness).* Written by Abū al-Ḥasan Muḥammad al-ᶜAmirī of Nīšābūr (m. 992 d.C.). Facsimile of the copy prepared by Mojtaba Minovi. Teheran: Franz Steiner Verlag, 1957-1958.
82. Cf. GHORAB, A. A. The Greek Commentators on Aristotle quoted in Al-ᶜAmirī's "Al-Saᶜāda wa-al-isᶜād". *Islamic Philosophy and the Classical Tradition.* Oxford: Cassirer, 1972. p. 77-88. (Essays presented to Richard Walzer).
83. URVOY, Marie-Thérèse. *Traité d'éthique d'Abū Zakariyyā' Yaḥya Ibn ᶜAdī.* Introduction, texte et traduction. Paris: Cariscript, 1991.
84. MISKAWAYH. *Traité d'éthique (Tahḏīb al-aḫlāq wa-ta'ṭīr al-aᶜrāq).* Traduction avec introduction et notes par Mohammed Arkoun. Damas: Institut Français de Damas, 1969.
85. AVEMPACE. *El régimen del solitário.* (*Tadbīr al-mutawaḥḥid*). Edição e Tradução de Miguel Asín Palacios. Madrid; Granada: CSIC-Escuelas de Estudios Árabes, 1946. Nova trad. Joaquín Lomba Fuentes. Madrid: Editorial Trotta, 1997.
86. ASÍN PALACIOS, Miguel. La Carta de adiós de Avempace. *Al-Andalus*, n. 8, p. 1-87, 1943.
87. Cf. BERMAN, Lawrence V. Excerpts from the lost Arabic original of Ibn Rushd's "Middle Commentary on the Nicomachean Ethics". *Oriens*, n. 20, p. 31-59, 1967. Id. Ibn Rushd's "Middle Commentary on the Nicomachean Ethics" in Medieval Hebrew Literature. In: *Multiple Averroès.* Actes du Colloque Internationale organisé à l'occasion du 850e anniversaire de la naissance d'Averroès (Paris, 20-23 sep. 1976). Paris: Les Belles Lettres, 1978. p. 287-321.

Como já foi indicado, Al-Fārābī compôs um comentário à *Ética a Nicômaco*, hoje perdido, do qual temos notícia por referências de Avempace, Ibn Ṭufayl, Averróis e Maimônides, além da menção nas listas das obras farabianas[88]. Avempace afirma em seu tratado *Fī al-sa^c^ādat al-madaniyya wa-al-sa^c^ādat al-uḫrawiyya aw difā^c^an ^c^an Abī Naṣr* (Sobre a Felicidade Política e a Felicidade da Outra Vida ou Defesa de Abū Naṣr [Al-Fārābī]) o seguinte:

> Em relação às palavras que se supõem serem de Abū Naṣr [Al-Fārābī], em seu comentário ao livro da *Ética*, de que não há sobrevivência depois da morte ou separação (da alma), de que não há mais felicidade que a felicidade política nem mais existência que a existência sensível, e ao que se diz sobre haver outra existência distinta da sensível são contos de idosas, tudo isto é infundado e por causa disso Abū Naṣr foi acusado injustamente[89].

Essa acusação encontra eco em Ibn Ṭufayl, em sua *Risāla Ḥayy b. Yaqẓān* (Epístola de Ḥayy b. Yaqẓān), na qual se lê:

> Finalmente, em seu comentário ao *Kitāb al-aḫlāq* (Livro dos Costumes) descreve algo do que se refere à felicidade humana e diz que ela só é encontrada nesta vida e neste mundo; em seguida, acrescenta uma frase cujo sentido é: "E tudo o que se disser, afora isto, são disparates e contos de idosas"[90].

Averróis cita várias vezes o comentário, especialmente em seu *Tafsīr* (Grande Comentário) ao *De anima*, afirmando que Al-Fārābī ali havia sustentado que a única felicidade possível é a perfeição especulativa[91], em contraposição ao que Avempace ensina sobre a felicidade política. Essa apa-

88. Cf. IQ, p. 279; IU, p. 608.
89. AVEMPACE. *Fī al-sa^c^ādat al-madaniyya wa-al-sa^c^ādat al-uḫrawiyya aw difā^c^an ^c^an Abī Naṣr* (Sobre a Felicidade Política e a Felicidade da Outra Vida ou Defesa de Abū Naṣr [Al-Fārābī]). Texto editado em *Rasā'il falsafiyya li-Abī Bakr b. Bājjah*. Ed. Y. D. Al-Alawi. Casablanca, 1983. p. 197. Sobre o sentido dessa passagem atribuída a Al-Fārābī, cf. J. Lomba em sua tradução anotada deste tratado: "Sobre la felicidad política y la felicidad de la otra vida o defensa de Abū Naṣr [Al-Fārābī]" de Avempace. *Revista del Instituto Egipcio*, n. 27, p. 23-39, 1995.
90. IBN ṬUFAYL. *Ḥayy ibn Yaqẓān*. Ed. A. Nader. Beirut, 1968. p. 21. Id. *El filósofo autodidacto*. Trad. (espanhola) A. González Palencia. Ed. E. Tornero. Madrid: Editorial Trotta, 1995. p. 38.
91. "In libro enim de Nicomachia [Alfarabius] videtur negare continuationem esse cum intelligentiis abstractis, et dicit hoc esse opinionem Alexandri, et quod non est opinandum quod finis

rente contradição entre as leituras de Avempace e de Averróis não deve causar surpresa em um autor como Al-Fārābī, que defende em uma mesma obra, o *Taḥṣīl al-sa^cāda* (A Obtenção da Felicidade), a superioridade da felicidade intelectual e a importância da filosofia política. Finalmente, Maimônides menciona em seu *Guia dos Perplexos* o comentário alfarabiano, quando, ao debater sobre a providência divina, diz:

> Os filósofos também trataram deste tema; deste modo, Abū Naṣr [Al-Fārābī], na introdução a seu comentário sobre a *Ética a Nicômaco*, de Aristóteles, se expressa nestes termos: "Aqueles que possuem a faculdade de enaltecer sua alma de virtude em virtude são, segundo Platão, os que a divina Providência mais protege"[92].

Dado por perdido o comentário de Al-Fārābī à *Ética*, parece que sua introdução foi conservada na versão hebraica no mesmo manuscrito que contém a revisão mais completa do *Talḫīṣ* (Paráfrase ou Comentário Médio) *da Ética a Nicômaco*, de Averróis, como estabeleceu L. V. Berman[93] ao compará-la com alguns fragmentos conservados em latim[94]. Nessa introdução, Al-Fārābī discorre sobre o título da obra, sobre o seu autor, sobre a arte a que se refere o livro, sobre a intenção do livro, do lugar deste livro entre os outros, do método de estudo que nele se aplica e da utilidade do livro; depois, descreve brevemente o conteúdo de cada um dos dez livros de que consta a obra aristotélica, o que permite supor que ele a conhecera completa, embora apenas comentasse os primeiros livros[95].

humanus sit aliud quam perfectio speculativa". AVERRÓIS. *Commentarium magnum in Aristotelis De anima libros* 433:155-159. Ed. F. S. Crawford. Cambridge, Massachusetts, 1953.

92. MAIMÔNIDES. *Dalālat al-ḥā'irīn.* Ed. H. Atay. Ankara, 1974. p. 534. Id. *Guia de perplejos* III, 18. Tradução e Estudo preliminar de David Gonzalo Maeso. Madrid: Editorial Trotta, 1983. p. 429.

93. BERMAN, op. cit., 1978, p. 287-301; sobre a introdução de Al-Fārābī, cf. ibid., p. 298-299; edição em hebraico e tradução inglesa, cf. ibid., p. 303-311.

94. Cf. SALMAN, D. The Medieval Latin translations of Alfarabi's works. *The New Scholasticism*, n. 13, 1939, p. 246-251.

95. Não está claro se Al-Fārābī comentou os dez livros do texto aristotélico ou só uma parte. Ibn al-Nadīm o cita assim: "Comentário de uma parte (*qiṭ^ca*) do Livro da Ética de Aristóteles" (*Kitāb al-Fihrist*, p. 382); Ibn Abī Uṣaybi^ca, em *^cUyūn al-anbā' fī ṭabaqāt al-aṭibbā'* 608:16-17, o faz assim: "Comentário do início (*ṣadr*) do Livro da Ética de Aristóteles". Sobre esta questão, cf. BADAWĪ, ^cAbd al-Raḥmān. Introdução. In: ARISTÓTELES. *Ethica Nicomachea* (*Kitāb al-aḫlāq*). Recognovit, annutavit et prolegumenis instruxit A. Badawī. Kuwait, 1979. p. 22-23.

Além do comentário perdido, o próprio Al-Fārābī menciona a obra em vários outros textos. Em sua *Epístola sobre os Diversos Sentidos do Termo "Intelecto"*, traduzida para o latim durante o século XII, trata dos diversos sentidos desse termo, sendo um deles o mencionado por Aristóteles na *Ética a Nicômaco*:

> Quanto ao intelecto que menciona no livro sexto da *Ética*, ele quer aludir à parte da alma que, por perseverar no hábito de alguma das coisas que estão em algum gênero e pela larga experiência em algumas coisas que estão em algum gênero e durante muito tempo, adquire a certeza nos juízos e nas premissas referentes às coisas próprias da vontade, cuja condição é serem escolhidas ou evitadas. No livro sexto da *Ética*, [Aristóteles] chama esta parte da alma de intelecto[96].

Al-Fārābī mostra-se familiarizado com a doutrina aristotélica de que a ética não pode ser uma ciência demonstrativa, precisamente porque os primeiros princípios da conduta prática do homem são alcançados com a experiência, e o intelecto prático cresce com a idade e adquire diferentes graus de desenvolvimento nas pessoas. As premissas éticas são opiniões geralmente admitidas, mas não princípios universais, verdadeiros e necessários. Al-Fārābī não faz mais que expor a concepção de Aristóteles, e não a sua própria, pois em outras obras admite, sim, a ética como ciência demonstrativa apoiada em princípios práticos universais dados pelo intelecto agente[97].

Em seu *Kitāb al-jam^{c} bayna ra'yay al-ḥakīmayn Aflāṭūn al-ilāhī wa-Arisṭūṭālīs* (Livro da Concordância entre as Opiniões dos Sábios o Divino Platão e Aristóteles), Al-Fārābī diz:

96. AL-FĀRĀBĪ. *Risāla fī ma'ānī al-'aql*. Texte arabe établi par Maurice Bouyges. Beirut: Imprimerie Catholique, 1938. p. 9; *Farabi. Epistola sull'intelletto.* Trad. (italiana) Francesca Lucchetta. Padova, 1974; *Al-Fārābī. Epístola sobre los sentidos del término intelecto.* Versão (espanhola) Rafael Ramón Guerrero. *Revista Española de Filosofía Medieval*, n. 9, p. 215-223, 2002. Sobre a tradução latina, cf. STEINSCHNEIDER, Moritz. *Al-Fārābī. Des arabischen Philosophen Leben und Schriften.* San Petersburg, 1869. p. 91; edição do texto latino: CAMERARIUS, G. *Alpharabii vetustissimi Aristotelis interpretis opera quae latina lingua conscripta reperiri potuerunt.* Paris, 1638. GILSON, Etienne. Les sources gréco-arabes de l'augustinisme avicennisant. *Archives d'Histoire Doctrinale et Littéraire du Moyen Âge*, n. 4, p. 5-149, 1929. (Texto latino, p. 124-141).

97. Cf. DRUART, Thérèse-Anne. Al-Fārābī, Ethics, and First Intelligibles. *Documenti e Studi sulla tradizione filosofica medievale*, n. 8, p. 405, 1997. Cf. RAMÓN GUERRERO, R. Razón práctica y intelecto agente en Alfarabi. *Tópicos*, n. 18, p. 73-95, 2000.

> Em relação aos costumes morais (*aḫlāq*) da alma, há os que crêem que a opinião de Aristóteles seja diferente da opinião de Platão, porque Aristóteles diz em seu livro *Nicomaquéia* (*Nīqūmāḫiyyā*) que todos os costumes morais são hábitos que mudam, que nenhum deles acontece por natureza e que o homem pode passar de um a outro por aquisição do hábito e por prática[98].

Alguns parágrafos adiante, torna a citar a obra aristotélica e menciona seu próprio comentário:

> Aristóteles, em seu livro conhecido como *Nicomaquéia*, trata somente de leis políticas (*al-qawānīn al-madaniyya*), como já expusemos em várias passagens de nosso comentário sobre esse livro; no entanto, se, como disseram Porfirio e muitos outros comentadores posteriores, seu tema fosse o que Aristóteles trata acerca dos costumes morais, então o seu discurso versaria sobre as leis éticas [...][99].

Esta referência é de grande relevância, porque, como indica Dunlop[100], confirma a existência do comentário de Porfírio e de outros, talvez o de Temístio, e porque afirma que seu próprio comentário diferia destes, ao entender que *Ética a Nicômaco* é um tratado político, e não apenas ético, em consonância com sua visão da ética como parte da política. Al-Fārābī entenderia, pois, a ética não só de maneira individual, mas, fundamentalmente, como uma ética social, como uma filosofia da convivência humana – como a chamou Düring – conforme a doutrina que Aristóteles expõe em vários

98. AL-FĀRĀBĪ. *Kitāb al-jamᶜ bayna ra'yay al-ḥakīmayn Aflāṭūn al-ilāhī wa-Arisṭuṭālīs* (Livro da Concordância entre as Opiniões dos Sábios o Divino Platão e Aristóteles). Texto editado por Friedrich Dieterici em *Al-Fārābī's philosophischen Abhandlungen*. Leiden: E. J. Brill, 1890; reprint Osnabrück, Biblio Verlag, 1982. p. 16; *Al-Fārābī. Concordia entre el divino Platón y el sabio Aristóteles*. Trad. (espanhola) M. Alonso. *Pensamiento*, n. 25, p. 43-44, 1969; *Deux traités philosophiques: L'harmonie entre les opinions des deux sages, le divin Platon et Aristote. De la religión*. Introduction, traduction et notes par Dominique Mallet. Damasco: IFEAD, 1989. p. 77. A passagem citada poderia corresponder a ARISTÓTELES. *Ética a Nicômaco* I, 1, 1103a, 18-22.

99. AL-FĀRĀBĪ. *Kitāb al-jamᶜ bayna ra'yay al-ḥakīmayn Aflāṭūn al-ilāhī wa-Arisṭuṭālīs* (Livro da Concordância entre as Opiniões dos Sábios o Divino Platão e Aristóteles), ed. Dieterici (17:8-11); trad. Alonso, p. 44; trad. Mallet, p. 78.

100. DUNLOP, op. cit., 1971, p. 236.

trechos de sua obra e também em sua *Magna Moralia* (A Grande Ética), e aceitaria, ainda, a autenticidade aristotélica dessa obra[101].

Um problema que surge é a referência à *Pequena Nicomaquéia*:

> Aristóteles não ignora que alguns homens podem passar de um costume moral a outro com mais facilidade, e outros, com maior dificuldade, segundo o que expõe em seu livro *Pequena Nicomaquéia*, em que enumera as causas da dificuldade de passar de um costume moral a outro e as causas de sua facilidade[102].

Identificar esse livro é tarefa difícil. Sugeriu-se que poderia ser o resumo da *Ética a Nicômaco*, conhecido na Idade Média latina como *Summa Alexandrinorum*, mas há também sérias razões contra tal identificação[103]. Por enquanto, por termos escassos conhecimentos do assunto, o problema não é de fácil solução.

Todavia, é surpreendente que no livro em que Al-Fārābī examina os escritos de Aristóteles, ele não mencione as obras de ética. Trata-se de *A Filosofia de Aristóteles*[104], escrito que parece estar inconcluso, como já reconheceu no século XI o juiz Ṣāᶜid al-Andalusī:

> [Al-Fārābī] tem um *Livro sobre os Objetivos da Filosofia de Platão e de Aristóteles*, que testemunha a excelência na arte da filosofia de seu autor e de sua credibilidade nas diversas classes da sabedoria. É de grande ajuda para aprender o caminho da teoria e para conhecer os métodos da investigação. Nele, ele examina os segredos das ciências e seus frutos, ciência por ciência, e mostra como progredir de uma ciência

101. DIRLMEIER, Franz. *Aristoteles. Magna Moralia*. Berlim, 1958. Cf. DÜRING, Ingmar *Aristoteles. Exposición e interpretación de su pensamiento*. Trad. B. Navarro. México, 1990. p. 672; 678.
102. AL-FĀRĀBĪ. *Kitāb al-jamᶜ bayna ra'yay al-ḥakīmayn Aflāṭūn al-ilāhī wa-Arisṭuṭālīs* (Livro da Concordância entre as Opiniões dos Sábios o Divino Platão e Aristóteles), ed. Dieterici (18:3-6); trad. Alonso, p. 45; trad. Mallet, p. 79.
103. Cf. DUNLOP, Douglas M. The manuscript Taimur Pasha 290 Akhlaq and the Summa Alexandrinorum. *Arabica*, n. 21, p. 252-263, 1974. A crítica a essa interpretação é feita por ᶜAbd al-Raḥmān Badawī na Introdução à sua edição do *Kitāb al-aḫlāq*, de Aristóteles (BADAWĪ, op. cit., p. 24-25).
104. AL-FĀRĀBĪ. *Falsafat Arisṭūṭālīs*. Ed. Muhsin Mahdi. Beirut: Dār Majāllat al-šiᶜr, 1961. *The Philosophy of Aristotle*. In: *Alfarabi's Philosophy of Plato and Aristotle*. Trad. (inglesa) Muhsin Mahdi. Glencoe, 1962. (Reed. Ithaca, 1969).

a outra gradualmente. Começa pela filosofia de Platão[105]; indica o seu objetivo e menciona seus livros sobre ela. Ele continua com a filosofia de Aristóteles[106]; começa com uma notável introdução em que indica a maneira de progredir em sua filosofia e, em seguida, descreve seus objetivos em seus livros lógicos e físicos, livro por livro, até que o discurso chega, *no exemplar que foi conservado*, até o começo da metafísica e as conclusões que esta tira da física[107].

Ora, exatamente até este mesmo trecho chega o texto editado por Muhsin Mahdi, donde se pode deduzir ou que o manuscrito truncado seja o mesmo ou uma cópia do usado por Ṣāᶜid, ou que Al-Fārābī deixou inacabada a obra, ocupando-se, como diz o andaluz, somente em descrever o objetivo dos livros lógicos e físicos, contrariamente ao que anuncia o título completo: "A filosofia de Aristóteles; as partes de sua filosofia e os graus de suas partes", o que permitiria supor que a obra versasse sobre todas as partes da filosofia de Aristóteles, incluindo a ética e a política. Al-Fārābī conheceu, portanto, em profundidade a obra aristotélica, cuja doutrina exerceu sobre ele uma grande influência.

Política e Felicidade

A idéia de que a ética é parte da política[108] foi extraída e assimilada pelo filósofo muçulmano, como se observa pela utilização que faz das idéias éticas aristotélicas em suas principais obras políticas[109]. Ao tratar do regime político capaz de melhor garantir aos cidadãos a excelência ou virtude humana,

105. É o livro que se conhece pelo título *Falsafat Aflāṭūn*: id. *Alfarabius, De Platonis Philosophia*. Ediderunt Franciscus Rosenthal et Richardus Walzer, in ædibus Warburgiani Londinii, 1943. (Reimp. Nendeln, Liechenstein, 1973). Nova ed. *Aflāṭūn fī al-Islām*. Ed. ᶜAbd al-Raḥmān Badawī. Téhéran, 1974; Beirut: Dār al-Andalus, 1980. *The Philosophy of Plato*. In: *Alfarabi's Philosophy of Plato and Aristotle*. Trad. (inglesa) Muhsin Mahdi. Glencoe, 1962. (Reed. Ithaca, 1969). Id., 1962.
106. *Falsafat Arisṭūṭālīs*.
107. SA, 138.11-139.5; trad., p. 107. (Grifo de R. Ramón Guerrero).
108. ARISTÓTELES. *Etica a Nicômaco* I, 13, 1102a 7-15; X, 9, 1179b – 1181b. Edição árabe de A. Badawī, 1979, p. 80-81 e 358-362 respectivamente.
109. Cf. AL-FĀRĀBĪ, op. cit., 1992a.

apresenta a filosofia como uma reflexão sobre a felicidade e sobre o modo como ela pode ser alcançada em uma comunidade humana. A idéia, estabelecida por Platão e desenvolvida por Aristóteles, de que o bem é aquilo para o qual tendem todas as coisas[110], constitui o princípio que guia a sua reflexão sobre a felicidade, finalidade suprema a que aspira o homem, enquanto composto de corpo e alma. A doutrina ética de Al-Fārābī, que desemboca em uma política, está inserida em uma psicologia de tradição aristotélica[111], que, por sua vez, supõe uma explicação metafísica da realidade. Essa doutrina tem como ponto de referência a felicidade.

A felicidade (*al-sa^{c}āda*) é objeto de estudo de Al-Fārābī em vários de seus livros: a finalidade da vida humana é alcançar a felicidade, como já se assinalou. Mas, a felicidade a que se refere o filósofo não é a felicidade tal como é entendida no *Corão*, em que parece aludir ao estado que alcançarão os bem-aventurados – os "felizes", diz o texto revelado – na outra vida: "Dentre os homens, alguns serão desgraçados e outros felizes [...] Os que são felizes estarão no Jardim eternamente"[112]. A felicidade na qual pensa Al-Fārābī é a que se alcança, principalmente, neste mundo, a que tem a ver com o homem em geral e não com o homem muçulmano em particular. É uma felicidade que se obtém por meio de uma dupla vertente, a individual e a social: é uma felicidade que o homem, na atualização de suas potencialidades individuais, só poderá alcançar pelo cultivo das virtudes morais e intelectuais, mas que só pode ser atingida no interior de uma sociedade. Sendo de origem grega, seu conceito de liberdade está, no entanto, impregnado da tradição muçulmana em que vive, como se percebe pelo uso de abundante terminologia islâmica.

A felicidade, como Al-Farabı estabelece em várias obras, é o fim supremo de todo homem:

> Uma vez que o objetivo da existência do homem é alcançar a felicidade suprema, é necessário que, para obtê-la, ele saiba o que é a felicidade, que estabeleça a sua

110. PLATÃO. *Banquete* 205a; *República* 438a; 505a; *Filebo* 20d; ARISTÓTELES. *Ética a Nicômaco* I, 1, 1094a 2-3.
111. Cf. RAMÓN GUERRERO, Rafael. *La recepción árabe del "De anima" de Aristóteles en el mundo árabe*: Al-Kindī y al-Fārābī. Madrid: CSIC, 1992.
112. *Corão* XI:105-108.

finalidade e que esta seja objeto de sua atenção; depois, ele precisa conhecer as coisas que o capacitem para alcançar a felicidade e, então, realizá-las[113].

Uma felicidade que, como se infere desse texto, implica o conhecimento e a ação, o saber teórico e o saber prático, uma vez que já se estabeleceu que o homem deve conhecer primeiro aquelas coisas pelas quais se consegue a felicidade, para, em seguida, realizá-las.

Mas, a sua meditação sobre a natureza da felicidade é difícil de determinar, já que, algumas vezes, parece ser atividade puramente teórica, outras, atividade exclusivamente política, outras ainda, atividade teórica e política simultaneamente[114]. A finalidade da vida humana é a obtenção da felicidade, porque é uma finalidade que se elege por si mesma e não por outro motivo. Quem quiser alcançá-la deve seguir um caminho:

> As coisas humanas por meio das quais – quando se realizam nas nações e nos cidadãos – estes conseguem a felicidade terrena nesta vida e a felicidade suprema na outra vida são de quatro classes: as virtudes teóricas, as virtudes deliberativas, as virtudes morais e as artes práticas[115].

As primeiras artes são a filosofia propriamente dita. Donde se conclui que a felicidade só se alcança pela filosofia.

Nesse texto, a referência não é feita ao homem individual como sujeito primeiro da felicidade; utilizam-se os termos "nações" e "cidadãos", isto é, fala-se no plural. Porque só na sociedade aperfeiçoa-se a natureza do homem:

> Por sua própria natureza, todo homem necessita, para subsistir e alcançar sua mais alta perfeição, muitas coisas que não pode conseguir por si mesmo e isoladamente todas elas [...]. Portanto, o homem não pode alcançar a perfeição, em vista da qual

113. AL-FĀRĀBĪ. *Kitāb al-siyāsat al-madaniyya* (Livro do Regime Político), 1964, p. 78; ed., trad. e introd. Ramón Guerrero, 1992, p. 47.
114. Cf. GALSTON, Miriam. *Politics and Excellence. The Political Philosophy of Alfarabi*. Princeton: Princeton University Press, 1990. p. 56.
115. AL-FĀRĀBĪ. *Kitāb taḥṣīl al-saᶜāda* (Livro da Obtenção da Felicidade). Ed. Jaᶜfar A. Yāsīn. In: AL-FĀRĀBĪ. *Al-Fārābī. Al-aᶜmāl al-falsafiyya*. Beirut: Dār al-Manāhil, 1992b. p. 119.

foram dados ao homem dotes naturais, sem a associação de muitos que colaboram mutuamente, trazendo cada um deles o que os outros necessitam[116].

Assim, fiel tanto à comunidade em que vive como à tradição platônica e aristotélica, Al-Fārābī pensa que a felicidade ou perfeição suprema e última do homem não é coisa do indivíduo isolado e solitário; ela só pode ser alcançada em uma sociedade, com a ajuda de alguém que o conduza e encaminhe para ela: "Pelo que foi dito sobre a diferença existente nas disposições naturais dos homens individuais, nem todo homem pode conhecer por si mesmo a felicidade, nem aquelas coisas que deve fazer, pois precisa para isso de um mestre e de um guia"[117]. Seguindo Platão, Al-Fārābī afirma que esse mestre ou guia só pode ser o filósofo, que, como tal, deve se tornar o governante da cidade perfeita ou excelente, única na qual o homem pode alcançar a verdadeira felicidade.

É o filósofo-governante[118] que deve possuir de maneira perfeita a ciência política, porque é a única pela qual se pode adquirir essa felicidade:

> A ciência política se dedica principalmente à felicidade [...]. Também se dedica às ações, aos modos de viver, às qualidades morais, aos costumes e hábitos voluntários[119]. A ciência política consiste no conhecimento das coisas pelas quais os habitantes das cidades alcançam a felicidade por meio da associação política[120].

A política, assim, se converte em uma ciência necessária para o fim a que tende todo homem: alcançar a felicidade. Por intermédio dela, o filósofo-governante fundará a Cidade Excelente, perfeita, ideal, na qual os cidadãos

116. Id. *On the Perfect State* (*Mabādi' ārā' ahl al-madīnat al-fāḍila*) (Princípios das Opiniões dos Habitantes da Cidade Virtuosa), 1985, p. 228; trad. (espanhola), 1985, p. 82.
117. Id. *Kitāb al-siyāsat al-madaniyya* (Livro do Regime Político), 1964, p. 78; ed., trad. e introd. Ramón Guerrero, 1992, p. 47.
118. Cf. DAIBER, Hans. *The Ruler as Philosopher*. A new interpretation of Al-Fārābī's view. Amsterdam: Royal Netherlands Academy, 1986.
119. AL-FĀRĀBĪ. *Kitāb al-milla wa-nuṣūṣ uḫrà* (*Alfarabi's book of religion and related texts*). Ed. Muhsin Mahdi. Beirut: Dār al-Mašriq, 1968. p. 52-53; *Libro de la Religión*. In: AL-FĀRĀBĪ. *Al-Fārābī. Obras Filosófico-Políticas*. Edição, Tradução e Introdução de Rafael Ramón Guerrero. Madrid: CSIC; Editorial Debate, 1992. p. 82.
120. Id. *Kitāb taḥṣīl al-saʿāda* (Livro da Obtenção da Felicidade), 1992b, p. 142.

poderão encontrar as melhores condições possíveis para que cada um, na medida de suas capacidades, obtenha sua perfeição última.

A associação política, a vida em sociedade é necessária para que o homem realize sua finalidade. O homem não pode viver por si mesmo, não pode se bastar diante das necessidades da vida para garantir sua existência. Terá que unir-se aos outros em comunidades. Estas podem ser perfeitas e imperfeitas. O grau de perfeição ou imperfeição depende de seu tamanho. As incompletas ou imperfeitas são formadas por aldeias, bairros, ruas ou casas. As comunidades perfeitas são de três classes: "A comunidade grande é a comunidade de muitas nações, que se associam e cooperam entre si; a média é a nação; a pequena é a que ocupa o espaço de uma cidade"[121]. A perfeição e o bem mais excelente só se obtêm na cidade, mas não nas sociedades imperfeitas, que se limitam apenas a satisfazer as necessidades humanas mínimas e nas quais, inclusive, se ignora o que constitui a perfeição humana. Não bastam as sociedades menores. É mister uma Cidade em que se possa obter a verdadeira felicidade:

> O bem mais excelente e a perfeição mais elevada só se alcançam, antes de tudo, na cidade, e não numa sociedade que é menos completa que ela. E como a verdadeira condição do bem é ele ser alcançado pela liberdade e vontade, e, da mesma maneira, os males só surgem pela vontade e liberdade, é possível a fundação de uma cidade para uma mútua colaboração para que se consigam alguns fins que são, na realidade, males. Portanto, nem toda cidade permite alcançar a felicidade. Assim, a cidade em que, pela associação, se pretende a mútua colaboração para as coisas com as quais se consegue a felicidade verdadeira é a Cidade Excelente, e a sociedade pela qual se colabora mutuamente para conseguir a felicidade é a sociedade excelente[122].

Esta é a cidade em que se realizam a ordem do universo e, em menor escala, a ordem humana, e é organizada pelo conhecimento dessa ordem e estruturada em seus graus hierárquicos. No entanto, por ideal que seja, não pode ser concebida como uma obra de criação humana segundo um modelo divino, como se o Profeta-legislador fosse uma espécie de Demiurgo. Ao contrário,

121. Id. *Kitāb al-siyāsat al-madaniyya* (Livro do Regime Político), 1964, p. 69; ed., trad. e introd. Ramón Guerrero, 1992, p. 41. O mesmo se lê em id., *On the Perfect State* (*Mabādi' ārā' ahl al-madīnat al-fāḍila*) (Princípios das Opiniões dos Habitantes da Cidade Virtuosa), 1985, p. 228; trad. (espanhola), 1985, p. 82-83.
122. Ibid., p. 230; trad. (espanhola), p. 83.

como vimos no texto precedente, o bem – e o mal – dependem da liberdade, isto é, da vontade humana. Isso significa que a edificação de tal Cidade pretende eliminar a exigência do rígido mecanicismo que existe no universo[123]. A providência divina permite que a decisão humana não seja arbitrária, porque o homem é dotado da faculdade de escolha, dirigida especialmente para o desejo de felicidade. Para que o homem possa escolher, Deus ilumina, através do Intelecto agente, o Profeta-legislador que torna realidade tal Cidade Excelente. Todavia, é necessário que os homens creiam em sua missão, o que exige conhecimento da ordem hierárquica do universo e reflexão sobre tal ordem, para poder perceber com clareza qual é o lugar e a função desse Profeta-legislador, filósofo-governante, em suma, o dirigente principal.

Aí está o papel privilegiado desse chefe. Deve possuir todas as perfeições e acumular todas as funções em matéria de autoridade, aplicando-se à Ciência Política como o seu maior especialista. É homem de Estado, filósofo e profeta[124], legislador e educador[125]. É um filósofo porque é dotado de sabedoria especulativa e prática. Por intermédio da filosofia teórica, ele chega a conhecer a ordem divina do universo:

> Conclui-se necessariamente também que o governante primeiro da Cidade Excelente deve conhecer a filosofia teórica de maneira completa, porque só a partir dela pode se dedicar à organização que Deus Altíssimo estabeleceu no universo, de maneira a poder imitá-lo[126].

123. Cf. ARNALDEZ, Roger. Métaphysique et Politique dans la pensée d'al-Fārābī. In: *Annales de la Faculté des Lettres. Université Ibrahim Pacha*, 1951. n. 1, p. 144.
124. Em sua elaboração da teoria da profecia e da imitação, exerce também um papel muito importante a *Ética a Nicomaco*, como demonstrou Daiber. Cf. DAIBER, Hans. Prophetie und Ethik bei Fārābī (gest. 339H./950). In: WENIN, Charles. (Org.). *L'homme et son univers au Moyen Age*. Actes du VIIe Congrès International de Philosophie Médiévale (1982). Louvain-la-Neuve; Leuven: Peeters Publishers, 1986. 2 v. vol. II, p. 729-753. Nas p. 736-737, Daiber indica como a combinação das idéias do *De anima* e da *Ética a Nicômaco* é integrada por Al-Fārābī de uma maneira muito original em sua concepção ético-política do Estado e na "imitação" (*muhākāt*) como atividade da imaginação.
125. Cf. GÓMEZ NOGALES, Salvador. Papel de la educación en el sistema filosófico-religioso de Al-Fārābī. In: *Actas de las* II *Jornadas de Cultura Árabe e Islámica* (Madrid, 1980). Madrid: IHAC, 1985. p. 241-249.
126. AL-FĀRĀBĪ. *Kitāb al-milla wa-nuṣūṣ uḫrà* (*Alfarabi's book of religion and related texts*), 1968, p. 66; ed., trad. e introd. Ramón Guerrero, 1992, p. 93.

Uma imitação que é o fim supremo de toda filosofia, segundo a máxima de Platão[127]:

> Em resumo, [a ciência política indica] que [o filósofo] deve imitar Deus e seguir as pegadas no rumo daquele que rege o universo quando dá às diferentes classes de seres os dons naturais, a natureza e as disposições próprias que para eles estabeleceu e nas quais eles se apóiam [...] [O filósofo] deve estabelecer nas cidades e nações coisas similares a estas, pertencentes às artes, disposições e hábitos voluntários, a fim de que se realizem completamente os bens voluntários em cada uma das cidades e nações conforme seu grau e merecimento, para que assim as comunidades das nações e cidades cheguem à felicidade nesta vida e na vida futura[128].

Esta é a tarefa da sabedoria prática: conhecer todas as ações por meio das quais se estabelecem e conservam na cidade os hábitos e costumes virtuosos, capazes de conduzir seus habitantes à felicidade verdadeira, faculdade que requer uma larga experiência.

Esse governante, de quem depende a boa ação do cidadão para a obtenção da felicidade,

> é capaz de determinar, definir e dirigir essas ações para a felicidade. Isto só existe em quem tem disposições naturais grandes e superiores, quando sua alma se une ao Intelecto agente. Só é possível conseguir isto quando se atualiza primeiro o intelecto passivo e depois, em seguida, o intelecto dito adquirido, pois a atualização do intelecto adquirido consiste na união com o Intelecto agente, como se diz no *Livro sobre a Alma*[129].

O conhecimento é necessário ao filósofo-governante para que ele possa aplicar o seu saber político, por meio do qual se consegue a felicidade. E como a maioria dos homens se mostra incapaz de alcançá-la por si próprio, o governo da filosofia no Estado é a única garantia para tal. Era assim que

127. Cf. BERMAN, Lawrence V. The political interpretation of the maxim: The purpose of philosophy is the imitation of God. *Studia Islamica*, n. 15, p. 53-61, 1961.
128. AL-FĀRĀBĪ. *Kitāb al-milla wa-nuṣūṣ uḫrà* (*Alfarabi's book of religion and related texts*), 1968, p. 65-66; ed., trad. e introd. Ramón Guerrero, 1992, p. 92.
129. Id. *Kitāb al-siyāsat al-madaniyya* (Livro do Regime Político), 1964, p. 78; ed., trad. e introd. Ramón Guerrero, 1992, p. 48.

Al-Fārābī estabelecia o Estado em que pensava – cópia fiel da República platônica –, regido pelas normas que procedem da razão, em virtude do conhecimento que o filósofo, graças à sua faculdade intelectual, adquire do universo inteiro. Qualquer outra comunidade não governada pelas leis racionais seria um Estado imperfeito.

No entanto, a obtenção da felicidade tem outra vertente, a individual. Não basta viver em uma cidade para obter a felicidade suprema. Há uma idéia predominante nos escritos de Al-Fārābī: a obtenção da felicidade é tarefa individual; para buscá-la, o homem deve antes realizar suas potencialidades individuais. Ele não obtém a perfeição a partir apenas dos princípios inatos, mas de uma atividade. A aquisição das virtudes intelectuais levará o homem, com o auxílio das virtudes morais, à contemplação teórica, mas só após ter escolhido entre as distintas opções que a razão lhe oferece. Esse caminho não se encontra na cidade, e sim na vida pessoal do homem, como se deduz de suas palavras em *A Cidade Excelente*:

> A aquisição, pelo homem, dos primeiros inteligíveis constitui sua perfeição primeira, porém estes inteligíveis só se realizam para ele com o fim de que os use para chegar à sua perfeição suprema, isto é, à felicidade. Esta consiste em que a alma humana chegue a um modo de ser tão perfeito que já não necessite da matéria para subsistir, isto é, que chegue a ser uma das coisas liberadas do corpo e uma das substâncias separadas das matérias e que permaneça nesse estado para sempre, mesmo que seu nível seja inferior ao do Intelecto agente[130].

E para mostrar a individualidade da obtenção da felicidade, Al-Fārābī escreve outra obra, cuja versão castelhana passaremos a analisar em seguida.

130. Id. *On the Perfect State* (*Mabādi' ārā' ahl al-madīnat al-fāḍila*) (Princípios das Opiniões dos Habitantes da Cidade Virtuosa), 1985, p. 204-206; trad. (espanhola), 1985, p. 71-72.

A *Risālat al-Tanbīh* e a Felicidade

A ética, inseparável da vida em comum, é no entanto uma tarefa pessoal e individual, consistindo em uma justa apreciação da razão, como se deduz dos últimos capítulos de uma epístola na qual Al-Fārābī joga com o seu conhecimento da *Ética a Nicômaco*. É sua obra *Risālat al-tanbīh ᶜalà sabīl al-saᶜāda* (Epístola da Informação sobre o Caminho da Felicidade)[131], da qual se pode dizer que em grande parte é uma espécie de resumo de vários capítulos dos primeiros livros do texto aristotélico. Foi traduzida para o latim no século XIII, sem identificação do tradutor, conservando-se em um único manuscrito[132].

Trata-se de uma obra que pode ser dividida em três partes, claramente diferenciadas: a primeira é uma reflexão sobre a felicidade e sobre a virtude humana; a segunda versa sobre as virtudes morais e a terceira diz respeito às virtudes intelectuais, finalizando com um breve estudo de lógica. As duas primeiras partes correspondem aos três primeiros livros da *Ética a Nicômaco*, enquanto a terceira parece corresponder ao livro VI, embora seu exame conduza a conclusões diferentes[133].

Essa *Epístola* tem por objeto estudar a felicidade humana em sua vertente individual, assim como informar sobre o caminho que leva a ela, analisando a natureza e as funções da alma, sua aplicação e suas relações aos estados do homem, tais como as ações, as afecções e o poder de discriminação[134]. A felicidade, diz o filósofo no começo da obra, é o fim que todo homem persegue, o que é buscado por si mesmo e não por outro motivo:

131. Id. *Risālat al-tanbīh ᶜalà sabīl al-saᶜāda* (Epístola da Informação sobre o Caminho da Felicidade)-*Editio princeps*. Haydarabad, 1927. Nova ed. Jaᶜfar A. Yāsīn. Beirut: Dār al-Manāhil, 1985; repetida em *Al-Fārābī. Al-aᶜmāl al-falsafiyya*. Ed. Saḥbān Ḫalīfa. A critical edition prepared by Dr. Saḥbān Ḫalīfa. Amman: Publications of the University of Jordan, 1987; *Le rappel de la Voie à suivre pour parvenir au Bonheur.* Trad. (francesa) Dominique Mallet. Damasco, *Bulletin d'Études Orientales*, n. XXXIX, 1989; *El camino de la felicidad (Kitāb al-tanbīh ᶜalà sabīl al-saᶜāda)*. Tradução (espanhola), Introdução e Notas de Rafael Ramón Guerrero. Madrid: Editorial Trotta, 2002.

132. SALMAN, H. Le "Liber exercitationis ad viam felicitatis" d'Alfarabi. *Recherches de Théologie Ancienne et Médiévale*, p. 33-48, 1940.

133. Cf. AL-FĀRĀBĪ, op. cit., 1927, trad. (francesa), p. 114.

134. Cf. SHAHJAHAN, M. An Introduction to the Ethics of al-Fārābī. *Islamic Culture*, n. 59, p. 45-52, 1985.

> Que a felicidade é um fim que todo homem almeja, e que todo aquele que a busca com seu esforço tende a ela como a uma certa perfeição, é algo que não necessita de palavras para ser explicado, já que é bastante conhecido. Toda perfeição e todo fim que o homem almeja são desejados por ele como um certo bem e todo bem é necessariamente elegido. Como os fins almejados são muitos, enquanto bens e elegidos, a felicidade é um dos bens elegidos. Está claro que, dentre os bens, a felicidade é o maior e, dentre as coisas elegidas, é a mais escolhida e o mais perfeito de todos os fins para os quais tende o homem, pelo fato de que, dentre os bens que se escolhem, alguns são elegidos para se alcançar outros fins por meio deles, como, por exemplo, o exercício físico e o tomar remédios, e outros são elegidos unicamente por eles próprios. É evidente que os que são elegidos por si próprios são preferíveis e mais perfeitos que os que são elegidos por razão de outra coisa distinta[135].

Esse texto revela claramente que sua fonte de inspiração é a *Ética a Nicômaco*, especialmente o livro I, capítulos 1 e 7; inclusive utiliza termos que se encontram na versão árabe da obra aristotélica[136]. Como em outras obras farabianas, a felicidade é a finalidade última, o bem maior, a perfeição mais elevada, o bem de maneira absoluta, buscado por si mesmo e não por outra coisa. É, definitivamente, a perfeição final, como se lê em outra de suas obras: "A perfeição última é a felicidade suprema e o bem absoluto, o preferível e desejável por si próprio, não por qualquer outra coisa"[137].

Sendo a felicidade o fim da perfeição humana, quem quiser alcançá-la deve seguir o caminho que Al-Fārābī estabelece no *Taḥṣīl al-saᶜāda* (A Obtenção da Felicidade):

> Quando ocorrem em ato nas nações e nos cidadãos, as coisas humanas por meio das quais eles obtêm a felicidade terrena nesta vida e a felicidade suprema na outra vida são de quatro classes: as virtudes teóricas, as virtudes deliberativas, as virtudes morais e as artes práticas[138].

135. Cf. AL-FĀRĀBĪ, op. cit., 1927, ed. Ḫalīfa, p. 177-178; ed. Yāsīn, p. 227-228; ed. latina, p. 35.
136. ARISTÓTELES, op. cit.
137. AL-FĀRĀBĪ. *Fuṣūl muntazaᶜa* (*Selected Aphorisms*), 1971, § 28, p. 46; ed., trad. e introd. Ramón Guerrero, 1992, p. 111.
138. Id. *Kitāb taḥṣīl al-saᶜāda* (Livro da Obtenção da Felicidade), 1992b, p. 119; trad. (inglesa), p. 13.

Em outra obra, ele as reduz a duas: intelectuais e éticas ou morais[139]. E para compreender as virtudes, é necessário um conhecimento das faculdades da alma, posto que as virtudes são apenas estados da alma pelos quais o homem realiza boas ou más ações.

As virtudes teóricas e as virtudes deliberativas são apenas as virtudes intelectuais, que correspondem à parte teórica e à parte prática da alma humana. Al-Fārābī lhes dedica a terceira parte do *Tanbīh*, em que as identifica com a filosofia:

> As artes são de duas classes: uma cujo fim é alcançar o belo e outra cujo fim é alcançar o útil. A arte que pretende alcançar somente o belo é aquela que se chama filosofia e que também se chama sabedoria humana, no sentido absoluto. Nenhuma das artes que conduzem ao útil se chama sabedoria no sentido absoluto, embora às vezes alguma receba este nome por semelhança com a filosofia. Uma vez que o belo é de duas classes, uma que é apenas conhecimento e outra que é conhecimento e ação, a arte da filosofia será de duas classes: uma, pela qual se adquire o conhecimento dos seres que não são objeto da ação do homem e se chama filosofia teórica; outra, pela qual se adquire o conhecimento das coisas cuja natureza consiste em serem feitas, dentre as quais a capacidade de fazer o belo, e se chama filosofia prática e filosofia própria da cidade [...]. Estas são todas as partes da filosofia. Como obtemos a felicidade somente quando possuímos as belas coisas e como as belas coisas só nos pertencem por meio da arte da filosofia, conclui-se necessariamente que a filosofia é a que nos permite alcançar a felicidade[140].

É o que se poderia chamar de racionalidade deliberativa, anterior a toda opção.

Do mesmo modo que essas virtudes estão relacionadas com a parte racional da alma, as virtudes morais se referem à parte apetitiva da alma; originam-se e firmam-se por meio do hábito ou costume[141], isto é, pela repetição de atos, sendo, portanto, algo adquirido e não inato. E, como em Aristóteles[142], o conceito de "termo médio" é assimilado por Al-Fārābī para

139. Id. *Fuṣūl muntazaᶜa* (*Selected Aphorisms*), 1971, § 8, p. 30; ed., trad. e introd. Ramón Guerrero, 1992, p. 102. Cf. ARISTÓTELES. *Etica a Nicômaco* I, 13, 1103a 4-5.
140. AL-FĀRĀBĪ. *Kitāb al-tanbīh ᶜalà sabīl al-saᶜāda* (Epístola da Informação sobre o Caminho da Felicidade), ed. Ḫalīfa, p. 223-226; ed. Yāsīn, p. 255-257; ed. latina, p. 45.
141. ARISTÓTELES. *Ética a Nicômaco* II, 1, 1103a 18-20. Ed. árabe, p. 85.
142. Id. *Ética a Nicômaco* II, 6, 1106b 25 – 1107a 5. Ed. árabe, p. 96-97.

determinar o perfeito equilíbrio das ações humanas, determinando o que é a virtude em relação ao que convém, e o que é o vício, por excesso ou por deficiência: "Diga-se o mesmo das virtudes, que são disposições da alma e hábitos intermediários entre duas disposições que são ambas vícios, uma por excesso e outra por deficiência"[143].

E dá alguns exemplos, cuja fonte se encontra nitidamente no texto aristotélico. Assim diz Al-Fārābī:

> Devemos mencionar agora, como exemplo, alguns dos caracteres morais que são tidos por belos. Mencionaremos as ações intermediárias que deles procedem e pelas quais eles são adquiridos, para que a mente chegue a conhecer aqui o mais sucinto a respeito das classes de caracteres morais e de ações que deles procedem. Dizemos: o valor é um caráter moral belo que se adquire por ser termo médio entre querer fazer coisas temíveis e afastar-se delas; preferir fazê-las com exagero conduz à temeridade, enquanto preferir afastar-se delas conduz à covardia, o que é um caráter vil; afastar-se delas exageradamente e não querer realizá-las conduz à covardia, o que é um caráter moral vil. Quando se adquirem esses caracteres morais, deles procedem essas mesmas ações. A liberalidade acontece por ser termo médio entre conservar as riquezas e gastá-las mal; conservá-las em excesso e gastá-las mal, com falta, leva à avareza, que é um caráter moral vil; gastá-las mal com excesso e conservá-las com falta leva à prodigalidade, que é também um caráter moral vil; quando se adquirem esses caracteres morais, deles procedem essas mesmas ações[144].

A *Ética a Nicômaco* está, pois, presente em quase todo o livro. Aristóteles serve ao filósofo muçulmano para estabelecer uma doutrina ética muito simples, porque essa ética deve integrar-se em uma teoria política. No final de sua exposição das virtudes morais ele diz com clareza:

> Por esta via o homem pode tornar fáceis, para si próprio e para os demais, a ação do bem e o abandono do mal. O quanto se disse aqui sobre isto é o suficiente; indagar a

143. AL-FĀRĀBĪ. *Fuṣūl muntazaʿa* (*Selected Aphorisms*), 1971, § 18, p. 36; ed., trad. e introd. Ramón Guerrero, 1992, p. 106.
144. Id. *Kitāb al-tanbīh ʿalà sabīl al-saʿāda* (Epístola da Informação sobre o Caminho da Felicidade), ed. Ḫalīfa, p. 199-200; ed. Yāsīn, p. 241; ed. latina, p. 40: O texto continua dando os mesmos exemplos que Aristóteles em *Etica a Nicômaco* II, 7.

fundo a doutrina sobre isto pertence a quem se dedica ao estudo da ciência política; isto já foi indagado a fundo[145].

Os ensinamentos éticos estabelecidos por Al-Fārābī tendem a mostrar o caminho que leva à felicidade. Somente o cultivo da virtude levará o homem à felicidade; esta, por conseguinte, não será alcançada sem a liberdade da vontade do homem para fazer o bem e evitar o mal; só a realização das ações praticadas com a liberdade da vontade permitirão ao homem alcançar a felicidade. Os homens nascem com igual inclinação para as disposições boas ou más da alma, mas é o homem que adquire os hábitos que o farão definitivamente inclinar-se para aquelas ou estas disposições. O homem é capaz de autodeterminação, o que leva a uma negação da predestinação[146]. O homem, pois, é livre para orientar seu caminho para sua perfeição suprema através da filosofia, que começa com a lógica. A exortação à aprendizagem da lógica pode ter como objetivo a reforma do intelecto, para que este possa funcionar corretamente e concentrar-se no estudo da filosofia[147]. É o que Al-Fārābī, ao separar-se do texto aristotélico e seguir a tradição habitual das escolas helenísticas de entender a moral como preparação para a filosofia, estabelece nas últimas páginas de *Informação sobre o Caminho da Felicidade*, nas quais distingue claramente a diferença que há entre lógica e gramática. A filosofia, por conseguinte, é apresentada como o caminho necessário para alcançar a felicidade.

145. Ibid., ed. Ḫalīfa, p. 219; ed. Yāsīn, p. 253, ed. latina, p. 44. Al-Fārābī vinha falando do prazer e da dor, e cita aqui as palavras de Aristóteles em *Et. Nic.* VII, 11, 1152b 1, em que afirma que "o estudo do prazer e da dor pertence ao filósofo político", precisamente porque este se dedicará à felicidade.

146. Cf. DRUART, op. cit., 1997, p. 414.

147. Cf. id., 1996, p. 184.

Referências Bibliográficas

ABŪ AL-ḤASAN AL-ᶜAMIRĪ. *Al-saᶜāda wa-al-isᶜād (On seeking and causing happiness).* Written by Abū al-Ḥasan Muḥammad al-ᶜAmirī of Nīšābūr (m. 992 d.C.). Facsimile of the copy prepared by Mojtaba Minovi. Teheran: Franz Steiner Verlag, 1957-1958.

AL-BAYHAQĪ. *Ta'rīḫ ḥukamā' al-Islām.* Ed. M. Kurd ᶜAlī. Damasco, 1946. (Trata-se da obra conhecida por *Tatimma Ṣiwān al-ḥikma.* Ed. M. Shafi'. Lahore, 1935).

AL-FĀRĀBĪ, Abū Naṣr. *Kitāb al-jamᶜ bayna ra'yay al-ḥakīmayn Aflāṭūn al-ilāhī wa-Arisṭuṭālīs* (Livro da Concordância entre as Opiniões dos Sábios o Divino Platão e Aristóteles). Editada em *Alfarabi's philosophische Abhandlungen* por F. Dieterici. Leiden: E. J. Brill, 1890; reprint Osnabrück, Biblio Verlag, 1982; *Al-Fārābī. Concordia entre el divino Platón y el sabio Aristóteles.* Trad. (espanhola) M. Alonso. *Pensamiento*, n. 25, p. 21-70, 1969; *Deux traités philosophiques: L'harmonie entre les opinions des deux sages, le divin Platon et Aristote. De la religión.* Introduction, traduction et notes par Dominique Mallet. Damasco: IFEAD, 1989.

____. *Risāla fī mā yanbaġī an yuqaddam qabl taᶜallum al-falsafa* (Sobre o que Deve Preceder o Estudo da Filosofia). Editada em *Alfarabi's philosophische Abhandlungen* por F. Dieterici. Leiden: E. J. Brill, 1890; reprint Osnabrück, Biblio Verlag, 1982. *Alfarabi's philosophische Abhandlungen.* Trad. (alemã) F. Dieterici. Leiden: E. J. Brill, 1892; reprint Osnabrück, Biblio Verlag, 1982; *Una introducción de Al-Fārābī a la filosofía.* Trad. (espanhola) R. Ramón Guerrero. *Al-Qantara*, n. 5, p. 11, 1984.

____. *Risālat al-tanbīh ᶜalà sabīl al-saᶜāda* (Epístola da Informação sobre o Caminho da Felicidade)-*Editio princeps.* Haydarabad, 1927. Nova ed. Jaᶜfar A. Yāsīn. Beirut: Dār al-Manāhil, 1985; repetida em *Al-Fārābī. Al-aᶜmāl al-falsafiyya.* Ed. Saḥbān Ḫalīfa. A critical edition prepared by Dr. Saḥbān Ḫalīfa. Amman: Publications of the University of Jordan, 1987; *Le rappel de la Voie à suivre pour parvenir au Bonheur* Trad. (francesa) Dominique Mallet. Damasco, *Bulletin d'Études Orientales*, n. XXXIX, 1989; *El camino de la felicidad (Kitāb al-tanbīh ᶜalà sabīl al-saᶜāda).* Tradução (espanhola), Introdução e Notas de Rafael Ramón Guerrero. Madrid: Editorial Trotta, 2002.

____. *Risāla fī maᶜānī al-ᶜaql.* Texte arabe établi par Maurice Bouyges. Beirut: Imprimerie Catholique, 1938; *Farabi. Epistola sull'intelletto.* Trad. (italiana) Francesca Lucchetta. Padova, 1974; *Al-Fārābī. Epístola sobre los sentidos del término intelecto.* Versão (espanhola) Rafael Ramón Guerrero. *Revista Española de Filosofía Medieval*, n. 9, p. 215-223, 2002. Sobre a tradução latina, cf. STEINSCHNEIDER, Moritz. *Al-Fārābī. Des arabischen Philosophen Leben und Schriften.*

San Petersburg, 1869. p. 91; edição do texto latino: CAMERARIUS, G. *Alpharabii vetustissimi Aristotelis interpretis opera quae latina lingua conscripta reperiri potuerunt*. Paris, 1638.

____. *Alfarabius, De Platonis Philosophia*. Ediderunt Franciscus Rosenthal et Richardus Walzer, in ædibus Warburgiani Londinii, 1943. (Reimp. Nendeln, Liechenstein, 1973). Nova ed. *Aflāṭūn fī al-Islām*. Ed. ᶜAbd al-Raḥmān Badawī., Téhéran, 1974; Beirut: Dār al-Andalus, 1980. *The Philosophy of Plato*. In: *Alfarabi's Philosophy of Plato and Aristotle*. Trad. (inglesa) Muhsin Mahdi. Glencoe, 1962. (Reed. Ithaca, 1969).

____. *Falsafat Arisṭūṭālīs*. Ed. Muhsin Mahdi. Beirut: Dār Majāllat al-šiᶜr, 1961. *The Philosophy of Aristotle*. In: *Alfarabi's Philosophy of Plato and Aristotle*. Trad. (inglesa) Muhsin Mahdi. Glencoe, 1962. (Reed. Ithaca, 1969).

____. *Kitāb al-siyāsat al-madaniyya*. Texto editado em *Al-Fārābī's The political Regime (Al-siyāsat al-madaniyya also known as the Treatise on the Principles of Beings)*. Arabic text, edited with an Introduction and notes by Fawzī M. al-Najjār. Beirut: Imprimerie Catholique, 1964. *Libro de la Política* también llamado *De los Principios de los Seres*. In: AL-FĀRĀBĪ. *Al-Fārābī. Obras Filosófico-Políticas*. Edição, Tradução e Introdução de Rafael Ramón Guerrero. Madrid: CSIC; Editorial Debate, 1992.

____. *Alfarabi's Philosophy of Plato and Aristotle*. Trad. (inglesa) Muhsin Mahdi. Glencoe, 1962. (Reed. Ithaca, 1969).

____. *Kitāb al-milla wa-nuṣūṣ uḫrà*. (*Alfarabi's book of religion and related texts*). Ed. Muhsin Mahdi. Beirut: Dār al-Mašriq, 1968. *Libro de la Religión*. In: AL-FĀRĀBĪ. *Al-Fārābī. Obras Filosófico-Políticas*. Edição, Tradução e Introdução de Rafael Ramón Guerrero. Madrid: CSIC; Editorial Debate, 1992.

____. *Concordia entre el divino Platón y el sabio Aristóteles*. Trad. M. Alonso. *Pensamiento*, n. 25, p. 21-70, 1969.

____. *Kitāb al-ḥurūf* (*Book of Letters*). *Commentary on Aristotle's Metaphysics*. Arabic Text. Edited with Introduction and Notes by Muhsin Mahdi. Beirut: Dār al-Mašriq, 1970.

____. *Fuṣūl muntazaᶜa* (*Selected Aphorisms*). Texto árabe, editado com uma introdução e notas por Fawzī M. Najjār. Beirut: Dār al-Mašriq, 1971. *Artículos de la Ciencia Política*. In: AL-FĀRĀBĪ. *Al-Fārābī. Obras Filosófico-Políticas*. Edição, Tradução e Introdução de Rafael Ramón Guerrero. Madrid: CSIC; Editorial Debate, 1992.

____. *Deux ouvrages inédits sur la Réthorique*. I. *Kitāb al-ḫaṭṭāba*. II. *Didascalia in Rethoricam Aristotelis ex glosa Alpharabi*. Publication préparée par Jacques Langhade et Mario Grignaschi. Beirut: Dār al-Mašriq. 1971.

____. *Al-Fārābī. Obras Filosófico-Políticas*. Edição, Tradução e Introdução de Rafael Ramón Guerrero. Madrid: CSIC; Editorial Debate, 1992a.

____. *Kitāb taḥṣīl al-saᶜāda* (Livro da Obtenção da Felicidade). Ed. Jaᶜfar A. Yāsīn. In: AL-FĀRĀBĪ. *Al-Fārābī. Al-aᶜmāl al-falsafiyya*. Beirut: Dār al-Manāhil, 1992b. *On Attainment of Happiness*. In: *Alfarabi's Philosophy of Plato and Aristotle*. Trad. (inglesa) Muhsin Mahdi. Glencoe, 1962. (Reed. Ithaca, 1969).

____. *On the perfect state* (*Mabādi' ārā' ahl al-madīnat al-fāḍila*). 2. ed. Revised Text with Introduction, Translation, and Commentary by R. Walzer. Oxford: Clarendon Press. Oxford University Press, 1998. (1. ed. 1985). *La Ciudad Ideal*. Trad. (espanhola) M. Alonso com apresentação de M. Cruz Hernández. Madrid: Tecnos, 1985.

ARBERRY, Arthur J. The Nicomachean Ethics in Arabic. *Bulletin of the School of Oriental and African Studies*, n. 17, p. 1-9, 1955.

____. An Arabic Treatise on Politics. *Islamic Quarterly*, n. 2, p. 18-19, 1955.

ARISTÓTELES. *Ethica Nicomachea* (*Kitāb al-aḫlāq*). Recognovit, annutavit et prolegumenis instruxit A. Badawī. Kuwait, 1979.

ARNALDEZ, Roger. Métaphysique et Politique dans la pensée d'al-Fārābī. In: *Annales de la Faculté des Lettres. Université Ibrahim Pacha*, 1951. n. 1, p. 144.

____. Pensée et langage dans la philosophie de Fārābī (à propos du *Kitāb al-Ḥurūf*). *Studia Islamica*, n. 45, p. 57-65, 1977.

ASÍN PALACIOS, Miguel. La Carta de adiós de Avempace. *Al-Andalus*, n. 8, p. 1-87, 1943.

AVEMPACE. *El régimen del solitário*. (*Tadbīr al-mutawaḥḥid*). Edição e Tradução de Miguel Asín Palacios. Madrid; Granada: CSIC-Escuelas de Estudios Árabes, 1946. Nova trad. Joaquín Lomba Fuentes. Madrid: Editorial Trotta, 1997.

____. *Fī al-saᶜādat al-madaniyya wa-al-saᶜādat al-uḫrawiyya aw difāᶜan ᶜan Abī Naṣr* (*Sobre a felicidade política e a felicidade da outra vida ou defesa de Abū Naṣr [Al-Fārābī]*). Texto editado em *Rasā'il falsafiyya li-Abī Bakr b. Bājjah* Ed. Y. D. Al-Alawi. Casablanca, 1983. *Sobre la felicidad política y la felicidad de la otra vida o defensa de Abū Naṣr [Al-Fārābī] de Avempace*. Trad. (espanhola) J. Lomba Fuentes. *Revista del Instituto Egipcio*, n. 27, p. 23-39, 1995.

AVERRÓIS. *Commentarium magnum in Aristotelis De anima libros* 433:155-159. Ed. F. S. Crawford. Cambridge, Massachusetts, 1953.

____. *Exposición de la "República" de Platón*. Tradução e Estudo preliminar de M. Cruz Hernández. Madrid: Tecnos, 1986.

BADAWĪ, ᶜAbd al-Raḥmān. Introdução. In: ARISTÓTELES. *Ethica Nicomachea* (*Kitāb al-aḫlāq*). Recognovit, annutavit et prolegumenis instruxit A. Badawī. Kuwait, 1979.

BERMAN, Lawrence V. The political interpretation of the maxim: The purpose of philosophy is the imitation of God. *Studia Islamica*, n. 15, p. 53-61, 1961.

____. Excerpts from the lost Arabic original of Ibn Rushd's "Middle Commentary on the Nicomachean Ethics". *Oriens*, n. 20, p. 31-59, 1967.

____. Ibn Rushd's "Middle Commentary on the Nicomachean Ethics" in Medieval Hebrew Literature. In: *Multiple Averroès*. Actes du Colloque Internationale organisé à l'occasion du 850e anniversaire de la naissance d'Averroès (Paris, 20-23 sep. 1976). Paris: Les Belles Lettres, 1978. p. 287-321.

BOSWORTH, Clifford E. *The Islamic Dynasties*. Edinburgh: Edinburgh University Press, 1967.

CABANELAS, Darío. Al-Fārābī y su *Libro de la concordancia entre Platón y Aristóteles. Verdad y Vida*, n. 8, p. 325-350, 1950.

DAIBER, Hans. *The Ruler as Philosopher*. A new interpretation of Al-Fārābī's view. Amsterdam: Royal Netherlands Academy, 1986.

____. Prophetie und Ethik bei Fārābī (gest. 339H/950). In: WENIN, Charles. (Org.). *L'homme et son univers au Moyen Age*. Actes du VIIe Congrès International de Philosophie Médiévale (1982). Louvain-la-Neuve; Leuven: Peeters Publishers, 1986. 2 v. vol. II, p. 729-753.

DIRLMEIER, Franz. *Aristoteles. Magna Moralia*. Berlim, 1958.

DRUART, Thérèse-Anne. Al-Fārābī and Emanationism. In: WIPPEL, John F. *Studies in Medieval Philosophy*. Washington: The Catholic University of America Press, 1987. p. 23-43.

____. La philosophie morale arabe et l'antiquité tardive. *Bulletin d'Études Orientales*, n. 48, p. 183-187, 1996.

____. Al-Fārābī, Ethics, and First Intelligibles. *Documenti e Studi sulla tradizione filosofica medievale*, n. 8, p. 405, 1997.

DUNLOP, Douglas M. The Nicomachean Ethics in Arabic. Books I-VI. *Oriens*, n. 15, p. 18-34, 1962.

____. Observations on the medieval Arabic version of Aristotle's *Nicomachean Ethics*. In: *Oriente e Occidente nel Medioevo. Filosofia e Scienze*. Atti del Conv. Internaz. Roma: Accademia Nazionale dei Lincei, 1971. p. 229-250.

____. The manuscript Taimur Pasha 290 Akhlaq and the Summa Alexandrinorum. *Arabica*, n. 21, p. 252-263, 1974.

DÜRING, Ingmar. *Aristóteles. Exposición e interpretación de su pensamiento*. Trad. B. Navarro. México, 1990.

FAKHRY, Majid. Al-Fārābī and the reconciliation of Plato and Aristotle. *Journal of the History of Ideas*, n. 26, p. 469-478, 1965.

FLEISCH, H. Al-Sarrāj. In: THE ENCYCLOPAEDIA of Islam (EI^2). New Edition. Leiden; London: E. J. Brill; Luzac & Co., 1971. vol. III, p. 954-955.

GALSTON, Miriam. *Politics and Excellence. The Political Philosophy of Alfarabi.* Princeton: Princeton University Press, 1990.

GHORAB, A. A. The Greek Commentators on Aristotle quoted in Al-ᶜAmirī's "Al-Saᶜāda wa-al-isᶜād". *Islamic Philosophy and the Classical Tradition.* Oxford: Cassirer, 1972. p. 77-88. (Essays presented to Richard Walzer).

GIBB, Hamilton A. R. An Interpretation of Islamic History. In: *Studies on the Civilization of Islam.* Londres: Routledge & Kegan Paul, 1962.

GILSON, Etienne. Les sources gréco-arabes de l'augustinisme avicennisant. *Archives d'Histoire Doctrinale et Littéraire du Moyen Âge*, n. 4, p. 5-149, 1929. (Texto latino, p. 124-141).

GÓMEZ NOGALES, Salvador. Papel de la educación en el sistema filosófico-religioso de Al-Fārābī. In: *Actas de las* II *Jornadas de Cultura Árabe e Islámica* (Madrid, 1980). Madrid: IHAC, 1985. p. 241-249.

____. Síntesis aristotélico-platónica de Al-Fārābī. In: *Actas del* XII *Congreso de la U. E. A. I.* Madrid, 1986. p. 315-333.

GUTAS, Dimitri. *Greek wisdom literature in Arabic translation. A study of the Graeco-Arabic gnomologie.* New Haven: Eisenbrauns. American Oriental Series, 1975. vol. 60.

____. The Starting Point of Philosophical Studies in Alexandrian and Arabic Aristotelism. *Rutgers University Studies in Classical Humanities*, n. 2, p. 115-123, 1985.

IBN ABĪ UṢAYBIᶜA. *ᶜUyūn al-anbā' fī ṭabaqāt al-aṭibbā'.* Ed. N. Rida. Beirut, 1965.

IBN AL-NADĪM. *Kitāb al-fihrist.* Ed. G. Flügel. Leipzig, 1881.

IBN AL-QIFṬĪ. *Ta'rīḫ al-ḥukamā'.* Ed. J. Lippert. Leipzig: Dieterichsche Verlagsbuchhandlung, 1903.

IBN ḪALLIKĀN. *Wafayāt al-aᶜyān.* Ed. de Iḥsān ᶜAbbās. Beirut: Dār al-Ṯaqāfa, 1972. 8 v.

IBN ṬUFAYL. *Ḥayy ibn Yaqẓān.* Ed. A. Nader. Beirut, 1968.

____. *El filósofo autodidacto.* Trad. (espanhola) A. González Palencia. Ed. E. Tornero. Madrid: Editorial Trotta, 1995.

KARAM, J. La *Ciudad Virtuosa* de Alfarabi. *Ciência Tomista*, n. 58, 1939.

KRAEMER, Joel L. *Humanism in the Renaissance of Islam.* Leiden: E. J. Brill, 1986.

KRAUS, Paul. *Jābir ibn Ḥayyān. Contribution à l'histoire des idées scientifiques dans l'Islam. Jābir et la science grecque.* Cairo, 1935. (Réimp. Paris: Les Belles Lettres, 1986).

LANGHADE, Jacques. Grammaire, logique, études linguistiques chez Al-Fārābī. In: VERSTEEGH, C. H. M.; KOERNER, K.; NIEDEREHE, H.-J. (Ed.). *The History of Linguistic in the Near East.* Amsterdam; Philadelphia: John Benjamins Publishing Company, 1983. p. 129-141.

LYONS, M. C. A Greek Ethical Treatise. *Oriens*, n. 13-14, p. 35-57, 1961.

MADKOUR, Ibrahim. *La place d'al-Fārābī dans l'école philosophique musulmane.* Paris: Librairie d'Amérique et d'Orient Adrien-Maisonneuve, 1934.

MAHDI, Muhsin. Al-Fārābī, Abū Naṣr Muḥammad ibn Muḥammad ibn Tarḫān ibn Awzalaġ. In: DICTIONARY of Scientific Biography. Ed. C. Gillispie. New York: Charles Scribners'Son, 1971. p. 523-524.

MAIMÔNIDES. *Dalālat al-ḥā'irīn.* Ed. H. Atay. Ankara, 1974.

____. *Guía de perplejos* III, 18. Tradução e Estudo preliminar de David Gonzalo Maeso. Madrid: Editorial Trotta, 1983.

MISKAWAYH. *Traité d'éthique (Tahḏīb al-aḫlāq wa-ta'ṯīr al-a^c rāq).* Traduction avec introduction et notes par Mohammed Arkoun. Damas: Institut Français de Damas, 1969.

NAJJĀR, Fawzī. Farabi's political philosophy and Shî`ism. *Studia Islamica*, n. 14, p. 62, 1961.

PETERS, Francis E. *Aristoteles Arabus. The Oriental Translations and Commentaries on the Aristotelian "Corpus".* Leiden: E. J. Brill, 1968.

RAMÓN GUERRERO, Rafael. Al-Fārābī y la *Metafísica* de Aristóteles. *La Ciudad de Dios*, n. 196, p. 211-240, 1983.

____. El compromiso político de Al-Fārābī. ¿Fué un filósofo *shî'ī*? In: *Actas de las* II *Jornadas de Cultura Árabe e Islámica* (Madrid, 1980). Madrid: Instituto Hispano-Árabe de Cultura, 1985. p. 463-477.

____. Al-Fārābī lógico. Su "Epístola de introducción a la lógica". In: *Homenaje al Profesor Darío Cabanelas Rodríguez O.F.M. con motivo de su* LXX *aniversario.* Granada: Universidad de Granada; Departamento de Estudios Semíticos. 1987.

____. Tres breves textos de Abū Naṣr al-Fārābī. *Al-Qantara*, n. 8, p. 7-27, 1987.

____. *La recepción árabe del "De anima" de Aristóteles en el mundo árabe*: Al-Kindī y al-Fārābī. Madrid: CSIC, 1992.

____. Al-Fārābī: El concepto del ser. *Revista de Filosofía*, 3. época, VII, 1994, n. 11, p. 27-49.

____. Razón práctica y intelecto agente en Alfarabi. *Tópicos*, n. 18, p. 73-95, 2000.

RESCHER, Nicholas. *Al-Fārābī. An Annotated Bibliography.* Pittsburgh: University of Pittsburgh Press, 1962.

ROWSON, Everett K. *A Muslim Philosopher on the Soul and its Fate*: Al-^c Amirī's "Kitāb al-amad ^c alà al-abad". New Haven: American Oriental Society, 1988.

SALMAN, D. The Medieval Latin translations of Alfarabi's works. *The New Scholasticism*, n. 13, 1939, p. 246-251.

SALMAN, H. Le "Liber exercitationis ad viam felicitatis" d'Alfarabi. *Recherches de Théologie Ancienne et Médiévale*, p. 33-48, 1940.

ṢĀ^c^ID AL-ANDALUSĪ. *Kitāb ṭabaqāt al-umam*. Ed. H. Bū ^c^Alwān. Beirut: Dār al-Ṭalī^c^a, 1985. *Libro de las categorías de las naciones*. Trad. (espanhola) F. Maíllo Salgado. Madrid: Akal, 1999.

SHAHJAHAN, M. An Introduction to the Ethics of al-Fārābī. *Islamic Culture*, n. 59, p. 45-52, 1985.

STEINSCHNEIDER, Moritz. *Al-Farabi (Alpharabius). Des arabischen Philosophen Leben und Schriften*. San Petersburg, 1869. (Reimp. Amsterdam: Philo Press, 1966).

URVOY, Marie-Thérèse. *Traité d'éthique d'Abū Zakariyyā' Yaḥya Ibn ^c^Adī*. Introduction, texte et traduction. Paris: Cariscript, 1991.

VAJDA, Georges. Langage, philosophie, politique et religion d'après un traité récemment publié d'Abū Naṣr al-Fārābī. *Journal Asiatique*, n. 258, p. 247-260, 1970.

VERSTEEGH, Cornelis Henricus Maria. *Greek Elements in Arabic Linguistic Thinking*. Leiden: E. J. Brill, 1977.

WALZER, Richard. *Greek into Arabic*. Oxford: Bruno Cassirer, 1962.

10.

A Concepção de Profecia em Avicena (Ibn Sīnā)

Rosalie Helena de Souza Pereira

A Profecia no Islã

O Islã define sua origem no evento da profecia (*nubuwwa*), uma vez que é uma religião fundada num Livro revelado por Deus, o *Corão*. Toda revelação exige um Deus que se dirija à humanidade e transmita uma mensagem universal que, entretanto, deve ser distinta de uma inspiração individual, posto admitir-se que Deus também se dirige a cada coração humano individualmente. Como na revelação Deus se dirige, por meio de Seu mensageiro, a toda a humanidade, ela tem necessariamente um caráter social. Enviada ao conjunto da humanidade, a revelação é uma verdade, que deve ser imposta a todos, com regras às quais todos devem se submeter, configurando-se, desse modo, o seu aspecto ético.

A fé dos muçulmanos implica a crença na missão dos profetas (*nabī*, pl. *anbiyā'*), de todos os profetas enviados por Deus: assim, o *Corão* retoma o ciclo da profecia bíblica, do Antigo e Novo Testamentos, desde Noé, com o episódio do Dilúvio, e Abraão, que, com os seus, deixou a terra dos ímpios[1], até "Jesus, filho de Maria (Maryam)", que tem um lugar privilegiado, pois com essa expressão é citado treze vezes e como "Jesus, o Messias, filho de Maria", é citado três vezes. O *Corão*, porém, inclui alguns profetas de origem árabe, como Hūd e Ṣāliḥ, que foram enviados a povos historicamente não identificados, respectivamente as tribos de ᶜĀd e de Ṯamūd[2], e Šuᶜayb, enviado ao povo de Madyan[3]. Enquanto fé islâmica, porém, sua característica fundamental está na exigência em crer na missão específica de Muḥammad, o último dos profetas e "selo da profecia". Assim, no Islã, a profecia possui tanto um caráter geral, quando se refere a todos os profetas, quanto um caráter particular, quando concerne apenas ao Profeta Muḥammad.

Narradas no *Corão*, as histórias dos profetas anunciam a vontade divina e descrevem a punição à qual estarão sujeitos os incrédulos. Durante o intervalo de tempo (*fatra*) que separa a vinda de um profeta-enviado de Deus e a do seguinte, a humanidade sem Lei nem Livro está imersa no estado de ignorância (*jāhiliyya*). Antes da vinda de Muḥammad, era este o estado em que se encontrava o povo árabe. A *fatra* deve ser entendida como um período de torpor religioso em que não se conhece nem se testemunha a unicidade de Deus (*tawḥīd*).

Os apóstolos ou mensageiros (*rusul*) de Deus, ou melhor, os profetas-enviados têm como missão esclarecer e precisar o que Deus, desde a pré-eternidade, já concedera aos filhos de Adão: o pacto que confere aos seres humanos o estatuto de crentes e adoradores de um único Senhor. As profecias não devem ser compreendidas como um progresso da revelação, mas como esclarecimentos e chamamentos, uma rememoração do que já fora revelado pelos profetas anteriores. Assim, a missão de Muḥammad situa-se na continuação da dos outros profetas, também enviados de Deus, desde Adão até Jesus.

Abundantes são as narrativas no *Corão* dos profetas bíblicos, Adão, Noé, Abraão, Lot, José e seus irmãos, Moisés, Jonas, Davi, Salomão, João Batista, Jesus e outros ainda, embora nem todos os profetas da tradição

1. *Corão* XIX:46-49; e XXI:71, quando Deus o conduziu, junto com Lot, "à terra por Ele abençoada".
2. *Corão* VII:65; 73.
3. *Corão* VII:85. Madyan é também citada na Bíblia; designa uma região a leste do Golfo de ᶜAqaba.

judaico-cristã sejam mencionados. Todos eles, porém, foram reconhecidos pelos judeus e pelos cristãos como mensageiros de Deus, contrariamente aos profetas enviados aos povos genuinamente árabes, de Madyan e as tribos de ᶜĀd e de Ṯamūd, que não os reconheceram.

Allāh, porém, não fala diretamente aos homens, como se deu com Moisés, que recebeu diretamente de *Yaweh* as tábuas dos dez mandamentos. *Allāh* escolheu o Seu mensageiro, Muḥammad, que, ao receber a Sua Palavra por intermédio do anjo Gabriel, põe termo aos intervalos temporais da "ignorância" (de Deus) e recebe a Lei revelada para organizar uma comunidade de fiéis na espera da Hora do Julgamento final. Pois, findo o envio dos profetas-mensageiros, cabe aos muçulmanos "comandar o bem e proibir o mal"[4] e levar aos povos a vontade de Deus e os direitos dos homens como Suas testemunhas. Cabe ao Avisador[5], Muḥammad, advertir e encaminhar os que temem a Hora final (do Julgamento): "Não sou mais que um Avisador. Não há divindade além de Deus, o Único, o Invencível"[6]. Ao longo do *Corão*, as suras repetem que Muḥammad é a Testemunha, o Anunciador, o Avisador. Estas são, pois, as funções do profeta do Islã, Muḥammad.

No ciclo da profecia, os profetas são, portanto, esses eleitos de Deus cuja função se dá num duplo, porém inseparável, registro: de um lado, a mensagem divina ganha os corações e mentes e diz respeito à fé; de outro, a institucionalização dessa mesma fé se realiza objetivamente numa comunidade de fiéis que, unidos, partilham a mesma visão de mundo, fundada nas mesmas crenças e ações. Tal é a distinção entre a fé e a Lei (divina) na sua unidade fundamental.

A *Falsafa* e a Profetologia

A problemática específica em torno do fato da profecia é um dos aspectos mais significativos do pensamento filosófico islâmico. Pode-se até mesmo

4. *Corão* III:110;114.
5. *Corão* LXXIX:45.
6. *Corão* XXXVIII:65.

afirmar que a questão da profecia é um ponto nodal para os filósofos do Islã, porque, enquanto muçulmanos, eles se viam diante de um fato ensinado pela religião que, entretanto, era inexistente na filosofia grega, da qual se valiam como herdeiros. É preciso assinalar que há certa ambigüidade na filosofia árabe-islâmica quanto às relações entre filosofia e religião. Os pensadores muçulmanos consideravam a filosofia mais como uma sabedoria (*ḥikma*), na medida em que esta é um conhecimento e vice-versa. Não tinham, portanto, a concepção moderna de filosofia como puro exercício de reflexão. No Medievo islâmico, a filosofia despertava o mesmo interesse e curiosidade que despertavam a cosmologia, as matemáticas e a medicina. O caso de Avicena é particularmente significativo porque, em sua gigantesca obra, observa-se que ele trata de temas religiosos, como a existência de Deus, a profecia e os milagres, com o mesmo rigor científico que trata das matemáticas, da lógica e da medicina.

A temática relativa à profecia funda-se no próprio fato da profecia, já que Muḥammad anunciou, desde o início da revelação divina, o fim delas, posto ser ele o último dos enviados por Deus, donde a sua designação de "selo dos profetas". O *Corão* alude ao fato de que, a partir do final das revelações, é chegado o tempo da maturidade da razão humana e de que, portanto, por intermédio dos sinais (*āyāt*) enviados por Deus, o homem terá o conhecimento de si e do universo: "Em breve, mostrar-lhes-emos Nossos sinais no universo e em suas próprias pessoas, até que possam ver claramente que esta é a Verdade"[7]. O advento das ciências e da filosofia no Islã não é um acontecimento exterior à religião, mas insere-se essencialmente no âmago dela. Logo, era inevitável que, a partir da problemática da profecia e do anúncio de seu fim, os sábios do Islã começassem a buscar nas ciências soluções às suas indagações. "A ciência é um dever para todo muçulmano", disse Muḥammad. E acrescentou: "Buscai a ciência desde o berço até o túmulo"[8], de modo que a obrigação religiosa e a necessidade impulsionaram a

7. *Corão* XLI:53.
8. Célebres *aḥādīṯ* (tradições) atribuídos a Muḥammad. Um outro *ḥadīṯ* reporta que Muḥammad disse: "Buscai a ciência, (se necessário) até na China". Al-Ġazālī cita ainda um outro *ḥadīṯ*: "A busca da ciência está prescrita para todo muçulmano". Cf. ARNALDEZ, Roger. *L'homme selon le Coran*. Paris: Hachette Littératures, 2002. p. 107. O *Corão* XX:114 chama à atenção: "Dizei: Ó meu Senhor, faça-me crescer em sabedoria".

busca pelo conhecimento na natureza, na história e, sobretudo, nas ciências herdadas de outros povos. Todo conhecimento era – e é –, portanto, assegurado pela profecia. Central ao dogma e à vida religiosa, a profecia ocupa um lugar nodal no Islã.

As reflexões sobre o fato profético podem ser abordadas num duplo registro. De um lado, vemos surgir as relações entre filosofia e religião, que tentam a conciliação entre o que fora revelado ao Profeta e os diversos tipos de conhecimento que os muçulmanos – pressionados por necessidades intelectuais e materiais, tais quais os conhecimentos de ordem prática como os relativos à medicina, à farmacologia, à astronomia etc. – foram buscar em outras civilizações, em especial a greco-bizantina, a persa e a indiana. Foi necessário que se articulassem esses dois tipos de conhecimento, o profético (endógeno) e o científico (exógeno), e que fossem encontradas soluções aos problemas que surgissem nessa interseção. Para os filósofos, era perfeitamente natural procurar elaborar um conhecimento lógico a partir de fontes tão heterogêneas e construir seus sistemas numa perspectiva convergente.

De outro lado, porém, vemos surgir a preocupação para compreender, sob a ótica do racionalismo, os princípios da ação humana, ou melhor, os princípios de uma ética em que a ação profética fosse o paradigma da perfeição humana. A ação profética não foi considerada como contraditória ao saber recebido de outros povos, e sim tomada como modelo da ação perfeita[9].

Para os primeiros muçulmanos, o profeta é um homem como outro qualquer que, porém, recebe de Deus um dom gratuito, tornando-o um mero instrumento da divindade. Para ser um instrumento de Deus, não é necessário possuir uma natureza perfeita, uma vez que Deus cria ou não cria a perfeição quando e como Lhe apraz. A *falsafa* e seu ilustre representante,

9. As escolas teológicas (*mu*ᶜ*tazilitas*, *māturīditas*, *aš*ᶜ*aritas*), os juristas (*fuqahā'*) e os filósofos (*falāsifa*) concordam todos em atribuir aos profetas a qualidade de impecabilidade (ᶜ*iṣma*). Os profetas desfrutam de quatro qualidades ou atributos (*ṣifāt*): a fidelidade (*amāna*), a veracidade (*ṣidq*), a sagacidade (*faṭāna*) e a autenticidade da transmissão da mensagem (*tablīġ*). A impecabilidade do profeta está incluída nas qualidades da fidelidade e veracidade. Cf. GARDET, Louis. *Dieu et la Destinée de l'Homme*. Paris: J. Vrin, 1967. p. 187. Para os filósofos, a impecabilidade pertence, por natureza, ao profeta em razão do seu conhecimento (ᶜ*ilm*), o que indica a aceitação da moral intelectualista herdada dos gregos. O profeta tem, por natureza, uma perfeição da inteligência, da vontade e da imaginação. Cf. ibid., p. 190.

Avicena, mudam essa perspectiva. A profecia passa a ser resultante de certas condições físicas e psíquicas determinadas pelo fluxo necessário das emanações das inteligências supralunares.

Avicena herdou das fontes islâmicas a noção de profetismo e integrou-a em seu sistema[10]. Essa noção, comum aos *falāsifa*[11], defende a idéia de que a iluminação profética não ultrapassa a capacidade do intelecto humano. O profeta possui o mais alto grau de desenvolvimento do intelecto posto em ato pelas inteligências separadas, por meio da última inteligência. Como delas recebe o fluxo criador "necessário e designado", deve ser dotado de qualidades naturais que o capacitem a se tornar o mais alto representante da raça humana, em virtude de suas capacidades extraordinárias. A *falsafa* faz do profetismo um "fenômeno natural".

Para os primeiros muçulmanos e para algumas correntes místicas, como o sufismo, o profeta é o escolhido por Deus para ser o Seu enviado e mensageiro e não dispõe necessariamente de um organismo perfeito. Para os filósofos racionalistas do Islã, o profeta, como representante supremo da raça humana, deve necessariamente possuir uma natureza cujo grau de perfeição seja o mais alto a ser atingido no mundo sublunar. Nesse sentido, a iluminação profética não ultrapassa a capacidade humana do profeta para recebê-la.

Para a *falsafa*, o profeta deve ser dotado de um organismo cujas qualidades naturais lhe são conferidas pela bondade divina. Investido de uma missão, o profeta é um legislador civil e religioso[12]. Todavia, por meio de uma ascese apropriada, alguns organismos menos dotados poderão elevar-se a um conhecimento próximo ao da iluminação profética, que, no entanto,

10. Ver o estudo de GARDET, Louis. *La pensée religieuse d'Avicenne*. Paris: Librairie Philosophique J. Vrin, 1951. p. 114 et seq.

11. Filósofos muçulmanos que procuraram, em seus sistemas, conciliar os dogmas da fé islâmica com a filosofia racionalista grega.

12. Ver o papel atribuído ao profeta por Al-Fārābī em seu tratado *Mabādi' ārā' ahl al-madīnat al-fāḍila* (Princípios das Opiniões dos Habitantes da Cidade Virtuosa): AL-FĀRĀBĪ. *La Ciudad Ideal*. Trad. M. A. Alonso. Apresentação de Miguel Cruz Hernández. Madrid: Tecnos, 1985; id. *Traité des opinions des habitants de la Cité Idéale*. Trad. Tahani Sabri. Paris: J. Vrin, 1990; id. *On the Perfect State* (*Mabādi' ārā' ahl al-madīnat al-fāḍila*). 2. ed. Ed. bilíngüe árabe-inglês. Tradução, Introdução e Comentários de Richard Walzer. Oxford: Oxford University Press, 1998. (1. ed. 1985).

dela difere pelas propriedades e qualidades intelectuais exclusivas do profeta enviado de Deus. No caso dos santos, não há atribuição divina de uma missão social, sendo esta conferida apenas aos profetas.

Profetologia em Avicena

Ibn Sīnā, Avicena entre os latinos[13], viveu entre 980 e 1037, na Pérsia, sua terra natal. Médico e filósofo, sua fama foi grande no Medievo oriental e ocidental, e até hoje é reputado um dos maiores pensadores da humanidade. Viveu nas cortes de diversos príncipes da Pérsia, chegando a exercer algumas funções administrativas no cargo de vizir, em época de grande turbulência política. Sofreu diversas perseguições políticas, seus bens e obras foram saqueados, esteve preso durante quatro meses numa fortaleza onde escreveu algumas obras de medicina e sua epístola *Ḥayy ibn Yaqẓān* (O Vivente Filho do Vigiante), alegoria que trata da perfeição a ser buscada para que a alma volte ao seu lugar de origem[14].

Avicena deixou uma obra vastíssima e duas enciclopédias[15], uma de medicina, *Kitāb al-Qānūn fī al-Ṭibb* (Cânone de Medicina), e outra de filosofia, o *Kitāb al-Šifā'* (Livro da Cura), isto é, da cura da alma. O *Cânone de Medicina* serviu de texto-base nas escolas de medicina européias até o século XVII, e o *Livro da Cura* foi a grande inspiração da escolástica latina. Sua principal obra em filosofia, o *Kitāb al-Šifā'*, é uma enciclopédia que compreende todas as ciências cujo tratamento segue os princípios de Aristóteles. Não se trata, no entanto, de comentários à obra do Estagirita, como se caracterizaria,

13. *Avicena* é a transcrição da forma hebraica *Aven Sīnā*.
14. Ver, de minha autoria, *Avicena: A Viagem da Alma*. São Paulo: Perspectiva; Fapesp, 2002.
15. Segundo o levantamento de Anawati, são 276 tratados que abrangem um largo espectro de matérias correntes em seu tempo: lingüística, filosofia, teologia, ciências e medicina. Cf. ANAWATI, M.-M., O. P. Essai de bibliographie avicennienne – La tradition manuscrite orientale de l'oeuvre d'Avicenne. *Revue Thomiste*, n. II, p. 417-440, 1951. O levantamento mais recente é de JANSSENS, J. L. *An Annotated Bibliography on Ibn Sīnā (1970-1989)*. Including arabic and persian publications and turkish and russian references. Leuven: University Press, 1991.

mais tarde, a obra de Averróis. Avicena segue a ordem epistemológica de Aristóteles e, em grande parte, exprime-se em termos aristotélicos. Todavia, é um autor de muitos interesses. Deixou numerosas epístolas de cunho místico em que discute seu tema básico de matriz neoplatônica, o retorno da alma ao Princípio. E, embora calcadas no aristotelismo, duas de suas principais obras, *Al-Šifā'* e *Kitāb al-Išārāt wa-al-Tanbīhāt* (Livro das Diretrizes e Admoestações), contêm seções que abordam temas como a profecia e os milagres, que, evidentemente não são temas aristotélicos. Esses temas, no entanto, se conciliam melhor com o neoplatonismo, difundido no Islã por um compêndio que, embora atribuído a Aristóteles, era composto de excertos retirados das obras dos neoplatônicos Plotino e Proclo, projeto concebido pelo primeiro filósofo de língua árabe, Al-Kindī (c. 800-c. 870), para completar a *Metafísica*, de Aristóteles[16]. O próprio Avicena deixou algumas notas que esboçam um comentário à *Pseudo-Teologia de Aristóteles*[17].

As características proféticas delineadas por Avicena dependem de sua teoria do intelecto (*ᶜaql*), que, embora com tintas neoplatônicas, está fundada em conceitos aristotélicos.

16. ZIMMERMANN, Friedrich W. The Origins of the so-called Theology. In: KRAYE, J.; RYAN, W.; SCHMITT, C.-B. (Org.). *Pseudo-Aristotle in the Middle Ages. The* "Theology" *and Other Texts*. London: The Warburg Institute, 1986. p. 110-240. Zimmermann estudou a atividade do filósofo árabe Al-Kindī e seus discípulos em Bagdá, durante os califados de Al-Ma'mūn e de Al-Muᶜtaṣim, ambos patronos das traduções de obras gregas (quer do original quer do siríaco) para a língua árabe. Quanto às traduções de textos gregos no estudo que consagrou às origens da *Pseudo-Teologia de Aristóteles*, o estudioso demonstrou que a *Teologia* era inicialmente composta de um grupo de textos de metafísica que compreendia não apenas textos de Plotino (paráfrase das *Enéadas* IV-V-VI), mas ainda passagens dos *Elementos de Teologia*, de Proclo, e textos de Alexandre de Afrodísia, coleção que visava completar a *Metafísica*, de Aristóteles, com uma "antologia [...] de teologia clássica". Esses textos de metafísica, isto é, a *Teologia* ou "ciência divina", caracterizaram o período de formação da filosofia islâmica. Contudo, o material foi depois desmembrado, mas permaneceu a atribuição a Aristóteles da *Pseudo-Teologia de Aristóteles*, isto é, da paráfrase das *Enéadas* IV-V-VI, de Plotino. Cf. ibid., p. 128. Cf. D'ANCONA COSTA, Cristina. *Recherches sur le Liber de Causis*. Paris: J. Vrin, 1995. p. 167; cf. id. *La Casa della Sapienza. La trasmissione della metafisica greca e la formazione della filosofia araba*. Milano: Guerini e Associati, 1996. p. 72-74. Outra obra de larga circulação entre os árabes foi o *Liber de Causis*, cuja doutrina é derivada dos *Elementos de Teologia*, de Proclo, elaboração doutrinária também atribuída a Al-Kindī e seu círculo. O compêndio das duas fontes neoplatônicas – a paráfrase árabe das *Enéadas* IV-V-VI e os *Elementos de Teologia*, de Proclo – forma o que se convencionou denominar *Plotiniana Arabica*. Cf. id., 1995, p. 155 et seq.

17. VAJDA, Georges. Introdução e tradução. Les notes d'Avicenne sur la "Théologie d'Aristote". *Revue Thomiste*, vol. II, p. 346-406, 1951.

***

A noção de profecia está integrada no sistema de Avicena. Entretanto, podemos discernir em sua obra o duplo registro já mencionado, isto é, de um lado a inserção da idéia de profetismo na teoria da alma dentro do quadro referencial das filosofias aristotélica e neoplatônica; de outro, a abordagem ética e política em que Avicena afirma a necessidade da profecia para a subsistência da espécie humana, porquanto o profeta – modelo a ser seguido – é o legislador que deverá velar para que se mantenha a justiça entre os homens. Nas passagens da *Metafísica* (e outras correspondentes) em que Avicena trata do legislador, reconhecemos a figura do rei-filósofo de Platão, embora nosso autor não se estenda em considerações políticas como o fará, mais tarde, Averróis, no comentário que faz à *República*, de Platão.

No que concerne à profetologia, dois grupos de textos apresentam referências às duas direções apontadas: o primeiro se inscreve no que se convencionou chamar de noética de Avicena ou de psicologia. Apesar de o tema da profecia estar virtualmente presente em todos os seus trabalhos sistemáticos, desde os relativamente primeiros – o *Kitāb al-Mabda' wa-al-Ma*^{c}*ād* (Livro da Origem e do Retorno)[18], escrito entre 1012 e 1014 – até os trabalhos de maturidade – como o *Kitāb al-Najāt* (escrito em 1030 ou em 1032), o *Livro de Ciência* e as *Išārāt*, ambos escritos entre c. 1030-1034[19] –, há o grupo de textos muito estudado em decorrência do interesse na teoria do conhecimento de Avicena que preconiza a profecia como o termo final da perfeição da potência intelectual humana. São eles:

1) *Kitāb al-Šifā'*, II (Livro da Cura, II), que comporta o *Kitāb al-Nafs* (Livro da Alma)[20], em que Avicena se refere à capacidade profética em três ocasiões: Parte IV, cap. 2 e 4, e Parte V, cap. 6. A versão resumida, feita

18. AVICENA. *A Origem e o Retorno*. Tradução direta do árabe, Introdução e Notas de Jamil Ibrahim Iskandar. São Paulo: Martins Fontes, 2005.
19. Cf. MICHOT, Jean R. *La destinée de l'homme selon Avicenne. Le retour à Dieu (ma*^{c}*ād) et l'immagination*. Louvain: Aedibus Peeters, 1986.
20. O *Kitāb al-Šifā'* é composto de quatro tomos dedicados cada qual à Lógica, à Física, às Matemáticas e à Metafísica. O *Livro da Alma* é o sexto livro no segundo tomo, que é relativo à *Física*. AVICENA. *Psychologie d'Ibn Sīnā d'après son oeuvre Aš-Šifā'* II. Trad. (francesa) Jan Bakóš, com notas e comentários. Praga: Éditions de l'Académie Tchécoslovaque des Sciences, 1956.

pelo próprio Avicena, segue de perto o *Šifā'* no *Kitāb al-Najāt* (Livro da Salvação), Livro II, cap. 6[21].

2) Na segunda parte do *Kitāb al-Išārāt wa-al-Tanbīhāt* (Livro das Direções e Admoestações)[22], o terceiro segmento, dedicado ao estudo das almas terrestres e celestes, contém uma "direção" sobre as faculdades da alma racional que são explicadas segundo o ponto de vista da alegoria corânica da luz ou lâmpada[23], que Avicena retoma e explicita com maior esmero na *Risāla fī Iṯbāt al-Nubuwwāt* (Epístola sobre a Prova das Profecias)[24].

Acrescentem-se três obras que podem servir de apoio às passagens mais complexas, uma epístola redigida entre 1012 e 1014, *Risāla fī al-Ḥudūd* (Epístola das Definições)[25]; o *Dânèsh-Nâma* (Livro de Ciência)[26], único texto em persa, escrito entre 1030 e 1034, e, por fim, a *Risāla fī Aḥwāl al-Nafs* (Epístola dos Estados da Alma)[27], redigida por Avicena possivelmente em seus últimos anos de vida, entre 1030 e 1037.

O segundo grupo de textos trata da profecia num contexto ético-socio-político: na *Metafísica* X, cap. 2, cujas passagens são retomadas literalmente no *Kitāb al-Najāt* (Livro da Salvação)[28], afirma-se a necessidade do profeta

21. AVICENA (IBN SĪNĀ). *Avicenna's Psychology (An English Translation of Kitāb al-Najāt, Book* II, *ch. 6)*. Trad. (inglesa) Fazlur Rahman, com notas e comentários. Westport, Connecticut: Hyperion Press, Inc., 1981; 1990. (1. ed. Oxford: Oxford University Press, 1952).

22. AVICENA. *Livre des Directives et Remarques*. Tradução, Introdução e Notas de Amélie-Marie Goichon. Beyrouth; Paris: Commission Internationale pour la Traduction des Chefs-d'oeuvre; Librairie Philosophique J. Vrin, 1951. Tradução de: *Kitāb al-Išārāt wa-al-Tanbīhāt*.

23. *Sūrat al-nūr*, *Corão* XXIV:35.

24. AVICENA. *On the proof of prophecies and the interpretation of the prophet's symbols and metaphors*. Trad. Michael E. Marmura. In: LERNER, Ralph; MAHDI, Muhsin. (Org.). (With the collaboration of FORTIN, Ernest L.). *Medieval Political Philosophy*: A Sourcebook. Ithaca, N. Y.: Cornell University Press, 1972a. (1. ed. 1963). p. 112-121.

25. Id. *Introduction à Avicenne, son Épître des Définitions*. Tradução, Introdução e Notas de Amélie-Marie Goichon. Paris: Desclée, de Brouwer et Cie., 1933.

26. Id. *Le Livre de Science*. Trad. (do original persa) Mohammad Achena; Henri Massé. Paris: Belles Lettres-Unesco, 1986. Tradução de: *Danishnāmé-i 'Alā'ī*.

27. Cf. MICHOT, Jean. Prophécie et divination selon Avicenne. Présentation, essai de traduction critique et index de l'"Épître de la sphère". *Revue Philosophique de Louvain*, t. 83, p. 507-535, nov. 1985. p. 512-522. Apresenta a tradução da seção XIII, que circulou autonomamente com o título "Do estabelecimento da profecia".

28. AVICENA (IBN SĪNĀ). *Kitāb al-Najāt*. Ed. Sabrī al-Kurdī. Cairo, 1938, p. 303-308, apud RAHMAN, Fazlur. *Prophecy in Islam*: Philosophy and Orthodoxy. Chicago; London: The University of Chicago Press, 1958. (2. ed. 1979). p. 52-64.

para o bem-viver social e para a continuidade da espécie humana. O profeta, sobre quem desceu a revelação divina (*waḥy*), legislará em nome de Deus e proverá para que a Sua Lei (*Šar*ᶜ) seja obedecida e seguida. O caráter político da profecia é corroborado pela *Risāla fī Aqsām al-ᶜUlūm al-ᶜAqliyya* (Epístola da Divisão das Ciências Intelectuais)[29], em que, ao apresentar a divisão das ciências práticas (ética, economia e política), Avicena informa que o estudo da política versa sobre a profecia e sobre a Lei religiosa.

Avicena trata da capacidade profética em seus textos dedicados ao estudo da alma (psicologia). Nesse contexto, porém, ele apenas examina as capacidades anímicas que são típicas dos profetas, ou melhor, examina os meios para que a profecia se realize, não se detendo nos fins, isto é, na finalidade ou no sentido da profecia. Ao nos debruçarmos sobre os textos consagrados à profecia, podemos inferir que o seu exame enquanto tal não é um objeto próprio a que ele se dedica, já que não aborda as capacidades proféticas de modo unificado, isto é, como uma teoria da profecia, mas analisa essas capacidades em partes diferentes e disseminadas ao longo de sua principal obra destinada ao estudo da alma, o *Kitāb al-Nafs* (Livro da Alma). Avicena alude à capacidade profética cada vez que perscruta a faculdade da alma que a ela se relaciona. No tratamento hierarquizado das faculdades humanas, ele finaliza com a perfeição suprema do desenvolvimento intelectual, que pertence tanto ao filósofo como ao profeta.

Contudo, sua preocupação com a capacidade profética permeia seus estudos sistemáticos, como já mencionamos, e é apresentada como prova racional das crenças populares na revelação profética. É, portanto, no contexto de uma filosofia racional e sistematizada que será incluído o estudo da profecia.

29. AVICENA. *Les Divisions des Sciences Intellectuelles d'Avicenne*. Trad. Georges C. Anawati. MIDEO, Cairo: Dār al-Maᶜārif, t. 13, p. 323-335, 1977. Id. *Épître sur les parties des Sciences intellectuelles d'Abū ᶜAlī al-Ḥusayn Ibn Sīnā*. Trad. (francesa) Rabia Mimoune. In: JOLIVET, Jean; RASHED, Roshdi. (Org.). *Études sur Avicenne*. Paris: Les Belles Lettres, 1984. Id. *Les Sciences Physiques et Métaphysiques selon la Risāla fī Aqsām al-ᶜUlūm d'Avicenne*. Essai de traduction critique. Trad. Jean Michot. *Bulletin de Philosophie Médiévale*, n. 22, Louvain, p. 64-71, 1980; essa é uma tradução parcial da *Física* e da *Metafísica*. Id. *On the divisions of the rational sciences*. Trad. Muhsin Mahdi. In: LERNER, Ralph; MAHDI, Muhsin. (Org.). (With the collaboration of FORTIN, Ernest L.). *Medieval Political Philosophy*: A Sourcebook. Ithaca, N. Y.: Cornell University Press, 1972. (1. ed. 1963). p. 95-97; essa é uma tradução parcial.

Embora não apresentadas de modo unificado, podemos discernir, numa leitura cuidadosa, as três propriedades ou qualidades do estado profético, tal como Avicena apresentou-as de modo coerente num quadro metafísico e epistemológico, para explicar a possibilidade da 1) inspiração profética recebida diretamente da inteligência agente que caracteriza o "intelecto santo" do profeta, grau supremo da perfeição humana; 2) percepção da revelação em forma sensível, conferida por meio da faculdade da imaginação, que se traduz em símbolos; 3) capacidade de realizar milagres e de prever o futuro de eventos particulares.

Ao mencionar o estado profético, no *Livro da Alma*, seja na passagem relativa à imaginação seja na passagem relativa ao poder de agir sobre a matéria exterior[30], Avicena adverte que ambos são distintos "modos" de profecia. Somente ao referir-se ao intelecto é que qualificará o "intelecto santo" como o mais alto grau das potências proféticas[31]. Parece que, ao tratar em separado cada uma das três características proféticas, o filósofo está tentando ocultar a conexão essencial que há entre elas, em especial a conexão entre a inspiração do tipo intelectual e as representações imaginais e simbólicas da profecia. Ainda, Avicena não faz explicitamente qualquer relação entre a inspiração de caráter filosófico – tal como é apresentada nas passagens sobre a alma –, possível para alguns profetas (*anbiyā'*), e as funções políticas de legislador dos mensageiros proféticos (*rusul*), aludidas no final do *Livro da Cura*. Porém, o que se retém da leitura dessas passagens é a demonstração de que, para o filósofo-médico, o estado profético é resultado de raras condições físicas e psíquicas. O profeta que recebe a revelação divina é um homem escolhido por Deus para conduzir a sociedade, cujas qualidades, embora excepcionais, são sempre humanas e passíveis de demonstração.

***

Em três momentos a progressão da análise da alma conduz a um modo ou estado de profecia: no início da seção 2, do cap. IV, Avicena anuncia que

30. Id. *Livro da Alma* (*Kitāb al-Nafs*), Parte IV, seções 2 e 4, respectivamente, ver *Psychologie d'Ibn Sīnā d'après son oeuvre Aš-Šifā'* II. p. 119-123; 137-142; 176-177.
31. Ibid., Parte V, seção 6.

tratará "das atividades da imaginação e da faculdade cogitativa dentre os sentidos internos, do sono e da vigília, do sonho verdadeiro e enganador e de uma espécie das propriedades da profecia". Já na seção 4 do mesmo cap. IV, Avicena menciona uma outra propriedade da alma do profeta, a capacidade de agir sobre a matéria exterior. No final, ele afirma categoricamente que o que acabou de expor é apenas um modo da capacidade profética e o que expusera anteriormente, a respeito da imaginação, é uma "propriedade profética pendente das potências sensíveis de apreensão"[32], enquanto esta é uma propriedade pendente da virtude sensível motora do consentimento (*ijmā*ᶜ)[33] ao desejo, que pertence à alma do profeta digno de profetizar. Finalmente, no capítulo V, seção 6, Avicena se dedica à análise dos diferentes graus do intelecto, dos quais o mais elevado é o "intelecto santo", uma espécie de profecia.

Haverá, então, vários modos de profecia? Se existem, como operam?

Como não está apresentada em uma única obra, muito menos de modo unificado, a concepção de profecia de Avicena tem de ser, de certo modo, reconstruída pelas informações que se obtêm de alguns tratados. Podemos, entretanto, discernir três condições necessárias para que a profecia se realize, ou melhor, são estas as condições necessárias a quem se intitula profeta ou enviado ou mensageiro da palavra divina[34]:

1) *Clareza e lucidez da inteligência*, principal condição, que comanda as outras duas, pois é em função da acuidade de sua inteligência que o profeta está

32. Id. *Avicenna Latinus. Liber de anima seu sextus de naturalibus*. Édition critique de la traduction latine médiévale par S. Van Riet. Introduction sur la doctrine psychologique d'Avicenne par G. Verbeke. 2 v. Louvain; Leiden: Éditions Orientalistes; E. Peeters; E. J. Brill, 1968/1972. vol. I: Livros I-II-III; Louvain; Leiden: E. Peeters; E. J. Brill, 1972. vol. II: Livros IV-V; Lexiques par S. Van Riet; Louvain: Leiden: Éditions Orientalistes; E. J. Brill, 1968. p. 66. Id., 1956, p. 138.

33. A faculdade do consentimento (*ijmā*ᶜ) apresenta um grande problema, pois ela é tanto traduzida por "deliberativa" como por "desiderativa". Cf. o Léxico árabe-latino (Léxiques par S. Van Riet, *Avicenna Latinus. Liber de anima*, IV-V), p. 223, em que aparecem os vários termos latinos traduzidos de *ijmā*ᶜ; cf. tradução Bakóš: este traduz tanto "resolution" como "deliberative". Fazlur Rahman traduz por "impulsion", cf. nota 44 infra. No vocabulário jurídico, *ijmā*ᶜ significa "consenso" em base à Lei islâmica, sendo, em teoria, o acordo unânime da comunidade sobre um regulamento (*ḥukm*) imposto por Deus.

34. Cf. STRAUSS, Leo. La Loi fondée sur la philosophie. In: *Le Monde oriental*, 1933. (Reprint in *Maïmonide*. Paris: Presses Universitaires de France, 1988. p. 120 et seq.). Cf. GARDET, op. cit., 1951, p. 121.

apto a receber o eflúvio da inteligência universal tal qual lhe é transmitido pelo Anjo, isto é, pela inteligência separada da matéria ou alma celeste. Contudo, seja a clareza seja a lucidez de inteligência, ambas são condições comuns tanto ao profeta como, até certo ponto, também aos sábios e santos, donde a necessidade de uma segunda condição necessária ao profeta.

2) *Perfeição da faculdade da imaginação*, condição que significa que a faculdade da imaginação deve estar em harmonia com o mundo das esferas celestes. Sábios e santos recebem a emanação da inteligência agente sob a forma de uma inspiração interior (*ilhām*), que, nos profetas, emanada das almas celestes, se derrama sobre a imaginação. À inspiração interior se une a revelação (*waḥy*), que, sendo exterior à alma do profeta, é apreendida sob a forma de algo sensível. O profeta, então, vê o anjo e ouve a sua voz. Desse modo ele recebe os preceitos divinos e pode realizar a sua missão de tornar-se o guia e o legislador da sociedade humana. Com a sua imaginação tornada perfeita, o profeta não está mais à mercê das ilusões dos sentidos, pois sua faculdade de imaginar participa do conhecimento das almas celestes, que lhe concedem, sob a forma de alegorias e símbolos, a revelação das coisas ocultas, que, assim, são transmitidas aos homens comuns. Como a humanidade só pode compreender o oculto por meio de símbolos e alegorias, a imaginação do profeta, livre dos sentidos corporais, ao se comunicar com as almas celestes, recebe a visão do anjo e ouve a sua voz, ambas antropomorfizadas.

3) *Poder da alma sobre a matéria exterior*, isto é, poder de realizar milagres e de predizer o futuro. Essa não é uma condição essencial própria da profecia, mas é necessária ao profeta porque lhe confere o poder de apresentar sinais e milagres como prova de sua missão. Dentre esses sinais e milagres, alguns procedem da perfeição do intelecto, e outros, da perfeição da imaginação. Assim, os jejuns prolongados e as forças físicas extraordinárias dependem da lucidez e da força do intelecto profético, que se une ao mundo dos inteligíveis; quanto à capacidade de compreender segredos e de prever acontecimentos futuros, ela depende da faculdade da imaginação. A imaginação recebe das almas celestes o conhecimento dos particulares. No sistema de Avicena não há lugar para atos livres e futuros contingentes. Tudo já está inscrito no intelecto universal. As

almas celestes são conhecedoras dos acontecimentos individuais, que, em última instância, são sempre determinados por Deus. Um terceiro grupo de sinais depende da perfeição de operar sobre o mundo natural: refere-se aos atos exercidos sobre a matéria exterior, como da cura de enfermos, do poder exercido sobre a natureza, como provocar chuva, seca e tempestades, e das bênçãos e maldições seguidas de efeitos milagrosos.

Não se trata de fazer intervir elementos sobrenaturais, já que a explicação está na natureza da própria alma humana, na simpatia que une o macrocosmo universal e o microcosmo humano. Mas, uma vez que a alma humana pode agir sobre o seu próprio corpo, se as faculdades estiverem devidamente aperfeiçoadas, por que não pode também agir sobre corpos alheios? Para Avicena, alguns indivíduos e, sobretudo, os profetas possuem esse poder desde o nascimento, enquanto os sábios e santos poderão consegui-lo apenas depois de uma ascese apropriada, embora não haja uma diferença intrínseca no resultado da ação produzida por todos eles[35].

Avicena ensina que, dentre os homens, os mais excelentes são os que possuem excepcionais condições tanto intelectuais como morais. E, entre estes, o profeta ocupa o grau mais elevado, porque possui as três características ou propriedades necessárias para a efetivação do estado profético, isto é, possui a acuidade do intelecto para receber o conhecimento imediato, possui a perfeição de sua imaginação e, ainda, por meio de uma faculdade motora, possui o poder de transformar a matéria exterior. No *Livro da Alma*, porém, seja na passagem que versa sobre a imaginação, seja na que versa sobre o poder de agir sobre a matéria exterior[36], ao mencionar o estado profético, Avicena adverte que são distintos "modos" de profecia. Mas, ao desenvolver a teoria do intelecto, Avicena distingue o profeta dos sábios, pois somente o primeiro é possuidor de um intelecto "santo" – o mais alto grau das potências intelectuais –, que se traduz na capacidade do intelecto em conhecer a verdade sem mediações e sem o apoio de silogismos e provas[37]. Somente aquele que, além de suas qualidades morais, dispõe das três condições supramencionadas

35. Cf. ibid., p. 120.
36. AVICENA. *Kitāb al-Nafs* (Livro da Alma), Parte IV, seções 2 e 4, respectivamente.
37. Ibid., Parte V, seção 6.

está apto a receber as revelações divinas, quer por meio da visão dos anjos quer por meio da palavra direta de Deus[38].

Em Avicena, os modos de profecia são hierarquizados: quando a profecia se manifesta através da imaginação, corresponde ao grau inferior; ao intermediário, quando se manifesta através do poder de operar milagres, isto é, de modificar a matéria; e ao mais elevado, quando se manifesta no nível da intelecção, ou seja, na perfeição do intelecto quando este se torna santo. Isso, contudo, não significa que o profeta, cujo intelecto pertence ao mais alto grau, não disponha também das condições inferiores. A participação de uma faculdade intelectual inferior na profetologia de Avicena, como é o caso da imaginação, está no fato de que o profeta ouve a palavra divina e vê os anjos com forma visível. Os anjos aparecem para quem recebe a revelação divina: os olhos do profeta os vêem sob a forma de simulacros, e em seus ouvidos produz-se uma voz que o profeta entende ser de Deus e dos anjos[39].

Para o filósofo-médico, o estado profético é o resultado de raras condições físicas e psíquicas. Analisaremos em seguida essas três condições raras, mas necessárias ao profeta, que caracterizam a doutrina de Avicena.

Para o leitor não familiarizado com a complexidade dessa temática, começamos por apresentar um resumo da concepção hierarquizada das faculdades da alma em Avicena[40].

Faculdades da Alma

O médico Avicena, conhecedor do cérebro humano, descreve as faculdades humanas no quadro da tradição aristotélico-galênica, permanecendo fiel

38. Id. *Metafísica*, X, 9.
39. Ibid.
40. Para um estudo detalhado da temática da alma em Avicena, ver ATTIÉ Fº, Miguel. *Os Sentidos Internos em Ibn Sīnā (Avicena)*. Porto Alegre: Edipucrs, 2000; e sua tese de doutorado, id. *O Intelecto no Livro da Alma de Ibn Sīnā (Avicena)*. Tese (Doutoramento) – FFLCH-USP, São Paulo. 2004.

ao célebre axioma aristotélico "a natureza não faz nada em vão"[41], posto que apresenta as faculdades da alma, cada uma com utilidade e finalidade próprias. Avicena desenha uma hierarquia das faculdades em que, do nível mais baixo, o corporal, até o mais alto, o intelecto profético, há uma série ascendente de funções anímicas que se escalonam segundo a sua maior ou menor vinculação às funções corporais.

A alma, que é única, possui três partes: vegetativa, animal[42] e racional. Cada uma dessas partes possui faculdades próprias, cada qual com suas funções específicas.

I. A alma vegetativa tem suas faculdades com funções estritamente corporais, responsáveis pela manutenção e desenvolvimento da vida, a saber, a faculdade nutritiva, que se ocupa da digestão dos alimentos, a faculdade de crescimento, que organiza o desenvolvimento da matéria corporal (músculos, ossos, pele, órgãos), e a faculdade da geração, responsável pela reprodução da espécie.

II. As faculdades animais são assim chamadas porque são encontradas em todas as espécies do reino animal, inclusive nos humanos; obviamente estão excluídos os vegetais, essas formas de vida que estão na base inferior da escala da alma.

A alma animal possui duas faculdades principais, de movimento e de apreensão. A faculdade motora (*quwwa muḥarrika*) resulta de uma vontade ou desejo (*šawq*) que tem origem na necessidade de querer um determinado objeto ou de escapar dele. O desejo pode ser tão intenso que necessite de um consentimento (*ijmāᶜ*), o qual não é o próprio desejo, uma vez que, às vezes, apesar de grande, não é satisfeito, ou como diz o texto, não recebe consentimento (*ijmāᶜ*), logo não move o corpo na busca de satisfação. Quando há o consenso ou consentimento (*ijmāᶜ*), a faculdade responsável (*quwwa*

41. ARISTÓTELES. *De Caelo*, II, 8, 30.
42. *Al-quwwa al-ḥayawāniyya*, faculdade animal: quando se verteram as obras gregas para o árabe, o *pneûma zôtikon*, o "espírito vital", tornou-se em árabe *rūḥ ḥayawānī*, "espírito animal", porque o adjetivo *zotikos*, "vital", foi confundido com *zôôdês*, "como um animal". Seria mais exato dizer faculdade "vital". Cf. ULLMANN, M. *La médecine islamique*. Paris: Presses Universitaires de France, 1995. p. 36.

ijmāᶜiyya)[43] transmite o desejo para a motora, que, então, move os músculos e tendões de acordo com o desejo, seja de aproximar-se seja de afastar-se do objeto visado. A faculdade do consentimento é uma espécie de impulso[44] a realizar o desejo (*šawq*), que se prolonga em duas outras faculdades responsáveis: a concupiscência (*šahwāniyya*), responsável pela busca do que necessitamos para satisfazer nossos anseios; e a irascibilidade (*ġaḍabiyya*), responsável pela repulsa dos objetos considerados nocivos.

Por meio da faculdade de consentimento (*quwwa ijmāᶜiyya*), os desejos são impulsionados na faculdade motora, que age no corpo, fazendo-o, então, locomover-se para a busca da satisfação dessas vontades.

A outra parte da alma animal, a faculdade apreensiva ou da percepção das coisas exteriores à alma (*quwwa mudrika*), subdivide-se, por sua vez, em dois grupos de faculdades, o "exterior" e o "interior", "a faculdade que percebe de fora e a outra, a faculdade que percebe de dentro"[45]. Pertencem ao grupo "exterior" os sentidos que percebem e apreendem do mundo "de fora" as sensações – cor, som, cheiro, sabor e toque –, sensações captadas e transmitidas para a faculdade pelos cinco sentidos exteriores: visão, audição, olfato, paladar e tato. Essas sensações ou percepções são então transmitidas para os sentidos internos, como Avicena define o grupo "interior" das faculdades. Esses dois grupos, que podem operar em conjunto ou separadamente, transmitem suas "apreensões" para a faculdade motora, que vai provocar o movimento do corpo na direção desejada por meio de sua divisão apetitiva e irascível.

Os sentidos internos recebem, conservam e combinam as percepções recebidas pelo sentido comum (*al-ḥiss al-muštarak*) ou *phantasía*. Fazem parte da faculdade de apreensão interior o sentido comum ou *phantasía*, receptor das

43. No texto latino está vertida por *virtus desiderativa*, cf. *Avicenna Latinus. Liber de Anima*, livros IV-V, p. 57; 59; 66; 78-79. O termo *ijmāᶜ* também é traduzido por *desiderium*, *voluntas* e *effectus*, cf. p. 55-58, o que pode causar certa confusão na compreensão do texto. O desejo (*šawq*) conduz necessariamente ao consenso ou consentimento (*ijmāᶜ*), isto é, à faculdade responsável pelo consenso (*quwwa ijmāᶜiyya*) que realiza esse consentimento.

44. Fazlur Rahman traduz por "impulsion", cf. RAHMAN, Fazlur. Ibn Sīnā. In: SHARIF, Mian Mohammad. (Org.). *A History of Muslim Philosophy*. With short accounts of other Disciplines and the Modern Renaissance in the Muslim Lands. Published by Pakistan Philosophical Congress. New Delhi: Low Price Publications, 1999. cap. XXV (Ibn Sīnā), p. 491.

45. AVICENA, op. cit., 1956, I, 5, p. 29. Sobre as faculdades da alma animal, ver a tradução inglesa de Fazlur Rahman, id., (1952), 1981, 1990, p. 25 et seq.

percepções vindas do exterior, pois acolhe as impressões transmitidas pelos cinco sentidos; a imaginação ou faculdade formativa (*al-ḫayāl aw al-muṣawwira*), que conserva as impressões que chegam do mundo exterior; a faculdade imaginativa no animal e a cogitativa no homem (*al-mutaḫayyilat wa-al-mufakkira*), que compõem e combinam imagens conservadas na imaginação; a faculdade estimativa (*al-wahmiyya*), que recebe as intenções, isto é, as qualidades não-sensíveis e não-perceptíveis aos cinco sentidos – faculdade que combina e separa imagens que não provêm de coisas físicas –; e, por fim, a memória (*al-mutaḏākira*), que conserva as intenções percebidas e combinadas pela faculdade estimativa.

Essas faculdades perceptivas são, portanto, receptivas ou conservadoras: o sentido comum, a imaginação e a memória; e são ativas: a cogitativa no homem (e sua equivalente no animal), a imaginativa e a estimativa.

A faculdade da imaginação contém as formas dos objetos tanto desejáveis como rechaçáveis e as passa para a faculdade motora, que possui dois ramos: as faculdades da concupiscência e da irascibilidade, responsáveis respectivamente pela aproximação ou pelo afastamento do objeto exterior.

III. A alma racional possui duas faculdades: de ação, "que age" (prática), e de conhecimento, "que conhece" (cognitiva).

A faculdade de ação diz respeito às paixões humanas – amor, ódio, vergonha, medo etc. Quando se relaciona com a faculdade da imaginação, produz as artes, e quando se relaciona consigo própria, produz os princípios que dizem respeito à ética e à moral, cujos valores dependem de julgamentos ensinados e reconhecidos pelas convenções sociais. Dela dependem as ações humanas, pois comanda todas as outras faculdades que dirigem o discernimento e a concretização dos ideais. Pode ser definida como o intelecto prático.

Avicena sublinha que a conduta do intelecto prático ocorre em duas direções: individual e social.

Os homens diferem dos animais pela cooperação que estabelecem entre si e pela divisão que organizam das ocupações e tarefas necessárias para garantir a sobrevivência grupal e individual. Diversamente dos animais, os quais tudo encontram na natureza para sobreviver, os seres humanos necessitam de coisas que não são nela encontradas. Na convivência social, os homens aprendem e ensinam uns aos outros, inventam as artes, transmitem seus valores e ideais, reúnem-se para deliberar sobre assuntos diversos e são capazes de planejar suas vidas em vista do futuro, graças à sua capacidade "de compor por meio de sons" os sinais que estruturam a linguagem. O intelecto prático é responsável pela manutenção do indivíduo no que tange ao seu corpo e, na sociabilidade, no que tange à sua relação com o grupo social. Mantém, portanto, o corpo individual (diretamente) e o corpo social (indiretamente, isto é, por meio da singularidade de cada indivíduo). Todavia, o intelecto prático está abaixo do teorético na arquitetura da alma humana.

A faculdade de conhecimento é o intelecto teorético ou especulativo, que tem por finalidade a busca do bem absoluto e deve saber separar o verdadeiro do falso. Quanto ao intelecto teorético, Avicena constrói uma hierarquia dos vários estágios pelos quais o intelecto passa no seu processo de aperfeiçoamento. Esses estágios estão subordinados à capacidade que cada parte da alma tem para conhecer os inteligíveis. Aprender é adquirir o hábito de se unir à inteligência agente (*wāhib al-ṣuwar* ou *dator formarum*, como ficou conhecido na tradição latina) para dela receber a luz que ilumina as formas emanadas. Essas formas são inteligidas em ordem distinta, segundo o estágio de desenvolvimento de cada intelecto.

No sistema de Avicena há um estreito paralelismo entre a teoria da alma e a cosmologia. Para que a primeira seja compreendida, apresentamos, em seguida, algumas linhas sobre a estruturação do cosmo na teoria das dez inteligências, calcada sobre o neoplatonismo, teoria aceita e propagada pelos filósofos da *falsafa* até ser questionada, no século XII, por Averróis, o "Comentador" de Aristóteles.

Teoria das Dez Inteligências

De início, é necessário esclarecer o termo "inteligência", problemático nas traduções latinas dos textos árabes. Os tradutores dos textos gregos para a língua árabe verteram o termo grego *noûs* para o árabe *ᶜaql*. Na passagem do árabe para o latim, na época das primeiras traduções ainda nos séculos

XII e XIII, surge o binômio intelecto/inteligência, correspondente ao termo árabe *ᶜaql*. Não é o caso aqui de traçar a história das traduções latinas[46], mas de apontar em Avicena essa distinção que herdamos das traduções latinas, a partir da tradução – a quatro mãos – de seu *De Anima*[47] (*Kitāb al-Nafs*) por Dominicus Gundissalinus (ou Gundisalvo) e Ibrāhīm ibn Dāwud, realizada na segunda metade do século XII. Essa tradução usa os termos "inteligência" e "intelecto" sem confundi-los ou empregá-los como sinônimos. A inteligência é sempre o agente do conhecimento intelectual, enquanto o intelecto designa o que é intelectual na alma humana. A inteligência é sempre exterior à alma humana, enquanto o intelecto está na alma. *Intelligentia* e *intellectus* traduzem o único termo árabe *ᶜaql*[48]. Ao descrever e analisar a intelecção humana nos capítulos 5 e 6 da Parte V do *De Anima*, a tradução latina usa *intellectus materialis*, *in habitu*, *in effectu*, *adeptus*, *sanctus*. Contudo, lê-se a expressão *intelligentia in effectu*, inteligência em ato, logo nas primeiras linhas da Parte V, que, no entanto, se refere à "inteligência em ato na qual estão os princípios das formas inteligíveis abstratas", sendo que esta *uma* inteligência em ato, *ᶜaqlun bi-al-fiᶜl*, como esclarece o texto árabe, é o agente, ou melhor, é a causa que dá ao intelecto humano as formas inteligíveis, porque é nessa inteligência que estão as formas. Assim, os termos na tradução latina do *De Anima*, de Avicena, não se confundem, "inteligência" se refere ao mundo celeste e "intelecto", ao mundo terrestre.

A teoria das "dez inteligências" postula que na origem do universo está o Princípio Primeiro, Uno e Necessário. Dele emana a série hierarquizada de inteligências puras, separadas de qualquer matéria, sendo a última, a inteligência agente, a que mantém uma relação com o mundo sublunar ou terrestre, do mesmo modo como as outras nove se relacionam cada qual com a sua respectiva esfera. Da inteligência agente emanam as formas que os intelectos humanos, já preparados, recebem. Vejamos como essa teoria se desenvolve.

46. Ver JOLIVET, Jean. Intellect et Intelligence. Note sur la tradition arabo-latine des XIIe et XIIIe siècles. In JOLIVET, Jean. *Philosophie Médiévale Arabe et Latine*. Paris: J. Vrin, 1995. p. 169-180.

47. AVICENA, op. cit., 1972, 1968.

48. A lista das correspondências entre os termos árabes e latinos está no Léxico árabe-latino (Lexiques par S. Van Riet, *Avicenna Latinus. Liber de anima*, IV-V), p. 250.

Assim como em sua psicologia (ou teoria da alma) Avicena concebe um esquema hierarquizado dos vários intelectos, em função de um processo de aperfeiçoamento, toda a cosmologia é também apresentada como uma hierarquia, porém de corpos, almas e inteligências celestes.

Do Ser Necessário (que não é múltiplo) emana uma primeira inteligência, a qual, enquanto criada, já possui a multiplicidade. Dessa primeira inteligência emanam uma esfera (matéria), uma alma (ou forma) e a segunda inteligência na hierarquia descendente. A primeira inteligência, contudo, preserva o princípio de que "do um não pode provir nada que não seja um", fazendo que do Ser Necessário emane apenas uma inteligência de igual qualidade, ou seja, a de um Ser Necessário. O Ser Necessário não pode emanar esferas nem almas, apenas outro ser igual a si próprio. Por isso, será a primeira inteligência a emanar a primeira esfera e a primeira alma, além de emanar a segunda inteligência. Dessa segunda inteligência emanam uma outra esfera, a terceira inteligência e outra alma; assim procedem as emanações até a esfera da Lua, a última antes do mundo terrestre ou sublunar. Da esfera do orbe da Lua sai o mundo da matéria – na forma dos princípios dos quatro elementos (fogo, ar, terra e água) –, e da alma do orbe da Lua procedem as almas dos mortais. Essa teoria recebe o nome de "teoria das dez inteligências" e constitui uma representação cosmológica do universo, perfeitamente harmonizada com o dogma da criação divina: os sete céus que correspondem, cada qual, aos planetas conhecidos: Saturno, Júpiter, Marte, Vênus, Mercúrio, Lua, Sol[49]; acima de Saturno está o céu das Estrelas Fixas, seguido da abóbada celeste cujos céus são habitados pela primeira inteligência e pelo Ser Necessário.

Tal concepção cosmológica remonta aos gregos e foi sistematizada por Al-Fārābī, porém teve de se harmonizar com o dogma do Islã que faz do céu a morada divina e angélica. Avicena batizou as inteligências e almas celestes de "anjos", cujas funções, porém, não têm nenhum poder próprio, apesar de próximos a Deus, pois estão limitados a obedecer às ordens divinas, o que é absolutamente diverso do que fora teorizado por Aristóteles sobre o movimento eterno e autônomo das esferas celestes.

49. Sol e Lua eram planetas na cosmologia antiga; o termo "planeta", que vem do grego *plánes*, "o que está sujeito a uma marcha, movimento ou curso errante", designa, na cosmologia dos gregos, o Sol, a Lua e os cinco planetas visíveis.

Teoria do Intelecto

Para Avicena, os seres humanos diferenciam-se entre si pela capacidade de receber os inteligíveis. Cabe lembrar que a alma humana é *uma*, embora suas funções operem em três diferentes níveis, o vegetal, o animal e o intelectivo. Cada função das diversas faculdades opera sempre num todo unificado, de acordo com o princípio de finalidade, isto é, cada faculdade tem sua razão de ser e de operar no organismo humano.

A alma humana encontra-se entre dois mundos: o inferior, o mundo material ou do corpo, e o superior, o mundo das abstrações ou do inteligível. Avicena nos diz que a alma possui como que duas faces, uma voltada para o corpo e outra voltada para os inteligíveis. Enquanto a face inferior está voltada para a ação, a superior dirige-se para a contemplação[50] das formas universais, desprovidas de qualquer tipo de matéria. As formas podem tanto ser naturalmente separadas da matéria quanto estar relacionadas a ela. No primeiro caso, trata-se de um inteligível por natureza, logo é fácil sua apreensão por parte do intelecto. No segundo caso, o intelecto terá de fazer a separação.

É importante notar que, para o intelecto humano operar com inteligíveis, ele necessita da interferência da inteligência agente (*ᶜaql faᶜᶜāl*). Assim, no *Kitāb al-Šifā'*, VI, 5, 5, lemos que tudo o que passa da potência ao ato necessita de uma causa atualizada que realize essa passagem. A causa que faz passar nossa alma da potência ao ato, ou seja, a causa por meio da qual os inteligíveis atualizam a alma humana, é uma inteligência em ato, na qual estão os princípios puros. A relação dessa inteligência com a alma humana é a mesma do Sol com a visão. O Sol pode ser visto por si próprio, mas é a sua luz que possibilita a visão das coisas naturais. Quando o intelecto considera as noções particulares e nele brilha a luz da inteligência agente, essas noções são abstraídas da matéria e se imprimem na razão, não como formas imaginativas que passam da imaginação ao intelecto nem como um inteligível velado pela matéria – já que ele próprio é abstrato –, mas com a preparação da alma pela reflexão intelectual,

50. Não se trata da divisão aristotélica entre o intelecto prático e o intelecto teorético, cf. GILSON, Etienne, *Les sources gréco-arabes de l'augustinisme avicennisant*. Paris: Vrin-Reprise, 1986. p. 57-58, nota 1.

a fim de que a inteligência agente derrame sobre ela o inteligível. A reflexão é o movimento anímico que prepara o intelecto para receber o fluxo iluminador da inteligência agente. A alma recebe um poder para criar conhecimento. Sem uma reflexão preparatória, não há fluxo iluminador da inteligência agente. Não é, pois, uma "graça" esse fluxo, mas sim o que a razão recebe em virtude de sua preparação. Apreender os inteligíveis, portanto, requer uma preparação da parte intelectiva/racional da alma que Avicena apresenta em sua teoria do intelecto.

***

Recapitulemos a teoria do intelecto apresentada no *Kitāb al-Šifā'* (Livro da Cura), nas passagens correspondentes do *Kitāb al-Najāt* (Livro da Salvação), na *Risāla fī al-Ḥudūd* (Epístola sobre as Definições) e no *Kitāb al-Išārāt wa-al-Tanbīhāt* (Livro das Diretrizes e Admoestações).

O intelecto recebe diferentes denominações qualitativas, segundo suas diversas disposições em relação ao inteligível, e estará em potência ou em ato conforme essa relação.

Do mais baixo estágio, o *intelecto material* (*al-ᶜaql al-hayūlānī*), quando o intelecto ainda está em seu estado sem qualquer desenvolvimento, tal qual uma criança que tem a potencialidade para aprender a ler e a escrever, mas que ainda não se familiarizou com as letras do alfabeto, chega-se ao grau mais elevado, o *intelecto santo*, possível apenas para os profetas. Entre esses dois limites, há vários estágios que podem ser conquistados dependendo da aptidão de cada pessoa.

A classificação é a seguinte:

O intelecto material é assim chamado por sua proximidade e semelhança com a matéria, uma vez que não recebeu ainda da inteligência agente – o *dator formarum* dos latinos – qualquer luz e, portanto, nada conhece ainda.

O *intelecto em potência* já possui a potencialidade possível para receber os primeiros inteligíveis, ou melhor, os primeiros princípios ou axiomas; o intelecto nesse estágio aceita proposições consolidadas, tais como "o todo é maior que as partes", mas não elabora pensamentos próprios.

O *intelecto em hábito* (*ᶜaql bi-al-malaka*) está em potência próxima ao ato. Munido dos inteligíveis, o intelecto tem a perfeição da potencialidade, isto é, une-se de modo imperfeito à inteligência agente para receber os primeiros inteligíveis, que lhe possibilitam receber outros, ou seja, as formas já estão no intelecto, facultando-lhe o ato de pensar por si próprio.

De posse das primeiras verdades, o intelecto já pode avançar na via do conhecimento e apreender as segundas verdades; quando então puder operar sem o auxílio das faculdades sensitiva e imaginativa, atingirá o estágio do *intelecto em ato*, que pode ser ou i) *intelecto efetivo* ou *em ato absoluto* (*ᶜaql bi-al-fiᶜl al-muṭlaq*), quando possui a capacidade de separar as noções comuns dos princípios primeiros; ou ii) *intelecto adquirido* ou *ajustado* (*ᶜaql mustafād*), quando já tem a capacidade de se unir à inteligência agente – nesse estágio, o intelecto, já plenamente desenvolvido, está absolutamente atualizado.

Finalmente, o último e mais perfeito estágio é o *intelecto santo* (*al-ᶜaql al-qudsī*), que, unido à inteligência agente, recebe a revelação divina. Este é o grau de perfeição do profeta, diverso do *intelecto adquirido*, pois já tem em sua própria natureza a capacidade de apreender os inteligíveis e não necessita, portanto, da preparação pelo aprendizado.

Relembrando, as operações dos intelectos humanos dependem inteiramente da atividade da inteligência agente. Na hierarquia dos intelectos, o mais baixo é o intelecto material ou intelecto em potência. Para que ele passe do seu estado potencial ao estado de atualização, é necessária uma causa que já deve estar em ato para tornar a operação possível. Tal causa, por definição, é a inteligência agente – última do mundo celeste e mais próxima do terrestre –, que possibilita a intelecção das formas inteligíveis. Daí seu nome de doador de formas, *dator formarum*, entre os latinos, porque estes o entenderam como o transmissor dos inteligíveis. A relação da décima inteligência com nosso intelecto é análoga à do Sol com a nossa visão. O Sol é visível por si mesmo, pois sua visibilidade está sempre em ato. Com sua luz, o Sol torna visível tudo o que, sem ela, seria visível apenas virtualmente. Do mesmo modo, a inteligência agente é em si mesma inteligível, e sua inteligibilidade em ato atualiza nossos intelectos para que recebamos os inteligíveis.

***

O estado do intelecto em potência ou intelecto possível (*bi-al-quwwa*) – resultado da união do corpo e da alma – significa uma aptidão para receber o inteligível que pode compreender três diferentes estados:

1) Aptidão pura e simples, quando não há absolutamente nada que possa fazer o intelecto passar do estado de potência ao de ato, como é o caso de uma criança que tem a potencialidade para aprender a escrever, mas que ainda não se familiarizou nem mesmo com as letras do alfabeto ou instrumentos que possibilitam a escrita. Esse gênero de potencialidade recebe o nome de *potência absoluta material.*
2) Estado em que o intelecto está parcialmente munido dos instrumentos necessários para se atualizar sem que, no entanto, realize as operações necessárias para passar da potencialidade ao ato. Nesse estado, o intelecto já possui condições que o tornam capaz de adquirir o que é necessário para realizar as operações imprescindíveis para passar da potencialidade ao ato. Trata-se do tipo de potencialidade conhecido por *potência fácil* ou *possível*. É o caso de uma criança que, sem saber escrever, conhece os primeiros elementos da escrita e discerne os instrumentos necessários para a sua realização.
3) Já de posse de todos os instrumentos necessários para passar da potência ao ato, o intelecto encontra-se realizado (ou atualizado) quando a simples vontade de efetivar um ato o torna capaz de realizá-lo. É o caso de quem sabe escrever e sabe que basta querer para fazê-lo. A essa potencialidade dá-se o nome de *potência perfeita* ou *realizada.*

A faculdade contemplativa da alma pode ter relações análogas aos inteligíveis. Não tendo ainda recebido nenhum inteligível ou quando nada conhece e ainda é incapaz de conhecer por si mesmo, o intelecto em potência absoluta recebe o nome de *intelecto material* (*al-*^{c}*aql al-hayūlānī*). Provido dos primeiros inteligíveis que lhe possibilitarão a aquisição de outros, o intelecto, no estado de *potência fácil* ou *possível*, encontra-se já em ato e recebe o nome de *intelecto em hábito* (*al-*^{c}*aql bi-al-malaka*), o intelecto que tem o hábito de se unir ao mundo celeste, o mundo dos "anjos". Atingida a realização de sua potencialidade, apresenta-se sob dois aspectos: quando já é senhor de conhecimentos e é capaz de deduzir noções dos princípios primeiros e pode, além disso, considerá-los a qualquer momento, recebe o nome de *intelecto em ato* ou *efetivo* (*al-ᶜaql bi-al-fiᶜl*). Voltado para o inteligível, absolutamente atualizado, recebe então o nome de *intelecto adquirido* ou *ajustado* (*al-ᶜaql al-mustafād*). Este último estado é outorgado à alma por meio da inteligência agente e suscita algumas questões na teoria do intelecto de Avicena. As formas inteligíveis ou os inteligíveis puros, isto é, abstrações da realidade sensível, são "essências (qüididades) puras, [livres] de qualquer matéria e isentas de qualquer vínculo com a matéria"[51]. Em alguns textos avicenianos, tais essências identificam-se com o intelecto adquirido, pois, segundo Al-Fārābī[52] e a tradição neoplatônica, o intelecto humano, em seu ato de apreensão do conhecimento, torna-se o próprio objeto de conhecimento. O intelecto adquirido se define como um conjunto de formas que o intelecto (humano) recebe do exterior promovendo uma identidade entre ele e os inteligíveis, como é afirmado na *Najāt* (Salvação): "No intelecto adquirido, tornam-se perfeitos o gênero animal e a espécie humana que a ele pertence, e aí a faculdade humana se funde com os primeiros princípios de toda a existência"[53].

Porém, nas *Išārāt* (Diretrizes), obra de maturidade, Avicena nega essa identidade entre o intelecto humano adquirido e a inteligência doadora de formas: "alguns afirmam que na união da alma racional com a inteligência agente, assim que ela (a alma) compreende alguma coisa, [...] ela se torna a própria inteligência agente", afirmação que, para nosso filósofo, é falsa porque pressupõe a divisibilidade de uma inteligência supralunar, separada da matéria[54].

O estado da atualização mais perfeita do intelecto humano é, como já foi dito, o intelecto santo (*al-ᶜaql al-qudsī*), grau mais eminente do intelecto

51. AVICENA. *Tisᶜ rasā'il fī al-ḥikma wa-al-ṭabīᶜiyyāt (fī al-ḥudūd)* (Nove Epístolas sobre a Sabedoria / Filosofia e as Questões Físicas [sobre as Definições]). Ed. Cairo. 1326 Hégira (1948). p. 80; Ed. Istanbul. 1298 Hégira. Citada em GARDET, op. cit., 1951, p. 153. Faz parte do conjunto das *Nove Epístolas* a *Risāla fī iṯbāt al-nubuwwāt* (Epístola sobre a Prova das Profecias), cf. AVICENA, op. cit., 1972a, p. 112 et seq.

52. MADKOUR, Ibrahim. *La Place d'al-Fārābī dans l'école philosophique musulmane*. Paris: Librairie d'Amérique et d'Orient Adrien Maisonneuve, 1934. p. 160: na teoria do intelecto, Al-Fārābī segue Alexandre de Afrodísia, cuja doutrina afirma que no processo de apreensão do conhecimento, a alma se torna o próprio inteligível.

53. AVICENA. *Kitāb al-Najāt*, II, 6; 5, 20. Id., (1952), 1981, 1990, II, cap. 5, p. 35.

54. Cf. id., 1951, p. 447 et seq. Criticada por Avicena, essa tradição parece remontar diretamente a Aristóteles, *Metafísica*, Lambda, 1072b 20-25, que afirma que *noûs kaì noetón* se identificam, de maneira que o "*noûs theîon éxhein* – o *noûs* contém o divino".

adquirido, encontrado apenas entre os sábios, santos e profetas. Iluminado pelo intelecto agente, o intelecto humano revela-se como um espelho perfeito das formas inteligíveis, configurando-se, desse modo, o estado de perfeição. Nesse estado, o intelecto humano é capaz de apreender tanto o conhecimento místico (*ma^crifa*) quanto a intuição intelectiva/racional (*ḥads*), além de participar das inteligências separadas (da matéria) ou celestes. Assim, o intelecto santo não só se une à inteligência agente, responsável pelo eflúvio dos inteligíveis no mundo sublunar, como ainda faz contato (junção-*ittiṣāl*), por meio dele, com as inteligências superiores, os anjos.

O intelecto santo reflete a luz e o conhecimento divino, derramados pelo Ser Primeiro, através do fluxo emanatório (*fayḍ*), no mundo celeste das dez inteligências separadas (da matéria). Cabe frisar que o intelecto santo é superior a todos os outros, porém permanece sempre humano, embora seja uma exceção na condição humana. O intelecto santo surge na figura do profeta somente em períodos históricos relevantes, quando o curso da história deve ser alterado pela missão profética. Há quem defenda a tese de que o intelecto santo é um grau "expandido" do intelecto adquirido[55], com a qual não concordamos. Avicena afirma em certas passagens[56] que o mais alto grau de conhecimento, o da profecia, pertence a alguém cujo intelecto deverá receber os inteligíveis sem qualquer esforço e mediação, ou seja, sem passar pelas etapas do processo de aprendizado e sem a necessidade de ser atualizado. O conhecimento é adquirido de dentro de si mesmo. O intelecto santo recebe os inteligíveis diretamente do mundo celeste, ou melhor, da inteligência agente, porque possui a intuição (*ḥads*)[57] que lhe permite fazer contato direto com essa inteligência. Todavia, Avicena acrescenta que tal homem deverá forçosamente ser virtuoso e possuir "uma alma fortalecida por uma grande pureza"[58], para que a inteligência agente derrame em seu

55. Cf. ATTIÉ Fº, op. cit., 2004, p. 102: "Em suma, podemos entender o intelecto sagrado como sendo um largo espectro do próprio intelecto adquirido"; p. 103: "Não se trata de haver modificação da qualidade entre os dois, mas de intensidade"; p. 101: "[...] o intelecto sagrado se dá segundo as mesmas condições do intelecto adquirido, sendo apenas de maior alcance."
56. Cf. AVICENA. *Kitāb al-Najāt*, II, 6, 6. Id., (1952), 1981, 1990, p. 35.
57. A intuição (*ḥads*) de Avicena está ancorada no conceito de *anchinóia* de Aristóteles (sagacidade), cf. ARISTÓTELES. *Analíticos Posteriores*, I, 34, 89 b.
58. AVICENA, op. cit., 1956, vol. 6, p. 177.

intelecto as formas que nela estão contidas. A apreensão dos inteligíveis, de um só golpe, ou quase, isto é, sem a necessidade de passar pelos sucessivos estágios do aprendizado, é apenas "um modo de profecia", logo incompleto, já que no *Kitāb al-Nafs* Avicena esclarece que esse modo "segue uma ordem que inclui os termos médios (do silogismo)". Trata-se, portanto, de conhecimento racional, que, por si só, não faz de quem o possui um profeta.

Há mais dois outros "modos de profecia" que completam a figura do profeta: a imaginação perfeita e o poder de realizar milagres.

Profecia e Imaginação

No *Kitāb al-mabda' wa-al-maᶜād* (Livro da Origem e do Retorno) Avicena é bem claro: "Quanto à segunda propriedade do profeta, ela se prende à imaginação (*ḫayāl*) que o homem de compleição perfeita possui"[59]. Vejamos de que se trata a faculdade da imaginação no fenômeno da profecia.

A imaginação tem dois lados: o que está preso aos sentidos e leva confusão a uma alma fraca e o que ajuda a alma forte a se unir ao mundo superior, "pois ela é o seu instrumento nesse ato [de união]"[60]. Com a faculdade da imaginação, a alma pode chegar ao mundo superior tanto como pode ficar presa ao mundo inferior, dependendo do controle que ela exerce sobre os sentidos.

Quando a imaginação é potente, ela domina o sentido comum e imprime nele a forma imaginada, de tal modo que essa forma se torne um sensível. O sensível não é a própria imagem da coisa exterior, mas é essa imagem que cai no sentido comum, pois este é como um espelho que reflete a forma, que, refletida (quando cai no sentido comum), promove uma percepção do objeto sensível. Essas percepções vindas da imaginação podem confundir a

59. Id., 2005, cap. XVII, p. 254: "A outra propriedade está relacionada à imaginação do homem de mescla perfeita". Apud MICHOT, op. cit., 1986, p. 120, nota 68. AVICENA, op. cit., 1972, 1968, Livro IV, cap. II, 61: "Et haec est propria prophetia virtutis imaginativae; sunt autem hic aliae prophetiae quae declarabuntur.", p. 19.
60. Id., 1986, vol. II, p. 84.

alma, dependendo de seu grau de força ou de fraqueza. Se a alma for fraca, sua união com o mundo superior é também fraca, e, nesse caso, domina a imaginação, que imprime na alma imagens que não correspondem às formas superiores; quando o indivíduo se afasta da reflexão durante o estado de vigília, a imaginação passa a dominar a razão, e as formas dos inteligíveis são substituídas por imagens confusas. A imaginação quase nunca interrompe a sua atividade e pode confundir a alma até nos sonhos. Se a imaginação não estiver ativa, o sonho apresentará imagens que correspondem à realidade; se a razão estiver enfraquecida, a imaginação, então fortalecida, imprimirá imagens absurdas, como, por exemplo, o que ocorre em casos de enfermidade.

No primeiro modo, o homem virtuoso e possuidor de um intelecto santo une-se à inteligência agente que sobre ele derrama o conhecimento das formas universais; no segundo, faz-se presente a imaginação, que, por ser faculdade pertencente à parte animal da alma, é considerada uma faculdade inferior na escala de Avicena. Como, então, explicar que uma faculdade inferior às faculdades da alma racional possa contribuir na recepção do que há de mais elevado, ou seja, a revelação divina?

Avicena explica o modo como o profeta vê os anjos e ouve a palavra divina: afirma que por meio de funções do corpo, isto é, da visão e da audição, ele tem acesso à mensagem celeste. Porém, é o intelecto prático, faculdade exclusivamente humana, o responsável pela recepção dos particulares: "O intelecto prático se junta ao mundo da alma [...]. Ele percebe o que lá está e de lá traz o que percebeu para a imaginação (*ḫayāl*), na qual isso aparece como algo visível e audível"[61]. Como se observa, não é a imaginação que tem acesso ao mundo celeste, ela apenas tem um papel secundário, formar as imagens *depois* de o intelecto prático ter-lhe transmitido o que captara no mundo celeste. O contato com o mundo supralunar só pode se dar por via intelectual, embora a faculdade da imaginação tenha papel importante na compreensão do que foi recebido do mundo celeste, pois é a imaginação que traduz a mensagem celeste em símbolos compreensíveis ao intelecto humano.

61. Id. *Épître des états de l'âme*. (Epístola dos Estados da Alma), apud MICHOT, op. cit., 1986, p. 131, nota 116.

A imaginação opera tanto na recepção das formas universais como na recepção dos particulares.

Visões e sonhos são imitações das formas universais, e a imaginação as "materializa"[62] para que se tornem compreensíveis. A imaginação é, portanto, a faculdade responsável pela "materialização" dos inteligíveis que a inteligência agente derrama: ela transforma o fluxo despejado da inteligência agente num discurso "articulado e ordenado". Ao imitar as formas, a imaginação as torna sensíveis, isto é, as traduz em imagens coerentes do mundo físico para que o intelecto compreenda a mensagem divina. É nesse sentido que a revelação se manifesta por símbolos e alegorias, pois são as operações da imaginação que atribuem o caráter verbal (e particular) à revelação. O profeta que se une ao mundo celeste "vê o Real e o retém, enquanto a imaginação também conclui a sua tarefa. Ele [o profeta] então imagina o que vê como sendo algo sensível, visível e audível"[63].

Esta função da faculdade da imaginação – imitar e "materializar" as formas inteligíveis – ocorre quando o intelecto se une à inteligência agente e recebe o fluxo dos inteligíveis, pois a imaginação transforma os inteligíveis em imagens que se desdobram em "proposições, premissas, meio-termos e conclusões"[64], necessários para que o pensamento humano decodifique a mensagem celeste numa "expressão estruturada". Se não houvesse esse conluio da imaginação com as formas universais, não seria possível a produção de qualquer pensamento humano[65].

Todavia, nesse caso o papel da imaginação é secundário. É o intelecto prático que tem acesso ao mundo celeste e, ao perceber, traz o que percebe para a imaginação[66]. A imaginação, ao receber as formas, as traduz em símbolos

62. Na feliz expressão de Miskawayh (*inṣabaġa bi-sibġ hayūlānī*). Cf. ibid., p. 129, nota 112.

63. AVICENA, op. cit., 2005, cap. XVIII, p. 258: "É nobreza de quem aproveita a oportunidade para se unir àquele mundo (o das almas celestes) e isto lhe seja possível quando está desperto atraindo ao mesmo tempo a imaginação, percebe a verdade e a conserva. E a imaginação cumpre com sua tarefa; imagina o que percebe como se fosse sentido, visto e ouvido." Id. *Genèse et retour*, apud MICHOT, op. cit., 1986, p. 129, nota 111; id. *Metafísica* X, 1: o profeta vê os anjos nas imagens em que eles se transformaram. Cf. id., 1972, 1968, Livro V, cap. 6, p. 151-152.

64. MICHOT, op. cit., 1986, p. 130, nota 114.

65. Cf. ibid., p. 130.

66. Cf. ibid., p. 131, nota 116.

audíveis, isto é, a linguagem, e em imagens visíveis, como as visões do anjo, operação indispensável a qualquer compreensão da mensagem divina.

Avicena faz uma diferença entre o conhecimento racional e o conhecimento profético. No conhecimento racional, a alma recebe os universais diretamente da inteligência agente; nesse caso, Avicena não menciona a participação da faculdade da imaginação, como está expresso no *Livro de Ciência*:

> Pode ser que exista um ser raro que chegue quando ele queira, sem professor e em tempo muito curto, ao conhecimento das ciências desde os princípios até a sua completude, pela via da intuição – isto graças a sua união perfeita com a inteligência agente, a ponto de não necessitar reflexão, e que ele presuma que este conhecimento foi derramado em seu coração a partir de um lugar [supralunar], o que é uma crença verdadeira. É deste personagem que deve vir o princípio do ensino dado aos homens[67].

Trata-se do conhecimento intelectual/racional propriamente, já que Avicena dá como exemplo alguém que ele conhece e que teve acesso ao conhecimento das ciências quando ainda muito jovem, "aos dezoito ou dezenove anos". Isso parece ser uma alusão a si próprio, como ele assim o afirmara em sua autobiografia[68].

Esse tipo de conhecimento, no entanto, difere do conhecimento profético, tal como nos é informado ainda no *Livro de Ciência*:

> A alma santa racional dos sublimes profetas que conhece os inteligíveis sem professor nem livros, por intuição intelectual e por união com o mundo dos anjos; que, por visão e em estado de vigília, ascende ao universo invisível e de lá recebe a revelação. A revelação é a união que se estabelece entre os anjos e a alma humana para a qual eles informam sobre os diversos estados das coisas; ela age sobre a matéria primeira do universo a fim de produzir milagres e fazer desaparecer a forma da matéria para substituí-la por uma outra forma: é o grau supremo da humanidade, ligado ao grau

67. AVICENA, op. cit., 1986, vol. II, Livro 1 (*Física*), p. 88-89; cf. trad. inglesa GUTAS, Dimitri. *Avicenna and the Aristotelian Tradition*. Introduction to reading Avicenna's Philosophical Works. Leiden: E. J. Brill, 1988. p. 20-21.
68. A edição crítica do texto árabe da *Autobiografia* de Avicena foi realizada por GOHLMAN, William E. *The Life of Ibn Sīnā*. A Critical Edition and Annotated Translation. Albany: State University of New York Press, 1974. Há uma tradução mais recente, baseada na edição crítica de Gohlman: GUTAS, op. cit., p. 26-30.

angélico. É assim que um tal ser é o *ḫalīfa* (vicário) de Deus na terra. Sua existência é compatível com a razão e indispensável à perpetuidade da espécie humana[69].

O profeta tem acesso ao mundo das almas celestes (os anjos), enquanto o homem excepcional que atinge o conhecimento racional une-se à inteligência agente, a última e mais próxima do mundo terreno. O profeta, em sua união com as almas celestes, tem conhecimento dos particulares; na união com a inteligência agente, o homem excepcional conhece os universais. O profeta, porém, não é inferior ao homem excepcional, pois, como já vimos, ele é também portador do intelecto santo, grau supremo do intelecto que lhe permite unir-se à inteligência agente e receber os universais. O profeta tem, isto sim, uma qualidade a mais do que o homem excepcionalmente inteligente: ele conhece os particulares em sua união com as almas celestes, e é por meio desse conhecimento que pode prever acontecimentos futuros, o que não é possível no homem excepcionalmente inteligente.

No plano geral da *Risāla fī Aḥwāl al-Nafs* (Epístola dos Estados da Alma)[70], seção XIII, Avicena anuncia que vai revelar "como as profecias chegam à alma no estado de vigília e os sonhos verdadeiros no estado de sono, à qual faculdade essas profecias e esses sonhos chegam e de quais dos princípios superiores eles provêm"[71]. Na continuação da epístola, no início da seção XIV, Avicena frisa que o que fora exposto anteriormente refere-se ao "ponto máximo atingido pela faculdade prática na sua apreensão e no seu governo do corpo e do mundo"[72]. A seção XIV analisa os outros dois poderes do profeta, a intuição das verdades inteligíveis e a taumaturgia, o poder exercido sobre a matéria. Das três capacidades proféticas, a que nos interessa por enquanto é o poder de adivinhação e de predizer o futuro, poder que, como diz Avicena, significa essencialmente receber a revelação dos conhecimentos particulares – e não dos universais – para conduzir os assuntos da sociedade dos homens. Avicena, po-

69. AVICENA, op. cit., 1986, vol. II, Livro 1 (Física), p. 89-90.
70. A *Epístola dos Estados da Alma*, de Avicena, é também conhecida pelo título de *Epístola da Alma, da sua Sobrevida e de seu Retorno*. Trata-se de uma colagem de passagens retiradas principalmente da *Psicologia* e da *Metafísica*, partes integrantes do *Kitāb al-Šifā'*, e de passagens do *Kitāb al-Najāt*. A seção XIII dessa *Epístola* circulou autonomamente sob o título *Do Estabelecimento da Profecia*. Cf. MICHOT, op. cit., 1985, t. 83, n. 60.
71. AVICENA, apud ibid., p. 508.
72. Ibid.

rém, se ocupa das variedades e dos modos como se produzem as premonições na alma humana, ou seja, Avicena defende a capacidade de os profetas possuírem, além da intuição intelectual, um poder de conhecimento dos acontecimentos passados e futuros por meio de sonhos e visões. Assim, no primeiro modo de profecia, ao se unirem à inteligência agente – que tudo conhece em ato –, os profetas recebem as formas universais. No segundo modo, a alma se une às almas celestes por meio da faculdade estimativa e da imaginação (*min jihat al-wahm wa-al-ḫayāl*). Existe uma correspondência entre as almas celestes e terrestres que possibilita a sua união; essa união é causa dos conhecimentos futuros, já que as almas celestes sabem o que se passa no mundo terrestre.

Para Avicena, é fato essencial e natural que a alma racional terrestre se una às almas celestes; o que é acidental é a ruptura da união quando a imaginação é desviada pelos sentidos da tarefa que lhe é própria. Contudo, a imaginação tem um papel secundário nessa união da alma terrestre com as celestes, porquanto é a alma que, preparada, recebe a mensagem dos céus que, uma vez transmitida, confere ao homem "o poder de imaginar as coisas passadas e de ser informado sobre o desconhecido dos fatos futuros"[73].

Profecia e Milagres

Há ainda a questão dos sinais, prodígios e milagres, que nos remetem à terceira capacidade do profeta, o poder que ele exerce sobre a matéria.

Nos últimos capítulos das *Išārāt*, Avicena apresenta a explicação dos "sinais" (*āyāt*) ou dos "prodígios" (*karāmāt*) realizados pelos santos, os quais são diversos dos "milagres" (*muᶜjizāt*) atribuídos aos profetas. Todavia, para Avicena, a distinção entre sinais, prodígios e milagres não é intrínseca. Apenas mencionados na parte dedicada à *Metafísica* do *Kitāb al-Šifā'* e na *Najāt*, os milagres (*muᶜjizāt*) significam o poder sobre a matéria, concedido

73. Id., 2005, cap. XVII, p. 254: "A ação desta propriedade (da imaginação) é a de advertir sobre as coisas engendradas e a indicação das coisas ocultas". Id. *Genèse et retour*, apud MICHOT, op. cit., 1986, p. 121, nota 70.

apenas aos profetas como prova de sua missão divina[74]. No *Kitāb al-Nafs*, IV, 4, lemos que o terceiro caso de possibilidade de realização de milagres é relativo a uma faculdade prática (motora) da alma que consiste em exercer influência e subjugar as coisas naturais.

> Muitas vezes, a alma influi (exerce ação) sobre um outro corpo como ela influi sobre seu próprio corpo, à maneira como influem o mau-olhado e a faculdade estimativa que age. Ou melhor, quando a alma é forte, nobre e se assemelha aos princípios, o elemento-receptáculo no mundo obedece-lhe [...]. Essa alma cura enfermos, faz com que os malvados adoeçam e conseqüentemente naturezas são destruídas e naturezas são fortalecidas e ela transforma por si própria os elementos. Portanto, o que não é fogo torna-se fogo e o que não é terra torna-se terra, e por sua vontade surgem chuvas e fertilidade, do mesmo modo que surgem penúria e epidemia, tudo de acordo com o Ser Necessário inteligível. [...] Essa é também uma das propriedades das faculdades relativas à profecia [...] é uma propriedade que tem relação com as faculdades animais sensíveis, enquanto a imaginação é uma propriedade que tem relação com as faculdades motrizes, deliberativas da alma do profeta grande em profecia[75].

Avicena discute o poder que a imaginação exerce sobre o corpo, como no caso de um enfermo que se imagina curado: a forma da cura se imprime na alma e na faculdade estimativa do enfermo, e assim ele recupera a sua saúde. Isso ocorre porque "a forma que está na alma é princípio do que começa a ser no elemento-receptáculo", isto é, no corpo. Outro exemplo do poder da imaginação é o caso de alguém que se imagina andando num tronco sobre um abismo; como tem medo de cair, a forma da queda se imprime em sua alma, e ele, então, se moverá lentamente. Se esse mesmo tronco estiver sobre o chão batido, o indivíduo correria sobre ele sem medo e sem que a forma da queda se imprimisse em sua alma. Com esse exemplo, Avicena argumenta que as formas, uma vez impressas na alma e uma vez que o indivíduo acredite na existência delas, necessariamente existem e exercem poder sobre o corpo, isto é, sobre a matéria. Porém, tal como influi sobre o próprio corpo, a alma pode influir sobre um outro corpo qualquer, "à maneira como influem o mau-olhado e a faculdade estimativa da ação". Ou melhor, quando

74. Cf. id., 1951, p. 522, nota 4.
75. Id. *Kitāb al-Nafs* (Livro da Alma) IV, 4; id., 1956, p. 141-142.

a alma é forte e virtuosa, a matéria obedece a ela, no sentido de que essa alma nobre concebe formas na matéria visada. É o caso de alguém capaz de operar milagres, tais quais "curar enfermos, tornar enfermos os malvados, destruir ou consolidar naturezas e transformar os elementos (naturais)". Transforma em fogo o que não é fogo, em água o que não é água, faz chover e fertiliza a terra, promove penúria e epidemias. Contudo, Avicena acrescenta que a alteração da matéria em seu contrário obedece à vontade do Ser Necessário: tudo está de acordo com a vontade do Ser Necessário. Essa capacidade de operar transformações nos elementos naturais é própria do profeta.

***

Como Avicena distingue o profeta dos santos (*ṣiddīqūn*) e dos sábios-gnósticos (*ᶜārifūn*)?

Embora mencione a revelação interior ou inspiração (*ilhām*), comum aos profetas, aos santos e aos sábios, Avicena sustenta que a revelação exterior (*waḥy*) só pode ser recebida pelos profetas[76]. Na questão dos milagres, a diferença entre santos (*ṣiddīqūn*) e profetas, quanto ao papel da imaginação, não é tão nítida assim como o é em Al-Fārābī[77] e como será, mais tarde, explicado por Averróis, embora em outro contexto[78].

76. Para a distinção e definição dos conceitos de *waḥy* e de *ilhām*, ver WENSINCK, A. J., verbete *waḥy*. In: SHORTER ENCYCLOPAEDIA of Islam. Ed. H. A. R. Gibb; J. H. Kramers. Leiden: E. J. Brill, 1953. (Reprint 1997). p. 622A. MACDONALD, D. B., verbete *ilhām*. In: THE ENCYCLOPAEDIA of Islam. New Edition. Leiden: E. J. Brill; London: Luzac & Co., 1971. vol. III. Avicena distingue, com toda a tradição islâmica, a revelação interior (*ilhām*) comum aos profetas, aos santos e aos sábios, da revelação exterior (*waḥy*), que é própria apenas dos profetas. AVICENA. *Tisᶜ rasā'il*, p. 114, cit. in GARDET, op. cit., 1951, p. 119, nota 2.
77. Essa distinção é mais nítida em Al-Fārābī, que desenvolve a capacidade da imaginação nos *Mabādi' ārā' ahl al-madīnat al-fāḍila* (Princípios das Opiniões dos Habitantes da Cidade Ideal), cap. XIV: AL-FĀRĀBĪ, op. cit., 1998, p. 211 et seq.; cap. XXIV: AL-FĀRĀBĪ, op. cit., 1990, p. 100 et seq. Sobre o profetismo em Al-Fārābī, ver o já clássico estudo de MADKOUR, op. cit., p. 190 et seq.
78. AVERRÓIS. *Tahāfut al-Tahāfut* (Incoerência da Incoerência). Ed. Maurice Bouyges. *Bibliotheca arabica scholasticorum*. Beyrouth, 1930, p. 583: "É absolutamente verdadeiro que todo profeta é um sábio (filósofo), embora não seja verdadeiro que todo sábio (filósofo) seja um profeta". Cf. id. *Averroes' Tahāfut al-Tahāfut (The Incoherence of the Incoherence)*. Tradução, Introdução e Notas de Simon van den Bergh. Oxford: Oxford University Press, 1954. 2 v. vol. I, p. 361. Cf. GARDET, op. cit., 1951, p. 119, nota 4. Averróis, embora de acordo sobre os princípios da teoria da profecia de Avicena, critica-o por ter revelado em seus

A diferença essencial entre o santo e o profeta está na natureza de cada um deles. Profetas já são por natureza o que os santos se tornam depois de um longo aprendizado de purificação e de ascese espiritual, moral e intelectual. Os profetas já nascem com os seus organismos psíquico e físico predispostos para receber a revelação. Essa perfeição de seus organismos não é fruto de uma conquista pessoal, mas é um dom divino, criador, emanado através do fluxo das inteligências, que corresponde à harmonia universal das causas e efeitos. Na predisposição do profeta há o determinismo próprio da vontade necessária do divino. O profeta é o escolhido para divulgar a mensagem divina entre os homens, e, em razão de sua natureza absolutamente perfeita, sua imaginação recebe a iluminação celeste. Por meio dessa imaginação perfeita, o profeta recebe as verdades dos preceitos positivos e cultuais da religião. Capacidade natural própria apenas dos profetas, essa imaginação perfeita possibilita a transformação das verdades inteligíveis em alegorias e símbolos a serem transmitidos para a humanidade em geral.

***

Podemos, enfim, resumir as três condições indispensáveis para que alguém seja profeta na teoria de Avicena: 1) acuidade e perfeição do intelecto especulativo quando "santo", 2) perfeição da faculdade da imaginação e 3) perfeição da faculdade *ijmā*ᶜ*iyya* para ter o poder sobre a matéria exterior. Dessas três condições, a primeira é a mais importante. Todavia, é com as duas seguintes que o verdadeiro profeta se apresenta. Inteligência penetrante, compreensão exata, sagacidade, clareza e lucidez do intelecto podem ocorrer tanto nos profetas como nos santos e ascetas. Contudo, enquanto nos últimos o eflúvio das inteligências separadas chega como inspiração interior (*ilhām*), nos profetas derrama-se também sobre a faculdade da imaginação, o que lhes possibilita receber a revelação exterior (*waḥy*) sob a forma sensível de sonhos e visões. Desse modo, o profeta vê o anjo que lhe transmite a revelação e ouve a sua voz. A perfeição da imaginação tem como corolário a

livros o que deveria ficar restrito a uma elite de pensadores. Ver o estudo de GAUTHIER, Léon. *Théorie d'Ibn Rochd (Averroès). Sur les rapports de la religion et de la philosophie.* Paris: Presses Universitaires de France, 1909; Vrin-Reprise, 1983.

atuação do profeta na sua missão social, uma vez que não é mais prisioneiro das ilusões dos sentidos. Ao participar da virtude imaginativa das almas celestes, o profeta recebe o conhecimento dos mistérios e a inspiração para falar por meio de alegorias e símbolos, destinados ao vulgo, que somente assim será capaz de compreender as verdades reveladas.

Quanto à terceira condição, o poder sobre a matéria exterior, diz respeito aos sinais, prodígios e milagres que o profeta realiza como prova de sua missão. Os sinais, que possuem várias formas, podem ser realizados tanto por santos como por profetas. Assim, alguns resultam das perfeições do intelecto e da imaginação, como os jejuns prolongados e as forças psíquicas extraordinárias, caracterizando o controle exercido naturalmente sobre o próprio corpo por uma alma já em união (*ittiṣāl*) com o mundo celeste dos inteligíveis. Nesse caso, sinais e prodígios dependem da lucidez e da força do intelecto. No tocante ao conhecimento de fatos futuros, de mistérios e segredos, é perfeitamente compreensível que tais "sinais" sejam possíveis, pois estão inscritos no conhecimento que as almas celestes têm do particular. Uma vez que o profeta e o gnóstico estão em relação direta com as inteligências do mundo celeste, delas recebem o conhecimento traduzido em "sinais". O conhecimento de fatos futuros e de mistérios ocultos relaciona-se com a perfeição da faculdade da imaginação. Há ainda um terceiro tipo de "sinais" que diz respeito às ações exercidas sobre a matéria exterior, tais quais as curas de enfermidades, geração de secas e de tempestades, maldições e bênçãos com efeitos milagrosos. Na teoria de Avicena, tais milagres se explicam pela natureza própria da alma humana e pela simpatia que há entre o macro e o microcosmo. Mas, de início, a alma age apenas sobre o próprio corpo e é incapaz de agir sobre os corpos alheios. No caso dos profetas, esse poder lhes é natural desde o nascimento; no dos santos, a capacidade de poder sobre a matéria é desenvolvida com a prática de uma ascese apropriada. Quanto aos prodígios/milagres propriamente (*mu^{c}jizāt*), estes constituem a prova visível da missão profética[79]. No Islã, porém, a profecia em si já é o próprio milagre.

79. Sobre as práticas taumatúrgicas dos santos e profetas, ver a crítica de Averróis a Avicena em AVERRÓIS, op. cit., 1954, p. 315-316: ao contestar as posições de Al-Ġazālī contra os filósofos na questão dos milagres, Averróis afirma não conhecer nenhum outro filósofo, além de Avicena, que se refira às causas dos milagres nos termos em que este último as apresentou.

Qualquer que seja a natureza intrínseca da revelação profética, isto é, das condições necessárias ao exercício da profecia, as conclusões de Avicena inserem-se na teoria das inteligências separadas (almas celestes) e na natureza da alma humana, em sua união com o corpo. Não há nada de sobrenatural e nada há no conhecimento profético que não diga respeito às faculdades humanas[80].

A metáfora das "duas faces da alma" é perfeitamente aplicada ao profeta, já que este deve estar voltado não só para o mundo dos inteligíveis para receber a revelação, mas também para o mundo real, pois é neste que deverá pôr em prática o que Deus revelou e ordenou que fosse cumprido. Portanto, as "duas faces" da alma, que qualquer ser humano possui, o profeta as terá desenvolvido num grau muito mais elevado. A face voltada para o mundo celeste, o profeta a tem sempre em ato, posto que é portador de um intelecto "santo"; a face voltada para o mundo real se realiza a partir do momento em que o profeta é o legislador (*sann*)[81] e o executor da justiça social.

Como Avicena estabelece, em sua profetologia, a ligação entre a psicologia e a política? Entre a teoria e prática?

Ação Profética

Vejamos agora o segundo aspecto da profecia, a ação profética.

É parte integrante do ofício do profeta legar à humanidade, ou a seu povo, uma Lei (*Šarʿ*). O profeta não é um mero pensador, tampouco um místico. Sua missão é ética, social e política. A Lei lhe é dada na revelação; a revelação é a própria Lei. Embora a Lei revelada seja religiosa, contém todas as prescrições sociais, éticas e políticas que fundam e dirigem a orga-

80. Cf. GARDET, Louis. Quelques aspects de la pensée avicennienne dans ses rapports avec l'orthodoxie musulmane I. *Revue Thomiste*. tomo XLV, n. 3, p. 537-575, 1939. Id. Quelques aspects de la pensée avicennienne II (La mystique avicennienne). *Revue Thomiste*, tomo XLV, n. 4, p. 693-742, 1939. p. 708 et seq.
81. Termo genérico, sem a conotação religiosa de *nabī* (profeta) ou *rasūl* (mensageiro), cf. *Metafísica* X, 2. Contudo, qualquer muçulmano entenderá que se refere a Muḥammad.

nização social nela inspirada. O profeta é um agente, um autor da História, e define, segundo a revelação, os moldes consoantes os quais a sociedade deve estar organizada.

Avicena não deixou nenhum tratado sobre ética nem sobre política. Tampouco há qualquer indicação de tratados éticos ou políticos dentre as suas obras perdidas. As breves alusões que faz à ética e à política devem ser pinçadas aqui e acolá. Em uma passagem da *Epístola sobre a Divisão das Ciências Racionais*, lemos:

> Com essa [terceira parte da ciência prática, isto é, a política] são conhecidos os tipos de regimes políticos, autoridades (*al-ri'āsāt*) e sociedades civis virtuosas e nocivas. E [esta ciência] faz conhecer a via para cada um deles realizar [o seu papel], a causa de seu declínio e os meios para transformar [a cidade em virtuosa]. A [parte] dela relacionada com o poder real está incluída nos livros de Platão e de Aristóteles sobre a política (*al-siyāsa*). E o que concerne à profecia (*nubuwwa*) e à Lei (*Šarīᶜa*) está contido em dois livros sobre as leis (*al-nawāmīs*). [...] E essa parte da filosofia prática faz conhecer a existência da profecia e a necessidade que a espécie humana tem da *Šarīᶜa* para sua existência, sobrevivência e destino (*munqalab*)[82]. E por ela são conhecidos os termos universais comuns às diversas leis religiosas (*šarā'iᶜ*) e os específicos de cada *šarīᶜa*, segundo cada povo e tempo. E ela faz conhecer a diferença entre a profecia divina e todas as pretensões falsas[83].

82. *Corão* XXVI:227. O termo *munqalab* (que significa acontecimento no futuro) é retirado do *Corão* e alude ao "retorno final", ao "abandono das coisas mundanas na expectativa do Juízo Final".

83. AVICENA. *Risāla fī aqsām al-ᶜulūm al-ᶜaqliyya* (Epístola sobre a Divisão das Ciências Intelectuais). In: *Tisᶜ Rasā'il.* Cairo: Maṭbaᶜa Hindiyyah, 1908, p. 107-108; *Les divisions des sciences intellectuelles d'Avicenne.* Trad. (francesa) Georges Anawati., n. 13, p. 326-327; *Épître sur les parties des Sciences intellectuelles d'Abū ᶜAlī al-Ḥusayn Ibn Sīnā.* Trad. (francesa) Rabia Mimoune. In: JOLIVET, Jean; RASHED, Roshdi. (Org.). *Études sur Avicenne.* Paris: Les Belles Lettres, 1984, p. 145; *On the divisions of the rational sciences.* Trad. (inglesa) Muhsin Mahdi. In: LERNER; MAHDI. (Org.). (With the collaboration of FORTIN, Ernest L.). *Medieval Political Philosophy*: A Sourcebook. Ithaca, N. Y.: Cornell University Press, 1972. (1. ed. 1963). p. 95-97. p. 97; *Epistle on the divisions of the rational sciences*, apud MORRIS, James W. The Philosopher-Prophet in Avicenna's Political Philosophy. In: BUTTERWORTH, Charles E. (Org.). *The Political Aspects of Islamic Philosophy.* Essays in Honor of Muhsin S. Mahdi. Cambridge, Massachusetts: Harvard University Press, 1992. p. 168-170.

As passagens mais significativas em que Avicena descreve as funções do profeta-legislador estão na *Metafísica* e são retomadas no *Kitāb al-Najāt* (Livro da Salvação). Nelas, Avicena argumenta que não é possível que a Providência divina tenha enviado uma Lei que não possa ser obedecida. Tampouco é possível que exista uma sociedade sem que exista o fundamento do qual ela depende para a sua existência e organização. A função da Lei é educar os homens e fazê-los viver de acordo com os parâmetros dela. Também é função da Lei fazer obedecer ao legislador que a recebeu. Como, então, é possível que a Providência exija a obediência de seus preceitos sem exigir a existência de quem pode estabelecê-los?

O Princípio Primeiro conhece e emana o Bem, e, para que a possível ordem do Bem exista no mundo, é necessária a sua produção. A intenção real do legislador vem do Princípio Primeiro, portanto, é essencial que o próprio legislador possua a verdade emanada desde o Princípio Primeiro para poder transmiti-la aos homens, organizar e conduzir a sociedade. Porém, o legislador deve ser um homem capaz de se expressar em termos legais e doutrinais, para que o vulgo possa compreendê-lo. A divulgação da Lei deve ocorrer mediante símbolos e alegorias que se formulam na faculdade da imaginação, faculdade que, no profeta, possibilita a promulgação da Lei e que nele une a teoria à prática. A produção de milagres o distingue do resto da humanidade, mas é por meio da faculdade da imaginação que o profeta "materializa" e transmite a revelação divina.

Avicena insiste em que os homens comuns só se confundiriam se lhes fossem reveladas verdades mediante provas demonstrativas, pois apenas um pequeno número deles tem acesso à sabedoria divina. Se os segredos dessa sabedoria fossem indiscriminadamente divulgados, haveria dissensões, negações dos dogmas, e muitas vezes os homens seriam conduzidos a idéias contrárias ao bem da cidade e à verdade, além de serem desviados de seus afazeres cívicos[84]. Avicena advoga a concepção, cuja tradição remonta a Platão, de que apenas uma pequena parcela da humanidade consegue chegar até os estágios mais elevados. O conhecimento não é apanágio de todos, apenas de uma elite.

84. Cf. AVICENA. *La Métaphysique du Shifā'*. Tradução, Introdução e Notas de Georges C. Anawati. Paris: J. Vrin, 1985. 2 v. vol. II, Livres VI à X. p. 177. Tradução de: *Metafísica* X, cap. 2.

Portanto, a divulgação dos preceitos contidos na Lei deve ser feita por meio de uma linguagem acessível ao vulgo, isto é, traduzida em símbolos e alegorias antropomorfizados.

No segundo capítulo do Livro X da *Metafísica*, Avicena inicia a sua argumentação sobre a prova da profecia defendendo o postulado aristotélico segundo o qual "o homem é um ser político", social. O ser humano se distingue dos outros animais por não ser capaz de sobreviver isolado de seus pares, ou seja, ele necessita da ajuda de seu semelhante para suprir as suas necessidades básicas. Na organização social, cada um tem um ofício ou atividade própria, que oferece em troca do que lhe é imprescindível à própria sobrevivência.

A vida social está, portanto, fundada nessa dependência recíproca entre os seres humanos, uma vez que cada qual contribui com o que melhor sabe fazer e recebe de outros o que lhe falta para suprir suas necessidades. Porém, viver em grupo não basta para que haja vida social e, sobretudo, não basta para a existência e a conservação dos seres reunidos. É preciso que, na vida social, haja convenções fundadas na lei e na justiça, o que requer a existência de alguém que legisle e execute a justiça e que, ao dirigir-se ao povo, se imponha. Como os indivíduos têm idéias e sentimentos diversos, é grande a possibilidade de discórdia, pois cada qual defenderá sempre o que lhe é devido e julgará o que deve aos outros como injusto. A ordem social deve ser, por isso, calcada na concepção de um contrato social em que haja controle dos interesses privados para que impere a cooperação mútua:

> É evidente que o homem difere dos outros animais, pois sua vida não seria aprimorada se vivesse apartado, conduzindo os seus próprios assuntos para a satisfação de suas próprias necessidades sem a cooperação de outros. É, portanto, essencial que a vida humana seja fundada na cooperação [...]. E, por essa razão, os indivíduos têm sido forçados a fundar cidades e constituir sociedades. Aqueles que não são sábios o suficiente para organizar cidades com leis e se contentam em viver uma mera vida gregária, sem bases legais e contratuais, se assemelham remotamente a homens. [...] E já que é assim, é necessário para o homem viver em cooperação; cooperação acarreta contratos e transações [...] que por si só são impossíveis sem lei e justiça. A lei e a justiça são impraticáveis sem um legislador e executor da

justiça. Ora, tal ser deve ser um homem porque ele precisa ser capaz de se dirigir ao povo e de fazer cumprir a lei. Ele não poderá deixar os homens agirem ao acaso, pois, desse modo eles defenderão os seus próprios interesses como sendo justos, e os (interesses) opostos, como sendo injustos [...][85].

Avicena enfatiza a necessidade de um poder acima de todos, pois sem ele a espécie humana não sobreviveria. Argumenta que, como a Providência divina conferiu certas características físicas que são úteis para a conservação individual de cada um, é impossível que não tenha conferido uma utilidade comum que sirva de fundamento para a vida em sociedade, para a sua conservação e continuidade. Características físicas como "bigodes sobre os lábios ou a concavidade das plantas dos pés" são necessárias aos indivíduos, embora não impliquem a sobrevivência da espécie humana, como é necessária a instituição de um poder legislador e executor para a preservação e a continuidade da espécie humana. Sendo assim, para facilitar a ordem do Bem, tem de existir um profeta que seja um ser humano, para dar à comunidade as diretrizes da conduta social adequada. O argumento da possibilidade da existência de um profeta é desenvolvido como segue.

É absolutamente possível que o profeta, este homem excepcional, exista, porque i) não é possível que a Divina Providência tenha concedido pequenas prerrogativas úteis aos homens sem ter-lhes concedido o que é o fundamento de todas elas; ii) tampouco é razoável supor que o Princípio Primeiro e os anjos tenham conhecimento das pequenas utilidades sem que conheçam a principal delas; iii) finalmente, não é possível que esse fundamento não deva existir sendo, portanto, algo cuja existência é possível e cuja atualização é necessária. Como poderia não existir se o que depende dele já existe? Por conseguinte, o profeta deve existir e deve ser um ser humano.

85. AVICENA (IBN SĪNĀ), op. cit., 1938, p. 303, 18-304, 9, apud RAHMAN, op. cit., 1958 (1979), p. 52-53. A mesma passagem pode ser encontrada na *Metafísica* X, cap. 2: AVICENA. *Proof of Prophecy. The Manner of the Prophet's Call to God, The exalted. The "Return" to God.* Trad. (inglesa) Michael E. Marmura. In: LERNER, Ralph; MAHDI, Muhsin. (Org.). (With the collaboration of FORTIN, Ernest L.). *Medieval Political Philosophy*: A Sourcebook. Ithaca, N. Y.: Cornell University Press, 1972b. (1. ed. 1963). p. 99-101; id., 1985, p. 175-177.

Todavia, o profeta deve ter alguma particularidade que o distinga dos outros seres e que, de certa forma, o torne superior, de modo que o grupo social perceba que há nele alguma coisa especial que falta em todos os outros. A capacidade de realizar prodígios é a qualidade que prova a distinção entre o profeta e seus semelhantes.

A sua qualidade maior, porém, é instituir leis, com a permissão e a ordem de Deus, que nele faz descer a revelação. Contudo, o primeiro princípio que o profeta mostrará aos seres humanos é a Unicidade divina, isto é, deverá afirmar-lhes que eles têm um só Criador onipotente, que conhece tudo o que está velado e manifesto, e que Suas ordens, expostas pela boca do profeta, deverão ser obedecidas. As verdades abstratas, porém, não são compreendidas por qualquer um. Avicena defende o princípio de que o conhecimento da verdade oculta só é acessível aos iniciados. O profeta, contudo, deverá ensinar tais verdades para a comunidade por meio de exemplos e de símbolos metafóricos. Como a Lei revelada se dirige ao conjunto do povo, faz-se necessária uma linguagem antropomórfica para que seja compreendida pelo homem comum. Se a Lei não tivesse esse caráter de divulgação, não seria a palavra de uma verdadeira religião, mas de uma filosofia sectária. A linguagem metafórica da profecia é, para Avicena, prova de sua veracidade universal, porque facilita a sua compreensão. Se a Lei fosse revelada de modo filosófico, isto é, com categorias racionais, não poderia dirigir-se a todos. Como não compreende silogismos e argumentos lógicos, o homem comum, que desconhece o significado oculto da Lei revelada, tenderia a negá-la ou a desprezá-la; por conseguinte, para que a Palavra divina seja compreendida, aceita e obedecida, faz-se necessário o uso de uma linguagem antropomórfica, que explique por meio de metáforas e de alegorias as verdades reveladas, a fim de que todos possam compreendê-las[86].

A ação do profeta deve também ser efetiva e duradoura para que perdure após a morte do profeta-legislador. E mais, a Lei é necessária para que sua autoridade seja sempre maior que a do profeta. Para que a Lei perdure e não seja esquecida pelas gerações seguintes ao profeta-legislador, ele terá

86. Id., 1985, p. 176-177. Id. *Epistola sulla vita futura*. Trad. Francesca Lucchetta. Padova: Ed. Antenore, 1969. Tradução de: *Epístola do Retorno*. cap III, parte 1, p. 72-74. Ver PEREIRA, Rosalie H. de Souza. *Avicena: A Viagem da Alma*. São Paulo: Perspectiva; Fapesp, 2002. p. 116-118.

de estabelecer instituições religiosas específicas cuja função seja relembrar sempre os propósitos da Lei.

> Este homem, que é o profeta, é tal que a sua presença não se renova continuamente, porque a matéria que recebe essa perfeição raramente constitui uma compleição tal. É, portanto, necessário que o profeta funde instituições para a perpetuação da Lei que ele promulgou para o bem-estar humano. É incontestável que a Lei nisto beneficie o contínuo conhecimento do Criador e da vida futura, e remova as causas do seu esquecimento depois que passarem as gerações sucessoras imediatas do profeta. Portanto, é necessário que o profeta prescreva certas ações para serem realizadas constantemente [...] a fim de se lembrarem continuamente (do propósito da Lei) [...]. Esses atos se assemelham a formas de culto impostas aos homens[87].

Essas considerações, portanto, não excluem absolutamente os dogmas da fé islâmica, que Avicena, como muçulmano, tentou conciliar com os princípios da filosofia herdada dos gregos. A tentativa de conciliação entre a razão e a fé permeia toda a filosofia no mundo islâmico medieval, até mesmo o racionalismo aristotélico de Averróis, o Comentador[88].

Referências Bibliográficas

ANAWATI, M.-M., O. P. Essai de bibliographie avicennienne – La tradition manuscrite orientale de l'oeuvre d'Avicenne. *Revue Thomiste*, n. II, p. 417-440, 1951.

ARBERRY, Arthur J. *Avicenna on Theology*. London: John Murray, 1951.

ARNALDEZ, Roger. Prophétie et sainteté en Islam. In: *Aspects de la pensée musulmane*. Paris: J. Vrin (Vrin-Reprise), 1987. p. 37-65.

____. *L'homme selon le Coran*. Paris: Hachette Littératures, 2002.

87. AVICENA, op. cit., 1985, p. 178. Id., 1938, p. 305, 22-306,10, apud RACHMAN, 1958 (1979), p. 54-55.

88. Ver AVERRÓIS. *Tratado Decisivo*. Trad. Aida Hanania. São Paulo: Martins Fontes. 2005. Tradução de: *Faṣl al-maqāl*. Esta obra é uma *fatwà* (opinião jurídica) sobre a relação entre a filosofia e a Lei revelada, relação possível, mas que visa a uma só e única verdade.

ATTIÉ Fº, Miguel. *Os Sentidos Internos em Ibn Sīnā (Avicena)*. Porto Alegre: Edipucrs, 2000.

____. *O Intelecto no Livro da Alma de Ibn Sīnā (Avicena)*. Tese (Doutoramento) – FFLCH-USP, São Paulo. 2004.

AVERRÓIS. *Tahāfut al-Tahāfut* (Incoerência da Incoerência). Ed. Maurice Bouyges. *Bibliotheca arabica scholasticorum*. Beyrouth, 1930.

____. *Averroes' Tahāfut al-Tahāfut (The Incoherence of the Incoherence)*. Tradução, Introdução e Notas de Simon van den Bergh. Oxford: Oxford University Press, 1954. 2 v.

____. *Tratado Decisivo*. Trad. Aida Hanania. São Paulo: Martins Fontes. 2005. Tradução de: *Faṣl al-maqāl*.

AVICENA (IBN SĪNĀ). *Risāla fī aqsām al-ᶜulūm al-ᶜaqliyya* (Epístola sobre a Divisão das Ciências Intelectuais). In: *Tisᶜ Rasā'il*. Cairo: Maṭbaᶜa Hindiyyah, 1908, p. 107-108; *Les divisions des sciences intellectuelles d'Avicenne*. Trad. (francesa) Georges Anawati., n. 13, p. 326-327; *Épître sur les parties des Sciences intellectuelles d'Abū ᶜAlī al-Ḥusayn Ibn Sīnā*. Trad. (francesa) Rabia Mimoune. In: JOLIVET, Jean; RASHED, Roshdi. (Org.). *Études sur Avicenne*. Paris: Les Belles Lettres, 1984, p. 145; *On the divisions of the rational sciences*. Trad. (inglesa) Muhsin Mahdi. In: LERNER; MAHDI. (Org.). (With the collaboration of FORTIN, Ernest L.). *Medieval Political Philosophy*: A Sourcebook. Ithaca, N. Y.: Cornell University Press, 1972. (1. ed. 1963). p. 95-97.

____. *Introduction à Avicenne, son Épître des Définitions*. Tradução, Introdução e Notas de Amélie-Marie Goichon. Paris: Desclée, de Brouwer et Cie., 1933.

____. *Kitāb al-Najāt*. Ed. Sabrī al-Kurdī. Cairo, 1938.

____. *Tisᶜ rasā'il fī al-ḥikma wa-al-ṭabīᶜiyyāt (fī al-ḥudūd)* (Nove Epístolas sobre a Sabedoria / Filosofia e as Questões Físicas [sobre as Definições]. Ed. Cairo. 1326 Hégira (1948). Ed. Istanbul. 1298 Hégira.

____. *Livre des Directives et Remarques*. Tradução, Introdução e Notas de Amélie-Marie Goichon. Beyrouth; Paris: Commission Internationale pour la Traduction des Chefs-d'oeuvre; Librairie Philosophique J. Vrin, 1951. Tradução de: *Kitāb al-Išārāt wa-al-Tanbīhāt*.

____. *Psychologie d'Ibn Sīnā d'après son oeuvre Aš-Šifā'* II. Trad. (francesa) Jan Bakóš, com notas e comentários. Praga: Éditions de l'Académie Tchécoslovaque des Sciences, 1956.

____. *Epistola sulla vita futura*. Trad. Francesca Lucchetta. Padova: Ed. Antenore, 1969. Tradução de: *Epístola do Retorno*.

____. *Avicenna Latinus. Liber de anima seu sextus de naturalibus*. Édition critique de la traduction latine médiévale par S. Van Riet. Introduction sur la doctrine psychologique d'Avicenne par G. Verbeke. 2 v. Louvain; Leiden: Éditions Orientalistes;

E. Peeters; E. J. Brill, 1968/1972. vol. I: Livros I-II-III; Louvain; Leiden: E. Peeters; E. J. Brill, 1972. vol. II: Livros IV-V; Lexiques par S. Van Riet; Louvain: Leiden: Éditions Orientalistes; E. J. Brill, 1968.

____. *On the Proof of Prophecies and the Interpretation of the Prophet's Symbols and Metaphors*. Trad. Michael E. Marmura. In: LERNER, Ralph; MAHDI, Muhsin. (Org.). (With the collaboration of FORTIN, Ernest L.). *Medieval Political Philosophy*: A Sourcebook. Ithaca, N. Y.: Cornell University Press, 1972a. (1. ed. 1963). p. 112-121.

____. *Proof of Prophecy. The Manner of the Prophet's Call to God, The exalted. The "Return" to God.* Trad. (inglesa) Michael E. Marmura. In: LERNER, Ralph; MAHDI, Muhsin. (Org.). (With the collaboration of FORTIN, Ernest L.). *Medieval Political Philosophy*: A Sourcebook. Ithaca, N. Y.: Cornell University Press, 1972b. (1. ed. 1963).

____. *Les Divisions des Sciences Intellectuelles d'Avicenne*. Trad. Georges C. Anawati. *MIDEO*, Cairo: Dār al-Ma[c]ārif, t. 13, p. 323-335, 1977.

____. *Avicenna Latinus. Liber de philosophia prima sive scientia divina.* Édition critique de la traduction latine médiévale par S. Van Riet. Introduction doctrinale par G. Verbeke. Louvain: E. Peeters; Leiden: E. J. Brill, 1977. 3 v. vol. 1: Livros I-IV. Louvain: E. Peeters; Leiden: E. J. Brill, 1980. vol. 2: Livros V-X. Louvain-la-Neuve: E. Peeters; Leiden: E. J. Brill, 1983. vol. 3: Lexiques par S. Van Riet. Louvain-La-Neuve: E. Peeters; Leiden: E. J. Brill, 1983.

____. *Les Sciences Physiques et Métaphysiques selon la Risāla fī Aqsām al-[c]Ulūm d'Avicenne*. Essai de traduction critique. Trad. Jean Michot. *Bulletin de Philosophie Médiévale*, n. 22, Louvain, p. 64-71, 1980.

____. *Avicenna's Psychology (An English Translation of Kitāb al-Najāt, Book* II, *ch.* 6*)*. Trad. (inglesa) Fazlur Rahman, com notas e comentários. Westport, Connecticut: Hyperion Press, Inc., 1981; 1990. (1. ed. Oxford: Oxford University Press, 1952).

____. *Épître sur les parties des Sciences intellectuelles d'Abū [c]Alī al-Ḥusayn Ibn Sīnā*. Trad. (francesa) Rabia Mimoune. In: JOLIVET, Jean; RASHED, Roshdi. (Org.). *Études sur Avicenne*. Paris: Les Belles Lettres, 1984.

____. *La Métaphysique du Shifā'*. Tradução, Introdução e Notas de Georges C. Anawati. Paris: J. Vrin, 1985. 2 v. vol. II, Livres VI à X. p. 177. Tradução de: *Metafísica* x, cap. 2.

____. *Le Livre de Science* (*Dânèsh-Nâma*). Trad. (do original persa) Mohammad Achena; Henri Massé. Paris: Belles Lettres-Unesco, 1986. Tradução de: *Danishnāmé-i 'Alā'ī*.

____. *A Origem e o Retorno*. Tradução direta do árabe, Introdução e Notas de Jamil Ibrahim Iskandar. São Paulo: Martins Fontes, 2005.

AL-FĀRĀBĪ. *La Ciudad Ideal*. Trad. M. A. Alonso. Apresentação de Miguel Cruz Hernández. Madrid: Tecnos, 1985.

____. *Traité des opinions des habitants de la Cité Idéale*. Trad. Tahani Sabri. Paris: J. Vrin, 1990.

____. *On the Perfect State (Mabādi' ārā' ahl al-madīnat al-fāḍila)*. 2. ed. Ed. bilíngüe árabe-inglês. Tradução, Introdução e Comentários de Richard Walzer. Oxford: Oxford University Press, 1998. (1. ed. 1985).

D'ANCONA COSTA, Cristina. *Recherches sur le Liber de Causis*, Paris: J. Vrin, 1995.

____. *La Casa della Sapienza. La trasmissione della metafisica greca e la formazione della filosofia araba*. Milano: Guerini e Associati, 1996.

ELAMRANI-JAMAL, Abdelali. De la multiplicité des modes de la Prophétie chez Ibn Sīnā. In: JOLIVET, Jean; RASHED, Roshdi. (Org.). *Etudes sur Avicenne*. Paris: Les Belles Lettres, 1984. p. 125-142.

GARDET, Louis. Quelques aspects de la pensée avicennienne dans ses rapports avec l'orthodoxie musulmane I. *Revue Thomiste*. tomo XLV, n. 3, p. 537-575, 1939.

____. Quelques aspects de la pensée avicennienne II (La mystique avicennienne). *Revue Thomiste*, tomo XLV, n. 4, p. 693-742, 1939.

____. *La pensée religieuse d'Avicenne*. Paris: Librairie Philosophique J. Vrin, 1951.

____. *Dieu et la Destinée de l'Homme*. Paris: J. Vrin, 1967.

GAUTHIER, Léon. *Théorie d'Ibn Rochd (Averroès). Sur les rapports de la religion et de la philosophie*. Paris: Presses Universitaires de France, 1909; Vrin-Reprise, 1983.

GILSON, Etienne, *Les sources gréco-arabes de l'augustinisme avicennisant*. Paris: Vrin-Reprise, 1986.

GOHLMAN, William E. *The Life of Ibn Sīnā*. A Critical Edition and Annotated Translation. Albany: State University of New York Press, 1974.

GUTAS, Dimitri. *Avicenna and the Aristotelian Tradition*. Introduction to reading Avicenna's Philosophical Works. Leiden: E. J. Brill, 1988.

JANSSENS, J. L. *An Annotated Bibliography on Ibn Sīnā (1970-1989)*. Including arabic and Persian publications and Turkish and Russian references. Leuven: University Press, 1991.

JOLIVET, Jean. Le déploiement de la pensée philosophique dans ses rapports avec l'Islam jusqu'à Avicenne. In: *L'Islam. La philosophie et les sciences*. Unesco, 1986. (1.ed. 1981). p. 35-58.

____. Intellect et Intelligence. Note sur la tradition arabo-latine des XIIe et XIIIe siècles. In JOLIVET, Jean. *Philosophie Médiévale Arabe et Latine*. Paris: J. Vrin, 1995. p. 169-180.

MACDONALD, D. B., verbete *ilhām*. In: THE ENCYCLOPAEDIA of Islam. New Edition. Leiden: E. J. Brill; London: Luzac & Co., 1971. vol. III.

MACY, Jeffrey. Prophecy in Al-Farabi and Maimonides: The Imaginative and Rational Faculties. In: PINES, Shlomo; YOVEL, Yirmiyahu. (Org.). *Maimonides and Philosophy*. Dordrecht; Boston; Lancaster: Martinus Nijhoff Publishers, 1986. p. 185-201.

MADKOUR, Ibrahim. *La Place d'al-Fārābī dans l'école philosophique musulmane*. Paris: Librairie d'Amérique et d'Orient Adrien Maisonneuve, 1934.

MICHOT, Jean. Prophécie et divination selon Avicenne. Présentation, essai de traduction critique et index de l'"Épître de la sphère". *Revue Philosophique de Louvain*, t. 83, p. 507-535, nov. 1985.

____. *La destinée de l'homme selon Avicenne. Le retour à Dieu (ma^{c}ād) et l'immagination*. Louvain: Aedibus Peeters, 1986.

MORRIS, James W. The Philosopher-Prophet in Avicenna's Political Philosophy. In: BUTTERWORTH, Charles E. (Org.). *The Political Aspects of Islamic Philosophy*. Essays in Honor of Muhsin S. Mahdi. Cambridge, Massachusetts: Harvard University Press, 1992. p. 168-170.

PEREIRA, Rosalie H. de Souza. *Avicena: A Viagem da Alma*. São Paulo: Perspectiva; Fapesp, 2002.

RAHMAN, Fazlur. *Prophecy in Islam*: Philosophy and Orthodoxy. Chicago; London: The University of Chicago Press, 1958. (2 ed. 1979).

____. Ibn Sīnā. In: SHARIF, Mian Mohammad. (Org.). *A History of Muslim Philosophy*. With short accounts of other Disciplines and the Modern Renaissance in the Muslim Lands. Published by Pakistan Philosophical Congress. New Delhi: Low Price Publications, 1999. cap. XXV (Ibn Sīnā).

STRAUSS, Leo. La Loi fondée sur la philosophie. In: *Le Monde oriental*, 1933. (Reprint in *Maïmonide*. Paris: Presses Universitaires de France, 1988. p. 120 et seq.).

ULLMANN, M. *La médecine islamique*. Paris: Presses Universitaires de France, 1995.

VAJDA, Georges. Introdução e tradução. Les notes d'Avicenne sur la "Théologie d'Aristote". *Revue Thomiste*, vol. II, p. 346-406, 1951.

WENSINCK, A. J. *Waḥy*. In: SHORTER ENCYCLOPAEDIA of Islam. Ed. H. A. R. Gibb; J. H. Kramers. Leiden: E. J. Brill, 1953. (Reprint 1997). p. 622A.

ZIMMERMANN, Friedrich W. The Origins of the so-called Theology. In: KRAYE, J.; RYAN, W.; SCHMITT, C.-B. (Org.). *Pseudo-Aristotle in the Middle Ages. The* "Theology" *and Other Texts*. London: The Warburg Institute, 1986. p. 110-240.

11.

A Arte Médica de Avicena e a Teoria Hipocrática dos Humores

Rosalie Helena de Souza Pereira

De todos os sábios da tradição médica no mundo islâmico, o mais conhecido talvez seja Abū ᶜAlī al-Ḥusayn ibn ᶜAbd Allāh ibn Sīnā, Avicena entre os latinos. Nascido na Pérsia em 980, numa pequena cidade da Ásia Central perto de Buḫārà, Afšana, o menino prodígio Avicena estudou filosofia e medicina desde cedo. Aos dez anos de idade já recitava de cor o Livro sagrado dos muçulmanos, o *Corão*, e aos dezesseis, segundo sua autobiografia, já exercia a prática da medicina. Na época, sua fama era tal que foi chamado pelo soberano de Buḫārà, o sultão Nūḥ ibn Manṣūr, para livrá-lo de uma moléstia incurável. Como recompensa por ter-lhe salvado a vida, o sultão abriu-lhe as portas de sua rica biblioteca, o que lhe permitiu o acesso a numerosas e desconhecidas obras dos autores antigos. Por razões políticas, Avicena sempre viajou muito pelos territórios da antiga Pérsia, e foi em Jurjān, no sudeste do Mar Cáspio, por volta de 1012, que iniciou a redação de seu célebre *Kitāb al-Qānūn fī al-ṭibb* (Livro do Cânone de Medicina), só terminado mais tarde em Hamaḏān, para onde se dirigiu em 1015. Foi nessa cidade, importante centro no oeste do atual Irã, que Avicena conheceu e serviu como médico ao príncipe Šams al-Dawla, que, curado de sua persistente cólica, ofereceu-lhe o vizirato, motivo de discórdias e infortúnios na vida de nosso médico-filósofo.

Avicena pretendia incluir em seu *Cânone* os conhecimentos adquiridos no exercício da arte médica, mas suas anotações foram perdidas durante o saque de seus bens quando, por razões políticas, fugiu de Hamaḏān. A cólica crônica do príncipe trouxe Avicena de volta à corte, onde, novamente no cargo de vizir, iniciou um período de intenso trabalho, o dia dedicado à política, a noite, ao convívio com seus discípulos em intermináveis discussões, que resultaram na composição de sua principal obra filosófica, conhecida por *Al-Šifā'* (A Cura), isto é, a cura da alma.

Já no início do *Cânone*, Avicena apresenta sua concepção da arte médica:

> Digo que a medicina (*ṭibb*) é uma ciência (*ᶜilm*) que estuda os estados do corpo humano, em vista do que é sadio e do que não é, com a finalidade de preservar a saúde, quando ela já existe, e de restabelecê-la, quando ela foi perdida. Àquele que diz: "a medicina se subdivide em teoria (*naẓar*) e em prática (*ᶜamal*), vós ofereceis uma teoria global e dizeis que se trata de uma ciência". A esta pessoa respondemos o que se afirma: nas artes (*ṣināᶜāt*) há o que é teórico e o que é prático, na filosofia há o que é teórico e o que é prático, e na medicina [também] há o que é teórico e o que é prático. Todavia, o sentido da palavra "teórico" ou "prático" é diverso de acordo com a disciplina. Aqui precisamos explicitar a diferença de sentido apenas na medicina.
>
> Quando alguns afirmam que na medicina há o que é teórico e o que é prático, não significa que se deva concluir que uma das duas subdivisões da medicina seja a aquisição de uma ciência (*ᶜilm*) e a outra, o exercício de uma prática, como pensam muitos pesquisadores desse tema. Seria, antes, mais oportuno que compreendêsseis que o sentido é um pouco diverso, a saber: não se trata [de pressupor] que a ciência seja apenas uma das duas subdivisões, mas que uma delas é a ciência dos princípios e a outra, a ciência do "como" da prática. Logo, a primeira foi designada com o nome de Ciência (*ᶜilm*) ou de Teoria (*naẓar*), enquanto à segunda foi outorgado o nome de Prática (*ᶜamal*).
>
> Assim, entendemos por parte teórica da medicina a que contém apenas o ensinamento capaz de estabelecer uma firme convicção (*iᶜtiqād*), mas que não apresenta uma explicação do "como" da prática. Por exemplo, é dito que em medicina são três as categorias de febre e que há nove temperamentos. E entendemos por aspecto prático da medicina não a verdadeira prática, e sim a parte da ciência da medicina cujo ensinamento é capaz de dar um ponto de vista (*ra'y*), que se relaciona ao "como"

da prática. Por exemplo, em medicina é dito que as tumefações inflamatórias necessitam, no início, que seja posto sobre elas algo adstringente que resfrie e condense; e, em seguida, que os adstringentes sejam misturados com emolientes. Assim que é obtida uma diminuição no tamanho, [o tratamento] limita-se aos emolientes, o que acarreta a solução, exceção feita, porém, às tumefações resultantes de uma matéria expulsa pelos órgãos vitais. Neste caso, esse ensinamento vos é útil como um ponto de vista que explica o "como" da prática. Se conhecerdes essas duas divisões, adquirireis um saber teórico e um saber prático, ainda que não o pratiqueis jamais[1].

O *Cânone de Medicina* é uma gigantesca obra composta de cinco livros, os quais estão subdivididos em temas, resumos e seções (*funūn*). O primeiro deles, *Al-Kulliyyāt* (termo árabe que aqui significa "As Generalidades"[2]), oferece um panorama geral que trata da fisiologia, nosologia (estudo das moléstias), etiologia, sintomatologia e princípios de terapia, e é composto de quatro partes. A primeira parte aborda os temas dos elementos, dos humores, da anatomia das partes homeômeras (ossos, músculos, nervos, artérias e veias) e das três faculdades; a segunda discorre sobre os sintomas gerais das enfermidades, sobre o diagnóstico por meio do pulso, sobre as urinas e as evacuações; a terceira trata da higiene e da dieta na saúde, dos estados mórbidos nas crianças, nos adultos e nos velhos, dos efeitos das mudanças climáticas no ser humano, e oferece conselhos médicos aos viajantes. A quarta expõe os métodos gerais de tratamento, tais como os catárticos ou purgativos, as sangrias, as cauterizações, as lavagens e os clisteres, as fricções com ungüentos, os lenimentos e fomentos, e descreve as amputações e os tratamentos para o alívio da dor.

O segundo livro do *Qānūn* diz respeito à *materia medica*: os corpos simples dos três reinos da natureza – mineral, vegetal e animal – estão classificados por ordem alfabética. Em relação aos medicamentos, Avicena descreve suas propriedades gerais, sua potência, seus efeitos, quando e como empregá-los. O terceiro livro é consagrado à patologia especializada: depois de revelar a anatomia das partes heterogêneas ou compostas, apresentadas na ordem em

1. *Qānūn fī al-ṭibb* I. 1. i. 1. Texto traduzido para o francês, apud SAVAGE-SMITH, Emilie. Médecine. In: RASHED, Roshdi. (Org.). *Histoire des sciences arabes*. Paris: Éditions du Seuil, 1997. 3 v. vol. III (*Technologie, alchimie et sciences de la vie*). p. 175-176.
2. *Al-kulliyyāt* designa também "os universais", isto é, gênero, espécie, diferença, acidente e o próprio.

que estão situadas no corpo – *a capite ad calcem*, "da cabeça ao calcanhar" –, Avicena discorre sobre as enfermidades particulares a cada uma dessas partes corporais e explica suas causas, enumera seus sintomas e apresenta o tratamento adequado para cada moléstia. O quarto livro é dedicado às enfermidades que atingem o corpo como um todo, tais como febres e pústulas, abscessos e úlceras, lepra e varíola, ferimentos, luxações e fraturas, envenenamentos e infecções, picadas de insetos e mordidas de animais, bem como aos cosméticos, à obesidade e à magreza, aos cuidados com os cabelos, com a pele e as unhas, e aos odores desagradáveis. O quinto e último livro dessa vasta enciclopédia médica, destinado à farmacologia, ensina as fórmulas das drogas compostas e relacionadas aos medicamentos apresentados nos livros anteriores.

O *Qānūn* mereceu a atenção dos tradutores de Toledo, importante centro de encontro entre as culturas árabe e latina, e, na segunda metade do século XII – pouco mais de um século após a morte de Avicena, em 1037 –, foi traduzido para o latim por Gerardo de Cremona (1114-1187)[3]. Foi imediato o seu sucesso na Europa e rápida a sua difusão pelas Escolas de medicina, fato atestado pelos numerosos manuscritos do século XIII, conservados até hoje, alguns deles magnificamente ilustrados. Muitos comentários, glosas, resumos, imitações e traduções do *Qānūn* disseminaram-se pela Europa medieval, e, no século XVI, Andrea Alpago, médico e orientalista[4], melhorou sua tradução. Nos séculos XV e XVI, o *Qānūn* foi impresso trinta e seis vezes[5], e até o século XVII, sua leitura foi obrigatória aos estudantes da arte médica. Depois de 1650, as novas

3. Gerardo de Cremona foi um dos principais sábios da Escola de Toledo e se celebrizou por suas traduções de Aristóteles, do *Almagesto* de Ptolomeu, de Avicena e de Rhazes. Conhecia o árabe, o grego e o latim, o que lhe possibilitou o acesso direto às fontes sem a intermediação das versões espanholas.

4. Nascido em Belluno, Itália, Andrea Alpago, depois de aprender o árabe no Oriente, foi titular da cadeira de Medicina na Universidade de Veneza, onde revisou e editou a obra médica de Avicena, acompanhada de um *index* e de um glossário dos termos técnicos árabes.

5. Só no século XV realizaram-se quinze reproduções da tradução de Gerardo de Cremona do *Qānūn fī al-ṭibb*; e o século XVI viu, em Veneza, a impressão completa da mesma tradução do *Qānūn*, seguida pelo *Poema da Medicina*, este traduzido em latim já em 1284 por Armengaud de Blaise; essa edição de 1520-1522 da obra médica de Avicena foi acompanhada de diversos comentários, entre os quais o de Averróis (1126-1198) ao *Poema da Medicina*, comentário que também foi traduzido para o latim por Armengaud de Blaise no século XIII; em 1527, surgiu a edição revista de Andrea Alpago. Na França, já em 1522, em Lyon, havia surgido uma edição do *Qānūn*, todavia sem os comentários.

tendências da medicina fizeram ceder a autoridade do *Al-Šayḫ al-Ra'īs*, título pelo qual Avicena era conhecido no Oriente.

A importância do *Qānūn* estava no fato de ser uma sistematização da ciência médica da época, pois era composto das literaturas helenística, bizantina e siríaca. Embora quase nunca tenha citado suas fontes, Avicena tornou essa fragmentária herança num sistema coerente e organizado. Sábios e filósofos da Idade Média, desejosos de conhecer a ciência médica, voltavam-se para os tratados de medicina elaborados pelos árabes e se debruçavam especialmente sobre a obra de Avicena, o mais reputado dentre eles. Contudo, deve-se aos tradutores latinos o mérito de haverem elucidado passagens complexas e intrincadas do texto árabe, dificuldades existentes em função da divergência de certos termos encontrada nos diversos manuscritos devida a erros de copistas. Acrescente-se a isso a dificuldade de traduzir os inúmeros termos técnicos, obstáculo que já os médicos árabes tiveram de vencer ao se defrontarem com os textos gregos. Segundo a tradição, se havia uma correspondência do termo grego na língua árabe, a tradução era literal, do contrário, o termo era transcrito foneticamente, como é o caso do termo grego *phlegmoné*, que em árabe tornou-se *falġamūnya* para designar inflamação.

De proporções menos grandiosas e considerado um resumo da grande obra médica de Avicena, o *Manẓūma fī al-ṭibb* (Poema da Medicina) contém todos os princípios da ciência médica em forma de versos. Célebre durante toda a Idade Média, esse poema, também conhecido em árabe por *Urjūza fī al-ṭibb*[6], por seu ritmo prosódico derivado da métrica *rajaz*, é uma exposição em versos cuja intenção é apresentar os princípios da Arte Médica. Trata-se de um gênero muito em voga no mundo islâmico em fins do século X, pois a poesia didática facilitava aos alunos o aprendizado da matéria. Decorados os versos, os discípulos se reuniam em torno de seu mestre, que os explicava e comentava com o auxílio de sua prática e experiência. De forma concisa e sintética e dividido em duas partes, *Teoria* e *Prática*, o poema pedagógico

6. O termo *urjūza* é traduzido também por "cântico", mas preferimos manter a tradução usual, isto é, "poema". *Manẓūma* é o particípio passado do verbo *naẓama*, que significa unir, juntar, fazer versos. O correto seria traduzir por "versificado". Significa uma composição em versos, isto é, "ordenada em versos", literalmente.

serviu de livro de estudos, seja no Oriente seja na Europa, até o século XVI e, em algumas universidades, até mais recentemente.

Conhecido no latim por *Cantica* ou *Canticum*, o *Poema* foi igualmente traduzido por Gerardo de Cremona no século XII, em Toledo, o efervescente centro de traduções que divulgou na Europa medieval o legado filosófico e científico que os árabes conservaram da Antigüidade grega. Contudo, por ser extremamente conciso em razão de sua função pedagógica, o *Poema* é de difícil compreensão e faz-se necessário conhecer os princípios gregos sobre os quais se fundamenta a teoria médica nele apresentada. Faremos, assim, uma pequena incursão entre os filósofos pré-socráticos, que, ao promoverem uma revolução no pensamento, possibilitaram o rompimento com os métodos mágico-milagrosos de cura, cuja prerrogativa era, até então, outorgada exclusivamente aos deuses[7].

Medicina e o Nascimento da Filosofia

Até a aurora do pensamento racional, as curas eram realizações milagrosas, atribuídas a favores divinos, pois na antiga Grécia acreditava-se que a enfermidade era causada pelos deuses. Foi nesse ambiente mitológico que surgiu Asclépio, o patrono da medicina, que aparece mencionado pela primeira vez na *Ilíada*, em que se diz que fora educado pelo centauro Quíron.

Relatada por Hesíodo[8], a lenda de Asclépio data do século VIII a.C. Em algumas versões dessa lenda, ele é um deus que realiza curas milagrosas, em outras, o patrono da medicina, pois se tratava de um herói, o qual,

7. Embora a tradição das práticas mágico-religiosas tenha seguido a par da prática médica que seguiu o paradigma da razão.
8. Cf. SIGERIST, Henry Ernest. *A History of Medicine*. New York; Oxford: Oxford University Press, 1951-1961. 2 v. vol. I, p. 52-53. Ver ENTRALGO, Pedro Laín. *La medicina hipocrática*. Madrid: Alianza Editorial, 1970; TAMAYO, Ruy Pérez. *El concepto de enfermedad*. México: Fondo de Cultura Económica; Facultad de Medicina, Unam; Consejo Nacional de Ciencia y Tecnología, 1988. 2 v. vol. I, p. 95 et seq.

mais que curar os pacientes, protegia os médicos na sua prática racional. No mundo antigo havia mais de 400 templos e santuários dedicados a Asclépio, e alguns deles permaneceram ativos até o século VI d.C. Epidauro, Cós e Pérgamo eram os principais centros do deus, que chegou a Roma em princípios do século III a.C. De grande popularidade, Asclépio era o deus pagão mais importante do mundo greco-romano nos primórdios da Era cristã.

A tendência do gênio grego para formular grandes esquemas teóricos nasceu em Mileto com o primeiro impulso de seus filósofos para explicar a *phýsis* – a natureza –, por meio da razão. Não pelo conteúdo formal das respostas e sim pelo caráter de suas respostas às perguntas básicas relativas à *phýsis* é que a contribuição grega foi fundamental para a formação da ciência ocidental. A intenção de explicar a *phýsis* por meio da abstração racional, sem recorrer às explicações derivadas do sobrenatural, foi o grande salto qualitativo do pensamento em direção à ciência. Tales de Mileto talvez tenha sido quem mais contribuiu para essa grande mudança, por reduzir a variabilidade infinita da *phýsis* a um só elemento objetivo, a água.

Considerado o iniciador da filosofia e da ciência, Tales, fundador da escola de Mileto (c. 630 a.C.), criou uma nova noção de *phýsis* quando determinou que "todas as coisas são compostas de água". A resposta de Tales à pergunta "qual é a natureza primária do universo?" foi suficiente para fundar a filosofia e a ciência dela derivadas diante da nova atitude em relação à realidade e ao mundo. Assim, do estado puramente físico de um elemento, surgem todos os outros: a partir da água primordial, engendram-se os outros três elementos, ar, terra e fogo. Opondo-se às explicações sobrenaturais, a *phýsis* passa a ser o princípio de unidade que produz e faz evoluir as coisas sob o perpétuo movimento e transformação dos elementos. Com uma radical mudança de orientação, as relações entre os homens e o mundo são compreendidas sob uma nova perspectiva. A natureza, concebida como a totalidade do universo, não está mais submetida aos desmandos dos deuses, mas passa a ter suas próprias leis de governo.

Contemporâneos mais jovens de Tales, Anaximandro e Anaxímenes, ambos também de Mileto, tinham suas próprias idéias quanto à substância constituinte do universo. Para o primeiro deles, o *Ápeiron*, o Ilimitado, seria a matéria primária de todas as coisas. Com esse conceito, inacessível aos sentidos, Anaximandro promoveu mais um grande salto na história do pensamento. Ao conceber as qualidades dos elementos como pares de opostos, quente-frio, úmido-seco, ele nos deixou uma cosmologia fundada nos quatro elementos conjugados a esses dois pares de qualidades. No princípio, os quatro elementos estariam misturados no Ilimitado em iguais proporções. O Ilimitado deu origem a um fragmento que se separou em quente e frio. O frio, encerrado num anel do quente, era formado de duas capas concêntricas, a externa de ar e a interna de terra. A terra, totalmente úmida no início, foi se secando aos poucos pela ação do quente. Em suas cavidades, a umidade persistiu na existência dos mares; contudo, a terra continuaria a se evaporar até que, um dia, se tornou completamente seca. Formaram-se, assim, quatro anéis, que, de fora para dentro, são o quente, o frio, o úmido e o seco, e a cada uma dessas qualidades corresponde respectivamente um elemento, o fogo, o ar, a água e a terra.

Para Anaxímenes, o vapor seria a forma fundamental de tudo. O filósofo acrescenta as noções de condensação e rarefação do vapor na formação da natureza: assim, o fogo junto ao quente provocam a rarefação do vapor e, associados ao frio, a sua condensação, promovendo, de início, o surgimento da água e, depois, da terra. Com essas noções complementares de condensação e rarefação, Anaxímenes contribuiu para um esquema explicativo mais complexo, ao oferecer a forma como variações quantitativas podem produzir mudanças qualitativas.

Por volta do século V a.C., ao largo do naturalismo/fisiologismo racional, proposto pelos filósofos de Mileto, surgiram outras idéias que, ainda na Grécia antiga, ajudaram a constituir a teoria dos humores, teoria que serviu de base para o diagnóstico médico das enfermidades até o raiar da ciência moderna nos séculos XVI-XVII, resistindo ainda durante alguns debates em pleno século XVIII. Essas outras idéias que vieram juntar-se à doutrina dos quatro elementos provêm do sistema fundado por Pitágoras de Samos (585-500 a.C.), que, segundo a tradição, foi o fundador de uma sociedade secreta, cujas práticas mágicas e místicas correspondiam às dos órficos. Seu interesse não se restringia à cosmologia, mas abarcava também a alma do homem e a vida de seu corpo. Os pitagóricos supunham que a alma estava sujeita a uma cadeia de transmigrações da qual só podia escapar se purificada. Acredita-se que o elemento purificador apregoado pelos pitagóricos, a música, é conseqüência de sua grande consideração pelas matemáticas, que, aliada à noção de harmonia, levou à busca do equilíbrio e complementaridade dos opostos.

Atribuído por alguns a Pitágoras e, por outros, ao pitagorismo, o conceito de harmonia foi deduzido a partir da observação das relações existentes entre a longitude das cordas da lira e a tonalidade dos sons produzidos. Inicialmente aplicado apenas à escala musical, o conceito de harmonia logo se estendeu a todas as esferas da realidade. Concernente ao corpo humano, a enfermidade é o resultado da quebra de harmonia, sendo tarefa da medicina restabelecer o equilíbrio perturbado. Como a música é por excelência a manifestação da harmonia, poderá ser empregada para a cura da alma, que, por sua vez, se traduz na harmonia do corpo.

Discípulo de Anaximandro, Pitágoras difundiu a filosofia jônica na Grécia Magna quando se estabeleceu em Crotona, no sul da Itália. Elaborou uma cosmologia em que os corpos celestes estão distanciados de um fogo central por intervalos que correspondem aos de uma oitava na escala musical, e seus movimentos circulares produzem o que ficou conhecido por música das esferas. À harmonia musical corresponde a harmonia numérica: segundo Aristóteles, os pitagóricos consideravam "que os elementos dos números eram a essência de todas as coisas e que os céus eram harmonia e número"[9]. Depois da surpreendente descoberta de suas propriedades quando combinadas, todas as coisas passaram a ter analogias com os números: a perfeição com a unidade, a totalidade do universo com o número doze e, em seu eterno fluir, a natureza com o número quatro. Também seguidores do Estagirita, uma facção da escola pitagórica afirmava a existência de dez princípios que se opõem um ao outro por coordenadas binárias, cada qual correspondendo a um dos dez números naturais: finito e infinito, par e ímpar, unidade e pluralidade, direita e esquerda, masculino e feminino, fixo e móvel, reto e curvo, luz e trevas, bom e mau, quadrado e oblongo.

A lógica dos "fisiologistas", associada à experiência clínica dos fundadores da *ars medica*, fez surgir, por volta de 500 a.C., a primeira definição

9. ARISTÓTELES. *Metafísica* A, 5, 985 b 23-986 b 8.

de saúde e de enfermidade naturais, desvinculada de qualquer poder mágico-religioso. Assim, já no final do século VI a.C., medicina e filosofia aparecem numa estreita relação que se manteve durante os séculos seguintes, embora não sem polêmica. Num primeiro momento, medicina e filosofia entrelaçam-se, o que pode ser constatado pela noção de estado saudável do organismo, entendido como mistura (*krásis*): definidas pelo médico e filósofo Alcméon de Crotona, a saúde é o equilíbrio entre as diversas qualidades, e a enfermidade decorre do predomínio ou ausência de uma delas. Assim lemos na doxografia de Aécio:

> Alcméon diz que a saúde se mantém por igual direito (*isonomía*) das qualidades, úmido, seco, quente, amargo, doce e outras, enquanto o exclusivo domínio de uma delas (*monarkhía*) produz a enfermidade. No que concerne ao agente, as enfermidades surgem em virtude do excesso do quente ou do seco; no que se refere à origem, a causa está no excesso ou falta de alimentação; no que concerne ao lugar, está no sangue, na medula e no cérebro. Afirma igualmente que, às vezes, elas surgem de causas externas, tais como as águas, o lugar, as fadigas, a angústia ou coisas semelhantes. A saúde é a [boa] mistura (*krásis*)[10].

Na esteira da relação entre filosofia e medicina, uma das primeiras formulações que contribuíram para o conceito de humores do corpo humano deve-se, talvez, ao famoso e quase lendário Empédocles de Agrigento. Do filósofo, médico, poeta e, possivelmente, visionário, que floresceu na metade do século V a.C., recebemos alguns fragmentos do tratado de título *Sobre a Natureza*, em que o autor assinala as quatro substâncias ou "raízes das coisas" que constituem o universo: Zeus, Hera, Aidoneo, Néstis. Mais tarde, seus comentadores relacionaram os deuses mitológicos aos quatro elementos, fogo, ar (ou éter), terra e água.

10. AÉCIO, *Placita*, V, 30, 1; segundo ESTOBEU, *Eclogae*, IV, 36, apud GRMEK, Mirko D. Le concept de maladie. In: GRMEK, Mirko D. (Org.). *Histoire de la pensée médicale en Occident*. Paris: Éditions du Seuil, 1995a. 4 v. vol. I (*Antiquité et Moyen Âge*), p. 215-216. De importância capital para a história da medicina, esse texto é conhecido principalmente na versão estabelecida por H. Diels em *Doxographi Graeci*, de 1879, e editada por H. Diels e W. Kranz na sua edição dos pré-socráticos, 1951, t. I. Todavia, Mirko D. Grmek afirma que o testemunho de Aécio teria como fontes um texto de Estobeu e uma passagem de Plutarco, sendo que este último teria reconstruído o texto com interpolações combinadas a acréscimos posteriores e retiradas de tradições diversas. Cf. ibid., p. 216.

A Arte de Curar e o Humorismo Hipocrático

Foram essas doutrinas e postulados pré-socráticos que serviram de fundamento para o nascimento de uma *téchne*[11] *iatriké* (arte de curar) no interior da intensa atividade intelectual que se desenvolveu em todos os domínios do saber, na segunda metade do século V. Com os sofistas, historiadores e médicos, a reflexão sobre o homem tornou-se o centro das preocupações. Descoberta a potência da razão num clima de entusiasmo excepcional, surgem as diversas *téchnai*, que definem as regras das diferentes artes, desde a oratória, a medicina, a pintura, a arquitetura, a escultura, até a luta, a ginástica, a cozinha, a dietética.

Embora todas as condições desse período sejam extremamente favoráveis para explicar a constituição das *téchnai*, é pouco provável que as concepções médicas tivessem sobrevivido, não fosse a existência de Hipócrates, médico em torno do qual se aglutinaram as idéias que representam o nascimento da medicina ocidental. Conquanto não tenha perdurado a produção de escritos médicos anterior e diretamente posterior a Hipócrates, foram conservados pouco mais de sessenta escritos em língua jônica, conhecidos tradicionalmente por *Corpus hippocraticum*.

Nascido por volta de 460 a.C. em Cós, pequena ilha na costa da Ásia Menor, Hipócrates é descendente de uma família de médicos ilustres, os Asclepíades, aristocratas que remontam aos tempos homéricos. Um ramo da família estabelece-se em Cnido e funda uma escola rival, cujos métodos de terapêutica são criticados pelos autores hipocráticos. Todavia, alguns tratados da *Coleção Hipocrática* apresentam afinidades com os autores das *Sentenças Cnidianas*, sobretudo na estrutura da exposição, dividida em três partes fundamentais: a descrição dos sintomas, o prognóstico e a terapêutica. No preâmbulo do *Regime nas Enfermidades Agudas*, cuja autoria, segundo Galeno[12], é do próprio Hipócrates, o autor dirige uma crítica à ênfase dada à

11. Termo grego que reúne duas noções ainda inseparáveis na época clássica, arte e ciência.
12. Galeno comentou a rivalidade das escolas de Cós e Cnido em *Método Terapêutico*, I, 1.

enfermidade em detrimento do próprio enfermo, dado que nos faz entrever a possível rivalidade entre as duas escolas. A escola de Cós, mais voltada à reflexão sobre os métodos e sobre a arte médica, procura concentrar-se no ambiente e na natureza do doente, enquanto a de Cnido se distingue pela descrição minuciosa dos sintomas, sendo dela a primeira descrição de auscultação imediata na história da medicina[13].

O conjunto dos tratados, cuja unidade demonstra o espírito de uma medicina desprovida de qualquer traço mágico-religioso, não é obra de um só homem. Embora haja contradições na exposição das doutrinas e nas diferenças de vocabulário, permanecem alguns raros testemunhos confiáveis, como o de Aristóteles, que, na *História dos Animais*, faz uma longa descrição dos vasos sanguíneos e atribui tal conhecimento a Políbio[14], discípulo e genro de Hipócrates. E o mesmo Aristóteles, na mesma obra[15], atribui a Sinésio de Chipre, também discípulo de Hipócrates, outra descrição dos vasos sanguíneos igualmente contida na obra hipocrática. Há seguramente um núcleo original dos tratados que foram elaborados pelo próprio fundador da escola de Cós e por seus discípulos próximos, mas muito do que restou foram acréscimos não apenas posteriores, mas também vindos de outros lugares.

A escola de Cós deixou para a posteridade o tratado *Sobre a Natureza do Homem*, atribuído a Políbio, que contém a famosa teoria dos quatro humores, mais tarde fixada por Galeno. No *Corpus Hippocraticum*, o humor recebe denominações variadas – *khymós*, *hygrón*, *íkhor* –, e os humores ou podem ser apenas dois, bílis e fleuma, como aparecem em *Sobre as Afecções*, ou podem ser três, fleuma, bílis e sangue, como indicam os tratados *Sobre a Enfermidade Sagrada* e *Prognóstico* e o grupo *Epidemias*. Outros textos mencionam os ventos que modificam a mistura de fleuma, bílis e sangue, como o tratado *Sobre os Flatos*. Contudo, a teoria que restou vinculada ao nome de Hipócrates é a dos quatro humores: sangue, fleuma, bílis negra e bílis amarela.

13. Cf. JOUANNA, Jacques. La naissance de l'art médical occidental. In: GRMEK, Mirko D. (Org.). *Histoire de la pensée médicale en Occident*. Paris: Éditions du Seuil, 1995. 4 v. vol. I (*Antiquité et Moyen Âge)*, p. 35-36.

14. ARISTÓTELES. *História dos Animais*, III, 3, 512 b 12-513 a 7; cf. Jouanna, op. cit., p. 33.

15. ARISTÓTELES. *História dos Animais*, III, 3, 511 b 23-50; cf. Jouanna, loc. cit.

A teoria dos humores consta de dois postulados básicos: 1) o corpo humano é composto de um número variável e finito, quase sempre quatro, de líquidos ou humores diferentes; 2) a saúde é o equilíbrio (*eukrasía*) entre eles, e a enfermidade deriva do predomínio de um deles sobre os demais (*dyskrasía*). A doutrina humoral, considerada, depois de Galeno, a pedra angular do ensinamento hipocrático, pressupõe que o corpo humano contém sangue (*haíma*), fleuma (*phlégma*), bílis amarela (*xantè kholé)* e bílis negra (*mélaina kholé*), e atribui quatro qualidades essenciais a esses humores, quente, frio, seco e úmido. Percebe-se claramente a influência de Empédocles, cuja teoria dos quatro elementos confere a cada um deles uma qualidade: a água é úmida, a terra é seca, o ar é frio e o fogo é quente. Na teoria hipocrática, as qualidades atribuídas aos humores são as seguintes: o sangue é quente e úmido, a fleuma é fria e úmida, a bílis amarela é quente e seca, e a bílis negra é fria e seca.

Galeno e seu Legado entre os Árabes

Possivelmente nenhuma ou apenas muito poucas idéias hipocráticas teriam sobrevivido, não fosse o gênio organizativo do saber de Galeno, o "segundo pai" da medicina. Sua obra, permeada de filosofia, religião e crítica aos textos, abrange todas as partes da arte médica. Influenciado pela concepção fisiológica da teoria humoral, Galeno deixou comentários sobre cerca de vinte livros da *Coleção Hipocrática*, redigidos entre os anos 175 e 190 da nossa era, e construiu a imagem de Hipócrates que atravessou os séculos. Contrariamente aos filósofos platônicos de seu tempo, Galeno afirmou que o estado psíquico depende da mistura dos humores do corpo[16]. Conhecedor

16. O tratado *Que as Potências da Alma Seguem as Misturas do Corpo* foi conservado pelos árabes. Cf. STROHMAIER, Gotthard. La médecine dans le monde byzantin et arabe. In: GRMEK, Mirko D. (Org.). *Histoire de la pensée médicale en Occident*. Paris: Éditions du Seuil, 1995. 4 v. vol. I (*Antiquité et Moyen Âge)*, p. 142.

da matéria médica, serviu-se de manuscritos antigos sem as correções posteriores, compilou, reorganizou e criticou a literatura médica conhecida na época, fez glosas de termos, apresentou soluções próprias aos problemas de saúde. E todas essas realizações, somadas ao seu amor apaixonado pela ciência, fizeram dele a fonte e o princípio de autoridade que se sustentaram até o século XVII. Depois de Galeno, a arte resumiu-se à conservação e à tradução de sua obra.

O reconhecimento de Galeno no mundo islâmico teve início no século IX com as traduções de manuscritos gregos recolhidos por Ḥunayn ibn Isḥāq (c. 808-873) – o eminente tradutor da época dos califas da dinastia abássida – na viagem que fez de Bagdá até Alexandria[17]. Integrada ao pensamento médico islâmico da época, a teoria dos humores e dos temperamentos foi adotada tal qual havia sido esquematizada, no século II d.C, pelo médico greco-romano. A relação entre filosofia e medicina, tão evidente nos escritos galênicos, continuou a se difundir na literatura médica dos países do Islã. Todavia, as opiniões em matéria de fisiologia e patologia variam entre os autores árabes, o que torna impróprio falar de uma "fisiologia dos árabes"[18].

Os ecos dos princípios da patologia humoral foram ouvidos por Muḥammad ibn Zakariyā' al-Rāzī (865-923), conhecido na tradição latina por Rhazes. Nascido em Rayy (atual Irã), viveu em Bagdá, onde dirigiu um hospital, e deixou uma vasta compilação póstuma, *Kitāb al-ḥāwī fī al-ṭibb* (Livro Completo da Medicina)[19], latinizado para *Continens*. Muito próximo do espírito hipocrático, Rhazes colecionou um enorme número de observações clínicas que demonstram sua preocupação em considerar os dados empíricos independentes da especulação teórica. A estrutura da descrição de 34 casos clínicos – agrupados como semelhantes –, somada à forma literária do tratado, testemunham sua intenção de correlacioná-los aos casos clínicos apresentados nos livros hipocráticos *Epidemias*. É conhecida a descrição que faz do "resfriado das rosas", cuja causa e tratamento estão fundamentados na patologia

17. Numa carta a ʿAlī ibn Yaḥyà ibn al-Munajjim, Ḥunayn "enumera 129 escritos de Galeno, resume o seu conteúdo, o seu alcance e indica os nomes dos tradutores em siríaco e em árabe". Cf. ULLMANN, Manfred. *La médecine islamique*. Paris: Presses Universitaires de France, 1995. p. 15.
18. Cf. ibid., capítulos III e IV.
19. Literalmente *Livro Continente da Medicina*.

humoral. Seu conhecido trabalho *Da Varíola e do Sarampo* não considera a possibilidade de contágio dessas moléstias e permanece no interior da teoria dos humores, pois o mal surge na juventude em virtude do excesso de sangue que, ao degenerar, engendra um violento processo de putrefação. Assim, seu tratamento requer o emprego de diversas substâncias frias.

Quanto à doutrina humoral, os autores árabes seguem a tradição do período tardio da escola de Alexandria, calcada principalmente na síntese galênica, ainda que com pequenas modificações. Como exemplo, podemos citar ᶜAlī ibn al-ᶜAbbās al-Majūsī, nascido por volta do primeiro quarto do século X num pequeno vilarejo persa, não longe de Jundišāpūr[20], de uma família que seguia os ritos de Zoroastro. Autor do *Liber Regius* (*Al-Kitāb al-Malakī*)[21], uma vasta enciclopédia médica que se distingue pela notável clareza na apresentação das idéias, Al-Majūsī – Haly Abbas, como é conhecido no Ocidente – permanece um galênico convicto, embora no interior da tradição alexandrina tardia[22].

Al-Majūsī expõe a teoria dos elementos (*ustuqusāt*[23]) herdada dos "Antigos" – isto é, dos gregos –, segundo a qual eles se misturam em quantidades e proporções variadas. Nos corpos orgânicos, essa mistura recebe o nome de "temperamento" (*mizāj aṣlī*), que será "equilibrado" ou "unido" (*muᶜtadil*) quando os elementos estiverem dispostos em quantidades iguais, e "desequilibrado" (*ḫārij ᶜan al-iᶜtidāl*) quando se apresentarem em proporções

20. Cidade vizinha da atual Šāhābād, no sudoeste do atual Irã, foi um grande centro de ensino onde se entrecruzavam as culturas grega, siríaca, persa, indiana e hebraica. Afirma-se que era a sede de uma importante escola de medicina que se dedicou às traduções dos textos gregos e, eventualmente, sânscritos para o persa e para o siríaco. Todavia, atualmente os historiadores discordam da antiga tese de que a cidade manteve um grande hospital e abrigou os sábios refugiados de Edessa. É mais plausível que tenham existido apenas uma pequena enfermaria onde se praticava a medicina greco-romana e um *forum* onde eram lidos os textos médicos, como ocorria em Sūsa, outro centro cultural na mesma região.

21. O *Liber Regius* (*Al-Kitāb al-Malakī*) também é conhecido por *Kitāb kāmil fī al-ṣināᶜat al-ṭibbiyya* (Livro Completo da Arte Médica). Constantino, o Africano, fez uma livre adaptação do *Liber Regius*, que se celebrizou com o título *Liber Pantegni*, obra que serviu de referência para o estudo da medicina no Ocidente até ser eclipsada pelo *Qānūn*, de Avicena. Cf. JACQUART, Danielle. La scolastique médicale. In: GRMEK, Mirko D. (Org.). *Histoire de la pensée médicale en Occident*. Paris: Éditions du Seuil, 1995. 4 v. vol. I (*Antiquité et Moyen Âge)*, p. 180.

22. Cf. ULLMANN, op. cit., p. 52.

23. O termo *ustuqus* e o termo *rukn* são intercambiáveis e designam quer "elemento", no sentido de "menor substância", quer "humores" e "órgãos homeômeros".

desiguais. Nessa tipologia, há nove temperamentos diferentes que poderão ser ou simples ou compostos, sendo um deles equilibrado e oito desequilibrados. Como exemplos dos simples, o temperamento é dito quente, quando domina o elemento ígneo, e frio, quando domina o elemento úmido. No caso dos compostos, o temperamento é qualificado de quente e úmido se há predominância do elemento ígneo e do ar, e assim por diante[24]. Al-Majūsī pressupõe que os fatores externos, como o clima, o lugar geográfico, a idade, o sexo e os hábitos exercem influência no temperamento de cada um, o que aumenta a possibilidade de gradações na diversidade dos temperamentos entre os indivíduos.

Os quatro humores (*al-aḫlāṭ*) são considerados por Al-Majūsī elementos "intermediários" ou "secundários" e são denominados "filhas dos elementos" (*banāt al-arkān*), pois há uma relação entre eles[25]. A descrição dos humores segue de perto a teoria dos "Antigos", com algumas variações. Desse modo, o fogo, quente e seco, corresponde à bílis amarela; o ar, quente e úmido, corresponde ao sangue; a água, fria e úmida, corresponde à fleuma e, por fim, a terra, fria e seca, corresponde à bílis negra. Assim como desde Hipócrates, a saúde é o equilíbrio de todos eles, e a enfermidade surge quando um deles prevalece.

Leitor assíduo de Galeno, Avicena cita muitas vezes o nome do mestre de Pérgamo no *Qānūn fī al-ṭibb* (Cânone de Medicina), de modo que a Idade Média latina reconhece em sua obra a melhor síntese do galenismo. Todavia, Avicena não é um mero compilador, pois, embora adote os princípios gerais do método galênico, apresenta uma interpretação pessoal, por exemplo, quando trata das faculdades da alma. Em seguida, indicamos alguns exemplos das fontes galênicas de Avicena.

Em matéria de anatomia, o tratado galênico *De usu partium corporis humani* (Da Utilidade das Partes do Corpo)[26] é sua principal fonte de infor-

24. Cf. ULLMANN, op. cit., 66-70.
25. Cf. ibid., p. 68.
26. GALENO. *De usu partium corporis humani*. In: GALENO. *Claudii Galeni Opera Omnia*. Original grego com versão latina. Ed. C. G. Kühn, Leipzig, 1821-1833. vols. I-XX; reimp. Hildesheim: George Olms Verlag, 1964-1965: Livros I-XI, vol. III, p. 1-939; Livros XII-XVII, vol. IV, p. 1-366; reimp. anastática da edição crítica de G. Helmreich, Leipzig, 1907-1909; Amsterdam, 1968; id. *De l'utilité des parties du corps humain* (*De usu partium corporis humani*). In: GALENO. *Oeuvres anatomiques, physiologiques et médicales de Galien*. Trad. (francesa) Charles Daremberg. Paris, 1854-1856. vol. I; id. *De l'utilité des parties du corps humain* (*De usu partium corporis humani*). Trad. (francesa parcial) Charles Daremberg.

mação, uma vez que era vedada a dissecação nos países islâmicos. No Livro III do *Qānūn*, Avicena descreve as moléstias que afetam cada uma das partes específicas do corpo, seguindo a ordem que da cabeça vai aos pés (*a capite ad calcem*) e o princípio enunciado por Galeno no tratado *De locis affectis* (Das Partes [do Corpo] Afetadas): "Existe uma parte própria a cada uma das atividades (*enérgeiai*) do corpo do animal que dá origem a essa atividade. A atividade deverá necessariamente estar lesada quando a parte que a engendra for afetada"[27]. Avicena relaciona, também, a lesão de uma determinada atividade (*enérgeia*) corporal com a parte do corpo que lhe é correspondente: as três potências ou faculdades (*al-quwà*) da alma, natural (vegetativa), vital (animal) e psíquica (racional), realizam suas ações por meio de operações (*al-af'āl*) que têm cada qual o seu instrumento (ou sede) em uma parte específica do corpo.

A primeira parte (*fann*) – com cinco subdivisões (*maqālāt*) – do Livro III do *Qānūn* é dedicada às enfermidades do cérebro. Depois de apresentar uma descrição da anatomia do cérebro na primeira subdivisão, nas quatro seguintes Avicena divide as enfermidades segundo os princípios enunciados por Galeno em *De locis affectis* II, 10. As duas últimas *maqālāt* tratam das disfunções cerebrais.

Na primeira *maqāla*, subdividida em vários capítulos, Avicena distingue as atividades psíquicas (*al-af'āl al-nafsāniyya*) das atividades naturais do cérebro. Avicena estuda nessa *maqāla* a localização cerebral dos sentidos internos, uma inovação com respeito aos tratados de Galeno, mas que já fora desenvolvida pelo galenismo da Antigüidade tardia. Com base na localização cerebral dos sentidos internos, Avicena apresenta os diferentes tipos de enfermidades mentais, conforme as indicações de Galeno distribuídas

In: PICHOT, André. (Org.). *Oeuvres médicales choisies*. Paris: Gallimard, 1994. 2 v. vol. I; id. *Galen on the Usefulness of the Parts of the Body*. Trad. (inglesa), introdução e comentário de Margaret Tallmadge May. Ithaca, New York: Cornell University Press, 1968. 2 v.; id. *L'utilità delle parti* (*De usu partium*). Trad. (italiana quase completa), introdução e comentário de Ivan Garofalo. In: GAROFALO, Ivan; VEGETTI, Mario. (Org.). *Galeno. Opere scelte*. Torino: Utet, 1978. p. 293-832.

27. Id. *De locis affectis*, I, 2. In: GALENO, op. cit., 1821-1833. vol. VIII, p. 1-452; reimp. 1964-1965. vol. VIII, p. 20; id. *Des lieux affectés* (*De locis affectis*). Trad. (francesa) Charles Daremberg. In: GALENO, op. cit., 1856, vol. II, p. 478; id. *Des lieux affectés* (*De locis affectis*). In: PICHOT (Org.), op. cit., 1994. vol. II, p. 135; id. *On the affected parts*. Trad. (inglesa) Richard E. Siegel. Basel, Switzerland: Karger Publishers, 1976.

em vários tratados. Ele descreve os diferentes sinais (*dalā'il*) que permitem diagnosticar as doenças. As atividades do cérebro (*afʿāl*) apresentam sinais que podem indicar disfunções do órgão, e o primeiro passo é distinguir a disfunção, se a sua ação é débil ou se há diminuição da ação, se há destruição ou supressão da ação, ou se há mudança de uma ação em outra. Galeno já havia feito essa distinção e o fez especificamente sobre as lesões das faculdades mentais no tratado *De symptomatum causis*[28]. Ao distinguir as atividades psíquicas das naturais, Avicena classifica em três as operações psíquicas: sensitivas, motrizes e hegemônicas, classificação encontrada no tratado galênico *De symptomatum differentiis*[29]. O cérebro não somente é a sede das ações psíquicas, mas é também um órgão como todos os outros, condicionado pela natureza. Avicena imputa ao cérebro, e não aos órgãos sensoriais, as disfunções dos cinco sentidos. Seu modelo é Galeno, o tratado *De symptomatum causis*. Embora apresente contradições com a sua teoria das potências da alma, Avicena retoma o modelo galênico da tripartição das funções hegemônicas com sede no cérebro, isto é, a imaginação (*phantasía*), a razão (*tò dianoetikón*) e a memória (*mnéme*). Para Galeno, essas três funções são regidas pelo *pneûma* psíquico e estão localizadas nos ventrículos anterior, médio e posterior[30]. No livro *Al-Šifā'* (A Cura), Avicena distingue três níveis nas potências da alma: racional (não está ligado a nenhum órgão corporal), sensitivo e vegetativo[31]. A alma sensitiva (ou animal) compreende

28. Id. *De symptomatum causis*. In: GALENO, op. cit., 1821-1833, vol. VII, p. 200. Os quatro tratados de Galeno que tratam das causas e das diferenças dos sintomas e enfermidades foram agrupados na versão árabe com o título *Kitāb al-ʿilal wa-al-aʿrāḍ*. Cf. JACQUART, Danielle. Avicenne et la nosologie galénique. In: HASNAWI, Ahmad; ELAMRANI-JAMAL, Abdelali; AOUAD, Maroun (Org.). *Perspectives arabes et médiévales sur la tradition scientifique et philosophique grecque*. Prefácio de Roshdi Rashed. Leuven-Paris: Peeters-Institut du Monde Arabe, 1997. p. 221, nota 12. Os quatro tratados galênicos que tratam das causas e diferenças das enfermidades e dos sintomas são: *De causis morborum*, *De symptomatum causis*, *De symptomatum differentiis* (GALENO. In: GALENO, op. cit., 1821-1833, vol. VII) e *De morborum differentiis* (id. In: GALENO, op. cit., 1821-1833, vol. VI).

29. Id. *De symptomatum differentiis*. In: GALENO, op. cit., 1821-1833, vol. VII, p. 55.

30. Id. *De locis affectis*, III, 9. In: GALENO, op. cit., 1821-1833, vol. VIII, p. 174 et seq.

31. Para uma exposição da teoria aviceniana das faculdades psíquicas e sua relação com o cérebro, ver VERBEKE, Gerard. Introdução. In: *Avicena Latinus, Liber de Anima seu Sextus de Naturalibus*. Leiden: E. J. Brill; Louvain: Éditions Orientalistes, 1968. IV-V, p. 3*-73*. Sobre as faculdades da alma, ver nosso estudo neste volume a respeito da concepção aviceniana da profecia.

as potências motrizes e as perceptivas (de apreensão). Dentre as perceptivas, há dois ramos: o exterior, que se refere aos cinco sentidos, e o interior, aos sentidos internos, todos localizados nos ventrículos médios do cérebro. O ventrículo anterior contém a imaginação e o sentido comum. No ventrículo médio, estão a faculdade imaginativa (assim chamada quando responde à faculdade estimativa no animal) e a cogitativa (assim chamada quando depende da razão humana). Também no ventrículo médio está a faculdade estimativa (humana), que recebe e compõe as imagens das coisas e lhes dá o significado segundo a intenção. No ventrículo posterior está a memória. No *Qānūn*, para permanecer fiel a Galeno, Avicena afirma que o médico não necessita considerar todas essas faculdades, pois há dois pontos de vista a serem considerados, o médico e o filosófico[32]. No ventrículo anterior, imaginação e sentido comum podem ser reduzidos a um único sentido. No ventrículo posterior, a memória conserva as intenções percebidas pela faculdade estimativa. Esta última, localizada no ventrículo médio, não interessa ao médico, pois sua eventual lesão provém da perturbação de outras faculdades, imaginação, memória e imaginativa ou cogitativa. Todavia, ele afirma que a boa compleição do cérebro depende do bom desempenho da estimativa (*al-wahm*) e da intuição (*al-ḥads*). Se elas estiverem enfraquecidas, será necessário identificar o mal em alguma das outras faculdades cerebrais.

Em resumo, embora tentando conciliar sua própria teoria das faculdades da alma com o modelo galênico das três funções hegemônicas cerebrais, Avicena distingue as atividades psíquicas das atividades naturais do cérebro e divide as funções psíquicas em sensitivas, motoras e hegemônicas. Sede dos atos psíquicos, o cérebro também é regido pela natureza, assim como o são os outros órgãos. Qualquer disfunção dos cinco sentidos é atribuída ao cérebro, cuja perturbação interfere nas potências das almas sensível e vegetativa. Nas disfunções das atividades cerebrais, Avicena separa as perturbações motoras das sensitivas. Na história da nosologia pós-galênica, a mania, a melancolia e a frenite receberam maior atenção do que a que lhes

32. No Livro I do *Qānūn*, Avicena afirma que "certamente o discurso do filósofo é mais verdadeiro já que é provado com mais sutilidade, porém, o discurso do médico, à primeira vista, é mais manifesto" (I.1.5.1.), apud JACQUART, op. cit., 1997, p. 225, nota 24.

foi dispensada pelo próprio Galeno[33]. Avicena classifica as duas primeiras como moléstias decorrentes de uma lesão das faculdades sensitivas, enquanto a epilepsia – a "enfermidade sagrada" dos "Antigos" – e o entorpecimento são classificados como perturbações motoras. Respeitando as tradições bizantina e árabe que o precederam, Avicena classifica a frenite e a letargia como afecções causadas por uma tumefação.

A aproximação psicossomática é própria da medicina árabe. É conhecido o *Maqāla fī al-mālanḫūliyā* (Tratado sobre a Melancolia) de Isḥāq ibn ᶜImrān[34], médico de Bagdá que serviu no século X ao soberano de Kairuan, na atual Tunísia. Calcado na doutrina humoral dos "Antigos", Isḥāq ibn ᶜImrān reconhece que o excesso de bílis negra produz uma disposição psíquica que conduz à melancolia[35]. A causa da moléstia está no movimento do vapor da bílis negra para cima, até a cabeça, causando pressão sobre a sede da razão, que, ao confundir a capacidade racional, provoca a diminuição da compreensão e da clareza. A liberação da bílis negra pode ter causas físicas, como o consumo imoderado de alimentos e bebidas, interrupção do hábito de exercícios físicos, alcoolismo, e, inclusive, pode ter causas psíquicas relacionadas ao medo, ao tédio e à cólera. Um fato exterior, como "a perda de um filho ou de uma biblioteca insubstituível", pode acarretar tamanha tristeza, a ponto de causar um estado melancólico.

Duas gerações mais tarde, Al-Majūsī define a melancolia como "moléstia do cérebro"[36], embora quase sempre condicionada a fatores somáticos. Nesse caso, ou os vapores da bílis negra sobem do estômago ao cérebro, ou todos os humores misturados afetam o cérebro de modo desequilibrado. Al-Majūsī divide esta última condição em três tipos: no primeiro, em conseqüência de um excesso de sangue, a confusão da razão manifesta-se

33. Em *De locis affectis*, III, 5, Galeno afirma que, com relação "à perda da memória, não há nenhum sinal do ponto afetado, nem tumor contra a natureza, nem excreção" nem nada que indique alguma lesão. O mesmo vale para "a melancolia, a frenite, a mania, a epilepsia, a letargia e o entorpecimento", cf. GALENO, apud PICHOT (Org.), op. cit., 1994, vol. II, p. 197.
34. O tratado foi conservado graças à tradução latina de Constantino, o Africano, com o título *Constantini africani libri duo de melancholia*. Cf. JACQUART, op. cit., 1995, p. 179; STROHMAIER, op. cit., p. 142. Cf. ULLMANN, op. cit., p. 83 et seq.
35. Ver ibid., p. 83-88.
36. Em *Liber Regius* (*Al-Kitāb al-Malakī*) ou *Kitāb kāmil fī al-ṣināᶜat al-ṭibbiyya* (Livro Completo da Arte Médica).

pela euforia, o pulso bate forte, a cor da pele vai do marrom ao vermelho, e as veias do paciente se engrossam; no segundo, a bílis amarela é dominante, e os enfermos, de olhar vacilante, são provocadores de discórdia, sujeitos a acessos de cólera, sofrem de insônia e de nervosismo; no terceiro, cuja característica é o excesso de bílis negra, os enfermos abandonam-se às preocupações e à ansiedade, amam a solidão e ruminam seus pensamentos. Apesar de considerar esses três tipos subdivisões da melancolia, Al-Majūsī nada diz sobre a ação da fleuma[37].

O Poema da Medicina e a Teoria dos Humores

O *Manẓūma* ou *Urjūza fī al-ṭibb* (Poema da Medicina)[38], de Avicena, principia com um prefácio em prosa que justifica o fato de a arte médica estar descrita na forma métrica *rajaz*: consagrados às artes e às ciências, os versos permitem distinguir "o homem eloqüente daquele que não o é, o hábil do incapaz". Dedicados aos soberanos, esses poemas facilitavam o entendimento dos "preceitos de medicina e dos métodos filosóficos". Depois de criticar os que se ocupam de medicina sem conhecer seus fundamentos científicos e morais, o *Šayḫ* (título pelo qual Avicena era conhecido) adverte que bebeu nas fontes dos "Antigos" e dos filósofos, e oferece um poema de fácil leitura que expõe todas as partes da medicina. Segue-se um prefácio em versos, em que louva o Criador de todas as coisas, que "deu ao homem a razão e

37. Cf. ULLMANN, op. cit., p. 89.
38. AVICENA. *Avicenne. Poème de la Médecine. Urjūza fī al-ṭibb. Cantica Avicennae. A magistro Armengando Blasii de Montepesulano ex arabico in latinum translata, cum castigationibus clarissimi philosophi ac medici Andreae Bellunensis.* Texte arabe, traduction française, introduction, notes et index établi et présenté par Henri Jahier et Abdelkader Noureddine. Traduction latine du XIIIème siècle par Armengaud de Blaise de Montpellier, revue et corrigée par Andrea Alpago, publiée à Basel, Suisse, 1556. Paris: Les Belles Lettres, 1956. Id. *Avicenna. Il Poema della medicina.* Introdução, tradução italiana do árabe, notas e léxicos por Andrea Borruso. Torino: Silvio Zamarani editore, 1996. *Avicenna's poem on medicine.* Trad. (inglesa) Haven C. Kruger. Springfield: Charles C Thomas, 1963.

a palavra como privilégios"; por meio do "acesso ao conhecimento, graças às percepções dos sentidos, e por meio do raciocínio, [Deus] abriu [aos homens] o mundo invisível". Razão e sentidos fazem parte da vida humana, e os poetas, "príncipes do verbo", alegram a alma, enquanto os médicos se dedicam a curar o corpo. Como são as palavras e as artes que diferenciam o homem do animal, palavras afáveis, acompanhadas de boas ações, fazem bem ao corpo.

Avicena define a medicina (*ṭibb*) como "a arte de conservar a saúde e de curar a eventual enfermidade sobrevinda no corpo". No *Poema da Medicina*, o autor apresenta os fundamentos da teoria e da prática da arte médica. Na apresentação da teoria, dividida em três capítulos que tratam respectivamente da fisiologia humana, da patologia e da sintomatologia ou dos sinais da enfermidade, Avicena segue os passos da medicina hipocrática e galênica. A prática médica é apresentada em duas partes: a primeira discorre sobre a terapêutica por meio dos regimes e dos *phármaka*[39], e a segunda descreve os procedimentos "manuais", a saber, a aplicação de sangrias, os procedimentos cirúrgicos, as reparações de fraturas e luxações.

No primeiro capítulo do *Poema*, dedicado à fisiologia, o autor expõe os sete componentes "naturais" constitutivos do corpo humano: os elementos, os temperamentos, os humores, os órgãos, os espíritos, as forças e as ações. Em seguida, apresenta o conjunto dos fatores ambientais, que constituem a série de causas ditas "não naturais" e que são "necessárias" para a vida[40]: ar, alimentação e bebida, sono e vigília, movimento e repouso, evacuação e obstrução, e, por último, os estados psíquicos.

Logo de início, o médico-filósofo presta homenagem a Hipócrates[41], ao concordar com a doutrina grega dos quatro elementos constitutivos naturais da fisiologia humana, água, fogo, terra e ar, e argumenta que o corpo

39. Desde Hipócrates, *phármakon* pode designar qualquer substância que provoca mudanças no organismo, seja um alimento seja um remédio medicamentoso. Todavia, sua acepção mais comum refere-se a um "purgante", que, ao ser ingerido, provoca expulsão violenta ou paulatina de resíduos nocivos; trata-se de um recurso terapêutico por excelência entre os médicos hipocráticos, herdado pela medicina posterior. Os *phármaka* são elaborados com produtos minerais, tais quais a prata e o cobre, e com produtos de origem animal e vegetal.
40. Galeno esboçou essa teoria nos *Comentários ao Livro Sexto das Epidemias de Hipócrates*.
41. AVICENA. *Poème de la Médecine. (Urjūza fī al-ṭibb. Cantica Avicennae).* Verso 24.

não seria atingido pela moléstia se fosse composto de apenas um elemento. Avicena dá como prova da exatidão dessa doutrina o fato de o corpo retornar aos elementos após a morte.

Na seção que define os temperamentos, o segundo fator de constituição da fisiologia humana, Avicena menciona as qualidades como "aspectos que o médico deverá isolar ou agrupar": quente, frio, seco e úmido, todas encontradas no conjunto da natureza, quer nos três reinos – animal, vegetal e mineral – quer nas estações climáticas e nos lugares geográficos. O autor enumera os nove temperamentos, isto é, quatro temperamentos relativos à dominância de um elemento, ar, água, terra ou fogo, e quatro temperamentos relativos à dominância de uma qualidade, quente, frio, seco ou úmido. O nono seria o temperamento ideal, quando todos os elementos e todas as qualidades estivessem dispostos na justa medida, *iʿtidāl al-mizāj* – o que corresponde a *eukrasía* grega.

Ao discorrer sobre a influência das quatro estações no equilíbrio da saúde, o autor adianta a apresentação dos quatro humores e afirma a interferência de cada condição climática no conjunto dos temperamentos: o inverno incita a pituíta, a primavera agita o sangue, a bílis amarela se sobressai no verão, e a bílis negra, no outono. Os temperamentos variam de acordo com as idades dos seres: crianças e jovens são quentes, sendo os primeiros mais úmidos e os segundos mais secos; na maturidade e na velhice, o frio domina junto ao seco. Homens e mulheres diferem: neles, prevalecem os temperamentos quente e seco; nelas, os temperamentos frio e úmido. O aspecto geral indica o predomínio de um ou outro temperamento: os corpos mais gordos são frios e úmidos, os magros indicam a secura, e aqueles cujas veias são aparentes pertencem ao grupo quente. As cores dos olhos, dos cabelos e da pele indicam ao médico qual é o temperamento do paciente. Regiões e climas também interferem, sendo o clima temperado o mais propício ao equilíbrio. Também os alimentos possuem temperamentos distintos, e cada um deles se conhece pelo paladar: doce, salgado e amargo são secos; picante é quente; ácido, amargo e adstringente são secos e frios. Alimentos gordurosos são quentes e úmidos, e os mais equilibrados são os aguados e insípidos.

Os humores surgem como o terceiro componente natural do corpo. No rastro da teoria hipocrática, Avicena relembra a pituíta (também chamada linfa ou fleuma), a bílis amarela, o sangue e a bílis negra (ou atrabílis), e revela as diferenças que podem existir em cada um dos humores de acordo com cada temperamento. Assim, a pituíta mais espessa está associada ao temperamento frio, enquanto outra mais adocicada, ao temperamento quente. O baço é a sede da atrabílis, e a bílis amarela pode ter diferentes colorações segundo o paciente. O sangue tem uma natureza complexa, pois resulta da mistura e da combustão dos outros humores, porém, no coração, é quente e úmido.

Ao fazer jus ao mágico número quatro da tradição, o *Poema* apresenta o quarto componente natural do corpo, isto é, os órgãos essenciais: o fígado, o coração, o cérebro e os testículos[42]. Na teoria galênica, cada um dos humores está relacionado a um órgão do corpo: o sangue ao coração, a fleuma ao cérebro, a bílis amarela ao fígado e a atrabílis ao baço. A predominância de um dos humores explica os diferentes tipos de temperamento na caracterologia humana, ou seja, os temperamentos sangüíneo, fleumático, colérico (ou bilioso) e melancólico[43].

Segue-se a descrição do quinto componente natural da fisiologia humana: os espíritos (*arwāḥ*). Formado de vapor puro e perfeito, o espírito situado no coração mantém a vida; no cérebro e nas meninges, encontra-se o espírito responsável pelas sensações e pela reflexão. Os espíritos se relacionam com as nove faculdades da alma: cinco delas dizem respeito aos cinco sentidos, ou seja, a visão, a audição, o paladar, o olfato e o tato. As outras três indicam a imaginação, a reflexão e a memória. O verso 123 é ambíguo, pois, após enumerar os cinco sentidos, faz menção a uma faculdade que atinge "os nervos" e "mobiliza as articulações".

O *Poema* menciona como parte dos componentes naturais as sete "forças" da natureza humana: a força vital; a força que concede a forma, de início ao sêmen e depois ao embrião; a força que atrai e amadurece; a força, oposta a esta, que retém e expulsa; a força que distribui no corpo a alimentação que corresponde a cada parte; a força que age no pulso por dilatação

42. Os pitagóricos acreditavam que o homem é governado por quatro princípios situados respectivamente no cérebro, no coração, no umbigo e no falo.

43. O sistema quadripartido dos humores e temperamentos, hipocratismo sistematizado por Galeno, sobreviveu no Ocidente até o século XVII. Associada a noções astrológicas, a melancolia, atribuída a um excesso de bílis negra, é a marca do temperamento saturnino, tão em voga na Renascença européia.

e constrição das artérias; a força que governa os sentimentos e conduz "as ações, a afecção, o ódio e o aviltamento da alma ou sua elevação". Como pode ser observado, há uma estreita relação entre forças que se referem à constituição física e forças que levam a uma conduta moral almejada.

Quanto às "ações", sétima parte da classificação dos componentes naturais da fisiologia humana, o *Poema* carece de clareza. De difícil compreensão, talvez se deva recorrer a outros textos para elucidar o que significam as ações descritas como correspondentes das forças supracitadas: atração, repulsão, mudança, retenção e sensação. Avicena ainda exemplifica o desejo por alimento como resultado da conjunção de duas ações, a sensação e a atração.

Sempre na passagem que expõe a teoria médica, é interessante observar a ênfase do *Poema* no ambiente externo. Depois de afirmar a importância do sol para a diferenciação das estações, Avicena fala das estrelas, nos versos 136-137, de cunho astrológico: "Se surgem, as estrelas nefastas decretam a morte para os homens. Do contrário, se forem favoráveis, determinam a saúde absoluta".

Ao consultar o tratado *Sobre os Ares, Águas e Lugares*, atribuído ao próprio Hipócrates e comentado por Galeno, o médico árabe aprende a conhecer a influência do meio ambiente na saúde e na enfermidade. Hipócrates associava não apenas as estações climáticas ao surgimento de certas doenças, como também relacionava a constituição física de populações inteiras às zonas climáticas. No *Poema da Medicina*, o verso 68 menciona a teoria dos "Antigos" que dividia o mundo em "sete climas", e o verso 69 faz alusão ao equilíbrio da zona temperada, o "quarto clima", e relata que nessa região "a cor de seus habitantes depende do temperamento de cada um". Os versos anteriores, 65, 66 e 67, referem as diferenças de coloração da pele segundo as diversas regiões; no entanto, Avicena adverte ao médico que atente para esse fator quando fizer seu diagnóstico, pois o clima pode modificar a cor da pele, tal qual o habitante da zona tórrida, cuja pele é negra, e o eslavo, cuja pele é muito branca.

Quanto ao ar, fator necessário para a vida, o *Poema* faz uma longa descrição acerca das variações atmosféricas segundo os lugares vizinhos a montanhas, voltados ao ocidente ou ao oriente, os lugares protegidos do vento do norte, que traz o frio, e do vento do sul, que traz o calor, a influência dos mares e das fases da lua, os terrenos úmidos, os solos pantanosos, as cidades vizinhas a lagos, a rochedos e a terrenos salíferos. Cada situação favorece um temperamento diferente, e até as habitações e vestimentas perturbam ou favorecem o bom equilíbrio dos humores. Perfumes, cores, alimentos e bebidas são fatores que devem ser considerados tão importantes para a conservação da saúde quanto o sono e o repouso, os quais, todavia, não devem ser prolongados. Tudo deve ser na medida justa, e aquele que sofre de insônia será surpreendido pela angústia e pela tristeza, terá seu corpo e sua alma debilitados, sua digestão perturbada, sua capacidade de julgamento diminuída. O excesso de repouso não traz vantagem alguma, pois permite o acúmulo nocivo de humores. São prescritos exercícios físicos moderados, pois expulsam os resíduos e as impurezas. Quando exagerados, alteram as forças da alma, consomem o calor natural, retiram a umidade do corpo, conduzem à lassidão, enfraquecem os nervos e envelhecem prematuramente. Depois de mencionar a necessidade da aplicação de tratamentos para aliviar os órgãos, tais como as sangrias, os vomitivos, os gargarejos, os purgantes, os banhos, o autor defende para os jovens uma intensa atividade sexual, o que desaconselha para os idosos, os fracos e os debilitados.

O trecho do *Poema* dedicado à fisiologia termina com uma análise dos sentimentos: a cólera traz o calor e às vezes pode ser um mal; o medo gera o frio e por vezes pode provocar a morte; o corpo prospera com a alegria, porém, em demasia, ela lhe produz uma má disposição; "a tristeza pode ser fatal aos magros", entretanto "é útil àqueles que necessitam perder peso".

Na segunda parte do *Poema da Medicina*, Avicena trata da patologia, ou seja, das moléstias que atingem os órgãos, de suas causas, dos diferentes sintomas, do diagnóstico pelo pulso, pela sudação e pelo estado das urinas e massas fecais; expõe os diversos sinais quando há desequilíbrio de cada humor, como, por exemplo, o predomínio do sangue: o paciente apresenta vasos sangüíneos muito aparentes, seu sono e uma eventual enxaqueca "são exagerados", sua cabeça e seus ombros pesam, há sangramento do nariz, permanece um sabor de açúcar na boca, como se ele mal tivesse terminado de comer um doce, surgem furúnculos e pústulas na sua pele, seus olhos são avermelhados, falta-lhe sensibilidade no tato, e ele apresenta muita preguiça acompanhada de sonhos de alegria e bem-estar. Se o excesso for de bílis amarela, a tez do paciente torna-se amarelada, ele tem pouco apetite, conserva um gosto amargo na boca e uma sensação de queimação no estômago (azia), sofre de insônia, tem constantes diarréias e vômitos de bílis, sua urina é amarela, seu pulso é fraco, enfim, manifesta todos esses sintomas somados a uma aparência de tristeza. Se o excesso for de bílis negra, o corpo do enfermo parece amortecido e apresenta manchas negras, sua urina é branca e suas fezes pouco digeridas, seu humor é triste e ele sofre de angústia; se consegue dormir, seu sono é agitado, pois vê nos sonhos toda sorte de perigos. Se o predomínio for da fleuma (ou pituíta), o sono do paciente é prolongado e sua cabeça pesa, ele apresenta uma certa lentidão de movimentos e pouco apetite, seu pulso é lento e ele é inclinado à languidez e à indolência, sua inteligência é reduzida e, salvo se a pituíta estiver salgada ou degenerada, sua sede diminui.

Quanto aos prognósticos da doença, o *Poema* segue os passos da medicina hipocrática. O médico deverá estar atento aos sinais da evolução da enfermidade.

Já em meados do século passado, E. Littré, tradutor e editor das *Oeuvres Complètes d'Hippocrate*[44], apontou para o que seria o ápice da teoria do médico de Cós: a análise e a previsão do curso da enfermidade. No tratado que leva o título *Prognōstikón*, tradicionalmente atribuído ao próprio Hipócrates – e um dos mais representativos e mais bem elaborados da *Coleção* –, em suas primeiras linhas, o autor demonstra a sua concepção do prognóstico: "Que o médico se exercite na previsão, parece-me excelente. Pois, se conhece de antemão e expõe aos enfermos seus padecimentos presentes, passados e futuros [...]"[45].

O *Poema* de Avicena evidencia a importância do prognóstico e lembra ao médico a necessidade de "reconhecer de início os períodos da moléstia e suas complicações, sua duração longa ou breve, sua gravidade ou

44. HIPÓCRATES. *Oeuvres Complètes d'Hippocrate.* Paris: J. B. Baillière, 1839-1861. 10 v. (Texto grego com tradução francesa de Emile Littré). (Reed. Amsterdam: Hakkert, 1973-1982).
45. Id. *Prognōstikón*, 1. In: HIPÓCRATES, op. cit., 1839-1861, vol. II, p. 110; id. *El pronóstico*, 1. Trad. (espanhola do original grego) Carlos García Gual. In: HIPÓCRATES. *Tratados hipocráticos.* Introducción general de Carlos García Gual. Introducción, traducciones y notas por: C. García Gual; Mª. D. Lara Nava; J. A. López Férez; B. Cabellos Alvarez. Madrid: Editorial Gredos, 1983. (Reimp. 1990). 2 v. vol. I, p. 329.

benignidade"[46], "conhecer os acidentes"[47] que podem ocorrer em seu curso e "prever a crise"[48]. O verso 327 retoma a concepção hipocrática do histórico da moléstia: "Todo sintoma tem um valor no passado, no presente e para o futuro".

Os médicos hipocráticos concediam grande importância ao momento decisivo da enfermidade conhecido por *krísis*[49], isto é, o período em que a moléstia ou pode perder intensidade e o paciente sarar ou agravar-se e o paciente morrer. Por uma série de sinais, o médico deverá saber reconhecer esses diferentes períodos da moléstia e saber relacionar a crise com os humores. Vimos que a enfermidade é o resultado do desequilíbrio entre os humores, e, na crise, a eliminação do excesso de um humor poderá ser provocada pelo médico, por expulsão de urinas e fezes, transpirações, expectorações etc., com a ajuda dos *phármaka*. A observação cuidadosa de cada uma das fases do processo mórbido permite ao médico fazer o prognóstico, isto é, o juízo da enfermidade. A breve frase "as crises e os números dos dias têm uma grande força"[50], encontrada no tratado hipocrático *Sobre a medicina antiga*, indica a importância da teoria dos dias críticos, segundo a qual é possível determinar, desde o início da moléstia, os dias em que ocorrerá a crise.

46. AVICENA. *Poème de la Médecine. (Urjūza fī al-ṭibb. Cantica Avicennae)*. Versos 569-570.
47. Ibid., verso 571.
48. Ibid.
49. Do grego *krísis*: o termo vem do verbo *kríno*, emprestado do vocabulário judicial, e significa julgar, separar, distinguir. A *krísis* é a "determinação da enfermidade" e se produz nos "dias críticos". Para que o humor deixe de ser nocivo, deverá ser "cozido" e "temperado" com os outros. O exame dos resíduos expelidos permite ao médico saber se a "cocção" foi adequada ou não. Galeno atribui essa doutrina a Hipócrates, porém, há toda uma corrente de estudiosos que a faz derivar dos pitagóricos, para quem os números têm valor cosmológico. Todavia, não há concordância entre os autores hipocráticos quanto ao número de dias que antecedem a crise: no tratado *Sobre as Carnes*, são sete dias para sua eclosão, no *Prognóstico*, quatro e seus múltiplos, e, em outros tratados, os autores alternam dias pares e ímpares. À parte qualquer especulação, é inegável ver a tentativa de estabelecer uma ordem (*kósmos*) naquilo que se apresenta como uma desordem natural do organismo: ao observar que certas febres possuem uma regularidade na sua evolução, os médicos procuraram determinar uma periodicidade para todas as enfermidades.
50. HIPÓCRATES. *Perì archaíēs iētrikês*, 19 (*De prisca medicina*, 19). In: HIPÓCRATES, op. cit., 1839-1861, vol. I, p. 618; id. *Sobre la medicina antigua*, 19 (*De prisca medicina*, 19). Trad. (espanhola do original grego) Mª. Dolores Lara Nava. In: HIPÓCRATES, op. cit., 1983 (Reimp. 1990), vol. I, p. 159; id. *Ancient Medecine*, XIX (*De prisca medicina*, 19). Trad. (inglesa) W. H. S. Jones. In: *Hippocrates*. Ed. bilíngüe greco-inglesa. Loeb Classical Library. 8 v. Cambridge: Harvard University Press, 1923. (Reimp. 1995). vol. I, p. 51.

Junto aos sinais indicadores da crise, que permitem ao médico acompanhar a evolução do estado da enfermidade, a medicina antiga concede destaque à observação do rosto do paciente. Já no célebre tratado hipocrático *Prognóstico*, lê-se a clássica descrição do rosto do enfermo alterado pela moléstia aguda cujos sinais são anunciadores da morte iminente (*facies hippocratica*), que leva a concluir que o médico deverá examinar em primeiro lugar o rosto do paciente para ver se é semelhante ao das pessoas saudáveis e, sobretudo, se tem a mesma aparência que apresentava antes da moléstia[51]. Os versos 702 a 715 do *Poema* retomam esses conceitos, ao descrever os sinais desfavoráveis para a interpretação da natureza da enfermidade e sua evolução para a morte. Os versos 731 a 762 descrevem os sinais favoráveis que prognosticam a cura, e logo na primeira linha repete-se a máxima hipocrática: "[...] se a face do enfermo aparece tal qual era no tempo de sua boa saúde, a cura já é manifesta".

O *Poema* apresenta outros temas, como, por exemplo, o exame do pulso (v. 361-395) ou as noções de dieta (v. 804-852) e higiene (v. 874-912), as advertências sobre partos (v. 919-930) e medicina pré-natal (v. 913-918), os conselhos sobre os cuidados dedicados ao recém-nascido (v. 938-952) e aos idosos (v. 967-980), a atenção necessária aos convalescentes e enfermos (v. 953-966), os quais necessitam de um ambiente acolhedor e cordial, com perfumes, flores, alegria e cantos, a fim de não se entregarem à tristeza (v. 961-963). Observe-se que, na prática médica de Avicena, está sempre presente a preocupação com o bem-estar do indivíduo. Talvez tenha sido este o segredo de seu sucesso em vida como médico.

O *Poema da Medicina*, síntese do pensamento médico de Avicena, é uma soma dos conhecimentos adquiridos no arco de uma vida no exercício da arte médica e do estudo. Já no início do poema, o poeta-filósofo-médico confessa: "tudo o que sei desta ciência, ponho aqui em versos" (v. 16).

51. Cf. id. *Prognōstikón*, 2. In: HIPÓCRATES, op. cit., 1839-1861, vol. II, p. 112. Id. *El pronóstico*, 2. Trad. (espanhola do original grego) Carlos García Gual. In: HIPÓCRATES, op. cit., 1983 (Reimp. 1990), vol. I, p. 330.

Referências Bibliográficas

AVICENA (IBN SĪNĀ). *Avicenne. Poème de la Médecine. Urjūza fī al-ṭibb. Cantica Avicennae. A magistro Armengando Blasii de Montepesulano ex arabico in latinum translata, cum castigationibus clarissimi philosophi ac medici Andreae Bellunensis.* Texte arabe, traduction française, introduction, notes et index établi et présenté par Henri Jahier et Abdelkader Noureddine. Traduction latine du XIIIème siècle par Armengaud de Blaise de Montpellier, revue et corrigée par Andrea Alpago, publiée à Basel, Suisse, 1556. Paris: Les Belles Lettres, 1956.

____. *Avicenna. Il Poema della medicina.* Introdução, tradução italiana do árabe, notas e léxicos por Andrea Borruso. Torino: Silvio Zamarani editore, 1996. *Avicenna's poem on medicine.* Trad. (inglesa) Haven C. Kruger. Springfield: Charles C Thomas, 1963.

CONRAD, Lawrence I.; NEVE, Michael; NUTTON, Vivian; PORTER, Roy; WEAR, Andrew. *The Western Medical Tradition (800 BC to AD 1800).* Cambridge: Cambridge University Press, 1995. (Reprint 1996).

ENTRALGO, Pedro Laín. *La medicina hipocrática.* Madrid: Alianza Editorial, 1970.

GALENO. *Claudii Galeni Opera Omnia.* Original grego com versão latina. Ed. C. G. Kühn, Leipzig, 1821-1833. vols. I-XX.

____. *De locis affectis.* In: GALENO. *Claudii Galeni Opera Omnia.* Original grego com versão latina. Ed. C. G. Kuhn, Leipzig, 1821-1833. vol. VIII, p. 1-452; reimp. Hildesheim: George Olms Verlag, 1964-1965, vol. VIII.

____. *Oeuvres anatomiques, physiologiques et médicales de Galien.* Trad. Charles Daremberg. Paris, 1854-1856.

____. *De l'utilité des parties du corps humain* (*De usu partium corporis humani*). In: GALENO. *Oeuvres anatomiques, physiologiques et médicales de Galien.* Trad. Charles Daremberg. Paris, 1854-1856. vol. I.

____. *Des lieux affectés* (*De locis affectis*). Trad. (francesa) Charles Daremberg. In: GALENO. *Oeuvres anatomiques, physiologiques et médicales de Galien.* Paris, 1856. vol. II; reimp. trad. (francesa parcial) Charles Daremberg. In: PICHOT, André (Org.). *Oeuvres médicales choisies.* Paris: Gallimard, 1994. 2 v. vol. II.

____. *De usu partium corporis humani.* In: GALENO. *Claudii Galeni Opera Omnia.* Livros I-XI, vol. III, p. 1-939; Livros XII-XVII, vol. IV, p. 1-366; reimp. anastática da edição crítica de G. Helmreich, Leipzig, 1907-1909; Amsterdam, 1968.

____. *Galen on the Usefulness of the Parts of the Body.* Trad. (inglesa), introdução e comentário de Margaret Tallmadge May. Ithaca, New York: Cornell University Press, 1968. 2 v.

____ *On the affected parts*. Trad. (inglesa) Richard E. Siegel. Basel, Switzerland: Karger Publishers, 1976.

____. *L'utilità delle parti* (*De usu partium*). Trad. (italiana quase completa), introdução e comentário de Ivan Garofalo. In: GAROFALO, Ivan; VEGETTI, Mario. (Org.). *Galeno. Opere scelte*, Torino: UTET, 1978. p. 293-832.

____. *De l'utilité des parties du corps humain* (*De usu partium corporis humani*). Trad. (francesa parcial) Charles Daremberg. In: PICHOT, André. (Org.). *Oeuvres médicales choisies*. Paris: Gallimard, 1994. vol. I.

GRMEK, Mirko D. Le concept de maladie. In: GRMEK, Mirko D. (Org.). *Histoire de la pensée médicale en Occident*. Paris: Éditions du Seuil, 1995a. 4 v. vol. I (*Antiquité et Moyen Âge*)

____. (Org.). *Histoire de la pensée médicale en Occident*. Paris Éditions Seuil, 1995b. 4 v. vol. I (*Antiquité et Moyen Âge*). (Tradução francesa da edição original italiana: *Storia del pensiero medico occidentale*. Roma-Bari, Editori Laterza, 1993).

HIPÓCRATES. *Oeuvres Complètes d'Hippocrate*. Paris: J. B. Baillière, 1839-1861. 10 v. (Texto grego com tradução francesa de Emile Littré). (Reed. Amsterdam: Hakkert, 1973-1982).

____. *Hippocrates*. Loeb Classical Library. Cambridge: Harvard University Press, 1968-1998. 8 v.

____. *Tratados Hipocráticos*. Introducción general de Carlos García Gual. 2 v. vol. I: Introducción, traducciones y notas por: C. García Gual; Mª. D. Lara Nava; J. A. López Férez; B. Cabellos Álvarez. Madrid: Editorial Gredos, 1983. (Reimp. 1990); vol. II: Introducciones, traducciones y notas por J. A. López Férez e E. García Novo. Madrid: Editorial Gredos, 1997.

____. *El pronóstico*. Trad. (espanhola do original grego) Carlos García Gual. In: HIPÓCRATES. *Tratados Hipocráticos*. Introducción general de Carlos García Gual. Introducción, traducciones y notas por: C. García Gual; Mª. D. Lara Nava; J. A. López Férez; B. Cabellos Alvarez. Madrid: Editorial Gredos, 1983. (Reimp 1990). 2 v. vol. I.

____. *Sobre la medicina antigua*. Trad. (espanhola do original grego) Mª. Dolores Lara Nava. In: HIPÓCRATES. *Tratados Hipocráticos*. Introducción general de Carlos García Gual. Introducción, traducciones y notas por: C. García Gual; Mª. D. Lara Nava; J. A. López Férez; B. Cabellos Alvarez. Madrid: Editorial Gredos, 1983. (Reimp. 1990). 2 v. vol. I.

IBN ABĪ UṢAYBIᶜA, Abū al-ᶜAbbās Aḥmad b. al-Qāsim (1203-1270). *ᶜUyūn al-anbā' fī ṭabaqāt al-aṭibbā'* (Fontes de Informações Acerca das Classes de Médicos). Éd. A. Muller. Cairo, 1882.

____. *Sources d'informations sur les classes des médecins. XIIIe chapitre. Médecins de l'Occident musulman*. Trad. (parcial) Henri Jahier e Abdelkader Noureddine. Algiers: Librairie Ferraris, 1958.

____. *Kitāb ᶜUyūn al-anbā' fī ṭabaqāt al-aṭibbā'*. Ed. Nizār Riḍā. 3. ed. Beirut: Maktabat al-Ḥayāh, 1979-1981. 3 v.

JACQUART, Danielle. La scolastique médicale. In: GRMEK, Mirko D. (Org.). *Histoire de la pensée médicale en Occident*. Paris: Éditions du Seuil, 1995. 4 v. vol. I (*Antiquité et Moyen Âge)*.

____. Avicenne et la nosologie galénique. In: HASNAWI, Ahmad; ELAMRANI-JAMAL, Abdelali; AOUAD, Maroun. (Org.). *Perspectives arabes et médiévales sur la tradition scientifique et philosophique grecque*. Prefácio de Roshdi Rashed. Leuven-Paris: Peeters-Institut du Monde Arabe, 1997.

JOUANNA, Jacques. La naissance de l'art médical occidental. In: GRMEK, Mirko D. (Org.). *Histoire de la pensée médicale en Occident*. Paris: Éditions du Seuil, 1995. 4 v. vol. I (*Antiquité et Moyen Âge)*.

PICHOT, André (Org.). *Oeuvres médicales choisies*. Paris: Gallimard, 1994. 2 v.

RASHED, Roshdi. (Org.). *Histoire des sciences arabes*. Paris: Éditions du Seuil, 1997. 3 v. vol. III (*Technologie, alchimie et sciences de la vie*).

SAVAGE-SMITH, Emilie. Médecine. In: RASHED, Roshdi. (Org.). *Histoire des sciences arabes*. Paris: Éditions du Seuil, 1997. 3 v. vol. III (*Technologie, alchimie et sciences de la vie*).

SIGERIST, Henry Ernest. *A History of Medicine*. New York; Oxford: Oxford University Press, 1951-1961. 2 v.

STROHMAIER, Gotthard. La médecine dans le monde byzantin et arabe. In: GRMEK, Mirko D. (Org.). *Histoire de la pensée médicale en Occident*. Paris: Éditions du Seuil, 1995. 4 v. vol. I (*Antiquité et Moyen Âge)*.

TAMAYO, Ruy Pérez. *El concepto de enfermedad*. México: Fondo de Cultura Económica; Facultad de Medicina, Unam; Consejo Nacional de Ciencia y Tecnología, 1988. 2 v.

TATON, René. *La science antique et médicale. Des origines à* 1450. Paris: Quadriges; Presses Universitaires de France, 1994. (1. ed. 1957).

ULLMANN, Manfred. *La médecine islamique*. Paris: Presses Universitaires de France, 1995.

VERBEKE, Gerard. Introdução. In: *Avicena Latinus, Liber de Anima seu Sextus de Naturalibus*. Leiden: E. J. Brill; Louvain: Éditions Orientalistes, 1968. IV-V, p. 3*-73*.

12.

Avempace (Ibn Bājjah), Primeiro Comentador de Aristóteles no Ocidente*

Joaquín Lomba Fuentes

Vida de Avempace[1]

Seu nome completo é Abū Bakr Muḥammad ibn Yaḥyà ibn al-Ṣā'iġ ibn Bājjah, conhecido simplesmente como Ibn Bājjah ou, na forma latinizada, Avempace. Nasceu na capital da Taifa saragoçana, Saraquṣṭa (Saragoça), entre 1085 e 1090, de uma família humilde que tinha por ofício a ourivesaria (*ṣā'iġ* significa ourives, joalheiro).

Como ele próprio diz, aplicou-se desde jovem à música e à poesia[2], para depois dedicar-se à astronomia, à medicina, à matemática, à filosofia;

* Tradução (do original espanhol) de Rosalie Helena de Souza Pereira.

1. Para conhecer a vida, a obra e o pensamento de Avempace, consultar os seguintes livros de minha autoria: *Avempace*. Zaragoza: Diputación General de Aragón, 1989; *Avempace*. Madrid: Ediciones de El Orto, 1995d. (Colección "Filósofos y Textos"); e, para uma visão do mesmo e de seu ambiente cultural, *El Ebro, puente de Europa. Pensamiento musulmán y judío*. Zaragoza: Mira Editores, 2002e.

2. AVEMPACE (IBN BĀJJAH). *Risāla kataba bi-hā ilà ṣadīqi-hi Abī Jaᶜfar Yūsuf ibn Aḥmad ibn Ḥasdāy baᶜda qudūmi-hi ilà Miṣr* (Carta a Abū Jaᶜfar Yūsuf ibn Ḥasdāy). In: *Rasā'il falsafiyya*. Ed. árabe ᶜAlawī. Rabat, 1983. p. 78-79.

exerceu ainda cargos políticos, pois quando os almorávidas chegaram a Saragoça, em 1110, foram logo atraídos pelo valor intelectual de Avempace, que foi nomeado vizir pelo governador Ibn Tīfalwīṭ, cargo que desempenhou talvez entre 1110 e 1113.

Em 1117 morre seu protetor Ibn Tīfalwīṭ; e, no ano seguinte, em dezembro de 1118, os cristãos ocupam a cidade. Como muitos outros, Avempace emigra, ao que parece, para Játiva, onde, segundo consta, o governador almorávida, Ibrāhīm ibn Yūsuf ibn Tāšifīn, o encarcera, por motivos desconhecidos, possivelmente relacionados com certas acusações de heterodoxia lançadas contra ele. Em seguida, foi para Almeria e para Granada, e depois para Orán e Fez.

Durante esse tempo de exílio, trava estreita amizade com o vizir Ibn al-Imām, que foi seu biógrafo pessoal, graças ao qual temos algumas notícias de sua vida, além de uma lista das obras que escreveu[3]. Avempace projeta uma viagem ao Egito, à qual se referem seus livros *Risālat al-wadāᶜ* (Carta do Adeus)[4] e *Ittiṣāl al-ᶜaql bi-al-insān* ([Tratado] da União do Intelecto com o Homem)[5], ambos dirigidos a Ibn al-Imām. A viagem, porém, não chegou a realizar-se.

Durante todo esse tempo posterior à sua partida de Saragoça, parece ter deixado a vida política para dedicar-se ao estudo, ao exercício da medicina e ao ensino, além de alguns negócios de que tratou, segundo indicação de Ibn Ṭufayl. Com isso, sua vida deve ter sido bastante agitada, como o atestam Ibn al-Imām e Ibn Ṭufayl; por essa razão, não teve tempo e tranqüilidade suficientes para concluir perfeitamente algumas de suas obras. Ele próprio o confessa ao dizer que não terminou de redigir o *Tratado da União do Intelecto com o Homem* de maneira mais rigorosa e esmerada, em virtude da "falta de tempo e das sucessivas ocupações em que me acho envolvido"[6].

3. Ver MAᶜṢŪMĪ, M. H. S. Ibn al-Imām, the Disciple of Ibn Bājjah. *Islamic Quarterly*, v, n. 3-4, p. 102-108, 1959-1960.
4. AVEMPACE. *La carta del adiós* (*Risālat al-wadāᶜ*). Edição, Tradução e Estudo de Miguel Asín Palacios. *Al-Andalus*, VIII, p. 1-87, 1943. A seguir, citá-la-ei apenas como *La carta del adiós*, remetendo-me à paginação de Asín, mas a tradução é minha, à espera de que saia publicada por Editorial Trotta de Madrid.
5. Id. *Tratado de la unión del Intelecto con el hombre, de Avempace*. Tradução e Estudo de Joaquín Lomba. *Anaquel de estudios árabes*, Madrid, vol. 11, p. 369-439, 2000. (Homenaje a la Profesora Gisbert).
6. Ibid., p. 372.

Avempace morre em Fez, possivelmente assassinado, no mês de Ramadã do ano 533 da Hégira, quer dizer, em junho de 1139. A causa da morte parece ter sido uma berinjela envenenada que lhe deram os médicos e secretários do governo, talvez movidos por intrigas e invejas. Foi enterrado nessa cidade, e, no século XIII, sua sepultura ainda se achava conservada.

Sua personalidade parece ter sido bastante forte, além de controvertida, pois à sua volta suscitou as mais diversas e díspares opiniões. O certo é que sua obra revela – afora o grande comentador que foi do Estagirita – um pensamento altamente original e sólido que demonstra uma nada comum inteligência e um muito amplo conhecimento da filosofia aristotélica e da de seu tempo, em particular a de Al-Fārābī e, em geral, a oriental.

Alguns de seus contemporâneos o acusaram de heterodoxo, como antes afirmei. No entanto, essa suposta supervalorização da ortodoxia deve ser interpretada em seu contexto histórico e islâmico. Porque, por um lado, para ser um bom e fiel muçulmano, bastava crer em um só Deus e na missão profética de seu Enviado, o Profeta Muḥammad, e praticar as obras de culto (individuais e sociais) ordenadas pelo *Corão* e pela *šarīʿa* ou Lei islâmica. E tais requisitos ele certamente cumpriu, pois em nenhum momento teve dúvida em citar textos corânicos a fim de avalizar seus assertos e de aludir à crença em um único Deus. Por outro lado, porém, os ortodoxos radicais, aferrados ao puro texto revelado e à tradição, estavam em aberta oposição às liberdades tomadas pelos filósofos com suas especulações racionais. Por isso, as acusações devem ser lidas a partir do contexto em que foram formuladas (a estrita e radical ortodoxia teológica e jurídica), e não a partir da intenção e da religiosidade do próprio Avempace. Adiante, voltarei a alguns pontos que provocaram essas falsas interpretações.

A essa perseguição religiosa, é preciso acrescentar as invejas suscitadas entre as classes médica, política e poética, especialmente sensíveis a qualquer valor que sobressaísse. E foi esse o caso de Avempace, homem de prestígio, como médico e filósofo, sempre sincero ao dar suas opiniões.

Como confirmação disso, é preciso recordar dois depoimentos particularmente significativos: um, o do médico Ibn Zuhr (o pai do Avenzoar dos cristãos), e outro, o do poeta Ibn Ḫāqān. Quanto ao primeiro, deve-se dizer que sentia por Avempace um ódio quase visceral que os fazia viverem tão separados, no dizer de Al-Maqqarī, "como a água e o fogo, como o céu e a terra". Até em algumas poesias em que os dois se cruzaram, Ibn Zuhr chama a Avempace de *zindīq*, de pertencente à *zandaqa* (corrente racionalista não religiosa), de hipócrita que oculta sua incredulidade, de herege, de ateu, merecedor, portanto, de ser crucificado. Todavia, não eram os motivos religiosos que separavam os dois médicos, já que o próprio Ibn Zuhr não se distinguia especialmente por sua piedade. Devem ter sido razões estritamente profissionais e médicas que motivaram o ódio de Ibn Zuhr por Avempace.

Com relação a Ibn Ḫāqān, as causas de sua animosidade são mais claras. Ibn al-Ḫaṭīb[7] relata que, certo dia, Avempace cansou-se de ouvir o autopanegírico que proferia Ibn Ḫāqān e os louvores desmesurados que se atribuía. Observando que durante o discurso assomava-lhe uma gota verde de muco ao bigode, disse-lhe Avempace: "E essa esmeralda que ostentas no bigode também é presente de algum príncipe?" Ibn Ḫāqān, enfurecido por essa ridicularização, pôs Avempace em último lugar em sua antologia de poetas espanhóis, intitulada *Collares de oro puro*, ao mesmo tempo que emitia uma crítica, da qual seleciono alguns fragmentos:

> O literato e vizir Abū Bakr ibn al-Ṣā'iġ é uma calamidade para a religião e um motivo de pena para os que andam no bom caminho. É conhecido por sua presunção e por suas loucuras; sempre procurando eludir o cumprimento das leis divinas [...]. Estudou matemáticas e se dedicou a meditar sobre os corpos celestes [...] e desprezou o sapientíssimo Livro de Deus, carregando-o às costas com orgulhoso desdém [...]. Junte-se a tudo isso sua rude educação; a vilania de seu caráter; aquele seu rosto que Deus fez repugnante e feio, tanto, que até os cães fugiam ao vê-lo [...] e, finalmente, seu caráter beligerante que só deixava em paz aquele que o ameaçava[8].

E, a seguir, Al-Maqqarī acrescenta este outro comentário, que contrasta vivamente com o anterior:

> A luz de sua inteligência brilhou esplendorosa, ao demonstrar de maneira concludente e decisiva a verdade de todas as suas opiniões. A fama de seu século circunda todos os séculos como um diadema e o aroma de seu nome se difunde

7. AL-MAQQARĪ. *Nafḥ al-ṭīb*. Ed. Bulac. IV, 201; II, 293-294, apud ASÍN PALACIOS, Miguel. El filósofo zaragozano Avempace. *Revista Aragón*. Zaragoza, tercera etapa, año primero, n. 7, p. 278-281, 1900. p. 279.
8. Ibid., p. 279-280.

> por todos os países da terra. [...]. Substituiu com demonstrações apodícticas a cega aquiescência às razões de autoridade [...]. Some-se a tudo isto a pureza de sua alma e sua castidade que naturalmente o levavam a abominar qualquer depravação nos costumes [...] a urbanidade e a política que exibia no trato social[9].

Por que essa variedade tão contraditória de opiniões? O que moveu Al-Maqqarī a justapor esses dois textos, um de um autêntico insulto e outro de um elogio quase desmesurado? É possível que diante da forte personalidade de Avempace e das opiniões tão desencontradas que existiam sobre ele, Al-Maqqarī se limitasse a expor a questão para que o leitor julgasse por si próprio. Em todo caso, pela obra de Avempace e pelos motivos da inimizade de Ibn Ḫāqān, é preferível seguir a opinião favorável ao filósofo saragoçano, sem descartar as extravagâncias que poderiam caracterizar a sua forte personalidade.

E, com maior razão, é importante recordar o depoimento de seu amigo Ibn al-Imām, que viveu muito próximo a ele, trabalhou com ele e inventariou suas obras. Seleciono alguns trechos do extenso texto:

> Esta coleção é uma espécie de registro ou índice das opiniões que Avempace professou acerca das ciências filosóficas. Pela penetração de espírito que revela e pela profundidade e sutileza com que estuda problemas tão intrincados, tão delicados e tão sublimes, Avempace é um verdadeiro fenômeno, uma maravilha para seu século [...]. Avempace foi quem, antes de qualquer outro, consagrou-se ao estudo dos livros [de filosofia][10].

De todo esse conjunto de referências e opiniões sobre Avempace (das quais selecionei algumas), pode-se concluir que deve ter sido um homem de grande personalidade que atraiu para si tanto os mais ardorosos entusiasmos quanto os mais encarniçados ódios. Por outro lado, seu caráter totalmente inovador, no nível do pensamento, suscitou a maior oposição por parte da intelectualidade tradicional, religiosa e filosófica. Da importância e do relevo de sua figura e pensamento para a História da filosofia islâmica, falarei mais adiante.

9. Ibid., p. 280-281.
10. IBN ABĪ UṢAYBIᶜA. *Kitāb ᶜuyūn al-anbā' fī ṭabaqāt al-aṭibbā'*. Cairo, II, p. 62, 1882. Passarei a citá-lo como *Ṭabaqāt al-aṭibbā'*. Apud ASÍN PALACIOS, op. cit., 1900, p. 242.

Principais Obras

Além dos manuscritos existentes de suas obras, aos quais me referirei em seguida[11], temos duas listas dos escritos de Avempace, a saber, a de Ibn al-Imām e a do historiador Ibn Abī Uṣaybiᶜa em seu *Kitāb ᶜuyūn al-anbā' fī ṭabaqāt al-aṭibbā'* (Livro das Fontes de Informação sobre as Classes dos Médicos)[12]. E, dentre os manuscritos atualmente existentes, os mais importantes e completos são o de Oxford (Pococke 206) e o de Berlim (Ahlwardt 5060 WE 87). Este último, perdido durante a Segunda Guerra Mundial, veio à luz há poucos anos, em 1988, na Biblioteca Jagiellonia[13] de Cracóvia, na Polônia. Além desses manuscritos, há outros de algumas – ou de apenas uma – das obras de Avempace, como os do Escorial, do Cairo, de Tashkent, de Istambul, de Bagdá e do Marrocos.

As obras mais importantes de Avempace, além das já citadas, são as seguintes: *Fī al-alḥān* (Sobre as Melodias Musicais), hoje perdida; diversos comentários às obras de Aristóteles, como à *Lógica*, à *Física*[14], ao *Kitāb al-nafs* (Livro sobre a Alma)[15], ao *Sobre as Plantas*[16]; ao *Da Geração e Corrupção*[17], aos *Meteorológicos* e a outras mais. Além desses comentários

11. Para uma lista completa das obras, junto à exposição dos distintos manuscritos que existem delas, o elenco das editadas e traduzidas e a cronologia das mesmas, ver de minha autoria: Introducción. In: AVEMPACE (IBN BĀŶŶA). *El régimen del solitário (Tadbīr al-mutawaḥḥid)*. Tradução, Introdução e Notas de Joaquín Lomba. Madrid: Ed. Trotta, 1997. p. 20-30; e LOMBA FUENTES, Joaquín. Ibn Bājja, Abū Bakr. In: ENCICLOPEDIA de al-Andalus. Diccionario de Autores y Obras Andalusíes. Granada: Fundación El Legado Andalusí, 2002c. vol. 1, p. 624-664.

12. IBN ABĪ UṢAYBIᶜA, *Ṭabaqāt al-aṭibbā'*, op. cit., 1882, p. 63, apud Asín Palacios, op. cit., 1900.

13. Archiwum Uniwersytetu Jagiellonskiego.

14. LETTINCK, Paul. Ibn Bâjja's Commentary on Aristotle's Physics. In: LETTINCK, Paul. (Org.). *Aristotle's Physics & it's Reception in the Arabic World. With an Edition of the Unpublished Parts of Ibn Bâjja's Comentary on the Physics*. Leiden: E. J. Brill, 1994.

15. Atualmente estou terminando o estudo e a tradução em espanhol desta obra, publicada em árabe sobre os dois manuscritos de Berlim e de Oxford, por M. Alozade, no Centre d'Études Ibn Rushd, em Fez, 1999.

16. AVEMPACE (IBN BĀJJAH), *Kalām ᶜalà baᶜḍ kitāb al-nabāt* (Tratado acerca de alguns Livros sobre as Plantas), apud ASÍN PALACIOS, Miguel. Avempace botánico. *Al-Andalus,* V, p. 255-299, 1940.

17. Id. *Libro de la generación y corrupción.* Edição, Tradução e Estudo de Josep Puig Montada. Madrid: CSIC, 1995b.

aristotélicos, compôs um aos *Medicamentos simples*, de Galeno. A todos eles é preciso acrescentar os comentários que fez a obras de Al-Fārābī e de Euclides e a vários tratados gregos sobre geometria, aritmética e astronomia. Posteriormente, em sua maturidade, escreveu obras em que expôs seu pensamento pessoal, como o *Tadbīr al-mutawaḥḥid*[18] (O Regime do Solitário), provavelmente sua mais conhecida e importante obra, a *Risālat al-wadāᶜ* (Carta do Adeus), o *Ittiṣāl al-ᶜaql bi-al-insān* (Tratado da União do Intelecto com o Homem), o *Kalām fī al-umūr allatī bi-hā yumkin al-wuqūf ᶜalà al-ᶜaql al-faᶜᶜāl* (Tratado acerca das Coisas pelas quais é Possível Conhecer o Intelecto Agente)[19], e uma ampla série de *risālas* (cartas ou breves tratados) sobre diversos temas filosóficos.

Importância da Figura de Avempace

Dentro da história do pensamento, é grande o valor de Avempace, pelos seguintes motivos: primeiro, por ser o primeiro comentador e, portanto, o introdutor das obras de Aristóteles em todo o Ocidente islâmico e cristão, sendo assim o predecessor imediato do grande Comentador do Estagirita, Averróis, o qual muitas vezes segue sua interpretação das obras de Aristóteles, professando uma grande admiração pelo filósofo saragoçano. Esses comentários de Avempace demonstram também que o *corpus* das obras aristotélicas já era conhecido em *Al-Andalus* a partir de inícios do século XI, embora Avempace talvez não tivesse conhecido diretamente determinadas obras traduzidas para o árabe, a não ser por meio de resumos. É a tese defendida por

18. Cito esta obra com seu título em árabe por ser a mais conhecida e popular e por ser às vezes citada dessa forma. Para o resto das obras de Avempace, cito o título traduzido, para maior facilidade do leitor.

19. AVEMPACE. *Tratado del Entendimiento Agente, de Avempace*. Estudo e Tradução de Joaquín Lomba Fuentes. *Anales del seminario de historia de la Filosofía. Memoria-homenaje a Adolfo Arias Muñoz*. Madrid: Universidad Complutense, 1996. p. 265-274. (Número Extra).

Lettinck e Puig[20]. Todavia, em seu trabalho de comentador, Avempace afasta-se às vezes das doutrinas do Estagirita, seguindo, entre outros, Alexandre de Afrodísia, João Filopono, e utiliza muitos elementos neoplatônicos e estóicos, do sufismo e da magna obra xiita, a *Enciclopédia dos Irmãos da Pureza*, que ele viria a conhecer em Saragoça.

Segundo, porque, além de Aristóteles, Avempace também introduz Al-Fārābī, cujos comentários ao Estagirita são por ele seguidos, embora freqüentemente também dê sua própria versão.

Terceiro, por suas valiosas contribuições científicas e filosóficas, algumas delas sumamente pessoais e originais.

Apesar dessa importância, causa surpresa o esquecimento a que foi relegado até o ano de 1900, quando Asín Palacios começou a se interessar por ele, e hoje é evidente o aumento do número de pesquisas, de publicações, de colóquios e de seminários em todo o mundo sobre a sua figura e o seu pensamento. Tal esquecimento se deve principalmente à sombra que lhe fez o grande Averróis e à escassez de manuscritos que restam de Avempace, principalmente se comparados aos de Averróis, do qual, ademais, existem as versões latinas (que não foram feitas da obra de Avempace), acrescida ao fato de que foram tardiamente encontrados, que alguns sofreram alterações e que são difíceis de ler.

Abordarei a seguir as distintas atividades a que se dedicou Avempace, nas quais deixou sua marca extremamente pessoal.

Avempace Músico e Poeta

Como disse anteriormente, Avempace começou sua formação com a música e a poesia[21]. E, de fato, Ibn Abī Uṣaybiᶜa reconhece suas excelentes qualidades

20. Ver PUIG MONTADA, Josep. Avempace y los problemas de los libros VII y VIII de la *Fisica*. *La Ciudad de Dios*, Real Monasterio de El Escorial, CCXIV, p. 1631-1688, 2001; e LETTINCK, op. cit., 1994.
21. O trabalho de Avempace como poeta pode ser visto em RUBIERA, M. J. *La literatura hispanoárabe*. Madrid: Mapfre, 1992. p. 163-167. Sobre a música, ver CORTÉS, M. Sobre la

para as ciências, a medicina, a poesia e a música, tanto teórica como prática[22]. E todos os autores, entre os quais Al-Maqqarī[23] e Ibn Ḫāqān[24], são unânimes em aceitar que ele tinha dotes especiais para o canto e para a música (tanto para a teoria como para a composição e a execução) e que escreveu o tratado, já citado, *Fī al-alḥān* (Sobre as Melodias Musicais), e um comentário ao tratado sobre a música de Al-Fārābī, que, na opinião de Al-Maqqarī, tornava inúteis todos os livros até então escritos sobre o tema, inclusive o célebre *Kitāb al-mūsīqà al-kabīr* (Grande Livro da Música), de Al-Fārābī[25].

E na música teórica, como o fizeram Platão, Aristóteles, Aristides Quintiliano e o próprio Al-Fārābī, estabeleceu as correlações entre as diversas classes de melodias e o temperamento humano, demonstrando assim grande valor educativo com o seu pensamento orientado tanto para a teoria musical quanto para a estética.

Sobre os seus conhecimentos musicais, é interessante o texto sumamente técnico que encontramos em seu comentário ao *Sobre a Alma*, de Aristóteles, em que alude à composição musical das cordas do alaúde, dando provas de uma precisão técnica admirável[26].

Além desse trabalho teórico, gozou de grande fama como bom cantor e instrumentista. Na verdade, consagrou-se também à música prática, cantada e tocada com o alaúde, dedicação que lhe rendeu inúmeros elogios, mas também dissabores, pois enquanto alguns elogiavam ao extremo suas excelsas canções e composições, inclusive sua boa voz, outros atribuíam essa atividade a uma simples vaidade e superficialidade, como diz Al-Maqqarī[27].

música y sus efectos terapéuticos en la *Epístola sobre las melodias* de Ibn Bājja. *Revista de musicología,* XIX, 1-2, p. 1-13, 1996.

22. IBN ABĪ UṢAYBIᶜA, *Ṭabaqāt al-aṭibbā'*, op. cit., p. 62, apud ASÍN PALACIOS, op. cit., 1900.

23. AL-MAQQARĪ, op. cit., II, 425, apud ASÍN PALACIOS, op. cit., 1900.

24. Ibid.

25. Este livro foi editado e traduzido por R. Erlanger (D'). AL-FARABI. *La musique Arabe.* Edição e Tradução de R. Erlanger (D'). 2 v. Paris: Geuthner, 1930. vol. I; 1935. vol. II.

26. AVEMPACE. *Sobre el alma,* Fol. B., 168 v. Recentemente se fez uma edição crítica sobre os dois manuscritos de Oxford e de Berlim (a de Maᶜṣūmī só trazia o de Oxford) a cargo de uma equipe dirigida por Mohamed Alozade, no Centre des Études Ibn Rushd, de Fez, em 1999. Adiante citarei esse tratado com o título *Sobre a Alma,* remetendo-me ao capítulo em que se acha o texto e à página do manuscrito de Berlim. Atualmente estou terminando a tradução em espanhol desse tratado, tendo em conta pela primeira vez os Ms. de Oxford e de Berlim. Assim, as citações serão: Avempace, *Sobre a Alma,* Fol. B. 168 v.

27. AL-MAQQARĪ, op. cit., IV, 201, apud ASÍN PALACIOS, op. cit., 1900, p. 280.

Igualmente destacou-se como afamado poeta, de tal forma que o mesmo Al-Maqqarī afirma que "seus poemas entusiasmavam e comoviam os corações"[28]. Vejamos um exemplo de seus poemas:

> Quinta-feira era, sim, quinta, e pela noite
> quando nos despedimos e fundindo-nos
> – Partiu levando minh'alma –.
> Cada vez que exclamo rogando-lhe o retorno,
> minh'alma replica: "regresso para onde?
> Por acaso a um esqueleto sem carne nem sangue?"
> Já não és mais que ossos que se quebram caindo;
> olhos cegos por derramar tantas lágrimas em vão,
> e ouvidos que, por se rebelarem contra os censores,
> optaram por ficar surdos para sempre.

E, a propósito da música e da poesia de Avempace, é preciso mencionar a tese de Garcia Gómez, segundo a qual Avempace descobriu a união da música de estilo cristão com a árabe. O resultado dessa mescla foi, segundo Garcia Gómez, a forma de *muwaššaḥa* chamada *zéjel*, que, composta em árabe dialetal (não em árabe clássico) – carente, portanto, de vogais longas e breves –, facilitava a adaptação à música cristã[29]. Eis aqui um fragmento de uma de suas *muwaššaḥāt*:

> Arrasta, ao passares, as franjas de tuas roupas,
> e une à embriaguez, o amar!
> Acende teu fogo com chama
> prateada, que o ouro rodeia,
> e de perolado aljôfar, trama,
> que dentes de huri saboreiam;
> o copo de vinho ao tomares
> como sólida água e fluido fogo,
> já brilha a luz da aurora,
> já o zéfiro do jardim alenta.
> Não apagues a lâmpada agora,

28. Ibid.
29. GARCÍA GÓMEZ, E. *Todo Ben Quzman*. Madrid: Gredos, 1972. 3 v. vol. III: p. 35; e RUBIERA, op. cit., p. 164-165.

deixa-a, e o vinho tenta!
que a chuva não cessa de chorar,
e o jardim sorri com flores de laranjeira...

E como a seguir vou falar da ciência em Avempace, quero dar um exemplo de poesia entremeada com um tema astronômico. Conta Al-Maqqarī: em certa ocasião, Avempace se reuniu à noite com algumas pessoas para velarem o cadáver de um amigo. Sabendo Avempace que haveria um eclipse lunar, no início do fenômeno, lançou estes versos à Lua, acompanhados de uma melodia nostálgica:

Teu irmão gêmeo
descansa na tumba
e te atreves, estando já morto,
a sair luminosa e brilhante
pelos céus azuis? Ó Lua!
Por que não te eclipsas? Por que não te ocultas?
Teu eclipse será como o luto
que diz às gentes
a dor que sua morte te causa,
tua tristeza, tua pena profunda.

E naquele mesmo instante, eclipsou-se o astro da noite[30].

Este é um muito breve traço de um dos muitos aspectos mal conhecidos de Avempace que ainda faltam ser estudados, visto sua importância para a história da música e da poesia árabes.

Avempace Cientista

O ambiente científico, que existia na Taifa de Saragoça, era extremamente elevado. Não é, pois, de estranhar que Avempace sobressaísse nesse terreno. Vamos por partes.

30. AL-MAQQARĪ, op. cit., IV, 205, apud ASÍN PALACIOS, op. cit., 1900, p. 349.

A Astronomia de Avempace

Podemos extrair sua ciência astronômica de seu livro *Nubaḏ yasīra ᶜalà al-handasa wa-al-hay'a* (Fragmentos Simples sobre Geometria e Astronomia) e de uma citação de Maimônides. Nessa matéria, afastou-se de Aristóteles ao conceber um sistema astronômico sem epiciclos, mas com esferas excêntricas, como o fez Ptolomeu. Além disso, conhecemos uma carta dirigida a seu amigo, Ibn Ḥasdāy, na qual, entre outras coisas, deduz-se que contemplou uma ocultação de Júpiter por Marte[31].

Sabemos ainda, pelo cientista oriental Quṭb al-Dīn al-Šīrāzī (m. 1311), que Avempace observou duas manchas no Sol, as quais interpretou como a passagem de Mercúrio e de Vênus sobre o disco solar. E, finalmente, temos o vaticínio de um eclipse da Lua, anteriormente referido[32].

A Física de Avempace

Desde o século XII, começa a surgir, em *Al-Andalus*, um especial interesse pela física, mais pela teórica que pela experimental. Esse interesse é caracterizado pelo afã de contrastar a física aristotélica, seguida por Averróis, com a neoplatônica, defendida por Avempace[33].

A física de Avempace só era conhecida pelos depoimentos de Averróis. Graças, porém, a alguns manuscritos descobertos recentemente por Moody[34], Pines[35], Fakhry[36], Ziyāda[37] e, finalmente, por Lettinck[38], tornou-se conhe-

31. Ver SAMSÓ, J. Sobre Ibn Bâŷŷa y la astronomía. *Homenaje a María Jesús Rubiera Mata, Sharq al-Andalus,* 10-11, p. 669-681, 1993-1994.
32. Ver id. *Las ciencias de los antiguos de al-Andalus.* Madrid: Mapfre, 1992. p. 137 et seq.; e id., 1993-1994, p. 669-681.
33. Ver id., 1992, p. 356 et seq.
34. MOODY, E. A. Galileo and Avempace: Dynamics of the Leaning Tower Experiment. *Journal of History of Ideas,* XII, p. 163-193; 375-422, 1951.
35. PINES, S. La dynamique d'Ibn Bâjja. In: *Mélanges Alexandre Koyré.* Paris: Hermann, 1964. vol. II (*L'aventure de la science*), p. 440-468.
36. FAKHRY, Majid. *Ibn Bajjah, Avempace. Paraphrase of Aristotle's Physics.* Beirut, 1977.
37. ZIYĀDA, M. *The theory of Motion in Ibn Bajjah's Philosophy.* Montréal, 1972. Tese (Doutoramento) – Montreal. 1972. (Não publicada em inglês. Contém o texto da *Física*).
38. Ver obra supracitada.

cida a obra completa de Avempace sobre a Física, inspirada principalmente em Aristóteles, em Alexandre de Afrodísia e em João Filopono.

O interesse que Avempace desperta ao comentar a *Física*, de Aristóteles, deve-se, primeiro, ao fato de ele ser o único e imediato predecessor indiscutível do grande comentador da *Física* aristotélica, Averróis, e, segundo, de divergir sobre alguns pontos do Estagirita, pontos que foram precisamente objeto de discussão durante a Idade Média européia.

Resumo brevemente os aspectos mais importantes e originais de Avempace, deixando de lado aqueles em que simplesmente segue e comenta Aristóteles. Assim, o mais destacado e original de sua *Física* é a dinâmica, centrada nos seguintes pontos: primeiro, o estudo que realiza sobre a queda dos corpos pesados, que o aproximará da dinâmica da ciência moderna, afastando-a da aristotélica. Segundo, o estudo sobre o movimento, em que Avempace, ao contrário de Aristóteles, afirma que o meio circundante do móvel não é causa de seu movimento, tese que apresenta duas conseqüências: é possível o movimento no vazio, o que para Aristóteles era impossível; é possível, sem a necessidade do elemento éter, o que para Aristóteles era impossível, estabelecer uma teoria geral do movimento, válida tanto para os corpos terrestres quanto para os celestes que se movem. Apesar de Averróis ter exposto e refutado as teorias de Avempace sobre a queda dos corpos pesados, as idéias de Avempace tiveram uma larga difusão na Europa latina. Sua nova dinâmica neoplatônica foi seguida também pelas grandes personalidades da Escolástica do século XIII, como Tomás de Aquino, Siger de Brabant e Duns Scot. No entanto, foi logo esquecida durante o século XIV, para ressurgir, no século XVI, com Girolamo Borro e Giambattista Benedetti, cuja dinâmica é muito similar à de Avempace.

Ao comentário de Avempace à *Física*, de Aristóteles, é necessário acrescentar outro de grande importância, publicado recentemente em espanhol e apresentado em sua edição crítica pelo Prof. Josep Puig. Trata-se do *Livro da Geração e Corrupção*. Segundo as palavras de seu tradutor e editor do texto árabe, Avempace foi o primeiro a valorizar esta obra do Estagirita[39].

39. Cf. PUIG MONTADA, Josep. Introducción. In: AVEMPACE. *Libro de la generación y corrupción*. Edição, Tradução e Estudo de Josep Puig Montada. Madrid: CSIC, 1995. p. XII.

Nessa obra, Avempace segue o pensamento de Aristóteles, embora insistindo em alguns pontos que o interessam particularmente, como as relações entre motor e móvel, fazendo uma curiosa digressão pessoal sobre o problema que mais o instiga: o fim do homem. Disso, porém, tratarei mais adiante.

Avempace Médico

Avempace foi médico, tal como disse antes, o que se constata ao longo de toda a sua obra pelas freqüentes alusões que faz às enfermidades, aos medicamentos e aos métodos de cura. Mais adiante, falarei da obra de botânica de Avempace, que, sem dúvida, inscreve-se em sua atividade e nos seus interesses médicos. Também nesse campo, que é de suma importância, ainda falta muito a ser estudado.

Compôs vários tratados médicos, como são os seguintes comentários, nos quais também apresenta a sua visão inovadora e pessoal: *Kalām ᶜalà šay' min kitāb al-adwiyat al-mufrada li-Ġalīnūs* (Tratado sobre algumas Coisas do Livro "Medicamentos Simples" de Galeno); *Kitāb al-tajribatayn ᶜalà adwiyat Ibn al-Wāfid* (Livro de Experimentos sobre os Medicamentos de Ibn al-Wāfid). E os comentários sobre alguns tratados de Al-Rāzī, como o *Kitāb ijtisār al-ḥāwī li-al-Rāzī* (Livro dos "Continentes" de Al-Rāzī), que se perdeu. Fez também outros comentários aos aforismos de Hipócrates e um estudo pessoal, fundado talvez na medicina de Galeno, intitulado *Maqāla fī-ḥummayāt* (Tratado das Febres).

Avempace Botânico

Como acabo de comentar, Avempace se dedicou também à botânica farmacológica e escreveu, em colaboração com Abū al-Ḥasan Sufyān al-Andalusī, o citado *Livro das Experimentações sobre os Medicamentos de Ibn al-Wāfid*, que, no entanto, se perdeu, embora se saiba dele pelas mais de duzentas alusões e citações feitas pelo malaguenho Ibn al-Bayṭār

(1190-1248), que testemunham o grande conhecimento de botânica de Avempace[40].

Por outro lado, conservam-se dois breves tratados de Avempace sobre botânica. Um deles, o já citado *Sobre as Plantas*, *Kalām ᶜalà baᶜḍ kitāb al-nabāt* (Tratado acerca de alguns Livros sobre as Plantas), e o outro, intitulado *Kalāmu-hu fī al-nīlūfar*[41] (Tratado sobre o Nenúfar). É preciso, porém, advertir que este último se encontra quase íntegro, como capítulo especial (acrescentando alguns matizes interessantes).

O livro mencionado *Sobre as Plantas* tem grande relevância, porque graças a ele podemos dizer que Avempace é um dos grandes botânicos muçulmanos andaluzes, ao lado de Averróis, de Ibn Zuhr ou Avenzoar (1091-1161), de Al-Bakrī (m. 1094) e de Al-Ġāfiqī (m. 1166). Além disso, parece que essa obra influenciou direta ou indiretamente o *De vegetalibus* (Sobre os Vegetais), de Alberto Magno.

Não se trata de um comentário a algum tratado botânico de Aristóteles, mas de uma obra totalmente original de Avempace. De fato, cita o Estagirita apenas três vezes.

Na primeira parte do livro, aborda as características gerais do reino vegetal, para, na segunda, estudar as diferenças essenciais e específicas das plantas, classificando-as, além de cotejar exemplos bem concretos, que enriquecem os catálogos dos botânicos medievais, tanto latinos como árabes.

A primeira parte é a mais longa. Nela, seguindo Aristóteles, Avempace assinala, como características essenciais de todo vegetal, a propriedade da potência nutritiva, a não-traslação das plantas para a busca de alimento e a ausência de sensibilidade.

A propósito das plantas parasitas e aquáticas, que, sem raiz, vivem na terra, Avempace indaga se existe uma linha divisória nítida entre o reino animal e o vegetal, entre o mineral e o vegetal e inclusive entre o do animal e o do homem. Um caso exemplar é o do nenúfar, cuja classificação está

40. Essa reconstrução foi feita por RICORDEL, Joëlle. Ibn Bâdjdja y la farmacología: Libro de las dos experiencias sobre los medicamentos simples de Ibn Wâfid. In: *Las Raíces de la cultura Europea. Ensayos en homenaje al profesor Joaquín Lomba*. Zaragoza, 2004. p. 241-254.

41. AVEMPACE. *Sobre el nenúfar*. Tradução e Estudo de J. Lomba. In: *Pensamiento Medieval Hispano. Homenaje a Horacio Santiago-Otero*. Madrid: CSIC, 1998. vol. II, p. 931-952.

entre as plantas marinhas e as terrestres e, inclusive, entre o reino animal e o vegetal.

Ainda assim, Avempace refere-se ao problema da variabilidade das espécies vegetais, como, por exemplo, a da acácia em relação ao sicômoro e a do trigo em relação à cevada. Porém, não se pode dizer que seja um defensor da transformação intra-específica. Apresenta somente alguns fatos que, certamente, já haviam sido detectados e expostos no *Sobre as Plantas*, atribuído a Aristóteles.

Avempace assinala outra característica do reino vegetal, a da reprodução, aproximando-o ao reino animal. Com esse motivo, passa ao problema do sexo das plantas. Aristóteles basicamente refutara a sexualidade vegetal, atribuindo a reprodução à nutrição e ao crescimento. Avempace propõe o tema, mas não o soluciona, embora também não aceite, como Aristóteles, a possibilidade de que haja tal sexualidade vegetal.

Na segunda parte do livro, Avempace classifica as plantas, baseando-se em critérios anatômicos e funcionais e atendendo ao meio físico em que crescem. Desse modo, ele assim as distribui: plantas com e sem raiz; autônomas ou parasitas; terrestres e aquáticas; marinhas e pantanosas etc. Divide-as também segundo o seu uso: não-comestíveis ou comestíveis; com sabores diferentes; alimentícias, venenosas e medicinais; e as medicinais são classificadas em antipiréticas e caloríficas, laxantes e diuréticas, úteis para um só membro do corpo, para uma enfermidade concreta, e como antídoto. E assim prossegue na análise de suas diversas utilidades.

Tudo o que foi dito indica sumariamente o pensamento científico de Avempace, que, como já observei, oferece amplos horizontes ainda não explorados ou pouco estudados a quem quiser pesquisar sua obra.

O Pensamento Filosófico de Avempace

A esse conjunto literário e científico deve-se acrescentar o seu pensamento filosófico. Vou descrevê-lo sucintamente, pois sua exposição completa requereria um livro inteiro. Convém assinalar que essa exposição está aberta a muitas possíveis modificações, uma vez que não foram editados, traduzidos e estudados numerosos escritos da *falsafa* de Avempace.

A Lógica de Avempace

É fundamental o papel que Avempace, como representante do ambiente lógico que se respirava na Taifa de Saragoça, desempenha no campo da lógica.

É preciso destacar, nesse campo, os comentários de Ibn Bājjah às obras lógicas de Aristóteles e de outros filósofos gregos e árabes (principalmente de Al-Fārābī), assim como as de criação pessoal. Dentre elas se encontram: *Notas sobre o Livro de Abū Naṣr al-Fārābī, Notas sobre o Livro de Abū Naṣr al-Fārābī sobre o "Perì Hermeneías" de Aristóteles, Notas sobre o Livro das Categorias de Abū Naṣr al-Fārābī, Elocução de Muḥammad ibn Yaḥyà ibn Bājjah sobre o Livro da Demonstração, Sobre o Livro da Análise, Discurso sobre o Princípio dos "Segundos Analíticos" de Aristóteles*, e outros.

O certo é que no Ocidente cristão, das obras de Aristóteles, quase só se conheciam, até o século XI, as de lógica. E isso, de uma maneira muito parcial, pois se limitavam à chamada "Logica vetus", integrada pelas *Categorias*, pelo *Sobre a Interpretação*, além do *Isagogé*, de Porfírio, e os comentários de Boécio. No entanto, a contribuição dos muçulmanos a esse respeito (em relação a traduções e comentários) foi decisiva, pelas novidades que suscitou, dentre as quais, a divulgação do *Órganon* completo de Aristóteles e a introdução na Europa da chamada "Logica nova". E Avempace desempenhou um papel fundamental nesse processo, uma vez que se dedicou intensamente ao estudo das obras lógicas e foi o primeiro a abordá-las em sua quase totalidade.

Também o filósofo saragoçano tratou de unir, como era muito freqüente na lógica e no pensamento orientais, a lógica e a gramática. Tanto é assim que se conta que Ibn al-Sīd, de Badajoz, famoso por seus conhecimentos de lógica, quando esteve em Saragoça e encontrou-se com Avempace e seus discípulos, manteve com eles uma grande discussão em que, ao final, acusou-os por quererem reduzir a ciência gramatical à lógica[42].

Este é o papel de Avempace na história da lógica, a qual, em razão do número de obras que escreveu, da variação de seus títulos e da dificuldade de sua linguagem, ainda está longe de ser estudada em toda a sua amplitude.

A Finalidade Suprema da Vida Humana Segundo Avempace

Como Aristóteles, Avempace também expõe a finalidade última e suprema a que pode e deve aspirar o homem[43]. Desse modo, ele pensa que o ideal da vida humana é o conhecimento, cujo ápice consiste na pura contemplação intelectual da "vida teorética": a sabedoria. Em *O Regime do Solitário*, lemos afirmações como estas: "a sabedoria é o estado mais perfeito das formas espirituais humanas [...]; não se trata de um estado qualquer e sim da perfeição absoluta"[44].

E na *Carta do Adeus*, expressa-se nestes termos:

> Não conhecemos nada melhor que nossa dedicação [à ciência], a qual é superior ao resto de outras classes de ofícios; e que os homens reconheçam que a ciência é a mais excelsa das coisas humanas, pois a gente mais nobre reconhece que a ciência verdadeira é algo superior e digno, seja qual for a sua utilidade ou proveito ou qualquer das coisas que encontramos que [os homens] disseram anteriormente acerca da ciência. Sempre teremos a esperança de encontrar [com ela] algo grande, embora não saibamos o que conseguimos, exceto que não encontramos para a sua grandeza um lugar [apropriado] na alma nem podemos expressar o que é, em razão da sua grande-

42. ASÍN PALACIOS, Miguel. La tesis de la necesidad de la revelación en el Islam y en la Escolástica. *Al-Andalus*, III, p. 346, 1935.
43. DRUART, Thérèse-Anne. La fin humaine selon Ibn Bâjja (Avempace). *Bulletin de Philosophie Médiévale,* Louvain, n. 23, p. 59-64, 1981.
44. AVEMPACE, op. cit., 1997, p. 149.

za, excelsitude e beleza esplêndida. E isto, até o ponto em que alguns homens estão convencidos de que venha a ser como uma luz que eleva-se até o céu[45].

Para atingir este fim, o ponto de partida é a própria interioridade, o mais íntimo do eu e da consciência. Trata-se dessa interioridade que fundamental e originariamente põe em marcha e dá sentido a toda a vida humana. Diz na *Carta do Adeus*:

> O homem, como o resto dos animais, é composto daquele primeiro motor que a gramática designa de "alif" e com o qual eu posso dizer "eu". É o que eu quero dizer quando digo, [por exemplo]: "Minha alma teve comigo uma disputa" e outras coisas parecidas[46].

Para entender isso, recordemos que *alif* é a primeira letra do alfabeto árabe e, também, a primeira letra da palavra árabe *anā*, que significa "eu". Com essa anotação gramatical, Avempace chamou a atenção para o mais inicial e originário do homem, o seu próprio eu-alma. Avempace não tem dúvida, em nenhum momento, em afirmar que o homem, em seu eu mais profundo, é principalmente a sua própria alma, asserção corroborada pelo depoimento do próprio Sócrates[47].

Assim, o sujeito-eu espiritual se vê, por sua vez, movido pelo intelecto, o qual se move graças às idéias perfeitas que contém ou pode conter. Que pode conter, porque é precisamente a representação da idéia acabada e plena, que ainda não se possui, o que desencadeia no homem o desejo dela e, portanto, a busca da máxima perfeição cognoscitiva: as idéias ou inteligíveis puros ou sumamente espirituais e o intelecto que as contém.

E, exatamente, a segunda parte de seu comentário ao livro *Da Geração e Corrupção*, como já mencionado, é dedicada a esse tema do desejo das idéias perfeitas, aproveitando a teoria da potência ou força motriz e do móvel: o homem, em sua vida cotidiana, concebe, com a imaginação, idéias imperfeitas (isto é, impregnadas e penetradas por matéria), mas, ao mesmo

45. Id., apud ASÍN PALACIOS, op. cit., 1943, p. 52-53.
46. Ibid., p. 47.
47. TORNERO, E. Dos epístolas de Avempace sobre el móvil y sobre la facultad impulsiva. *Al-Qantara*, IV, p. 6-21, 1983. p. 9.

tempo, também faz uma representação do ideal da idéia perfeita, absolutamente desprovida de matéria. E é essa idéia perfeita que o mobiliza, ao provocar no sujeito o desejo dela[48]. Desse modo, a idéia perfeita é para Avempace a causa eficiente e final de nossa intelecção, de nossos desejos de perfeição e de toda nossa vida interior humana. Então, as idéias perfeitas, que estão no intelecto humano, que chama de intelecto material ou em potência, são movidas, por sua vez, pelo Intelecto agente, que põe em ato o intelecto em potência ou material, de acordo com a terminologia e filosofia aristotélicas. Por conseguinte, os motores da existência humana são as idéias perfeitas e o Intelecto agente, que atualiza o intelecto material humano.

Por isso, para Avempace, a ciência primeira e o primeiro conhecimento são a ciência e o conhecimento da própria alma, como diz no *Kitāb fī al-nafs* (Livro sobre a Alma):

> A ciência da alma precede a todas as demais ciências físicas e matemáticas em todo tipo de dignidade. Além disso, todas as ciências exigem a ciência da alma, não sendo possível conhecer os princípios das ciências se não se conhece a alma e o que ela é por definição [...]. Mas, é coisa sabida que aquele que não está certo de conhecer o estado de sua alma não merece estar certo dos outros conhecimentos que tenha. Assim, pois, se não conhecemos a condição de nossas almas e o que elas são, e, se não nos estiver claro se o que delas se diz é certo – ou não é confiável –, não poderemos confiar em outras coisas que nos parecem óbvias[49].

Nisso se assemelha a Platão, seguindo o mandamento délfico do "conhece-te a ti próprio"[50].

Para conseguir esse ideal, segundo Avempace, é imprescindível despojar esse "eu" interior, alma e Intelecto, de toda materialidade. O mundo da matéria, com sua dispersão em lugares espaciais e instantes temporais, traz consigo a diversidade e a multiplicidade e, com isso, a alteração, a qual é oposta ao que é o mais essencial da alma e do eu, a saber, a unidade, a

48. AVEMPACE, op. cit., 1995, p. 35.
49. Id., *Sobre el alma,* Fol. B 154 r.
50. PLATÃO, *Apología,* 30a; *Alcibíades,* 128a; *Cármides,* 156 et passim.

quietude, a imutabilidade; como Avempace diz em *O Regime do Solitário*, "o múltiplo é alheio à alma"[51].

Desse modo, conseguiremos a meta última, a sabedoria, que conduz necessariamente à unidade absoluta e total de todas as coisas, à eterna e intemporal imobilidade, ao máximo da espiritualidade, tal como diz em *O Regime do Solitário*[52]. E esse processo de busca da sabedoria, da espiritualização e da suprema felicidade do eu deve realizar-se da forma mais essencialmente humana, ou seja, com reflexão e liberdade[53].

Uma passagem em que expressa com toda a clareza a ordem escalonada da perfeição humana encontra-se em *O Regime do Solitário*:

> Pela corporeidade o homem é um ser existente; pela espiritualidade, é mais nobre; e pela intelectualidade é um ser divino e perfeito. Assim, pois, aquele que tem sabedoria é necessariamente um ser perfeito e divino. Este toma o mais perfeito de cada ação e partilha com todos os tipos de homens as mais perfeitas qualidades com que se caracteriza cada um deles, distinguindo-se, no entanto, destes, porque [pratica] as ações mais perfeitas e nobres. E quando chega ao fim último [...] na verdade [o qualificativo pode ser-lhe aplicado nesse momento] de unicamente divino[54].

Observe-se que, dentro da espiritualidade, segundo esse texto, a intelectualidade é o grau supremo da perfeição. A isso retornarei em seguida.

A Teoria das "Formas"

É de extrema importância no pensamento filosófico de Avempace a sua teoria das formas. Para começar, é preciso observar que, para ele, elas têm uma dupla dimensão. A primeira é a física e a metafísica: as formas são as essências que constituem o ser e configuram as coisas reais, as quais são e atuam de acordo com essas formas que lhes são próprias e que as fazem

51. AVEMPACE, op. cit., 1997, p. 169.
52. Ibid., p. 153.
53. Ibid., p. 106.
54. Ibid., p. 153-154.

ser o que são: uma cadeira, uma flor, são cadeira e flor e atuam como tais, graças às formas de cadeira e de flor que sobrevêm à matéria em bruto. Daí a importância de saber os tipos de formas que existem, pois, desse modo, conheceremos também os níveis de seres que existem e a maneira como se comportam. A segunda dimensão, conectada com a anterior, é a epistemológica. Todo conhecimento também se constitui à base das formas: assim, a percepção sensível visual, por exemplo, de um animal concreto que tenho diante de mim é uma forma que adere ao meu olho e à minha consciência, assim como minha idéia abstrata de um teorema também é uma forma que adere à minha razão.

O ser humano, portanto, conforme Avempace, é qualificado e classificado, primeiro, de acordo com as formas que o caracterizam como indivíduo; e, segundo, de acordo com as formas que escolhe para conhecer (da sensibilidade, da razão ou do intelecto). Dependentes dessas duas maneiras de o ser humano ter formas, serão a sua conduta, sua condição social e o modo como se tornará capaz de ser feliz nesta vida. Isso tem especial importância pelas conseqüências morais individuais, sociais e políticas que o próprio Avempace deduz, tal como veremos em seguida.

Avempace realiza diversas classificações das formas, a partir de vários pontos de vista. Talvez uma das mais interessantes, relativas ao ser humano, seja a seguinte, desenvolvida em *O Regime do Solitário*[55], segundo três níveis:

1) Nível corporal:
   a) A forma da matéria tangível e visível espaço-temporal.
   b) A forma ou alma vegetativa.
   c) A forma ou alma animal, com os sentidos externos (visão, audição, paladar, olfato e tato).

2) Primeiro nível espiritual:
   a) As formas que constituem os sentidos internos (sentido comum, imaginação e memória).
   b) As formas próprias da razão humana.

55. Ibid., p. 125 et seq.

3) Segundo nível espiritual:

a) A forma que é o intelecto passivo individual de cada pessoa.
b) A forma que é o intelecto adquirido individual de cada pessoa.
c) A suprema forma que é o Intelecto agente universal.

A seguir, passarei a explicar sumariamente essa classificação.

1) Formas do nível corporal

Nesse nível, a relação das formas com a matéria é direta e imediata. Logo, constitui o nível mais afastado da espiritualidade e nele se incluem os seres mais baixos e a grande massa de homens que assenta sua existência no conhecimento proporcionado pelos sentidos externos. São os que procuram apenas, ou excessivamente, os prazeres físicos, como comer, embriagar-se, vestir roupas elegantes, viver em casas luxuosas, entregar-se aos jogos de azar, sem que jamais desejem ou se esforcem para buscar outras formas superiores. Avempace aproveita a ocasião para fazer a sua crítica social e afirma que esse tipo de indivíduos encontra-se tanto entre a grande massa da população quanto entre os nobres de seu tempo, razão pela qual caem as dinastias reinantes[56].

2) Formas do primeiro nível espiritual

a) As formas que constituem os sentidos internos

O segundo nível supõe um certo afastamento do material, uma vez que tais sentidos já não necessitam do contato direto com objetos existentes na realidade, como ocorre com os sentidos externos. Na verdade, a memória e a imaginação dispõem de conteúdos de objetos que já passaram ou que são simplesmente criações, sem que eles próprios estejam presentes; o sentido comum reúne as diversas sensações que provêm dos sentidos externos. No entanto, apesar de tudo, a relação e a união dos sentidos internos com a matéria

56. Ibid., p. 131.

ainda se mantêm, embora sejam menores que a dos sentidos externos, uma vez que, em todos os casos, o recordado e o imaginado, unificados por eles, sempre serão algo material e concreto e, portanto, susceptíveis de temporalidade, espacialidade e alteração da matéria.

Ao aplicar esse princípio à conduta humana, Avempace afirma que as pessoas conduzidas primordialmente pelo sentido comum são as que dão primazia ao luxo e ao mundo das posses e da presunção perante os demais. Esse grau, nas palavras do próprio Avempace, implica uma "imbecilidade comparável à do asno", e a ele pertencem, por exemplo, os que se apresentam aos demais com trajes luxuosos, se exibem com jóias e adornos, decoram excessivamente as habitações e usufruem manjares e bebidas deliciosas e sofisticadas, tudo o que é muito próprio de sua época, segundo Avempace. E retoma sua crítica social e política, dizendo que os que assim agem são principalmente os cortesãos dos Reinos de Taifas de seu tempo, razão pela qual anuncia a sua ruína no futuro[57].

Já os que usam preferentemente a imaginação, diz Avempace, procuram impressionar os demais mediante artifícios externos, como fazem, por exemplo, os monarcas diante dos embaixadores, e os que tentam agradar ao próximo, com seu trato gentil e com algumas formas sociais fáceis, que Avempace chama de "morais". Porque a moral, como se verá, tem, para Avempace, uma primeira e originária função social destinada a viabilizar e a facilitar a convivência entre os homens. E, se o que se pretender com ela for apenas um bem exterior e social, ela ficará reduzida a isso, à convivência agradável, e sua recompensa não estará no além, mas no bem mundano que se busca. Essa moral só será autenticamente boa, se com ela se buscar o auto-aperfeiçoamento e a obtenção do fim último do homem, a plena espiritualidade interna.

Os que fazem especial uso da memória em sua maneira de viver só procuram perpetuar a lembrança de seus feitos gloriosos. Mas quem recorre à memória para examinar a consciência e aperfeiçoar-se, este age corretamente.

Avempace chama de "formas espirituais individuais" todas essas formas cognoscitivas dos sentidos externos e internos, por oposição às

57. Ibid., p. 133.

"universais" da razão e às "puramente espirituais" do intelecto, das quais logo tratarei.

Curiosamente, Avempace, no capítulo sobre as formas espirituais dos sentidos internos, situa os místicos sufis, que, segundo ele, cometem vários erros: primeiro, acreditar que o objetivo do homem não está no conhecimento teórico e intelectual, mas na reunião sensível e prazenteira dos três sentidos internos, os quais dão ao homem algumas imagens e prazeres sensíveis especiais, que eles supõem ser o ápice da felicidade e da perfeição; segundo, contentar-se com as formas espirituais individuais e não serem capazes de chegar à contemplação e ao conhecimento das formas espirituais universais. Com isso, Avempace talvez visasse não só criticar o pietismo e o sufismo populares que se contentavam com um mero sentimentalismo, como também criticar Al-Ġazālī e sua oposição ao racionalismo filosófico. Essa crítica ao sufismo, tanto popular como culto, seguiu a moda imposta pelos almorávidas de perseguir qualquer tipo de misticismo. Por outro lado, é possível que Avempace quisesse ressaltar a nova espiritualidade e sabedoria que ele queria instaurar: um supremo conhecimento humano que levasse, ao final, a "um misticismo intelectual", tal como veremos em seguida.

b) As formas próprias da razão humana

Ainda no primeiro nível espiritual, essa segunda etapa se situa já mais longe da materialidade, pois implica um primeiro distanciamento do espaço temporal, individual, múltiplo, mutável, pois a razão, a faculdade suprema desse nível, tem como função abstrair dos seres singulares os conceitos, essências, princípios e leis da ciência, os quais são universais, necessários e imutáveis.

Chegar a esse estágio da razão constitui uma conquista da espiritualidade mediante o conhecimento e a reflexão. No entanto, é inferior ao nível seguinte, ao do intelecto, que, como veremos, tem outra função. Essa razão (*nuṭq*) equivale ao *lógos* da filosofia grega, enquanto intelecto (*ᶜaql*) equivaleria ao *noûs* ou intuição superior.

Na verdade, a razão em Avempace opera através do tempo, com a argumentação e os silogismos, com a comparação, a dedução, a indução, a abstração, enquanto o intelecto, como veremos, se situa fora da temporalidade, pois intui, a um só tempo, o espiritual e o atemporal. Todavia, apesar da universalidade dos princípios científicos da razão, o fato de que procedem por abstração do mundo dos indivíduos materiais e que estejam destinados, em seguida, a serem reaplicados a esses indivíduos, pressupõe que eles não estejam totalmente isentos do mundo da matéria.

A esse nível pertencem os homens dotados de conhecimento teórico ou especulativo, isto é, os que, usando a razão, fazem ciência. Para eles, é a cota máxima de espiritualidade à qual se pode chegar: a ciência e a razão, utilizando apenas suas forças naturais.

3) Formas do segundo nível espiritual

É o nível do intelecto a que aludi antes, o mais elevado da espiritualidade e no qual se concentra o ideal máximo da vida humana. Corresponde ao intelecto humano e ao Intelecto agente, que se acham acima e além da razão.

Avempace, assumindo a problemática sobre o tema do intelecto, herdado de Aristóteles, distingue, seguindo Al-Fārābī, intelecto passivo ou em potência, intelecto em ato, intelecto adquirido e Intelecto agente, sendo este último um Intelecto único, eterno e totalmente separado de todos os homens e de tudo o que é material, o qual contém em si próprio as essências universais de todas as coisas, modelo e paradigma de tudo quanto há e existe, com o qual Avempace une a idéia do Intelecto agente de Aristóteles ao mundo das idéias de Platão. Essas idéias são total e radicalmente espirituais, visto que são prévias e anteriores ao espaço, ao tempo e a qualquer indivíduo material, dado que são os padrões e modelos de todo ser existente. Portanto, não são essências e conceitos abstraídos dos indivíduos, como os da razão, mas prévios a estes e, como acabo de dizer, semelhantes às idéias-modelo de todos os seres de Platão, mas que estão situadas não no "mundo das idéias" platônico, e sim no interior do Intelecto agente. Por outro lado, esse Intelecto, ao pensar em tais idéias e em si próprio, forma uma absoluta e total unidade interna, na qual não se distingue objeto e sujeito, cognoscente, ato de conhecer e conhecido; é a unidade absoluta e radical à qual aspirava

Avempace e que está totalmente afastada da multiplicidade da matéria, com a qual não tem nenhum contato.

Ora, esse Intelecto agente, relativo ao homem, tem, segundo Avempace, uma tríplice função: em primeiro lugar, iluminar o intelecto em potência ou material humano para fazê-lo passar a intelecto em ato, proporcionando-lhe assim o conhecimento dos inteligíveis universais e essências próprias da ciência que se abstraem do material. Em segundo lugar, e isso supõe um segundo passo para a máxima espiritualidade, poder também comunicar-lhe diretamente, sem abstração alguma, os inteligíveis puros e totalmente espirituais que tem em seu interior, convertendo-o então em intelecto adquirido. E, em terceiro lugar, e esta é o máximo da espiritualidade e perfeição, permitir ao homem unir-se misticamente ao Intelecto agente e a Deus, encerrando-se assim o ciclo completo da espiritualidade e da aquisição da sabedoria, acima da razão e da ciência. Com isso chegamos à meta final do homem, ao ápice da perfeição e da felicidade humanas. Trata-se da pura contemplação mística, a qual é um fim em si, já que não é buscada como meio para outro fim ulterior, nem sequer para conseguir a própria felicidade ou prazer espiritual. Poderíamos qualificar tal estado final de "mística intelectual" ou de "sufismo intelectual". Até poderíamos falar, em Avempace, de uma espécie de "amor Dei intellectualis", o amor intelectual a Deus em que o ato amoroso não se desenvolveria no plano dos sentimentos e do coração, mas no do intelecto superior[58].

A única asserção que não está clara em Avempace é se essa união com o Intelecto agente equivale a uma união com Deus. Porém, embora não chegue a dizê-lo com toda a clareza, parece que sim, a julgar pelo que se pode deduzir das próprias palavras de Avempace ao longo de toda a sua obra. Por outro lado, nada teria de especial essa suposição, visto que em muitas ocasiões cita e segue Alexandre de Afrodísia, que identificava o Intelecto agente com Deus. Nesse sentido, o Intelecto agente parece tratar-se ou da versão filosófica do Deus da religião ou do mediador filosófico entre o Deus transcendente e o ser humano. Como se pode ver, confirma-se o sentido religioso de Avempace, tal como o indiquei no início.

58. LOMBA FUENTES, Joaquín. Ibn Bājja: Reason and Mysticism. *Islam-West Philosophical Dialogue. The Papers Presented at the World Congress on Mulla Sadra*. Teheran: Islamic Philosophy Research Institute, 2002b. vol. II, p. 543-556.

A Moral no Pensamento de Avempace

Como vimos anteriormente, as virtudes morais em Avempace têm originariamente um sentido puramente social. Só se elevam a um nível superior se com elas se busca a própria perfeição[59].

E mais, apurando esta concepção de Avempace, as virtudes, em sua base, pertencem ao nível mais baixo do homem, até o ponto em que são comuns a ele e aos animais. Sua formulação é clara: "como é a vergonha no leão, a vaidade no pavão real, o afago no cachorro, a nobreza no galo, a astúcia na raposa"[60].

Ora, a diferença entre as qualidades morais do homem e as qualidades dos animais apóia-se no fato de que nestes as virtudes se devem à espécie e ocorrem em sua alma animal de maneira não livre e automaticamente, enquanto no homem dependem de sua liberdade e reflexão, visto que está totalmente em suas mãos o domínio das tendências naturais de sua alma animal. Porque, como explica em *O Regime do Solitário*:

> Ato humano é o que, precedido de um algo, obriga à reflexão no agente, tanto faz se a reflexão seja precedida ou seguida por uma paixão anímica [...] O motor do homem é algo que vem imposto pela reflexão, enquanto é a reflexão, ou coisa similar a esta, a que o obriga [a agir] e isso, que se trate de um pensamento correto ou de uma opinião; o motor do animal, ao contrário, é uma afeição passiva que se dá na alma animal. Portanto, o motor humano é uma idéia ou uma convicção que se encontra na alma[61].

Em todo caso, as virtudes não constituem para Avempace um fim em si, mas são apenas um meio necessário, embora não exclusivo, para que o sábio, em seu processo de espiritualização, se desmaterialize dominando, a partir do intelecto, as paixões animais e tudo o que provém do corporal. E isso é assim porque, uma vez lograda a união mística, a vida moral e as virtudes tornam-se inúteis, como simples meios que são[62].

59. ZAINATY, G. *La morale d'Avempace*. Paris: J. Vrin, 1979; CHEMLI, M. *La Philosophie morale d'Ibn Bājja (Avempace) à travers le Tadbīr al-mutawaḥḥid.* Tunis: IBLA, 1969.
60. AVEMPACE, op. cit., 1997, p. 148.
61. Ibid., p. 107.
62. Id., apud ASÍN PALACIOS, op. cit., 1943, p. 75.

Além disso, essa posição em um segundo plano da moral, com respeito à vida mística intelectual, poderia estar assentada, segundo Avempace, no fato de que a prática das virtudes aponta indefectivelmente para atos concretos e singulares que se desenvolvem dentro da ordem material; em tal sentido, as virtudes estão unidas ao espaço e ao tempo e, portanto, não gozam do máximo e supremo grau de espiritualidade.

Isso posto, o homem sábio, tendo atingido o máximo da perfeição e da união mística com o Intelecto agente, situa-se acima e além do bem e do mal, como bem assinalou Georges Zainaty[63]. Do mal, porque, desligado da matéria, já não pode pecar. Do bem, porque se pôs fora da ordem da ação e, portanto, à margem de qualquer ato moral bom. O ser humano, então, se encontra na quietude e imutabilidade da pura contemplação e divinização.

O Alcance do Fim do Homem como Dom Gratuito de Deus

Mas, quanto ao sentido religioso de Avempace, é preciso advertir que o alcance deste fim supremo do homem o pôs nas mãos da razão e do esforço intelectual, mas, sobretudo, nas mãos de Deus. De fato, depende do homem e de sua vontade o percurso livre e consciente do itinerário descrito. No entanto, a consecução final e definitiva dessa "mística intelectual" é claramente um dom que Deus dá gratuitamente a quem Ele quer dar. Avempace o diz com toda a firmeza em *O Regime do Solitário*, quando fala das coisas que se alcançam na meta final:

> são dons divinos com os quais Deus Altíssimo distingue as criaturas que Ele quer, sem que o homem tenha nisso participação alguma [...] e por dons divinos se entendem aqueles dos quais não é possível que o homem seja sua causa[64].

Ainda, no *Tratado da União do Intelecto com o Homem*, diz:

63. ZAINATY, op. cit., p. 68-70.
64. AVEMPACE, op. cit., 1997, p. 141.

> É claro que o Intelecto que é uno é um prêmio e dom de Deus [que concede] a Seus servos que O satisfizeram [...]. Aquele que obedece a Deus e faz o que Lhe compraz, Ele o premiará com este Intelecto e porá diante dele uma luz para que o guie. E quem desobedecer a Deus e realizar os atos que não Lhe agradarem, será privado [deste Intelecto] e permanecerá em meio às trevas da ignorância[65].

A Outra Vida e a Imortalidade do Homem

Já tratei anteriormente de várias acusações de heresia que foram dirigidas a Avempace. Dentre elas, retomo duas: a primeira, por ele ter negado implicitamente a vida eterna após a morte quando disse que não existia mais felicidade que a desta vida; a segunda, por ter afirmado que, uma vez unidos os sábios misticamente com o Intelecto agente, ao fundirem-se todos na unidade absoluta do Intelecto agente, seria perdida a personalidade individual[66].

O fundamento da primeira acusação é a passagem do *Tratado da União do Intelecto com o Homem*, em que se lê o seguinte, em relação à aquisição da meta final do homem já nesta vida: "A contemplação [que procede] desta maneira é a outra vida e [constitui] a única felicidade humana final"[67].

Todavia, a posição que sustenta a existência de outra vida e a obtenção da plena felicidade depois da morte está clara em toda a sua obra e, particularmente, em um breve tratado intitulado *Difāᶜ ᶜan Abī Naṣr al-Fārābī aw fī al-saᶜāda al-uḫrawiyya* (Defesa de Abū Naṣr al-Fārābī ou sobre a Felicidade da outra Vida)[68], no qual defende seu mestre, Al-Fārābī, da acusação de ter afirmado que não existe felicidade ultraterrena e que a suposição de que existe um além depois da morte em que se desfrutará a felicidade perfeita e o fim último do homem é "um conto de idosas". Nessa defesa, Avempace expõe nitidamente a sua posição: existe, além desta vida, outra além da morte, com suas recompensas e castigos.

65. Id., 2000, p. 31.
66. Ver, de minha autoria, Vida e inmortalidad en Avempace. In: *Miscelánea en homenaje al Profesor Wolfgang Strobl.* Valencia, 1995b. p. 365-375.
67. AVEMPACE, op. cit., 2000, p. 37.
68. Id. *Sobre la felicidad política y la felicidad de la otra [vida] o defensa de Abū Naṣr [al-Fārābī], de Avempace.* Tradução e Estudo de Joaquín Lomba. *Revista del Instituto Egipcio de Estudios Islámicos en Madrid*, XXVII, p. 23-39, 1995a.

Quanto à segunda acusação de heresia, isto é, à assertiva de que a unificação de todos os sábios no seio do dito Intelecto agente levaria à conseguinte perda da própria individualidade, pode ser fundamentada, por exemplo, nesta passagem do *Tratado da União do Intelecto com o Homem*: "Em suma, se este Intelecto é numericamente um, todos os indivíduos que têm tal Intelecto serão [também] numericamente um"[69].

Essa tese influenciou Averróis e provocou as condenações mais severas no interior do Islã e do cristianismo. Tratava-se de questionar e, ainda, de negar a imortalidade pessoal da alma humana.

No entanto, cabe a pergunta: o que quis dizer Avempace com essa fusão em um só ser de todos os perfeitos, ao unirem-se ao Intelecto agente? Porque não é concebível que um pensamento como o seu, fundado no "eu" pessoal, como vimos, ao final se dissolva num anonimato, em uma perda desse mesmo "eu". Não se tratará, por acaso, de uma tese plena de um sentido esotérico e quase místico? Ou, pelo menos, de uma fusão entre os homens espirituais, perfeitos e felizes por meio de laços de amor? Veremos em seguida que o amor é uma peça chave na própria constituição da sociedade política. E se assim é, não o será mais ainda na outra vida? Que fique em todo caso apresentado o tema, com minha inclinação pessoal pela interpretação alegórica, mais do que pela literal. Em suma, o homem que chegou ao ápice da espiritualidade é perfeito e feliz em seu próprio eu, que ele conserva integralmente, embora unido e fundido (não con-fundido) com os demais, por meio do espírito e do amor.

O Tema do "Solitário"

Uma vez que Avempace se propôs tal ideal supremo para o homem, o da total desmaterialização e união com o Intelecto agente, a proposta do *mutawaḥḥid* ou "solitário" em seu livro *Tadbīr al-mutawaḥḥid* (O Regime do Solitário) torna-se uma espécie de grito desesperado de quem se debate entre sua própria vocação, inalienável, e sua condição natural de ser social. Avempace viveu numa

69. Id., 2000, p. 31.

época em que seu desencanto político o levou a criticar duramente os vícios e a corrupção dos Reinos de Taifas, que, em sua opinião, impediam qualquer tentativa de perfeição interna. Por isso, opta por viver na sociedade, embora fora da sua materialidade ao se isolar e viver como um estrangeiro, como um autêntico solitário (*mutawaḥḥid*), para cumprir seu destino supremo. E isso é tanto mais solícito porque o Islã tem como aspiração máxima uma *umma*, ou comunidade universal, na qual todos os homens vivem social e individualmente sob o império de um só Deus e de uma só Lei, a *šarīʿa,* ajudando-se mutuamente para a obtenção do supremo fim humano[70].

Ora, para Avempace o homem é um animal social, por essência, e só acidentalmente e de modo excepcional pode prescindir dessa condição, o que não é bom: trata-se de uma anomalia radicalmente dolorosa, como pode ser a ingestão de um veneno para curar uma enfermidade. Diz em *O Regime do Solitário*:

> o homem é social por natureza, e na ciência política ficou patente que todo isolamento é mau. Todavia, isto é assim unicamente por essência, mas acidentalmente [o isolar-se pode] ser bom, como ocorre em muitas coisas na natureza. Por exemplo: o pão e a carne são coisas que naturalmente alimentam e são úteis, enquanto o ópio e a coliquíntida são venenos mortais. No entanto, existem às vezes no corpo estados não naturais, para os quais as duas coisas fazem bem e se devem usar, enquanto os alimentos naturais [que dissemos] prejudicam, sendo necessário evitá-los [...]. Assim, pois, a relação que aquelas situações [dos venenos e alimentos] guardam com os corpos é a mesma que a que existe entre os modos de vida [social] e a alma[71].

Assim, o estado mais perfeito do homem é viver em sociedade, com a condição de que ela seja perfeita, quer dizer, de que todos os seus membros tenham opiniões retas e pratiquem o bem e estejam unidos pelo amor[72], quando não forem mais necessários os médicos que curam os excessos dos

70. LEAMAN, O. Ibn Bājja on society and philosophy. *Der Islam*, 57, p. 109-119, 1982; ROSENTHAL, E. I. J. The place of Politics in the Philosophy of Ibn Bājjah. *Islamic Culture*, XXV, p. 187-211, 1951.
71. AVEMPACE, op. cit., 1997, p. 169.
72. LOMBA FUENTES, Joaquín. Consideraciones sobre el tema del amor em Avempace. *La Ciudad de Dios, Homenaje a Fray Luciano Rubio*, vol. CCVIII, p. 83-99, mayo/dic. 1995a.

vícios e os juízes que implantam a justiça profanada pelos malvados. Esta é a utopia política que Avempace propõe em *O Regime do Solitário*[73].

Mas a realidade de seu tempo, segundo ele, está no pólo oposto desse ideal, e a conclusão que tira de tal visão da vida política é que, em tais circunstâncias de degeneração social, o homem que quer ser sábio deve fugir da comunidade e isolar-se. Portanto, embora o ser humano seja social por natureza, Avempace não tem dúvida em defender que, excepcionalmente e de forma acidental, ele renuncie a essa tendência, tal como vimos na passagem supracitada.

Desse modo, Avempace dedica *O Regime do Solitário* à grande apologia do solitário, ensinando o homem sábio a viver sozinho, a consagrar-se à sabedoria, à virtude e à contemplação da verdade solitariamente:

> no que diz respeito aos homens felizes, se é possível que existam, só são felizes isolando-se e, por conseguinte, o regime correto será unicamente o do [homem] isolado, que se trate de um único ou de mais, enquanto a comunidade, ou a cidade, não se unir a suas doutrinas[74].

Assim, a solidão que defende não é a do eremita, mas a de quem, consciente de sua vocação radical, vive entre os demais, porém não entregue ao entorno alienante que lhe pode arrebatar a própria liberdade interior. Esse solitário deve buscar somente a companhia dos que são como ele, se é que em tais comunidades eles existem[75].

Os pesquisadores e leitores de Avempace interpretaram essa figura do solitário das mais diversas maneiras e com freqüência a julgaram anti-social, porque acharam que contradizia os princípios mais elementares do pensamento grego – para o qual o homem é essencialmente um animal político –, de Al-Fārābī e do próprio Islã. Mais ainda, esse solitário foi visto como um homem completamente descomprometido com seu entorno social, posto que Avempace não lhe exigia a missão de modificar a sociedade da qual fugia, convertendo-a de imperfeita em perfeita.

73. AVEMPACE, op. cit., 1997, p. 98.
74. Ibid., p. 102.
75. Ibid., p. 168-169.

No entanto, é preciso desconsiderar essa acusação de um Avempace anti-social. Em primeiro lugar, como vimos, Avempace jamais nega a natureza social humana nem pretende que o tal solitário abandone fisicamente a sociedade. Simplesmente defende o isolamento do homem de modo acidental e excepcional, vivendo o cotidiano das coisas externas e materiais que lhe são imprescindíveis, mas sentindo-se, ao mesmo tempo, solitário e alheio a elas. Não há, portanto, negação completa da vida social, apenas um simples isolamento interior do sábio.

Em segundo lugar, há numerosos precedentes em Platão e em Aristóteles, os quais Avempace segue, de defesa desse tipo de solitário quando a sociedade lhe é hostil ou inútil para seus fins. Na verdade, Platão afirma, entre outros escritos, na *República* e na *Apologia de Sócrates*[76], que se o sábio quiser, como seria a sua obrigação, deverá educar e ensinar à comunidade política, mas deverá prescindir dela e isolar-se definitivamente se ela o rejeitar violentamente. Mais ainda, sublinha o seguinte, perfeitamente aplicável ao caso do solitário de Avempace: o sábio que não foi educado por um Estado ou por uma sociedade concreta não estará obrigado a agradecer-lhe pela formação que recebeu, mas voltará a ela para ensinar e ajudar o corpo social a progredir. E, na mesma *República*[77], Platão afirma que os sábios que atingirem o ápice da perfeição, ao final de suas vidas, terão de isolar-se e viver como solitários nas Ilhas dos Afortunados. Curiosamente, Avempace refere-se a esse isolamento dos sábios com o mesmo sentido de Platão e a citação das mesmas Ilhas[78].

Aristóteles dá exemplos similares quando sustenta que os homens excelentes, extraordinários, não têm por que se submeterem às leis comuns da sociedade, as quais se dirigem ao homem médio, ao cidadão comum. O sábio pode viver sua própria vida, em isolamento, sem se adequar às exigências sociais.

E no próprio Islã, os sufis, por exemplo, falam do místico como de um "estrangeiro", de um "solitário" que se sente estranho e alheio entre seus concidadãos. E no xiismo, do qual Avempace tomou alguns elementos em certos temas, principalmente da *Enciclopédia dos Irmãos da Pureza*, também surge com freqüência a figura do solitário que se isola da sociedade, mas volta para reno-

76. PLATÃO, *República*, 519d et seq.; 492b; 496c; *Apologia*, 31d.
77. Id., *República*, 540a et seq.
78. AVEMPACE, op. cit., 1997, p. 145.

vá-la, tema que também tem seus precedentes na *República*, de Platão, quando, no mito da caverna, o sábio, que dela sai, retorna ao seu interior para ensinar e conduzir seus semelhantes rumo à luz da verdade. Mas, no caso do *mutawaḥḥid* de Avempace, renunciou-se a esse regresso à vida social: o solitário se basta a si próprio com sua felicidade. O próprio Platão adverte, no *Protágoras*[79], que, se a sociedade resiste definitivamente em receber seus ensinamentos, o sábio pode e deve renunciar a essa volta a seu interior e à sua missão de guia dos demais. É o caso de Avempace: ele vê tão corrompida a sociedade da época em que vive, que acha impossível fazer algo por ela. Por isso, ele não menciona a missão social do solitário de ensinar e renovar a sociedade.

Assim se alça orgulhosa a figura do sábio de Avempace, isolado da sociedade, dolorosamente arrancado dos demais contra sua própria natureza, auto-suficiente no governo de si próprio e unido mística e intelectualmente ao Intelecto agente, em isolamento, como outro Quixote hispânico.

Este é, em breve síntese, o perfil cultural e intelectual de Avempace, em suas distintas dimensões, literária, científica e filosófica. Falta apenas esboçar o impacto que deixou atrás de si este pensador tão rico e profundo.

O Rastro de Avempace

Avempace e Ibn Ṭufayl

Em seu livro intitulado *O Filósofo Autodidata* (*Risāla Ḥayy ibn Yaqẓān*)[80], Ibn Ṭufayl põe em forma de novela filosófica o solitário de Avempace, encarnando-o na pessoa de Ḥayy ibn Yaqẓān, que vive solitário numa ilha para alcançar a mesma meta da união mística com Deus proposta por Avempace.

Que os dois autores, Avempace e Ibn Ṭufayl, tenham influenciado Daniel Defoe e seu *Robinson Crusoé* e *El Criticón*, de Gracián, é tema mui-

79. PLATÃO, *Protágoras*, 325c et seq.
80. IBN ṬUFAYL. *El filósofo autodidacto.* Introdução e Tradução de E. Tornero. Madrid: Trotta, 1995. LOMBA FUENTES, Joaquín. Individuo y sociedad en la política de Ibn Bājja y Ibn Ṭufayl. *Azahar. Revista Actualidad Cultural.* Madrid: Instituto Egipcio de Estudios Islámicos, n. 1, p. 10-14, 2003.

to complexo; o mais que se poderia pressupor é uma influência indireta, principalmente no caso de Avempace, pela simples razão de que *O Regime do Solitário* não era conhecido na Europa até meados do século XIX, quando veio à luz a versão hebraica de Moisés de Narbona[81].

Avempace e Averróis

Já aludi várias vezes ao papel fundamental que desempenhou Avempace como precursor de Averróis na tarefa de comentar e de interpretar Aristóteles[82]. Assim, Averróis apenas continua e consuma o trabalho iniciado pelo filósofo saragoçano, realizando uma tarefa hermenêutica da obra do Estagirita de uma maneira completa e exaustiva. Nesse ponto, as coincidências entre Averróis e Avempace são evidentes, visto que aquele segue em geral a interpretação deste. Quando há alguma divergência, Averróis a formula com grande respeito e cuidado, coisa que não ocorre quando se opõe a outros autores muçulmanos, andaluzes ou orientais. Em todo caso, Avempace, seguido por Averróis, foi o primeiro a abrir o caminho do racionalismo aristotélico na filosofia islâmica. Em certa ocasião, afirmei que, se Avempace não tivesse existido, dificilmente haveria Averróis.

A essa influência sobre Averróis, seria necessário acrescentar a exercida poderosamente sobre o judeu Maimônides[83], sobretudo em seu racionalismo.

Pressupõe-se que tenha havido também outras influências, como, por exemplo, no caso de Espinosa. Mas, como muito bem demonstrou Rafael Ramón Guerrero, tal não parece verossímil[84].

81. MUNK, S. *Mélanges de Philosophie Juive et Arabe.* Nova ed. Paris: J. Vrin, 1955. (1. ed. 1859) (Nas páginas 383-410, há um extrato de *O Regime do Solitário*).
82. Pode-se ver PUIG MONTADA, Josep. Un aspecto de la influencia de Avempace en Averroes. *Anaquel de estudios árabes,* n. 2, p. 131-137, 1991.
83. KRAEMER, J. L. Ibn Bājja y Maimónides: sobre la perfección humana. In: CONGRESO INTERNACIONAL DE LAS TRES CULTURAS, Toledo, 1982. p. 237-245; BERMAN, L. V. *Ibn Bājjah and Maimonides*: A Chapter in the History of Political Philosophy. Tel Aviv, 1977; SHIFMAN, Y. Ibn Bājja as a Source of Maimonides' Commentary to the *Guide,* III, 51, 54. *Tarbiz,* 60, p. 225-235, 1991. (Em hebraico).
84. RAMÓN GUERRERO, R. Filósofos hispano-musulmanes e Spinoza: Avempace e Abentofail. In: DOMÍNGUEZ, A. (Org.). *Spinoza y España. Actas del Congreso Internacional.* Almagro, 5-7 nov. 1992. Cuenca: Universidad Castilla-La Mancha 1994. p. 125-132.

Referências Bibliográficas

AL-FARABI. *La musique Arabe*. Edição e Tradução de R. Erlanger (D'). 2 v. Paris: Geuthner, 1930. vol. I; 1935. vol. II.

ALLARD, M. Ibn Bāǧǧa et la politique. *Orientalia Hispanica*, vol. 1, p.11-18, 1974.

ALTMANN, A. Ibn Bājja on Man's Ultimate Felicity. In: *Studies in Religious Philosophy and Mysticism*. Londres, 1969. p. 73-107.

ASÍN PALACIOS, Miguel. El filósofo zaragozano Avempace. *Revista Aragón*, Zaragoza, tercera etapa, año primero, n. 7, p. 193-197; p. 234-238; p. 278-281; p. 300-302; p. 338-340, 1900; n. 8, p. 241-246; p. 301-302; p. 348-350, 1901.

____. La tesis de la necesidad de la revelación en el Islam y en la Escolástica. *Al-Andalus*, III, p. 346, 1935.

____. Avempace botánico. *Al-Andalus*, V, p. 255-299, 1940.

AVEMPACE (IBN BĀJJAH). Un texto de al-Fārābī atribuído a Avempace por Moisés de Narbona. Edição, Tradução e Estudo de Miguel Asín Palacios. *Al-Andalus*, VII, p. 391-394, 1942.

____. Un texto de Avempace sobre la unión del intelecto con el hombre. Edição, Tradução e Estudo de Miguel Asín Palacios. *Al-Andalus*, VII, p. 1-47, 1942.

____. *La carta del adiós* (*Risālat al-wadāᶜ*). Edição, Tradução e Estudo de Miguel Asín Palacios. *Al-Andalus*, VIII, p. 1-87, 1943.

____. *El régimen del solitario* (*Tadbīr al-mutawaḥḥid*). Edição, Tradução e Estudo de Miguel Asín Palacios. Madrid-Granada: CSIC, 1946.

____. The Governance of the Solitary (fragmentos traduzidos para o inglês por Lawrence Berman). In: LERNER, Ralph; MAHDI, Muhsin. (Org.). *Medieval Political Philosophy*. Ithaca: Cornell University Press, 1963. p. 122-123.

____. *Risāla kataba bi-hā ilà ṣadīqi-hi Abī Jaᶜfar Yūsuf ibn Aḥmad ibn Ḥasdāy baᶜda qudūmi-hi ilà Miṣr* (*Carta a Abu Jaᶜfar Yūsuf ibn Ḥasdāy*). In: *Rasā'il falsafiyya*. Ed. árabe ᶜAlawī. Rabat, 1983. p. 78-79.

____. *Sobre la felicidad política y la felicidad de la otra [vida] o defensa de Abū Naṣr [al-Fārābī], de Avempace*. Tradução e Estudo de Joaquín Lomba. *Revista del Instituto Egipcio de Estudios Islámicos en Madrid*, XXVII, p. 23-39, 1995a.

____. *Libro de la generación y corrupción*. Edição, Tradução e Introdução de Josep Puig Montada. Madrid: CSIC, 1995b.

____. *Tratado del Entendimiento Agente, de Avempace*. Estudo e Tradução de Joaquín Lomba Fuentes. *Anales del seminario de historia de la Filosofía. Memoria-homenaje a Adolfo Arias Muñoz*. Madrid: Universidad Complutense, 1996. p. 265-274. (Número Extra).

____. *El régimen del solitario* (*Tadbīr al-mutawaḥḥid*). Tradução, Introdução e Notas de Joaquín Lomba. Madrid: Editorial Trotta, 1997.

____. *Sobre el nenúfar*. Tradução e Estudo de J. Lomba. In: *Pensamiento Medieval Hispano. Homenaje a Horacio Santiago-Otero*. Madrid: CSIC, 1998. vol. II, p. 931-952.

____. *Tratado de la unión del Intelecto con el hombre, de Avempace*. Tradução e Estudo de Joaquín Lomba. *Anaquel de estudios árabes*, Madrid, vol. 11, p. 369-439, 2000. (Homenaje a la Profesora Gisbert).

BERMAN, L. V. *Ibn Bājjah and Maimonides*: A Chapter in the History of Political Philosophy. Tel Aviv, 1977.

BLAUSTEIN, M. Aspects of Ibn Bajja's Theory of Aprehension. In: PINES, S.; YOVEL, Y. (Ed.). *Maimonides and Philosophy*. Dorderecht-Boston-Lancaster, 1986. p. 202-212.

CAMPANINI, M. Felicità e politica in al-Fārābī e Avempace (Ibn Bājjah). In: BETTETINI, M.; PAPARELLA, F. D. (Org.). *La felicità nel medioevo*. Atti del convegno della Società italiana per lo studio del pensiero medievale (Milano 12-13 settembre 2003). Louvain-la-Neuve: Brepols, 2005.

CAMPANINI, M.; ILUMINATI, A. *Il regime del solitario*. Edição bilíngüe árabe-italiano, Introdução, Tradução e Notas. Biblioteca Universale Rizzoli, Milano, 2002.

CHEMLI, M. *La Philosophie morale d'Ibn Bājja (Avempace) à travers le Tadbīr al-mutawaḥḥid*. Tunis: IBLA, 1969.

CHIESA, B. Note su Al-Fārābī, Averroè e Ibn Baǧǧa (Avempace) in Traduzione Ebraica. *Henoch*, vol. VIII, p. 79-81, 1986.

CORTÉS, M. Sobre la música y sus efectos terapéuticos en la *Epístola sobre las melodías* de Ibn Bājja. *Revista de musicología*, vol. XIX, 1-2, p. 1-13, 1996.

CRUZ HERNÁNDEZ, M. La primera edición Árabe-Española del Régimen del Solitário. *Revista Bibliográfica y Documental*, n. 3, p. 243-253, 1948.

DRUART, Thérèse-Anne. Le traité d'Avempace sur "Les choses au moyen des quelles on peut connaître l'Intellect Agent". *Bulletin de Philosophie Médiévale*, Louvain, n. 22, p. 73-77, 1980.

____. La fin humaine selon Ibn Bâjja (Avempace). *Bulletin de Philosophie Médiévale*, Louvain, n. 23, p. 59-64, 1981.

____. Ibn Bajja (Avempace). (Abû Bakr Muhammad Ibn Yahya ibn al-Saigh al-Tujibi Al-Ándalusi al-Saracusti). In: *Medieval Philosophers*: Dictionary of Literary Biography. 1992. vol. CXV, p. 246-247.

DUNLOP, D. M. Ibn Bâjjah's Tadbîr al-mutawahhid. *Journal of the Royal Asiatic Society*, p. 61-81, 1945.

____. The Diwân attributed to ibn Bâjjah. *Bulletin of the School of Oriental and African Studies*, p. 463-477, 1952.

____. Philosophical Predecessors and Contemporaries of Ibn Bajja. *Islamic Quarterly,* II, p. 100-116, 1955.

____. Remarks on the Life and work of Ibn Bajjah (Avempace). *Proceedings of the Twenty Second Congress of Orientalists.* Istanbul, September 13th to 22nd 1951. Leiden: E. J. Brill, vol. II, p. 193, 1957.

____. Remarks on a text of Avempace. In: TRAINI, R. (Org.). *Studi in onore di Francesco Gabrieli nel suo ottantesimo cumpleano.* Roma: Università di Roma La Sapienza, Dipartamento di Studi Orientali, 1984. p. 291-300.

EGUILAZ, C. M. Los tratados de Lógica de Ibn Bâŷŷa incluidos en el Manuscrito n. 612 de El Escorial (Nota Previa). In: CONGRESO NACIONAL DE FILOSOFIA MEDIEVAL, I, 1992, Zaragoza. *Actas...*, 1992. p. 257-261.

ELAMRANI-JAMAL, Abdelali. Le chapitre de la faculté rationnelle et le traité de l'âme d'Ibn Bâjja. In: COLLOQUE INTERNATIONAL DU CNRS-UNIVERSITÉ DE PARIS, 31, Paris. *Actes...*, mars 2001.

FAKHRY, Majid. *Ibn Bajjah, Avempace, Paraphrase of Aristotle's Physic.* Beirut, 1977.

____. *Avempace. Opera Metaphysica.* Beirut, 1991. (1. ed. 1968).

FARRUKH, U. *Ibn Bâjja (Avempace) and the Philosophy in the Moslem West.* Beirut, 1952. (1.ed. 1945).

FAYYÛMÎ, M. I. Avempace y su filosofía sobre la alienación. *Bulletin of the Faculty of Arts.* II CONGRESSO DE CULTURA ANDALUSÍ. Cairo, 54, p. 332-334, 1992. (Número especial).

FERNANDEZ, J. T. Le sens platonicien de l'idée de l'homme de Ibn Bajja (Avempace) de Saragosse. *Diotima*, 7, 1979.

GARCÍA GÓMEZ, E. *Todo Ben Quzman.* Madrid: Gredos, 1972. 3 v.

GODDU, A. Avicenna, Avempace and Averroes. Arabic Sources of "Mutual Attraction" and Their Influence on Medieval and Modern Conceptions of Attraction and Gravitation. In: ZIMMERMANN, Albert; DE GRUYTER, Valter. (Org.). *Orientalische Kultur und Europäisches Mittelalter.* Berlin; New York, 1985. p. 218-239.

GRANT, E. Aristotle, Philoponus, Avempace, and Galileo's Pisan Dynamics. *Centaurus*, 11, p. 79-95, 1965.

HARVEY, S. The Place of the Philosopher in the City According to Ibn Bâjjah. In: BUTTERWORTH, Charles E. (Org.). *Political Aspects of Islamic Philosophy.* Essays in Honor of Muhsin S. Mahdi. Cambridge, Massachusetts: Harvard University Press, 1992. p. 199-233.

IBN ABĪ UṢAYBIᶜA. *Kitāb ᶜuyūn al-anbā' fī ṭabaqāt al-aṭibbā'.* Cairo, II, 62, 1882.

IBN ḤUFAYL. *El filósofo autodidacto (Risāla Ḥayy ibn Yaqẓān).* Introdução e Tradução de E. Tornero. Madrid: Trotta, 1995.

KRAEMER, J. L. Ibn Bājja y Maimónides: sobre la perfección humana. In: CONGRESO INTERNACIONAL DE LAS TRES CULTURAS, Toledo, 1982. p. 237-245.

LAGARDÈRE, V. L'épître d'Ibn Bâjja sur la conjonction de l'intellect avec l'esprit humain. *Revue des études islamiques*, XLIX, p. 175-195, 1981.

LEAMAN, O. Ibn Bājja on society and philosophy. *Der Islam*, n. 57, p. 109-119, 1982.

LETTINCK, Paul. Ibn Bâjja's Commentary on Aristotle's Physics. In: LETTINCK, Paul. (Org.). *Aristotle's Physics & it's Reception in the Arabic World. With an Edition of the Unpublished Parts of Ibn Bâjja's Comentary on the Physics*. Leiden: E. J. Brill, 1994.

LOMBA FUENTES, Joaquín. Avempace y Ben Paqûda. In: FATAS, G. (Org.). *Aragón en el mundo*. Zaragoza: Caja de Ahorros de la Inmaculada, 1988. p. 64-73.

____. Avempace. In: FATAS, G. (Org.). *Aragón en el mundo*. Zaragoza: Caja de Ahorros de la Inmaculada, 1988. p. 64-68.

____. *Avempace*. Zaragoza: Diputación General de Aragón, 1989.

____. El pensamiento de Avempace. In: MARTÍNEZ LORCA, Andrés. (Org.). *Ensayos sobre la Filosofía en Al-Andalus*. Barcelona: Anthropos, 1990. p. 327-359.

____. El destino humano en la filosofía de Avempace. *Doctor Angelicus*, Barcelona, II, 2, p. 26-40, 1991.

____. *La filosofía islámica en Zaragoza*. 2. ed. corregida e ampliada. Zaragoza, 1991.

____. Lectura de la ética griega por el pensamiento andalusí. *Bulletin of the Faculty of Arts*. II CONGRESO DE CULTURA ANDALUSÍ. Cairo, 54, p. 69-101, 1992. (Número especial).

____. Lectura de la ética griega por el pensamiento de Ibn Bâŷŷa. *Al-Qantara*, p. 3-46, 1993.

____. Ibn Bâŷŷa (Avempace): *Sobre el fin del hombre. Homenaje a María Jesús Rubiera Mata. Sharq Al-Andalus*, n. 10-11, p. 467-482, 1993-1994.

____. Amor y sabiduría. Dos perspectivas: Ibn Paqûda e Ibn Bâŷŷa. In: CONGRESO INTERNACIONAL SOBRE IBN ARABÎ, III, 2 nov. 1994, Murcia. *Actas*..., 1994.

____. Consideraciones sobre el tema del amor en Avempace. *Ciudad de Dios, Homenaje a Fray Luciano Rubio*, vol. CCVIII, p. 83-99, mayo/dic. 1995a.

____. Vida e inmortalidad en Avempace. In: *Miscelánea en homenaje al Profesor Wolfgang Strobl*. Valencia, 1995b. p. 365-375.

____. Asín Palacios y el filósofo zaragozano Avempace. *Endoxa*. Universidad Nacional de Educación a Distancia, 6, p. 53-78, 1995c.

____. *Avempace*. Madrid: Ediciones de El Orto, 1995d. (Colección "Filósofos y Textos").

____. Avempace, un zaragozano universal. *Trébede*, n. 11, p. 21-26, feb. 1998.

____. Le sens de fi-l-nafs dans l'oeuvre et la pensée d'Ibn Bâjja. In: COLLOQUE INTERNATIONAL DU CNRS – UNIVERSITÉ DE PARIS, 31, Paris. *Actes*..., mars 2001.

____. La recepción de Aristóteles por Avempace. In: ZAGAL ARREGUÍN, H.; FONSECA ORNELAS, Al. (Org.). *Aristóteles y los Aristotélicos.* México, D.F.: Universidad Panamericana-Publicaciones Cruz O., 2002a. p. 99-114.

____. Ibn Bājja: Reason and Mysticism. In: *Islam-West Philosophical Dialogue. The Papers Presented at the World Congress on Mulla Sadra.* Teheran: Islamic Philosophy Research Institute, 2002b. vol. II, p. 543-556.

____. Ibn Bājja, Abū Bakr. In: ENCICLOPEDIA de al-Andalus, Diccionario de Autores y Obras Andalusíes. Granada: Fundación El Legado Andalusí, 2002c. vol. I, p. 624-664.

____. El papel del Intelecto Agente en el pensamiento de Avempace. *Revista Española de Filosofía Medieval*, n. 10, p. 38-48, 2002d.

____. *El Ebro, puente de Europa. Pensamiento musulmán y judío.* Zaragoza: Mira Editores, 2002e.

____. Individuo y sociedad en la política de Ibn Bājja y Ibn Ṭufayl. *Azahar. Revista Actualidad Cultural.* Madrid: Instituto Egipcio de Estudios Islámicos, n. 1, p. 10-14, 2003.

MAᶜṢŪMI, M. H. S. Ibn Bajjah on Human End. *Journal of Asiatic Society of Pakistan*, 2, p. 181-196, 1957.

____. Ibn Bajjah on the Agent Intellect. *Journal of Asiatic Society of Pakistan*, Dacca, IV, p. 21-34, 1959.

____. Ibn al-Imâm, the Disciple of Ibn Bājjah. *Islamic Quarterly,* V, n. 3-4, p. 102-108, 1959-1960.

____. *Ilm al-nafs. English translation and notes.* Pakistan Historical Society Publication Karachi, 1960.

____. Ibn Bajjah on Prophecy. *Sin University Research Journal Art Series* I, Pakistan. 1961.

____. Avempace The Great Philosopher of Andalus. *Islamic Culture*, 36, p. 35-58; 85-101, 1962.

____. Ibn Bâjja on the Human Intellect. *Islamic Studies,* IV, p. 121-136, 1965.

MIRETE, L. Avempace y el problema de los "brotes" en las ciudades imperfectas In: CONGRESO INTERNACIONAL DE FILOSOFIA MEDIEVAL, 5, 1979, Madrid. *Actas*... Madrid: Editora Nacional, 1979. p. 1017-1023.

MOODY, E. A. Galileo and Avempace: Dynamics of the Leaning Tower Experiment. *Journal of History of Ideas*, XII, p. 163-193; 375-422, 1951.

MORATA. Avempace. *Ciudad de Dios*, Real Monasterio de El Escorial, vol. CXXXIX, p. 180-194, 1924.

MOUSAID, M. Le commentaire d'Ibn Bâjja sur les Météorologiques (remarques et conclusions). In: COLLOQUE INTERNATIONAL DU CNRS-UNIVERSITÉ DE PARIS, 31, Paris. *Actes*..., mars 2001.

MUNK, S. *Mélanges de Philosophie Juive et Arabe.* Nova ed. Paris: J. Vrin, 1955. (1. ed. 1859) (Nas páginas 383-410, há um extrato de *O Regime do Solitário*).

NASRI, H. The "Mystic" and society according to Ibn Bajjah and Ibn Tufayl. *International Philosophical Quarterly*, 26, p. 223-227, 1986.

PINES, S. La dynamique d'Ibn Bâjja. In: *Mélanges Alexandre Koyré.* Paris: Hermann, 1964. vol. II (*L'aventure de la science*), p. 440-468.

____. Ibn Bajja. In: COULSTON, Charles et al. (Org.). *Dictionary of Scientific Biography.* New York: Scribner, 1970-1980. 16 v. vol. I, p. 408-410.

____. The Limitations of Human Knowledge according to Al-Farabi, Ibn Bajja, and Maimonides. In: TWERSKY, Isadore. (Org.). *Studies in Medieval Jewish History and Literature.* Cambridge, Massachusetts: Harvard University Press, 1979. p. 82-109.

____. Les limites de la Métaphysique selon al-Fârâbî, Ibn Bâjja et Maïmonide; sources et antithèses de ces doctrines chez Alexandre d'Aphrodise et chez Themistius. In: INTERNATIONALEN KONGRESSE FÜR MITTELALTERLICHE PHILOSOPHIE, VI. ("Sprachen und Erkenntnis im Mittelalter"), 1981, Berlin-New York. *Akten...*, 1981. p. 11-225.

PUIG MONTADA, Josep. Un aspecto de la influencia de Avempace en Averroes. *Anaquel de estudios árabes*, n. 2, p. 131-137, 1991.

____. Aristotelismo en Al-Andalus (A través del ejemplo del *De generatione* [de Avempace]. *Revista del Instituto Egipcio de Estudios Islámicos en Madrid*, n. XXI, p. 49-69, 1993-1994.

____. Introducción. In: AVEMPACE (IBN BĀJJAH). *Libro de la generación y corrupción.* Edição, Tradução e Estudo de Josep Puig Montada. Madrid: CSIC, 1995.

____. Avempace y los problemas de los libros VII y VIII de la *Física. La Ciudad de Dios*, Real Monasterio de El Escorial, vol. CCXIV, p. 1631-1688, 2001.

RAMÓN GUERRERO, R. Filósofos hispano-musulmanes e Spinoza: Avempace e Abentofail. In: DOMÍNGUEZ, A. (Org.). *Spinoza y España. Actas del Congreso Internacional.* Almagro, 5-7 nov. 1992. Cuenca: Universidad Castilla-La Mancha 1994. p. 125-132.

RICORDEL, J. Ibn Bâdjdja y la farmacología: Libro de las dos experiencias sobre los medicamentos simples de Ibn Wâfid. In: *Las Raíces de la cultura Europea. Ensayos en homenaje al profesor Joaquín Lomba.* Zaragoza, 2004. p. 241-254.

ROSENTHAL, E. I. J. Politische Gedanken bei Ibn Bağğa. *Monatsschrift für Geschichte und Wissenschaft Judentums*, 81, p.153-168, 1937.

____. The place of Politics in the Philosophy of Ibn Bājjah. *Islamic Culture,* XXV, p. 187-211, 1951.

RUBIERA, M. J. *La literatura hispanoárabe.* Madrid: Mapfre, 1992.

SAMSÓ, J. *Las ciencias de los antiguos de al-Andalus.* Madrid: Mapfre, 1992.

____. Sobre Ibn Bâŷŷa y la astronomía. *Homenaje a María Jesús Rubiera Mata, Sharq Al-Ándalus*, 10-11, p. 669-681, 1993-1994.

SHIFMAN, Y. Ibn Bâjja as a Source of Maimonides' Commentary to the *Guide*, III, 51, 54. *Tarbiz*, 60, p. 225-235, 1991. (Em hebraico).

STASOLLA, M. G. "Sulla finalità dell'uomo". Un breve trattato di filosofia morale di Ibn Baǧǧa. In: *Studi araboislamici in onore di Roberto Tubinacci nel suo settantesimo compleano.* Napoli: Ed. C. Sarnelli Cerqua, Istituto Universitario Orientale, 1985-1988. p. 619-627.

TORNERO, E. Dos epístolas de Avempace sobre el móvil y sobre la facultad impulsiva. *Al-Qantara*, IV, p. 6-21, 1983.

ZAINATY, G. *La morale d'Avempace*. Paris: J. Vrin, 1979.

ZIYĀDA, M. *The theory of Motion in Ibn Bajjah's Philosophy.* Montréal, 1972. Tese (Doutoramento) – Montreal. 1972. (Não publicada em inglês. Contém o texto da *Física*).

13.

Averróis (Ibn Rušd)*

Josep Puig Montada

Ibn Abī Uṣaybiᶜa (m. 1270) é autor de uma história de médicos, na qual dedica uma parte a Abū al-Walīd Muḥammad ibn Rušd (1126-1198)[1], de uma família de Córdoba e nascido nessa cidade, embora, ao falar de médicos, ele curiosamente indique em primeiro lugar a atividade jurídica e o cargo de juiz de Ibn Rušd, para depois dizer que "destacou-se também na ciência da medicina", tendo escrito obras originais ou comentários sobre Galeno e Avicena.

Ibn Abī Uṣaybiᶜa cita Abū Marwān al-Bājjī (m. 1237), que informa que o juiz Abū al-Walīd era inteligente, de opiniões corretas, magnânimo e se vestia mal. Abū al-Walīd estudou matemáticas e medicina com Abū Jaᶜfar ibn Hārūn al-Ṭurjālī[2] durante muito tempo. Era pessoa com influência sobre o sultão Abū Yaᶜqūb (m. 1184), e o filho deste, Abū Yūsuf al-Manṣūr, tinha muito apreço por ele. Quando Al-Manṣūr passou por Córdoba em sua

* Tradução (do original espanhol) de Rosalie Helena de Souza Pereira.

1. IBN ABĪ UṢAYBIᶜA. *ᶜUyūn al-anbā' fī ṭabaqāt al-aṭibbā'* (Fontes das Notícias Relativas às Classes de Médicos, entendendo por "classes" as gerações). 4. ed. Ed. Samīḥ al-Zayn. Beirut, 1987. vol. II, p. 122-127.

2. Al-Ṭurjālī é a *nisba* de Trujillo, em Extremadura, Espanha. (N. da T.: *nisba*, termo árabe que designa a naturalidade). Cf. ibid., p. 75.

campanha contra Afonso VIII de Castela, em 1195, chamou-o à sua presença e o distinguiu com honras[3]. O sultão convidou Abū al-Walīd a sentar-se a seu lado e com ele conversou. Quando de lá saiu, seus amigos esperavam-no preocupados, porque seus inimigos propalaram a notícia de que o Príncipe dos Crentes havia mandado matá-lo.

Este mesmo sultão, mais tarde, ordenou a Abū al-Walīd que fosse viver em Lucena – importante cidade judaica antes da perseguição almôada – e que de lá não saísse. Não só ele foi exilado, mas também outros personagens, todos acusados de "dedicar-se ao saber e às ciências dos antigos". Personalidades sevilhanas intermediaram, sustentando que não era justa a acusação, e o sultão acedeu em revogar a ordem de desterro. Corria o ano de 1197-1198.

Esse Abū al-Walīd ibn Rušd é Averróis, o filósofo aristotélico de fama universal. No entanto, outra é a imagem que nos transmitem Ibn Abī Uṣaybiᶜa e outros biógrafos árabes: a de um juiz importante, de um médico com obra reconhecida e também de um homem às voltas com o poder político por "dedicar-se ao saber e às ciências dos antigos".

Quando Averróis nasceu, em 1126, a dinastia almorávida, de origem norte-africana, dominava em *Al-Andalus*. Os almorávidas não se preocuparam com o estudo da filosofia, apesar da preponderância dos alfaquis, e Avempace – ou Ibn Bājjah (m. 1039), seu nome árabe –, é um bom exemplo de funcionário e filósofo. Quando chegou aos ouvidos dos almorávidas a grande fama de Al-Ġazālī (Abū Ḥāmid al-Ġazālī, m. 1111), o reformador religioso, surgiu um parecer jurídico com seu nome que justificava a invasão de *Al-Andalus* pelos almorávidas e o fim dos reinos de taifas[4].

A dinastia almorávida foi derrotada por outra dinastia norte-africana, a dos almôadas[5]. O movimento nasceu com Ibn Tūmart (c. 1080-1130), líder

3. Como sentar-se em uma determinada ordem, pois o estado almôade era muito hierárquico. Cf. HOPKINS, J. F. P. The Almohade Hierarchy. *Bulletin of the School of Oriental and African Studies*, n. 16, p. 93-112, 1954.

4. IBN ḪALDŪN. *Kitāb al-ᶜibar*. Trad. M. G. de Slane (*Histoire des Berbères et des dynasties musulmanes de l'Afrique septentrionale*). Ed. P. Casanova (1925-1934). Paris: Geuthner, 1978. 4 v. vol. II, p. 79-80. BOSH VILÀ, Jacinto. *Los almorávides*. Granada, 1998. (1. ed. Tetuán, 1956). p. 149-150.

5. LE TOURNEAU, Roger. *The Almohad Movement in North Africa in the Twelfth and Thirteenth Centuries*. New Jersey: Princeton University Press, 1979. HUICI MIRANDA, Ambrosio. *Historia política del imperio almohade*. Tetuán, 1956-59. 2 v.

religioso que se apresentou como um *mahdī*, um guia, e deu ao movimento um conteúdo doutrinal, não apenas político. O credo de Ibn Tūmart contém elementos vários; a unicidade divina com a negação dos atributos antropomórficos é, talvez, o mais importante e dá nome ao movimento. Ibn Ḫaldūn cita a influência da teologia de Al-Aš^carī a respeito[6]. Se os almorávidas recorriam à autoridade de Al-Ġazālī para justificar a ocupação da Península, Ibn Tūmart via nele um de seus mentores, e a propaganda almôada difundiu a notícia de que Ibn Tūmart fora um dos discípulos diretos de Al-Ġazālī[7], algo menos verossímil que sua autoria do parecer a favor dos almorávidas. Note-se que a devoção dos almorávidas por Al-Ġazālī teve pouca duração, pois acabaram queimando suas obras impregnadas de óleo no pátio da mesquita de Córdoba, em 1109[8].

Córdoba foi ocupada pelos almôadas em 1148. A formação de Averróis – nascido em 1126 – se faz, portanto, na época dos almorávidas e das lutas na cidade de Córdoba para, no final, se tornar independente deles. Na época almorávida, seu avô havia sido o juiz de Córdoba, o primeiro na hierarquia de toda *Al-Andalus* e é lembrado por sua grande obra jurídica. Seu pai também fora juiz de Córdoba, embora por breve tempo.

As relações de Averróis com os almôadas foram boas. O primeiro califa almôada foi ᶜAbd al-Mu'min (de 1130 a 1163), e, em 1153, Averróis encontrava-se em Marrakesh, a capital africana do império, segundo seu próprio testemunho. ᶜAbd al-Mu'min nomeou um de seus filhos, Abū Yaᶜqūb Yūsuf, governador de Sevilha (c. 1156), cidade que vivia um desenvolvimento intenso sob a dinastia, patenteado por suas construções. Sabemos que Abū Yaᶜqūb era um homem de espírito aberto, interessado por todo conhecimento, e que

6. IBN ḪALDŪN, op. cit., vol. II, p.163-164.
7. ANÔNIMO. *Al-ḥulal al-mawšiyya*. Ed. I. S. Allouche. Rabat, 1936. p. 85-86; trad. (espanhola) Ambrosio Huici Miranda em *Colección de crónicas árabes de la reconquista*. Tetuán, 1952. vol. 1, p. 125-126. Ademais: AL-MARRĀKUŠĪ, ᶜAbd al-Wāḥid. *Al-muᶜjib fī talḫīṣ aḫbār al-Maġrab* (escrito em 1224). Ed. R. Dozy. Leiden, 1881. p. 129; ed. M. Z. M. ᶜAzab, Cairo, 1994. p. 155-156; trad. (espanhola) Ambrosio Huici Miranda em *Colección de crónicas árabes de la reconquista*. Tetuán, 1955. vol. IV, p. 137-138.
8. Ibn al-Qaṭṭān acusa o juiz Ibn Ḥamdīn de incitar a queima das obras e os alfaquis de o apoiarem, cf. ANÔNIMO, op. cit., p. 85; trad. Huici Miranda, p. 124-125. Al-Marrākušī culpa também os alfaquis, cf. AL-MARRĀKUŠĪ, op. cit., ed. Dozy, p. 122-124; ed. ᶜAzab, p. 149-151; trad. Huici Miranda, p. 127-131. BOSH VILÀ, op. cit., p. 246-248.

se cercava de sábios, entre os quais Abū Bakr ibn Ṭufayl. Abū Yaᶜqūb foi o segundo califa, entre 1163 e 1184; os primeiros anos foram difíceis para ele, mas, em 1167, assumiu o título de "Príncipe dos Crentes", provando que era reconhecido por todos como califa. Pouco depois, ocorreria a apresentação de Averróis, narrada por ᶜAbd al-Wāḥid al-Marrākušī:

> A primeira questão com que me abordou o príncipe dos crentes – diz Averróis – depois de perguntar por meu nome, o nome de meu pai e minha linhagem, foi "Qual é tua opinião – isto é, a dos filósofos – sobre o universo?[9]. É eterno ou temporalmente criado?" A vergonha e o temor apossaram-se de mim, e comecei a me desculpar e a negar que me dedicasse à ciência da filosofia. Não sei o que havia conversado com Ibn Ṭufayl, pois o Príncipe dos Crentes compreendeu meu medo e minha vergonha e, voltando-se para Ibn Ṭufayl, começou a falar sobre a pergunta que me havia feito e a citar o que haviam dito Aristóteles, Platão e todos os filósofos [...][10].

Ibn Ṭufayl foi o seu introdutor, como também foi o que lhe delegou, da parte do califa, a incumbência de tornar mais compreensíveis as obras de Aristóteles por meio de paráfrases. É evidente que antes de redigir os comentários médios, que mais tarde seriam seguidos de comentários maiores, Averróis já era um personagem conhecido, pois o novo califa sabia até que ele se consagrava a uma ciência heterodoxa, a filosofia. Ao período anterior à apresentação pertencem, sem dúvida, os impropriamente chamados comentários menores. Trata-se de compêndios de escritos aristotélicos de lógica, de filosofia natural, do *De anima* e da *Metafísica*. Além disso, Averróis havia escrito introduções à medicina, à gramática, às matemáticas, ao direito, ou seja, a todas as ciências de seu tempo, clássicas ou islâmicas, sem deixar de comentar o credo do *mahdī* Ibn Tūmart, dando prova de lealdade intelectual aos almôadas.

Sob a proteção de Abū Yaᶜqūb, Averróis não apenas estudou e explicou Aristóteles. A esse período pertencem várias obras genuinamente averróicas, como o *Tratado Definitivo sobre a Concordância entre a Religião e a*

9. Literalmente, "o céu".
10. AL-MARRĀKUŠĪ, op. cit., ed. Dozy, p. 174-175; ed. ᶜAzab, p. 203; trad. Huici Miranda, vol. IV, p. 195-196.

Filosofia (1179) e *A Destruição do "A Destruição dos Filósofos"* (c. 1180). Terminada a composição dos comentários médios, passou à dos comentários maiores, que muito possivelmente já são do período posterior à morte de Abū Yaᶜqūb. O novo califa, Abū Yūsuf al-Manṣūr, foi um seguidor de Ibn Ḥazm (m. 1064)[11] e da escola *ẓāhirita*. Averróis, porém, continuou com o seu projeto, além de rever suas obras e completá-las com tratados do tipo de *As Questões*.

I.

Antes vimos os problemas que Averróis enfrentara ao final de sua vida, problemas que também atingiram todos os homens que se dedicavam à filosofia. Averróis, que privara do círculo próximo ao califa Abū Yaᶜqūb, acompanhando-o em suas viagens e campanhas, e que exercera cargos tão importantes como o de juiz de Sevilha (1169) e de Córdoba (1180), ou o de médico deste califa (1182), faleceu longe de sua amada terra de *Al-Andalus*, em Marrakesh, na noite de 9 Ṣafar 595H., de 10 a 11 de dezembro de 1198.

Apesar da proibição da filosofia, esta sobreviveu, tão bem quanto mal, e boa parte das obras de Averróis se conservou. Em alguns casos não recebemos o original árabe, mas dispomos de traduções em hebraico e em latim, porque afortunadamente muitos de seus escritos foram logo traduzidos para essas duas línguas. Em geral, reconhece-se a importância que tiveram os judeus para salvar e transmitir para o Ocidente os comentários de Averróis, mas Frederico II Hohenstaufen (1194-1250), rei da Sicília, também teve participação decisiva, principalmente no que se refere aos comentários maiores. Uma notícia do filósofo Egídio Romano (m. 1316) informa que foram os próprios filhos de Averróis que levaram suas obras à corte de Frederico II.

11. Sobre esse teólogo, ver CHEJNE, A. G. *Ibn Ḥazm*. Chicago: Kazi Publications, 1982. Averróis o conhece, até o cita como sua fonte de informação sobre a religião dos sabeus.

Embora se trate de uma lenda, seus motivos têm muito a ver com as numerosas traduções em latim e em hebraico patrocinadas por este rei[12].

Se deixarmos de lado as produções médica e jurídica de Averróis, veremos que as outras claramente se dividem entre as obras em defesa da filosofia no plano religioso e as obras filosóficas não-polêmicas, em que comenta ou resume os textos de Aristóteles. Tudo parece indicar que Averróis se inicia como filósofo na linha de Avempace, seu predecessor, prossegue com seus comentários médios sobre Aristóteles, mas a pressão do ambiente religioso – dos almôadas e dos alfaquis – obriga-o a defender-se. Por essa razão, o mencionado *Tratado Definitivo sobre a Concordância entre a Religião e a Filosofia*[13] é considerado por alguns estudiosos modernos – dentre os quais o filósofo marroquino Muḥammad al-Jābirī (n. 1935)[14] – uma *fatwà* ou parecer jurídico, emitida pelo próprio Averróis, na qualidade de juiz, contestando outra *fatwà* que condenava o exercício filosófico.

Essa obra se inicia como se fosse uma consulta jurídica em que se pergunta se o estudo da filosofia é permitido ou proibido, prescrito como recomendável ou como obrigatório. Averróis argumenta que a lei religiosa, ou revelação, exorta ao estudo racional (que ele define como inferir o desconhecido a partir do conhecido) e à reflexão sobre todos os seres; como prova, cita vários versículos do *Corão* que incitam a estudar a criação e fazem o elogio "daqueles [homens] que meditam sobre a criação dos céus e da terra" (*Corão* III:188). Averróis considera que a lei religiosa inclusive obriga o estudo racional.

12. BURNETT, Charles. The 'Sons of Averroes with Emperor Frederick' and the Transmission of the Philosophical Works by Ibn Rushd. In: ENDRESS, Gerhard; AERTSEN, Jan A. (Org.). *Averroes and the Aristotelian Tradition*. Leiden: Brill, 1999. p. 259-299.

13. AVERRÓIS (IBN RUŠD). *Faṣl al-maqāl wa-taqrīb mā bayn al-šarīᶜa wa-al-ḥikma min al-ittiṣāl* (Tratado Definitivo sobre a Concordância entre a Religião e a Filosofia). Traduções recentes: trad. (espanhola) Manuel Alonso em sua obra *Teología de Averroes*. Estudios y documentos. Sevilla: Fundación El Monte, 1998. (1. ed. Madrid; Granada: CSIC, 1947.). p. 149-200; trad. (espanhola parcial) em GUERRERO, Rafael Ramón. *Sobre filosofía y religión*. Pamplona: Universidad de Navarra, 1998. p. 75-106; trad. (italiana) Francesca Lucchetta: *Averroè. L'accordo della Legge divina con la filosofia*. Genova: Marietti, 1994; ed. bilíngüe árabe-italiano Massimo Campanini: *Averroè, Il trattato decisivo*. Milano: Rizzoli, 1994; ed. bilíngüe árabe-francês Marc Geoffroy: *Averroès. Discours décisif*. Paris: GF-Flammarion, 1996. A edição de referência é a de M. J. Müller: *Philosophie und Theologie von Averroes*. München, 1875.

14. Ver o estudo preliminar de Muḥammad al-Jābirī à sua edição do *Tratado Definitivo*: AVERRÓIS (IBN RUŠD). *Faṣl al-maqāl*. Ed. Muḥammad al-Jābirī. Beirut: Markaz dirasāt al-waḥda al-ᶜarabiyya, 1997.

Para o estudo racional, o homem utiliza o *qiyās*, que em linguagem filosófica designa o silogismo, mas que em si significa simplesmente "proporção, analogia"; foi o primeiro significado usado em linguagem jurídica para expressar o procedimento da analogia. Averróis recorda que nunca fora desaprovado o uso do *qiyās* no interior do *fiqh*, ou direito islâmico, e que, portanto, não se deve recusar o silogismo por excelência, o silogismo aristotélico, dividido em cinco classes, sendo a mais rigorosa a do silogismo apodítico ou demonstração. Em seguida, passa a recomendar o estudo dos pensadores gregos, uma vez que eles é que descobriram o silogismo e o utilizaram perfeitamente, porque, no que tange aos instrumentos, devemos aceitar a ajuda dos que nos precederam, ainda que não tenham sido adeptos de nossa religião.

Averróis introduz em sua argumentação princípios discutíveis. Segundo ele, a revelação divina, previdente, estabelece diversas maneiras de chegar à verdade, que se ajustam às capacidades individuais: alguns são capazes de argumentos demonstrativos, outros, de argumentos dialéticos, e outros, de argumentos retóricos. Como a revelação é a verdade e convida a filosofar, sabemos – os muçulmanos – que não haverá contradição entre esses argumentos.

Os conhecimentos obtidos pelo procedimento demonstrativo podem referir-se a matérias não tratadas pela lei religiosa; nesse caso, não há motivo de preocupação. Se aludirem a matérias consideradas por essa lei, ou bem coincidem com ela ou bem diferem de *seu aspecto literal*. Nesse segundo caso, há também a possibilidade de harmonização, recorrendo-se à interpretação do texto. A interpretação, de acordo com a sua definição, consiste em "trasladar o significado de uma expressão de seu sentido primário a seu sentido derivado, sem violentar o uso da língua árabe". Sentido derivado é o de algo parecido ao primário, de sua causa, de sua propriedade, de sua comparação, e a outras classes de tropos, estudados pela retórica e utilizados especialmente pela ciência jurídica. Averróis, então, formula um postulado:

> Dizemos de maneira categórica que sempre que existe uma contradição entre o resultado de uma demonstração e a literalidade da lei divina, esta literalidade é suscetível de uma interpretação de acordo com as leis de interpretação da língua árabe[15].

15. Id., 1875, p. 7-8; 1998, p. 163.

Além disso, nos diz ele, se compararmos a passagem com outras do texto revelado, veremos que elas confirmam a interpretação. Como exemplo de texto que o homem de ciência não deve ler em sentido literal, ele cita os versículos corânicos sobre o trono em que Deus está sentado (*Corão* XX:5), algo que o teólogo Al-Aš^{c}arī (m. 935) já defendia e que Averróis cita em seu próprio favor. O que subjaz a tudo isso é a sua certeza de que a verdade não somente é única, mas também racional, e de que a razão de Deus não contradiz a nossa, reflexo imperfeito dela.

Surge, no entanto, uma dificuldade: por acaso não existem expressões da lei que devem ser entendidas ao pé da letra e que não admitem nenhuma interpretação? Averróis aceita em princípio esta limitação "se de fato consta a unanimidade a respeito e de uma maneira certa"[16]. Mas ele, por fim, evidencia que a unanimidade não é possível nas questões "especulativas", posto que estas evoluem através dos séculos; inclusive recorre a Al-Ġazālī, que pedia muita prudência antes de acusar alguém de infidelidade em matérias de consenso. Conseqüentemente, nada escapa ao critério e à análise da razão para estabelecer a verdade, apesar dos erros que possamos cometer.

São erros que, quanto aos filósofos, têm perdão, assim como os erros do juiz, que, embora competente em direito, pode equivocar-se; mas, não merecem perdão os erros das outras categorias de homens. Averróis não está de acordo com Al-Ġazālī, porque este escrevera sobre matérias difíceis para todos, o que causou insegurança, inclusive infidelidade entre os muçulmanos capazes apenas de uma leitura literal e que se conformavam com argumentos retóricos. Por coerência com essa delineação, Averróis solicita aos dirigentes da comunidade islâmica que a leitura dos livros demonstrativos seja proibida aos que não são homens de ciência. O ditame de Averróis se dirigia, sem dúvida alguma, ao califa Abū Ya^{c}qūb, seu protetor, o qual se comprometera com o movimento almôada, apesar da evolução registrada. O movimento almôada se impusera pela força aos almorávidas e a seus ideólogos, os alfaquis, e aspirava a conduzir os muçulmanos em sua via doutrinal. Averróis sustenta que essa via aberta a todos não é a dialética própria dos teólogos, como também não é a demonstrativa própria dos filósofos, mas é

16. Ibid., 1875, p. 8; 1998, p. 166.

uma via "intermediária", que Averróis não se atreve a chamar simplesmente de "retórica". Essa via, apta para todos, consiste em ler literalmente o texto revelado "na medida do possível" e em extrair do Livro sagrado as provas e os argumentos persuasivos para a crença nos dogmas do Islã. Agradece à dinastia almôada por ter levado adiante essa tarefa, pois

> Chamou a gente simples para conhecer a Deus, seguindo uma via intermediária, que está entre o espanto da repetição da tradição e o alvoroço dos teólogos dialéticos, e que aconselha à elite a necessidade de refletir e de analisar todos os princípios da Lei revelada[17].

Essa via intermediária é a exposta em sua obra denominada *A Investigação sobre as Vias das Provas das Crenças*, também traduzida por Manuel Alonso[18]. Trata-se de um tratado de teologia fundada no Livro divino e que desenvolve as questões essenciais da fé islâmica, ou seja, a existência de Deus, a Sua unicidade e os Seus atributos, a eternidade do *Corão* e a profecia de Muḥammad, a responsabilidade humana e a justiça divina, e a vida após a morte. Averróis pretende superar os desencontros entre os teólogos muçulmanos e suas escolas:

> Os partidos mais conhecidos, em nosso tempo, são quatro: o partido dos *ašᶜaritas*, atualmente considerados ortodoxos ou defensores da tradição (*sunna*), a maioria das pessoas; o partido dos *muᶜtazilitas*, o dos *bāṭinitas*, e o dos *ḥašwitas*. Todos estes partidos professam, acerca da divindade, doutrinas bem opostas e alteram o sentido literal de muitos textos da revelação[19].

17. Ibid., 1875, p. 26; 1998, p. 200; devo diferir de M. Alonso.
18. Id. *Al-kašf ᶜan manāhij al-adilla fī ᶜaqā'id al-milla* (*A Investigação sobre as Vias das Provas das Crenças*). Ed. de Aḥmad Šams al-Dīn. Beirut: Dār al-kutub al-ᶜilmiyya, 2002a. Trad. Manuel Alonso em sua obra *Teología de Averroes*. Estudios y documentos. Sevilla: Fundación El Monte, 1998. (1. ed. Madrid; Granada: CSIC, 1947). p. 201-353. Trad. (parcial para o francês) Marc Geoffroy em AVERRÓIS. *Averroès. L'Islam et la raison*. Anthologie de textes juridiques, théologiques et polémiques. Paris: GF-Flammarion, 2000, p. 77-160.
19. Ibid., p. 25-27; id., (1947) 1998, p. 204-205. Assimila os *bāṭinitas* aos sufis, que dizem conhecer Deus sem necessidade de demonstrações, uma vez que libertam sua alma das paixões. Chama depreciativamente de *ḥašwīs* (tradicionalistas muito rigorosos) os partidários de uma cega tradição dos *ḥadīṯs*, que concebem Deus com traços físicos humanos.

Averróis sequer menciona os alfaquis das escolas jurídicas, principalmente os *malikitas*, que não ultrapassavam o nível prático de normas e preceitos do culto e da vida cotidiana. Constrói a sua teologia sobre duas bases: a leitura do *Corão* e o esforço racional, algo que, ao eliminar a dialética *aš*ᶜ*arita*, aproxima-o dos *mu*ᶜ*tazilitas*, cujas obras, ele reconhece, não eram inquiridas em *Al-Andalus*[20].

Averróis encontra no *Corão* explicações que lhe permitem construir, por exemplo, duas provas racionais da existência de Deus: uma fundada na providência divina que põe a natureza a serviço do homem, e outra fundada na produção dos seres que necessita de um Criador. Quanto à muito discutida questão sobre a vida futura, Averróis assinala que o *Corão* "e todas as leis reveladas" estabelecem a sua existência, assim como a da recompensa e a do castigo. Sobre mais detalhes, isto é, de como será esta vida futura, não há matéria dogmática.

Embora quisesse organizar o seu tratado de uma maneira sistemática e positiva, o choque com os *aš*ᶜ*aritas* é inevitável, e assim enfrenta Abū al-Maᶜālī ᶜAbd al-Malik al-Juwaynī (1028-1085), denominado Imām al-Ḥaramayn, e seu discípulo Al-Ġazālī, que também escreveu na chave *aš*ᶜ*arita*. A escola *aš*ᶜ*arita* era, no entanto, sólida no tempo dos almôadas e sobreviveu ao desaparecimento destes. Já as obras teológicas dos dois pensadores originais, Ibn Ḥazm e Averróis, favorecidas por essa dinastia, passaram ao esquecimento.

II.

Nem o *Tratado Definitivo* nem a *Investigação sobre as Vias* foram traduzidos em latim, certamente porque sua projeção não transcendia o contexto islâmico. Essas obras tampouco entraram na polêmica essencial com a teologia islâmica, como, por exemplo, os modos contrapostos como filósofos

20. De qualquer forma, a obra não pode destinar-se à maioria das pessoas, mas apenas a um grupo educado. Ver LIBERA, Alain de. Pour Averroès (Présentation). In: AVERRÓIS. *Averroès. L'Islam et la raison.* Trad. Marc Geoffroy. Paris: GF-Flammarion, 2000. p. 30-32.

e teólogos explicavam a criação do mundo, tema que interessava tanto ao mundo latino como ao hebraico e sobre o qual a obra de Al-Ġazālī, *Tahāfut al-falāsifa* (Destruição dos Filósofos)[21], é paradigmática. Al-Ġazālī se propôs a demonstrar a inconsistência de vinte doutrinas filosóficas e conseguiu pôr os filósofos em xeque. A crítica de Al-Ġazālī se dirige contra Avicena (m. 1037), que aparentemente representa a filosofia aristotélica, e digo aparentemente, porque Avicena, e antes Al-Fārābī (m. c. 950), combinaram aristotelismo com um forte componente de neoplatonismo.

Segundo Al-Ġazālī, os filósofos caem na infidelidade, deixam de ser muçulmanos quando afirmam que o mundo é eterno, que Deus conhece os particulares de um modo universal (questão XIII) e que a alma humana é espiritual e não precisa da ressurreição do corpo para ser imortal (questão XX). A questão acerca da eternidade do mundo ou de sua criação (junto com o tempo) em um determinado instante é a primeira do *Tahāfut* e a mais extensa. Al-Ġazālī procura demonstrar que as doutrinas dos filósofos são incoerentes; no entanto, não procura demonstrar a veracidade das doutrinas dos teólogos, embora o faça indiretamente.

A discussão não é original do pensamento árabe; seu antecedente mais confiável é o de João Filopono, também conhecido por João, o Gramático (c. 490-570). Como filósofo cristão, João Filopono se opôs à doutrina "pagã" da eternidade do mundo e apresentou diversas provas a favor de seu início temporal. Elas se baseiam na impossibilidade do infinito, o qual é necessário para assegurar a eternidade *a parte ante* do mundo[22]. Assim, um primeiro argumento apóia-se na noção de que o infinito não pode ser atravessado. Tomemos um ser *x* existente agora, que deve sua existência a um ser anterior *y*; se este é por sua vez gerado, necessita de outro anterior e assim até o infinito. Filopono não suscita o problema exatamente em termos de que seja necessário um princípio – algo que admite –, mas afirma que, para chegar-se ao ser atual, a cadeia de seres deve ser limitada porque deve ser atravessada.

21. AL-ĠAZĀLĪ. *Tahāfut al-falāsifa* (Destruição dos Filósofos). Ed. bilíngüe árabe-inglês Michael E. Marmura, baseada na edição crítica de M. Bouyges. *The Incoherence of the Philosophers*. Provo: Brigham Young University Press, 1997.
22. Para mais informações, ver DAVIDSON, Herbert A. *Proofs for Eternity, Creation and the Existence of God in Medieval Islamic and Jewish Philosophy*. Oxford: Oxford University Press, 1987. p. 86-94.

Percorrer uma distância infinita é impossível, assim como é impossível uma série infinita de seres em que cada um produz o seguinte.

Outra prova da impossibilidade do infinito é que ele não pode se somar nem se multiplicar. Nesse caso, o objeto de prova são as revoluções das esferas celestes. A experiência ensina que suas velocidades são distintas, que a esfera de Saturno dá uma volta a cada 30 anos, que a do Sol, a cada um ano, e que a das estrelas fixas, idêntica à do movimento diário, a cada 24 horas. Se suas revoluções não tivessem tido um início, não se poderia estabelecer nenhuma proporção, uma vez que um infinito não é maior que outro infinito. Se existe uma diferença, tal como a comprovamos, é porque as revoluções têm um início, donde João Filopono infere que o mundo que se move também o tem.

Entre os filósofos muçulmanos, Al-Kindī (m. c. 750) defendia a tese de que o mundo tem um princípio e recorria a alguns argumentos tomados de João Filopono; porém, Al-Kindī é caso único entre os filósofos. Por outro lado, as idéias de Filopono têm boa acolhida entre os teólogos, os homens do *Kalām*, e no interior de sua corrente principal, a que segue a doutrina de Al-Aš^carī; além disso, os *mutakallimūn* ampliam o repertório de provas a favor da origem temporal do universo, de modo que Al-Ġazālī conta com um bom instrumentário para a sua *Destruição dos Filósofos*. Em *Al-Andalus*, Ibn Ḥazm representava essa corrente e, antes de Averróis, transmitia os argumentos em *Al-Faṣl fī al-milal wa-al-ahwā' wa-al-niḥal*[23], sua obra de crítica às seitas muçulmanas, ao cristianismo e ao judaísmo. Ao contrário, Averróis buscou apoio em Aristóteles, em alguns de seus comentadores e no próprio Avicena para responder a Al-Ġazālī. Ele o faz em uma obra que é a refutação exata, capítulo por capítulo, do *Tahāfut*: *A Destruição da "Destruição dos Filósofos"*[24].

23. IBN ḤAZM. *Al-Faṣl fī al-milal wa-al-ahwā' wa-al-niḥal*. Trad. (espanhola extensa) Miguel Asín Palacios em ASÍN PALACIOS, Miguel. *Abenházam de Córdoba y su historia crítica de las ideas religiosas*. 5 v. 1931. (Reimp. Madrid: Turner, 1984).
24. AVERRÓIS (IBN RUŠD). *Tahāfut al-Tahāfut* (Destruição da "Destruição dos Filósofos"). Ed. M. Bouyges, 1930. (Reimp. Beirut, 1987). Trad. (inglesa) Simon van den Bergh. *The Incoherence of the Incoherence*. Oxford: University Press, 1954. 2 v. (Reprint London: Mssrs. Luzac & Co., 1969). Trad. (parcial catalã) Josep Puig Montada. Barcelona: Publicacions de l'Abadia de Montserrat, 2005. Trad. (italiana) Massimo Campanini. Torino: Unione tipografico-editrice, 1997.

Quanto ao primeiro argumento citado, não é Al-Ġazālī que o expõe, e sim Averróis em nome de seus adversários: "Se os movimentos que se produziram no passado são infinitos, não existirá nenhum movimento no tempo presente, a não ser que tenham terminado antes os movimentos infinitos"[25].

O leitor recordará aqui a prova da tese na primeira antinomia de Kant[26], mas Averróis tem uma resposta própria: os movimentos sucessivos não são causa uns dos outros, porque ficou demonstrado que o movimento é expressão de um Primeiro Motor imóvel, e este é o verdadeiro agente, enquanto o movimento que precede outro é o seu agente de maneira acidental, aceitando a existência do infinito de maneira acidental, não essencial. Este foi o erro dos *mutakallimūn*, tomar o acidental pelo essencial[27].

Al-Ġazālī formula o segundo argumento ao dizer que os filósofos se contradizem quando, por um lado, afirmam a eternidade *a parte ante* do mundo e a infinitude dos movimentos ou revoluções das esferas, e, por outro, aceitam que essas revoluções são divisíveis "por seis, por quatro, ou por dois"[28]. Averróis contesta distinguindo dois aspectos: sob um aspecto, o infinito completo existe somente em potência – e assim os movimentos infinitos – de modo que os conjuntos não se podem comparar, mas, sob um segundo, há partes desses conjuntos que existem em ato, são finitas e são mensuráveis[29].

Se esses dois argumentos procedem da tradição helenística, a primeira seção de *Tahāfut al-Tahāfut* contém também outros desenvolvidos especificamente no Islã, como o do *preponderante*. Avicena, na voz de Al-Ġazālī, argumenta que o mundo deve ser eterno pelo seguinte: o mundo pode existir e não existir. Se ele tivesse tido a possibilidade de existir e não tivesse começado a existir até um determinado momento, seria necessário um fator desencadeante, algo que inclinasse a balança do lado da existência. O artifício é que este preponderante necessitaria por sua vez de outro, e assim *ad infinitum*.

Al-Ġazālī insiste em que o preponderante seja a vontade eterna de Deus, que decidiu que o mundo começasse a existir no momento em que

25. Ibid., 1930, p. 20; 2005, p. 68.
26. KANT. *Crítica da Razão Pura*, A 428, B 456.
27. AVERRÓIS, op. cit., 1930, p. 20-21; 2005, p. 68-69.
28. AL-ĠAZĀLĪ, op. cit., 1997, p. 18-19 [26]; entre colchetes, indica-se o parágrafo.
29. AVERRÓIS, op. cit., 1930, p. 19; 2005, p. 68.

essa vontade assim o determinasse. Averróis observa aí uma dificuldade: está disposto a aceitar um atraso no efeito, mas não na própria ação do agente, de maneira que em Deus é preciso produzir-se uma mudança quando decide que o mundo comece a existir, pouco importando o momento por Ele fixado. Tal alteração na essência divina é inadmissível[30].

A solução que Averróis propõe passa pelo reconhecimento de que a vontade nos seres humanos pouco tem a ver com a de Deus; por exemplo, Deus não precisa escolher entre dois contrários. Assim, enquanto a vontade humana deixa de ser quando alcança o seu objetivo, nada disso se aplica a Deus e "se esta vontade não tem início, não é necessário determinar qualquer momento para que o objeto desejado adquira existência"[31], de tal modo que Averróis se vê livre para sustentar com outros argumentos que a criação do mundo é eterna.

Todavia, Averróis não é um seguidor exclusivo de Avicena. Ambos concordam em que a criação do mundo é um ato que procede necessariamente da bondade divina e em que seja um efeito da natureza de Deus, mas discordam na explicação de como se produz. Avicena, seguindo os passos de Al-Fārābī, esboça um sistema emanacionista: Deus é um ser necessário por si próprio e causa primeira, e, especialmente, é inteligência, inteligente e intelecto, e, da ação eterna de se inteligir a si próprio, transborda um fluxo criador[32].

Al-Ġazālī qualifica de delirante essa doutrina, segundo a qual da autointelecção do Uno emana um primeiro ente cuja existência é possível em si própria; este primeiro efeito conhece a sua causa e se conhece a si próprio, gerando dois entes, aos quais se soma um terceiro, fruto da sua maneira de ser um existente possível[33]. O processo se repete, e cada escalão corresponde ao de uma das esferas dos astros conhecidos, até chegar à esfera da Lua. Para a sua crítica, opta pela tese de que o primeiro criado é um ser, cuja existência é possível – e não é necessária como o é a do Primeiro Princípio –, e de que esta característica é o germe da pluralidade. Visto que os intelectos emanados carecem de corpo material, Avicena explica a pluralidade no primeiro

30. Ibid., 1930, p. 8; 2005, p. 56.
31. Ibid., 1930, p. 9; 2005, p. 57.
32. AVICENA (IBN SĪNĀ). *Kitāb al-Šifā': Al-Ilāhiyyāt*. Cairo, 1960. Reimp. Qom, 1404H./1983-4, p. 402-404; *La Métaphysique du Šifā'*. Trad. (francesa) Georges C. Anawati. Paris: Vrin, 1985. 2 v. vol. II, Livro IX, cap. 4, p. 137-139.
33. AL-ĠAZĀLĪ, op. cit., 1997, p. 69 [46].

efeito como resultado necessário do ser possível por si próprio e necessário por causa do Primeiro[34]. Al-Ġazālī formula várias objeções, dentre as quais menciono:

> Para que haja pluralidade, os avicenianos dizem que a possibilidade de existência é diversa da existência, mas se se afirma isto, também é preciso afirmar-se que a necessidade da existência o é. Existência é "algo geral" que se divide igualmente em necessário e possível, como em qualquer divisão de um gênero. Conseqüentemente, no Primeiro Princípio existe uma dualidade[35].

> Se o Primeiro Princípio intelige a si próprio e intelige as coisas sem que isso implique pluralidade, também não se pode afirmar pluralidade no primeiro efeito, quando este intelige o seu Princípio e intelige a si próprio, e, inversamente, se admitirmos pluralidade no segundo, teremos de aceitá-la no Primeiro[36].

Ante essas e outras objeções *ġazalianas*, Averróis invoca os diferentes níveis de conhecimento: o da gente simples, o dialético dos teólogos e o dos filósofos, este último assentado na demonstração apodítica. Um conhecimento obtido da última forma pode parecer ao homem da rua um sonho, ou o delírio mencionado por Al-Ġazālī.

> Os filósofos querem conhecer os seres com a ajuda de seus arrazoados, sem confiar nas palavras daquele que pretende persuadi-los a aceitá-las sem trazer-lhes uma demonstração apodítica (*burhān*), ainda que, às vezes, os dados dos sentidos contradigam os da razão[37].

A gente simples não pode imaginar que os corpos celestes e os seres sublunares sejam criados de maneira distinta, mas não é assim. O mundo das esferas é um mundo de formas separadas da matéria, ordenadas hierarquicamente e que constituem uma unidade. "O Primeiro destes seres intelige-se

34. AVICENA (IBN SĪNĀ). *Kitāb al-Taᶜlīqāt* (Anotações). In: *Arisṭū ᶜind al-ᶜarab*. Ed. A. Badawī. Cairo, 1947. p. 101.
35. AL-ĠAZĀLĪ, op. cit., 1997, p. 69-70 [49], entre colchetes, indica-se o parágrafo.
36. Ibid., p. 70-71 [53].
37. AVERRÓIS, op. cit., 1930, p. 210-211; 2005, p. 210.

apenas a si próprio, e, graças à intelecção de sua essência, intelige todos os seres no grau mais elevado de existência, de hierarquia e de ordem"[38].

Averróis aceita, em princípio, a explicação de Avicena, mas limita-a ao mundo das formas separadas e esforça-se para justificar a sua tese: o conhecimento que o Primeiro Princípio tem de si próprio é causa dos demais seres. Todavia, parece estar ciente das dificuldades e menciona que os argumentos dos filósofos não são menos convincentes que os argumentos dos teólogos do *Kalām*, sejam eles os *muᶜtazilitas* ou os *ašᶜaritas*. Ou seja, procura mostrar que os argumentos dos segundos apresentam mais deficiências que os dos filósofos, mas também defende a postura destes. O conhecimento divino não é nem universal nem particular, pois Deus conhece de uma maneira distinta, de uma maneira tal que, ao conhecer a Sua própria essência, conhece os entes "em seu grau mais nobre de existência"[39].

Averróis, portanto, segue Avicena, embora com alguns matizes, porque a ordem da emanação e o número de esferas celestes são algo não provado! Os filósofos, sem dúvida, estão de acordo – e isto, sim, é algo provado – com o princípio de emanação e com a força da Unidade que mantém unido o universo. Nada disso pode ser considerado herético, considera Averróis.

O objetivo do *Tahāfut al-Tahāfut* consistiu em situar os argumentos de Al-Ġazālī em seu devido lugar, isto é, em um nível dialético, não demonstrativo, e em provar que a maior parte não convence. A filosofia, portanto, está a salvo, pois seus argumentos são mais convincentes e ela se move em outro nível, o demonstrativo.

III.

A filosofia não só se define pelo método demonstrativo, mas principalmente por alguns objetivos. Averróis questiona-se sobre o objetivo da investigação filosófica desde o início de seus estudos e, já em seus escritos de juventude,

38. Ibid., 1930, p. 217; 2005, p. 215-216.
39. Ibid., 1930, p. 226; 2005, p. 223-224.

responde: a filosofia nos leva à perfeição humana. Assim o lemos na primeira versão do prólogo aos epítomes dos livros relativos à natureza[40] e no prólogo ao epítome do *Almagesto*[41]. Jamāl al-Dīn al-ᶜAlawī ressaltou que esse objetivo é a característica principal da primeira etapa do pensamento de Averróis[42]. Ao assumir esse objetivo, Averróis investiu-se de uma tradição iniciada por Alexandre de Afrodísia, da qual Avempace é a referência imediata. Trata-se de um objetivo que ele nunca abandonaria e que identificaria explicitamente com a filosofia de Aristóteles, cujas obras o califa lhe pediu para explicar.

Quanto ao método demonstrativo, ele pressupõe um domínio da lógica em geral – que inclui a retórica e a poética –, e nisto Averróis se confessa um seguidor de Al-Fārābī. Um exemplo significativo aparece em seu comentário ao *De interpretatione*, capítulo IX, em que Aristóteles discute a veracidade de uma proposição: se amanhã haverá uma batalha naval ou não (*De interp.*, 18b 23-25). O problema que se debate é a verdade dos acontecimentos futuros, e Averróis adota uma postura que resume: "Quanto às coisas que existem no futuro, isto é, as coisas possíveis, estas não se dividem em verdadeiras e falsas segundo a determinação em si própria"[43], tal como se dividem as coisas presentes ou passadas. *Taḥṣīl bi-nafsihi* "determinação em si própria" não é uma boa tradução de um conceito que não é averróico e que Avicena e Al-Fārābī também conhecem[44]. Para entendê-lo, podemos seguir a

40. Cf. artigo de minha autoria: PUIG MONTADA, Josep. Tres manuscritos del *Epítome de la Física* de Averroes en El Cairo. *Anaquel de estudios árabes*, n. 2, p. 131-135, 1991.

41. LAY, Juliane. *L'Abrégé de l'Almageste*: Un inédit d'Averroès en version hebraïque. *Arabic Sciences and Philosophy*, vol. 6, n. 1, p. 52-53, 1996.

42. AL-ᶜALAWĪ, Jamāl al-Dīn. *Al-matn al-rušdī*. Casablanca: Dār Tuqbal, 1986. passim; p. 205-214. Nesta primeira fase se dedicava à lógica, à astronomia, à ciência da alma e aos princípios do Direito, sem se fixar nem se dedicar exclusivamente a Aristóteles.

43. AVERRÓIS (IBN RUŠD). *Talḫīṣ kitāb al-ᶜibāra* (*In Librum Aristoteles De Interpretatione*). Ed. C. E. Butterworth; M. Qāsim; A. ᶜA. Harīdī. Cairo: General Egyptian Book Organization, 1981. p. 77; *Averroës' Middle Commentaries on Aristotle's* Categories *and* De interpretatione. Trad. (inglesa) Charles E. Butterworth. Princeton, New Jersey: Princeton University Press, 1983. (Reprint South Bend, Indiana: St. Augustine's Press, 1998); *Commentaire moyen sur le* De Interpretatione. Trad. (francesa) A. Benmakhlouf; S. Diebler: Paris: Vrin ("Sic et Non"), 2000. Trad. (parcial) J. Puig Montada em *Averroes, juez, médico, y filósofo andalusí*. Sevilha: Junta de Andalucía, 1998. p. 82-86.

44. Para Al-Fārābī, remeto a RESCHER, Nicholas. An Interpretation of Aristotle's Doctrine of Future Contingency and Excluded Middle. In: *Studies in the History of Arabic Logic*. Pittsburgh: University of Pittsburgh Press, 1963. p. 43-54.

argumentação de Averróis: a verdade e a falsidade se dividem e se excluem na afirmação e negação de um mesmo enunciado. "Zayd existe" e "Zayd não existe" é um exemplo disso: se é verdade na afirmação, é falso na negação, e reciprocamente. Para eventos futuros, as possibilidades são as seguintes:

1. A coisa é divisível em verdadeira ou falsa
   a) com uma divisão determinada, definida, *muḥaṣṣal*;
   b) indefinida;
2. Não é divisível, de modo que negação e afirmação são verdadeiras, falsas ou ambas[45].

Para Averróis são divisíveis, mas sua divisão é indefinida por si. Para chegar a essa conclusão, ele emprega um argumento de redução das outras hipóteses *ad impossibile*, de modo que, por exclusão, prova a tese da divisão em verdadeiro e falso de maneira indeterminada[46]. Por meio de suas palavras, define-se o significado de *ᶜalà taḥṣīl* como realização, sinônimo de *taᶜyīn*, porém realização determinada, concreta. Quanto à sua longa argumentação, é preciso destacar a preocupação de Averróis em salvaguardar a responsabilidade humana, pois caso se eliminasse o possível, qualquer esforço para fazer o bem e evitar o mal seria vão. A conclusão a que chega é:

> quanto à matéria possível nas coisas futuras, a verdade e a falsidade dividem-se também, porque, no futuro, deverá existir um dos dois contrários, embora sem determinação dos dois em si próprios, pois a indeterminação pertence à natureza de ambos como acontece em nós. Por isto não pode haver conhecimento deste gênero, uma vez que a coisa é desconhecida. Ora, no possível em maior grau, e não por igual, um dos dois contrários merece mais a verdade que o outro, porque merece mais a existência que a inexistência[47].

Se Aristóteles dizia que não sabemos qual das duas opções opostas ocorrerá (*De interp.* 19a 33), é porque na realidade a situação é idêntica, e esta situação Averróis a qualifica de "indeterminada". É uma qualificação extraída de

45. AVERRÓIS, op. cit., 1981, p. 77.
46. Ibid., p. 77-80.
47. Ibid., p. 83.

Al-Fārābī, cujo comentário ao *Perì hermeneîas* insiste em que há um modo de existência determinado, mas também há um outro indeterminado[48]. Esse aspecto da realidade é importante, porquanto muitas ações humanas se produzem nele, mas não é o único nem o ideal, porque a ciência, ou filosofia, é conhecimento de verdades determinadas e sempre válidas. A maior parte do pensamento averróico dedica-se a esse tipo de conhecimento, em que filosofia e ciência são equivalentes.

Averróis tem um modelo científico estruturado em demonstrações, e estas são os silogismos desenvolvidos por Aristóteles, com quem Averróis concorda na explicação dos *Segundos Analíticos*, obra que denomina *Livro da Demonstração*, em que o termo *burhān* traduz a *apodeíxis* ou silogismo demonstrativo[49]. Sua leitura reflete a tradição lógica, algo que observamos a seguir. Aristóteles e Averróis partem do princípio de que tanto o ensinamento como a aprendizagem requerem um conhecimento anterior: "Há duas maneiras de mostrar como é necessário o conhecimento anterior: às vezes é necessário aceitar antes a existência (*hóti esti*), outras, compreender o significado, e outras, as duas maneiras são necessárias" (*An. Post.*, 71a 11-13). Averróis interpreta a primeira maneira como *taṣdīq*, "assentimento", e a segunda como *taṣawwur*, "idéia", melhor do que "conceito", recorrendo a critérios pós-aristotélicos, bem conhecidos de Avicena e de Al-Fārābī[50].

Segundo Aristóteles, conseguimos o conhecimento absoluto, *haplôs*, de uma coisa quando estamos convencidos de conhecer-lhe a causa correspondente e quando esta coisa só pode resultar dessa causa (*An. Post.*, 71a 9-12). Esse conhecimento somente é possível mediante a demonstração: "chamo de demonstração o silogismo científico, um silogismo que nos faz saber por sua própria ação" (*An. Post.*, 71b 17-19). Aristóteles expõe as características da *apodeíxis*: as premissas desse silogismo devem ser verdadeiras, primeiras e indemonstráveis, mais conhecidas e causas da conclusão. Averróis define *burhān* como um silogismo certo, *yaqīnī*, qualificativo

48. ZIMMERMANN, F. W. *Al-Farabi's Commentary and Short Treatise on Aristotle's* De interpretatione. Oxford: Oxford University Press, 1991. p. 91-92.
49. AVERRÓIS (IBN RUŠD). *Talḫīṣ kitāb al-burhān*. Ed. M. Qāsim; C. E. Butterworth; A. ᶜA. Harīdī. Cairo: General Egyptian Book Organization, 1982.
50. AL-FĀRĀBĪ. *Al-manṭiq ᶜind al-Fārābī. Kitāb al-burhān*. Edição e Introdução de Mājid Faḫrī. Beirut: Dār al-Mašriq, 1987, p. 19.

presente em Al-Fārābī[51]. Este silogismo certo "proporciona o conhecimento da coisa enquanto existe e da causa pela qual existe"[52], algo diferente do dito por Aristóteles, porém igual ao afirmado por Al-Fārābī: "A demonstração absoluta é a que proporciona a existência e a causa, conjuntamente"[53].

Recordemos que a estrutura básica do silogismo é a seguinte: C pertence a B, B pertence a A, portanto C pertence a A. As proposições, por um lado, podem ser afirmativas ou negativas e, por outro, universais ou particulares. Além disso, a posição do termo médio pode variar, dando origem às chamadas figuras (*skhêma*, em árabe *šakl)*. Se tomarmos A como o termo maior, B, o médio, e C, o menor, e aplicarmos a relação sujeito-predicado[54], obteremos as três figuras aristotélicas:

	I	II	III
Maior	B A	B A	C A
Menor	C B	C A	C B
Conclusão	C A	C B	B A

Como exemplo de I, temos: Todas as andorinhas são aves, todas as aves são animais, todas as andorinhas são animais (*Barbara*). De II: Nenhum inseto é ave, todas as andorinhas são aves, nenhuma andorinha é inseto (*Cesare*). De III: Todas as andorinhas voam, todas as andorinhas são aves, algumas aves voam (*Darapti*).

A ordem das premissas varia na lógica árabe, pois a premissa menor (C pertence a B) ocupa a primeira posição, mas não se reflete nesses esquemas. Mais importante é o fato de que muitos lógicos árabes acrescentavam uma quarta figura, que, segundo Averróis, havia sido criada por Galeno. Essa quarta figura inverte a ordem do sujeito e predicado em ambas as premissas da primeira:

51. Ibid., p. 25-26.
52. AVERRÓIS, op. cit., 1982, p. 38.
53. AL-FĀRĀBĪ, op. cit., 1987, p. 26.
54. B é A, A se predica de B, A pertence a B e B está em A em seu conjunto, são quatro variantes que se confundem na construção sujeito-predicado.

	IV	I
Maior	A B	B A
Menor	B C	C B
Conclusão	C A	C A

A função do termo médio é ser sujeito da premissa maior e/ou predicado da menor, mas, nessa quarta figura, quer-se inverter a dita função, tal que seja predicado da premissa maior e sujeito da menor, e é por isto que Averróis e outros falam do caráter "antinatural" dessa figura, que é de pouca utilidade[55]. Para Averróis, não existe uma quarta figura; trata-se de uma figura que se identifica com a primeira se forem observadas a conclusão ou a mudança de ordem no interior das premissas[56]. Averróis insiste em que o sujeito de maneira natural não é mais que um, e o predicado, também. "Andorinha", por sua menor extensão, é sujeito de maneira natural, e "ave", por sua maior extensão, é predicado de maneira natural. Averróis não é o primeiro a recusar a quarta figura, pois, no interior do pensamento árabe, segue Al-Fārābī e os hispano-muçulmanos Ibn Ḥazm (994-1064) e Abū al-Ṣalt Umayya de Denia (1068-1134).

A demonstração apodítica, *burhān*, é, pois, um silogismo. Já vimos que Aristóteles exigia que suas premissas fossem verdadeiras, imediatas, mais conhecidas que a conclusão e sua causa. Desse modo resulta o conhecimento científico, tanto da causa e da essência de um objeto, como de sua existência. Aristóteles (*An. Post.*, I, 13) se preocupava com a diferença entre provar a causa ou provar o fato e considerava a primeira figura do silogismo a única que pode provar a causa, que é o termo médio do silogismo. A existência, em compensação, pode ser provada mediante um silogismo da segunda figura ou também da primeira, mas, nesse caso, o termo médio não é a causa, mas um efeito. É possível utilizar os mesmos termos do silogismo e obter uma ou outra demonstração.

55. Um exemplo em *Bramantip* concluiria: "Alguns animais são andorinhas".
56. AVERRÓIS (IBN RUŠD). *Talḫīṣ kitāb al-qiyās*. Ed. C. E. Butterworth; M. Qāsim; A. ᶜA. Harīdī. Cairo: General Egyptian Book Organization, 1983a. p. 110-111.

Para Aristóteles, não se tratava de uma nova classe de demonstração; para Averróis, porém, é o "silogismo demonstrativo de causa e de existência", *burhān sabab wa-wujūd*, e ele considera que um mesmo silogismo pode provar ambas. Averróis recorre a exemplos aristotélicos para ilustrar a sua teoria, e o mais conhecido é o cintilar dos astros[57]. C sendo "planetas", B "não cintilar" e A "estar perto", o silogismo poderá ser articulado da seguinte forma:

o que não cintila está perto;
os planetas não cintilam;
os planetas estão perto.

E este silogismo ou demonstra a existência ou então poderá ser articulado desta outra forma:

o que está perto não cintila;
os planetas estão perto;
os planetas não cintilam.

E agora o silogismo demonstra a causa[58]. Averróis pode aceitar as explicações de Al-Fārābī[59], segundo a qual as demonstrações de causa e de existência pertencem à primeira figura e são conclusões universais e afirmativas. Averróis sente uma grande atração por esse tipo de silogismo, mas, ao longo de seus escritos naturais, os exemplos são dificilmente aceitáveis como provas conjuntas de causa e de existência, pois toda ciência é fundamentalmente uma demonstração de causas. Sem dúvida alguma, seu modelo de ciência era um modelo silogístico, embora freqüentemente não fosse mais que um desejo.

57. ARISTÓTELES. *Analíticos Posteriores*, 78a 31-78b 13.
58. AVERRÓIS, op. cit., 1982, p. 81-84.
59. AL-FĀRĀBĪ, op. cit., 1987, p. 33-36.

IV.

A lógica deve servir para construir um sistema filosófico. Seu instrumento preferido, o silogismo, compõe-se de proposições, e estas, de termos que designam indivíduos ou classes de indivíduos e propriedades. O homem deve percorrer um longo caminho para chegar a esse conhecimento; Averróis necessita, portanto, explicar como é o processo cognitivo, explicação que não seja puramente descritiva, mas que tenha transcendência na explicação da natureza humana.

Como aristotélico, Averróis necessita partir das impressões nos sentidos enquanto desencadeantes do processo cognitivo. Encontramos, logicamente, a distinção entre os sensíveis próprios e os comuns, que Averróis denomina às vezes, segundo a tradução de M. Scotus, *universalia*[60]. A faculdade sensível do homem tem, segundo ele, uma capacidade que a faculdade equivalente dos animais não tem, ou seja, "compreende as *intentiones* individuais dos diferentes gêneros e espécies"[61]. Devemos considerar o sentido comum como sendo esta faculdade sensível.

O termo *intentio* traduz o árabe *ma^c^nà*, que por sua vez procede do grego *lektón,* porém não devemos indagar em Aristóteles, e sim na tradição estóica, que distingue entre a coisa, o significante e o significado, e devemos ter presente a tradição teológica muçulmana[62]. É impossível traduzir exatamente o termo, portanto repetirei o termo latino, bem fundamentado, embora Averróis não o use como o usaram os escolásticos dos séculos XIII e XIV. O termo surge continuamente em Averróis, e M. A. Blaustein insiste em que, para nosso

60. AVERRÓIS. *Averrois Cordvbensis commentarivm magnvm in Aristotelis* De anima *libros*. Ed. F. Stuart Crawford. Cambridge, Massachusetts, 1953. (Reprint Túnis, 1997). p. 224; corresponde a ARISTÓTELES. *De anima* 418a 7-17. Adiante, as citações do comentário maior se referem a esse editor e se abreviam Crawford CM. Id. *Averroès. L'intelligence et la pensée. Sur le* De Anima. Trad. (francesa-Livro III) Alain de Libera. Paris: GF-Flammarion, 1998.

61. "Os sentidos, quando compreendem seus sensíveis próprios, compreendem as *intentiones* individuais dos diferentes gêneros e espécies; compreendem, portanto, a *intentio* deste homem singular, ou a *intentio* deste cavalo singular, e, [além disso], de maneira universal, a *intentio* de cada um dos dez predicamentos individuais. Está claro que isto é próprio do homem." (Crawford CM II. 63, 225: 44-51).

62. Sobre a importância da teoria do *ma^c^nà* na teologia muçulmana, consolidada no século IX, logo, anterior a Averróis, ver WOLFSON, Harry A. *The Philosophy of the Kalam*. Cambridge, Massachusetts; London: Harvard University Press: 1976. p. 147-167.

autor, todo o processo cognitivo, tanto no nível das imagens como no dos inteligíveis, deve ser interpretado em termos de uma teoria de *intentiones*[63]. Até que ponto, contudo, estava Averróis consciente de tal teoria? H. Gätje pensava que Averróis não fora conseqüente em seu desenvolvimento[64], e eu acredito que, na verdade, não existe tal desenvolvimento, embora exista uma percepção clara do que é a *intentio*: a contrapartida interna, dentro do homem, de uma forma externa. A *intentio* costuma ser a contrapartida interna de uma forma da imaginação, e vemos que, em seu epítome do *De sensu et sensibili*, ele claramente distingue entre a *intentio* da forma imaginada e a sua forma imaginada[65]. Também pode ser a contrapartida interna de um universal, e, assim, vemos como, a propósito da definição do intelecto material, Averróis o define como sendo o lugar de todas as *intentiones* de universais[66].

Unida à *intentio* singular está a forma imaginada, revestida dos sensíveis "comuns e próprios". A faculdade que a elabora é a *imaginatio*. Encontramo-nos, portanto, em uma fase que H. A. Wolfson chamava de estado das faculdades "post-sensationary"[67], com processos que, segundo Averróis, têm sua atividade no cérebro, sem que haja necessidade de órgãos externos ao mesmo. Na ordem de uma maior a uma menor materialidade, apresentam-se estas qua-

63. Em sua tese de doutoramento de Harvard University: BLAUSTEIN, M. A. *Averroes on the Imagination and the Intellect*, 1984. University Microfilms International, Ann Arbor, 8503512. 299 p.; cf. p. 42-76.
64. GÄTJE, Helmut. Die 'inneren Sinne' bei Averroes. *Zeitschrift der Deutschen Morgenländischen Gesellschaft*, n. 115, 1965. p. 282.
65. AVERRÓIS. *Averrois Cordvbensis Compendia librorvm Aristotelis qvi Parva Natvralia vocantur*. Ed. Henry Blumberg. Cambridge: The Mediaeval Academy of America, Massachusetts. 1972; IBN RUŠD. *Talḫīṣ kitāb al-ḥass wa-al-maḥsūs* (CCAA VII), p. 40: 11-14: Aristóteles, para demonstrar que esta faculdade, isto é, a reminiscência, é diferente da faculdade formativa (*muṣawwira*), e que são duas quanto à qüididade e ao substrato, baseia-se no fato de que algumas vezes percebemos a *intentio* da forma imaginada sem a forma imaginada, de que outras, percebemos a forma sem despojá-la da *intentio* da forma. Por isso, podemos conservar a memória de muitas coisas ao mesmo tempo e não podemos imaginá-las. Cf. também outra edição, de A. Badawī: AVERRÓIS (IBN RUŠD). *Talḫīṣ kitāb al-ḥass wa-al-maḥsūs*. In: *Arisṭūṭālīs fī al-nafs*. 2. ed. Beirut-Kuwait, 1980. p. 191-242; aqui p. 210: 14-18.
66. Crawford CM III. 5, 387: 22-388: 32.
67. WOLFSON, Harry A. The Internal Senses in Latin, Arabic and Hebrew Philosophic Texts, 1935. (Reimp. TWERSKY, Isadore; WILLIAMS, George H. (Org.). *Studies in the History of Philosophy and Religion*. Cambridge, Massachusetts; London: Harvard University Press, 1973. 2 v. vol. I, p. 250-285).

tro faculdades: sentido comum, imaginação, cogitativa e memória[68]. Quanto à imaginação, Averróis afirma que os "gregos" a consideravam intelecto "em sentido amplo", e, às vezes, ele próprio a qualifica de intelecto[69]. Qual é a sua "substância e essência"? Averróis define a imaginação como "um movimento originado pela sensação em ato"[70], definição mais exata do que a que encontramos em Aristóteles. Ambos coincidem em que a imaginação não é algo exclusivamente humano, pois não responde ao critério fundamental de ser verdadeira ou falsa – algo que requereria nossa "opinião"[71] –, de maneira que até alguns animais possuem imaginação.

Em seguida vem a faculdade da memória. Averróis a examina em seu *Epítome do Livro acerca dos Sentidos e dos Sensíveis*[72], em que estabelece que duas faculdades devem preceder a seu funcionamento: a sensível e a imaginativa, e que os animais podem ter certo tipo de memória. Todavia, o homem pode, além do mais, controlá-la, recuperá-la e, graças à faculdade cogitativa, relacionar as imagens com seus objetos e emitir juízos de verdade, precisões que Averróis faz ao texto aristotélico e que refletem discussões posteriores[73].

Chegamos, assim, a uma terceira faculdade pós-sensorial, exclusiva do ser humano: a capacidade de associar-se e de discriminar. As duas atividades costumam surgir unificadas em uma mesma faculdade[74]. Além das referências que lhe dedica em seu epítome *De sensu et sensibili*, Averróis a considera em seu comentário maior ao *De anima* e nos outros comentários, que R. Taylor analisou em duas recentes publicações[75]. Digamos brevemente que, no comen-

68. "[Aristóteles] classifica a reminiscência como a mais espiritual, depois a cogitativa, depois a imaginação e finalmente, a sensível." (Crawford CM III. 6, 416: 73-74).
69. "O termo intelecto, portanto, se diz neste livro de quatro maneiras: diz-se do intelecto material, do intelecto *in habitu*, do intelecto agente e da faculdade imaginativa." (Crawford CM III. 20, 452: 253-256).
70. Crawford CM II. 161, 376: 88-94: Averróis comentando ARISTÓTELES, *De anima* 428b 14-429a 3.
71. No trecho do *De anima* 428a 24-428b 10, o termo δόξα é traduzido através de *ẓann* como *existimatio* (Crawford CM II. 158, 369: 1-10). A imaginação nunca pode estar composta de opinião mais os sentidos.
72. Obra citada na nota 65, supra.
73. AVERRÓIS, op. cit., 1972, p. 39.
74. WOLFSON, op. cit., 1973, p. 289.
75. TAYLOR, Richard C. Remarks on Cogitatio in Averroes' *Commentarium Magnum in Aristotelis De Anima Libros*. In: ENDRESS, Gerhard; AERTSEN, Jan A. (Org.). *Averroes and the Aristotelian Tradition*. Leiden: Brill, 1999. p. 217-255. Id. *Cogitatio, Cogitativus* and

tário maior, Averróis sustenta que estas três faculdades – imaginação, memória e cogitativa – são corpóreas, materiais, e que a atividade da faculdade cogitativa é dupla: associar a *intentio* da imagem ou forma imaginada a seu indivíduo correspondente, ou então distinguir entre a *intentio* e o indivíduo[76]. A primeira operação, no tempo, é a discriminativa, que distingue entre a forma e o indivíduo para obter a sua imagem, e a segunda, na associativa, é a que nos facilita a recordação. Que não reste nenhuma dúvida, a faculdade cogitativa é corporal:

> No livro *De sensu et sensato* já foi explicado que esta é a ordem dessas faculdades cerebrais, mediante uma demonstração de causa e existência. Porém, o que lá foi dito não contradiz o que aqui se diz, pois, segundo Aristóteles, a faculdade cogitativa é uma faculdade distintiva individual, isto é, que não distingue nada além do individual, e não o universal. Explicou-se que a faculdade cogitativa é somente a faculdade que distingue da imagem que a representa (*idolo imaginato*) a *intentio* da coisa sensível. A relação que guarda com as duas *intentiones*, ou seja, com a imagem da coisa e com a *intentio* de sua imagem, é como a relação do sentido comum para com as *intentiones* dos cinco sentidos. Assim, pois, a faculdade cogitativa pertence ao gênero das virtudes existentes nos corpos[77].

Não é do intelecto, embora freqüentemente gere confusão. Se, em Aristóteles, *tò dianoeisthai* é pensamento discursivo, a tradução latina nos dá uma *distinctio* pertencente a esta faculdade cogitativa. Assim é a passagem aristotélica do *De anima* 408b 24-30, em que se fala do exercício do raciocínio discursivo, do amor e do ódio; o pensamento discursivo permanece em *distinctio*, apesar de a tradução árabe do *De anima*, de Aristóteles, ler *tafakkur* e não *tamyīz*[78]. Os comentários de Averróis insistem neste aspecto distintivo, que nos permite captar a *intentio* individual e que depende da dimensão intelectiva, pois "nesta parte da alma há algo racional que obedece ao intelecto, nos homens bons"[79].

Cogitare. Remarks on the Cogitative Power in Averroes. In: HAMESSE, Jacqueline; STEEL, Carlos. (Org.). *L'élaboration du vocabulaire philosophique au Moyen Âge*. Turhoudt: Brepols, 2000. p. 111-146.

76. Crawford CM III. 20, p. 449: 173-182.
77. Crawford CM III. 6, 415: 56-68.
78. "A alteração no âmbito do pensamento (discursivo = *tafakkur*), do amor e do ódio não são acidentes do pensamento, mas da coisa e do sujeito em que têm lugar, como seu suporte." (AVERRÓIS, op. cit., ed. A. Badawī, 1980, p. 20).
79. Crawford CM I. 66, 90: 37-45.

As três ou quatro faculdades pós-sensoriais estão a serviço do intelecto, ao qual entregam essas "formas imaginadas" para que o intelecto possa conhecer e inteligir. A intelecção de Aristóteles, *tò noein* (*De anima* 429a 13) é traduzida em latim por *formare per intellectum* através de um intermediário árabe, *al-taṣawwur bi-al-ᶜaql*[80], e é este o processo que devemos explicar.

Averróis menciona um processo ativo e outro receptivo-passivo no interior da alma racional. Por um lado, o processo de aquisição dos conceitos é receptivo. O caráter receptivo é algo que parece evidente a Averróis, e basta, para ele, a referência aos sentidos. Estes são movidos pelas *intentiones* sensíveis, do mesmo modo que o intelecto humano – "a alma racional" – é movido pelas *intentiones* existentes nas imagens providas pelas faculdades pós-sensoriais. O esforço de Averróis converge, pois, para demonstrar que *formare per intellectum* exige uma faculdade ativa. É impossível, segundo ele, que essas formas possam fazer mover o intelecto, se este não tenha antes procedido a despojá-las de sua matéria e a torná-las inteligíveis em ato:

> Deste modo, enquanto os inteligíveis a fazem mover [a alma racional], ela é passiva, e enquanto [as formas] são por ela movidas, ela é ativa. Por isso, Aristóteles em seguida diz que, na alma racional, é preciso afirmar estas duas diferenças, isto é, a faculdade da ação e a faculdade da paixão. Diz claramente que nenhuma destas é passível de ser gerada nem corruptível, como se verá mais adiante, mas aqui ele começou explicando a substância desta faculdade passiva, por ser isto necessário no ensino[81].

Chegamos, assim, à faculdade exclusiva da alma humana, uma faculdade dupla, mas Averróis imediatamente passa a tratar de duas *substâncias*. Por que essa leitura? Evidentemente por causa de toda a tradição greco-árabe sobre o intelecto agente e o intelecto material. A contribuição de Averróis é muito conhecida e, como assinalou H. A. Davidson[82], está mais voltada à questão do *intelecto material* do que à do *intelecto agente*. Averróis evolui de

80. AVERRÓIS. *Middle Commentary on Aristotle's* De anima. Ed. bilíngüe árabe-inglês Alfred L. Ivry. Provo: Brigham Young University Press, 2002b, p. 108 [277].
81. Crawford CM III. 4, 384: 34-385: 62.
82. DAVIDSON, Herbert A. *Alfarabi, Avicenna, and Averroes, on Intellect.* New York; Oxford: Oxford University Press, 1992, em particular o capítulo "Averroes on the Material Intellect", p. 258-314.

uma posição próxima a Alexandre de Afrodísia a outra próxima a Temístio, de modo que a sua concepção final do *intelecto receptivo* é este constituir uma substância não gerada nem destrutível, separável, simples e que não é passiva no sentido de sofrer alterações. Apesar disso, Averróis necessita defini-lo como "um quarto gênero de ser", ou seja, não é nem forma nem matéria, tampouco seu composto[83].

A outra substância que existe em nossas almas, contrariamente à opinião de Alexandre de Afrodísia, é eterna e está totalmente em ato. É o intelecto agente que "desnuda" as formas da matéria e as torna inteligíveis[84]. Averróis menciona sempre o intelecto agente como sendo o que faz que as *intentiones* das formas imaginadas passem de motrizes em potência a motrizes em ato[85]. O exemplo a que recorre, em várias ocasiões, é o da luz, que *faz* que as cores passem da potência ao ato e possam ser vistas, isto é, façam mover:

> Deves saber que a relação do intelecto agente com este intelecto material é como a da luz com a diafaneidade, e a relação das formas materiais com ele é como a relação da cor com a diafaneidade. Da mesma maneira como a luz é a perfeição da diafaneidade, assim o intelecto agente é a perfeição do intelecto material, e da mesma maneira que a diafaneidade não é movida pela cor e só a recebe quando está iluminada, este intelecto só recebe os inteligíveis que há aqui quando é realizado e iluminado por aquele intelecto. Do mesmo modo como a luz faz passar a cor da potência ao ato, de forma que este possa mover a diafaneidade, assim o intelecto agente faz passar as *intentiones* materiais da potência ao ato, a fim de que o intelecto material as receba[86].

As *intentiones* devem atuar sobre o intelecto material e o fazem porque adquirem uma força motriz que recebem do intelecto agente. Há duas partes

83. "A terceira questão trata de como o intelecto material é um existente de alguma maneira, sem ser nenhuma forma material nem matéria primeira e se resolve do seguinte modo: devemos considerá-lo um quarto gênero de ser, pois, como qualquer ente sensível, que está dividido em matéria e forma, o inteligível deve dividir-se de maneira parecida: em algo parecido com a forma e em algo parecido com a matéria. Isto é algo necessário em qualquer inteligência abstrata que entende outra coisa além de si mesma, pois, se assim não fosse, não haveria multiplicidade nas formas abstratas." (Crawford CM III. 5, 409-410: 654-663)
84. Ibid., 390: 98-104.
85. Ibid., 406: 556-562.
86. Ibid., 410: 688-703. O diáfano é o meio que a luz ativa, e é próprio do ar, da luz e de alguns sólidos, seguindo uma doutrina aristotélica.

na alma, que sozinhas, no entanto, não explicam a realidade do intelecto individual, aquele que é um fato (*factum*). Este intelecto efetivo surge associado ao intelecto teórico (*speculativus*) e ao intelecto que está em disposição para atuar, o intelecto *in habitu*. A ação deste último é extrair todos os inteligíveis que queremos e atualizá-los depois de estarem em potência. A expressão surgia em Alexandre de Afrodísia, e Averróis concorda com ele que o intelecto *in habitu* não é eterno e é o órgão intermediário para gerar inteligíveis, embora pense que esses inteligíveis não podem ser coisas "abstratas"[87].

Quanto ao intelecto teórico, Averróis o define como aquele que o intelecto agente *põe* no intelecto material, do mesmo modo como "o artesão põe as formas artificiais nos artefatos"[88]. Ocupa, pois, um estágio intermediário entre agente e paciente, e por isso é assimilável ao intelecto *in habitu*, como o próprio Averróis indica[89]. O intelecto teórico é o nosso tesouro de conhecimentos, de inteligíveis existentes em ato no intelecto (material). Apesar de seu suporte único, trata-se de conhecimentos individuais que se desenvolvem em cada homem singular. Averróis aqui constata um fato aparentemente contraditório e difícil de explicar. Basicamente, vê a razão dessa dupla natureza do intelecto teórico, na medida em que um inteligível não é destrutível em termos absolutos, mas em relação a cada indivíduo, de modo que podemos dizer que o intelecto teórico é uno para todos os homens.

De qualquer modo, o intelecto teórico não é o ponto final, uma vez que os filósofos almejam o conhecimento dos inteligíveis em si próprios, não como *intentiones* ou formas imaginadas, mas abstraídas de toda matéria. Podemos ir extraindo inteligíveis dos distintos níveis de formas, mas não podemos proceder de maneira infinita, pois nosso conhecimento deve culminar em uma forma abstrata ou separada da matéria, em "uma qüididade que não tem qüididade", em débito com Avempace[90]. A questão é saber qual é o intelecto capaz disso.

87. "Se fosse possível, então o geral se converteria em eterno, como dissemos." (Ibid., 20, 489: 299-490: 306)
88. Ibid., 5, 389: 75-77.
89. "Este terceiro intelecto [*in habitu*], o que põe o intelecto agente no intelecto passivo recipiente e que é o intelecto teórico." (Ibid., 389: 78-80)
90. "Só resta a terceira opção, que o intelecto chegue a uma qüididade que não tem qüididade, e o que é assim é a forma abstrata. Avempace confirma isto por meio do que Aristóteles

Sua resposta é que se trata de uma forma composta – por estranha que seja a expressão, é a que ele utiliza –, formada pelo intelecto *in habitu* e pelo intelecto agente[91]. O intelecto material – lembra ele – não poderia unir-se diretamente ao intelecto agente, assim como o teórico também não poderia, mas é condição necessária para o conhecimento das coisas abstratas. O intelecto agente é então a forma determinante de um composto, o qual por sua vez é nossa forma última (*forma postrema*) e nossa perfeição[92]. Sua posição não está livre de dúvidas, que o próprio Averróis reconhece e enfrenta, para finalmente considerar que elas se resolvem com uma interpretação "analógica" da relação entre matéria e forma, a saber: a matéria é a menos perfeita, neste caso é o intelecto teorético, e a forma, o intelecto agente, é a mais perfeita[93]. Os instrumentos de análise que lhe proporciona a tradição aristotélica atingem seus limites e Averróis somente pode usá-los de maneira analógica, algo que já vimos como fazia ao definir o intelecto material. Seria arriscado atribuir a Averróis divisões rotundas, substâncias independentes, quando ele próprio reconhece os limites da investigação, ao afirmar:

> Em geral, quando alguém examina o intelecto material junto com o agente, estes se apresentam, em um aspecto, como um só e, em outro, como dois. São dois quanto à maneira de atuar: a ação do intelecto agente é a de engendrar [formas inteligíveis], a deste, a de ser "in-formado". Eles são um único quando o intelecto material atinge a sua perfeição por obra do intelecto agente e o intelige. Por isto dizemos que, no intelecto a nós unido, manifestam-se duas faculdades, uma do gênero ativo, outra do passivo[94].

costuma dizer a respeito neste tipo de demonstrações, isto é, que quando é preciso cortar o infinito, é melhor cortar no princípio." (Ibid., 36, 492: 382-387)

91. "Nossa forma última, graças à qual abstraímos os inteligíveis e os inteligimos, é composta do intelecto *in habitu* e do intelecto agente, tal como dizem Alexandre e Avempace, e é assim que pensamos que as palavras de Aristóteles dão a entender." (Ibid., 489: 294-298)

92. Ibid., 490: 313-321.

93. Ibid., 499: 567-577.

94. Ibid., 20, 450: 213-451: 222.

V.

O sistema filosófico de Averróis se constrói sobre uma visão do universo, que quer ser completa e científica. Conta para isso com a doutrina aristotélica, fecunda no estudo dos animais e da vida, débil, porém, em astronomia, que Ptolomeu ajudou a desenvolver. Al-Fārābī e Avicena desenharam um sistema engenhoso, atrativo, embora pouco científico. O Ser necessário por si próprio era ao mesmo tempo a causa de um mundo fechado, de esferas concêntricas. De sua auto-intelecção resulta eternamente o segundo ente, uma substância incorpórea, imaterial. Esse segundo ente intelige o Primeiro e se intelige a si próprio. De sua intelecção do Primeiro resulta eternamente um terceiro ente, de sua auto-intelecção se gera a substância do primeiro céu. O processo se repete: o terceiro ente intelige o Primeiro e se autoconhece. De sua intelecção do Primeiro resulta eternamente o quarto ente, e de sua auto-intelecção nasce a esfera das estrelas fixas ou firmamento. O quarto ente gerará a substância da esfera de Saturno, o quinto, a da esfera de Júpiter, o sexto, a da esfera de Marte, o sétimo, a da esfera do Sol, o oitavo, a da esfera de Vênus, o nono, a da esfera de Mercúrio, o décimo, a da esfera da Lua. O décimo-primeiro ser, que intelige o Primeiro e se intelige a si próprio, interrompe o processo[95]. Sob a esfera lunar, todo ser necessita de matéria para existir e está sujeito ao processo de geração e destruição, enquanto os seres supralunares são eternos e conhecem apenas o movimento circular.

Assim, pois, o neoplatonismo, ao qual pertenciam Al-Fārābī e Avicena, explicava a gênese do universo, enquanto o aristotelismo se limitara a explicar como funcionava e realmente não pretendia englobá-lo em um sistema. Averróis, à medida que vai conhecendo melhor Aristóteles, tem de ajustar o seu modelo, cujas características principais podem resumir-se em três: Criação eterna, limitação do emanacionismo no plano supralunar, participação ativa do Primeiro Motor no plano sublunar.

95. AL-FĀRĀBĪ, Abū Naṣr. *Kitāb mabādi' ārā' ahl al-madīnat al-fāḍila*. Ed. Albert N. Nader. Beirut: Dār al-Mašriq, 1973. p. 61-62; id. *La ciudad ideal*. Trad. (espanhola) M. Alonso. 2. ed. Madrid: Tecnos, 1985. p. 28-30; id. *La città virtuosa*. Ed. bilíngüe árabe-italiana M. Campanini. Milano: Rizzoli, 1996. p. 104-107.

Se começarmos pela análise do plano sublunar, veremos que ele está submetido às quatro classes de mudança. No início do epítome ao *Livro da Geração e Corrupção*, Averróis recapitula o programa aristotélico de investigação natural:

> O propósito de Aristóteles, neste livro, é discorrer sobre os três tipos de mudança, que são: a geração e a corrupção, o crescimento e o decrescimento, e a alteração qualitativa, explicitando onde e como se produz cada um dos três. Da mudança no lugar, que se chama 'translação', já falou anteriormente[96].

Na ordem habitual do *corpus* aristotélico – para Averróis tratava-se da ordem estabelecida pelo próprio Aristóteles –, a primeira obra é a *Física*, seguida por *De Caelo*, e a elas ele aqui se refere. O movimento local é o único no mundo supralunar, e, no mundo sublunar, é a mudança que precede a todos, embora não seja a única causa. Das quatro causas das substâncias, ou seja, o agente, a finalidade, a forma e a matéria, a *Física* estuda de maneira específica duas: a matéria primeira e o motor último, pois Averróis considera que a ciência da natureza não oferece as bases adequadas para estudar a forma e a finalidade primeira, e que o estudo destas duas deve convir à filosofia primeira, ou *Metafísica*[97].

Cabe à *Física* analisar a mudança de modo genérico, porém Averróis, seguindo Aristóteles, pensa no movimento. Aristóteles dividia a existência em dois aspectos: há seres sempre atuais – supomos que se referia às inteligências separadas – e há seres que são uma coisa, mas podem ser outra, ou outras. A natureza é o âmbito desses seres, que todavia não são tudo o que poderiam ser. São seres materiais, em que a matéria é um princípio que não se deve ver negativamente, porque é o princípio dessas possibilidades. Além disso, essa realidade só se compreende por meio da mudança, que aqui se equipara ao movimento. Define então o movimento como a realização do

96. AVERRÓIS. *Epítome del libro sobre la generación y la corrupción*. Edição e Tradução de Josep Puig Montada. Madrid: CSIC, 1992. p. 35.
97. Id. *Al-jawāmiʿ fī al-falsafa. Kitāb al-samāʿ al-ṭabīʿī*. Ed. Josep Puig Montada. Madrid: Instituto Hispano-Arabe de Cultura; CSIC, 1983b. p. 8; id. *Epítome de Física*. Trad. (espanhola) Josep Puig Montada. Madrid: Instituto Hispano-Arabe de Cultura; CSIC, 1987. p. 108.

que está em potência, enquanto em potência (*Phys.* III, 201a 9-11), e como realidade completa do possível (*Phys.* III, 201a 27-29).

Essa definição não põe um ponto final na questão. Averróis adverte que é uma definição obtida por um método de análise, isto é, não é nenhuma demonstração, e assimila a condição "enquanto está em potência" à diferença específica do movimento. Sob a influência possível de Temístio, Averróis insiste em duas classes de perfeições, ou realidades, uma completa e outra incompleta, e esta perfeição imperfeita é o movimento: "é uma perfeição que conserva o que está em potência e que existe somente com a existência da potência unida à perfeição"[98]. Por conseguinte, se existisse um movimento instantâneo, não seria movimento.

Outro ponto a ser desenvolvido é averiguar se o movimento tem entidade própria ou não. Aristóteles não estava de acordo com Platão em considerar o movimento como um gênero verdadeiro; o que existe são somente as substâncias que mudam ou se movem[99]. Para Averróis, não está tão claro, mas como o próprio Aristóteles inclui o movimento na categoria da "paixão", esta aparente contradição lhe permite ser fiel a seu mestre e considerar que o movimento existe de duas maneiras. Existe nas substâncias, na medida em que a mudança é uma sucessão de partes desta perfeição final, seja uma nova substância, qualidade ou quantidade. No entanto, existe como gênero *per se* enquanto *via ad perfectionem*[100]. A solução proposta por Averróis suscitará uma discussão sobre a natureza ontológica do movimento no mundo latino, entre os que reduzem o movimento aos termos do mesmo e os que lhe conferem entidade própria[101].

A definição de movimento é importante e Averróis está consciente disso. No Livro VIII da *Física*, Aristóteles parte dela, a saber, o movimento é a perfeição ou a realização do móvel enquanto tal, para chegar a constatar

98. Id., 1983b, p. 31; id., 1987, p. 130. Em *Phys.* 201b 32, Aristóteles introduz o termo *atelēs*, 'incompleto, imperfeito'.

99. ARISTÓTELES. *Physica* III. 200b 32-33; PLATÃO. *Sofista*, 254 [40], "Os gêneros supremos, dentre os que acabamos de citar, são o ser, o repouso e o movimento".

100. AVERRÓIS. *Quartum Volumen. Aristotelis* De physico avditv *libri octo cum Averrois Cord. variis in eosdem commentariis.* Venetia: apvd Ivnctas, 1562-1574. Reprint Frankfurt am Main: Minerva G.m.b.H., 1962b. fol. 87 A-E.

101. TRIFOGLI, C. *Oxford Physics in the XIIIth Century (ca.* 1250-1270*)*: Motion, Infinity, Place and Time. Leiden: Brill, 2000. p. 37-86.

finalmente que o movimento é eterno. Explica que o móvel, isto é, o sujeito do movimento, é condição prévia, ou seja, o móvel deve existir antes do movimento.

É possível, então, que o móvel tenha chegado à existência ou, ao contrário, é possível que existisse eternamente (*Phys.* VIII, 251a 18). No primeiro caso, haverá um movimento ou mudança anterior ao que analisamos, graças ao qual terá chegado à existência. No segundo caso, se o movimento não se produz, apesar de motor e móvel existirem, ou algo então o impede ou motor e móvel estão muito separados[102]. A remoção do obstáculo ou a aproximação do motor ao móvel exigem, portanto, um movimento também anterior.

Em ambos os casos, sempre há um movimento anterior, e dessa concatenação *ad infinitum* alguém se livra apenas admitindo a eternidade do movimento. Aristóteles prossegue em sua argumentação identificando o movimento em geral com um movimento específico, o dos corpos celestes[103]. O seu objetivo final é demonstrar que esse movimento do céu, contínuo e eterno, necessita de um primeiro motor imóvel.

Averróis reflete sobre esse argumento em várias ocasiões: nos três comentários e em suas revisões dos mesmos. Ele faz eco às críticas de João, o Gramático, a seu mestre Aristóteles e às opiniões de Al-Fārābī. Em um primeiro momento, crê que Aristóteles buscava demonstrar a eternidade do movimento "enquanto gênero" e que esta se demonstra a partir da mesma definição de movimento ou mudança, como acabamos de ver.

A solução final considera que o verdadeiro propósito de Aristóteles foi investigar se o primeiro movimento – ou os primeiros, caso eles fossem mais de um – que abarca o universo é criado no tempo ou é eterno[104]; esse primeiro movimento, ou primeiros, corresponde a um primeiro móvel, o corpo celeste. Em primeiro lugar, Averróis adianta *quasi fundamentum*

102. Ver o comentário de TEMÍSTIO. *In Physica Paraphrasis. Commentaria in Aristotelem Graeca*. vol. II. Ed. H. Schenkl. Berlim, 1900. p. 210: 34-211: 6.
103. O erro da argumentação de Aristóteles é bastante conhecido. Ver a introdução de ROSS, D. a seu *Aristotle's Physics* (1936). Sandpiper Books, 1998. p. 91-92.
104. AVERRÓIS. *Octavum Volumen. Aristotelis* Metaphysicorum *libri quatuordecim cum Averrois Cord. variis in eosdem commentariis*, fol. 339 C-D. Venetia: apvd Ivnctas, 1562-1574. Reprint Frankfurt am Main: Minerva G.m.b.H., 1962c.

que existem um primeiro movimento, um primeiro móvel e um primeiro motor, correspondentes ao céu, e que, antes de cada movimento, não existe outro por essência, a não ser acidentalmente, para em seguida averiguar se esse primeiro movimento é primeiro *secundum tempus* ou *secundum naturam*[105].

Esse primeiro movimento deve ser eterno, pelo seguinte: seu móvel pode ser eterno ou gerado; se tiver sido gerado, foi precedido no tempo por um outro movimento, de geração, e assim *ad infinitum*. Se for um móvel eterno, mas que tenha começado a mover-se num instante determinado, depois de um repouso infinito, e sendo eterno seu motor, alguma causa impedia o movimento, e, para eliminar esse impedimento, outra mudança ocorrera anteriormente, e, também aqui, se produz a redução ao infinito[106]. Portanto, o movimento primeiro o é somente por natureza, já que é eterno. Este só pode ser um movimento de translação circular, já que as demais classes, como a geração, remontam ao movimento local.

Averróis alude também aos teólogos *aš^caritas*, *loquentes nostrae legis*, porque pretendem que os seres racionais, graças à vontade, são capazes de começar a mover-se ou de deter-se sem necessidade de uma mudança anterior a essas duas ações. Isso não é possível, contesta, pois a vontade, para entrar em ação, deve experimentar o desejo, e o desejo é produto da mudança no tempo. Também aqui recorre-se ao infinito[107].

É certo que um argumento demonstrando que cada movimento particular deve ser precedido de outro "por essência" poderia dar razão aos *aš^caritas*, pondo um fim à processão. Porém, este modelo é diferente do dos *aš^caritas*, e o universo criado eternamente espera de seu Primeiro Motor que nunca o deixe sem a ação que lhe é própria e que justifique o seu ser, o movimento.

105. Ibid., fol. 342 L-M, com referências ao Livro V.
106. Ibid., fol. 342 M-343 A.
107. Ibid., fol. 344 D-K.

VI.

Em linhas gerais, podemos afirmar que Averróis expôs sua doutrina do princípio material da realidade sublunar, do princípio motor – o agente – do universo e de um princípio específico do ser humano necessário para explicar o conhecimento. Devemos deter-nos agora em sua explicação dos princípios formal e final para compreender a realidade. Nenhum ser é imaginável sem uma forma, sem uma essência; contudo, outros fatores também intervêm e fazem existir os seres. Averróis precisa ir além da natureza, não no sentido aparente – pois já nos falou das esferas celestes – nem no sentido aviceniano de *teologia*, do divino. Aquele compêndio de algumas *Enéadas*, de Plotino, conhecido por *Teologia*, de Aristóteles, não convence Averróis; talvez, em sua juventude, tivesse pensado que fosse obra de Aristóteles, mas não lhe dera maior atenção. Para sua empreitada, dispõe dos livros de Aristóteles agrupados sob o título *Acerca do que há Além da Natureza* e, quando redige o seu grande comentário, já tem em mãos os quatorze livros.

Nicolau de Damasco sustentava que a disposição dos livros da *Metafísica* não corresponde a nenhuma ordem ou hierarquia, segundo informações de Averróis[108]. Este, que segue Alexandre de Afrodísia, não concorda e afirma que os livros estão ordenados do menos ao mais nobre, pois seguem uma hierarquia de *valor*.

A interpretação de Alexandre, assimilada por Averróis[109], diz que o objeto do estudo cresce em valor até o livro XII, e os que se seguem, isto

108. AVERRÓIS (IBN RUŠD). *Tafsīr mā baᶜd al-ṭabīᶜa.* Bibliotheca Arabica Scholasticorum. Série árabe, 7. Ed. Maurice Bouyges S. J., 1948; Beirut, 1973. vol. VII, p. 1405: 4-7. Nicolau de Damasco (c. 40 a.C.-20 d.C.) é autor de um comentário à *Metafísica*, ao que Averróis se refere aqui. Ver *Pawlys Realencyclopädie der Classischen Altertumswissenschaft.* vol. XVII/1 s.v.

109. Exposta em seguida, segundo AVERRÓIS, op. cit., (1948) 1973, p. 1394-1404. Id. *Grand Commentaire de la* Métaphysique *d'Aristote.* Trad. (francesa) Aubert Martin. Paris: Les Belles Lettres, 1984. p. 27-42. A maior parte do comentário de Alexandre não se conservou em seu original grego, e o *Tafsīr* de Averróis nos conservou fragmentos de boa parte do comentário de Alexandre (Livros VI-XIV), que foram recolhidos por FREUDENTHAL, Israel. *Die durch Averroes erhaltenen Fragmente Alexanders zur* Metaphysik *des Aristoteles.* Berlim: Königl. Akademie der Wissenschaften, 1885.

é, os livros XIII e XIV, tratam apenas das aporias dessa disciplina. Os primeiros livros da *Metafísica* teriam, segundo essa interpretação, um valor propedêutico. A *Metafísica*, portanto, consta de três partes: uma preparatória, outra dedicada a seu conteúdo propriamente dito e outra, dos livros *Mīm* e *Nūn*, que refuta as idéias de Platão e dos pitagóricos. O comentário maior, no entanto, não compreende estes dois últimos livros, à diferença do comentário médio.

O livro *Alif* "pequeno" (II, mas I no comentário de Averróis) apresenta o tema. *Alif* "grande" (I, mas II em árabe) esclarece as causas universais de todos os entes. O livro *Bā'* (III) expõe as dificuldades relativas ao estudo da metafísica. Também *Jīm* (IV), ainda que a afirmação de Averróis possa surpreender, é um livro propedêutico, pois, para ele, contém a "lógica particular" dessa ciência, já que trata do princípio de não-contradição. Ademais, Averróis o relaciona com as aporias de III, *Bā'*, que aqui encontrariam solução. Quanto ao léxico, que é o livro V, *Dāl*, está clara a sua função preparatória para a ciência primeira.

Aristóteles só se aprofundaria nessa ciência a partir do livro VI, *Hā'* (E). Como em *Bā'* ele aborda a necessidade de uma ciência que estude o ente enquanto ente, nesse livro VI ele examina as causas dos três tipos de entes (entidades, *huwiyyāt*): o ente que existe por acidente, o ente que existe dentro da alma e o ente que existe fora da alma. Um elo mais elevado corresponde ao estudo do ente que existe "verdadeiramente", aquele que existe fora da alma e, antes de tudo, de sua causa, que é a substância (*jawhar*). Lemos que os livros *Wāw* e *Zāy* tratam dos "princípios da substância sensível", mas há que corrigir o texto e observar que se refere aos livros VII (Z) e VIII (H) de Aristóteles. Os livros *Ḥā'* (IX, Θ) e *Ṭā'* (X, I) são os que permanecem para examinar "as propriedades gerais do ente enquanto ente", e o *Yā'* (XI) é o que permanece para analisar o movimento e o infinito de um ponto de vista distinto do que se utilizou na *Física*.

O texto dessa interpretação, original de Alexandre e assumida por Averróis, só é encontrado no Livro XII por uma razão muito simples: Averróis tinha apenas o comentário de Alexandre ao Livro XII. Apesar de ser uma explicação posterior à maior parte do comentário, não contradiz a opinião que Averróis forjou independentemente, quando comentava o Livro VII:

> Este livro é o primeiro em que se estudam as primeiras espécies do ente que se quer examinar nesta ciência, pois esta ciência se divide em três partes principais: a primeira faz referência à divisão do ente em substância e acidente, a segunda, à sua divisão em potência e ato, e a terceira, à sua divisão em unidade e multiplicidade. Este livro é o primeiro em que [Aristóteles] começou a estudar a substância e, dado que a substância se divide em separada e não separada [da matéria], dividiu o seu exame da substância em duas partes, estudando neste livro [p. 745] e no seguinte as substâncias não separadas, assim como seu número. No Livro IX, examinou a potência e o ato, e no Livro X, a unidade e a multiplicidade. Em seguida, no Livro *Lām* [XII], estudou as substâncias separadas, qual é a sua existência e o seu número. Depois, nos Livros XII e XIII [*sic*], examinou as opiniões de seus predecessores acerca das naturezas das substâncias separadas[110].

Em uma e outra passagens, a substância surge como o principal objeto de estudo, porque é a realidade mais preciosa, de maior valor. O uno é mais valioso que o múltiplo, o ato é mais valioso que a potencialidade, a substância é ato e é mais valiosa que os acidentes. Quanto à divisão da substância, em separada e unida à matéria, não é acidental, irrelevante; ao contrário, ela demarca a investigação de Averróis.

Aristóteles se defrontara com a questão das idéias platônicas em vários lugares e, no Livro VII, contestou-as mediante o exame da geração: tudo o que se gera, seja fruto da natureza, da arte ou de algo espontâneo, necessita de uma matéria[111] e de uma forma que se integre em uma matéria. Uma forma separada da matéria não tem sentido, e percebemos que a geração de uma substância se faz a partir de outra com a mesma forma. Todavia, Averróis reflete:

> Sobre isso há muitas dúvidas, nada fáceis e muito abstrusas. Se se admite que o que está em potência passa a estar em ato somente por obra de algo que pertence ao mesmo gênero ou espécie e se se comprova que muitos animais e plantas passam

110. AVERRÓIS (IBN RUŠD). *Tafsīr mā baᶜd al-ṭabīᶜa*. Bibliotheca Arabica Scholasticorum. Série árabe, 6. Ed. M. Bouyges S. J., 1942; Beirut, 1983. vol. VI, p. 744-745. Id. *Étude du livre Zāy (Dzeta) de la Métaphysique d'Aristote dans sa version arabe et son commentaire par Averroès*. Tradução francesa e estudo de Ahmed ElSakhawi. Villeneuve d'Ascq: Septentrion, 2000. p. 2-3.

111. "Pois toda coisa pode ser e não ser, e isso [a possibilidade] é algo residente na matéria de cada uma" (*Met.* VII, 7, 1032a 20-22).

da potência ao ato sem que sejam gerados a partir de uma semente contendo a forma análoga, pode-se pensar que há substâncias e formas [separadas] que conferem a estes animais e plantas assim gerados as formas graças às quais são animais e plantas. Este é o mais forte argumento a favor de Platão e contra Aristóteles[112].

Os discípulos de Platão resolvem a dificuldade com o auxílio da doutrina das idéias separadas, que interviriam diretamente nos processos de geração. Outra dificuldade é constituída pelas formas, ou qualidades primárias, dos quatro elementos (fogo, ar, água, terra), pois, apesar de elas serem opostas, cada um dos elementos pode gerar-se de um outro. A maior dificuldade vem da alma dos seres vivos, já que parece ser "algo acrescentado à forma da mescla de humores". Como solução, seriam válidas também as formas separadas, que "os filósofos aristotélicos recentes denominam 'intelecto agente', acreditando que este não somente outorga as formas das almas, mas também as formas substanciais que há nos tecidos homogêneos e nos quatro elementos"[113].

Avicena representa esses filósofos aristotélicos. Se respeitarmos o princípio de que somente formas materiais geram formas materiais, veremos, no caso de seres nascidos de esperma ou de sementes, como esses mesmos seres são os que "dão as formas das coisas que se geram de sementes, utilizando as formas que lhes deram as sementes que as geraram"[114], enquanto no caso da geração espontânea, são os corpos celestes que dão uma espécie de semente e a potência correspondente a essa semente.

Em toda geração animal, Averróis vê como necessária a intervenção de um princípio inteligente, tal como existe na fabricação de qualquer artefato, mas, com certa surpresa, lemos que se trata de "faculdades naturais [e] divinas". Averróis, para essa afirmação, apóia-se não na *Metafísica*, mas, sim, em *A Geração dos Animais*. Nesta segunda obra, Aristóteles se pergunta se a alma animal se encontra no esperma (*De gen. anim.* 731a 31-32). Responde inicialmente que tanto o esperma como o equivalente ao óvulo possuem, ambos, uma alma nutritiva *em potência*, mas somente o esperma possui uma alma sensível

112. AVERRÓIS. *Tafsīr mā ba*ᶜ*d al-ṭabī*ᶜ*a*, ed. Bouyges, p. 881: 1-10. Cf. ARISTÓTELES. *De gen. anim.* III.10, 760a 5-763a 30.
113. AVERRÓIS. *Tafsīr mā ba*ᶜ*d al-ṭabī*ᶜ*a*, ed. Bouyges, p. 882: 6-9.
114. Ibid., p. 883: 16-18.

em potência (*De gen. anim.* 736b 9-27). Quanto à alma racional, Aristóteles a faz "vir de fora e ser divina" (*De gen. anim.* 736b 28). No entanto, nos três casos, Aristóteles considera que as combinações dos quatro elementos não são suficientes para explicar essas três almas e que há de se recorrer a outro elemento mais divino (*De gen. anim.* 736b 31). Assim, pois, o esperma contém uma parte natural e outra divina (*De gen. anim.* 737a 10).

Averróis baseia-se, portanto, nesse outro escrito de Aristóteles para explicar, sem necessidade do intelecto agente, a infusão das formas na matéria e faz remontar essas potências da alma (não racional) a alguns princípios divinos, não reduzidos à natureza. Não é certo, no entanto, que essa potência "se entenda a si própria e, muito menos, que esteja separada"[115]. Essa versão moderna das idéias platônicas não é aceitável para Averróis, que termina seu comentário buscando uma explicação para o erro de Avicena e de Al-Fārābī, o que também esclarece a sua concepção de substância.

As formas não são geradas por elas próprias, ou seja, as idéias ou formas independentes da matéria não se reproduzem, ainda que tenhamos acabado de ler que as formas materiais, sim, produzem outras formas materiais. Se isso fosse possível, a geração ocorreria sem matéria e o engendrado seria o imaginado. A realidade que observamos é distinta: a causa da geração de uma coisa é o fator que provê que a forma desta coisa passe da potência ao ato. Somente pode fazê-lo "movendo a matéria para que receba tal forma", de modo que o que gera ou é um corpo ou atua por meio de um corpo.

Seria possível imaginar que o que gera produz a forma sem a necessidade de seu substrato? Averróis responde negativamente, porque o substrato não existe sem a sua forma, e sem ela não pode ser causa eficiente, como o é, por sua vez. Aquele que gera é o mesmo tanto para a forma quanto para o substrato; do contrário, um efeito único teria dois agentes. Averróis insiste aqui e acolá na materialidade do que gera e na inseparabilidade da forma de seu substrato, que não pode existir sem ela.

Contra essa opinião, que para ele é a de Aristóteles, não apenas situa Platão e Avicena, mas igualmente Al-Fārābī, que, parece-lhe, também os segue. Averróis indaga-se acerca da atração exercida pela doutrina platônica e explica:

115. Ibid., p. 884: 13-15.

> A doutrina de Platão atraiu a maioria das pessoas porque parece próxima ao que pensam os *ašaritas* a respeito, a saber, que todas as coisas têm um Agente único e que umas coisas não influem em outras, porque eles acreditavam que, se umas produziam outras, cair-se-ia em um retorno das causas eficientes ao infinito, de modo que fixaram um Agente incorpóreo, mas sob este aspecto não se resolve a questão.
> Se existe algo incorpóreo, então não pode fazer mudar a matéria, a não ser por meio de outro corpo inalterável, que são os corpos celestes. Por isso, é impossível que as inteligências separadas resultem em qualquer forma mesclada à matéria[116].

Somente o intelecto humano, que não está mesclado à matéria, pode e deve proceder do intelecto agente, que está separado dela, o que é uma tese claramente averróica. A crítica das formas separadas, dos universais, foi completada com a exposição de uma alternativa que Averróis está convencido ser aristotélica; talvez Aristóteles estivesse de acordo com ela. Em todo caso, tal alternativa reforça a dimensão do substrato na noção de substância, entendida como composto de matéria e de forma. Segundo Averróis, a matéria é substância porque é o substrato distante, mas sem a forma não existe o substrato, nem existe substância sensível sem substrato material. A forma é a realização da qüididade e a causa fundamental da existência do composto. Contudo, nem todos os aspectos estão elucidados, pois a forma é também equivalente à espécie[117].

Em resumo, Averróis deu uma explicação da forma substancial, da forma unida à matéria, mas a forma separada precisava ainda ser analisada. Aristóteles, no último capítulo (17) do livro VII da *Metafísica*, anuncia um novo tratamento do tema do livro (*Met.* 1041a 6-7) e manifesta sua esperança de que este novo enfoque ajude a conhecer mais acerca da substância que está separada dos sensíveis, "já que a substância tem algo de princípio e causa" (*Met.* 1041a 9-10). Se considerarmos que a substância de cada ser individual nada mais é que "a primeira causa de [seu] existir" (*Met.* 1041b 28), concordaremos com Aristóteles que também aqui a qüididade ou forma

116. Ibid., p. 886: 2-10; id., trad. ElSakhawi, 2000, p. 118.
117. DI GIOVANNI, Matteo. La definizione delle sostanze sensibili nel *Commento Grande* (*Tafsīr*) di Averroè a *Metafisica Z*, 10. *Documenti e Studi sulla tradizione filosofica medievale*, n. 14, p. 27-63, 2003. O autor se inclina a identificar forma substancial e espécie e a diferenciá-las somente no nível lógico, seguindo Tomás de Aquino.

é a verdadeira substância. Averróis prestava atenção a esse ponto na paráfrase ao comentário médio[118], e no comentário maior insiste:

> [Diz Aristóteles] *Posto que é necessário que [a coisa] tenha uma qüididade e que além disso a qüididade comece a ser, é evidente que o que se quer saber é por que o material é tal coisa.* [Quer dizer], posto que essas coisas devam ter uma qüididade e a qüididade se produz num material, é evidente que o que se busca nestas coisas mediante a pergunta "por que" é tanto a causa a modo de material como a causa a modo de forma. Significa que, se nos entes não existisse esta natureza que é a forma, mas somente a matéria, com a pergunta "por que" não se buscaria a causa material, mas, sim, a própria coisa[119].

Em uma proposição disjuntiva entre substrato ou forma, Averróis se inclina pela forma, precisamente porque ela é causa e princípio. Além disso, essa dimensão causal o ajuda a explicar as formas separadas. Averróis crê firmemente nelas, mas as reduz às formas dos corpos celestes e aceita uma emanação restrita a estes. Ele separa a questão do conhecimento que os intelectos têm – definida pelas formas mediante as quais apreendem a Causa Primeira – da questão da essência da emanação[120]. Esta, ele sublinha, não é própria dos antigos filósofos, dos gregos, mas sim de Avicena. Os antigos filósofos reconhecem o princípio de que do um só procede o um, mas que não se aplica por igual aos agentes que são formas materiais e aos que são formas separadas da matéria. Uma forma separada não é composta de dois elementos, no sentido da tradição de Al-Fārābī e de Avicena, mas tampouco é tão simples como o é o Primeiro Princípio. A sua tese é que o primeiro efeito contém em si o princípio, o fundamento da pluralidade, uma vez que subsiste graças à unicidade que emana da Causa Primeira.

118. "Obviamente são substâncias em ato a causa desta natureza denominada 'forma', e a forma é a causa de que todas as coisas sejam substância em ato". *Be'ur memmah she 'aḥar ha-ṭeba*ᶜ, manuscrito n. 3082 da Biblioteca Regia Casanatense de Roma, fol. 65:24-25, in *Met.* 1041b 29-31.

119. AVERRÓIS. *Tafsīr mā ba*ᶜ*d al-ṭabī*ᶜ*a*, ed. Bouyges, p. 1015: 2-8; id., trad. ElSakhawi, 2000, p. 223.

120. Acertadamente, Jean Jolivet utiliza, para descrever o processo, a expressão "causalidade noética". Ver seu artigo: JOLIVET, Jean. Divergences entre les métaphysiques d'Ibn Rušd et d'Aristote. *Arabica*, n. 29, p. 230-234, 1982. B. S. Kogan, por sua vez, discorre sobre "causal knowing", em KOGAN, Barry S. *Averroes and the Metaphysics of Causation.* Albany, N.Y.: SUNY Press, 1985.

> A diferença entre a causa e o efeito – refiro-me às formas separadas – apóia-se em que a Causa Primeira existe por si própria, enquanto a causa segunda existe em razão da sua relação com a Causa Primeira, porque o fato de ser causada é a sua própria substância[121].

Entre a causa e o efeito há algumas diferenças ontológicas. O efeito é composto no sentido de menos simples, e, no caso das formas separadas, sua natureza é *relacional*. Que significa "relacional" para Averróis? Sem qualquer dúvida, uma forma de existir unida necessariamente a outro ser, à causa, sem possibilidade de existir independentemente; e esta forma de existir é própria dos corpos celestes, que, para ele e para os medievais, eram substâncias separadas da matéria.

Sem que nos apercebêssemos, o causal levou-nos a uma substância separada por excelência, que é a substância primeira. Em seu comentário maior do Livro Γ, no qual Aristóteles estuda a *prōtē ousía*, Averróis não hesita em identificá-la à Divindade[122].

A forma separada, totalmente pura, é a substância divina, e sua essência é o intelecto. Que o intelecto seja a manifestação mais divina, é uma tese aristotélica conhecida, mas Averróis se encontra numa situação muito distinta quanto ao divino. Os teólogos cristãos, de início, e os muçulmanos, em seguida, ocuparam-se a fundo da natureza do Deus criador e de seus atributos. Os muçulmanos insistiram na simplicidade e na unicidade de Deus, o que não impedia que Ele estivesse revestido de infinitos atributos. Por isso, quando Aristóteles descreve o Primeiro Motor como intelecto, Averróis tem de acrescentar: "A vida e a ciência são os atributos mais característicos de Deus, Deus é assim, vivo e sábio"[123]. Preocupam Averróis a questão de como Deus conhece e, mais particularmente, a da sua criação, o que, de resto, o preocupava já no comentário médio, em que se mostrava crítico em relação a Temístio, crítica que agora se faz mais extensa, porque este sustentava que a divindade conhecia todas as coisas

121. AVERRÓIS, op. cit., 1930, p. 238; (1954) 1969, vol. I, p. 141.
122. Id. *Tafsīr mā bad al-ṭabīa*, ed. Bouyges, vol. I, p. 240: 16-17.
123. Id. *Tafsīr mā baᶜd al-ṭabīᶜa*, ed. Bouyges, p. 1620: 2-3; in ARISTÓTELES. *Met.* 1072b 16-30.

em um instante[124]. Inevitavelmente, o comentário maior deve adentrar o núcleo do pensamento aristotélico segundo o qual a divindade é pensamento de seu pensamento, e interpreta: "*Pensa seu pensamento*, a saber, pensa a sua atividade que consiste em pensar porque a sua substância é a sua atividade"[125]; porém, a ciência divina, em Averróis, manifesta-se também em outra dimensão, a de ser causa da existência dos demais seres[126]. Dito isso, Averróis reconhece que Deus é um ser que conhece e sabe, que, porém, nós não podemos descrever corretamente.

Averróis demonstra a existência da substância separada por excelência, mas reconhece que a mente humana é incapaz de conhecer a sua forma ou essência e de explicá-la. Esta não é uma maneira de escapar do problema, mas, sim, um reconhecimento dos limites da razão, que, contudo, é o único recurso que o homem tem.

VII.

Todo esse sistema desponta impregnado de necessidade. A forma separada que é Causa Primeira goza de contínua atualidade; essas construções com formas separadas do mundo supralunar não são assim, posto que estão sujeitas ao movimento circular, o que implica na imperfeição da sua atualidade; a realidade sublunar seria inexplicável sem o par ato-potência, ou necessidade-possibilidade. No entanto, a necessidade domina no mundo da geração e da destruição, das mudanças na natureza, porque toda

124. A citação de Temístio encontra-se no comentário de Averróis: Ed. Badawī, p. 17: 17; ed. Landauer, p. 20; trad. Brague, p. 93; *Be'ur*, Casanatense, f. 118: 10-13; *Tafsīr mā baᶜd al-ṭabīᶜa*, 1706: 11-12; in ARISTÓTELES. *Met.* 1074b 15.

125. AVERRÓIS. *Tafsīr mā baᶜd al-ṭabīᶜa*, ed. Bouyges, p. 1700: 5-6; in ARISTÓTELES. *Met.* 1074b 34-35. Mais adiante, Averróis conclui: "sua existência não se distingue de sua ciência". (AVERRÓIS. *Tafsīr mā baᶜd al-ṭabīᶜa*, ed. Bouyges, p. 1708: 13).

126. "O primeiro é quem conhece a natureza do ente enquanto ente de maneira absoluta, que é ele próprio. Por isso, o nome de 'ciência' se predica da ciência de Deus e da nossa por homonímia, porque a ciência de Deus é a causa do ente, enquanto o ente é causa de nossa ciência". (Ibid., p. 1708: 1-4)

possibilidade termina realizando-se. Somente a atividade humana escapa, cedo ou tarde, dessa realização do possível no mundo regido "pelo Sol e seu movimento através do plano da eclíptica". Voltemos, pois, ao ponto em que Averróis afirmava a existência do possível, argumentando que:

> muitos absurdos resultam se eliminarmos a natureza do possível e supusermos que todas as coisas futuras são necessárias. O primeiro deles é que a deliberação e a preparação a fim de repelir um dano previsível, ou para desfrutar de um bem a ser conseguido, serão inúteis, de modo que será uma vã tarefa e uma falsa crença se um homem pensar que, se fizer aquilo que deve fazer [para conseguir algo], isto ocorrerá e, se não o fizer, isto não ocorrerá[127].

Na quarta discussão da questão XVII de *Destruição da "Destruição dos Filósofos"*, Averróis responde à acusação de Al-Ġazālī de que os filósofos negam a ressurreição dos corpos. Os filósofos a defendem, contesta, e o fazem todos porque a vida futura é "necessária para a existência das virtudes morais, das virtudes teoréticas e das artes práticas"[128]. Estas duas não são possíveis sem as virtudes morais, e estas são a adoração de Deus mediante as orações e os demais atos de culto. Das palavras de Averróis, fica manifesta a responsabilidade humana, porque o homem é livre para adquirir, ou não, essas virtudes morais. A moral, as artes práticas e inclusive as teoréticas supõem que os atos humanos não estão determinados e que não acontecerão inevitavelmente. Um homem não se condenará ou se salvará porque assim está decidido.

Aristóteles não excluía a vida futura, mas a sua filosofia moral estava dirigida a esta vida aqui, a ajudar o homem a ser feliz. Averróis comentou a *Ética a Nicômaco* em nível de paráfrase, e, embora o original árabe não se tenha conservado, dispomos de suas traduções hebraica[129] e latina[130]. Ao

127. Id., 1981, p. 81; 1998, p. 82-86.
128. Id., 1930, p. 581: 4-5.
129. Id. *Averroes' Middle Commentary on Aristotle's Nicomachean Ethics*. In the Hebrew Version of Samuel Ben Judah. Ed. Lawrence V. Berman (e Steven Harvey). Jerusalem: The Israel Academy, 1999.
130. Id. *Tertium Volumen Aristotelis Stagiritae moralem totam philosophiam complectentes, cvm Averrois Cordvbensis in Moralia Nicomachia expositione*. Venetia: apvd Ivnctas, 1562-1574. Reprint Frankfurt am Main: Minerva G.m.b.H., 1962a. fols. 1-160.

fazê-lo, Averróis teve de adaptar não somente o vocabulário e os conceitos, mas também as muito diferentes situações sociais.

A felicidade é um bem que todos nós buscamos e o buscamos não como meio, mas sim como fim em si mesmo[131]. Não é fácil especificar o que é a felicidade, pois as opiniões são diversas, mas Aristóteles raciocina e sustenta que é "atualização (*enérgeia*) da alma segundo a virtude", ou seja, o ser virtuoso o é durante a maior parte de tempo possível, pois uma andorinha não faz verão (*Eth. Nic.* I.7, 1098a 16-19). Averróis parafraseia:

> Posto que a felicidade existe na virtude, ou melhor, sob a virtude, o conveniente é que ela seja uma atualização que existe numa virtude muito forte e que esta atualização pertença à melhor faculdade existente em nós, seja o intelecto ou outra faculdade do mesmo gênero. Pensa-se que ela seja regente (*adon*) por natureza de todas as potências e que esta faculdade tenha características das melhores coisas, que são as divinas. Portanto, esta potência deve ser divina ou mais divina que as demais potências que há em nós. Se isto assim é, a felicidade é a atualização por nós desta faculdade segundo a virtude própria da mesma, quero dizer, a atualização segundo o mais perfeito que exista nela. Ora, esta felicidade é a essencial e é algo que já explicamos anteriormente.
> Disse: Talvez há de se pensar que os antigos adotavam esta crença porque esta ação é muito forte. Está claro que entende o que há em nós e que atua mediante conhecimentos que o intelecto apreende. A sua atividade com eles é bastante contínua, mais do que são as atividades das demais faculdades existentes em nós, porque é intelecto. Já dissemos que é mais próprio da ação do intelecto ser contínua do que ser ativa somente em um determinado momento, o que eu considero no livro *De anima*[132].

A paráfrase recolhe frases inteiras da *Ética a Nicômaco*, mas Averróis intercala suas próprias opiniões, nesse caso, relativas à natureza do intelecto. Ele alude a seu comentário ao *De anima*[133] e relaciona a doutrina do intelecto ali exposta com a da felicidade que aqui se discute, para estabelecer a sua natureza intelectual.

131. ARISTÓTELES. *Eth. Nic.* I.7, 1097b 1-2.
132. AVERRÓIS, op. cit., 1999, p. 337 [49-50], consultando id., 1962a, fol. 153 D-F, in *X*.7, 1177a 12-22.
133. O comentário médio à *Ética* tem como data de finalização 5 de maio de 1177, enquanto a data de composição do comentário médio ao *De anima* é o ano 1172/3.

Com freqüência, Averróis segue Aristóteles para completá-lo ou para apresentar mais provas: a *philía* é "uma virtude, ou requer a virtude, e é uma das coisas mais importantes para a vida" (*Eth. Nic.* VIII.1, 1155a 3-4). A tradução mais próxima de *philía* é "amizade"; a versão latina de Averróis menciona *amicitia*, e a hebraica, *ḥibbah* (outras vezes, *ahavâh*), de modo que o original árabe utilizaria *maḥabba,* sem nenhuma dúvida, e todos esses termos estão construídos sobre a noção de "amar" em geral, e não de *ᶜišq*, "amor paixão", ou de *šahwa*, "desejo ardente".

Aristóteles considera modos da amizade que não são autênticos. Entre os mais velhos, predomina a amizade pelo interesse, pelo útil; entre os jovens, a finalidade é o prazer. Averróis observa que "os jovens amam a volúpia[134], de modo que costumam buscar o prazeroso e principalmente o presente". Acrescenta que o prazer[135] depende da proximidade entre um e outro e que consiste em estar juntos, mas nem o latino *coniunctio* nem o hebraico *qibbuṣ* explicam seja o termo árabe, seja o sentido original. Em seguida, ele explicita: os jovens têm muito *ḥesheq*, são *amatores*, e a força da volúpia e do prazer é forte, mas o que é "força" na versão hebraica se converte em "vício", *vitio concupiscientiae et delectationis*, na versão latina[136]. A esse respeito, Averróis não alude a diferenças entre a sociedade grega e a almôada.

São escassas as referências à vida islâmica. Aristóteles afirma que em toda associação há algum tipo de justiça e algum tipo de amizade (*Eth. Nic.* VIII.9), as duas imprescindíveis para alcançar os seus objetivos. As festas de uma comunidade celebram a consecução desses objetivos, como, por exemplo, as colheitas, que, ao mesmo tempo que honram os deuses, divertem. Averróis recorda essas festas antigas e comenta: "[Aristóteles] se refere ao que nós chamamos de *Páscoa*"[137]. Uma variante na tradução latina e na hebraica chama a atenção: na primeira, os que oferecem os sacrifícios honram a Deus, na hebraica, honram aos deuses.

134. Latim *concupiscentias*, hebraico *ta'avah*, correspondentes provavelmente ao árabe *šahwa*, e a referência grega aqui é *hēdonē*.

135. Latim *dilectatio*, hebraico *taᶜanug*, podem corresponder a *ladda.*

136. AVERRÓIS, op. cit., 1962a, fol. 113 C-D; id., 1999, p. 258, in ARISTÓTELES. *Eth. Nic.* VIII.3, 1156a 31-b 6.

137. AVERRÓIS, op. cit., 1962a, fol. 120 F-G; id., 1999, p. 273, in ARISTÓTELES. *Eth. Nic.* VIII.9, 1060a 22-27. *Pascha* seria *ᶜīd* em árabe

A amizade intervém nos três sistemas de governo: do rei, da aristocracia e dos que têm preço e "que deveria chamar-se timocracia, ainda que a maioria das pessoas tenha o costume de chamá-la *politeía*"[138]. Sabemos da preferência de Aristóteles pela monarquia, exposta em sua *Política*, mas essa obra nunca chegou às mãos dos árabes. Averróis a substituiu pela *República*, de Platão, que também comentou, mas o texto comentado somente se conserva em sua tradução hebraica, da qual foram realizadas uma tradução espanhola e duas inglesas[139].

Este comentário tem as características das *sumas*: Averróis deixa de lado os argumentos dialéticos e as discussões e se centra nos argumentos científicos. Estrutura a exposição em três tratados: o primeiro, dedicado, sobretudo, às condições dos guardiões, o segundo, às dos filósofos, e o terceiro, às sociedades defeituosas[140].

A sociedade perfeita é a sociedade virtuosa, e as virtudes cardinais são a sabedoria, o vigor, a temperança e a justiça, segundo Platão (*Rep.* IV, 427-431). Ao considerar a categoria dos guerreiros ou guardiões, Averróis examina o vigor, a temperança e a justiça, mas se interessa, antes de tudo, pela primeira, pela coragem e pela forma de adquiri-la. O vigor é a virtude dominante, e a educação dos guerreiros está destinada, primariamente, a inculcar-lhes a coragem; se pensarmos nas dificuldades que atravessava *Al-*

138. "República" na tradução de M. Araujo e J. Marías da *Ética a Nicômaco*. Madrid: Instituto de Estudios Políticos, 1970; ARISTÓTELES. *Eth. Nic.* VIII.10, 1160a 30-34.

139. AVERRÓIS. *Averroes' Commentary on Plato's* Republic. Edição da versão medieval hebraica com Tradução inglesa de Erwin I. J. Rosenthal. Cambridge: Cambridge University Press, 1956. *Averroes on Plato's "Republic"*. Nova trad. Ralph Lerner. Ithaca: Cornell University Press, 1974. *Exposición de la "República" de Platón*. Trad. (espanhola) Miguel Cruz Hernández. Madrid: Tecnos, 1986. A versão hebraica foi traduzida para o latim por Elia del Medigo, cuja cópia data de 26 de abril de 1491; a edição dessa versão se baseia num único manuscrito, conservado na Biblioteca Comunale degli Intronati di Siena, cf. id. *Parafrasi della "Repubblica" nella traduzione latina di Elia del Medigo*. Edição e Tradução de Annalisa Coviello; Paolo Edoardo Fornaciari. Firenze: Leo S. Olschki Editore, 1992. Em 1539, recebeu outra versão para o latim, por Jacob Mantino; esta última foi publicada na edição de Venetia: apvd Ivnctas, vol. III, ff. 335r-372v.

140. Não é minha intenção entrar aqui em detalhes e remeto ao estudo de BUTTERWORTH, Charles E. *Philosophy, Ethics and Virtuous Rule. A study of Averroes' Commentary on Plato's* Republic. Cairo: American University, 1986. Em geral, ver ROSENTHAL, Erwin I. J. *Political Thought in Medieval Islam*. Cambridge: Cambridge University Press, 1968. (1. ed. 1958). p. 175-209.

Andalus em razão da pressão cristã, Averróis teve bons motivos para insistir nessa virtude.

A preocupação pela defesa surge ainda ao tratar do número de soldados numa cidade. Platão limitava tanto a sua extensão como o número de seus guardiões a uns mil (*Rep.* IV, 423 C). Em seu epítome, Averróis não hesita em buscar uma interpretação às palavras de Platão: este não trata do número de guardiões como sendo uma quantidade válida universalmente, mas, tanto cidades como guardiões devem, na cidade ideal, ter extensão e número limitados.

Em defesa de sua interpretação, Averróis invoca – a única vez em todo o tratado – a autoridade do Profeta; segundo um *ḥadīṯ*, ou tradição, Muḥammad disse: "Fui enviado ao vermelho e ao negro"[141]. A frase tem um sentido claramente universal, "minha mensagem está dirigida a toda a humanidade", mas Averróis vê nela outro sentido: o estado universal deve ser composto de cidades limitadas. A delimitação dessas cidades-regiões se faz por zonas climáticas, as quais correspondem às raças. Consciente de que Platão, talvez, não tenha pensado assim e tenha somente considerado os gregos, acrescenta que esta, "se não é a opinião de Platão, todavia é a de Aristóteles".

A virtude da sabedoria, em contrapartida, está vinculada aos filósofos, e o estado ideal não só necessita deles, mas, ainda, o seu rei deve ser um filósofo (*Rep.* V, 471-474). Averróis sublinha que filósofo é o que domina as ciências teóricas segundo as quatro condições que Aristóteles estabelece nos *Segundos Analíticos*, isto é, ele se refere à afirmação aristotélica de que somente conhecemos cientificamente uma coisa quando conhecemos suas quatro causas: a essência, os condicionantes necessários, a causa desencadeante do processo e a finalidade (*An. Post.* XI, 94a 20-24). Filósofo é o que conhece por raciocínios apodíticos e este ensinamento está reservado à elite[142].

141. AVERRÓIS, op. cit., 1956, p. 46; trad. (inglesa), p. 153; trad. Cruz Hernández, p. 46. Veja-se o *ḥadīṯ* recolhido por Muslim, *Ṣaḥīḥ*, "Livro das Mesquitas", n. 810, que faz referência "ao vermelho".
142. AVERRÓIS, 1956, p. 60; trad. (inglesa), p. 176; trad. Cruz Hernández, p. 71.

Ademais, o filósofo deve dominar as ciências práticas, entre as quais parece incluir a capacidade de descobrir conhecimentos e a de ensiná-los. Além disso, o filósofo não só deve possuir ciências, mas também virtudes. Se todas essas condições estiverem nele reunidas, o filósofo poderá ser rei, *imām* e legislador. Averróis aceita sem reservas as dez condições que Al-Fārābī, na *Cidade Ideal*[143], impunha ao governante ideal, entre elas a sua disposição natural para as ciências teóricas. Quanto às condições para ser também profeta, Averróis afasta as exposições que eu chamaria de "psicologistas" acerca do profeta, tal como as desenvolve a tradição filosófica islâmica, que vai de Al-Fārābī a Avempace, passando por Avicena, e não considera que, para ser o melhor governante, a condição de ser profeta seja necessária[144].

Se o fim do homem é a felicidade e se o governante ideal deve conduzir os seus súditos a ela, apenas o rei amante da sabedoria poderá fazê-lo, porque sabe qual é a verdadeira essência da felicidade, isto é, que os homens alcancem sua perfeição como seres racionais. Nesse ponto, filosofia antiga e religião revelada coincidem, nas palavras de Averróis:

> O que as leis religiosas de nosso tempo mantêm em relação a este ponto é que o fim último do homem está estabelecido pela vontade de Deus, mas que o único caminho para sabê-lo é mediante a profecia. Se investigares as leis religiosas, este saber se divide em conhecimento abstrato, tal como nossa Lei ordena sobre o conhecimento de Deus, e em ações práticas, como as virtudes que a Lei manda observar. Sua intenção, quanto à finalidade, é idêntica à da filosofia, tanto na forma como no conteúdo[145].

A sociedade ideal é possível e não é, pois, distinta da sociedade em que a *šarīʿa* seja respeitada, ainda que a realidade exista em abundância em sociedades viciadas. Assim como Platão examina nos Livros VII e IX da *República* os diferentes tipos de cidade ou sociedade defeituosas e compara as vidas justas e injustas, Averróis repassa, com ele, tais sociedades e faz

143. AL-FĀRĀBĪ, Abū Naṣr. *Kitāb mabādi' ārā' ahl al-madīnat al-fāḍila*. Ed. Albert N. Nader. Beirut: Dār al-Mašriq, 1973. p. 127-130; id., 1985, p. 89-90.
144. AVERRÓIS, op. cit., 1956, p. 61; 1986, p. 72.
145. AVERRÓIS, op. cit., 1956, p. 66; trad. (inglesa), p. 185; trad. Cruz Hernández, p. 80.

suas reflexões sobre os regimes que o Islã viveu, em particular o andaluz. Como indica Cruz Hernández, o seu ataque mais duro é dirigido contra os regimes das taifas[146]. Averróis tampouco poupa críticas aos almorávidas, quando reflete sobre a passagem da *República* (VIII 550 C-550 B), que trata da oligarquia e de sua degradação:

> A transformação do homem oligárquico no hedonista é evidente [...]. O mesmo se pode dizer do estado oligárquico e do hedonista, já que as comunidades fundamentadas na riqueza e no prazer são do mesmo tipo. Assim, muitas vezes vemos os reis corromperem-se em homens assim. Um exemplo de nossa época é o império dos chamados almorávidas. A princípio, seguiam a constituição fundada nas leis, como sob o reinado do primeiro deles, mas logo, sob o de seu filho, mudaram para a oligarquia. Mais tarde, sob seu neto, mudaram para a hedonista com todos os luxos que a acompanham, e esta pereceu em seu devido momento. A razão foi que a constituição que os enfrentou se assemelhava à que se funda nas leis[147].

Aos louvores que dedicava aos almôadas ao terminar o *Tratado Definitivo* – ver supra –, acrescenta a aprovação que lhes dispensa nessa passagem. Além disso, quando conclui o comentário, oferece-o ao sultão almôada[148], a quem agradece a ajuda para compreender "o conjunto de enunciados científicos e necessários desta ciência (a política)"[149].

Apesar disso, algumas expressões dispersas pelo tratado fazem pensar que Averróis não estivesse muito satisfeito com o regime dos almôadas, já que esperava que fosse diferente dos regimes anteriores, a saber, que governassem conforme a *šarīᶜa* e ao *nomos*. À diferença de outros pensadores, como Al Fārābī, a quem leva em conta com freqüência, Averróis não pensa-

146. CRUZ HERNÁNDEZ, Miguel. La crítica de Averroes al despotismo oligárquico andalusí. In: MARTÍNEZ LORCA, Andrés. (Org.). *Al encuentro de Averroes*. Madrid: Editorial Trotta, 1993. p. 117.

147. AVERRÓIS, op. cit., 1956, p. 92; trad. (inglesa), p. 227; trad. Cruz Hernández, p. 123-24. O termo "leis", *nimûsîm*, produz certa confusão, e Rosenthal pensa que equivale a "lei religiosa".

148. Segundo Rosenthal, (e Gauthier), p. 300, nota XXI.I, é Abū Yaᶜqūb Yūsuf, (m. 1184), mas, segundo Cruz Hernández, trata-se de Abū Yūsuf Yaᶜqūb (m. 1198). Manuel Alonso seria da mesma opinião que o segundo, pois situa a data de composição em 1194, cf. ALONSO, Manuel. *Teología de Averroes*. Estudios y documentos. Sevilla: Fundación El Monte, 1998. (1. ed. Madrid; Granada: CSIC, 1947). p. 97.

149. AVERRÓIS, op. cit., 1956, p. 105; trad. (inglesa), p. 250; trad. Cruz Hernández, p. 148.

va numa sociedade modelo, mas aceitava a sociedade islâmica de sua época, que, todavia, corria o perigo de desaparecer com a investida dos cristãos. Sem dúvida, para ele, essa sociedade deveria ser virtuosa e deveria ser a melhor, porque o Islã era a melhor das religiões.

***

Depois do interdito califal, os que se dedicavam às ciências dos antigos tiveram de fazê-lo às escondidas. Muitos as abandonaram ou se limitaram à arte inofensiva da lógica, e se esqueceram do nome de Averróis, como sucedeu com um de seus discípulos, Ibn Ṭumlūs (m. 1223). Muito mais grave para a continuidade da filosofia seria a perda do território que garantia a existência de uma sociedade islâmica, pois, em 1212, os almôadas foram derrotados por uma coalizão de reinos cristãos em Navas de Tolosa, em árabe *Al-ᶜIqāb*. Os almôadas foram se arruinando, perderam cidades andaluzas, e um de seus últimos califas, Al-Ma'mūn (m. 1232), retirou-se de *Al-Andalus* para refugiar-se em Marrakesh. De maneira significativa, Al-Ma'mūn renegou as doutrinas de Ibn Tūmart e voltou à ortodoxia sunita.

No norte de África, na cidade de Ceuta, um sufi de origem murciana, Quṭb al-Dīn ᶜAbd al-Ḥaqq ibn Sabᶜīn (1216-c. 1269)[150], respondia a uma consulta que Frederico II Hohenstaufen teria feito em diversos países islâmicos sem receber resposta e que, finalmente, teria dirigido ao califa almôada Al-Rašīd (1232-1242). Frederico II teria pedido que Ibn Sabᶜīn respondesse à consulta, e o califa, por meio de seu governador de Ceuta, Ibn Ḫalāṣ, assim o teria ordenado[151].

Supostamente Frederico II fez várias perguntas, e a primeira delas era acerca da eternidade da criação do mundo, a mesma que o califa Abū Yaᶜqūb

150. Estudos e textos reimpressos em: IBN SABᶜĪN, Quṭb al-Dīn ᶜAbd al-Ḥaqq. *Ibn Sabᶜīn ᶜAbd al-Ḥaqq ibn Ibrāhīm (d.c. 668/1269) and his philosophical correspondence with the Emperor Frederick* II. Frankfurt: Institut für Geschichte der Arabisch-Islamischen Wissenschaften, 1999. vol. 80. (Serie Islamic Philosophy).

151. O historiador Al-Maqarī (m. 1630) dá uma curiosa explicação sobre por que Frederico II conhecia Ibn Sabcīn: Um seu irmão teria sido enviado pelo emir de Murcia, Ibn Hūd, vassalo de Fernando III, o rei de Castela, em missão à corte papal de Inocêncio IV. AL-MAQARĪ. *Nafḥ al-ṭīb*. Ed. Wright-Krehl. Leiden, 1855-1860; Amsterdam, 1967. 2 v. vol. I, p. 594; AMARI, Michele. *Biblioteca Arabo-Sicula*. Torino; Roma, 1881. vol. II, cap. LX, p. 415.

fizera a Averróis. O paralelismo é evidente, mas a situação é distinta, pois um rei muçulmano não deveria interessar-se pela filosofia de Aristóteles, como o fazia um cristão. A resposta de Ibn Sabᶜīn é curiosa: Aristóteles se equivocou em sua doutrina da eternidade *a parte ante*. A verdadeira explicação consiste em que o mundo está contido no "significado" (*madlūl*) da essência, quer dizer, da divindade, mas privado de tempo, de lugar e de qualquer relação. Enquanto possuidor de lugar e tempo, este mundo foi criado e será destruído[152]. Ibn Sabᶜīn adota uma solução sincretista, entre o sufismo e a doutrina *ašᶜarita* acerca da criação temporal do mundo.

Ibn Sabᶜīn conhecia Averróis, porém queria distanciar-se dele e argumentava que a sua adoração cega por Aristóteles não lhe permitia enxergar seus erros[153]. Ibn Sabᶜīn acreditou encontrar a verdade na doutrina sufi, como deixa transparecer em sua obra principal: "O que é indispensável ao gnóstico e é credo daquele que conhece e está mais próximo[154] da Verdade", *Budd al-ᶜārif wa-ᶜaqīdat al-muḥaqqiq al-muqarrib*. Ali lemos que "o sufi é o que tem a ciência de Deus, o que O conhece, o que chega a ser o homem feliz em grau máximo"[155], e, por isso, não rechaça o conhecimento racional. Ibn Sabᶜīn utiliza para a lógica muitos elementos procedentes da filosofia aristotélica para descrever os sentidos e as faculdades, porém não o faz diretamente, e sim com freqüência por meio de Averróis, mas sem citá-lo. O objetivo do gnóstico, ele o define como superior à filosofia[156], a qual somente está subordinada ao conhecimento sufi, que é de outra natureza: o significado que o sufi mais avançado quer expressar é indescritível, é uma experiência única[157].

152. IBN SABᶜĪN, Quṭb al-Dīn ᶜAbd al-Ḥaqq. *Al-kalām ᶜalà al-masā'il al-ṣiqilliyya*. Ed. Muḥammad Šaraf al-Dīn Yāltqāya. Beirut-Paris: Imprimerie Catholique, 1941. (Reimp. *Islamic Ph.* 80). p. 24; correspondente ao folio 308b do manuscrito de Oxford. Trad. (italiana) Patrizia Spallino. Palermo: Officina di studi medievali, 2002.
153. Id. *Budd al-ᶜārif*. Ed. Georges Kattura. Beirut, 1978. p. 143.
154. Literalmente, "querubim", *al-muqarrab*, tomado do *Corão*.
155. IBN SABᶜĪN, op. cit., 1978, p. 124.
156. "Para a maioria de vós, a felicidade e a excelência (*ḫulāṣa*) da alma racional está em função da ciência, e seu prazer depende do grau de proximidade da verdade primeira". (Ibid., p. 316)
157. Ibid., p. 366-368.

Da obra de Averróis, os médicos árabes se beneficiam e a apreciam por seu comentário a Avicena, os juristas tampouco o esquecem, mas, de sua obra filosófica, durante muito tempo somente o sufismo tirou proveito, embora anônimo.

Referências Bibliográficas

AL-ᶜALAWĪ, Jamāl al-Dīn. *Al-matn al-rušdī.* Casablanca: Dār Tuqbal, 1986.

AL-FĀRĀBĪ, Abū Naṣr. *Kitāb mabādi' ārā' ahl al-madīnat al-fāḍila.* Ed. Albert N. Nader. Beirut: Dār al-Mašriq, 1973.

____. *La ciudad ideal.* Trad. (espanhola) M. Alonso. 2. ed. Madrid: Tecnos, 1985.

____. *Al-manṭiq ᶜind al-Fārābī. Kitāb al-burhān.* Edição e Introdução de Mājid Faḫrī. Beirut: Dār al-Mašriq, 1987.

____. *La città virtuosa.* Ed. bilíngüe árabe-italiana M. Campanini. Milano: Rizzoli, 1996.

AL-ĠAZĀLĪ. *Tahāfut al-falāsifa* (Destruição dos Filósofos). Ed. bilíngüe árabe-inglês Michael E. Marmura, baseada na edição crítica de M. Bouyges. *The Incoherence of the Philosophers.* Provo: Brigham Young University Press, 1997.

AL-MAQARĪ. *Nafḥ al-ṭīb.* Ed. Wright-Krehl. Leiden, 1855-1860; Amsterdam, 1967. 2 v.

AL-MARRĀKUŠĪ, ᶜAbd al-Wāḥid. *Al-muᶜjib fī talḫīṣ aḫbār al-Maġrab* (escrito em 1224). Ed. R. Dozy. Leiden, 1881. p. 129; ed. M. Z. M. ᶜAzab, Cairo, 1994. p. 155-156; trad. (espanhola) Ambrosio Huici Miranda em *Colección de crónicas árabes de la reconquista.* Tetuán, 1955. vol. IV, p. 137-138.

ALONSO, Manuel. *Teología de Averroes.* Estudios y documentos. Sevilla: Fundación El Monte, 1998. (1. ed. Madrid; Granada: CSIC, 1947).

AMARI, Michele. *Biblioteca Arabo-Sicula.* Torino; Roma, 1881.

ANÔNIMO. *Al-ḥulal al-mawšiyya.* Ed. I. S. Allouche. Rabat, 1936. Trad. (espanhola) Ambrosio Huici Miranda em *Colección de crónicas árabes de la reconquista.* Tetuán, 1952. vol. I.

ASÍN PALACIOS, Miguel. *Abenházam de Córdoba y su historia crítica de las ideas religiosas.* 5 v. 1931. (Reimp. Madrid: Turner, 1984).

AVERRÓIS (IBN RUŠD). *Tahāfut al Tahāfut* (Destruição da "Destruição dos Filósofos"). Ed. M. Bouyges, 1930. (Reimp. Beirut, 1987). Trad. (inglesa) Simon van den Bergh. *The Incoherence of the Incoherence.* Oxford: University Press, 1954. 2 v. (Reprint London: Mssrs. Luzac & Co., 1969). Trad. (parcial catalã) Josep Puig

Montada. Barcelona: Publicacions de l'Abadia de Montserrat, 2005. Trad. (italiana) Massimo Campanini. Torino: Unione tipografico-editrice, 1997.
____. *Tafsīr mā baᶜd al-ṭabīᶜa.* Bibliotheca Arabica Scholasticorum. Série árabe, 6. Ed. M. Bouyges S. J., 1942; Beirut, 1983.
____. *Tafsīr mā baᶜd al-ṭabīᶜa.* (*Grand Commentaire de la Métaphysique*). Bibliotheca Arabica Scholasticorum. Ed. M. Bouyges S. J. Beyrouth: Imprimerie Catholique, 1942-1952. 3 v.
____. *Tafsīr mā baᶜd al-ṭabīᶜa.* Bibliotheca Arabica Scholasticorum. Série árabe, 7. Ed. Maurice Bouyges S. J., 1948; Beirut, 1973.
____. *Averrois Cordvbensis commentarivm magnvm in Aristotelis* De anima *libros.* Ed. F. Stuart Crawford. Cambridge, Massachusetts, 1953. (Reprint Túnis, 1997). Trad. (francesa-Livro III) Alain de Libera. *Averroès. L'intelligence et la pensée. Sur le* De Anima. Paris: GF-Flammarion, 1998.
____. *Averroes' Commentary on Plato's* Republic. Edição da versão medieval hebraica com Tradução inglesa de Erwin I. J. Rosenthal. Cambridge: Cambridge University Press, 1956. *Averroes on Plato's "Republic".* Nova trad. Ralph Lerner. Ithaca: Cornell University Press, 1974. *Exposición de la "República" de Platón.* Trad. (espanhola) Miguel Cruz Hernández. Madrid: Tecnos, 1986. Trad. (versão hebraica para o latim) Elia del Medigo, cópia de 26 abr. 1491. (A edição dessa versão se baseia num único manuscrito, conservado na Biblioteca Comunale degli Intronati di Siena, *Parafrasi della "Repubblica" nella traduzione latina di Elia del Medigo.* Edição e Tradução de Annalisa Coviello; Paolo Edoardo Fornaciari. Firenze: Leo S. Olschki Editore, 1992. Em 1539, recebeu outra versão para o latim, por Jacob Mantino, publicada na edição de Venetia: apvd Ivnctas, vol. III, ff. 335r-372v.).
____. *Tertium Volumen Aristotelis Stagiritae moralem totam philosophiam complectentes, cvm Averrois Cordvbensis in Moralia Nicomachia expositione.* Venetia: apvd Ivnctas, 1562-1574. Reprint Frankfurt am Main: Minerva G.m.b.H., 1962a.
____. *Quartum Volumen. Aristotelis* De physico avditv *libri octo cum Averrois Cord. variis in eosdem commentariis.* Venetia: apvd Ivnctas, 1562-1574. Reprint Frankfurt am Main: Minerva G.m.b.H., 1962b.
____. *Octavum Volumen. Aristotelis* Metaphysicorum *libri quatuordecim cum Averrois Cord. variis in eosdem commentariis.* Venetia: apvd Ivnctas, 1562-1574. Reprint Frankfurt am Main: Minerva G.m.b.H., 1962c.
____. *Averrois Cordvbensis Compendia librorvm Aristotelis qvi Parva Natvralia vocantur.* Ed. Henry Blumberg. Cambridge: The Mediaeval Academy of America, Massachusetts. 1972; IBN RUŠD. *Talḫīṣ kitāb al-ḥass wa-al-maḥsūs* (CCAA VII), p. 40: 11–14. Ed. A. Badawī. *Talḫīṣ kitāb al-ḥass wa-al-maḥsūs.* In: *Arisṭūṭālīs fī al-nafs.* 2. ed. Beirut-Kuwait, 1980. p. 191-242.

____. *Talḫīṣ kitāb al-ᶜibāra* (*In Librum Aristoteles De Interpretatione*). Ed. C. E. Butterworth; M. Qāsim; A. ᶜA. Harīdī. Cairo: General Egyptian Book Organization, 1981. *Averroës' Middle Commentaries on Aristotle's* Categories *and* De interpretatione. Trad. (inglesa) Charles E. Butterworth. Princeton, New Jersey: Princeton University Press, 1983. (Reprint South Bend, Indiana: St. Augustine's Press, 1998). *Commentaire moyen sur le* De Interpretatione. Trad. (francesa) A. Benmakhlouf; S. Diebler: Paris: Vrin ("Sic et Non"), 2000. Trad. (parcial) J. Puig Montada em *Averroes, juez, médico, y filósofo andalusí*. Sevilha: Junta de Andalucía, 1998. p. 82-86.

____. *Talḫīṣ kitāb al-burhān*. Ed. M. Qāsim; C. E. Butterworth; A. ᶜA. Harīdī. Cairo: General Egyptian Book Organization, 1982.

____. *Talḫīṣ kitāb al-qiyās*. Ed. C. E. Butterworth; M. Qāsim; A. ᶜA. Harīdī. Cairo: General Egyptian Book Organization, 1983a.

____. *Al-jawāmiᶜ fī al-falsafa. Kitāb al-samāᶜ aḷ-ṭabīᶜī*. Ed. Josep Puig Montada. Madrid: Instituto Hispano-Arabe de Cultura; CSIC, 1983b.

____. *Grand Commentaire de la* Métaphysique *d'Aristote*. Trad. (francesa) Aubert Martin. Paris: Les Belles Lettres, 1984.

____. *Epítome de Física*. Trad. (espanhola) Josep Puig Montada. Madrid: Instituto Hispano-Arabe de Cultura; CSIC, 1987.

____. *Epítome del libro sobre la generación y la corrupción*. Edição e Tradução de Josep Puig Montada. Madrid: CSIC, 1992.

____. *Faṣl al-maqāl*. Ed. Muḥammad al-Jābirī. Beirut: Markaz dirasāt al-waḥda al-ᶜarabiyya, 1997.

____. *Faṣl al-maqāl wa-taqrīb mā bayn al-šarīᶜa wa-al-ḥikma min al-ittiṣāl* (Tratado Definitivo sobre a Concordância entre a Religião e a Filosofia). Trad. (espanhola) Manuel Alonso em sua obra *Teología de Averroes*. Estudios y documentos. Sevilla: Fundación El Monte, 1998. (1. ed. Madrid; Granada: CSIC, 1947.). p. 149-200. Trad. (espanhola parcial) em GUERRERO, Rafael Ramón. *Sobre filosofía y religión*. Pamplona: Universidad de Navarra, 1998. p. 75-106. Trad. (italiana) Francesca Lucchetta: *Averroè. L'accordo della Legge divina con la filosofia*. Genova: Marietti, 1994. Ed. bilíngüe árabe-italiano Massimo Campanini: *Averroè, Il trattato decisivo*. Milano: Rizzoli, 1994 Ed. bilíngüe árabe-francês Marc Geoffroy: *Averroès. Discours décisif*. Paris: GF-Flammarion, 1996. Ed. M. J. Müller: *Philosophie und Theologie von Averroes*. München, 1875.

____. *Averroes' Middle Commentary on Aristotle's Nicomachean Ethics*. In the Hebrew Version of Samuel Ben Judah. Ed. Lawrence V. Berman (e Steven Harvey). Jerusalem: The Israel Academy, 1999.

____. *Étude du livre Zāy (Dzeta) de la Métaphysique d'Aristote dans sa version arabe et son commentaire par Averroès*. Tradução francesa e estudo de Ahmed ElSakhawi. Villeneuve d'Ascq: Septentrion, 2000.

____. *Al-kašf ᶜan manāhij al-adilla fī ᶜaqā'id al-milla* (A Investigação sobre as Vias das Provas das Crenças). Ed. de Aḥmad Šams al-Dīn. Beirut: Dār al-kutub al-ᶜilmiyya, 2002a. Trad. Manuel Alonso em sua obra *Teología de Averroes*. Estudios y documentos. Sevilla: Fundación El Monte, 1998. (1. ed. Madrid; Granada: CSIC, 1947). p. 201-353. Trad. (parcial para o francês) Marc Geoffroy em AVERRÓIS. *L'Islam et la raison*. Anthologie de textes juridiques, théologiques et polémiques. Paris: GF-Flammarion, 2000, p. 77-160.

____. *Middle Commentary on Aristotle's* De anima. Ed. bilíngüe árabe-inglês Alfred L. Ivry. Provo: Brigham Young University Press, 2002b.

AVICENA (IBN SĪNĀ). *Kitāb al-Taᶜlīqāt* (Anotações). In: *Arisṭū ᶜind al-ᶜarab*. Ed. A. Badawī. Cairo, 1947.

____. *Kitāb al-Šifā': Al-Ilāhiyyāt*. Cairo, 1960. Reimp. Qom, 1404H./1983-4, p. 402-404; *La Métaphysique du Šifā'*. Trad. (francesa) Georges C. Anawati. Paris: Vrin, 1985. 2 v.

BLAUSTEIN, M. A. *Averroes on the Imagination and the Intellect*. 1984. 299 p. Tese (Doutoramento) – Harvard University. 1984. (University Microfilms International, Ann Arbor, 8503512).

BOSH VILÀ, Jacinto. *Los almorávides*. Granada, 1998. (1. ed. Tetuán, 1956).

BURNETT, Charles. The 'Sons of Averroes with Emperor Frederick' and the Transmission of the Philosophical Works by Ibn Rushd. In: ENDRESS, Gerhard; AERTSEN, Jan A. (Org.). *Averroes and the Aristotelian Tradition*. Leiden: Brill, 1999. p. 259-299.

BUTTERWORTH, Charles E. *Philosophy, Ethics and Virtuous Rule. A study of Averroes' Commentary on Plato's* Republic. Cairo: American University, 1986.

CHEJNE, A. G. *Ibn Ḥazm*. Chicago: Kazi Publications, 1982.

CRUZ HERNÁNDEZ, Miguel. La crítica de Averroes al despotismo oligárquico andalusí. In: MARTÍNEZ LORCA, Andrés. (Org.). *Al encuentro de Averroes*. Madrid: Editorial Trotta, 1993.

DAVIDSON, Herbert A. *Proofs for Eternity, Creation and the Existence of God in Medieval Islamic and Jewish Philosophy*. Oxford: Oxford University Press, 1987.

____. *Alfarabi, Avicenna, and Averroes, on Intellect*. New York; Oxford: Oxford University Press, 1992.

DI GIOVANNI, Matteo. La definizione delle sostanze sensibili nel *Commento Grande* (*Tafsīr*) di Averroè a *Metafisica* Z, 10. *Documenti e Studi sulla tradizione filosofica medievale*, n. 14, p. 27-63, 2003.

FREUDENTHAL, Israel. *Die durch Averroes erhaltenen Fragmente Alexanders zur* Metaphysik *des Aristoteles*. Berlim: Königl. Akademie der Wissenschaften, 1885.

GÄTJE, Helmut. Die 'inneren Sinne' bei Averroes. *Zeitschrift der Deutschen Morgenländischen Gesellschaft*, n. 115, 1965.

HOPKINS, J. F. P. The Almohade Hierarchy. *Bulletin of the School of Oriental and African Studies*, n. 16, p. 93-112, 1954.

HUICI MIRANDA, Ambrosio. *Historia política del imperio almohade*. Tetuán, 1956-59. 2 v.

IBN ABĪ UṢAYBIᶜA. *ᶜUyūn al-anbā' fī ṭabaqāt al-aṭibbā'* (Fontes das Notícias Relativas às Classes de Médicos, entendendo por "classes" as gerações). 4. ed. Ed. Samīḥ al-Zayn. Beirut, 1987. vol. II.

IBN ḪALDŪN. *Kitāb al-ᶜibar*. Trad. M. G. de Slane (*Histoire des Berbères et des dynasties musulmanes de l'Afrique septentrionale*). Ed. P. Casanova (1925-1934). Paris: Geuthner, 1978. 4 v.

IBN ḤAZM. *Al-Faṣl fī al-milal wa-al-ahwā' wa-al-niḥal*. Trad. (espanhola extensa) Miguel Asín Palacios em ASÍN PALACIOS, Miguel. *Abenházam de Córdoba y su historia crítica de las ideas religiosas*. 5 v. 1931. (Reimp. Madrid: Turner, 1984).

IBN SABᶜĪN, Quṭb al-Dīn ᶜAbd al-Ḥaqq. *Budd al-ᶜārif*. Ed. Georges Kattura. Beirut, 1978.

____. *Ibn Sabᶜīn ᶜAbd al-Ḥaqq Ibn Ibrāhīm (d.c.* 668/1269*) and his philosophical correspondence with the Emperor Frederick* II. Frankfurt: Institut für Geschichte der Arabisch-Islamischen Wissenschaften, 1999. vol. 80. (Serie Islamic Philosophy).

____. *Al-kalām ᶜalà al-masā'il al-ṣiqilliyya*. Ed. Muḥammad Šaraf al-Dīn Yāltqāya. Beirut-Paris: Imprimerie Catholique, 1941. (Reimp. *Islamic Ph.* 80). Trad. (italiana) Patrizia Spallino. Palermo: Officina di studi medievali, 2002.

JOLIVET, Jean. Divergences entre les métaphysiques d'Ibn Rušd et d'Aristote. *Arabica*, n. 29, p. 230-234, 1982.

KOGAN, Barry S. *Averroes and the Metaphysics of Causation*. Albany, N.Y.: SUNY Press, 1985.

LAY, Juliane. *L'Abrégé de l'Almageste*: Un inédit d'Averroès en version hebraïque. *Arabic Sciences and Philosophy*, vol. 6, n. 1, p. 52-53, 1996.

LE TOURNEAU, Roger. *The Almohad Movement in North Africa in the Twelfth and Thirteenth Centuries*. New Jersey: Princeton University Press, 1979.

LIBERA, Alain de. Pour Averroès (Présentation). In: AVERRÓIS. *Averroès. L'Islam et la raison*. Trad. Marc Geoffroy. Paris: GF-Flammarion, 2000, p. 30-32.

MARRĀKUŠĪ, ᶜAbd al-Wāḥid. *Al-muᶜjib fī talḫīṣ aḫbār al-Maġrab* (escrito em 1224). Ed. R. Dozy. Leiden, 1881. Ed. M. Z. M. ᶜAzab, Cairo, 1994. Trad. (espanhola) Ambrosio Huici Miranda em *Colección de crónicas árabes de la reconquista*. Tetuán, 1955. vol. IV.

PUIG MONTADA, Josep. Tres manuscritos del *Epítome de la Física* de Averroes en El Cairo. *Anaquel de estudios árabes*, n. 2, p. 131-135, 1991.

RESCHER, Nicholas. An Interpretation of Aristotle's Doctrine of Future Contingency and Excluded Middle. In: *Studies in the History of Arabic Logic*. Pittsburgh: University of Pittsburgh Press, 1963. p. 43-54.

ROSENTHAL, Erwin I. J. *Political Thought in Medieval Islam*. Cambridge: Cambridge University Press, 1968. (1. ed. 1958). p. 175-209.

ROSS, D. *Aristotle's Physics*. Sandpiper Books, 1998. (1. ed. 1936).

TAYLOR, Richard C. Remarks on Cogitatio in Averroes' *Commentarium Magnum in Aristotelis De Anima Libros*. In: ENDRESS, Gerhard; AERTSEN, Jan A. (Org.). *Averroes and the Aristotelian Tradition*. Leiden: Brill, 1999. p. 217-255.

____. *Cogitatio, Cogitativus* and *Cogitare*. Remarks on the Cogitative Power in Averroes. In: HAMESSE, Jacqueline; STEEL, Carlos. (Org.). *L'élaboration du vocabulaire philosophique au moyen âge*. Turhoudt: Brepols, 2000. p. 111-146.

TRIFOGLI, C. *Oxford Physics in the XIIIth Century (ca. 1250-1270)*: Motion, Infinity, Place and Time. Leiden: Brill, 2000.

WOLFSON, Harry A. The Internal Senses in Latin, Arabic and Hebrew Philosophic Texts, 1935. (Reimp. TWERSKY, Isadore; WILLIAMS, George H. (Org.). *Studies in the History of Philosophy and Religion*. Cambridge, Massachusetts; London: Harvard University Press, 1973. 2 v. vol. I, p. 250-285).

____. *The Philosophy of the Kalam*. Cambridge, Massachusetts; London: Harvard University Press: 1976.

ZIMMERMANN, F. W. *Al-Farabi's Commentary and Short Treatise on Aristotle's* De interpretatione. Oxford: Oxford University Press, 1991.

parte V
mística

14.

Šihāb al-Dīn Suhrawardī
al-Maqtūl

Edrisi Fernandes

Deus é a Luz dos Céus e da Terra (*Nūr al-Samawāt wa-al-Arḍ*); a semelhança de Sua Luz (*maṯalu Nūri-hi*) é como um nicho (*miškāt*) onde há uma lâmpada (*miṣbāḥ*), a lâmpada em um vidro (*zujāja*), o vidro como se fosse uma estrela brilhante (*kawkab durrī*), pendurada em uma árvore abençoada (*šajara mubāraka*), uma oliveira que não é do Leste nem do Oeste, cujo azeite ilumina mesmo se nenhum fogo o tocar. Luz sobre Luz (*Nūr* *ᶜalà* *Nūr*), Deus guia para a Sua Luz quem lhe apraz. E Deus fala aos homens por alegorias, e Deus tem conhecimento de tudo.

CORÃO XXIV:35

Conhecido na história da filosofia islâmica, em virtude de sua posição como fundador de uma escola filosófica distinta da escola peripatética (*al-maḏhab al-maššā'ī*) dos seguidores de Ibn Sīnā (Avicena)[1], como O

1. Suhrawardī "buscou primeiramente reformar a filosofia peripatética aviceniana predominante em sua época por meio do retorno aos fundamentos filosóficos estabelecidos pelos 'Antigos' [ár. *aqdamūn, mutaqaddimūn, awwalūn*. Cf. p. ex. *Al-Mašāriᶜ wa-al-Muṭāraḥāt*, §66; *Ḥikmat al-Išrāq* (ḤI §4), a tradição dos filósofos divinos [ár. *ilāhiyyūn*] anteriores a Aristóteles – especialmente Platão [...]. Em segundo lugar, ele buscou incorporar a mística à filosofia, algo que acreditava que estivesse no cerne da filosofia dos Antigos" (WALBRIDGE, John. *The Wisdom of the Mystic East*: Suhrawardî and Platonic orientalism. Albany (N.Y.): State University of New York Press, 2001. p. ix). Suhrawardī confessa (*ḤI*, §166) já ter sido [cf. os tratados peripatéticos *Al-Mašāriᶜ*... e *Al-Muqāwamāt*] "um zeloso defensor do caminho peripatético [no qual parece ter sido iniciado por Fakr al-Dīn al-Mārdīnī, Zāhir al-Fārisī (= al-Qārī) e ᶜUmar ibn Sahlān al-Sāwī] e grandemente inclinado para ele", antes de "engajar-se em disciplinas místicas e no serviço para aqueles que vêem" [ignora-se a identidade de sua *silsila* (cadeia iniciática) e dos seus mestres sufis, embora saibamos de sufis altamente graduados, como Ibn Turkāh, Ibn Abī Jumhūr, Sayyid Ḥaydar al-Āmulī e Ṣadr

Mestre da Iluminação (*Šayḫ al-Išrāq*), Šihāb al-Dīn Yaḥyà ibn Ḥabaš ibn Amīrak Abū al-Futūḥ al-Suhrawardī (em farsi, Sohravardî, 549H./c. 1154-587H./c. 1191), amplamente conhecido como *Al-Maqtūl* (aquele que mataram), foi o filósofo mais importante no Islã oriental no período entre Ibn Sīnā e Mullā Ṣadrā. Sua influência nesse período só é comparável à de seus contemporâneos Ibn ᶜArabī e Ibn Rušd (Averróis), e a repercussão duradoura dos seus ensinamentos distingue-o no mundo islâmico, mesmo em relação a Ibn Rušd. Ao contrário dos pensamentos de seus predecessores Ibn Sīnā e Al-Ġazālī, contudo, o de Suhrawardī não se tornou conhecido em latim, pelo que veio a ser pouco conhecido no Ocidente. Conforme Seyyed Hossein Nasr,

> os aspectos puramente racionalistas dos escritos dos filósofos muçulmanos – especialmente de Ibn Rušd, que foi o mais racionalista entre eles – tiveram uma influência maior no mundo latino que no islâmico. A interpretação agostiniana de Ibn Sīnā envolveu a aceitação de muito do que era essencialmente filosófico e a rejeição de sua cosmologia e angelologia. O "banimento" dos anjos do universo aviceniano por autores como Guilherme de Auvergne ajudou a laicizar o cosmo e preparar a Revolução Copernicana. No Islã, contrariamente, as doutrinas filosóficas de Ibn Sīnā foram interpretadas metafisicamente pelos *išrāqis* (iluminacionistas) e desse modo transformadas em uma doutrina que, sendo composta de filosofia peripatética, idéias herméticas, antigas idéias iranianas e doutrinas sufis, serviram ao propósito de guiar a razão desde o erro até a visão da verdade, e de preparar a alma para a catarse (*tajrīd*) do mundo dos sentidos, culminando em iluminação e gnose[2].

Muito se tem especulado acerca do que Ibn Sīnā chamou[3] de sua "filosofia oriental (*al-ḥikmat al-mašriqiyya*)"[4], que Suhrawardī tentou retificar,

al-Dīn al-Šīrāzī (Mullā Ṣadrā) entre os muitos propagadores da filosofia *išrāqi*], até que "viu a demonstração do Senhor" (ḤI, §166).

2. NASR, S. H. *An Introduction to Islamic Cosmological Doctrines*: conceptions of nature and methods used for its study by the Ikhwân al-Safâ', al-Bîrûnî, and Ibn Sînâ. Ed. rev. Boulder. Colorado: Shambhala, 1978. p. 185.

3. Cf. o manuscrito (ms.) *Aya Sofya* 2403, o ms. *Nūr ᶜUṯmāniyya* 4894/75 (ambos de Istambul), os fragmentos de *Kitāb al-Inṣāf*, as notas de Ibn Sīnā à margem de *Ūṯūlūjiyya Arisṭūṭālīs* [cf. VAJDA, G. Les notes d'Avicenne sur la Théologie d'Aristote. *Revue Thomiste*, Paris, 51, p. 346-406, 1951], o prólogo de "*Manṭiq al-Mašriqiyyīn*" (título suposto; Cairo: Salafiyya Maktabat, 1328H./1910) e o prólogo de *Kitāb al-Šifā'*. Partes do comentário aviceniano a *Ūṯūlūjiyya Arisṭūṭālīs* assemelham-se bastante a algumas passagens da obra *Ḥikmat al-Išrāq*, de Suhrawardī.

4. Seguindo o clássico artigo de NALLINO, Carlo Alfonso. Filosofia "orientale" od "illuminativa" d'Avicenna?. *Rivista degli Studi Orientali*, X, p. 433-467, 1923-1925. Cabe perguntar

retomando a raiz *šrq*[5], em *išrāq[ī]-išrāqiyya*, no sentido de apontar o Oriente como o local de nascimento de uma "sabedoria iluminativa (*mušriqiyya*)", com a "iluminação" estando associada às noções de desvelamento/revelação e intuição mística (*al-kašf wa-al-ḏawq*)[6].

Segundo Estiphan Panoussi,

> Até o século XIX, interpretou-se a "filosofia oriental" como uma filosofia dos povos orientais. [Goldziher (1909) chega novamente à explicação do "oriental" como "*morgenländische*" e "*östliche Weisheit*".] A partir de A. Tholuck (1826), de E. B. Pusey (1835) e de S. Munk (*Mélanges*..., 1859) até De Slane (1868), compreendeu-se a filosofia oriental de Ibn Sīnā e de Ibn Ṭufayl[7] como uma filosofia iluminativa [(Mais tarde,) L. Gauthier (1900)[8], M. Horten (1912), Asín Palacios (1914), CL. Huart (1916) e De Boer (1921) tomaram posição a favor de uma filosofia imaginativa.] Em 1884, Derenburg (*Les manuscrits arabes de l'Escorial*) interpretou a filosofia oriental como uma filosofia espiritualista. A. F. Mehren, por sua publicação das obras inéditas de Avicena, em quatro fascículos[9], de 1889 a 1899, sob o título

qual a correlação entre *al-ḥikmat al-mašriqiyya* e aquilo a que Ibn Sīnā se refere, na *Risāla* editada por BADAWĪ, ᶜAbd al-Raḥmān. In: *Arisṭū ᶜinda al-ᶜArab*. Cairo: Maktabat al-Nahḍat al-Miṣriyya, 1947. p. 245 et seq.), como *al-uṣūl al-mašriqiyya* ("princípios orientais") e *al-masā'il al-mašriqiyya* ("problemas orientais"), podendo [*Fī*] *al-Uṣūl al-Mašriqiyya* ([D'] Os Princípios Orientais) tratar-se de um opúsculo perdido. Lemos na referida epístola: "*wa-lī fī al-Uṣūl al-Mašriqiyya jawd ᶜaẓīm fī al-taškīk ṯumma fī al-kašf* (Em *Princípios Orientais* encontra-se um grande aprofundamento do que diz respeito à analogia e, em seguida, do que diz respeito ao desvelamento/à revelação [*kašf*])".

5. A partir da raiz *šrq*, temos *išrāq* (substantivo verbal; "iluminação" – na *Ḥikmat al-Išrāq*, equivalente a "intuição mística") e *Mašriq* (substantivo locativo; "Levante", relacionado a *Šarq*, "Leste").

6. Para Walbridge, em *Ḥikmat al-Išrāq*, *išrāq* é um termo técnico para "intuição mística", e seria apropriado interpretar *išrāqī* como sinônimo de *ḏawqī*, "[misticamente] intuitivo(a)". WALBRIDGE, John. *The Leaven of the Ancients*: Suhrawardī and the heritage of the Greeks. Albany (N.Y.): State University of New York Press, 2000. p. 28. Muhammad Iqbal definiu *ḏawq* como "aquele sentido interno que verifica e corrige o que o intelecto entende apenas como teoria [...]; a misteriosa percepção da essência das coisas – que traz conhecimento e paz para a alma inquieta, e desarma o ceticismo [...]; a percepção interior que revela planos do ser atemporais e não-espaciais". IQBAL, Muhammad. *The Development of Metaphysics in Persia*: a contribution to the history of Muslim philosophy. London: Luzac & Co., 1908. (Reimp. East Lansing [Michigan]: H-Bahai, 2001). p. 98; 111.

7. Ibn Ṭufayl escreveu um opúsculo, *Asrār al-Ḥikmat al-Mašriqiyya* (Os Segredos da Filosofia Oriental), para ser incorporado ao seu livro *Ḥayy ibn Yaqẓān* (O Vivente Filho do Vigilante), inspirado na obra homônima de Ibn Sīnā.

8. GAUTHIER, Léon. *Introduction à l'Étude de la Philosophie Musulmane*. Paris: Editions Ernest Leroux, 1900. p. 52-53.

9. Na revista *Muséon*, de Leiden.

de *Traités mystiques d'Avicenne*[10], dá uma explicação mística à filosofia oriental. [...] E. Gilson, enfim (*La Philosophie au Moyen Âge* [1952]), tomou posição pela mística[11].

A "filosofia oriental" aviceniana, que Léon Gauthier[12] identificou com o sufismo (*al-taṣawwuf*), foi entendida pelo barão Carra de Vaux[13] como sinônimo de "filosofia iluminativa" e por T. J. De Boer como sendo o produto de uma "filosofia sincrética do helenismo que, chegada ao Oriente através de fontes neoplatônicas, herméticas e outras fontes análogas, misturou-se às especulações da antiga Pérsia e a muitas outras"[14]. Qāsim Ġanī[15] entendeu "oriental" como talvez referente a uma escola persa de filosofia no período sassânida (224-651 d.C.), que teria influenciado Manī e mais ainda Suhrawardī, enquanto Louis Gardet[16] interpretou a "filosofia oriental" de Ibn Sīnā como uma mística racionalizante haurida de elementos aristotélicos, neoplatônicos e islâmicos. A seu turno, Amélie-Marie Goichon[17] entendeu essa "filosofia oriental" aviceniana como o pensamento da escola médica de Jundišāpūr, que associou o raciocínio aos experimentos e aceitou as causas empíricas como termo médio do silogismo "enquanto Aristóteles só havia admitido causas metafísicas"[18], ou ainda, como uma nova lógica "que abarcasse o abstrato e o concreto", o universal e o particular, elaborada

10. Na verdade, *Traités mystiques d'Aben Ali al-Hosain ben Abdallah ben Sina* (texto árabe com explicação em francês).
11. PANOUSSI, E. La théosophie iranienne source d'Avicenne?. *Revue Philosophique de Louvain*, 66 (90), p. 239-266, 1968. p. 250-251, n. 52, com algum reordenamento frasal nosso.
12. Ver GAUTHIER, op. cit.
13. CARRA DE VAUX. *Avicenne*. Paris: Felix Alcan, 1900. p. 51; id. La philosophie illuminative. *Journal Asiatique*, 9. série, 19, n. 1, p. 63-94, jan.-fév. 1902.
14. DE BOER, T. J. Išrāqiyyūn. In: ENCYCLOPAEDIA of Islam. 1. ed. Leiden: E. J. Brill, 1913-1914.
15. QĀSIM ĠANĪ. *Ibn-i Sînâ*. Tehran: Farhangistân Matbû'ât, 1313H./1936. p. 45-46.
16. GARDET, Louis. Avicenne et le problème de sa "philosophie orientale". *Revue du Caire*, n. 27, p. 10-11, 1951 (*Millénaire d'Avicenne à Téhéran*); id. *La Connaissance Mystique chez Avicenne et ses Presuposées Philosophiques*. Cairo: Institut Français d'Archéologie Orientale, 1952. p. 10; 13; 17.
17. GOICHON, Amélie-Marie. Introdução. In: AVICENA (IBN SĪNĀ). *Livre des Directives et Remarques* (*Kitāb al-Išārāt wa-al-Tanbīhāt*). Tradução, Introdução e Notas por Amélie-Marie Goichon. Beyrouth; Paris: J. Vrin, 1951. p. 4-11; id. L'Unité de la pensée avicenienne. *Archives Internationales d'Histoire des Sciences*, n. 20-21, p. 290-308, 1952. esp. p. 306.
18. Ibid., p. 300.

a partir de conhecimentos científicos apreendidos através da prática médica/das ciências naturais[19].

Shlomo Pines[20] achava que, para Ibn Sīnā, "oriental" refere-se a Buḫārà, em contraste com Bagdá[21] como sede da "filosofia ocidental" de comentadores de Aristóteles como Abū al-Faraj e ᶜAbd Allāh ibn al-Ṭayyib, podendo ademais indicar a aceitação aviceniana da possibilidade da existência incorpórea da alma fora de Deus, em contraste com comentadores aristotélicos em Bagdá e Alexandria; Ḏabīhallā Safā[22], no entanto, seguindo ᶜAbd al-Raḥmān Badawī[23], que identificou *Kitāb al-Inṣāf wa-al-Intiṣāf* com a filosofia oriental de Ibn Sīnā, entendeu "oriental" como uma referência aos comentadores bagdalis de Aristóteles, em contraste com os discípulos alexandrinos deste, mas Yaḥyà Mahdavī[24], a partir de fontes persas, refutou a identificação entre os "orientais" e os peripatéticos (*mašā'iyyūn*) de Bagdá. Henry Corbin[25] entendeu a palavra "oriental" como um termo simbólico primariamente referente, tanto para Ibn Sīnā quanto para Suhrawardī, ao "reino da luz", do espírito[26], e por esse motivo traduziu *Ḥikmat al-Išrāq*

19. PEREIRA, Rosalie Helena de Souza. *Avicena: A Viagem da Alma*. São Paulo: Perspectiva; Fapesp, 2002, p. 40-42, interpretando GOICHON, Amélie-Marie. Philosophie et Histoire des Sciences. *Les Cahiers de Tunisie*, 9, 1955.

20. PINES, Shlomo. La Philosophie "orientale" d'Avicenne et sa polémique contre les Bagdadiens. *Archives d'Histoire Doctrinale et Littéraire du Moyen Age*, 27, p. 5-37, 1952.

21. WALBRIDGE, op. cit., 2000, p. 138, similarmente, acredita ver nos fragmentos de *Kitāb al-Inṣāf wa-al-Intiṣāf* (Livro do Julgamento Imparcial e da Equânime Partição) "uma comparação entre os pontos de vista dos filósofos do Irã oriental e aqueles de Bagdá". A tradição peripatética cristã de Bagdá, por sua vez, remontaria à escola de Jundišāpūr (PINES, op. cit., p. 26).

22. SAFĀ, Ḏabīhallā. Al-ḥikmat al-mašriqiyya. *Mihr*, 8, 1331H./1952: 33-38. p. 36.

23. BADAWĪ, op. cit., 1947, p. 24 et seq.

24. MAHDAVĪ, Yaḥyà. *Fihrist-i Musannafât-i Ibn-i Sînâ*. Tehran: Bânk Millî Matbû'ât, 1954, p. 80-89.

25. CORBIN, Henry. *Avicenna and the Visionary Recital*. Trad. W. Trask. New York: Pantheon, 1960. (1. ed. 1952-1954). p. 6; 271-278; id. Introduction. In: SOHRAVARDÎ. *Majmû'a-yi Musannafât-i Shaykh-i Ishrâq* (*Œuvres Philosophyques et Mystiques*). Istanbul: Ma'ârif Matbaasi, 1945. vol. I. (Réimp. Téhéran: Académie Impériale Iranienne de Philosophie, 1976. p. XXXVII-LXII).

26. "Oriente" como "morada celeste situada acima do céu estrelado", na glosa que Ibn Sīnā anotou à margem da *Ūṯūlūjiyya Arisṭūṭālīs* (cf. VAJDA, op. cit., p. 381) e que concorda com o entendimento da "filosofia oriental" como *al-ḥikmat al-mutaᶜāliyya* ("sabedoria do alto") em *Livre des Directives et Remarques* (*Kitāb al-Išārāt wa-al-Tanbīhāt*), de Avicena. Cf. AVICENA (IBN SĪNĀ). *Livre des Directives et Remarques* (*Kitāb al-Išārāt wa-al-Tanbīhāt*). Tradução, Introdução e Notas por Amélie-Marie Goichon. Beyrouth; Paris: J. Vrin, 1951. p. 508. Para

como "Teosofia Oriental"[27]. "Depois de Corbin, a filosofia grega orientalizada tornou-se a filosofia iluminativo-mística do Oriente, [...] de origem neoplatônica, zoroastriana e ismaelita"[28]. A filosofia "oriental" de Ibn Sīnā, por ser uma filosofia mística por excelência, é compreendida nessa filosofia iluminativo-mística[29]. Na mesma linha de pensamento de Corbin, Seyyed Hossein Nasr considera a "filosofia oriental" de Ibn Sīnā

> uma forma de sabedoria ou uma "teosofia" que tem como propósito o transporte do homem deste mundo de imperfeição ao "mundo da luz" [...]. A "filosofia oriental" remove o véu da dialética e busca apresentar a *filosofia perennis*[30] não como algo para satisfazer a necessidade de pensar, mas como um guia, ou pelo menos como uma ajuda doutrinária, para a iluminação do homem, a partir da experiência interior do seu autor[31].

Finalmente, Lenn E. Goodman[32], partindo principalmente de Dimitri Gutas[33], considera os "orientais" de Ibn Sīnā como os pensadores de Ḫurasān e os "ocidentais" como os pensadores da escola bagdali dos seguidores de Al-Kindī, "inclusive Al-Āmirī – discípulo da segunda geração e contemporâneo mais velho de Avicena em Buḫāra –, que lia a *Metafísica* de Aristóteles teologicamente e parecia, segundo Avicena, não perceber as diferenças entre teologia natural e religião – ou o nexo entre ontologia e teologia". Ainda para Goodman[34], a

> filosofia oriental significou, para Avicena, uma especulação original mas rigorosa na tradição neoplatônica e aristotélica, uma tradição que não exclui a consumação

Corbin, "*išrāqī* é um conhecimento que é oriental por ser por si mesmo o Oriente do conhecimento". Cf. CORBIN, op. cit., 1976, p. xxix.

27. Cf., p. ex., id. *Histoire de la Philosophie Islamique*. Paris: Gallimard, 1964. vol. I, p. 287.
28. PANOUSSI, op. cit., p. 251.
29. CORBIN, Henry. Prolégomènes. In: SOHRAVARDÎ. *Majmû'a-yi Musannafât-i Shaykh-i Ishrâq* (*Œuvres Philosophyques et Mystiques*). Téhéran: Institute Franco-Iranien, 1952; 1970; Paris: Adrien Maisonneuve, 1977. [Réimp. 1993]. vol. II, p. 37 et seq.
30. *Al-ḥikmat al-ᶜatīqa*; *al-ḥikmat al-azaliyya*; *al-ḥikmat al-ḫālida*; *al-ḥikmat al-laduniyya*.
31. NASR, op. cit., 1978. p. 191.
32. GOODMAN, Lenn E. *Avicenna*. London; New York: Routledge, 1992. p. 39.
33. GUTAS, Dimitri. *Avicenna and the Aristotelian Tradition*. Leiden: E. J. Brill, 1988. p. 127, n. 26; p. 130, n. 28; p. 134-139.
34. GOODMAN, op. cit., p. 40.

mística da busca da razão, mas também [...] uma tradição que não distingue claramente as intuições racionais das intuições místicas.

Pode-se dizer o mesmo da filosofia *išrāqī* de Suhrawardī. O neoplatonismo islâmico, com seu apelo profundamente religioso, e em certa medida místico, exerceu um fascínio sobre o Ibn Sīnā da fase tardia: em sua "filosofia oriental", em seus tratados místicos e especialmente em *Kitāb al-Išārāt wa-al-Tanbīhāt* (Livro das Indicações e Admonições), ele "foi deliberadamente além dos métodos dos filósofos peripatéticos em direção a um método místico ou 'iluminacionista' (*išrāqī*), que os chamados filósofos *išrāqīs* mais tarde desenvolveram completamente"[35].

Seguindo Suhrawardī de perto, Šams al-Dīn al-Šahrazūrī (m. após 686H./1288)[36] entendeu a *ḥikmat al-išrāq* (sabedoria/filosofia[37] da iluminação ou dos orientais) como "sabedoria baseada na iluminação, que é revelação, ou filosofia dos orientais, isto é, dos persas, o que é a mesma coisa, pois sua filosofia baseia-se em revelação e intuição mística", dizendo respeito "à manifestação das luzes inteligíveis, de seus primeiros princípios (= seus raios), e sua efusão sobre as almas perfeccionadas durante sua separação da matéria corporal"[38]. Šahrazūrī entendeu que Suhrawardī foi "o remanescente dos piedosos ancestrais", aquele que

> começou a reformar o que fora corrompido, trazendo de volta à luz o que fora apagado pelos séculos, explicando em detalhes o que os antigos resumiram, comentando sobre o que eles insinuaram e disseram em símbolos, pondo em aberto o que fora lacrado e o que se tornara difícil, e revivendo o que fora morto e esquecido[39].

35. FAKHRY, Majid. *Al-Fārābī, Founder of Islamic Neoplatonism*: his life, works, and influence. Oxford: Oneworld Publications, 2002. p. 128.
36. AL-ŠAHRAZŪRĪ, Šams al-Dīn. *Šarḥ Ḥikmat al-Išrāq* (Comentário sobre a Filosofia Iluminativa). Ed. Hossein Ziai. Tehran: Institute for Cultural Studies and Research, 1414H./1993, 16 (comentando a HI, §2); cf. também AL-ŠĪRĀZĪ, Quṭb al-Dīn. *Šarḥ Ḥikmat al-Išrāq*. Ed. Asadallâh Harâtî. Tehran: [s.n.], 1313-1315H./1895-1897, 12.
37. A partir de *Corão* XXXI:12, segundo o *Imām* Mūsà al-Kāẓim, *ḥikma* significa "consciência/intelecção (*ᶜaql*) e entendimento (*fahm*)". Apud AL-BAḤRĀNĪ, Sayyid Hāšim al-Ḥusaynī. *Al-Burhān fī Tafsīr al-Qur'ān*. Tehran: Mu'assasa Matbû'âtî Ismâ'îliyân, [s.d.]. 4 v. vol. III, p. 270.
38. "Quando a alma, após separar-se do corpo, recebe a impressão dos inteligíveis, passa a participar do mundo do intelecto e adquire em todo aspecto a realidade de um intelecto" (*Partaw Nâmah*, §76).
39. AL-ŠAHRAZŪRĪ, op. cit., Introdução.

Já Ḥājjī Ḫalīfa (Ḫalīfa, c. 1007H./1599-1067H./1657)[40] declarou que "a sabedoria da iluminação é o conhecimento da mística, não como a professam os fiéis (os sufis), mas como a entendem os que não o são e que se chamam sábios iluminados (os místicos-filósofos)". Mas, para Seyyed Hossein Nasr

> tanto metafisicamente quanto historicamente, a sabedoria *išrāqī* significa o antigo modo de pensamento pré-discursivo, que é intuitivo (*ḏawqī*) ao invés de discursivo (*baḥtī*), e que busca alcançar a iluminação pelo ascetismo e pela purificação[41]. Nas mãos de Suhrawardī ela torna-se uma nova escola de sabedoria, integrando a filosofia platônica e a aristotélica com a angelologia zoroastriana e com idéias do hermetismo, e inserindo toda a estrutura dentro do contexto do sufismo[42].

Insatisfeito com a conotação que Ibn Sīnā teria dado à "sabedoria oriental", Suhrawardī teria promovido uma leitura "teosofista" da metafísica de Ibn Sīnā[43], de modo a interpretá-la buscando seu nexo com o "fermento eterno (*al-ḫamīra al-azaliyya*)"[44] – a tradição sapiencial dos antigos sábios gregos, egípcios e iranianos (cf. adiante) – e com "o mistério que fundamenta as estações espirituais (*maqāmāt*) dos sufis e daqueles que possuem a intuição

40. FLÜGEL, Gustav. *Lexicon bibliographicum et encyclopaedicum* [= Kašf al-Ẓunūn ʿan Asamī al-Kutub wa-al-Funūn] *a Mustafa ben Abdallah Katib Jelebi dicto nomine Haji Khalfa/ ad codicum Vindobonensium Parisiensium et Berolinensis fidem primum edidit latine vertit et commentario indicibusque instruxit Gustavus Fluegel* (com a contribuição de William Cooke Taylor). Leipzig; Londres: Bentley, 1835-58. 7 v. T. III, p. 87.
41. Em *Kitāb al-Lamaḥāt* (150: 1-5), Suhrawardī recomenda, àqueles que pretendem ser arrebatados por luzes agradáveis, a meditação assídua sobre o mundo sagrado, a limitação da comida e dos prazeres sensuais ao mínimo, as orações noturnas [extras] e o empenho da alma em imaginar coisas apropriadas para a santidade.
42. NASR, Seyyed Hossein. Šihāb al-Dīn Suhrawardī Maqtūl. In: SHARIF, M. M. (Org.). *A History of Muslim Philosophy*. With short accounts of other disciplines and the modern renaissance in the Muslim lands. Lahore: Pakistan Philosophical Congress, 1961. 2 v. vol. I, p. 372-398. p. 379.
43. "Pode-se dizer, sem paradoxo, que o sucessor de Avicena foi Suhrawardī, não naquele sentido de que ele incorpora a seus próprios livros certos elementos da metafísica aviceniana, mas no sentido de que ele assume por sua vez o projeto de 'filosofia oriental' [...]. Suhrawardī realizará esse projeto ressuscitando a filosofia ou a teosofia da Luz da antiga Pérsia". CORBIN, op. cit., 1964, p. 29; cf. também p. 284 et seq.
44. Id., 1976, p. xli et seq. Alguns preferem a tradução "fermento pré-eterno", seguindo a insinuação suhrawardiana de que "hoje é o primeiro dia da pós-eternidade e da eternidade passada [...]; é também o último da pré-eternidade, que não tem começo" (*Partaw Nâmah*, §65).

visionária"[45], "o profundo mistério[46] no qual os princípios dos místicos estão baseados"[47] –, o "grande cataclismo"[48] (*al-ṭāmma al-kubrà*, *Corão* LXXIX:34), que anuncia o dia "quando a Terra será substituída por outra Terra e os Céus por outros Céus..." (*Corão* XIV:48)[49], e que pode ser prelibado pela experiência (= estação, *ḥāl*) da "pequena morte (*al-mawt al-aṣġar*)" (ḤI, §274) – da morte da alma carnal (*al-nafs al-ammāra*) e do "nascimento espiritual (*al-wilādat al-rūḥāniyya*)" – através de visões sagradas[50], da culminância da intuição mística (*ḏawq*)[51] e do êxtase sufi[52]. A "pequena morte", da qual

45. SOHRAVARDÎ. *Qiṣṣat al-Ġurbat al-Ġarbiyya* (Relato do Exílio Ocidental). In: SOHRAVARDÎ. *L'Archange Empourpré – Quinze Traités et Récits Mystiques*. Trad. Henry Corbin. Paris: Fayard, 1976a. p. 273; e SUHRAWARDĪ. *The Mystical and Visionary Treatises of Shihabuddin Yahya Suhrawardi*. Trad. W. M. Thackston Jr. London: The Octagon Press, 1982a. p. 100.

46. "A divina onipotência (*rubūbiyya*) tem um segredo (*sirr*) – se ele fosse descoberto, a profecia perderia seu valor; a profecia tem um segredo – se ele fosse descoberto, o conhecimento do Corão perderia seu valor; o conhecimento tem um segredo – se ele fosse descoberto, os julgamentos dos doutores da lei perderiam seu valor" (uma das 16 proposições do malikita Ibn Sālim al-Baṣrī, fundador da escola Sālimiyya e discípulo de Sahl al-Tusturī, condenadas pelos ḥanbalitas; em MASSIGNON, Louis. *Essay on the Origins of the Technical Language of Islamic Mysticism*. Trad. Benjamin Clark. Notre Dame [Indiana]: University of Notre Dame Press, 1997. p. 202).

47. THACKSTON JR., Wheeler M. Introdução. In: SUHRAWARDĪ. *The Mystical and Visionary Treatises of Shihabuddin Yahya Suhrawardi*. Trad. W. M. Thackston Jr. London: The Octagon Press, 1982. p. 4; "o mistério no qual os estágios [*aḥwāl*] dos adeptos do sufismo e dos apocalípticos estão baseados", cf. ibid., p. 100.

48. "O tempo de separar as coisas de acordo com seus valores verdadeiros, intrínsecos e eternos" ('Abdullah Yusûf 'Alî, comentário a *The Holy Qur'an, new revised edition*. Ed. bilíngüe. Brentwood, Maryland: Amana Corporation, 1409H. / 1989, p. 1596, n. 5941). Cf. ainda *Corão* LXXXI (O Enrolamento-*Al-Takwīr*) – remetendo a XXI:104 e a XXXIX:67; LXXXII (O Fendimento-*Al-Infiṭār*); LXXXIV (O Despedaçar-*Al-Inšiqāq*); LXXXVIII (O [Evento] Todo-Envolvente-*Al-Ġāšiyya*); XCIX (O Terremoto-*Al-Zalzala*).

49. Cit. em ḤI, §171, em associação com a visão de Platão (e dos "mestres visionários"), ao libertar-se do corpo, de "esferas luminosas" (Suhrawardī cita Platão seguindo a "Teologia de Aristóteles" [a partir das *Enéadas*, 4.8.1] – cf. BADAWĪ, ᶜAbd al-Rahmān. (Ed.). *Aflāṭūn ᶜInda al-ᶜArab*. Cairo: Maktabat al-Nahḍa al-Miṣriyya, 1955. (Reimp. Kuwayt: Wakālat al-Maṭbūᶜāt, 1977). 1.21-26.

50. Como as de Empédocles (cf. SUHRAWARDĪ, *Al-Mašārīᶜ wa-al-Muṭāraḥāt*, §223; AL-ŠAHRAZŪRĪ, *Šarḥ Ḥikmat al-Išrāq*, p. 595).

51. Como a de Hermes (ḤI, §4 [cf. AL-ŠAHRAZŪRĪ, op. cit., p. 4-5] e §274), Empédocles (*Al-Mašārīᶜ wa-al-Muṭāraḥāt*, §223; ḤI, §4), Platão e outros (ḤI, §§4 e 274), inclusive o Profeta Muḥammad (ḤI, §274) – que as bençãos de Allāh estejam sobre ele!

52. *Rafᶜ*, ascensão espiritual, passando da "aniquilação no mestre (*fanā' fī al-šayḫ*)" à "aniquilação no Profeta (*fanā' fī al-Rasūl*)" e eventualmente à "aniquilação em Deus (*fanā' fī Allāh*)". No tratado *The Simurgh's Shrill Cry* (*Safīr-I Sîmurgh*) (SUHRAWARDĪ. *The Simurgh's Shrill Cry* (*Safīr-I Sîmurgh*). In: SUHRAWARDĪ. *The Mystical and Visionary Treatises of Shihabuddin Yahya Suhrawardi*. Trad. W. M. Thackston Jr. London: The Octagon Press,

Platão falou por experiência própria (*Fédon* 81A; ḤI, §274), é a estação mística na qual a luz do homem, desligando-se do corpo, emerge no mundo da luz, onde se liga às luzes dominantes (*al-anwār al-qawāhir*) e é como que circundada pela eterna Luz das Luzes (*Nūr al-Anwār*) (ḤI, §274).

Dentro do seu entendimento da *filosofia perennis*, ligada ao "fermento eterno", Suhrawardī apontou uma linha sucessória (*isnād*) histórico-mítica de portadores da Luz, ou seja, da energia criadora e do seu conhecimento, entre os quais encontramos egípcios (Agathodaimón = Seth, Hermes Trismegistos = Hirmis[53]/Idrīs, "Asclépio"/Imhotep), gregos (Empédocles, Pitágoras, Sócrates, Platão, Aristóteles), pitagóricos islâmicos (Ḏū al-Nūn al-Miṣrī, o egípcio; Sahl al-Tusturī, iraniano, discípulo do anterior)[54], caldeus, orientais (indianos, como o Buda, e chineses), e que incluiria um ramo iraniano[55], ao qual chamou de cosrovânida (*ḫusrawānī*)[56]. Os reis kayânidas, a começar pelo "abençoado e ordeiro" Kay Khosraw (*kavi*[57] Cosróes; avéstico Kavi Haosravah), teriam sido

1982b. p. 94), a aniquilação passa, no nível interior, da supressão (*ṭams*) do eu, ou Grande Aniquilação (farsi *fanâ'-i akbar*), ao esquecimento do esquecimento do eu, ou Aniquilação na Aniquilação (farsi *fanâ'-i fanâ*).

53. "Hermes, o pai dos sábios [ou: dos filósofos] (*wālid al-ḥukamā', ab al-ābā', Hirmis*)", cf. *Kitāb al-Talwīḥāt*, §86.

54. Os dois últimos, explicitamente considerados por Suhrawardī como herdeiros do "fermento dos Pitagóricos", cf. SUHRAWARDĪ, *Al-Mašāri*ᶜ *wa-al-Muṭāraḥāt*, §223.

55. Que começa por Kayomarth/Kayûmarth e passa por Feridun (avéstico Thraetaona; farsi Farîydûn), Jamasp/Jâmâsaf (avéstico Jâmâspa), Frashostar/Farshâwastar (avéstico F[e]rashaoshtra), e Bozorgmehr[-e-Bokhtagân] (Bûzarjumihr, Buzurjmihr). Bozorgmehr é um dos personagens de *Zafar Nameh*, obra atualmente perdida, traduzida do pálavi para o farsi por Ibn Sīnā, comissionado pelo emir Samânida de Buḫāra, Nūḥ ibn Manṣūr, cf. Ḥājjī Ḫalīfa, In: FLÜGEL, op. cit., 1835-1858, t. IV, p. 175.

56. "Suhrawardī sabia muito bem que Avicena havia falhado em sua tentativa de completar uma filosofia oriental apenas porque ele era ignorante das fontes dos antigos sábios persas – os *khosrovanîyun*", cf. CORBIN, Henry. Iranian studies and philosophy. In: CORBIN, Henry. *The Voyage and the Messenger*: Iran and Philosophy. (palestras de 1948 a 1976 e artigos não-publicados previamente). Trad. (do francês) Joseph H. Rowe. Berkeley (California): North Atlantic Books, 1998. p. 33-88; p. 80. Cf. também SOHRAVARDÎ, Shihâboddîn Yahyâ. *Majmû'a-yi Musannafât-i Shaykh-i Ishrâq* (*Œuvres Philosophiques et Mystiques*). 3 v. vol. II: 1. *Le Livre de la Théosophie Oriental* (*Kitāb Ḥikmat al-Išrāq*). p. 9-260. 2. *Le Symbole de Foi des Philosophes* (*Fī I*ᶜ*tiqād al-Ḥukamā'*). p. 262-271. 3. *Le Récit de l'Exil Occidental* (*Qiṣṣat al-Ġurbat al-Ġarbiyya*). p. 273-297. Téhéran: Institute Franco-Iranien, 1952; 1970. Textos em árabe, editados com introdução em francês por Henry Corbin. Téhéran: Académie Impériale Iranienne de Philosophie (publ. n. 13); Paris: Adrien Maisonneuve, 1977. (Réimp. 1993); e CORBIN, *Prolégomènes*, 1952, 1970, 1977, 1993, p. 24-26.

57. Sacerdote-poeta-rei indo-iraniano, pré-zoroastriano.

depositários da Glória divina (*Khurrah*[58] em ḤI, *Khorrah* no *Alwâh-i 'Imâdî*, §§93-4, *Kharreh/Farreh* no *Partaw Nâmah*, §94), que dissipa as trevas da ilusão do ser e encaminha o homem à sua origem divina[59]. Suhrawardī entende a Luz de Glória (*Khurrah*) como idêntica à *Sakīna*[60] (hebr. *Shekhînâ*), descida definitiva da Serenidade divina ao coração (alma/templo) do místico (*Corão* XLVIII:4)[61]. No ramo cosrovânida dos portadores da Luz, Suhrawardī inclui Abū Yazīd al-Basṭāmī (Bāyazīd Basṭāmī), Abū al-Ḥasan al-Ḫaraqānī, Abū al-ᶜAbbās al-Qaṣṣāb e Ḥusayn ibn al-Manṣūr al-Ḥallāj (*Kitāb al-Mašārīᶜ wa-al-Muṭāraḥāt*[62], §223). Entre outros pensadores que influenciaram as idéias de Suhrawardī, cabe destacar ainda os nomes de Plotino (através da *Teologia de Aristóteles*), Al-Fārābī, Abū al-Qāsim al-Junayd, Abū Ṭālib al-Makkī, Ibn Sīnā, Abū al-Qāsim al-Qušayrī, *Hibat Allāh* Abū al-Barakāt al-Baġdādī, Abū Ḥamid al-Ġazālī e ᶜUmar ibn Sahlān al-Savajī.

58. No Avesta, *khvarenah* (pálavi *khwarrah*, farsi *farr*) designa o "carisma solar", a "aura" ou "'glória luminosa' das pessoas dotadas de um carisma especial" (HAUDRY, J. *Os Indo-Europeus*. Porto: Rés Editora, [s.d.]. (Ed. original. Paris: Presses Universitaires de France). p. 27; 33). *Khvarenah* (a *kayân khorra* do *Alwâh-i 'Imâdî*; *kîyân kharreh* no *Partaw Nâmah*; *soltan nûrî* alhures) é qualificada no Avesta de *akhvareta*, "inapreensível" e *kavaya* "própria dos *kavis*". No *Zamyâd Yasht* (ZY), que mostra a hierarquia de *khvarenah*, aprendemos que a "glória luminosa" é de Ahura-Mazdâ, dos Imortais Benfeitores (*Ameshâ Speñtâ*), das Deidades dignas de culto e dos *Saoshyants* ("Salvadores; Redentores") (ZY, 9-24), como Zaratustra, "o mais dotado de *khvarenah* entre todos os seres do mundo material" (ZY, 78-82). Para Suhrawardī, "é a inspiração de *Khvarenah* que torna acessível a luz auroral, o conhecimento matinal, do Oriente e da tradição profética daqueles atraídos para ele" (BAMFORD, Christian. Exotericism today: the example of Henry Corbin (Introduction). In: CORBIN, Henry. *The Voyage and the Messenger*: Iran and Philosophy. (palestras de 1948 a 1976 e artigos não-publicados previamente). Trad. (do francês) Joseph H. Rowe. Berkeley (California): North Atlantic Books, 1998. p. xiv lx; p. xlvi).
59. Suhrawardī assimilou a noção de "glória luminosa" à sua apreciação dos estados místicos como luzes ou "iluminações", que ele classifica numa das últimas seções (§§271-77) do livro que delas toma o nome.
60. Em *Kitāb al-Mašārīᶜ wa-al-Muṭāraḥāt*, §223, Suhrawardī vincula sua genealogia filosófico-mística ao "verbo (*kalima* [da revelação e do conhecimento]) dos lados ocidental e oriental. Dali ele chegou até um povo que fala pela *Sakīna*". Cf. ainda *Sâfir-i Sîmurgh*, I.3 (§8 em SUHRAWARDĪ, op. cit., 1982b, p. 92-93).
61. Cf. ainda *Corão* II:248; IX:26; IX:40; XLVIII:18; XLVIII:26.
62. SOHRAVARDÎ. *Majmû'a-yi Musannafât-i Shaykh-i Ishrâq* (*Œuvres Philosophiques et Mystiques*). 3 v. vol. I: *La métaphysique*: 1. *Kitāb at-Talwīḥāt*. p. 1-121. 2. *Kitab al-Muqāwamāt*. p. 123-192. 3. *Kitāb al-Mašārīᶜ wa-al-Muṭārahāt*. p. 194-506. Istanbul: Ma'ârif Matbaasi, 1945. Textos em árabe, editados com introdução em francês por Henry Corbin. Téhéran: Académie Impériale Iranienne de Philosophie (publ. n. 11); Paris: Adrien Maisonneuve, 1976. (Réimp. 1993). p. 502-503.

Após apontar que

> é difícil determinar se a "filosofia oriental" [de Ibn Sīnā e Suhrawardī] foi apenas uma formulação teórica que tomou sua linguagem simbólica emprestada dos vários mistérios antigos, ou se ainda havia uma tradição esotérica vivente que ainda possuía não apenas a doutrina, mas também a graça e as técnicas espirituais necessárias para uma efetiva realização da teoria[63],

Nasr sugere que tanto Ibn Sīnā quanto Suhrawardī se vinculariam a essa *isnād* de portadores da Luz através da *baraka* ("graça; benção", corrente de energia mística) do sufismo. Suhrawardī, como Ibn Sīnā, acreditava que a investigação filosófica é indissociável da experiência mística e que uma filosofia que não culmina numa realização espiritual pessoal (idealmente coroada pela *ta'alluh*, a *theôsis* dos gregos) constitui perda de tempo.

Em *Kitāb Kalimāt al-Taṣawwuf* (Livro das Palavras do Sufismo)[64], §55, Suhrawardī ensina que

> houve na Pérsia uma comunidade religiosa (*umma*) guiada pela Verdade (*al-Ḥaqq*) e fazedora da justiça conforme esta; [eles foram] sábios instruídos [na verdadeira doutrina da Luz], não se assemelhando aos magos[65]. Sua nobre sabedoria da Luz, que também foi testemunhada pelas experiências espirituais de Platão e de seus predecessores, foi ressuscitada por nós no livro intitulado *Ḥikmat al-Išrāq*. Ninguém antes de mim fez tal coisa.

Podemos identificar essa comunidade religiosa com aqueles que Šahrastānī[66] chamou de "magos originais (*al-majūs al-aṣliyya*)", aqueles que afirmavam

63. NASR, op. cit., 1978, p. 191.
64. SOHRAVARDÎ. *Le Livre du Verbe du Sufisme*. In: SOHRAVARDÎ. *L'Archange Empourpré – Quinze Traités et Récits Mystiques*. Trad. Henry Corbin. Paris: Fayard, 1976b. p. 170; id. *Kalimāt al-Taṣawwuf*. In: SOHRAVARDÎ. *Three Treatises*. Ed. Najaf-Gholî Habîbî. Lahore: Iran-Pakistan Institute of Persian Studies, 1977. p. 117; CORBIN, Henry. *Les Motifs Zoroastriens dans la Philosophie de Sohravardî*. Téhéran: Editions du Courier, 1325H./1946. (Publications de la Société de Iranologie, 3). p. 24.
65. "A doutrina oriental da luz e da treva foi o ensinamento de sábios/filósofos persas como Jâmâsp, Frashostar, Bozorgmehr, e de outros antes deles. Ela não é a doutrina dos magos infiéis [= dualistas], nem a heresia de Manī..." (ḤI, §4). Para Suhrawardī, os mais antigos reis da Pérsia foram monistas, e o dualismo teria sido uma crença corrompida, introduzida pelo rei Gûshtâsp/Vishtâspa (*Al-Awâh al-'Imâdiyya*, §93).
66. ŠAHRASTĀNĪ. *Al-Milal wa-al-Niḥal*. Ed. Muḥammad Sayyid Kīlānī. Cairo: Muṣṭafà al-Bābī al-Ḥalabī, 1381H./1961. vol. 1, p. 233 et seq.

a eternidade de apenas um princípio, a luz (*nūr*), e a temporalidade da treva/das trevas (*ẓulma/ẓulumāt*). Para John Walbridge,

> os "magos infiéis" do texto de Suhrawardī são aqueles que tomam literalmente a doutrina simbólica da luz e da treva proposta pelos antigos sábios persas [após Zaratustra], daí caindo no dualismo, e também aqueles como os zurvanitas, que defendem que o mal é real mas de certo modo "necessitado" pelo Criador. O verdadeiro significado da luz e da treva para os persas é a existência necessária e a contingente[67].

Ian Richard Netton pensa que:

> Talvez um dos caminhos mais rápidos para um entendimento verdadeiro de o que *Išrāq* realmente significa é tratá-lo(a) como uma moldura intelectual ou um campo discursivo no qual a própria existência é vista como luz (cf. A. Schimmel, *Mystical Dimensions of Islam*, 1975, p. 260). Ou, dizendo isso de outro modo, *Išrāq* foi a gramática através da qual um tipo particular de misticismo da luz pôde ser formulado e articulado. [...] A chave para a teologia suhrawardiana é que ela lida não apenas com um simbolismo da luz, mas com uma ontologia da luz[68].

O sistema filosófico de Suhrawardī em sua maturidade foi chamado, pelo barão Carra de Vaux[69], de "neoplatonismo [...] expresso por meio dos termos metafóricos 'luzes/trevas'", de sistema "aviceniano-platônico" por Louis Massignon[70], e de *reinplatonischen* (platonista "puro; castiço"[71]) por Carl Brockelmann[72]. Conforme Majid Fakhry, em *Ḥikmat al-Išrāq*

67 WALBRIDGE, op. cit., 2001, p. 61.
68. NETTON, Ian Richard. *Allâh Transcendent:* studies in the structure and semiotics of islamic philosophy, theology and cosmology. Richmond (Surrey): Curzon Press, 1994. p. 256 e 257 com notas 5 e 14.
69. CARRA DE VAUX, op. cit., 1902, p. 63.
70. MASSIGNON, Louis. *Recueil de Textes Inédits Concernant l'Histoire de la Mystique en Pays d'Islam.* Paris: Paul Geuthner, 1929. p. 113.
71. Isto é, platonismo das "essências e luzes celestiais que Hermes e Platão contemplaram" (*Ḥikmat al-Išrāq*, §166; cf. também §171) – "pitagorizante" segundo WALBRIDGE, op. cit., 2000, p. 182 – como culminância da sabedoria dos antigos (pp. dos sábios da Pérsia – cf. *Ḥikmat al-Išrāq*, §166) e depurado dos desvios dos peripatéticos.
72. BROCKELMANN, Carl. *Geschichte der arabischen Litteratur.* 1898-1902. 2 v. (Reimp. Leiden: E. J. Brill, 1943-49). *Supplementbände.* Leiden: E. J. Brill, 1937-42. 3 v. T. I, p. 481-83; e id. *Geschichte der arabischen Literatur.* 2. ed. Leiden: E. J. Brill, 1943-1949. 2 v. vol. I, p. 437-438.

o neoplatonismo e o sufismo são pela primeira vez reconciliados na história do pensamento islâmico. O esquema emanacionista [neoplatônico] é aceito com algumas reservas[73] e a hierarquia dos intelectos é substituída por uma hierarquia de luzes, no topo da qual está a Luz das Luzes (*Nūr al-Anwār*), correspondendo ao Primeiro Princípio (*al-Awwal*) de Al-Fārābī e ao Ser Necessário [*Wājib al-Wujūd*] de Ibn Sīnā[74]. Da Luz das Luzes, segundo Al-Suhrawardī, emana a série de luzes subordinadas, começando com a primeira luz, que corresponde ao Primeiro Intelecto [*al-ᶜAql al-Awwal*] de Al-Fārābī, seguido pelas luzes secundárias, os corpos celestes, e finalmente o mundo dos elementos[75].

Henry Corbin, que chamou o sistema suhrawardiano de "platonismo neo-zoroastriano"[76], pensava que o conceito zoroastriano de *khvarenah* é a fonte essencial da metafísica e da teosofia suhrawardianas da Luz[77]. Ademais, Suhrawardī "ressuscitou" diversos elementos da cosmologia e da angelologia zoroastriana (Quadro 1), esclarecendo-os à luz da gnose islâmica ou tomando-os como alegorias filosóficas[78]. É em termos de uma angelologia zoroastriana ou persa antiga que se expressa predominantemente o platonismo de Suhrawardī. Ele propõe, por exemplo (*ḤI*, §166), que os "anjos" zoroastrianos (*yazatas*) são um equivalente simbólico das formas platônicas (*muṯul aflāṭūniyya*) e as entende como intelectos imateriais que constituem os arquétipos[79] celestiais das coisas da natureza.

73. Suhrawardī parece inclusive evitar deliberadamente o uso da palavra *fayḍ* ("emanação"), preferindo empregar termos mais neutros, como *ṣudūr* ("geração") e *ḥuṣūl* ("ocorrência").
74. "O Ser que necessariamente existe em virtude de Sua Essência (*Wājib al-Wujūd bi-Ḏātihi*)", cf. AL-ḪŪSĪ, Nuṣayr al-Dīn. *Kitāb al-Išārāt wa-al-Tanbīhāt maᶜ Šarḥ Nuṣayr al-Dīn al-Ṭūsī*. Ed. Sulaymān Dunyā. Cairo: Dār al-Maᶜārif, 1947. (Reimp. 1957-1968). 4 v. em 3. vol. III, p. 26-27. "O Ser Necessário não pode ter um atributo adicional à Sua Essência" (*Partaw Nâmah*, §38).
75. FAKHRY, op. cit., p. 147.
76. CORBIN, Henry. *The Man of Light in Iranian Sufism*. Paris: Éditions Présence, 1971a. Trad. (do francês) Nancy Pearson. New York: Omega Publications, 1994. p. 43.
77. Id. Problem and method in religious history (1968). In: CORBIN, Henry. *The Voyage and the Messenger*: Iran and Philosophy. (palestras de 1948 a 1976 e artigos não-publicados previamente). Trad. (do francês) Joseph H. Rowe. Berkeley (California): North Atlantic Books, 1998. p. 89-113. p. 102.
78. Id., 1946; NASR, Seyyed H. *Three Muslim Sages*. Cambridge (Mass.): Harvard University Press, 1964. cap. 2; WALBRIDGE, op. cit., 2001, p. 61.
79. No vocabulário *išrāqi*, *arbāb al-aṣnām* ou *aṣḥāb al-aṣnām*, "senhores dos ídolos", em que "ídolo" (*ṣanam*) denota uma coisa ou ser sublunar.

Quadro 1 – Anjos zoroastrianos arquetípicos e suas representações

Nome Farsi	*Nome Pálavi*	*Nome Avéstico*	*Significado*	*"Imagens"*
Bahman	Vahman	Vohu Manah	Boa Mente/ Boa Intenção	Seres animados
Mordâd[80]	Amurdad	Ameretât	Imortalidade	Plantas
Khordâd	Hordad	Haurvatât	Integridade/ Saúde	Água
Ordîbehesht	Ardvahisht	Asha (Vahishta)	(Melhor) Verdade/ Retidão/Ordem	Fogo
Esfandârmodh[81]	Spendarmad	(Spenta) Ârmaiti	(Sacra) Piedade/ Devoção	Terra
Shahrîr	Sharevar	Khshathra (Vairya)	(Desejável) Poder/ Domínio	Sol[82], Céu e Metais

Obras de Suhrawardī

1) obras da juventude; 2) obras em farsi e tratados místicos[83]; 3) trabalhos peripatéticos da maturidade: *Kitab al-Talwīḥāt al-Lawḥiyya wa-al-ʿAršiyya* (Livro das Alusões aos Segredos de Deus e ao seu Trono), *Kitāb*

80. Para Mordâd, Khordâd, Ordîbehesht, cf. *Ḥikmat al-Išrâq*, §166; para Ordîbehesht, cf. também HI, §201.
81. *Ḥikmat al-Išrāq*, §209.
82. *Hûrakhsh*; cf. HI, §158. O Sol, luz governante dos céus, move cada um dos céus por meio do planeta correlato.
83. "Simultaneamente contos visionários e contos de iniciação espiritual", cf. CORBIN, Henry. *Mundus Imaginalis, or the Imaginary and the Imaginal*. R. Horine, Ipswich: Golgonooza Press, 1976; id. Mundus Imaginalis, or the Imaginary and the Imaginal (1964). In: CORBIN,

al-Muqāwamāt (Livro das Oposições), *Kitāb al-Mašārīᶜ wa-al-Muṭāraḥāt* (Livro dos Caminhos e Conversações); 4) obras da filosofia iluminativa: *Partaw Nâmah*, *Ḥikmat al-Išrāq*.

Cosmologia

As descrições que Suhrawardī faz do cosmo refletem essencialmente a herança ptolomaica. A Terra, imóvel, localizada no centro do universo, estaria na concavidade de esferas (*aflāk*) sutis[84] (e transparentes) concêntricas que, ao girarem num movimento circular[85], movem na eclíptica em torno da Terra os corpos celestes que contêm. A geração do movimento é determinada pelas esferas (*Partaw Nâmah* [PN], §55); o movimento dos corpos celestiais é, no entanto, voluntário[86], e "sabemos que tudo que se move voluntariamente está vivo". "As esferas celestiais têm almas que têm cognição do reino dos intelectos separados (= dos inteligíveis) e conhecem os universais" (PN, §§53 e 58). Uma alma dotada da faculdade estimativa é o movente do movimento celestial (PN, §54). "A alma move as esferas celestiais por causa de amor pelo [Primeiro] intelecto, cujas luzes, amores,

Henry. *Swedenborg and Esoteric Islam*: Two Studies. Trad. (do francês) Leonard Fox. West Chester (Pennsylvania): Swedenborg Foundation, 1995. p. 1-34. p. 2.

84. Cuja matéria seria o 5° elemento, o "éter" (*aṯīr*; *gauhar*), o que tornaria os corpos celestes sem peso e não-passíveis de caracterização como quentes, frios, úmidos ou secos (*Partaw Nâmah*, §20), nem sujeitos a geração e corrupção (PN, §22).

85. Existem ainda os movimentos em linha reta, que quando tendem ao centro são "frios" e quando tendem à periferia são "quentes" (*Kitāb al-Lamaḥāt*, 102: 9 et seq.). Em relação à sua causa ou finalidade, há três tipos de movimento: *natural* ("qualquer movimento que requer uma potencialidade associada a um corpo, quando ele pode mover-se apenas numa única direção [= rumo ao repouso]" – por exemplo, a queda de uma pedra); *voluntário* (movimento capaz de mover um corpo em qualquer direção); *compulsório* (movimento induzido por uma força externa) (*Partaw Nâmah* [PN], §16; cf. ḤI, §§178, 203). Suhrawardī atribui a multiplicidade resultante do "derramamento" do "Intelecto Agente" sobre o mundo dos elementos (*Kitāb al-Lamaḥāt*, 142: 1) às disposições diferentes por causa de movimentos diferentes (cf. *Kitāb al-Lamaḥāt*, 142: 11-12).

86. Pois seu movimento circular leva-os a afastar-se do seu [aparente] objetivo desejado uma vez que lá cheguem e também, apesar de estarem na órbita certa, a retornar ao seu [aparente] objetivo desejado já tendo chegado lá antes (PN, §54).

desejos e prazeres infinitos/ilimitados serão ganhos pela alma. E a alma irá gerar movimento ilimitado por causa da infinita luz do seu amor"[87]. A dinâmica das esferas é ontofaciente: "Movimentos são causas de geração [...]. O intelecto[88] confere entidades tais como acidentes, formas e almas individuais às existentes coisas geradas".

O Sol está na posição média das esferas. São as seguintes as esferas, da mais alta para a mais baixa: 1) Grande Esfera do Movimento Diurno ou Esfera das Esferas, que a cada 24h daria uma volta completa no sentido ocidental e seria responsável pelo movimento das outras esferas; 2) Esfera das Estrelas Fixas; 3) Esfera de Saturno; 4) Esfera de Júpiter; 5) Esfera de Marte; 6) Esfera do Sol; 7) Esfera de Vênus; 8) Esfera de Mercúrio; 9) Esfera da Lua; 10-11) Esferas do Éter e *Zamharīr*[89]; domínio sublunar da materialidade grosseira e fronteira da Terra. Quando fala das "onze esferas", Suhrawardī refere-se a todas elas, com as duas esferas superiores, não-planetárias, "compensando" as duas esferas sublunares; quando fala das "dez esferas" dos antigos, considera o domínio sublunar[90] compreendendo uma só esfera; quando fala das "nove esferas", refere-se às esferas 1 até 9; quando fala das "oito esferas", refere-se às esferas 2 até 9 (que contêm um ou mais corpos celestes); quando fala das "sete esferas", refere-se às esferas 3 até 9 (planetas + Lua). A Grande Esfera constituiria a fronteira entre a imaterialidade e a materialidade, estando a região do "Mundo imaginal" (*ᶜālam al-miṯāl*) ou "Terra do não-lugar" (cf. adiante) situada "na superfície convexa" da Grande Esfera, ou seja, fora de qualquer orientação espacial deste mundo.

87. *Partaw Nâmah*, §56 (cf. também §58, e *Kitāb al-Lamaḥāt*, 139: 7-9). Alhures, aprendemos que as esferas se movem porque são "carentes" e querem assimilar-se ao objeto de desejo (*Kitāb al-Lamaḥāt*, 138).
88. Cabendo notar que "há uma identificação radical entre emanação, intelecto, arcanjo [= hierarquia angelical] e luz", cf. NETTON, op. cit., p. 260.
89. Na cosmologia dos *Iḫwān al-Ṣafā'* ("Irmãos da Pureza"), a região sublunar teria três camadas de ar, a superior ou éter (*aṯīr*), aquecida pelo contato com o círculo lunar, a camada média (*zamharīr*; cf. *Corão* LXXVI:13), extremamente fria, e a camada inferior (*nasīm*), de temperatura moderada, cf. NASR, op. cit., 1978, p. 85.
90. O "mundo da geração e corrupção (*ᶜālam al-kawn wa-al-fasād*)".

> A Grande Esfera (ou asa direita [de Gabriel])[91] está, com relação à forma, tão perto de "nada" quanto algo possa estar e ainda ser "algo", porquanto em termos de atributo ou predicação de Deus, ela é o mais "algo" que existe. Em termos ontológicos, a Grande Esfera é a intermediária entre a existência material (temporal e espacial) e a existência imaterial. Ela é simbolicamente representada pelo Monte Qāf[92], a mítica cadeia montanhosa que circunda a Terra[93].

Emanando do criador, a luz passa pela Grande Esfera sem ser capturada, mas ao chegar à Segunda Esfera fragmenta-se numa miríade de corpos luminosos, as estrelas e constelações. Porções de luz que escapam das estrelas coalescem para formar os planetas. "A maior parcela de luminosidade pertence ao Sol em virtude de sua posição mediana, onde o equilíbrio fornece a resistência necessária para gerar a força para manter sua enorme luminosidade"[94]. Desde o Sol até a Terra, a quantidade de luz diminui até que a Lua, sem luz própria, é alcançada.

No plano das luzes, existem quatro mundos (ḤI, §247): 1) mundo das luzes dominantes (*al-anwār al-qawāhir*, "mundo de pura luz" descrito em ḤI, §163); 2) mundo das luzes regentes/organizadoras (*al-anwār al-mudabbira*); 3) mundo dos istmos ou barreiras (*barāziḫ*)[95]; 4) "mundo das figuras incorpóreas"[96] ou mundo das imagens suspensas escuras e das iluminadas.

91. Cf. *Awâz-i Par-i Jibra'îl* (*The Sound of Gabriel's Wing*) (O Som da Asa de Gabriel), §18, SUHRAWARDĪ, op. cit., 1982a, p. 32.

92. Cf. id., *ᶜAql-i Surkh* (O Intelecto Rubro), §5; *Fī Ḥālat al-Ṭufūliyya* (Sobre o Estado da Infância), §6; *Ṣāfir-i Sîmurgh* (O Guincho do Simurgh), §2 (todas essas passagens estão respectivamente em *The Red Intellect, On the State of Childhood, The Simurgh's Shrill Cry*. In: SUHRAWARDĪ, op. cit., 1982a, p. 36; 54; 88).

93. THACKSTON JR, op. cit., p. 8.

94. Ibid., remetendo a *Rûzî bâ Jamâ'at-i Sûfiyân* (*A Day with a Group of Sufis*) (Um Dia com um Grupo de Sufis), §5, SUHRAWARDĪ, op. cit., 1982a, p. 46.

95. "Em geral, tudo o que é corpo [cf. *Ḥikmat al-Išrāq*, §109], tudo o que forma separação e intervalo". Cf. CORBIN, Henry. La Théosophie de l'Orient des Lumières. In: SOHRAVARDÎ. *Majmû'a-yi Musannafât-i Shaykh-i Ishrâq* (*Œuvres Philosophyques et Mystiques*). Téhéran: Institute Franco-Iranien, 1952; 1970; Paris: Adrien Maisonneuve, 1977. (Réimp. 1993). vol. II, p. 45.

96. "A ressurreição das imagens ['corpos' em AL-ŠĪRĀZĪ, op. cit., 517], as formas senhoriais [platônicas], e todas as promessas de profecias encontram sua realidade através desse mundo" (*Ḥikmat al-Išrāq*, §248), outrossim chamado de *ᶜālam al-miṯāl* (relacionado a *maṯal*, "metáfora"; e *muṯul*, "formas, arquétipos"), "mundo da imagem". Segundo Corbin, do "mundo imaginal" depende a validade dos sonhos, dos rituais simbólicos, dos relatos visionários sobre "eventos celestiais", e a realidade das visões imaginativas inspiradas, das revelações proféticas, dos lugares alcançados durante meditação intensa, das cosmogonias e teogonias.

Em outro plano, os mundos podem ser divididos em três[97]: 1) mundo dos intelectos/das inteligências (*ᶜālam al-ᶜaql*) ou *Jabarūt*, também chamado Reino do Poder ou Grande Céu[98]; 2) mundo das almas (*ᶜālam al-nufūs*), também chamado de Pequeno Céu ou de *Malakūt* (da Soberania); e 3) mundo do *Mulk* (do Domínio) ou do corpo material (*ᶜālam al-jism*). Passamos a citar Suhrawardī, a partir de Corbin[99]:

> Há um mundo que os filósofos denominam mundo da Inteligência [...]. A palavra inteligência designa, no seu vocabulário técnico, toda substância (todo ser substancial) que não pode ser objeto de uma indicação perceptível pelos sentidos, e que não tem de exercer ação sobre os corpos.
>
> Há o mundo da alma. Se bem que a alma pensante não seja nem um corpo, nem corpórea, nem provida de uma dimensão espacial sensível, ela tem de exercer sua ação no mundo dos corpos. As almas pensantes se dividem entre as que devem exercer sua ação nas regiões siderais (as *Animæ cœlestis*[100] motrizes das esferas) e as que exercem sua ação pela espécie humana (as *Animæ humanæ*[101]).
>
> Há o mundo do corpo, que se divide em mundo etéreo (*atīrī*, o mundo sideral) e mundo dos elementos (*ᶜunṣurī*).

Cf. CORBIN, Henry. *Corps Spirituel et Terre Celeste*: de l'Iran mazdéen a l'Iran shiite. 2 ed. Paris: Buchet-Castel, 1979. p. 112.

97. Cf. SOHRAVARDÎ. *Épître sur le symbole de la foi des philosophes* (*Risālat fī Iᶜtiqād al-Ḥukamā'*). In: SOHRAVARDÎ. *L'Archange Empourpré – Quinze Traités et Récits Mystiques*. Trad. Henry Corbin. Paris: Fayard, 1976c. p. 22, em que Suhrawardī provavelmente segue *Qūt al-Qulūb* (Alimento dos Corações), de Abū Ṭālib al-Makkī – a quem cita em *Lughat-i Mûrân* (Linguagem das Formigas), §7 (cf. id., 1982a, p. 77). Em *Livre du verbe du soufisme* (*Kitāb Kalimāt al-Taṣawwuf*) (id., 1976b, p. 165), lemos que "há o mundo do Intelecto (*ᶜAql*), que é o *Jabarūt*. Há o mundo da Alma (*Nafs*) e do Verbo (*Kalima*), que é o mundo do *Malakūt*. Há o mundo material visível (*Mulk*), o qual obedece à Alma, a qual obedece ao Intelecto, que por sua vez obedece a seu Princípio (*Mubdi'*)". Cf. também CORBIN, op. cit., 1979, p. 147 et seq., e *Partaw Nâmah*, §72.

98. Associado à condição divina (*Lāhūt*) – que para Suhrawardī pode ser alcançada na culminância da elevação da alma humana. Cf. SOHRAVARDÎ. *Épître des hautes tours* (*Risālat al-Abrāj*). In: SOHRAVARDÎ. *L'Archange Empourpré – Quinze Traités et Récits Mystiques*. Trad. Henry Corbin. Paris: Fayard, 1976d. p. 350.

99. Id. *Livre des temples de la lumière* (*Kitāb Hayākil al-Nūr*). In: SOHRAVARDÎ. *L'Archange Empourpré – Quinze Traités et Récits Mystiques*. Trad. Henry Corbin. Paris: Fayard, 1976e. p. 51-52. Cf. também *Partaw Nâmah*, §72.

100. *Al-nufūs al-falakiyya*.

101. *Al-nufūs al-insiyya*.

Esses três mundos se convertem em quatro quando a eles se adiciona o mundo imaginal (*ᶜālam al-miṯāl*) ou "mundo das figuras incorpóreas", como lemos em Quṭb al-Dīn al-Šīrāzī[102]: "existem quatro mundos: o mundo dos intelectos que não têm qualquer conexão com os corpos, o mundo das almas que se ligam a corpos celestiais e humanos, o mundo dos corpos, compreendendo as esferas, os elementos e o que há neles, e o mundo da imagem e da imaginação". O mundo imaginal também recebe os nomes de "Confluência dos [Dois] Mares (*Majmāᶜ al-Baḥrayn*) = dos sentidos e do intelecto" (*Corão* XVIII:60); "oitavo clima", por estar além dos sete climas da geografia ptolomaica[103] e "Cidade do não-lugar (*Nâkojâ-âbâd*)"[104], plano em que o corpo é espiritualizado e o espírito é corporificado. As experiências visionárias místicas e proféticas, bem como a ressurreição, têm sentido e lugar no mundo imaginal, "um mundo, um modo de ser e de conhecimento"[105] que estão no nível de uma realidade não-empírica[106], mas nem por isso irreal; um mundo que não se pode dizer onde está situado, pois é ele que situa[107]; um mundo onde o viajante espiritual não *chega*, pois ele mesmo *é* esse espaço[108].

102. Tradução com alguma liberdade a partir da *Epístola Certificando a Realidade do Mundo Imaginal*. In: WALBRIDGE, John. *The Science of Mystic Lights*: Qutb al-Din Shirazi and the Illuminationist tradition. Cambridge: Harvard Center for Middle Eastern Studies, 1992. p. 241 (árabe); 206 (inglês).
103. "O clima que nosso dedo indicador não pode apontar" (*Awâz-i Par-i Jibra'îl*, §4); o lugar que está "além do monte Qāf" (*'Aql-i Surkh*, §5).
104. É ademais, na tradição mística iraniana, o conjunto das cidades místicas de Jâbalqâ, Jâbarsâ e Hûrqalyâ, e para os xiitas, a "terra do *Imām* oculto". Cf. CORBIN, op. cit., 1995, p. 5.
105. CORBIN, Henry. The theme of the voyage and the messenger. In: CORBIN, Henry. *The Voyage and the Messenger*: Iran and Philosophy. (palestras de 1948 a 1976 e artigos não-publicados previamente). Trad. (do francês) Joseph H. Rowe. Berkeley (California): North Atlantic Books, 1998. p. 135-171. p. 165.
106. Se seguirmos o pensamento anagógico, "chegamos no nível onde a Imagem, longe de perder o contato com a sensopercepção, na realidade antecipa toda percepção empírica, e toma seu lugar legítimo em relação a ela", cf. ibid., p. 167.
107. CORBIN, op. cit., 1995, p. 1-34.
108. Id., The theme of the voyage and the messenger, 1998, p. 168.

Metafísica e Física

Em *Ḥikmat al-Išrāq*, lemos que:

> Assim como vendo coisas sensíveis alcançamos certo conhecimento sobre alguns dos seus estados e assim somos capazes de construir ciências válidas como a astronomia, do mesmo modo observamos certas coisas espirituais e subseqüentemente baseamos nelas as ciências divinais. Aquele que não segue esse caminho [duplo] nada sabe de filosofia. (ḤI, §6)

Já em *Kitāb al-Lamaḥāt* (Livro dos Lampejos), a ciência se divide em "primeira ciência", que é semelhante à lógica aviceniana (primeira no aprendizado), "segunda ciência", correspondente à filosofia da natureza, e "terceira ciência", que é a metafísica geral (a "quarta ciência", que trata das coisas divinais, fica subentendida). O caminho duplo sugerido em *Ḥikmat al-Išrāq* explica-se, em face dessa divisão, pelo entendimento de que a lógica é uma prévia do caminhar, a filosofia da natureza e a metafísica geral constituem o caminho sensível, e as ciências divinais constituem o caminho inteligível ou espiritual.

Suhrawardī parece ter sido, na história da filosofia, o primeiro a dividir a metafísica em duas, a do conhecimento geral (*al-ᶜilm al-kullī*) – tratando de assuntos como existência, essência, acidentes, unidade, tempo, movimento etc. – e a do conhecimento divinal (*al-ᶜilm al-ilāhī*) – pretendendo analisar supra-racionalmente questões como a existência e o conhecimento de Deus, a experiência mística (*ḏawq*) e a intuição direta (*mušāhada*), revelação e profecia, "sonhos reais", experiências extra-corporais[109], a existência objetiva de um "mundo imaginal (*ᶜālam al-ḫayāl; ᶜālam al-miṯāl*)"[110], milagres (*muᶜjizāt*), poderes miraculosos (*karāmāt*) e outros assuntos incomuns[111]. Ademais,

109. Isto é, das "almas separadas da matéria" (*al-nufūs al-mujarrada*).
110. *Al-ᶜālam al-awṣāt*, "o mundo intermediário", em Šahrazūrī.
111. Ver ZIAI, Hossein. Šihāb al-Dīn Suhrawardī: Founder of the Illuminationist school. In: NASR, Sayyed H.; LEAMAN, Oliver. (Org.). *History of Islamic Philosophy*. London; New York: Routledge, 1996a. p. 460-461, n. 36. O autor revela que discussões desses temas podem ser encontradas nas

> [Após Ibn Sīnā,] a ontologia mudou das categorias peripatéticas das substâncias e acidentes para a metafísica dos processos, com mais ênfase nos papéis ontológicos do tempo e do movimento. Essa mudança começou com a rejeição das categorias aristotélicas por S. Suhrawardī[112] e culminou na metafísica-do-existente-e-do-processo do Mulá Ṣadrā[113].

Suhrawardī foi, conforme Hamid[114], "o primeiro grande campeão do *essencialismo*", defendendo vigorosamente a tese[115] de que a distinção essência/existência é puramente mental ou conceitual, porquanto apenas essências realmente existem, e a existência seria uma abstração subjetivamente posta (*i*ᶜ*tibār* ᶜ*aqlī*)[116] ou um inteligível de segunda ordem (*ma*ᶜ*qūlat ṯāniyya*)[117], ao qual nada corresponde na realidade externa à mente. Outra

seções finais das principais obras filosóficas de Suhrawardī, apontando os seguintes capítulos: *Ḥikmat al-Išrāq* 2.5 (esp. 2.5.5), *Al-Talwīḥāt* 3.4 (esp. 3.4.2), *Al-Mašāri*ᶜ *wa-al-Muṭāraḥāt* 3.7.3 e 3.7.6, e a última seção de *Partaw Nâmah* (§86 et seq.) [cf. também, nessa última obra, §§80-81].

112. Suhrawardī aboliu as categorias de ação, paixão, posição, tempo e lugar, substituindo-as pela categoria única do movimento (*ḥaraka*). "Ele [Suhrawardī] atribui sua influente teoria das categorias a um erudito pitagórico chamado Arkhûtus. O que depois é definido por Ṣadr al-Dīn al-Šīrāzī como 'movimento na categoria da substância' (*al-ḥarakat al-jawhariyya*), traduzido como 'movimento substancial' e 'movimento transubstancial', é um corolário direto para a teoria de Suhrawardī. Basicamente a teoria afirma que a 'intensidade (*šadda wa-ḍa*ᶜ*f*)' é uma propriedade de todas as categorias, que são reduzidas a cinco: substância (*jawhar*), qualidade (*kayf*), quantidade (*kamm*), relação (*nisba*) e movimento (*ḥaraka*)" (ibid., p. 441-442).

113. MOREWEDGE, Parviz. *Essays in Islamic Philosophy, Theology and Mysticism*. Oneonta (New York): The Philosophy Department of the State University of New York, 1995. p. xiii.

114. HAMID, Idris Samawi. *The Metaphysics and Cosmology of Process According to Shayk 'Ahmad al-'Ahsâ'î* Buffalo, 1998. Tese (Doutoramento) – Departamento de Filosofia, State University of New York, Buffalo. 1998. p. 17-18; n. 6.

115. Já presente em *Qūt al-Qulūb*, de Al-Makkī.

116. Isto é, *i*ᶜ*tibārāt* ᶜ*aqliyya*, que Walbridge traduz como "ficções intelectuais" (WALBRIDGE, 1992, p. 45 et seq.) ou "entes da razão (*entia rationis*), que são conceitos como existência, necessidade, contingência, unidade, dualidade, cor, privações, relações e substancialidade. Diferentemente de atributos concretos como negridão (*sawād*; *aswadiyya*), esses atributos não têm existência fora da mente, o são na verdade produtos do nosso pensamento sobre coisas" (cf. WALBRIDGE, John; ZIAI, Hossein. Translators' Introduction. In: SUHRAWARDĪ. *The Philosophy of Illumination*: a New Critical Edition of the Text of *Ḥikmat al-Išrāq* with English Translation, Notes, Commentary, and Introduction by John Walbridge and Hossein Ziai. Provo (Utah): Brigham Young University Press, 1999. p. xxv). Nuṣayr al-Dīn al-Ṭūsī aceitou a tese de que a existência é uma *i*ᶜ*tibār* ᶜ*aqliyya*.

117. Isto é, *ma*ᶜ*qūlat ṯāniyya*, um inteligível abstraído de conceitos ao qual não corresponde qualquer ente real exterior.

manifestação do essencialismo de Suhrawardī é a sua rejeição da *hylé* (ár. *hayūlà*) ou matéria primal na categoria da substância[118].

"Ibn Sīnā e Suhrawardī seguem a mesma estrutura ontológica, embora o 'tecido' de suas ontologias seja diferente: para Ibn Sīnā é o Ser, e para Suhrawardī é a Luz"[119]. "O constituinte fundamental da realidade é a luz pura, imaterial, que é o que há de mais manifesto, e que desprende-se da Luz das Luzes de maneira emanacionista, em uma ordem descendente de luzes"[120]. As diferenças existentes entre as coisas/os entes não se dão por essência, mas por grau de intensidade luminosa. A existência do vazio (*ḫalā'*) é negada (ḤI, §75; PN, §§14, 15 e 59), a não ser que entendamos o "vazio" como um corpo imaterial (ḤI, §90; PN, §14). A luz pode ser imaterial [luz substancial (*nūr jawharī*) ou luz incorpórea (*nūr mujarrad*); "luz de si e em si" – luz de Deus, dos anjos/dos arquétipos, da alma humana] ou acidental (*nūr ᶜarḍī*; "luz de si mas em outro" – luz das estrelas, do fogo), podendo ainda ser do tipo corpóreo ou incorpóreo – sendo este último tipo chamado de "luz propiciadora (*nūr sāniḥ*)" (ḤI, §§109, 147 e 149)[121]. As luzes acidentais (*al-anwār al-ᶜawarīḍ*; a luz física e alguns acidentes na luz imaterial) diferem entre si em razão da maior ou menor perfeição da luz que as ilumina (ḤI, §136).

No plano das luzes, "as 'luzes incorpóreas' são estruturalmente idênticas à essência que conhece a si própria na descrição aristotélica. [...] Em outras palavras, as luzes incorpóreas são sujeitos cognoscentes autoconscientes em virtude de serem luzes incorpóreas. Elas conhecem outras entidades do mesmo modo"[122]: "'Contato (ou comunhão, *ittiṣāl*)' e 'união (*ittiḥād*)'[123]

118. Suhrawardī e depois Al-Ṭūsī negaram a existência da *hayūlà* primária e externamente aos corpos, aceitando em seu lugar a coexistência da *hayūlà* e dos corpos.

119. AMINRAZAVI, Mehdi. How Ibn Sinian is Suhrawardi's theory of knowledge?. *Philosophy East and West*, 53 (2), p. 203-214, 2003. p. 203.

120. COOPER, John. Al-Suhrawardī, Šihāb al-Dīn Yaḥyà. In: CRAIG, Edward. (Org.). *Routledge Encyclopaedia of Philosophy*. London; New York: Routledge, 1998. 10 v. vol. IX, p. 219.

121. Do mesmo modo, se a treva é "de si e em si" é chamada de obscuridade (*ġasaq*) – como a dos corpos naturais (*ġawāsiq; al-jawahīr al-ġāsiqa*)/dos "istmos" (*barāziḫ*) – e se é "de si mas em outro" (= se depende de outro para sua subsistência) é chamada de "forma" [*hay'a; hay'a ẓulmāniyya* – um "acidente" (*ᶜaraḍ*) não-luminoso], como a das cores e odores (NASR, op. cit., 1961, p. 387-388).

122. WALBRIDGE, op. cit., 2000, p. 167-68, remetendo a *Ḥikmat al-Išrāq*, §§114-16.

123. "Os filósofos (*falāsifa*) e os sábios (*ḥukamā'*) [exemplificados por Abū Yazīd al-Basṭāmī, Sahl al-Tusturī e seus *amṯāl* (pares). Uma glosa marginal a essa passagem acrescenta Ḏū al-Nūn al-Miṣrī, Ḥallāj e Ḫaraqānī entre aqueles bem-versados na sabedoria iluminativa,

entre as almas e destas com o Intelecto Ativo (*al-ᶜAql al-Faᶜᶜāl*)[124] são possíveis apenas no mundo inteligível após a separação do corpo"[125]. As luzes imateriais/incorpóreas (*anwār mujarrada*) ou intelectos[126] diferem entre si pelo grau de perfeição (*kamāl*), que é total na Luz das Luzes[127] e é relativa, deficiente (ḤI, §136) no grau de potência luminosa, na Primeira Emanação (*Al-Inbiᶜāṯ al-Awwal*)[128], Primeira Luz (*Al-Nūr al-Awwal*), Luz mais Próxima (*Al-Nūr al-Aqrab*), Grande Luz (*Al-Nūr al-ᶜAẓīm*), Primeiro Intelecto (*Al-ᶜAql al-Awwal*), Bahman[129], e nas seguintes. Da Primeira Luz emanam ou-

al-ḥikmat al-kašfiyya)] não pararam no conhecimento formal (*al-ᶜilm al-rasmī*), mas partiram para o conhecimento presencial, unitivo, experiencial (*al-ᶜilm al-ḥuḍūrī al-ittiṣālī al-šuhūdī*). Eles não se ocuparam com os laços da matéria. Eles têm 'uma proximidade a Nós e um belo lugar ao retorno' (*Corão* XXXVIII:25; 40). Eles foram impelidos pelo que nos move (*taḥarrakū ᶜammā taḥarrak-nā*) e falaram aquilo que dizemos (*naṭaqū bi-mā nataq-nā*)" (SUHRAWARDĪ, *Kitāb at-Talwīḥāt al-Lawḥiyya wa-al-ᶜAršiyya*, §55). O sonho de Suhrawardī com Aristóteles (cf. id., (1945, 1976) 1993, vol. I, p. 70-74; WALBRIDGE, op. cit., 2000, p. 225-229), do qual retiramos o excerto acima, foi citado pelo mestre sufi MAᶜṢŪM ᶜALĪ ŠĀH (século XIX), no seu *Ṭarā'iq al-Ḥaqā'iq*. Teheran: Sanâ'î, 1970. 2 v. vol. I, p. 155, como uma evidência das diferenças entre as abordagens especulativa e mística para o conhecimento da existência *post-mortem*.

124. A mente incorpórea da esfera mais inferior, que é a fonte a partir da qual a mente obtém os inteligíveis.

125. WALBRDIGE, op. cit., 2000, p. 167.

126. "Não é possível que uma alma ou um corpo sejam obtidos do Ser Necessário; portanto, aquilo que d'Ele é obtido é uma substância incorpórea, sob qualquer perspectiva absolvida de extensões materiais, à qual chamamos 'intelecto (ᶜ*aql*)'" (*Partaw Nâmah*, §47; cf. também §50).

127. "Luz Tudo-Envolvente, Luz Auto-Existente, Luz Sagrada, Luz Máxima Suprema; ela [a Divindade] é a Luz Dominante e a Absolutamente Independente, pois nada existe além d'Ela (*Al-Nūr al-Muḥīṭ wa-al-Nūr al-Qayyūm wa-al-Nūr al-Muqaddas wa-al-Nūr al-Aᶜẓam al-Aᶜlà wa-Huwa al-Nūr al-Qahhār wa-Huwa al-Ġānī al-Muṭlaq iḏ laysa warā'-hu šay' āḫar*)" (SUHRAWARDĪ, *Ḥikmat al-Išrāq*, §129).

128. Ibid., §138; "substância intelectual e única" (id., *Kitāb al-Lamaḥāt*, 140: 15-16).

129. "O primeiro ser criado é também uma luz, uma luz consciente, uma luz única e una, imaterial, desprovida de multiplicidade, uma luz que se autoconhece e conhece a causa de sua criação. Ela é a inteligência essencial, a mente total, a intermediária e intercessora entre a fonte de luz, o Criador e o universo criado. Ela é *Al-Nūr al-Muḥammadī*, a Luz de Muḥammad, que Suhrawardī chama em nosso livro de *Al-Nūr al-Ibdā'ī*, a Luz Criadora; na sua *Ḥikmat al-Išrāq*, ele a chama *Al-Nūr al-Aqrab*, a Luz mais Próxima (da sua fonte). Nas suas *Talwīḥāt*, ele a chama de *Al-ᶜAql al-Kullī*, a Mente Total. Em outros livros, é feita referência a *Al-Nūr al-Awwal*, a Primeira Luz, *Al-Šayḫ*, o Mestre, *Al-Jamāl*, Beleza, etc. A razão pela qual uma coisa recebe tantos nomes é a vontade de Suhrawardī de explicar a *Nūr Muḥammadī* em termos de cada possível modo de pensamento e filosofia, seja em aderência ao *kalām*, ou à [*ḥikmat al-*] *maššā'iyya* [filosofia peripatética], ou à filosofia de Plotino, ou à de Aristóteles" (Shaykh Tosun Bayrak al-Jerrahi al-Halveti. Introduction. In: SUHRAWARDĪ. *The Shape of Light* (*Hayakal al-Nūr*). Interpreted by Shaykh Tosun Bayrak al-Jerrahi al-Halveti. Louisville (Kentucky): Fons Vitae, 1998. p. 33-34).

tras luzes ou intelectos segundo uma ordem vertical (longitudinal) de luzes (*ṭūlī; tabaqat al-ṭūl*), que têm uma precedência ontológica (noética, *ᶜaqlī*), mas não temporal (PN, §64), umas sobre as outras. Essas luzes da ordem vertical, chamadas Luzes Dominantes[130] (*Qawāhir*), Vitoriosas (*Qāhira*), Fontes (*al-Uṣūl*) ou Mães (*al-Ummahāt*), não têm relação direta com as coisas ou seres materiais, nem são almas controlando corpos, nem esferas[131] (*aflāk*), nem arquétipos de espécies: são matrizes das quais, a partir da Luz das Luzes, todas as coisas derivam.

Depois da produção, pela Luz mais Próxima, da esfera mais externa do universo, chamada Istmo Mais Elevado (*al-Barzaḫ*[132] *al-Aᶜlà*), segue-se a produção pela Segunda Luz, ou Segundo Intelecto, sob o efeito do aspecto mais passivo[133] das luzes – o conhecido como amor (*maḥabba*), paixão (*ᶜišq*) ou anseio (*šawq*) –, da Esfera das Estrelas Fixas (*al-ṯawābit*) ou Segundo Istmo, enquanto os demais Istmos (*Barāziḫ*), os das demais esferas celestes, seriam derivados da Terceira Luz/Intelecto e suas sucedâneas, com o mundo elemental, a matéria primal e nossas almas derivando finalmente da Décima Luz/Intelecto (PN, §60; ḤI, §§150 et seq.).

Além da ordem vertical (longitudinal) de luzes (*ṭabaqat al-ṭūl*), Suhrawardī descreve uma ordem horizontal (latitudinal) de luzes (*al-anwār al-ᶜarḍiyya, ṭabaqat al-ᶜarḍ*), originada da primeira. Na ordem horizontal, as luzes são descritas como Luzes Vitoriosas Equivalentes (*Anwār Qāhira Mutakāfi'a* [*Mutakāfiya*]), indicando a inexistência de hierarquia emanativa entre elas – embora diferentes em espécie, esses arquétipos não diferem no nível ontológico. Ian Richard Netton recorda que:

> A segunda ordem de anjos e seu mundo guardam uma marcada semelhança com o mundo das idéias ou arquétipos de Platão; na verdade, para todos os intentos

130. A relação das luzes superiores com as inferiores é chamada de dominância (*qahr*), e a das luzes inferiores com as superiores é chamada de amor (*maḥabba*), paixão (*ᶜišq*) ou anseio (*šawq*). Cf. especialmente ḤI, §147.
131. Diferentemente dos esquemas de Al-Fārābī e Ibn Sīnā, que se baseavam em dez Intelectos básicos, a hierarquia vertical de Suhrawardī, embora suas dez primeiras Luzes sejam paralelas às de Al-Fārābī e Ibn Sīnā, compreende um número enorme, incontável embora finito, de luzes (ḤI, §150-151; *kathrat-e 'uqûl*, "multiplicidade dos intelectos", em PN, §§54-61).
132. Para *barzaḫ* como não-luz, cf. *Corão* XXIII:100.
133. Sendo a dominância (*qahr*) o aspecto ativo.

> e propósitos, ela é esse mundo. Tudo o que existe no universo é uma "teurgia (*ṭilasm*)" ou "imagem (*ṣanam*)" desses anjos arquetípicos, e é essa relação de governante e governado, onde cada espécie é a província de um anjo particular, que faz esses anjos serem conhecidos por títulos como "Senhores das Teurgias (*Arbāb al-Ṭilasmāt*)", "Senhores das Imagens Celestiais das Espécies (*Arbāb al-Aṣnām al-Nawᶜiyya al-Falakiyya*)"[134], e "Os Arquétipos Vitoriosos das Luzes (*al-Anwāᶜ al-Nūriyya al-Qāhira*)". É nesse ponto que a doutrina platônica dos arquétipos é ligada à nomenclatura da angelologia zoroastriana [...] dos "Imortais Sagrados" ou "Imortais Generosos", os Amesha Spentâs (*Amshâspands* ou *Amahraspands*)[135].

Bahman é a Primeira Luz ou Luz mais Próxima[136] (ḤI, §138). Quando tomado como arquétipo dos seres animados racionais, isto é, dos humanos, Bahman é Gabriel, o Mestre da Teurgia da Espécie Racional (*Ṣāḥib Ṭilasm al-Nawᶜ al-Nāṭiq*), é *Rawân-Bakhsh* (farsi para Doador de Espírito) e é o Espírito Santo (*Rūḥ al-Qudus*)[137] – o mesmo que agraciou Suhrawardī com a revelação *išrāqī* (ḤI, §280) –, sendo também "aquele que os filósofos chamam de o Intelecto Ativo (*al-ᶜAql al-Faᶜᶜāl*)"[138]. Gabriel, anjo da revelação e também do conhecimento, é designado ainda como *Jâwêd-Khirad/Jâvidân Kharad*, equivalente literal de *Sophia Æterna*[139]. A identificação entre o anjo do conhecimento e o anjo da revelação faz que a gnoseologia postulada pelos filósofos seja inseparável da dos profetas[140] e místicos.

A ordem horizontal (latitudinal) de luzes/anjos/arquétipos origina outra ordem de luzes, através das quais as espécies são governadas: é a ordem das luzes regentes/organizadoras (*al-anwār al-mudabbira*) ou luzes controladoras (*al-anwār al-qāhira*; *al-anwār al-isfahbad*), que funcionam tanto no nível celestial (*al-anwār al-falakiyya*) quanto no nível humano (*al-anwār al-insiyya*). A alma (*nafs*) é uma luz controladora (*al-nūr al-qāhir*) imaterial, também chamada "senhor da hominidade (*isfahbad al-nāsūt*)", associada com um corpo

134. Sobre a matriz zoroastriana das "imagens das espécies" e seus "senhores", ver o Quadro 1.
135. NETTON, op. cit., p. 263.
136. "Esse arcanjo [Gabriel], como o Espírito Santo, é também a Inteligência primeira e suprema" (NASR, op. cit., 1961, p. 390).
137. "Doador de conhecimento, apoio (ou certeza), vida e virtude à humanidade" (*Ḥikmat al-Išrāq*, §210).
138. *Hayākil al-Nūr*, 4.4.
139. Cf. SOHRAVARDÎ, *L'Archange Empourpré*, 1976, p. 293; 307; 333; 347.
140. Aqueles que Allāh envia para "reformar a espécie" (*Kitāb al-Lamaḥāt*, 148: 9).

animal ou humano. Ela não existe antes do corpo, vindo ambos a existir simultaneamente (PN, §32; *Kitāb al-Lamaḥāt*, 120: 8). A alma é imortal e não tem extensão espacial, embora seja "uma substância através da qual os corpos são distinguidos", e seu desligamento do corpo implica na morte deste (PN, §73).

"Toda coisa é luz e luminosidade em sua própria realidade ou não é luz e luminosidade em sua própria realidade. [...] Aquilo que não é luz em sua própria realidade divide-se entre o que independe de um *locus*[141] (a substância corpórea, *al-jawāhir al-ġāsiqa*) e o que é um estado de outra coisa (o estado escuro[142], *hay'a ẓulmāniyya*)" (ḤI, §109). Todos os corpos físicos são simples ou compostos (ḤI, §194), podendo os corpos simples ser de três tipos: *ḥājiz* (opacos), aqueles nos quais a luz não penetra; *laṭīf* (translúcidos), aqueles que permitem a penetração da luz, e *muqtaṣid* (transparentes), aqueles que permitem a passagem da luz em vários graus. Os corpos opacos dos céus pertencem à primeira categoria; no mundo elemental[143], a terra pertence à primeira categoria; a água, à segunda; e o espaço (ar), à terceira[144]. Suhrawardī não reconhece o fogo como um elemento (*ᶜunṣur*). Corpos compostos também pertencem a uma das três categorias, dependendo do elemento que neles predomina. Todos os corpos são essencialmente "istmos" (*barāziḫ*) entre diferentes graus de luz, pelos quais são iluminados e que, por sua vez, refletem.

Ainda no domínio da física suhrawardiana, pode-se dizer que ela contém uma nova teoria da visão (*ibṣār*): ademais da refutação da natureza corpórea ou cromática dos raios luminosos (ḤI, §§99 e 100), não apenas é rejeitada a teoria – associada a Platão, aos matemáticos e aos estudiosos da óptica, como Ptolomeu – de que a luz é emitida pelo olho e incide sobre o objeto (ḤI, §101), mas também a idéia aristotélica e peripatética de que as formas dos objetos são impressas nos olhos, daí alcançando o *sensus communis* ou senso integrador (*al-ḥiss al-muštarak*) e a alma (ḤI, §102). Para

141. Aquilo que depende de um *locus* (*maḥall*) é um estado (*ha'ya*), e não um corpo (*Ḥikmat al-Išrāq*, §§53, 67, 87).
142. Isto é, aquilo que é um acidente não-luminoso.
143. No vocabulário *išrāqī*, mundo "aceso (*qābis*)", em contraste com o mundo iluminador (acendedor) ou dos "istmos dominantes (*al-barāziḫ al-qawāhir*) – nem corruptíveis nem destruíveis".
144. AL-ŠĪRĀZĪ, op. cit., §418.

Suhrawardī, a visão somente é possível quando, através de olhos saudáveis e na ausência de qualquer obstáculo ou "véu" entre o sujeito e o objeto, a alma é iluminada pela luz substancial ou acidental do objeto luminoso (*al-mustanīr*) avistado (*ḤI*, §139). Essa iluminação da alma do sujeito na presença do objeto constitui a visão.

Lógica e Epistemologia

Em *Ḥikmat al-Išrāq*, Suhrawardī apresenta uma classificação hierárquica, baseada no desenvolvimento das faculdades teóricas e práticas da alma racional, dos buscadores do conhecimento e da verdade (*ḤI*, §5). O nível mais inferior é o do estudante (*ṭālib*) ou buscador do conhecimento; o segundo nível é o do indivíduo que adquiriu conhecimento formal e conhece filosofia discursiva (*al-ḥikmat al-baḥṯiyya*)[145]. O terceiro nível é o do indivíduo que obteve sabedoria intuitiva (*al-ḥikmat al-ḏawqiyya*)[146], mas ignora as formas discursivas do conhecimento, e o quarto nível é o do verdadeiro filósofo/sábio, o que adquiriu a sabedoria tanto discursiva quanto intuitiva. Sob outra perspectiva, em ordem crescente de acesso à verdade, temos inicialmente a busca, em seguida o conhecimento, depois a maestria, da filosofia discursiva, da filosofia intuitiva e, finalmente, tanto da filosofia discursiva quanto da intuitiva. Desde a introdução de *Kitāb Ḥikmat al-Išrāq*, Suhrawardī dedicou-o

> tanto ao estudante da filosofia intuitiva[147] (*ta'alluh; ḏawqiyya*) quanto da discursiva (*baḥṯiyya*). Nada existe nele para o filósofo discursivo [= dialético] não-dado a, e que não esteja buscando, a filosofia intuitiva. Apenas discutimos este livro e seus símbolos com aquele que adquiriu maestria na filosofia intuitiva ou que a busca. O leitor deste livro deve ter alcançado pelo menos o estágio no qual a luz divina desceu sobre ele – não apenas uma vez, mas regularmente. Ninguém mais achará

145. Também *baḥṯ*, *ṭarīq al-maššā'īn* e *maḏhab al-maššā'īn*.
146. Também *ḏawq*, *al-ᶜilm al-ḥuḍūrī*, *al-ᶜilm al-šuhūdī*.
147. Corbin prefere a tradução "da experiência mística".

qualquer proveito nele [...]. De fato, o sistema dos iluminacionistas não pode ser construído sem recurso a inspirações luminosas... (ḤI, §6).

No topo da hierarquia do conhecimento está o Líder (*Imām*), conhecido ou oculto [o "Pilar" (*Quṭb*)], capaz de "conhecimento direto" e "governante por direito e vice-regente (*ḫalīfa*) de Deus".

O conhecimento humano pode ser inato (*fiṭriyya*) ou não-inato (ḤI, §12), e o conhecimento inato transcende não apenas o conhecer por apontar ou por trazer à "mente" (*qalb*), mas até mesmo "as verdadeiras visões (*mušāhida*) dos grandes sábios". Suhrawardī e Ibn Sīnā aceitaram uma hierarquia comum do conhecimento[148], com a seguinte ordem (crescente) de acesso à verdade: conhecimento por definição, conhecimento sensorial, conhecimento através de conceitos *a priori*, conhecimento pela presença e conhecimento através da experiência direta. O conhecimento inato é uma modalidade de conhecimento das verdades supremas, arquetípicas, através da experiência direta.

Em relação ao *conhecimento por definição essencial (ḥadd)*, Suhrawardī criticou os peripatéticos por haverem distinguido entre "essência geral (*jins*)" e "diferenças (*faṣl*)", argumentando que uma definição apropriada de um ser existente inclui não apenas a essência, como queriam Aristóteles e seus seguidores, mas também os atributos (gênero, espécie e outras diferenças), vistos como elementos constituintes da essência. Para os peripatéticos, um ser existente consiste em essência e existência, enquanto os atributos seriam meramente acidentais. Como é impossível conhecer todos os atributos de um ser existente (ḤI, §15), não é possível defini-lo apropriadamente[149]; ademais, realidades simples (*ḥaqā'iq basīṭa*), como as cores, não se prestam à definição (ḤI, §64 et seq.). Portanto, só pode existir definição em relação a coisas especificadas por conjunção de particularidades (ḤI, §15, final).

148. AMINRAZAVI, op. cit., 2003.

149. "Esse criticismo levou o *Šayḫ* [*al-Išrāq*] a uma posição bastante similar àquela d[a lógica d]e Bosanquet, que define a definição como 'soma de qualidades'. O *Šayḫ* argumenta que uma verdadeira definição enumeraria todos os atributos que, tomados coletivamente, existem apenas na coisa definida, embora eles possam existir individualmente em outras coisas" (IQBAL, op. cit., p. 97-98).

A propósito do *conhecimento sensorial*, em *Partaw Nâmah*, §79, aprendemos que "os sentidos experienciam apenas as dimensões externas das coisas, enquanto a mente experiencia tanto a dimensão externa quanto a interna, e mais". Pode-se dizer que, para Suhrawardī como para Ibn Sīnā[150], a percepção sensível requer, para ser funcional, conceitos mais básicos, que tornam possível a inferência a partir dos sentidos. Suhrawardī aponta, como indicativo da existência de coisas das quais "a forma na mente é semelhante à forma na sensação" (*ḤI*, §70), que um atributo como a negridão (*sawād*; *aswadiyya*) não pode ser definido por quem não a viu, mas que quem a viu não precisa de uma definição para ela. "Tais coisas não têm definição" e, por serem realidades simples[151], não se prestam à análise ou descrição: o conhecimento dessas realidades simples, proporcionado pela combinação indissociável das sensações com a razão, é privado, exclusivo, e não pode ser confirmado por outros.

Suhrawardī concorda com Ibn Sīnā ao postular que, se a mente sintetiza os dados sensoriais tornando possível a construção de novos esquemas conceituais e intelectuais, é necessário que a mente seja constituída de conceitos mais básicos e primordiais. Isso revela a existência de um *conhecimento inato através de conceitos a priori*:

> O conhecimento humano é inato (*fiṭriyya*) ou não. Quando uma coisa desconhecida não pode ser conhecida indicando-a [sensorialmente] ou trazendo-a à mente (*qalb*), e ela é algo que não pode ser alcançado pelas visões verdadeiras dos grandes sábios, então o conhecimento dela deve depender de coisas que levem a ela, que sigam uma ordem e sejam em última instância baseadas em conhecimento inato. De outra forma, o conhecimento de qualquer coisa que o homem deseje conhecer dependerá da obtenção prévia de um número infinito de coisas, e o homem não será sequer capaz de dar o primeiro passo no conhecimento – o que é absurdo (*ḤI*, §12).

Tanto Ibn Sīnā quanto Suhrawardī postulam o conhecimento de si próprio como condição necessária para a obtenção de qualquer conheci-

150. AVICENA (IBN SĪNĀ). *Danish-Nâmah-yi'Alai'*. Ed. Muhammad Mishkat; Muhammad Mu'in. Tehran: University Press, 1353H./1975. p. 11.

151. Por outro lado, "as realidades compostas são conhecidas a partir das realidades simples: concebem-se as realidades simples separadamente, e sabe-se de uma realidade composta pela união das realidades simples em um objeto único" (*Ḥikmat al-Išrāq*, §70; final).

mento. Ibn Sīnā[152] distingue dois processos de autoconhecimento: *al-šuᶜūr bi-al-ḏāt* (consciência em si) e *al-šuᶜūr bi-al-šuᶜūr* (consciência através da consciência), afirmando, além disso, que "minha autoconsciência é minha existência"[153]. Conforme Yegane Shayegan[154], pode-se concluir que *al-šuᶜūr bi-al-ḏāt* é o estado de apreensão da existência antes de qualquer juízo e que *al-šuᶜūr bi-al-šuᶜūr* é o julgamento da cognição da existência, e, segundo Mehdi Aminrazavi[155], a teoria do *conhecimento pela presença* (*al-ᶜilm al-ḥuḍūrī*) existe numa forma mais antiga, implícita e rudimentar em Ibn Sīnā, que postulou que o eu se autoconhece através de si mesmo.

A teoria suhrawardiana da apreensão/percepção (ár. *idrāk*; farsi *daryâftan*), contrastada com a noção peripatética do "conhecimento adquirido" (ár. *al-ᶜilm al-ḥuṣūlī*), predicativo e temporalmente extendido, é conhecida na filosofia islâmica como "conhecimento [iluminacionista] pela presença" (ár. *al-ᶜilm al-ḥuḍūrī* [*al-išrāqī*]), uma teoria que propõe ser imediata (sem mediação ou duração) a relação entre o ser e o conhecimento, e que parece remeter, em última instância, à relação de *homoiôsis* entre a *psychê* e a *ousía* no *Fédon* (76d-77a) e à relação de *sympatheía* entre o *noûs* e a *ousía* na *República* (VI: 490b-c), de Platão, aos *Analíticos Posteriores* (1.1-2 et seq., especialmente 1.2-3: 71b-72b 30), à *Metafísica* (12.7: 1072a 26-1075a), de Aristóteles, e às *Enéadas*, de Plotino (por exemplo, 5.3, e 5.5.1-2). Em *Analíticos Posteriores*, é apresentada a necessidade, para a sustentação da ciência, de um conhecimento primariamente imediato e do que é conhecido "por si mesmo", enquanto na *Metafísica*, fala-se de um tipo de "Intelecto Criativo" ("Intelecto Ativo" de comentadores posteriores) e diz-se que a ciência começa pelos Primeiros Princípios, conhecidos através desse intelecto, pensamento que pensa a si mesmo, inteligível (*noêton*) que move o intelecto (*noûs*) sem ser movido, e *locus* de todos os inteligíveis (*De Anima*, 3.4: 429a-430a), e portanto "identidade" entre o *noûs* e os inteligíveis. No

152. AVICENA (IBN SĪNĀ). *Al-Ta'līqāt*. Ed. ᶜAbd al-Raḥmān Badawī. Cairo: Dār al-ᶜUlūm, 1973. p. 160-161.
153. Ibid., p. 79
154. SHAYEGAN, Yegane. *Avicenna on Time*. Cambridge, 1986. Tese (Doutoramento) – Harvard University, Cambridge. 1986. p. 24.
155. AMINRAZAVI, op. cit., 2003.

entanto, Aristóteles veio a desconsiderar, na *Metafísica*, os modos cognoscitivos imediatos, não-demonstráveis e "por si mesmos".

Para Suhrawardī, o "eu essencial" do homem (sua ipseidade) não é corpóreo, não depende do corpo, não tem extensão espacial, é autosubsistente e autocognoscente (PN, §§27, 29, 44). Em *Partaw Nâmah*, §§27 e 44, a ipseidade (farsi *manî*, "egoidade"; ár. *al-anā'iyya al-mudrika*, "egoidade autoconsciente") é generalizada, de modo a incluir a segunda pessoa (farsi *tu'î*, *ithnâniyya* no *Safîr-i Sîmurgh*; ár. *anta'iyya*, "tu-idade") e a terceira pessoa (farsi *û'î*, "ele/ela/isso-idade"; ár. *ġayriyya*). O sujeito, aquele que apreende/percebe (farsi *daryâbandeh*; ár. *mudrik*), apreende o objeto (*daryâfteh*; *mudrak*) quando uma relação atemporal realiza-se entre eles. A autoapreensão (autoconsciência) seria alheia a qualquer diferenciação entre ser e pensar, correspondendo a uma "mesmidade/simultaneidade" (farsi *be-ham bûdan*; ár. *sawā'*) entre sujeito e objeto[156]. Esse mesmo predicado é aplicado, em PN, §§32 e 71, à relação entre a alma racional (farsi *nafs-e nâteqeh*; ár. *al-nafs al-nāṭiq*) e o corpo (farsi *tan*; ár. *jism*). Suhrawardī examina as relações de "igualdade" (*tasâvi*), "união" (*ittiḥād*) e "conexão" (*ittiṣāl*) entre o sujeito que apreende (*al-mawḍū*ᶜ *al-mudrik*) e o objeto apreensível (*al-mawḍū*ᶜ *al-mudrak*) à luz da física da continuidade (*ittiṣāl*) e descontinuidade (*infiṣāl*)[157] e da Lei da Identidade na lógica, o que é feito pela primeira vez em *Al-Mašārī*ᶜ *wa-al-Muṭāraḥāt* (livro III, seção sobre Metafísica).

Por acreditar que o conhecimento preditivo aristotélico não explica a apreensão dos Princípios Primeiros (*mabādi'*), Suhrawardī o substitui pelo *conhecimento pela presença*, oferecendo três argumentos a seu favor:

156. Essa relação é chamada em árabe de *al-iḍāfa al-išrāqiyya* ("relação iluminacionista"), uma expressão inventada por Suhrawardī (SUHRAWARDĪ, op. cit., (1945, 1976) 1993, vol. I, p. 487), que é interpretada de um modo bastante diferente pelo Mulá Ṣadrā (cf. ESHOTS, Janis. Unification of Perceiver and Perceived and Unity of Being. *Transcendent Philosophy*, 1 (3), p. 1-7, Dec. 2000). AL-ŠAHRAZŪRĪ, op. cit., p. 301, acrescenta que na "relação iluminacionista" "o sujeito autoconsciente (*al-mudrik*), o objeto cognoscível (*al-mudrak*) e o conhecimento em si (*al-idrāk*) são uma mesma coisa".

157. "Suhrawardī veementemente opõe-se à idéia de disjunção, argüindo que a unidade sujeito/objeto é obtida na pessoa cognoscente por um ato de auto-realização, e que isso pode ocorrer por inexistir disjunção na realidade, existindo apenas gradações na manifestação da essência" (ZIAI, op. cit., 1996a, p. 454).

1) Se meu autoconhecimento não é direto/imediato, então eu me conheço através de algo que não sou eu – o que é uma contradição:

> Uma coisa auto-subsistente, autoconsciente, não apreende sua essência por uma imagem (*miṯāl*) de sua essência [aparecendo] em sua essência. Se seu conhecimento se dá por uma imagem e se a imagem do seu "eu" não é o próprio "eu", a imagem do "eu" seria um "isso" em relação ao "eu". Nesse caso, aquilo que foi apreendido seria uma imagem. Logo, segue-se que, enquanto a apreensão do seu "eu" é precisamente sua apreensão daquilo que ele é em si, sua apreensão de sua essência também seria a apreensão de algo mais – o que é absurdo (*ḤI*, §115).

2) Se o eu não é conhecido diretamente, deve ser conhecido indiretamente – digamos, através da representação X. Mas se consigo reconhecer a mim através da representação X, devo haver me conhecido antes (pré-cognitivamente, de modo inato), total ou parcialmente:

> Se a auto-apreensão do "eu" se desse por uma imagem, e se não fosse sabido que essa fosse uma imagem de si, o "eu" não conheceria a si mesmo. Se ele soubesse que isso era uma imagem de si, ele já deveria ter se conhecido sem uma imagem (*ḤI*, §115).

3) Se o eu se autoconhecesse através de uma auto-representação calcada nos seus atributos, ele teria de conhecer previamente o pertencimento desses atributos a uma essência:

> Como se poderia conceber que algo se conhecesse por algo acrescido a ele – algo que seria um seu atributo? Se ele fosse julgar o pertencimento à sua essência de todo atributo a ela adicionado, seja ele o conhecimento ou algo mais, ele teria de ter conhecido sua essência antes e em separado de qualquer dos atributos. Logo, ele não teria conhecido sua essência pelos atributos acrescidos. O "eu" nunca está inconsciente de sua essência e da auto-apreensão da sua essência. Como essa apreensão não pode ser por uma forma (*ṣūra*) ou por algo acrescido, o "eu" não precisa de nada para apreender sua essência além dessa essência, que é evidente em si e não ausente de si. Logo, ela deve apreender sua essência pelo que ela é em si mesma (*ḤI*, §115-6),

isto é, deve apreender sua essência enquanto luz em si, pura luz (*ḤI*, §116). "Sempre que o 'eu' olha para sua essência rejubila-se porque vê a luz de Deus irradiando sobre si. Isso [= esse estágio de conhecimento], contudo, ainda é incompleto"[158]. Para alcançar o conhecimento completo, o homem precisa se valer da experiência direta. Ibn Sīnā[159] já havia defendido o *conhecimento através da experiência direta*, reconhecendo-lhe dois estágios, o estágio de vontade/desejo (*irāda*, ou *himma*[160]) e o de exercícios espirituais[161].

Suhrawardī diz que o conhecimento iluminacionista pode proporcionar ao homem, com a graça de Deus, um conhecimento que é preferível no lugar daquele que "requer o fardo da observação, o labor do raciocínio, o assalto da dúvida e o embaraço com as suspeitas"[162]. O maior valor do conhecimento através da experiência direta reside no fato de ser, além de informativo, transformador (formativo).

Filosofia Política

Segundo os princípios da doutrina política iluminacionista[163], o governo justo está associado com o aprendizado da filosofia e a prática da sabedoria, bem como com clarividência, sonhos verdadeiros, inspiração divina, glória kayânida e glória divina (*Kîyân Kharreh* e *Farreh-ye Izâdî* em *Partaw Nâmah*, §94). Suhrawardī sustentou que "a filosofia peripatética seria o fundamento essencial filosófico e propedêutico do verdadeiro conhecimento"[164], mas

158. SUHRAWARDĪ, op. cit., 1982b, p. 93-94.
159. Cf. INATI, Shams C. *Ibn Sīnā and Mysticism*: Remarks and Admonitions (*Al-Išārāt wa-al-Tanbīhāt*). Londres: Kegan Paul, 1996. Part Four (*Al-Taṣawwuf*).
160. "A força de uma *intenção* tão poderosa a ponto de projetar e tornar real ('essenciar') um ser externo que concebe a intenção corresponde perfeitamente ao caráter do misterioso poder que Ibn ᶜArabī chama de *himma*" (CORBIN, Henry. *Creative Imagination in the Sûfism of Ibn 'Arabî*. Trad. R. Manheim. Princeton: University Press, 1969. p. 222).
161. Cf. também AVICENA (IBN SĪNĀ). On the Stations of the Knowers (*Fī Maqāmāt al-ᶜĀrifīn*). Trad. (parcial) Shams Inati. In: NASR, Seyyed Hossein; AMINRAZAVI, Mehdi (Org.). *An Anthology of Philosophy in Persia*. Oxford: University Press, 1999. vol. I, p. 251-259.
162. SUHRAWARDĪ, op. cit., 1982b, p. 90.
163. Cf. ZIAI, Hossein. The Source and Nature of Authority: A Study of al-Suhrawardī's Illuminationist political doctrine. In: BUTTERWORTH, Charles E. (Org.). *Aspects of Islamic Political Philosophy*. Cambridge (Mass.): Harvard University Press, 1992. p. 294-334.
164. BAMFORD, op. cit., p. xlvii.

com a condição de que ele não ficasse só nisso – ele recomendou sua *Ḥikmat al-Išrāq* "apenas para aquele bem-versado nos métodos dos peripatéticos, [desde que seja] um amante da luz de Deus. Deixe-o meditar por quarenta dias, abstendo-se de carne, ingerindo pouca comida, concentrando-se na contemplação da luz de Deus" (*ḤI*, §279 – já na exortação final). Aquele "que entenderá completamente a implicação" da sabedoria iluminacionista será "o visionário", o líder religioso e político ideal, cujas características ascéticas Suhrawardī revelou (*ḤI*, §276).

Psicologia

Na sua classificação das várias faculdades ou potencialidades da alma, Suhrawardī baseia-se largamente na psicologia de Ibn Sīnā, apesar de pequenas diferenças e do papel diferente que o intelecto ou a luz desempenham no comando e iluminação das várias faculdades – para Suhrawardī, a alma (*nafs*) é uma luz imaterial (*nūr mujarrad*) associada com o corpo (engastada na matéria). São as seguintes as faculdades da alma:

1. Celestiais ou espirituais;
2. Materiais;

 2.1. Humana superior: faculdade da alma racional (*al-nafs al-nāṭiqa*), faculdade racional (*al-quwwa al-nāṭiqa*), que "administra e controla o corpo, e é capaz de perceber os inteligíveis" (*PN*, §36). A alma racional é constituída da faculdade teórica (*al-quwwat al-ᶜālima*), capaz de intelecção (*taᶜaqqul*) ou intuição (*ḏawq*), e da faculdade prática (*al-quwwat al-ᶜamila*), e o conhecimento dos inteligíveis determina o grau de transformação da faculdade teórica da potência para o ato. A alma racional apresentaria sete estágios (em ordem decrescente aqui): *al-zakiyya* ou *al-kāmila* (a purificada ou perfeita); *al-marḍiyya* (a que está perto do Criador); *al-raḍiyya* (a de submissão total); *al-muṭmā'inna* (a de beatitude e salvação);

al-mulhīma (a iluminada); *al-lawāmma* (a da consciência); *al-ammāra* (a dominante) (*Hayākil al-Nūr*, 4.3).

2.2. Da alma animal (*al-nafs al-ḥayawāniyya*):

2.2.1. Da sensopercepção (ḤI, §215 et seq.; PN, §§34-35; *Bustān al-Qulūb*, §§31-37; *Risālat al-Abrāj*, §§27-28):

2.2.1.1. Sentidos interiores/internos (*al-ḥawass al-bāṭinatu*): senso integrador (*al-ḥiss al-muštarak*)[165]; imaginação retentiva (*ḫayāl*[166]; repositário das formas perceptíveis) ou formativa (*muṣṣawwira*)[167]; faculdade imaginativa (*mutaḫayyila*) ou imaginação compositiva[168]; faculdade estimativa (*wahm, wāhima, mutawahima*; que faz julgamentos acerca de particulares)[169]; memória[170] (*ḥāfiḏa*) ou faculdade rememoradora (*ḏākira*)[171] (em ḤI, §§220-224, as faculdades *ḫayāl*, *wahm/wāhima* e *mutaḫayyila* são conjugadas numa faculdade única[172] com funções distintas);

165. Em Aristóteles (*Parva naturalia*, 460a 13), *tò koinòn aisthêtérion*; "common sense/ *sensus communis*" na tradução de Hossein Ziai para o PN, §35; *al-ḥiss al-muštarik* (sentido comum) ou *bantasiyya* ("fantasia", faculdade imagética) em Ibn Sīnā. As formas perceptíveis são observadas (*mušāhada*) enquanto presentes ao senso integrador.

166. *Al-ḫayāl* (imaginação), em Ibn Sīnā. Em *Bustān*, 33, lê-se que *al-ḥiss al-muštarak* apreende formas rapidamente, mas não as retém por motivo de seu humor dominante ser a umidade (*ruṭūba*).

167. Também conhecida por *al-maṣūra* (faculdade formativa), em Ibn Sīnā.

168. Faculdade que "realiza uma função analítica ou sintética não-estruturada e desordenada sobre os [entes] sensíveis. Quando lida com esses [entes] sensíveis analisados/sintetizados no nível animal [da alma], ela é chamada de faculdade imaginativa [*mutaḫayyila*]; quando [percebe e] apresenta seus inteligíveis analisados/sintetizados à alma racional, ela é chamada de faculdade cogitativa [*mufakkira*]" (THACKSTON JR., op. cit., p. 11). A faculdade cogitativa é o órgão de penetração na realidade do *ᶜālam al-miṯāl*.

169. A faculdade estimativa "faz julgamentos sobre os sensíveis com base nos significados intrínsecos (*maᶜnà*) que não podem ser percebidos pelos sentidos, seja porque eles são imperceptíveis por natureza ou porque são imperceptíveis no momento do julgamento". Essa faculdade "reduz as coisas percebidas aos seus significados intrínsecos intangíveis", tende a impelir o homem em direção ao plano material; é aquela que o sábio mais almeja controlar, através da disciplina ascética, por meio da faculdade racional, que busca impelir o homem em direção ao plano espiritual (ibid., p. 19; 11-12).

170. "Faculdade que conserva e se lembra", em Ibn Sīnā.

171. *Al-mutaḏakkira*, "memória e reminiscência", em Ibn Sīnā.

172. Com o propósito de harmonizar a percepção sensível com a epistemologia iluminacionista [na qual percepção e conhecimento dependem de uma "presença iluminacionista (*al-išrāq al-ḥuḍūrī*)" imediata (= *al-ᶜilm al-ḥuḍūrī*)] e sua teoria da visão.

2.2.1.2. Sentidos exteriores/externos (*al-ḥawass al-ẓāhirat*): visão, audição, olfato, paladar, tato (ḤI, §215; PN, §34);

2.2.2. Motoras (*muḥarrika*) conscientes (ḤI, §216) [partes da função apetitiva (*nuzūᶜiyya*), em PN, §33, e em *Bustān*, §37][173]: faculdade concupiscível/desejo (*šahwa*), que move em direção ao que é considerado necessário ou benéfico, e faculdade irascível/raiva (*ġaḍab*), que move para longe do que é considerado danoso ou destrutivo;

2.3. Da alma vegetativa (*al-nafs al-nabātiyya*) (ḤI, §216; PN, §33; *Bustān*, §29):

2.3.1. Principais: nutritiva/de digestão (*ġiḏā'iyya*), aumentativa/de crescimento (*nāmiyya*), generativa/de reprodução (*muwallida*);

2.3.2. Subordinadas à faculdade nutritiva: atrativa (*jāḏiba*), retentiva (*māsika*), digestiva (*hāḍima*), excretória/expulsiva (*dāfiᶜa*).

Entre a alma e as diversas faculdades materiais – do corpo, mistura densa de humores –, Suhrawardī postulou a existência de um espírito animado (*rūḥ ḥayawānī*) controlador, "feito de uma mistura sutil de humores". Disseminando-se pelo corpo a partir do lado esquerdo do coração, o espírito animado como que se divide em dois, o espírito natural (*rūḥ ṭabīᶜī*), que a partir do fígado controla as faculdades vegetativas, e o espírito psíquico (*rūḥ nafsānī*), que a partir do cérebro comanda as funções animais (*Bustān*, §37; PN, §36).

Profetologia e Escatologia

A profetologia suhrawardiana foi compreendida pelos ulemás de Alepo – que queixaram-se mais de uma vez ao sultão aiúbida (*ayyūbī*) Ṣalāḥ al-Dīn Yūsuf (Saladino) pedindo a condenação de Suhrawardī – como uma disfarçada imamologia ismaelita. Essa acusação pode ter resultado de uma

173. AVICENA (IBN SĪNĀ) divide a função motora (*muḥarrika*) em duas faculdades: 1) de motivação ou apetitiva; 2) de ativação, a seu turno dividida em concupiscível e irascível. (*Psychol.* I.5; *Canon* I.i.6.6).

passagem (*ḤI*, §5)[174] em que Suhrawardī apregoa que "o [sábio e] divino líder pode governar abertamente, ou pode ser oculto – aquele a quem a massa chama 'o Pólo (*al-Quṭb*)'. Ele terá autoridade mesmo se estiver na mais profunda obscuridade". Muḥammad ᶜAlī Abū Rayyān[175] mencionou que "ᶜImād al-Dīn al-Iṣfahānī diz que ele [Suhrawardī] dizia que Deus era capaz de criar um profeta depois de Muḥammad", uma acusação difícil de conciliar com o que Suhrawardī afirma em *Risâle Yazdân Shinâkht*[176]:

> o melhor dos homens é aquele que sabe, e os melhores dentre os que sabem são os profetas, e os melhores profetas (*mursalīn*) são os que trouxeram uma revelação, e os melhores deles são os profetas cuja revelação espalhou-se sobre a face da Terra, e a completude e perfeição do ciclo profético é o profeta Muḥammad (que a paz esteja sobre ele!), que é o Selo da Profecia.

Na seção final de *Ḥikmat al-Išrāq*, aprendemos que toda alma – cuja luz é uma luz receptiva/dependente (§§133-34) e deficiente (§§176; 225) –, qualquer que seja seu grau de perfeição, busca progressivamente a proximidade da Luz das Luzes e rejubila-se em ser santificada por Ela (§§237-38; 240). A felicidade suprema da alma é buscar as Luzes Dominantes (angelicais) por meio da purificação e das práticas ascéticas. A tarefa de cada alma é alcançar seu estado natural de angelitude (em farsi, *be-fereshtagî rasîdan*). Após a morte, a alma pode estar em diferentes estados[177]: simples e pura; simples, mas impura; não-simples, mas pura; incompleta, mas pura; incompleta e impura. A alma dos que alcançaram a pureza segue para o Mundo da Pura Luz (dos Arquétipos; ḤI, §240), e seu prazer "é a percepção da perfeição e da bondade próprias do percebedor" (*Kitāb al-Lamaḥāt*, 144: 21); as almas que alcançaram uma beatitude intermediária e as almas dos ascéticos, cuja adoração é pura, partem para o Mundo das "Formas Suspensas (*ṣuwar muᶜallaqa*)" (ḤI, §244), enquanto os condenados "pos-

174. Comentada em WALBRIDGE, op. cit., 2000, p. 204 et seq.
175. ABŪ RAYYĀN, Muḥammad ᶜAlī. Kayf Ubīḥ Ḍamm al-Suhrawardī al-Išrāqī. *Al-Ṯaqāfa*, 702 (16 do Ramaḍān, 1371H./9 jun. 1952): 25-26.
176. SUHRAWARDĪ. *Risâle Yazdân Shinâkht*. Tehran: Matba'-i 'Ilmi, 1316H./1898, p. 81-82, apud NASR, op. cit., 1961. p. 395.
177. Ibid., p. 394.

suirão sombras de formas suspensas, de acordo com suas qualidades morais [em vida]" (§245). "Os *jinns* e demônios resultam dessas almas e imagens suspensas" (§247), enquanto certas "almas intermediárias" que "possuem formas suspensas iluminadas cujos lugares são as esferas" constituem as inumeráveis classes angelicais. As almas dos sábios divinos (*muta'allihīn*) santificados em vida podem ascender a um mundo mais alto que o dos anjos (§248).

Apesar de nominalmente vinculado ao sunismo *šāfiᶜī* (shafiita)[178], Suhrawardī expressou, em sua obra-prima (*ḤI*, §§229-248, especialmente §235), mas também alhures (*Al-Talwīḥāt*, §60), algumas idéias sobre a reencarnação[179] atribuídas a Buda (*Bûdhâsuf*) e aos "orientais", que, além de confrontarem a negação aristotélica e peripatética dessa doutrina[180] – negação esta abraçada em *Al-Mašāriᶜ*... (§22) e em *Al-Muqāwamāt* (§55) –, afrontam a crença islâmica tradicional[181]. Suhrawardī parece aceitar a validade *argumentativa* da posição dos "orientais", e já se notou[182] que em *Ḥikmat al-Išrāq* nosso filósofo dá voz "sem resposta" a argumentos racionais e tradicionais a favor da reencarnação. Apesar disso, em *Partaw Nâmah* (§85), Suhrawardī afirma que "a metempsicose é impossível[183] [...], é a pior das crenças e é absolutamente sem-sentido".

178. AL-ŠAHRAZŪRĪ, *Nuzhat al-arwāḥ wa-rawḍat al-afrāḥ*, apud THACKSTON JR, op. cit., p. 4.
179. Suhrawardī evita o uso da palavra *tanāsuḫ*, preferindo usar os vocábulos mais "neutros" *intiqāl* ou *naql*, "transferência; transmigração". Em *Talwīḥāt*, §60, o uso do termo *tanāsuḫ* é restrito à transferência de almas materiais, eternamente, entre animais.
180. Cf. AVICENA (IBN SĪNĀ). *Kitāb al-Išārāt wa-al-Tanbīhāt*. Ed. S. Dunyā, t. IV, p. 779-781; *Kitāb al-Šifā': al-Ṭabīᶜiyyāt*, vol. VI (*al-Nafs*). Ed. Ibrahīm Madkūr. Cairo: Al-Hay'a al-Miṣriyya al-ᶜĀmma li-al-Kitāb, 1394H./1975, p. 207 et seq. Para Suhrawardī, Aristóteles teria "ocultado" a doutrina da reencarnação "movido pela prudência (*li-maṣlaḥa*)" (*Al-Talwīḥāt*, §60).
181. Suhrawardī declarou que não fornece contra a reencarnação provas demonstrativas, mas somente argumentos retóricos (*ḤI*, §245), e seu comentador Quṭb al-Dīn al-Šīrāzī, um reencarnacionista, acreditou (AL-ŠĪRĀZĪ, op. cit., p. 478; 511) que a negação suhrawardiana da reencarnação pode ter sido dissimulativa. Mais recentemente, ABŪ RAYYĀN, Muḥammad ᶜAlī. *Uṣūl al-Falsafa al-Išrāqiyya*. Beirut: Dār al-Ṭalaba al-ᶜArab, 1388H./1969. p. 355-360, apontou, através do balanço das diversas "refutações" suhrawardianas da reencarnação, a existência de inconsistências e de diversos e não-contestados argumentos tradicionais e racionais favoráveis à reencarnação. Segundo WALBRIDGE, op. cit., 2001, p. 77; 80, a visão suhrawardiana da reencarnação, correlata a uma crença numa eternidade cíclica do mundo, era suficientemente herética aos olhos de Saladino, cioso no combate a toda sedição potencial ou real (como a dos *ismāᶜīlis*, que combateu no Egito e na Síria).
182. ABŪ RAYYĀN, op. cit., 1969, p. 355-360; e WALBRIDGE, op. cit., 2001, p. 73-83.
183. Afirmação repetida em *Kitāb al-Lamaḥāt*, 144: 13-18.

Suhrawardī tornou-se mais conhecido como Suhrawardī *al-Maqtūl*, "aquele que mataram", para indicar que ele não deveria ser visto como *al-Šahīd*, "o mártir", em virtude de haver sido executado aos 38 anos por ordem de Saladino, sob a acusação de heresia e de corromper-lhe o filho, o príncipe Al-Malik al-Ẓāhir Ġayāṯ al-Dīn Ġāzī, governador de Alepo, que havia tomado Suhrawardī como mestre. Por meio de sua obra e da repercussão de suas idéias, contudo, Suhrawardī tem sido visto como "aquele que mataram", em razão da inveja, da incompreensão e da estreiteza do pensamento dos ortodoxos de sua época, de modo que talvez seja cabível mencionar, como contraponto, o elogio feito por Šahrazūrī, na introdução a *Ḥikmat al-Išrāq*[184], àquele a quem chamou de "*Šihāb al-Milla wa-al-Ḥaqq wa-al-Dīn* (Chama da Religião [geral], da Verdade e da Religião [islâmica])": "Seus pés eram firmes na sabedoria, seu braço era longo na filosofia, seu coração era imperturbável na revelação e intuição na ciência das luzes".

Referências Bibliográficas

ABŪ RAYYĀN, Muḥammad ᶜAlī. Kayf Ubīḥ Ḍamm al-Suhrawardī al-Išrāqī. *Al-Ṯaqāfa*, 702 (16 do Ramaḍān, 1371H./9 jun. 1952).

____. *Uṣūl al-Falsafa al-Išrāqiyya*. Beirut: Dār al-Ṭalaba al-ᶜArab, 1388H./1969.

AL-BAḤRĀNĪ, Sayyid Hāšim al-Ḥusaynī. *Al-Burhān fī Tafsīr al-Qur'ān*. Tehran: Mu'assasa Matbû'âtî Ismâ'îliyân, [s.d.]. 4 v.

AL-ŠAHRAZŪRĪ, Šams al-Dīn. *Šarḥ Ḥikmat al-Išrāq* (Comentário sobre a Filosofia Iluminativa). Ed. Hossein Ziai. Tehran: Institute for Cultural Studies and Research, 1414H./1993.

AL-ŠĪRĀZĪ, Quṭb al-Dīn. *Šarḥ Ḥikmat al-Išrāq*. Ed. Asadallâh Harâtî. Tehran: [s.n.], 1313-1315H./1895-1897.

AL-ḤŪSĪ, Nuṣayr al-Dīn. *Kitāb al-Išārāt wa-al-Tanbīhāt maᶜ Šarḥ Nuṣayr al-Dīn al-Ṭūsī*. Ed. Sulaymān Dunyā. Cairo: Dār al-Maᶜārif, 1947. (Reimp. 1957-1968). 4 v. em 3.

184. WALBRIDGE; ZIAI, op. cit., p. xli e xlii.

AMINRAZAVI, Mehdi *Suhrawardi and the School of Illumination*. Richmond: Curzon, 1997. (Sufi Series, 6).

____. How Ibn Sinian is Suhrawardi's theory of knowledge?. *Philosophy East and West*, 53 (2), p. 203-214, 2003.

AVICENA (IBN SĪNĀ). *Livre des Directives et Remarques* (*Kitāb al-Išārāt wa-al-Tanbīhāt*). Tradução, Introdução e Notas por Amélie-Marie Goichon. Beyrouth; Paris: J. Vrin, 1951.

____. *Al-Ta'līqāt*. Ed. ᶜAbd al-Raḥmān Badawī. Cairo: Dār al-ᶜUlūm, 1973.

____. *Danish-Nâmah-yi'Alai'*. Ed. Muhammad Mishkat; Muhammad Mu'in. Tehran: University Press, 1353H./1975.

____. On the Stations of the Knowers (*Fī Maqāmāt al-ᶜĀrifīn*). Trad. (parcial) Shams Inati. In: NASR, Seyyed Hossein; AMINRAZAVI, Mehdi (org.). *An Anthology of Philosophy in Persia*. Oxford: University Press, 1999. vol. I, p. 251-259.

BADAWĪ, ᶜAbd al-Raḥmān. In: *Arisṭū ᶜinda al-ᶜArab*. Cairo: Maktabat al-Nahḍat al-Miṣriyya, 1947. p. 245 et seq.

____. (Ed.). *Aflāṭūn ᶜinda al-ᶜArab*. Cairo: Maktabat al-Nahḍa al-Miṣriyya, 1955. (Reimp. Kuwayt: Wakālat al-Maṭbūᶜāt, 1977).

BAMFORD, Christian. Exotericism today: the example of Henry Corbin (Introduction). In: CORBIN, Henry. *The Voyage and the Messenger*: Iran and Philosophy. (palestras de 1948 a 1976 e artigos não-publicados previamente). Trad. (do francês) Joseph H. Rowe. Berkeley (California): North Atlantic Books, 1998.

BROCKELMANN, Carl. *Geschichte der arabischen Litteratur*. 1898-1902. 2 v. (Reimp. Leiden: E. J. Brill, 1943-49). *Supplementbände*. Leiden: E. J. Brill, 1937-42. 3 v.

CARRA DE VAUX. *Avicenne*. Paris: Felix Alcan, 1900.

____. La philosophie illuminative. *Journal Asiatique*, 9. série, 19, n. 1, p. 63-94, jan.-fév. 1902.

COOPER, John. Al-Suhrawardī, Šihāb al-Dīn Yaḥyà. In: CRAIG, Edward. (Org.). *Routledge Encyclopaedia of Philosophy*. London; New York: Routledge, 1998. 10 v. vol. IX, p. 219.

CORBIN, Henry. *Suhrawardi d'Alep, Fondateur de la Doctrine Illuminative (Ishraqî)*. Paris: G. P. Maisonneuve, 1939.

____. Introduction. In: SOHRAVARDÎ. *Majmû'a-yi Musannafât-i Shaykh-i Ishrâq* (*Œuvres Philosophyques et Mystiques*). Istanbul: Ma'ârif Matbaasi, 1945. vol. I. (Réimp. Téhéran: Académie Impériale Iranienne de Philosophie, 1976. p. XXXVII-LXII).

____. *Les Motifs Zoroastriens dans la Philosophie de Sohravardî*. Téhéran: Editions du Courier, 1325H./1946. (Publications de la Société de Iranologie, 3).

____. Prolégomènes. In: SOHRAVARDÎ. *Majmû'a-yi Musannafât-i Shaykh-i Ishrâq* (*Œuvres Philosophyques et Mystiques*). Téhéran: Institute Franco-Iranien, 1952; 1970; Paris: Adrien Maisonneuve, 1977. (Réimp. 1993). vol. II.

____. La Théosophie de l'Orient des Lumières. In: SOHRAVARDÎ. *Majmû 'a-yi Musannafât-i Shaykh-i Ishrâq* (*Œuvres Philosophyques et Mystiques*). Téhéran: Institute Franco-Iranien, 1952; 1970; Paris: Adrien Maisonneuve, 1977. (Réimp. 1993). vol. II.

____. *Avicenna and the Visionary Recital*. Trad. W. Trask. New York: Pantheon, 1960. (1. ed. 1952-1954).

____. *Histoire de la Philosophie Islamique*. Paris: Gallimard, 1964.

____. *Creative Imagination in the Sûfism of Ibn 'Arabî*. Trad. R. Manheim. Princeton: University Press, 1969.

____. *The Man of Light in Iranian Sufism*. Paris: Éditions Présence, 1971a. Trad. (do francês) Nancy Pearson. New York: Omega Publications, 1994.

____. *En Islam Iranien*: aspects spirituels et philosophiques. Paris: Gallimard, 1971b. 4 v. vol. II (*Sohrawardi et les Platoniciens de Perse*).

____. *Mundus Imaginalis, or the Imaginary and the Imaginal*. R. Horine, Ipswich: Golgonooza Press, 1976.

____. *Corps Spirituel et Terre Celeste*: de l'Iran mazdéen a l'Iran shiite. 2 ed. Paris: Buchet-Castel, 1979.

____. *L'Iran et la Philosophie*. Paris: Fayard, 1990.

____. Mundus Imaginalis, or the Imaginary and the Imaginal (1964). In: ____. *Swedenborg and Esoteric Islam:* Two Studies. Trad. (do francês) Leonard Fox. West Chester (Pennsylvania): Swedenborg Foundation, 1995. p. 1-34.

____. *The Voyage and the Messenger*: Iran and Philosophy. (palestras de 1948 a 1976 e artigos não-publicados previamente). Trad. (do francês) Joseph H. Rowe. Berkeley (California): North Atlantic Books, 1998.

____. The theme of the voyage and the messenger. In: *The Voyage and the Messenger*: Iran and Philosophy. (palestras de 1948 a 1976 e artigos não-publicados previamente). Trad. (do francês) Joseph H. Rowe. Berkeley, California: North Atlantic Books, 1998. p. 135-171.

____. Problem and method in religious history (1968). In: CORBIN, Henry. *The Voyage and the Messenger*: Iran and Philosophy. (palestras de 1948 a 1976 e artigos não-publicados previamente). Trad. (do francês) Joseph H. Rowe. Berkeley (California): North Atlantic Books, 1998. p. 89-113.

DE BOER, T. J. Išrāqiyyūn. In: ENCYCLOPAEDIA of Islam. 1. ed. Leiden: E. J. Brill, 1913-14.

ESHOTS, Janis. Unification of Perceiver and Perceived and Unity of Being. *Transcendent Philosophy*, 1 (3), p. 1-7, Dec. 2000.

FAKHRY, Majid. *Al-Fārābī, Founder of Islamic Neoplatonism:* his life, works, and influence. Oxford: Oneworld Publications, 2002.

FLÜGEL, Gustav. *Lexicon bibliographicum et encyclopaedicum* [= Kašf al-Ẓunūn ᶜan Asamī al-Kutub wa-al-Funūn] *a Mustafa ben Abdallah Katib Jelebi dicto nomine Haji Khalfa/ ad codicum Vindobonensium Parisiensium et Berolinensis fidem primum edidit latine vertit et commentario indicibusque instruxit Gustavus Fluegel* (com a contribuição de William Cooke Taylor). Leipzig; Londres: Bentley, 1835-58. 7 v.

GARDET, Louis. Avicenne et le problème de sa "philosophie orientale". *Revue du Caire*, n. 27, p. 10-11, 1951.

____. *La Connaissance Mystique chez Avicenne et ses Presuposées Philosophiques*. Cairo: Institut Français d'Archéologie Orientale, 1952.

GAUTHIER, Léon. *Introduction à l'Étude de la Philosophie Musulmane*. Paris: Editions Ernest Leroux, 1900.

GOICHON, Amélie-Marie. Introdução. In: AVICENA (IBN SĪNĀ). *Livre des Directives et Remarques* (*Kitāb al-Išārāt wa-al-Tanbīhāt*). Tradução, Introdução e Notas por Amélie-Marie Goichon. Beyrouth; Paris: J. Vrin, 1951. p. 4-11.

____. L'Unité de la pensée avicenienne. *Archives Internationales d'Histoire des Sciences*, n. 20-21, p. 290-308, 1952.

____. Philosophie et Histoire des Sciences. *Les Cahiers de Tunisie*, 9, 1955.

GOODMAN, Lenn E. *Avicenna*. London; New York: Routledge, 1992.

GUTAS, Dimitri. *Avicenna and the Aristotelian Tradition*. Leiden: E. J. Brill, 1988.

HA'IRI YAZDI, M. *The Principles of Epistemology in Islamic Philosophy – Knowledge by Presence*. Albany (New York): State University of New York Press, 1992.

HAMID, Idris Samawi. *The Metaphysics and Cosmology of Process According to Shayk 'Ahmad al-'Ahsâ'î* Buffalo, 1998. Tese (Doutoramento) – Departamento de Filosofia, State University of New York, Buffalo. 1998.

HAUDRY, J. *Os Indo-Europeus*. Porto: Rés Editora, [s.d.]. (Ed. original. Paris: Presses Universitaires de France).

INATI, Shams C. *Ibn Sīnā and Mysticism*: Remarks and Admonitions (*Al-Išārāt wa-al-Tanbīhāt*). Londres: Kegan Paul, 1996.

IQBAL, Muhammad. *The Development of Metaphysics in Persia*: a contribution to the history of Muslim philosophy. London: Luzac & Co., 1908. (Reimp. East Lansing (Michigan): H-Bahai, 2001).

MAHDAVĪ, Yaḥyà. *Fihrist-i Musannafât-i Ibn-i Sînâ*. Tehran: Bânk Millî Matbû'ât, 1954.

MASSIGNON, Louis. *Recueil de Textes Inédits Concernant l'Histoire de la Mystique en Pays d'Islam*. Paris: Paul Guethner, 1929.

____. *Essay on the Origins of the Technical Language of Islamic Mysticism*. Trad. Benjamin Clark. Notre Dame (Indiana): University of Notre Dame Press, 1997.

MOREWEDGE, Parviz. *Essays in Islamic Philosophy, Theology and Mysticism*. Oneonta (New York): The Philosophy Department of the State University of New York, 1995.

NALLINO, Carlo Alfonso. Filosofia "orientale" od "illuminativa" d'Avicenna?. *Rivista degli Studi Orientali*, X, p. 433-467, 1923-1925.

NASR, Seyyed Hossein. Šihāb al-Dīn Suhrawardī Maqtūl. In: SHARIF, M. M. (Org.). *A History of Muslim Philosophy*. With short accounts of other disciplines and the modern renaissance in the Muslim lands. Lahore: Pakistan Philosophical Congress, 1961. 2 v. vol. I, p. 372-398. Wiesbaden: Otto Harrassowitz, 1963. (Reimp. Delhi: Low Price Publications, 1999).

____. *Three Muslim Sages*. Cambridge (Mass.): Harvard University Press, 1964.

____. *Three Muslim Sages*: Avicenna-Suhrawardi-Ibn Arabi. Delmar (New York): Caravan Books, 1976.

____. *An Introduction to Islamic Cosmological Doctrines*: conceptions of nature and methods used for its study by the Ikhwân al-Safâ', al-Bîrûnî, and Ibn Sînâ. Ed. rev. Boulder. Colorado: Shambhala, 1978.

NETTON, Ian Richard. *Allâh Transcendent:* studies in the structure and semiotics of islamic philosophy, theology and cosmology. Richmond (Surrey): Curzon Press, 1994.

PANOUSSI, E. La théosophie iranienne source d'Avicenne?. *Revue Philosophique de Louvain*, 66 (90), p. 239-266, 1968.

PEREIRA, Rosalie Helena de Souza. *Avicena*: *A Viagem da Alma*. São Paulo: Perspectiva; Fapesp, 2002.

PINES, Shlomo. La Philosophie "orientale" d'Avicenne et sa polémique contre les Bagdadiens. *Archives d'Histoire Doctrinale et Littéraire du Moyen Age*, 27, p. 5-37, 1952.

POURJAVADY, N. *The Light of Sakina in Suhrawardi's Philosophy of Illumination*. New York: Global Academic Publishing of Binghampton University; State University of New York, 1999.

QĀSIM ĠANĪ. *Ibn-i Sînâ*. Tehran: Farhangistân Matbû'ât, 1313H./1936.

SAFĀ, Ḏabīhallā. Al-ḥikmat al-mašriqiyya. *Mihr*, 8, 1331H./1952.

ŠAHRASTĀNĪ. *Al-Milal wa-al-Niḥal*. Ed. Muḥammad Sayyid Kīlānī. Cairo: Muṣṭafà al-Bābī al-Ḥalabī, 1381H./1961.

SHAYEGAN, Yegane. *Avicenna on Time*. Cambridge, 1986. Tese (Doutoramento) – Harvard University, Cambridge. 1986.

SUHRAWARDĪ, Šihāb ad-Dīn Yaḥyà / SOHRAVARDÎ, Shihâboddîn Yahyâ. *Majmû'a-yi Musannafât-i Shaykh-i Ishrâq* (*Œuvres Philosophiques et Mystiques*). 3 v. vol. I: *La métaphysique*: 1. *Kitāb at-Talwīḥāt*. p. 1-121. 2. *Kitab al-Muqāwamāt*. p. 123-192. 3. *Kitāb al-Mašārīᶜ wa-al-Muṭārahāt*. p. 194-506. Istanbul: Ma'ârif Matbaasi, 1945. Textos em árabe, editados com introdução em francês por Henry Corbin. Téhéran: Académie Impériale Iranienne de Philosophie (publ. n. 11); Paris: Adrien Maisonneuve, 1976. (Réimp. 1993). vol. II: 1. *Le Livre de la Théosophie Oriental* (*Kitāb Ḥikmat al-Išrāq*). p. 9-260. 2. *Le Symbole de Foi des Philosophes* (*Fī Iᶜtiqād al-Ḥukamā'*). p. 262-271. 3. *Le Récit de l'Exil Occidental* (*Qiṣṣat al-Ġurbat al-Ġarbiyya*). p. 273-297. Téhéran: Institute

Franco-Iranien, 1952; 1970. Textos em árabe, editados com introdução em francês por Henry Corbin. Téhéran: Académie Impériale Iranienne de Philosophie (publ. n. 13); Paris: Adrien Maisonneuve, 1977. (Réimp. 1993). vol. III: *Œuvres en persan*. Téhéran: Institute Franco-Iranien, 1952; 1970. Textos em farsi editados com introdução em farsi por Seyyed Hossein Nasr e em francês por Henry Corbin. Téhéran: Académie Impériale Iranienne de Philosophie (publ. n. 14); Paris: Adrien Maisonneuve, 1977. (Réimp. 1993) (Outra ed. Tehran: Pazhûheshgah-i 'Ulûm Insân, 1380H./2001).

____. *Manṭiq al-Talwīḥāt*. ed. ᶜA.-A. Fayyāḍ. Tehran: Intishârât-I Dânishgâh-I Tihrân, 1334H./1955 (seção de lógica de *Kitāb al-Talwīḥāt*).

____. *Hayākil an-Nūr* (Templos da Luz). Ed. M. A. Abū Rayyān, Cairo: Al-Maktaba al-Tijāriyya al-Kubrà, 1376H./1957.

____. *Kitāb al-Lamaḥāt*. Ed. introduzida e anotada por Émile Maalouf. Beirut: Dār al-Nahār, 1969.

____. *L'Archange Empourpré – Quinze Traités et Récits Mystiques*. Trad. Henry Corbin. Paris: Fayard, 1976.

____. *Qiṣṣat al-Ġurbat al-Ġarbiyya* (Relato do Exílio Ocidental). In: ____. *L'Archange Empourpré – Quinze Traités et Récits Mystiques*. Trad. Henry Corbin. Paris: Fayard, 1976a.

____. *Le Livre du Verbe du Sufisme*. In: ____. *L'Archange Empourpré – Quinze Traités et Récits Mystiques*. Trad. Henry Corbin. Paris: Fayard, 1976b.

____. *Épître sur le symbole de la foi des philosophes* (*Risālat fī Iᶜtiqād al-Ḥukamā'*). In: ____. *L'Archange Empourpré – Quinze Traités et Récits Mystiques*. Trad. Henry Corbin. Paris: Fayard, 1976c.

____. *L'épître des hautes tours* (*Risālat al-Abrāj*). In: ____. *L'Archange Empourpré – Quinze Traités et Récits Mystiques*. Trad. Henry Corbin. Paris: Fayard, 1976d.

____. *Le livre des temples de la lumière* (*Kitāb Hayākil al-Nūr*). In: ____. *L'Archange Empourpré – Quinze Traités et Récits Mystiques*. Trad. Henry Corbin. Paris: Fayard, 1976e.

____. *Kalimāt al-Taṣawwuf*. In: ____. *Three Treatises*. Ed. Najaf-Gholî Habîbî. Lahore: Iran-Pakistan Institute of Persian Sudies, 1977.

____. Šihāb al-Dīn Yaḥyà. *Three Treatises*. Ed. N.-G. Habîbî. Lahore: Iran-Pakistan Institute of Persian Studies, 1977.

____. *The Mystical and Visionary Treatises of Shihabuddin Yahya Suhrawardi*. Trad. W. M. Thackston Jr. London: The Octagon Press, 1982a.

____. *The Simurgh's Shrill Cry* (*Safīr-I Sîmurgh*). In: ____. *The Mystical and Visionary Treatises of Shihabuddin Yahya Suhrawardi*. Trad. W. M. Thackston Jr. London: The Octagon Press, 1982b.

____. *Le Livre de la Sagesse Orientale.* (*Kitāb Ḥikmat al-Išrāq*). Trad. Henry Corbin. Edição e Introdução de Christian Jambet. Lagrasse: Verdier, 1986 (tradução do Prólogo e da 2ª parte da obra: *Sobre as Luzes Divinas*; *A Luz das Luzes* e *Os Fundamentos e a Ordem da Existência*. Prefácio de Šams al-Dīn al-Šahrazūrī e extratos dos comentários de Quṭb al-Dīn al-Šīrāzī e do Mullā Ṣadrā).

____. *The Book of Radiance* (*Partaw Nâmah*) (1186). Trad. Hossein Ziai. Ed. bilíngüe. Costa Mesa (California): Mazda Publishers, 1998.

____. *The Shape of Light* (*Hayakal al-Nūr*). Interpreted by Shaykh Tosun Bayrak al-Jerrahi al-Halveti. Louisville (Kentucky): Fons Vitae, 1998.

____. *The Philosophy of Illumination/Ḥikmat al-Išrāq*. Trad. John Walbridge; Hossein Ziai. Provo (Utah): Brigham Young University Press, 1999. (Edição bilíngüe integral de *Kitāb Ḥikmat al-Išrāq*).

____. *Texts and Studies, Collected and Reprinted.* (Islamic Philosophy, 90 & 91). Ed. Fuat Sezgin. Frankfurt am Main: Institut für Geschichte der Arabisch-Islamischen Wissenschaften, 2000. 2v.

THACKSTON JR., Wheeler M. Introdução. In: SUHRAWARDĪ. *The Mystical and Visionary Treatises of Shihabuddin Yahya Suhrawardi*. Trad. W. M. Thackston Jr. London: The Octagon Press, 1982.

VAJDA, G. Les notes d'Avicenne sur la Théologie d'Aristote. *Revue Thomiste*, Paris, 51, p. 346-406, 1951.

WALBRIDGE, John. *The Science of Mystic Lights*: Qutb al-Din Shirazi and the Illuminationist Tradition in Islamic Philosophy. Cambridge (Mass.): Harvard Center for Middle Eastern Studies, 1992.

____. *The Leaven of the Ancients*: Suhrawardī and the heritage of the Greeks. Albany (New York): State University of New York Press, 2000.

____. *The Wisdom of the Mystic East*: Suhrawardî and Platonic orientalism. Albany (New York): State University of New York Press, 2001.

WALBRIDGE, John; ZIAI, Hossein. Translators' Introduction. In: SUHRAWARDĪ. *The Philosophy of Illumination*: a New Critical Edition of the Text of *Ḥikmat al-Išrāq* with English Translation, Notes, Commentary, and Introduction by John Walbridge and Hossein Ziai. Provo (Utah): Brigham Young University Press, 1999.

ZIAI, Hossein. *Knowledge and Illumination*: a Study of Suhrawardi's Hikmat al-Ishraq. Atlanta (Georgia): Scholars Press, 1990.

____. The Source and Nature of Authority: A Study of al-Suhrawardī's Illuminationist political doctrine. In: BUTTERWORTH, Charles E. (Org.). *Aspects of Islamic Political Philosophy*. Cambridge (Mass.): Harvard University Press, 1992. p. 294-334.

____. Šihāb al-Dīn Suhrawardī: Founder of the Illuminationist school. In: NASR, Sayyed H.; LEAMAN, Oliver. (Org.). *History of Islamic Philosophy*. London; New York: Routledge, 1996a. p. 434-464.

____. The Illuminationist Tradition. In: NASR, Sayyed H.; LEAMAN, Oliver. (Org.). *History of Islamic Philosophy*. London; New York: Routledge, 1996b. p. 465-496.

15.

Mullā Ṣadrā

Edrisi Fernandes

> Saibam que, para alcançar o verdadeiro conhecimento divino interior, deve-se seguir uma prova (*burhān*) ou desvelamento (*kašf*) por visão imediata (*mušāhada*), do mesmo modo que Ele – exaltado seja! – disse: "Diz: Traz tua prova, se estás entre aqueles que falam verazmente" (*Corão* II:11). [...] Essa prova é uma luz que Allāh derrama sobre o coração do homem de verdadeira fé, uma luz que ilumina sua visão interior de modo que ele "vê coisas como elas realmente são", como foi afirmado na prece do Profeta...[1].

Muḥammad ibn Ibrāhīm ibn Yaḥyà al-Qawāmī al-Šīrāzī (c. 1571-1640), da poderosa família Qawām, foi o filho único de um erudito vizir na corte safávida, e em todos os aspectos pode-se dizer que ele foi bem-criado. Mais conhecido como *Ṣadr al-dīn* (Autoridade em Religião), *Ṣadr al-muta*ᶜ*allihīn* (Autoridade entre os Metafísicos) ou simplesmente *Âkhûnd Mullā* (Professor e Mulá) Ṣadrā, ele é um dos filósofos muçulmanos mais importantes do período pós-aviceniano, sendo considerado o fundador da terceira das grandes escolas filosóficas islâmicas, *Al-ḥikmat al-muta*ᶜ*āliyya* (A Filosofia Transcendental)[2]. Após estudos preliminares em Šīrāz, Ṣadrā foi para Iṣfahān,

1. MULLĀ ṢADRĀ. *The Wisdom of the Throne (Kitāb al-Ḥikmat* ᶜ*Aršiyya). An Introduction to the Philosophy of Mullā Ṣadrā.* Trad. James W. Morris. Princeton (New Jersey): Princeton University Press, 1981. p. 253.

2. O Mulá Ṣadrā adotou alguns princípios das outras grandes escolas, "por exemplo, o hilomorfismo dos peripatéticos [em *Al-ḥikmat al-mašā'iyya*] e a gradação do Ser e os arquétipos celestiais dos iluminacionistas [em *Al-ḥikmat al-išrāqiyya*]. Ademais, ele acrescentou certos princípios hauridos dos ensinamentos de sufis como Ibn ᶜArabī, tais como o contínuo devir da substância do mundo e a unidade do Ser, que nunca haviam sido sistematizados na linguagem

capital da dinastia safávida, talvez o mais importante centro cultural islâmico do século XVI. Lá estudou ciências intelectuais (*al-ᶜulūm al-ᶜaqliyya*), especialmente metafísica[3], e ciências islâmicas tradicionais (*al-ᶜulūm al-naqliyya*, ciências transmitidas), como exegese corânica (*tafsīr* e *ta'wīl*), teologia especulativa (*kalām*) e jurisprudência (*fiqh*), com Bahā' al-Dīn Muḥammad al-ᶜĀmilī, também conhecido como Al-Šayḫ al-Bahā'ī, e depois com Sayyd Muḥammad Bāqir al-Astarābādī, mais conhecido como Mīr Dāmād – que em sua obra *Al-qabasāt ḥaqq al-yaqīn fī ḥudūṯ al-ᶜālam*[4], mais conhecida como *Al-qabasāt* (As Centelhas), buscou conciliar o pensamento aviceniano com a filosofia *išrāqī*. Entre os mestres de Ṣadrā, algumas fontes também mencionam Mīr Abū al-Qāsim al-Findiriskī, um eclético sufi[5] versado em alquimia, filosofia peripatética, pensamento zoroastriano e hinduísmo.

Após concluir seus estudos em Iṣfahān, e insatisfeito com as intrigas, o formalismo e o obscurantismo vigentes nessa cidade, Ṣadrā retirou-se para uma pequena vila próxima a Qumm, Kahak, onde passou entre sete e quinze anos[6] purificando o corpo e a alma em meditação (*murāqaba*) e práticas ascéticas (*riyāḍat*) e aperfeiçoando o intelecto em experiências visionárias (*mušāhada, mukāšafa*), até alcançar o conhecimento do divino (*al-ḥikmat al-ilāhiyya*), que antes experimentara apenas na teoria (*Asfār*, 1: 8). Um convite do governador de Šīrāz para comandar o ensino na Allāhwirdī Ḫān Madrasa, naquela cidade, encontrou-o pronto para retornar à sua cidade natal, onde passou a ensinar suas doutrinas e a redigir extensa e variada obra, tratando de todo o leque da filosofia de então, abrangendo desde os estudos corânicos

lógica dos *ḥakīms* (eruditos da academia) antes da época do Âkhûnd". NASR, Seyyed Hossein. Ṣadr al-Dīn Šīrāzī (Mullā Ṣadrā). In: SHARIF, M. M. (Ed.). *A History of Islamic Philosophy*. Lahore: Pakistan Philosophical Congress, 1961. p. 940. A expressão *al-ḥikmat al-mutaᶜāliyya* foi usada antes de Ṣadrā por sufis como Dawūd al-Qaysarī, aparecendo também nos escritos dos peripatéticos (*maššā'iyūn*) islâmicos e no *Durrat al-Tāj* de Quṭb al-Dīn Šīrāzī. Cf. id. *Ṣadr al-Dīn Šīrāzī and his Transcendent Theosophy*: Background, Life and Works. Tehran: Imperial Academy of Philosophy, 1978. p. 57; 85.

3. Adquirindo maestria na filosofia peripatética, por meio do estudo das obras de Ibn Sīnā e de seu grande reavivador, o *Ḫawāja* Nuṣayr al-Dīn al-Ṭūsī.

4. MĪR DĀMĀD, Muḥammad Baqīr. *Kitāb al-Qabasāt* (*Book of Embers*). M. Mohaghegh; T. Izutsu; 'A. M. Bihbahânî; Ibrahim Dîbâjî (Edits.). Tehran: McGill University; Institute of Islamic Studies, 1977.

5. Ele ou Mīr Dāmād podem ter iniciado Ṣadrā no sufismo; a identidade de sua *silsila* (cadeia iniciática) não pode ser determinada com certeza.

6. Há controvérsia entre as fontes.

e a cosmologia até a metafísica e a ciência da alma. Sua monumental criação filosófica[7], *Al-ḥikmat al-mutaᶜāliyya fī al-asfār al-ᶜaqliyyat al-arbaᶜa*[8] (A Filosofia Transcendental nas Quatro Viagens Intelectuais), só carece de uma seção de lógica – abordada em *Kitāb al-tanqīḥ fī al-manṭiq* (Livro do Expurgo na Lógica) e em *Al-lamaᶜāt al-mašriqiyya fī al-funūn al-manṭiqiyya* (Lampejos Iluminacionistas na Arte da Lógica). *Al-šawāhid al-rubūbiyya fī al-manāhīj al-sulūkiyya* (Os Testemunhos Divinos Relativos aos Caminhos para a Realização Espiritual) enfocam importantes questões filosóficas em uma linguagem clara e elegante, enquanto *Kitāb fī al-mabda' wa-al-maᶜād* (Livro sobre a Origem e o Retorno) pretende cobrir toda a ciência das coisas e dos entes[9]. O *Kitāb al-mašāᶜir* (Livro das [Ciências] Metafísicas) é uma obra tardia que sumariza a "filosofia transcendental" numa epítome do *Asfār*. Ṣadrā tratou da escatologia em *Al-mabda'* e em *Al-šawāhid al-rubūbiyya*, mas o *Kitāb al-ḥikmat al-ᶜAršiyya* (Livro sobre a Sabedoria do Trono Divino) é o mais importante texto ṣadriano sobre escatologia, uma área abordada amplamente pela *Risālat al-ḥašr* (Tratado sobre a Ressurreição) e pela *Risāla sih aṣl* (Tratado sobre os Três Princípios)[10], único escrito ṣadriano não-poético[11] em farsi, sobre a alma, seu destino e os obstáculos no seu percurso até o pleno desenvolvimento espiritual. Os extensos comentários ṣadrianos sobre o *Corão* foram editados e publicados em sete volumes[12]. Ṣadrā é autor de muitas outras obras, incluindo o *Šarḥ al-Hidāyat al-Aṯīriyya* – um Comentário ao "Guia" de Aṯīr al-Dīn Mufaḍḍal ibn ᶜUmar al-Abharī (século XIII) –, a *Dībājat al-ᶜArš al-taqdīs* – uma introdução a *O Trono da Divindade*, de Mīr

7. Obra que, "comparável em tamanho e escopo a *Šifā'* e a *Al-Futūḥāt al-Makkiyya*, situa-se de certo modo entre a enciclopédia peripatética de Ibn Sīnā e o compêndio de ciências esotéricas de Ibn ᶜArabī." NASR, op. cit., 1961, p. 937.
8. Simplificadamente, *Al-asfār al-arbaᶜa al-ᶜaqliyya* (As Quatro Jornadas Intelectuais), ou apenas *Al-asfār* (As Jornadas).
9. *Al-mabda'* compreende a teologia natural e a metafísica, enquanto *Al-maᶜād* compreende a psicologia e a escatologia.
10. MULLĀ ṢADRĀ. *Risāla sih aṣl*. Editada em ṢADR AL-DĪN ŠĪRĀZĪ. *Se' Asl and his Mathnawī and Rubā'īyāt*. Edição e Introdução de Seyyed Hossein Nasr. Tehran: University Press, 1340H./1961.
11. Espécie de autobiografia espiritual permeada por profusas citações poéticas de vates como Ḥāfiẓ, Šibastarī e, sobretudo, Rūmī.
12. MULLĀ ṢADRĀ. *Tafsīr al-Qur'ān al-Karīm Ta'alīf Ṣadr al-Mutaᶜallihīn*. Ed. Muhammad Khwâjawî. Qom: Intisharat-i Bidar, 1366H./1987.

Dāmād – e glosas (*ta*ᶜ*līqāt*) sobre a *Ḥikmat al-Išrāq*, de Suhrawardī[13], e o *Kitāb al-Šifā'*, de Ibn Sīnā[14].

Asfār (doravante, *A*) é o mais importante escrito ṣadriano, estando estruturado[15] segundo quatro jornadas (estágios) da alma no caminho da realização espiritual (*sulūk*) (*A*, 1: 13), sistematizadas numa linguagem lógica, elaborado em torno da idéia de que o que leva mais diretamente e sem mediação à Verdade – ou seja, a Deus como realidade fundamental da existência e objeto da jornada dos viajantes (*sullāk*) – é a realidade subjacente da criação, a existência (*wujūd*), entendida tanto conceitualmente[16] quanto existencialmente (como vivência do gnóstico). A primeira jornada, *min al-ḫalq ilà al-Ḥaqq*, vai da criatura (da criação) até a Verdade (*Al-Ḥaqq*, o Criador). Nela, o Mulá Ṣadrā trata dos "princípios gerais (*al-umūr al-*ᶜ*āmma*)", ou seja, de questões de metafísica/ontologia[17], também consideradas sob a rubrica da "ciência divina tomada no seu sentido geral (*al-*ᶜ*ilm al-ilāhī bi-al-ma*ᶜ*nà al-*ᶜ*āmm*)", mas também trata do significado da filosofia. Na metafísica ṣadriana, cabe destacar a aceitação da "unidade do inteligidor, do inteligido e do intelecto (*al-ittiḥād al-*ᶜ*āqil wa-al-ma*ᶜ*qūl wa-al-*ᶜ*aql*)"[18], enquanto a intelecção permanece (*A*, 3:

13. Por meio das *Ta*ᶜ*līqāt fī* [ou ᶜ*alà*] *Šarḥ ḥikmat al-Išrāq*, sobre o *Šarḥ ḥikmat al-Išrāq*, de Quṭb al-Dīn al-Šīrāzī. Essas *ta*ᶜ*līqāt* constituem uma *ḥāšiya* (supraglosa) às partes I e II da *Ḥikmat al-Išrāq*.
14. As *Ta*ᶜ*līqāt fī* [ou ᶜ*alà*] *Ilāhiyya Kitāb al-Šifā'* ("Glosas sobre a Metafísica do 'Livro da Cura'").
15. Inspirando-se, talvez, na seguinte frase do sexto *Imām*, Jaᶜfar al-Ṣādiq: "Temos estados [(*aḥwāl*) de interação] com Allāh. Neles somos Ele, e Ele é nós, e Ele é Ele, e nós somos nós". Apud AL-AḤSĀ'Ī, *Šayḫ* Aḥmad. *Al-fawā'id al-ḥikmiyya* (Observações Sapienciais). Ed. Idris Samawi Hamid. In: HAMID, Idris Samawi. *The Metaphysics and Cosmology of Process According to Šayḫ Aḥmad al-Aḥsā'ī*. Buffalo, 1998. Tese (Doutoramento) – Departamento de Filosofia, State University of New York, 1998. 9ª *Fawā'id*. p. 320 (inglês); p. 468 (árabe).
16. Cf. a afirmação de que "todo conhecimento é um modo de existência (*kull* ᶜ*ilm huwa naḥwun min al-wujūd*)" (*Asfār*, 3: 296).
17. Questões sobre o ser/a existência (*wujūd*) e sua primazia sobre a qüididade (*māhiyya*), a gradação do ser (*tašqīq al-wujūd*) em suas várias manifestações, a existência mental (*al-wujūd al-ḏihnī*), os arquétipos imateriais do mundo das figuras incorpóreas (ᶜ*ālam al-ašbāh al-mujarrada*) de Suhrawardī [as formas platônicas (*al-muṯul al-aflāṭūniyya*), formas luminosas (*al-muṯul al-nūriyya*), entidades fixas (*al-a*ᶜ*yān al-ṯābita*). *Asfār*, 2: 46 et seq.], a causalidade, o tempo, a origem do mundo no tempo (*al-ḥudūṯ al-zamānī*).
18. Esse princípio, atribuído a Porfírio, foi aceito pelos neoplatonistas muçulmanos e depois por alguns sufis, notadamente da escola de Ibn ᶜArabī, mas foi bastante atacado por outros filósofos muçulmanos, particularmente por Ibn Sīnā – que, no entanto, admitiu sua validade em relação ao Ser Necessário (IBN SĪNĀ. *Al-Mabda' wa-al-Ma*ᶜ*ād*. Edição de 'A. Nûrânî. Tehran; Montreal: University of Tehran; Institute of Islamic Studies of McGill University.

278 et seq.), e da doutrina do "movimento transubstancial (*al-ḥarakat al-jawhariyya*)"[19], que interpreta toda mudança como uma forma de movimento, de transformação interior.

A segunda jornada, *min al-ḥaqq ilà al-ḥaqq bi-al-ḥaqq*, vai da verdade até a verdade através da verdade. Nela, Ṣadrā apresenta sua cosmologia, sua filosofia natural[20] e sua crítica às categorias aristotélicas. A terceira jornada, *min al-ḥaqq ilà al-ḫalq bi-al-ḥaqq*, vai da verdade até o mundo da criação através da verdade. Essa verdade mediadora, a "ciência divina no seu sentido particular (*al-ᶜilm al-ilāhī bi-al-maᶜnà al-aḫaṣṣ*)", é a metafísica teologicamente reconstituída num contexto de crítica aos *mutakallimūn*[21]. A quarta e última jornada, *min al-ḫalq ilà al-ḫalq bi-al-ḥaqq*, começa e termina com a verdade na criação [através do "arco de descida (*al-qaws al-nuzūlī*)" e do "arco de subida (*al-qaws al-ṣuᶜūdī*)"], fechando a "grande cadeia do ser (*dā'irat al-wujūd*)". Psicologia[22], escatologia e ressurreição espiritual e corporal são esmiuçadas, cabendo destacar a doutrina ṣadriana de que a alma (*nafs*) é corpórea (material) em sua origem e espiritual em sua subsistência (*jismāniyyat al-ḥudūṯ wa-rūḥāniyyat al-baqā'*), bem como os argumentos que mostram a impossibilidade da reencarnação (*tanāsuḫ*).

1363H./1984. p. 6-10; cf. também *Asfār*, 3: 337-342). Ṣadrā explicou que os que não aceitaram esse princípio simplesmente não entenderam o ponto de vista e a intenção de Porfírio. Cf. MULLĀ ṢADRĀ, op. cit., 1981, p. 115.

19. O Mulá Ṣadrā sugere, em diversas passagens de *Asfār*, que coube aos pré-socráticos a introdução dessa idéia, se bem que de uma forma implícita. Em *Maṯnawī*, de Rūmī, Ṣadrā chegou a encontrar uma passagem (cf. RŪMĪ. *The Mathnawi of Jalalludin Rumi*. Edição, Tradução do persa e Comentários por R. A. Nicholson. Gibb Memorial Trust, 1926. 5 v. Reprint 1985. vol. 2, lv, III, 3901 3, 3905-6) sintonizada com a doutrina do movimento transubstancial. Ibn Sīnā rejeitou veementemente a idéia do movimento transubstancial, pois entendeu que uma transformação na substância resulta na transformação e perda da identidade da essência

20. Como coisas e seres vêm a existir, matéria (*mādda*) e forma (*ṣūra*), substância (*jawhar*) – principalmente as substâncias simples (inteligências, almas e corpos) – e acidente (*ᶜaraḍ*), a matéria primal (*hayūlà*) e sua significância filosófica, as formas naturais, e as raízes da hierarquia da existência material.

21. Os assuntos tratados na terceira jornada envolvem a existência de Allāh, a simplicidade ontológica do Ser Necessário, o poder de Allāh, a providência divina, os nomes/atributos de Allāh, a fala como qualidade divina, o bem e o mal, a unidade de Allāh e a processão do mundo da multiplicidade a partir do Uno, e a unidade entre a filosofia (*ḥikma*) e a lei divina (*šarīᶜa*).

22. Origem, percurso e destino da alma, estados e poderes da alma em suas interações com o mundo físico e o mundo inteligível, a imaginação (*al-taḫayyul*), o mundo imaginal (*ᶜālam al-ḫayāl*) e as formas imaginais (*al-ṣuwar al-ḫayālliyya*).

Conforme Seyyed Hossein Nasr[23], há cinco elementos principais claramente detectáveis por trás da síntese filosófica ṣadriana: a filosofia aristotélica e peripatética[24], as doutrinas neoplatônicas[25], os ensinamentos de Ibn Sīnā (Avicena), o gnosticismo/sufismo de Ibn ᶜArabī (e de sua escola)[26] e a revelação islâmica (principalmente os ensinamentos mais esotéricos do Profeta e dos imãs xiitas, o *ahl al-bayt*).

> O Mulá Ṣadrā criou uma nova escola de *ḥikma*, ao dispor, de um lado, as intuições dos gnósticos [e sufis], especialmente de Ibn ᶜArabī e seus seguidores, em uma roupagem lógica, e, do outro, as implicações filosóficas dos ensinamentos dos *Imāms*, especialmente conforme presentes no *Nahj al-balāġa*[27], criando assim, pela primeira vez [...], uma escola distintamente islâmica de *ḥikma*, baseada sobretudo nas doutrinas inspiradas que formam a própria base do xiismo[28].

A síntese ṣadriana foi guiada pelo princípio, enunciado antes por Suhrawardī, de que "toda experiência intelectual não conformada com a percepção ou testemunho diretos das realidades espirituais[29] é tão insuficiente quanto a confrontação das realidades espirituais sem a orientação do rigor intelectual"[30], e, assim sendo, o sábio/filósofo ideal é aquele cujo pensamento lógico associa-se ao conhecimento intuitivo ou ao revelacional. Ṣadrā acata essa idéia, apregoando a unidade da visão (intuitiva) espiritual ou metafísica (*kašf* ou *mukāšafa, šuhūd* ou *mušāhada*), da demonstração (lógica) (*burhān, taᶜaqqul*) e da revelação (corânica) (*al-waḥy*), de modo que S. H. Nasr afirma:

> A teosofia transcendental [*Al-ḥikmat al-mutaᶜāliyya*] como modo distinto de pensamento baseia-se em três princípios: "intuição ou iluminação intelectual (*kašf, ḏawq*

23. NASR, op. cit., 1961. p. 938.
24. Representada majoritariamente por Ibn Sīnā e Nuṣayr al-Dīn al-Ṭūsī.
25. Podendo-se incluir aqui, indiretamente, a leitura "oriental/iluminista" que Suhrawardī faz do platonismo.
26. Cabendo assinalar os nomes de Ṣadr al-Dīn al-Qunawī e Dawūd al-Qayṣarī.
27. Obra do primeiro *Imām*, ᶜAlī, que contém seus ensinamentos esotéricos.
28. NASR, loc cit.
29. "Percepção espiritual e conhecimento interior (*âgâhî-yi damîr wa ma'rifat-i bâtin*)", no *Sih aṣl*.
30. COOPER, John. Rumî and Hikmat. In: LEWISOHN, L. (Org.). *The Heritage of Sufism*. Oxford: Oneworld, 1999. vol. I (Classical Persian Sufism from its Origins to Rumî), p. 409-433. p. 420.

ou *išrāq*); razão e demonstração racional (*ᶜaql* ou *istidlāl*); e religião ou revelação (*šarᶜ* ou *waḥy*)". Esse é um tipo de filosofia que combina o pensamento racional com a iluminação intelectual, um modo de pensamento que começa com a lógica (*al-manṭiq*) e finda com êxtase e júbilo (*al-wajd wa-al-surūr*), do modo igual ao que vemos no plano mesmo de *Ḥikmat al-Išrāq*, de Suhrawardī. Formulando de modo diferente, essa é uma das manifestações supremas do caminho do conhecimento (*maᶜrifa*) intimamente associado com a *philosophia perennis*[31].

Conforme Seyyed Hossein Nasr e Zailan Moris[32], os princípios fundamentais da filosofia do Mulá Ṣadrā são os seguintes: a unidade (*waḥda*), primazia ontológica (*aṣāla*) e gradação analógica (*tašqīq*) do ser (*wujūd*); o movimento transubstancial, a união do inteligidor com o inteligido e o desengajamento (*tajrīd*) e independência da faculdade imaginativa compositiva (*al-mutaḫayyila*) em relação ao corpo. Conforme o capítulo 1 de *Asfār*, a luz seria um exemplo compreensível e perfeito da unidade e gradação do ser, como teriam percebido os iluminacionistas: a luz é um universal único, mas pode ser predicada nos muitos graus e níveis de seus particulares, como luz solar, luz de lâmpada, luz de vela etc.

Divisão das Ciências

No capítulo introdutório de *Asfār*, Ṣadrā, seguindo os peripatéticos, divide as ciências (*ᶜulum*) em saber teórico (*ᶜilmī* ou *naẓarī*), consistindo em lógica, matemática, filosofia natural e metafísica, e sabedoria prática (*ᶜamalī*), que consiste em ética, economia e política. Em outras passagens[33], Ṣadrā divide o conhecimento (*ᶜilm*) em adquirido (*ḥuṣūlī*) e inato (*ḥuḍūrī*). Em *Iksīr al-ᶜārifīn fī maᶜrifa ṭarīq al-ḥaqq wa-al-yaqīn* (Elixir dos Gnósticos Relativo

31. NASR, *Ṣadr al-Dīn Šīrāzī and his Transcendent Theosophy*, ed. amp., 1997, p. 155.
32. Id., 1961, p. 942 et seq.; MORIS, Z. *Revelation, Intellectual Intuition and Reason in the Philosophy of Mulla Sadra*: An Analysis of the al-Hikmah al-'Arshiyyah. London: Routledge Curzon, 2003. (Sufi Series, 10). p. 86-116.
33. Cf. NASR, op. cit., 1961. p. 952-953.

ao Conhecimento do Caminho da Verdade e da Certeza), no entanto, ele apresenta uma classificação mais completa e original, dividindo as ciências nas ciências deste mundo (*ᶜulūm al-dunyawī*), consistindo em ciência das palavras (*ᶜilm al-aqwāl*)[34], ciência dos atos (*ᶜilm al-afᶜāl*)[35] e ciência dos estados contemplativos ou do pensamento (*ᶜilm al-aḥwāl* ou *afkār*)[36], e ciências do outro mundo (*ᶜulūm al-uḫrawī*), compreendendo o conhecimento dos anjos e das substâncias intelectuais, o conhecimento da "Tabuleta Preservada (*Al-Lawḥ al-Maḥfūẓ*)" (isto é, do decreto divino) e da "Pena [de escrever] Exaltada (*Al-Qalam al-Aᶜlà*)" (isto é, da primeira determinação da essência divina), e ainda o conhecimento da morte, da ressurreição e do além-mundo.

A filosofia ṣadriana pretende tratar das coisas deste e do outro mundo. Aprendemos em *Asfār* que a

> filosofia (*falsafa*) é o aperfeiçoamento da alma humana na proporção da capacidade humana, através do conhecimento do estado da realidade das coisas como elas são e através do juízo acerca de sua existência, a partir de raciocínio demonstrativo (*burhān*) e não por aceitação de opinião[37] ou por imitação (*taqlīd*) (*A*, 1: 20).

Se o objetivo da filosofia é alcançar a perfeição da alma pela aquisição do conhecimento verdadeiro, o caminho para o conhecimento é a senda da alma, razão pela qual as estações (*maqāmāt*) da alma e seus níveis (*ṭabaqāt*) ou degraus (*martabāt*) em sua jornada (*safar*) de aperfeiçoamento são estágios (*marḥalāt*) de conhecimento ou ciências. O conhecimento (*maᶜrifa*) das coisas como elas realmente são ocorre apenas pela intuição e experiência direta (*ḏawq*, *kašf*) dos seus arquétipos pela mente[38] treinada nas matérias discursivas (*baḥṯiyya*), e por esse motivo podemos dizer de Ṣadrā o mesmo

34. Englobando as ciências do alfabeto, da construção de palavras, sintaxe, prosódia, poética e significado dos termos na lógica.
35. Englobando tecelagem, agricultura, arquitetura, escrita, mecânica, alquimia, ciências da família (economia), lei, política, *šarīᶜa*, sufismo (*ᶜilm al-ṭarīqa*, ciência do caminho).
36. Englobando as ciências da demonstração lógica, aritmética, geometria (incluindo astronomia e astrologia), e as ciências da natureza (incluindo medicina, mineralogia, botânica, zoologia).
37. Baseada em *ḥujja* (argumento), *šakk* (dúvida) e *ẓann* (conjectura).
38. Ou pelo "olho da certeza (*ᶜayn al-yaqīn*)", na intenção de chegar à "verdade da certeza (*ḥaqq al-yaqīn*)".

que Henry Corbin disse em relação a Suhrawardī: "uma filosofia que não culmina numa metafísica do êxtase é vã especulação; uma experiência mística que não esteja fundamentada em uma sólida educação filosófica corre o perigo de degenerar-se ou desencaminhar-se"[39].

Metafísica

Enquanto para os peripatéticos o ser de cada coisa ou ente (*mawjūd*) é em essência diferente e distinto do de outras coisas ou entes, para o Mulá Ṣadrā há uma única realidade ou ser em todos os reinos da existência, embora com gradações e variações de intensidade ou manifestação, correspondentes a diferentes limitações do ser. Essas limitações são abstraídas pela mente, tornando-se as formas das essências ou qüididades (*māhiyyāt*) das coisas ou entes.

Contra a primazia ontológica da essência (*aṣālat al-māhiyya*), aceita por Suhrawardī e por Mīr Dāmād[40], Ṣadrā defendeu a primazia ontológica do ser/da existência (*aṣālat al-wujūd*)[41], mas de um modo diferente dos sufis. A estes, alguns atribuem a opinião de que uma dada coisa ou ente existente é constituída apenas por existência e de que a essência seria um acidente inerente à existência. Essa opinião está presente na formulação doutrinal da "unicidade da existência (*waḥdat al-wujūd*)". Diferentemente dos sufis, alguns peripatéticos e *mutakallimūn* pensavam que uma coisa é sua essência, enquanto a existência seria um acidente inerente à essência. Na opinião, aparentada a esta, de alguns outros peripatéticos e dos iluminacionistas, a distinção entre essência e existência seria puramente conceitual, mas apenas a essência teria um correlato *in concreto*. Para Ṣadrā, esses pontos de vista seriam falsos porque a essência

39. CORBIN, H. *Creative Imagination in the Sufism of Ibn 'Arabî*. Trad. R. Manheim. Princeton: University Press, 1969. p. 20.
40. Cf. *Al-qabasāt* (*qabas* 2): 37-80.
41. Aceita por Ibn Sīnā, mas num contexto completamente diferente, pois este não acredita na *waḥdat al-wujūd*.

constitui a realidade interior ou ipseidade (*huwiyya*) de uma coisa ou ente. Se a essência fosse originária e primordial, e a existência fosse apenas um acidente seu, seria o caso de a essência preceder a existência, mas apenas existindo, a essência poderia preceder sua existência, o que levaria a uma regressão infinita. A existência, então, é uma condição necessária para a realização da essência, que vem a ocorrer "em sucessão (*bi-al-taba^{c}iyya*)" à existência.

Para Ṣadrā, "a existência é o mesmo que o ser (*kawn*) da essência em ato (*ḥuṣūlu-hā* = em realização)[42], e é aquilo através do que [a essência] se realiza" (*A*, 1: 100)[43], e "a essência (*al-huwiyya*) [...] não tem instância no ser[44] (*qiwām*) exceto na existência" (*A*, 1: 187)[45]. A essência é abstraída pela mente a partir das "negações" ou limitações de um particular ato do ser (*A*, 1: 38 et seq.)[46]: quando um modo de ser/existir apresenta-se à mente, esta (sendo incapaz – exceto em circunstâncias excepcionais – de apreender intuitivamente a existência) abstrai da existência[47] uma essência, e na mente a essência torna-se como se fosse a realidade e a existência do acidente. Essa "existência" que a mente predica da essência é, contudo, meramente um "inteligível de segunda ordem (*al-ma^{c}qūlat al-ṯāniya*)"[48].

Os arquétipos divinos (*al-muṯul al-ilāhiyya*) (*A*, 2: 46 et seq.) ou entidades fixas (*al-a^{c}yān al-ṯābita*) existem eternamente através do conhecimen-

42. Cf. ainda: "a existência é o mesmo que a realização (*ṯubūt*, fixação) da essência, e não a realização de algo na (ou para) a essência" (*Asfār*, 1: 57), e "a existência de cada coisa ou ente nada mais é que a realidade de sua essência (*huwiyya*) especial" (*Asfār*, 1: 117).
43. Cf. também *Asfār*, 1: 202.
44. Em *Kitāb al-Mašā^{c}ir*. In: MULLĀ ṢADRĀ. *The Metaphysics of Mullā Ṣadrā*. Edição e Tradução por Parviz Morewedge. Tehran; New York: Society for the Study of Islamic Philosophy and Science, 1992. (Islamic Translations Series). p. 43, lemos que a essência "não cheira a fragrância da existência".
45. Cf. também *Asfār*, 1: 174, 202 e 246.
46. Essas negações e limitações não têm realidade própria, e as essências que as representam são incapazes de capturar o fluxo dinâmico da existência. Cf. RAHMAN, F. *The Philosophy of Mullā Ṣadrā (Ṣadr al-Dīn al-Šīrāzī)*. Albany (New York): State University of New York Press, 1975. p. 29.
47. A qüididade, na opinião de Ṣadrā, é mentalmente posta (*i^{c}tibārī*), ou seja, ou é abstraída dos limites do ser ou é uma manifestação dos limites do ser na mente.
48. Isto é, uma noção ou conceito ao qual de fato nada corresponde externamente, como "espécie", "gênero", "diferenças específicas", "coisidade", "substancialidade", "acidentalidade", "negrume", enquanto os "inteligíveis de primeira ordem (*al-ma^{c}qūlat al-ūlà'*)" são os conceitos aos quais corresponde algo realmente existente na realidade exterior, de que o conceito pode ser uma predicação (ex.: "homem" e "animal", nas afirmações "Zayd é um homem" e "o cavalo é um animal"). Cf. MULLĀ ṢADRĀ, op. cit., 1992, p. 8.

to que Allāh tem deles, e seu ser é na verdade seu conhecimento pela Mente divina. Em essência, o arquétipo é uno com seus particulares, mas difere deles em características oriundas da substância dos particulares. Os seres deste mundo são "reflexos" ou "sombras" dos arquétipos, partilhando de sua realidade, mas num grau menos intenso, na dependência do seu afastamento do ser dos seres, de modo que o arquétipo aparece diferente em cada estágio (*ṭawr*) ou manifestação sua.

Na filosofia ṣadriana, a expressão "existência mental (*al-wujūd al-ḏihnī*)" denota um modo particular do ser, caracterizado pela presença na mente de formas que permitem o conhecimento de si mesma e das coisas. Segundo Ṣadrā,

> a essência está unida à existência externa no exterior [da mente], e na mente, com a existência mental. Contudo, a mente, na medida em que pode conceber a essência sem relação com nada que diga respeito à existência (*A*, 1: 59), julga uma diferença entre as duas, [essência e existência], mas isso apenas segundo a mente (*A*, 1: 56),

ou seja, apenas na mente pode existir uma separação entre essência e existência[49]. Quando a mente percebe alguma coisa ou ente, ela passa da potência ao ato, e a forma inteligível da coisa ou ente faz-se presente na mente. A "existência mental" está acima das categorias da substância e dos acidentes. Mesmo o "nada"/a "inexistência", para tornar-se mentalmente existente (pensável), assume módica porção de ser.

Inspirado pela idéia suhrawardiana da realidade como um *continuum* único de luz distribuída por várias intensidades ou graus, Ṣadrā defendeu a existência da "gradação do ser (*tašqīq*[50] *al-wujūd*)", uma hierarquia de níveis e graus desde o Ser de Allāh até a mais elementar das coisas. Cada nível superior de existência contém[51] toda a realidade que se manifesta abaixo dela (*A*, 1: 36 et seq., 427 et seq.). Existem dois tipos de *tašqīq*, a "gradação particular (*al-tašqīq al-ḫaṣṣ*)" e a "gradação geral (*al-tašqīq al-ᶜāmm*)". A "gradação particular" é aquela na qual aquilo que causa a diferença em vá-

49. Na medida em que "é característico da mente considerar a essência em si, sem atender aos dois modos de existência, o externo e o mental" (*Asfār*, 1: 56).
50. *Tašqīq* é a ambigüidade sistemática entre a existência e o movimento transubstancial.
51. Segundo o princípio da possibilidade daquilo que é superior (*imkān al-ašraf*).

rios graus de algo é a mesma coisa compartilhada pelos diversos graus desse algo, e um exemplo disso é a luz solar, a luz de lâmpada e a luz de vela. Sol, lâmpada e vela compartilham da luz, embora em graus diferentes. A "gradação geral" é aquela na qual aquilo que é compartilhado pelos diversos graus não é aquilo que diferencia os graus, e um exemplo disso é a gradação da animalidade dos animais na cadeia do ser. Segundo Ṣadrā, "gradação particular" também é a do conceito de ser/existência, enquanto "gradação geral" é a da realidade do ser/existência.

O Mulá Ṣadrā distingue três níveis (*marātib*) do ser:

1) o Ser Absoluto (*Al-Wujūd al-Muṭlaq*), que é propriamente o sujeito da metafísica, como Ipseidade Oculta (*Al-Huwiyya al-Ġaybiyya*) ou Essência da Unidade (*Al-Ḏāt al-Aḥadiyya*), transcende todas as limitações e determinações. Está acima de todas as formas (Ele é a Forma das Formas, *Ṣūrat al-Ṣuwar*) ou qüididades, de todas as substâncias e acidentes, e está, ademais, além de todo conhecimento e representação. Manifestando-se longitudinalmente (*ṭūlī*), Ele traz à existência as várias ordens do ser, desde os arcanjos até as criaturas terrestres; manifestando-se latitudinalmente (*ᶜarḍī*), Ele cria os vários membros de cada ordem do ser[52];

2) o Ser Estendido (*Al-Wujūd al-Munbasiṭ*), ou a Existência Absoluta em seu Desdobramento (*Al-Wujūd al-Muṭlaq al-Munbasiṭ*), é a Efusão Sagrada (*Al-Fayḍ al-Muqaddas*), Primeira Determinação [ou Emanação] (*Al-Taᶜayyun* [ou *al-Ṣādir*] *al-Awwal*)[53] ou manifestação do Ser Absoluto, que constitui o princípio criativo que propicia (de modo relativo, mas não absoluto) a individuação (*tašaḫḫuṣ*) ou "existenciação (*al-ījād*)" de todas as coisas ou entes. O Ser Estendido é uno em sua essência, mas possui infinitas determinações ontológicas [modos ou existências (*wujūdāt*)], correspondentes aos vários graus e níveis de ser que d'Ele provêm;

52. A divisão das hierarquias existenciais em uma ordem longitudinal (*ṭabaqat al-ṭūl*) e uma ordem latitudinal (*ṭabaqat al-ᶜarḍ*) segue fundamentalmente a angelologia de Suhrawardī.

53. Chamada pelos sufis, e também pelo Mulá Ṣadrā, de Realidade de Maomé (*Al-Ḥaqīqat al-Muḥammadiyya*), de Verdade das verdades (*Ḥaqīqat al-ḥaqā'iq*) e ainda de Primeiro Intelecto (*Al-ᶜAql al-Awwal*), seguida hierarquicamente pelos intelectos puros (no *ᶜālam al-mujarradāt* ou *ᶜālam al-Jabarūt*), o último dos quais é o doador de formas ao universo e regente do mundo da geração e corrupção (*ᶜālam al-kawn wa-al-fasād*). Entre o mundo dos intelectos puros e o mundo material situa-se o istmo (*barzaḫ*), representado pelo mundo imaginal ou mundo das formas invertidas ou suspensas (*ᶜālam al-amṯāl al-muᶜallaqa*).

3) os seres relativos[54], isto é, todas as coisas ou entes trazidos à existência mediante as determinações/manifestações do Ser Estendido, são (até os menos elevados, como os elementos e os minerais) manifestações da Luz do Ser (= a Luz divina)[55], projetada (numa contínua e ininterrupta emanação, *fayḍ*) sobre suas realidades arquetípicas, o que, através do "arco de descida (*al-qaws al-nuzūlī*)", traz à existência física várias entidades. Numa outra direção, uma intensidade sempre crescente de Luz do Ser, que pode ser adquirida pelo conhecimento[56], permite aos seres relativos o retorno, no "arco de subida (*al-qaws al-ṣuᶜūdī*)", até suas realidades arquetípicas no domínio celeste/divino.

Os peripatéticos acreditavam que a substância muda de modo abrupto, de uma substância para outra, em geração e corrupção – portanto, apenas no mundo sublunar –, que o movimento (*ḥaraka*) gradual é confinado aos acidentes [quantidade (*kamm*), qualidade (*kayf*), posição (*waḍᶜ*) e lugar (*ayn*)][57] e que a continuidade do movimento só existe na mente, que une em seqüência uma série potencialmente infinita de mudanças infinitesimais. Para os peripatéticos, que entendiam a realidade como um conglomerado estático de eventos espaciotemporais, o movimento seria potencial em relação a um substrato imutável – a essência –, parte do qual, em um ponto indefinido do espaço e em algum momento no tempo, torna-se ato. Ṣadrā introduziu a idéia do "movimento transubstancial (*al-ḥarakat al-jawhariyya*)" ou "movimento na substância (*al-ḥaraka fī al-jawhar*)" na filosofia transcendental (*A*, 3: 80 et seq.). Ele acreditava que cada mudança nos acidentes de um corpo é necessariamente acompanhada por uma transformação correspondente na substância, pois de outro modo o ser dos acidentes não acompanharia o ser da substância. O ser do substrato, sua substância (*jawhar*), estaria, portanto,

54. "Existência delimitada (*al-wujūd al-muqayyad*)", para ᶜAlā' al-Dawla al-Simnānī e para o Xeque Aḥmad al-Aḥsā'ī.

55. Allāh é *Al-Nūr*, a Luz (*Corão* XIV:40; XXIV:35; XXXIX:69). *Nūr* (de *nāra*, brilhar) designa a luz em sentido metafórico, enquanto *ḍaw'* (com seu alótropo *ḍiyā'*) designa a luz no sentido "real".

56. Conforme o *ḥadīṯ* do Profeta, "conhecimento é luz (*al-ᶜilm nūrun*)" (Šayḫ al-Majlīsī, *Biḥār al-Anwār*, I, 225), e aquele que diz: "O homem de fé move-se em cinco luzes: sua entrada é luz, sua saída é luz, seu conhecimento é luz, sua fala é luz, e sua passagem para o Paraíso no Dia da Ressurreição é luz" (Al-Baḥrānī, *Tafsīr al-Burhān*, III, 135).

57. Ao movimento posicional, Ṣadrā chama de "movimento no movimento (*ḥaraka fī ḥaraka*)".

em mudança (*istiḥāla*) real – enquanto o movimento da potencialidade ao ato de uma coisa seria na verdade uma noção abstraída pela mente –, em um constante estado de transformação, propriedade extensiva ao mundo supralunar e aos seus seres, como resultado de uma efusão (*fayḍ*) ininterrupta e de uma penetração (gradativa) do ser (*sarayān al-wujūd*), que empresta a cada entidade individual seu quinhão do ser. O Mulá Ṣadrā vale-se do movimento transubstancial para explicar muitos problemas físicos e metafísicos, incluindo a criação do mundo, a criação da alma, a relação entre permanência e mudança, e diversas questões escatológicas.

A doutrina sufi[58] da unidade do ser (*waḥdat al-wujūd*) teve uma grande influência sobre Ṣadrā. Aprendemos em *Asfār* que o ser (*al-mawjūd ou al-wujūd*)

> é a mais geral (*aᶜāmm*) das coisas, em virtude de incluir e estender-se sobre as essências, incluindo mesmo a idéia do nada absoluto, de relação, potencialidade, disposição, ausência[59] ou conceitos negativos similares[60] [...], e isso é mais aparente em sua realidade (*taḥaqquqan*) e "issoeidade" (*inniyya*)", pelo que é chamado de auto-evidente (*badīhī*) [...]; nada se realiza na mente ou externamente exceto pelo ser. Ele compreende todas as coisas dentro de si, e através dele as coisas permanecem (*taqūmū*) (*A*, 1: 260).

A afirmação de que "tudo aquilo que é não-composto em Sua Realidade, é, em virtude de Sua [absoluta] Unidade, todas as coisas (*kullu mā huwa basīṭu al-ḥaqīqa fa-huwa bi-waḥdati-hi kullu al-ašyā'*)"[61], um dos fundamentos da filosofia ṣadriana e uma conseqüência direta da unidade (primordial) do ser, é explicada em diversas obras: *Al-ḥikmat al-ᶜAršiyya*, *Al-mabda' wa-al-maᶜād*, *Al-mašāᶜir fī maᶜrifat Allāh* (Os Degraus no Conhecimento de Deus) e *Asfār*. Em *Al-ḥikmat al-ᶜAršiyya*, Ṣadrā parte da tradicional concepção filosófica de que todas as coisas são compostas de qüididade (*huwiyya*

58. Mais precisamente, característica do pensamento de Ibn ᶜArabī.
59. Ou até mesmo o "nada absoluto" (*Asfār*, 1: 350).
60. Como o logicamente impossível, e incluindo ainda a (absurda) idéia de Deus ter um par (cf. o *Asfār*, 1: 146).
61. Noutra formulação, "a Verdade, em sua simplicidade, é todas as coisas (*basīṭ al-Ḥaqīqa kull al-ašyā'*)" (MULLĀ ṢADRĀ, op. cit., 1981, p. 98-99). A Verdade ou Realidade (*Al-Ḥaqq*), num estado de pureza/simplicidade/contração (equivalente ao Puro Ser), e antes de combinada à qüididade (*al-māhiyya*), contém todas as coisas, pois a realidade das coisas é sua existência, e o Puro Ser é a fonte de toda existência.

ou *māhiyya*; aquilo que responde à pergunta "que é isto?") e ser (*wujūd*; aquilo que responde à pergunta "é isto?" e que dá existência à qüididade), partindo para a demonstração de que, se de um ente A nega-se algo, B (isto é, se afirma-se que A é "não-B"), e se, em si, B tem existência (isto é, B não é meramente uma afirmação de privação, como "não-azul" ou "iletrado"), então A não pode ser não-composto em sua realidade essencial, pois deve ser composto de pelo menos dois aspectos – um pelo qual A é A e outro pelo qual A não é B. Segue-se que o contrário disso também deve ser verdadeiro, a saber, que aquilo que em sua realidade é não-composto não pode ter nada que possa ser negado de si – senão, se consistiria de pelo menos dois aspectos: um pelo qual ele é o que é (tal como A) e outro pelo qual ele não é um outro (tal como "não-B", "não-C" etc.) – e seria, portanto, não-composto em sua realidade essencial, donde infere-se que "aquilo que é não-composto em sua realidade" deve necessariamente ser "todas as coisas"[62]. Alhures, Ṣadrā esclarece que "aquilo que é não-composto em sua realidade" é "O Necessariamente Existente (*Al-Wājib al-Wujūd*)", isto é, Allāh[63] – uma definição também sugerida por outros[64] e que viria a ser severamente criticada pelo fundador da escola Šayḫī, *Šayḫ* Aḥmad al-Aḥsā'ī[65], em virtude das suas implicações de monismo existencial e panenteísmo.

Conforme Ṣadrā, a relação entre essência e existência é de união (*ittiḥād*), e não de adesão (*ta*ᶜ*alluq*) (*A*, 1: 100) ou seguimento (*luḥūq*) (*A*,

62. Ibid.; cf. *Asfār*, 1: 116-7; um argumento similar pode ser encontrado em MULLĀ ṢADRĀ. *Kitāb al-Mašā*ᶜ*ir* (*Manhaj* 1, *Maš*ᶜ*ar* 6). Ed. Ghulam-Husayn Âhangî (texto árabe e tradução farsi). Tehran: Intishârât Mawla, 2. reimp. 1361H./1942. p. 63 (farsi) e seu reverso (árabe).
63. Cf., p. ex., MULLĀ ṢADRĀ. *Kitāb al mabda' wa-ul-ma*ᶜ*ād*. Trad. (farsi) Ahmad Ardikânî. Tehran: Markaz Nashr Danishgâhî, 1362H./1943. p. 52-53.
64. Muḥammad al-Šarīf al-Sayyid al-Jurjānī afirma, no seu dicionário religioso *Kitāb at-Ta*ᶜ*rīfāt* (Beirut: Maktaba Lubnan, 1388H./1969. p. 46), que *Al-Bāsiṭu* ("O Pródigo; O Expansor" – *Corão* II:254; XLII:27) pode ser apreendido de três maneiras, a primeira das quais é *al-ḥaqīqī*, "aquilo que não tem quaisquer partes (ou divisões, *juz'*), tal como o Criador – exaltado seja Ele!".
65. Notadamente no seu Comentário (de 1234H./1818-1819) sobre o *Mašā*ᶜ*ir*. Ele também trata do assunto no seu Comentário (de 1236H./1820-1821) à *Al-ḥikmat al-*ᶜ*Aršiyya* (cf. AL-AḤSĀ'Ī, *Šayḫ* Aḥmad. *Šarḥ al-*ᶜ*Aršiyya*. Kerman: Maṭbaᶜat al-Saᶜāda, 1361H./1942. vol. I, p. 80-81), em uma *Risāla* (1232H./1816-1817) escrita para o Mulá Muḥammad Damaġānī e em uma *Risāla* (de data ignorada) escrita para vários destinatários desconhecidos; para detalhes sobre essas *Risālas*, cf. MOMEN, M. *The Works of Šayḫ Aḥmad al-Aḥsā'ī. Bahā'ī Studies Bulletin Monograph*, I. Newcastle-upon-Tyne: Bahā'ī Publ., n. 22, p. 52; n. 25, p. 55-56; n. 39, p. 64-65, 1991.

1: 56): "a essência é identificada (*muttaḥida*) com a existência na realidade (*fī al-wāqiᶜ*), em uma espécie de união (*naḥwān min al-ittiḥād*)" (A, 1: 56), perceptível nos exemplos que se seguem e nos quais a *ittiḥād* implica não em uma união de duas coisas ontologicamente distintas, mas em uma identidade na realidade entre duas coisas, embora haja uma diferença em significado entre essência e existência: "Zayd é um homem", "Zayd" e "homem" referem-se ao mesmo ser enquanto substância individual; "o homem é um escritor", o sujeito (a substância) e o predicado (um acidente) referem-se ao mesmo indivíduo; e "o escritor move-se", sujeito e predicado referem-se à mesma substância (*A*, 2: 94).

Ṣadrā distingue claramente o "conceito de ser (*mafhūm al-wujūd*)" como "pura abstração mental (*intizāᶜ masdar ᶜaql*)" da "realidade (concretude) do ser (*ḥaqīqat al-wujūd*)", enxergando, ademais, duas modalidades no ser: o "ser conectivo (*al-wujūd al-irtibāṭī*)" e "o ser auto-subsistente (*al-wujūd al-nafsī*)". O ser conectivo é o que conecta um sujeito com um predicado, como na afirmação "Zayd é um homem"[66], enquanto o ser auto-subsistente tem existência independente de qualquer proposição, podendo ser de três tipos: substância (*jawhar*; aquilo que na existência objetiva não é a qualidade de outra coisa ou ser), acidente (*ᶜaraḍ*; aquilo que é a qualidade de outra coisa ou ser) e, finalmente, o Ser de Allāh (Aquilo que tem Sua causa em Si mesmo). De um ponto de vista estrito, apenas Allāh pode ser considerado "Ser Auto-subsistente (*Al-Wujūd al-Nafsī*)". Uma outra divisão do ser adotada por Ṣadrā, seguindo o exemplo de Ibn Sīnā, é aquela em seres necessários (*wājib*; aqueles que trazem a possibilidade da sua existência em sua própria essência e têm sua causa em si mesmos), seres possíveis (*mumkin*; aqueles que têm a possibilidade da sua existência na dependência do Ser Necessário, que têm a possibilidade da sua essência na dependência de seu ser particular e que têm sua causa fora de si) e seres impossíveis (*mumtaniᶜ*).

66. Em árabe, o verbo "ser" no sentido de cópula (o que Ṣadrā chama de *al-wujūd al-rābiṭ*) é uma aproximação, mas em farsi *hast* realmente quer dizer "é".

Epistemologia

Para o Mulá Ṣadrā, "na sensação (*iḥsās*), duas coisas acontecem: estímulo (*ta'aṯṯur*) do sensório e percepção (*idrāk*) pela alma [...], que é a presença da forma (*ḥuṣūl al-ṣūra*) ali" (*A*, 8: 234), e "o que é percebido essencialmente é a forma apresentada à alma, e não a coisa ou ente externo apresentado a ela" (*A*, 8: 203)[67]. A percepção permite o encontro (*liqā'*) e a chegada (*wuṣūl*) até a qüididade de uma coisa ou ente, isto é, permite seu conhecimento (*A*, 3: 507), enquanto a mente (*al-ḏihn*) é a potência (*quwwa*) da alma para adquirir conhecimento que ainda não foi alcançado (*A*, 3: 515). Ao afirmar que "a percepção é a existência (ou, o achado) do perceptível pelo percebedor (*al-idrāk ᶜibāra ᶜan wujūd al-mudrak li-al-mudrik*)" (*A*, 8: 40; cf. *A*, 8: 165 e 251)[68], Ṣadrā apresenta seu entendimento da fórmula suhrawardiana do conhecimento "pela presença" (*al-ᶜilm al-ḥuḍūrī*)", "pelo testemunho" (*al-ᶜilm al-šuhūdī*)" ou "iluminacionista (*al-ᶜilm al-išrāqī*)" (*A*, 3: 447 et seq.). A alma absorvida no ser vivencia sua existência iluminativa em uma experiência pré-ontológica de "consciência" não-eidética[69] unitária: segundo Ṣadrā, a relação entre o percebedor e o perceptível é uma espécie de união (*ittiḥād*) que pressupõe sua atribuição a uma mesma modalidade de ser[70]. O objetivo existencial da mente percebedora é ir do conhecimento em potência ao conhecimento em ato, e a mente existe em ato quando percebe tudo o que tem potencialidade para perceber. A alma que transformou em ato toda

67. Cf. também *Asfār*, 3: 498 et seq., o capítulo intitulado "que os sentidos não sabem que há uma existência para o que é sentido, sendo esta a preocupação do intelecto", em que os exemplos do louco e do sonhador são apresentados.

68. Cf. ainda: "a percepção é a presença (*ḥuḍūr*) do perceptível para o percebedor" (*Asfār*, 4: 137); "a percepção consiste na existência [ou: no achado] de uma coisa ou ente para outra coisa, e sua presença para ela" (*Asfār*, 6: 146); "a percepção nada mais é que a atenção (*iltifāt*) da alma para o perceptível, e a evidência direta (*mušāhada*) disso" (*Asfār*, 6: 162); "a percepção consiste na existência de uma forma presente num existente cuja existência pertence a si mesmo" (*Asfār*, 8: 163).

69. Consciência "pura", que é caracterizada como ser "para si mesmo(a) (*al-wujūd li-nafsihi*)" ou "autocognoscente (*maᶜrifat al-nafs*)" (*Asfār*, 1: 78-82; 3: 312 et seq.).

70. Ṣadrā distingue três modalidades epistêmicas do ser, diferentes entre si na medida do seu grau de "desengajamento (*tajarrud*)" da matéria primal: ser da sensação, ser da imaginação e ser da intelecção.

a sua potência[71] recebe então o nome de intelecto, e o mais alto nível da percepção é a transformação da alma num intelecto ou "intelecto em ato", condição na qual a alma chega à plenitude da sua capacidade cognoscitiva e existencial. Então,

> quando a alma torna-se um intelecto, ela torna-se todas as coisas. Na mesma ocasião, ela encontra-se unida a tudo o que ela tornou presente em sua própria essência, quero dizer, às formas dessas coisas, e não às entidades que lhes são exteriores. Isso não requer que a alma seja [literalmente] composta desses elementos externos, ou dessas formas (*ṣuwar*)[72]. De fato, quanto mais perfeita a alma se torna, mais ela torna-se uma composição de coisas, e mais ela ganha na intensidade de sua simplicidade, pois a coisa verdadeiramente simples é todas as coisas (*A*, 8: 253).

A percepção tem quatro níveis: 1) sensopercepção (*ḥiss*), nível no qual a forma percebida, com suas características e qualidades, é material e apreendida através de seus acidentes, dos quais a forma é inseparável em sua existência "externa" ou "entificada" (*A*, 1: 266); 2) imaginação (*ḫayāl, taḫayyul*), percepção de uma forma independente da presença da matéria; 3) faculdade estimativa de significados (*wahm, wāhima, mutawahhima*), ou percepção do significado (universal) de um inteligível em uma coisa ou ente sensório (particular), e 4) intelecção (*taᶜaqqul*), percepção de algo em relação à sua qüididade apenas (*A*, 3: 360-61). Esses quatro níveis de percepção devem ser diferenciados em relação ao grau de "desengajamento" (*tajrīd, tajarrud*) alcançado (*A*, 3: 366): a sensopercepção está vinculada a três condições (*šarṭ*) – a) a coisa ou ente é percebida em sua corporificação material, b) a forma "real" da coisa é ocultada por suas características e qualidades percebidas, e c) a coisa percebida é particular, e não universal. A imaginação independe da condição a), a faculdade estimativa de significados independe das condições a) e b), e a intelecção independe das condições a), b) e c), pois o intelecto percebe apenas os universais (*A*, 3: 361-62). Também podemos falar de quatro níveis de existência, corres-

71. E ela é, potencialmente, todas as coisas, na medida em que é imagem (*miṯāl*) do Criador de todas as coisas.
72. Quando a existência alcança o nível "do intelecto puro, inteiramente desengajado do mundo dos corpos e quantidades, ela torna-se todos os inteligíveis e todas as coisas, de um modo mais excelente e mais elevado que aquele das coisas em si mesmas" (*Asfār*, 3: 373).

pondentes aos diversos graus de "desengajamento": 1) a existência ilusória, isto é, o nível da matéria, em constante "transição, desaparição, transformação, geração e corrupção", além dos três níveis de existência e cognoscibilidade [de "existência formal" (*A*, 3: 502-3), em três "configurações perceptuais (*naša'āt idrākiyya*)"[73]] – 2) existência deficiente, que existe no mundo das formas sensórias[74]/das almas sensórias, 3) existência suficiente, que existe no "mundo imaginal" ou das almas celestiais, das aparições e das imagens, e 4) existência completa, que existe no nível dos intelectos "desengajados" e das formas inteligíveis (divinas). Quando a alma alcança o grau mais elevado de "desengajamento", ela "torna-se um intelecto, inteligidor e inteligido em ato, após ter sido tudo isso em potência" (*A*, 3: 366). O princípio da "unidade do inteligidor, do inteligido e do intelecto (*waḥdat* [ou *ittiḥād*] *al-ᶜāqil wa-al-maᶜqūl wa-al-ᶜaql*)" foi aceito pelos neoplatonistas – aos quais Ṣadrā dá o devido crédito, embora acredite ter reintroduzido esse princípio entre os muçulmanos[75] – e rejeitado por Ibn Sīnā e seus seguidores. Para Ṣadrā, o que ele demonstrou "acerca da unificação do intelecto com o inteligido aplica-se a todas as percepções sensoperceptivas[76], da imaginação e da faculdade estimativa de significados" (*A*, 8: 81).

Seyyed Hossein Nasr explica a relação direta da gnoseologia com a ontologia ṣadriana:

> O conhecimento estabelece a forma daquilo que é percebido na mente, do mesmo modo que externamente o Ser estabelece e manifesta as formas e qüididades das coisas. Ademais, ele repete numa ordem invertida os graus de manifestação cósmica. Do mesmo modo que a existência cósmica origina-se da essência divina através do mundo das inteligências e consiste nos graus de almas, corpos, formas e matéria cósmicos, assim também o conhecimento começa pelos sentidos, sobe ao nível da imaginação, ao da apreensão, e finalmente ao nível da intelecção, subindo até o topo da cadeia do Ser, de onde a inteira manifestação universal desceu[77].

73. Cf. *Asfār*, 9: 21.
74. "Formas que subsistem através da matéria e que estão ligadas a ela" (*Asfār*, 3: 501).
75. Parece que Abū al-Ḥasan al-ᶜĀmirī (m. 381H./992), no seu *Kitāb al-Fuṣūl fī al-Maᶜālim al-Ilāhiyya*, merece esse crédito.
76. Cf. *Asfār*, 1: 387; 8: 160, 253 e 301.
77. NASR, op. cit., 1961. p. 953.

Ṣadrā também abordou nos seus escritos o problema do conhecimento divino (*ᶜilm al-wājib taᶜālà*)[78], rejeitando sete opiniões de pensadores anteriores sobre esse assunto (*A*, 6: 263 et seq.). Para Nasr,

> O Mulá Ṣadrā rejeita a noção peripatética de que o conhecimento das coisas por parte de Deus é a projeção de suas formas sobre Sua essência, bem como a idéia, abraçada por muitos iluminacionistas, de que o conhecimento que Deus tem é a presença das formas mesmas das coisas. Ṣadrā, contudo, usa o símbolo gnóstico do espelho e considera a essência divina como um espelho no qual Deus vê as formas ou essências de todas as coisas e, de fato, através da contemplação dessas formas ou arquétipos no espelho de Sua própria essência, Ele traz à existência todas as coisas. Ademais, já que as formas de todas as criaturas, tanto universais quanto particulares, refletem-se em Sua essência, Deus tem o conhecimento de cada e de toda partícula do universo[79].

O conhecimento divino leva à existência objetiva (*al-wujūd al-ᶜaynī*) das formas, razão pela qual Ṣadrā afirmou: "O conhecimento que Deus tem das coisas é idêntico ao Seu Ser"[80]. A alma do homem, enquanto imagem de Allāh, tem o poder de conhecer tudo, mas, "o verdadeiro conhecimento (*ᶜirfān*) de Allāh, de Seu Reino espiritual (*Malakūt*) e de Seus sinais (*āyāt*) é a meta final [...]. O conhecimento é o primeiro e o último, a origem e a meta final" (*A*, 3: 515-16).

Psicologia

A alma humana é "corpórea em sua origem e espiritual em sua subsistência (*jusmāniyyat al-ḥudūṯ wa-rūḥāniyyat al-baqā'*)". A alma é trazida à existência unida ao corpo, mas tem subsistência espiritual separada dele. Por meio da transformação e do aperfeiçoamento de sua substância, a alma alcança

78. Cf. *Asfār*, 6: 180-81, e MULLĀ ṢADRĀ, op. cit., 1981, p. 106-107.
79. NASR, op. cit., 1961. p. 952.
80. MULLĀ ṢADRĀ. *Al-Šawāhid al-Rubūbiyya*. Ed. litografada. Tehran, 1236H./1820. p. 36, apud NASR, op. cit., 1961, p. 952, nota 52.

o ponto de deixar o domínio da existência material e entrar no da realidade espiritual, progredindo até separar-se completamente das limitações da existência corpórea e indo além, pois os graus de aperfeiçoamento da alma, em seu retorno até o mundo das substâncias puramente inteligíveis ou angelicais e os céus/estados paradisíacos supremos, são intermináveis.

A alma é uma grande potencialidade (*quwwa*) constituída pela potência de todas as suas faculdades (*A*, 8: 221). De fato, "a alma, em sua unidade, *é* todas as suas faculdades (*al-nafs fī waḥdati-hi kull al-quwà*)", ou seja, as várias faculdades da alma não são como acidentes adicionados à substância da alma, mas a alma é cada uma de suas faculdades, quando identifica-se com uma certa função relacionada com uma faculdade particular. Na sua classificação das faculdades/potencialidades (*quwà*) da alma, o Mulá Ṣadrā baseia-se largamente na psicologia de Ibn Sīnā e Suhrawardī, admitindo a existência de faculdades da alma racional, da alma animal, da alma vegetativa e mesmo da alma mineral. A alma mineral[81] teria a faculdade de manter sua forma, a alma vegetal, as faculdades de nutrição, crescimento e transformação (metabolização/anabolização) de substâncias. A alma animal teria as faculdades de movimento, várias formas de desejo e os sentidos externos, e a alma dos animais superiores teria, além disso, as faculdades interiores de memória e imaginação. A alma racional, "aquela que percebe com todas as percepções atribuídas às faculdades humanas" (*A*, 8: 221), teria as seguintes faculdades interiores: senso integrador (*al-ḥiss al-muštarik*); faculdade retentiva de formas (*ḫayāl*); dupla faculdade da imaginação compositiva (*mutaḫayyila*) e do pensamento (*mutafakkira*); faculdade estimativa de significados (*wahm*); e memória (*ḥāfiḍa*)/faculdade rememoradora (*ḏākira*)[82].

O processo de "desengajamento" da alma, descrito na seção anterior, leva-a do mundo dos corpos ou sensório ao mundo das imagens ou imaginal, e deste ao mundo dos intelectos ou inteligível (*A*, 1: 289-90; 9: 99-100).

81. Para Ṣadrā, o esperma humano é mineral, mas potencialmente vegetal. Ao desenvolver-se no útero, o esperma torna-se vegetal, mas potencialmente animal. Ao nascimento, o bebê é animal, mas potencialmente racional (humano). Ao tornar-se adulto, o ser humano é racional, mas potencialmente angelical ou diabólico (MULLĀ ṢADRĀ, op. cit., 1981, p. 146).

82. MULLĀ ṢADRĀ. *Al-Šawāhid al-Rubūbiyya fī al-Manāhīj al-Sulūkiyya* (Os Divinos Testemunhos sobre as Vias do Itinerário Filosófico). Ed. S. J. al-Dīn Ashtiyanī. Meshed, Mashhad: The University Press, 1967. p. 193-194.

Por uma outra perspectiva, "a alma aparece primeiro como o corpo (*jism*) e, então, através do processo de movimento transubstancial, torna-se alma vegetativa (*al-nafs al-nabātiyya*), alma animal (*al-nafs al-ḥayawāniyya*) e, finalmente, alma humana (*al-nafs al-insāniyya*)"[83].

> Quando a alma é aperfeiçoada e se torna um intelecto em ato, não se trata de que algumas de suas faculdades, como a sensoperceptiva, sejam tiradas dela e que outras, como a intelectiva (*taᶜaqqul*), nela permaneçam. Ao contrário, à medida que a alma é aperfeiçoada e sua essência (*ḏāt*) elevada, as outras faculdades são, do mesmo modo, aperfeiçoadas e elevadas junto com ela. (*A*, 9: 99-100).

Ṣadrā defendeu o princípio do "desengajamento" (*tajrīd*) ou imaterialidade da faculdade da imaginação (*tajarrud al-quwwat al-ḫayāl* [ou *al-mutaḫayyila*]) – a imaginação é uma faculdade espiritual que não morre com o corpo físico, pois independe dele e é como o corpo sutil da alma[84]. A percepção pode ser libertada de seu aprisionamento pelas formas materiais mediante treinamento para concentrar-se nas formas puras, isto é, nas formas em sua existência intelectual, em que existem desprendidas e separadas de todo traço de existência material.

O Problema do Tempo

Os peripatéticos tomaram o movimento circular das esferas celestiais como medida suprema do tempo. Para Ṣadrā, no entanto, o movimento ou mudança transubstancial é inerente às coisas e aos seres, em todas as esferas, e assim cada movimento posicional, que consideramos por ser a medida do tempo, depende em última instância do movimento transubstancial, razão pela qual o tempo deve ser redefinido em conexão com a transformação

83. MORIS, op. cit., p. 105, remetendo a *Al-Šawāhid al-Rubūbiyya*, p. 229, e MULLĀ ṢADRĀ, op. cit., 1981, p. 132.
84. Cf. CORBIN, H. *En Islam iranien*: aspects spirituels et philosophiques. 2. ed. Paris: Gallimard, 1978. 4 v. vol. 1 (*Le Shî'isme duodécimain*), p. 243-244.

existencial das substâncias físicas[85]. O tempo é uma dimensão dos corpos físicos, e não devemos necessariamente nos voltar para o movimento de rotação das esferas celestiais para mensurarmos o tempo linear[86]. Do mesmo modo, a origem temporal do mundo é explicável em conformidade com o movimento ou mudança transubstancial: se tudo no universo está em constante mudança, então está sempre diferente do que era antes e do que será no momento seguinte de sua existência, o que sugere que cada entidade física tem uma inexistência (*ᶜadam*) contingente [= é *masbūq bi-al-ᶜadam*], é tendente a ser criada, e "criada no tempo (*ḥādiṯ bi-al-zamān*)"[87], como queriam os *mutakallimūn* – e também pelo menos dois imãs, o sexto, Al-Ṣādiq, e o oitavo, Al-Riḍà[88] –, e não na eternidade (*ḥādiṯ bi-al-dahrī*), como queria Mīr Dāmād, e uma tal ordem existencial, tomada como um todo, nem pode vir a existir por si só, nem, como pensavam os peripatéticos, ser eterna (*qadīm*). O mundo da existência física é temporalmente originado *ex-nihilo* (*ibdā'*) e renovado em cada fase sucessiva de sua transformação existencial, não a partir de um agente externo que opera anteriormente sobre o mundo da natureza, mas a partir da sua "natureza (*ṭabīᶜa*)"[89], que torna os entes "inclinados à criação (*ṭārifan bi-al-ḥudūṯ*)" e ao mesmo tempo "sujeitos à destruição (*mamnuwwun bi-al-buṭlān*)", na terminologia de Mīr Dāmād. Nas palavras de Ṣadrā, *ṭabīᶜa* é

85. O tempo é a medida da renovação da existência (como pensava Abū al-Barakāt al-Baġdādī), que por sua vez depende da quantidade de movimento transubstancial.

86. O tempo "é a quantidade de movimento que, em um mundo em contínuo movimento substancial, torna-se um aspecto inerente à existência cósmica". Ele é, mais especificamente, a medida do movimento transubstancial dos céus, "pois nos céus o movimento tanto é regular quanto regulatório", mas não a medida da sua rotação, como sustentado pelos peripatéticos. "Os céus, segundo o Mula Ṣadrā (que segue Suhrawardī), estão em contemplação contínua da perfeição dos seus amados, isto é, dos intelectos universais, que a cada instante causam a projeção de uma nova forma sobre a essência das almas universais. Assim, a causa do movimento celestial é o desejo de atingir a perfeição, uma meta que, por ser ilimitada, torna infindo o movimento celestial." NASR, op. cit., 1961, p. 950.

87. Pois o mundo é criado a cada instante, de modo que, a cada momento, o ser do mundo depende do seu não-ser no momento anterior.

88. Cf. AL-AḤSĀ'Ī, Aḥmad ibn Zayn al-Dīn. *Jawāmiᶜ al-Kalim*. Tabriz: [s.n.], 1856 e 1859. 2 v. vol. I, parte 2, p. 181.

89. A causa imediata do movimento e transformação nos corpos físicos, enquanto qualidade essencial das coisas/dos seres, mas também o princípio da continuidade e da permanência a despeito da incessante mudança transubstancial.

uma forma substancial (*ṣūra jawhariyya*) que perpassa (*sārī*) cada corpo (*jism*)[90] e é o princípio imediato do movimento (*ḥaraka*) e descanso (*sukūn*). Não há corpo algum que não tenha essa natureza formal substancial a perpassar a totalidade de suas partes. Ela é o princípio imediato da inclinação (*mayl*) [particular de cada corpo para um dado movimento], seja ele em potência (*quwwa*) ou em ato (*fi*ᶜ*l*), circular (*mustadīr*) ou linear (*mustaqīm*), em direção ou afastando-se do centro da Terra. Ela está sempre mudando, transformando-se e fluindo segundo a substância de sua essência. Seu movimento essencial do ser é a fonte de todos os movimentos nos acidentes de lugar (*ayn*) e posição (*waḍ*ᶜ), e todas as mudanças de condição, e na quantidade (*kamm*) e qualidade (*kayf*)[91].

Escatologia

Conforme o Mulá Ṣadrā, tudo na natureza tem um propósito (*ġāya*) universal, a conversão da existência potencial em ato existencial, numa contínua "intensificação (*tašaddud*)" da ordem (*niẓām*) natural, em constante aperfeiçoamento. No que respeita ao problema da ressurreição do corpo (*iṯbāt al-ma*ᶜ*ād al-jusmānī*), Ṣadrā favorece a modalidade corporal (*jusmānī*) em detrimento da espiritual (*rūḥānī*), esclarecendo, contudo, que após a morte os indivíduos são agraciados com corpos sutis (*al-jism al-laṭīf*) ou imaginais (*al-jism al-miṯālī*)[92] correspondentes às ações, sensações e pensamentos tidos durante a vida[93], e a natureza do corpo sutil estará em conformidade

90. Para Ṣadrā, cada corpo consiste em matéria e duas formas, a forma do corpo (*ṣūra jusmāniyya*), que dá à matéria suas dimensões e a possibilidade de aceitar outras formas, e a forma da espécie (*ṣūra naw*ᶜ*iyya*), que determina a espécie e a identidade do corpo. A cada estágio da mudança transubstancial, a totalidade corporal do ser (forma + matéria) pode ser considerada o substrato potencial para seu próximo estágio, cujo aspecto em ato tornar-se-ia sua forma. Cf. NASR, op. cit., 1961, p. 949.

91. MULLĀ ṢADRĀ, op. cit., 1981, p. 121.

92. Na "segunda criação (*al-ḫalq al-ṯānī*)", co-extensa com matéria sutil, em contraste com a "primeira criação (*al-ḫalq al-awwal*)", que é co-extensa com a *hayūlà*.

93. MULLĀ ṢADRĀ, op. cit., 1981, p. 146; 160. Essa crença parece ter sido herdada do zoroastrismo, em que o "eu interior (*daena*)", conjunto dos pensamentos, palavras e atitudes experimentados em vida, une-se à alma, liberta do corpo, imediatamente antes de sua passagem para o além (cf. *Yasna* XXXI:20; XLVI:11; XLVIII:4 e LI:13; *Hadokht Nask*, cap. II, 22-32; *Menog-i Khrad*, cap. II, 125-126 e 167-178).

com o reino onde entrarão. Após a morte dá-se o aperfeiçoamento de nossas faculdades psicológicas, "o invisível torna-se diretamente visível, e o conhecimento torna-se visão imediata"[94]. A aquisição do corpo sutil constitui a "pequena ressurreição (*al-qiyāmat al-ṣuġrà*)", enquanto a passagem do mundo imaginal para o mundo espiritual – o renascimento espiritual[95] no mundo inteligível, *naš'a rūḥāniyya ᶜaqliyya* –, na eventual evolução da alma racional, ocorre na "grande ressurreição (*al-qiyāmat al-kubrà*)". Na ressurreição final, todos os níveis do Ser serão integrados, inclusive o corpo físico. Em sua ascensão vertical em "movimento transubstancial", a jornada da alma prosseguiria, após a morte, através de vários reinos (*barāziḫ*, "istmos") intermediários, correspondentes a graus progressivamente elevados de existência, até alcançar o "estado ocultíssimo" (*aḫfa*) de união com Allāh.

Conclusão

O período dos safávidas (1133-1720), no qual viveu o Mulá Ṣadrā, foi uma das épocas mais ativas da vida cultural e espiritual da civilização islâmica. O assunto mais debatido no meio intelectual islâmico foi a relação entre conhecimento e revelação, entre ciência e fé. Ṣadrā, que enfeixou na sua obra maior, o *Asfār*, o que havia de mais importante na filosofia e na gnose islâmicas anteriores, muito contribuiu para uma harmoniosa síntese desses domínios da razão e do espírito.

Ao passo que Suhrawardī e seus seguidores defenderam o princípio metafísico geral que veio a ser conhecido como "primazia da essência", entendendo que a noção de existência é um "ser da razão", Ṣadrā defendeu a "primazia da existência", sustentando que o fundamento de toda realidade é a existência não-diferenciada. Pode-se dizer que, na tradição posterior da filosofia iraniana, existem duas correntes principais, uma que segue Suhrawardī no sentido da "primazia da essência" e a outra, capitaneada

94. MULLĀ ṢADRĀ, op. cit., 1981, p. 138.
95. A repetição da criação, no *Corão* XXIX:19.

pelo Mulá Ṣadrā, que critica Suhrawardī em pontos importantes, embora ainda se oriente em torno dos problemas que este abordou, guiando-se pela concepção suhrawardiana da filosofia como combinação perfeita do pensamento racional com a iluminação espiritual. Desde então, os filósofos iranianos têm se dividido entre os que apóiam e os que rejeitam a crítica de Ṣadrā a Suhrawardī, mas os primeiros, em geral, têm constituído maioria.

Referências Bibliográficas

AL-AḤSĀ'Ī, Aḥmad ibn Zayn al-Dīn. *Jawāmiᶜ al-Kalim*. Tabriz: [s.n.], 1856 e 1859. 2 v.

AL-AḤSĀ'Ī, *Šayḫ* Aḥmad. *Šarḥ al-ᶜAršiyya*. Kerman: Maṭbaᶜat al-Saᶜāda, 1361H./1942.

____. *Al-Fawā'id al-Ḥikmiyya* (Observações Sapienciais). Ed. Idris Samawi Hamid. In: HAMID, Idris Samawi. *The Metaphysics and Cosmology of Process According to Šayḫ Aḥmad al-Aḥsā'ī*. Buffalo, 1998. Tese (Doutoramento) – Departamento de Filosofia, State University of New York, 1998. 9ª *Fawā'id*. p. 320 (inglês); p. 468 (árabe).

AL-JURJĀNĪ, Muḥammad al-Šarīf al-Sayyid. *Kitāb at-Taᶜrīfāt*. Beirut: Maktaba Lubnān, 1388H./1969.

COOPER, John. Mullā Ṣadrā (Ṣadr al-Dīn Muḥammad al-Šīrāzī). In: CRAIG, E. (Ed.). *Routledge Encyclopaedia of Philosophy*. London; New York: Routledge, 1998. 10 v. vol. VI, p. 595-599.

____. Rumî and Hikmat. In: LEWISOHN, L. (Org.). *The Heritage of Sufism*. Oxford: Oneworld, 1999. vol. I (Classical Persian Sufism from its Origins to Rumî), p. 409-433.

CORBIN, H. *Creative Imagination in the Sufism of Ibn 'Arabî*. Trad. R. Manheim. Princeton: University Press, 1969.

____. Mollâ Sadra Shirazi. In: ____. *En Islam iranien*. 4 v. Paris: Gallimard, 1972. 4 v. vol. IV (L'École d'Ispahan-L'École Shaykhie). p. 52-122.

____. *En Islam iranien*: aspects spirituels et philosophiques. 2. ed. Paris: Gallimard, 1978. 4 v.

FADLOU, S. *Metaphysics in Islamic Philosophy*. Delmar (New York): Caravan Books, 1982. cap. VIII (Mullā Ṣadrā). p. 119-142.

HEJAZI, Muhammad R. *Islamic Phenomenology*: The Epistemology of Suhrawardi and Mullā Ṣadrā. Binghamton (New York): Global Academic Publishing (of Binghampton University, State University of New York), 1998.

IBN SĪNĀ. *Al-Mabda' wa-al-Maᶜād*. Edição de 'A. Nûrânî. Tehran; Montreal: University of Tehran; Institute of Islamic Studies of McGill University. 1363H./1984. p. 6-10.

IZUTSU, Toshihiko. *The Concept and Reality of Existence* (Studies in the Humanities and Social Relations 13). Tóquio: Keio Institute of Cultural and Linguistic Studies, 1971.

JAMBET, C. *L'Acte d'Être*: La philosophie de la révélation chez Mollâ Sadrâ. Paris: Arthème Fayard, 2002.

MĪR DĀMĀD, Muḫammad Baqīr. *Kitāb al-Qabasāt* (*Book of Embers*). M. Mohaghegh; T. Izutsu; 'A. M. Bihbahânî; Ibrahim Dîbâjî (Edts.). Montreal; Tehran: McGill University; Institute of Islamic Studies, 1977.

MOMEN, M. *The Works of Šayḫ Aḥmad al-Aḥsā'ī. Bahā'ī Studies Bulletin Monograph*, I, Newcastle-upon-Tyne: Bahā'ī Publ., n. 22, p. 52; n. 25, p. 55-56; n. 39, p. 64-65, 1991.

MOOSAVI, S. M. M.; SHAMALI, A. A.; NAMAZI, M. *Studies in the Ontology of Mulla Sadra*. Binghamton (New York): Global Academic Publishing, 1998.

MORIS, Z. *Revelation, Intellectual Intuition and Reason in the Philosophy of Mulla Sadra*: An Analysis of the al-Hikmah al-'Arshiyyah. London: Routledge Curzon, 2003. (Sufi Series, 10).

MULLĀ ṢADRĀ (ṢADR AL-DĪN ŠĪRĀZĪ). *Al-Šawāhid al-Rubūbiyya*. Ed. litografada. Tehran, 1236H./1820.

____. *Kitāb al-Mašāᶜir* (*Manhaj* 1, *Mašᶜar* 6). Ed. Ghulam-Husayn Âhangî (texto árabe e tradução farsi). Tehran: Intishârât Mawla, 2. reimp. 1361H./1942; Ed. Henry Corbin. (Dânishkada-yi Adabîyât-i Isfahân, 4). Tehran: Shahryâr, 1961. *Le Livre des Pénétrations Métaphysiques* (Bibliothèque Iranienne, vol. 10). Edição, Tradução e Introdução por Henry Corbin. Paris: Département d'Iranologie de l'Institut Franco-Iranien de Recherche; Téhéran: Librairie d'Amérique et d'Orient Adrien-Maisonneuve, 1964; reed. Paris: Verdier, 1988; *The Metaphysics of Mullā Ṣadrā*. Edição e Tradução por Parviz Morewedge. Tehran; New York: Society for the Study of Islamic Philosophy and Science, 1992. (Islamic Translations Series).

____. *Kitāb al-mabda' wa-al-maᶜād*. Trad. (farsi) Ahmad Ardikânî. Tehran: Markaz Nashr Dânishgâhî, 1362H./1943.

____. *Kitāb al-Ḥikmat al-Mutaᶜāliyya fī al-Asfār al-ᶜAqliyyat al-Arbaᶜa*. Ed. R. Lutfi et al. Tehran; Qom: Širka Dār al-Maᶜārif al-Islāmiyya, 1378-1389H/1958-1969. 9 v. 2. ed. Ed. 'A. M. H. Ṭabāṭabā'ī, com introdução de M. R. al-Muẓaffar. Qom: Maṭbaᶜa Ḥaydarī, 1383H./1963; Qom: Širka Dār al-Maᶜārif al-Islāmiyya, 1387H/1967; Beirut: Dār Iḥyā' al-Turāṯ al-ᶜArabī, 1410H./1990.

____. *Risāla sih aṣl*. Editada em ṢADR AL-DĪN ŠĪRĀZĪ. *Se' Asl and his Mathnawī and Rubā'īyāt*. Edição e Introdução por Seyyed Hossein Nasr. Tehran: University Press, 1340H./1961.

____. *Al-Ḥikmat al-ᶜAršiyya* (c. 1628), edição com uma paráfrase em farsi por G. R. Ahanî. Isfahan, 1962; *The Wisdom of the Throne (Kitāb al-Ḥikmat ᶜAršiyya). An Introduction to the Philosophy of Mullā Ṣadrā. Tradução e Introdução por James W. Morris*. Princeton (New Jersey): Princeton University Press, 1981.

____. *Al-Šawāhid al-Rubūbiyya fī al-Manāhīj al-Sulūkiyya* (Os Divinos Testemunhos sobre as Vias do Itinerário Filosófico). Ed. S. J. al-Dīn Ashtiyanī. Meshed, Mashhad: The University Press, 1967.

____. *Tafsīr al-Qur'ān al-Karīm Ta'alīf Ṣadr al-Mutaᶜallihīn*. Ed. Muhammad Khwâjawî. Qom: Intisharat-i Bidar, 1366H./1987.

____. *The Elixir of the Gnostics* (*Iksīr al-ᶜĀrifīn*): a parallel English-Arabic text. Trad. William C. Chittick. Provo (Utah): Brigham Young University Press, 2003.

NASR, Seyyed Hossein. Ṣadr al-Dīn Šīrāzī (Mullā Ṣadrā). In: SHARIF, M. M. (Ed.). *A History of Islamic Philosophy*. Lahore: Pakistan Philosophical Congress, 1961. p. 932-961. (Reimp. Wiesbaden: Otto Harrasowitz, 1963, 1966. 2 v.).

____. *Ṣadr al-Dīn Šīrāzī and his Transcendent Theosophy*: Background, Life and Works. Tehran: Imperial Academy of Philosophy, 1978. Ed. amp. Tehran: Institute for Humanities and Cultural Studies, 1997.

____. Mûlla Sadrâ: His Teachings. In: NASR, H.; LEAMAN, O. (Ed.). *History of Islamic Philosophy*. London; New York: Routledge, 1996. p. 643-652. (Routledge History of World Philosophies, I).

RAHMAN, F. *The Philosophy of Mullā Ṣadrā (Ṣadr al-Dīn al-Šīrāzī)*. Albany (New York): State University of New York Press, 1975.

RIZVI, S. H.; SAFAVI, S. G. *Mulla Sadra*: philosopher of the mystics. Cambridge (England): Islamic Texts Society, 2003.

RŪMĪ. *The Mathnawi of Jalalludin Rumi*. Edição, Tradução do persa e Comentários por R. A. Nicholson. Gibb Memorial Trust, 1926. 5 v. (Reprint 1985).

WORLD CONGRESS ON MULLA SADRA, 1st., 23-28 May 1999, Tehran. *Congress Papers*. vols. I; II: *Mulla Sadra & Transcendent Philosophy* (*Mullā Sadrā va Ḥikmat-i Muta'āliyya*); vols. III; IV; V: *Mulla Sadra & Comparative Studies*; vol. VI: *Mulla Sadra and Issues in Contemporary Western Philosophy*. Tehran: Sadra Islamic Philosophy Research Institute/Bunyād-i Hikmat-i Islāmī-i Sadrā. p. 2000 et seq.

ZIAI, H. Mullā Ṣadrā: His Life and Works. In: NASR, H.; LEAMAN, O. (Ed.). *History of Islamic Philosophy*. London; New York: Routledge, 1996. p. 635-642. (Routledge History of World Philosophies, I).

16.

Mulheres de Luz

Beatriz Machado

para Olga

Introdução

O artigo que se segue tem em seu título uma referência ao livro, de mesmo nome, que reúne artigos sobre o tema da mística e das mulheres[1]. O livro resultou de um congresso, realizado na Espanha em 1999, com o título de *Congreso Internacional sobre Mística Femenina Mujeres de Luz*. A idéia do evento, que teve entre seus organizadores o Prof. Pablo Beneito – presente neste livro com dois artigos –, surgiu, segundo seu relato, "de um desejo compartilhado: o desejo de render uma grata homenagem, por seu valor, por sua generosidade e pela grandeza de seu legado, a todas as mulheres [...]".

No mesmo sentido, o artigo da Profa. Vitória Peres de Oliveira, com o sugestivo título de "Mulheres que eram Homens – o Elemento Feminino

1. BENEITO, Pablo. (Org.). *Mujeres de Luz*. Madrid: Editorial Trotta, 2001.

na Mística Sufi"[2], usa essa publicação para avançar no mesmo tema. Numa outra perspectiva, o livro da Profa. Regina Machado, *O Violino Cigano e outros Contos de Mulheres Sábias*[3], estabelece uma conexão do tema com a tradição oral e seu inestimável ensinamento. A intenção da referência no título é, portanto, estabelecer uma filiação, um laço de irmandade para com essas iniciativas, a meu ver, irretocáveis.

No caso do presente artigo, trata-se mais de um exercício de reflexão do que de um estudo histórico acerca do Islã. Isso porque a referência que pretendo utilizar é a via mística islâmica conhecida atualmente por sufismo e, particularmente, a obra do grande mestre sufi Ibn ᶜArabī. A reflexão aqui torna-se premente na medida em que, na tradição islâmica, o sufismo constitui um universo de referências bastante singular. Quando um sufi se reporta à interioridade, por exemplo, não faz menção à subjetividade tal como concebida na modernidade. A própria noção moderna de sujeito é, sob certos aspectos, estranha ao sufismo. Assim, para abordar certos temas tendo um mestre sufi como referência, é preciso, antes de tudo, compreendê-la.

Muḥyiddīn Abū ᶜAbd Allāh Muḥammad ibn ᶜAlī ibn ᶜArabī al-Ḥātimī al-Ṭā'ī (1165-1240), também chamado de *Al-Šayḫ al-Akbar*[4], nasceu em Múrcia, na Espanha moura, isto é, no período que ficou conhecida como *Al-Andalus* – a época em que boa parte da Península Ibérica esteve sob domínio muçulmano.

Embora sua obra monumental tenha, por diversos meios, influenciado autores tanto no Oriente quanto no Ocidente, seu nome permaneceu desconhecido entre os pensadores modernos até o início de nosso século, quando o padre arabista espanhol Miguel Asín Palacios desenvolveu sua polêmica tese a respeito da influência de Ibn ᶜArabī sobre, nem mais nem menos, Dante Alighieri em sua *Divina Comédia*.

2. OLIVEIRA, Vitória Peres de. Mulheres que eram Homens – o Elemento Feminino na Mística Sufi. In: LUCCHESI, Marco. (Org.). *Caminhos do Islã*. Rio de Janeiro: Record, 2002. p. 91-120.
3. MACHADO, Regina. *O Violino Cigano e outros Contos de Mulheres Sábias*. São Paulo: Cia. das Letras, 2004.
4. Expressão que designa Ibn ᶜArabī. Cunhada por seus discípulos, ela significa "o maior dos mestres" ou "o mestre por excelência".

Em sua pesquisa, Asín Palacios recupera a época fervilhante em que judeus, cristãos e muçulmanos conviviam harmoniosamente; em que – pelo vigor intelectual resultante da renovação trazida pela última Revelação da história – surgiram as primeiras universidades na Europa; em que as ciências do *Trivium* e do *Quadrivium* encontraram seu apogeu; em que a filosofia e as artes floresceram de Córdoba a Bagdá; em que os muçulmanos, em vez de arrebatar o butim de suas conquistas, exigiam dos vencidos que lhes entregassem os manuscritos que possuíssem, a fim de traduzi-los para o árabe – deliberação que permitiu que inúmeros clássicos chegassem a nós.

É precisamente no final desse período de cinco séculos (do início da expansão do Islã no século VIII até o século XIII, quando começa a decadência da Espanha moura) que o *Šayḫ* irá compor sua *summa mystica*, como a condensar todo o conhecimento de uma época.

Por sua bibliografia muito recentemente estabelecida[5], sabe-se hoje que a obra do mestre andaluz compreende em torno de 150 títulos. Entre eles, alguns são pequenas obras, outros correspondem a textos que se estendem por centenas de páginas e outros, ainda, por milhares de páginas, como sua obra máxima, *Al-Futūḥāt al-Makkiyya* (*As Iluminações da Meca*), que possui 36 volumes e 560 capítulos. Embora uma parte importante tenha se perdido – por exemplo, um comentário inacabado do *Corão* em 64 volumes –, a maior parte da obra foi preservada ao longo desses sete séculos.

Como não poderia deixar de ser, por tratar-se de mística, Ibn ᶜArabī também foi alvo de encarniçada perseguição. Os "doutores da lei", juristas islâmicos (*fuqahā'*) que consideraram numerosas afirmações do *Šayḫ* como heresias ou como *bidᶜa*, termo técnico da jurisprudência islâmica que designa as "inovações" ou os "desvios da ortodoxia", promoveram ataques verbais, difamações, polêmicas[6]. Recentemente, no Egito, a edição das

5. Ver YAHIA, Osman. *Histoire et Classification de l'oeuvre d'Ibn ᶜArabī.* Damasco: Institut Français de Damas, 1964. 2 v.

6. Cf. em duas obras de CHODKIEWICZ, Michel. *Le Sceau des Saints.* Prophétie et sainteté dans la doctrine d'Ibn ᶜArabī. Paris: Éditions Gallimard, 1986. Introdução; id. *Un océan sans rivage.* Ibn ᶜArabī, le Livre et la Loi. Paris: Éditions du Seuil, 1992. Introdução. Para uma biografia completa de Ibn ᶜArabī, ver ADDAS, Claude. *La quête du soufre rouge.* Paris: Gallimard, 1989.

Al-Futūḥāt al-Makkiyya foi retardada em alguns anos em razão da proibição de sua publicação (mais tarde revogada) pelo parlamento egípcio.

Comentando as dificuldades de encontrar, entre os mais diversos autores, uma compreensão mais acurada da obra akbari[7], um dos principais especialistas modernos no estudo de Ibn ᶜArabī, Michel Chodkiewicz, *Directeur d'Études* na *École des Hautes Études en Sciences Sociales*, em Paris, observa que:

> A combinação, na pessoa de Ibn ᶜArabī, da santidade e do gênio, a fusão em sua obra das mais diversas ciências e formas literárias tornam, é verdade, muito difícil explicar – e, antes de tudo, captar – sua natureza e sua estatura[8].

> A complexidade de uma doutrina que abarca, numa vertiginosa síntese, todos os domínios das ciências tradicionais, da jurisprudência à metafísica; as formulações sobre elas dadas por Al-Šayḫ al-Akbar, com freqüência paradoxais ou enigmáticas; a imensidão enfim de uma obra que conta com dezenas de milhares de páginas parecem próprias a desencorajar a difusão do ensinamento akbariano[9].

Seria de se esperar que uma obra tão vasta quanto complexa e hermética ficasse restrita a um grupo seleto de "especialistas". A história demonstra o contrário:

> Numerosos estudiosos sublinharam a *extensão* no espaço geográfico – do Magreb ao Extremo Oriente – da influência de Ibn ᶜArabī. Mas é ainda mais importante medir e compreender a *profundidade* desta influência: a marca do ensinamento akbariano não foi impressa apenas no sufismo "intelectual". Ela pode também ser detectada no universo das confrarias que embaralha as classes sociais e os níveis culturais mais diversos[10].

7. Este termo significa, no árabe, conforme utilização consagrada por seus discípulos, "de Al-Šayḫ al-Akbar", isto é, de Ibn ᶜArabī. Nós o escrevemos sem itálico para propor utilizá-lo desse modo em português, seguindo o modelo dos tradutores espanhóis, de preferência a "akbarien", termo usado pela maioria dos tradutores franceses.
8. CHODKIEWICZ, op. cit., 1986, p. 15.
9. Id., 1992, p. 18.
10. Ibid.

Por outro lado, no Ocidente, Asín Palacios situa influências do *Šayḫ* em autores como São Boaventura, Guilherme de Auvérnia, Alexandre de Hales, Duns Escoto, Roger Bacon e Raimundo Lúlio, entre outros[11].

Como um Mestre – termo cujo sentido original escapa ao "ocidental atual" –, Ibn ᶜArabī escreveu não para pensadores, mas para "viajantes", isto é, para os seguidores da via mística. Sua obra não pode ser compreendida como um conjunto de idéias, mas como um guia.

> Pois esta obra, diferentemente de todas que a precederam, apresenta uma característica [...]: ela possui resposta para tudo. *De omni re scibili*: ontologia, cosmologia, profetologia, exegese, ritual, angeologia [...], ela abarca em sua totalidade as ciências das quais os "homens da Via" não poderiam privar-se sem perigo[12].

Antes de prosseguir, uma observação se faz necessária. Como a chamada questão "do feminino" assumiu, contemporaneamente, proporções e dimensões diferentes daquelas com as quais Ibn ᶜArabī deparou em seu próprio tempo, serei obrigada, muitas vezes, a tecer considerações apenas longinquamente baseadas no pensamento do *Šayḫ*, em especial as considerações sobre o planeta Vênus e sobre Maria. O leitor deverá, portanto, distinguir as diferentes ordens de hermenêutica.

Mulheres no Islã e no Sufismo

A opressão à mulher no Islã parece seguir os modelos de opressão do cristianismo e do judaísmo, as duas outras "tradições irmãs" que, junto com a islâmica, compõem o conjunto das chamadas tradições abraâmicas. Deve-se observar, no entanto, que, apesar da inegável opressão, vemos momentos, ao longo da história, por exemplo, do sufismo, de florescimento genuíno

11. ASÍN PALACIOS, Miguel. *La Escatología musulmana en la Divina Comedia*. 4. ed. Madrid: Ediciones. Hiperión, 1984. (1. ed. Madrid: Real Academia Española, 1919; 2. ed. Madrid: Escuelas de Estudios Árabes de Madrid y Granada, 1943; 3. ed. Madrid: Instituto Hispano Árabe de Cultura, 1961). p. 399.
12. CHODKIEWICZ, op. cit., 1992, p. 36.

de algo que estaria, por assim dizer, muito acima da opressão; e o livro que citei no título do presente artigo é uma demonstração desse florescimento. Refiro-me, por um lado, às obras – escritas ou oralmente transmitidas – de mulheres místicas e, por outro, aos lugares femininos presentes na tradição simbólica das tradições abraâmicas.

Nesse contexto, discuto de princípio o pensamento da psicanalista Maria Escolástica, que faz a seguinte abertura ao seu livro *O Gozo Feminino*:

> Ao longo do tempo, tem sido o feminino o mais imaginário dentre os objetos do conhecimento humano. No decurso dos últimos milênios, nossa civilização armazenou crenças e tradições as mais díspares, para encobrir a falta de um saber sobre a mulher e o seu desejo. Mas, só no último século pôde a psicanálise penetrar um pouco mais nesse imbricado de relações que é a alma feminina e questionar crenças, tabus e superstições que só serviam para escamotear o medo desse ser desconhecido[13].

Afirmações desse tipo, na perspectiva em que me situo, soam como um "saber em falta" para com culturas diferentes da nossa. A idéia de que haveria a "falta de um saber sobre a mulher" parece-me, no mínimo, curiosa. Nesses milênios de "falta de saber", a humanidade produziu mitos, artes, ciência, filosofia, ritos e tradições que evocam, sugerem, manifestam, expressam, atualizam, descobrem, inventam, dão à luz, explicitam, refletem, meditam, quando não escancaram os mais infindavelmente variados saberes sobre a mulher, o homem, o sexo, o prazer, as paixões, os medos, o amor, a realização amorosa e espiritual, com os mais diversos recursos materiais e lingüísticos, e, em incontáveis casos, com espantosa densidade, coragem e precisão. O medo não só *não* foi escamoteado, como foi – num exercício inesgotável de civilização – simbolizado e atravessado por uma criatividade tão vasta quanto evidente nos quatro cantos do planeta. Afinal de contas, de que humanidade se está aqui falando? Ou de que saber? Todas as culturas tiveram formas de alienação, mas também sempre tiveram sua ciência e seus modos de saber de si. Será a psicanálise um saber tão absolutamente original que deva ser distinto dessas ciências

13. ESCOLÁSTICA, Maria. *O Gozo Feminino*. São Paulo: Iluminuras, 1995. p. 15.

e considerado único saber "verdadeiro"? Teve, então, a humanidade de esperar milênios para ver o nascimento de Freud trazer à luz o que ela jamais havia conhecido?

Certamente, podemos supor que o entusiasmo quase religioso de Maria Escolástica não é um caso isolado nem entre psicanalistas – sobretudo os lacanianos – nem entre os que se interessam pelas questões do, digamos, feminino. E diga-se em sua defesa que nosso olhar pela história nos faz, de fato, ver monstruosidades praticadas contra a mulher e, portanto, ver estreitamentos dos lugares femininos. Ao mesmo tempo, a perspectiva lacaniana parece abrir uma possibilidade de explicar essa questão, na medida em que permite uma articulação entre antropologia, história e história do sujeito pela via dos registros RSI[14] e pela via do sujeito do inconsciente, ligação que, a meu ver, é sem dúvida motivo para entusiasmo. No entanto, o fato de Lacan, entre outros, poder nos ajudar a recuperar nossa dignidade perdida com um certo racionalismo moderno, não significa que "os outros" – os que teceram suas culturas ao longo de "milênios" – que não sofrem da mesma doença do racionalismo necessitem do mesmo remédio.

Nos primórdios do Islã, com a presença do Profeta Muḥammad, as mulheres conheceram uma condição social e política semelhante à que conheceram no Ocidente, no século XX, após a década de 60. O interessante livro de Fátima Mernissi[15] faz um relato profundamente esclarecedor a respeito dessa condição e de sua posterior decadência. Um outro livro merece especial atenção em nosso contexto: trata-se de *Mohammed, the Prophet*, uma biografia do Profeta escrita por um grande mestre do sufismo do século XX, Sirdar Ikbal Ali Shah[16]. A essas obras, portanto, remeto o leitor que deseje introduzir-se numa perspectiva histórica da condição da mulher no Islã.

14. Real, Simbólico e Imaginário.
15. MERNISSI, Fátima. *El Harém Político* – El Profeta y las Mujeres. Madrid: Ediciones del Oriente y del Mediterraneo, 1999.
16. SHAH, Sirdar Ikbal Ali. *Mohammed, the Prophet*. London: Wright & Brown, 1932.

Rigor e Misericórdia

O termo lugar, aqui empregado num esforço de concisão, deve ser entendido do seguinte modo: de um lado, guarda certa semelhança com a idéia lacaniana de lugar[17], embora se distancie dela sob outros aspectos, como se verá. De outro lado, significa "lugar de manifestação", expressão técnica de Ibn ᶜArabī a ser esclarecida ao longo deste artigo.

É importante, pois, precisar, desde o início, que uma implicação desse termo reside no fato de que as idéias expressas em ambiente místico não representam *pensamentos* dos místicos, no sentido de que seriam realidades exclusivamente mentais. Segundo sua afirmação categórica, os místicos experimentam o que dizem: "[...] não há nada do que eu digo que eu não tenha provado (*ḏawq*)". (Ibn ᶜArabī)

Isto é, não se trata de idéias e sim de lugares, portanto, de ambientes passíveis de freqüentação efetiva por parte de outros, mais exatamente dos que "seguem" o "relato" desses místicos e buscam "ocupar" os mesmos lugares a fim de ter a sua própria experiência singular. O lugar é, desse modo, um conjunto de possibilidades de realização – pessoal, única, inesperada, imprevista, terrível e venturosa, desafiadora e transformante, comunicável e incomunicável ao mesmo tempo – para cada um que ali faça seu pouso.

"Minha Misericórdia prima sobre minha Ira", diz um conhecido *ḥadīṯ qudsī*[18] freqüentemente citado por Ibn ᶜArabī.

Esta referência escriturária estabelece o par Rigor (Ira) e Misericórdia como dois princípios metafísicos que regem e fundamentam, entre outros, os princípios cosmológicos habitualmente conhecidos como "o ativo" e "o passivo".

Observe-se que, ao abordar as chamadas questões "do feminino" nas tradições abraâmicas, o hábito de certos pensadores de considerar apenas

17. Entendida, *grosso modo*, como uma posição do sujeito do inconsciente diante da realidade.

18. *Ḥadīṯ*, literalmente, significa novo, novidade, nova (profética). Este é o termo que designa as falas do Profeta Muḥammad, compiladas em coletâneas. *Qudsī* significa sagrado. *Ḥadīṯ qudsī* significa sentença divina ditada pela boca do Profeta.

a dimensão cosmológica – isto é, o ativo e o passivo –, sem referência às realidades divinas (ou metafísicas), pode acarretar algumas conseqüências indesejáveis, como, por exemplo, um empobrecimento da questão: considerados em si mesmos, esses dois pólos relativos sugerem uma espécie de automatismo ou de mecanicidade segundo a qual a dinâmica entre ativo e passivo seria "independente de Deus", isto é, puramente abstrata e dispensando o mistério sem o qual os atributos de criatividade, renovação, desvelamento e singularidade não saberiam estar presentes.

O Rigor corresponde, essencialmente, ao retorno das criaturas a Deus, pois, segundo o *ḥadīṯ qudsī*, "Nada me faz hesitar tanto quanto tomar a alma do crente. Ele detesta a morte e Eu detesto causar-lhe mal. No entanto, é preciso que ele venha ao Meu encontro"[19]. Este encontro com Deus, considerado sob a perspectiva do "voluntário retorno"[20], pode ser descrito como o conhecimento de Deus pelas criaturas, conforme outro *ḥadīṯ qudsī*, igualmente citado por Ibn ᶜArabī: "Eu era um tesouro escondido, amei ser conhecido, por isso criei as criaturas a fim de ser conhecido por elas".

Nessa perspectiva, o Rigor fundamenta o abandono deste mundo, o foco na transcendência, a morte e o Dia do Juízo, o temor do castigo, a contração, o retiro, a elevação espiritual, o reto caminho da vertical. Por conseguinte, estar sob o manto do Rigor é buscar a disciplina espiritual, o rigor sobre si mesmo – disse o Profeta Muḥammad: "peçam a vocês mesmos contas antes que se lhes peçam"[21] –, a auto-acusação ou autocensura[22], o autodomínio, a *paciência rigorosa*. Numa palavra: trata-se do seguidor da Via que possui "virilidade espiritual (*al-rijāl*)".

19. *Ḥadīṯ qudsī* citado por Denis Gril em IBN ᶜARABĪ. *Le Dévoilement des Effets du Voyage (Kitāb al-isfār ᶜan natā'ij al-asfār)*. Trad. Denis Gril. Paris: Éditions de l'Éclat, 1994. p. 12.
20. Uma das muitas expressões de Ibn ᶜArabī para designar a "morte a este mundo" ou morte iniciática, isto é, o que, simplificadamente, poderíamos chamar de "a iluminação" do santo. Ver a respeito: IBN ᶜARABĪ. *Lesser and Greater Resurrection*, apud IBN ᶜARABĪ. *The Meccan Revelations*. Ed. Michel Chodkiewicz. Trad. William C. Chittick e James W. Morris. New York: Pir Press, 2002. vol. I; e CHODKIEWICZ, op. cit., 1986.
21. Referência ao *Ḥadīṯ*: "Morram antes de morrer e peçam a vocês mesmos contas antes que se lhes peçam". Relatado por Tirmiḏī.
22. O *Corão* menciona a "alma que se censura" (*al-nafs al-lawwāma*), expressão que funda escriturariamente a designação "homens da censura" (*malāmiyya*, sing. *malāmī*), "categoria" muito especial entre os sufis. Sobre o *malāmī*, ver CHODKIEWICZ, op. cit., 1986; 1992.

A Misericórdia, como complemento necessário do Rigor, corresponde à manifestação das criaturas, à descida da Verdade neste mundo, ao foco na imanência, ao nascimento, à esperança do Paraíso, ao amor, à expansão, aos prazeres espirituais, à bondade, ao perdão, à *paciência misericordiosa*. Possuindo a mesma raiz léxica de útero[23], a misericórdia é o lugar a partir do qual o "Tesouro escondido" é dado à luz.

> O *Šayḫ* assinala que a única realidade que abraça *todas as coisas*[24] no cosmo é o *wujūd* (ser)[25]. Daí que o *wujūd* seja a misericórdia de Deus. Por meio dele, traz todas as coisas, a partir de um estado de inexistência dentro de seu conhecimento, onde não gozam de nenhuma dádiva, até um estado de existência no cosmo, onde podem perceber, gozar e experimentar suas próprias realidades específicas[26].

Pela mesma via, pode-se dizer que, sob certos aspectos, o Rigor corresponde, conforme uma distinção tradicional dos Nomes divinos, aos Nomes de "majestade", e a Misericórdia, aos Nomes de "beleza". No entanto, no que se refere à Majestade e à Beleza, os lugares sofrem algumas variações, tema que trataremos mais adiante.

Assim, o princípio cosmológico ativo ou masculino está submetido à simbólica do Rigor, e o feminino, à da Misericórdia[27]. Ou seja, podemos dizer que o lugar feminino seria o lugar por excelência da "descida" da Verdade, enquanto o lugar masculino seria o lugar por excelência da "subida" da Verdade: revelação, no primeiro caso; realização, no segundo. Deus, mi-

23. No árabe, a raiz R Ḥ M, de *raḥma* (misericórdia) é a mesma de *raḥim* (útero).
24. Referência a *Corão* VII:156: "[...] e Minha Misericórdia abraça todas as coisas".
25. A tradução desse termo é problemática. Traduzido habitualmente por "Ser" ou "existência", tem vastíssima aplicação na obra de Ibn ᶜArabī. Ver, a respeito, CHITTICK, William C. The Sufi Path of Knowledge. Albany: State University of New York Press, 1989; e id. La Unidad del Ser. In: *Postdata – revista trimestral de arte, letras y pensamiento*, Asociación de la Prensa de Murcia, n. 15, 1995. p. 30.
26. Ibid., p. 33.
27. Note-se: não se trata de dizer que "o Rigor é masculino enquanto a Misericórdia é feminina". Isto seria uma imprecisão, pois Deus, com toda a evidência, não possui gênero. Insisto, feminino e masculino são uma polarização cosmológica. "Com efeito, a Natureza é 'polarizada'. No nível dos Nomes divinos – que são [simples] relações conceituais – esta polarização procede unicamente do Sopro [*raḥmaniano*]. A Essência, que não está submetida a esta polarização, é dita 'independente dos mundos' (*Corão* III:97)". IBN ᶜARABĪ, Muḥyiddīn. *Le Livre des Chatons des Sagesses* (*Kitāb Fuṣūṣ al-Ḥikam*). Trad. Charles-André Gilis. Beirut: Les Éditions Al-Bouraq, 1998. 2 v. p. 409.

sericordiosamente, revela-Se e Se mostra no mundo, e os seres humanos, pelo rigor de suas obras, O conhecem[28]. Misericórdia e Rigor, manifestação e retorno, contemplação e ação, intuição e compreensão, perdão e sacrifício, vida e morte, calor e frieza, paz e guerra, captação do sentido e penetração do sentido.

Feminino e masculino, estes planos não apenas se complementam, mas também se alternam infindavelmente. Por essa razão, é preciso ser capaz de conceber também as alternâncias de significações. Explicando uma interpretação de Ibn ᶜArabī sobre um verso corânico que prescreve a devoção aos pais, Michel Chodkiewicz[29] diz:

> Num primeiro nível, *in divinis*, os "pais" são os Nomes divinos e as "mães" as *al-aᶜyān al-ṯābita*, as essências dos possíveis. Os "filhos" são então esses mesmos possíveis enquanto existenciados. No segundo nível, que não é mais metafísico mas cosmológico, o Cálamo – ou o Intelecto primeiro – faz o papel do pai, sendo que a mãe é a Tábua guardada (ou Alma universal). Sua união gera a Natureza (*al-ṭabīᶜa*) e a Poeira (*al-habā'*) que representam aqui a forma e a matéria e são "irmão e irmã". Esses últimos, por sua vez, dão nascimento ao Corpo universal (*al-jism al-kullī*). Este processo prossegue indefinidamente: tudo o que não é Deus é ao mesmo tempo ativo em relação àquilo que lhe é ontologicamente inferior e passivo em relação àquilo que lhe é ontologicamente superior e, portanto, ao mesmo tempo "pai" e "mãe". O *al-birr bi-al-wālidayn*, a "devoção filial" prescrita pela Revelação toma nesse contexto um significado simbólico inesperado: é toda a cadeia dos seres que se encontra incluída na veneração e na gratidão devida aos "pais"[30].

Ou seja, dependendo do plano em que é considerada, cada "coisa" pode ser "masculina" ou "feminina", sendo fundamental a idéia de *relação*

28. O tema do conhecimento de Deus está presente em toda a obra de Ibn ᶜArabī. Para falar de um modo "rigoroso", o "Tesouro escondido" só pode ser conhecido por Deus, que tem no homem o Seu espelho. Ver, entre outras, a passagem que abre o capítulo sobre Adão, em que Ibn ᶜArabī (ibid.) explica essa relação. Para falar de um modo "misericordioso", Ibn ᶜArabī medita sobre o *ḥadīṯ* "Aquele que conhece a si mesmo conhece o seu Senhor", focalizando o modo singular de conhecimento de cada homem. Ver, a respeito, CHODKIEWICZ, op. cit., 1986; 1992, e IBN ᶜARABĪ, op. cit., 1998, capítulo sobre Noé.
29. Sobre Chodkiewicz, ver aqui a introdução.
30. IBN ᶜARABĪ, Muḥyiddīn. *Les Illuminations de La Mecque* (*Al-Futūḥāt al-Makkiyya*). Anthologie présentée par Michel Chodkiewicz. Avec la collaboration de Denis Gril et Cyrille Chodkiewicz. Paris: Albin Michel, 1997. p. 61.

entre um pólo e outro, isto é, o feminino é sempre "fiel" ao masculino e vice-versa.

Evidentemente, a polaridade masculino-feminino não deveria ser confundida com os indivíduos e suas diferenças sexuais. A mulher não é o feminino, tampouco o representa. Cada mulher ou cada homem, antes do gênero, pertencem à espécie humana. A espécie, obviamente, prima sobre o gênero. Disse um mestre sufi na Turquia a respeito de como, em sua *ṭarīqa*[31], era o lugar da mulher: "Leão macho é leão, certo? Leão fêmea é leão, certo? Eu ensino leões".

Infelizmente, essa questão, que poderia ser, ao que tudo indica, muito simples, tornou-se complexa em função de interesses de diversos tipos que levaram a inúmeras distorções. Para os sufis, no entanto, ela é inequívoca.

> O coração da masculinidade não deriva do fato de se ser macho...[32]
>
> Tudo o que dizemos aqui, nós o dizemos falando de *homens* espirituais (*rijāl*) mas pode também tratar-se de mulheres[33].
>
> Em cada uma das categorias que mencionamos encontram-se homens e mulheres[34].
>
> Não há qualidade espiritual que pertença aos homens sem que as mulheres a ela tenham igual acesso[35].
>
> Os homens e as mulheres possuem sua parte em todos os graus, inclusive o da função de Pólo (*ḥattà fī al-quṭbiyya*)[36].
>
> Ibn ᶜArabī considera que a humanidade, que é o atributo essencial do ser humano, é uma para todos os seres humanos. A virilidade e a feminilidade são acidentais e cada uma delas tem suas características, correspondendo-se com sua essência. Tudo o que esteja em atividade é "homem", seja "macho" ou "fêmea", e todo aquele que se encontre em posição de agente e exerça influência é "homem", seja "macho" ou "fêmea". Sobre isso, declara Ibn ᶜArabī que a mulher, por sua formação e sua constituição, é igual ao homem em função de sua condição humana, e que pode realizar todas as atividades físicas e intelectuais como os homens.

31. Termo árabe para confraria.
32. RŪMĪ, Jalāluddīn. *Masnavi* VI, 1430-1445. Rio de Janeiro: Edições Dervish, 1992.
33. IBN ᶜARABĪ, Muḥyiddīn. *Al-Futūḥāt al-Makkiyya*, II, apud CHODKIEWICZ, op. cit., 1986, p. 127.
34. Ibid., II.
35. Ibid., II.
36. Ibid., III.

> Ibn ᶜArabī dá o grau de sábia a Balqīs[37] considerando que, quando se converteu, não se submeteu a Salomão, mas manteve-se livre em sua escolha de seguir um enviado ou um imām, com suas opiniões libertas de mediadores, de uma forma tão direta como os próprios enviados, e isso se observa no versículo corânico: *Submeto-me, como Salomão, a Deus, Senhor dos dois mundos* (*Corão* XXVII:44). Ela não atribui a Salomão a fonte de seu saber, de seu conhecimento e de sua fé, à diferença dos magos do Faraó, quando dizem: *O Senhor de Moisés e Aarão* (*Corão* VII:122; XX:70; XLVIII:26)[38].

Infelizmente, encontramos confusões entre as ordens da mulher e do feminino mesmo entre os mais insuspeitos autores. Martin Lings, grande pensador contemporâneo e seguidor da via sufi, autor de obras extraordinárias como uma biografia de Muḥammad tão exata quanto magistralmente escrita, comete o que me pareceu um deslize:

> Além disso, pode-se considerar que a palavra "par" se refere não somente a duas coisas separadas, complemento uma da outra, mas também a cada entidade separada, enquanto se considere que possui dois aspectos. Com efeito, tudo tem um aspecto ativo e um passivo: uma mulher, por exemplo, é passiva em relação a seu marido e ativa em relação a seu filho[39].

A rigor, a mulher é ativa e passiva em relação a seu marido, a seu filho, a seu trabalho, a seu corpo, a suas angústias, à política, enfim, a qualquer realidade, como, de resto, qualquer ser humano o é. Além disso, ela também pode ser estupidamente ativa e estupidamente passiva em várias ocasiões, ou ser passiva quando deveria ser ativa e vice-versa, como qualquer ser humano, devendo-se sempre pensar essa questão de modo crítico, pois as ideologias[40], seja em contexto islâmico, seja no contexto "ocidental", cumprem o seu papel de embaralhar e velar as reais responsabilidades de cada cidadão.

No entanto, na mística, a cidadã mulher não se confunde com a "mulher" como símbolo de um lugar feminino: "Quando o Profeta disse:

37. A Rainha de Sabá.
38. ḤAKĪM, Suᶜād. Santidad y feminidad en la vida y la obra de Ibn ᶜArabī. In: BENEITO, Pablo. (Org.). *Mujeres de Luz*. Madrid: Editorial Trotta, 2001. p. 192-193.
39. LINGS, Martin. *El Libro de la Certeza*. Barcelona: Olañeta, 2002. p. 66.
40. No sentido marxista do termo.

'Coloquem as mulheres atrás, ele queria dizer sua alma. Pois ela deve ser colocada por último, e seu intelecto primeiro'"[41].

Assim, ainda que os lugares masculino e feminino pertençam indistintamente às possibilidades de cada cidadão, é importante buscar compreender a sua distinção numa dimensão simbólica.

A distinção ocupa um lugar fundante nesse campo. Sabemos que o tema da origem, metafisicamente falando, isto é, a origem da criação cujo fim último é revelar o "Tesouro escondido", está vinculado à dualidade no sentido de que o Um "divide-se" para iniciar o processo de manifestação das criaturas. Podemos lembrar aqui a divisão entre treva e luz, ou Criador e criação, ou, num esforço de diálogo transcultural, podemos evocar uma formulação contemporânea segundo a qual a linguagem só é possível pela diferença. Em Derrida, por exemplo, o "início" ou a "origem" é a "marca-da-diferença" que constitui a arqui-escrita[42].

A linguagem, que para efeito deste artigo é sinônimo de simbólico, não é possível na Unidade. Ela é, ao contrário, a possibilidade de a Unidade ganhar forma na multiplicidade, isto é, ser traduzida *neste mundo*, nas condições deste mundo.

No corpo humano, a distinção fundante, a primeira dualidade, é a dos sexos. Ela marca, portanto, a presença da linguagem na realidade humana. Vejamos como Chodkiewicz, a partir de Ibn ᶜArabī, comenta essa questão.

> No *Corão*, a ordem divina a Adão e Eva não é, propriamente, a de não comer o fruto proibido, mas de não "se aproximar da árvore" (*Corão* II:35). Ora, a árvore (*šajara*) é, para Ibn ᶜArabī – e esse sentido é ditado pela etimologia e, mais diretamente, pela

41. RŪMĪ, apud OLIVEIRA, op. cit., p. 104. A citação é retirada de MURATA, Sachiko. *The Tao of Islam* – a sourcebook on gender relationships in Islamic thought. New York: State University of New York Press, 1992.

42. Ver DERRIDA, Jacques. *L'Écriture et la Différence*. Paris: Le Seuil, 1979. Claro está que a perspectiva de Derrida pareceria oposta à de Ibn ᶜArabī, no sentido de que se opõe fortemente à idéia de transcendência. Não discutirei a questão, que foge inteiramente ao propósito deste artigo, mas assinalo que em Ibn ᶜArabī não encontraremos "uma idéia de transcendência" tal como nos habituamos na metafísica ocidental. Além disso, a noção de uma arqui-escrita não seria totalmente estranha ao mestre andaluz, em cuja vasta obra encontramos, entre diversos modelos, o da origem da criação a partir das letras. Ver IBN ᶜARABĪ, *Al-Futūḥāt al-Makkiyya*, cap. 2, traduzido por D. Gril com o título "La Science des Lettres", apud IBN ᶜARABĪ, op. cit., 1997, p. 236.

significação do verbo *šajara*, de mesma raiz, num outro versículo (*Corão* IV:65) –, o *tašājur*, o fato de se dividir. É desta divisão, desta ruptura da unidade que Adão e Eva devem manter-se afastados. O significado metafísico de sua desobediência está portanto inscrito no próprio nome do objeto da interdição e não deve ser procurado fora. Esta interpretação é, aliás, perfeitamente coerente com a seqüência do relato corânico como está na sura *Ṭāha* (XX:121) – de forma exatamente paralela à da Gênese: *Fa-akalā min-hā fa-badat la-humā saw'atu-humā*, "Eles comeram o fruto e então lhes apareceu sua nudez". "Nudez" é a tradução habitual, mas o termo *saw'atu-humā* designa de fato os *pudenda*, os órgãos sexuais respectivos de Adão e Eva: dito de outro modo, a diferenciação sexual, isto é, a manifestação mais elementar, mais evidente da *divisão*, da ruptura da unidade; unidade simbolizada pela forma esférica que, segundo Ibn ᶜArabī, era originalmente a do ser humano[43].

Deve-se levar em conta que a árvore possui também um simbolismo positivo[44]: ela é o "eixo do mundo", a "árvore excelente" de que fala o *Corão* XIV:24, "cuja raiz é firme e a copa está no céu", e que é um símbolo do homem perfeito (*al-insān al-kāmil*) para Ibn ᶜArabī.

Desse modo, a distinção, como um istmo (*barzaḫ*)[45], é tanto o que separa quanto o que (re)une. O símbolo é o que une, o que estabelece uma ligação entre a Unidade e a multiplicidade, entre a Verdade e os múltiplos modos de a Verdade "aparecer"[46].

A diferença sexual, sendo a marca da dualidade no corpo humano, é marca do exílio e marca do retorno. Eis por que revelar as *pudenda* é motivo de vergonha[47]: manifestar a diferença é mergulhar no exílio de um mundo desunido, separado, partido e, por isso, ilusório. Só a reunião, pela ação do símbolo, expressa no caso pela atração sexual, pelo desejo do retorno à unidade, é que pode resgatar o homem do exílio. Mas essa união não pode ser confundida com a simples união dos corpos. O retorno, se é simbólico, é

43. CHODKIEWICZ, op. cit., 1992, p. 59-60.
44. No sentido técnico, não no sentido moral do termo.
45. Este termo metafórico, extraído do *Corão*, é utilizado pelos sufis como um termo técnico, como veremos.
46. Remeto o leitor que deseje uma discussão mais aprofundada do tema ao livro, de minha autoria, *Sentidos do Caleidoscópio* – uma leitura da Mística a partir de Ibn ᶜArabī. São Paulo: Humanitas, 2004.
47. A "vergonha" seria uma marca simbólica a estruturar e "manter de pé", à semelhança de tantos outros pilares, o céu deste imenso drama cósmico que é a sexualidade humana. O assunto, no entanto, é demasiado complexo e ultrapassa os limites deste artigo.

feito pela linguagem: esse corpo, sendo Letra, é "esquadrinhado", estruturado, marcado pela Lei. Toda a sexualidade deve ser legislada[48], sob pena de tornar-se insignificante. Se o *Corão* é a Lei universal que rege o cosmo, o ritual é a Lei que rege os atos. O sexo deve, então, ser ritualizado.

> [...] não há união mais intensa que a do ato conjugal. Por ela, a volúpia invade todas as partes do corpo e por esta razão a lei sagrada prescreve a ablução total, a purificação devendo ser total como a extinção do homem na mulher foi total quando do gozo. Pois Deus tem ciúmes de seu servidor, Ele não tolera que este acredite desfrutar de outra coisa que Ele. Ele o purifica, então, a fim de que ele se volte, em sua visão, na direção Daquele em quem ele de fato extinguiu-se, pois que não há outra coisa além disso[49].

É crucial aqui captar a metadualidade simbólica: a dualidade é, ao mesmo tempo, o que distancia e o que aproxima da Verdade por uma razão inerente à própria dualidade. Separar as coisas de um modo irredutível, cristalizá-las numa operação abstrata de oposição, é impedir o seu movimento. Ao contrário, concebê-las de modo dinâmico, seja como alternância, como síntese ou como qualquer outra resultante que implique no "retorno" à Unidade, isto é, que leve à realização ou ao conhecimento, é torná-las formas possíveis de um arranjo simbólico. Esse arranjo é sempre mutável para permitir, a cada *momentum*, uma nova atualização do Real.

> A Guia (*Guidance*) é que o homem seja conduzido à perplexidade; que ele saiba que a Ordem [divina] é perplexidade, que a perplexidade é distúrbio e movimento, que o movimento é vida, de modo que não há nem repouso nem morte, que [o movimento] é "realidade atual", de modo que não há nada de irreal[50].

Todo o problema, nessa perspectiva, reside no engessamento da diferença. A questão se torna mais crucial quando nos deslocamos de uma dualidade "horizontal" para pensá-la verticalmente. Vejamos como se dá essa operação.

48. Novamente, no sentido simbólico, não no sentido moral do termo.
49. IBN ᶜARABĪ, Muḥyiddīn. *La Sagesse des Prophètes* (antologia de textos de *Fuṣūṣ al-Ḥikam*). Trad. Titus Burckhardt. Paris: Albin Michel, 1974. p. 177.
50. Id., 1998, p. 638.

O par masculino e feminino não é um sinônimo exato do par ativo e passivo. Podemos também pensar que o "ativo" implica no "afirmativo", metafisicamente falando, no sentido de que cada "coisa" criada *afirma*, a seu próprio modo, o "Tesouro escondido". Nesse sentido, ela é, para utilizar uma expressão de Ibn ᶜArabī, um "lugar de manifestação" de um Nome divino. Essa *afirmação* só pode ocorrer perante a *negação* da "coisa" como realidade em si, independentemente do Nome que ela manifesta. Trata-se aqui de uma visão "rigorosa" – isto é, pela via do Rigor – do mundo das coisas como "inexistente", como pura ilusão, porque desprovido de realidade própria[51].

> [...] quando se fala das "essências das criaturas", é apenas uma maneira de exprimir a manifestação do Ser verdadeiro, quando este se reveste dos estatutos que implicam as predisposições das criaturas, isto é, seus protótipos imutáveis (*aᶜyānu-hā al-ṯābita*) como o são na Ciência divina, não-existentes, desde sempre e eternamente: não sendo nada mais do que puros aspectos ou relações no seio da Realidade divina e não havendo aí nenhum ser próprio[52].

Como correlato ao afirmativo, o lugar masculino corresponde ao Real (*al-Ḥaqq*), e o lugar feminino, correlato ao negativo, corresponde à ilusão, ao reflexo, ao que "depende", ao que não possui realidade própria ou independência. Há, portanto, aqui uma clara idéia de "superioridade" do masculino sobre o feminino – o que estabelece o simbolismo da dualidade vertical com algo "acima" e algo "abaixo" –, no sentido de que "Deus é independente dos mundos" (*Corão* III:97; XXIX:6), mas o contrário não é verdadeiro.

Nesse caso, toda a criação – os indivíduos do sexo masculino inclusive – está posta num lugar feminino.

> Somos fêmeas em virtude do que em nós nasce
> Graças a Deus não há nada masculino no cosmo
> São os homens que o saber aponta
> Eles são as fêmeas, minha alma e minha esperança[53].

51. Há, é claro, a via da Misericórdia, pela qual o mundo é visto positivamente como forma divina, como veremos mais adiante. Cf. ibid., capítulo sobre Adão.
52. ABD EL-KADER, Emir. *Écrits spirituels* (antologia de *Kitāb al-Mawāqif*). Trad. Michel Chodkiewicz. Paris: Éditions du Seuil, 1982. p. 89-90.
53. IBN ᶜARABĪ, apud ḤAKĪM, op. cit., p. 199.

Eis por que, *neste* mundo, todos os seres humanos são "mulheres". Eis por que os santos, que, conforme uma fala do Profeta[54], já morreram a este mundo antes de morrer – entre eles Fátima e Šams, mestras de Ibn ᶜArabī – são "homens".

Nessa perspectiva, o mundo como feminino é a realidade que pode ser fecundada pelo Real (*al-Ḥaqq*), portanto, aquele que busca a Verdade (*al-Ḥaqq*)[55] deve tornar-se inteiramente "mulher".

> O discípulo não deve ter amigas entre as mulheres até que ele mesmo se tenha convertido numa mulher em sua própria alma. Quando se tornar feminino, deve unir-se ao mundo inferior e ver como o mundo superior está enamorado dele. Ele verá constantemente sua própria alma em todos os estados, momentos e influências como uma mulher no ato do matrimônio (*mankūḥ*). Não deve ver sua alma em seu desvelamento formal, nem seu estado como o de um varão, nem ser um homem em nenhum sentido. Deve ver-se, ao contrário, inteiramente como uma mulher. Deste ato matrimonial deve engravidar e gerar filhos[56].

Desse modo, pela via do Rigor, o feminino é ilusão assim como "a lua é apenas um reflexo do sol". Pela via da Misericórdia, o feminino é lugar de manifestação, portanto, manifesta, assim como a lua em suas fases, formas diferentes a partir da "fecundação" da luz do sol.

Analogamente, o corpo feminino, feito a partir de Adão, manifesta, pela relação fecundação-concepção-gestação, a possibilidade de ser um reflexo do corpo masculino ou um lugar de manifestação do "homem".

Nessa visão misericordiosa do mundo como lugar de manifestação, há também implicações diversas. Faço notar duas delas.

A primeira diz respeito à ética.

A polaridade masculino e feminino, considerada verticalmente, implica em que a ação humana não seja vista apenas sob o ângulo da relação de causa e efeito. Isto é, se uma certa ação humana particular pode ser considerada "fecundação", pressupõe-se que o "filho", o que é gerado pela ação,

54. Novamente, referência ao *ḥadīṯ*: "Morram antes de morrer e peçam a vocês mesmos contas antes que se lhes peçam." Relatado por Tirmiḏī.
55. O Nome divino *al-Ḥaqq* pode ser traduzido tanto por "o Real" quanto por "a Verdade".
56. IBN ᶜARABĪ, apud MURATA, S. La luz de la mujer – El principio femenino en el sufismo. In: BENEITO, Pablo. (Org.). *Mujeres de Luz*. Madrid: Editorial Trotta, 2001. p. 279, nota 3.

possui a mesma qualidade de quem o gerou – no caso, do "pai", aquele que age, e da "mãe", a situação "sobre" a qual se age. Nesse sentido, cada ação possui uma marca simbólica com a "assinatura" de quem a realizou, na situação – no tempo e no lugar – em que a realizou[57].

Ou seja, cada ação tem a "cara" de seu autor, *fala* sobre quem age, é um meio de autoconhecimento. Em outras palavras, ainda, a ação é vista como simbólica.

A segunda implicação diz respeito à hermenêutica.

Como lugar onde a Verdade desce, todas as coisas são letras de um discurso pelo qual Deus Se diz. E quem compreende esse discurso é o ser humano, porque ele "dá fala" às coisas, interpretando-as, lendo-as, ouvindo-as: "[...] e Ele ensinou a Adão todos os Nomes." (*Corão* II:31). A realidade passa a ser o grande Livro, o *Corão* macrocósmico.

> A existência (*wujūd*) é, toda ela, letras, palavras, suras e signos (*āyāt*); é assim, pois, o *Corão* macrocósmico (*al-Qur'ān al-kabīr*, lit. o Macrocorão)[58].

> Às vezes o Real / a Realidade (*al-Ḥaqq*) lê para ti deste macro *Corão* exterior e às vezes lê para ti de ti mesmo. Escuta pois com atenção![59]

> É por isso que o Profeta – sobre ele a Graça e a Paz! – ligou o Conhecimento de Deus ao conhecimento de si dizendo: "Aquele que se conhece, conhece seu Senhor"; e que o Altíssimo disse: "Nós os faremos ver Nossos Signos nas extensões longínquas [...]", é o que é exterior a ti, [...] "e em suas próprias almas [...]", é teu ser, "[...] até que se torne evidente para eles [...]", quer dizer, para aqueles que consideram estes Signos, "[...] que ele é Deus" (*Corão* XLI:53): enquanto és Sua Forma e Ele é teu Espírito[60].

57. Assim como, em outro plano, cada pessoa, ao nascer, possui uma marca simbólica, a "assinatura" de seu ser, composta pela situação de nascimento – tempo e lugar, traduzidos no horóscopo – e pela sua qualidade singular, tradução de sua essência imutável (*al-aᶜyān al-ṯābita*).
58. IBN ᶜARABĪ. *Al-Futūḥāt al-Makkiyya*, IV. Ed. Beirut. [S.d.], p. 167. (Tradução gentilmente cedida para a autora por Pablo Beneito).
59. Id., *Mawāqiᶜ al-nujūm*, p. 72. (Tradução gentilmente cedida para a autora por Pablo Beneito).
60. Id., 1998, p. 117.

> O universo é um livro, um "grande *Corão*" [...]. Reciprocamente, o Livro é um universo. Falar de um é falar do outro. Entre estes dois universos – ou dois Livros – há um intermediário: o homem – trata-se, evidentemente, de *al-insān al-kāmil*[61] – que participa da natureza de um e de outro (ele é "irmão do *Corão*" e é também *ᶜālam ṣaġīr*, "pequeno mundo", microcosmo). É a ele que se dirige o discurso divino sob essa dupla forma, é a ele que cabe decifrar este discurso, de ser ao mesmo tempo *tarjumān al-Qur'ān* e *tarjumān al-ᶜālam,* o intérprete do *Corão* e o intérprete do mundo criado, aquele que lhes dá sentido. A manifestação universal é o desdobramento dos *āyāt Allāh*, dos "sinais de Deus" (mas igualmente dos "versículos", tendo a palavra "*āyāt*" um e outro significado)[62].

Portanto, a cada momento, em cada situação e para cada pessoa em particular (ou grupo humano) há algo sendo dito, há algo possível de ser singularmente compreendido, pois "[...] a cada dia, Ele se ocupa de uma [nova] obra". (*Corão* LV:29)

As histórias da tradição oral que incluem travessias sobre os caminhos amorosos entre homens e mulheres, muitas vezes, também fornecem um suporte simbólico para esta relação entre a realidade e o entendimento da realidade, entre a Letra e a Luz, entre o visível e o invisível.

Notadamente, a lenda do Rei Arthur pode ser lida como um drama em torno das vicissitudes da "luta espiritual" entre as faculdades intelectuais humanas. Assim, a razão, que, em combate leal, não pode ser vencida por nenhuma outra faculdade, é análoga a Lancelot, aquele que não pode ser vencido por nenhum cavaleiro. Como tal, ela "deseja" a gnose verdadeira (Gueneveare, o conhecimento, que aqui, note-se, corresponde a um lugar feminino). No entanto, tecnicamente a razão não pode alcançar o conhecimento sem a intuição (Arthur, o rei, o centro, o sol).

Assim, a perspectiva simbólica é aquela na qual a realidade está grávida de entendimento. O símbolo é material, é corpo, é realidade sensível. E, como o Santo Graal – útero vazio –, o símbolo tem que voltar-se "para

61. O "homem perfeito". Sobre o conceito, em Ibn ᶜArabī, de "homem perfeito", ver CHODKIEWICZ, op. cit., 1986; AL-JĪLĪ, ᶜAbd Al-Karīm. *De l'Homme Universel* – Extraits du livre *Al-Insān al-Kāmil.* Trad. Titus Burckhardt. Paris: Dervy-Livres, 1975; e C. A, TAKESHITA, Masataka. *Ibn ᶜArabī's Theory of the Perfect Man and it's place in the History of Islamic Thought.* Tokyo: Institute for the Study of Languages and Cultures of Asia and Africa, 1987.
62. IBN ᶜARABĪ, op. cit., 1997, p. 51-52.

cima", para as realidades celestes, isto é, para o que vem "de um lugar inatingível". E, como a Arca de Noé – a "metade" material da circunferência[63] – deve encontrar o Arco-Íris da Aliança – a metade sutil, imaterial e inesgotável do símbolo –: Arca e Arco, feminino e masculino, a Letra é a comunhão dos dois. Nessa comunhão, há uma abertura do visível para o invisível – abertura inconcebível pelo ego, inexplicável, embora real.

> [...] a contemplação de Deus na mulher é a mais perfeita, pois trata-se, então, de Deus naquilo que Ele é de ativo e passivo que é contemplado, enquanto na contemplação puramente interior, o homem O contempla apenas em modo passivo[64].

Majestade e Beleza

Numa outra perspectiva, pensemos agora no par Majestade e Beleza, que pode ser aproximado tanto do par Rigor e Misericórdia quanto do par masculino e feminino, embora, como sempre, apresentando formatos ligeiramente diferentes do mesmo caleidoscópio. A esse respeito, remeto o leitor ao artigo de Pablo Beneito[65], que passo a citar doravante. Ibn ᶜArabī nos diz:

> A Majestade e a Beleza são duas noções que suscitaram, entre os sufis, o interesse dos verificadores que têm conhecimento de Deus. Cada um deles falou de ambos estes aspectos divinos segundo seu próprio estado[66]

Al-Šayḫ al-Akbar nos apresenta uma verdadeira travessia na qual o problema dos lugares e da experiência mística é tratado de modo bastante mais pormenorizado do que o até aqui apresentado. Ele faz uma distinção,

63. Lembro ao leitor que o termo símbolo, etimologicamente falando, significa a união de duas metades de uma circunferência.
64. IBN ᶜARABĪ, op. cit., 1974, p. 201.
65. BENEITO, Pablo. On the Divine Love of Beauty. *Journal of the Muḥyiddīn Ibn ᶜArabī Society* (JMIAS), Oxford, vol. XVIII, p. 1-22, 1995.
66. IBN ᶜARABĪ, apud ibid.

entre outras mais sutis, na qual a experiência mística é observada em diversos graus, notadamente, de um lado, a experiência no campo das "qualidades humanas", no dizer do *Šayḫ*, e, de outro, a experiência relativa à teofania[67].

No campo das qualidades humanas, o místico estabelece um tipo de relação com a Majestade e a Beleza:

> A maioria deles [os sufis] estabeleceu uma correspondência entre a intimidade e a Beleza, por um lado, e entre o temor reverente e a Majestade, por outro. Agora, ainda que, num sentido, esta correlação seja certa, em outro sentido, a questão não é exatamente como a expressaram.
> Certo é que a Majestade e a Beleza são duas qualidades divinas, enquanto que o temor e a intimidade são duas qualidades humanas. Pode-se dizer também que quando as realidades essenciais dos gnósticos contemplam a Majestade, estes sentem então reverência e aperto e, ao mesmo tempo, quando contemplam a Beleza, se descontraem e se expandem. Por isso, estabeleceram que a Majestade corresponde ao divino Poder coercitivo e a Beleza corresponde à Misericórdia, baseando seu juízo sobre tal relação em sua própria vivência interior[68].

Não obstante, perante a realidade inequívoca da teofania, o campo da qualidade humana empalidece. O sol da Presença divina propõe uma experiência de outra ordem. Nesse caminho, o *Šayḫ* indica que o encontro efetivo com a Majestade divina não é possível:

> A Majestade, enquanto aspecto divino, é um significado que procede Dele (de Deus) e somente a Ele retorna; e cujo conhecimento Ele tornou inacessível para nós. Por outro lado, a Beleza é um significado procedente Dele, mas dirigido a nós. E este aspecto é o que nos permite aceder o conhecimento que Dele temos, tornando possíveis as descidas, as contemplações e os estados que nos brinda.
> Por sua vez, este aspecto divino de Beleza se manifesta em nós de duas maneiras: ou como temor reverente, ou como intimidade. Isto se deve ao fato de que esta Beleza tem [dois modos de manifestação]: "elevação" e "proximidade". À elevação denominamos "Majestade da Beleza" e a ela se referem os gnósticos quando falam simplesmente de Majestade, já que, ao manifestar-se a eles, imaginam que se trata da Majestade primeira que antes mencionamos, ainda que se trate, na reali-

67. Para um estudo mais aprofundado da teofania em Ibn ᶜArabī, ver CHODKIEWICZ, op. cit., 1986; 1992.
68. IBN ᶜARABĪ, apud BENEITO, op. cit., 1995.

> dade, da Majestade da Beleza, que está associada, pelo que nos diz respeito, à intimidade. Por outro lado, [à proximidade chamamos Beleza e] é a esta Beleza, que é proximidade, que está associado, pelo que nos diz respeito, o temor reverente[69].

Desse modo, há uma experiência possível diante da teofania que propõe não uma semelhança – como no caso das qualidades humanas, na exposição anterior –, mas sim uma oposição complementar, pondo em causa, no que se refere ao tema central deste artigo, o masculino e o feminino.

> Quando se nos revele a teofania da Majestade da Beleza, temos que responder com intimidade, já que, se assim não fosse, pereceríamos, pois a Majestade e o temor conjuntamente não permitem que nada subsista. Sendo assim, à Majestade procedente Dele, necessariamente, deve-se responder com uma atitude de intimidade, graças à qual possamos nos manter em estado de equilíbrio durante a contemplação, de modo que sejamos capazes de apreender o que vemos sem ficar pasmados e desconcertados.
>
> Ao contrário – sendo a Beleza o trato aberto e afável da divina Verdade (*al-Ḥaqq*) conosco e a Majestade Seu glorioso poder (*ᶜizza*) com relação a nós –, quando, na contemplação, se nos revele uma teofania da Beleza, temos que receber, então, Sua expansão (*basṭ*) sobre nós em Sua Beleza com temor reverente, dado que a expansão recebida com expansão conduz à falta de cortesia, e a conduta inadequada na [divina] Presença é a causa do distanciamento [que se impõe a quem não sabe se comportar].
> Por isso, disse um dos verificadores que conhecem este significado: "Senta-te [a contemplar a Beleza] sobre este tapete (*bisāṭ*), mas guarda-te contra o laxismo (*inbisāṭ*)!"[70].

O tema da cortesia espiritual (*adab*) é análogo ao da beleza e ao do feminino, como veremos. Passo agora a examinar algumas séries analógicas – que definem lugares simbólicos – ligadas a esses temas. Com esse procedimento, estabelecerei correlações entre lugares: da imaginação, do conhecimento intuitivo, do amor divino e do amor humano, do outro e da cortesia espiritual, todos em torno da simbólica do feminino.

69. Ibid.
70. Ibid.

Imaginação como Lugar Feminino

Na astrologia medieval, o planeta Vênus é considerado o "planeta feminino" – isto é, que encerra simbolicamente o protótipo dos lugares femininos –, por oposição a Marte, o "planeta masculino".

Diz Ibn ᶜArabī que o Nome divino *Al-Muṣawwir*, "o Que dá forma", é o Nome que rege o céu de Vênus e seu simbolismo[71]. "Dar forma" é o que funda uma faculdade cognitiva de especial importância para o mestre andaluz. Trata-se da imaginação (*al-ḫayāl*), a capacidade de dar forma aos significados[72].

"A vasta terra de Deus" (*Corão* IV:97; XXIX:56; XXXIX:10), o "*mundus imaginalis*" (*ᶜālam al-ḫayāl*), segundo a bem recebida tradução de Henry Corbin[73], resulta do "resto da argila de Adão"[74].

> Participando da natureza de Adão, esta "terra", como ele, contém todas as realidades superiores e inferiores; como ele, é contígua ao mesmo tempo ao céu e à terra. Não maior do que "um grão de gergelim", ela é, como ele, um microcosmo; e no entanto o Trono, o Pedestal, os sete céus estão nela "como um anel jogado no deserto". Ela é "o teatro das visões dos gnósticos": se ela não existisse "seria impossível haver encontros a meio-caminho (*munāzalāt*) entre nós e Deus"; seria impossível que Deus [como afirma um *ḥadīṯ*] "desça ao céu deste baixo mundo", que esteja "sentado no Trono" (*Corão* VII:54). Mais genericamente, não fosse essa terra, os corpos e os espíritos jamais se encontrariam[75].

Deve-se ter em mente que, para o *Šayḫ*, a imaginação que pode ganhar toda esta amplitude é a que sofre o processo de transmutação próprio do caminho espiritual, é a que se torna o órgão de percepção das teofanias.

71. Cf. BURCKHARDT, Titus. *Clé Spirituelle de L'Astrologie Musulmane, d'après Mohyiddîn Ibn 'Arabî*. Milano: Archè, 1974. p. 47.
72. A representação que temos da imaginação é bastante restrita se comparada à amplitude que ela assume em Ibn ᶜArabī, como veremos.
73. Ver CORBIN, Henry. *L'Imagination Créatrice dans le Soufisme d'Ibn ᶜArabī.* Paris: Flammarion, 1958.
74. IBN ᶜARABĪ, Muḥyiddīn. *L'Alchimie du Bonheur Parfait.* Paris: Berg International, 1981. p. 73.
75. Id., 1997, p. 58.

Ao mesmo tempo, apesar de sua amplitude, a imaginação está a serviço de algo que lhe é superior – e aqui, novamente, temos uma perspectiva vertical na qual a imaginação, ocupando um lugar feminino, é fecundada pelo intelecto primeiro (*al-ᶜaql al-awwal*), que, nesta relação, ocupa um lugar masculino:

> [...] em Ibn ᶜArabī, o conhecimento iluminante mais perfeito se produz na esfera dos inteligíveis, dos puros espíritos isentos de matéria e de forma. É somente em seguida que ele "toma corpo" no *ᶜālam al-ḫayāl*, que ele habita imagens e palavras que possibilitarão transmiti-lo àqueles que não têm acesso a este universo de pura luz[76].

Na realidade, a imaginação é um *barzaḫ*:

> Uma realidade imaginal – não "imaginária" – é aquela que reside num domínio intermediário entre duas outras realidades, compartilhando atributos de ambos os lados. Uma coisa imaginal é o mesmo que cada um dos dois lados que a definem, ao mesmo tempo em que é distinta de ambos. Assim, pois, necessitamos afirmar tanto sua identidade com outras coisas como sua diferença delas.
> Um exemplo comum de uma realidade imaginal é a imagem do espelho, que serve de ponte ou "istmo" (*barzaḫ*) entre o objeto refletido e o espelho. Temos que afirmar que a imagem é o mesmo que o espelho e, ao mesmo tempo, diferente dele, ou que não é idêntica nem a um, nem a outro. De um modo análogo, os sonhos constituem realidades imaginais. Se alguém vê seu pai num sonho, viu seu pai e não sua mãe ou sua irmã; ao mesmo tempo, o que viu não é outra coisa que ele mesmo. A realidade imaginal percebida é um istmo entre ele e seu pai. A afirmação mais sucinta que se pode formular com respeito à imagem do sonho é "ele/não ele"[77].

A esfera planetária de Vênus é servidora do profeta José, que Ibn ᶜArabī apresenta na ascensão celestial (*miᶜrāj*) relatada alegoricamente em sua obra[78].

José, "o belo" e o intérprete dos sonhos (*barzaḫ* entre a vigília e o sono), é o detentor de inúmeras ciências das quais se torna conhecedor o crente fiel que ascende a esta esfera. Ibn ᶜArabī explica que José "tornou-se mestre

76. CHODKIEWICZ, op. cit., 1992, p. 110-111.
77. CHITTICK, op cit., 1995, p. 37.
78. Trata-se do capítulo 167, da seção II, de sua obra máxima *Al-Futūḥāt al-Makkiyya*. Passo a citar a tradução francesa desse capítulo, intitulada *L'Alchimie du Bonheur Parfait*, op. cit., 1981.

na arte de interpretar os sonhos"[79], isto é, de "traduzir" os signos de uma realidade a outra[80].

> Deus não parou de instruí-lo sobre o princípio da corporização das Idéias e das relações metafísicas sob a aparência do mundo sensível e dos órgãos da percepção. Ele revelou a José o sentido da hermenêutica (*ta'wīl*) referente a tudo isso, pois, na verdade, este céu é aquele no qual as formas espirituais recebem sua conformação acabada e seu agenciamento harmonioso[81].

Vênus abarca duas ordens de simbolismo, pois o planeta "rege" dois signos: Touro e Libra. Temos, portanto, a Vênus taurina, ou estrela matutina, e a Vênus libriana, ou estrela Vésper[82].

A Vênus taurina contempla a "imaginação densa", isto é, a experiência interior da forma e de seus atributos físicos sensíveis, tais como peso, densidade, textura, formato, cor etc. Ela encerra a natureza dos corpos.

Aqui podemos ter uma idéia bastante clara da diferença de planos entre a perspectiva akbari[83] e a astrologia, digamos, comum. Esta, estando basicamente orientada para a alma – ou ego, conforme outra possível tradução do termo árabe *nafs* –, é mais "psicológica", no sentido atual do termo; aquela, estando orientada para o coração (*qalb*), isto é, para o desenvolvimento espiritual, trata das realidades divinas e suas formas. Não obstante, pode haver analogia entre esses planos: a imaginação que é objeto da atenção do *Šayḫ* é capaz de perceber a Presença divina sob suas teofanias; ao perceber corpos ou formas, a imaginação taurina pode ser vista como um análogo "aqui embaixo" da Presença, da Forma teofânica, da capacidade de contemplação da Beleza.

A Vênus libriana, aparente no pôr do sol, contempla a "imaginação sutil", a que é percebida pelo olfato, órgão por excelência da percepção sutil[84]. Nesse momento do dia, o crepúsculo, em que a noite penetra no dia e vice-versa, em que se evoca a presença simbólica do tigre – um animal

79. Ibid., p. 72. Ver também o capítulo sobre José em IBN ᶜARABĪ, op. cit., 1998.
80. Cf. ibid.
81. Id., 1981, p. 73.
82. As considerações que se seguem não foram extraídas de Ibn ᶜArabī. Elas vêm de deduções analógicas a partir de dados da astrologia árabe medieval.
83. Referente a Al-Šayḫ al-Akbar. Ver nota 7 supra.
84. O olfato é a sensação de uma "presença invisível".

laranja de listras pretas ou preto de listras laranja, como uma espécie de "felino espiritual", dotado de firmeza de intenção e delicadeza de gestos –, a hora do lusco-fusco, do que é difícil distinguir pelos sentidos, do incerto, do plástico, do que pode assumir formas diversas, do mundo intermediário (*barzaḫ*) entre a luz e a escuridão, entre o visível e o invisível, entre o formal e o informal.

Aqui também podemos ver a diferença de planos na qual se evidencia uma possível analogia – portanto, uma "proximidade" e uma distância – entre a perspectiva de Ibn ᶜArabī e uma astrologia "psicológica". Nesta direção, a Vênus libriana situa o lugar do "outro", lugar feminino também, quando se contempla Eva como "o outro de Adão"[85]. Assim, o outro é fundamentalmente um *barzaḫ*: visível, porque possui um corpo, porém invisível, porque possui alma. O outro, que instaura cosmologicamente a possibilidade da divisão – portanto da linguagem, portanto do simbólico, portanto do retorno à Unidade, portanto da contemplação da Verdade – é o que só pode ser conhecido por meio da linguagem, esta lente penetrante, pois o ser humano é invisível a olho nu.

Em ambiente místico, dizer conhecimento por meio da linguagem é dizer conhecimento intuitivo. A razão disso é a seguinte.

Para falar de um modo totalmente sintético e com operadores contemporâneos, a linguagem é, por definição, ambígua, cabendo ao homem, num tempo preciso e num lugar preciso, "escolher" o sentido que deseja dar, ou atualizar, dentre os muitos possíveis a cada enunciado. Evidentemente, esta "escolha" é freqüentemente ilusória, fruto de formações inconscientes[86]. No entanto, o gnóstico (*ᶜārif*) é aquele que, por escapar da teia egóica, é capaz de captar ou forjar um sentido integrador ou unificador, ou seja, é capaz de intuir.

Ao mesmo tempo, a intuição, como a chuva, não acontece em qualquer momento. Há o trabalho de arar a terra e de esperar pacientemente a sua vinda. Esse trabalho pode ser uma imagem da cortesia espiritual (*adab*): como não se pode conhecer o outro permanentemente; como ele se apresenta, tantas vezes – que o saibamos ou não, que o contemplemos ou não –,

85. Evidentemente, Eva pode ser vista sob outros aspectos também.
86. O esforço de concisão, num tema tão complexo, acarreta termos excessivamente vagos. Novamente, remeto o leitor ao livro *Sentidos do Caleidoscópio*, em que trato dessa questão com maior rigor.

sob a forma de um Mistério, é necessário colocar-se "venusianamente" ou "librianamente" diante dele, isto é, com abertura, receptividade e riqueza imaginativa. O *adab* é uma das formas da Beleza do encontro com o Outro por meio do outro.

> Verifica e realiza esta Presença [da Beleza]; adorna-te e embeleza-te algumas vezes com teus atributos extrínsecos de pequenez, indigência, humildade, submissão, prosternação e reverência e, outras vezes, com Seus atributos de nobreza, graça, compaixão, tolerância, perdão, magnanimidade, indulgência ou outros dos atributos de Deus e de Seu louvor que a Seus servos Ele não vedou. Pois, se chegas a ser deste modo, Deus te amará pelo que de tais atributos te embeleza[87].

Quando vem a intuição, é possível "ver" o outro no lugar circunstancial em que se encontra. É possível um sentido fortuito em meio à ambigüidade natural de cada relação. Essa "escolha" é o processo pelo qual o sentido é atualizado, é "dado à luz".

Tanto a Vênus taurina quanto a Vênus libriana comportam um aspecto luminoso. O signo do Touro, marcando o auge da primavera, encerra o máximo da Manifestação, da Aparência divina (*al-Ẓāhir*), portanto, da visibilidade do mundo por meio da Luz divina. O signo da Libra, marcando a dualidade luz e treva, encerra o drama da travessia espiritual pelo mundo da significação e da hermenêutica: caminho de hesitação e de fé, de temor e de esperança, de ensaio e de realização.

Luz e Beleza, em uma de suas muitas dimensões possíveis, manifestam no simbolismo venusino – feminino, imaginativo – lugares fundantes da relação com o Conhecimento.

> O amor divino emana de Seu Nome "o Belo" e de Seu Nome "a Luz". "A Luz" avança em direção às entidades [imutáveis] dos possíveis e [ao iluminá-las] as libera da obscuridade de seu ensimesmamento[88] e de seu [estado de] possibilidade, conferindo-lhes uma visão que é Sua própria visão, já que não podem ver-se a não ser por meio Dele. Então, a divina Realidade se revela ante aquela entidade por

87. IBN ᶜARABĪ, apud BENEITO, op. cit., 1995, p. 1-22.
88. Literalmente, "seu olhar para si mesmas".

meio de Seu Nome "o Belo", com o qual a entidade daquele possível fica tomada de amor por Deus, convertendo-se em receptáculo de Sua epifania[89].

Ou seja, este "lugar libriano" corresponde a uma possibilidade de "diálogo com o Senhor" por meio do diálogo efetivo com o outro. Trata-se da possibilidade de o amor humano ser amor divino[90].

> Está dito no *Ṣaḥīḥ* de Muslim que o Enviado de Deus disse: "Deus é belo e ama a beleza". Ora, foi Ele quem fez o mundo e o existenciou. O universo inteiro é, portanto, supremamente belo. Não há nele nenhuma feiúra. Ao contrário, Deus nele reuniu toda perfeição e toda beleza [...]. Os gnósticos só vêem nele a forma da Realidade divina [...]: pois Deus é Aquele que se manifesta em toda face, Aquele a quem todo signo remete, Aquele que todo olho olha, Aquele que se adora em todo adorado [...]. O universo inteiro Lhe dirige sua prece, prosterna-se diante d'Ele e celebra Seu louvor. É só d'Ele que falam as línguas e é só Ele que os corações desejam [...]. Se não fosse assim, nenhum Enviado, nenhum Profeta teria amado mulher ou criança[91].

É assim que, na astrologia, Vênus é também chamado de "o planeta do Amor". Nesse caso, temos a ênfase ao aspecto relacional do Amor: diferentemente da via do intelecto[92], é uma via que inclui o "outro".

Incluir o outro é incluir o mistério: o pai não sabe sobre o filho, o professor não sabe sobre o aluno, o amante não sabe sobre o amado. Mas este Mistério não se opõe à razão, nem sequer a anula, como se tornou um hábito pensar no racionalismo. Ao contrário, não sendo irracional e sim supra-racional, o Mistério é renovador da razão.

Embora Vênus tenha o nome de "planeta do amor", os lugares do amor não são totalmente inteligíveis se não considerarmos o eixo simbólico

89. IBN ᶜARABĪ, apud BENEITO, op. cit., 1995, p. 1-22.
90. Ver, a respeito, IBN ᶜARABĪ, Muḥyiddīn. *Traité de l'Amour.* Paris: Albin Michel, 1986.
91. Id., apud CHODKIEWICZ, op. cit., 1986. Epígrafe.
92. A tradição mística costuma distinguir "vias espirituais". Assim, temos que Rūmī é chamado de *sulṭān al-ḥubūbiyya* (o sultão dos amantes), enquanto Ibn ᶜArabī seria o *sulṭān al-ᶜārifīn* (sultão dos gnósticos), caracterizando, assim, uma "via do amor" e uma "via do intelecto". Na realidade, com toda a evidência, não se trata de vias diferentes, muito menos excludentes. Trata-se de simbolismos diversos que buscam explicar a multiplicidade da própria Via.

Marte-Vênus. "Não existe coisa alguma sem que exista outra que seja seu oposto"[93].

Marte, o planeta "masculino" por excelência, encerra os temas da iniciativa, da morte, da transformação, da submissão a uma causa superior, do sacrifício e da guerra.

A experiência do amor – mesmo o "amor" mais condicionado, o mais ideológico e distante das possibilidades do autoconhecimento – apresenta uma dimensão expansiva, portanto misericordiosa, que exige a contrapartida "rigorosa", com os aspectos de sacrifício, abnegação e autocensura que caracterizam a virilidade espiritual.

Marte é também a entrega, no sentido de morrer por uma causa justa. Há, portanto, a entrega venusina, feita de plasticidade e relaxamento, e a entrega sacrificial marciana. Lembro o discurso de Henry V, na peça shakespeareana, em que o rei incita seus súditos a buscar a morte na batalha contra os franceses.

É assim que podemos conceber lugares idênticos, tanto masculinos quanto femininos. A paciência, a tolerância, a abnegação e a fé venusinas são feitas de receptividade e doçura. Essas mesmas virtudes, quando marciais, são formadas por força de vontade e firmeza.

A graça, a maleabilidade, a soltura, venusinamente falando, são como ondas do mar, entregues à totalidade e à imensidão. Marcialmente, são afirmações complexas que traduzem qualidades proféticas.

A nobreza venusina tem a neutralidade do cisne ou da rosa. A nobreza marcial tem a autoridade do leão e a velhice do elefante.

Aqueles que crêem que o homem teria a "tendência" a ser mais "leonino" – portanto, teria, naturalmente, "mais autoridade" que a mulher – ou que supõem que a neutralidade feminina corresponderia a uma passividade ou a uma obediência são os que carecem de substancial capacidade imaginativa, para ficar, propositalmente, no campo da neutralidade. Pois é perfeitamente claro que a nobreza venusina pode ter a autoridade da lua cheia e a velhice da águia. Ou que a nobreza marcial apresenta a neutralidade do carvalho.

93. IBN ᶜARABĪ, apud BENEITO, op. cit., 1995, p. 1-22.

Assim, a unidade simbólica da criação permite vê-la sob a imagem de um caleidoscópio: em constante recriação e movimento, o mundo é organizado e ao mesmo tempo plástico. O homem dotado de um coração capaz viaja por essa plasticidade significante e, a cada momento, encontra-se num novo lugar de conhecimento e realização.

Contemplada inicialmente como lugar de manifestação – portanto como "criatura" –, a "mulher" também pode ser divina, isto é, há lugares femininos também no mundo informal[94].

> A mulher é a irradiação da Luz divina.
> Não é o ser que o desejo dos sentidos toma por objeto.
> Ela é Criador, dever-se-ia dizê-lo.
> Não é uma criatura[95].

Ela "não é o ser que o desejo dos sentidos toma por objeto", ela é o ser que um outro tipo de desejo toma por objeto. De um lado, Eva, de outro, Maria, mãe de Jesus, considerada "a mulher mais perfeita" no Islã. Ambas fazem parte de uma "família" meditada por Ibn ᶜArabī. Para ele, Eva e Jesus são "irmão" e "irmã", e Adão, de quem "nasce" Eva, e Maria, de quem nasce Jesus, são os "pais"[96].

Desse modo, se, num arranjo do caleidoscópio, isto é, numa perspectiva simbólica, podemos ver o feminino "nascendo" do masculino, como no caso de Adão e Eva, em outro "arranjo", vemos o masculino "nascendo" do feminino, como no par Maria e Jesus.

Como "criada a partir de" Adão, Eva experimenta em relação a ele, segundo o *Šayẖ*, "a atração que uma coisa experimenta por seu país

94. O que aparentemente contradiz a minha afirmação anterior de que a polaridade masculino-feminino é estritamente cosmológica. Embora a complexidade do assunto extrapole os limites do presente artigo, deve-se precisar, a fim de evitar mal-entendidos, que a mística, em geral, e o sufismo, em especial, desde sempre, lidaram simbolicamente com atributos humanos dirigidos à divindade, o que escriturariamente é legitimado pelo fato de que, no *Corão* e no *Ḥadīṯ*, Allāh descreve-se com atributos humanos, inclusive os de imperfeição. Se, por um lado, é óbvio que Deus não pode ser "feminino" ou "masculino", por outro, é perfeitamente compreensível que a ciência simbólica comporte analogias entre a realidade divina e a humana, por meio de imagens do mundo sensível.

95. RŪMĪ, apud CORBIN, op. cit., p. 127.

96. Ver CORBIN, ibid.

natal"[97]. Nesse simbolismo, o lugar masculino representa o lugar do "retorno", o lugar onde Eva irá extinguir-se, o lugar do Senhor.

Adão, nesse caso, experimenta em relação a Eva "a viva atração que uma coisa experimenta por si própria" ou que "o todo experimenta por sua parte".

> Uma nova tríade aparece, assim, composta de Deus, do homem e da mulher. O homem experimenta por seu Senhor, que é seu princípio, a atração que a mulher experimenta por ele. Seu Senhor lhe tornou as mulheres "dignas de amor" da mesma maneira que Allāh ama aquele que é segundo Sua Forma. [O homem] ama, portanto, apenas um ser existenciado a partir dele, mas seu amor pertence Àquele a partir do qual ele próprio foi existenciado e que é Deus. É por isso que ele[98] disse "me foram tornadas dignas de amor" e não "eu [as] amei" [como se este amor tivesse vindo] dele mesmo, pois seu amor dependia de seu Senhor, ele era segundo Sua Forma até no amor que tinha por sua mulher: ele a amava com o amor que Allāh tinha por ele e apresentava, assim, um caráter divino[99].

Assim, o amor, cuja potencialidade é tornar-se Amor divino, comporta uma dualidade expressa nos dois modos polarizados de amor humano. Do lugar masculino, o amor humano é *especular*, o lugar do outro sendo o lugar do espelho, daquele que revela o amante para si mesmo[100]. Do lugar feminino, este amor é *modelar*, o lugar do outro sendo o do modelo, daquele que aponta para o que é possível vir a ser. Experiência de atualização, num caso, de realização, no outro.

É assim que, nessa polaridade[101], vemos uma posição "misericordiosa" surgir no lugar masculino: se Eva é o lugar de manifestação de Adão, se é seu espelho, Adão é "uterino", é quem dá à luz e, nesse sentido, ele é imagem de *Al-Raḥmān* (O Misericordioso).

Uma das implicações desse simbolismo é que a superioridade simbólica de Adão sobre Eva exige a dimensão misericordiosa dele em relação a ela.

97. IBN ᶜARABĪ, op. cit., 1998, p. 692.
98. O Profeta Muḥammad.
99. IBN ᶜARABĪ, op. cit., 1998, p. 693.
100. Estamos longe, muito longe, da concepção freudiana de narcisismo. Em ambiente místico, a amplitude da dimensão simbólica põe em cena elementos muito diferentes dos que constituem o sujeito na psicanálise.
101. Lembrando que, é claro, há muitas outras polaridades possíveis além dessas.

Maria

O título de "mulher perfeita", atribuído a Maria, é uma expressão que pode, também, ser entendida como o símbolo que encerra todos os lugares femininos possíveis[102].

Não pretendo negar – o que, de resto, é inegável – a utilização da virgindade simbólica de Maria de uma forma não-simbólica, seja pela ideologia, seja por um moralismo ou qualquer outro tipo de estreiteza. Evidentemente, o mau uso de um símbolo não atenta contra o mesmo, assim como um péssimo ator não invalida o teatro. Desse modo, é ainda necessário atravessar a simbologia ligada a essa virgindade.

Há um costume, no Islã, de estabelecer um paralelo entre a descida do *Corão* sobre o Profeta Muḥammad, dito "iletrado" ou "analfabeto", e a "descida" do Cristo em Maria. Jesus, no *Corão*, é chamado de Palavra de Deus. Assim, Muḥammad e Maria, em sua "virgindade", recebem a Palavra divina.

O termo normalmente traduzido por "iletrado", em árabe, é *ummī*, que o *Lisān al-ᶜarab* define como: "aquele que é tal como sua mãe o deu à luz". A idéia de pureza aqui é evidente. No entanto, deve-se lembrar que a pureza – representação tornada execrável para o senso comum por ter-se vinculado às idéias de inexperiência e ingenuidade, dois "defeitos" inaceitáveis perante uma certa ambição burguesa – é, no contexto aqui trabalhado, o lugar plástico por excelência: a alma purificada é aquela que, estando livre de representações *a priori*, é capaz de receber a intuição, seja na forma que for. Trata-se de um lugar feminino, na medida em que, como fundamentação simbólica, pode-se definir o feminino como o lugar *onde tudo toma forma*.

Maria, na iconografia astrológica, é assimilada, por um lado à Lua, por outro a Vênus e, por outro a Mercúrio.

Na esfera lunar, a mãe de Jesus é a mãe prototípica assim como é a origem, a causa e, por analogia, a alma humana que recebe a luz do sol do intelecto primeiro (*al-ᶜaql al-awwal*) e "gera" a interioridade e suas formas.

102. Assim como o "homem perfeito" (*al-insān al-kāmil*) encerra todos os lugares possíveis ao ser humano.

Na esfera venusina, Maria é, antes de tudo, o perdão, forma técnica e virtuosa da Misericórdia. Tecnicamente – e sem nenhum tipo de moralismo –, perdoar ou arrepender-se é permitir uma mudança de lugar, uma plasticidade, um evento imaginal.

Na esfera mercurina, Maria é a *Sofia Perennis* ou *Sofia Crística*, a Sabedoria eterna posta diante do homem e possibilitada pela vinda do Cristo, que, segundo Ibn ᶜArabī, rege o céu de Mercúrio.

Agora, como "mulher perfeita", Maria é a síntese do lugar feminino por excelência, e a excelência deste lugar é Jesus. Muito longe de representar "o elogio da maternidade", com todas as previsíveis conseqüências ideológicas de tal representação[103], este lugar poderia ser dito o elogio da "criatividade", no sentido akbari do termo. A imaginação criadora, este órgão espiritual que, como vimos, é o que permite ao homem aceder o *mundus imaginalis*, alcança sua plenitude no "dar forma" a um Enviado de Deus.

> Quando Espírito Fiel, que é Jibrīl [Gabriel], tomou para Maryam [Maria] – a paz esteja com ambos – "a forma sensível de um homem bem feito" (*Corão* XIX:17), ele imaginou que se tratava de um homem que pretendia abusar dela e, sabendo que isso era algo proibido, ela buscou refúgio junto de Allāh contra ele, por meio de uma concentração de todo o seu ser, para que Ele a libertasse. Ela obteve assim um estado de presença perfeita com Allāh, o que representava o [grau do] Espírito. Se ele [Jibrīl] tivesse insuflado nela neste momento, no estado em que ela se encontrava, ᶜĪsà [Jesus] teria sido exteriorizado com uma misantropia tal que ninguém teria podido suportar, devido ao estado de sua mãe. Quando ele [Jibrīl] lhe disse: "Sou unicamente o Enviado de teu Senhor" (*Corão* XIX:19), vim "[...] para te dar um menino puro" (*Corão* XIX:19), ela se descontraiu e dilatou seu peito: foi neste momento que ele insuflou ᶜĪsà nela.
> Jibrīl era portador do Verbo de Allāh destinado a Maryam, assim como o Enviado transmite a Palavra de Allāh destinada à sua comunidade; é Sua palavra: "[...] e Seu Verbo que Ele projetou em Maryam e um Espírito proveniente d'Ele" (*Corão* IV:171). O desejo amoroso invadiu Maryam. ᶜĪsà foi criado a partir de uma "água real" proveniente de Maryam e de uma "água imaginária"[104] proveniente de Jibrīl[105].

103. A rigor, em ciência simbólica, dever-se-ia dizer que a maternidade, nas tradições cristã e islâmica, pode, sob certas condições, vir a ser um símbolo de Maria, pois um símbolo é sempre a tradução, em termos "terrestres", de realidades "celestes" ou divinas, e nunca o contrário.
104. Imaginária no sentido akbari do termo e não na sua acepção, para nós, comum e corrente.
105. IBN ᶜARABĪ, op. cit., 1998, p. 399-401.

Tal plenitude só é possível no mais completo estado de virgindade, no estado original, no ponto de partida. Cabe ao místico buscar este lugar. Cabe à imaginação teofânica operar a transformação que permite ao místico chegar a este lugar, este centro eloqüente no qual se manifesta o Verbo divino.

> [...] quando este Verbo penetra o coração do místico (como em Maria pelo sopro do anjo), isto é, quando aflora em sua consciência *o segredo de seu Senhor*, quando a inspiração divina investe seu coração e sua alma, "sua natureza é tal que então produz-se nele uma criança espiritual (*walad maᶜnawī*) possuindo o sopro do Cristo que ressuscita os mortos[106].

Al-Rijāl

> Seja determinado como o falcão,
> cace gloriosamente.
> Seja esplêndido como o leopardo,
> lute para vencer.
> Passe menos tempo
> com rouxinóis e pavões.
> Um é só falatório,
> o outro, apenas cor[107].

A virilidade espiritual encerra um paradoxo: o "masculino", quando pensado em sua dimensão espiritual, é irrealizável na prática. Como ser "ativo" se Deus é o único Agente?

> "E não lançaste, quando lançaste, mas foi Allāh quem lançou". (*Corão* VIII:17)

106. Comentário de Ismail de Ankara, apud CORBIN, op. cit., p. 136.
107. "Be motivated like the falcon,/ hunt gloriously./ Be magnificent as the leopard,/ fight to win./ Spend less time with/ nightingales and peacocks./ One is all talk,/ the other only color." RŪMĪ. *Whispers of the Beloved.* Quatrains selected and translated by Azima Kolin and Maryam Mafi. Londres: Thorson, 1999. p. 111.

Em outras palavras, a longa e paciente construção do lugar feminino, por meio do qual o coração do gnóstico capacita-se a receber as aberturas, os desvelamentos e as intuições a ele destinadas, parece ser a única ação possível, para a qual dedica-se uma vida inteira. No entanto, isso não basta. O que se exige é um "coração de leão", que "luta para vencer".

É relativamente fácil compreender que a generosidade que doa, que entrega e se abre, exige a generosidade que ativamente abdica e suporta, pela força, pela coragem, o duríssimo combate da guerra santa interior (*al-jihād al-akbar*). Mas a questão vai além: o aniquilamento do ego, das "vagas luzes da consciência", para dar lugar aos "clarões resplandescentes do infinito"[108], a extinção da vontade exige paradoxalmente uma vontade inquebrantável. O guerreiro espiritual deve desenvolver a sua intenção (*niyya*) e a sua vontade espiritual (*himma*). Deve aprender a querer, a buscar, a almejar. Se somente Deus é agente, deve tornar-se Deus.

> É por esta razão que os sábios (*al-ḥukamā'*) indicaram por alusão que o objetivo que o servidor deve buscar atingir é o de tornar-se semelhante à divindade (*al-tašabbuh bi-al-ilāh)*. Os sufis, de sua parte, falam a esse respeito da aquisição dos nomes divinos. Os modos de expressão divergem, mas o sentido é o mesmo[109].

Não é possível ser "homem" neste mundo e não é possível buscar o outro mundo sem sê-lo. A virilidade espiritual é esta "árvore excelente" de que fala o *Corão*, "cuja raiz é firme e cuja copa está no céu" (*Corão* XIV:24). *Al-insān al-kāmil*, o "homem perfeito", é a expressão cunhada por Ibn ᶜArabī para designar este lugar de *ḫalīfat Allāh*, o "califa de Allāh", dado ao homem por Deus. "Estar no mundo sem ser do mundo" seria a sua síntese.

O coração de leão tem por meta conquistar e unificar o reino e tornar-se Um com ele. Tornar-se mulher é condição fundamental para tornar-se homem, tornar-se homem é condição fundamental para tornar-se Deus.

108. "A invocação de Deus (*ḏikr*) é como um vaivém que possibilita atingir uma comunicação cada vez mais completa até que haja identidade entre as vagas luzes da consciência e os clarões resplandescentes do infinito." (*Al-Šayḫ al-ᶜAlawī.* In: DICTIONNAIRE Encyclopédique de l'Islam, p. 22)

109. IBN ᶜARABĪ, apud CHODKIEWICZ, op. cit., 1992, p. 125.

Quando a compaixão enche meu coração,
livre de todo desejo,
sento-me calado como a terra.
Meu grito silencioso ecoa como trovão
por todo o universo[110].

Coda

O assunto é vasto como é vasta a terra de Deus. Somente um verdadeiro gnóstico (*ᶜārif*), em mil e uma noites, poderia dar conta de sua perfeição.

Ao mesmo tempo, em qualquer travessia a ser feita, o que está posto na perspectiva mística é que a via reta jamais pode ser perdida, isto é, que a Unidade é a única realidade, portanto, que a dualidade está sempre em movimento e que falar "do feminino" exige "descristalizá-lo" como forma em si, pronta, *a priori*. O feminino, assim como o masculino, não existe em si. É um aspecto, um dos muitos aspectos, do diálogo com o "Um sem segundo". "Ele tem em cada coisa um Sinal, apontando para o fato de que Ele é Um Único Existente"[111]. O que não se confunde com a mulher.

Supor que a mulher seja ou deva ser "feminina" é uma abstração puramente ideológica, desprovida de sentido prático, político, ético, filosófico ou espiritual. É uma perversão no sentido técnico do termo, pois pressupõe confundir planos simbólicos e tornar secundária a humanidade da mulher. Numa sociedade justa, tanto homens quanto mulheres transitam por lugares masculinos e femininos a fim de aprimorar e enriquecer o diálogo dos seres humanos entre si, com o mundo e com o seu Senhor. Esses lugares importam por serem lugares relacionais, isto é, que implicam movimento, entrega e submissão ao mistério. Importam, por marcar, pela urdidura entre o "eu" e o "tu", o vazio da

110. "When compassion fills my heart,/ free from all desire,/ I sit quietly like the earth./ My silent cry echoes like thunder/ throughout the universe." (RŪMĪ, op. cit., 1999, p. 110)
111. IBN ᶜARABĪ. *Sunday Morning Prayer* (*Awrāq al-usbūᶜ*), apud IBN ᶜARABĪ. *The Seven Days of the Heart* – prayers for the nights and days of the week. Trad. Pablo Beneito e Stephen Hirtenstein. Oxford: Anqa Publishing, 2000. p. 39.

ausência[112], o sinal da Presença oculta da terceira pessoa do singular (*Huwa*). *Qul: Huwa Allāh Aḥad*-Diz: Ele, Allāh é Um (*Corão* CXII:1).

Ou, dito de outro modo:

> Perguntado por que só havia duas cordas na pequena rabeca mourisca que utilizava para acompanhar a recitação de lendas, o cantor respondeu: "Acrescentar uma terceira corda a este instrumento seria dar o primeiro passo em direção à heresia. Quando Deus criou a alma de Adão, ela não quis entrar em seu corpo. Começou a rodeá-lo, como um pássaro em torno de uma gaiola. Então, Deus ordenou aos anjos que tocassem sobre as duas cordas, chamadas macho e fêmea. A alma, acreditando que a melodia residia no instrumento – que é o corpo – ali entrou e ficou presa. Por essa razão, são necessárias apenas duas cordas – que chamamos sempre macho e fêmea – para libertar a alma do corpo"[113].

Evidentemente, o corpo feminino, assim como o masculino, possui o seu simbolismo. A mulher e o homem têm nesse simbolismo uma direção, uma linguagem, um meio de acesso, não uma prisão. A prisão reside justamente na negação de sua dimensão simbólica. A prova disso está nas histórias contadas por índios das três Américas, por chineses de muito tempo atrás. Por hindus, persas, africanos ou celtas. Por sábios cabalistas, cavaleiros cristãos e mestres sufis. A prova disso está na subida do Profeta e na descida do *Corão*. Está no encontro da noite com o louco[114] e no rejuvenescimento de Zuleika[115]. Está na luz da letra *nūn*[116] e na noite do Poder[117].

112. Na gramática árabe, a primeira pessoa é dita "quem fala", a segunda "a quem se fala" e a terceira "de quem se fala" ou "a pessoa ausente". Entre os sufis, a terceira pessoa (*Huwa*, pronuncia-se *Hū*) é um Nome de Deus.
113. Cantor de rua, apud BURCKHARDT, Titus. *A Arte Sagrada no Oriente e no Ocidente.* São Paulo: Attar Editorial, 2004. p. 20.
114. "Layla (lit. "noite", mas também um nome feminino) e Majnūn (lit. "louco", acepção adquirida a partir deste personagem) são personagens de um romance tradicional islâmico que possui várias versões. Ver, a respeito, NIŪĀMĪ. *Layla y Majnūn.* Madrid: Editorial Sufi, 2001.
115. Zuleika, apaixonada por José, tendo-o finalmente reencontrado em sua velhice, teve sua juventude restaurada e casou-se com ele. Ver Niẓāmī.
116. IBN ᶜARABĪ, Muḥyiddīn. *La Science des Lettres.* In: IBN ᶜARABĪ, Muḥyiddīn. *Les Illuminations de La Mecque* (*Al-Futūḥāt al-Makkiyya*). Anthologie présentée par Michel Chodkiewicz. Avec la collaboration de Denis Gril et Cyrille Chodkiewicz. Paris: Albin Michel, 1997. p. 236.
117. Laylat al-Qadr, a noite da descida do Corão. Ver, a respeito, IBN ᶜARABĪ, op. cit., 2000, Introdução de Pablo Beneito e Stephen Hirtenstein.

Referências Bibliográficas

ABD EL-KADER, Emir. *Écrits spirituels* (antologia de *Kitāb al-Mawāqif*). Trad. Michel Chodkiewicz. Paris: Éditions du Seuil, 1982.

ADDAS, Claude. *La quête du soufre rouge.* Paris: Gallimard, 1989.

AL-JĪLĪ, ^{c}Abd Al-Karīm. *De l'Homme Universel* – Extraits du livre *Al-Insān al-Kāmil.* Trad. Titus Burckhardt. Paris: Dervy-Livres, 1975.

ASÍN PALACIOS, Miguel. *La Escatología musulmana en la Divina Comedia.* 4. ed. Madrid: Ediciones. Hiperión, 1984. (1. ed. Madrid: Real Academia Española, 1919; 2. ed. Madrid: Escuelas de Estudios Árabes de Madrid y Granada, 1943; 3. ed. Madrid: Instituto Hispano Árabe de Cultura, 1961).

BENEITO, Pablo. On the Divine Love of Beauty. *Journal of the Muḥyiddīn Ibn ^{c}Arabī Society* (*JMIAS*), Oxford, vol. XVIII, p. 1-22, 1995.

____. (Org.). *Mujeres de Luz.* Madrid: Editorial Trotta, 2001.

BURCKHARDT, Titus. *Clé Spirituelle de L'Astrologie Musulmane, d'après Mohyiddîn Ibn 'Arabî.* Milano: Archè, 1974.

____. *A Arte Sagrada no Oriente e no Ocidente.* São Paulo: Attar Editorial, 2004.

CHITTICK, William, *The Sufi Path of Knowledge.* Albany: State University of New York Press, 1989.

____. La Unidad del Ser. In: *Postdata – revista trimestral de arte, letras y pensamiento*, Asociación de la Prensa de Murcia, n. 15, 1995.

CHODKIEWICZ, Michel. *Le Sceau des Saints.* Prophétie et sainteté dans la doctrine d'Ibn ^{c}Arabī. Paris: Éditions Gallimard, 1986.

____. *Un océan sans rivage.* Ibn ^{c}Arabī, le Livre et la Loi. Paris: Éditions du Seuil, 1992.

CORBIN, Henry. *L'Imagination Créatrice dans le Soufisme d'Ibn ^{c}Arabī.* Paris. Flammarion, 1958.

DERRIDA, Jacques. *L'Écriture et la Différence.* Paris: Le Seuil, 1979.

ESCOLÁSTICA, Maria. *O Gozo Feminino.* São Paulo: Iluminuras, 1995.

ḤAKĪM, Su^{c}ād. Santidad y feminidad en la vida y la obra de Ibn ^{c}Arabī. In: BENEITO, Pablo. (Org.). *Mujeres de Luz.* Madrid: Editorial Trotta, 2001.

IBN ^{C}ARABĪ, Muḥyiddīn. *Al-Futūḥāt al-Makkiyya.* Cairo, 1911.

____. *Kitāb Fuṣūṣ al-Ḥikam.* Ed. A. ^{c}Afīfī, Cairo 1946.

____. *La Sagesse des Prophètes* (antologia de textos de *Fuṣūṣ al-Ḥikam*). Trad. Titus Burckhardt. Paris: Albin Michel, 1974.

____. *Tarjumān al-Aśwāq.* Trad. R. Nicholson. 2. ed. Londres: Royal Asiatic Society, 1978.

____. *The Bezels of Wisdom*. Trad. R. W. J. Austin. New York: Paulist Press, 1980.

____. *L'Alchimie du Bonheur Parfait*. Paris: Berg International, 1981.

____. *Le Livre de l'Extinction dans la Contemplation (Kitāb al-Fanā' fī al-Mušāhada)*. Trad. Michel Valsân. Paris: Les Éditions de l'Oeuvre, 1984.

____. *Traité de l'Amour*. Paris: Albin Michel, 1986.

____. *Viaje al Señor del Poder*. Málaga: Ed. Sirio, 1986.

____. *Guia Espiritual*. Editora Regional de Murcia, 1990.

____. *La Parure des Abdal (Ḥilyat al-Abdāl)*. Trad. Michel Valsân. Paris: Les Éditions de l'Oeuvre, 1992.

____. *Las Contemplaciones de los Misterios* (*Mašāhid al-Asrār*). Trad. Su^{c}ād HAKĪM e Pablo Beneito. España: Editora Regional de Murcia, 1994.

____. *Le Dévoilement des Effets du Voyage (Kitāb al-isfār ^{c}an natā'ij al-asfār)*. Trad. Denis Gris. Paris: Éditions de l'Éclat, 1994.

____. *El secreto de los nombres de Dios* (*Kašf al-ma^{c}nà ^{c}an sirr asmā' Allāh al-ḥusnà*). Trad. Pablo Beneito. Espanha: Ed. Regional de Murcia, 1996.

____. *L'Interprète des Désirs* (*Tarjumān al-Ašwāq*). Trad. M. Gloton. Paris: Albin Michel, 1996.

____. *La Production des Cercles* (*Kitāb inšā' ad-dawā'ir al-ilāhiyya*). Trad. Paul Fenton e Maurice Gloton. Paris: Éditions de l'Éclat, 1996.

____. *Les Illuminations de La Mecque* (*Al-Futūḥāt al-Makkiyya*). Anthologie présentée par Michel Chodkiewicz. Avec la collaboration de Denis Gril et Cyrille Chodkiewicz. Paris: Albin Michel, 1997.

____. *La Science des Lettres*. In: ____. *Les Illuminations de La Mecque* (*Al-Futūḥāt al-Makkiyya*). Anthologie présentée par Michel Chodkiewicz. Avec la collaboration de Denis Gril et Cyrille Chodkiewicz. Paris: Albin Michel, 1997.

____. *Le Livre des Chatons des Sagesses* (*Kitāb Fuṣūṣ al-Ḥikam*). Trad. Charles-André Gilis. Beirut: Les Éditions Al-Bouraq, 1998. 2 v.

____. *The Seven Days of the Heart* – prayers for the nights and days of the week. Trad. Pablo Beneito e Stephen Hirtenstein. Oxford: Anqa Publishing, 2000.

____. *The Meccan Revelations*. Ed. Michel Chodkiewicz. Trad. William C. Chittick e James W. Morris. New York: Pir Press, 2002.

LINGS, Martin. *El Libro de la Certeza*. Barcelona: Olañeta, 2002.

LUCCHESI, Marco. (Org.). *Caminhos do Islã*. Rio de Janeiro: Record, 2002.

MACHADO, Beatriz. *Sentidos do Caleidoscópio* – uma leitura da mística a partir de Ibn ^{c}Arabī. São Paulo: Humanitas, 2004.

MACHADO, Regina. *O Violino Cigano e outros Contos de Mulheres Sábias*. São Paulo: Cia. das Letras, 2004.

MERNISSI, Fátima. *El Harém Político* – El Profeta y las Mujeres. Madrid: Ediciones del Oriente y del Mediterraneo, 1999.

MURATA, Sachiko. *The Tao of Islam* – a sourcebook on gender relationships in Islamic thought. New York: State University of New York Press, 1992.

____. La luz de la mujer – El principio femenino en el sufismo. In: BENEITO, Pablo. (Org.). *Mujeres de Luz.* Madrid: Editorial Trotta, 2001.

NIŪĀMĪ. *Layla y Majnūn.* Madrid: Editorial Sufi, 2001.

OLIVEIRA, Vitória Peres de. Mulheres que eram Homens – o elemento feminino na mística sufi. In: LUCCHESI, Marco. (Org.). *Caminhos do Islã.* Rio de Janeiro: Record, 2002. p. 91-120.

RŪMĪ, Jalāluddīn. *Unseen Rain*: Quatrains of Rūmī. Trad. John Moyne and Coleman Barks. Battleboro, VT: Threshold Books, 1986.

____. *Delicious Laughter.* Trad. Coleman Barks. Athens, GA: Maypop Books, 1990.

____. *Masnavi.* Rio de Janeiro: Edições Dervish, 1992.

____. *Whispers of the Beloved.* Quatrains selected and translated by Azima Kolin and Maryam Mafi. London: Thorson, 1999.

SHAH, Sirdar Ikbal Ali. *Mohammed, the Prophet.* London: Wright & Brown, 1932.

TAKESHITA, Masataka. *Ibn ᶜArabī's Theory of the Perfect Man and it's place in the History of Islamic Thought.* Tokyo: Institute for the Study of Languages and Cultures of Asia and Africa, 1987.

YAHIA, Osman. *Histoire et Classification de l'oeuvre d'Ibn ᶜArabī.* Damasco: Institut Français de Damas, 1964. 2 v.

17.

"Invocai-me e vos Responderei" A Resposta Divina no Sufismo*

Pablo Beneito Arias

Em um dos versos de seu célebre poema sobre o vinho espiritual, a *ḫamriyya*, o "Sultão dos Amantes", Ibn al-Fāriḍ (1182-1235 d.C.), declara:

> Não fosse por seu aroma, eu não teria encontrado o caminho de suas tabernas;
> não fosse por seu brilho, a imaginação não poderia concebê-lo[1].

ᶜAbd al-Ġanī al-Nābulusī (1641-1731 d.C.) assim comenta o primeiro hemistíquio do verso:

> Ao dizer "seu aroma", Ibn al-Fāriḍ está se referindo ao Mundo do Espírito Supremo que "procede da ordem de Allāh"[2] [...] e, ao mencionar "suas tabernas", alude às Presenças da Sublime Essência (*ḥaḍarāt al-ḏāt al-ᶜaliyya*), a saber, a Seus diversos Nomes e Atributos.

* Tradução (do original espanhol) de Rosalie Helena de Souza Pereira. Revisão técnica de Beatriz Machado.

1. *Wa-law-lā šaḏā-hā mā ihtadaytu li-ḥāni-hā*... Ver nota 4 infra.
2. *Corão* XVII:87.

> Se não fosse pela guiança[3] dos aromas (*rawā'iḥ*) que essas Presenças exalam – diz o poeta – eu não teria sabido como encaminhar-me para os Belíssimos Nomes e Altíssimos Atributos. Mas esses vestígios (*āṯār*), portadores do segredo oculto, exalaram suas fragrâncias, impregnando, com seu perfume, os seres engendrados [...][4].

Para melhor entender as considerações que vou expor nestas páginas acerca da noção de "resposta", convém que se tenha presente esta imagem da Presença da divina Resposta como Taberna da Satisfação.

Em um verso de seu *Dīwān*, ao qual em seguida farei referência, Ibn ᶜArabī diz:

> Quando, com sinceridade, invoco Allāh, Ele me diz:
> "Complacente sou, assim que suplicas, pois sou Allāh"[5]

E ᶜAbd al-Ġanī al-Nābulusī, em outro poema sobre os Nomes, dirigindo-se a Deus, diz: "Responda à minha súplica, ó Respondedor, graciosamente"[6].

Introdução

Este artigo é dedicado principalmente ao estudo do Nome divino *Al-Mujīb*, "O Respondente", a partir das explicações que o grande autor andaluz Muḥyiddīn Ibn ᶜArabī (1165-1240 d.C.) e outros autores sufis nos brindam em seus comentários sobre os chamados Belíssimos Nomes de Deus.

3. O termo "guiança" não existe em português, seguimos a proposta apresentada em MACHADO, Beatriz. *Sentidos do Caleidoscópio*, uma leitura da mística a partir de Ibn ᶜArabī. São Paulo: Humanitas, 2004, de cunhá-lo desse modo, à semelhança do francês *guidance*, por ser um termo técnico importante e porque o termo "guia", em português, não traduz exatamente o sentido aqui buscado. (N. da R.T.)
4. AL-NĀBULUSĪ, ᶜAbd al-Ġanī. *Al-Ṣūfiyya fī šiᶜr Ibn al-Fāriḍ (šarḥ ᶜAbd al-Ġanī al-Nābulusī)*. Ed. Ḥāmid al-Ḥajj ᶜAbbūd. [S.l.: s.n.], 1988. p. 270: *wa-law-lā šaḏā-hā mā ihtadaytu li-ḥāni-hā...* A tradução para o francês do poema de Ibn al-Fāriḍ e de fragmentos do comentário de Al-Nābulusī foi realizada por Émile Dermenghem: IBN FARĪḌ. *L'Éloge du Vin. Al-khamriya*. Tradução, Introdução e Notas de Émile Dermenghem. Paris: Éditions Véga, 1980. p. 151-154.
5. *Iḏā daᶜawtu Allāha ṣidqan yaqūlu lī / mujībun anā fa-s'al fa-innī anā Allāh.*
6. *Ajib lī duᶜā'ī yā Mujību tafaḍḍulan.* Ver BENEITO, Pablo. El Poema de los Nombres divinos de al-Nābulusī. *Anaquel de Estúdios Árabes*, Madrid, n. II, 1991, p. 221, v. 29a.

A noção de *ijāba* – "resposta [divina à invocação e à súplica]", ou "satisfação [das necessidades]", ou, num sentido prévio, "escuta [primordial]" – constitui uma chave de suma importância para compreender alguns aspectos fundamentais da comunicação entre Deus e o homem segundo a perspectiva de Ibn ᶜArabī – conhecido por *Al-Šayḫ al-Akbar*, o Mestre Máximo – e de outros célebres sufis. Tentarei extrair, de diversos textos, o que essa relação de "chamada e resposta" implica no seio do sufismo, ao mesmo tempo que tentarei esclarecer o significado da *duᶜā'*[7], a súplica contida nos ritos prescritos ou na oração pessoal sobre-rogatória[8].

Em primeiro lugar, apresentarei alguns textos de autores sufis anteriores a Ibn ᶜArabī – todos extraídos de obras que Muḥyiddīn conhecia – e, em seguida, traduzirei e comentarei amplos extratos de várias obras de *Al-Šayḫ al-Akbar*[9]. Assim, neste contexto, serão comentadas brevemente algumas dentre as suas mais significativas obras sobre os Nomes, com um tema de referência comum – o Nome *Al-Mujīb* –, procedimento que permitirá a familiarização com diferentes estilos ou tratamentos da questão e, até certo ponto, a comparação de diversos tratados entre si.

Nestas páginas se alternam dois tipos diferentes de comentários, embora intimamente relacionados: (1) os que se referem particularmente ao Nome

7. Como não podemos desenvolver aqui um comentário detalhado do termo *duᶜā'*, o que exigiria um estudo pormenorizado de múltiplas questões, remeto ao artigo correspondente de GARDET, Louis. Duᶜā'. In: THE ENCYCLOPAEDIA of Islam (EI²). Leiden: E. J. Brill; London: Luzac & Co., 1965. vol. II, p. 632-634, em que o autor esboça e resume, em linhas gerais, a problemática que a noção de *duᶜā'* suscitou em diversos âmbitos. Limitar-me-ei, portanto, a citar um trabalho de Paul Nwyia dedicado a um opúsculo de Al-Ḫarrāz sobre a terminologia mística, o *Kitāb al-Ḥaqā'iq*, em que se define a prece individual sobre-rogatória: *Duᶜā'* é "a peregrinação do coração e da alma pelo caminho da fidelidade aos compromissos". Em seguida, referindo-se às condições que comportam a escuta e a aceitação da *duᶜā'*, acrescenta Al-Ḫarrāz: "Para aquele que respeita o pacto e o cumpre sobre o tapete da sinceridade e da pureza, no temor e na esperança, as portas do acolhimento da oração lhe serão abertas sob três formas: ou ele obtém imediatamente o que pediu; ou sua prece expia o seu pecado; ou ele é por ela elevado a um grau superior. De qualquer modo, ninguém perde servindo a Deus, o Rei generosíssimo." Cf. NWYIA, Paul. *Exégèse coranique et langage mystique*. Nouvel essai sur le lexique technique des mystiques musulmans. 2. ed. Beirut: Dār al-Mašriq, 1991. (1 ed. 1970).
8. Propomos o termo "sobre-rogatória" para traduzir em português o termo árabe *duᶜā'*, referente às orações que o crente faz além do exigido na prescrição legal. (N. da R.T.). Ver nota 7 supra.
9. Em particular, IBN ᶜARABĪ. *Al-Futūḥāt al-Makkiyya* (As Iluminações de Meca), cap. 558, e *Kitāb al-ᶜAbādila* (Livro dos Nominados ᶜAbd Allāh). Ver referências mais adiante.

Al-Mujīb, como Nome divino, e (2) os que definem a relação do homem com este Nome, a saber, a adoção de suas expressões características (*taḫalluq*).

O Nome *Al-Mujīb* é encontrado em três das quatro listagens tradicionais dos Nomes de Deus[10]: o par corânico *Qarīb Mujīb* está unido na de Zuhayr[11] e separado na de ᶜAbd al-ᶜAzīz[12], enquanto Walīd[13] prefere *Mujīb* a *Qarīb*, e Aᶜmaš[14] conserva *Qarīb* e não inclui *Mujīb*[15].

Entre as hipóteses relativas à questão do Nome Supremo (*al-ism al-aᶜẓam*), Baġdādī[16] menciona em seu *Tafsīr* a que considera que esse Nome está expresso no par *Al-Qarīb al-Mujīb*[17].

Sem mais preliminares, concentrar-me-ei no estudo dos autores que agora nos interessam.

Os Precursores de Ibn ᶜArabī

O próprio Muḥyiddīn nos informa, em várias passagens de *Al-Futūḥāt al-Makkiyya* (As Iluminações de Meca), sobre algumas obras que se referem aos Nomes de Deus, escritas por autores anteriores a ele, cuja leitura – implicitamente recomendada – possa ter influído na redação de seus próprios tratados sobre o gênero. Cito textualmente:

> [...] A "segunda ciência" da anatomia consiste em saber o que dos Divinos Nomes e relações senhoriais há na forma humana (*ṣūrat insāniyya*). Saberá isto quem

10. Aparece na lista de Al-Walīd (n. 45), na de ᶜAbd al-ᶜAzīz (n. 61) e na de Zuhayr (n. 38), mas não na lista de Al-Aᶜmaš. Cf. GIMARET, Daniel. *Les Noms divins en Islam. Exégèse lexicographique et théologique*. Paris: Les Éditions du Cerf, 1988. p. 51-83.
11. Zuhayr b. Muḥammad al-Tamīmī (m. 779). Cf. ibid., p. 59.
12. ᶜAbd al-ᶜAzīz b. al-Ḥusayn al-Tarjumān (data desconhecida). Cf. ibid., p. 58.
13. Al-Walīd b. Muslim al-Dimašqī (m. 810). Cf. ibid., p. 56.
14. Sulaymān b. Mihrān al-Aᶜmaš (m. 765). Cf. ibid., p. 61.
15. Cf. ibid., p. 63.
16. Abū Manṣūr al-Baġdādī (m. 1037), teólogo *ašᶜarī*, autor do *Tafsīr asmā' Allāh al-ḥusnà*, ms. British Library, Or. 7547. Sobre esta questão, ver fol. 72a, 15-20. Cf. ibid., p. 92.
17. Termos associados direta ou indiretamente no versículo de *Corão* XI:61 "[...] *Innā Rabbī Qarībun Mujīb*" e no de *Corão* II:186.

chegar a conhecer a adoção [das expressões] dos Nomes (*taḫalluq bi-al-asmā'*) e os divinos conhecimentos (*ma^cārif ilāhiyya*) que resultam de tal adoção. Isto também foi tratado, ao explicar os Nomes de Deus, por [alguns] dos Homens de Allāh, tais como [por ordem cronológica] Abū al-Qāsim al-Qušayrī, Abū Ḥāmid al-Ġazālī, Abū al-Ḥakam ᶜAbd al-Salām Ibn Barrajān, de Sevilha, e Abū Bakr ibn ᶜAbd Allāh al-Maᶜāfirī [...][18].

Em outra passagem da mesma obra, Ibn ᶜArabī se refere a outro erudito no tema:

> Deves saber [– diz –] que, em relação ao problema dos Nomes de Deus, o princípio fundamental é este: os Nomes de Deus serão aqueles com os quais Deus a Si próprio Se nomeia, seja em Seus Livros revelados seja pela boca de Seus profetas [...]. Não vimos, dentre os estudiosos eruditos da Tradição que já estudamos, ninguém que os tenha inquirido tão escrupulosamente como o erudito Abū Muḥammad ᶜAlī [b. Aḥmad] b. Saᶜīd Ibn Ḥazm, de Córdoba (994-1064 d.C.) [...], o qual dizia: "Só se devem usar os Nomes divinos do *Corão* e das Tradições autênticas do Profeta [...]"[19].

Freqüentemente, o *Doctor Maximus* compila a listagem feita por Ibn Ḥazm dos Nomes, registrando-os com o mesmo número e na mesma ordem consignada pelo erudito teólogo *ẓāhirī*[20], cujo catálogo, como ele explica mais adiante no trecho citado, fora-lhe transmitido por vários mestres.

Vejamos, porém uma outra referência mais precisa.

Ibn ᶜArabī enumera nessa mesma lista, que soma um total de 83 Nomes, no prólogo a um dos poemas de seu *Dīwān*[21], uma *qaṣīda*[22] em que dedica

18. Cf. IBN ᶜARABĪ. *Al-Futūḥāt al-Makkiyya* (As Iluminações de Meca), II. Ed. Beirut. [s.d.]. cap. 290, p. 649, lss. 27 30.
19. Cf. ASÍN PALACIOS, Miguel. *Abenházam de Córdoba y su historia crítica de las ideas religiosas*. Madrid, 1927-32. I, p. 313-314, em que cita, resumindo-a, uma passagem de *Al-Futūḥāt al-Makkiyya* (As Iluminações de Meca) (Ed. Cairo, 1293 Hégira. II, p. 400). Sobre essa mesma doutrina, ver também IBN ḤAZM. *Fiṣal*. Ed. Cairo. 1317 Hégira. I, 39; II, 149 e 161-165. Cf. ASÍN PALACIOS, op. cit., 1927-32, p. 314.
20. Pertencente à Escola Ẓāhirita. (N. da T.)
21. Cf. IBN ᶜARABĪ. *Dīwān*. Ed. Bombay. [s.d.]. p. 107-110. Ver também a minha edição da obra de IBN ᶜARABĪ. *El secreto de los Nombres de Dios (Kašf al-maᶜnà fī sirr asmā' Allāh al-ḥusnà)*. Introdução, Tradução e Notas de Pablo Beneito. Murcia: Editora Regional, 1996. Introducción, nota 2. Lista e poema foram editados também por M. Maḥmūd al-Ġurāb em uma compilação de textos intitulada *Al-Fiqh ᶜinda al-Šayḫ al-Akbar*. Damasco, 1981. p. 109-113.
22. *Qasīda* é um poema típico árabe que pode ter até 100 versos. (N. da T.)

um verso a cada um desses 83 Nomes divinos. "Recolhi nesta *qaṣīda* – diz o *Šayḫ* – os Nomes que menciona Ibn Ḥazm no capítulo sobre a fé (*bāb al-īmān*) de sua obra *Kitāb al-Muḥallà*[23]". Entre esses 83 Nomes, consta *Al-Mujīb* – mais adiante será citado o verso correspondente – precedido de outros dois Nomes associados a ele, *Al-Aqrab*, "O Mais Próximo", e *Al-Samīᶜ*, "O Ouvinte".

De sua parte, Al-Ġazālī (1058-1111 d.C.), em sua obra sobre os Nomes de Deus, *Al-Maqṣad al-asnà*[24], declara o seguinte:

> Só é possível conhecer a totalidade dos Nomes com o estudo do *Corão* e da Tradição (*Sunna*) [...]. Dentre os sábios, não conheci ninguém que tenha se dedicado a procurá-los e reuni-los, à exceção de um erudito do *Magreb*, nominado ᶜAlī Ibn Ḥazm, que afirma[25]: "Verifiquei a autenticidade de uns 80 Nomes, contidos no *Corão* e na tradição fidedigna; os outros devem ser buscados nas tradições (*aḫbār*) com tenacidade e estudo pessoal (*ijtihād*)". Acho [– acrescenta Ġazālī –] que ele não teve conhecimento do *ḥadīṯ* que expõe a relação dos 99 Nomes e, se o teve, parece ter considerado duvidosa a sua cadeia de transmissão (*isnād*)[26].

Outro entre os autores mencionados por Muḥyiddīn é o cádi malikita Abū Bakr Muḥammad b. ᶜAbd Allāh ibn al-ᶜArabī al-Maᶜāfirī, de Sevilha (1076-1148 ou 1151 d.C.)[27], que compôs uma obra sobre os Belíssimos

23. IBN ḤAZM. *Kitāb al-Muḥallà bi-al-āṯār fī šarḥ al-mujallà bi-al-iqtiṣār*. Cairo, 1347-52 Hégira. Obra do período da vinculação *šāfiᶜī* do autor (vínculo do autor com a interpretação do Islã proposta pela Escola Šāfiᶜita – N. da R.T.) (Cf. artigo de ARNALDEZ, Roger. Ibn Ḥazm. In: THE ENCYCLOPAEDIA of Islam (EI^2). Leiden: E. J. Brill, 1971. vol. III, p. 790-799) e compendiada por Ibn ᶜArabī. Cf. ASÍN PALACIOS, op. cit., 1927-32, p. 313.
24. AL-ĠAZĀLĪ, Abū Ḥāmid. *Al-Maqṣad al-asnà fī šarḥ maᶜānī asmā' Allāh al-ḥusnà*. Texto árabe, Edição e Introdução de Fadlou A. Shehadi. Beirut: Dār al-Mašriq, 1971. p. 190.
25. Daniel Gimaret considera que Ibn Ḥazm escreveu um livro sobre os Nomes divinos, de título desconhecido, que se perdeu. Baseia-se em uma citação de Ḏahabī, o qual atribui a Ġazālī, sem determinar a fonte, estas palavras: "Encontrei um livro sobre os Nomes de Deus composto por Abū Muḥammad ibn Ḥazm al-Andalusī [...]". Tratando-se, porém, de uma citação indireta que não determina títulos nem fontes, seria pouco confiável determinar, em qualquer caso, a existência de tal obra. Ver GIMARET, op. cit., p. 20.
26. De fato, dada a sua amplíssima formação, não há dúvida de que Ibn Ḥazm tenha tido conhecimento do *ḥadīṯ* atribuído a Abū Hurayra, cujas diversas versões e variantes devem ter estimulado sua pesquisa pessoal. Nesse sentido, é desorientador o comentário de Al-Ġazālī, que parece indicar que o seu conhecimento da obra de Ibn Ḥazm fosse indireto ou superficial.
27. Ver artigo de ROBSON, J. Ibn al-ᶜArabī, Abū Bakr Muḥammad b. ᶜAbd Allāh al-Maᶜāfirī. In: THE ENCYCLOPAEDIA of Islam (EI^2). Leiden: E. J. Brill, 1971. vol. III, p. 707.

Nomes, intitulada *Al-Amad al-aqṣà*. Embora dela se conservem cópias em várias bibliotecas[28], a obra continua inédita e, que eu saiba, não há sobre ela qualquer estudo publicado. Possivelmente essa obra segue de perto a de Ġazālī, evocada já pelo título, pois é bem sabido que o cádi Ibn al-ᶜArabī al-Maᶜāfirī introduziu em *Al-Andalus*, depois de sua viagem ao Oriente, as obras de Abū Ḥāmid al-Ġazālī, sob cuja direção estudou em Bagdá[29].

Por outro lado, Muḥyiddīn menciona com certa freqüência Abū al-Ḥakam ᶜAbd al-Salām ibn Barrajān, de Sevilha (m. 1141 d.C.)[30], chamado "o Ġazālī de *Al-Andalus*", de quem recolhe alguns termos técnicos, como *al-ḫalq al-maḫlūq bi-hi*[31] ou *ḥamd al-ḥamd*[32]. A obra de Ibn Barrajān sobre os Nomes – intitulada, como tantas outras, *Šarḥ asmā' Allāh al-ḥusnà*[33] – teve, como demonstra a abundância das cópias conservadas, uma considerável difusão nas áreas orientais e ocidentais do Islã[34].

Em minha opinião, esse tratado de Ibn Barrajān, em que ele comenta mais de 130 Nomes, exerceu uma influência significativa na obra de Ibn ᶜArabī, o qual parece ter nele encontrado, entre outras coisas, alguns dos Nomes "inéditos", que, inseridos na lista de Walīd, incluiu em seu comentário das cem divinas Presenças, no cap. 558 das *Futūḥāt*.

A lista de Ibn Ḥazm já compilava anteriormente alguns desses Nomes "inéditos", ou seja, os não mencionados em nenhuma das quatro listas tradicionais, e parece ter influído na composição desses dois grandes tratados,

28. Ms. Selīm Agā 499; ms. Rāmpūr I, 329/37, e outras. Cf. BROCKELMANN, Carl. *Geschichte der arabischen Litteratur*. 1898-1902. 2 v. (Reimp. Leiden: E. J. Brill, 1943-49). *Supplementbände*. Leiden: E. J. Brill, 1937-42. 3 v.; ver *GAL*-Suppl.I, p. 732-735. Título completo da obra: *Al-Amad al-aqṣà fī asmā' Allāh al-ḥusnà wa-ṣifāti-hi al-ᶜulyā*.

29. Cf. ROBSON, loc. cit.

30. Ver artigo de FAURE, A. Ibn Barrajān. In: THE ENCYCLOPAEDIA of Islam (EI^2). Leiden: E. J. Brill; London: Luzac & Co., 1971. vol. III, p. 732.

31. Ver CHITTICK, William C. *The Sufi Path of Knowledge*. New York: SUNY Series, Islamic Spirituality, 1989. p. 133.

32. Ver IBN ᶜARABĪ, op. cit., 1996, 57-3 (*Al-Ḥamīd*).

33. Ver ibid. e nota 34 infra.

34. Somente na Biblioteca Suleymaniyye, de Istambul, existem quatro antigas cópias fechadas e em excelente estado de conservação: Ms. Laleli 1551, 198 p., 933 Hégira; ms. Ayasofya 1869, 340 p., 708 Hégira; ms. Fatih 766, 283 p., 879 Hégira; ms. Sehid Ali Paşa 426, 221 p., Alepo, 598 Hégira. Outras duas cópias se encontram no Palácio Topkapi, Istambul: A. 1495 (595H.) e A. 1591. Ver IBN BARRAJĀN. *Šarḥ asmā' Allāh al-ḥusnà*. Estudo e Edição crítica de Purificación de la Torre. Madrid: CSIC, 2000.

o de Ibn Barrajān, primeiro, e o de Ibn ᶜArabī, depois, determinando, ao menos, a escolha de alguns dos Nomes comentados[35].

Ibn Barrajān divide cada seção em três partes: (1) um estudo léxico preliminar, (2) uma ampla interpretação do significado do Nome em questão (*iᶜtibār*) e, por último, (3) uma parte dedicada a explicar em que consiste a participação do servo, ou mais exatamente, a realização de sua servidão em relação a tal Nome (*taᶜabbud*).

Sobre essa obra, remeto à edição e ao estudo da Drª. Purificación de la Torre[36].

Concentrar-me-ei agora no estudo de duas das obras mais antigas e significativas – dentre as vinculadas ao sufismo – na tradição dos comentários aos Nomes: a de Al-Qušayrī e a de Al-Ġazālī

O Significado do Nome Divino *Al-Mujīb* na Obra de Al-Qušayrī

Diz Al-Marrākušī[37], em seu repertório biográfico, que Ibn ᶜArabī era chamado de "Al-Qušayrī" (possivelmente, penso, durante os seus primeiros anos no Caminho) por seguir a *Risāla*, a célebre epístola sobre os sufis de Al-Qušayrī[38] (986-1074 d.C.), e por dedicar-se à sua leitura e ao seu estudo. Parece, no entanto, que Al-Qušayrī é um dos autores que mais influíram na formação intelectual de Ibn ᶜArabī.

35. Assim, por exemplo, entre os inéditos de Ibn Barrajān, contam-se *Al-Sayyib*, *Al-Muḥsin* e *Al-Dahr*, todos eles compilados por Ibn ᶜArabī, cuja compilação apresenta ainda, entre outros, os Nomes originais *Al-Musaᶜᶜir*, *Al-Rafīq* e a variante *Al-Muḥsān* (que Gimaret não compila em seu ensaio). Pois bem, todos os mencionados – salvo *Muḥsin* – aparecem com prioridade na lista de Ibn Ḥazm.

36. Ver nota 34 supra.

37. AL-MARRĀKUŠĪ, Abū ᶜAbd Allāh Muḥammad b. Muḥammad. *Al-Ḏayl wa-al-takmila*. Beirut: Ed. Iḥsān ᶜAbbās, 1973. p. 493, n. 1277.

38. AL-QUŠAYRĪ, Abū al-Qāsim ᶜAbd al-Karīm b. Hawāzin (986-1074 d.C.), autor da *Risāla ilà jamāᶜa al-ṣūfiyya bi-buldān al-Islām*, escrita em 1046 d.C. e publicada no Cairo, em 1290 Hégira, com o comentário de Al-Anṣārī, em 4 v. Pode-se consultar também a edição intitulada *Al-Risāla al-qušayriyya*, Beirut, 1990. 477 p.

Em outra de suas obras, *Al-Fuṣūl fī al-uṣūl*[39], sucinta, porém um sumário completo de teologia dogmática *aš*c*arī*, em que cada seção (*faṣl*) – no total, 85 – se reduz a uma concisa frase, Al-Qušayrī consagra o *faṣl* n. 59 (p. 65-70) – única exceção quanto à sua extensão – à explicação dos Nomes divinos, definidos com breves sentenças, e, com algumas variantes, segue a ordem da lista de Walīd. Nesse opúsculo, Al-Qušayrī define *Al-Mujīb* como "Aquele que concede o solicitado" (*allaḏī yu*c*ṭī mā yus'al*)[40].

O capítulo dedicado ao Nome *Al-Mujīb* se reveste de maior interesse no seu *Comentário dos Belíssimos Nomes de Deus*[41], no qual Al-Qušayrī faz uma exegese dos 99 Nomes, novamente seguindo a ordem da lista de Walīd[42]. Cada seção contém uma definição, acompanhada de algum comentário escriturário, e dois ou três relatos que ilustram diversos aspectos do Nome considerado. O *Capítulo sobre o Significado do Nome Al-Mujīb* servirá de exemplo de seu estilo, e incluo a tradução integral das três belas histórias que exemplificam os seus comentários.

Diz Al-Qušayrī:

O Respondente é um dos Nomes de Allāh – Enaltecido seja. Ele disse – Exaltado seja – "Quando Meus servos te perguntarem por Mim, [diz que] estou perto [e] escuto a súplica daquele que pede quando Me invoca [...]"[43].

39. Ver a edição de R. M. Frank: AL-QUŠAYRĪ, Abū al-Qāsim cAbd al-Karīm b. Hawāzin. *Al-Fuṣūl fī al-uṣūl*. Ed. R. M. Frank. *MIDEO*, n. 16, p. 59-94, 1983.
40. Ibid., p. 68.
41. Id. *Šarḥ asmā' Allāh al-ḥusnà*. Utilizei a edição de Aḥmad cAbd al-Muncim al-Ḥulwānī, Cairo: Al-Azhar, 1970. p. 278-281, cotejando a com a cópia manuscrita Yeni Cami 705/22b-130b, datada de 865 Hégira (ver *Al-Mujīb*, ff. 88b-89b), cópia certamente precedida pela obra intitulada *Šarḥ al-asmā' al-ḥusnà*, de Ibn cArabī (Yeni Cami 705/1b-19a), que é apenas uma cópia a mais de seu *Kašf al-ma*c*nà*. Sobre a obra mencionada de Al-Qušayrī, ver GUIMARET, op. cit., p. 22-25. Na introdução ao *Šarḥ*, além de expor os princípios e métodos do *ḏikr*, Al-Qušayrī comenta sucessivamente seis versículos corânicos referentes aos Nomes, comenta a fórmula *lā ilāha illa Allāh* e o nome *Huwa*, "Ele", que designa a Ipseidade divina.
42. Isto é, a mais difundida das diferentes listas; a lista dos 99 Nomes que remonta à autoridade de Abū Hurayra, citada por Tirmiḏī em seus *Sunan* (Dacawāt 82) e definitivamente consagrada pelo uso (cf. GUIMARET, op. cit., p. 55-57; 73-77); lista que, com poucas variantes, foi também utilizada, entre outros, por Ġazālī, Rāzī, Ibn cArabī – em seu *Kašf* –, cAlī Hamadānī e Ibn cAbbād de Ronda, em seus comentários.
43. *Corão* II:186.

O Nome *Al-Mujīb*, referido a Allāh como sendo uma Sua qualidade, significa, portanto, que Ele acolhe a prece dos que Lhe imploram, e alivia[44] a necessidade dos que a Ele recorrem.

Disse Allāh – Enaltecido seja: "Vosso Senhor disse: Invocai-Me e vos escutarei"[45]. Uma das características de Sua benevolência consiste no conceder com antecipação o pedido e tornar realidade o desejo de Seu servo, após a prece, com o favor de Sua dádiva.

Seção (Faṣl) I

[Por outro lado,] consta em uma tradição profética que Allāh – Enaltecido seja – "se acanha em fazer retornar a mão de Seu servo vazia" após o pedido, e também que Ele – Exaltado seja –, "quando faz chegar rogos e necessidades às mentes de Seus amigos (*awliyā'*), satisfaz seus desejos antes mesmo que estes os formulem com suas línguas", embora seja possível que os faça passar por apertos até que, quando, já desesperados e desistindo, pensando que Ele não os está ouvindo, acode-os com a excelência de Sua afirmação[46] e o favor de Sua assistência.

A História da Farinha e da Serragem
(ilustra o que acaba de ser explicado)

Conta-se acerca de ᶜAṭā' al-Azraq – narra Al-Qušayrī – que, certo dia, os seus lhe deram duas moedas de prata e lhe disseram: "Vai e compra-nos farinha com esse dinheiro". [Aconteceu, porém, que, no caminho para o mercado,] ele viu um escravo chorando e, ao lhe perguntar por que estava nesse estado, chorando [daquele modo, o escravo] lhe respondeu: "Meu senhor deu-me duas moedas [de prata] para uma compra [urgente] e as perdi". [Ao ouvir isto,] ᶜAṭā' lhe deu as duas moedas que tinha e foi orar até o entardecer, na esperança de que sucedesse algo que o tirasse do apuro. Mas nada aconteceu.

44. No ms. lê-se *yusakkin*.
45. *Corão* XL:60.
46. Segundo o ms., *ījāb*. Ver infra nota 47 e nota 77.

Então, foi até a oficina de um seu amigo carpinteiro, que estava serrando tábuas, e contou-lhe o que acontecera, após o que o homem, que era pobre, disse-lhe: "Como não tenho mais nada para te dar, leva um pouco dessa serragem, que ao menos serve para acender o fogo". ᶜAṭā' pegou a serragem que seu amigo lhe ofereceu, colocou-a em sua bolsa e voltou para casa.

[Ao lá chegar,] abriu a porta, deixou a bolsa com a serragem no interior da casa e foi à mesquita fazer a oração da noite. Em seguida, passou a primeira parte da noite rogando para que, ao regressar, seus familiares já estivessem dormindo, a fim de que não o repreendessem nem com ele discutissem. Porém, ocorreu que, ao entrar em sua casa, encontrou-os fazendo pão. Surpreso, perguntou-lhes: "De onde pegastes a farinha?" "Nós a pegamos" – responderam – "daquela que trazias na bolsa, e [que é muitíssimo boa,] compra-a sempre na mesma loja!"

Seção (Faṣl) II

É possível que um homem se esforce em obter algo para algum dos amigos de Allāh (*awliyā'*) e não o consiga; depois de que Ele – Enaltecido seja – oferece e provê por outra via aquilo [que se buscava,] para que se saiba que Ele próprio cuida das necessidades de Seus amigos, sem pedir a ninguém para fazê-lo, e para fazer saber que Ele não humilha Seus amigos.

A História do Pão Quente
(exemplifica o que acaba de ser dito)

Conta-se que Al-Ḫawwāṣ relatava o seguinte:

Estava eu na mesquita quando vi um homem pobre que permaneceu em silêncio durante três dias seguidos, sem se mexer, sem comer nem beber. Fiquei observando-o e com ele aguardei, [mas ao cabo de três dias eu já não agüentava mais] e, surpreso com sua perseverança, aproximei-me e lhe perguntei: – O que desejas? Ele respondeu: – "Um pão quente e um assado".

Saí, então, e durante o dia todo tentei conseguir o que ele havia pedido, porém, sem resultado. De modo que voltei à mesquita [com as mãos vazias e, depois de entrar], fechei a porta por dentro.

Quando já havia passado boa parte da noite, alguém bateu à porta. Fui abrir e dei com um homem que carregava um pão ainda quente e um assado. Quando lhe perguntei a causa daquilo, ele disse: – "[É que] meus filhos me importunaram com bobagens, discutimos e decidi que apenas a gente desta mesquita comeria isto."

[Ao ouvir isto,] pensei: – Deus meu! Na verdade, se tivesses querido fazer chegar este alimento antes, não me terias feito dar tantas voltas durante o dia todo.

Seção (Faṣl) III

Poderia ainda suceder que um dos amigos de Allāh procurasse [a satisfação de uma necessidade] com um pedido aparentemente dirigido à criatura (*ḫalq*) [– ao homem –]; mas, na realidade, o seu pedido foi dirigido à divina Realidade (*al-Ḥaqq*), [tal como ilustra esta história]:

História de Ḥuḏayfa al-Mar^cašī e a Conversão do Jovem Cristão

Conta-se que Ḥuḏayfa al-Mar^cašī relatava o seguinte:

Estava eu com Ibrāhīm b. Adham em certa viagem, quando chegamos à cidade de Kūfa e fomos nos abrigar numa mesquita em ruínas. [Uma vez ali, Ibrāhīm] olhando-me exclamou: – "Ḥuḏayfa! Vejo que estás com fome". Ao que eu lhe respondi: – Com efeito, é certo o que vê o mestre. – "Trazeme" – disse então – "tinteiro e papel". Levei-lhe tudo em seguida e ele escreveu o seguinte:

"Em Nome de Allāh, o Compassivo, o Misericordioso:

Tu és Aquele a Quem se procura em qualquer estado e Aquele a Quem se refere qualquer significado.

(1) Sou quem louva, agradece e rememora;
sou quem está faminto, desfalecido de sede e desnudo.

(2) Destas seis condições, sou responsável pela metade,
sê Tu responsável pela outra metade, ó Criador!
(3) Meu louvor a outro que não fosses Tu seria uma chama
de fogo que prenderas.
Livra Teus servos da entrada no fogo!"

Em seguida, deu-me a folha escrita e disse: – "Vai e entrega-a a quem primeiro encontrares". Vi um jovem de rosto belo e vestes limpas montado em uma mula. Dirigi-me a ele – relata Ḥuḏayfa – e dei-lhe a folha. Ao lê-la, ele pôs-se a chorar e me perguntou: – "Onde está o autor [deste escrito]?". – "Naquela mesquita" – respondi. Ele, então, deu-me uma bolsa com seiscentos dinares, dizendo: "Leva-a para ele". Perguntei a outro homem, [que por ali passava,] quem era aquele que montava aquela mula, e ele respondeu-me que era um cristão.

Surpreso com o ocorrido, levei a bolsa a Ibrāhīm e contei-lhe o que acontecera. "Bem, deixa isso agora" – disse ele – "porque o jovem já está chegando". E, efetivamente, o homem não demorou a chegar, beijou a cabeça do mestre e exclamou: "Com que justeza e retidão me aconselhastes! Convertei-me ao Islã!". E, desse modo, o jovem se converteu e, como a alusão do mestre era verídica, obteve de suas bênçãos o que obteve.

O Nome *Al-Mujīb* em *Al-Maqṣad al-asnà*, de Abū Ḥāmid al-Ġazālī

Ibn ᶜArabī, na conclusão de seu *Kašf*, afirma que esse seu tratado, do qual falaremos mais adiante, é um resumo (*muḫtaṣar*) da mencionada obra de Al-Ġazālī. Embora tanto a estrutura como a terminologia e o conteúdo das obras dos dois sejam completamente distintos, Ibn ᶜArabī expressa, a meu ver, a idéia de uma fonte de inspiração comum. Além disso, parece aludir ao fato de que, assim como Ġazālī, segue em seu tratado a mesma ordem da lista de Walīd.

Em seu *Al-Maqṣad al-asnà*, o *Livro do mais Sublime Desígnio*[47], Al-Ġazālī divide o comentário de cada Nome em duas seções. Na primeira,

47. AL-ĠAZĀLĪ, op. cit., 1971. p. 129 (p. 85 da edição do Cairo, 1904). Há uma edição cipriota posterior, mas é só uma reimpressão da de Beirute, desprovida de aparato crítico e notas. Em seu estudo sobre a obra de Al-Ġazālī, Asín Palacios resume o conteúdo deste tratado, o *Libro del más sublime designio, que explica el sentido de los Bellísimos Nombres de Dios*. Do nome

explica e define o significado do Nome em relação ao divino e, na segunda, chamada *tanbīh* – que significa "advertência", "aviso" ou "conselho" –, comenta o necessário para que o leitor tome consciência de sua situação, suas possibilidades e seus deveres para com o Nome em questão. Vejamos, sem mais preâmbulos, o que – ao basear-se, direta ou indiretamente, na definição de Qušayrī – diz Ġazālī sobre *Al-Mujīb*:

> O Complacente (*Al-Mujīb*)[48] é Aquele Quem acolhe e responde com [Sua] assistência à prece daquele que pede, [atende] à súplica dos que oram com [Sua] resposta, e [satisfaz] a necessidade dos aflitos [de alguma carência], concedendo-lhes a suficiência. De fato, *Al-Mujīb* outorga inclusive antes do chamado e concede Seu favor com antecipação à súplica, [tudo] o que pode ser atribuído somente a Allāh – Enaltecido seja –, pois Ele conhece a carência dos necessitados antes de seus pedidos: [na verdade,] já a conhecia desde a eternidade, de modo que dispôs e ajustou as causas [secundárias requeridas] para satisfazer as necessidades, criando as refeições e os alimentos, e facilitando as causas e os instrumentos que conduzem à obtenção de todos os pedidos.

A seguir, no "conselho" (*tanbīh*), Ġazālī comenta alguns aspectos da relação do homem com este nome. Diz assim:

> O servo deve ser, em primeiro lugar, "complacente" (*mujīb*) com o seu Senhor – Exaltado seja – no que concerne ao que lhe fora ordenado ou proibido de fazer, e no que concerne ao que lhe fora incumbido e solicitado; além disso, [deve também ser "complacente"] com os servos, em virtude da capacidade com que Allāh o favorece, ao atender a tudo o que ele pede quando solicita, se tiver tido a capacidade de fazê-lo; e ser cortês e benevolente ao responder, caso não lhe seja possível [satisfazer o pedido]. Allāh – Enaltecido seja – diz: "Ao que pede, pois, não o rejeites!"[49]; e o Enviado

"O Complacente" (*Al-Mujīb*) diz: "Deus escuta e atende aos rogos e petições de suas criaturas; e mais, se apressa a satisfazer suas necessidades". Cf. ASÍN PALACIOS, Miguel. *El justo medio en la creencia*: la teología dogmática de Algacel. Madrid, 1929. Apêndice III, p. 435-471. É de especial interesse, no que respeita ao nosso tema, o artigo quarto dos prolegômenos, sobre "A perfeição e a felicidade do homem que consiste em adquirir por imitação as virtudes divinas e em revestir-se com as perfeições significadas pelos atributos e nomes de Deus, na medida do possível" (p. 436), cujo princípio Asín Palacios resume nestes termos: "Triplo fruto que os profanos podem tirar dos nomes divinos: ouvir seu som, entender seu sentido literal e crer neles com fé cega. Triplo e mais valioso fruto que tiram os místicos: penetrar pela meditação em seu sentido esotérico, desejar adquirir a perfeição espiritual que o nome divino implica e esforçar-se para adquiri-la de fato". Cf. AL-ĠAZĀLĪ, op. cit., 1971, p. 42-44.

48. *Al-Mujīb* significa "O Respondedor, O Complacente, Aquele que satisfaz". Cf. IBN ᶜARABĪ, op. cit., 1996, p. 181.

49. *Corão* XCIII:10.

de Allāh – que Ele o bendiga e salve – disse: "Se fosse convidado a comer cascos de rês, eu aceitaria; e se me oferecessem uma pata de ave, eu a aceitaria."[50] Sua assistência aos convites e sua aceitação das ofertas [– inclusive quando não são desejáveis –] representam, de sua parte, o máximo da honraria e a [devida] conformidade (*ījāb*)[51]. Quantas pessoas vis e orgulhosas se consideram [em sua vaidade] demasiado elevadas para receber um presente [que lhes foi ofertado] e não consentem [em seu desdém] em aceitar qualquer convite! [Tais pessoas], ao contrário, preservam sua "dignidade" e seu "orgulho", sem se preocuparem com [a repercussão de sua recusa no] coração de quem as convida, mesmo ferindo desse modo [seus sentimentos]. Tal pessoa não participa de modo algum do significado deste nome[52].

Principais Obras de Ibn ᶜArabī sobre os Nomes

Até aqui comentei os precursores de Ibn ᶜArabī. Analisarei, em seguida, algumas obras do *Šayḫ*, traduzindo os correspondentes capítulos que ele dedica ao nome *Al-Mujīb*.

Kitāb al-ᶜAbādila

Kitāb al-ᶜAbādila (Livro dos Nominados ᶜAbd Allāh [Servos de Deus]) é uma obra muito peculiar que requer consideração especial. Após um breve prólogo, a modo de introdução, em que se alude ao propósito, ao conteúdo e à estrutura do tratado, Ibn ᶜArabī apresenta uma série de comentários e sentenças esotéricas de temas diversos, atribuídos a uma sucessão de per-

50. *Ḥadīṯ* recolhido por Muslim, *Nikāḥ* 104.
51. Parece que é sugerida a relação semântica entre a raiz *j-w-b* e a raiz *w-j-b*.
52. AL-ĠAZĀLĪ, op. cit., 1971, p. 129. Existe uma tradução parcial para o inglês realizada por R. Ch. Stade, *Ninety-nine Names of God in Islam*. Ibadan, Nigeria: Daystar Press, 1970. 138 p., correspondente ao primeiro capítulo da segunda parte (*fī al-maqāṣid*) do *Maqṣad* (p. 63-181 da ed. de Beirute), que contém a explicação dos 99 Nomes (ver *al-Mujīb* nas p. 87-88 da tradução e p. 129 da edição libanesa). Mais recentemente, surgiu a tradução inglesa completa: AL-ĠAZĀLĪ. *The Ninety-nine Beautiful Names of God*. Tradução e Notas de D. B. Burrell e N. Daher. Cambridge: The Islamic Texts Society, 1992. (ver p. 115-116).

sonagens simbólicos, nominados todos eles com o nome próprio de ᶜAbd Allāh, o nome "totalizador" (*ism jāmiᶜ*). A genealogia desses personagens pontualiza dois graus sucessivos de filiação (filho de... filho de...), mencionando, geralmente, um Nome divino (sempre precedido pelo termo *ᶜabd*) e um nome de profeta ou *walī*, respectivamente ou ao contrário.

Cada um desses *ᶜAbādila*, ou *Servos de Allāh*, encabeça – e dá o título, por assim dizer – a série de máximas e ditos de sabedoria que lhes são atribuídos, nos quais se manifesta o seu caráter específico. Em vão buscaremos correspondências ou identidades históricas: cada ᶜAbd Allāh representa – como mostrou Chodkiewicz[53] – uma modalidade particular de santidade e de conhecimento espiritual.

É possível dizer que as diversas tipologias espirituais têm, no tocante ao nome ᶜAbd Allāh, uma relação análoga, em outra ordem, à que têm os Nomes divinos no tocante ao nome Allāh, que contém todos os demais.

No texto do *Kitāb al-ᶜAbādila*, a relação estabelecida em cada caso entre um Nome divino e o nome de um *walī* ou de um profeta constitui uma espécie de alusão esotérica (*išāra*) cujo significado, na maioria dos casos, é difícil de ser destrinchado[54].

Vejamos agora a seção em que é tratada a *ijāba*. Em minha cópia do manuscrito Ayasofya 4817/1-61b, de Istambul, que está completo, como também em outras cópias completas, com um total de 117 seções, a de número 76 corresponde a ᶜAbd Allāh b. Alyasaᶜ b. ᶜAbd al-Mujīb (ff. 44-44b).

O nome próprio Alyasaᶜ – identificado a Eliseu – é mencionado duas vezes no *Corão*[55] – após a prévia menção a Ismāᶜīl, em ambos os casos –,

53. Cf. CHODKIEWICZ, M. *Un océan sans rivage. Ibn ᶜArabī, le livre et la loi*. Paris: Seuil, 1992. p. 107.

54. Por vezes, tal relação tem um claro fundamento escriturário, isto é, um referente textual contido no *Corão* ou na *Sunna*. Em alguns casos, tem uma origem semântica e provém da associação léxica, por exemplo, de uma raiz trilítera comum (por exemplo, nº 39, Muḥammad / ᶜAbd al-Ḥamīd; nº 59, Mawhūb / ᶜAbd al-Wāhib... Ver o apêndice "Lista de capítulos do *Kitāb al-ᶜAbādila*" em minha tese de doutoramento, recentemente publicada: BENEITO, Pablo. *Los Nombres de Dios en la obra de Muḥyiddīn Ibn al-ᶜArabī*. Madrid, 2001. Tese (Doutoramento) – Universidad Complutense de Madrid, Madrid. 2001. CD-ROM. No entanto, em numerosos casos a natureza alusiva dessa relação parece ligada a uma intuição cujo fundamento é difícil de estabelecer.

55. *Corão* VI:86: "E Ismael e Eliseu e Jonas e Lot. E a todos eles Nós distinguimos dentre os homens [de seu tempo]." *Corão* XXXVIII:48: "E lembra Ismael, Eliseu e Ḏū al-Kifl, todos eles dentre os melhores."

sem que se diga nada específico acerca dele. Sobre Eliseu, filho de Safat, que acompanhava Elias quando este foi arrebatado ao céu, consultar na Bíblia o livro II dos *Reis*[56]. Cabe lembrar aqui que algum autor associou Eliseu a Ḫaḍir[57]. Não obstante, no *Kitāb al-ᶜAbādila*, o autor distingue nitidamente os nomes de todos os personagens – Elias, Idrīs ou São Jorge – os quais algumas fontes identificam a Ḫaḍir. Contudo, Ibn ᶜArabī reconhece em Ḫaḍir a sua condição de "enviado" (*rasūl*), e ele é um dos quatro seres – junto a Jesus, Elias e Idrīs – que subsistem corporalmente neste mundo e que são considerados os quatro Pilares (*awtād*)[58].

Nessa obra, o nome de Alyasaᶜ surge em outras três ocasiões[59], associado aos Nomes *Al-Ġafūr*, *Al-Salām* e *Al-Hādī*, além de *Al-Mujīb*, e, portanto, às noções de "perdão", "paz", "guia" e "resposta".

O capítulo, que em seguida traduzo, correspondente a ᶜAbd Allāh b. Alyasaᶜ b. ᶜAbd al-Mujīb, pode ser considerado um comentário da noção de *ijāba* baseado, principalmente, em versículos corânicos de diversas passagens, direta ou indiretamente relacionados com o tema. Traduzo as oito sentenças que compõem esta seção:

56. Veja-se II *Reis* 2 – que relata a ascensão de Elias e sua relação com Eliseu, sobre quem, segundo os filhos dos profetas que havia em Jericó, repousa o espírito daquele (versículo 15); e II *Reis* 3-13, que conta a sua história e os seus prodígios.
57. Ver o artigo de WENSINCK, A. J. Al-Ḫaḍīr. In: THE ENCYCLOPAEDIA of Islam (EI²). Leiden: E. J. Brill, 1990. vol. IV, p. 902-905.
58. Cf. CHODKIEWICZ, M. *Le Sceau des saints. Prophétie et sainteté dans la doctrine d'Ibn Arabī*. Paris: Gallimard, 1986. p. 119. Ibn ᶜArabī distingue Elias e Ḫaḍir, que são mencionados separadamente em várias das genealogias dos *ᶜAbādila* (ver "Lista...", nº 2 e nº 40), razão por que também fica descartada, em princípio, a possibilidade de que o nome Alyasaᶜ se refira ao mesmo Ḫaḍir.
59. O nome desse personagem corânico surge nas genealogias simbólicas dos seguintes *ᶜAbādila*: 1. ᶜAbd Allāh b. Alyasaᶜ b. ᶜAbd al-Ġafūr (nº 42; f. 28b); 2. ᶜAbd Allāh b. Alyasaᶜ b. ᶜAbd al-Salām (nº 52; f. 34b); 3. ᶜAbd Allāh b. Alyasaᶜ b. ᶜAbd al-Hādī (nº 95; f. 52). Com o estudo dessa obra é possível estabelecer, como nesse caso, quais os nomes divinos que Ibn ᶜArabī associa a cada modalidade espiritual e, inversamente, quais as modalidades que ele associa a cada nome. Por exemplo, ao nome *al-Muṣawwir* se associam os nomes de Adão (nº 56) – alusão ao *ḥadīṯ* que se refere à criação de Adão "segundo a forma (*ṣūra*)" de Deus – e de ᶜAbd Allāh (nº 100) – nome que se refere a Muḥammad como Homem Perfeito e servo *totalizador*, cuja realidade muḥammadiana, segundo um conhecido *ḥadīṯ*, precede à criação de Adão e cuja profecia, absoluta atualização da forma (*ṣūra*), completa o ciclo profético iniciado por aquele. É evidente que tais relações não são nem gratuitas nem o resultado de vagas associações. Um exemplo óbvio da significação de tais associações pode ser observado na associação do nome de Jesus aos nomes *al-Bāri'*, *al-Rafīᶜ*, *al-Wāriṯ* e *al-Muġīṯ* (ver n. 5; 66; 78 e 103, respectivamente), nomes que aludem tanto a seu carisma quanto a suas funções escatológicas.

ᶜAbd Allāh b. Alyasaᶜ b. ᶜAbd al-Mujīb

1. Diz[60]: Quem [senão Ele] escuta o necessitado quando este O invoca?[61] e [ao dizer isto] não distingue uma religião de outra[62], já que [escuta a invocação e] a resposta se deve [somente] ao estado de necessidade [de quem invoca]. Agora que te tornei consciente disto, não te deixes levar pelo engano [sobre isto].
2. Diz: O olhar [e a consideração] do Real (*al-Ḥaqq*) para com os estados não [são idênticos] a Seu olhar [e consideração] para com as palavras e as obras[63].
3. Diz também: Não se concebe uma negativa do verdadeiro servo, que assume a restrição própria de sua servidão, em relação ao que lhe é solicitado por seu senhor (*sayyid*); e, [do mesmo modo], à realidade [essencial] de nossa condição de servos não corresponde liberdade alguma [em relação a nosso Senhor], tampouco a alforria a suprime, pois, de modo algum, dela não há liberação [possível].
4. [Poder-se-ia dizer que] do servo associador se emancipa o que [dele] corresponde à existência engendrada, mas não [que se emancipa] o que pertence à [divina] Realidade (*al-Ḥaqq*), e, na verdade [em última instância], quando morrer seu senhor (*sayyid*)[64], há de retornar a Allāh o quanto dele pertence à existência engendrada, tal como dispõe o estatuto da herança, [segundo a Sua Palavra]: "Nós herdaremos a terra e quem a habita"[65], cujo texto diz "quem" (*man*), [não "o que", e o pronome pessoal indeterminado] "quem" faz referência a seres dotados de intelecto [não a animais ou coisas. A seguir acrescenta o versículo]: "E a Nós

60. Entende-se que é o servo que dá título a cada seção; neste caso é ᶜAbd Allāh b. Alyasaᶜ b. ᶜAbd al-Mujīb quem fala a partir do conhecimento particular que sua específica modalidade espiritual lhe confere.
61. *Corão* XXVII:62.
62. Mas refere-se ao necessitado em geral, qualquer que seja sua religião.
63. Literalmente "O olhar do Real (Deus) sobre os estados não é (idêntico ao) Seu olhar sobre as palavras e as obras".
64. Quer dizer, o corpo elemental – comparado a um domínio territorial em usufruto – emancipa-se ao desobedecer, seguindo suas tendências, ao senhor que temporalmente o governa como delegado – o espírito –, cuja partida fará que o corpo volte necessariamente à terra que Deus, segundo o versículo corânico, "herda".
65. Literalmente "e quem sobre ela está". *Corão* XIX:40.

serão devolvidos"[66]. Assim, portanto, o servo e tudo o que ele possui pertencem a seu senhor, e [também] o seu governo a ele pertence, uma vez que a servidão é total[67].

5. Diz [ainda]: A quem responde ao chamado do Real (*al-Ḥaqq*) quando Ele o chama por meio da Lei revelada (*lisān al-Šarᶜ*) – e [Allāh] chama [de fato] só por meio dela[68] –, o Real atende [e satisfaz] quando Lhe é pedido[69]. Assim, dize a seus servos crentes: "Escutai Allāh e o Enviado quando vos exortam [...]"[70], já que nem Ele – Exaltado seja – nem Seu Enviado vos exortam, a não ser para "aquilo que vos vivifica"[71].
6. E diz: Como já o sabeis, e segundo está disposto em vossa doutrina, "em Sua mão – Enaltecido e Louvado seja – está a Soberania (*Malakūt*) de todas as coisas"[72], e Ele tem [total] autoridade sobre todas elas.
7. Diz: "A Ele tudo retorna (*al-amr kullu-hu*). Serve-o, portanto [...]", ó tu que escutas, "e confia n'Ele"[73] quando te solicita, pois Ele não está desatento quanto às obras de seus servos.
8. E diz [assim mesmo]: Quem responde quando é chamado[74], é ouvido quando chama; e Allāh responde [ao servo] quando [este] o chama, e inclusive lhe respondeu na língua de Seu Enviado[75] – Deus o bendiga e salve.

66. *Corão* XIX:40.
67. Sobre a noção de *ᶜubūdiyya*, "servidão", e outros termos afins como *ᶜibāda*, "serviço", e *ᶜubūda*, "servitude", na obra de Ibn ᶜArabī, ver CHITTICK, op. cit., p. 310-311; CHODKIEWICZ, op. cit., 1992, p. 152-153, e ḤAKĪM, Suᶜād. *Muᶜjam al-ṣūfī: al-ḥikma fī ḥudūd al-kalima*. Beirut: Dandala Publishers, 1981. p. 774-778.
68. Outra possível tradução, na falta de uma edição crítica, seria: "Quem escuta o chamado de Deus quando O chama na linguagem da revelação, e somente pede por Ele [...]". Nesse sentido, poder-se-ia compará-lo à sentença de Raimundo Lúlio: "Nada pede quem não pede por Deus".
69. Aqui se reitera a preposição *fī*, de modo que a expressão *fī mā daᶜā-Hu fī-hi* pode significar também "[Deus o satisfaz] naquilo que ele Lhe pede (literalmente) na língua da Lei", ou seja, nos termos da revelação, se entendemos que o pronome se refere a "língua" (*lisān*).
70. *Corão* VIII:24.
71. *Corão* VIII:24.
72. *Corão* XXIII:88.
73. *Corão* XXI:123.
74. Literalmente "A quem foi respondido quando foi chamado [...]".
75. Cabe também traduzir "e [Deus] responde [ao servo] quando o chama", ou "e [o servo] responde [a Deus] quando ele O invoca e inclusive a Ele responde na língua de Seu enviado". A vantagem dessa ambigüidade nas referências pronominais consiste, precisamente, em dar significado a todas essas possibilidades simultaneamente.

Essa breve tradução reflete bem o estilo e a estrutura da obra. Sem nos determos na análise das sentenças traduzidas, vejamos agora o extenso comentário sobre este nome no cap. 558 de *Futūḥāt*.

Seja no exposto seja na concisa definição que figura na denominada *Presença das Presenças que congrega os mais belos nomes* (*Ḥaḍrat al-Ḥaḍarāt al-jāmiᶜa li-al-asmā' al-ḥusnà*)[76] de *Al-Futūḥāt* – cuja tradução pode ser consultada mais adiante[77] – ou no capítulo nº 45 de *Kašf al-maᶜnà*, dedicado ao nome *Al-Mujīb*, perfila-se o conceito de *ijāba*, que, segundo revelam estes textos, inclui três noções: "escuta", "resposta" e "satisfação". Sendo assim, ao dizer que Deus é *Mujīb*, faz-se referência a três aspectos distintos e complementares: (1) Deus escuta o chamado ou a prece; (2) Deus responde à petição ou à súplica; (3) Deus satisfaz a necessidade. Na tradução, segundo o contexto em que aparece o termo, põe-se ênfase em uma dessas acepções; no entanto, convém não esquecer que todas elas se implicam mutuamente, razão por que, às vezes, se traduz *ijāba* pelo par "escuta e resposta".

A Divina Presença da Satisfação[78]
(Ḥaḍrat al-Ijāba)
(Poema preliminar)[79]

1 Sê complacente quando Deus te chama;
escuta Seu chamado e obedece.
2 Preserva o segredo! Ó amigo [de Allāh]!
Não divulgues aquilo com o que vos terá distinguido!
3 E quando te chamar por algo que concerne [outra] pessoa,

76. Cf. IBN ᶜARABĪ. *Al-Futūḥāt al-Makkiya* (As Iluminações de Meca). Ed. Beirut. IV, p. 324, lss. 9-11.
77. Ver id., 1996, "Comentário sobre os mais belos nomes divinos", nº 47.
78. Tradução integral do capítulo intitulado "A Presença da Satisfação", correspondente ao nome divino *al-Mujīb*. Ver id. *Al-Futūḥāt al-Makkiya* (As Iluminações de Meca). Ed. Cairo. 1911 d.C.-1329 Hégira. (Reimp. Beirut, [s.d.]). vol. IV, p. 255-56; Cairo: Ed. Dār al-kutub al-ᶜarabiyya al-kubrà, 1876 d.C.-1293 Hégira. vol. IV, p. 327-329; ms. Evkaf Müzesi 1876 (vol. 32)-manuscrito autógrafo, Damasco, 636 Hégira, ff. 118a-120a.
79. Metro *ḫafīf*.

atende e faz o que te pede.
4 Não sejas como aquele que a Ele chega cheio de cobiça
e, quando obtém benefício, dilapida[-o].
5 Todo aquele cujas coisas são desperdiçadas
há de chegar a um temível encontro [para ele].

Sobre a Receptividade (Infi^{c}āl)

"Chama-se 'Servo do Complacente' aquele que acede a esta [Presença] e [esta Presença] se denomina Presença da Paixão ou Receptividade (*infi^{c}āl*), pois quem dela participa recebe incessantemente, como paciente (*munfa^{c}il*), [as impressões do agente] – e a isto se refere o que dizem [os filósofos] sobre os predicamentos (*maqūlāt*)[80] [quando afirmam] que [algo] é passivo –, o que é uma propriedade que não se afirma nem se demonstra em relação à razão (^{c}*aql*), mas unicamente em relação à Lei revelada (*Šar^{c}*), já que é só aceita pelo atributo da fé, para cuja luz se manifesta e por cujo olho se percebe".

O *Šayḫ* continua dissertando acerca da receptividade e alude à obrigatoriedade de Sua resposta. Em seguida comenta o caráter mediador do Profeta:

"Diz Allāh – Enaltecido seja –: 'Quando Meus servos te perguntarem por Mim, estarei por perto [...]', a saber, [perto] de vós, e não há nada mais próximo que a relação da paixão (*infi^{c}āl*), pois a criação [– e o homem enquanto criatura –] (*ḫalq*) é por essência paciente e receptivo (*munfa^{c}il bi-al-ḏāt*), e o Real (*al-Ḥaqq*) é cá paciente e receptivo em relação a [outro ente] paciente (*munfa^{c}il ^{c}an munfa^{c}il*), já que atende complacente (*mujīb*) à demanda (*su'āl*) e ao chamado (*du^{c}ā'*), [pois diz]: '[...] e escuto a oração daquele que ora (*dā^{c}ī*) quando Me invoca [...]' – [com o qual] Ele [próprio]

80. Em linguagem filosófica, esse nome se aplica, com distintos matizes, aos conceitos que permitem uma primeira classificação, em grupos bem amplos, de todos os seres reais e mentais. Para Aristóteles, as categorias eram as dez noções seguintes: substância, quantidade, qualidade, relação, ação, paixão, lugar, tempo, situação e hábito. A paixão (*infi^{c}āl*, lat. *passio*), oposta à ação (*fi^{c}l*, lat. *actio*), é definida por Avicena como "a relação da substância com uma disposição que há nela por esta qualidade, como a de ser cortada ou aquecida". Em relação à predicação "qualidade", a paixão designa as qualidades variantes por oposição às qualidades duradouras. Cf. GOICHON, Amélie-Marie. *Lexique de la Langue Philosophique d'Ibn Sīnā*. Paris: Desclée, de Brouwer, 1938. p. 277-278.

prescreve a escuta e a resposta (*Huwa al-mūjib li-al-ijāba*)[81] – [e acrescenta]: '[...] Que Me escutem, pois!'[82] quando os chamo! E [entenda-se que] Deus não os chama para Ele senão por meio da linguagem da Lei revelada (*lisān al-Šarᶜ*)[83] e não os chama senão por eles próprios (*bi-him*).

De fato, ao dizer 'Quem obedece ao Enviado obedece a Allāh'[84], Deus se reveste do Enviado e estabelece que [a Lei] não veio dele [– do Profeta –], mas por meio dele; já que não há quem tenha distinguido [a Lei], nem tenha contemplado a criação enviada (*ḫalq mabᶜūṯ*) a eles [– o *Corão* –] senão o Enviado, cujo exterior manifesto é criação [– ser humano criatural –] (*ḫalq*), mas cujo interior oculto é [divina] Realidade [essencial] (*Ḥaqq*). [No mesmo sentido,] referindo-se ao Pacto [ou juramento de fidelidade ao Profeta] (*bayᶜ*), disse: '[Os que te juram fidelidade] em verdade só juram a Allāh'"[85].

Agente e Paciente

"Na existência engendrada (*kawn*) só há agente e paciente (*fāᶜil wa-munfaᶜil*): (A) o agente (*fāᶜil*) é (1) a Realidade, o Verdadeiro (*al-Ḥaqq*), segundo Sua Palavra: '[...] Deus criou a vós e o que fazeis'[86]; mas [também] (2) a criatura (*ḫalq*) é agente, segundo a Sua Palavra: 'Que grata é a recompensa dos que obram [bem]!'[87] [e a Sua Palavra]: 'Fazei o que quiserdes! Ele vê bem o que fazeis'[88].

[Por outro lado,] (B) o [ente] paciente (*munfaᶜil*) é [ou a] (1) criatura (*ḫalq*), o que é sabido [e manifesto, ou a] (2) criação na Realidade (*ḫalq fī Ḥaqq*)[89], como é o caso da resposta (*ijāba*), [ou a] (3) Realidade na criação

81. Ver nota 42 supra.
82. *Corão* II:186.
83. Ver supra *Kitāb al-ᶜAbādila* 76: 5.
84. *Corão* IV:80.
85. *Corão* XLVIII:10.
86. *Corão* XXXVII:96.
87. *Corão* III:136.
88. *Corão* XLI:40.
89. Sobre a oposição estabelecida entre o termo *Ḥaqq* – nome e adjetivo que designa "*o* Real", a "Verdadeira Realidade", Deus como entidade da existência, empregado freqüentemente como sinônimo de "Allāh" – e o termo *ḫalq* – "criação", "criaturas", o homem como ser criatural, que não tem realidade por si próprio –, ela é análoga à contraposição dos termos Allāh/ᶜabd-Deus/servo. Ver CHITTICK, op. cit., p. 132-133, e ḤAKĪM, op. cit., p. 426 (4).

(*ḥaqq fī ḫalq*), por aquilo que os artigos de fé contêm (*ᶜaqā'id*) acerca dos atributos de Allāh, ou então, [por último,] (4) a criação na criação (*ḫalq fī ḫalq*), pela ação que exercem as energias espirituais (*himam*) nas criaturas, produzindo movimento ou repouso, reunião ou separação".

Esquematicamente, esta é a classificação que o *Šayḫ* propõe:

A. *Fāᶜil*:
 1 *Ḥaqq*
 2. *Ḫalq*

B. *Munfaᶜil*:
 1. *Ḫalq*
 2. *Ḫalq fī ḥaqq*
 3. *Ḥaqq fī ḫalq*
 4. *Ḫalq fī ḫalq*

O autor continua sobre os dois tipos de *ijāba*:

"Depois disso, deves saber que há duas classes de resposta: (1) a resposta de acatamento (*ijābat imtiṯāl*), que é a resposta das criaturas (*ḫalq*) concernente à exortação ou pedido do Real (*al-Ḥaqq*); (2) a resposta de graça (*ijābat imtinān*), que é a resposta do Real ao pedido das criaturas. [A primeira,] a resposta das criaturas, é inteligível (*maᶜqūla*), enquanto [a segunda,] a resposta do Real, é transmitida (*manqūla*) [na revelação], por ser o próprio Allāh [...] Quem, por meio dela nos informa acerca de Si."

Sobre a Proximidade de Deus
e a Prontidão da Escuta

"Quanto à Sua atribuição [a Si próprio do atributo] da proximidade (*qurb*) em relação à escuta-resposta (*ijāba*) [quando diz: '[...] estou perto (*qarīb*) e atendo [...]']⁹⁰, [esta] é análoga à descrição que de Si próprio faz quando diz

90. *Corão* II:186.

que Ele está mais próximo ao homem 'que a veia jugular'[91], [descrição] na qual compara Sua proximidade, em relação a Seu servo, com a proximidade do ser humano, em relação a si próprio, quando este se propõe fazer uma coisa qualquer e a realiza, sem que sirva de intermediário entre a solicitação[92] e a resposta, que é a escuta (*samā^c*), lapso de tempo algum, já que o instante da chamada (*du^cā'*) é o [próprio] instante da escuta-resposta (*ijāba*)[93].

Assim, a proximidade de Allāh, ao atender a Seu servo, é [igual à] proximidade do servo ao atender [sua própria solicitação,] quando a si mesmo se dirige".

Acerca da Correspondência entre o Pedido do Servo para Si Próprio e para Deus

"Assim mesmo, [inversamente,] o que [o servo] pede a si próprio se assemelha, de modo imediato, àquilo que o servo solicita de Seu Senhor relativo a uma necessidade específica, e o [seu Senhor] poderá realizar o pedido, ou poderá não fazê-lo, assim como o servo, ao incitar a si próprio [a fazer algo] em relação a um assunto qualquer, em algumas ocasiões realiza o pedido, em outras, não o realiza em função de algum motivo acidental [que o impede]".

Sobre a Divina Reticência Comparada à Vacilação Humana e sobre a Suspensão da Resposta

"Essa semelhança (*šibh*) ocorre unicamente [no caso do ser humano] por ter ele sido criado segundo a Forma [divina] (*ṣūra*) e se funda [no fato de que] Ele se descreveu a Si próprio[94], atribuindo-se a reticência ou vacilação (*taraddud*) quanto às coisas, o que explica o significado da dependência na resposta (*tawaqquf fī al-ijāba*), [pois a resposta depende] do que Allāh pede de Si próprio em relação ao que faz no caso particular do servo [que pede algo contrário ao divino decreto].

91. *Corão* L:16.
92. Nesse caso, a formulação interna do propósito de atuar.
93. A *ijāba* é, pois, "comunicação efetiva imediata".
94. Ver infra o *ḥadīṯ* relativo à vacilação (*taraddud*).

Isto [– a vacilação divina e, conseqüentemente, a suspensão da resposta –] foi afirmado [por Ele] ao referir-Se à Sua ação de tomar com o punho (*qabḍ*) a alma ou o sopro vital (*nasama*) do crente [segundo se relata no *ḥadīṯ* que diz[95]: 'Nunca vacilo em coisa alguma que Eu faça tanto quanto vacilo ao tomar a alma do crente que detesta a morte, pois Eu detesto prejudicá-lo']"[96].

De modo que [perante essa situação, na qual] o crente (*mu'min*) detesta a morte e Deus detesta afligir o crente, diz Allāh de Si próprio – Exaltado seja –: 'Nunca vacilei em coisa alguma que tenha feito [tanto quanto vacilo [...]]', e com isso Se atribui a vacilação quanto às coisas (*taraddud fī ašyā'*) e, a seguir, estabelece uma comparação com a divina reticência (*taraddud ilāhī*) [que expressou] – Enaltecido seja – ao dizer ['Nunca vacilei [...]] com [uma vacilação comparável à] Minha reticência a tomar a alma de um homem de fé [...]'. Isso é semelhante [ao que sucede] a quem se dispõe a fazer algo, [mas] em seguida vacila, até decidir-se por alguma [das possibilidades] que o fazem vacilar".

Sobre os Tipos de Petição
ou Prece (Duᶜā')

"Há dois tipos de petição:

(1) A petição por meio da linguagem articulada e da palavra (*duᶜā' bi-lisān nuṭq wa-qawl*), e (2) a petição por meio da expressão tácita do estado (*duᶜā' bi-lisān ḥāl*)[97].

A petição de palavra (1) é própria do Verdadeiro (*al-Ḥaqq*) e das criaturas (*ḫalq*) [que empregam linguagem articulada]; por outro lado, a petição tácita do estado (2) é própria das criaturas (*ḫalq*), mas não é própria de Allāh, a não ser em um sentido transcendente.

A resposta à petição tácita por via do estado é de dois tipos:

95. Para facilitar a compreensão da passagem que alude a vários fragmentos, insiro aqui a citação completa desta tradição profética "divina" – em que o próprio Deus fala –, cujo conhecimento prévio se dá por suposto no texto original.
96. Ver BUḪĀRĪ. *Ṣaḥīḥ*, *Riqāq* 38. Cf. GRAHAM, W. *Divine Word and Prophetic Word in Early Islam*. Haia: Mouton, 1977. p. 173-175.
97. Literalmente "por meio da linguagem do estado".

(2.1) a resposta de graça ao solicitante (*ijābat imtinān ᶜalà al-dāᶜī*) e (2.2) a resposta de graça a quem é objeto da solicitação (*ijābat imtinān ᶜalà al-madᶜū*).

Quanto à Sua graça, [o favor divino que recai] sobre o suplicante (2.1) consiste na satisfação (*qaḍā'*) da necessidade pela qual pediu; [por outro lado,] Sua graça [recai também] sobre aquele para quem se suplicou (2.2), pois graças à necessidade [de quem pede], Seu poder (*sulṭān*) se manifesta ao satisfazê-lo em relação ao que havia pedido.

Ao ser humano[98], por sua vez, quando recebe o que manifesta nele a onipotência divina (*iqtidār ilāhī*), corresponde um aroma (*rā'iḥa*) de graça, e a tal poder determinante corresponde o favor de quem agraciou[99] ao Enviado de Allāh – que Ele o bendiga e salve – com o Islã; pois Ele – Enaltecido seja – disse [dirigindo-se ao Profeta] com familiaridade: '[Os beduínos] te recordam a conversão deles ao Islã como se, com isso, te tivessem agraciado [...]', após o que lhe ordena que lhes diga: 'Dize: Não me recordeis vossa conversão ao Islã como se com ela me tivésseis agraciado! Ao contrário! Foi Allāh quem vos agraciou dirigindo-vos para a fé, se é que sois verdadeiros [em vossa conversão]'[100].

Assim, aquela dádiva (*minna*) a eles dispensada só é devida a Allāh, não a Seu Apóstolo – que Allāh o bendiga e salve –, pois eles, [os beduínos convertidos,] apenas se deixaram levar até Allāh, já que o Mensageiro não os chamou para si próprio, mas sim unicamente para Ele; de modo que ao dizer-lhes 'se sois verdadeiros', ele quer significar '[verdadeiros] em vossa fé naquilo que transmiti', parte integrante do que é [a afirmação de] que a guiança (*hidāya*) está na mão de Allāh, que com ela guia a quem quiser [guiar] dentre seus servos, e não está em mãos [do homem ou] de qualquer criatura.

Por outro lado, o Profeta – que Allāh o bendiga e salve – explicou, referindo-se ao que mencionamos, que a eles corresponde um perfume na [concessão da] graça. [...] E mencionou a vitória dos aliados medinenses do Profeta (*nuṣrat al-anṣār*), os quais o protegeram quando seu [próprio] povo o perseguia e lhe obedeceram quando sua gente lhe desobedecia, emulando

98. Literalmente "a criatura".
99. No ms. lê-se *mann man manna*, cf. f. 119b, lss. 10-11.
100. *Corão* XLIX:17.

com seu proceder o que o Enviado de Allāh – que Ele o bendiga e salve – estabelecia. Ele àquilo Se refere – Enaltecido seja – ao dizer a Seu Profeta: 'Por acaso não te encontrou órfão e te recolheu? Não te encontrou extraviado e te dirigiu? Não te encontrou pobre e te enriqueceu?'[101]

Como as bençãos [divinas] (*ni^{c}am*) são gratas e desejáveis por si, e a [graça] que predomina [sobre as outras e supera as demais] é o amor ao Benfeitor (*ḥubb al-mun^{c}im*) – motivo pelo qual alguns afirmam por intelecção que o agradecimento ao Benfeitor é necessário –, Allāh estatuiu a comunicação dos favores (*taḥaddut̲ bi-al-ni^{c}am*) [divinos] como forma de agradecimento. Desse modo, quando o necessitado escuta a lembrança do Benfeitor, sente inclinação por Ele por simpatia natural e O ama. Assim, [Allāh] lhe recomenda que ele fale dos favores com que o contemplou, dizendo: 'E a graça (*ni^{c}ma*) de teu Senhor, comunica-a! (*fa-ḥaddit̲*)'[102] para que possa chegar [a todos,] ao próximo e ao distante; e disse referindo-se ao ser humano: 'Não oprimas o órfão!' e 'aquele que inquire[103]' – isto é, [aquele que procura] conhecimento (*^{c}ilm*) – '[...] não o rechaces!'[104]

Por esse mandato divino, o Povo de Allāh recorda os favores com que Ele os agraciou [como o dom] dos conhecimentos e a sabedoria acerca d'Ele e dos carismas espirituais. As graças [divinas] são externas e internas, manifestas e ocultas, e Allāh com elas cumulou Seus servos, segundo Sua Palavra: '[...] e Ele os cumulou com Suas graças, visíveis e ocultas'[105].

Tudo o que comentei [– diz o autor para concluir –] é apenas uma parte do que oferece essa Presença da Paixão, 'e Allāh diz a verdade e guia pelo Caminho'[106]".

101. *Corão* XCIII:6-8.
102. *Corão* XCIII:11.
103. Seguindo o seu característico proceder hermenêutico, o qual permite diversas interpretações de um mesmo trecho sempre que cada uma delas se ajuste à letra do texto, e com isso legitimando todos os sentidos possíveis autorizados pela língua, Ibn ^{c}Arabī interpreta o termo corânico *sā'il* com o sentido de "aquele que procura sabedoria". De fato, em árabe, a raiz *s-'-l* significa "perguntar", mas também "pedir", motivo pelo qual, neste versículo corânico, o part. at. *sā'il* se entende geralmente como "mendigo": "Não afastes o mendigo!"; no entanto, Ibn ^{c}Arabī o interpreta aqui, referindo-se à comunicação, vinculando-o ao versículo seguinte, com o sentido de "buscar conhecimento".
104. *Corão* XCIII:9-10.
105. *Corão* XXXI:20.
106. Corão XXXIII:4.

Referências Bibliográficas

AL-ĠAZĀLĪ, Abū Ḥāmid. *Ninety-nine Names of God in Islam*. Trad. (parcial) R. Ch. Stade. Ibadan, Nigeria: Daystar Press, 1970. 138 p.

____. *Al-Maqṣad al-asnà fī šarḥ ma^cānī asmā' Allāh al-ḥusnà*. Texto árabe, Edição e Introdução de Fadlou A. Shehadi. Beirut: Dār al-Mašriq, 1971.

____. *The Ninety-nine Beautiful Names of God*. Tradução e Notas de D. B. Burrell e N. Daher. Cambridge: The Islamic Texts Society, 1992.

AL-MARRĀKUŠĪ, Abū ᶜAbd Allāh Muḥammad b. Muḥammad. *Al-Ḏayl wa-al-takmila*. Beirut: Ed. Iḥsān ᶜAbbās, 1973.

AL-NĀBULUSĪ, ᶜAbd al-Ġanī. *Al-Ṣūfiyya fī šiᶜr Ibn al-Fāriḍ (šarḥ ᶜAbd al-Ġanī al-Nābulusī)*. Ed. Ḥāmid al-Ḥajj ᶜAbbūd. [S.l.: s.n.], 1988.

AL-QUŠAYRĪ, Abū al-Qāsim ᶜAbd al-Karīm b. Hawāzin. *Šarḥ asmā' Allāh al-ḥusnà*. Ed. Aḥmad ᶜAbd al-Munᶜim al-Ḥulwānī. Cairo: Al-Azhar, 1970.

____. *Al-Fuṣūl fī al-uṣūl*. Ed. R. M. Frank. MIDEO, n. 16, p. 59-94, 1983.

____. *Risāla ilà jamāᶜa al-ṣūfiyya bi-buldān al-Islām*. Cairo, 1290 Hégira. 4 v. (*Al-Risāla al-qušayriyya*, Beirut, 1990. 477 p.).

ARNALDEZ, Roger. Ibn Ḥazm. In: THE ENCYCLOPAEDIA of Islam (EI^2). Leiden: E. J. Brill, 1971. vol. III, p. 790-799.

ASÍN PALACIOS, Miguel. *Abenházam de Córdoba y su historia crítica de las ideas religiosas*. Madrid, 1927-32.

____. *El justo medio en la creencia*: la teología dogmática de Algacel. Madrid, 1929.

BENEITO, Pablo. El Poema de los Nombres divinos de al-Nābulusī. *Anaquel de Estúdios Árabes*, Madrid, n. II, 1991, p. 221, v. 29a.

____. *Los Nombres de Dios en la obra de Muḥyiddīn Ibn al-ᶜArabī*. Madrid, 2001. Tese (Doutoramento) – Universidad Complutense de Madrid, Madrid. 2001. CD-ROM.

BROCKELMANN, Carl. *Geschichte der arabischen Litteratur*. 1898-1902. 2 v. (Reimp. Leiden: E. J. Brill, 1943-49). *Supplementbände*. Leiden: E. J. Brill, 1937-42. 3 v.

CHITTICK, William C. *The Sufi Path of Knowledge*. New York: SUNY Series, Islamic Spirituality, 1989.

CHODKIEWICZ, M. *Le Sceau des saints. Prophétie et sainteté dans la doctrine d'Ibn Arabī*. Paris: Gallimard, 1986.

____. *Un océan sans rivage. Ibn ᶜArabī, le livre et la loi*. Paris: Seuil, 1992.

FAURE, A. Ibn Barrajān. In: THE ENCYCLOPAEDIA of Islam (EI^2). Leiden: E. J. Brill; London: Luzac & Co., 1971. vol. III, p. 732.

GARDET, Louis. Duᶜā'. In: THE ENCYCLOPAEDIA of Islam (EI^2). Leiden: E. J. Brill; London: Luzac & Co., 1965. vol. II, p. 632-634.

GIMARET, Daniel. *Les Noms divins en Islam. Exégèse lexicographique et théologique*. Paris: Les Éditions du Cerf, 1988.

GRAHAM, W. *Divine Word and Prophetic Word in Early Islam*. Haia: Mouton, 1977.

ḤAKĪM, Suᶜād. *Muᶜjam al-ṣūfī: al-ḥikma fī ḥudūd al-kalima*. Beirut: Dandala Publishers, 1981.

IBN ᶜARABĪ. *Dīwān*. Ed. Bombay. [S.d.].

____. *Al-Futūḥāt al-Makkiyya* (As Iluminações de Meca). Ed. Cairo. 1911 d.C.-1329 Hégira. (Reimp. Beirut, [s.d.]). (Cairo: Ed. Dār al-kutub al-ᶜarabiyya al-kubrà, 1876 d.C.-1293 Hégira).

____. *Al-Fiqh ᶜinda al-Šayḫ al-Akbar*. Ed. M. Maḥmūd al-Ġurāb. Damasco, 1981.

____. *El secreto de los Nombres de Dios (Kašf al-maᶜnà fī sirr asmā' Allāh al-ḥusnà)*. Introdução, Tradução e Notas de Pablo Beneito. Murcia: Editora Regional, 1996.

IBN BARRAJĀN. *Šarḥ asmā' Allāh al-ḥusnà*. Estudo e Edição crítica de Purificación de la Torre. Madrid: CSIC, 2000.

IBN FARĪḌ. *L'éloge du vin. Al-khamriya*. Tradução, Introdução e Notas de Émile Dermenghem. Paris: Éditions Véga, 1980.

IBN ḤAZM. *Fiṣal*. Ed. Cairo. 1317 Hégira.

____. *Kitāb al-Muḥallà bi-al-āṯār fī šarḥ al-mujallà bi-al-iqtiṣār*. Cairo, 1347-52 Hégira.

MACHADO, Beatriz. *Sentidos do Caleidoscópio*, uma leitura da mística a partir de Ibn ᶜArabī. São Paulo: Humanitas, 2004.

NWYIA, Paul. *Exégèse coranique et langage mystique*. Nouvel essai sur le lexique technique des mystiques musulmans. 2. ed. Beirut: Dār al-Mašriq, 1991. (1 ed. 1970).

ROBSON, J. Ibn al-ᶜArabī, Abū Bakr Muḥammad b. ᶜAbd Allāh al-Maᶜāfirī. In: THE ENCYCLOPAEDIA of Islam (EI^2). Leiden: E. J. Brill, 1971. vol. III, p. 707.

WENSINCK, A. J. Al-Ḫaḍir. In: THE ENCYCLOPAEDIA of Islam (EI^2). Leiden: E. J. Brill, 1990. vol. IV, p. 902-905.

18.

A Arca da Criação: O Motivo do *Markab* no Sufismo

(ou a Arca da Ascensão em Ibn ᶜArabī)*

Pablo Beneito Arias

Introdução
A Mística da *Merkaba* e o *Markab* Corânico

Como assinala Henry Corbin, o motivo do Trono[1] "é o equivalente, na mística islâmica, da *merkaba* na mística judaica"[2]. Ao notar essa acertada e sugestiva correspondência entre o motivo corânico do Trono (*ᶜarš*) e o motivo da *merkaba*, Corbin abriu um amplo e criativo domínio de relações simbólicas.

* Tradução (do original espanhol) de Rosalie Helena de Souza Pereira. Revisão técnica de Beatriz Machado.

1. Trata-se de uma passagem em que, ao examinar o motivo do Trono, Corbin comenta que Ibn ᶜArabī o associa ao Arcanjo Miguel e ao profeta Abraão. Na cosmologia islâmica tradicional, Abraão corresponde ao Sábado, o dia do repouso, e à esfera de Saturno no sétimo céu da ascensão, cuja circunferência compreende simbolicamente os seis céus precedentes e seus correspondentes dias, onde se encontra a *Kaᶜaba* celestial. Ver nota 69 infra. Sobre sua relação com o arcanjo Miguel, ver as referências da nota 2.

2. Ver CORBIN, Henry. *La paradoja del monoteísmo*. Trad. M. de Tabuyo; A. López. Madrid: Losada, 2003. p. 141. Cf. id. *La imaginación criadora en el sufismo de Ibn ᶜArabī*. Madrid: Destino, 1993. p. 156-157; 368; nota 74. Tradução de: *L'Imagination créatrice dans le sufisme d'Ibn Arabî*. Paris: Flammarion, 1958. p. 106; 243; nota 74.

Ao se referir ao Trono em outra passagem, Corbin introduz o tema da tétrada arcangélica, "um dos segredos da mística judaica da *merkaba*, o 'Carro divino' ou 'Trono divino', cuja imagem está fixada pela visão de Ezequiel"[3].

A mística judaica da *merkaba* – disciplina cuja preeminência é proclamada pelo *Talmūd* – surge, com efeito, da meditação sobre o primeiro capítulo do livro de Ezequiel, que descreve a visão que o profeta teve do Carro divino – e, sobre ele, do Trono. Após uma rigorosa preparação, o iniciado na ciência esotérica – reservada a uma elite espiritual – busca renovar a experiência da ascensão da alma ao mundo da divindade. Depois de atravessar os sete céus e os sete palácios, o digno iniciado chega diante da *merkaba* e do Trono divino. A realidade divina não é percebida diretamente, a não ser por meio dessa contemplação da *merkaba*[4].

Aqui, porém, não tratarei nem de angelologia, nem da mística judaica da *merkaba*. Estas páginas, apresentadas em homenagem a Henry Corbin e como contribuição a suas investigações sobre o tema, estão centradas no estudo do motivo do *markab* na mística islâmica e, em particular, na obra do celebrado Mestre Máximo do sufismo, o andaluz[5] Muḥyiddīn Ibn ᶜArabī (Murcia, 1165-Damasco, 1240).

Na segunda parte deste estudo, serão apresentados dois textos de seus livros *Kitāb al-Isrā'* e *Ayyām al-ša'n*, que até agora não haviam sido traduzidos. Sua tradução integral anotada constitui a terceira parte. A partir desses textos e do estudo das referências escriturárias da Arca no *Corão* e na *Sunna*, ou Tradição – recolhida nas compilações dos *ḥadīṯs* –, comprovaremos que à

3. Id., 2003, p. 141.
4. Ver o artigo de ABÉCASSIS, A. Merkeba. In: DICTIONNAIRE critique de l'ésotérisme. Ed. J. Servier. Paris: Presses Universitaires de France, 1998. Mais referências sobre o tema, na exaustiva obra de SCHOLEM, Gershom. *Jewish Gnosticism, Merkebah Mysticism and Talmudic Tradition*. New York: Jewish Theological Seminary, 1960. A tétrada de príncipes arcangélicos do Carro divino da visão de Ezequiel corresponde, no diagrama do Trono circular tal como o concebe Ibn ᶜArabī, à mesma tétrada e, portanto, aos quatro quartos do círculo, associados aos quatro elementos, aos quatro humores e aos quatro pontos cardeais. Sobre os quatro campos da Shekhina, que correspondem aos quatro seres viventes do Carro divino da visão de Ezequiel, e sobre os "oito suportes do Trono" no Islã, ver CORBIN, op. cit., 2003, p. 142-145. Ver também id. Et son Trône était porté sur l'eau... In: *In Principio (Interpretations des premiers versets de la Genèse)*. Paris: Études Agustiniennes, 1973.
5. Pertencente ao período conhecido como Al-Andalus, em que a Espanha esteve sob o domínio muçulmano. (N. da R.T.)

merkaba, enquanto veículo espiritual, corresponde no Islã mais precisa e diretamente o símbolo do *markab*, particularmente relacionado com a Arca de Noé.

Denominações da Arca de Noé no *Corão*

O *Corão* usa dois termos diferentes para designar a Arca de Noé: *fulk* e *safīna*. Ambos são usados ainda em outros contextos. Aqui, centrar-nos-emos, sobretudo, na sua relação com a Arca de Noé, que é a que serve de referência fundamental aos textos de Ibn ᶜArabī que serão comentados. Por outra parte, o termo *markab* não é explicitamente mencionado no *Corão*, mas surge em diversos *ḥadīṯs*, e, em 15 versículos diferentes, são empregados termos de sua mesma raiz léxica *R-K-B*. Como veremos, em diversas passagens corânicas pode-se considerar uma denominação implícita da Arca. Vejamos primeiro as referências desse termo.

Markab

O termo árabe *markab* – assim como *merkaba* em hebraico – é, gramaticalmente, um nome de lugar-tempo e, por isso, designa o lugar e/ou o tempo em que se faz efetivo o significado principal da raiz trilítera *R-K-B*, "subir num veículo". Daí que tenha passado a designar o veículo em si, que pode ser uma montaria – cavalo, camelo etc. –, um carro, uma embarcação e também, em nossos dias, um avião.

Em mais de cinco *ḥadīṯs* se menciona o termo *markab* com distintos adjetivos, o qual, ao menos em seis ocasiões, está implícito no uso corânico da primeira forma verbal da raiz *R-K-B*, empregada em composição com *safīna* ou *fulk* para significar "embarcar"[6].

6. Assim em *Corão* XI:41; 42 (com *fulk*, referência a Noé); XVIII:71 (com *safīna*, referência ao relato sobre Moisés e Ḫaḍir); XXIX:65 (*fulk*, referência geral); XL:79 (aqui só com *anᶜām*,

Particularmente interessante em relação ao símbolo que nos ocupa, visto que parece remeter a sucessivos estados da viagem ascensional, é o versículo que diz: "Remontareis de piso em piso (*latarkabunna ṭabaqan ᶜan ṭabaq*)"[7], que alguns comentaristas relacionam com a ascensão (*miᶜrāj*) do Profeta[8]. A passagem não especifica que tipo de veículo se usa – poderia ser, portanto, montaria, como o Burāq da ascensão profética, ou embarcação, como a Arca[9] –, tampouco que "pisos" ou "estados" são esses pelos quais deverá ascender. Em relação aos textos que aqui são traduzidos, poderiam ser, pois, céus ou moradas espirituais.

Note-se também o uso da raiz *R-K-B* na segunda forma neste versículo: "[Teu Senhor] te moldou (*rakkabaka*) na forma (*ṣūra*) que quis"[10]. A forma verbal *rakkaba*, aqui com a acepção de "construir" ou "compor", significa também, por seu caráter causal, "fazer montar", "instalar". Essa imagem remete, assim, à idéia de que a forma humana primordial (*ṣūra*) é também a forma da Arca[11], como sugere o verso em que Ibn ᶜArabī manifesta que

"cavalgaduras" – com o sentido implícito de bênção, próprio da raiz N-ᶜ-M) e, a seguir, XL:80 (numa referência geral às cavalgaduras e às naves – *fulk* – que servem de meios de transporte, o que constitui uma bênção); XLIII:12 (com *fulk* e *anᶜām*, referência geral). Em *Corão* II:239; VIII:42; XVI:8 e XXXVI:72, os termos dessa raiz só se referem a montarias. Ver nota 9 infra. Ibn Ḥanbal coleta um *ḥadīṯ* em que se diz que "parte da sorte do homem [...] é a montaria sã e fácil (*al-markab al-hanī'*)" (III:407). Outro *ḥadīṯ*, também por ele transmitido (Ibn Ḥanbal, I:168), distingue o veículo adequado (*al-markab al-ṣāliḥ*) do incorreto (*al-markab al-sū'*). Ver também o *ḥadīṯ* citado por Tirmiḏī (*Qiyāma*, 15). Cf. WENSINCK, A. J. et al. (Ed.). *Concordance et indices de la tradition musulmane*. Leiden: E. J. Brill, 1936-1988. 8 v.

7. *Corão* LXXXIV:19. *El Corán*. Trad. J. Vernet. Barcelona: Planeta, 1991. J. Cortés, por seu lado, traduz: "[...] que haveis de passar de um a outro estado" (ver *El Corán*. Barcelona: Herder, 1986). Os versículos anteriores dizem assim: "Não! Juro pelo crepúsculo! Pela noite e por o que ela envolve! Pela lua quando está cheia!" (*Corão* LXXXIV:16-18) (Trad. J. Vernet). O crepúsculo como transição e alusão ao mundo intermediário (*barzaḫ*), a noite como alusão à interioridade da viagem noturna (*isrā'*), e a lua cheia como símbolo da totalidade das moradas, reapresentadas num círculo de 28 seções, podem relacionar-se com o símbolo da Arca. Ver nota 15 infra.

8. Cf. ASÍN PALÁCIOS, M. *La Escatología musulmana en la Divina Comedia*. 4. ed. Madrid: Ediciones. Hiperión, 1984. (1. ed. Madrid: Real Academia Española, 1919; 2. ed. Madrid: Escuelas de Estudios Árabes de Madrid y Granada, 1943; 3. ed. Madrid: Instituto Hispano Árabe de Cultura, 1961). p. 7 (nota 1); p. 17.

9. Observe-se que cavalgadura e Arca estão claramente associadas em *Corão* XL:79-80; XLIII:12 (ver nota 6 supra).

10. *Corão* LXXXII:8.

11. O versículo em questão diz literalmente "em qualquer forma" (*fī ayyi ṣūra*). Essa diversidade das formas remete à diversidade das naves construídas à semelhança da Arca de Noé: "Há um sinal no fato de levarmos a sua descendência na nave repleta. E criamos para eles outras [naves] semelhantes a ela (*min miṯlihi*), nas quais embarcam (*yarkabūna*)" (*Corão* XXXVI:41-42).

o homem "em seu próprio ser (*nafs*) contempla a Arca e vê em sua formação a Obra de Deus"[12]. Sob a perspectiva do microcosmo, Deus embarcou o homem na Arca de sua própria alma (*nafs*). Com esta Arca da alma, que corresponde à forma que lhe deu seu Senhor, o homem há de ascender "de piso em piso", "de estado em estado", remontando os degraus de uma dupla escala interior.

O fato de, nos dois poemas mais adiante traduzidos, Ibn ᶜArabī usar o termo *markab* junto aos dois termos que no *Corão* designam explicitamente a Arca (*fulk* e *safīna*), sem recorrer a outros termos possíveis, porém extracorânicos – tais como o freqüente e sugestivo termo *qārib* (da raiz de *qurba*, "proximidade") –, reflete, em minha opinião, uma clara consciência da parte do autor das referências corânicas mencionadas e uma firme vontade de manter-se sempre no horizonte hermenêutico do Livro.

Fulk

O termo *fulk* – que significa "nave", "arca" ou "barca" – é mencionado no *Corão* em 23 ocasiões e está intimamente conectado, por inter-referência léxica, ao termo *falak*, "esfera", da mesma raiz léxica, cuja escritura consonântica é idêntica. Esse termo só surge duas vezes no *Corão*. Diz um dos dois versículos em que é citado:

> Foi ele Quem criou a noite, o dia, o sol e a lua. Todos navegam em Sua esfera (*fuluk*) [respectiva][13].

A segunda menção, que se fará em seguida, interessa-nos especialmente porque põe em relação estes dois termos, *fulk* e *falak*, que de fato aparecem vinculados com freqüência na literatura, em virtude de sua sugestiva inter-referência[14].

12. Último verso (n. 10) do poema *A Arca da Criação*. Ver nota 167 infra.
13. *Corão* XXI:33 (Trad. J. Vernet).
14. Note-se, por exemplo, este verso de um *zéjel* (estilo de poesia estrófica de Al-Andalus [N. da R.T.]) do *Kunnāš*, de Al-Ḥā'ik: *Anta al-falak wa-al-tafalluk wa-al-falak wa-al-fulk*.

Em árabe, o termo *falak* significa "corpo esférico", "corpo celeste" e "esfera celeste". Designa assim, na cosmologia tradicional, tanto os sete planetas como as esferas que correspondem às suas órbitas. A raiz F-L-K denota redondeza – seu significado básico subjacente –, de modo que essa denominação da Arca alude à sua forma arredondada e, simbolicamente, à sua circularidade ou esfericidade.

Há uma única menção do termo nos índices de concordâncias de Wensinck. Trata-se de um *ḥadīṯ* coletado por Buḫārī (*Buyūʿ*, 10), que faz referência a grandes naves (*al-fulk al-ʿiẓām*), observando que *fulk* – sinônimo de *safīna* – pode ser tanto singular como plural.

A relação entre a Arca e a cosmologia[15] é evidenciada numa passagem da sura *Yā' Sīn*, em que são evocados ou descritos diversos sinais divinos de caráter cósmico – a noite, o sol, as fases da lua – junto com o prodigioso sinal da nave, que preserva os descendentes de Noé. A viagem da Arca é simultaneamente macrocósmica, interior (ou microcósmica) e escatológica. Apresenta-se como acontecimento histórico do tempo cronológico e como acontecimento íntimo da alma no tempo qualitativo. Ao confluir no símbolo da Arca, essas dimensões constituem de fato, em última instância, uma só e mesma realidade.

Esta reveladora passagem corânica assim diz:

> Exaltado seja Aquele que criou todos os casais (*azwāj*)[16] a partir do que produz a terra, deles próprios[17] e do que não conhecem! / E a noite é um sinal (*āya*) para eles: dela separamos o dia[18] e restam então às escuras. O sol corre para uma morada (*mustaqarr*) que lhe pertence. Isso é o que determina o Poderoso, o Onisciente.

Ver BEN YELLOUN (Idrīs Ibn Jallūn). *Al-Turāṯ al-ʿarabī al-garbī fī l-mūsīqà*. Tunis, 1979. p. 78.
15. Ver também a nota 7 supra, sobre a sura LXXXIV, na qual se relacionam cosmologia e escatologia com a viagem "de um a outro estado".
16. Relacionar com os casais reunidos na Arca.
17. Ou, então, "de suas almas (*anfus*)". Entende-se, em geral, em referência aos casais de seres humanos.
18. Usa-se uma forma verbal de raiz S-L-J, que Ibn ʿArabī usa na denominação do "dia desligado" (*yawm al-salḫ*). Ver IBN ʿARABĪ. *The Seven Days of the Heart*. Prayers for the Nights and Days of the Week. Trad. Pablo Beneito e Stephen Hirtenstein. Oxford: Anqa Publishing, 2000. (Reprint with corrections 2003). p. 145 et seq., em que se mostram diagramas circulares que refletem diversas concepções da circularidade do tempo cíclico qualitativo.

/ E à lua atribuímos mansões (*manāzil*) até que volte [a ser fina e curva] como a palma seca. / Não é próprio do sol que alcance a lua, nem é próprio da noite que adiante o dia. Cada um navega em uma esfera (*falak*). / E constitui um sinal para eles que tenhamos carregado sua descendência[19] na Arca repleta (*al-fulk al-mašḥūn*)[20] / e que tenhamos criado para eles outras [naves], semelhantes a ela (*min miṯlihi*), nas quais embarcam (*yarkabūna*)[21].

Ainda é especialmente significativo, em relação aos textos de Ibn ᶜArabī que aqui nos dizem respeito, a passagem na qual se narra como Deus inspirou a Noé (*ūḥiya ilà Nūḥ...*) a construção da Arca[22], que inclui duas menções ao termo *fulk*[23]. Nas notas às traduções haverá diversas referências a essa passagem sobre a Arca inspirada.

Safīna

Nas fontes sobre navegação, o nome *safīna* tem o mesmo sentido genérico que *markab* e é, portanto, tão impreciso quanto ele. Somente o uso de qualificativos ou "-reção" nominal determinará com precisão se é uma nave mercante (*markab al-tujjār*), de combate (*safīna ḥarbiyya*) ou de outro tipo[24].

Os autores árabes, literatos ou juristas, usam indistintamente *markab* e *safīna* – e também o termo *qārib*, da raiz léxica de *qurb*, "proximidade", que em geral se refere a uma embarcação menor – ao longo de toda a Idade Média. Picard observa que "nos tratados jurídicos e notariais estes três ter-

19. Referência aos descendentes de Noé e aos descendentes deles. Vernet, seguindo outra interpretação, traduz por "seus antepassados", isto é, os de todos os homens.
20. Também se menciona a Arca repleta (*al-falak al-mašḥūn*) num episódio relativo a Jonas (*Corão* XXXVII:140).
21. *Corão* XXXVI:36-42. A tradução, quando não especifico outra referência, é sempre minha.
22. *Corão* XI:34-48.
23. *Corão* XI:37; 38.
24. Sobre a navegação na época de Ibn ᶜArabī, consulte-se o estudo de PICARD, Christophe. L'Océan Atlantique musulman. De la conquête arabe à l'époque almohade. Paris: UNESCO; Maisonneuve & Larose, 1997 (remeto aqui especialmente ao capítulo sobre as denominações dos distintos tipos de nave, p. 296-305). Ver também VILLAIN GANDOSSI, C. Le navire médiéval à travers les miniatures. Paris: CNRS. 1985.

mos se usam quase sistematicamente junto com o termo *lawḥ*"[25]. Com relação ao pensamento de Ibn ᶜArabī, essa denominação – à qual o autor não recorre nos textos que aqui são analisados – estabelece uma imediata relação simbólica da Arca com a Tábua Preservada (*al-lawḥ al-maḥfūẓ*), na qual o Cálamo Supremo ou Intelecto Primeiro escreve.

Embora ocorra em mais de quarenta *ḥadīṯs*, o termo *safīna* é usado apenas quatro vezes no *Corão*. Em três ocasiões, o termo se refere à barca mencionada em um episódio sobre Moisés e Ḫaḍir, seu companheiro, no relato que a afunda – como depois se revela – para protegê-la[26]. Com relação aos textos aqui traduzidos, resulta mais revelador o versículo de *Corão* XXIX:15, cujo texto diz: "Salvamos [Noé], assim como os passageiros da Arca (*aṣḥāb al-safīna*)[27], e fizemos desta um sinal para os mundos (*āya li al-ᶜālamīn*)".

O diagrama circular que proponho como referência dos poemas de Ibn ᶜArabī, que em seguida são traduzidos, corresponde simbolicamente a esta Arca como "sinal para os mundos".

Essa denominação figura também em um sugestivo *ḥadīṯ*, transcrito por Ibn Ḥanbal (5: 220), no qual, comparando-se o homem a uma nave, usa-se esta expressão: "Tu és uma arca (*anta safīna*)".

Os Diagramas na Obra de Ibn ᶜArabī

25. Ver PICARD, op. cit., p. 298 e nota 49 (*ṣāḥib al-lawḥ*: patrono da nave). Em particular, o termo *safīna* – diz mais adiante –, "com freqüência, surge nos textos jurídicos como *lawḥ*" (ibid., p. 303).
26. Ver *Corão* XVIII:71 e XVIII:79. Ver também o *ḥadīṯ* sobre os dois personagens, coletado por Buḫārī (*ᶜIlm* 44).
27. Cabe também a versão "os companheiros da Arca". Essa expressão se encontra num *ḥadīṯ* coletado na compilação de Al-Nisā'ī (*Taḥrīm* 14) e também na de Abū Dā'ūd (*Jihād* 140). Em outro *ḥadīṯ* de Buḫārī (*Manāqib al-anṣār* 37), usa-se a expressão *ahl al-safīna*, "a gente da nave". Na língua comum, *ṣāḥib al-markab* significa "proprietário da nave". Ver também, sobre a expressão "a Arca dos gnósticos", a nota 87 infra. Um *ḥadīṯ* coletado por Al-Dārimī (*Ru'yā* 13) contém a expressão *al-safīna najāt*, "a Arca é salvação".

A obra de Ibn ᶜArabī que mais explícita e sistematicamente aborda o uso de círculos, tábuas e diagramas, como seu próprio título indica, é *Al-inšā' al-dawā'ir* (A Produção dos Círculos)[28], em que estão representados, entre outros, o diagrama circular da transcendência e da imanência[29], e o diagrama da Substância Primordial ou Matéria Prima[30]. Neste último, o círculo interior simboliza a substância (*jawhar*), isto é, "toda essência (*ḏāt*) que se mantém por si própria, seja eterna ou contingente". Ao redor desse círculo interior, estão dispostas em nove seções as outras nove categorias, que (com exceção de "acidente" em lugar de "qualidade") correspondem às categorias aristotélicas.

Ainda nas *Al-Futūḥāt al-Makkiyya* (Iluminações de Meca) encontramos numerosas representações circulares explícitas[31]. Nessa obra, o autor comenta, embora fazendo referência a *Inšā' al-dawā'ir*, que recorre ao uso de diagramas (*aškāl*)

> para aproximar o conhecimento de quem está dotado de imaginação (*ḫayāl*), uma vez que o homem, apesar de sua faculdade racional, nunca abandona o uso da faculdade imaginativa (*ḥukm al-wahm*), por meio da qual se representa também aquilo que, tal como se sabe, é impossível [ou não pode ser representado][32].

Em nosso livro *Ibn ᶜArabī: Seven Days of the Heart*[33], podem-se observar os círculos que representam distintas modalidades de tempo qualitativo na obra *Ayyām al-ša'n*, de Ibn ᶜArabī, assim como um diagrama relacionado a uma descrição cosmológica de sua amada Niẓām, cujo nome significa

28. Ver IBN ᶜARABĪ . *La production des cercles*. Introdução e Tradução de M. Gloton e P. Fenton. Paris: Éd. de l'Éclat, 1996a. (Inclui uma reedição do texto árabe)
29. Ibid., p. 26.
30. Ibid., p. 28. Diz Ibn ᶜArabī: "Esta seria a sua forma simbólica, se é que é possível atribuir-lhe uma forma. Embora seja puramente inteligível, lhe atribuímos uma representação simbólica, [necessariamente muito] esquemática [por seu caráter sintético], para que se torne [mais facilmente] concebível".
31. Ver especialmente id. *Al-Futūḥāt al-Makkiyya*. Beirut, [s.d.]. vol. III, p. 421-429.
32. Ibid., p. 398. Ver o capítulo "O círculo da diversidade religiosa" em CHITTICK, W. *Mundus imaginales*. Madrid: Alquitara, 2004. cap. 9.
33. IBN ᶜARABĪ, op. cit., 2000, p. 145-155. Ver também os diagramas reproduzidos em BENEITO, Pablo; HIRTENSTEIN, Stephen. Ibn ᶜArabī's Treatise on the Knowledge of the Night of Power and It's Timing. JMIAS-*Journal of the Muhyiddīn Ibn ᶜArabi Society*, Oxford, vol. XXVII, p. 1-19, 2000.

"Harmonia"[34]. Neste, como em outros casos, os diagramas são implícitos. Ibn ᶜArabī não os descreve, nem se refere explicitamente à sua existência, mas eles são fundamentais para a interpretação do texto. Constituem uma prova evidente de que muitos textos do autor remetem a representações ou diagramas simbólicos, próprios da cosmologia tradicional, da aritmosofia e da geometria espiritual. Tais diagramas, sejam eles explícitos ou implícitos, são, pois, uma chave hermenêutica essencial para compreender a substância simbólica da obra de Ibn ᶜArabī. Como se verá, os textos que aqui traduzimos reportam-se também a diversos diagramas circulares concebidos, no limite, como visões diversas de um mesmo círculo que integra e unifica todas as representações ou perspectivas complementares. Essa representação circular não é, obviamente, uma mera explicação descritiva: antes de tudo, é um motivo simbólico concebido para a contemplação transformante. Trata-se de um símbolo particularmente polivalente, porque o círculo pode conter formas geométricas superpostas (triângulo, heptágono, estrela de quatorze pontas etc.) e círculos concêntricos com diversas divisões (24 seções, 28, 12 etc.) que correspondem aos sucessivos graus e ordens da existência.

A seguir reproduzimos, a título de exemplo, o diagrama chamado "Círculo das epifanias do Hálito do Onicompassivo nos dois mundos, da criação e da possibilidade", transcrito do *Kašf al-ġāyāt*[35], no qual se apresentam as 28 letras do alfabeto em correspondência a 28 constelações – que determinam as fases ou mansões da lua –, 28 graus da existência (todos relacionados com a manifestação) e 28 nomes divinos (que se referem ao domínio do oculto, à interioridade latente do não-manifestado)[36].

34. Ibid., p. 154-155.

35. Ver IBN ᶜARABĪ. *Kitāb al-Tajalliyāt al-ilāhiyya* (junto ao comentário, até agora anônimo, intitulado *Kašf al-ġāyāt*). Ed. O. Yahya. Tehran, 1988a. p. 134-135.

36. Outro diagrama semelhante, mais completo, que reproduz as correspondências estabelecidas por Ibn ᶜArabī em *Futūḥāt*, pode ser consultado na obra de BURCKHARDT, Titus. *Clés de l'Astrologie musulmane d'après Mohyiddîn Ibn Arabî*. Milano: Archè, 1974; traduzido para o espanhol por Victoria Argimón, *Clave espiritual de la astrologia musulmana* (segundo Muhyudín Ibn Arabí). Barcelona: J. J. de Olañeta Ed., 1982. (Serie Sophia Perennis, 2); também em versão inglesa, *Mystical Astrology According to Ibn ᶜArabī*. Gloucestershire: Beshara Publications, 1977. Ver também nota 49 infra.

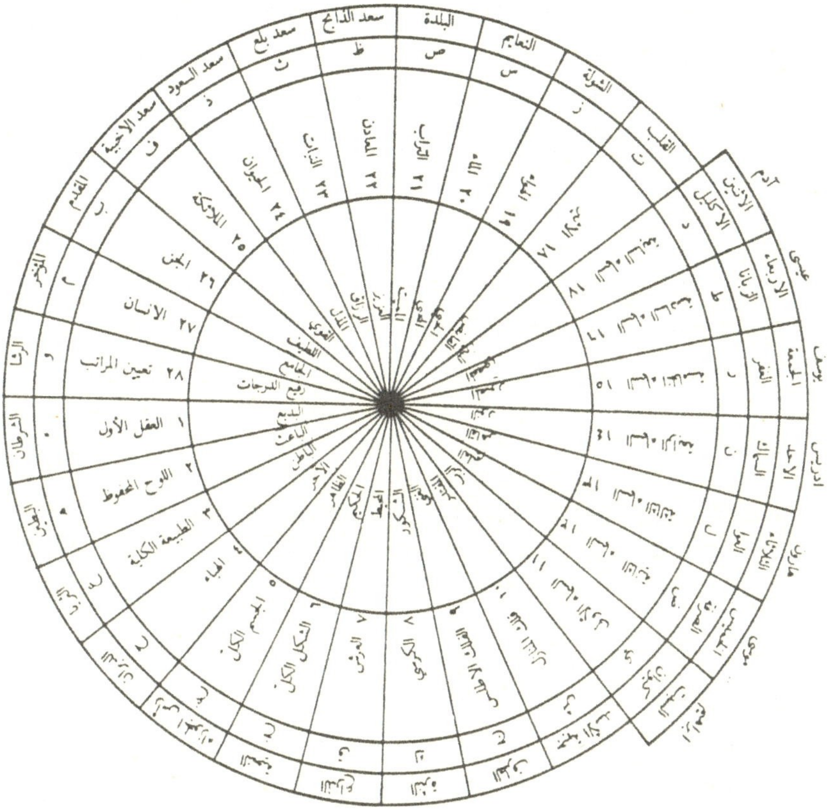

Para compreender o alcance e a significação da arte diagramática em relação à metafísica da imaginação, é fundamental o texto de Henry Corbin intitulado *Os Diagramas do Um Unífico e as Teofanias Múltiplas*[37], no qual o autor analisa as "imagens intelectivas" de Ḥaydar Āmolī (século XIV)[38]. Corbin explica assim a função destes diagramas na obra de Āmolī: "Trata-se, em poucas palavras, de fazer surgir, no nível da imaginação, uma estrutura que corresponda a um esquema intelectivo puro"[39]. A construção dessas

37. Ver CORBIN, op. cit., 2003, p. 39-58 (especialmente os diagramas das p. 41 e 49).
38. Ver ḤAYDAR ĀMOLĪ. *Le Texte des Textes. Commentaire des "Fosûs al-hikam" d'Ibn ᶜArabî*. Introdução e Edição de H. Corbin e O. Yahya. Téhéran-Paris: Bibliothèque Iraniennne 22, 1988. vol. I, p. 32 et seq. da parte francesa, em que se reproduzem 28 diagramas do autor em seu comentário à obra *Fuṣūṣ al-ḥikam*, de Ibn ᶜArabī, intitulado *Naṣṣ al-nuṣū*.
39. CORBIN, op. cit., 2003, p. 39.

"imagens intelectivas projetadas no puro espaço *imaginal*" seria "indispensável desde o momento em que se quer fazer compreender o *tawḥīd* unitivo relativo às teofanias múltiplas"[40]. Diz depois: "Cabe ao gnóstico integrar e diferenciar"[41]. Se for capaz de conciliar as duas operações, poderá chegar a "ter simultaneamente a visão do Ser divino *com* a visão das criaturas"[42].

Ao comentar o simbolismo da Arca de Noé, como centro salvífico do círculo, em um diagrama de Āmolī – trata-se de um diagrama de 72 compartimentos ou seções, que correspondem a 72 dos 73 ramos ou seitas em que, segundo o célebre *ḥadīṯ*, a comunidade islâmica será dividida[43] –, Corbin observa que

> a Arca de Noé não é simplesmente uma arca que ocupa, na ordem aritmética, o posto 73. É o centro único. Os 72 deixam de ser véus quando, a partir de qualquer um deles, se alcança o centro. A questão não é passar ou 'converter-se' de um compartimento a outro, mas sim alcançar o centro, pois somente o centro concede verdade ao conjunto e a cada um dos 72 compartimentos. Estar na verdade é ter alcançado o centro [...]. Isso é ocupar um lugar na Arca de Noé[44].

A Arca Universal e o Círculo da Existência

Com base nos escritos de Ibn ᶜArabī, entende-se que o símbolo polivalente da Arca – a Arca divina como Trono de Deus é a Arca do Universo ou Arca da Criação como protótipo de toda manifestação – é a Arca de Noé – como imagem corânica da constituição humana primordial –, ou seja, a Arca do Homem, donde a Arca do Coração, que reúne todos os arcanos do ser e em cuja unidade essencial se conciliam todos os contrários.

O círculo que representa a Arca é símbolo, por excelência, da Unidade. A circunferência indivisa – representação plana da esfera – simboliza a

40. Ibid.
41. Ibid., p. 40.
42. Ibid., p. 41.
43. Ibid., p. 51.
44. Ibid., p. 53-54.

Unicidade do Ser: é o único círculo, a única perfeição que tudo compreende, transcendente e incomensurável. Um segundo círculo interior concêntrico – ou então o círculo dividido em duas seções – representa o Pedestal ou Escabelo divino, domínio em que se origina a dualidade.

O círculo divisível em seções – ou em uma seqüência de círculos concêntricos, geralmente nove –, segundo diversas tipologias simbólicas, coincidentes em última instância, é o Círculo da existência, que representa os graus da manifestação cósmica na multiplicidade. Este é o círculo cujas marcas – que estabelecem relações e proporções – representam, como no relógio, o tempo relativo (*zamān*). Por outro lado, o círculo indiviso representa o indiferenciado, o incondicionado, o Tempo Absoluto (*Dahr*) que, não obstante, segundo Ibn ᶜArabī "é este mesmo tempo relativo"[45]. O círculo é, desse modo, Arca do Tempo.

O mesmo círculo representa também o coração do Homem de Fé[46] e é a imagem do teomorfismo adâmico original que o coração humano tende a restaurar[47]. É então a Arca do conhecimento que contém os nomes de todos os seres, a Arca da Palavra.

Digamos que a Arca circular é, portanto, símbolo da integridade de cada ser enquanto expressão unífica do Único, que é Um com cada um dos seres em virtude de Sua co-presença. Cada ser, cada partícula, como cada ponto do círculo, é uma Arca em potencial que contém, pois, de modo latente, as possibilidades dos protótipos celestes contidos na Arca Primordial. Contudo, apenas o homem, entre os seres criados, encarregou-se do divino depósito (*amāna*)[48] assim confiado à despensa da Arca humana. A Arca simboliza também, nesse sentido, o

45. Ver BENEITO, Pablo. El tiempo de la gnosis: consideraciones acerca del pasado y el futuro de la mística en la obra de Ibn ᶜArabī. In: CENTRO INTERNACIONAL DE ESTUDIOS MÍSTICOS. *La mística en el siglo* XXI. Madrid: Editorial Trotta, 2002. p. 92-93. Ver também IBN ᶜARABĪ et al. *La taberna de las luces*: poesia sufi de Al-Andalus y el Magreb. Seleção, Apresentação e Tradução de Pablo Beneito. Murcia: Editora Regional de Murcia, 2004. (Ibn ᶜArabī, poema n. xx).
46. Diz Deus, segundo o *ḥadīṯ qudsī*: "Nem Meus céus nem Minha terra Me contêm, mas Me compreende o coração de Meu servo fiel (*mu'min*)". Sobre a relação de *Al-Raḥmān* e o coração humano, ver o artigo de SHAMASH, Layla. The Cosmology of Compassion or Macrocosm in the Microcosm. JMIAS-*Journal of the Muhyiddīn Ibn cArabi Society*, Oxford, XXVIII, p. 18-34, 2000.
47. Segundo o conhecido *ḥadīṯ*, "Adão foi criado segundo a forma do Onicompassivo". Ver também a passagem corânica em que se relata como Adão informa aos anjos os nomes dos seres e como os anjos se prostram diante dele por ordem de Deus (*Corão* II:28-39). Essa passagem inclui o versículo: "[Deus] ensinou a Adão os nomes de todos os seres" (*Corão* II:31).
48. Ver *Corão* XXXIII:72.

Homem Perfeito, depositário, portador da *amāna*: é ele quem tripula, como *ḫalīfa* de Deus, como eixo (*quṭb*), timão ou centro da esfera, a Arca do Universo.

Como símbolo integrador que unifica todas as ordens do ser e todos os planos do sentido, a Arca é ao mesmo tempo o navegante que tripula, o passageiro, a viagem, o alto-mar, os horizontes, os portos, a nave e seu destino.

Os princípios prototípicos contidos na nave, representados no diagrama do círculo de 28 seções ou em qualquer outra divisão[49] própria da geometria espiritual (tétrada, héptada, enéada etc.), se manifestam em todos os graus e planos do ser.

Quando Corbin diz que "o motivo da *Merkaba* tem, na teosofia islâmica, o seu equivalente no motivo do Trono"[50], desdobrado nos dois aspectos de Trono (*ᶜarš*) e Pedestal (*kursī*)[51], comenta também que "este motivo do Trono surge em todos os níveis ou *maqāmāt* do macrocosmo e do microcosmo. No nível da teofania primordial, o Trono é a manifestação divina do Logos profético, da Realidade muḥammadiana eternamente criada"[52].

Assim, a cada domínio corresponde sua própria atualização da Arca, embora só os inspirados, realizados espiritualmente, possam contemplá-la em todos os domínios como manifestação unífica do Ser, visto que esta é "a Arca dos gnósticos" que navegam no oceano de sua contemplação. Ibn ᶜArabī nos dá a entender que quem conseguir vê-la sem estar preparado para compreender sua função na Obra divina a desprezará e zombará dela, tal como os coetâneos de Noé desprezaram uma arca construída em terra, longe do mar.

Ao tratar do movimento circular das esferas na astronomia espiritual, Corbin se refere a uma zombaria análoga:

49. O número 28 é a soma de todos os números do 1 ao 7 (1+2+3+4+5+6+7=28) e, além disso, decomposto em suas duas cifras, equivale à unidade (2+8=1), da mesma forma que o termo *wujūd*, "ser" ou "existência" (6+3+6+4=19 / 1+9=1). Assim, temos 28 mensageiros, 28 cifras – de 1 a mil (9 unidades, 9 dezenas, 9 centenas e o milhar) – correspondentes às 28 letras do alfabeto, 28 nomes divinos que incluem contrários como "Manifesto" e "Oculto", "Primeiro" e "Último", ou outros, 12 constelações, 12 horas diurnas e 12 noturnas, 7 dias, 360 graus, 4 pontos cardeais, 4 elementos, 4 temperamentos ou humores etc. Uma magnífica tabela de correspondências entre profetas, graus de existência, letras, cifras, estrelas e Nomes divinos, na obra de Ibn ᶜArabī, pode ser consultada no livro de MIFTĀḤ, ᶜAbd al-Bāqī. *Mafātīḥ fuṣūṣ al-ḥikam li-Ibn ᶜArabī*. Marrakech: Dār al-Qubba al-Zarqā', 1997. p. 61-62. Ver também nota 36 supra.

50. CORBIN, op. cit., 2003, p. 143.

51. Ver id. *En Islam iranien*. Aspects spirituels et philosophiques. Paris: Gallimard, 1971. 4 v. vol. I (*Le Shî'isme duodécimain*), p. 262, nota 162.

52. Id., 2003, p. 143.

> Sucedeu que alguns historiadores ridicularizaram este universo hierarquizado em esferas concêntricas, por não perceberem a *imago mundi* transcendente, cuja projeção é este sistema do mundo[53] [...]. O essencial não são as esferas imaginadas nos céus astronômicos para explicar seus movimentos, mas o movimento interno do pensamento, anterior à gênese dos mundos, [ou seja,] o movimento dos céus invisíveis, conhecidos por uma astronomia espiritual que pode sobreviver às vicissitudes da astronomia física na qual se expressara[54].

Para compreender o mundo das correspondências é preciso considerar seu fundo simbólico unitivo e sua intenção contemplativa no contexto de uma dinâmica espiritual.

Vejamos, pois, os textos que descrevem esta nave da viagem circular, esta Arca salvífica de Noé que é também a Arca do Tempo cíclico recorrente, a Arca da celebração, a rememoração e a liturgia, a Arca do instante e da sincronicidade, a Arca da Vida, do Conhecimento e da Graça que tudo compreende, a Arca das Luzes, imersa no oceano da oração teofânica.

Apresentação dos Textos

A Viagem Noturna e a Arca da Ascensão

Em *Kitāb al-Isrā'* (Livro da Viagem Noturna), Ibn ᶜArabī dedica um capítulo, intitulado "A Alma Apaziguada e a Preamar", à detalhada descrição da Arca (*safīna*) do Mundo. Essa obra, precocemente madura[55], é a primeira que o autor compôs sobre sua própria vivência da ascensão, inspirada na viagem noturna e ascensão celeste do Profeta do Islã[56]. O *viator* (*sālik*) relata sua viagem a partir de Al-Andalus – sua terra natal no extremo ocidental do Islã – até a Casa da Sublime Pureza (*Bayt al-Qudus*), Jerusalém, a cidade santa que alberga a

53. Ibid., p. 72.
54. Ibid., p. 73.
55. Ver HIRTENSTEIN, S. *The Unlimited Mercifier*. Oxford: Anqa Publishers, 1999. p. 115; 268.
56. Sobre o tema do *miᶜrāj*, ver AMIR-MOEZZI, M. A. et al. (Ed.). *Le voyage initiatique en terre d'Islam*: Ascensions célestes et itinéraires spirituels. Paris: Peeters, 1996.

Cúpula do Rochedo, lugar onde, segundo a interpretação tradicional predominante – que a identifica com a Mesquita mais Afastada ou Elevada (*al-Masjid al-Aqṣà*) mencionada na sura da Viagem Noturna[57] –, se teria iniciado a ascensão de Muḥammad através dos céus. No capítulo *A viagem do coração* (*safar al-qalb*), diz Ibn ᶜArabī, personificado na figura do peregrino: "Saí da região de Al-Andalus dirigindo-me à Morada da Santidade"[58]. Todavia, a viagem não termina na Jerusalém do Oriente físico, mas continua – emulando a ascensão profética – através dos sete céus da cosmologia islâmica[59] e continua ainda mais além do Loto do Limite, do Pedestal e das Paragens Sublimes (*al-Rafārif al-ᶜulà*)[60] até onde "cessam o quanto e o onde"[61].

O capítulo que agora nos ocupa, "A Alma Apaziguada e a Preamar", é o último dos seis[62] que constituem a primeira parte da obra. Essa parte corresponde, de fato, ao que a tradição denomina preferentemente *Isrā'*, a Viagem Noturna do Profeta pela geografia terrestre "desde a Mesquita do Recinto Preservado (*Masjid al-Ḥarām*) até a Mesquita mais Afastada"[63]. Embora ambos possam parecer extensivos ao conjunto, o termo *isrā'* – viagem noturna – tende, em geral, a distinguir-se do termo *miᶜrāj* – ascensão –, que designa propriamente a segunda parte da viagem, a ascensão através das esferas celestes até o Trono divino.

Imediatamente antes, no capítulo cinco, o peregrino diz: "Estando eu adormecido, enquanto velava (*mutahajjid*)[64], orando o segredo de meu ser[65], veio a mim o Enviado do Acordo (*Rasūl al-Tawfīq*) para guiar-me pelo bom

57. *Corão* XVII:1.
58. IBN ᶜARABĪ. *Kitāb al-Isrā'*. Beirut: Ed. Suᶜād al-Ḥakīm. 1988b. p. 57. O texto é em prosa rimada. Aqui, o final do nome Al-Andalus rima com o de *Bayt al-Qudus*.
59. A segunda parte da obra (p. 75-105) narra a ascensão através dos sete céus e os encontros com os espíritos dos Profetas que correspondem a cada esfera.
60. A terceira parte do livro (p. 107-130) trata desses três domínios.
61. Ibid., p. 130. A quarta parte inclui duas partes: a primeira com cinco seções, e a segunda com oito. Essas seções, chamadas "diálogos íntimos" (*munāyāh*), tratam de sutis inspirações sobre os mais elevados mistérios da experiência espiritual e remetem a termos do *Corão* ou da Tradição relativos à ascensão do Profeta e à revelação divina.
62. Talvez, uma alusão às seis direções do espaço físico e, portanto, à espacialidade desta viagem horizontal no mundo.
63. *Corão* XVII:1.
64. Alusão ao versículo: "Parte da noite, vela (*tahajjad*) como obra super-rogatória para ti. Que teu Senhor te envie [ou 'te ressuscite'] a uma estação digna de louvor (*maqām maḥmūd*)" (*Corão* XVII:79).
65. Anota Suᶜād al-Ḥakīm (na nota 76) que o segredo do ser humano é seu espírito (*rūḥ*).

caminho, trazendo com ele o Burāq da sinceridade (*Burāq al-iḫlāṣ*)[66]". Já se anuncia, pois, o momento da ascensão que virá após a visão da Arca, ao final do capítulo seis, quando o peregrino diz: "Em seguida me fez ascender, quando me separei da água, até o primeiro céu".

Essa viagem se passa sobre a água, já que corresponde à viagem de Noé durante o dilúvio, viagem também "noturna". Mas essa navegação no horizonte marítimo da criação tem também uma dimensão vertical celeste na "navegação" espiritual das esferas[67].

A nave dessa viagem é, por definição, veículo das águas do oceano incomensurável, o mar primordial sempre renovado; porém, é também, como o Burāq, veículo da ascensão: "Esta é a nave dos gnósticos; a bordo dela tem lugar a ascensão (*mi*ᶜ*rāj*) dos herdeiros [do conhecimento dos Profetas]". A nave é, de fato, tanto o veículo como a ascensão em si.

O título do capítulo, *A alma apaziguada e a preamar*, inclui duas expressões corânicas. A primeira se encontra nesta passagem: "Ó alma tranqüila (*nafs muṭma'inna*)! Volta a teu Senhor satisfeita e aceita"[68]. O título anuncia desse modo uma viagem de retorno a seu Senhor, a viagem da alma apaziguada, satisfeita de si mesma, segura, repousada, tranqüila, serena, – todas essas acepções do adjetivo *muṭma'inna*. A expressão *al-baḥr al-masjūr*, literalmente "o mar transbordante", encontra-se em *Corão* LII:6, junto a outros termos cosmológicos ou escatológicos[69], depois da menção – nesta ordem – de "a Casa

66. Alusão ao Burāq, o corcel que serviu de montaria ao Profeta durante sua ascensão em companhia de Gabriel. (Ver o artigo de PARET, R. Al-Burāḳ. In: THE ENCYCLOPAEDIA of Islam (EI^2). New Edition. Leiden: E. J. Brill; London: Luzac & Co., 1960. vol. I, p. 1310-1311). Note-se que o nome do Burāq é da mesma raiz léxica que as palavras "relâmpago" (*barq*) e "resplendor" ou "cintilação" (*barīq*). O termo *iḫlāṣ* remete à sura CXII, chamada *sūrat al-iḫlāṣ*, que trata da Unidade, da transcendência e da incomparabilidade de Deus

67. "Todos, em sua esfera (*falak*) [respectiva], navegam (*yasbaḥūna*)" (*Corão* XXI:33) (Trad. J. Vernet). Ver também nota 149 infra.

68. *Corão* LXXXIX:27-28.

69. A sura "O Monte" inicia com esta série de juramentos: "Pelo Monte! Por uma Escritura, posta por escrito num pergaminho desenrolado! Pela Casa freqüentada (*al-Bayt al-ma*ᶜ*mūr*)! Pela abóboda elevada! Pelo mar cheio!" (*Corão* LII:1-6). A tradução é de J. Cortés, que, nas notas a esses versículos, remete a *Corão* CXV:2 – em que se menciona o monte Sinai –, a *Corão* III:7 – em que se menciona uma Escritura Matriz, alusão ao exemplar primordial do *Corão*, preservado por Deus – e à conhecida tradição segundo a qual a Casa freqüentada, a *Ka*ᶜ*aba* visitada pelos peregrinos, é também a *Ka*ᶜ*aba* celestial, freqüentada pelos anjos. Cortés anota também que a abóboda elevada mencionada é a abóbada celeste. No contexto de uma interpretação esotérica, esses seis versículos podem ser interpretados também como sendo uma

freqüentada" (*Ka^cba* celestial) e "a abóboda elevada". Esse mar transbordante – preamar, que implicitamente evoca a presença da lua cheia e se reporta assim, de maneira tácita, às 28 mansões que a lua percorre até o plenilúnio –, equivalente à plenitude ou perfeição da esfera[70], é o domínio do qual se ascende à abóboda celeste e à Casa freqüentada, que se encontra no sétimo céu, a esfera de Abraão[71].

Note-se o marcado contraste que o título estabelece entre a alma serena, como o mar em calmaria com a maré baixa ("baixa" é também uma acepção do termo *muṭma'inna*), e a plenitude do mar que tudo cobre, salvo a embarcação (*markab*). Esta tensão expressiva está refletida no primeiro verso do poema *Preamar*, que traduziremos em seguida[72]. Esse poema, que surge no capítulo da alma serena, é também o primeiro poema do *Dīwān al-ma^cārif*[73], de Ibn ^cArabī, em que figura com este cabeçalho: *Disse [o poeta] com relação à preamar*[74]. Talvez seja significativo que o poema inaugure o *Dīwān* assim como inaugura a ascensão celeste no *Kitāb al-Isrā'*. Talvez, desse modo, o *Dīwān* se apresente como uma Arca que, ao conter toda a poesia do *Šayḫ*[75], pode servir de veículo ao viajante espiritual.

Dos 20 poemas do *Dīwān* que procedem do *Kitāb al-Isrā'*, explica G. Elmore, 11 inauguram a edição conhecida e nove surgem na parte inédita descrita por Claude Addas (concretamente ao princípio e ao final da segunda parte), confirmando que a divisão dos versos entre as duas partes não é uma simples coincidência[76].

gradação descendente de realidades espirituais. Também se usa a imagem dos mares cheios em *Corão* LXXXI:6, num contexto puramente escatológico, relativo à chegada do Dia do Juízo.

70. Assim como a terra alagada pelo dilúvio na história da Arca de Noé.

71. Ver IBN ^cARABĪ, op. cit., 1988b, p. 99 et seq.

72. Ver p. 685 o poema *A Alma Apaziguada e a Preamar*.

73. Ver id. *Dīwān Ibn ^cArabī*. Beirut: Dār al-kutub al-^cilmiyya, 1996b. (Reed. do *Dīwān al-kabīr*. Bombay, [s.d.]).

74. Ibid., p. 7. Literalmente: "Disse no capítulo do Mar Transbordante (*al-Baḥr al-Masjūr*)". Talvez o uso da expressão capítulo seja aqui uma referência ao capítulo correspondente do *Kitāb al-Isrā'*.

75. Segundo a pesquisadora Claude Addas, parece que este *dīwān*, se estivesse completo – a edição disponível não está completa –, haveria de reunir a totalidade da produção poética de Ibn ^cArabī, incluindo todos os poemas contidos em suas diversas obras. Ver ADDAS, Claude. À propos du *Dīwān al-ma^cārif d'Ibn ^cArabī*. *Studia Islamica*, n. 81, p. 187-195, 1995.

76. Cf. ELMORE, G. The Būlāq *Dīwān* of Ibn al-^cArabī: Addenda to a Tentative Description. *Journal of Arabic Literature*, XXIX, p. 138, 1998.

A Viagem Cósmica na Arca do Tempo

O poema da segunda seção que aqui traduzo aparece, com algumas variantes, em três obras de Ibn ᶜArabī. Em duas delas – *Mawāqiᶜ al-nujūm*[77] e *Ayyām al-ša'n*[78] – está sem título, insertado em contextos diferentes e precedido de prosa em ambos os casos, como parte de um texto mais amplo. O mesmo poema surge, também, entre os poemas de *Mawāqiᶜ* contidos no *Dīwān*[79]. O *Dīwān* reproduz, pois, o texto de *Mawāqiᶜ* – que há de ser considerado o texto original do poema, dada a prematura redação dessa obra –, com três versos a mais do que o texto reproduzido em *Ayyām*, e acrescenta um significativo cabeçalho, o qual revela a vinculação da Arca com o tempo cíclico: "Disse [o poeta] sobre a sucessão e o ciclo (*min bāb al-kawr wa al-dawr*)". Junto à tradução integral do poema, apenas incluirei aqui – acrescentando os versos finais da versão de *Mawāqiᶜ*[80] –, a tradução do texto em prosa que precede e acompanha o poema no *Kitāb Ayyām al-ša'n* ou *Livro dos Dias da Criação*, no interior de uma seção intitulada *Ḥaqīqa*, "Verdade essencial".

Do mesmo modo que em *Preamar*, o poeta utiliza neste poema, que intitulei *A Arca da Criação*, o imaginário próprio da navegação. O poema, como anuncia a prosa, descreve a Arca do tempo cíclico, que navega em um movimento esférico incessante.

O autor emprega ao mesmo tempo a metáfora de um barco que circunavega as águas do Trono divino (simbolizado pelo círculo que encerra os demais círculos e relacionado ao coração humano enquanto Trono), o símbolo do círculo dividido em seções, que representam as 28 letras – e seus correspondentes profetas ou Nomes divinos –, e o símbolo da

77. Ver IBN ᶜARABĪ. *Mawāqiᶜ al-nujūm*. Ed. Cairo. 1954. p. 21, em que ocorre ao final de uma seção intitulada "A terceira esfera ou esfera da perfeita realização (*al-Falak al-ṯāliṯ al-iḥsānī*)".
78. Ver id. *Kitāb Ayyām al-ša'n*. In: *Rasā'il Ibn ᶜArabī*. Ed. Hyderabad. 1948. N. 5, p. 5, que está sem os últimos três versos.
79. Ver id., 1996b, p. 15. Só há três poemas de Mawāqiᶜ que não aparecem na edição do *Dīwān* (cf. ELMORE, op. cit., p. 141).
80. Visto que a edição egípcia disponível é muito deficiente, cotejei o texto, para traduzir o poema, em três dos manuscritos mais confiáveis: Shehit Alī 1351/1a-69b (copiado de uma cópia de Ṣadruddīn Qūnawī, Shiraz, 691 Hégira.); Yusuf Agha 5001/1-165b (copiado pelo próprio Qūnawī, com *samāᶜ* do autor) e Beyazid 3750/10b-113ª (782 Hégira, copiado em Alepo de um original datado em Córdoba, 596 Hégira.).

Arca de Noé, que, como o coração do homem, contém o depósito da criação – a síntese de todos os opostos da existência –, mas também o depósito (*amāna*) que Deus confiou exclusivamente ao homem – que é, nesse sentido, Arca de Noé[81]. Assim, o Homem é também o veículo (*markab*) que circula – navegando nesse mar circular – ou circunda – como "veículo" circular portador do depósito que ele contém, que é a totalidade do círculo – enquanto Trono.

Esse círculo, em virtude da correspondência entre as letras, as mensagens proféticas e os Nomes divinos, representa um oceano ilimitado de potencialidades que o gnóstico percorre na noite escura do não-manifestado, que é também a profundidade desse mar, cujas ondas na superficie são o efeito dos estados daqueles que amam a Deus (que seriam, no limite último, todas as criaturas) e cujos ventos são os anúncios proféticos que Deus inspira a Seus Enviados – correspondentes, como se indicou, às 28 letras do círculo. Essa nave é também a Arca da Palavra, que, como sugere o poema, percorre oculta na criatura – macrocosmo ou microcosmo – desde o *alif* até o *yā'* do traço (*ḫaṭṭ*) – entenda-se não só a grafia, mas também o traço circular que marca o rumo e corresponde ao círculo que representa o Trono. Trata-se de um percurso cíclico, cuja sutileza é dificilmente percebida, que regressa sempre a seu princípio sem fim, a sua origem incessante – princípio que incessantemente origina –, assim como a noite do invisível dá passagem ao dia da manifestação, que, por sua vez, se aniquila em seu retorno ao invisível.

No ciclo do dia e da noite, se seguem o princípio noturno, a manifestação diurna ("o dia é a sombra da noite", diz Ibn ᶜArabī[82]) e o retorno ao princípio noturno.

Em vez de deter-me a comentar cada linha das traduções que seguem, preferi anotar abundantemente em notas de rodapé. Sem mais preâmbulos, embarquemo-nos, pois, na tradução dos textos.

81. Ver nota 166 infra.
82. Ver IBN ᶜARABĪ, op. cit., 1948, p. 9.

Traduções

A Alma Apaziguada e a Preamar

Disse o peregrino (*sālik*):

"Então, com o Mensageiro[83] prossegui subindo por uma claríssima senda até elevar-me sobre o mar cheio (*al-baḥr al-masjūr*), e toda dificuldade tornou-se fácil[84].

E, no alto-mar daquele oceano[85], vi a Arca do Universo[86]. Mirei para alcançá-la e disse-me: 'Cá está ela, para que a conheças em seu conjunto e em seus detalhes: esta é a Arca dos gnósticos (*safīnat al-ᶜārifīn*) e a bordo dela[87] tem lugar a ascensão dos herdeiros [dos Profetas] (*miᶜrāj al-wāriṯīn*)'.

Vi então uma Arca de essência espiritual e de aparelhos[88] celestiais, cujas bases (*arjul*)[89] são os dois pés [divinos] (*al-qadamān*)[90] e cujo timão (*sukkān*)

83. Isto é, o Mensageiro do Acordo (*Rasūl al-Tawfīq*) mencionado no capítulo anterior (id., 1988b, p. 68).
84. Talvez esta expressão remeta a *Corão* XCIV:5-6, em que os mesmos termos estão reiteradamente relacionados. Esta mesma sura é nomeada "A Expansão", porque nela se menciona a expansão do peito liberado de sua carga. Ver nota 91 infra.
85. Literamente "daquele mar compreensivo" (*muḥīṭ*). O mesmo termo se usa em referência à circunferência que contém ou rodeia o quanto resta dentro dela e, em particular, à que representa o Trono divino que tudo contém (*al-ᶜArš al-muḥīṭ*).
86. Literalmente "a Arca do amplo mundo" (*safīnat al-ᶜālam al-basīṭ*); o mundo, portanto, da manifestação, o mundo desdobrado na existência.
87. O autor usa a preposição *ᶜalà* ("em", "sobre"), que permite certa ambivalência, visto que podemos entender duas coisas: ou a ascensão tem lugar a partir da nave, como ponto de partida, assim como o *miᶜrāj* do Profeta acontece a partir da *Al-Masjid al-Aqṣà*, ou então o viajante sobe a bordo da nave como tripulante. Esta segunda opção parece-me a mais adequada, pois o autor nomeia a nave de "a Arca dos gnósticos". Os gnósticos são, pois, *aṣḥāb al-safīna* (ver nota 27 supra). Observa Suᶜād al-Ḥakīm que a descrição das partes da nave integra tanto os aspectos doutrinais como os aspectos rituais do sufismo, tanto as questões relativas à formulação da crença como questões relativas à prática e à experiência (assim, por exemplo, a rememoração dos estados). Pois, diz a autora libanesa, "a crença (*ᶜaqīda*) e a vivência interior (*sulūk*) do viajante espiritual (*sālik*) constituem sua própria nave (*safīna*) para a ascensão". Cf. IBN ᶜARABĪ, op. cit., 1988b, p. 71, nota 102.
88. O termo "aparelhos" (*ᶜudad*) tem a mesma raiz léxica que *ᶜadad* (número, cifra). Os "aparelhos celestiais (*ᶜudad samāwiyya*)" estão assim associados aos números, entendidos aqui em sentido pitagórico. No diagrama do círculo de 28 seções, cada uma corresponde a uma letra, que, por sua vez, equivale a uma cifra de 1 (*alif*) a 1.000 (*ġayn*).
89. Literalmente "pés" (*arjul*). Entende-se que se referem às laterais do casco da nave. O termo "pé" (*rijl*) é da mesma raiz que "homem" (*rajul*). Os "pés" da nave correspondem aos dois pés divinos (*al-qadamān*) – da mesma raiz que o nome de Deus, *Al-Qadīm*, "O Eterno" – que estão sobre o Pedestal (*al-Kursī*). Os dois pés implicam dualidade e indicam o domínio dos opostos: na Arca dos Nomes, cada um deles se opõe a um contrário que o complementa, o qual remete aos pares da Arca de Noé.
90. Se a imagem da Arca fosse um círculo, cada pé corresponderia a um semicírculo.

é a quietude (*sukūn*) do coração[91]. Suas provisões[92] são as graças sutis (*laṭā'if*); seus mastros, os altos [entre estações] (*mawāqif*), e seu camarote de cobertura[93], a certeza. Seus portos são a força e a estabilidade[94]. Tem, por velame, (*širā*ᶜ) a Lei revelada (*šarīᶜa*)[95], e, por lastro[96], a natureza. Seus cabos são as causas [segundas][97], e suas cabines[98], os tesouros[99] da quintessência[100].

91. Observe-se que timão (*sukkān*) e quietude (*sukūn*) são termos da mesma raiz S-K-N, como a palavra *sakīna*, que designa a presença divina em sua descida pacificadora. No capítulo cinco, lê-se a expressão: "e abriu meu peito com a adaga da divina presença (*sikkīn al-sakīna*)" (IBN ᶜARABĪ, op. cit., 1988b, p. 68). Tanto *sikkīn*, "faca", como *sakīna*, termo correspondente ao hebraico *Shejina*, são de raiz S-K-N. Entende-se que o Anjo, o Mensageiro do Acordo, abre o peito do peregrino para libertá-lo de sua carga (alusão a *Corão* XCIV:1). O leme (*sukkān*) assim se chama porque "sossega" a marcha da nave (ver IBN ᶜARABĪ, op. cit., 1988b, nota 103), ao mesmo tempo que a orienta. *Sukūn* também significa "silêncio", de modo que a imagem alude à receptividade do coração que permanece à escuta, receptivo à inspiração.
92. A raiz do termo *qirà* (Q-R-Y) assemelha-se à raiz Q-R-' do *Corão* (*al-Qur'ān*). Os comentários esotéricos aos versículos corânicos podem se chamar *laṭā'if*, "sutilezas". Tal é o caso do célebre comentário corânico de Al-Qušayrī, *Laṭā'if al-išārāt* (ver AL-QUŠAYRĪ. *Tafsīr al-Qušayrī*... Beirut: Dār al-kutub al-ᶜilmiyya, 2000. 3 v.), ou do *Kitāb al-Tarājim*, de Ibn ᶜArabī (ver IBN ᶜARABĪ. *Rasā'il*. Ed. Beirut. 1997. p. 275-322).
93. O termo *yaqan*, "(lugar de) segurança" – ou também "gineceu" –, é da mesma raiz (Y-Q-N) que *yaqīn*, "certeza".
94. O termo *quwwa*, "força", designa também a potencialidade, enquanto o termo *tamkīn*, "estabilidade", "consolidação", "afirmação" – que também remete ao termo *imkān*, "possibilidade", da mesma raiz léxica (M-K-N) –, alude à firmeza (*ṯubūt*) das entidades imutáveis (*aᶜyān ṯābita*) dos possíveis.
95. Tanto o termo "vela" quanto a expressão "lei revelada" são da raiz Š-R-ᶜ.
96. O termo *ṣābūr* designa o lastro que se põe no interior da nave para que seu peso lhe sirva de equilíbrio. É da mesma raiz (Ṣ-B-R) que *ṣabr*, "paciência", a virtude que serve para manter o equilíbrio, ou "serena perseverança".
97. Esta imagem se usa também quando a imagem do mundo é uma *ḫayma* (tenda árabe de grande porte – [N. da R.T.]) ou um pavilhão alçado com cabos. Ver IBN ᶜARABĪ. *Mašāhid al-asrār*. Murcia, 1994. cap. XIV.
98. Parece que o termo arabizado *ṭārima* (pl. *ṭawārim*) designa uma caixinha de madeira com a forma de um pequeno depósito. Talvez se refira aqui a cabines para guardar aparelhos e cabos ou a despensas para conservar o grão ou outros alimentos.
99. Em uma passagem corânica sobre a construção da Arca, emprega-se também o termo *ḫazā'in*, "depósitos", com o sentido de "tesouros". Diz Noé a seu povo: "Eu não pretendo possuir os tesouros de Deus" (*Corão* XI:31). O homem, como tripulante, é depositário, mas não possuidor dos tesouros depositados em seus armazéns.
100. O termo *lubāb*, "quintessência", designa o extrato, a essência limpa, purificada, de qualquer coisa; em particular, o núcleo ou a farinha limpa do trigo. É da mesma raiz (L-B-B) que *lubb*, "coração", "núcleo", "semente", "parte interior", "essência". De fato, um dos manuscritos da edição transcreve a variante *albāb* (pl. de *lubb*). O termo poderia aludir também à *talbiya* – termo que o *Lisān al-ᶜarab* (IBN ᶜARABĪ. *Lisān al-ᶜarab*. Ed. Beirut. [S.d.]. vol. 12, p. 216) considera derivado da raiz *L-B-B* –, o recurso à expressão ritual *labbayk*, "Eis-me diante de Ti [Senhor, à Tua disposição]!"

O capitão é a transmissão (*naql*)[101], seu tenente (*muqaddam*)[102], o intelecto (*ᶜaql*), e seus marinheiros, as obras super-rogatórias (*anfāl*)[103]. Seu tanque de água (*inkiliyya*) é a segurança que protege do castigo (*nakāl*)[104], e seus provedores são suas fontes de inspiração (*mawārid*)[105].

Leva como carregamento os segredos e os conhecimentos proveitosos (*fawā'id*). Sua proa[106] é a providência na eternidade sem princípio, e sua popa[107] é a santificação da aspiração espiritual, relativa ao acidental[108], na eternidade sem fim.

[A bruma de] sua fervura (*baḫr*)[109] são as reflexões (*afkār*); seu vento,

101. *Naql* significa também "transporte", o qual corresponde bem à imaginária da Arca, e aqui se refere à transmissão do *Corão*, ou outras revelações, e da *Sunna*. O capitão da viagem salvífica é, pois, a conformidade à autoridade inspirada da Palavra de Deus e da Tradição.

102. Literalmente "adiantado". Termo da segunda forma de raiz Q-D-M, que significa "fazer preceder", "pôr à cabeça", de que deriva também *muqaddim*, "proa".

103. Talvez apareçam aqui como tripulação em referência ao célebre *ḥadīṯ qudsī* das obras super-rogatórias (*nawāfil*) em que Deus diz na primeira pessoa: "Meu servo não cessa de se aproximar de Mim por meio de obras super-rogatórias até que Eu o ame. E quando Eu o amo, sou então o ouvido com que escuta, o olho com que vê, a mão com que pega e o pé com que caminha" (Buḫārī, *Riqāq* 38). Para mais referências, ver IBN ᶜARABĪ. *El secreto de los Nombres de Dios* (*Kašf al-maᶜnà fī sirr asmā' Allāh al-ḥusnà*). Introdução, Tradução e Notas de Pablo Beneito. Murcia: Editora Regional, 1996c. p. 50-51, nota 3. No *ḥadīṯ*, essas obras são o meio pelo qual o servo se aproxima de Deus, assim como os tripulantes da nave são o meio para que ela navegue.

104. O termo *nakāl* – ou suas variantes – aparece em *Corão* II:66;IV:84; V:38; LXXIII:12 e LXXIX:25 com o sentido de punição exemplar. O termo *inkiliyya*, "sentina", é da mesma raiz N-K-L. Expulsar as águas que se filtram na nave equivale a purificá-la: a salvação (*salāma*) – ou isenção do castigo – parece assim vinculada à pureza ritual da ablução que precede os atos de adoração – tais como a oração de perdão a Deus –, que conduzem à purificação da alma. Alusão ao dilúvio no texto corânico sobre Noé: "Vereis quem receberá um castigo humilhante..." (*Corão* XI:39).

105. O termo "mercadores" parece aludir aos passageiros da nave: os Nomes e as letras, matrizes prototípicas de toda manifestação, que são fonte das inspirações (*mawārid*) na incessante "transação" dos estados espirituais.

106. Ver nota 102 supra. A raiz do termo *muqaddim* (Q-D-M) alude à pré-eternidade (*qidam*) divina e ao nome divino *al-Muqaddim*, o Adiantador (ver IBN ᶜARABĪ, op. cit., 1996c, p. 253-255).

107. O termo *mu'aḫḫir*, "proa", é o mesmo particípio ativo do nome de Deus, *Al-Mu'aḫḫir*, "O Retardador".

108. Literalmente "relativo aos acidentes das causas (*ṭawāriq al-ᶜilal*)". O termo *ᶜilla*, "causa segunda", também significa "enfermidade" ou "defeito".

109. De *Lisān al-ᶜarab* se tira a expressão *buḫār al-baḫr*, com o sentido de "bruma", "névoa" ou "neblina". O termo *baḫr* significa "ferver", no sentido de "produzir vapor (*buḫār*) por efeito do calor". Trata-se, pois, de uma possível referência ao texto corânico da sura de Hūd sobre Noé e a construção da nave, em que é dito: "Até quando veio Nossa ordem e *o forno ferveu* (*fāra al-tannūr*) [o termo "atanor" empregado na alquimia], dissemos [a Noé]: 'Carrega-a (*iḥmil*) [daí a anterior referência ao carregamento (*wasq*, sinônimo de *ḥiml*)] com um casal de cada espécie [...]'." (*Corão* XI:40). *Baḫr* é da raiz B-Ḫ-R, como *baḫūr*, "incenso", e *tabḫīr*, "defumação", "incensação": poderia também fazer menção ao incenso empregado para purificar a nave. Em um dos manuscritos se lê *baḥr*, "mar".

as rememorações (*adkār*)[110]; seu marulho, os estados[111], e sua oração de bênção (*du*ᶜ*ā'*)[112], as obras.

Esta nave (*safīna*) [que inicia sua viagem] com a aparição da letra *alif* de 'em nome de Deus[113], navega' e chega até [o porto[114] de] 'Recita em nome de teu Senhor, [que criou [...]]'[115]; navegava[116] no mar do esforço

110. O termo "vento" (*rīḥ*) é da mesma raiz que "espírito" (*rūḥ*). Ver, na nota 112 infra, a tradução de *Corão* X:22. A rememoração (*dikr*) é a prática que consiste em ter presente a Deus evocando os Nomes e Atributos divinos. Em contraste com a reflexão (*fikr*, pl. *afkār*), associada ao exercício da razão discursiva, a rememoração predispõe à receptividade e ao desapego de si, o que propicia a inspiração e o desvelamento. No entanto, ver infra o quarto verso do poema *Preamar*, em que se usa outra imagem com relação ao termo *fikr*: no alto-mar do saber velado, a meditação é a vela que dá impulso à embarcação.

111. A expressão *mawjuhā al-aḥwāl* remete a *Corão* XI:43, em que se diz *wa ḥāla baynahumā al-mawju*, "[...] interpuseram-se entre ambos as ondas [...]" (*ḥāla*, "interpor-se" ou então – sem a preposição *bayna* – "transformar-se", é da mesma raiz que *ḥāl*, "estado"). A mesma noção aparece no poema que intitulamos *A Arca da Criação*, ver infra, verso n. 4 e nota 155.

112. Parece referir-se à súplica de Noé "que navegue e chegue a bom porto em nome de Deus!" (*Corão* XI:41) e também ao versículo: "É Ele quem vos faz viajar por terra e por mar, até que, quando estais na nave (*fulk*) [...] são levadas [a nave ou as naves] (*jarayna bihim*) pelo vento (*rīḥ*) favorável, e, com isso, eles estão contentes; [de repente] chega [à nave] um vento tempestuoso e vêm a eles ondas (*mawj*) por todos os lados e pensam estar rodeados [pela morte] e invocam a Deus (*da*ᶜ*āwu Allāha*)..." (*Corão* X:22).

113. No texto corânico desse versículo, o *alif* não aparece na escritura de *bism* (em nome de...), mas Ibn ᶜArabī – segundo a edição – acrescentou-o na citação. Assim, pois, a nave começa com a letra *alif*, que inaugura a sucessão das mansões (ver o diagrama), ou então, ao exteriorizar-se a letra *alif*, que estava implícita no *bism* desse versículo, em que se anuncia o bota-fora da nave da criação. A letra *alif* (de valor numérico 1) aparece assim depois da letra *bā'* (de valor numérico 2) – letra que inaugura o texto da revelação na Sura da Abertura (*fātiḥa*) e, por analogia, o "texto" cósmico da manifestação – e graficamente a ela ligada: não é, portanto, o *alif* em posição gráfica isolada que simboliza a Essência incondicionada, mas sim o um que, unido ao dois (*bā'*), gera o três, número que Ibn ᶜArabī (ver, por exemplo, IBN ᶜARABĪ. *Kitāb al-mīm wa-l-wāw wa-l-nūn*. Ed. Hyderabad. 1948, p. 4) considera primeira cifra ímpar (*awwal al-afrād*). O versículo assim começa: "Disse: 'Subi nela (*irkabū*)! [quer dizer, na nave, daí o uso no poema do termo *markab* da mesma raiz que *irkabū*]. Que navegue e chegue a bom porto em nome de Deus!' [...]" (*Corão* XI:41). Literalmente "[...] sejam em nome de Deus sua navegação (*majrà*) e sua chegada a bom porto (*mursāhā*)". Ibn ᶜArabī emprega no texto *muntahāhā* em lugar de *mursāhā*, talvez para aludir assim ao Loto do Limite (*Sidrat al-Muntahà*), além do sétimo céu cujo limite marca. Observe-se que multiplicar 7 céus por 4 elementos equivale a 28 letras ou mansões lunares.

114. O autor emprega o termo *muntahāhā*, que remete à expressão *wa mursāhā* de *Corão* XI:41. Ver nota anterior.

115. *Corão* XCVI:1. A tradição considera que esse versículo inicia a primeira passagem revelada a Muḥammad durante seu retiro na gruta do monte Hira. Diz outro versículo da mesma passagem mais adiante: "Quem ensinou o cálamo" [ou "por meio do cálamo"] (*Corão* XCVI:4).

116. *Fa-hiya tajrī fī baḥri al-mujāhada*... Esta expressão remete ao versículo: "E navegou com eles entre ondas como montanhas (*wa-hiya tajrī bihim fī mawjin ka-al-jibāl*)" (*Corão* XI:42). Segundo a anterior descrição do autor, "o marulho [no mar em que esta nave navega]

(*mujāhada*) até que os ventos da providência fizeram-na atracar na margem da contemplação (*mušāhada*)[117]. E quando [a nave] para trás deixou o mar da ilusão[118] e finalmente ficou a salvo[119] da bruma do mar encrespado de alterações e diferenças (*aġyār*)[120], o capitão estendeu seu livro [de bitácula][121] e, alçando sua voz[122], recitou um poema maravilhoso (*manẓūm* *ᶜajīb*)[123]:

são os estados". Essas ondas como montanhas do versículo corânico, nas quais perece o filho de Noé que não havia embarcado (ver nota 118 infra), são as ondas desse mar do esforço, oposto aqui ao domínio da contemplação, que começa na margem à qual chega a Arca.

117. Sutil e complexa alusão ao texto corânico XI:25-35, em que Noé se esforça para comunicar a mensagem a seu povo, e ao XI:36-37, em que se diz que "foi revelado a Noé (*ūḥiya ilà Nūḥ*) [...]: Constrói a nave [*fulk*, da raiz de *falak*, "esfera celeste"] sob Nosso olhar [literalmente "em Nossos olhos"] e segundo Nossa inspiração (*waḥyinā*) [...]". Cabe entender que esse plural majestático reporta-se à pluralidade dos Nomes divinos. Por outro lado, como em outros textos, *aᶜyun*, plural de *ᶜayn*, "olho", pode ser interpretado como *aᶜyān*, plural de *ᶜayn*, "essência", com o que se aludiria às "essências imutáveis" dos Nomes divinos, "nos/pelos/com" (*bi*) os quais, diz o poeta – ver *A Arca da Criação*, verso n. 1 –, navega a Arca. Em duas ocasiões, menciona-se aqui a inspiração (*ūḥiya, waḥy*). A isso Ibn ᶜArabī faz menção, ao empregar no texto o verbo *alqà*, "fazer chegar", "arremessar", quando diz "até que os ventos/espíritos (*arwāḥ*) da providência a fazem chegar [...]" (*alqathā*). Essa forma é empregada também para referir-se ao ditame (*ilqā'*) da divina inspiração (*waḥy / ilhām*). Ibn ᶜArabī reforça e torna mais explícita essa referência, ao empregar, em lugar de *aryāḥ*, "ventos", o ambivalente plural *arwāḥ*, "ventos" (*sing. rīḥ*), mas também "espíritos" (*sing. rūḥ*). O uso de *alqà* conota intensidade, um caráter súbito e abrupto da ação, afim, talvez, com o dramatismo do episódio da separação entre Noé e um de seus filhos no dilúvio (*Corão* XI:42-44): os espíritos [dos Nomes] empurram a nave até "atirá-la" da dimensão do esforço à da inspirada contemplação. Em *Corão* XI:44, é relatado que, quando a água foi tragada, a nave "pousou no Jūdī", possivelmente – segundo J. Cortés – a mais alta montanha da Arábia. Ver a referência a esse monte em um *ḥadīṯ*, transcrito por Ibn Ḥanbal (2:36). O nome do monte Jūdī evoca a divina generosidade (*jūd*).

118. *Baḥr al-iġtirār*. O termo *iġtirār* significa "negligência", "estar seduzido e enganado pela ilusão", e denota também a inexperiência e o descuido próprios da juventude (*ġarāra*), assim como "risco" e "perigo" (*ġarar*). O autor alude com esse termo à passagem: "[...] Noé chamou seu filho, que ficara à parte: 'Filhinho! Sobe conosco, não fiques com os infiéis!'. Disse: 'Vou me refugiar numa montanha que me proteja da água'. [...]. As ondas se interpuseram entre ambos e ele estava dentre os que se afogaram" (*Corão* XI:42-43).

119. *Wa salimat*. Referência a *Corão* XI:44 e a XI:48: "[...] Noé! Desembarca na paz (*bi salām*) vinda de Nós [...]".

120. Esse termo remete ao domínio da alteridade (*ġayr*).

121. Literalmente "lâmina", "folha" (*raqīqa*).

122. Talvez uma alusão a *Corão* XI:45, em que "Noé invocou a seu Senhor [...]". No versículo XI:49, produz-se uma coincidência formal que realça a inter-referência léxica entre o nome de Noé (*Nūḥ*) e a inspiração profética (*waḥy*) – de raiz léxica semelhante –: "Estas são algumas das notícias do oculto que Nós te revelamos (*nūḥīhā*) [...]". Ver também nota 117 supra.

123. O que é que faz com que o próprio autor se maravilhe com sua composição e a considere extraordinária (*ᶜajīb*)? Talvez sejam a densidade e a sutileza alusiva de seus versos, a força expressiva do relato, o ritmo e a adequação de sua imaginária marítima, ou talvez seja a perplexidade que produz o relato de uma experiência de extinção (*fanā'*) e subsistência (*fanā'*) no encontro com o Amado.

Preamar[124]

1 Quando o segredo se mostrou em minhas entranhas,
extinguiu-se minha existência,
ocultou-se minha estrela[125],
2 por mistério do Senhor, mudou-se
o coração[126]; do corpo, qualquer rastro
dos sentidos perdi, permanecendo ausente[127],
3 e vim d'Ele, por Ele e a Ele,
a bordo da nave (*markab*)
de minha resolução[128],
4 de cujo mastro desdobrei as velas
da reflexão interna (*fikr*),
no alto-mar de meu saber velado[129],

124. Ver também IBN ᶜARABĪ, op. cit., 1996b, p. 2.

125. Ou seja, quando o espírito se revela no coração (*fu'ād*), o eu pessoal ligado à consciência física trivial desaparece, assim como se desvanece uma estrela ao elevar-se o sol.

126. A raiz do verbo *jāla* – "circunvalar", "dar volta", "circular", "percorrer" – evoca a idéia de viagem (*jawla* significa "périplo") e, por semelhança léxica, a noção de "teofania" (*tajallī*). O termo *qalb*, "coração", significa também "inversão" e "flutuação" (*taqallub*). O verso implica que o coração "deu a volta" até o Oculto e circulou como a nave circula numa viagem de circunvoluções. Diz literalmente "pelo segredo de meu Senhor", isto é, "o Senhor de Ibn ᶜArabī", o Senhor pessoal – a manifestação privativa do Senhor – que rege sua natureza original e sua existência.

127. O contemplativo viaja do Mundo Visível (*ᶜālam al-šahāda*) ao Mundo do Oculto (*ᶜālam al-ġayb*). Nessa viagem, "ausenta-se" de seu corpo físico, mas permanece presente como espírito.

128. Emprega-se aqui o termo *markab*. Alusão a *Corão* XI:41. O verso diz literalmente "de uma nave (*markab*) do (mais) elevado de minha resolução (*ᶜazm*)". Essa alta determinação interna corresponde à aspiração espiritual (*himma*) do peregrino. A nave é a própria força interior da aspiração.

129. A meditação apoiada na faculdade racional (*fikr*) aparece nessa fase da viagem como força impulsora da nave. Ver nota 110 supra. O termo *lujja*, traduzido por "alto-mar", é empregado no *Corão* como adjetivo na expressão "mar profundo" (*baḥr lujjī*): "Ou como trevas num mar profundo (*lujja*), coberto de ondas [...]: se levanta a mão, quase não a vê. [...]." (*Corão* XXIV:40). Surge também em um episódio relativo à visita de Bilqīs a Salomão, em que denota uma impressão de profundidade e está relacionado, novamente, à dificuldade de perceber: "Disse [à rainha]: 'Entra no palácio!' Quando ela o viu, pensou ser um tanque de água (*lujja*) [...]" (*Corão* XXVII:44). Tratava-se, na realidade, de um palácio pavimentado de cristal. Essa ilusão teve tal efeito sobre a rainha que, ao descobrir o seu erro, afirma no mesmo versículo: "Como Salomão, me submeto a Deus". Nessa profundidade marinha – espelho turvo do céu –, o saber está escondido: só se revelará claramente na ascensão.

5 e ao sopro dos ventos de meu anseio,
como uma flecha o mar atravessou[130];
6 e o mar da proximidade cruzei,
até que vi de modo manifesto
Quem aqui não nomeio.
7 Então, clamei dizendo:
Ó Tu, a quem meu coração contempla!
Faz que [nas sortes] eu tire
uma flecha que ganhe o Vosso amor![131]
8 Tu és meu prazer e meu festejo[132],
minha meta na paixão e meu triunfo!"[133]

Disse o peregrino:

"Fez-me ascender[134] depois, quando da água me separei[135], até o primeiro céu".

130. Esse verso volta a refletir o caráter pessoal da viagem: é o ardente desejo (*šawq*) do viajante que dá impulso às velas. O termo *sahm* – aqui, "flecha" – torna a ser usado nos versos mais adiante (ver nota infra). A imagem alude à suspensão das condições espaço-temporais habituais.

131. A saber, que me seja concedido que, na distribuição dos lotes, me caiba a sorte que me permita alcançar o amor divino original. No jogo pré-islâmico de tirar a sorte com flechas (*maysir*), é chamada de *ḍarīb* a terceira flecha (*qidḥ*), à qual corresponde um prêmio ou troféu (*ġunm*) de três partes ou lotes (*naṣīb*), em caso de se ganhar. De *ḍarīb* é chamado também o *naṣīb*, "lote" ou "parte" (Cf. *Lisān al-ᶜarab*). O verso diz *iḍrib lī* [...] *bi-sahm*: A expressão *ḍaraba bi-sahm* – que literalmente poderia ser entendida como "alcançar com uma flecha" –, assim como sua variante *ḍaraba bi-naṣīb*, significam "ganhar o jogo". O plural majestático – há no verso um trânsito abrupto, embora não insólito na poesia, do singular ao plural – poderia referir-se, segundo sugere em outros contextos o estilo interpretativo do próprio autor, à pluralidade das presenças dos Nomes divinos.

132. O termo *mihrajān*, de origem persa, é empregado com o sentido de "grande celebração", embora etimologicamente seja composto das palavras *mihr*, "amor", e *jān*, "espírito", de modo que, implicitamente, faz menção ao amor espiritual.

133. Aqui o termo "troféu" (*ġunm*) – traduzido por "triunfo" – remete também ao jogo de tirar a sorte (ver nota 131 supra). Entendo que tem o sentido de "apoteose".

134. Segundo a edição, *ᶜaraja bī* quer dizer – explica Suᶜād al-Ḥakīm (IBN ᶜARABĪ, op. cit., 1988b, p. 73, nota 121) – "fez-me ascender o Mensageiro do Acordo". Eu prefiro ler *ᶜurija bī*: "fez-me ascender".

135. Com essa separação do elemento água, completa-se o seu processo de separação dos quatro elementos de sua constituição elemental, pois previamente o peregrino se separou do elemento terra (cap. 2), do ar e do fogo (cap. 5).

Realidade [do Tempo Cíclico]

Saiba que embora os dias sejam muitos [e pareçam diversos], em virtude de suas propriedades ativas (*aḥkām fiᶜliyya*, isto é, da obrigação (*ša'n*) [que lhes corresponde], são apenas [sete dias que constituem] uma semana e não há mais. Estes [sete] dias se sucedem ao longo dos meses, assim como a cada dia se sucedem a noite e o dia, assim como as horas se sucedem durante a noite e durante o dia[136], os meses, durante os anos, e os anos, durante os séculos (*duhūr*) e durante as eras (*aᶜṣār*).

Deus está sempre presente[137] nas coisas segundo [suas] realidades essenciais (*ḥaqā'iq*) o permitam. Se o intelecto concebe [outra possibilidade] divergente, deve-se à sua limitação (*quṣūr*), visto que as realidades só se revelam por meio do desvelamento senhorial (*kašf rabbānī*)[138]. As demonstrações [racionais] que usam os pensadores especulativos apenas provam umas tantas coisas elementais [que podem ser meras hipóteses] por meio das quais não se chega à certeza. A razão [discursiva] tem um limite em que se detém e não pode ultrapassá-lo, de modo que esses conhecimentos [próprios do desvelamento] estão além de seu alcance. Em relação a eles, basta que [a razão] os aceite sem reservas (*taslīm*)[139] e busque refúgio em Deus até que sejam mostrados por Ele como verdades necessárias (*ḍarūratan*) e sejam desvelados de maneira que [ela] possa contemplá-los diretamente (*ᶜaynan*)[140].

A divina Realidade (*al-Ḥaqq*) – exaltado seja – uniu[141] para sempre o posterior ao anterior[142], de modo que o tempo é cíclico (*al-amr dawrī*) e [a

136. Não se trata de horas de igual duração. Nessa divisão das horas, doze correspondem ao dia e doze, à noite. A extensão das horas é, portanto, variável e depende da duração do dia entre os crepúsculos.
137. O autor usa o verbo *jarà*, que significa "fluir".
138. Ou seja, procedente do Senhor, cujo domínio implica a dualidade da relação servo-Senhor.
139. Trata-se de conformar-se aos mistérios da revelação.
140. Literalmente "em essência".
141. Termo que na gramática significa "unir copulativamente" e que implica "simpatia", "inclinação (mútua)", "prega" e "envoltório".
142. Literalmente "as segundas partes (*aᶜjāz*) às primeiras (*ṣudūr*)". Os dois termos podem referir-se, por exemplo, aos dois hemistíquios de um verso. Estas partes – anterior e posterior – que "se inclinam" para a seguinte, unindo-se a ela – ou "se colam" (isto é, se correspondem simetricamente) –, equivalem a cada posição ou unidade relativa, nos diagramas que repre-

rotação] é incessante, em relação tanto aos espíritos quanto aos corpos, e entre ambos [os domínios, corpóreo e espiritual] extraordinárias e assombrosas correspondências formais (*aškāl*)[143] acontecem.

E à lua atribuímos mansões (*manāzil*) [que há de percorrer] até que volta [a ser fina e curva] como a palma seca[144].

Assim, o dia da volta se sucede à noite, e a noite se sucede ao dia, gira a esfera e gira a criatura, a palavra circula e circulam as letras (*ḥurūf*) e os nomes, e a fortuna circula e circulam o verão, o outono, o inverno e a primavera, e gira o astro (*sayyāra*) [em sua órbita].

Assim como vos deu origem, assim havereis de retornar[145] e certamente conhecestes a criação original[146].

sentam as modalidades do tempo, em relação à anterior ou à posterior: sejam as flechas que representam o movimento de um dia para outro, como as simetrias estabelecidas, por exemplo, ao representarem a noite e seu dia correspondente no tempo intercalado. A edição de Dār Ṣādir vocaliza *iʿjāz*.

143. O termo *šakl*, aqui "analogia" ou "semelhança formal", pode designar um padrão ou forma geométrica e uma formação, imagem ou aparência em geral.

144. *Corão* XXXVI:39. Isto é, até iniciar sua fase crescente.

145. *Corão* VII:29.

146. *Corão* LVI:62. No versículo anterior é usado o verbo *naša'a*. Neste, o nome de ação da mesma raiz: *naš'a*. Entende-se a associação desses versículos no contexto em que o homem teve conhecimento de sua primeira constituição (*al-naš'a al-ūlà*) e a ela retorna num movimento circular.

A Arca da Criação nas Águas do Trono[147]

1 Contempla o Trono (*ᶜarš*) sobre cujas águas[148]
vai uma Arca (*safīna*) navegando[149] com Seus Nomes[150].
2 Que prodígio de nave (*markab*) circular
[que circunda e do mesmo modo circunavega][151]
– cujo porão guarda [o carregamento da] criação a ela confiado –,[152]

147. Como já foi comentado, este poema se encontra também em IBN ᶜARABĪ (op. cit., 1954, p. 21), na qual o autor acrescenta os três últimos versos, cuja tradução aqui incluí. O metro do poema é *sarīᶜ*. Sobre os manuscritos cotejados para a tradução, ver nota 80 supra. Os motivos do texto são mais bem compreendidos em relação ao diagrama, que, como foi indicado, constitui a essência de todo o poema.
148. Literalmente "sobre cuja água". Alusão a *Corão* XI:7, cujo texto diz: "É Ele Quem criou os céus e a terra em seis dias, estando Seu Trono sobre a água, com o fim de provar qual de vós é o melhor obrando (*ᶜamal*)".
149. O autor usa o mesmo verbo (de raiz S-B-Ḥ) que, em duas ocasiões, é empregado no *Corão* para referir-se à "navegação" dos astros em suas órbitas ou ao "percurso" da noite e do dia (ver *Corão* XXI:33 e XXXVI:40). A raiz S-B-Ḥ significa na segunda forma – profusamente usada no *Corão* – "glorificação" ou "exaltação" de Deus (*tasbīḥ*). Essa navegação espiritual é, portanto, glorificação de Deus.
150. O texto corânico que serve de referência principal ao poema é *Corão* XI:37-42, que trata da Arca de Noé e em que é usado o termo *fulk*, empregado depois no verso n. 10. De fato, também nesse poema – como antes em *Preamar* – empregam-se os três termos corânicos que designam a Arca: *fulk*, *markab* e *safīna*. "Até quando chegou Nossa ordem e brotou a água do forno [*al-tannūr*: o termo é usado pelos alquimistas] dissemos: 'Carrega nela [na Arca] um casal de cada espécie, e tua família – exceto aquele sobre quem antes recaiu a palavra [de maldição] – e quem crê.' E não creram com ele senão poucos. / E disse [Noé]: 'Embarcai nela [na Arca]. Em nome de Deus, *sejam* o seu rumo e a sua ancoragem. Certamente é Meu Senhor Quem perdoa [Quem cobre com um véu], o Misericordioso. / E [a Arca] com eles navegou (*tajrī bi-him*) entre ondas (*mawj*) como montanhas [...]" (*Corão* XI:40-42). Em relação a esse verso e à sua correspondência com o diagrama circular, entenda-se que navegar com Seus divinos Nomes – entendidos como passageiros os casais de opostos complementares embarcados na Arca – poderia também ser entendido como "circular por Seus Nomes (*jarà bi*)" – os Nomes contidos no círculo que representa a Arca – e ainda como "navegar em Seus nomes": "em Nome de Allāh [...] *al-Ġafūr, al-Raḥīm*" (*Corão* XI:41). Observe-se que, na menção desses Nomes, pode-se inferir uma alusão à Arca como véu (*ġ-f-r*) ou matriz (*raḥim*).
151. O poeta usa o termo *markab*, que remete, principalmente, ao imperativo usado em *Corão* XI:41 (*irkabū*). O verso diz que essa embarcação é *dā'ir*, isto é, "circular". Aqui, as referências ao círculo da existência (*dā'irat al-wujūd*) se multiplicam, visto que *dā'ir* não só significa "de forma circular", mas também "que circula", "que gira", "circundante" e, nesse contexto, "circunavegante". Poderíamos traduzir apenas: "Que prodígio de nave circulando...!". Não obstante, com o fim de mostrar sua polivalência e de não reduzir a imagem a apenas uma de suas possibilidades, esses sentidos se refletiram todos na tradução. Outra possível tradução teria sido: "Que prodígio de nave [que circunda navegando com rumo] circular!"
152. Literalmente "em cujos interiores [entranhas] (*aḥšā'*) foi depositada (raiz *w-d-c*) a criação (*ḫalq*)". Assim se lê na edição de *Kitāb Ayyām al-ša'n* e nos três manuscritos consulta-

3 do invisível, nas obscuras brumas[153],
oceano singrando[154] sem margens!
4 As ondas[155] [deste mar] são os estados[156]
dos que estão de amor por Ele perdidos[157]
e [o sopro de] Seu vento (*rīḥ*) são os hálitos[158]
de novas que revela ao achegado[159].

dos de *Mawāqi*^{c} *al-nujūm* (ver Yusuf Agha 5001/fol. 21a; Shehit Ali 1351/7b-8a; Beyazid 3750/20b). Na edição disponível de *Mawāqi*^{c}, lê-se *al-ḥaqq* (a verdade, a realidade) – leitura possível, mas, a julgar pelos manuscritos, errônea – em lugar de *al-ḫalq* (a criação). Alusão ao depósito (*amāna*) confiado por Deus (*al-Ḥaqq*) à sua criatura (*ḫalq*) por excelência, o ser humano. Pode-se entender que a Arca contém tanto a criação – os casais de complementares no domínio da multiplicidade, seja em síntese, microcosmo humano, seja em desdobramento no macrocosmo – quanto a verdade, isto é, a revelação, o segredo da divina Unicidade.

153. Em *Ayyām* e nos três manuscritos de *Mawāqi*^{c} consultados (ver nota anterior), lê-se *al-ġayb*, "o invisível", "o oculto", "o não-manifestado". Na edição egípcia de *Mawāqi*^{c}, lê-se *al-layl*, "a noite", em lugar de *al-ġayb*, de modo que também caberia traduzir "nas obscuras brumas da noite". Ambos os termos significam, em qualquer caso, "ocultação".

154. Em árabe, *yasbaḥu*, da mesma raiz léxica que *tasbīḥ*, "glorificação (de Deus)", é o mesmo verbo empregado no plural nos já citados versículos *Corão* XXI:33 e XXXVI:40 ao tratar do termo *falak*. Ver nota 69 supra. O termo faz menção, portanto, à Arca em sua dimensão cosmológica e ao coração do servo, em que tem lugar a permanente "glorificação" de Deus.

155. Alusão a *Corão* XI:42, em que se usa o mesmo termo (*mawj*).

156. Ondas e estados correspondem, em relação ao diagrama do "Círculo da existência" ou "Arca de Noé", aos sucessivos segmentos que dividem o círculo em 28 graus e, em particular, aos estados relativos aos respectivos Nomes divinos. Ver também nota 111 supra.

157. Cabe ainda traduzir "de quantos são de amor por Ele levados". Literalmente diz "os estados dos que o amam perdidamente (^{c}*uššāq*)". Ver o comentário de Ibn ^{c}Arabī ao termo ^{c}*išq*, o amor envolvente e cegante, em BENEITO, Pablo. A doutrina do amor em Ibn ^{c}Arabī. In: *Anales del seminario de historia de la filosofía*. Madrid: UCM, 2001. n. 18, p. 68.

158. O termo *rīḥ* (vento) é da mesma raiz que *rūḥ* (espírito), e o termo *anfās* (no singular *nafas*, "hálito") é da mesma raiz que *nafs* (alma).

159. Essas divinas novas (*anbā'*), que são as revelações ou as inspirações, correspondem às palavras dos profetas, amantes e próximos, associados aos 28 graus do círculo da existência. Ver as correspondências entre as letras e os profetas no gráfico elaborado por MIFTĀḤ, op. cit., p. 61-62. Os hálitos (*anfās*) das divinas novas (*anbā'*) são também "os espíritos (*anfus*) dos Profetas (*anbiyā'*)". Ver nota supra.

5 Se conseguisses ver como transita[160]
[secretamente] por [toda] a criação[161]
do *alif* ao *yā'* da escritura[162],
6 e como [nesta viagem] de retorno
[ao porto] volta [sempre] de sua origem (*bad'*),
já que ao final não têm seus princípios![163]
7 Sua noite sucede a manhã
e seu dia se extingue com a tarde.
8 Contempla como a Sabedoria[164]
se difunde no centro da Nave (*wasaṭ al-fulk*)
e por [todas] as suas partes se propaga.
9 Quem chega a valorizar este labor (*ša'n*)
e [de verdade] sua obrigação[165] ama,
sentado permanece neste mundo
junto ao timão[166] [do eixo que a orienta],

160. O termo usado é *sā'ir* (que caminha, viaja ou circula), da mesma raiz que *sayyāra*, "planeta" (que gira em sua órbita), a qual está relacionada à raiz de *isrā'* (*s-r-y*, com as mesmas três letras), "a viagem noturna" da ascensão celeste de Muḥammad. Esta relação de *s-y-r* e *s-r-y* é observada freqüentemente em textos de Ibn ᶜArabī.
161. Diz o poema que esta nave (*markab*) viaja (*sā'ir*) pela criação (*bi al-warà*). O termo *warà* designa a criação (*al-ḫalq*), com toda a ambivalência dele, referindo-se tanto ao cosmo como a toda criatura, ou ao ser humano, em particular. Além disso, encontramos na mesma raiz vários termos relativos à ocultação e à dissimulação (*tawriya, muwārā*). Por conseguinte e também porque o autor usa a partícula condicional *law* – a qual implica que a realização da ação é improvável (já que apenas os gnósticos conseguem contemplar a visão descrita) –, acrescentou-se na tradução a palavra "secretamente".
162. Literalmente "do *alif* do traçado (*ḫaṭṭ*) até o *yā'*". O termo *ḫaṭṭ*, "traçado", significa tanto "linha" como "grafia": entendo que aqui refere-se ao traçado do círculo da existência, que compreende os 28 graus correspondentes às 28 letras, cuja linha vai, portanto, do *alif* ao *yā'* do alifato ou alfabeto árabe, do alfa ao ômega no traçado da circunferência. No entanto, parece oportuno traduzir "do *alif* ao *yā'* da escritura (*ḫaṭṭ*)", o qual alude ao *Corão* e à Arca como escritura.
163. Vemos que o autor descreve essa viagem circular como um constante início, uma incessante processão do princípio, uma viagem que está sempre atualizando o início da viagem, *originando-se* a cada instante, a viagem de volta – sem retorno, porém – da eternidade.
164. A divina Sabedoria (*ḥikma*) circula (*sayyāra*) na nave (*fulk*) [ver nota 160 supra]. Observe-se o paralelismo com a expressão "um planeta (*sayyāra*) circula na órbita de sua esfera (*falak*)".
165. O termo usado em árabe é *ša'n*. Literalmente "e quem chegou a desejar sua atividade (*ša'n*)". Isto é, quem verdadeiramente deseja que se realize a operação transformante e salvífica da Arca.
166. Ibn ᶜArabī usa o termo *sīsā'* no *Dīwān al-maᶜārif* (ver p. 12) com o significado de Eixo espiritual (*quṭub*). Justo antes do poema, no texto de *Mawāqiᶜ*, o autor usa o termo *sā'is*

e assim em seu próprio ser contempla a Arca (*fulk*)[167]
e vê em sua formação a Obra de Deus (*ṣan^{c}at Allāh*)[168].

Eis aqui, pois, cifras (*a^{c}dād*) que giram circulando e movimentos (*ḥarakāt*)[169] que se sucedem alternando-se. Exaltado seja quem as governa e as dirige. "Não há deidade [adorada] a não ser Ele, o Poderoso, o Sábio"[170].

Referências Bibliográficas

ABÉCASSIS, A. Merkeba. In: DICTIONNAIRE critique de l'ésotérisme. Ed. J. Servier. Paris: Presses Universitaires de France, 1998.

ADDAS, Claude. À propos du *Dīwān al-ma^{c}ārif* d'Ibn ^{c}Arabī. *Studia Islamica*, n. 81, p. 187-195, 1995.

AL-QUŠAYRĪ. *Tafsīr al-Qušayrī*... Beirut: Dār al-kutub al-^{c}ilmiyya, 2000. 3 v.

AMIR-MOEZZI, M. A. et al. (Ed.). *Le voyage initiatique en terre d'Islam*: Ascensions célestes et itinéraires spirituels. Paris: Peeters, 1996.

ASÍN PALACIOS, M. *La Escatología musulmana en la Divina Comedia*. 4. ed. Madrid: Ediciones Hiperión, 1984. (1. ed. Madrid: Real Academia Española, 1919; 2. ed. Madrid: Escuelas de Estudios Árabes de Madrid y Granada, 1943; 3. ed. Madrid: Instituto Hispano Árabe de Cultura, 1961).

BEN YELLOUN (Idrīs Ibn Jallūn). *Al-Turāṯ al-^{c}arabī al-garbī fī l-mūsīqà*. Tunis, 1979.

(governante). O Eixo espiritual do tempo é o timão que governa a Arca da existência.

167. Literalmente "até que vê em si próprio [ou em sua alma] (*nafs*) sua Arca (*fulk*)". Ver Ibn Ḥanbal (5:220-222).

168. Observe-se que o termo *ša'n* mantém relação com o termo *ṣan^{c}a*, empregado para designar a Obra alquímica. *Ša'n* deve ser entendido também como obra: *Ayyām al-ša'n*, o tratado sobre as operações dos dias da semana em que se cita esse poema é, de fato, um tratado sobre a alquimia do tempo ou o tempo como processo alquímico. No versículo em que Deus diz a Noé "Faz (*wa iṣna^{c}*) a Arca (*fulk*) sob Nosso olhar e inspiração" [literalmente "com Nossos olhos e Nossa inspiração"] (*Corão* XI:37), emprega-se o imperativo da mesma raiz léxica de *ṣan^{c}a*. Ver também a referência a "atanor" nas notas 109 e 150 supra.

169. No contexto da logovisão akbarí, cabe aqui interpretar os números como "letras", pois a cada consoante corresponde um valor numérico de 1 (*alif*) a 1000 (*ġayn*), e os movimentos como "vogais" (*ḥarakāt*). Esta nave cósmica é também, como já foi sugerido, a Arca da Palavra.

170. *Corão* III:6 e III:18.

BENEITO, Pablo; HIRTENSTEIN, Stephen. Ibn ᶜArabī's Treatise on the Knowledge of the Night of Power and It's Timing. JMIAS-*Journal of the Muhyiddīn Ibn ᶜArabi Society*, Oxford, vol. XXVII, p. 1-19, 2000.

BENEITO, Pablo. La doctrina del amor en Ibn ᶜArabī. In: *Anales del seminario de historia de la filosofía*. Madrid: UCM, 2001. n. 18.

____. El Tiempo de la gnosis: consideraciones acerca del pasado y el futuro de la mística en la obra de Ibn ᶜArabī. In: CENTRO INTERNACIONAL DE ESTUDIOS MÍSTICOS. *La mística en el siglo XXI*. Madrid: Editorial Trotta, 2002. p. 92-93.

BURCKHARDT, Titus. *Clés de l'Astrologie musulmane d'après Mohyiddîn Ibn Arabî*. Milano: Archè, 1974. *Clave espiritual de la astrologia musulmana (segundo Muhyudín Ibn Arabí)*. Trad. (espanhol) Victoria Argimón. Barcelona: J. J. de Olañeta Ed., 1982. (Serie Sophia Perennis, 2); *Mystical Astrology According to Ibn ᶜArabī*. Trad. (inglesa). Gloucestershire: Beshara Publications, 1977.

CHITTICK, W. *Mundos imaginales*. Madrid: Alquitara, 2004.

CORBIN, Henry. *En Islam iranien. Aspects spirituels et philosophiques*. Paris: Gallimard, 1971. 4 v.

____. Et son Trône était porté sur l'eau... In: *In Principio (Interpretations des premiers versets de la Genèse)*. Paris: Études Agustiniennes, 1973.

____. *La imaginación criadora en el sufismo de Ibn ᶜArabī*. Madrid: Destino, 1993. Tradução de: *L'Imagination créatrice dans le sufisme d'Ibn Arabî*. Paris: Flammarion, 1958.

____. *La paradoja del monoteísmo*. Trad. M. de Tabuyo; A. López. Madrid: Losada, 2003.

EL CORÁN. Trad. J. Vernet. Barcelona: Planeta, 1991.

ELMORE, G. The Būlāq *Dīwān* of Ibn al-ᶜArabī: Addenda to a Tentative Description. *Journal of Arabic Literature*, XXIX, p. 138, 1998.

ḤAYDAR ĀMOLĪ. *Le Texte des Textes. Commentaire des "Fosûs al-hikam" d'Ibn ᶜArabî*. Introdução e Edição de H. Corbin e O. Yahya. Téhéran-Paris: Bibliothèque Iraniennne 22, 1988.

HIRTENSTEIN, S. *The Unlimited Mercifier*. Oxford: Anqa Publishers, 1999.

IBN ᶜARABĪ. *Al-Futūḥāt al-Makkiyya*. Beirut, [s.d.].

____. *Lisān al-ᶜarab*. Ed. Beirut. [s.d.].

____. *Kitāb ayyām al-ša'n*. In: *Rasā'il Ibn ᶜArabī*. Ed. Hyderabad, 1948.

____. *Kitāb al-mīm wa-l-wāw wa-l-nūn*. Ed. Hyderabad. 1948.

____. *Mawāqiᶜ al-nujūm*. Ed. Cairo. 1954.

____. *Kitāb al-Tajalliyāt al-ilāhiyya* (junto ao comentário, até agora anônimo, intitulado *Kašf al-ġāyāt*). Ed. O. Yahya. Tehran, 1988a.

____. *Kitāb al-Isrā'*. Beirut: Ed. Suᶜād al-ḤAKĪM. 1988b.

____. *Mašāhid al-asrār*. Murcia, 1994.

____. *La production des cercles*. Introdução e Tradução de M. Gloton e P. Fenton. Paris: Éd. de l'Éclat, 1996a. (Inclui uma reedição do texto árabe).

____. *Dīwān Ibn ᶜArabī.* Beirut: Dār al-kutub al-ᶜilmiyya, 1996b. (Reed. do *Dīwān al-kabīr.* Bombay, [s.d.]).

____. *El secreto de los Nombres de Dios* (*Kašf al-maᶜnà fī sirr asmā' Allāh al-ḥusnà*). Introdução, Tradução e Notas de Pablo Beneito. Murcia: Editora Regional, 1996c.

____. *Rasā'il*. Ed. Beirut. 1997.

____. *The Seven Days of the Heart*. Prayers for the Nights and Days of the Week. Trad. Pablo Beneito e Stephen Hirtenstein. Oxford: Anqa Publishing, 2000. (Reprint with corrections 2003).

IBN ᶜARABĪ et al. *La taberna de las luces*: poesia sufí de Al-Andalus y el Magreb. Seleção, Apresentação e Tradução de Pablo Beneito. Murcia: Editora Regional de Murcia, 2004.

MIFTĀḤ, ᶜAbd al-Bāqī. *Mafātīḥ fuṣūṣ al-ḥikam li-Ibn Arabī.* Marrakech: Dār al-Qubba al-Zarqā', 1997.

PARET, R. Al-Burāḳ. In: THE ENCYCLOPAEDIA of Islam (EI²). New Edition. Leiden: E. J. Brill; London: Luzac & Co., 1960. vol. I, p. 1310-1311.

PICARD, Christophe. *L'Océan Atlantique musulman. De la conquête arabe à l'époque almohade*. Paris: UNESCO; Maisonneuve & Larose, 1997.

SCHOLEM, Gershom. *Jewish Gnosticism, Merkebah Mysticism and Talmudic Tradition*. New York: Jewish Theological Seminary, 1960.

SHAMASH, Layla. The Cosmology of Compassion or Macrocosm in the Microcosm. JMIAS-*Journal of the Muhyiddīn Ibn ᶜArabi Society*, Oxford, XXVIII, p. 18-34, 2000.

VILLAIN GANDOSSI, C. *Le navire médiéval à travers les miniatures*. Paris: CNRS, 1985.

WENSINCK, A. J. et al. (Ed.). *Concordance et indices de la tradition musulmane*. Leiden: E. J. Brill, 1936-1988. 8 v.

parte VI
presença

19.

O *Kalām* e sua Influência no Pensamento de Sa[c]adia ben Joseph al-Fayyūmī

Nachman Falbel

Os primórdios da filosofia judaica medieval ocorrem no mundo islâmico, em particular por meio das obras dos pensadores Sa[c]adia ben Joseph Gaon al-Fayyūmī, no Oriente, e Isaac b. Salomão (Schlomo) Israeli (850-950)[1], no Ocidente, em função da inserção das comunidades judaicas daquele tempo nos territórios sob o domínio islâmico[2]. Uma das características desse domínio, após um longo processo de expansão e sedimentação político-social dos califados de Damasco e de Bagdá, foi a notável fermentação intelectual decorrente da confluência de culturas antigas naquela região do Oriente Médio, a persa, a grega, a hebraica e a siríaca, às quais a expansão árabe veio se somar.

1. Sobre a sua obra e a tradução de seus textos, ver ALTMANN A.; STERN, S. M. *Isaac Israeli*: A Neoplatonic Philosopher of the Early Tenth Century. Oxford: Oxford University Press, 1958.
2. MALTER, Henry, em sua clássica obra, *Saadia Gaon, his Life and Works*. Philadelphia: The Jewish Publication Society of America, 1942. p. 17; ao se referir ao *magnum opus* de Sa[c]adia (o *Sefer Emunot ve-Deot*), acrescentará as palavras "[...] the first philosophical presentation of Judaism since Philo", o que, sem dúvida, podemos endossar inteiramente, uma vez que Filo de Alexandria ficou isolado do judaísmo posterior, sendo que parte de suas idéias foi aproveitada pelos pensadores da Patrística.

Os judeus que há séculos se encontravam naquela região, desde o exílio babilônico ocorrido em 586 a.C., continuaram a dar aportes à sua herança bíblica num processo incessante de criatividade religiosa e espiritual, uma vez que as academias talmúdicas de Sūra, de Pumbedita, de Nehardea e de Mata Mahasia constituíram centros de estudos cuja fama atraía sábios de outros lugares da Diáspora judaica. O *Talmūd* da Babilônia, obra monumental, foi o resultado dessa extraordinária elaboração de múltiplas gerações de estudiosos que, ao se debruçarem sobre os textos das Escrituras Sagradas, da *Torá*, comentaram, compilaram e produziram esse incomparável ordenamento da assim denominada Lei Oral[3]. Sem dúvida, o alto grau de liberdade e autonomia institucional com a figura do *Reish Galuta* (Exilarca), representante da comunidade que possuía plena autonomia governamental, outorgada aos judeus sob o domínio das dinastias persa e parta, foi um dos fatores importantes para alcançar esse patamar de criatividade intelectual[4]. O poder político do Exilarca continuou e fortaleceu-se durante o domínio islâmico e, sob o califado abássida, atingiu tal nível de respeitabilidade que foi reconhecido pelas autoridades locais, e o Exilarca, dessa forma, podia impor sua vontade sobre o *Geonato*, os chefes das academias de estudos talmúdicos[5].

3. Uma fonte importante para o conhecimento das academias talmúdicas e a sucessão das gerações de sábios que as encabeçaram é a *Igeret Rav Sherira Gaon* (Epístola de R' Sherira Gaon), escrita em 987. Sherira ben Hanina Gaon (c. 906-1006) foi *Gaon* de Pumbedita e pertencia a uma família de Exilarcas. Ver NEUBAUER, Ad. *Mediaeval Jewish Chronicles* (título hebraico: *Seder ha-Chakhamim ve-Korot ha-Iamim*). Oxford: Clarendon Press, 1887. (2. ed. Jerusalém, 1967). 2 v. vol. I, p. 3-46; e também ANÔNIMO. *Seder Olam Zuta* (Crônica Pequena). In: NEUBAUER, Ad. *Mediaeval Jewish Chronicles* (título hebraico: *Seder ha-Chakhamim ve-Korot ha-Iamim*). Oxford: Clarendon Press, 1887. (2. ed. Jerusalém, 1967). 2 v. vol. II, p. 68-88.

4. Ver GAFNI, I. *Yahadut Bavel umosdoteia* (O Judaísmo da Babilônia e suas Instituições). Jerusalem: Mercaz Zalman Shazar; Hachevra Hahistorit Haisraelit, 1975; também o verbete Babylonia. In: ENCYCLOPAEDIA Judaica. Jerusalém: Keter Pub. House, 1971-1972. vol. 4, p. 34-43.

5. HA-BAVLI, Nathan, apud ANÔNIMO, op. cit., vol. II, p. 83-85. O cronista Ha-Bavli descreve a indicação de um Exilarca e a cerimônia de sua instalação, bem como a obediência que lhe era prestada pela comunidade judia. Ver também STILLMAN, Norman A. *The Jews of Arabs Lands, a History and a Source Book*. Philadelphia: The Jewish Publication Society of America, 1979. p. 171-175.

Sa[c]adia Gaon, Vida e Obra

O pensamento filosófico-teológico de Sa[c]adia Gaon é, em boa parte, fruto desse encontro de civilizações. Antes, porém, de adentrarmos no estudo de sua obra, devemos conhecer um pouco de sua trajetória pessoal.

Sa[c]adia ben Joseph (Sa[c]īd, em árabe), exegeta, talmudista, polemista, comentador, gramático, *halakista*, poeta e filósofo[6], nasceu em Pithom, no distrito de Fayyūm, no Alto Egito, possivelmente de uma família modesta que foi obrigada a sair da região do Egito e estabeleceu-se na Palestina. Nada se sabe de sua infância e juventude, ou mesmo de sua escolaridade, mas, ainda no Egito, ele escrevera duas obras e se correspondera com o filósofo Isaac b. Salomão (Schlomo) Israeli, que vivia em Kairouan. Segundo observação do historiador e geógrafo árabe, Al-Mas[c]ūdī, que viajou na região em meados do século x, ele estudara na cidade de Tiberíades com Abū Kaṯīr Yaḥyà b. Zakariyā' al-Ḫaṭīb, do qual pouco sabemos[7]. O primeiro livro, *Sefer ha-Agron* (Livro da Coletânea), escrito aos 20 anos de idade, já revela Sa[c]adia Gaon um gramático preocupado com a língua hebraica, próprio de um comentarista bíblico, que efetivamente foi. Após alguns anos, a mesma obra teve uma segunda edição com uma introdução e foi traduzida para o árabe. Sua intenção foi estudar as raízes e as regras gramaticais da língua hebraica, bem como fornecer um vocabulário em forma de dicionário útil para quem pretendesse fazer poesia nessa língua. Sua segunda obra, *Pitron Shivim Milim* (Solução para 70 Palavras), é uma relação das *hapax legomena* contidas nas Escrituras Sagradas, cujo entendimento e explicação são pos-

6. MALTER, op. cit., p.137-271, dedica um extenso capítulo aos escritos de Sa[c]adia Gaon e propõe a divisão seguinte para o seu conjunto: a) Filologia hebraica (compreendendo gramática, lexicografia e exegese); b) Liturgia (incluindo poética em geral); c) *Halakha*, com suas múltiplas ramificações (abrangendo os vários ramos da lei religiosa e civil); d) Calendário e Cronologia (em boa parte polêmica); e) Filosofia (especialmente a filosofia da religião, compreendendo os sistemas do autor relativos à ética e à psicologia); f) Polêmica, contra os *karaítas* e outros adversários do judaísmo tradicional (de conteúdo diversificado e escrita em vários períodos da vida do autor).

7. Al-Mas[c]ūdī esteve em Tiberíades naquele tempo, cf. verbete Al-Mas[c]ūdī. In: ENCYCLOPÉDIE de l'Islam. Leiden; Paris: E. J. Brill; Alphonse Picard et Fils, 1936. vol. III, p. 457. O teólogo e jurista muçulmano Ibn Ḥazm (994-1064) cita-o juntamente com Sa[c]adia Gaon e David al-Mukammas como um dos *mutakallimūn* judeus. Ver MALTER, op. cit., p. 33-36.

síveis com o auxílio da *Mishna*, a saber, a compilação rabínica do final do século II de nossa era feita pelo sábio Judá, ha-Nasi (o Príncipe). No fundo, Sa^cadia Gaon visava demonstrar o quanto a Lei Oral (ou Tradição Oral, isto é, o *Talmūd*) era importante e indispensável para a compreensão do texto bíblico ou Lei Escrita. Seria o começo da polêmica que posteriormente travaria com os *karaítas*, os quais adotavam somente a *Torá* e rejeitavam a Tradição Oral. Sa^cadia escreveu ainda uma obra gramatical intitulada *Sefer Zachut ha-Lashon ha-Ivrit* (Livro da Correta Língua Hebraica) em que lida com regras de vocalização, combinações das letras e vogais, conjugações e declinações de substantivos e verbos, e outros aspectos da língua hebraica, com notável precisão e profundo conhecimento lingüístico. O seu domínio filológico da língua hebraica – tal como ocorreria com outros gramáticos da Idade Média – é função de sua atividade exegética revelada na tradução que fez das Escrituras Sagradas para o árabe, a primeira do gênero. Sabe-se que de início traduziu e comentou todos os livros sagrados para leitores ilustrados e, em seguida, com o título de *Tafsīr* (Comentário), fez o mesmo com um caráter mais popular e com maior liberdade de expressão. Os estudiosos tendem a considerar esta tradução orientada deliberadamente para eliminar os antropomorfismos e próxima ao *Targum Pseudo-Jonathan*, a paráfrase aramaica, no tocante à tradução dos nomes próprios das Escrituras Sagradas. Sua paixão pela língua sagrada ainda o levou a escrever outros tratados relativos à língua hebraica, além de um *Shir shel ha-Otiot* (Poema das Letras) que trata de forma poética cada letra do alfabeto hebraico. Sa^cadia destacou-se como *halakista* e pioneiro da literatura rabínica, dedicando-se a comentar vários tópicos dos tratados talmúdicos com profundidade e sistematização racional das decisões *halákicas*. Também foi o primeiro a escrever obras *halákicas* em árabe. Podemos afirmar que sua atividade intelectual mostrou-se excepcionalmente abrangente, jamais negligenciando os vários aspectos da fé e do ritual da religião judaica, uma vez que dedicava atenção também às questões atinentes à liturgia. Nesse sentido, ele procurou compilar, de forma ordenada e em árabe, as preces apropriadas para todo o ano litúrgico, compondo o conhecido *Kitāb jāmi^c al-ṣalawāt wa-al-tasābīḥ* (Livro da Coletânea das Preces e Orações), que serviu como *Sidur* (livro ou compilação ordenada das orações para uso no culto sinagogal) nos países das comunidades de fala árabe[8]. Do mesmo modo, mostrou seu talento poético na composição das várias formas e gêneros da poesia litúrgica (*piutim*), elogiada por homens como o notável exegeta medieval Abraham ibn Ezra[9].

Tudo indica que, ao abandonar o Egito, Sa[c]adia já era um nome respeitado como estudioso da *Torá* e possuidor de uma ampla cultura secular. Sabemos que esteve em Alepo, na Síria, indo em seguida para Bagdá, não sem antes ter passado pela Palestina. Em 922, Sa[c]adia viu-se envolvido numa polêmica sobre o calendário hebraico, provocada pelo chefe da academia de estudos talmúdicos de Jerusalém, Aron Ben Meir.

A divergência entre este último e os líderes das comunidades da Babilônia acirrou-se quando ele anunciou, um ano antes, que a Páscoa judaica (*Pessach*) cairia no domingo e não na terça-feira, como era convencionado no calendário seguido pelas comunidades da Babilônia. Em conseqüência dessa alteração, o *Rosh ha-Shana* (a festividade de início do Ano Novo judaico) cairia na terça-feira e não na quinta-feira, afetando, também, os dias fixados para as demais festividades judaicas no decorrer de 923-924. Além do mais, Aron Ben Meir também não aceitava a fixação do meio-dia como linha demarcatória para o anúncio da lua nova, que regulava o início do mês judaico. Aparentemente havia, nesse sentido, uma disputa sobre quem teria a autoridade para determinar as luas novas e as festividades, que para Ben Meir seria prerrogativa somente da Terra de Israel, e não da Diáspora babilônica. Sa[c]adia, que nesse tempo ainda se encontrava na Terra de Israel, discordou, apoiado por seus discípulos, do chefe da academia talmúdica de Jerusalém, o que gerou uma profunda divergência entre ambos em relação ao calendário judaico, levando Sa[c]adia a escrever à grande autoridade rabínica, Yehudai b. Nachman Gaon, sobre a fixação do calendário. A obstinação de ambos os protagonistas da contenda fez com que a polêmica perdurasse durante muito tempo e envolvesse a delicada questão relativa à autoridade

8. O livro passou a ser conhecido em nosso tempo e foi publicado com o título *Sidur Rav Saadia Gaon*, incluindo o texto árabe com tradução ao hebraico, pelos estudiosos I. Davidson, S. Assaf e B. I. Joel. Ver verbete Sa[c]adia Gaon. In: ENCYCLOPAEDIA Judaica. Jerusalém: Keter Pub. House, 1971-1972. vol. 14, p. 553.

9. Ele também compôs poemas filosóficos cujas idéias se ajustam às contidas no *Sefer Emunot ve-Deot*.

tradicional de Jerusalém, que já havia sido estabelecida muito antes da eclosão da discórdia. O aspecto negativo dessa polêmica, porém, verificou-se na prática, uma vez que naquele ano as duas comunidades comemoraram o *Rosh ha-Shana* em dias diferentes. No final, Babilônia saiu vencedora e Sa^cadia Gaon foi consagrado grande autoridade na questão da fixação do calendário judaico. Em sua obra *Sefer ha-Moadim* (Livro das Festividades), ele dá um relato completo e adicional acerca da disputa sobre a qual ele já havia anteriormente sido solicitado pelas autoridades babilônicas a elaborar um escrito, *Sefer ha-Zikaron* (Memorando), que foi lido em público no mês de *Elul* de 922. Seu prestígio como estudioso foi o fator decisivo para que fosse indicado em 928 – apesar de dúvidas e oposição de seus oponentes a seu nome –, pelo autocrático Exilarca David ben Zacai, a ser *Gaon* em Sūra, na condição de prestar-lhe obediência e fidelidade pessoal. Sob sua orientação e suprema autoridade rabínica da antiga academia talmúdica, fundada pelo famoso sábio Rav, a instituição de ensino atravessou uma nova fase de desenvolvimento e brilho intelectual, após ter sofrido uma certa decadência no período anterior[10]. A documentação que possuímos sobre Sa^cadia indica o quanto procurou firmar-se como líder espiritual do judaísmo de seu tempo. Sua posição, no entanto, ficaria abalada com um acontecimento que revelou sua personalidade corajosa e seu caráter incorruptível, quando se negou a assinar um documento de herança que beneficiaria a pessoa do Exilarca David b. Zacai. A situação tornou-se ainda mais delicada, porquanto o *Gaon* de Pumbedita, Kohen Tzedek, já havia confirmado a legitimidade do mesmo apondo sua assinatura ao documento. O conflito entre o Exilarca e o *Gaon*

10. Os seus biógrafos atentam para o fato de que ao chegar à Babilônia, em 922, ele teria sido indicado para ser o cabeça da academia de Pumbedita. Sūra, nesses anos, estava sob a direção de Yom Tov Kahana b. Mar Rav Jacob e deveria ser fechada, e seus estudantes deveriam ser transferidos para Pumbedita. O nome de Sa^cadia recebeu o apoio de pessoas influentes, entre elas um comerciante poderoso e com grande prestígio local de nome Sahal b. Netira. Seu talento administrativo revelou-se na ampliação do número de estudantes e na implementação de ingressos financeiros provenientes das comunidades judaicas, como informa o cronista judeu-espanhol do século XII, Abraham Ibn Daūd. Consta que enviou uma carta circular dirigida "às comunidades de Córdoba, Elvira, Lucena, Pechina, Calsena, Sevilha, à grande cidade de Mérida e a todas as cidades de Israel em sua vizinhança". Outras comunidades em outras regiões, além da Espanha, receberiam o mesmo apelo de ajuda à academia de Sūra. Cf. IBN DAŪD, Abraham. *Sefer ha-Qabala*. Trad. Gerson D. Cohen. London: Routledge & Kegan Paul, 1967. p. 79.

era agora público, dividindo a comunidade em campos opostos, independentemente das posições sociais de seus membros, fossem eles comerciantes ou estudantes, e, nesse caso, a querela somente poderia ser resolvida pelo califa e pelas autoridades governamentais do reino[11]. Se, no início, Sa[c]adia parecia seguro de sua posição, sua sorte logo se reverteria, quando um homem poderoso, Aaron b. Joseph Sargado, que naquelas circunstâncias mostrou ser seu arquiinimigo, apoiou o Exilarca, que já contava com o apoio do chefe da academia de Pumbedita. A grande mudança no rumo dessa questão ocorreu por ocasião da entronização do califa Al-Qāhir (932-934), que, necessitando de fundos para o seu governo, encontrou, então, na figura de Aaron Sargado, o seu decisivo provedor. O desenlace dessa funesta querela foram a abdicação de Sa[c]adia do *Geonato* e a procura por um refúgio para proteger-se de seus inimigos. Passados vários anos, em 937, e graças à intervenção de Bishr b. Aaron b. Amram, sogro de Aaron Sargado, ambos os lados puderam reconciliar-se, permitindo, desse modo, que Sa[c]adia reassumisse a chefia da academia de Sūra, na qual permaneceu até sua morte, em 942.

Foi nesses anos atribulados que Sa[c]adia escreveu parte de suas obras, incluindo o seu *magnum opus* filosófico, o *Kitāb al-Amānāt wa-al-I[c]tiqādāt,* em hebraico *Sefer ha-Emunot veha-Deot* (Livro das Crenças e Opiniões). Por volta de 932, redigiu em hebraico o *Sefer ha-Galui* (Livro da Revelação), que contém uma informação sobre a sua pessoa e a polêmica contra os *karaítas* e contra o herético Hiwi al-Balḫī, combatido por *rabanitas* e *karaítas*, por suas opiniões radicais em relação aos fundamentos da fé judaica e das Escrituras Sagradas[12].

Assim como seus poemas filosóficos contêm idéias que se associam ao conteúdo do *Sefer Emunot ve-Deot*, outro escrito saído de sua pena também ajuda a compreender o seu pensamento: o célebre comentário sobre o *Sefer Yetzirá* (Livro da Criação), um dos textos mais antigos da mística judaica[13]. Porém, como já dissemos, o seu pensamento foi virtualmente influenciado

11. O conflito também é mencionado na crônica de HA-BAVLI, Nathan, apud ANÔNIMO, op. cit., vol. II, p. 77-88.
12. Sobre ele, ver DAVIDSON, I. *Saadia's Polemic Against Hiwi al-Balkhi.* New York, 1915.
13. Há uma edição em espanhol com o comentário de Sa[c]adia Gaon, além de outras, *El libro de la Creación.* Buenos Aires: Editorial S. Sigal, 1966. No entanto, a melhor edição do comentário é o *Perush Sefer Yetzirá.* Jerusalem: J. Kafih, 1972.

pela cultura espiritual-religiosa que se desenvolvera na região com a expansão e a consolidação do domínio islâmico a partir do século VII.

As Fontes Árabes do Pensamento de Saᶜadia Gaon

As raízes do pensamento filosófico árabe, ou melhor, do Islã, podem ser encontradas nas enunciações intuitivas que foram registradas no *Corão* e cujo texto contém os extratos literários iniciais da nova fé anunciada a Maomé. A noção de unidade de Deus, bem como a de seu poder, são afirmadas no texto corânico e na própria profissão da fé dos muçulmanos: "Não há Deus senão *Allāh*, e Maomé é o enviado de Deus"[14], profissão que enuncia a Sua unicidade e O distingue absolutamente do universo criado. Por outro lado, o poder divino é claramente expresso em várias passagens do *Corão*, manifestando-se na natureza, na história dos homens e por meio de milagres, do mesmo modo como é encontrado nas Escrituras Sagradas[15]. *Allāh*, o Criador e Senhor do Universo, é idêntico ao Deus bíblico que o Profeta-fundador da religião, Maomé, conheceu em sua trajetória pessoal em contato com o judaísmo e o cristianismo, presentes também na Península Arábica, muitos séculos antes do surgimento do Islã. A divindade no *Corão* deve ser louvada por toda a criação e por todo ser, por reconhecer Nele o seu Criador, desde o inanimado ao ser humano dotado de corpo, alma e espírito. O poder da divindade na história não se limita apenas ao povo bíblico, mas estende-se a toda a humanidade. O *Corão* retoma, nesse sentido, as narrativas dos hebreus e as incorpora à história dos árabes, já que o parentesco de Isaac e Ismael provém do fundador de ambos os povos, Abraão[16].

14. O termo árabe para a profissão de fé é *šahāda*, ou seja, testemunho, à qual se associa o termo *šahīd*, mártir, e ela é assim expressa: *"Lā ilāha illā Allāh wa-Muḥammad rasūl Allāh"*

15. CARRA DE VAUX, L. B. *Avicenne*. Paris: Félix Alcan, 1900. p. 3.

16. GOITEN, S. D. *Jews and Arabs*. New York: Shocken, 1964. p. 19-32.

O reconhecimento da dependência religiosa ao povo da Bíblia é expresso em *Corão* XXVI:197: "[...] o que já era conhecido pelos sábios homens de Israel". Mas, o poder divino também se mostra por meio do milagre, isto é, na capacidade de realizar feitos que aparentemente transcendem a compreensão do ser humano e que alteram as leis naturais, assim como os homens as entendem, ou melhor, não conseguem entender. Nesse sentido, o conhecimento de Deus, Sua essência, que é única, está acima da compreensão inferior do ser humano comum. E o *Corão*, assim como as Escrituras Sagradas das demais religiões monoteístas, não pretende afirmar uma teoria do conhecimento e até enfatiza que a vida íntima da divindade não deve ser objeto da curiosidade intelectual do ser humano.

A não-configuração da divindade e sua essência espiritual são também o fundamento da fé expressa no *Corão* e estão associadas aos atributos da unidade, do poder e do conhecimento ou ciência, de tal modo que os homens não podem sequer almejar entendê-los e muito menos alcançá-los. Assim, a divindade corânica, da mesma forma que a bíblica, não pode ser visualizada pelo ser humano, nem mesmo pelos que atingiram o grau da vida beatífica. Mas o ser divino revela-se somente através da mediação, através de seus eleitos ou profetas, como Maomé, e ainda pelos anjos, como Gabriel, ou pelo Espírito Santo. A própria descrição da divindade, que é inapreensível, terá muitos nomes que apenas poderão referir-se a seus atributos, aos quais, além dos já lembrados, somam-se os de majestoso, de misericordioso, de eterno etc. Certos atributos serão objeto e matéria da futura especulação teológica e filosófica que surgirá, com o passar do tempo, no Islã, mas que no *Corão* aparecem sem qualquer intenção especulativo-racionalista. A noção de eternidade aparece no texto sagrado corânico sem uma fundamentação racional sobre a existência de Deus, que, posteriormente, a teologia islâmica elaborará. A idéia da imutabilidade de Deus também é entendida sob o plano histórico-moral, e não apenas metafísico, independentemente do questionamento sobre a possibilidade de um ser imutável ser ou não ser ativo. Do mesmo modo, a questão da providência divina, noção que se encontra no *Corão*, não é acompanhada por uma meditação mais profunda sobre a predestinação, que implica nos conceitos de justiça e liberdade. O *Corão* fala da presciência divina através de uma imagem recorrente que é o Livro em que estão inscritos os atos de cada ser humano, seus erros e castigos e suas boas ações e recompensas, os que serão predestinados à *gehenna* ou ao paraíso; mas a relação do livre-arbítrio com a predestinação é pouco clara. Aparentemente os atos humanos são livres, e o homem dispõe de liberdade para cometer o bem e o mal, tema este que será, futuramente, objeto da especulação teológica do *Kalām*.

Ao olharmos o conjunto do texto corânico, notamos que acima de tudo, de modo idêntico ao texto bíblico, sua intenção e sua mensagem religiosa são morais, mas a teodicéia que se depreende das suras passaria a ser, posteriormente, objeto de uma meditação filosófica. Porém, antes dessa transformação, foram necessárias certas condições para que ela viesse a ocorrer, e a primeira foi a introdução dos textos filosóficos gregos no mundo islâmico, possível com o auxílio da mediação siríaca.

Sabemos que os textos gregos foram vertidos para o siríaco ainda no início do século V pelos cristãos nestorianos, jacobitas e melquitas, como continuação do ensino da filosofia grega no mundo oriental e como movimento de penetração do helenismo nas regiões onde se falava o aramaico ou o siríaco. Desde o século II, quando a *Bíblia* hebraica foi traduzida para o siríaco, a *Peshita*, já se revelava a influência da versão grega, a *Septuaginta*, exemplo da aculturação dos povos do Oriente Médio à civilização greco-helenística, que tinha como um dos mais desenvolvidos centros a cidade de Alexandria, desde a sua fundação no século IV a.C. até os primeiros séculos de nossa era. No Oriente, um expressivo amálgama das culturas siríaca e grega deu-se especialmente em Edessa, onde também o gnosticismo de Marcion e de Valentiniano encontrou um fértil campo para o desenvolvimento e onde o heresiarca Bardaṣān de Edessa (c. 155-222) desempenhou papel de destaque na escola literária siríaca. Na região de Osrhoene, na Mesopotâmia, a literatura cristã expressou-se em siríaco desde que o rei Abgar IX adotou a nova religião em seu reino, no século II de nossa era. O processo de cristianização naquela região ocorreu, assim como em outros lugares, tanto nas comunidades judaicas quanto nas gentias de culturas locais tradicionais, possibilitando um florescimento religioso diferenciado e acompanhado de intensa criatividade teológica, nem sempre, porém, harmonizada com a oficial e proclamada ortodoxia eclesiástica. Para o siríaco, foram também traduzidas do grego e do hebraico obras da literatura apócrifa, inclusive um grande número de textos da ampla literatura religiosa cristã. As polêmicas teológicas entre as várias tendências nas igrejas da Mesopotâmia e da Pérsia do século V, em particular a de Nestório, caracterizaram-se pelo seu elevado teor especulativo. Essa incessante elaboração teológica, que se realizava nas línguas grega e siríaca, inspirava-se nos argumentos tradicionais extraídos de fontes antigas. Para tanto, fazia-se necessário conhecer as obras filosóficas gregas estimulando, portanto, a sua tradução para o siríaco. Já nos primórdios do século VI, na Mesopotâmia, Sérgio de Ra's al-^cAyn havia traduzido tratados de Aristóteles, de Porfírio, de Galeno, de Dionísio Areopagita e de Plutarco. Ele também escreveu obras filosóficas, embora de menor importância, evidenciando a preocupação dos tradutores siríacos com as ciências especulativas. Mais tarde, suas traduções seriam revisadas por Ḥunayn ibn Isḥāq, um dos tradutores exponenciais da escola de Bagdá. Antes de Sérgio, Ibas, bispo de Edessa e professor da Escola Persa dessa cidade, já traduzira obras de Diodoro de Tarso e de Teodoro de Mopsuéstia.

Quando a Escola Persa de Edessa foi fechada pelo imperador Zenon, em 489, os mestres nestorianos fundaram uma nova em Nísibis. Em Jundīšāpūr, na província de Ḫūrzistān, o rei persa Cosroés I (Anūširvān) fundou, por volta de 555, uma academia de filosofia e de medicina, que sobreviveu até a era dos abássidas. Nesse período de interesse científico-cultural, além do já mencionado Sérgio, destaca-se, no século VI, Paulo, o Persa, que dedica ao rei sua obra *Introdução à Lógica*. Outro lugar orientado para a cultura grega no início do século VII é o convento Qinnešrīn, situado à margem esquerda do Eufrates, onde o bispo Severo Sebokt (m. 667) escreveu seus comentários aos *Primeiros Analíticos* e ao *Perì Hermeneías*, de Aristóteles. Seus discípulos, Atanásio de Balad e o erudito Jacó de Edessa (m. 708), deram prosseguimento à sua obra. Outro tradutor digno de nota foi o bispo Jorge dos Árabes, de Kūfa, (m. 724), que traduziu o *Órganon* de Aristóteles.

A atividade de traduções de obras de todos os gêneros literários, inclusive obras jurídicas e crônicas históricas, continuou através dos séculos seguintes, revelando sinais de decadência somente a partir do século VII, em função não só da guerra contra os persas mas também das conquistas árabes naquela região após a vitória dos muçulmanos em Qādisiyya, perto de Ḥīra, em 637. A notável expansão árabe teve como conseqüência o pleno domínio político de toda aquela região em curto tempo[17]. O siríaco começaria logo a ser substituído pelo árabe, que se difundiu rapidamente na Mesopotâmia e passou a ser a língua franca na região do Oriente Próximo, conquanto as demais línguas, siríaco e persa, continuassem a ser faladas e escritas. Por outro lado, devemos considerar que, mesmo antes do Islã, o mundo árabe não era inteiramente fechado em si mesmo, já que na extensa Península Arábica e, sobretudo, no sudoeste, na região do Yemen, viviam cristãos e que, não longe dali, na região da Abissínia, na África, havia um reino cristão que certamente mantinha um intercâmbio com a Península. Devemos lembrar que pequenos principados árabes, como o de Ḥīra, situavam-se próximo ao reino persa e eram súditos de seu rei. Os muçulmanos, portanto, ao se assenhorearem dos territórios mesopotâmicos e do Oriente Próximo, encontraram um campo fértil, preparado por árabes que viviam culturalmente próximos ao cristianismo oriental e associados a cristãos, sírios, judeus e persas, que, num trabalho de mediação cultural, puderam traduzir do grego, do siríaco, do pálavi, do farsi e do híndi, obras filosóficas, científicas, literárias e históricas, para o árabe.

Os primeiros e os mais antigos atuaram durante os reinados dos califas abássidas Abū Jaᶜfar al-Manṣūr (754-775) e de seu filho Al-Mahdī (775-785), que tiveram a primazia de estimular esse grande florescimento cultural, promovendo a tradução de obras da literatura oriental, tais como *Kalīlat wa-Dimna* e *Sindhind*[18], esta última com elementos de matemática

17. Sobre o processo de expansão, ver a obra de síntese de MANTRAN, R. *L'Expansion musulmane (VIIe-IXe siècles).* Paris: Presses Universitaires de France (coll. Nouvelle Clio), 1969. Para uma visão do processo de expansão e outros aspectos do Islã, ver a coletânea de fontes editada por MCNEILL, William H.; WALDMAN, Marilyn R. *The Islamic World.* Chicago; London: The University of Chicago Press, 1983.

18. Ver GUTAS, D. *Greek Thought, Arabic Culture.* New York: Routledge, 1999. p. 30-31. O autor alude ao historiador Al-Masᶜūdī (m. 956), que em seu *Murūj al-ḏahab* (Pradarias de Ouro) menciona uma conversa de um descendente do califa Al-Manṣūr, o califa Al-Qāhir (932-934), com um cronista, Al-Aḫbārī, que se refere a Al-Manṣūr e seu papel no início do movimento de traduções: "He was the first caliph to have books translated from foreign languages into Arabic, among them *Kalīlat wa-Dimna* and *Sindhind.* There were also translated for him books by Aristotle on logic and other subjects, the *Almagest* by Ptolomy, the *Arithmetic* [by Nicomachus of Gerasa], the book by Euclid [on Geometry] and other ancient books from classical Greek, Byzantine Greek, Pahlavi [Middle Persian], Neopersian, and Syriac. The [translated books] were published among the people, who examined them and

e astronomia, além de vários tratados lógicos de Aristóteles, do *Almagesto* de Ptolomeu, dos *Elementos* de Euclides e de outras tantas. Entre os tradutores, encontramos o nome de Ibn al-Muqaffa[c] (m. 757), que se supõe ter traduzido do pálavi e do farsi obras de Manés, de Bardaṣān e de Marcion, tornando-se conhecido pela tradução e pelo resumo do *Perì Hermeneías*, de Aristóteles. A tradução do *Sindhind* foi feita por Ibn Ibrāhīm al-Fazārī (m. 806) e seria o ponto de partida para o desenvolvimento da matemática e da astronomia árabe.

Em 832, o califa Al-Ma'mūn (813-833) fundou em Bagdá uma escola de tradutores sob a direção de Ḥunayn ibn Isḥāq, que continuaria exercendo essa função durante os califados de Al-Mu[c]taṣim (833-842), de seus filhos Al-Wāṯiq (842-847) e Al-Mutawakkil (847-861), e mais a de médico particular deste último. Nascido em Ḥīra, conhecedor do grego, Ḥunayn viajou pela Pérsia e fixou-se em Bagdá. Auxiliado por seu filho Isḥāq, pelo sobrinho Ḥubayš b. al-Ḥasan e pelo discípulo [c]Īsà b. Yaḥyà, foi um tradutor prolífero, a começar pela tradução da *Bíblia* tendo por base a *Septuaginta*. Os judeus Abū Kaṯīr ibn Zakariyyā', de Tiberíades, e Sa[c]adia Gaon, como vimos anteriormente, também traduziriam para o árabe as Escrituras Sagradas hebraicas. Atribui-se a Ḥunayn a tradução do siríaco para o árabe das obras de Aristóteles, o *Perì Hermeneías*, uma parte dos *Analíticos*, os tratados *Da Geração e da Corrupção*, *Da Alma*, as *Categorias*, um livro da *Metafísica*, além de diversos comentários; também a tradução das obras de Galeno e de Hipócrates, que a ele deveriam ser familiares, já que era médico famoso em seu tempo. Além dessas, Ḥunayn traduziu o *Isagogé*, de Porfírio, a *Summa*, de Nicolau de Damasco, sobre a filosofia de Aristóteles, a *República*, as

devoted themselves to knowing them." Ibid., p. 31, traz o testemunho de outro historiador, Ṣā[c]id al-Andalusī (m. 1070), que confirma o mesmo: "In the beginning of Islam, the arabs cultivated no science other than their language and a knowledge of the regulations of their religious law, with the exception of Medicine. [...] This was the situation of the Arabs during the Ummayyad dynasty. But when God Almighty put an end to this dynasty by means of that of the Hāšimites [i.e. the [c]Abbāsids] and directed the rule to the latter, people's ambitions revived from their indifference and their minds awoke from their sleep. The first among the Arabs who cultivated the sciences was the second caliph, Abū Ja[c]far al-Manṣūr. He was – God have mercy of him – deeply attached to them and to their practitioners, being himself proficient in religious knowledge and playing a pioneering role in [promoting] philosophical knowledge and especially Astrology".

Leis e o *Timeu*, de Platão, o comentário de Temístio ao livro Lambda da *Metafísica*, de Aristóteles, e livros relacionados à física e à moral do pensamento filosófico do Estagirita. Seu trabalho de tradutor abrangeu os comentários de Alexandre de Afrodísia, de Porfírio, de Temístio e de Amônio.

Outros tradutores atuaram naquele tempo, tais como Yaḥyà ibn al-Biṭrīq, que traduziu para o siríaco a *Historia Animalium*, de Aristóteles, e o *Timeu*, de Platão; ainda, ᶜAbd al-Masīḥ ibn Naᶜīma al-Ḥimṣī (m. 835), cristão de Emessa (Homs), que traduziu para o siríaco o *De sophisticis elenchis*, de Aristóteles, e para o árabe o comentário de João Filipono aos últimos livros da *Física*, de Aristóteles; Abū Bišr Mattà ibn Yūnus (c. 870-940), um nestoriano de Dayr Qunà, educado por monges jacobitas, que traduziu do siríaco o comentário de Alexandre de Afrodísia ao *De Generatione et Corruptione*, o comentário ao livro I da *Metafísica*, além de comentar em árabe as *Categorias* e o livro *Do Sentido e do Sensível*, de Aristóteles, e o *Isagogé*, de Porfírio.

Além desses, destacaram-se ainda como tradutores, nesse mesmo tempo, Qusṭā ibn Lūqā, cristão sírio originário de Baalbek, Yaḥyà ibn ᶜAdī, de Tikrit, cristão jacobita que estudou sob a orientação do filósofo Al-Fārābī e aperfeiçoou as traduções já feitas das obras de Aristóteles, as *Categorias*, o *De sophistichis elenchis*, a *Poética*, a *Metafísica*; de Platão, as *Leis* e o *Timeu*; além de ter redigido um comentário sobre o *Tratado sobre a Diferença entre a Matéria e o Gênero*, de Alexandre de Afrodísia. Já na época de Avicena, viveu o cristão jacobita Abū ᶜAlī ᶜĪsà ibn Zurᶜa que traduziu as *Categorias*, o *De sophisticis elenchis* e o comentário de João Filipono, e destacou-se também como comentarista de Aristóteles e do *Isagogé*, de Porfírio. É importante lembrar que pensadores que se revelaram grandes filósofos, como Al-Kindī e Al-Fārābī, também foram tradutores de mérito reconhecido, mas, sem dúvida, em razão de sua contribuição filosófica, representaram melhor os momentos significativos da história da filosofia islâmica. Nesse sentido, cumpre observar que se deve entender como filosofia árabe, ou islâmica, a totalidade da elaboração dos pensadores originários de vários povos, etnias, pertencentes à imensa geografia do Oriente Médio, abrangendo a Península Arábica, a Mesopotâmia, a Pérsia, a Síria, o Egito etc., e partes do território asiático e norte-africano, além de outros lugares nos quais a expansão islâmica estabeleceu o seu domínio. Em outras palavras, nem sempre esses pensadores podem ser identificados etnicamente como árabes propriamente ditos.

Para resumirmos os vários períodos em que atuaram os tradutores, poderíamos adotar a divisão cronológica seguinte: a) o antecedente e o imediatamente posterior à difusão do Islã no século VII; b) o correspondente aos dias dos califas *muᶜtazilitas*, Al-Ma'mūn e Al-Muᶜtaṣim; c) o relativo à Bagdá abássida, quando atuaram Ḥunayn ibn Isḥāq (m. 873) – conhecido, mais tarde, pelos escolásticos ocidentais como Johannitius – e seus discípulos; d) o referente à escola de Bagdá nos séculos X e XI, em que parece que as traduções foram predominantemente do siríaco.

Porém, antes de tratarmos do *Kalām* e suas origens, devemos ainda mencionar uma contribuição do pensamento filosófico islâmico, de certa forma esquecida dos estudiosos, que teve importância na época em que ocorreu. Refiro-me a dos sabeanos, ou sabeus de Ḥarrān, na Mesopotâmia. Estes eram adeptos de um sincretismo religioso que continha elementos arcaicos das religiões mesopotâmicas e mesmo do Egito, incluindo uma teologia astral, assim como do judaísmo e do cristianismo, somados ao Islã. Dois nomes são lembrados como sábios, homens de ciência e tradutores, sendo o primeiro Ṯābit ibn Qurra, que viveu entre 831 e 900, cuja obra filosófica perdeu-se através dos tempos. Conhecedor do árabe, do siríaco e do grego, destacou-se como tradutor de um comentário de Proclo, das *Categorias*, dos *Primeiros Analíticos* e do *Perì Hermeneías*. Dentre seus discípulos que seguiram seus passos como tradutores, sobressaem ᶜĪsà ibn Asayyid al-Naṣrānī e Sinān, filho de Ṯābit, este último também autor de várias obras e amigo do cronista Al-Masᶜudi. O segundo sabeu que se afirmou como homem de ciências, matemático e astrônomo, comentador de Ptolomeu e Arquimedes, foi Muḥammad ibn Jābir al-Battānī (Albatenius), que viveu naquela região (m. 929). Além deles, devem ser ainda lembrados os nomes de Abū Jaᶜfar al-Ḫāzin, que foi matemático, astronômo e filósofo, e Abū Rawḥ al-Ṣābī, que traduziu do siríaco para o árabe o comentário de Alexandre de Afrodísia ao primeiro livro da *Física*, de Aristóteles. Os sabeus, que se destacaram nas ciências exatas, inclinavam-se aos estudos filosóficos, inspirados talvez em suas doutrinas religiosas por influências neoplatônicas presentes há vários séculos na região onde se encontravam.

O conhecimento da obra de Aristóteles, se não diretamente, era amplamente difundido por meio de seus comentadores, a começar por Nicolau Damasceno (século I), Alexandre de Afrodísia (século III), Porfírio (século III), Temístio (século IV), Simplício e João Filipono (século VI), este último conhecido entre os árabes por João, o Gramático. Mas, além de Aristóteles, cujo conhecimento entre os árabes era predominante, conheciam-se ainda parte da obra de Platão, inclusive a de seus comentadores, como a dos neoplatônicos Proclo (século V) e Porfírio, a obra do médico Galeno, a do persa Manés, a do gnóstico Marcion e de outros, que, apesar da diversidade de suas origens, mesclavam-se para formar um pensamento próximo ao da escola neoplatônica. Os textos derivados dessa mescla de pensamentos muitas vezes não indicam claramente os nomes dos autores que dela se utilizavam para a sua elaboração intelectual. A própria língua árabe contribuía para tanto, pois a leitura da escrita sem as vogais poderia levar à alteração de nomes cujas raízes são próximas umas das outras, como é o caso dos nomes de Plotino e de Platão; entre os textos filosóficos importantes e conhecidos na época, o assim denominado *Teologia de Aristóteles* é, na verdade, uma seleção parafrástica das *Enéadas* IV a VI, de Plotino, que nada tem em comum com o pensamento do Estagirita. O texto foi traduzido para o árabe por ᶜAbd al-Masīḥ ibn Naᶜīma al-Ḥimṣī e revisto por Al-Kindī, um dos proeminentes pensadores muçulmanos daquele tempo, que o utilizou, assim como outros o fizeram freqüentemente. Al-Kindī, como já dissemos, também consagrou-se a uma ampla atividade de tradutor das obras de Aristóteles, entre elas a *Metafísica*, os *Analíticos*, o *De sophisticis elenchis*, a *Poética*, e escreveu um tratado sobre as *Categorias*. A sua obra de tradutor abrangeu as ciências da época, como astrologia, astronomia, aritmética, geometria, medicina, e sabe-se que traduziu obras de geografia. Também escreveu sobre o *Almagesto*, de Ptolomeu, e resenhou os *Elementos*, de Euclides[19].

A *Teologia de Aristóteles*, texto de especial importância para os filósofos do Islã, repercutiu também entre os filósofos judeus da Idade Média (Moisés ibn Ezra o cita sob o nome de *Bedolach*) e foi utilizado amplamente como fonte de reflexão sobre a questão do uno e do múltiplo. De

19. Ibid., p. 120.

modo semelhante, outro texto que teria inspirado diretamente os filósofos muçulmanos, em razão de sua ampla divulgação, foi uma seleção do tratado neoplatônico de Proclo, *Elementos de Teologia*, que, possivelmente, fora adaptada ao árabe pelo próprio Al-Kindī, para vir a ser conhecida no Ocidente, na tradução latina, por *Liber de Causis*. Outro escrito de Proclo, o *De aeternitate mundi*, bem como a crítica que lhe dirigiu João Filipono, também eram conhecidos dos árabes.

Se fizermos o cômputo das obras gregas conhecidas dos árabes, poderíamos afirmar que eram em número bem superior ao das conhecidas pelos latinos no mesmo período, isto é, o período correspondente à Alta Idade Média. Portanto, não é de se estranhar que tal volume de traduções de textos gregos originais para outras línguas e para o árabe pudesse ser de capital importância para o despertar de um pensamento filosófico no Islã. Porém, temos de considerar que outros fatores internos contribuíram para esse desenvolvimento entre os árabes. De um lado, a elaboração paulatina de uma dogmática que tem como base o próprio *Corão* e o entendimento de sua letra e conteúdo, e, de outro, o fundo histórico relativo à luta pela sucessão no Islã, que inspira e reflete o debate de idéias de caráter teológico que servirão de apoio a um e outro dos partidos em pugna.

Quanto a este último fator, sabemos que os dois partidos em disputa pelo poder sucessório estão associados, o primeiro, à filha da primeira esposa de Maomé, Fátima, casada com ^c^Alī, seu genro, e, o segundo, à ^c^Ā'iša, a mais jovem das esposas do Profeta, que queria favorecer seu pai, Abū Bakr, que de fato assumiu o poder do califado após a morte de Maomé. As lutas intestinas acompanharam a expansão do Islã em um momento delicado de sua história, pois o terceiro califa, ^c^Uṯmān, protegeu Mu^c^āwiya, governador da Síria, o que resultou no assassinato do califa em 656. Nessa ocasião, ^c^Alī é proclamado o novo califa, após ter conseguido aprisionar ^c^Ā'iša, acontecimento que ficou conhecido como a "jornada do camelo". A disputa continuou entre ^c^Alī e o governador da Síria, Mu^c^āwiya, até que na batalha conhecida como "dos Corões", em Ṣiffīn, no ano 657, o califa se dispôs a negociar, apesar de estar derrotando seu rival. Um grupo, que foi denominado *ḫārijita*, se opôs à negociação e acabou por assassinar ^c^Alī, em 661, uma vez que este não quis interromper a negociação, por ter empenhado a sua palavra e aceitado o desfecho. ᶜAlī passou a ser o símbolo da luta dos legitimistas não-conformados, que acabariam por formar a seita dos xiitas (*šīᶜa*), que, assim como os *ḫārijtas*, consideravam Muᶜāwiya um usurpador que subira ao trono por via desonesta e ilegítima.

Esse fundo histórico tem a ver com o desenvolvimento de uma certa dogmática no Islã, pois, se o crime cometido contra qualquer pessoa exclui o assassino da comunhão espiritual com a comunidade – a *umma* –, segundo os xiitas, portanto, o assassinato de ᶜAlī demonstraria a ilegitimidade da dinastia omíada de Muᶜāwiya. O castigo legal reservado para esses casos era a pena de morte e a destituição de cargos públicos. Como em outras religiões, a afirmação da fé e a coerência dos atos com ela foram, desde o início do Islã, uma preocupação que motivou um interesse de caráter teológico que deveria encontrar uma fórmula harmônica capaz de orientar e satisfazer os crentes.

Mas, antes de aprofundarmos essa questão, devemos lembrar que ela está relacionada ainda com a especulação sobre o livre-arbítrio e sobre o poder absoluto da divindade, ou da providência, ou ainda da predestinação absoluta.

Sem dúvida, essa questão passa a ser central no pensamento teológico de toda religião monoteísta, e, nesse sentido, segundo o notável arabista Ignaz Goldziher, podemos detectar no *Corão* dois momentos: o primeiro, de Meca, em que Maomé admite plenamente o livre-arbítrio e a responsabilidade pessoal, e o segundo, de Medina, em que ele se inclina mais e mais a aceitar a doutrina da não-liberdade, isto é, a doutrina da predestinação[20]. No final do século VII, a predestinação absoluta começa a chocar os espíritos, e isto, em boa parte, em função da influência que a teologia cristã exercerá sobre os intelectuais de Damasco durante o califado dos omíadas. Sabemos que o comentador de Aristóteles, Alexandre de Afrodísia, escreveu um tratado sobre a providência com o título grego *Perì Pronóias*[21], conhecido por Cirilo de Alexandria e outros teólogos da patrística cristã. O tratado foi traduzido para o árabe, a partir de uma versão siríaca, pelo já lembrado tradutor nestoriano, que atuou em Bagdá, Abū Bišr Mattà ibn Yūnus. Portanto, a especulação teológica muçulmana, também nessa questão, encontraria

20. GOLDZIHER, I. *Le dogme et la loi de l'Islam*. Paris: P. Geuthner, 1920. p. 74-75.
21. ALEXANDRE D'APHRODISE. *Traité de la providence*. Édition, introduction et traduction de l'arabe par Pierre Thillet. Ouvrage bilingue. Paris: Verdier, 2003. p. 10.

uma literatura extremamente elaborada nas religiões que a antecederam, em especial no cristianismo. No Islã formaram-se duas correntes dogmáticas: a dos *qadaritas* (de *qadar*, que equivale ao decreto divino absoluto, mas pode ser compreendido como "medir", "avaliar", "estimar", como se *Allāh* "avaliasse ou estimasse" suas decisões), cujo fatalismo se excetua em relação ao livre-arbítrio do ser humano, pois o consideram responsável por sua própria salvação ou condenação, e não escravo de uma imutável predestinação. Essa postura se expressa na expressão *ḫalq al-afᶜāl*, isto é, a criação dos atos, dando a entender que o ser humano é responsável por suas próprias ações, em oposição à segunda corrente, a dos *jabaritas* (de *jabar*, obrigação ou coação divina), que não distingue o homem dos demais seres, negando a liberdade dos atos humanos e submetendo-os ao domínio despótico da divindade. O movimento *qadarita*, que afirmou os princípios da livre determinação e da plena responsabilidade, encontrou um grande número de seguidores e constituiu, na verdade, o primeiro movimento no Islã para a desvinculação às concepções tradicionais dominantes. Porém, este não seria um movimento racionalista do tipo do que mais tarde surgiria, mas um movimento voltado para o esforço da consciência religiosa em manter a representação da divindade em um nível elevado, enquanto Ser Supremo em si, e no seu relacionamento com os impulsos religiosos dos crentes. Assim sendo, o *qadarismo* não pode ser caracterizado como uma tentativa de introduzir o livre-pensamento da razão que se defronta com os dogmas, mas essencialmente como uma postura piedosa que visa protegê-los de toda e qualquer degradação de sua essência.

Sob outro aspecto, os omíadas se voltaram contra os *qadaritas*, porque o fatalismo e a predestinação, que estes combatiam, opunham-se às razões de Estado, pelo fato de os califas se justificarem perante a oposição como reinantes pela graça e desejo da divindade. Sabemos que os opositores dos omíadas os viam e os representavam com as cores mais negras imagináveis, pois os consideravam usurpadores do poder por meios violentos e cruéis, além de inimigos da família do Profeta, de assassinos de pessoas piedosas e de profanadores dos lugares sagrados do Islã. Assim como ocorreu em outras civilizações e culturas, os califas omíadas justificavam o seu poder como um mandato divino e suas ações como uma conseqüência do destino cujas rédeas estariam nas mãos de

Allāh. Como Goldziher enfatiza, os poetas podiam então celebrar que os soberanos reinavam por decretos elaborados previamente pela divindade[22]. Desse modo, a especulação teológica viria ao encontro das necessidades dos tiranos, a fim de apaziguar o povo contra as arbitrariedades e as injustiças, tal qual se depreende do ato inominável do califa ᶜAbd al-Mālik (646/647-705), que, em sua tenaz luta política contra seus adversários, terminou por assassinar um deles e jogar a cabeça decapitada contra a multidão, proclamando: "O Príncipe dos Crentes matou vosso chefe assim como foi determinado pela predestinação eterna e pelo decreto inelutável de Deus [...]"[23].

Devemos, porém, voltar ao desenvolvimento que se observou com a introdução e o conhecimento da filosofia grega, seja ela aristotélica ou não, que passou a ser estudada por uma classe culta e decidida a incorporá-la às crenças do Islã, numa tentativa de conciliá-la com as tradições religiosas. Em parte a filosofia era vista como uma ameaça à religião, e a adaptação do aristotelismo – ainda que sob a sua forma neoplatônica – aos postulados da fé islâmica – tais como a crença na criação temporal do universo, a providência divina pessoal, os milagres – parecia ser uma tarefa impossível.

Uma verdadeira filosofia da religião – com um elevado sistema especulativo – que se manifestaria numa clara tendência conservadora em relação às próprias tradições do Islã, mas incorporando métodos gregos de raciocínio que bem poderiam ter advindo da influência de teólogos cristãos, originou-se com o *Kalām*.

Sob o aspecto lexicográfico, *kalām* é o nome genérico para todo discurso, longo ou breve, e em *Corão* II:70, em que aparece a expressão *Kalām Allāh*, tem um significado ambíguo que pode referir-se às Palavras de *Allāh* ou à Lei; enquanto em *Corão* IX:6, parece significar o conteúdo do Islã, e em outras passagens tem o sentido transparente de "falar", "discorrer" ou "discutir". Posteriormente, o termo *kalām* adquirirá o sentido de discurso com argumentação inteligível, ou o próprio argumento que possibilita uma enunciação, e o *mutakallim* é o que se serve e se utiliza do *kalām*. Talvez se possa aventar que na expressão *Kalām Allāh*, em seu estrito sentido técnico

22. GOLDZIHER, op. cit., p. 65-66.
23. Ibid., p. 78.

significando o *Corão* ou ainda a qualidade ou atributo (*ṣifa*) de *Allāh*, a denominada "Palavra" (*Kalām*) encontraria uma base fértil para um desenvolvimento próprio, ao provocar uma meditação de caráter teológico associada 1) à influência de concepções, de classificações e à dialética da filosofia grega; 2) às relações pessoais e discussões com os teólogos da Igreja cristã no Oriente e, talvez ainda, embora ainda não comprovada, 3) à influência de algumas idéias das escolas filosóficas da Índia.

O pensamento que expõe a questão da entidade divina, ou *Allāh*, como uma combinação de *ḏāt*, essência, com os *ṣifāt*, ou qualidades-atributos, parece provir, em parte, dos métodos gregos aplicados às teorias da personalidade e, em parte, da retórica corânica que descreve *Allāh* com a ajuda de epítetos, no velho estilo da poesia árabe, assim como das explicações cristãs sobre as relações das pessoas na Santíssima Trindade. Para a ortodoxia islâmica, a questão das relações entre a essência e os atributos de *Allāh* firmou-se como um mistério teológico, inalcançável ao pensamento humano, porquanto esses atributos são concebidos como incriados e eternos. Por outro lado, o Islã racionalista, cujos expoentes viriam mais tarde a se denominar *mu^c^tazilitas*, não poderia admitir tal mistério e procuraria rejeitar os atributos em obrigatória relação com a essência. Nessas especulações, o atributo da "Palavra" deveria ter um papel de primeira importância, e tudo indica que os teólogos cristãos contribuíram para isso, pois as racionalizações sobre a "Palavra" de *Allāh* apresentam grande semelhança com as feitas sobre o *lógos* eterno, ou não-criado, mas criador, razão e palavra de Deus, identificado, no cristianismo, com Jesus; no *Kalām*, "Palavra" é atributo eterno, atividade criadora e revelação no tempo.

De qualquer modo, *Allāh* é representado por várias vezes, no *Corão*, com o atributo da "Fala", e um dos pensadores exponenciais do Islã, Al-Aš^c^arī, encontra no texto sagrado um apoio à doutrina de que a "Palavra" de *Allāh* é inerente ao seu ser e de que o *Corão*, como manifestação desse atributo, é incriado. Mas os filósofos racionalistas negarão a possibilidade de uma manifestação material e incriada desse atributo eterno da "Palavra". Os *aš^c^aritas* consideraram o *Corão* não como resultado de uma emissão verbal (*lafẓ*), mas como o resultado do *kalām* entendido como "discurso pensado", logo, o atributo da "Palavra" é idêntico ao pensamento de *Allāh*, diferenciando-se, porém, do nosso pensamento humano, já que este nasce no tempo e o da divindade é eterno.

Nesse sentido, podemos efetivamente comparar *Kalām* ("Palavra") em *Allāh* com o *lógos*, também possuidor de uma qualidade racional, assim como a *hochmá* hebraica ou a *sophía* divina, o que nos leva a entender por que os teólogos cristãos traduziram o termo siríaco *mellatha* (*lógos*) por *al-kalām*. Considerando a influência cristã no mundo islâmico, por intermédio do siríaco, o termo *mallel* (correspondente ao árabe *takallama*) e seus derivados – correspondentes ao verbo grego *légein*, e a *lógos* ("razão", "palavra") – se associam a "teólogo" (*memallel allahayatha*, na forma plural, é igual a "teólogos", do mesmo modo que *melila* corresponde a "lógicos"), e, numa ampliação de seu sentido, o termo *kalām* passaria a ser equivalente a "argumento intelectual", aplicado, porém, à teologia. Mas, faltaria muito para que *kalām* tivesse o exato significado de "teologia", e muito mais ainda para que fosse reconhecida a origem do termo que denotasse esse significado. Al-Taftāzānī (1322-1389), numa tentativa de precisar uma definição, aproximou-a desse significado ao dizer a) que os teólogos abrem seu discurso empregando a palavra *kalām* como uma exposição ou um argumento em favor de tal ou qual doutrina; b) que o *Kalām*, enquanto movimento de especulação racional-teológica, ocupa-se mais freqüentemente com a doutrina da Palavra de *Allāh*; c) que o *Kalām* dá a mesma importância à "Palavra" na teologia que os filósofos dão à *manṭiq*, isto é, à lógica; d) que *ᶜilm al-Kalām* é a mais importante das ciências ensinadas pela "Palavra"; e) que a "Palavra" entre contendores de opiniões divergentes se torna mais necessária do que a reflexão ou a leitura; f) que é a mais polêmica das ciências ensinadas pela "Palavra"; g) que, em razão da sua importância, *Kalām* é uma "ciência expositiva" diferente das demais ciências; h) que é a ciência categórica, grandiosa, notável[24].

Nos *Prolegômenos*, de Ibn Ḫaldūn, encontramos também uma apresentação do *Kalām* assim definido: a) ciência que se refere à "Palavra" e não à "ação" (*ᶜamal*); b) que trata essencialmente da doutrina da "Palavra" de

24. Verbete Kalām. In: ENCYCLOPÉDIE de l'Islam. Leiden; Paris: E. J. Brill; Alphonse Picard et Fils, 1936. T. II, p. 712-777.

Allāh[25]. Ibn Ḫaldūn, referindo-se ainda ao *Kalām*, lembra que as passagens do *Corão* denominadas *mutašābihāt*, isto é, as consideradas obscuras, ambíguas e de difícil interpretação, são as que provocaram e deram origem à ciência do *Kalām*, agora entendida como uma escolástica mais próxima de uma necessidade exegética do que da especulação intelectual ou da filosofia. Ele próprio se mostra crítico quanto às possibilidades ilimitadas do *ta'wīl*, isto é, da exegese daqueles versículos, e até mesmo cético, ainda que a exegese tivesse sido realizada por grandes teólogos como Aḥmad b. Ḥanbal ou por Al-Aš^c^arī. Para Ibn Ḫaldūn, somente *Allāh* poderia conhecer o verdadeiro sentido daquelas passagens, e, sendo assim, a conduta mais sensata em relação a elas é abster-se de qualquer especulação inútil[26].

O reconhecimento, ou a identificação, de uma teologia no Islã, quando o *Kalām*, ainda não-sedimentado, encontrava-se em processo de gestação intelectual, estava associado ao caráter especulativo do *fiqh*, que encerra uma conotação jurídica ou de direito canônico, em oposição à *^c^ilm*, que significa conhecimento ou ciência tradicional. A expressão *al-fiqh al-akbar*, o grande *fiqh*, designava na verdade a teologia. Contudo, a palavra *kalām* acabará por se impor como o termo técnico usual para teologia, enquanto o termo *fiqh* será conotado ao direito canônico. Um sentido mais amplo ocorrerá com a associação das palavras encontradas na expressão *^c^Ilm al-Kalām* (literalmente "Ciência do Kalām"), que passará a significar não apenas "teologia", mas uma teologia especulativa ou escolástica[27]. Esta última, já sob o impacto do pensamento grego, adotara o atomismo próximo aos sistemas de Demócrito e Epicuro, vindo o termo *mutakallim* designar um teólogo *mu^c^tazilita* e, mais tarde, ortodoxo, em cuja teologia prevalece o atomismo aceito em certas doutrinas do Islã.

Segundo alguns autores, o atomismo penetrou profundamente no movimento dos *mu^c^tazila* com pensadores como Abū al-Hudayl al-^c^Allāf (751-

25. IBN KHALDÛN. *Os Prolegômenos ou Filosofia Social*. Trad. José Khoury. São Paulo: Safady, 1958-1960. T. III, cap. XIX, p. 46-67.
26. Ibid., cap. XX, p. 68-88.
27. SALO, W. Baron, em sua extensa obra *A Social and Religious History of the Jews*. 3. ed. Philadelphia: Columbia University Press-JPS of America, 1971. vol. VIII, p. 136, escreve que "the self-styled definition of Arabic Kalām as 'the science of the foundations of the faith and the intellectual proofs in support of the theological verities' may thus be applied to the entire medieval Jewish philosophy, although it soon became outspokenly critical of the teachings of the Mutakallimūn".

849), embora tenha sofrido a oposição de outros adeptos da mesma corrente, como Hišām b. al-Ḥakam e Ibrāhīm al-Naẓẓām. O sistema atomístico veio se contrapor ao aristotelismo e seus conceitos de matéria e forma negando a inevitabilidade de causa e efeito para a explicação e o entendimento dos fenômenos. Nesse sentido, Deus é responsável direto pelo que acontece em cada momento, e a sua criatividade é contínua e ininterrupta, assim como o seu poder, possibilitando a existência de qualquer estado do universo ou da natureza, independentemente das leis da ciência ou regras de nosso conhecimento, sejam elas associadas ou não à causalidade. Apenas para ilustrar o que estamos dizendo, podemos recorrer ao conhecido exemplo da neve, que, para o ser humano, está inevitavelmente associada ao frio; no entanto, para o *muᶜtazilita*, Deus tem o poder de estabelecer que ela pode ser quente. Ou, ainda, o exemplo da chuva, que, para o ser humano, molha o chão, mas, para o *muᶜtazilita*, pode mantê-lo seco, pois nada é impossível à divindade.

A escola dos *muᶜtazila*, como corrente do *Kalām*, em sentido mais amplo, teve uma origem obscura em que se mesclam elementos explicativos simultaneamente de caráter histórico e de ordem teológica. A primeira tradição que se refere à sua origem vincula-se ao próprio significado do termo *muᶜtazila* (pl. de *muᶜtazil*), que recorda um acontecimento ocorrido na escola de Ḥasan al-Baṣrī quando se levantou a questão sobre a hipótese de se considerar *mu'min* (crente) alguém que cometera um pecado grave, tendo um dos membros de seu círculo, Wāṣil b. ᶜAṭā' (m. 748), exposto a idéia de um estado intermediário entre a fé e a infidelidade do infiel (*kāfir*). Ḥasan al-Baṣrī, ao ouvir tal explicação, disse: *iᶜtazala ᶜannī*, ou seja, separou-se de mim. O primeiro grupo de *muᶜtazilitas* surge, portanto, com Wāṣil b. ᶜAṭā', em Basra. Na controvérsia sobre a fé e os atos, os rigoristas *ḫawārijs*[28] declaravam infiel (*kāfir*) o muçulmano culpado de pecado grave, enquanto os seus oponentes, os *murji'a*[29], ao contrário, consideravam-no crente (*mu'min*), e Ḥasan al-Baṣrī opinava que o pecador era hipócrita (*munāfiq*). Contra a opinião de Ḥasan al-Baṣrī, Wāṣil b. ᶜAṭā'

28. Corrente radical dentro do Islã puritano e rigorista que tinha como princípio fundamental a crença de que a fé está de tal modo vinculada às obras, que basta um pecado grave para extingui-la. Ver PAREJA, F. M. *La religiosidad musulmana*. Madrid: BAC, 1975. p. 109-110.
29. Os *murji'a* se abstinham de julgar seus irmãos de fé e delegavam esse julgamento à divindade, por ocasião do Dia do Juízo.

argumentou que não era fácil distinguir entre o *munāfiq* e o *mu'min*, e, assim sendo, o pecador grave se encontraria num estado intermediário entre o *kāfir* e o *mu'min*, ou seja, num estado entre dois estados, ou, segundo a expressão árabe utilizada nesse caso, *fī manzilatin bayna al-manzilatayn*[30].

O termo *mu[c]tazila*, como já vimos, significa separação, retraimento, abstenção, e pode estar associado a uma postura de gente piedosa que se aparta da maldade do mundo e de seus pecados, numa clara manifestação ou inclinação ao ascetismo que toda religião pode apresentar em determinada fase de seu desenvolvimento. Mas também a posição dos *mu[c]tazila* pode ser entendida como dissidência ou heterodoxia, no sentido original da discordância manifestada no círculo de estudos de Ḥasan al-Baṣrī. Contudo, apesar dessas interpretações, encontramos subjacente um fundo histórico com circunstâncias político-sociais geradas pelo assassinato do terceiro califa [c]Uṯmān, durante o califado de [c]Alī, em que eclodiram tendências já latentes no seio da comunidade que foram estimuladas pelas guerras civis e religiosas que se manifestaram no seio do Islã nesse período de sua sedimentação. Basta lembrarmos que os omíadas foram acusados de pecadores graves, logo, deveriam, na visão dos *ḫārijitas*, ser tratados como apóstatas. As conseqüências decorrentes da apostasia provocariam sua exclusão da lei e do marco familiar, a destituição de seus bens e a exposição à morte, além do combate obrigatório por parte dos fiéis. Por outro lado, caso fosse aceita uma posição mais moderada, as conseqüências não seriam tão graves, e a própria soberania dos omíadas não estaria ameaçada. Nesse contexto, as idéias *mu[c]tazilitas* não refletem apenas uma concepção teológica, mas também uma atitude de neutralidade diante da conturbada situação reinante naquele momento histórico em que ela teve origem, como o verbo *i[c]tazala* parece insinuar.

O florescimento do movimento dos *mu[c]tazila* deu-se em Bagdá e em Basra entre os anos 750 e 900, durante o período abássida. Podemos resumir sua doutrina em alguns pontos fundamentais:

1) A afirmação absoluta da unicidade de Deus (*tawḥīd*) e a total rejeição do antropomorfismo, que levariam a adotar, por conseqüência, a interpretação alegórica ou metafórica (*ta'wīl*) dos versículos do *Corão*, à semelhança

30. PAREJA, op. cit., p. 115-127.

da exegese aplicada pelos judeus ao Velho Testamento dos versículos que usam expressões e qualidades humanas ao se referirem ao Deus de Israel. O extremo apego ao monoteísmo implica, também, a aceitação do *Corão* como algo criado e a negação da concepção de que ele existe como um *lógos* desde a eternidade, concepção que pode ser encontrada tanto no islamismo quanto em outras religiões monoteístas. Esse monoteísmo absoluto também conduz à negação da existência de atributos na divindade, pois se eles são vistos como qualidades da divindade, serão tão eternos quanto Deus, e, nesse caso, o caminho estará aberto para a possibilidade de haver mais de um Deus Eterno e de haver uma dependência da divindade para com eles, ou seja, Deus será dependente dos atributos. Se não são diferentes da essência de Deus, e essa essência é composta de atributos (vida, força, conhecimento), a unicidade divina passaria a ser ameaçada ("amenizada") em relação à sua "absolutidade" absoluta[31], e o único meio de evitar essa suposição é dizer que Deus não possui atributos ou que em Deus os atributos não se distinguem e são todos "um" com a Sua "essência" e idênticos a ela.

2) A total crença na justiça divina (*ᶜadl*), pois, se na ortodoxia o bem é considerado o que Deus ordena e o mal o que Deus condena, na doutrina dos *muᶜtazila* o bem e o mal têm caráter absoluto, e as ações do homem são comandadas pela razão, o que leva a crer que os atos independem de Deus, e é a sua qualidade de ser bom que leva Deus a ordená-lo, ou de ser mau, a condená-lo, e não o contrário. Portanto, os *muᶜtazila* afirmam o livre-arbítrio do homem, que passa a ser o responsável por suas boas ou más ações, e, por conseguinte, merecedor de recompensa ou castigo. Castigos e recompensas na vida futura são avaliados ou medidos de acordo com os méritos decorrentes e como resultado da livre escolha. A relativa "situação intermediária" do pecador, que transgride um mandamento islâmico, o inserirá entre o crente (*mu'min*) e o infiel (*kāfir*), assim como o que interpreta mal a doutrina divina ou difunde doutrinas heréticas. Portanto, em relação à expressão "ordenar o bem e proibir o mal" encontrada no *Corão* (III:106; 110; XXXI:16), deve ser entendida como uma obrigação que orienta o ser humano a tomar parte ativa em cumprir e tornar efetiva a verdadeira doutrina.

31. Adoto essa redação para tornar mais explícito o que quero dizer.

Durante quase três séculos em que os *mu^{c}tazilitas* elaboraram e desenvolveram o seu pensamento teológico-filosófico, tiveram ainda de enfrentar as diversas correntes que grassavam no mundo islâmico e que eram adeptas de doutrinas que professavam a eternidade do universo (*dahriyya*), o dualismo maniqueísta (*ṯanawiyya*) e concepções que eram parte ou próximas da ortodoxia, tais como as defensoras do antromorfismo (*ḥašwiyya*), as dos adeptos (*jahmiyya*) de Jahm b. Ṣafwān, que ensinavam ser a fé um ato interior do coração, as dos *jabaritas*, que negavam o livre-arbítrio, e várias outras. Contudo, o fundador da escola dos *mu^{c}tazila*, Wāṣil b. ^{c}Aṭā', é descrito como um asceta que, no dizer de um poeta, "não tocou em nenhum *dinār* e em nenhum *dirham*", reiterando o mesmo de seu cunhado, ^{c}Amr b. ^{c}Ubayd (m. 761), também apelidado de *zāhid* (asceta), o qual passava as noites orando e que, por quarenta vezes, foi em peregrinação à Meca, além de parecer tão melancólico que "dava a impressão de ter acabado de enterrar seus pais"[32].

De acordo com Goldziher, a aproximação dos *mu^{c}tazilitas* ao *Kalām* contribuiu para acentuar o seu caráter racionalista e levou-os a uma comum oposição à ortodoxia. Essa introdução da "razão" (*^{c}aql*) é que justifica que seus representantes expressem que "a primeira condição do conhecimento é a dúvida e que cinqüenta dúvidas valem mais do que uma certeza". Um de seus adeptos, Bišr b. al-Mu^{c}tamar (m. 825), de Bagdá, dedica em um poema à razão um verdadeiro *ditirambo*, revelando o quanto os sentidos não têm nenhum lugar de destaque no processo de conhecimento. Isso também implicava uma radical atitude crítica em relação a certos elementos que se encontravam na religiosidade popular que durante muito tempo foram considerados parte integrante da fé ortodoxa. Sob esse aspecto, chegavam a contestar a possibilidade de atingir e aceitar a perfeição literária do estilo corânico, a autenticidade do *Ḥadīṯ*, no qual se conservaram os documentos, ou fontes, que serviram para a formação das crenças populares; do mesmo modo, olhavam criticamente os elementos mitológicos que compunham a escatologia religiosa. No fundo, o esforço dos *mu^{c}tazilitas* visava depurar a idéia monoteísta de todas as deformações que ela parecia ter sofrido, que já se encontravam incorporadas na tradicional religiosidade popular.

32. PAREJA, op. cit., p. 118.

Com bom fundamento, podemos aceitar a constatação dos historiadores da filosofia islâmica de que a doutrina dos *mu^c tazila* estava longe de ser uniforme. Mesmo nas questões centrais do livre-arbítrio e da providência divina, a sua pretensa unidade nunca existiu de fato, e um exame mais rigoroso de suas doutrinas revela uma grande divergência entre elas, o que, de outro lado, também compromete a sua ética[33].

As doutrinas *mu^c tazilitas*, apesar de sua forte influência, não tiveram aceitação absoluta no Islã e acabaram por ficar num plano secundário, em razão do impacto causado por Al-Aš^carī e seus seguidores, cujos princípios foram incorporados à ortodoxia. Certas diferenças entre *aš^c aritas* e *mu^c tazilitas* podem ser assinaladas a começar pela doutrina concernente a Deus, uma vez que os primeiros não negam a realidade dos atributos divinos, ainda que não admitam qualquer dualidade na divindade. Por outro lado, os *aš^c aritas* se identificam com os *mu^c tazilitas* na negação e na discordância dos "literalistas" quanto às passsagens antropomórficas relativas à divindade encontradas no *Corão*.

Quanto à interpretação do *Corão*, eles desenvolveram a doutrina da *bi-lā kayf*, isto é, a aceitação das fórmulas corânicas, mesmo sem saber como interpretá-las ou entendê-las. Em relação ao livre-arbítrio, terminaram por formular uma doutrina conciliatória em que o conceito de "aquisição" (*kasb*, *iktisāb*) atribui ao poder de Deus a criação dos atos dos homens e, ao mesmo tempo, a criação no ser humano da capacidade de "adquiri-los". Porém, embora essa doutrina procure atribuir ao homem a responsabilidade pelos seus atos, ela não consegue evitar inteiramente um certo determinismo. O *aš^c arismo* passou a ser a teologia dominante no Islã sunita, em particular na forma dada pelo seu maior expoente, Al-Bāqillānī (m. 1013), de Basra. O *Kalām*, também sob a forma *aš^c arita*, apreende a realidade como sendo composta de átomos indivisíveis e de acidentes que assumem um dinamismo imanente à sua natureza, logo, nesse

33. FAKHRY, Majid. *Histoire de la philosophie islamique*. Paris: Cerf, 1989. p. 73: "Ce serait une grave illusion d'imaginer que les *Mu^c tazila* partageaient généralement la même opinion quant à ces deux propositions élémentaires, même si elles semblent constituer le minimum irréductible de toute croyance effective en une liberté morale. Il est vrai que les *Mu^c tazila* sont généralement d'accord pour reconnaître la réalité du libre arbitre, c'est-à-dire de l'initiative de l'homme dans le monde intérieur de la volonté, comme nous l'avons vu. Mais lorsque nous en venons à la seconde proposition, leurs doctrines révèlent une grande divergence, qui compromet dans certains cas toute la structure de leur éthique et qui milite contre leur prétension à être les véritables croyants dans le libre arbitre".

sentido, Deus está criando o mundo a cada instante ou momento e sem qualquer mediação. Esse ocasionalismo admite a criação *ex-nihilo* bem como a realização dos milagres, que, para o *Kalām*, são mais uma prova da existência de Deus.

A doutrina dos *muᶜtazila*, vista no conjunto, apresenta-se como uma teologia filosófica com princípios fundamentais, aparentemente bem definidos, mas seria ilusório pensar que as discrepâncias entre as escolas e seus maiores pensadores, no tocante aos dogmas, foram irrelevantes. A verdade é que, se examinarmos de perto e nos detivermos no pensamento pessoal das figuras centrais desse grande movimento intelectual do mundo islâmico, veremos o quanto ele é marcado pela diversidade e pela multiplicidade de posições e interpretações teológicas, o que torna difícil aos estudiosos admitir uma maior uniformidade, isto sem levarmos em conta a divisão das escolas, como as de Bagdá e de Basra. Suas figuras de maior destaque, entre elas Bišr b. al-Muᶜtamar (m. 825), Ṯamāma b. Ašras (m. 828), Aḥmad b. Abī Du'ād (m. 854), todos de Bagdá, estavam longe de ter uma posição idêntica sobre os temas centrais da teologia islâmica, do mesmo modo que Abū al-Huḏayl al-ᶜAllāf (m. 849) e Ibrāhīm b. Sayār al-Naẓẓām (m. 845), ou seus discípulos Al-Jāḥiẓ (m. 869) e ᶜAlī al-Jubā'ī (m. 915), da escola de Basra. O assim denominado racionalismo dos *muᶜtazilitas* é uma composição complexa que, ao incorporar elementos da atomística de Demócrito e noções aristotélicas neoplatonizadas, bem como elementos de outras correntes de pensamento, não tão facilmente identificáveis, expandiu-se geograficamente para as regiões da Síria e do Egito através dos discípulos daquelas escolas. Sua influência fez-se sentir em todos os domínios islâmicos durante o tempo dos abássidas, uma vez que, em grande parte, o movimento dos *muᶜtazila* identificou-se com o poder dessa dinastia. A rigor, e isto é importante observar, se o *Kalām* deve ser visto em seu conjunto como o início da teologia islâmica, a corrente dos *muᶜtazila* deve ser considerada um movimento que valoriza a razão, libertando-a de tal modo que a impõe como uma condição da verdadeira fé[34].

34. O notável arabista MAHDI, Muhsin, em sua obra *La fondation de la philosophie politique en Islam (La cité vertueuse d'Alfarabi)*. Paris: Flammarion, 2000. p. 70, escreve: "Pour autant que la philosophie est concernée, la contribution majeure de la théologie islamique fut de lui préparer le terrain, d'affiner la pensée et l'attitude de la communauté musulmane et de l'instruire à l'usage de la raison jusqu'à ce que la philosophie réussit à prendre racine et croître. Quand on observe les débuts de toute communauté religieuse, on s'aperçoit qu'elle

Podemos, portanto, compreender que a escola dos *muᶜtazila* atingiu também os pensadores judeus que viviam nessa mesma geografia e, em especial, os adeptos do *karaísmo*, lembrado anteriormente, que surgiu no século VIII na mesma região, negando a Tradição Oral (*Talmūd*) e limitando, desse modo, o judaísmo apenas à tradição escrita, a Bíblia hebraica. Pensadores de destaque com ampla formação filosófica e inteirados da filosofia islâmica, como os *karaítas* Josef ben Abraham al-Basil e Joshua ben Judá, foram influenciados pelos *muᶜtazila*, o que de certa forma justifica e confirma a afirmação de Maimônides no capítulo 71 do *Guia dos Perplexos*:

> Quanto às poucas indicações do Kalām relativas à unidade de Deus e questões similares que podes encontrar em alguns *Geonim* (plural hebraico de *Gaon*) assim como nos *karaítas*, são coisas tiradas dos *mutakallimūn* islâmicos, bem pouco em comparação ao que estes escreveram a respeito. Sucedeu também que, ao empreenderem os muçulmanos este método, surgiu a seita dos *muᶜtazilitas*, dos quais tomaram nossos correligionários certos empréstimos, ao mesmo tempo que adotavam o seu método. Posteriormente apareceu no Islã uma nova seita, a dos *ašᶜaritas*, que professavam outras teorias, mas que não encontraram eco entre nossos correligionários[35].

Parece-nos correta e certamente podemos aceitar a inteligente observação de Alain de Libera, que vê Maimônides como "provavelmente o primeiro na história do pensamento medieval a querer pensar os motivos e os objetos dessa discordância" entre o *Kalām* e a *Falsafa* (a filosofia propriamente dita)[36]. Os *karaítas* não foram os únicos a absorver as doutrinas do *Kalām*. Sem a intenção de expor o seu pensamento, devemos lembrar que

est entièrement immergée dans la révélation et le message divin. Elle ne se trouve pas dans une situation propice à la réflexion sereine ou à la déduction des implications de la révélation. Il faut du temps pour passer à l'étape suivante [...]". Mahdi, ao fazer essa observação, considera, com razão, que a verdadeira filosofia islâmica começa com os antecessores de Al-Fārābī: Al-Kindī e Al-Rāzī.

35. MAIMÔNIDES. *More ha-Nevochim* (Guia dos Perplexos). Trad. (do árabe para o hebraico) Josef David Kafah. Jerusalem: Mossad Ha-Rav Kook, 1977. p. 121. Ver também a convincente tradução ao espanhol de David Gonzalo Maeso, Madrid: Nacional, 1984. p. 197. A posição de Maimônides é estudada cuidadosamente por WOLFSON, Harry A. *The Philosophy of the Kalam*. Cambridge; London: Harvard University Press, 1976. p. 43-58.

36. LIBERA, Alain de. *Pensar na Idade Média*. São Paulo: Editora 34, 1999. p. 119. Libera (p. 120) ainda observa "que foi por meio dele [de Maimônides] que os latinos conheceram trechos da teologia muçulmana. Mas, Maimônides lhes revelou ainda mais: foi ele, e não Averróis, quem lhes ensinou a distinguir entre filosofia, fé e teologia; quem traçou as linhas principais de uma

um dos notáveis pensadores judeus da época de Sa^cadia Gaon, David ibn Marwān al-Raqī al-Šīrazī, conhecido como David al-Mukammas ou ainda como David ha-Bavli (820-890)[37], talvez um rabanita, trata do mesmo modo que os *mu^ctazilitas* a questão dos atributos divinos em sua obra *^cIšrūn Maqālāt* (Vinte Capítulos), da qual boa parte do que se salvou foi descoberta somente no século XIX, além dos conhecidos extratos citados por autores judeus do período medieval. Nos capítulos 9 e 10, ele aborda a questão da unidade de Deus, seguindo as pegadas dos *mu^ctazila*, e começa com o convencionado *Bāb al-Tawḥīd* ou da unidade divina, dizendo que Deus é uno não no sentido de que é um gênero ou uma espécie, assim como o número "um" o é, ou no de que é uma criatura individual, mas no sentido de que é uma unidade simples na qual não há distinção ou composição. Ele é uno e não há qualquer "segundo" como Ele. Ele é primeiro sem começo, ou início, e último, sem fim. Causa e fundamento de tudo que é causado[38].

Sa^cadia Gaon, Herdeiro do *Kalām*

A mais influente figura entre os pensadores judeus que adotaram os métodos do *Kalām* é sem dúvida Sa^cadia b. Josef Gaon al-Fayyūmī, que exerceu o cargo de chefe da academia de estudos talmúdicos em Sūra, como vimos anteriormente, tendo-se destacado como um dos grandes mentores espirituais do judaísmo de seu tempo e cuja obra teológico-filosófica serviu de mola mestra para o desenvolvimento da filosofia judaica medieval. Sua obra filosófica *Kitāb al-Amānāt wa-al-I^ctiqādāt* (Livro das Crenças e Opiniões)

história que os latinos não tinham vivido, mas cuja exemplaridade puderam indiretamente perceber; quem, por fim, empregou uma estratégia intelectual que a 'dupla verdade' veio recobrir".

37. Ver, sobre ele, SIRAT, C. *La Philosophie juive médiévale en Terre d'Islam*. Paris: Presse du CNRS, 1988. p. 331-332. Uma visão de conjunto da presença do *Kalām* na filosofia judaica se encontra no artigo de BEN-SHAMMAI, Haggai. Kalām in Medieval Jewish Philosophy. In: FRANK, Daniel H.; LEAMAN, Oliver. (Org.). *History of Jewish Philosophy*. London; New York: Routledge, 1997. cap. 7.

38. Ver HUSIK, I. *A History of Mediaeval Jewish Philosophy*. New York: Meridian Books, 1960. p. 18. Ver também GUTTMANN, J. *Philosophies of Judaism*. New York: Anchor, 1966. p. 69-94.

foi traduzida para o hebraico com o título de *Sefer Emunot ve-Deot* por Judá ibn Tibbon, em 1186[39]. Sabemos que a intenção original do autor era apologética, no sentido de expor sistematicamente os princípios e fundamentos da religião mosaica, harmonizando a tradição com o pensamento filosófico e científico de seu tempo. O resultado foi uma obra coerente que perdurou através dos séculos e serviu de pedra angular para o pensamento judaico posterior até o surgimento de Maimônides, que olharia criticamente o *Kalām* e sua influência nos pensadores judeus, inclusive em Sa^cadia Gaon, mesmo que não o mencione explicitamente[40]. Mas Maimônides saberá apreciar a contribuição de nosso pensador, ao escrever que

> [...] Sa^{c}adia, de bendita memória, [que, ao se referir sobre o final dos tempos,] disse que se deveria proibir [seu escrutínio], mas somente o fez pelo fato de sua geração ser contaminada por dúvidas em relação à fé e se encontrar ameaçada de perdê-la; e a religião de Israel quase ter-se-ia perdido se não fosse Sa^{c}adia, que revelou sua profundidade, alentou sua força que parecia enfraquecer, a difundiu e a preservou com sua palavra e seus escritos [seu cálamo][41].

O *Sefer Emunot ve-Deot*, na sua organização, segue o modelo *mu^{c}tazilita* e adota a divisão em duas partes, abordando, na primeira, as questões relativas à unidade de Deus e, na segunda, as relativas à justiça de Deus. A parte inicial ou preliminar da obra discute a natureza e as fontes do conhecimento, que para o autor são classificadas em três: 1) a percepção sensorial, pois se os nossos sentidos atuam em condições normais, livres de qualquer ilusão, podemos ter certeza da veracidade de nossas percepções; 2) os juízos evidentes em si, tais como os juízos de valor, que aceitam a verdade como boa e a mentira como

39. Ver MAIMÔNIDES. *Igarot ha-Rambam* (Epístolas de Maimônides). *Letters and Essays of Moses Maimonides* (arabic-hebrew). Jerusalem: I. Shailat, Maaleh Adumim, 1988. vol. II, p. 511, sobre a carta que o R'Yehonatan de Lunel enviou a Maimônides sugerindo a tradução do *Guia dos Perplexos* e fazendo referência às traduções feitas por Judá ibn Tibbon, entre as quais o *Sefer Emunot ve-Deot*.

40. Se Maimônides, no capítulo 71 da primeira parte do *Guia*, examina "historicamente" as origens do *Kalām*, no capítulo 73, da mesma obra, examina o pensamento do *Kalām* por meio de suas proposições fundamentais.

41. MAIMÔNIDES. *Igeret Teiman* (Epístola ao Yemen). In: MAIMÔNIDES. *Igarot ha-Rambam* (Epístolas de Maimônides). *Letters and Essays of Moses Maimonides* (arabic-hebrew). Jerusalem: I. Shailat, Maaleh Adumim, 1988. vol. II, p. 144.

condenável; 3) a inferência lógica, pois apesar de não termos um conhecimento imediato de algo, podemos inferir por meio do raciocínio lógico[42]. Além dessas fontes do conhecimento, que se opõem a todo e qualquer ceticismo e que podem ser consideradas universais e pertencentes a todos os homens, independentemente de suas religiões, há uma quarta fonte de conhecimento da verdade, que é a autêntica tradição, isto é, a tradição na qual confiamos por nos ter sido transmitida, no caso do judaísmo, pelas Escrituras Sagradas e pela Tradição Oral, como sendo a que Deus revelou aos profetas. A validade das três fontes do conhecimento, para Sa^c^adia Gaon, que não contradizem a última, mas a confirmam, permite que o homem possa especular racionalmente sobre as verdades da religião e usar o conhecimento científico para indagar sobre coisas que recebemos por meio da tradição, contanto que se evite "aceitar qualquer noção particular que possa ocorrer a algum indivíduo acerca do espaço e do tempo"[43], pois quem se conduz assim estará sujeito ao erro e poderá cair em dúvidas que o levarão a se afastar da religião e a pecar, mesmo que seja um pensador ou filósofo. Sa^c^adia dirá que

> investigamos e especulamos sobre os assuntos de nossa religião tendo em vista dois objetivos: o primeiro é verificar o que aprendemos teoricamente dos profetas de Deus, e o segundo visa refutar a quem argumenta contra nós no que concerne a algo relativo à nossa religião[44].

O teor racionalista da obra de Sa^c^adia Gaon, traço comum dos adeptos da escola *mu^c^tazilita*, é, portanto, um instrumento intelectual que vem facilitar o melhor entendimento das verdades religiosas que foram reveladas pela divin-

42. SA^C^ADIA GAON. *Sefer Emunot ve-Deot*. Jerusalem: Shalom Harzschtark, 1987. Introdução, V, p. 43 (22 em hebraico); trad. Josef David Kafah. Ed. bilíngüe árabe-hebraico. Jerusalem; New York: Institute for Research and Publication Sura. Introdução, V, p. 14: "[...] e são três [as formas de conhecimento], a primeira, pela observação direta [dos sentidos], a segunda, pelo intelecto, a terceira, pela inferência lógica".
43. Das traduções da obra SA^C^ADIA GAON. *Kitāb al-Amānāt wa-al-I^c^tiqādāt* (Livro das Crenças e Opiniões), a mais recomendável é a inglesa feita por Samuel Rosenblatt. *The Book of Beliefs and Opinions*. 2. ed. New Haven: Yale University Press, 1951. A tradução para o espanhol de León Dujovne, *Libro de las Creencias y de las Doctrinas*. Buenos Aires: S. Sigal, 1959, deve ser usada com cautela, pois nem sempre corresponde com exatidão ao texto original.
44. SA^C^ADIA GAON, op. cit., 1987, Introdução, VI, p. 24.

dade aos profetas e transmitidas por meio das Escrituras Sagradas para a ampla multidão dos crentes de Israel não preparados para a especulação teórica ou lógica e filosófica, mas que as assimilam facilmente e passam a ser inteligíveis se são perceptíveis pela mediação de seus sentidos, sem a necessidade de qualquer esforço demonstrativo da razão. Desse modo, para Sa^{c}adia, os milagres e as maravilhas seriam provas mais convincentes e mais fáceis de serem aceitas para a fortificação da fé. Mas os hereges ou infiéis que não os aceitam e que parecem entregar-se à investigação das doutrinas religiosas são, muitas vezes, levados a isso por motivos vários como a preguiça, a lassidão, a luxúria e até mesmo a aversão ao trabalho intelectual e a incapacidade de dedicar-se a um pensamento contínuo. Para Sa^{c}adia, não há contradição entre razão e revelação, sendo que a primeira visa alcançar as mesmas verdades dadas pela segunda nas Escrituras Sagradas, tendo a razão o poder de alcançar o que é determinado como verdade pela revelação. Sendo assim, é possível questionar sobre a finalidade da revelação, já que a razão pode alcançar as verdades por seus próprios meios. Sa^{c}adia dirá que, em primeiro lugar, à semelhança do que foi dito, a revelação possibilita que a verdade seja acessível a todo ser humano, até mesmo aos que são incapazes de pensar por si próprios. Em segundo lugar, ela tem a finalidade de evitar que os filósofos se enredem em suas incertezas e erros, dando-lhes uma verdade definida de antemão, de modo que possam alcançá-la após um certo esforço de pensamento. Chegar à verdade por meios racionais também é parte dos preceitos religiosos, ainda que Sa^{c}adia veja no pensar filosófico a função primordial de prover com provas racionais o que já é conhecido por meio da revelação. Mas em outro lugar, ele dirá que estar de acordo com a razão é uma condição necessária para a aceitação de qualquer doutrina que pretenda ser revelada. Mesmo que se trate da interpretação das Escrituras Sagradas, podemos interpretar um texto em desacordo com o sentido literal quando ele contradiz a razão, assim como os adeptos da escola *mu^{c}tazilita* adotavam a interpretação alegórica em relação às expressões antropomórficas que alguns versículos poderiam conter.

Os tratados do *Sefer Emunot ve-Deot* abordam questões teológicas centrais do judaísmo relativas a) à criação do mundo; b) à unidade de Deus e aos atributos divinos; c) aos mandamentos de Deus e ao modo como foram revelados; d) à liberdade do homem de obedecer e desobedecer a Deus; e) à virtude e ao pecado; f) à alma humana e à sua imortalidade; g) à doutrina da ressurreição; h) à vinda do Messias e à redenção de Israel; i) à recompensa e ao castigo *post-mortem*; j) às regras do comportamento do ser humano.

A leitura dos escritos, além de revelar o estupendo conhecimento que o autor possuía das ciências naturais e exatas da época, demonstra que, apesar da grande influência do *Kalām*, havia em Saᶜadia Gaon conceitos de outras correntes filosóficas, em particular noções aristotélicas e platônicas que permeiam toda a sua obra. Tudo isso evidencia o amplo conhecimento da filosofia grega, via traduções para o árabe, além de confirmar o autor eclético que soube usufruir das tradições helênicas em voga nos círculos intelectuais do Oriente, fossem eles cristãos ou muçulmanos, para elaborar sua própria doutrina. Esse amplo conhecimento é demonstrado também no comentário que fez em 931 ao *Sefer Yetzirá*[45], ou o *Livro da Criação*, anteriormente lembrado. Na "Introdução" ao *Sefer Yetzirá*, Saᶜadia enumera nove seitas, ou correntes filosóficas, e no *Sefer Emunot ve-Deot*, no tratado referente à Criação, ele se reporta a doze sistemas filosóficos e aos princípios em que se apóiam, constituindo um verdadeiro esboço do pensamento grego desde os pré-socráticos até a escola peripatética. Não nos surpreende, portanto, que Saᶜadia Gaon estivesse qualificado para empreender uma tarefa intelectual pioneira, jamais realizada por nenhum pensador judeu, a de harmonizar o pensamento judaico tradicional e a filosofia, pois conhecia profundamente os dois.

A incorporação de elementos aristotélicos se verifica no primeiro tratado do *Sefer Emunot ve-Deot*, que trata da criação e no qual sustenta a *creatio ex-nihilo*, negando a teoria atomística do *Kalām* – assim como o fizeram os demais pensadores judeus influenciados por esse movimento – e adotando conceitos de finitude espacial do universo muito próximos ao pensamento aristotélico, ainda que não aceitasse a existência de uma matéria primal, a *hylé*. O fato, porém, de não aceitar o atomismo do *Kalām* não o impede de usar seus argumentos para demonstrar a criação do Universo no tempo, assim como a composição do todo de diferentes partes, e, portanto, a necessidade de que todas as coisas criadas, por serem compostas, tenham um criador. Também

45. *Sefer Yetzirá*. Jerusalem: S. Monzon, 1962 (texto hebraico). Inclui o Comentário de Saᶜadia Gaon; ver a versão espanhola de León Dujovne, Buenos Aires: S. Sigal, 1966, que se baseou na tradução francesa de M. Lambert, editada em 1891. A parte referente aos sistemas filosóficos do comentário de Saᶜadia Gaon encontra-se nas p. 53-69.

do *Kalām* é o argumento de que todos os corpos naturais no universo são portadores de acidentes sujeitos à geração e à corrupção, e esses acidentes se encontram em todos os seres orgânicos e até nos corpos celestes mergulhados em seus vários movimentos. Se os acidentes são originados no tempo, necessariamente suas substâncias também o são. Saᶜadia, após negar outras doutrinas sobre a criação, dirige seus argumentos contra o materialismo sensualista, que não aceita outra realidade senão aquela que os sentidos podem captar. No mundo islâmico, tal concepção foi endossada pela corrente denominada *dahriyya*, que apregoava uma atitude ceticista em relação à capacidade do homem para conhecer algo além dos seus sentidos.

O tom polêmico caracteriza, em boa parte, a obra de Saᶜadia Gaon. A leitura dos argumentos que utiliza sobre a *creatio ex-nihilo* leva naturalmente à idéia central de seu pensamento de que Deus-Criador, por Sua livre vontade, deu origem ao Universo, e o tema da criação indica que seus argumentos são inspirados no *Kalām*, no tocante à unidade de Deus. A criação implica em três atributos fundamentais associados à divindade, a saber: vida ou existência, poder e sabedoria, sem os quais o ato de criar se tornaria impossível. Mas, esses três atributos fundamentais não são separados da essência de Deus, o que nos lembra a formulação *muᶜtazilita* da unidade de Deus. Saᶜadia os define como aspectos contidos no conceito interno de Criador, e toda outra expressão da unidade é fruto da limitação da linguagem humana, assim como ele expressa no Tratado II, capítulo 1, de sua obra:

> Em primeiro lugar [nossos adversários] pensam a respeito de Deus fazendo uma analogia com suas criaturas. Em segundo lugar, aceitam o sentido corpóreo, e não o figurado, em qualquer expressão que empregamos para descrevê-Lo, assim como em toda expressão que aparece nas Escrituras.

Desse modo, vemos que a questão da unicidade divina é formulada por nosso filósofo tendo como modelo a especulação *muᶜtazilita*, assim como será formulada a questão da providência divina no Tratado IV de sua obra. Saᶜadia, com efeito, ao discutir os atributos, funde em seu método o entendimento e a interpretação das Escrituras e aquilo que denomina “especulação”. Ao mesmo tempo que se preocupa com a unidade “numérica” de Deus, isto é, com a rejeição de qualquer dualismo ou politeísmo, ele procura estabelecer a unidade interna de Deus, ou seja, a afirmação de sua "simplicidade"[46].

No início do capítulo 3 do Tratado IV, o autor abre a questão do livre-arbítrio do homem com as seguintes palavras:

> E agora que expliquei como há de se entender os distintos exemplos ilustrativos da justiça de Deus, digo que concorda com a justiça do Criador, e com Sua terna solicitude para com o homem, que Ele lhe deu o poder e a capacidade de executar o que lhe ordenou e de abster-se daquilo que lhe proibiu. Isto é evidente sob o critério da razão tanto quanto sob o da Escritura.

Mais adiante ele dirá que o homem não pode ser considerado agente de um ato, a menos que tenha a liberdade de optar e realizá-lo, pois ninguém pode ser considerado responsável por um ato quando não possui a liberdade de eleição e não exercita essa eleição, o que, em outras palavras, significa que não se pode castigar alguém que não teve a intenção deliberada de cometer tal ou qual ação pecaminosa. Desse modo, assim dirá Sa ͨadia no capítulo 4 do mesmo Tratado, o Criador não interfere de nenhuma maneira nas ações dos homens. A afirmação do livre-arbítrio e a ênfase sobre a responsabilidade humana, independentemente da recompensa e do castigo que o homem terá no mundo do além (*olam ha-ba*) ou neste (*olam ha-ze*) em que vivemos, transparecem claramente como doutrina com a qual se identifica nosso filósofo[47].

A conduta do ser humano é regulada por mandamentos e preceitos, que, segundo Sa ͨadia, são concedidos ao homem por este Ser dotado de uma faculdade racional, diferentemente dos demais seres, assim como foi dado ao homem o poder de conduzir-se adequadamente em questões que concernem a esses mandamentos e preceitos. Para Sa ͨadia, os mandamentos se dividem em racionais (*sichliot*), fundamentados na razão, em contraposição

---

46. WOLFSON, Harry A. *Repercussions of the Kalam in Jewish Philosophy.* Cambridge; London: Harvard University Press, 1979. p. 8-18. Esse trabalho retoma a monumental obra de WOLFSON, op. cit., 1976. O autor discute amplamente a questão dos atributos em Sa ͨadia, Al-Mukammas, Kirkisānī, Joseph al-Basīr, Joseph ibn Saddik, Judah Hadassi, Judah Halevi e Maimônides.
47. Ver ampla e rica discussão sobre a questão no estudo de ALTMANN, Alexander. Free Will and Predestination in Saadia, Bahya, and Maimonides. In: ALTMANN, Alexander. *Essays in Jewish Intellectual History.* London: University Press of New England, 1981. p. 35-64.

aos mandamentos denominados tradicionais (*mitzvot shimyot*), que não são fundamentados na razão e que tratam dos rituais e se referem às normas alimentares e outras semelhantes. Podemos observar que Sa^c^adia segue aqui o modelo platônico no qual se configura o homem como uma composição de corpo e alma. A alma é composta de três faculdades principais: o espírito, que controla as emoções; a razão, que controla o conhecimento; e o apetite, que controla o crescimento e a reprodução. Por sua natureza, a alma não pode atuar por si mesma, por isso necessita do corpo, que lhe serve de instrumento. O ser humano pode atingir a felicidade se orientar suas ações de acordo com os mandamentos divinos. Mas isso não elimina a possibilidade de os justos sofrerem neste mundo e de os pecadores terem uma vida feliz, o que para Sa^c^adia é apenas uma situação provisória, uma vez que, no outro mundo, castigo e recompensa serão adequados aos atos bons ou maus daqueles que os cometeram, equilibrando assim o sofrimento neste mundo e a felicidade no outro, o prazer aparente neste e as dores no outro.

Nos tratados finais do *Sefer Emunot ve-Deot*, Sa^c^adia se defronta com questões atinentes diretamente às crenças básicas do judaísmo ortodoxo de seu tempo. Ele polemiza com as interpretações heterodoxas, em particular com os *karaítas*, sobre a ressurreição dos mortos, a figura do Messias, a redenção de Israel, sendo que suas respostas, argumentações e idéias serão incorporadas à literatura rabínica posterior como modelares sob o olhar da teologia judaica medieval.

H. S. Nyberg[48], autor do elaborado artigo sobre os *mu^c^tazila* na *Encyclopédie de l'Islam*, ao referir-se aos teólogos *mu^c^tazilitas*, observa que eles deram à dogmática islâmica seu caráter essencial, pois, conforme suas palavras, essa teologia é 1) apologética: visa reforçar e justificar a revelação do Profeta, logo, ela é 2) estritamente corânica: o Livro sagrado é a única fonte das denominações teológicas (*asmā'*) e dos preceitos religiosos (*aḥkām*); ela é 3) polêmica: invade com toda força os domínios de outras religiões e de outras correntes islâmicas para combatê-las em seu próprio terreno; ela é 4) especulativa: recorre aos meios da filosofia para refutar os adversários e formular os dogmas; por

48. NYBERG, H. S. Mu'tazila. In: ENCYCLOPÉDIE de l'Islam. Leiden; Paris: E. J. Brill; Alphonse Picard et Fils, 1936. T. III, p. 841-847.

conseguinte, ela é 5) intelectualista: encara o problema da religião sob o aspecto puramente intelectual. Contudo, assim conclui o mencionado articulista, seus adeptos não podem ser considerados filósofos, livre-pensadores ou homens liberais. Muito pelo contrário, eles são teólogos da mais estrita observância, pois seu ideal é a ortodoxia dogmática, e a filosofia para eles não passa de uma *ancilla fidei*; nesse sentido, poderiam ser encarados como pensadores mais tolerantes e criadores da "escolástica islâmica". Certamente podemos generalizar essa observação final de Nyberg, uma vez que a filosofia, ou a especulação da razão, vista como *ancilla fidei* não é um privilégio isolado do islamismo, mas uma postura que se encontra nas outras religiões monoteístas, pelo menos até o final do período aqui tratado da história da humanidade[49]. Seja quanto ao judaísmo seja quanto ao cristianismo medieval, um longo tempo será necessário até que a filosofia se emancipe da tutela teológica, caminhe com seus próprios pés e se firme autonomamente como disciplina estruturada sob e no domínio da razão.

Ao examinarmos com um olhar retrospectivo o conjunto da obra de Saᶜadia Gaon, reconhecemos as mesmas qualificações atribuídas aos *muᶜtazilitas*, resguardando as devidas diferenças e contextos determinados pelos artigos de fé da religião do teólogo-filósofo judeu.

A repercussão da obra de Saᶜadia Gaon na filosofia judaica medieval se evidencia, entre outros aspectos, na paráfrase escrita por um autor anônimo do século XI, intitulada *Pitron Sefer ha-Emuná*. O comentário ao *Sefer Yetzirá*, que foi traduzido para o hebraico por Moisés b. Josef de Lucena, no século XII, revela o notável alcance do racionalismo de Saᶜadia Gaon ao penetrar em um dos textos mais herméticos da literatura mística hebraica. Sua obra, como um todo, foi digna de encômios por parte de poetas, gramáticos, filósofos e exegetas no decorrer de todo o período medieval, permanecendo um pilar sólido e fonte indispensável para o conhecimento do mundo espiritual judaico.

49. Em certos pensadores medievais, a relação entre razão e fé e a interpretação da filosofia como *ancilla fidei* é formulada com maior ênfase. Ver meu estudo *De Reductione Artium ad Theologiam* de São Boaventura. *Revista de História-USP*, São Paulo, 1974.

Referências Bibliográficas

ALEXANDRE D'APHRODISE. *Traité de la providence.* Édition, introduction et traduction de l'arabe par Pierre Thillet. Ouvrage bilingue. Paris: Verdier, 2003.

AL-MAS^{c}ŪDĪ. In: ENCYCLOPÉDIE de l'Islam. Leiden; Paris: E. J. Brill; Alphonse Picard et Fils, 1936. vol. III, p. 457.

ALTMANN, A.; STERN, S. M. *Isaac Israeli*: A Neoplatonic Philosopher of the Early Tenth Century. Oxford: Oxford University Press, 1958.

ALTMANN, Alexander. Free Will and Predestination in Saadia, Bahya, and Maimonides. In: ____. *Essays in Jewish Intellectual History.* London: University Press of New England, 1981. p. 35-64.

ANÔNIMO. *Seder Olam Zuta* (*Crônica Pequena*). In: NEUBAUER, Ad. *Mediaeval Jewish Chronicles* (título hebraico: *Seder ha-Chakhamim ve-Korot ha-Iamim*). Oxford: Clarendon Press, 1887. (2. ed. Jerusalém, 1967). 2 v.

BABYLONIA. In: ENCYCLOPAEDIA Judaica. Jerusalem: Keter Pub. House, 1971-1972. vol. IV, p. 34-43.

BEN-SHAMMAI, Haggai. Kalām in Medieval Jewish Philosophy. In: FRANK, Daniel H.; LEAMAN, Oliver (org.). *History of Jewish Philosophy.* London; New York: Routledge, 1997.

CARRA DE VAUX, L. B. *Avicenne.* Paris: Félix Alcan, 1900.

DAVIDSON, I. *Saadia's Polemic Against Hiwi al-Balkhi.* New York, 1915.

DAVIDSON, I.; ASSAF, S.; JOEL, I. *Sidur Rav Sa^{c}adyah Ga'on*: Kitāb ǧami al-salawat wat-tasabih. Israel: Mekitse Nirdamim, 1963. Mahad 2.

ENCYCLOPÉDIE DE L'ISLAM. Leiden; Paris: E. J. Brill; Alphonse Picard et Fils, 1913-1936. 5 v.

FAKHRY, Majid. *Histoire de la philosophie islamique.* Paris: Cerf, 1989.

FALBEL, Nachman. *De Reductione Artium ad Theologiam de São Boaventura. Revista de História-USP*, São Paulo, 1974.

GAFNI, I. *Yahadut Bavel umosdoteia* (O Judaísmo da Babilônia e suas Instituições). Jerusalem: Mercaz Zalman Shazar, Hachevra Hahistorit Haisraelit, 1975.

GOITEN, S. D. *Jews and Arabs.* New York: Shocken, 1964.

GOLDZIHER, I. *Le dogme et la loi de l'Islam.* Paris: P. Geuthner, 1920.

GUTAS, D. *Greek Thought, Arabic Culture.* New York: Routledge, 1999.

GUTTMANN, J. *Philosophies of Judaism.* New York: Anchor, 1966.

HUSIK, I. *A History of Mediaeval Jewish Philosophy.* New York: Meridian Books, 1960.

IBN DAŪD, Abraham. *Sefer ha-Qabala.* Trad. Gerson D. Cohen. London: Routledge & Kegan Paul, 1967.

IBN KHALDÛN. *Os Prolegômenos ou Filosofia Social*. Trad. José Khoury. São Paulo: Safady, 1958-1960.

KALĀM. IN: ENCYCLOPÉDIE de l'Islam. Leiden; Paris: E. J. Brill; Alphonse Picard et Fils, 1913-1936. T. II, p. 712-777.

LEAMAN, Oliver. (Org.). *History of Jewish Philosophy*. London; New York: Routledge, 1997.

LIBERA, Alain de. *Pensar na Idade Média*. São Paulo: Editora 34, 1999.

MAHDI, Muhsin. *La fondation de la philosophie politique en Islam (La cité vertueuse d'Alfarabi)*. Paris: Flammarion, 2000.

MAIMÔNIDES. *More ha-Nevochim* (Guia dos Perplexos). Trad. (do árabe para o hebraico) Josef David Kafah. Jerusalem: Mossad Ha-Rav Kook, 1977.

____. *Guia de Perplejos* (*More ha-Nevochim*). Trad. (do hebraico) David Gonzalo Maeso. Madrid: Nacional, 1984.

____. *Igarot ha-Rambam* (Epístolas de Maimônides). *Letters and Essays of Moses Maimonides* (arabic-hebrew). Jerusalem: I. Shailat, Maaleh Adumim, 1988.

____. *Igeret Teiman* (Epístola ao Yemen). In: ____. *Igarot ha-Rambam* (*Epístolas de Maimônides*). *Letters and Essays of Moses Maimonides* (arabic-hebrew). Jerusalem: I. Shailat, Maaleh Adumim, 1988. vol. II, p. 144.

MALTER, Henry. *Saadia Gaon, his Life and Works*. Philadelphia: The Jewish Publication Society of America, 1942.

MANTRAN, R. *L'Expansion musulmane (VIIe-IXe siècles)*. Paris: Presses Universitaires de France, 1969. (Coll. Nouvelle Clio).

MCNEILL, William H.; WALDMAN, Marilyn R. *The Islamic World*. Chicago; London: The University of Chicago Press, 1983.

NEUBAUER, Ad. *Mediaeval Jewish Chronicles* (título hebraico: *Seder ha-Chakhamim ve-Korot ha-Iamim*). Oxford: Clarendon Press, 1887. (2. ed. Jerusalém, 1967). 2 v.

NYBERG, H. S. Mu^c^tazila. In: ENCYCLOPÉDIE de l'Islam. Leiden; Paris: E. J. Brill; Alphonse Picard et Fils, 1913-1936. T. III, p. 841-847.

PAREJA, F. M. *La religiosidad musulmana*. Madrid: BAC, 1975.

SA^C^ADIA GAON. In: ENCYCLOPAEDIA Judaica. Jerusalem: Keter Pub. House, 1971-1972. vol. 14, p. 553.

SA^C^ADIA GAON. *The Book of Beliefs and Opinions* (*Kitāb al-Amānāt wa-al-I^c^tiqādāt*). Trad. Samuel Rosenblatt. 2. ed. New Haven: Yale University Press, 1951.

____. *Libro de las Creencias y de las Doctrinas* (*Kitāb al-Amānāt wa-al-I^c^tiqādāt*). Trad. León Dujovne. Buenos Aires: S. Sigal, 1959.

____. *Perush Sefer Yetzirá*. Jerusalem: J. Kafih, 1972.

____. *Sefer Emunot ve-Deot*. Jerusalem: Shalom Harzschtark, 1987. Introdução, V, p. 43 (22 em hebraico); trad. Josef David Kafah. Ed. bilíngüe árabe-hebraico. Jerusalem; New York: Institute for Research and Publication Sura. Introdução, V.

SALO, W. Baron. *A Social and Religious History of the Jews*. 3. ed. Philadelphia: Columbia University Press-JPS of America, 1971.

SEFER YETZIRÁ. Jerusalem: S. Monzon, 1962 (texto hebraico). Inclui o Comentário de Sa[c]adia Gaon. Versão espanhola de León Dujovne. *El Libro de la Creación*. Buenos Aires: S. Sigal, 1966.

SIRAT, C. *La Philosophie juive médiévale en Terre d'Islam*. Paris: Presse du CNRS, 1988.

STILLMAN, Norman A. *The Jews of Arabs Lands, a History and a Source Book*. Philadelphia: The Jewish Publication Society of America, 1979.

WOLFSON, Harry A. *The Philosophy of the Kalam*. Cambridge; London: Harvard University Press, 1976.

____. *Repercussions of the Kalam in Jewish Philosophy*. Cambridge; London: Harvard University Press, 1979.

20.

Salomão Ibn Gabirol (Avicebron)

Cecilia Cintra Cavaleiro de Macedo

Salomão Ibn Gabirol: Pensador Universal

São escassas as informações biográficas que temos de Ibn Gabirol. Faremos, portanto, uma breve introdução com os dados conhecidos de sua vida e, em seguida, uma exposição acompanhada de explanação dos diversos aspectos de sua obra: exegese, filosofia, poesia e ética. Convém ressaltar que cada um desses tópicos contém material suficiente para um livro próprio. Apresentaremos, pois, apenas as linhas gerais, com a intenção de destacar a importância deste autor e de sua contribuição para a construção do pensamento de sua época. Por fim, mostraremos a influência do pensamento islâmico que serviu à elaboração de suas idéias.

Shelomo ben Yehudá ben Gabirol nasceu em Málaga por volta de 1021, no seio de uma família proveniente de Córdoba que emigrara, conforme relato de Ibn Ezra[1], possivelmente fugindo das revoltas que deram fim ao

1. IBN EZRA, Moshé. *Kitāb al-muḥāḍara wa-al-muḏākara*. Tradução e Edição de Montserrat Abumalham. Madrid: CSIC, 1986. p. 75.

califado. Embora Ibn Ezra se refira a ele como *al-qurṭubī* (o cordobês), Ibn Gabirol, em suas poesias, intitula-se *al-malakī* (o malaguenho). Esse complemento ao nome, além de indicar o local geográfico de nascimento, consiste também numa clara alusão ao rei Salomão *Melek*. Na Taifa de Saragoça, foi educado nos melhores círculos literários e científicos, empreendendo sua formação sob a proteção concedida aos judeus. Ao que parece, ficou órfão muito cedo.

De grande importância na sua juventude foi a amizade com Yequti'el ibn Ḥasan (*Al-Mutawakkil ibn Isḥāq Abū Qapron)*. Apesar de personagem secundário nos meios políticos e científicos da época, dele restando poucas referências, Yequti'el é figura central na poesia de Ibn Gabirol, o que indica que não foi na vida deste apenas um mecenas, mas muito mais um amigo pessoal, de ligações profundas. Contribui para essa suposição o teor dos elogios que o poeta não economiza em relação ao amigo. Em 1039, Yequti'el ibn Ḥasan foi assassinado durante o golpe de estado que afastou a dinastia governante, tragédia que agravou a melancolia expressa por Ibn Gabirol em seus poemas. Em 1040, com apenas dezenove anos, publicou o *Anaq*, uma gramática hebraica em versos. Em busca de um novo mecenas, dirigiu-se a Granada e iniciou sua relação com Samuel ibn Nagrella *Ha-Nagid*[2], homem de confiança, conselheiro e chefe de exército do rei Bādīs ibn Ḥabūs. Samuel *Ha-Nagid*, também um brilhante poeta, foi reverenciado por vários autores da época e é considerado do porte de Ibn Gabirol[3].

Apesar de ter sido tutor do filho de Samuel, Yosef, Ibn Gabirol não conseguiu o apoio necessário para expressar suas opiniões. Em decorrência de conflitos políticos, literários ou apenas pessoais, a convivência deles não foi muito estável. Como escreve Maria José Cano, "as relações entre estes dois grandes gênios, Shelomo ibn Gabirol e Samuel ibn Nagrella, jamais

2. Samuel ibn Nagrella nasceu em Córdoba em 993; foi considerado príncipe entre os judeus, tendo ocupado importantes cargos políticos; patrono dos intelectuais e dos poetas judeus menos favorecidos, foi veementemente elogiado, quando da sua morte em 1056, pelos mais diferentes personagens judeus da época. De acordo com Saᶜīd, "conhecia a lei dos judeus, bem como os meios para fazê-la prevalecer e defendê-la como nenhum outro antes dele chegou jamais a possuir em *Al-Andalus*". SAᶜĪD AL-ANDALUSĪ. *Libro de las categorías de las naciones* (*Kitāb Ṭabaqāt al-umam*). Madrid: Ed. Trotta, 2000. p. 182.

3. MARX, Alexander; MARGOLIS, Max. *A History of the Jewish People*. Philadelphia: The Jewish Publication Society of America, 1958. p. 317.

foram muito cordiais; o espírito orgulhoso do malaguenho não se dobrou ao poder do *Nagid*, o que provocou, em pouco tempo, seu retorno a Saragoça"[4], cidade onde viu se acirrarem as desavenças políticas que teve com outros poderosos correligionários.

Morto seu protetor e amigo Yequti'el e sem a proteção de Samuel ibn Nagrella, Ibn Gabirol teve de enfrentar a ira e a traição dos judeus de Saragoça. Conforme Cano, esse processo só foi finalizado com a promulgação de um *Herem*[5], ou seja, sua expulsão da comunidade judaica. São datadas de 1045 suas obras éticas, *Tikun midot Ha-Nefesh*[6] (Livro das Qualidades da Alma ou Livro da Correção dos Caracteres) e *Mibhar Ha-Peninim* (Seleção de Pérolas). Segundo Graetz[7], estão inter-relacionadas a publicação dessas duas obras e sua expulsão de Saragoça. A partir desse episódio, não há mais informações seguras sobre a sua vida. Dan Pagis[8] sugere a possibilidade de que em 1048 Ibn Gabirol estivesse em Granada, mas acredita-se que vagou pelo sul da Espanha, sem que seja possível traçar com segurança o trajeto percorrido. Também não é possível estabelecer com segurança a data da publicação de sua principal obra filosófica, *A Fonte da Vida*, o que dificulta a identificação das fontes de seu pensamento.

É corrente, embora pouco plausível, a bela lenda citada em um dos poucos trabalhos publicados no Brasil[9] sobre Ibn Gabirol. Difundida por Ibn Zacuto[10] e recolhida por Munk, conta a lenda que,

4. Cf. IBN GABIROL. *Poesía Religiosa*. Granada: Servicio de Publicaciones de la Universidad de Granada, 1992. p. 35.
5. Excomunhão. Alguns autores não mencionam o *Herem*. Essa informação está conforme MILLÁS VALLICROSA, José María. *Selomo ibn Gabirol Como Poeta y Filósofo*. Edición Facsímil. Estudio Preliminar María José Cano. Granada: Servicio de Publicaciones de la Universidad de Granada, 1993. p. XV; e CANO, María José. *Ibn Gabirol, Poesía Religiosa*. Granada. Servicio de Publicaciones de la Universidad de Granada, 1992. p. 35.
6. Publicado no mês de *Nīsān* (março/abril) de 1045.
7. GRAETZ, Heinrich. *History of the Jews*. Philadelphia: Jewish Publication Society of America, 1949. vol. 3, p. 68.
8. PAGIS, Dan. Prólogo. In: ROMERO, Helena (Selección, Traducción y notas). *Selomo ibn Gabirol, Poesía secular*. Edição bilíngüe. Madrid: Ediciones Alfaguara, 1978. p. XXIII.
9. VIANNA, Sylvio Barata de Azevedo. Os Filósofos Árabes Medievais e a Difusão do Aristotelismo. In: *Ensaios de História da Filosofia*. Belo Horizonte: Imprensa Universitária, 1990. p. 259 et seq.
10. ZACUTO, Abraham. *Sefer há-Yuhasin*. Frankfurt am Main: ed. Filipowski, 1857. Cf. MUNK, Salomon. *Mélanges de Philosophie Juive et Arabe*. 2. ed. Paris: Librairie Philosophique J. Vrin, 1927. (1. ed. Paris, 1859). p. 157.

invejoso do grande talento de Ibn Gabirol, matou-o a ferro um muçulmano, enterrando-lhe o corpo sob uma figueira em seu jardim. A árvore passou a produzir frutos de tamanho e doçura extraordinários. O rei, ciente deste fato, mandou que o dono do jardim viesse a seu palácio, onde, submetido a interrogatório, foi obrigado a confessar o crime e expiá-lo com a vida.

Tampouco é exata a data de sua morte, mas sabe-se que não chegou à idade avançada. Al-Ḥariḏī afirma que morreu antes de 1050; Moshé ibn Ezra, em 1052[11]; e Munḏir ibn David al-Ṭulayṭulī[12], em 1058. Segundo autores posteriores, como Abraão Zacuto e Gediliah ibn Yaḥyà, sua morte ocorreu em torno de 1070[13], embora os estudiosos considerem a data mais provável entre 1050 e 1059[14]. É possível, porém, que tenha sido mais tardia, em razão do volume, da qualidade e da maturidade dos escritos que legou. O local de sua morte também é objeto de dúvidas: teria sido em Lucena ou Valência.

Alguns autores modernos consideram Ibn Gabirol um homem enfermiço, dotado de uma personalidade difícil, características que podem redundar em uma certa leitura melancólica de sua poesia. Acreditamos que, ao descrevê-lo sob uma ótica de tônica psicologizante, poderíamos comprometer a real compreensão filosófica e a verdadeira dimensão mística de suas obras. Ao entender seus lamentos como reclamações por sofrimentos físicos e emocionais, sacrificamos a dimensão espiritual que perpassa especialmente sua poesia. Preferimos confiar nos testemunhos mais próximos a Ibn Gabirol que, apesar de não negarem sua forte personalidade e doença, discordam dessa visão.

O historiador Saᶜīd[15] afirma que era "tímido e de belo aspecto". Ibn Ezra escreve que, apesar da personalidade forte, irascível e orgulhosa, "corrigiu seu caráter, abandonando as coisas terrenas, dirigindo sua alma às

11. IBN EZRA, M., op. cit., p. 78.
12. SAᶜĪD AL-ANDALUSĪ. *Kitāb Ṭabaqāt al-umam*. Ed. Louis Cheikho. Beirut: Dār Al-Ṭalā'iᶜ, 1913. p. 89; cf. tradução espanhola: id., 2000, p. 179.
13. Data defendida por MARX; MARGOLIS, op. cit., p. 320.
14. Conforme LOMBA FUENTES, Joaquín. *La corrección de los caracteres de Ibn Gabirol*. Zaragoza: Universidad de Zaragoza, 1990. p. 22; MILLÁS VALLICROSA, op. cit., p. 54.
15. Ver CANO. Estudio Preliminar. In MILLÁS VALLICROSA, *Selomo ibn Gabirol Como Poeta y Filósofo*, Edición Facsímil. Estudio Preliminar María José Cano. Granada, Servicio de Publicaciones de la Universidad de Granada, 1993. p. XIII.

coisas espirituais, após purificá-la dos desejos mais baixos e de tê-la dirigido, segundo suas faculdades, ao que há de mais seleto nas ciências filosóficas, físicas e astronômicas"[16]. Em nosso estudo, não compreendemos os recorrentes lamentos anotados em seus poemas como referências a sofrimentos físicos ou psicológicos. Pensamos tratar-se, no mais das vezes, de artifícios metafóricos, muitos de origem bíblica, com um profundo significado e conteúdo espiritual. Convém ressaltar o que bem lembra Aurora Salvatierra, quando diz: "Por um lado, os males físicos podem aparecer como expressão metafórica de um determinado sentimento, não exclusivamente amoroso, e como recurso literário através do qual o autor expressa múltiplas idéias e persegue objetos variados"[17].

Salomão ibn Gabirol foi poeta, filósofo, gramático, exegeta e místico andaluz medieval. Conforme Sáenz-Badillos, "não é exagero dizer que Shelomo ibn Gabirol é uma das figuras mais destacadas da Espanha medieval"[18]. Sua obra influenciou indiscriminadamente judeus, árabes e cristãos, ainda que sua identidade judaica tenha sido apagada através dos séculos, e seu nome, quase esquecido em alguns momentos da história.

Recomposição da Identidade do Autor

A obra filosófica fundamental de Salomão ibn Gabirol é *A Fonte da Vida*. O original, escrito em árabe, como era padrão entre as obras cultas dos intelectuais judeus na *Al-Andalus* da época, foi perdido, resultando no desaparecimento da identidade do autor. Contudo, conhecemos o seu pensamento filosófico por meio de duas traduções que permaneceram: a primeira, a *Fons*

16. MUNK, op. cit., p. 75-76.
17. SALVATIERRA OSORIO, Aurora. *La muerte, el destino y la enfermedad en la obra de Y. Ha-Levi e S. ibn Gabirol*. Granada: Servicio de Publicaciones de La Universidad de Granada, 1994. p. 203.
18. SÁENZ-BADILLOS, Ángel. *El Alma lastimada:* Ibn Gabirol. Córdoba: Ediciones El Almendro, 1992. p. 9.

Vitae latina, supostamente uma tradução completa e fiel do original, confeccionada por Juan Hispano (Iohannes Hispanus) e Domingo Gundisalvo (Dominicus Gundisalvi). Essa tradução, de uma obra atribuída a um certo Avicebron ou Avencebrol – como Ibn Gabirol foi conhecido nos meios cristãos –, ofereceu aos latinos a possibilidade de contato com o seu pensamento, ainda que de sua condição religiosa nada se soubesse.

A segunda via que serviu à circulação do livro foi uma compacta tradução hebraica denominada *Mekhor Hayim*, realizada por Shem Tov Falaqera. Nessa edição, a estrutura de apresentação em forma de diálogos entre discípulo e mestre foi modificada. As perguntas, presentes na versão latina, foram removidas, sendo preservada apenas a explicação concisa do mestre. Somente os trechos que continham as idéias fundamentais foram traduzidos. Ainda assim, Falaqera afirma que a publicação é uma abreviação que contém extratos fiéis do pensamento do autor, e não constitui, portanto, mero resumo, já que é totalmente fiel às palavras contidas no livro original.

Esquecido pelo pensamento filosófico judaico e também pelo islâmico, o pensamento de Ibn Gabirol chegou até nossos dias graças à filosofia escolástica cristã. Praticamente aceito como autor cristão até meados do século XIX, as referências que havia de sua filosofia eram as transmitidas pelos diversos autores latinos, os quais desenvolveram seus trabalhos sob os ecos das idéias de Avicebron. Nas obras desses autores, havia referências às opiniões e doutrinas do pensador de reconhecido mérito, de desconhecida identidade, cujos textos haviam desaparecido. Os escritos são geralmente citados como *Fons Vitae*, obra também chamada de *Fons Sapientiae* e *De Librum Singularem de Verbo Dei Agente Omnia*. Este último possivelmente seria o *Tratado sobre a Vontade* que ele anuncia no final de *Fons Vitae*, ao qual, contudo, jamais se teve acesso. Como essas obras permaneceram perdidas até meados do século XIX, supôs-se que o autor seria algum muçulmano converso, talvez um espanhol de origem islâmica que vivera e escrevera durante o tempo em que floresceram os filósofos de expressão árabe Ibn Bājjah (Avempace), Ibn Rušd (Averróis) e Ibn Ṭufayl[19].

Após a recomposição da identidade de Salomão ibn Gabirol, descobriu-se que, ao contrário do que se pensava, ele não poderia ter sido influenciado por

19. MUNK, op. cit., p. 153.

Ibn Bājjah ou Ibn Ṭufayl. Caso houvesse ocorrido algum tipo de influência, deveria ter-se dado na via inversa. Com segurança, sabe-se que Ibn Gabirol faleceu antes do nascimento daqueles dois filósofos[20], uma vez que, segundo as fontes, a possível data mais tardia de sua morte seria por volta de 1070. Nada há, porém, que indique que os dois filósofos tenham conhecido a obra de Ibn Gabirol ou *Abū Ayyūb Sulaymān ibn Yaḥyà ibn Yabīrūl*, seu nome árabe[21].

A obra filosófica de Ibn Gabirol foi amplamente utilizada pelos autores latinos que, embora desconhecendo sua origem, absorveram o seu pensamento e deixaram marcas profundas, tanto entre os que o condenaram quanto entre os que o acolheram. Entre os adversários, contamos com grandes nomes da escolástica cristã que dedicam longas passagens à refutação de Avicebron. Por exemplo, Alberto Magno[22] denuncia em *De intellectu et intelligibili* a filosofia de Avicebron como "odiosa" e "repugnante".

Tomás de Aquino dedica-se à refutação da obra de Ibn Gabirol, retornando umas quinze vezes[23], em seus escritos, às questões das quais veementemente discordou. A crítica do Doutor Angélico gira em torno de três questões fundamentais: a primeira é a doutrina do hilemorfismo universal, a qual, segundo Santo Tomás, Ibn Gabirol teria sido o primeiro defensor. Tomás de Aquino critica esse conceito sobretudo nos tratados *De substantiis separatis* e *De spiritualibus creaturis*; a segunda é a noção da pluralidade de formas em um mesmo indivíduo, doutrina a propósito da qual o filósofo cristão cita à vontade o autor de *Fons Vitae*; e, por último, a questão da passividade dos corpos[24].

Em contraposição a esses eminentes detratores, as concepções de Ibn Gabirol contaram com defensores entre os grandes expoentes do pensamento cristão que adotaram algumas de suas idéias. Por exemplo, "a escola

20. Avempace (Ibn Bajjah) morreu em 1138; Averróis (Ibn Rušd) nasceu em Córdoba no ano de 1126 e morreu em Marrocos em 1198; e mesmo Ibn Ṭufayl, um pouco anterior, nasceu em Guadix (Granada) em 1110, vindo a falecer em Marrakech em 1185.

21. "A atividade deste judeu como poeta, tanto secular como religioso, filósofo e ainda filólogo e exegeta, converte-o em um dos principais personagens do século XI, representante máximo da vitalidade da cultura judaica no período dos reinos das taifas de Al-Andalus". SÁENZ-BADILLOS, op. cit., p. 9.

22. Ver LIBERA. Alain de. *A Filosofia Medieval.* São Paulo: Edições Loyola, 1998. p. 203.

23. Em *De Ente et Essentia*, *De spiritualibus creaturis*, *De substantiis separatis*, *Quodlibeta* etc. Ver BRUNNER, Fernand. *Platonisme et Aristotelisme, La critique d'Ibn Gabirol par Saint Thomas D'Aquin.* Louvain: Publications Universitaires de Louvain, 1965. p. 36.

24. Ibid., p. 35-36.

franciscana posterior admitiu com entusiasmo nosso autor, especialmente no que se refere ao voluntarismo cósmico e divino e ao hilemorfismo aplicável a todos os seres"[25]. Além de ser notada nos próprios tradutores de *Fons Vitae*, a influência de Ibn Gabirol ainda é significativa em Guilherme de Auvergne. Este conhecia profundamente o seu pensamento, tendo feito uso de suas concepções em todas as obras que escreveu. Guilherme visava atingir uma síntese da teologia e da filosofia cristãs. Conhecia muito bem a produção filosófica de Avicena e Maimônides, e ainda que se opusesse à doutrina da eternidade do mundo, serviu-se amplamente da obra do primeiro. Mas seus maiores elogios são reservados a Ibn Gabirol, "'o único, o mais nobre de todos os filósofos' que ele acreditava ser um cristão"[26]. Guilherme de Auvergne assim o justifica:

> O teólogo Avicebron, entretanto, um árabe no nome e na pluma, ao que parece, claramente compreendeu isso, dado que menciona expressamente em seu livro que denominou *Fonte da Sabedoria*, e escreveu um outro livro sobre a palavra de Deus, criador de tudo. Por esta razão eu acredito que ele tenha sido um cristão, já que está claro, pelas descrições históricas, que o reino todo dos árabes esteve, há não muito tempo, submetido à religião cristã[27].

As doutrinas de Ibn Gabirol passaram por autores medievais, entre outros Alexandre de Hales, Duns Scott e São Boaventura. Mais tarde, influenciaram a obra de David de Dinant, que, numa leitura muito particular, recolhida por Leão Hebreu (*Yehudá Abravanel*), chegou não só até a Renascença, com Giordano Bruno, mas também até Espinosa, "tendo sido interpretado, por cada um deles, num sentido diferente"[28].

As obras de Ibn Gabirol foram consideradas perdidas até que o orientalista francês Salomon Munk se encarregasse da organização de diversos manuscritos hebraicos que se encontravam na Bibliothèque Nationale de Paris. Em 1846, entre os manuscritos hebraicos, Munk descobriu um trabalho de

25. LOMBA FUENTES, op. cit., 1990, p. 35 (Comentário à sua tradução).
26. KNOWLES, David. *The Evolution of Medieval Thought*. London: Longman, 1988. p. 209.
27. GUILHERME DE AUVERGNE. *The Universe of Creatures*. Trad. Roland J. Teske. Milwaukee: Marquette University Press, 1998. p. 90.
28. LOMBA FUENTES, op. cit., 1990, p. 35.

Shem Tov ibn Falaqera, intitulado *Liqqudim min Sefer Mekhor Hayyim*. Reconheceu vagamente as idéias ali expostas e, pouco tempo depois, encontrou, na mesma biblioteca, o manuscrito latino do lendário *Fons Vitae*, de Avicebron. Ao comparar os dois textos, Munk demonstrou que o texto de Falaqera era uma coletânea de excertos de um original árabe, do qual o *Fons Vitae* seria evidentemente uma tradução. Munk concluiu também que Avicebron, ou Avencebrol, tido durante séculos como um filósofo escolástico cristão ou eventualmente um muçulmano convertido, era, na realidade, o poeta judeu Ibn Gabirol. Em 1859, Munk publicou o livro *Mélanges de philosophie juive et arabe*, com uma tradução francesa completa e comentada do texto de Falaqera, *Liqqudim min Sefer Mekhor Hayyim*, além de uma análise de seu conteúdo e de alguns capítulos sobre a vida e escritos de Ibn Gabirol, suas fontes e a fortuna de sua doutrina. Mais tarde, Seyerlen encontrou na biblioteca de Mazarino outro manuscrito que continha também a obra completa do enigmático Avicebron, a qual, durante vários anos, dera origem a contínuas dúvidas[29].

A obra completa de Ibn Gabirol era originariamente bem mais extensa, e apenas parte dela chegou até nossos dias. Temos referências, diretas e indiretas, a outros livros de sua autoria, mas, como ocorre com tantas outras obras de filósofos antigos e medievais, não podemos estabelecer se esses livros foram realmente escritos e perdidos, ou se foram equivocadamente atribuídos a outros autores, ou, ainda, se não passaram de intenções do autor. Na busca por esses livros perdidos, Munk[30] e Löwenthal[31] supuseram que o *Liber de Anima*, de Domingo Gundisalvo (Dominicus Gundissalinus), fosse uma obra de Gabirol, em virtude das semelhanças que encontraram nas doutrinas de ambos os autores[32]. Ignoraram, portanto, no texto de Gundissalinus

29. VIDART Y SCHUCH, Luis. *La filosofía española, indicaciones bibliográficas*. Oviedo: Biblioteca Filosofía en español, 2000. (1. ed. 1866).
30. MUNK, op. cit., p. 171.
31. LÖWENTHAL, Albert. *Pseudo-Aristoteles über die Seele*. Eine psychologische Schrift des 11. Jahrhunderts und ihre Beziehung zu Salomo ibn Gabirol (Avicebron). Berlim, 1891. (Reed. *Pseudo-Aristotelica preserved in Arabic Translation. Texts and Studies*. Collected and Reprinted. Frankfurt am Main: Institut für Geschichte der Arabisch-Islamischen Wissenschaften an der Johann Wolfgang Goethe-Universität, 2000. Ed. F. Sezgin. vol. 1).
32. Sobre o tema, ver KINOSHITA, Noboru. *El pensamiento filosófico de Domingo Gundisalvo*. Salamanca: Universidad Pontificia, 1988.

as contraposições flagrantes aos ensinamentos neoplatônicos de Gabirol e as alusões freqüentes à teoria aristotélica de Avicena. Hoje aceita-se plenamente que tal atribuição foi errônea. Ainda assim, Löwenthal sustenta que Gabirol teria escrito, possivelmente em árabe, um livro sobre a alma, em dez capítulos, o qual teria sido traduzido para o latim, por volta de 1130, por João Hispano (Iohannes Hispanus), e para o hebraico, em 1250, por Gershom Ben Solomon. Este livro teria sido utilizado numa compilação por Gundissalinus, que lhe acrescentara um novo capítulo. Hoje não há dúvida de que a atribuição do *Liber de Anima* a Gabirol é equivocada. A identificação do autor e o consenso na atribuição das obras consistiram num processo complicado. Contudo, nenhuma dessas dificuldades ofusca a importância do autor e de suas idéias.

Ibn Gabirol, o Exegeta

De sua produção de comentarista das escrituras, infelizmente nada nos chegou de maneira direta. Portanto, sobre seus comentários, nada podemos afirmar categoricamente, uma vez que é impossível utilizar qualquer material além das informações e indicações contidas nas obras de outros autores. Sabemos de sua produção exegética por raros trechos citados e referências contidas nos escritos de autores posteriores, especialmente nos do eminente comentarista Abraão ibn Ezra, que considerava Gabirol um excelso exegeta[33], citando-o diversas vezes: três no seu *Comentário ao Pentateuco*, uma no *Comentário a Isaías*, duas no *Comentário aos Salmos* e uma no *Comentário a Daniel*. Não se sabe se Abraão ibn Ezra[34] citou essas passagens exegéticas dos comentários bíblicos específicos de Gabirol – já que,

33. BACHER, Wilhem. *Bibelexegese der Jüdischen, Religionsphilosophen des Mittelalters.* Strassburg: K. J. Trübner, 1892, p. 46; id. *Ibn Ezra als Grammatiker.* Strassburg, 1882. (Reed. New York: Arno Press, 1980). p. 183. Cf. GUTTMANN, Julius. *A Filosofia do Judaísmo.* São Paulo: Perspectiva, 2003. p. 113; SÁENZ-BADILLOS, op. cit., p. 56.
34. IBN EZRA, Abraham. *Ibn Ezra's Commentary on the Pentateuch*: Genesis (Bereshit). Trad. H. Norman Strickman e Arthur M. Silver. New York: Menorah Pub. Co., 1999.

sobre tais obras, não existe qualquer referência – ou de uma obra mais geral dedicada à exegese bíblica.

Entre as seleções de Ibn Ezra, a mais surpreendente é uma interpretação da história do paraíso, curiosa e cuidadosamente elaborada, que pode ser aceita como exemplo clássico da introdução de idéias filosóficas na interpretação do texto bíblico. Duas das citações de Ibn Ezra – referentes a comentários sobre o *Gênesis* 3:21 e *Números* 22:28 – são trechos que, para alguns autores[35], parecem indicar uma certa simpatia de Gabirol pela interpretação racionalista das escrituras, proposta por Saᶜadia[36]. Deve-se indagar, no entanto, sobre a eventualidade de nosso filósofo não estar assim tão alinhado à escola de Saᶜadia, apesar de nutrir por este exegeta uma imensa admiração[37]. Gabirol parece muito próximo de uma linha de interpretação ainda mais alegórico-filosófica. Talvez, na exegese, seguisse os passos de Filo de Alexandria ou de outras antigas escolas de interpretação bíblica, o que seria condizente com as indicações presentes em seus poemas e em sua filosofia, nitidamente neoplatônica. A influência da interpretação alegórica, inaugurada pelos judeus de Alexandria, teria prosseguido na expressão medieval do médico e filósofo Isaac Israeli[38], chegando até Gabirol. Tal possibilidade nos parece bastante viável pelo fato de sua obra ter sido absor-

35. Seguindo fundamentalmente Munk, que sugere uma semelhança. Cf. MUNK, op. cit., p. 166.
36. Saᶜadia Gaon, ou Rabbi Saᶜadia Ben Joseph (882-942). Também conhecido por Saᶜīd al-Fayyūmī. Nascido no Egito, foi *Gaon* da Academia Rabínica de Sura, no Iraque. Era considerado o príncipe dos talmudistas de sua época; escritor prolífico, sobretudo em árabe, seu principal texto filosófico (*Kitāb al-Amānāt wa-al-Iᶜtiqādāt*, em hebraico *Sefer Emunot VeDeot* (Livro das Crenças e Opiniões) defende a idéia de que razão e religião não são excludentes, e justifica a fé por meio de conceitos racionais. A obra citada existe em versão inglesa intitulada *The Book of Beliefs and Opinions*. Trad. Samuel Rosenblatt, New Haven: Yale University Press, 1989.
37. Na época de Gabirol, as linhas concorrentes mais acirradas de interpretação eram a de Saᶜadia e de Samuel ibn Hofni. Morto em 1034, Ibn Hofni foi outro *Gaon* de Sura, recebeu marcante influência da tradição do *Kalām* muᶜtazilita. Elaborou uma interpretação racional da Bíblia, atacando a crença na magia e na astrologia. Ver SKLARE, David Eric. *Samuel Ben Hofni Gaon and His Cultural World*: Texts and Studies. Leiden: E. J. Brill, 1996. "Samuel seguiu os passos de Saᶜadia e verteu novamente as escrituras ao árabe. A versão foi acompanhada de um comentário, mas, apesar de esforçar-se para atingir o entendimento comum, era particularmente verborrágica e freqüentemente divagava distante do sujeito imediato". MARX; MARGOLIS, op. cit., p. 275.
38. Contemporâneo de Saᶜadia, o médico judeu Isaac Israeli (832-932) retoma o neoplatonismo, especialmente em suas obras filosóficas, *O Livro das Definições* e *O Livro dos Elementos*.

vida pelo pensamento de importantes cabalistas dos séculos subseqüentes. Julius Guttmann afirma que a filosofia judaica durante a Idade Média, em proporções ainda maiores que a islâmica, não permitiu uma divisão temporal estrita entre diferentes tendências ou escolas: "O primeiro filósofo judeu, Isaac Israeli, era um neoplatônico, enquanto seus contemporâneos mais jovens, Sa^cadia e David al-Mukammas, eram seguidores do *Kalām*"[39]. Por outro lado, Guttmann discorda incisivamente da possibilidade de se atribuir a Ibn Gabirol uma continuidade da influência do pensamento de Filo de Alexandria, não só quanto à exegese mas também quanto à própria filosofia. Nesse sentido, o estudioso da filosofia judaica afirma que, não obstante a semelhança entre as abordagens dos dois filósofos,

> Gabirol utilizou e adaptou o material transmitido pela tradição, porém a sistematização dos elementos tradicionais, a forma específica que dá aos conceitos e sua integração dentro do sistema como um todo são tão devidas ao próprio Gabirol quanto às idéias básicas constitutivas de seu sistema[40].

Abraão ibn Ezra sugere, no *Comentário ao Gênesis*, que Ibn Gabirol estaria "inaugurando" uma ótica na exegese das escrituras. Isso parece bem claro quando escreve: "Veja, agora te farei descobrir por alegoria o mistério do jardim, dos rios e das túnicas. E não encontrei este mistério em nenhum dos grandes, além de em *Rabbi* Salomão ibn Gabirol, de bendita memória, já que era um grande sábio no mistério da Alma"[41]. Nesse ponto, tendemos a concordar com Sáenz-Badillos, que afirma, em oposição a Guttmann e em consonância com nossas considerações anteriores, que Ibn Gabirol não adotou a linha de interpretação literal ou racional das escrituras, habitual entre os exegetas de *Al-Andalus*, mas desenvolveu a linha alegórico-filosófica. "Trata-se de uma linha que foi aberta muitos séculos antes pelos exegetas judeus alexandrinos, como

39. GUTTMANN, op. cit., p. 82.
40. Ibid., p. 128. Guttmann acrescenta ainda o fato de não se ter conhecimento de tradução árabe de Filo, para corroborar sua tese. Além de não serem absolutamente comprovados, dado que diversos textos gregos eram de domínio comum entre os árabes, tampouco podem ser descartados uma tradução hebraica, ou o contato com alguma fonte cristã, ou a simples passagem oral da tradição.
41. IBN EZRA, A., op. cit.

Aristóbulo e Filo, mas que parece novidade na Idade Média"[42]. As citações de Ibn Ezra deixariam transparecer um método de interpretação das escrituras, desconhecido de seus contemporâneos, "muito homogêneo com as diretrizes de sua posição filosófica"[43]. Ainda segundo Sáenz-Badillos[44], os principais filósofos de *Sefarad* escolheram o caminho da interpretação filosófico-alegórica, seguindo a trilha aberta por Salomão ibn Gabirol. Porém, como já indicamos, a esse respeito nada pode ser afirmado com absoluta segurança, posto que sua obra de exegeta não chegou a nós de maneira direta.

Neoplatonismo e Voluntarismo Divino: A Filosofia de Ibn Gabirol

O escrito filosófico principal de Salomão ibn Gabirol é *Yanbūᶜ al-Ḥayāt* (Fonte da Vida), escrito originariamente em árabe. Gabirol segue a tendência de Filo de Alexandria e Isaac Israeli e tenta a compatibilização do neoplatonismo com a religião bíblica. Podemos facilmente classificar o pensamento filosófico de Ibn Gabirol como neoplatônico, no sentido de que ele apresenta um universo hierárquico de emanações em que tudo existe em virtude da forma, que atualiza a matéria. Entretanto, mediante o hilemorfismo universal, suas concepções se afastam da interpretação mais comum do neoplatonismo alexandrino e sua cosmologia torna-se profundamente hebraica, uma vez que a estrutura de emanações é concebida como obra de um princípio supremo denominado Vontade[45]. "Salomão ibn Gabirol, em seu *Mekor Hayim* (A Fonte da Vida), não somente defende uma teoria emanacionista, mas sente-se capaz de manter o imperativo volitivo do pensamento judaico"[46]. Para ele, não há nada além da realidade criada, composta por matéria e forma, a Essência Primeira e um intermediário entre os dois, que é a Vontade.

42. SÁENZ-BADILLOS, op. cit., p. 163.
43. MILLÁS VALLICROSA, op. cit., p. 56.
44. SÁENZ-BADILLOS, op. cit., p. 167.
45. Ver GILSON, Etienne. *A Filosofia na Idade Média*. São Paulo: Martins Fontes, 1995. p. 457.
46. KATZ, Steven T. Mystical Speech and Mystical Meaning. In: KATZ, Steven T. (Org.). *Mysticism and Language*. Oxford: Oxford University Press, 1992. p. 27.

A Fonte da Vida compõe-se de cinco livros ou tratados: o Tratado Primeiro, além de apresentar explicações preliminares sobre a importância do estudo e seu objetivo, fala do que se deve entender por matéria e forma em geral. Revela a importância do estudo da matéria e da forma, para chegar ao conhecimento da Vontade, causa final, criadora e motriz de todo o universo. Já no Tratado Primeiro, Ibn Gabirol introduz sua doutrina do hilemorfismo universal.

O Tratado Segundo trata, em particular, da matéria revestida da forma corporal, ou da substância que suporta a corporeidade do mundo. O Tratado Terceiro estabelece a existência das substâncias simples, intermediárias entre o primeiro agente ou eficiente – ou seja, Deus – e o mundo e a corporeidade. O Tratado Quarto demonstra que essas substâncias são compostas de matéria e forma. O Tratado Quinto versa sobre a matéria universal e a forma universal (as idéias de matéria e de forma), e sobre sua relação com a Vontade e com Deus.

O ponto fundamental da obra de Gabirol apresenta-se na visão de que matéria e forma são universais, e de que delas é composta toda a realidade criada, corpórea ou incorpórea. Somente Deus (e a Vontade que lhe é inerente), enquanto Essência Primeira, foge desta composição. A Vontade divina, enquanto causa eficiente, é a intermediária entre Deus e a realidade criada. Como matéria e forma não podem derivar diretamente de algo que não lhes seja semelhante, neste caso, Deus, derivariam desse intermediário. Essa estrutura de intermediação é repetida muitas vezes durante o texto, sendo aplicada a tudo o que é criado. Cabe ressaltar que a doutrina de Ibn Gabirol não segue um esquema de bipolaridade. Seu pensamento não se movimenta jamais na contraposição entre duas realidades, mas sempre é explicado por meio das relações entre três realidades: as duas que ele quer demonstrar e a intermediação entre elas. Assim ocorre desde a sua explanação sobre o espírito e o corpo, através da intermediação da alma, até a relação entre Deus e o mundo (entendido este último como forma e matéria unidas na criação), através da intermediação da Vontade. Esse modelo explicativo se aplica a toda a extensão da criação, sendo empregado até mesmo na explicação da relação entre a Vontade de Deus e a matéria, na qual a forma é o intermediário.

Os conceitos de forma e matéria assumem, no Tratado V, uma significação mais geral, funcionando como pólos opostos para a criação das realidades em níveis. A matéria é o que sustenta, e a forma, o que é sustentado. São entendidas como idéias que se encaixam na estrutura precedente. "É preciso que o inferior seja matéria hílica do superior, pois o superior atua sobre o inferior. Por esse motivo, os sábios só chamaram realmente forma, entre as substâncias, à inteligência primeira, a qual denominaram de intelecto agente" (V, 19). Desse modo, forma e matéria procedem de Deus, mas a matéria só é possível através da forma, que, por sua vez, torna-se possível através da Vontade. E mais, a matéria existe em potência na forma, bem como a forma, em potência na Vontade. Portanto, toda matéria, ainda que num grau inferior, provém também da Vontade.

Para Gabirol, a matéria em si deve ser definida enquanto privação e necessidade, que adquire o ser tão-somente a partir de seu encontro com a forma, como intermediação entre matéria e Vontade. Apesar dessa afirmação, o filósofo tem o cuidado de explicar ao discípulo o que chama de "a visão dos filósofos", para os quais a matéria é possibilidade. Mesmo como privação e necessidade, e não possuindo o ser em ato, a matéria possui o ser em potência, sendo então possibilidade diante da forma que lhe confere o ser atual. Mas, Gabirol sublinha que a matéria só pode ser entendida como possibilidade, quando vista sob esse ângulo, ou seja, em sua relação com a forma, e não quando vista em si, pois em si ela seria privação. A matéria e a forma exigem-se mutuamente e tendem à união. A forma universal age como luz universal, penetrando todos os seres, passando através deles e refletindo seus raios.

Gabirol se recusa a definir a matéria universal e a forma universal. Para ele, não existe definição possível, posto que não há, incidindo sobre elas, qualquer gênero que se apresente como princípio para sua definição. Somente podemos saber que elas existem. Assim sendo, sua descrição é possível apenas por meio de suas propriedades. A descrição proposta por Gabirol, tal como é apresentada no Tratado IV de *A Fonte da Vida*, é a seguinte:

> Imagina a matéria universal em si como algo que está no limite extremo daquilo que é, situada na última extremidade das substâncias, como o lugar de todas as coisas, no sentido de que as suporta. E imagina a forma universal em si como uma coisa que contém universalmente tudo e constitui todas as essências que contém. (IV, 4)

No Tratado V, apresenta uma outra descrição da matéria universal, a partir de suas propriedades: "é uma substância que existe em si, que sustenta a diversidade e que é uma em número; também é descrita como a substância apta a receber todas as formas". Por sua vez, a forma universal seria "a substância que constitui a essência de todas as formas, descrita também como sabedoria perfeita e luz puríssima" (V, 22).

Do mesmo modo, não se pode indagar sobre o porquê da matéria universal e da forma universal, pois nelas o "por que são" (sua finalidade) e o "que são" (sua espiritualidade) estão unidos, sendo elas unidades simples.

> Também se diz da matéria primeira e da forma primeira e, em geral, de todas as substâncias simples, que só Deus que as criou é a causa de seu ser, pois a causa eficiente está fora da essência do causado. Fora das substâncias simples nada há mais que Aquele, Elevado e Santo que as criou; por isso se dizem eternas, devido à eternidade d'Aquele que as criou. (V, 24)

Para Ibn Gabirol, as coisas se distribuem de acordo com quatro graus de existência: as coisas às quais somente se pode perguntar "se é", como Deus; aquelas às quais se pode perguntar, além de "se é", "o que é", como a Inteligência; aquelas às quais se pode perguntar "de que natureza é", como a alma; e aquelas às quais se pode perguntar finalmente "por que é", como a natureza e as coisas engendradas por ela. Além disso, as coisas podem diferenciar-se por serem necessárias, possíveis ou impossíveis: "O necessário é o Uno, o Autor, Altíssimo e Grande; o possível é tudo o que sofre sua ação; o impossível é a privação de ser e sua ausência" (V, 24).

Pela estrutura neoplatônica do pensamento de Gabirol e pelo fato de que professa a religião judaica, podemos inferir que a primeira influência marcante em sua teoria é a de Filo de Alexandria. Traçando uma linha que nos conduz de um autor a outro, notamos a semelhança inicial e os pontos em que ela é inexistente. Ibn Gabirol demonstra, então, sua superioridade explicativa nesses pontos, que são: o intermediário entre Deus e a criação; as questões acerca da matéria e da forma e, conseqüentemente, da origem da matéria; e os poderes/potências ou atributos de Deus.

Observamos que a sustentação do primado da Vontade de Deus é o ingrediente que torna possível a melhor adequação do neoplatonismo ao pensamento judaico, garantindo a liberdade e a onipotência de Deus. A Vontade representa, no sistema de Gabirol, um papel semelhante ao do *lógos* em Filo de Alexandria, com a vantagem de não oferecer riscos à total liberdade e à onipotência de Deus pregados pelo monoteísmo judaico. Enquanto o *lógos* filônico supostamente poderia ameaçar de certa forma a figura de Deus enquanto criador, a Vontade gabiroliana alcança uma adequação superior entre o sistema emanacionista neoplatônico e a linguagem bíblica, afastando a possibilidade de interpretações gnósticas, reforçando o primado judaico da Vontade de Deus como causa da existência e duração da realidade criada. Certo é que, por vezes, e isso pode ser verificado paralelamente também em sua poesia, Gabirol cita o intermediário sob a denominação de Inteligência, o que aproxima mais ainda seu pensamento do *lógos* filônico. Em realidade, como o próprio autor assume, a diferença entre Vontade, Inteligência e a própria forma universal é muito difícil de ser percebida.

Em nossa leitura iríamos ainda além, questionando o conceito de luz na obra do autor. Em alguns momentos é utilizado como pura metáfora, no sentido da luz visível e reveladora das cores; em outros, quando utilizado no sentido da luz inteligível, assume uma espiritualidade alarmante, funcionando como descrição da forma universal como luz puríssima, da Vontade criadora, e até, por vezes, é exposto como se fosse algo ainda mais elevado. Essa representação por meio da luz que procede da Vontade foi incorporada também pelo *Sefer Ha-Zohar*[47] (O Livro do Esplendor), no caminho místico que, desvelando a realidade, pretende chegar à *Fonte da Vida*.

Da mesma maneira, o voluntarismo de Gabirol vem a ser peça chave para solucionar os problemas suscitados pela proposta filoniana referentes à origem

47. AMOR RUIBAL, Ángel M. J. *Los problemas fundamentales de la filosofía y del dogma*. Madrid: Consejo Superior de Investigaciones Científicas, 1974. vol. III, p. 177, nota 19. Ruibal aponta outras analogias, tais como a ordem de processão dos seres na emanação e a identificação da Vontade com o Verbo. Essas analogias indicam, por um lado, se acreditamos que o *Zohar* é uma compilação do século XIII, que tenha recebido influências de Ibn Gabirol e, por outro, que ambas as formulações, *Zohar* e a doutrina de Ibn Gabirol, são expressões igualmente fiéis do encontro da mística judaica anterior (*Maaseh Bereshit* e *Maaseh Merkavah*) com a filosofia medieval de origem grega, mais especificamente, com o neoplatonismo arabizado.

da matéria e aos atributos de Deus. Embora o *lógos* filônico e a Vontade gabiroliana ocupem um mesmo lugar na criação, para Filo, o *lógos* é um intermediário que funciona como uma forma de separação entre Deus e a matéria.

Os poderes ou potências de Deus são utilizados nesse modelo para o contato com a matéria, dado que seria uma impropriedade admitir que Deus tivesse qualquer contato direto com a matéria primordial desordenada.

> A matéria primordial e sua disposição, assim como todo o mal, são conseqüências indiretas da atividade criativa primária de Deus e não devem ser imputadas diretamente a Ele, ainda que, como o único verdadeiramente Existente, somente Ele seja a sua derradeira fonte[48].

A questão dos atributos de Deus é abordada por Gabirol também de uma maneira que remove os problemas apontados na obra de Filo: os poderes que Deus manifesta são inseparáveis d'Ele próprio; estão n'Ele mesmo, e não são atributos suscetíveis de serem isolados, separados da Essência Primeira: "A Essência Primeira – santificada seja – forma com seu atributo uma verdadeira unidade sem distinção alguma" (V, 42). E assim ocorre com a Vontade, que "é uma força divina que cria a matéria e a forma e que as une, que está difundida desde o mais alto até o mais baixo, como a alma está no corpo, e que ela mesma move todas as coisas e as ordena" (V, 38). Ainda que a Vontade "mova", ela em si não conhece o movimento, pois age incessantemente fora do tempo e do espaço.

Para Gabirol, a matéria primeira é definitivamente criada por Deus, e Deus está, embora como pálido reflexo, tanto na matéria universal primeira quanto no mais baixo grau da matéria corpórea. Toda matéria sofre sua ação através da Vontade e da luz da forma. Embora os particulares difiram entre si pela forma limitante e pela graduação ocasionada pelo distanciamento da fonte original, tudo aquilo que é criado o é por meio da Vontade de Deus. A natureza desse distanciamento, porém, pode não ser facilmente apreendida por uma leitura superficial, quando consideramos o caso da matéria universal.

48. WINSTON, David. Philo and the Contemplative Life. In: GREEN, Arthur. (Org.). *Jewish Spirituality.* From the Bible through the Middle Ages. New York: The Crossroad Publishing Company, 1996. (1. ed. Londres, 1986). p. 210.

Onde há matéria há Deus, pois a privação total do ser, e conseqüentemente sua ausência, é impossível. Mesmo que, na "ordem" da criação, a matéria primeira e universal proceda da forma universal, que, por sua vez, procede diretamente da Vontade, a matéria pura em si é a menos luminosa, porquanto só é capaz de ser em potência. Torna-se ser em ato quando delimitada pela forma. Em contraposição, a forma universal é luz puríssima, semelhante ao ser.

Deus está em tudo, espalhando-se por toda a criação, sem exceção, ainda que "seja preciso que nas substâncias espirituais e corporais haja diversos graus de penetração e de impressão da Vontade, de acordo com a diversidade dessas substâncias em superioridade e inferioridade, em proximidade e distanciamento, em espiritualidade e em corporeidade" (V, 37). Embora existam esses graus de imperfeição, o caminho natural é a busca de graus cada vez maiores de perfeição. A prova disso, para Ibn Gabirol, é precisamente o movimento primeiro da matéria em direção à forma. Esta "se move primeiro para recebê-la, quer dizer, para obter a perfeição" (V, 26).

Matéria e forma são limitadas e finitas. São limitadas uma pela outra em razão de sua oposição. A matéria é finita, no extremo superior, pela forma e pela Vontade, e no extremo inferior, pelas categorias que são o limite da geração. A forma, por sua vez, tem seu limite superior onde é criada e seu limite inferior onde termina sua ligação com a matéria. "Por essa razão se diz que a Inteligência é finita em seus dois extremos, no superior devido à Vontade que está acima dela e no inferior devido à matéria hílica que está fora de sua essência" (V, 28). Assim, Ibn Gabirol questiona a infinitude das substâncias espirituais simples. Para ele, a matéria hílica é densa e corpórea, situando-se fora da essência da Inteligência. Contrariamente aos filósofos racionais de seu tempo, ele, portanto, não admite a eternidade da criação.

Segundo Munk, o que Gabirol chama de criação limita-se à matéria universal e à forma universal; o que vem a seguir, tanto o mundo espiritual quanto o mundo corpóreo, procede unicamente por meio da emanação sucessiva. A questão da necessária diferença entre o surgimento da matéria e da forma universais e o restante da realidade composta por elas é inegável, sendo a base mesma da sustentação de sua defesa da impermanência e finitude da criação. Isso pode ser atestado pela seguinte passagem:

> Dado que uma coisa não é senão a partir de seu oposto, é necessário que o ser tenha surgido da privação, quer dizer, do não ser. Logo, a matéria procede da não-matéria e a forma da não-forma. Além disso, se a matéria e a forma tivessem surgido de uma geração, como qualquer coisa natural procede do que é semelhante a ela, isso seria assim até o infinito. (V, 31)

Gabirol propõe uma solução para os problemas sobre a origem da matéria que foram legados pela obra de Filo. No modelo filoniano, Deus aparece como o doador de formas, mas a origem da matéria não fica bem explicitada. Para Gabirol, já que os seres espirituais e as realidades incorpóreas também são compostos de matéria, e a matéria e a forma são igualmente universais e criadas, o problema já não existe mais. Por isso sugerimos que o voluntarismo divino de Ibn Gabirol foi muito mais adequado à apropriação pelas religiões abraâmicas e correntes posteriores da filosofia (especialmente cristã) do que as abordagens precedentes.

Cabe frisar também o caráter místico subjacente à obra filosófica de Salomão ibn Gabirol. No início de *A Fonte da Vida*, o autor afirma que existem três partes no conjunto do conhecimento: o conhecimento da matéria e da forma, o conhecimento da Vontade[49] e o conhecimento da Essência Primeira. Ao final do texto, ressalta novamente que a compreensão da matéria e da forma não basta e que não está aí o limite do conhecimento humano. É necessária uma disciplina para a sua compreensão, e seu estudo é urgente, pois "quando o tiveres feito, tua alma se purificará, tua inteligência se esclarecerá e penetrarás até o mundo da Inteligência [...] Então poderás ascender ao conhecimento do que há além". Para alcançar o conhecimento mais elevado, que está além, é necessário unir-se à Vontade. Esse conhecimento levará à "libertação da morte e à união com a fonte da vida". Sem questionar os princípios de inefabilidade e transcendência próprios do pensamento judaico, Ibn Gabirol não propõe uma passividade com relação a isso. Propõe, na verdade, uma atitude oposta que pode ser entendida como um caminho especulativo em direção à *unio mystica*. O caminho é afastar-se das coisas sensíveis, penetrar por meio do espírito nas coisas inteligíveis e "unir-se totalmente com aquele que dá o bem".

49. Gabirol promete um livro sobre a Vontade, intitulado *Origo largitatis et causa essendi*, o qual deveria ser lido depois de *A Fonte da Vida*, porém não há notícias dessa obra.

A seguir, temos dois finais um tanto divergentes. O primeiro é o da versão de Falaqera, traduzida por Munk: "Quando tiveres feito isso, Ele deitará Seu olhar sobre ti e te fará o bem, dado que Ele é a fonte de toda benevolência, Louvado e Exaltado seja! Amém". O segundo é o da versão latina: "Quando tiveres feito isso, Ele deitará Seu olhar sobre ti e será generoso contigo, como Lhe convier. Amém".

Desses finais díspares derivam duas possíveis questões. A primeira refere-se à possibilidade e à pertinência de prosseguir seu ensinamento sobre a Vontade e sobre a Essência Primeira por meio da linguagem racional. É possível que esse livro tenha existido efetivamente, uma vez que há referências a ele entre os autores latinos. Entretanto, é possível que seu julgamento sobre a linguagem o tenha impedido de escrever um livro com tal conteúdo, como era sua intenção inicial, tendo assim ocultado as etapas seguintes de sua mensagem mística entre as metáforas de sua poesia religiosa. A segunda questão suscitada reside nas implicações religiosas dos finais diferentes nas duas versões. Revelam posturas distintas acerca da graça de Deus. Que a graça seja necessária para que O alcancemos é inegável, em ambas as traduções. Mas, a versão hebraica (*Ki hu mekhor hahataba*) sugere quase uma resposta ao esforço humano, indicando uma via de conhecimento iniciático, enquanto a latina exibe o condicional (*sicut convenit illi*), deixando o julgamento do sucesso da empreitada unicamente à mercê da vontade ou graça de Deus.

Salomão, *El Malakí*: o Rei dos Cânticos de Sefarad

A não-aceitação da obra filosófica de Ibn Gabirol por parte de seus correligionários provocou a cisão da personalidade do autor em duas facetas diferenciadas. Para a comunidade judaica, Ibn Gabirol foi não apenas um poeta, mas um dos maiores, se não o mais brilhante poeta hebraico-espanhol de seu período histórico. Para o mundo cristão, existiu somente o filósofo

Avicebron. Essa separação levou à construção de um corpo de estudos sobre o autor que se desdobra em aspectos muito diferentes que pouco se tocam. Os estudos modernos sobre a poesia de Ibn Gabirol começam em torno de 1850[50] na Europa Central. As primeiras traduções para o alemão datam da mesma época. As primeiras traduções para o espanhol[51] surgem a partir de 1890.

A poesia hebraica que floresceu na Espanha entre os séculos X e XV se funda nos componentes formais árabes adaptados ao idioma hebraico. Os gêneros literários na poesia hebraico-espanhola de *Al-Andalus* seguem também os próprios da poesia árabe clássica, com as inovações, fruto já de novas incorporações dos poetas andaluzes[52]. A temática da poesia secular é muito semelhante à da poesia islâmica, mas, em relação à poesia islâmica de *Al-Andalus*, a poesia hebraica tem uma diferença marcante: a chamada poesia sinagogal.

> Aqui temos um tipo de poesia hebraica que está claramente relacionada com a poesia árabe. Entretanto, sua existência alude a uma importante diferença entre a posição social do poeta judeu e a do poeta árabe. A poesia não cumpria nenhuma função específica no ritual islâmico formal de nosso período[53].

No Islã, a poesia religiosa se consolida a partir dos grandes sufis do século XIII, enquanto no mundo religioso judaico ela sempre foi fundamental,

50. Leopold Dukes, na obra *Ehrensäulen und Denksteine zu einem küftigen Pantheon hebräischer Dichter und Dichtungen* (1837), publica, além do *Keter Malkhut*, alguns outros poemas. Além de diversos artigos, publica em Hannover a primeira grande obra sobre o autor, *Sire Selomo. Hebräische Gedichte von S. ibn Gabirol aus Malaga* em 1858; David Kaufmann publica *Studien über Salomon ibn Gabirol* em 1898, mas os mais importantes estudos acerca da poesia são os de H. Schirmann, que publica a mais importante edição crítica da poesia secular *Selomo ibn Gabirol Šire há-hol.* Cf. CANO, op. cit., p. 11-15.

51. Constam da obra de MENÉNDEZ Y PELAYO, Marcelino. *Antología de poetas líricos castellanos*. Madrid: CSIC, 1945. (1. ed. 1890).

52. Os gêneros clássicos da poesia hebraico-andaluza apontados por Lewin são: *qaṣīda* (*qaṣīda/há-qatsîda*); bélico (*al-ḥamāsa/há-milhamah*); panegírico (*al-madīḥ/há-sêbah*); autolouvor (*al-faḫr/há-tif'eret*); queixa (*al-tatallun/há-tellûnah*); apologia (*al-iᶜtiḏār/há-itnasselût*); censura (*al-ᶜitāb/ há-tôkahat*); satírico (*al-hijā'/há-na'atsah*); elegia (*marṯiya/qinah*); amor (*al-zajal/hesheq*); báquico (*al-ḫamriyya/yayin*); didático (*al-zuhdiyya/perishut*); *maqāma (maqāma/há-maqâmot*); estrófico (*al-muwaššaḥa/ezôr*). LEWIN, Israel. *The embroidered coat*. Tel Aviv, 1980, apud CANO, María José. *Selomoh ibn Gabirol, Poemas*. Granada: Servicio de Publicaciones de la Universidad de Granada, 1987. p. 83. Mas Ibn Gabirol não tem composições em todos esses gêneros e por vezes torna-se difícil classificar alguns de seus poemas. Cf. ibid.

53. SCHEINDLIN, Raymond. La situación social y el mundo de valores de los poetas hebreos. In: SÁENZ-BADILLOS, Ángel; IZQUIERDO BENITO, Ricardo. (Org.). *La sociedad medieval a través de la literatura hispanojudía*. Cuenca: Prensas de la Universidad de Castilla-La Mancha, 1998. p. 65.

adquirindo particular relevância a partir do período que se segue à queda do Segundo Templo. Muito freqüentemente, os poetas judeus tinham sólida formação rabínica e se dedicavam preferencialmente à poesia religiosa.

Quando tratamos de Ibn Gabirol, "a divisão tradicional entre poemas religiosos e seculares é em muitos casos imprecisa"[54], conforme diversos autores já indicaram[55], assim como ocorre, em geral, com toda a poesia medieval dos judeus espanhóis em *Al-Andalus*. Os diversos estudos realizados acerca da poesia de Ibn Gabirol dividem sua obra em grandes grupos, comportando distintos gêneros: poesia litúrgica ou sinagogal, poesia religiosa e poesia secular ou profana. Essa divisão, porém, não é totalmente consensual. Existem poemas de caráter "didático-morais" ou "sapienciais", por exemplo, que não são de fácil classificação. De acordo com Cano,

> Após múltiplas consultas e depois de traduzir a obra poética completa de Ibn Gabirol, de compará-la com a de autores com características similares, a conclusão a que chegamos foi um tanto desalentadora: não é possível classificá-la. É factível distinguir entre a poesia litúrgica ou sinagogal da simplesmente religiosa e, é claro, da secular; mas eu diria que às vezes é impossível fazer uma diferenciação entre a poesia religiosa e a secular[56].

Para os estudiosos da poesia de Ibn Gabirol no campo puramente lingüístico, a distinção entre poesia litúrgica e religiosa pode parecer clara, pois partem de análises baseadas na forma utilizada para a composição. A nosso ver, essa separação deixa dúvidas, na medida em que a maior parte da poesia de Ibn Gabirol, especialmente seus poemas que refletem o ardor e as especulações místicas, não foi composta intencionalmente para uso litúrgico sinagogal. Apesar de terem sido adaptados a esse uso, mantêm, com os poemas escritos com esse fim, diferenças profundas quanto à forma e ao conteúdo, mais precisamente por seu conteúdo místico e ardor pessoal. Além disso, não somente os poemas didático-sapienciais se confundem com a poe-

54. CANO, op. cit., p. 30.
55. Essa problemática também é apresentada por CANO, op. cit., 1992. Por SCHEINDLIN, op. cit. Por DORÓN, Aviva. Estudios Literarios de Aviva Dorón. In: YEHUDÁ HA-LEVI. *Poemas-Yehudá Ha-Levi*. Introducción, traducción y notas de Ángel Sáenz-Badillos y Judith Targarona Borrás. Madrid: Santillana, D. L., 1994; entre outros autores.
56. CANO, op. cit, 1987, p. 11.

sia religiosa, mas também alguns poemas amorosos considerados seculares deixam dúvidas quanto à sua real intenção, por sua nítida dependência com o *Cântico dos Cânticos*. Há também poemas enigmáticos, aparentemente inspirados no *Sefer Yetzirah*, que, numa estrutura matemática, brincam com o material religioso.

Ibn Gabirol, aos dezenove anos, escreveu sua primeira grande obra, um tratado gramatical hebraico em versos denominado *Anaq* (O Colar). Dos quatrocentos versos que compunham essa peça, apenas 98 são atualmente conhecidos, somados aos dois da introdução, graças à sua inclusão na obra *Mahberet há-'aruk* de Salomão ibn Parhon[57]. A produção literária de Ibn Gabirol que se seguiu foi imensa, contemplando variados gêneros e diversos temas e conteúdos.

A temática da poesia secular de Ibn Gabirol conforma-se aos motivos freqüentes na poesia árabe-andaluza contemporânea. Seu motivo fundamental, o homem, é enfocado em suas características morais e intelectuais, e são descritos inclusive alguns personagens célebres de sua época. Diferentemente dos árabes que escreveram sobre príncipes e guerreiros, as qualidades focalizadas não são a bravura e a coragem ou o louvor aos grandes feitos, mas são as psicológicas, morais e intelectuais, como a generosidade, a sabedoria, a inteligência e a justiça. Ao lado desses poemas, o gênero satírico é cultivado por Ibn Gabirol nos poemas de crítica social, surgindo assim a outra face, a dos defeitos morais e da psicologia geral do povo, em que apresenta "sua versão sobre a atuação das diferentes classes sociais"[58]. Entre esses poemas, há exemplos dedicados à sátira dos altos personagens, à crítica aos poetas contemporâneos e à questão da traição, da qual ele próprio foi alvo na comunidade judaica de Saragoça.

Em outras composições, Ibn Gabirol deixa entrever o conceito que tem sobre a vida, fazendo eco às suas obras morais e a seu texto filosófico. Nelas, discorre sobre a dor e a morte, mas sua poesia não é composta de lamentos e queixas. O outro lado da vida também se revela presente em seus poemas dedicados ao prazer de viver, nos quais discorre sobre o amor, o

57. Gramático do século XIII.
58. CANO, op. cit., 1987, p. 58.

vinho e a música. Das imagens da natureza de que se utiliza, os jardins e as flores têm destaque especial, assim como o céu, os fenômenos atmosféricos e a água em todas as suas manifestações. As metáforas animais, de que se serve, seguem paralelos de caráter, ressaltando-se o fato de que utiliza, para as características benéficas, os animais considerados puros, de acordo com a tradição judaica[59]. Os mais utilizados são a pomba, o antílope e a gazela, que se prestam às metáforas elogiosas e referentes ao amado. O leão apresenta uma dupla significação, o touro representa a força, e a serpente traduz sempre a imagem do mal. Ao longo de sua poesia, utiliza diversos outros animais, inclusive mitológicos, como o *Tanin*[60].

Sabemos que "a origem de toda poesia hebraica deve ser buscada na *Bíblia*"[61], e que, portanto, essa conhecida produção poética se espelha nos livros dos *Salmos*, *Provérbios*, *Eclesiastes*, *Sabedoria*, entre outros. E a poesia de Ibn Gabirol, nesse ponto, não difere da de seus correligionários. Outra origem possível é a produção ligada aos rituais do Segundo Templo, sobretudo a do período seguinte à sua destruição, que abre espaço para a reorganização da liturgia com a introdução de novas composições poéticas. Inicia-se, assim, uma fase de grande desenvolvimento das orações litúrgicas[62], que assumem um caráter mais pessoal e não obrigatório, permitindo uma maior criatividade aos poetas.

Quanto à poesia religiosa, Gabirol se insere no âmbito do *piyyut*. Alguns autores[63] afirmam que as origens do *piyyut* remontam ao período gaônico, séculos VII e VIII. Outros discutem essas datas, mas, com certeza, o auge dessa produção ocorreu na Espanha de *Al-Andalus*. O *piyyut* abre uma nova etapa no desenvolvimento não só da poesia religiosa em geral como da própria liturgia. Na tradição judaica, essas manifestações andam em conjunto, em que é considerada de fundamental importância a beleza

59. Ibid., p. 81.
60. *Tanin* é uma espécie de dragão, um monstro mitológico. Maria José Cano, em suas traduções, revela que Ibn Gabirol utiliza diferentes imagens nos poemas específicos, de acordo com a significação. Ibid., p. 82.
61. CANO, op. cit., 1992. p. 23.
62. MILLÁS VALLICROSA, op. cit., p. 11.
63. Sobre o período do *Piyyut*, ver ELBOGEN, Ismar. *Jewish Liturgy*: A comprehensive history. Philadelphia: Jewish Publication Society, 1993. p. 219 et seq.

do serviço litúrgico. A atividade poética destinada a esse embelezamento não teve o mesmo impulso em todos os períodos[64]. Embora com variações nos caminhos em que o espírito encontrou expressão, a constante era que as preces estabelecidas fossem intocáveis, mas a liturgia poderia ser enfeitada por meio de acréscimos externos que, posteriormente, evoluíram em diversos estilos, segundo as épocas e os lugares. As primeiras tentativas de embelezar a liturgia das festas e dias de jejum envolveram acréscimos desse tipo. Originariamente, os *piyyutim* foram desenvolvidos para essas festas e para as *Shabbatot*[65] especiais; aos poucos, sua utilização estendeu-se para datas menores, e, assim como existem coleções de *midrashim* para o ano todo, em algumas comunidades, a poesia tomou conta de todas as *Shabbatot*. Também não se limitaram às necessidades e experiências da comunidade, mas os acontecimentos da vida particular foram inseridos em sua temática[66].

A importância histórica de Ibn Gabirol no âmbito do *piyyut* é incontestável, a ponto de trazer "a poesia sagrada dos judeus espanhóis à perfeição. Em nenhum outro poeta, a transição do *piyyut* para a poesia lírica foi tão clara"[67]. Na juventude, escrevia seguindo a maneira dos antigos poetas, encontrando sua poesia o mesmo tipo de dificuldade lingüística. Com o passar do tempo, chega-lhe a maturidade poética e ele desenvolve novas formas, acrescentando elementos da poesia árabe, em direção a um estilo ao mesmo tempo tão clássico e livre. Sem perder a referência nos versos bíblicos, Ibn Gabirol criava sobre eles, conferindo-lhes ainda mais beleza.

Essa composição entre material bíblico e filosofia, concentrada como um reservatório comum das experiências da humanidade, é delicadamente disposta na forma poética pela maestria da arte de Ibn Gabirol e pode ser

64. A antiga literatura mística judaica, comumente conhecida como literatura das *hekhalot*, preserva um grande número de hinos extáticos. Embora as diferenças entre estes e os *piyyutim* não devam ser negligenciadas, há aqui espaço para um estudo comparativo detalhado entre eles e outros textos antigos, principalmente ao considerar-se que Gerschom Scholem acredita ser possível atribuir certos hinos da literatura das *hekhalot* aos séculos III e IV. Ver SCHOLEM, Gerschom. *Jewish Gnosticism, Merkabah Mysticism, and Talmudic Tradition*. New York: The Jewish Theological Seminary of America, 1960. p. 196.

65. *Shabbatot* – plural de *Shabbat* (sábado), que em hebraico é palavra feminina.

66. ELBOGEN, op. cit., p. 225.

67. Ibid., p. 266.

degustada em seu maior poema: *Keter Malkhut*[68]. Esse poema penetrou tão profundamente no coração das comunidades judaicas, que, em vários lugares do mundo, alguns de seus trechos foram incorporados ao rito sinagogal e são recitados no *Yom Kippur*. É o mais longo poema do autor de que temos notícia. A *Coroa Real*, título comum atribuído nas traduções, ou *Coroa da Realeza*[69], é formada por quarenta cantos, nos quais exalta a unidade de Deus, seus atributos e as maravilhas da criação. O poema começa com uma emocionada descrição da maravilhosa obra divina, em que sua grandeza, seu poder, sua magnificência, sua glória, sua majestade, sua generosidade e outros atributos divinos são manifestados. Reforça mais uma vez que tais atributos, em Deus, não têm distinção, por serem um único mistério. Em seguida, chega à expressão voluntarista, paralela à exposta em *A Fonte da Vida*: "Tu és sábio, e de Tua divina sabedoria emanou a Vontade, determinada, semelhante a um artesão ou artista, a fim de tirar a matéria do nada". Gabirol expõe sua estrutura cosmológica num caminho ascendente, partindo dos quatro elementos, passando pelas órbitas dos planetas (esferas) e admitindo uma nona esfera – que dirige o movimento dos astros. E sobrepõe-lhe uma décima esfera – a da Inteligência[70]: "Ela é o palácio de Tua presença; é a décima consagrada ao eterno, é a esfera elevada sobre toda sublimidade; que nenhum pensamento alcança". Lá é o lugar do "Trono da Glória". Na base do esplendor do Trono, estão as almas e os espíritos excelsos, "os anjos de Tua vontade e espíritos de Tua face".

A seguir, o poema deixa o tom admirado do hino de louvor que desfilava as maravilhas da criação e passa a uma outra parte, penitencial. "Deus meu, estou confuso e envergonhado para permanecer diante de Tua face, pois sei que, tão grande a magnitude de Tua grandeza, assim é minha baixeza e opróbrio".

68. A "Coroa Real" (da tradução espanhola) é formada por quarenta cantos e 640 versículos, nos quais Ibn Gabirol canta a unidade de Deus, seus atributos e as maravilhas da criação.
69. Título apresentado ao poema na tradução brasileira em GUINSBURG, Jacó; TAVARES, Zulmira R. *Quatro Mil Anos de Poesia*. São Paulo: Perspectiva, 1969. p. 104 et seq.
70. A composição do modelo em dez esferas, associada à idéia do microcosmo, ressalta o caráter judaico da cosmologia de Ibn Gabirol. A criação do mundo por intermédio de dez poderes, atributos, *sefirot* (*Sefer Yetzirah*), ou qualidades (*Massekhet Haguigá*), bem como a insistência na década como modelo de diversas outras questões (as dez pragas, os dez mandamentos), são marca do pensamento judaico, precedendo em muito a sistematização dos cabalistas medievais. Ver IDEL, Moshe. *Cabala, Novas Perspectivas*. São Paulo: Perspectiva, 2000. p. 165-181.

Encabeçando cada uma das partes dessa seção com "Deus meu", ele apresenta suas próprias deficiências, pecados e indignidades. O tom penitencial do poeta dirige-se à súplica, rogando a Deus para que o ajude na sua luta contra a natureza caída. Termina o poema novamente com louvor, instigando todas as criaturas a fazerem o mesmo. O *Keter Malkhut* não é um poema composto originariamente para uso sinagogal. Ao contrário, é a expressão máxima do ardor místico de Ibn Gabirol. Mas seu conteúdo, considerado profundamente religioso aos olhos da comunidade, motivou sua incorporação à liturgia. O mesmo aconteceu com vários outros poemas, mais curtos, incluídos nos livros de orações por sua importância. Os longos foram cortados, e algumas partes foram utilizadas pelas comunidades, tanto que "não há rito que não contenha um grande número de poemas e preces de Ibn Gabirol"[71].

De acordo com Sáenz-Badillos, a poesia religiosa de Ibn Gabirol "não tem muita coisa em comum com o tipo de poemas de tema sacro habituais no Oriente e na própria Sefarad".

Apesar de ser patente o conhecimento do autor sobre a poesia islâmica, que pode ser atestado pelas citações em *A Correção dos Caracteres*, e de sua ampla utilização dos metros árabes, rimas e do acróstico, a diferença não deriva diretamente de técnicas de origem árabe. Sua maior contribuição não se deu no plano formal, mas no campo do conteúdo. Na temática, a relação mística particular com Deus substitui os enredos épico-históricos das façanhas do povo de Israel, tão comuns até então. Na forma de explanação, não faltam passagens em que o autor escreve em primeira pessoa – fato estranho à época, especialmente na poesia judaica segundo Sáenz-Badillos. "A *Coroa Real* tem uma dimensão mais ampla, na qual o crente pode expressar sua aventura religiosa desde o conhecimento geral do Deus criador em suas obras até sua relação mais pessoal e direta com o Deus da história e de sua própria vida"[72].

Conforme já indicamos, alguns poemas considerados seculares, como, por exemplo, os de amor e amizade ou certos poemas acerca da separação, podem sugerir significados consideravelmente distintos, sob um olhar que

71. ELBOGEN, op cit., p. 266.
72. SÁENZ-BADILLOS, op. cit., p. 102.

privilegie a relação da alma com Deus. Mas essa reinterpretação ainda está por ser feita, a partir da compreensão completa da obra do autor em suas múltiplas facetas. Conforme vimos, a apropriação e o estudo de sua obra foram historicamente fragmentados, tendo a religião judaica assumido os poemas, e a filosofia cristã, sua produção mais racional. A caracterização do autor como um místico parece-nos extremamente exata, tanto pela herança neoplatônica quanto pela temática e apresentação dos conteúdos de sua poesia, embora alguns autores não o considerem importante para a história da espiritualidade judaica[73]. Se "um místico é um homem que foi favorecido por uma experiência imediata e, para ele, real, do divino, da realidade última, ou que pelo menos se esforça para conseguir uma tal experiência"[74], não há por que duvidar que Ibn Gabirol o seja. Existem, é verdade, tipos diversos de místicos. Ibn Gabirol não foi o tipo que se anuncia, sua tarefa não foi profetizar e talvez não tenha sido ensinar o caminho para a experiência, ainda que, sobre isso, pouco possamos afirmar. Ele fez de suas obras escritas um receptáculo, utilizando uma matéria sutil, permeada pelos ecos de sua experiência direta de Deus. Isso pode ser verificado através do simbolismo utilizado em sua poesia, que é diretamente relacionado à literatura mística da *Merkabah*[75], mas que se apresenta já associado a elementos que iriam mais tarde ser incorporados na literatura cabalística[76]. Também pode ser notado

73. Na importante obra organizada por Arthur Green, *Jewish Spirituality*, há, ao longo de suas mais de quatrocentas páginas, uma única menção ao nome de Ibn Gabirol, cuja importância reside em ser um precursor de Abraão ibn Ezra; Green tende também a desqualificar sua contribuição, diante de uma comparação com David Qimhi. Aparentemente, a condenação ao ostracismo decretada pelo pensamento judaico pós-maimonideano ainda está vigente. TALMAGE, Frank. Apples of Gold: the Inner Meaning of Sacred Texts in Medieval Judaism. In: GREEN, Arthur. (Org.). *Jewish Spirituality.* From the Bible through the Middle Ages. New York: The Crossroad Publishing Company, 1996. (1. ed. Londres, 1986). cap. 12, p. 313-355.

74. SCHOLEM, Gerschom. *A Cabala e Seu Simbolismo*, São Paulo: Perspectiva, 2002. p. 12.

75. "Quando os centros de cultura judaica se trasladaram para a Europa durante os séculos X e XI, alguns poetas, *scholars* e filósofos continuaram descrevendo os mundos superiores nos termos e símbolos usados pelos místicos antigos, até que, no final do século XII e início do século XIII, o simbolismo dos místicos das *Hekhalot* foi incorporado aos novos sistemas [...]" DAN, Joseph. The religious experience of the Merkavah. In: GREEN, Arthur. (Org.). *Jewish Spirituality.* From the Bible through the Middle Ages. New York: The Crossroad Publishing Company, 1996. (1. ed. Londres, 1986). p. 289.

76. "Se Aristóteles dominou o racionalismo judaico, o pensamento platônico, como exposto por Filo e aprofundado por Ibn Gabirol, influenciava a mística judaica. No livro chamado *O Esplendor* (*Bāhir*), a doutrina da emanação foi claramente ensinada. Sob a mão de Azriel

através dos conteúdos que comunica e de sua expressão pessoal em direção ao conhecimento de Deus:

A Ti clamo com o coração sedento
Como o pobre pede à minha porta e meu umbral
As alturas não te podem servir de morada,
Tu resides dentro de meu pensamento.
Em verdade, escondo em meu coração Teu glorioso nome,
Enquanto meu amor por Ti transborda até atravessar minha boca.
Por isso louvarei o nome do Senhor,
Enquanto vivo estiver em mim o alento de Deus[77].

A geração posterior a Gabirol, que contou com luminares como Moshé e Abraão ibn Ezra, além de Yehudá Ha-Levi, ser-lhe-ia sempre devedora. Os precursores prepararam o terreno, lutando em favor das inovações, tanto na forma, com a incorporação das contribuições árabes, quanto na linguagem, simplificada e personalizada. E, dentre eles, nenhum outro contribuiu mais para esse avanço do que Ibn Gabirol, tornando-se um modelo para os que o seguiram. Al-Ḥariḏī, que nasceu um século depois de Gabirol, mantinha ainda familiaridade com as obras dos grandes poetas da Espanha e cobre de elogios a sua incomparável poesia:

> Ele ascendeu sozinho ao mais alto grau da poesia; a metáfora lhe dá a vida nas dobras da inteligência... A poesia de todos os que o precederam foi fumaça e vácuo, e depois dele ninguém se elevou até ele. Todos os que o sucederam aprenderam de seu senso literário e dele receberam o espírito da poesia, e Deus o ungiu como rei da poesia sobre todas as crianças de seu povo, *O Cântico dos Cânticos*, que é de Salomão[78].

(1160-1238), que foi profundamente influenciado por Ibn Gabirol, as especulações foram ainda mais aperfeiçoadas. Deus tornou-se o Uno infinito, que pode ser compreendido somente pela negação de todos os Seus atributos, em quem toda existência tem seu início e que a irradia por Sua livre vontade e torna atual o potencial." MARX; MARGOLIS, op. cit., p. 424.

77. *Sehartika be-kol sahri*, texto hebraico em SCHIRMANN, H. *Ha-Shirah ha-Ivrit bi-Sefarad uve-Provens*. p. 238, apud SÁENZ-BADILLOS, op. cit., p. 92. Tradução para o português e adaptação do trecho realizada pela autora, a partir da tradução espanhola, ibid.

78. YEHUDÁ AL-HARIZI. *The Tahkemoni of Judah al-Harizi*. Trad. Victor Emanuel Reichert. Jerusalem: R. H. Cohen's Press, 1965. 2 v. p. 73.

Abrindo espaço para o fervor religioso pessoal, tendo realizado a incorporação da filosofia e das ciências na poesia e reduzindo as citações talmúdicas e midráshicas, a ponto de quase abandoná-las, Gabirol, na expressão de sua originalidade e criatividade, foi um revolucionário na poesia sagrada hispano-judaica.

Obra Ética

No campo da ética, Ibn Gabirol escreveu uma obra originariamente em árabe, intitulada *Kitāb iṣlāḥ al-aḫlāq*. Traduzida para o hebraico em 1167, por Yehudá ibn Tibbon, como *Tiqqun midot ha-nefesh*, recebeu três edições. Trata-se de um livro de ética, do qual existem as traduções *A Correção dos Caracteres* e *Retificação da Conduta*, apesar de ter sido também traduzido como *Das Qualidades da Alma*. Escrita em 1045, ano em que Ibn Gabirol abandona a cidade de Saragoça, é uma obra de psicofisiologia e de ética, considerada a primeira no gênero no Ocidente, tanto judeu como cristão ou islâmico[79]. Talvez por seu estilo claro, popular e acessível, foi aceita no mundo judaico e editada diversas vezes. Mais do que um tratado filosófico, é um manual prático de educação, baseado nos ensinamentos provenientes da clássica teoria dos humores que remonta a Hipócrates e Galeno, provavelmente transmitida por Isaac Israeli, mas que no texto de Gabirol aparece subordinada às finalidades éticas.

Por vezes é considerada comparável à obra de seu contemporâneo Ibn Ḥazm, que, em *O Livro dos Caracteres e da Conduta*, propõe citações corânicas a fim de confirmar o que afirma[80]. Em outros aspectos, porém, esse livro e o texto de Gabirol apresentam diferenças fundamentais: ao contrário das acuradas análises psicológicas de Ibn Ḥazm, Gabirol fornece um quadro geral de correspondências entre os sentidos, os humores e os vícios e virtu-

79. LOMBA FUENTES, op. cit., 1990, p. 11 (Introducción).
80. NAGEL, Silvia. Sensi e passioni dell'anima nel libro della correzione dei costumi dell'anima. *Mediaevalia, Textos e Estudos*. Porto: Universidade do Porto, n. 10, 2001. p. 59.

des. Considerou-se também que essa obra de Gabirol fosse uma sucessora do *Livro das Crenças e das Opiniões (Emunot VeDeot)* de Saᶜadia Gaon[81]. Tal caracterização é ainda forçada, pois o livro de Saᶜadia mantém estreita dependência com a fé e a religião. Ainda que trate de estabelecer uma justificação racional, "segue partindo da experiência religiosa e da especulação teológica. O que está fazendo é primeiro expor os conteúdos da fé e depois conferir-lhes razão, demonstrá-los intelectualmente"[82].

A grande originalidade apresentada por Gabirol reside exatamente nessa ótica baseada no modelo científico da época, razão por que sua obra se distingue de outros tratados similares de seu tempo. Ele afirma seu ponto de partida racional independentemente da fé, da religião, e do material referente à moral e à jurisprudência desenvolvido no seio do judaísmo até então. Gabirol persegue o caminho inverso de Saᶜadia. Parte da fisiologia e das doutrinas consideradas científicas e discorre sobre elas utilizando citações bíblicas para justificá-las no decorrer de sua argumentação.

> Registrei neste (livro) os argumentos racionais e demonstrações que nos ocorreram, além de aduzir, tanto quanto pudemos, os versículos da Escritura. Não vi prejuízo algum em incluir depois (destes últimos) uns poucos ditos dispersos da *Sabedoria*[83].

Curiosamente, apesar de se esmerar em citações bíblicas e da sabedoria utiliza somente duas citações do *Talmūd*.

Antes de mergulhar diretamente no estudo das qualidades da alma, Gabirol esboça no preâmbulo do livro uma espécie de antropologia. Neste, discorre sobre o homem e sua composição, seu lugar na criação, suas semelhanças com os anjos, o que se deve à alma vegetativa, à alma animal e à alma racional. Partindo da afirmação do homem como microcosmo, "dizemos que o (que há) de mais sólido a reconhecer, é que (o homem) é a mais excelsa das criaturas, que compartilha este estado com os anjos (no

81. Ver nota 36 supra. Nessa obra, Saᶜadia fala da alma humana possuidora de três forças: o amor inato, a aversão inata e o discernimento. Do amor inato são derivadas treze qualidades da razão.

82. LOMBA FUENTES, op. cit., 1990, p. 37.

83. Ibid., p. 77.

sentido) de falar e pensar. Essas duas qualidades são divinas e espirituais"[84]. O homem foi criado por Deus com os quatro elementos e dotado de cinco sentidos. A cada um desses sentidos correspondem qualidades ou características que, de acordo com os humores básicos, compõem a base dos vinte tipos descritos na obra.

A obra em si tem cinco partes, cada uma dividida em quatro capítulos destinados a completar uma seção para cada qualidade que aponta. Cada parte dedica-se a um sentido correspondente, contendo os quatro caracteres que com ele se relacionam. A primeira parte é dedicada à visão, com capítulos sobre o orgulho, a humildade, a modéstia e a falta de vergonha; a segunda é dedicada à audição, com capítulos sobre o amor, o ódio, a compaixão e a crueldade; a terceira é dedicada ao paladar, com capítulos sobre a alegria, a tristeza, a tranqüilidade e o arrependimento; a quarta é dedicada ao olfato, com capítulos sobre a ira, a complacência, a inveja e a vitalidade; a quinta e última é dedicada ao tato, com capítulos sobre a generosidade, a avareza, a valentia e a covardia. Essas qualidades encontram-se nos homens, ao menos em potência, desde a infância e tornam-se em ato na juventude, "momento em que a alma racional deve direcioná-las para que todas elas se convertam em louváveis"[85]. Gabirol confere intenso valor à educação, acreditando que certas características perniciosas podem ser modificadas, se corrigidas ainda na infância:

> É possível modificar aquelas crianças que são dominadas pelas coisas mundanas, por meio de situações mais nobres, sempre e quando (esta tendência às coisas mundanas que é própria da infância) não ultrapassar os limites dessa idade, pois se chegarem à juventude e à idade madura e continuarem nesse estado (anterior), será difícil levá-las ao bom caminho. É como deixar um ramo reto antes que cresça; depois que se torna árvore, é difícil mudá-la ou movê-la[86].

Outra característica apresentada por Ibn Gabirol nessa obra, que tem paralelo em sua poesia, é o fato de assumir a influência da astrologia. Isso é visível quando comenta as diferenças que há entre os homens: embora

84. Ibid., p. 60.
85. SÁENZ-BADILLOS, op. cit., p. 146.
86. LOMBA FUENTES, op. cit., 1990, p. 72.

apresentem a mesma compleição e constituição, eles podem diferir, porque a um deles "os corpos celestes ajudam"[87]. Conclui-se, portanto, que "Ibn Gabirol seria, pois, um dos primeiros autores judaicos espanhóis a seguir nestes misteres escatológicos, os astrólogos muçulmanos"[88]. Ressalte-se, contudo, como manifesta o professor Lomba Fuentes[89] e como se observa no próprio texto de Gabirol, que ele preza a liberdade pessoal acima de tudo, apesar de toda prefiguração que os astros possam exercer sobre o destino individual.

Há uma segunda obra ética, posteriormente considerada de autoria de Ibn Gabirol, cuja atribuição esteve em litígio[90]. Originariamente escrita também em árabe, *Muḫtār al-jawāhir*, ou *A Seleção de Pérolas*, consiste numa compilação de máximas, sentenças e historietas. A tradução para o hebraico com o título *Mibhar Ha-Peninim* adquiriu particular importância pelo fato de o original ter-se perdido. Essa segunda obra em nada se parece a um tratado de ética sistemático nos moldes do precedente; sua maior semelhança é com o livro bíblico dos *Provérbios*, que deve ter-lhe servido de fonte principal[91]. O livro é dividido em 64 seções, com títulos diferentes, tais como "O Discernimento", "O Perdão", "A Fé", "A Confiança em Deus", "A Humildade", "A Cortesia", contendo um total de 652 sentenças morais extraídas das mais diversas fontes.

Dentre essas fontes, podemos destacar: as Escrituras, o *Talmūd*, os autores gregos e latinos, por meio de suas versões árabes, as coleções de fábulas da literatura rabínica, os *Midrashim*, a *halakhá* e a *haggadá* e a literatura árabe em geral. Conforme Graetz,

> é notável pelo espírito peculiar que a perpassa e pela íntima relação com os mestres da filosofia demonstrada por este jovem. Ao lado dos ditos das Escrituras

87. Ibid., p. 60. A presença da astrologia, ainda que subordinada à Vontade de Deus, faz-se entrever também no poema *Keter Malkhut*.
88. MILLÁS VALLICROSA, op. cit., p. 57.
89. LOMBA FUENTES, op. cit., 1990, p. 60, nota 23.
90. A atribuição dessa obra a Ibn Gabirol esteve em litígio, tanto que não é mencionada na *Encyclopaedia Judaica*, mas é plenamente aceita por J. Quimhi, J. Buxtorf e principalmente pelo historiador Alexander Marx (1927), sendo hoje plenamente aceita, conforme relata MAESO, David Gonzalo. *Salomón ibn Gabirol, La selección de perlas*. Tradução e Comentário de David Gonzalo Maeso. Zaragoza: Universidad de Zaragoza, 1990. p. 19.
91. Cf. ibid., p. 22.

> e das sentenças éticas do *Talmūd*, Gabirol coloca os ditos favoritos do "divino Sócrates", de seu discípulo Platão, de Aristóteles, dos filósofos árabes e mais especificamente aqueles de um filósofo judeu, Alkuti (talvez Chepez Alkuti). É surpreendente como tão jovem escritor pode ter uma percepção tão profunda das condições da alma humana e dos assuntos mundanos[92].

O primeiro capítulo desse livro é intitulado sugestivamente de *A Sabedoria*. Considerado um verdadeiro poema em prosa, esse capítulo da *Seleção de Pérolas*

> enfoca outros tantos aspectos, individuais, familiares, sociais, magistrais, humanos e sobrenaturais, desse dom sublime do Criador que é a sapiência, da qual vai fazendo uma análise finíssima, em prosa, da pessoa que a possui, mas mais precisamente como um verdadeiro enamorado, que a estima mais do que todo o ouro do mundo, o qual nos lembra os brilhantes capítulos e frases fulgurantes do livro da *Sabedoria*[93].

Outra vez, a característica mais relevante de sua produção ética é exatamente a universalidade. Nada há nesse texto que desaprove a ética de qualquer religião professada. Quando cita fragmentos de grandes sábios, entrelaça fontes hebraicas (bíblicas e rabínicas), árabes, gregas, latinas e talvez outras ainda[94], orientais e de autoria não facilmente identificável. No seio do judaísmo, essa produção ética influenciou autores posteriores como Bahya ibn Paqûda em sua obra magistral *Os Deveres dos Corações*, o apologeta Yehudá Ha-Levi e Yehudá al-Ḥariḏī, este especialmente em sua célebre obra *Tahkemoni*. No Islã, sua presença pode ser sentida em algumas passagens do *Regime do Solitário*, de Ibn Bājjah[95].

92. GRAETZ, op. cit., p. 267.
93. MAESO, op. cit, p. 23.
94. Ibid., p. 26.
95. LOMBA FUENTES, op. cit., 1990, p. 73, nota 41.

Reflexos do Pensamento Islâmico

Sabemos que o século XI em *Al-Andalus* foi particularmente fértil para a produção científica, literária e filosófica, cujos ecos podem ser ouvidos até os dias de hoje. O período da história da Espanha no contexto do domínio islâmico é de importância fundamental para a compreensão dos caminhos seguidos pelo conhecimento filosófico e pela mística no período posterior europeu. Deve ser levada em conta a liberdade conferida aos judeus pelo estatuto de *Ahl al-ḏimma* (povo protegido), de que gozavam sobretudo nessa época em *Al-Andalus*. Apesar de impor limites ao comportamento e à vida política, em comparação ao tratamento concedido às comunidades judaicas por parte da Europa cristã, a situação no mundo islâmico proporcionou um grau de liberdade invejável, tanto no sentido da manutenção da religião quanto no do desenvolvimento do pensamento filosófico.

O renascimento da filosofia e o desenvolvimento da poesia entre os intelectuais judeus, no mundo islâmico e particularmente em *Al-Andalus*, devem-se em grande medida ao florescimento intelectual estimulado pelos governantes. No caso de Ibn Gabirol, ocorreu na Taifa de Saragoça (1018-1118), berço de sua obra. Os reflexos do pensamento islâmico e da efervescência cultural e científica que dominavam o clima da Espanha árabe de *Al-Andalus* podem ser sentidos em todas as facetas de sua obra. A poesia e a filosofia original de Ibn Gabirol não podem ser analisadas independentemente do contexto islâmico que as produziu.

Embora a poesia religiosa hebraica preceda em muito a islâmica – e a utilização de citações bíblicas já fosse corrente muito antes da organização do *Corão* –, esta sofreu grandes transformações através do contato com os árabes.

> A poesia sinagogal existiu antes de os judeus conhecerem as obras dos árabes, mas foi desenvolvida e refinada, disseminada e entusiasticamente adotada somente graças ao grande interesse despertado pela poesia árabe; sem isso, a poesia jamais teria sido apreciada pelos círculos dominantes ou teria encontrado a variedade de suas formas artísticas[96].

96. ELBOGEN, op. cit., p. 224.

Os poetas hebraicos já conheciam a rima havia muitos séculos, sendo reputada mais antiga do que a rima árabe do período da *jāhiliyya*. A influência árabe no período inicial do *piyyut* hebraico pode ser considerada nula, mas, com certeza, dos árabes vieram novas estruturas artísticas que conferiram à poesia litúrgica beleza e vitalidade durante a Idade Média; dos árabes, os poetas hebreus aprenderam sobre o ritmo, e mais tarde, sobre a métrica, e deles também adquiriram o costume do acróstico, muito utilizado por Ibn Gabirol. O autor, entretanto, não confinou sua poesia ao emprego de formas ou modelos fixos, pois prezou sempre a liberdade, cuidando para que a forma não subjugasse seu conteúdo e evitando forçar a declamação[97]. A grande novidade foi a hebraização da poesia secular, que assumiu, em Ibn Gabirol, uma expressão de grande beleza e profundo conteúdo crítico.

No caso da filosofia judaica medieval espanhola, não podemos pensá-la sem considerar os filósofos árabes, que, conforme Gilson, foram os mestres dos judeus[98]. Com base no aqui traçado fio condutor histórico interno ao neoplatonismo judaico, que se iniciou com Filo de Alexandria e chegou até Ibn Gabirol, podemos afirmar que o encontro medieval do pensamento judaico com a filosofia não foi um movimento meramente interno ao judaísmo, pois essa filosofia esteve latente por oito séculos até passar pontualmente por Isaac Israeli e chegar a Gabirol. Convém notar que Israeli incorporara já pesadas influências da filosofia árabe, principalmente de Al-Kindī (m. 866). Portanto, devemos buscar a interação com o Islã para compreendermos de que maneira esse neoplatonismo latente veio despertar repentinamente no Medievo espanhol.

Muito dessa retomada do pensamento neoplatônico de Alexandria decorre do contato com a filosofia islâmica[99], uma vez que é por meio dela que se inicia o processo de tradução e revivificação dos gregos. Podemos traçar a mesma linha, em termos tanto geográficos quanto de referenciais de pensamento, para a filosofia que nasce no seio de ambas as religiões. O movimento de idéias que gera a *Falsafa* e o *Kalām* árabes tem seu início no Oriente, e o mesmo ocorre no caso do pensamento judaico. Saindo das terras islâmicas orientais, a filosofia judaica medieval segue o mesmo percurso de

97. Ibid., p. 266.
98. GILSON, op. cit., p. 454.
99. Sobre essa discussão, ver LIBERA, op. cit., p. 195 et seq.

ocidentalização. Do Oriente, migra para a Espanha, sob o domínio árabe; adota o árabe como sua língua culta, confronta-se com o cristianismo, enfrenta a conversão forçada e vem a ter finalmente seus maiores adversários e detratores no seio do próprio pensamento judaico.

Como Salomão ibn Gabirol não cita suas fontes, e nem mesmo seus originais árabes estão disponíveis, há margem para especulações diversas. É inegável que suas influências advieram de três grandes blocos: a) a tradição judaica; b) os filósofos gregos, especialmente Proclo, Plotino e Porfírio, ainda que outras influências menores possam ser determinadas; c) o pensamento islâmico. Quanto às influências filosóficas judaicas, ele teria ou não se baseado diretamente na obra de Isaac Israeli, já que poderia também ter sido influenciado pelas mesmas fontes que inspiraram seu antecessor. Pode ou não ter tido acesso às obras de Filo de Alexandria, conforme nos alerta Julius Guttmann, a propósito da inexistência de traduções hebraicas da obra de Filo na época. Mas, com certeza, o universo intelectual no qual se desenvolvem suas teorias é o mesmo dos autores islâmicos.

A corrente historicamente mais conhecida na filosofia árabe em *Al-Andalus* é precisamente o aristotelismo averroísta, que, com o legado de Avicena e de Al-Fārābī, é retrabalhado por Tomás de Aquino, vindo a reger a filosofia escolástica medieval. Com essa corrente majoritária, há poucos elementos de contato. Nada há na obra de Ibn Gabirol que sugira qualquer comentário de sua parte à obra de Aristóteles – trabalho muito comum entre os pensadores posteriores – ou qualquer tipo de indício de apropriação direta de sua teoria. Portanto, acreditamos que não se trata da mesma "escola" de pensamento que veio a gerar os grandes filósofos em *Al-Andalus*, como Ibn Ṭufayl, Ibn Rušd (Averróis) e Maimônides. Conquanto as obras de Aristóteles já fossem bem conhecidas no Oriente[100], pelo que sabemos o seu introdutor em *Al-Andalus* foi Ibn Bājjah (Avempace, m. 1138), considerado por alguns o primeiro filósofo muçulmano de *Al-Andalus*; ele próprio, porém, foi bem posterior a Ibn Gabirol, cujas citações em *A Fonte da Vida* são preferencialmente de Platão. Na obra ética, os seus fundamentos provêm de Hipócrates e Galeno, com vieses aristotélicos, mas isso tampouco comprova a influência

100. Através dos comentários de Al-Kindī, Al-Fārābī e Ibn Sīnā.

direta, tendo em vista o notório conhecimento que Ibn Gabirol poderia dispor, por exemplo, da obra de Isaac Israeli, se não de uma produção médica islâmica mais vasta. Cabe ressaltar ainda que o corpo de textos conhecido como o de Platão e de Aristóteles, na Espanha Medieval, incluía, sobretudo, as idéias de Porfírio, de Plotino e de Proclo[101]. Mais do que influências propriamente aristotélicas, podemos vislumbrar por trás da obra de Gabirol o seu alinhamento com as doutrinas neoplatônicas conhecidas nesse período, alguns traços neopitagóricos e os princípios atribuídos à doutrina de Empédocles, tal como eram comumente estudados no mundo islâmico da época. Os elementos aparentemente aristotélicos parecem ser os provenientes da adaptação prévia realizada pelos mencionados autores neoplatônicos. Convém acrescentar que, para os filósofos do período, o *Liber de Causis* era atribuído a Aristóteles. "Tendo deslizado (acidentalmente?) para o catálogo que os árabes tinham das obras de Aristóteles, o *Liber* tornou-se, junto com a *Teologia* de Aristóteles, uma das principais fontes para a corrente eclética da metafísica árabe e judaica"[102]. Tendo ou não estudado diretamente a obra de Aristóteles, as suas concepções são radicalmente diferentes das mais correntes entre os filósofos aristotélicos, mas essa é uma questão que necessita ainda ser bem mais estudada.

Alguns autores admitem a possibilidade de o hilemorfismo universal radical de Ibn Gabirol ser uma adaptação da tradição aviceniana[103], no sentido de que ele, assim como os primeiros neoplatônicos e Avicena, visando encontrar um lugar para os anjos em seu esquema, teria estendido o hilemorfismo para o espírito. Embora as evidências quanto ao conhecimento direto da obra de Avicena sejam tênues e de difícil comprovação, a hipótese não pode ser descartada *a priori*. Traçar a viabilidade dessa relação demandaria um outro estudo e não caberia aqui. De acordo, porém, com Knowles,

> os judeus, durante o primeiro milênio de nossa era, mesclaram-se com muitas culturas – neoplatônica, oriental, maometana – e admitiram diversos elementos destas dentro de sua visão de universo. Em particular, o Deus do Antigo Testamento, Yahveh, tão próximo aos homens nos Salmos e livros Proféticos, retirou-se de seu

101. AMOR RUIBAL, op. cit., p. 183.
102. *The Book of Causes*. Trad. Dennis J. Brand. Milwaukee: Marquette University Press, 1984. p. 1. (Prólogo de Bernardo Carlos Bazán).
103. KNOWLES, op. cit., p. 184.

> lugar como o Pai sempre presente, e toda uma hierarquia de ministros angelicais se interpôs entre o Homem e Deus. As hostes angélicas do judaísmo palestino foram contaminadas pelas semidivindades persas e emanações neoplatônicas[104].

É mais provável que as semelhanças eventualmente encontradas entre esses filósofos se devam a outras vias, a saber: uma contaminação cultural precedente; a influência comum de um corpo de ensinamentos escritos, corrente na época; ou, ainda, fontes paralelas de ensinamento oral. E há outros meios de transmissão que nos parecem mais adequados, já apontados por diversos autores.

Uma forte possibilidade levantada é que Gabirol tenha sido influenciado pelo texto de fundo neopitagórico e orientação ismaélito-batinita[105], conhecido como a *Enciclopédia dos Irmãos da Pureza*, cuja versão resumida era bastante conhecida e discutida na Espanha da época. A semelhança das idéias defendidas por Ibn Gabirol com o conteúdo das *Epístolas* (*Rasā'il*) dos Irmãos da Pureza (*Iḫwān al-Ṣafā' wa-Ḫullān al-Wafā' wa-Ahl al-Ḥamd wa-Abnā' al-Majd*) é impressionante e já foi amplamente demonstrada, podendo ser percebida nos pontos principais de sua doutrina, como na defesa da matéria primeira universal e na afirmação do homem como microcosmo, pontos que se refletem tanto em sua obra filosófica e sua obra ética[106] quanto em sua poesia. Desta última podemos tomar como exemplo a cosmologia apresentada no *Keter Malkhut*[107]. Segundo Nasr, os Irmãos da Pureza

> identificavam a filosofia com a *ḥikma*, em oposição a um grande número de escritores islâmicos do período que utilizavam a filosofia como sinônimo somente da sabedoria puramente humana e *ḥikma* como uma sabedoria que tem sua fonte última nas revelações concedidas aos antigos profetas[108].

Como indicamos pela dimensão mística da filosofia expressa em *A Fonte da Vida*, isso também se aplica a Ibn Gabirol. De acordo com o histo-

104. Ibid., p. 183.
105. NASR, Seyyed Hossein. *An Introduction to Islamic Cosmological Doctrines*. New York: State University of New York Press, 1993. p. 38.
106. Ver LOMBA FUENTES, op. cit., 1990, p. 29.
107. Cf. MILLÁS VALLICROSA, op. cit., p. 155.
108. NASR, op. cit., p. 33.

riador Saᶜīd, a introdução dessas idéias deveu-se a um homem versado em astronomia e ciências ocultas, chamado Abū al-Qāsim Maslama ibn Aḥmad, conhecido como Al-Majrīṭī[109] (m. 1008), que, tendo viajado ao Oriente, trouxe para a Espanha as idéias contidas nas *Epístolas* dos Irmãos da Pureza. Mas, o texto completo das *Epístolas* teria sido introduzido na Espanha por um seu discípulo direto, Al-Kirmānī[110]; apenas fragmentos e versões resumidas teriam circulado anteriormente, contendo os pontos principais da obra.

Independentemente da introdução dessas obras, um pensador andaluz do início do século X, o sufi Muḥammad ibn ᶜAbd Allāh ibn Masarra (883-931), ensinava suas doutrinas em *Al-Andalus*, não sem grandes problemas políticos. Nascido em Córdoba, viajou ao Oriente, onde teve acesso a um grande número de obras filosóficas; conheceu o asceta egípcio Ḏū al-Nūn; conseguiu manter contato com a escola secreta dos Irmãos da Pureza. A influência de Ibn Masarra se estendeu por mais de um século e foi tolerada durante os reinados de ᶜAbd al-Raḥman III e Ḥakam II. Formou escola, posteriormente entendida como de orientação do xiismo ismaelita, que teve muitos discípulos, mas, após a tomada de poder pelos *fuqahā'*, foi duramente combatida, e Ibn Masarra, acusado de impiedade[111]. A escola passou para a clandestinidade, mantendo suas atividades secretamente. O último *imām* da comunidade *masarrī* foi Ismāᶜīl ibn ᶜAbd Allāh al-Ruᶜaynī, no início do século XI. A partir de sua morte, perdem-se os rastros do ensinamento direto de Ibn Masarra. Posteriormente, Ibn al-ᶜĀrif formaria uma nova *ṭarīqa* em Almeria, recuperando a linha *masarrī*.

Asín Palacios[112], que recompõe o ensinamento de Ibn Masarra por meio dos comentários de autores posteriores, estabelece uma leitura de seu ascetismo dependente de seu precursor cristão Prisciliano, bispo de Ávila, condenado por heresia no século IV, para quem havia três níveis de inter-

109. SAᶜĪD AL-ANDALUSĪ, op. cit., 2000, p. 146.
110. Abū al-Ḥasan ᶜAmr b. ᶜAbd al-Raḥmān b. Aḥmad b. ᶜAlī al-Kirmānī. Originário de Córdoba, foi discípulo de Al Majrīṭī. Tendo viajado ao Oriente, trouxe consigo as *Rasā'il Iḫwān al-Ṣafā'* (Epístolas dos Irmãos da Pureza). Cf. ibid., p. 148.
111. O trajeto das doutrinas de Ibn Masarra é resumido em CORBIN, Henry. *Historia de la filosofía islámica*. Madrid: Editorial Trotta, 1994. p. 203 et seq.
112. Miguel Asín Palacios recompõe a doutrina de Ibn Masarra apoiando-se principalmente nas copiosas referências que dele faz Ibn ᶜArabī. ASÍN PALACIOS, Miguel. *Obras escogidas. Ibn Masarra y su escuela. Orígenes de la filosofía hispanomusulmana*. Madrid, 1946. vol. I.

pretação nas Escrituras (da carne, da alma e do espírito). Deve-se ressaltar que alguns aspectos do priscilianismo apresentam forte paralelismo com certas doutrinas islâmicas xiitas, especialmente do ismaelismo[113], fato que pode ter levado Asín Palacios a minimizar esta segunda influência, amplamente atestada pela biografia de Ibn Masarra. Foi também Asín Palacios quem divulgou a idéia de que ele professava uma forma arabizada da teoria de Empédocles[114]. O "Pseudo-Empédocles", ou "Empédocles árabe", era uma versão arabizada do Empédocles grego, descrito como o primeiro dos grandes sábios helênicos, um asceta e grande místico, que teria sido o autor do *Tratado das Cinco Substâncias*, no qual desenvolvia a idéia da matéria primeira universal tal como se encontra em Gabirol. Esse livro existiu e teria circulado não somente em árabe, mas também em hebraico, conforme identificado por Kaufmann[115]. Munk, aceitando esse ponto de vista, concluiu ser esta a origem da teoria de Ibn Gabirol. Convém assinalar que é o próprio Falaqera – seu tradutor hebraico – quem considera Empédocles o pilar em que estão assentadas as idéias de Gabirol[116]. Em verdade, existem semelhanças notáveis entre Gabirol, a doutrina do "Pseudo-Empédocles" e o pouco que restou do pensamento de Ibn Masarra. Entre elas, podemos apresentar: as diferenças em comum com o pensamento de Plotino e as filosofias aristotélicas; a idéia da matéria universal como primeira hipóstase, e idêntica estrutura dos diferentes tipos de matéria (que tem paralelos também nas *Rasā'il* dos *Iḫwān al-Ṣafā'*); a unidade e inefabilidade do Princípio Supremo; a inseparabilidade entre Ele e seus atributos; a leitura simbólica dos textos sagrados; a adoção das dimensões de *ẓāhir* e *bāṭin*; a metáfora da luz; e a afirmação da liberdade humana como fonte do desvio dos propósitos divinos

113. Ver CORBIN, op. cit.: "É conveniente sublinhar este ponto, dada a afinidade das doutrinas de Ibn Masarra e sua escola com as do esoterismo islâmico, especialmente as doutrinas xiitas e ismaelitas" (p. 206). Ou, referindo-se à escola de Almeria: "Tanto sua doutrina teosófica quanto sua organização apresentam traços significativos em comum com o ismaelismo" (p. 207).

114. As referências sobre a doutrina e a lenda islâmica do "Pseudo-Empédocles" estão fundamentadas em Šahrastānī, Šahrazūrī, Ibn Abī Uṣaybiᶜa e Qifṭī.

115. KAUFMANN, David. *Studien über S. ibn Gabirol*, 1898. p. 8 et seq., apud MILLÁS VALLICROSA, op. cit., p. 79.

116. FALAQERA, Shem Tov b. Préface du traducteur hébreu. In: MUNK, Salomon. *Mélanges de Philosophie Juive et Arabe*. 2. ed. Paris: Librairie Philosophique J. Vrin, 1927. (1. ed. Paris, 1859). p. 3.

e do pecado. Aparentemente, a idéia de "Trono de Deus", exposta por Ibn Gabirol, também coincide com a de Ibn Masarra. Após Ibn Gabirol, as maiores influências no Islã do pensamento neo-empedocleano serão notadas na filosofia iluminacionista: em Ibn ᶜArabī, certamente sob o ensinamento de Ibn Masarra, por quem nutria intensa admiração, e em Suhrawardī, os quais, aceitando alguns desses princípios, farão cada qual uma nova adaptação.

Unindo a concepção semítica da criação divina à teoria neoplatônica da emanação, Ibn Gabirol torna a abraçar um tema tão caro e fundamental tanto ao pensamento judaico como ao islâmico, que pode ser sintetizado na afirmação de que tudo nasce de Deus e a Ele retorna. Essas palavras são interpretadas de acordo com o pensamento neoplatônico da escola de Alexandria, assim como fizeram anteriormente Ibn Masarra[117] e os Irmãos da Pureza, que afirmaram: "Deus é o primeiro Amado do Universo. Tudo aquilo que não é Deus procede Dele e aspira a retornar a Ele"[118]. Para Gabirol, o movimento de retorno, impelido pelo amor e o desejo, manifesta-se em todos os níveis da criação, desde a matéria primeira até os seres viventes, passando pelas esferas celestes. No caso do homem, sua finalidade última é a união com Deus. Por outro lado, embora improvável, dada a atmosfera cultural de seu tempo, essa afirmação pode ter origem totalmente judaica, sem necessidade de influência direta das doutrinas islâmicas. Estas teriam então encontrado uma ressonância natural na obra de Ibn Gabirol. Tal concepção pode resultar diretamente da passagem do *Qohelet* (*Eclesiastes*) que afirma que "tudo retorna a um mesmo lugar". Este lugar é interpretado no *Talmūd* como não sendo outro além de Deus[119].

Quando refletimos sobre as relações Oriente-Ocidente na Idade Média, cabe lembrar que "a diferença entre Oriente e Ocidente, hoje tão óbvia e, às vezes, tão hostil e agressiva, há que se dizer que ela não existia na Idade Média, ao menos até o século XIII"[120]. A Espanha dos séculos XI e XII foi

117. Garaudy mostra a relação que as concepções de Ibn Gabirol mantêm com a doutrina de Ibn Masarra e o Islã. GARAUDY, Roger. *El Islam en Occidente*: Córdoba, capital del pensamiento unitario. Madrid: Breogán, 1987. p. 85-90.
118. *Rasā'il Iḫwān al-Ṣafā'* (Epístolas dos Irmãos da Pureza) III, 275, apud NASR, op. cit., p. 54, nota 36.
119. BRUNNER, op. cit., p. 59.
120. "Uma unidade mediterrânea punha Córdoba em contato direto com o Cairo e Bagdá, Veneza em contato com Alexandria, e a Europa inteira com o Oriente, por caminhos múltiplos que faziam de 'mass media' naqueles tempos. O contato com o Oriente se dava, entre os

um campo muito vasto, que congregou uma diversidade viva de influências culturais e científico-filosóficas. Foi uma região de grande desenvolvimento das discussões sobre a relação entre fé e razão ou pensamento humano e revelação, tema de procedência nitidamente semita (judaica e árabe) que posteriormente veio a se tornar tão caro à filosofia cristã. Podemos dizer com segurança que as concepções advindas do Islã influenciaram sobremaneira a obra de Ibn Gabirol. Mas há que lembrar também que muito da história interna das idéias no judaísmo ainda está para ser recuperada, e o esforço para essa empreitada é relativamente recente. Segundo Moshe Idel[121], parece haver comprovações da existência de tradições hebraicas intermediárias entre a obra de Filo ou outras tradições judaicas antigas e a Cabala. Acreditamos ser exatamente nessa corrente que se insere Salomão ibn Gabirol. Nesse sentido, falta-nos precisamente a identificação das fontes judaicas de Ibn Gabirol, as que já residiam culturalmente assentadas em sua formação e, por ressonância, foram despertadas no contato com o ambiente islâmico.

Referências Bibliográficas

AMOR RUIBAL, Ángel, M. J. *Los problemas fundamentales de la filosofía y del dogma.* Madrid: Consejo Superior de Investigaciones Científicas, 1974. vol. III.

ASÍN PALACIOS, Miguel. *Obras escogidas. Ibn Masarra y su escuela. Orígenes de la filosofía hispanomusulmana.* Madrid, 1946. vol. I.

BACHER, Wilhem. *Ibn Ezra als Grammatiker.* Strassburg, 1882. (Reed. New York: Arno Press, 1980).

____. *Bibelexegese der Jüdischen, Religionsphilosophen des Mittelalters.* Strassburg: K. J. Trübner, 1892.

BRUNNER, Fernand. *Platonisme et Aristotelisme. La critique d'Ibn Gabirol par Saint Thomas D'Aquin.* Louvain: Publications Universitaires de Louvain, 1965.

muçulmanos, pela peregrinação ritual à Meca, graças à qual o Sul da Itália e *Al-Andalus* estavam em contato contínuo com os últimos movimentos científicos e filosóficos do momento". LOMBA FUENTES, Joaquín. *La raíz semítica de lo europeo.* Madrid: Akal, 1997. p. 16.

121. IDEL, op. cit., p. 197.

CANO, María José. *Selomoh ibn Gabirol, Poemas*. Granada: Servicio de Publicaciones de la Universidad de Granada, 1987.

____. *Ibn Gabirol, Poesía Religiosa*. Granada: Servicio de Publicaciones de la Universidad de Granada, 1992.

____. Estudio Preliminar. In MILLÁS VALLICROSA, *Selomo ibn Gabirol Como Poeta y Filósofo*, Edición Facsímil. Estudio Preliminar María José Cano. Granada, Servicio de Publicaciones de la Universidad de Granada, 1993. p. XIII.

CORBIN, Henry. *Historia de la filosofía islámica*. Madrid: Editorial Trotta, 1994.

DAN, Joseph. The religious experience of the Merkavah. In: GREEN, Arthur. (Org.). *Jewish Spirituality*. From the Bible through the Middle Ages. New York: The Crossroad Publishing Company, 1996. (1. ed. Londres, 1986).

DORÓN, Aviva. Estudios Literarios de Aviva Dorón. In: YEHUDÁ HA-LEVI. *Poemas-Yehudá Ha-Levi*. Introducción, traducción y notas de Ángel Sáenz-Badillos y Judith Targarona Borrás. Madrid: Santillana, D. L., 1994.

ELBOGEN, Ismar. *Jewish Liturgy*: *A Comprehensive History*. Philadelphia: Jewish Publication Society, 1993.

FALBEL, Nachman. A Doutrina da Vontade em Schlomo ibn Gabirol. In: STEIN, Ernildo (Org.). *A Cidade de Deus e a Cidade dos Homens*. De Agostinho a Vico. Festschrift para Luis Alberto De Boni. Porto Alegre: EDIPUCRS, 2004, p. 415-471.

GARAUDY, Roger. *El Islam en Occidente*: Córdoba, capital del pensamiento unitario. Madrid: Breogán, 1987.

GILSON, Etienne. *A Filosofia na Idade Média*. São Paulo: Martins Fontes, 1995.

GRAETZ, Heinrich. *History of the Jews*. Philadelphia: Jewish Publication Society of America, 1949. vol. 3.

GREEN, Arthur. (Org.). *Jewish Spirituality*. From the Bible through the Middle Ages. New York: The Crossroad Publishing Company, 1996. (1. ed. Londres, 1986).

GUILHERME DE AUVERGNE. *The Universe of Creatures*. Trad. Roland J. Teske. Milwaukee: Marquette University Press, 1998.

GUINSBURG, J.; TAVARES, Zulmira R. *Quatro Mil Anos de Poesia*. São Paulo: Perspectiva, 1969.

GUTTMANN, Julius. *A Filosofia do Judaísmo*. São Paulo: Perspectiva, 2003.

IBN EZRA, Abraham. *Ibn Ezra's Commentary on the Pentateuch*: Genesis (Bereshit). Trad. H. Norman Strickman e Arthur M. Silver. New York: Menorah Pub. Co., 1999.

IBN EZRA, Moshé. *Kitāb al-muḥāḍara wa-al-muḏākara*. Tradução e Edição de Montserrat Abumalham. Madrid: CSIC, 1986.

IBN GABIROL, Shlomo. *La Fuente de La vida/Corona Real*. Versión Castellana y prólogo de León Dujovne. Buenos Aires: Editorial Sigal, 1961.

____. *La Fuente de La vida*. Trad. (del latín) Federico de Castro y Fernández. Revisada y corregida por Carlos del Valle. Barcelona: Riopiedras, 1987.

____. *El Livro de La Fuente de La Vida*. Málaga: Editorial Sirio, 1990.

____. *Poesía Religiosa*. Granada: Servicio de Publicaciones de la Universidad de Granada, 1992.

IDEL, Moshe. *Cabala, Novas Perspectivas*. São Paulo: Perspectiva, 2000.

KATZ, Steven T. Mystical Speech and Mystical Meaning. In: KATZ, Steven T. (Org.). *Mysticism and Language*. Oxford: Oxford University Press, 1992.

KINOSHITA, Noboru. *El pensamiento filosófico de Domingo Gundisalvo*. Salamanca: Universidad Pontificia, 1988.

KNOWLES, David. *The Evolution of Medieval Thought*. London: Longman, 1988.

LEWIN, Israel. *The embroidered coat*. Tel Aviv, 1980.

LIBERA. Alain de. *A Filosofia Medieval*. São Paulo: Edições Loyola, 1998.

LOMBA FUENTES, Joaquín. *La corrección de los caracteres de Ibn Gabirol*. Zaragoza: Universidad de Zaragoza, 1990.

____. *La raíz semítica de lo europeo*. Madrid: Akal, 1997.

LÖWENTHAL, Albert. *Pseudo-Aristoteles über die Seele*. Eine psychologische Schrift des 11. Jahrhunderts und ihre Beziehung zu Salomo ibn Gabirol (Avicebron). Berlim, 1891. (Reed. *Pseudo-Aristotelica preserved in Arabic Translation. Texts and Studies*. Collected and Reprinted. Frankfurt am Main: Institut für Geschichte der Arabisch-Islamischen Wissenschaften an der Johann Wolfgang Goethe-Universität, 2000. Ed. F. Sezgin. vol. I).

MAESO, David Gonzalo. *Salomón ibn Gabirol, La selección de perlas*. Tradução e Comentário de David Gonzalo Maeso. Zaragoza: Universidad de Zaragoza, 1990.

MARX, Alexander; MARGOLIS, Max. *A History of the Jewish People*. Philadelphia: The Jewish Publication Society of America, 1958.

MENÉNDEZ Y PELAYO, Marcelino. *Antología de poetas líricos castellanos*. Madrid: CSIC, 1945. (1. ed. 1890).

MILLÁS VALLICROSA, José María. *Selomo ibn Gabirol Como Poeta y Filósofo*. Edición Facsímil. Estudio Preliminar María José Cano. Granada: Servicio de Publicaciones de la Universidad de Granada, 1993.

MUNK, Salomon. *Mélanges de Philosophie Juive et Arabe*. 2. ed. Paris: Librairie Philosophique J. Vrin, 1927. (1. ed. Paris, 1859).

NAGEL, Silvia. Sensi e passioni dell'anima nel libro della correzione dei costumi dell'anima. *Mediaevalia, Textos e Estudos*. Porto: Universidade do Porto, n. 10, 2001.

NASR, Seyyed Hossein. *An Introduction to Islamic Cosmological Doctrines*. New York: State University of New York Press, 1993.

PAGIS, Dan. Prólogo. In: ROMERO, Helena (Selección, Traducción y notas). *Selomo ibn Gabirol, Poesía secular*. Edição bilíngüe. Madrid: Ediciones Alfaguara, 1978.

ROMERO, Helena (Selección, Traducción y notas). *Selomo ibn Gabirol, Poesía secular*. Edição bilíngüe. Prólogo de Dan Pagis. Madrid: Ediciones Alfaguara, 1978.

SA[c]ADIA GAON. *The Book of Beliefs and Opinions*. Trad. Samuel Rosenblatt. New Haven: Yale University Press, 1989.

SA[c]ĪD AL-ANDALUSĪ. *Kitāb Ṭabaqāt al-umam*. Ed. Louis Cheikho. Beirut: Dār Al-Ṭalā'i[c], 1913.

____. *Libro de las categorías de las naciones* (*Kitāb Ṭabaqāt al-umam*). Madrid: Ed. Trotta, 2000.

SÁENZ-BADILLOS, Ángel. *El Alma lastimada*: Ibn Gabirol. Córdoba: Ediciones El Almendro, 1992.

SÁENZ-BADILLOS, Ángel; IZQUIERDO BENITO, Ricardo. (Org.). *La sociedad medieval a través de la literatura hispanojudía*. Cuenca: Prensas de la Universidad de Castilla-La Mancha, 1998.

SALVATIERRA OSORIO, Aurora. *La muerte, el destino y la enfermedad en la obra de Y. Ha-Levi e S. ibn Gabirol*. Granada: Servicio de Publicaciones de La Universidad de Granada, 1994.

SCHEINDLIN, Raymond. La situación social y el mundo de valores de los poetas hebreos. In: SÁENZ-BADILLOS, Ángel; IZQUIERDO BENITO, Ricardo. (Org.). *La sociedad medieval a través de la literatura hispanojudía*. Cuenca: Prensas de la Universidad de Castilla-La Mancha, 1998.

SCHOLEM, Gerschom. *Jewish Gnosticism, Merkabah Mysticism, and Talmudic Tradition*. New York: The Jewish Theological Seminary of America, 1960.

____. *A Cabala e seu Simbolismo*, São Paulo: Perspectiva, 2002.

SKLARE, David Eric. *Samuel Ben Hofni Gaon and His Cultural World*: Texts and Studies. Leiden: E. J. Brill, 1996.

TALMAGE, Frank. Apples of Gold: the Inner Meaning of Sacred Texts in Medieval Judaism. In: GREEN, Arthur. (Org.). *Jewish Spirituality*. From the Bible through the Middle Ages. New York: The Crossroad Publishing Company, 1996. (1. ed. Londres, 1986). cap. 12, p. 313-355.

VIANNA, Sylvio Barata de Azevedo. Os Filósofos Árabes Medievais e a Difusão do Aristotelismo. In: *Ensaios de História da Filosofia*. Belo Horizonte: Imprensa Universitária, 1990. p. 259 et seq.

VIDART Y SCHUCH, Luis. *La filosofía española, indicaciones bibliográficas*. Oviedo: Biblioteca Filosofía en español, 2000. (1. ed. 1866).

WINSTON, David. Philo and the Contemplative Life. In: GREEN, Arthur. (Org.). *Jewish Spirituality*. From the Bible through the Middle Ages. New York: The Crossroad Publishing Company, 1996. (1. ed. Londres, 1986).

YEHUDÁ AL-HARIZI. *The Tahkemoni of Judah al-Harizi*. Trad. Victor Emanuel Reichert. Jerusalem: R. H. Cohen's Press, 1965. 2 v.

ZACUTO, Abraham. *Sefer há-Yuhasin*. Frankfurt am Main: ed. Filipowski, 1857.

21.

A Influência de Ibn ^{c}Arabī e do Islã em Raimundo Lúlio, segundo Miguel Asín Palacios: *"História e Crítica de uma Polêmica"**

Victor Pallejà de Bustinza

Início e Ponto de Partida

Em 1899, Miguel Asín Palacios (1871-1944)[1] publicava com o simples título "Mohidín"[2] seu primeiro trabalho científico de islamolo-

* Tradução (do original espanhol) de Esteve Jaulent.

1. Não há ainda nenhuma bibliografia exaustiva de Asín Palacios como ele o merece. Existe um estudo, muito apologético, porém, em VALDIVIA VÁLOR, José. *Don Miguel Asín Palacios. Mística cristiana y mística musulmana.* Madrid: Hiperión, 1992. São dignos de destaque os escritos de EPALZA, Mikel de. Algunos juicios teológicos de Asín Palacios sobre el Islam. *Pensamiento*, n. 25, p. 145-182, 1969; e o capítulo que lhe é consagrado por James T. Monroe em MONROE, James T. *Islam and the Arabs in Spanish Scholarship.* Leiden: E. J. Brill, 1970. p. 174-195; entre outros escritos mencionados nessas obras. Em relação à sua bibliografia, Pedro Longás redigiu o repertório mais extenso que se conhece em GARCIA GÓMEZ, Emilio. *Don Miguel Asín*, 1871-1944. Esquema de una biografía. Con una bibliografía por Pedro Longás. Separata de: *Al-Andalus*, vol. IX, fasc. 2, p. 267-291; 293-319, 1944. Útil para o conjunto de arabistas hispânicos, ver: GIL, R.; ROLDÁN, F. *Corpus aproximativo de una bibliografía española sobre al-Andalus.* Sevilha: Alfar, 1993.

2. ASÍN PALACIOS, Miguel. Mohidín. In: *Homenaje a Menéndez Pelayo en el año vigésimo de su profesorado.* Estudios de erudición española. Introdução de Juan Valera. Madrid: Victoriano Suárez, 1899. 2 v. V. II, p. 217-256.

gia. Neste, não só Asín sustentava a capital influência do Islã em Raimundo Lúlio, mas também destacava *in concreto et rotunda voce* o agente principal da mencionada influência: Muḥyiddīn Ibn al-ᶜArabī (1165-1240), o *Doctor maximus – Al-Šayḫ al-Akbar –*, conhecido por Ibn ᶜArabī.

Qual foi o seu ponto de partida e quais postulados estabeleceu nesse e em outros de seus trabalhos? Passados mais de cem anos, merece ser conhecida em detalhe a *Historia y crítica de una polémica*[3], já não sobre a influência em Dante Alighieri, mas em Raimundo Lúlio[4].

O primeiro dado a ser destacado curiosamente não é muito conhecido: o verdadeiro "descobridor" da dimensão islâmica e ibnarabiana do filósofo de Maiorca foi Julián Ribera i Tarragó (1858-1934)[5]. Este, o grande mestre de Asín, apresentou as linhas fundamentais sobre essa questão em seu artigo *Orígenes de la filosofía de Ramón Llull*, editado nas páginas imediatamente anteriores às de seu discípulo[6], colaborador e amigo, que de fato assim o fora, porquanto a diferença de idade entre eles era de apenas treze anos.

3. Este é o título dado por Asín à análise que realizou sobre a recepção da polêmica islâmico-dantesca em uma série de artigos editados em *Il Giornale Dantesco* (IV, 1923, p. 1-27; 149-158; I, 1924, p. 1-27; 149-158), que, desde então, são *in fine* publicados dentro de *La Escatología musulmana en la Divina Comedia*; trata-se do discurso lido no ato de sua recepção na Real Academia Española em 26 de janeiro de 1919. Ver ASÍN PALACIOS, M. *La Escatología musulmana en la Divina Comedia*. 4. ed. Madrid: Ediciones. Hiperión, 1984. (1. ed. Madrid: Real Academia Española, 1919; 2. ed. Madrid: Escuelas de Estudios Árabes de Madrid y Granada, 1943; 3. ed. Madrid: Instituto Hispano Árabe de Cultura, 1961). p. 469-609.
4. Esse ruidoso debate foi recapitulado em diversas ocasiões, sem contudo ser exaustivo. Cf. RODINSON, M. Dante et l'Islam d'après des travaux récents. *Revue de l'histoire des religions*, CXL, n. 2, p. 203-256, 1951; SYLVERSTEIN, Theodore. Dante and the Legend of the *Mi'râj*: the Problem of Islamic Influence on the Christian Literature of the other World. *Journal of the Near Eastern Studies*, p. 89-110; 187-192, 1952; VIDA, Levi della. Dante et l'Islam d'après des nouveaux documents. *Revue de la Mediterranée*, Paris-Alger, 1954; CONTARINO, Vincente. *Dante and Islam. History and Analysis of a Controversy.* A Dante Symposium. Ed. De Sua and Risso. The University of North Carolina, 1965; id. *The Arab Influence in Medieval Europe*. Ed. Dionisius A. Agius and Richard Hitchcock. Ithaca Press, 1989.
5. Sobre a sua biografia, ver MONROE, op. cit., p. 151-173; ver ainda ASÍN PALACIOS, Miguel. En la jubilación de D. Julián Ribera. In: RIBERA TARRAGÓ, Julián. *Disertaciones y opúsculos*. Madrid, 1928. 2 v.; ainda, GARCIA GÓMEZ, Emilio. Nota necrológica. *Al-Andalus*, II, p. I-VIII, 1934. Para o conjunto do orientalismo do século XIX, ver LÓPEZ, B. *Contribución a la historia del arabismo español. Orientalismo y colonialismo en España* 1840-1917. Granada, 1973. Tese (Doutoramento) – Universidade de Granada, Granada. 1973.
6. RIBERA TARRAGÓ, Julián. Orígenes de la filosofía de Ramón Llull. In: *Homenaje a Menéndez Pelayo en el año vigésimo de su profesorado*. Estudios de erudición española. Introdução de Juan Valera. Madrid: Victoriano Suárez, 1899. 2 v. vol. II, p. 191-216.

Ribera observou que a insatisfatória explicação que até então se dava acerca das fontes lulianas – admitia-se até que Lúlio se formara sem nenhum mestre – tinha de ser substituída por um giro copernicano que enfatizasse o ensino recebido de fontes muçulmanas e particularmente sufis. Acrescentava, além disso, nessas mesmas páginas e pela primeira vez na história que Ibn ᶜArabī fora a fonte concreta e imediata da influência sufi exercida sobre o pensamento de Lúlio. O enigma das fontes lulianas parecia, a seus olhos, encontrar uma solução definitiva.

No entanto, apesar da clara atribuição de tal mérito, a citada hipótese – sem dúvida, é melhor chamá-la assim – acompanhará a partir de então o nome de Asín, muito embora nessa primeira oportunidade tivesse sido convidado a corroborar a tese de Ribera com novas contribuições a seu favor. Esse trabalho – continuado, referendado e intensificado em várias ocasiões – obterá diversos graus de aprovação na comunidade científica, além de uma enorme difusão – estreitamente associada ao estudo do influxo exercido também pelo mencionado sufi de Múrcia em Dante –, consignando a atribuição habitual do, digamos, duplo descobrimento islâmico e sufi a Asín.

Não nos ocuparemos aqui, em pormenor, dos passos conduzidos na Europa nessa direção, preliminares à data de publicação desses dois textos pioneiros[7]. Seja como for, três fatores iniciais foram cruciais na gênese e na evolução da problemática que vamos analisar. São eles: 1a) o lugar do sufismo nos estudos de orientalismo e medievalismo e a fase posterior a seu ingresso na Espanha; 1b) o reduzido porte da investigação luliana em Asín; e 1c) a associação, a partir do princípio de uma teoria global da influência islâmica, ao nome concreto de Ibn ᶜArabī, cuja existência chegava quase novamente à História ocidental.

7. Embora esse assunto esteja ainda por ser investigado, basta por enquanto frisar, contra uma certa tendência, que Ibn ᶜArabī nunca foi totalmente desconhecido, já que a sua presença é constatada nos grandes dicionários biobliográficos do Islã, consultados desde sempre por orientalistas, como Kātib Šalabī, entre outros.

Orientalismo e Medievalismo
Europeu e Hispânico

Em primeiro lugar, como é bem conhecido, as pesquisas destinadas a relacionar o pensamento medieval ao Islã nasceram simultaneamente às próprias origens do orientalismo universitário e profissional em princípios do século XIX, fruto do impulso positivista e romântico da época. Com a cooperação de pesquisadores como A. Jourdain[8], F. Wüstenfeld[9] e S. Munk, na filosofia, ou Gubernatis[10], M. Amari[11] e, especialmente, A. Graf[12] e I. Pizzi[13], na literatura, obteve-se com rapidez uma idéia bastante satisfatória das transferências culturais que se sucederam nas sociedades do arco mediterrâneo ocidental durante a Idade Média[14]. De Palermo e Toledo a Paris, a chegada das traduções árabes aos centros do saber europeu começa a ser bem conhecida por orientalistas e medievalistas, reunidas numa simbiose que seria determinante na evolução desse conhecimento.

Nessa área, o estudo da filosofia árabe-muçulmana de caráter helênico se desenvolveria de maneira muito acentuada. A formação da identidade ocidental moderna, tão ligada à apaixonada recuperação da herança intelectual do mundo clássico, muito fez por esse estudo e pela visão do Islã como mero transmissor de idéias exógenas. Contudo, por trás dessa intensa atividade,

8. Especialmente suas célebres *Recherches critiques sur l'âge et l'origine des traductions latines d'Aristote*. Paris, 1843.
9. Em *Die Übersetzungen arabischer Werke in das lateinische seit dem XI Jahrhundert*. Göttingen, 1877.
10. O primeiro, em seu ainda consultado MUNK, S. *Mélanges de philosophie juive et arabe*. Paris, 1859; o segundo, em GUBERNATIS, Angelo de. *Matériaux pour servir à l'histoire des études orientales en Italie*. Paris, 1876.
11. Na enciclopédica AMARI, Michele. *Storia dei musulmani di Sicilia*. Firenze, 1854-1856.
12. Em GRAF, Arturo. *Miti, leggende e superstizioni del Medio Evo*. Torino, 1892-1893.
13. Causa estranheza que Asín Palacios, a essa altura, desconheça – e não cite – a obra desse qualificadíssimo pesquisador, apenas mencionado como um dos primeiros partidários de sua tese: a sua PIZZI, Italo. *Storia della poesia persiana*. 2 v. Torino, 1894, foi pioneira no estudo da influência das literaturas orientais no Mediterrâneo medieval; tampouco é citado o autor e sua célebre obra HAMMER-PURGSTALL, Josef von. *Literaturgeschichte der Araber*. Viena, 1853, muito mais antiga e não menos influente.
14. Uma idéia precisa dos conhecimentos adquiridos nessa e em outras matérias, no século XIX, obtém-se examinando os volumosos livros do repertório de CHAUVIN, V. *Bibliographie des ouvrages arabes, ou relatifs aux arabes, publiés dans l'Europe chrétienne de 1810 à 1885*. Liège, 1892-1913.

embora no orientalismo moderno o estudo do sufismo nunca tivesse sido desconhecido e seus melhores estudiosos tivessem feito esforços apreciáveis, o conhecimento do Islã era escasso e comparativamente insuficiente. O interesse pelo sufismo, porém, iria aumentar espetacularmente em pouco tempo. A linha majoritariamente espiritualista e romântica dos poucos estudos sobre o sufismo realizados até meados do século XIX se viu alterada pela crescente necessidade de estudá-lo em benefício das instituições e dos interesses coloniais, que descobriam então sua hegemônica presença política, social e cultural no mundo islâmico[15].

Por sua vez, a principal tarefa do atribulado arabismo hispânico do final do século XIX consistiu em ajustar os dados procedentes do orientalismo europeu e aplicá-los à História peninsular, tentando enriquecê-los com o próprio estudo das fontes árabes originais. Tal fora a primeira fase de acumulação e elaboração de material historiográfico, que começou muito lentamente a ser realizada na Espanha pelas mãos dos primeiros arabistas modernos, dentre os quais cabe mencionar José Antonio Conde (1766-1820), Pascual de Gayangos (1809-1881) e seu discípulo e sucessor, F. Codera, e Zaidín (1836-1917)[16], mestre de Ribera.

É importante ter em conta o complexo contexto do orientalismo nas notáveis peculiaridades da historiografia hispânica. A ignorância existente na Península sobre a cultura islâmica supunha um sério e vergonhoso *deficit* para toda a especulação histórica fundamentada. O arabismo afrancesado e liberal, absolutamente dependente do estrangeiro, procurava, embora tarde, preencher as grandes lacunas da história peninsular, enquanto, passando pelo krausismo, voltava-se para um complexo tipo de tradicionalismo nacionalista em Asín e seus sucessores[17].

15. Os estudiosos espanhóis estão plenamente conscientes, no seu caso, do chamado "problema africano". Asín já se refere a essa questão no mesmo "Mohidín" (ASÍN PALACIOS, op. cit., 1899, p. 255), que é recorrente em muitas de suas obras e que culmina no seu alegado revelador após a Guerra Civil espanhola: ASÍN PALACIOS, Miguel. Por qué lucharon a nuestro lado los musulmanes marroquíes. *Boletín de la Universidad Central*, Madrid, 1940.
16. Sobre todos eles, cf. os trabalhos já mencionados. Acerca de Codera, ver MONROE, op. cit., p. 128-150, e GARCIA GÓMEZ, Emilio. Homenaje a Codera. *Al-Andalus*, XV, p. 263-274, 1950.
17. Para a bibliografia sobre o orientalismo hispânico, todavia insuficientemente explorado, ver as notas 1 e 5. Ainda: LÓPEZ, B. Orígenes del arabismo español. *Cuadernos de la biblioteca española de Tetuán*, n. 19-20, p. 277-291, jun./dic. 1979; MARÍN, M. Arabistas en España:

Nesse sentido, Ribera começou a desenvolver uma brilhante teoria na investigação da cultura institucional, da música e da literatura hispânicas, aplicando-se com indiscutível êxito ao estudo das origens e influências de seus elementos característicos[18]. Entre outras, as suas propostas inovadoras a favor da origem árabe da poesia trovadoresca, das universidades ou da função do que exerce a "Justiça de Aragão" alcançaram notoriedade. O terreno das relações entre as culturas do Oriente e do Ocidente, em solo hispânico, se fazia tão extenso quanto prometedor em descobertas fascinantes, cheias de repercussão histórica, ideológica e social. Na Espanha, isso representava uma capital oscilação da islamofobia à islamofilia, com importantes implicações ideológicas.

Nesse impulso metodológico historicista, típico do século XIX, a contribuição inicial de Ribera no âmbito luliano, como também a de Asín, consiste, numa primeira etapa, na aplicação de métodos mais rigorosos, seguidos nas universidades européias. Para levar a cabo a contextualização do ambiente em que viveu Raimundo Lúlio, Ribera dispunha dos muito recentes conhecimentos adquiridos no Ocidente sobre o Islã e sobre o sufismo andaluz, em particular. Mais adiante voltaremos a isso.

Desinteresse Luliano de Asín

Em segundo lugar, Asín nunca consagrará um estudo importante à questão luliana. Apesar das esperanças que de início ele poderia ter suscitado[19], apenas algumas referências secundárias irão se acumulando, enquanto o peso majoritário das pesquisas girará em torno da obra de Dante Alighieri, deixando,

un asunto de familia. *Al-Qantara*, XIII, p. 379-395, 1992; MARTÍNEZ MONTÁVEZ, Pedro. Sobre el aún "desconocido" arabismo español del siglo XIX. In: *Ensayos marginales de arabismo*. Madrid, 1977. p. 3-22.

18. Recolhidas essencialmente em RIBERA TARRAGÓ, Julián. *Disertaciones y opúsculos*. Madrid, 1928. 2 v. N. 4.

19. Em 1906, insiste em uma prometedora nota dizendo: "Além disso, não são estas as únicas imitações flagrantes que as obras de Lúlio contêm: os princípios cardinais de sua metafísica são uma cópia dos de Ibn ᶜArabī, como demonstrarei em outra ocasião." ASÍN PALACIOS, Miguel. La psicología según Mohidín Abenarabi. *Actes du XIVe Congrès des Orientalistes, Alger 1905*. Paris: E. Leroux, 1906-08. 3 v. in 4. III, 3.1, p. 79-191; p. 141, n. 1.

em seus trabalhos, as investigações lulianas para um plano subordinado e muito secundário.

Cronologicamente podemos constatar que depois do artigo inicial de 1899, exceção feita a algumas notas dispersas, o interessante capítulo e o anexo consagrados a Lúlio em *Abenmasarra y su escuela*, datado de 1914[20] – obra em que Dante ainda aparecia relegado em nota –, converte-se em seu mais extenso e último importante esforço pesquisador sobre esse tema[21].

Quando começou a pensar em seu discurso de ingresso na Real Academia Espanhola – para a qual fora nomeado em 1915 –, hesitou entre diversos temas, para finalmente dedicar-se ao poeta florentino em sua célebre *La Escatología musulmana en la Divina Comedia*, obra publicada em 1919. Decidiu-se por isso, embora as influências orientais em Dante já tivessem começado a suscitar, entre diversos pesquisadores, os primeiros "pressentimentos", como os chamou muito prudentemente L. Massignon[22]. Sabemos que, dentre todos, o estudo de E. Blochet, *Les sources orientales de la Divine Comédie*, de 1901, chegara ao conhecimento de Asín, que, com suas pesquisas já avançadas, teve uma séria crise de saúde, agravada por neurastenia. Ribera procurou animá-lo suficientemente para continuar, apesar de tudo, nesse caminho, segundo narra o biógrafo J. Valdivia[23].

Destarte, chegou Asín à fama internacional com sua *La escatología musulmana en la Divina Comedia*, obra impulsionada por uma enorme controvérsia[24], que passaria, desde então, a associar na historiografia os nomes

20. Id. *Abenmasarra y su escuela*: origenes de la filosofia hispano-musulmana. Discurso leído en el acto de su recepción por D. Miguel Asín Palacios y contestación del Sr. D. Eduardo Sanz y Escartín, el día 20 de Marzo de 1914. Madrid: Real Academia de Ciencias Morales y Políticas, 1914. p. 123-127; e ibid., p. 155-164. (Apéndice 6º: *La teoría de las "hadras", de Abenarabi y las "dignitates" de Lulio. Otras analogías de ambos sistemas*).

21. Em toda a sua obra posterior tão-somente se recapitulam tais dados adquiridos sem qualquer contribuição inovadora, exceção feita a algumas notas dispersas.

22. Laconicamente diz "[...] le problème des origines orientales de la Divine Comédie, pressenti par De Goeje, Chauvin et Guidi, posé par Blochet et Modi." MASSIGNON, Louis. Les Recherches d'Asin Palacios sur Dante. Le problème des influences musulmanes sur la chrétienté médiévale et les lois de l'imitation littéraire. In: MASSIGNON, Louis. *Opera minora*. Textes recueillis, classés et présentés avec une bibliographie par Y. Moubarac. Beirut: Dār Al-Maᶜārif, 1963. 3 v. in 8. Tomo I, p. 57.

23. VALDIVIA VALOR, op. cit., p. 31. ASÍN PALACIOS, op. cit., 1984, p. 420, n. 1.

24. Ver o impressionante elenco de artigos oferecido pelo próprio Asín na já mencionada "Historia y crítica de una polémica", cf. ibid., p. 473-479.

de um e de outro à paternidade das literaturas italiana e catalã. Desse modo, ficarão ambos acidentalmente aparentados no elenco das supostas influências que mais sobressaíam no panorama cultural do Ocidente.

Seja como for, podemos perguntar-nos se algum motivo existiu para o seu pouco entusiasmo pelos estudos lulianos, como assim nos parece, mas deixaremos essa questão para outra ocasião, pois ela nos conduziria demasiado longe. Na prática, pode-se falar de uma pronta exclusão de Raimundo Lúlio dos interesses prioritários do arabista saragoçano.

Ibn ᶜArabī Monopoliza as Pistas Islâmicas e Sufis em Lúlio

Em terceiro lugar, o nome de Ibn ᶜArabī, como fonte do pensamento luliano, aparece concomitante e estreitamente associado à hipótese de uma profunda "islamização" ou "orientalização" do pensamento ocidental medieval cristão e pré-tomista. Recordemos que, nesses artigos pioneiros, aparecia formulada a idéia de que a enorme influência cultural do rastro islâmico estava concretizada na influência do sufismo, o que já representava um passo bastante inovador. Essa genérica afirmação vinha imediatamente seguida pela atribuição a um pensador determinado, atingindo desse modo uma insuspeitada precisão, que referendava indubitavelmente aquela hipótese outorgando-lhe um prestigioso selo de veracidade. Como pôde ocorrer simultaneamente esse passo do geral para o particular, tão característico de Ribera e de Asín?

Vejamos como Ribera o explica claramente, ao perguntar-se, em alta voz, no início do mencionado artigo: "Terão sido estudadas o bastante as correntes arábicas que puderam influir na filosofia do Doutor Iluminado?"[25].

Algumas páginas adiante, responde a si próprio seguindo fielmente seu método da "imitação": "Do estudo de algumas obras dos sufis muçulmanos chegamos à convicção profunda de que o célebre filósofo maiorquino é um sufi cristão"[26].

25. RIBERA TARRAGÓ, op. cit., 1899, p. 192.
26. Ibid., p. 198.

Audaz essa primeira definição das influências islâmicas, embora, como já dissemos, fosse relativamente assumível graças aos novos conhecimentos da espiritualidade sufi que, desde o início do século XIX, chegavam lentamente ao Ocidente. A afinidade pessoal e a proximidade histórica do maiorquino com o Islã são conhecidas de todos pela simples leitura de obras clássicas, tais quais *Blanquerna, Els Cent noms de Deus* etc. A seus olhos, esses dados arquiconhecidos acerca do *cristianus arabicus* haviam agora adquirido um significado totalmente novo, sem adição textual inovadora de sua parte à obra luliana, que, como Asín, conhecia razoavelmente bem[27]. Ribera havia sido suficientemente perspicaz para extrair deles uma interpretação reatualizada da obra luliana[28]. Numa primeira visão global, essa presença sufi se apresentava como o marco cumulativo de argumentos a favor de uma influência que pôde ser exercida no arco mediterrâneo ocidental, digamos por osmose, sobre homens de fronteira e biculturais como Lúlio. Citemos a passagem explícita que nos oferece Ribera:

> Para provar estas afirmações e demonstrar a semelhança de idéias e conduta, poderíamos ir acumulando testemunhos da vida andante de muitos sufis espanhóis que passaram pelo Norte da África em tempos imediatamente anteriores aos de Lúlio e se tornaram célebres por seu talento e devoção, como, por exemplo, o marabuto murciano Ibn Sabᶜīn, filósofo que pregava nas ruas e praças, que ensinava por símbolos e alegorias, e, para expor suas especulações metafísicas, empregava uma linguagem enigmática e obscura detrás da qual se ocultavam suas audazes doutrinas de uma ortodoxia não muito confiável; ou o asceta Ibn Hūd, também murciano, descendente de pessoas muito esclarecidas, que andou pelo mundo coberto com seu célebre manto de capuz e exótico traje de anacoreta (sob o qual destacava-se sua branca e venerável barba); entregue a penitências, austeridades, visões místicas, meditabundo, sempre triste e soluçando, cujos versos exalavam a cem lé-

27. Este último, manuseando a clássica *Opera omnia* de Estrasburgo (1617), cita, entre outras fontes: *Ars demonstrativa, Liber mirandarum demons, Libre de Angels, Felix, Liber de quatuordecim articulis fidei, Declaratio Raymundi, Doctrina pueril, De quadratura e triangulatura de cercle, Libro del amigo y del amado* (traducción castellana, Palma, 1749), *Els cent noms de Deus, Liber de civitate mundi* (ms. Bib. Vat.). Deixamos para outra ocasião a análise das fontes lulianas utilizadas, aceitáveis e suficientemente extensas em seu conjunto.
28. Aplicada com aparente êxito em outras questões, a sua metodologia positivista, no estudo dos fenômenos culturais, levara-o a sustentar, de modo axiomático, a continuidade das tradições intelectuais. Aplicava, agora, analogamente essa mesma perspectiva a uma leitura "islamizante" do lulismo.

guas um mau cheiro panteísta; ou o célebre Šuštarī, natural de Guadix, Granada, sapientíssimo varão sempre acompanhado de uma multidão de pobres e ermitãos esfarrapados, extasiando-se ao ouvir seu mestre recitar suas *muwaššaḥāt* e *zajals*, de assombrosa espontaneidade, nas quais cantava seus místicos amores; ou Harelí, ou Abū al-ᶜAbbās, ambos murcianos; ou Al-Farīd, Al-ᶜAfīf, Abū Madyan etc. etc.; quer dizer, uma multidão que pululava pelo Ocidente e Oriente e que levava vida igual professando idéias semelhantes[29].

À medida que chegavam novos dados sobre esses sufis, o cerco às influências intelectuais e culturais podia, como veremos, estreitar-se. O elenco de figuras importantes do mundo espiritual islâmico – cujas biografias eram então conhecidas sumariamente – bastava, sem dúvida, para estabelecer um primeiro paralelismo genérico entre eles e os leigos terciários cristãos. No entanto, Ribera e Asín em uníssono, pouco capazes ainda de ir além das biografias dos mencionados Ibn Sabᶜīn, Ibn Hūd, Šuštarī, Harelí, Abū al-ᶜAbbās, Al-Farīd, Al-ᶜAfīf, Abū Madyan, deram um espetacular passo adiante ao assinalar quem era o agente primordial dessas influências, avanço que constituiu uma contribuição cujo peso não pode, de modo algum, ser eludido nessa polêmica. Anos antes do despertar da polêmica sobre Dante, surgia destacado Ibn ᶜArabī como o ponto de contato entre o lulismo e o Islã, descartando-se, sem mais explicações, tantos outros mestres sufis. Continua Ribera:

Mas, entre todos eles, ergue-se e sobressai, como os cumes do Moncayo sobre os montes que os circundam, um doutíssimo varão, metafísico profundo, grande poeta místico, mestre universal, Muḥyiddīn Ibn ᶜArabī, de Múrcia, cuja vida, opiniões e sistema são como um retrato antecipado da vida, opiniões e sistema do filósofo maiorquino.
Há coincidências muito curiosas na vida dos dois personagens; umas são completamente fortuitas; outras não podem ser casuais: *denunciam uma relação pessoal de modelo e cópia*[30].

A tese de Ribera é categórica. Dirá então:

Esta semelhança de conduta pode ser completamente fortuita; o que não é fácil explicar por mera coincidência são as analogias de seus sistemas, princípios, méto-

29. RIBERA TARRAGÓ, op. cit., 1899, p. 199-200.
30. Ibid., p. 200.

dos, formas de exposição e particularmente duas ou três tão pessoais que *indicam íntima e imediata relação entre ambos*[31].

É preciso considerar os termos exatos empregados para descrever essa influência, referendada de modo contundente em diversas ocasiões como "semelhança tão completa", "relação íntima", "como se um tivesse copiado o outro", "indícios veementes de relação, mediata ou imediata entre Muḥyiddīn e Lúlio", "sinais que, em minha opinião, demonstram que há uma ligação particular, imediata e pessoal entre suas doutrinas; para mim, é evidente que Lúlio certamente aproveitou os livros de Muḥyiddīn [...]"[32]. Até mesmo num caso, embora indireto, fala-se de "prova concludente". Não cabe dúvida, pois, de que Ibn ᶜArabī não é para eles uma referência distante, tampouco um exemplo imitado mais ou menos conscientemente, mas é o próprio nexo material de uma influência capital na história das culturas[33].

Cria-se, nesse contexto, uma concatenação de afirmações e matizações nem sempre fácil de compreender, que deve ser especificada passo a passo. O jovem Asín, embora pudesse de início parecer eventualmente titubeante, dizia em 1899: "[...] acredito ter achado um dado novo que projeta muita luz sobre o problema, se é que não o resolve definitivamente." Depois fala de Ibn ᶜArabī apenas como "seu provável mestre" e conclui enigmaticamente, algumas páginas adiante: "E Lúlio, imitando-o, ou a quem quer que seja o sufi em cujas obras se inspirou [...]"[34]. Em 1906, ao encontrar um importante símile comum, declara:

31. Ibid., p. 205.
32. Ibid., p. 199; 205; 209; 211.
33. Exemplos que completam o elenco de referências: "[...] em outros vê-se semelhança tão completa que denota relação íntima entre ambos, como se tivessem copiado um do outro" (ibid., p. 209). "Além dessas semelhanças, que já são *indícios bastante veementes da relação*, mediata ou imediata, entre Muḥyiddīn e Lúlio, pude distinguir alguns sinais que, a meu juízo, *demonstram um enlace particular, imediato e pessoal entre as suas doutrinas*: para mim, *fica evidente que Lúlio deve ter aproveitado os livros de Muḥyiddīn*, e isto explica grande parte de sua mística e de sua filosofia" (ibid., p. 211). "[...] vejo indício de ter imitado Muḥyiddīn [...]. Outro indício particular desta relação entre ambos os autores [...]" (ibid., p. 212) "É coincidência singular e rara [...]. Porém, o mais veemente indício e que para mim *constitui prova concludente*, levando-se em conta as coincidências anteriores, é o que ocorre com o livro místico de Lúlio, *El Amigo y el Amado* [...]. Dá-se também a *raríssima coincidência* de que [...]" (ibid., p. 213).
34. ASÍN PALACIOS, op. cit., 1899, p. 221-222; 246; 254.

> A identidade do símile até nas palavras e a analogia do fim a que se propõem os dois místicos denunciam uma imitação flagrante e vêm confirmar uma vez mais a tese sustentada por meu mestre, Sr. Ribera, de que Lúlio foi um sufi cristão imitador de Ibn ᶜArabī ou de algum discípulo seu[35].

Em 1915, em seu *Abenmasarra y su escuela*, em que, repetimos, encontra-se a sua dissertação luliana mais ampla, as dúvidas se dissiparão e ele dirá decisivo:

> Há uns quinze anos a sagaz penetração de meu querido mestre Ribera descobriu pela primeira vez as origens muçulmanas do abstruso sistema luliano, aparentando-o ao do murciano Ibn ᶜArabī. Nessa ocasião procurei reforçar, com algum argumento de pormenor, a robusta e orgânica demonstração de meu mestre; mas *nem ele nem eu estávamos então em condições de afirmar que o parentesco fosse tão estreito e confiável*, como aparece hoje a luz que projeta o sistema de Ibn Masarra, perpetuado no de Ibn ᶜArabī[36].

Em que pese o embaraço que essa confissão de Asín provoca, a busca de "imitações flagrantes" em que se baseia o seu método havia, naquele momento, atingido o seu ápice, sem que se soubesse – tal qual em Ribera – se esse "parentesco" com Ibn ᶜArabī fora singular e excludente em relação a seus poucos contemporâneos conhecidos, Ibn Sabᶜīn, Šuštarī, Ibn Hūd, Abū Madyan etc.[37]. Todavia, não era possível tal nível de conhecimentos pormenorizados. Ribera e Asín não estavam capacitados para distinguir entre as doutrinas metafísicas, escatológicas, filosóficas, dogmáticas e ascéticas que separam Ibn ᶜArabī de seus contemporâneos. Devemos mais uma vez ser humildes e repetir que hoje apenas começamos, ainda que timidamente, a saber diferenciá-las[38].

35. Id., 1906-1908, p. 140-141.
36. Id., 1914, p. 123.
37. Nenhuma de suas obras parece ter sido consultada, nem pareceu ter sido necessário fazê-lo. Fala-se do sufismo como um todo, ainda que se o particularize, como vemos, um tanto alegremente.
38. O vazio historiográfico do pensamento sufi andaluz do século XIII/VIH. é imenso e não pode ser suprido com as únicas e extensas obras de Ibn ᶜArabī, cuja sobrevivência documental é quase milagrosa diante da destruição sistemática e muito antiga do pensamento islâmico magrebiano e ocidental. Essa realidade fáctica foi agravada por uma grande lentidão nas pesquisas, que, apenas recentemente, começa timidamente a ser vencida.

A literatura sufi abarca muitas dezenas de milhares de páginas que não são facilmente decifráveis. Além disso, o complexo contexto histórico em que ela se insere suscitou polêmicas consideráveis desde o início de seu estudo no Ocidente[39]. Não se poderia aspirar, em um primeiro contato com seus clássicos mais abstrusos, a ter uma idéia detalhada de sua evolução e, menos ainda, pensar em elaborar com esses dados uma história das relações entre o cristianismo e o Islã, pois, simplesmente, ainda não se chegara lá. Há nessas afirmações um tom de uma aparente enorme suficiência que contrasta com a humilde constatação das graves lacunas documentais que constantemente surgem, embora tal capacidade visionária não fosse distinta, em tom, de muito da erudição européia anterior às duas guerras mundiais[40].

A Descoberta Hispânica de Ibn ᶜArabī

Até aqui examinamos as características mais notáveis da descoberta da dimensão islâmica do lulismo. Agora gostaríamos de mostrar o desenvolvimento do trabalho científico dos dois arabistas, no qual se configuram duas perspectivas: por um lado, o estudo da influência do sufismo, de um ponto de vista geral, e por outro, a influência procedente de *Al-Šayḫ al-Akbar*, Ibn ᶜArabī, contemplada de modo preciso. Comecemos por esta última.

Como foi que Ribera e Asín chegaram a pôr Lúlio em contato com Ibn ᶜArabī? De que elementos dispunham para estabelecer suas hipóteses?

Na realidade, o movimento da pesquisa foi em sentido inverso, pois foi por meio de Ibn ᶜArabī que se chegou ao franciscano Lúlio. E mais, nesse

39. Ver, como introdução, de minha autoria, PALLEJÁ DE BUSTINZA, Victor. Le soufisme: les débuts de son étude en Occident. *Horizons Maghrébins*, XXX, p. 97-107, 1995.
40. Ver as interessantes observações de AUSTIN, R. W. Some observations on the study of sufi origins. *Actas do IV Congresso de estudos árabes e islâmicos*. Leyde, 1971. p. 101-107; CASPAR, R. La Mystique musulmane: recherches et tendances. *Revue de l'Institut des Belles Lettres Arabes*, Tunis, n. 25, p. 271-289, 1962.

caso foi primeiro o descobrimento do "material" que motivou a busca, e não uma idéia que despertou o encontro com a "prova".

Surge aqui uma peça chave nessa história, a saber, a chegada da segunda edição impressa da obra principal de Ibn ᶜArabī, *Al-Futūḥāt al-Makkiyya* (As Iluminações de Meca), cujo estudo detalhado deixaremos para outra ocasião. A aquisição da segunda edição egípcia de 1876 d.C./1293H. desencadeou, após muitos séculos, a primeira aproximação importante ao sufismo na Espanha.

Com os volumes em mãos, Ribera imediatamente pressentiu que a fascinante obra de Ibn ᶜArabī mereceria ser estudada. Em diversas buscas, o grande arabista valenciano – com toda certeza, conhecedor do mesmo idioma de Lúlio – começou a escrever o seu breve comentário, *Amigo e Amado*, nas margens, junto às passagens em que encontrava esse tipo de ressonâncias lulianas, a ele tão familiares. Naquele momento, iniciava-se o polêmico reencontro do lulismo com o Islã.

Esse documento foi logo apresentado a seu colaborador Asín. Examinamos pessoalmente o exemplar utilizado por ambos os autores e constatamos, por meio de suas abundantes anotações, como dividiram o texto para agilizar a leitura integral da enorme – e abstrusa para o profano – compilação de Ibn ᶜArabī em quatro volumes *in cuarto maior* que somam umas 3.400 páginas[41], correspondentes a mais do dobro dessa quantidade traduzida para as línguas latinas[42].

Asín interessou-se vivamente por Ibn ᶜArabī, buscando os vestígios de Al-Ġazālī (Abū Ḥāmid al-Ġazālī, m. 1111) na Espanha, tal como lhe havia pedido Menéndez y Pelayo. Asín nunca deixara de estudar a obra do mestre iraniano Al-Ġazālī, tema de seu doutorado em 1896, até a edição, em 1941, do quarto e último volume de sua *opera magna*, *La espiritualidad de Algacel y su sentido cristiano*. Asín Palacios perseverou nessa linha de pesquisa – na

41. Asín fala de "4.000 páginas en 4º mayor" (ASÍN PALACIOS, op. cit., 1899, p. 221) com certa exageração, embora acerte mais ao compará-la, se fosse traduzida, aos 21 volumes *in folio* da obra completa de Alberto Magno.

42. Na realidade, a tradução de um texto tão condensado e técnico pode multiplicar-se por fatores muito superiores, sem contar com a devida anotação e aparato filológico. Os volumes que surgiram nas atuais versões em persa e turco, hoje em curso de publicação, assim o assinalam. Os 14 tomos da edição crítica árabe de ᶜUṯmān Yaḥyà – irreparavelmente já fenecida – constam de cento e sessenta e um capítulos dos quinhentos e sessenta da obra, isto é, tão-somente um volume e meio dos quatro originais, que, nesse ritmo, chegariam hipoteticamente a cerca de 49...

qual adquiriu a categoria de especialista internacional[43] –, e o surgimento de *As Iluminações de Meca* iria inesperadamente redirecionar suas pesquisas e outorgar-lhe fama internacional.

Muito pouco se conhecia de Ibn ᶜArabī nessa época, em 1899, quando surgiram as primeiras edições impressas disponíveis, como *Muḥāḍarāt al-abrār* (1282H., 1305H.) e o *Dīwān* (1270H.)[44], acompanhadas de algumas notas de *Tarjumān al-ašwāq* e de seu comentário, *Al-Ḏaḫā'ir wa-al-aᶜlāq*, extraídas dos manuscritos do Escorial. Eram essas as únicas obras do sufi murciano então conhecidas, e não se notou a presença de qualquer outra leitura sufi original, não gazaliana. Tudo o que Asín havia lido do sufismo em suas fontes originais era pouco mais do que isso.

Se prescindirmos dessa data inicial e nos centrarmos exclusivamente no ilustre saragoçano, veremos como ele se esforçou ousadamente para ter acesso às principais obras akbarianas, fazendo numerosas pesquisas bibliográficas e sendo beneficiado pelas numerosas impressões sobre as obras de Ibn ᶜArabī, graças ao lugar privilegiado de que este desfrutara na sociedade islâmica de sua época.

Em 1906, em sua *Psicología segundo Mohidín Abenarabi*, Asín conta já com a segunda obra mais importante de Ibn ᶜArabī que forma o núcleo central de seus escritos, *Fuṣūṣ al-ḥikam* (Istambul, 1309H.), junto ao comentário de Bali Efendi. Asín descarta essa obra aprioristicamente, sem

43. Como ele próprio explica, no Proêmio: "Quando, no início de meus primeiros estudos acerca da filosofia arábica, fixei minha atenção quase exclusivamente sobre o místico Al-Ġazālī e em seu papel dentro do islamismo [...]" (ASÍN PALACIOS, op. cit., 1899, p. 217). A sua obra estritamente gazaliana é bastante considerável: *Algazel: Dogmática, Moral y Ascética*. Zaragoza, 1901; Psicologia de la creencia según Algazel. *Revista de Aragón*, III, p. 51-56; 116-120; 184-194; 296-301; 358-392, 1902; La psicología del éxtasis en dos grandes místicos musulmanes (Algazel y Mohidín Abenarabi). *Cultura Española*, Madrid, I, p. 209-235, 1906; La Mystique d'Al-Gazzâlî. *Mélanges de la Faculté Orientale de l'Université de St. Joseph*, Beirut, VII, p. 67-104, 1914; Una sinopsis de la ciencia de los fundamentos jurídicos según Algazel (Análisis y extractos de la introducción de su Mostafa). *Anuario de Historia del Derecho Español*, Madrid, p. 13-16, 1925. (*Revista de Archivos, Bibliotecas y Museos*, t. II); *El justo medio en la creencia*. Compendio de Teología dogmática de Algazel. *Madrid*, 1929; La espiritualidad de Algacel y su sentido cristiano. *Escuelas de Estudios Árabes de Madrid y Granada*. Madrid, t. I-IV, serie A-2; serie B-2, 1934; 1935; 1936; 1941.

44. Poderia ser a edição cairota desse ano, ou mais provavelmente, a contemporânea de Bombaim (s.d.).

muitas contemplações e praticamente para sempre[45]. Trata-se de uma estranha decisão, posta em destaque pela crítica[46]. Contudo, *Al-Amr al-muḥkam* (Istambul, 1315H.) se junta à sua bibliografia. Em suas leituras começam a entrar obras duvidosas ou apócrifas, tais quais o *Tafsīr* (Cairo, 1317H.), que na realidade é uma obra de ᶜAbd al-Razzāq Qāšānī[47] e que chega simultaneamente à pouco confiável *Tuḥfat al-safara* (Constantinopla (sic) 1300H.). O mesmo Asín contribui sensivelmente para esse caótico repertório akbariano com sua edição e tradução da *Risāla fī maᶜrifat al-nafs wa-al-rūḥ*[48].

Em 1914, Asín publica *Abenmasarra y su escuela*, ao que se acrescenta *Mawāqiᶜ al-nujūm*, impresso no Cairo em 1907/1325H. juntamente com o *Kitāb al-ḥijāb* e o *Kitāb šaqq al-jayb* – de autoria e texto muito duvidosos –, ambos surgidos no mesmo ano e cidade e extraídos de *Majmūᶜ al-rasā'il al-ilāhiyya*. O espúrio *Šajarat al-kawn* (Constantinopla (sic), 1900/1318H.) surge ao lado de diversas versões de *Šajarat al-Nuᶜmāniyya* e de outros textos menores de difícil atribuição.

No seguinte e mais célebre de seus trabalhos, *La Escatología musulmana en la Divina Comedia* (1919), Asín tem acesso à edição dos já mencionados *Tarjumān* e de seu comentário, *Al-Ḏaḫā'ir wa-al-aᶜlāq* (1894); alguns manuscritos novos lhe permitem informar-se sobre o *Kitāb al-isrā'*, sobre *Tanazulāt al-amlāk* e sobre *Mašāhid al-asrār*.

As quatro monografias publicadas no *Boletín de la Real Academia*, entre 1925 e 1928[49], fazem referência aos três novos tratados editados por

45. Argumenta assim: "Quanto a *Fuṣūṣ*, confesso que – apesar de, ou melhor, por causa do prolixo e sutil comentário que o acompanha – não é o livro mais apropriado para se estudar o pensamento tortuoso de Ibn ᶜArabī" (ASÍN PALACIOS, op. cit., 1906-08, p. 80).
46. AFIFI, A. E. *The Mystical Philosophy of Muhyid Din-Ibnul Arabi*. Lahore, 1938; New York: AMS Press, 1974. p. 111.
47. A primeira edição cairota de 1867/1283H. já dava essa errônea atribuição, fielmente seguida pelos editores sucessivos (Cawnpore, 1883/1300H. [...] até Beirut, 1968!), apesar de a grande maioria dos manuscritos indicar corretamente a autoria.
48. Editado e traduzido em ASÍN PALACIOS, op. cit., 1906-08, Asín não mostrará jamais a menor sombra de dúvida na atribuição de um texto formado em sua maior parte por *Al-Risālat al-laduniyya*, texto talvez gazaliano. Massignon, Bouyges, Watt, M. Smith manifestaram-se diversamente a respeito, porém de nada serviu: em 1941, Asín Palacios insistia no mesmo ponto (id., 1934; 1935; 1936; 1941, t. IV, p. 388, n. 1). Posteriormente, a descoberta de diversos manuscritos certamente anteriores a Ibn ᶜArabī confirmou categoricamente as dúvidas então manifestadas.
49. Id. El místico murciano Abenarabi (Monografías y documentos). *Boletín de la Real Academia de la Historia*, Madrid, I: Autobiografía cronológica, LXXXVII, p. 96-173, 1925;

Nyberg em 1919[50], *Inšā' al-dawā'ir*, *ᶜUqlat mustawfiz* e *Tadbīrāt*, incluindo a *Risālat al-Quds* (Cairo, 1281H.), cuja tradução parcial completará esta primeira abordagem de sua obra biográfica[51]. Faz-se referência ao apócrifo *Al-ḥikmat al-ilhāmiyya*, tímidos extratos de *Fuṣūṣ*, e ao uso do próprio dicionário terminológico de Ibn ᶜArabī, o *Kitāb al-istilāhāt al-sūfiyya*[52].

No mais extenso de seus estudos akbarianos, *El Islam cristianizado* (1931), o volume de obras akbarianas aumentou, ao serem incluídas as obras *Risālat al-anwār* (Cairo, 1332H.) e *Kunh mā lā budda al-murīd min-hu* (Cairo, 1328H.)[53].

Seu trabalho bibliográfico foi frutífero, embora possa parecer pequeno ao lado dos 150 títulos que computava o mesmo Asín e da lista das obras akbarianas, que hoje chega a 400 títulos. No entanto, as duas obras absolutamente principais, *Al-Futūḥāt* e *Fuṣūṣ*, são mais que suficientes para uma primeira exploração. A primeira delas, de tamanho colossal, compêndio enciclopédico de seu saber, foi conscienciosamente estudada; a segunda ficou lamentavelmente excluída, como já dissemos[54]. Por outro lado, do total de cerca de 25 títulos examinados, cerca de 24% são incorretamente atribuídos, taxa elevada para um conhecedor das famosas dificuldades textuais existen-

II: Noticias autobiográficas de su *Risâlat Al-Cods*, LXXXVII, p. 512-661, 1926; III: Caracteres generales de su sistema, LXXXVIII, p. 582-637, 1926. (Reimp. *Revista de Archivos, Bibliotecas y Museos*, 1926); IV: Su teología y sistema del cosmos, XCII, p. 654-751, 1928.

50. NYBERG, H. S. *Kleinere Schriften des Ibn al-'Arabî*. Leyde: E. J. Brill, 1919.

51. Mencionamos aqui as obras citadas; temos comprovação de diversas descobertas nos catálogos de diversas bibliotecas importantes, embora não tenhamos encontrado cópias de outros textos akbarianos, se por ventura existirem. Investigações posteriores poderiam, pois, ampliar esse elenco.

52. IBN ᶜARABĪ Muḥyiddīn. *Kitāb al-istilāhāt al-sūfiyya* (Léxico Sufi) editado apud JURJĀNĪ, ᶜAlī b. Muḥammad. *Definitiones viri meritissimi sejjid scherif Ali ben Mohammed Dschordschani. Accedunt definitiones Theosophi Mohji-ed-dín Mohammed ben Ali vulgo Ibn Arabi dicti*. (*Kitāb al-taᶜrīfāt*). Ed. G. Flügel. Leipzig, 1845.

53. Ambos os textos de autoria certa. Nessa obra, fecha-se o *corpus* biográfico que representa seu cânone akbariano: "Dzajáir, Diwán, Fosús, Fotuhat, Mawaqi, Mohadara, Tadbirat" (*sic*). ASÍN PALACIOS, Miguel. *El Islam cristianizado*. Estudio del "Sufismo" por medio de las obras de Abenarabi de Murcia. 2. ed. Madrid: Hiperión, 1981. (1. ed. Madrid: Plutarco, 1931). p. 32.

54. Sobre isso, ver o iluminador capítulo "Une introduction à la lecture des *Futûhât Makiyya*" de M. Chodkiewicz, apud IBN ᶜARABĪ, Muḥyiddīn. *Les Illuminations de La Mecque* (*Al-Futūḥāt al-Makkiyya*). Anthologie présentée par Michel Chodkiewicz. Avec la collaboration de Denis Gril et Cyrille Chodkiewicz. Paris: Sinbad, 1988. Para o repertório akbariano, consultar: YAHYA, O. *Histoire et Classification de l'Oeuvre d'Ibn ᶜArabī*. Damas: Institut Français d'Études Arabes, 1964.

tes na obra gazaliana, que deveria ter sido mais prudente com o repertório akbariano. Dessas atribuições errôneas se extraem diagnósticos falseados, e toda a "psicologia" akbariana assume uma aparência confusa.

No entanto, apesar desse tremendo esforço de leitura da obra akbariana, associado a uma imersão na obra de Al-Ġazālī, não se pode construir uma história do sufismo com suficientes garantias. Asín foi vítima da escassez de manuscritos e de edições de textos arcaicos, num meio enormemente submetido à hegemonia dos materiais tardios. Podemos constatar a escassez de fontes originais sufis disponíveis.

Asín pôde contar apenas com um número reduzido de clássicos do sufismo primitivo: *Qūt al-Qulūb*, de Abū Ṭālib al-Makkī (m. 386H./996), a *Risāla* de Al-Qušayrī (m. 465H./1072), e *ᶜAwārif al-Maᶜārif*, de ᶜUmar Suhrawardī (m. 632H./1234)[55], o solitário *Maḥāsin al-Majālis*, de Ibn al-ᶜArīf (m. 536H./1141). Trata-se definitivamente de pouco material para acompanhar a onipresente dupla Al-Ġazālī – Ibn ᶜArabī e o conflitivo Ḥallāj (m. 309H./922), exumado por seu amigo Louis Massignon (1883-1962). O grosso das fontes sufis encontra-se nas compilações tardias da época mameluca e da escola akbariana: essas obras são excelentes introduções e apresentam caráter apologético, embora não sejam úteis para pesquisar a gênese do sufismo. As obras de Suyūṭī, como *Šarḥ al-ṣudūr*, de Šarᶜānī (m. 973H./1565), como *Al-Yawāqīt wa-al-jawāhir*, o compêndio *Lawāqiḥ al-anwār* e seu resumo *Al-Kibrīt al-aḥmar*, e de ᶜAbd al-Karīm al-Jīlī (m. 832H./1428), como o clássico *Al-Insān al-Kāmil*; analogamente, os dicionários tardios, como o *Istilāhāt* de Qāšānī (m. 730H./1330), o *Taᶜrīfāt* de Jurjānī (século XV) e o grande *Kašf al-funūn* de Tahanawī (século XVII) foram e são instrumentos úteis e indispensáveis, mas problemáticos para serem usados numa análise do pensamento do século XIII, já que apresentam inclinações dos comentadores muçulmanos tardios.

O estudo de todas essas obras, e de algumas poucas mais, conduz a um alto nível de conhecimentos, mas não resolve o problema das fontes do sufismo andaluz, já que pode parecer que os autores – de acordo com os dados existentes em suas biografias – fossem igualmente conhecidos no âmbito

55. Editados no Cairo respectivamente em 1310H., 1318H. e 1312H.

doutrinal. A realidade, porém, não é esta, dada a então escassez dos textos existentes, fato que ainda hoje é profundamente notado[56].

A afluência de historiadores a esses textos é impressionante, como também sucede com o resto do material islamológico acessível daquela época. O exame desse material disponível mostra, antes de mais nada, o heroísmo dos esforços de compreensão de Asín em matérias sumamente complexas, como essas que estudou praticamente sem ajuda.

Um Novo Mapa da História: a Tese das "Influências Islâmicas"

Com esses dados à vista, voltemos, pois, à problemática em que se baseia o tema luliano sob o enfoque de Asín.

Em razão de uma longa série de circunstâncias, o discurso sobre as "influências islâmicas" se constrói sobre duas perspectivas diferentes de análise. Uma delas corresponde ao horizonte geral da filosofia do Islã no Ocidente; a outra, a uma linha definida, o sufismo de Ibn ᶜArabī, lido e imitado com admiração por Raimundo Lúlio, individualmente e sem qualquer outra fonte.

A primeira perspectiva constitui uma verdadeira "história da cultura" medieval, construída por meio do rastreamento de doutrinas, conhecimentos, comportamentos e estilos transferidos entre pensadores. Para efetuar o acompanhamento das idéias na História, usam-se descritores filosóficos e religiosos clássicos, associados a pessoas e grupos humanos: o "neoplatonismo", o "panteísmo", o "cristianismo", o "iluminismo", o "quietismo"

56. Estamos falando da necessidade de conscientizar-se do desafio metodológico que supõe trabalhar com uma porcentagem escassa de materiais originais. Apesar da enorme perda de documentos, não podemos assimilar o que se ignora com o que não existe. Tal qual um *iceberg*, as 7/8 partes ocultas da islamologia devem ser valorizadas; ignorando a sua inexistência, corre-se o risco de afundamento. O atraso que sofre o conjunto da historiografia islâmica deveria conduzir a uma reflexão. Embora a situação seja sustentável, há ainda muito para ler, descobrir e redescobrir em bibliotecas, arquivos e campos arqueológicos.

etc. Esses conceitos são a base para identificar e estabelecer as séries de "influências" ordenadas por sua sucessão temporal.

O quadro histórico resultante – em síntese – proclama a dependência da escolástica pré-tomista das fontes neoplatônicas sufis. De modo esquematizado, assim representamos o sistema de "influências":

IBN MASARRA → Ibn Gabirol → Mauritius Hispanus → Amaury de Benes → David de Dinant

→ Judá Haleví, Moisés de Granada, Josef Benzadic, Samuel Ibn Tibbon, Shem Tov Ibn Falaquera.

→ Gundisalvi, S. Boaventura, Guilherme de Auvérnia, Alexandre de Hales, Duns Escoto, Rogério Bacon.

→ IBN ᶜARABĪ → RAIMUNDO LÚLIO

→ Dante

Essa tese demonstra nada mais nada menos que a reformulação de uma parte importante da História da cultura européia foi construída sobre uma série de documentos circunstanciais que denunciariam cada "influência" precisa de autor a autor, de acordo com um quadro geral criado com a ajuda dos descritores usados para associar todos e cada um dos membros dessas cadeias, situadas no tempo e no espaço. É nesse processo que os princípios, a terminologia e os métodos empregados por Asín apresentam importantes obstáculos. Trata-se de um problema primordialmente conceitual, relacionado com a análise e a taxonomia das idéias com que constrói sua história do pensamento.

Asín faz de Ibn Masarra o ponto de partida de uma cadeia que chegará a Lúlio. O primeiro é descrito como muçulmano, heterodoxo, neoplatônico, pseudo-empedocliano, iluminista e panteísta. Esses conceitos aparecem todos como compatíveis, embora alguns possam representar graus muito variáveis de essencialidade ou circunstancialidade, além de serem discutíveis ou sustentados por escassas provas documentais, como sucede principalmente em relação a Ibn Masarra, assunto que não discutiremos aqui, mas cuja gravidade já foi discutida por importantes arabistas[57].

57. A polêmica sobre o "massarrista" continua viva. Ver a crítica clássica de STERN, S. M. Ibn Masarra, follower of pseudo-Empedocle, an illusion. *Actas do* IV *Congresso de estudos árabes e islâmicos*, Leiden, 1971. p. 325-339.

O problema complica-se quando a "influência" de Ibn Masarra surge consignada como "influência islâmica", enquanto, em outro lugar, aprendemos que, para Asín, o Islã não existe como entidade diferenciada, sendo pouco mais que uma associação de doutrinas cristãs e neoplatônicas reapropriadas pela sociedade islâmica[58]. Ora, se o substrato islâmico propriamente dito é insubstancial, ao apresentar, num segundo estágio, por exemplo, a influência do pseudo-Empédocles, de Plotino, de Proclo ou da gnose de Prisciliano em Ibn Masarra, essas "influências islâmicas", embora "heterodoxas", não seriam exatamente tais, mas doutrinas que viajaram do cristianismo ("heterodoxo" também?) ao Islã "heterodoxo" para, em seguida, voltar a outro cristianismo, também "heterodoxo", sem que qualquer elemento propriamente islâmico tivesse sido introduzido na cadeia de "influências".

Forma-se assim uma viagem das idéias, de ida e volta ao cristianismo através do Islã, de difícil compreensão. As "influências islâmicas" que partem de Ibn Masarra não são realmente "islâmicas"; na verdade, são o que Asín denomina de "influências pseudo-empedocleanas e neoplatônicas". Todavia, o fato de essas "influências" chegarem, não importa como, ao novo foco de disseminação islâmico, para então voltar ao cristianismo ocidental, não deveria, porventura, suscitar a explicitação da circunstância extraordinária que o teria levado a "perder" e "recuperar" esses elementos, cujo grau de alienação, de fato, se desconhece?[59] Como é possível explicar historicamente que os traços do neoplatonismo em Santo Agostinho, no Pseudo-Dionísio e em Escoto Eurígena – neoplatonismo tão próximo de Lúlio e da cultura

58. Contra Massignon e a linha majoritária dos islamólogos modernos, mas na linha do orientalismo do século XIX e ao lado de R. C. Zaehner, M. Horten, R. A. Nicholson ou A. Arberry, Asín considerava que os empréstimos estrangeiros procedentes, nesse caso, do cristianismo e do neoplatonismo configuravam o essencial e o melhor dessa religião. Para outros, o maniqueísmo, o zoroastrismo, o budismo ou o hinduísmo foram mais decisivos. Dados os avanços extraordinários nos estudos sobre o Oriente Médio do período intertestamental, essa perspectiva está em desuso atualmente, quando a complexidade cultural do mundo antigo é conhecida com muito mais detalhes.

59. Isto é, torna-se indispensável verificar que as idéias encontradas nos "massarrianos" não poderiam ser encontradas em nenhum outro lugar fora do "sufismo heterodoxo". No estágio das investigações sobre a escolástica, tal como elas se refletem na densa *Histoire de la philosophie médiévale*, escrita por De Wulf (Paris, 1912), não fazer essa verificação resultava numa tentação. Porém, não havia ainda chegado a nós o estudo sobre o "agostinismo avicenizante", tampouco tantos outros trabalhos. É, pois, muito arriscada semelhante exclusividade para com as fontes medievais.

meridional do século XII – tenham sido banidos integralmente do Ocidente, para serem reintroduzidos, graças aos – além disso, supostos – discípulos de Ibn Masarra, nas três religiões?[60]

Asín parece absolutamente convencido de suas coordenadas temporais e da orientação Oriente-Ocidente, Islã-cristandade dessas influências; porém, qualquer um poderia começar a inquietar-se seriamente quando Escoto Eurígena (810-870) é associado a essa corrente que procede de um Ibn Masarra (883-931) certamente posterior! E que aparenta "grande semelhança" com Ibn Barrajān (m. 1141) e Ibn ᶜArabī![61] Dito claramente: pode-se confiar nesse quadro histórico, baseado em "influências" nem sempre convincentes, que aspira a que todo o neoplatonismo, já não somente o luliano, mas também o europeu e o pré-tomista – com todas as categorias mais ou menos fundidas ou confundidas –, proceda basicamente de uma fonte exterior – o pseudo-empedoclismo islamizado –, mas que, de fato, corresponde à recuperação de elementos originalmente próprios? Este último conceito, também delicado, tampouco será examinado com suficiente clareza por Asín. A viagem circular

60. A hipótese da volta da filosofia neoplatônica ao Ocidente, tal qual o filho pródigo, aplica-se *mutatis mutandis* a Dante, "o qual não fez", conclui Asín, "outra coisa ao devolver ao tesouro da cultura cristã do Ocidente e reivindicar como seu patrimônio os bens de raiz que, ignorados por ela, jaziam nas literaturas religiosas dos povos orientais e que o Islã vinha restituir, depois de tê-los enriquecido e dilatado com o esforço de sua genial fantasia." ASÍN PALACIOS, op. cit., 1984, p. 421.

61. Surpreendente afirmação que une o anacronismo ao anacoluto metódico. Em uma das páginas mais abracadabrantes de sua obra, continua dizendo: "Por isso suspeito que um exame atento de alguns sistemas panteístas da escolástica anterior a Santo Tomás, comparados ao sufismo heterodoxo, acabaria por revelar o nexo de união ao qual me referi." E mais adiante: "Porém, não há que se recorrer a essas hipóteses, mais ou menos prováveis, para explicar as origens da corrente massarriana que, com ímpeto excepcional, invade os campos da escolástica cristã desde os princípios do século XII. Todos os historiadores, a partir de Punk, assinalam como indiscutível essa invasão que arranca da escola de Toledo e de seu principal representante, Dominicus Gundisalvi [...]". A teoria da *Matéria primeira* comum a corpos e espíritos uniria Gundissalinus a Ibn Masarra e a tantos outros, de modo que: "Mais ninguém discute que aquele primeiro postulado, peculiar e característico, tem seu fundamento no pseudo-Empédocles, sem que possa ser atribuído à tradição agostiniana ou, em geral, à patrística, nem explicado por qualquer dos sistemas neoplatônicos e místicos dos filósofos árabes que não derivem de Ibn Masarra, como Al-Ġazālī, Avicena ou Averróis. A comprovação deste ponto é tão óbvia que nos exime de apresentar qualquer argumento: basta folhear qualquer um dos compêndios de História da Filosofia medieval [...]" (ASÍN PALACIOS, op. cit., 1914, p. 118-119). De novo, a singularidade do vínculo "massarriano" é muito tênue, e a diversidade das fontes latinas do alto Medievo é demasiadamente rica para não infundir certas reservas com relação ao que ele chama de "mesquinho cabedal da cultura latina" (ibid., p. 128).

do dito neoplatonismo cristão corre o perigo, perante um exame rigoroso, de ser considerada pouco consistente e um tanto voluntarista.

O assunto se agrava quando o grande prelado aragonês situa indistintamente todos os agentes dessas "influências" na categoria ambivalente e conflitiva de "heterodoxos". Conviria aos muçulmanos, aos cristãos ou a ambas as religiões? A sua heterodoxia seria, em cada caso, oposta ou concordante com o neoplatonismo? Sem a ajuda de qualquer esclarecimento, Asín segue a tendência clássica do orientalismo de utilizar intensivamente a heresiologia cristã. Uma comum historiografia vê em tendências como o panteísmo, o iluminismo ou o quietismo, desviações espirituais tipicamente "orientais". Asín fala de "heterodoxia" em pensadores dos três monoteísmos, mas quando se ocupa, cumprindo seu papel, em denunciar dois réus do século XIII, professos desses cargos, Amaury de Benes e David de Dinant, acrescentará contundente que sua "heterodoxia" se explica precisamente por proceder dessas correntes islâmicas, que se chamem ou "massarrianas" ou "avicebronianas" ou "ishraqianas"[62]. Descartando uma velha teoria que afirma a reaparição recorrente da heterodoxia no tempo e no espaço, Asín se inclina por outra, igualmente mítica, que afirma a ligação histórica das heterodoxias, as quais desde sempre teriam viajado de braços dados com as mesmas temidas doutrinas orientais.

A suspeita de contaminação religiosa no Ocidente vai muito mais longe: Domingo Gundissalino, Guilherme de Auvérnia, Alexandre de Hales, São Boaventura, Rogério Bacon e "nosso Lúlio", todos eles, em sua opinião, foram sensíveis a esses influxos[63]. Asín explica sua atitude:

> Isto não quer dizer, no entanto, que aqueles ilustres escolásticos adotassem às cegas, em bloco e sem exame, as idéias massarrianas. Sinceros e fervorosos crentes, antes e mais que filósofos, esforçaram-se para depurar as doutrinas estranhas à fé, eliminando

62. O termo "*išrāqī*" significa simultaneamente "oriental", "matutino" e "iluminado". Essa polissemia despertou outra longa polêmica, praticamente encerrada, de vez, com o artigo de NALLINO, C. A. Filosofia "orientale" od "illuminativa" d'Avicenna? *Rivista degli Studi Orientali*, Roma, X, 1923-1925. (Reimp. in *Raccolta di Scritti editi e inediti*. Roma: Istituto per l'Oriente, 1948. vol. VI). Neste, o sentido geográfico do termo se impõe ao filosófico e heresiológico escolhido por Asín, o qual novamente encapsula grupos, porventura afins, porém díspares em muitos aspectos; o duvidoso "iluminismo" euro-asiático estava assim unido numa trama histórica, se não abertamente conspirativa...

63. ASÍN PALACIOS, op. cit., 1914, p. 119-120.

> delas a levedura panteísta que em seu fundo palpitava, e se nem todos o conseguiram plenamente, não foi na verdade por falta de empenho, mas por deficiências nos meios para realizar sínteses tão ousadas quanto delicadas. Os mais discretos, Alexandre de Hales e São Boaventura, conseguiram dar um tom ortodoxo a seus trabalhos de adaptação; outros, em compensação, como Rogério Bacon e nosso Lúlio, viram-se tachados de heterodoxia por suas menos equilibradas sínteses, nas quais se denuncia, por isso, a sua origem muçulmana com clareza meridiana[64].

Lúlio recebe uma severa reprimenda, apesar de sua venerável classe, embora Asín se dedique a salvá-lo e a alguns outros, paradoxalmente *in extremis*[65]. Nessas condições, torna-se muito difícil acompanhar todas essas hipotéticas "influências". É como se a categoria de "heterodoxo" – e a de outros epítetos doutrinais como "neoplatônico" – determinasse as transferências culturais de diversas maneiras, ahistórica e aprioristicamente.

Essas categorias sofrem particularmente por sua amplitude e lassidão, convertem-se em absolutamente genéricas: ou não trazem informação ou são historicamente imprecisas. Hoje, o atual marco metodológico e o nível de conhecimentos adquiridos na História da Filosofia helênica, judaica, cristã e islâmica, tornam impensável o emprego científico desses conceitos sem longos e detalhados matizes.

Por outro lado, Asín tampouco estabelece distinções de escola que tragam clareza e segurança suficientes para seguir passo a passo tais "influências". O orientalismo dos séculos XVIII e XIX podia falar em bloco de

64. Ibid., p. 121.

65. Asín endossa por um lado a heterodoxia religiosa de Lúlio e seus semelhantes com severidade, enquanto exalta o seu papel histórico com base em seu lugar de nascimento: "Nossa pátria foi, então, mediante nossos pensadores muçulmanos e hebreus, o cérebro da Europa." "O que, porém, muitos ignoram ou fingem ignorar – por um mal-entendido ponto de honra e escrúpulo religioso, que aqueles ilustres combatentes não experimentavam – é que as afiadas armas esgrimidas na secular luta eram de legítima estirpe espanhola, em que pesem fossem muçulmanas ou judaicas." "Parece como se jamais a Espanha tivesse nada comunicado ao mundo. É que a ignorância do valor de nossos pensadores muçulmanos e hebreus, de uma parte, e o ódio secular engendrado pelas lutas da reconquista, de outra, não lhes permitiu conhecer e confessar que, naquelas remotas épocas de nossa História, fomos nós, os espanhóis, os criadores de ciência, se não indígena por suas origens, nacionalizada ao menos, e, sobretudo, os verdadeiros e quase únicos transmissores da cultura clássica para a Europa medieval" (ibid., p. 128-129). Trata-se da mesma atitude que, em suas próprias palavras, definia a dos dantistas: "[...] o culto à sua memória, inspirado em um mesquinho critério de pátria ou de raça [...]" (id., 1984, p. 420).

"influências orientais", mas, pouco a pouco, esse bloco monolítico fragmenta-se naturalmente em tendências e personalidades. Asín não parece se sentir intimidado por sua clara incapacidade para comparar adequadamente o avicenismo, o averroísmo e o gazalinismo, e estes com Ibn ᶜArabī – coisa ainda hoje muito longe de ser alcançada. Tampouco tem dificuldade para somar ao "panteísmo pseudo-empedocleano" de Ibn Masarra os *išrāqīs* seguidores de Suhrawardī Maqtūl (m. 1191)[66], erigido por esse procedimento aglutinante em categoria histórica *sui generis*. É fácil compreender o risco que se corre ao falar de todos eles como um grupo: resulta demasiado amplo, difuso no tempo e no espaço. Tudo isso debilita ao extremo a armadura que deve dar conta, nada mais nada menos, de um potente fluxo intelectual que teria varrido o Ocidente a partir do século XI.

Essas mesmas dificuldades se sucedem no caso, tão célebre, de Dante, o qual devemos mencionar por sua incidência em Lúlio[67]. Quando chegaram às mãos de Asín os trabalhos do também inovador Bruno Nardi[68], igualmente absorto na busca de fontes "árabes", ele celebrou a sua chegada e assim resumiu suas investigações:

> E Nardi faz ver como estas idéias dantescas, embora possam ter alguns precedentes na tradição agostiniana, derivam mais satisfatoriamente da filosofia arábico-neoplatônica e, mais concretamente, dos sistemas de Al-Fārābī, Avicena, Al-Ġazālī e Averróis[69].

66. Antes da chegada dos estudos de Henry Corbin e de numerosos trabalhos posteriores, o *išrāqī* Suhrawardī Maqtūl era conhecido apenas por meio dos estudos de Carra de Vaux. Contrário à opinião então imperante, seu distanciamento do avicenismo e de outras peculiaridades de seu sistema o distanciam doutrinariamente de Ibn ᶜArabī.
67. Além da abundante bibliografia sobre a polêmica em relação ao Islã (ver supra nota 4), realizamos uma avaliação sintética acerca da questão akbariana em Dante: "Mabāhij ᶜan al-nisab bayna Muḥyiddīn ibn ᶜArabī wa-Dāntī Alījārī." Ponencia presentada en el *Vº Coloquio Internacional de Al-Andalus*. Dante, España y el Islam. 9-12 de dezembro de 1999, Damasco, (inédita).
68. Outra vez em atraso, Asín desconhece a sua importante obra, embora reivindique a sua plena originalidade, e garante que, em seu *Abenmasarra*, de 1914, dois anos antes da publicação do artigo de Nardi, em 1917, já "havia eu vislumbrado a filiação *išrāqī* e pseudo-empedocleana de Dante, pelo único e sumário exame de algumas passagens do *Paradiso* [...]". (ASÍN PALACIOS, op. cit., 1984, p. 399). Refere-se a uma simples nota do *Abenmasarra* (id., 1914, n. 2, p. 1; 120-121).
69. Id., 1984, p. 398.

Satisfeito por encontrar suas fontes "na mesma direção arábica", o saragoçano volta, absolutamente imperturbável, a destacar a idoneidade da "filiação *išrāqī* e pseudo-empedocleana de Dante". Seriam os grupos compatíveis uns com os outros? Que ligação histórica existe entre eles? Basta o fato de serem eles todos "árabes"? Tais questões não são consideradas.

Em resumo, as categorias que identificam essas "influências" não permitem ir além da constatação do notável "paralelismo geral" que existe entre influenciadores e influenciados. Mas, então, o peso da transferência cultural se reduz a bem pouca coisa. Com a perspectiva do tempo a nosso favor, Asín surge quase temerário, guiado pelas monumentais histórias de Tixeront e Ritter, tentando decifrar, neófito e solitário, o pensamento sufi mais esotérico e sofisticado de Ibn ᶜArabī.

Tentou, contudo, estabelecer "filiações" baseando-se no simples uso de um certo tipo geral de teodicéia, de cosmologia ou metafísica da luz, de linguagem, de cabala alfabética ou numérica. Ele sabia muito bem que seria arriscada a busca "das linhas gerais e o critério em que está inspirada" uma determinada obra ou autor, sem o apoio de provas concretas de uma "imitação flagrante"[70]. Teria sido preferível, nesse contexto, pensar que era indispensável substanciar as pequenas e distintivas diferenças que permitem seguir o curso da História, diante de materiais e de características muito comuns das culturas mediterrâneas e do Oriente Próximo, desde os tempos de Filo de Alexandria...

Asín não podia então atinar, com suficiente confiabilidade, o vetor de propagação dessas doutrinas, embora se mostrasse absolutamente seguro do quadro geral, mas também consciente da total dependência de sua tese com relação às influências concretas de autor a autor[71]. Nesse sentido, sempre

70. A expressão procede do artigo "La psicología del éxtasis en dos grandes místicos musulmanes (Algazel y Mohidín Abenarabi)" (id., 1906, p. 231), ainda que haja outros usos do mesmo termo "flagrante".

71. Especialmente em *La Escatología musulmana en la Divina comedia*, refletirá sobre o emprego dessa metodologia na pesquisa dantesca (id., 1984, p. 266-270; 357-359; 551-561). "[...] bem reconhecem que as analogias [...] não são o bastante estreitas para estabelecer, na maioria dos casos, a relação entre modelo e cópia, mas mera influência difusa de gênese indireta" (p. 270). Para Lúlio e Dante, Ibn ᶜArabī será esse ponto necessário de ancoragem que sustenta suas generalizações, mas Asín renuncia à análise minuciosa e individual, limitando-se à descoberta de genéricos "sintomas de simpatia ou de inclinação frente à cultura islâmica" em Dante (p. 400), e sua "convicção" passa a ser concreta, como em Lúlio, com nomes e sobrenomes: Muḥyiddīn. Será realmente assim?

considerou inexpugnável o seu quadro geral e, apesar de ocasionalmente ter demonstrado incredulidade, terminou por refugiar-se nas "influências indiscutíveis", que em seguida discutiremos[72].

As "Influências" sobre Lúlio, entre o Geral e o Concreto

Chegados a este ponto, podemos constatar a estreita ligação entre a visão geral e a perspectiva concreta das "influências", na qual se estabelece uma concatenação de autores, de modo mais ou menos linear. Assim, embora pudesse realizar-se através de um grande número de intermediários e de diversos percursos históricos, existiriam no mínimo dois passos hipotéticos para chegar de Ibn Masarra a Ibn ᶜArabī e deste a Raimundo Lúlio. Esta última equiparação é capital e determina por completo toda a teoria geral do lulismo "islamizado".

Por último, procedamos a avaliar essas "influências", embora devamos antes, uma vez mais, matizar em nossos pesquisadores a natureza diversa dessas influências. Ainda que sejam igualmente "indiscutíveis" para Asín e Ribera, umas correspondem a empréstimos gerais e outras a citações textuais. Ribera nos diz em seu artigo:

> Teria sido, talvez, mais convincente ter encontrado muitas frases e longos parágrafos de Lúlio traduzidos das obras de Muḥyiddīn; mas é preciso dizer que *a esperança de defrontar-se com algo similar não pode ser alimentada*, porque Lúlio não só deixa de citar as fontes, mas nem sequer faz o que algumas vezes costumavam fazer Raimundo Martín, Alberto Magno, Santo Tomás etc., os quais, embora omitissem os nomes, transcreviam textualmente frases inteiras de filósofos anteriores[73].

72. O uso de palavras cheias de rotundidade como "flagrante", "indiscutível", "convicção", "vigor inquebrantável", para falar do assunto contrapõe-se, de modo no mínimo confuso, ao uso de matizes, circunlóquios e termos paliativos ou lassos, tais como: "eu suspeito", "quem sabe [...]?". Exemplos tomados de id., 1914, p. 110; 117-118; 126, que, porém, existem em grande quantidade ao longo de toda a polêmica, semelhantes ao texto da nota 61 supra.
73. RIBERA TARRAGÓ, op. cit., 1899, p. 215.

À diferença de Asín, Ribera não tinha ilusões no tocante à possibilidade de encontrar citações literais. Sua relação de "influências" baseia-se em idéias genéricas, tomadas pelos dois pioneiros como provas fidedignas, nos termos radicais que já mencionamos no princípio. Vamos recordá-las:

> Em resumo, dado o costume de Lúlio de não citar nem traduzir, creio ter usado o único meio para assinalar a filiação de seu sistema filosófico; o fato de ter estudado e seguido os sufis, especialmente Muḥyiddīn Ibn ᶜArabī de Múrcia, explica muitas coisas especiais que passaram por características do filósofo maiorquino: as principais doutrinas de seu sistema, sua especial conduta, seu critério científico, seu método didático, seu tecnicismo e, por fim, sua mística; ele próprio confessa (caso raríssimo) a imitação que fez em *O Amigo e o Amado*, ponto de partida da mística cristã espanhola[74].

Esse texto ressalta as características "sufis" do pensamento luliano que aparecem "especialmente" em Ibn ᶜArabī, embora sejam eludidos os elementos distintivos da obra akbariana, como já advertimos.

Com relação ao elenco de influências apresentado por Ribera, ele será recuperado e ampliado por Asín no *Abenmasarra* e enriquecido em diversas ocasiões. Usando-o como guia, reunimos essas "similitudes":

I. DOUTRINAIS: fideísmo e incognoscibilidade divina, panteísmo, o círculo dos possíveis e a idéia de potencialidade, pluralidade das formas, exemplarismo, metafísica da luz, matéria espiritual e angélica, hilemorfismo universal, anti-averroísmo.

II. DE CONDUTA: quietismo, monacato, predicação aos laicos.

III. CIENTÍFICAS: interesse pelo mundo natural, ênfase posta na harmonia da existência.

IV. DIDÁTICAS, LITERÁRIAS OU EXPOSITIVAS: O *Livro do Amigo e do Amado*, por um lado, e o *Tarjumān* de Ibn ᶜArabī, por outro, ambos contêm estrei-

74. Ibid.

tas similitudes literárias: uso intensivo da poesia, versificação de obras dogmáticas, uso da cabala numérica e alfabética, uso de diagramas, esquemas e modelos geométricos, estilo personificado com diálogos entre entes abstratos.

V. MÍSTICAS OU ESOTÉRICAS: As *dignitates* ou *hadras*, os pólos ou *aqṭāb* e as funções cardinalícias; os Nomes de Deus – como vemos no *Livro dos cem Nomes de Deus* – e o seu uso espiritual; o amor, centro da vida espiritual.

Trata-se de um amplo número de questões cuja análise detalhada ocuparia uma densa monografia. Em qualquer caso, para a maioria delas não é ainda possível traçar com segurança a origem, a evolução e a disseminação de cada característica. Em nenhuma dessas questões podemos encontrar sinais da presença absolutamente indiscutível de Ibn ᶜArabī. Asín conhecia os riscos de sugestão que existem nas comparações de fontes[75]. Por isso, no caso de Dante, insistia na importância capital das "influências indiscutíveis", pesquisadas preferentemente no âmbito "imaginativo", pois coincidências "metafísicas" – dizia – poderiam tornar-se banais[76].

Nesse sentido, embora tenha considerado reais todas essas "influências", podemos encontrar três graus crescentes de idoneidade.

Em primeiro lugar, o grosso das teorias dogmáticas e esotéricas do neoplatonismo massarriano e seu percurso histórico, que são influências sujeitas a um grau menor de confiabilidade, pela permanência do platonismo e por sua natureza intuitiva, muito universalizável. Um melhor conhecimento das fontes historiográficas tornou essas influências menos confiáveis.

75. "É muito difícil sacrificar, em prol da verdade histórica, aqueles preconceitos aos quais alguém se afeiçoou. Não acredito estar imune de cair neste vício; e, por isto mesmo, porque desconfio de minhas forças, ao trabalho de extrair idéias e expô-las sistematicamente, muito propenso ao erro, preferi o mais autêntico e verdadeiro, o de traduzir com fidelidade aqueles trechos de Muḥyiddīn que pensei fossem necessários..." (ASÍN PALACIOS, op. cit., 1899, p. 225).

76. "As idéias, as doutrinas abstratas, as soluções metafísicas dos problemas são limitadas em número; devem sempre reduzir-se a umas poucas categorias matrizes, como fruto que são todas de uma mesma e comum psicologia mental, de uma concepção abstrata análoga em todos os homens e em todos os séculos." (Id., 1984, p. 358)

Em segundo lugar, a adoção de métodos, as formas de exposição e as práticas religiosas, cuja idiossincrasia é mais notável. No entanto, a difusão cristã e neoplatônica, o monacato e a extensão do gnosticismo mantêm sempre próximo esse ciclo fechado de influências cristãs de que falamos anteriormente.

Finalmente, em terceiro lugar, os textos lulianos apresentados como cópia quase literal de textos árabes conhecidos, que, sendo absolutamente idênticos, tornam impossível qualquer acaso, razão por que se convertem no ponto de apoio de todo o edifício da argumentação de Asín.

Antes de analisar as verdadeiras "influências indiscutíveis", é imprescindível enfatizar que o rastreamento akbariano em busca de referenciais lulianos gerou, nesses três graus, uma ruidosa polêmica, mas poucas linhas de investigação. A melhor delas, e a mais rica, é a questão das *dignitates* ou *hadras*, isto é, o exemplarismo divino aplicado aos Nomes de Deus[77]. Conquanto seus escritos, como de costume, contenham alguns erros de apreciação sobre as origens dessa doutrina no Islã, seu rico apêndice dedicado à questão constitui uma das contribuições mais relevantes de sua obra. O enfoque das *dignitates* realizado por Asín pode ser, além disso, tomado como paradigma de sua metodologia: considera que "é uma das chaves da filiação do sufismo de Lúlio", descobre influxos culturais, cristãos, herméticos etc. e o compara unicamente a Ibn ᶜArabī, submetido, por sua vez, aos mesmos influxos sem perder a condição de intermediário necessário.

As "Influências Indiscutíveis" de Ibn ᶜArabī em Lúlio

Terminaremos nosso estudo com os textos transcendentes de *As Iluminações de Meca*, de Ibn ᶜArabī, que Asín não podia ler sem neles ver "a evidência desta imitação"[78].

77. Erhard W. Platzeck, Josep Mª Millas Vallicrosa, Frances A. Yates, G. Scholem e Harvey J. Hames, entre outros, continuaram uma profícua linha de investigação. Há uma síntese em IDEL, M. *Dignitates* and *Kavod*: two theological concepts in catalan mysticism. *Studia Luliana*, 36, p. 69-78, 1997.
78. ASÍN PALACIOS, op. cit., 1914, p. 159.

O primeiro desses quatro fragmentos[79] apresenta, para Asín, a prova concludente, superior aos três fragmentos restantes, por sua literalidade exclusiva. Asín insiste freqüentemente em sua descoberta, realizada em 1906. Trata-se da chamada "alegoria das duas luzes"[80]. Confirmamos a presença do mesmo motivo em Averróis e o caráter de miscelânea desse tipo de literatura simbólica. Lúlio pôde lê-lo com maior confiabilidade nos textos científicos do filósofo cordobês do que no do jovem sufi murciano, que fugiu da Península em sua juventude e deixou atrás de si pouca obra escrita e confiada a círculos extremamente fechados. Em comparação com as atestadas e numerosas traduções e leituras averroístas de Lúlio, resta ainda muito por fazer em matéria de rastreamento das leituras sufis que este último pôde realizar.

O segundo caso é o conhecido "Exemplo do paladar enfermo". A medicina galênica já havia anotado a alteração do paladar nas enfermidades, percepção que representa um belo e clássico tema para discutir o confronto entre sentidos e razão. Nesse caso, a originalidade não reside no exemplo, perfeitamente comum, mas na radical interpretação, feita por Ibn ᶜArabī, quando atribui o erro à mente e não ao gosto, coisa que Lúlio não faz. Se o tivesse feito, Asín teria evidenciado tal atribuição como uma "imitação" sobressalente, já que a maioria dos filósofos das três religiões monoteístas enfatiza a falibilidade dos sentidos diante da razão, e não o contrário, como efetivamente faz Ibn ᶜArabī, embora suas fontes exatas a respeito não sejam conhecidas. Asín omite esse debate.

O terceiro caso refere-se à "Virtude secreta dos Nomes divinos". O texto, cópia extraída do *Livro dos cem Nomes de Deus*, resulta peregrinamente genérico, por serem bem conhecidos, tanto do sufismo como do exemplarismo judaico-cristão, o emprego e a natureza numinosos e esotéricos desses termos. O paralelo akbariano não contém nenhuma característica singularizante; trata-se de um simples convite ao segredo e à alusão teórica

79. Para fins de nosso presente propósito, trataremos apenas de descartar a exclusividade akbariana dos mesmos, que tanto se afirma, deixando para outras ocasiões a análise detalhada de cada um deles.
80. Desde o seu descobrimento, Asín insistirá diversas vezes no seu valor probatório, tomando-a como pedra angular de sua demonstração. ASÍN PALACIOS, op. cit., 1906-08, p. 140-141; id., 1906, p. 230-231; id., 1914, p. 159. Realizamos o seu estudo, cuja publicação surgirá nas atas do colóquio *Le plurilingüisme au Moyen-Âge Orient-Occident*. Paris, 22-25 juin, 2005.

à chamada "ciência dos nomes" (*simiyâ* = gr. *semeya*), de antiqüíssima raiz e célebre por seu mítico fundador, Jābir ibn Ḥayyān (m. 776). Pouco se pode tirar desse exemplo sem uma profunda avaliação das doutrinas de ambos os autores dessa matéria.

O quarto e último texto refere-se ao tripé amor, amante, amado, unificados ao chegar à "Meta do amor divino". Nada mais tópico que a fusão desses três elementos – às vezes dois, coisa que Asín não assinala, evitando qualquer comentário ilustrativo a seus quatro fragmentos. Desde, ao menos, o famoso trecho da *Metafisica*, de Aristóteles[81], nada mais comum que ouvir falar de conhecimento, de amor, de luz etc. em tríadas ou díadas inefáveis. Como se pode facilmente suspeitar, são tantos os autores, cristãos, judeus e muçulmanos – dentre estes, citemos apenas Avicena e Al-Ġazālī –, que fizeram, naquele tempo, do amor intelectual uma moda intercultural, que resulta quase impossível esclarecer a sua origem e transmissão.

Assim, nos encontramos, com toda certeza, diante de algumas "evidências indiscutíveis" muito frágeis. A solidez do entremeado concreto da influência akbariana não se pode sustentar nelas, afirmamos sem qualquer ânimo hipercrítico, bem ao contrário, com o desejo de confirmar uma influência que permanece plausível, mas necessita de melhores e verdadeiras provas documentais e principalmente de uma idéia mais ampla e detalhada da complexa realidade cultural do mundo medieval.

81. O Livro Lambda da *Metafísica*, de Aristóteles, e o *De Anima*, III, constituem a base seguida por Plotino e por *tutti quanti* que se ocuparam da noética aristotélica. A transmissão para o âmbito islâmico está garantida por dezenas de citações e comentários procedentes, em sua maioria, da *Teologia do pseudo-Aristóteles*.

Conclusão

Façamos um resumo do exposto até aqui: as pesquisas orientalistas do século XIX sobre a vida religiosa medieval tinham obrigatoriamente que atualizar o debate das relações Islã-cristandade, como de fato aconteceu. A edição impressa de numerosas obras de Ibn ᶜArabī, no final daquele século, despertou esse processo. Ribera, verdadeiro pioneiro do estudo das influências culturais, relacionou aquelas obras com Raimundo Lúlio. Por outro lado, a primeiríssima entrada do lulismo na obra de Asín não despertou-lhe grande interesse pela questão, que ficou reduzida a dimensões modestas, se tivermos em conta a extensíssima bibliografía por ele pesquisada, mas que ficou subordinada à investigação das influências islâmicas em Dante.

Lúlio foi comparado a Ibn ᶜArabī; porém, insertando e construindo simultaneamente um quadro histórico do Islã que apresenta, como tese geral, a expansão na Europa do chamado "neoplatonismo de filiação massarriana e *išrāqī*", Asín a reconfirma retroativamente em cada dado concreto que extrai de Ibn ᶜArabī.

Essa peculiar metodologia aparece lastrada por pressupostos gerais e passos concretos hipotéticos que a tornavam então muito arriscada. Embora hoje continue, como então, sendo extraordinariamente estimulante, torna-se inutilizável em vista dos atuais parâmetros da investigação de fontes e influências interculturais e do extraordinário crescimento da História do pensamento nos últimos decênios. Por outro lado, as "influências indiscutíveis" concretas de *Al-Šayḫ al-Akbar* não podem ser consideradas desse modo.

Julgar a história e a polêmica de um debate que se iniciou há cem anos, num campo em que as pesquisas envelhecem rapidamente, não é um exercício de crítica fácil; muito ao contrário, é exatamente o sinal de uma atualidade de que só desfrutam os melhores trabalhos.

A questão das influências islâmicas em Lúlio e em Dante fez nascer e progredir um apaixonante campo de pesquisas, crucial para as relações entre Oriente e Ocidente. Ribera e Asín foram brilhantes pioneiros. Com seus acertos e erros abriram caminhos, o que é um mérito inalienável[82]. Citar suas obras é obrigatório em qualquer trabalho sobre a matéria, e seus críticos mais radicais não podem eludir a necessidade desse debate, que se apresenta com urgência crescente na História da cultura universal.

Seria muito longo relatar a posteridade da polêmica. De qualquer modo, dentre os que seguiram os seus passos, talvez muitos tenham adotado acriticamente seus métodos de orientação e seu mapa histórico, tomando às vezes uma trajetória errante.

Definitivamente, diríamos que, com Ribera e Asín, descobre-se um novo continente para a História das idéias, vislumbrado com escassos pormenores, de difícil leitura e repleto de mitos; não é, pois, uma carta de navegação minuciosa. A geografia que eles quiseram traçar surge, sem apelação possível, cheia de erros e envelhecida. Porém, o verdadeiro nivelamento do terreno, com os potentes meios atuais, ainda espera seus esforçados exploradores. E já tardam a chegar.

A pior recepção da herança de Don Miguel Asín Palacios terá sido deixá-lo em seu lugar, idolatrado ou insultado, mas inexplorado. Ao indicar as circunstâncias e avaliar o seu trabalho, quisemos valorizar, com justiça, as suas contínuas investigações, que ele sempre quis realizar em favor da História positiva das culturas.

82. A intrincada senda do orientalismo complica-se e diversifica-se no contexto hispânico. Os espanhóis foram forçados a pronunciar-se sobre a idiossincrasia "afro-árabo-semita-oriental" ou a "ariana-européia-ocidental" do país – dilema metafísico, caso exista. Asín encontrou uma maneira audaz de reordenar os dados, muito distinta da supremacia indo-ariana então reinante. James T. Monroe sintetizou muito bem o ambiente ideológico da influência islâmica em Lúlio e em outros: "By indicating this influx of Arabic philosophy into European thought, Asín was in a sense 'Africanazing' Europe, so that the last vestiges of the early nineteenth-century liberal pessimism with regard to Spain's Arabic 'character' would disappear. If Spain were Arabized and as a result unadaptable to the ways of life of the rest of Europe, Asín was showing that all of Western Europe had been Arabized in its day. Thus the reason for Spain's ills had to be looked for elsewhere". (Ao indicar esse influxo da filosofia árabe no pensamento europeu, Asín estava, de certo modo, 'africanizando' a Europa, de maneira que desapareceriam, em relação ao 'caráter' árabe da Espanha, os últimos vestígios do pessimismo dos liberais em princípios do século XIX. Se a Espanha fora arabizada e, como resultado, era inadaptável aos modos de vida do resto da Europa, Asín estava demonstrando que toda a Europa ocidental, em seu devido momento, havia sido arabizada. Assim sendo, a argumentação acerca dos males da Espanha teria de ser buscada em outra parte.) (MONROE, op. cit., p. 182).

Referências Bibliográficas

AFIFI, A. E. *The Mystical Philosophy of Muhyid Din-Ibnul Arabi.* Lahore, 1938; New York: AMS Press, 1974.

AMARI, Michele. *Storia dei musulmani di Sicilia.* Firenze, 1854-1856.

ASÍN PALACIOS, Miguel. Mohidín. In: *Homenaje a Menéndez Pelayo en el año vigésimo de su profesorado. Estudios de erudición española.* Introdução de Juan Valera. Madrid: Victoriano Suárez, 1899. 2 v. vol. II, p. 217-256.

____. *Algazel*: *Dogmática, Moral y Ascética.* Zaragoza, 1901.

____. Psicología de la creencia según Algazel. *Revista de Aragón*, III, p. 51-56; 116-120; 184-194; 296-301; 358-392, 1902.

____. La psicología del éxtasis en dos grandes místicos musulmanes (Algazel y Mohidín Abenarabi).*Cultura Española*, Madrid, I, p. 209-235, 1906.

____. La psicología según Mohidín Abenarabi. *Actes du XIVe Congrès des Orientalistes, Alger* 1905. Paris: E. Leroux, 1906-08. 3 v. in 4. III, 3.1, p. 79-191; p. 141, n. 1.

____. La Mystique d'Al-Gazzâlî. *Mélanges de la Faculté Orientale de l'Université de St. Joseph*, Beirut, VII, p. 67-104, 1914.

____. *Abenmasarra y su escuela*: origenes de la filosofia hispano-musulmana. Discurso leído en el acto de su recepción por D. Miguel Asín Palacios y contestación del Sr. D. Eduardo Sanz y Escartín, el día 20 de Marzo de 1914. Madrid: Real Academia de Ciencias Morales y Políticas, 1914. (Reed. Ibn Masarra y su escuela. In: *Obras escogidas.* Madrid: CSIC, Instituto Miguel Asín, 1946. Tomo I, p. 1-216). (Reed. *Tres estudios sobre pensamiento y mística hispanomusulmanes.* Ibn Masarra y su escuela (1914); el místico Abû-l-'Abbâs ibn al-'Arîf de Almeria (1931); un precursor hispanomusulman de San Juan de la Cruz (1933). Madrid: Hipérion (Libros Hipérion, 139, 1989). (*The Mystical Philosophy of Ibn Masarra and his followers.* Trad. (inglesa). Leiden, E. J. Brill, 1978).

____. Una sinopsis de la ciencia de los fundamentos jurídicos según Algazel (Análisis y extractos de la introducción de su Mostafa). *Anuario de Historia del Derecho Español*, Madrid, p. 13-16, 1925. (*Revista de Archivos, Bibliotecas y Museos*, t. II).

____. El místico murciano Abenarabi (Monografías y documentos). *Boletín de la Real Academia de la Historia*, Madrid, I: Autobiografía cronológica, LXXXVII, p. 96-173, 1925; II: Noticias autobiográficas de su *Risâlat Al-Cods*, LXXXVII, p. 512-661, 1926; III: Caracteres generales de su sistema, LXXXVIII, p. 582-637, 1926. (Reimp. *Revista de Archivos, Bibliotecas y Museos*, 1926); IV: Su teología y sistema del cosmos, XCII, p. 654-751, 1928.

____. En la jubilación de D. Julián Ribera. In: RIBERA TARRAGÓ, Julián. *Disertaciones y opúsculos.* Madrid, 1928. 2 v.

____. *El justo medio en la creencia.* Compendio de Teología dogmática de Algazel. Madrid, 1929.

____. La espiritualidad de Algacel y su sentido cristiano. *Escuelas de Estudios Árabes de Madrid y Granada.* Madrid, t. I-IV, serie A-2; serie B-2, 1934; 1935; 1936; 1941.

____. Por qué lucharon a nuestro lado los musulmanes marroquíes. *Boletín de la Universidad Central*, Madrid, 1940.

____. *El Islam cristianizado.* Estudio del "Sufismo" por medio de las obras de Abenarabi de Murcia. 2. ed. Madrid: Hiperión, 1981. (1. ed. Madrid: Plutarco, 1931).

____. *La Escatología musulmana en la Divina Comedia.* 4. ed. Madrid: Ediciones. Hiperión, 1984. (1. ed. Madrid: Real Academia Española, 1919; 2. ed. Madrid: Escuelas de Estudios Árabes de Madrid y Granada, 1943; 3. ed. Madrid: Instituto Hispano Árabe de Cultura, 1961).

AUSTIN, R. W. Some observations on the study of sufi origins. *Actas do* IV *Congresso de estudos árabes e islâmicos.* Leyde, 1971. p. 101-107.

CASPAR, R. La Mystique musulmane: recherches et tendances. *Revue de l'Institut des Belles Lettres Arabes*, Tunis, n. 25, p. 271-289, 1962.

CHAUVIN, V. *Bibliographie des ouvrages arabes, ou relatifs aux arabes, publiés dans l'Europe chrétienne de* 1810 *à* 1885. Liège, 1892-1913.

CONTARINO, Vincente. *Dante and Islam. History and Analysis of a Controversy.* A Dante Symposium. Ed. De Sua and Risso. The University of North Carolina, 1965.

____. *The Arab Influence in Medieval Europe.* Ed. Dionisius A. Agius and Richard Hitchcock. Ithaca Press, 1989.

DE WULF. *Histoire de la philosophie médiévale*, Paris, 1912.

EPALZA, Mikel de. Algunos juicios teológicos de Asín Palacios sobre el Islam. *Pensamiento*, n. 25, p. 145-182, 1969.

GARCIA GÓMEZ, Emilio. Nota necrológica. *Al-Andalus*, II, p. I-VIII, 1934.

____. *Don Miguel Asín,* 1871-1944. Esquema de una biografía. Con una bibliografía por Pedro Longás. Separata de: *Al-Andalus*, vol. IX, fasc. 2, p. 267-291; 293-319, 1944.

____. Homenaje a Codera. *Al-Andalus*, XV, p. 263-274, 1950.

GIL, R.; ROLDÁN, F. *Corpus aproximativo de una bibliografía española sobre al-Andalus.* Sevilha: Alfar, 1993.

GRAF, Arturo. *Miti, leggende e superstizioni del Medio Evo.* Torino, 1892-1893.

GUBERNATIS, Angelo de. *Matériaux pour servir à l'histoire des études orientales en Italie.* Paris, 1876.

HAMMER-PURGSTALL, Josef von. *Literaturgeschichte der Araber.* Viena, 1853.

IBN ᶜARABĪ, Muḥyiddīn. *Les Illuminations de La Mecque* (*Al-Futūḥāt al-Makkiyya*). Anthologie présentée par Michel Chodkiewicz. Avec la collaboration de Denis Gril et Cyrille Chodkiewicz. Paris: Sinbad, 1988.

IDEL, M. *Dignitates* and *Kavod*: two theological concepts in catalan mysticism. *Studia Luliana*, 36, p. 69-78, 1997.

JOURDAIN, A. *Recherches critiques sur l'âge et l'origine des traductions latines d'Aristote*. Paris, 1843.

JURJĀNĪ, ᶜAlī b. Muḥammad. *Definitiones viri meritissimi sejjid scherif Ali ben Mohammed Dschordschani. Accedunt definitiones Theosophi Mohji-ed-dín Mohammed ben Ali vulgo Ibn Arabi dicti. (Kitāb al-taᶜrīfāt)*. Ed. G. Flügel. Leipzig, 1845.

LÓPEZ, B. *Contribución a la historia del arabismo español. Orientalismo y colonialismo en España 1840-1917*. Granada, 1973. Tese (Doutoramento) – Universidade de Granada, Granada. 1973.

____. Orígenes del arabismo español. *Cuadernos de la biblioteca española de Tetuán*, n. 19-20, p. 277-291, jun./dic. 1979.

MARÍN, M. Arabistas en España: un asunto de familia. *Al-Qantara*, XIII, p. 379-395, 1992.

MARTÍNEZ MONTÁVEZ, Pedro. Sobre el aún "desconocido" arabismo español del siglo XIX. In: *Ensayos marginales de arabismo*. Madrid, 1977. p. 3-22.

MASSIGNON, Louis. Les Recherches d'Asin Palacios sur Dante. Le problème des influences musulmanes sur la chrétienté médiévale et les lois de l'imitation littéraire. In: ____. *Opera minora*. Textes recueillis, classés et présentés avec une bibliographie par Y. Moubarac. Beirut: Dār Al-Maᶜārif, 1963. 3 v. in 8. Tomo I.

MONROE, James T. *Islam and the Arabs in Spanish Scholarship*. Leiden: E. J. Brill, 1970.

MUNK, S. *Mélanges de philosophie juive et arabe*. Paris, 1859.

NALLINO, C. A. Filosofia "orientale" od "illuminativa" d'Avicenna? *Rivista degli Studi Orientali*, Roma, X, 1923-1925. (Reimp. in *Raccolta di Scritti editi e inediti*. Roma: Istituto per l'Oriente, 1948. vol. VI).

NYBERG, H. S. *Kleinere Schriften des Ibn al-'Arabî*. Leyde: E. J. Brill, 1919.

PALLEJÁ DE BUSTINZA, Victor. Le soufisme: les débuts de son étude en Occident. *Horizons Maghrébins*, XXX, p. 97-107, 1995.

PIZZI, Italo. *Storia della poesia persiana*. 2 v. Torino, 1894.

RIBERA TARRAGÓ, Julián. Orígenes de la filosofía de Ramón Llull. In: *Homenaje a Menéndez Pelayo en el año vigésimo de su profesorado. Estudios de erudición española*. Introdução de Juan Valera. Madrid: Victoriano Suárez, 1899. 2 v. vol. II, p. 191-216.

____. *Disertaciones y opúsculos*. Madrid, 1928. 2 v.

RODINSON, M. Dante et l'Islam d'après des travaux récents. *Revue de l'histoire des religions*, CXL, n. 2, p. 203-256, 1951.

STERN, S. M. Ibn Masarra, follower of pseudo-Empedocle, an illusion. *Actas do* IV *Congresso de estudos árabes e islâmicos*, Leiden, 1971. p. 325-339.

SYLVERSTEIN, Theodore. Dante and the Legend of the *Mi'râj*: the Problem of Islamic Influence on the Christian Literature of the other World. *Journal of the Near Eastern Studies*, p. 89-110; 187-192, 1952.

VALDIVIA VÁLOR, José. *Don Miguel Asín Palacios. Mística cristiana y mística musulmana.* Madrid: Hiperión, 1992.

VIDA, Levi della. Dante et l'Islam d'après des nouveaux documents. *Revue de la Mediterranée*, Paris-Alger, 1954.

WÜSTENFELD, F. *Die Übersetzungen arabischer Werke in das lateinische seit dem* XI *Jahrhundert*. Göttingen, 1877.

YAHYA, O. *Histoire et Classification de l'Oeuvre d'Ibn ᶜArabī*. Damas: Institut Français d'Études Arabes, 1964.

22.

A Escatologia Islâmica na *Divina Comédia**

Helmi Nasr

A equânime e universal assertiva da originalidade da obra máxima do grande poeta florentino Dante Alighieri (1265-1321), *A Divina Comédia*, foi responsável por um sem-número de livros e tratados, desde a Idade Média até os nossos dias. Durante muito tempo, eruditos de todas as línguas sempre enalteceram esta obra como única no gênero, ímpar na criação. Contudo, no século XIX, pesquisadores e eruditos, seguindo o desenvolvimento do processo analítico do poema dantesco, amparados pelas então recentes descobertas documentais, trouxeram à luz certas teorias que, em alguns aspectos, pareciam contradizer a opinião geral e inatacável da originalidade absoluta da obra-prima de Dante. Estudiosos como Labite[1], Ozanam[2], D'Ancona[3], Graf[4]

* Este artigo resume alguns pontos de minha Tese de Livre-Docência apresentada em 1973 ao Departamento de Lingüística e Línguas Orientais da FFLCH-USP, trabalho inédito.

1. LABITE, Charles. *La Divine Comédie avant Dante*, apud ŒUVRES de Dante Alighieri. Paris: Charpentier, 1858.
2. OZANAM, Antoine Frédéric. *Des Sources Poétiques de la Divine Comédie*, apud ŒUVRES Complètes d'Ozanam. Paris: Lecoffre, 1859. T. V.
3. D'ANCONA, Alessandro. *I Precursori di Dante*. Firenze: Sansoni, 1874.
4. GRAF, Arturo. *Miti, legende e superstizioni del Medioevo*. Torino: Loescher, 1892/1893.

descobriram no estudo aprofundado da *Divina Comédia* lendas escatológicas, tanto clássicas como cristãs, que, em meio à indignação geral, foram apontadas como precursoras do grande poema dantesco.

A *Divina Comédia* era até então considerada, sem qualquer margem de discussão, uma obra original, já que nada de semelhante havia sido encontrado em lendas anteriores, cristãs ou não. Todavia, durante a primeira metade do século XX, a literatura comparada européia voltou-se para a elucidação das polêmicas assertivas referidas pelos pesquisadores supracitados. O poema de Dante surgia aos olhos de pesquisadores modernos como uma obra que, embora magistralmente composta por um gênio, conjugava uma série de antigas lendas relativas à vida futura. As conclusões mais audazes nasceram na Espanha, quando, no estudo da gênese do poema, chegou-se à proposição de que as fontes islâmicas, mais que as cristãs ou clássicas, já existiam como paradigmas de alguns elementos da obra de Dante e de muitas lendas medievais. Foi com Miguel Asín Palacios, eminente arabista espanhol, que o estudo das influências literárias escatológicas na obra de Dante alcançou o seu ápice. Em 1919, Asín Palacios publicou *La Escatología musulmana en la Divina Comédia*, cuja temática atingiu o apogeu de toda uma série de trabalhos anteriores que a escola espanhola de arabistas vinha desenvolvendo, desde os tempos de Ribera[5], sobre as conexões entre o Islã e a cristandade ocidental.

Nesta *La Escatología musulmana*, Asín Palacios defende a tese de que Dante, na criação de seu poema, foi muito influenciado pela escatologia islâmica e pelas decorrentes adaptações literárias da viagem de Muḥammad ao além. No parecer do autor, a arquitetura dos reinos celeste e infernal e a própria narrativa da viagem ao além, no poema dantesco, têm sua fonte de inspiração nas tradições islâmicas. Essa tese causou escândalo no meio erudito europeu, e as réplicas a ela geraram a *História y Crítica de una Polémica*, que, acrescida de anexos elucidativos, acompanha o texto principal na publicação.

Acalmados os ânimos e finalmente aceita a descoberta de Asín Palacios, novas dúvidas, no entanto, surgiram entre os seus oponentes, com o passar do tempo: questionava-se como teriam chegado a Dante as tradições islâmi-

5. Julián Ribera y Tarragó (1858-1934), eminente orientalista e iniciador do arabismo na Espanha.

cas, a escatologia muçulmana e o relato da viagem de Muḥammad ao além. Tivera Dante um conhecimento direto ou indireto dessas concepções?

Em 1949, outro erudito espanhol, José Muñoz Sendino, publicou um significativo estudo, *La Escala de Mahoma*[6], que trouxe à luz documentos datados de 1264 que não apenas comprovam a tese de Asín Palacios, como também esclarecem o percurso da cultura islâmica através da Europa, particularmente da Itália do século XIII. Os dois importantes manuscritos[7] encontrados por Muñoz Sendino testemunham o conhecimento que a Europa cristã medieval tinha da literatura escatológica islâmica. Traduzidos para o latim e para o francês por um contemporâneo de Dante, o italiano Buonaventura di Siena, os manuscritos relatam a ascensão de Muḥammad, o *miʿrāj*. Essas duas traduções partem da tradução feita do árabe para o espanhol – e ainda não descoberta – que Alfonso X, o Sábio, encomendara a Abraham al-Ḥakīm. Provava-se, desse modo, que Asín tinha razão ao afirmar a possível transmissão a Dante da lenda escatológica árabe do *miʿrāj*.

Ainda em 1949, o estudioso italiano Enrico Cerulli publicou uma notável obra, *Il Libro della Scala e la questione delle fonti arabo-spagnole della Divina Comedia*[8], em que, obedecendo a uma linha de investigação histórico-filosófica, traz à luz, além das versões latina e francesa da lenda do *miʿrāj*, muitos outros documentos que confirmam a difusão no Ocidente medieval cristão do *Livro da Escada* e das notícias sobre a viagem de Muḥammad ao mundo celeste. Embora publicados no mesmo ano, os trabalhos de Muñoz Sendino e de Cerulli são independentes.

Hoje, conta-se com um inestimável acervo documental de pesquisas sobre a *Divina Comédia* e sua relação com a cultura islâmica. Todavia, cabe-nos aqui apresentar certas incoerências na argumentação de Asín

6. SENDINO, José Muñoz. *La Escala de Mahoma*. Traducción del árabe al castellano, latin y francés, ordenada por Alfonso X, el Sábio. Madrid: Ministerio de Asuntos Exteriores, 1949. (Exemplar n. 433).

7. Ms. Laud Misc. 537 (Bodleiana de Oxford) e Cod. Lat. 6064 (Biblioteca Nacional de Paris). Em traduções latina e francesa, os manuscritos apresentam a lenda do *miʿrāj* ou ascensão de Muḥammad.

8. CERULLI, Enrico. Il Libro della Scala e la questione delle fonti arabo-spagnole della Divina Comedia. *Studi e Testi*, Città del Vaticano: Biblioteca Apostolica Vaticana, n. 150, 1949; id. Nuove ricerche sul Libro della Scala e la conoscenza dell'Islam in Ocidente. *Studi e Testi*, Città del Vaticano: Biblioteca Apostolica Vaticana, n. 271, 1972.

quanto aos documentos por ele usados na defesa de sua tese e quanto ao seu conhecimento do *Corão* e das Tradições islâmicas (*Ḥadīṯ*). Para responder a algumas dúvidas que a construção de sua hipótese levanta, valemo-nos dos principais tópicos concernentes aos fatos do *isrā'*, a viagem noturna de Muḥammad, e do *mi^c^rāj*, a ascensão do Profeta ao Trono de Deus, de acordo com o *Corão*. Apontamos ainda algumas considerações na conclusão de Asín sobre a possível influência em Dante da *Epístola do Perdão*[9], de Abū al-ᶜAlā' al-Maᶜarrī.

Inicialmente faremos um breve resumo da obra de Asín Palacios aqui estudada, para que o leitor não familiarizado com ela possa inteirar-se dos principais itens que o autor espanhol apresenta e analisa.

***

Considerada a obra mais célebre de Miguel Asín Palacios[10] e uma das poucas indiscutivelmente magistrais na erudição européia, *La Escatología musulmana en la Divina Comedia* surgiu, em 1919, em forma de discurso lido por seu autor na cerimônia de sua recepção na Real Academia Espanhola. O discurso foi inicialmente publicado na revista *Raza Española*, em janeiro de 1919, e reimpresso, em 1943, pelas Escolas de Estudos Árabes de Madri e Granada. Seguiram-se as reedições de 1961 e 1984.

Com esta obra, o eminente arabista e erudito espanhol introduziu no campo da literatura comparada européia um tema extremamente fascinante e in-

9. AL-MAᶜARRĪ, Abū al-ᶜAlā'. *Risālat al-Ġufrān*. Ed. Emín Hindie. Cairo, 1907.
10. Miguel Asín Palacios (1871-1944), eminente orientalista espanhol, foi a grande figura da escola espanhola de estudos orientais iniciada por Cordera e, sagaz e brilhantemente, seguida por Ribera. Asín Palacios é autor de um estudo sobre Ibn Masarra, em que traça as linhas de uma escola árabe-hispânica de grande ressonância na Idade Média. Em seu estudo sobre Averróis e Tomás de Aquino, desfaz a lenda, segundo o critério do século XIX, do "racionalismo" do filósofo muçulmano e demonstra como a concepção de seu pensamento harmoniza a sua teologia com a verdade científica, adiantando-se, desse modo, ao mundo cristão da *Suma de Teologia*. A grande aquisição de Asín, porém, está na solução de um aspecto das origens de Dante, antes insuspeitado, e que explica a complexidade da Idade Média quando Islã e cristianismo confluíam. Com a sua obra *La Escatología musulmana en la Divina Comedia*, Asín resolve, em sua argumentação, o que antes era inexplicável. Com este livro, a crítica espanhola atinge um triunfo de ressonância européia. Dentre seus trabalhos de grande mérito, destacam-se um sobre os historiadores árabes e outro sobre Al-Ġazālī, além do importante estudo sobre Ibn ᶜArabī apresentado em dois livros, *El Islam cristianizado* e *Vidas de santones andaluces*.

trigante, cuja repercussão mundial foi imediata. Surgiram traduções e estudos críticos, que, em sua grande maioria, eram tentativas de eliminar a indignação causada – um verdadeiro pomo de discórdia literária – principalmente entre dantistas italianos, contemporâneos e posteriores à obra de Asín.

Em linhas gerais, a *Escatología musulmana* propõe o seguinte: em seus estudos sobre as doutrinas neoplatônicas e místicas do filósofo muçulmano Ibn Masarra[11], Asín Palacios faz notar como, ao se infiltrarem na escolástica cristã, são logo adotadas pelos doutores da escola franciscana e pré-tomista, e também pelo poeta florentino Dante Alighieri, que, até então, era considerado por todos os críticos e historiadores um aristotélico-tomista. Aliás, isso parece vir ao encontro da assertiva de Bruno Nardi, dantista italiano, que, já em 1917, atribuía pela primeira vez em seus estudos sobre Dante[12], publicados em revistas italianas, uma filiação neoplatônica à filosofia do poeta florentino. Todavia, tal fato é desconhecido para Asín na época da elaboração de sua obra, assim como ele próprio esclarece[13].

Com a perspectiva, pois, de uma influência neoplatônica na obra de Dante, o arabista espanhol se põe a estudar a interessante relação de semelhança que ele começava a perceber entre as linhas gerais da ascensão de Dante e de Beatriz através das esferas celestes e outra ascensão alegórica, a do místico e filósofo Ibn ᶜArabī[14], sufi murciano e autor de *Al-Futūḥāt al-*

11. O primeiro grande sufi (místico) árabe de *Al-Andalus* nasceu em Córdoba em 909. Antes de completar seus trinta anos, refugiou-se em uma montanha para meditar. Teve muitos discípulos, que empreenderam muitos estudos sobre o sufismo. A filosofia de Ibn Masarra se assemelha à do filósofo pré-socrático Empédocles. Além dessas poucas informações, não conhecemos nenhum outro dado sobre a vida do filósofo, sequer a data e o local de sua morte.

12. Sobre os trabalhos do erudito dantista Bruno Nardi, Asín Palacios dedica, na IVª Parte de *La escatología musulmana*, um capítulo que se detém mais nos enigmas que a sagaz erudição deste estudioso italiano procurou elucidar.

13. Cf. ASÍN PALACIOS, Miguel. *La Escatología musulmana en la Divina Comedia*. 4. ed. Madrid: Ediciones. Hiperión, 1984. (1. ed. Madrid: Real Academia Española, 1919; 2. ed. Madrid: Escuelas de Estudios Árabes de Madrid y Granada, 1943; 3. ed. Madrid: Instituto Hispano Árabe de Cultura, 1961). p. 17, n. 1.

14. Místico andaluz, de origem árabe, nascido em Múrcia em 1165. Viveu em Sevilha cerca de trinta anos e morreu em Damasco em 1240. É considerado o mestre dos místicos, não só na Espanha, mas também em todo o mundo islâmico. Podemos acrescentar que foi o precursor do panteísmo no Islã. Dentre suas obras, destacam-se *Tarjumān al-Aśwāq* (Tradução da Saudade) e *Fuṣūṣ al-Ḥikam* (Gomos da Sabedoria).

Makkiyya[15], cuja filiação a Ibn Masarra parece indiscutível. Essa perspectiva começa então a ampliar-se, a ponto de Asín observar nitidamente que não só a metafísica neoplatônica de Ibn Masarra e de Ibn ᶜArabī, mas ainda o molde alegórico, idealizado por este último, influem como paradigmas ou, pelo menos, se apresentam como precursores da parte mais sublime da *Divina Comédia*, a saber, o paraíso dantesco.

Desta feita, essa perspectiva passa a ser o ponto de partida para as investigações do arabista espanhol na elaboração de sua tese sobre as influências escatológicas islâmicas na *Divina Comédia*. E quanto mais ele se adentra em suas investigações, mais ele percebe a importância de sua descoberta, uma vez que, ao aprofundar-se no estudo da ascensão alegórico-mística de Ibn ᶜArabī, compreende que essa ascensão não é senão "uma adaptação mística" de outra célebre e muito divulgada na literatura teológica islâmica, a ascensão, ou *miᶜrāj*, de Muḥammad, de Jerusalém ao Trono de Deus. E, curiosamente, por ter sido o *miᶜrāj* precedido de uma viagem noturna do próprio Muḥammad, *isrā'*, a lenda islâmica surge aos olhos de Asín Palacios, repentina e concretamente, como um dos tipos literários precursores da *Divina Comédia*.

Assim, já ciente do caminho que sua hipótese percorreria, o estudioso espanhol deu início a todo um levantamento metódico-comparativo das linhas gerais da lenda islâmica e daquelas do poema dantesco, visando sempre a um único e determinado alvo, ou seja, comprovar suas suspeitas de que não só os pormenores pitorescos, descritivos e episódicos de ambas as lendas, mas a própria "arquitetura dos reinos" – a concepção topográfica das moradas infernais e celestes –, são construídos por um mesmo "arquiteto muçulmano".

Tentaremos apresentar aqui, em sua essência, um panorama desse cotejo metódico, no qual Asín Palacios empenhou uma enorme porção de sua irrefutável cultura e de seu brilhantismo.

O *La Escatologia Musulmana en la Divina Comédia* está dividido em quatro partes fundamentais, minuciosa e metodologicamente apuradas: a primeira (a que mais diretamente nos interessa neste nosso estudo) dedica uma vasta análise ao *isrā'* e ao *miᶜrāj*, partindo desde o seu germe corânico

15. *Al-Futūḥāt al-Makkiyya* (As Iluminações de Meca), a maior obra de Ibn ᶜArabī, que expõe as idéias básicas, escritas na forma de poesia, de seu pensamento filosófico; data aproximadamente de fins do século XII e princípios do seguinte.

até os mais importantes *ḥadīṯs*[16] ou tradições do Profeta, cuidadosamente selecionados pelo autor, a fim de construir toda a sua área de ação dialética.

Nas partes restantes, já armado de todos os elementos que lhe permitem afiançar uma continuação silogística de sua teoria, o autor espanhol entra no cotejo do sublime poema dantesco com outras lendas islâmicas de além-túmulo. Estuda os elementos islâmicos em lendas cristãs precursoras da *Divina Comédia* e chega a um tópico de suma importância e desencadeador de numerosas controvérsias: a probabilidade da transmissão dos modelos islâmicos à Europa cristã, em geral, e a Dante, em particular.

Detenhamo-nos, por ora, na primeira parte[17], por trazer ela os elementos básicos que deram origem às nossas investigações críticas no campo dos estudos da gênese do poema de Dante, a *Divina Comédia*.

Isrā': a Viagem Noturna de Muḥammad, e *Mi^crāj*: a Ascensão Celeste de Muḥammad

Para estabelecer a origem da viagem noturna e da ascensão ao Trono de Deus, realizadas pelo Profeta Muḥammad, Asín Palacios recorre inicialmente ao *Corão*, que faz apenas uma única e brevíssima referência desses sinais no primeiro versículo da sura XVII, que diz: "Glorificado seja Quem fez Seu servo Muḥammad viajar à noite – da Mesquita Sagrada (de Meca) para a Mesquita Al-Aqṣà (de Jerusalém) cujos arredores abençoamos – para mostrar-lhe, em seguida, alguns de Nossos Sinais"[18].

16. Por serem, com efeito, abreviados muitos dos fatos do *Corão* e de difícil entendimento, criou-se, com o tempo, uma atitude explicativa perante eles. O conjunto destas explicações e comentários, em sua maioria, forma o *Al-Ḥadīṯ*. Todavia, deve ser assinalada uma diferença básica, do ponto de vista documental, entre o *Corão* e o *Al-Ḥadīṯ*: enquanto o *Corão* é a manifestação gráfica e imutável da revelação divina ao Profeta Muḥammad, o *Al-Ḥadīṯ* é a manifestação oral e passível de modificação da fala do Profeta.

17. ASÍN PALACIOS, op. cit., p. 9-119.

18. Cf. NASR, Helmi. Tradução do sentido do Nobre Alcorão para a língua portuguesa. Al-Madinah Al-Munauarah K.S.A., Arábia Saudita: Complexo do Rei Fahd para imprimir o Alcorão Nobre, 2005.

Esses sinais, que, ao longo de sua obra, o autor espanhol denomina "lendas", constituem tópicos que discutiremos em seguida mais detidamente.

Asín Palacios observa que dessa vaga e misteriosa alusão corânica, que incita a curiosidade dos muçulmanos e instiga a sua imaginação, surgiu uma riquíssima floração de lendas, muitas das quais fantásticas e extremamente hiperbólicas que, alicerçadas no piedoso culto à memória do Profeta, desdobram o *isrā'* e o *mi*ᶜ*rāj* em variados e infinitos episódios. Aliás, como diz o próprio autor espanhol, é tarefa quase impossível reunir em um só livro

> um estudo documentado da completa evolução de todas as ramificações da lenda que nasceram como comentário daquele versículo do *Corão*, sob a forma de *ḥadīṯs* ou tradições do Profeta, em cuja boca se põe a descrição pormenorizada de todas as maravilhas que presencia em sua viagem noturna[19].

Em vista disso, Asín Palacios reúne em sua obra algumas das principais redações que se conservam da lenda e, ao agrupá-las em três diferentes ciclos, inicia a sua exposição apresentando os tipos mais simples e fragmentários, até terminar com aqueles que se apresentam como o produto máximo da hiperbólica fecundidade oriental, no que se refere tanto à complexidade da ação quanto ao aspecto fantástico das cenas. O primeiro ciclo agrupa as redações referentes ao *isrā'*; o segundo retoma as que concernem ao *mi*ᶜ*rāj*; e o terceiro alude às redações fundidas do *isrā'* e do *mi*ᶜ*rāj*.

Dado o seu valor capital para o nosso estudo, apresentaremos aqui as principais características dos três ciclos, com um apanhado da análise feita pelo autor espanhol sobre eles.

O primeiro ciclo, o mais simples de todos, é, segundo Asín, constituído de seis *ḥadīṯs*, que parecem remontar ao século IX. Com pequenas variações, todas as redações desse ciclo põem na boca de Muḥammad a narrativa de uma viagem noturna, *isrā'*, cujas etapas são realizadas na Terra, sem qualquer ascensão às esferas celestes e sem indicações topográficas exatas do lugar onde ela ocorreu. Vejamos o que diz a narrativa da redação A.

19. ASÍN PALACIOS, op. cit., p. 10.

Muḥammad relata a seus discípulos que foi despertado por um homem que lhe pede para levantar-se e com ele partir. Os dois se dirigem a um monte escarpado, que Muḥammad sobe, encorajado por seu guia, até chegarem juntos a um planalto, no topo do monte. Caminhando, presenciam seis suplícios sucessivos. Muḥammad interroga seu guia sobre tais visões e este lhe explica cada uma delas. Continuam a caminhada até que Muḥammad ergue seus olhos aos céus e vê, sob o Trono de Deus, três profetas reunidos, Abraão, Moisés e Jesus, que o esperam.

Considerada por Asín o primeiro embrião da lenda islâmica, essa redação já assinala alguns pontos de coincidência com o poema de Dante. Em ambos, lenda e poema, o protagonista é quem narra a viagem, empreendida durante a noite e guiada por um desconhecido, após o despertar do narrador de um sono profundo. A primeira etapa da viagem é a escalada de um monte escarpado e quase inacessível. Em seguida, as três moradas do além, purgatório, inferno e paraíso, são visitadas sucessivamente, embora não coincidam na ordem e não haja similitudes nos pormenores entre lenda e poema. Em ambos os relatos, a visão do Trono encerra a viagem, e o guia satisfaz a curiosidade do viajante, informando-o das culpas e virtudes dos habitantes de cada morada.

Salvo essas linhas gerais, poucas são as semelhanças em ambas as narrativas. Apesar de não haver coincidência significativa na descrição dos tormentos, há semelhanças entre alguns traços descritivos do monte elevado – abrupto e áspero –, do desalento de Muḥammad diante da inacessibilidade ao cume, do encorajamento que o guia dá ao viajante, o que indica uma flagrante similitude com as cenas dantescas que precedem principalmente a entrada no purgatório e, depois, a no inferno.

A segunda narrativa, a redação B do primeiro ciclo, relata o despertar de Muḥammad por dois homens, que, ao tomarem-no pelo braço, convidam-no a levantar-se e a segui-los. Quando chegam a Jerusalém, Muḥammad tem visões do além e pede explicações a seus guias à medida que vai presenciando cada uma delas. Os guias, porém, insistem em que eles prossigam a caminhada e querem deixar a explicação das visões para o final da trajetória. Terminada a jornada e explicadas as visões, os companheiros e guias do peregrino se apresentam: Gabriel e Miguel. Convidam Muḥammad a dirigir seus olhos para o céu, onde, atônito, o Profeta vislumbra um castelo, semelhante a uma nuvem branca, que lhe é dito ser a Morada Celestial, para ele preparada, junto a Deus. Muḥammad deseja entrar, mas é dissuadido a fazê-lo, já que ainda não é chegada a sua hora.

Conforme Asín Palacios, essa redação mergulha na mesma imprecisão topográfica da primeira redação do *isrā'*, embora apresente um desenvolvimento maior quanto aos elementos descritivos, o que a aproxima mais do poema de Dante. Os quatro reinos do além, purgatório, morada das crianças ou seio de Abraão, inferno e paraíso, são, como na *Divina Comédia*, representados em cenários separados. O esforço para realizar a ascensão é insinuado quando se torna necessário, para que o viajante tenha as visões paradisíacas, que suba nos ramos de uma árvore, embora ainda não haja ascensão através das esferas celestes, como ocorre em outras redações. Os guias são de natureza angelical, e, pela primeira vez, esboça-se a descrição do guardião do inferno, que, como o clássico Minos de Dante, indica às almas os seus suplícios. Há semelhança entre as penas infligidas aos condenados. Porém, talvez o mais importante de tudo seja a coincidência do ponto de partida da viagem, Jerusalém, o que vem ao encontro da unanimidade dos comentadores da *Divina Comédia*, que afirmam ser este o local da terra de onde Dante inicia a sua viagem ao inferno[20].

O segundo ciclo de Asín Palacios apresenta as redações do *mi*ᶜ*rāj* ou ascensão, cuja antigüidade não é inferior à do primeiro ciclo. Todavia, elas formam uma tradição diversa, pois, em quase todas, prescinde-se da viagem noturna ou *isrā'*, fulcro das redações do primeiro ciclo. As três principais redações do segundo ciclo tratam das etapas da ascensão através das esferas celestes até o Trono de Deus.

A redação A do segundo ciclo é considerada pelos tradicionalistas muçulmanos, como Al-Buḫārī (810-870) e Muslim (m. 875), a mais autêntica e antiga de todas. Muḥammad dormia em sua casa em Meca (ou no recinto da Mesquita, segundo outras versões) quando foi despertado por Gabriel, que se apresenta com forma humana, só ou acompanhado de um ou mais anjos, segundo as várias versões. Ajudado por estes, o guia procede à purificação

20. Para esta constatação, consideram *Inferno* XXXIV:114 e *Purgatório* II:3, cf. ASÍN PALACIOS, op. cit., p. 17, n. 1.

do Profeta, preparativo necessário para a sua ascensão aos céus. Seu peito é aberto, e seu coração é extraído e lavado com água trazida numa taça de ouro do poço de Zamzam[21]. Seu peito se preenche de fé e de sabedoria. Terminado o ritual, Gabriel toma a mão de Muḥammad, já com os seus sentidos recuperados, e iniciam a viagem a partir do recinto da Mesquita (ou do templo de Jerusalém, segundo outras versões).

Existem, porém, muitas divergências nas várias versões relativas ao modo como se efetua a ascensão. Muitas afirmam que Muḥammad, conduzido por Gabriel, sobe voando pelos ares, sem qualquer veículo; outras relatam que Muḥammad e Gabriel sobem em ramos de uma árvore que cresce sem cessar até o céu; outras ainda recorrem à intervenção milagrosa de uma montaria celestial "maior que um asno e menor que uma mula", que, com extraordinária rapidez, conduz de início o Profeta (ou, em outras versões, junto com seu guia) de Meca a Jerusalém, depois às portas do paraíso e, por fim, ao Trono divino. Essa ascensão se faz em dez etapas, e o retorno ocorre sem incidentes ou ocorrências.

Em linhas gerais, a ação que se desenvolve é idêntica em ambas as narrativas, islâmica e dantesca. Ambos os protagonistas são purificados antes de empreender a viagem, ambos são conduzidos por um guia (Gabriel e Beatriz), ambas as trajetórias são realizadas em dez etapas. As sete primeiras correspondem aos sete céus astronômicos; a oitava corresponde à *Casa Habitada* (*Al-Bayt Al-Maᶜmūr*, *Corão* LII:4) – ou, em outras versões, é a nona etapa; nestas, na oitava surge a visão de uma árvore gigantesca, designada por *Sidrat al-Muntahà* em *Corão* LIII:14 –, que impede a passagem para a aproximação a Deus, tanto aos anjos como aos humanos. Na décima e última etapa, Muḥammad se vê diante de Deus, que se digna a lhe revelar os seus mistérios.

As analogias dessa redação com o poema de Dante concernem ao paraíso, já que aqui não se alude nem ao purgatório nem ao inferno. A ação em ambos os relatos é idêntica: o viajante deve purificar-se antes de empreender a ascensão, é conduzido por um guia (Gabriel e Beatriz), as etapas

21. Poço de água em Meca que existe desde o tempo de Abraão, o Patriarca, quando este edificou a *Kaᶜba*, segundo a fé dos muçulmanos. O poço é atualmente considerado sagrado.

correspondem aos céus astronômicos, embora a descrição imaginária das três últimas na lenda islâmica se deva, segundo Asín, "a humildes rapsódias do vulgo inculto"[22]. É inegável que os sete céus ou esferas celestes, nomeados segundo o sistema astronômico de Ptolomeu, correspondem, em ambas as obras, aos astros então conhecidos[23]; as três últimas esferas do poema de Dante, que representam respectivamente as estrelas fixas, o cristalino e o *empireo*, correspondem às esferas nomeadas na lenda islâmica, segundo a terminologia corânica, de *Sidrat al-Muntahà*, de *Casa Habitada* e de *Trono de Deus*. Ainda que com essas pequenas diferenças, as dez esferas islâmicas correspondem às dez esferas astronômicas aceitas na época de Dante.

Segundo Asín Palacios, nenhum dos precursores clássicos ou cristãos da *Divina Comédia* oferecia a Dante um modelo tão característico como a lenda islâmica. Beatriz, criatura humana, mas, pela visão beatífica, transfigurada em um ser espiritual e quase angelical, desce do céu com a permissão divina para guiar Dante até o Trono de Deus, conduzindo-o através das esferas celestes; igualmente, Gabriel, criatura angelical, desce à Terra para conduzir Muḥammad nesta sua viagem ascensional até o Trono divino. Nos dois relatos, os viajantes se detêm em cada uma das etapas, conhecem e conversam com os bem-aventurados, e recebem deles avisos, ensinamentos etc. O artifício literário que, no poema, transforma os profetas da lenda em santos sugere a estreita afinidade entre as narrativas, "embora separadas, como estão, por um abismo de arte e de espiritualidade nos pormenores"[24].

A redação B do segundo ciclo parece ser atribuída a Ibn ᶜAbbās, tio e companheiro de Muḥammad. Todavia, é impossível determinar a sua autenticidade canônica. Asín presume que tenha sido forjada por um tradicionalista do século IX, Isḥāq b. Kaᶜb. O que esta difere da redação A é a introdução da visão infernal. Para Asín, a redação B já indica a fusão das versões do *isrā'* com as do *miᶜrāj*, visto que as descrições dos suplícios infernais são próprias do *isrā'*.

Nessa redação, a visão do inferno é introduzida quando Muḥammad e seu guia estão na terceira esfera e se encontram com o anjo guardião do

22. ASÍN PALACIOS, op. cit., p. 21.
23. Lua, Mercúrio, Vênus, Sol, Marte, Júpiter e Saturno.
24. ASÍN PALACIOS, op. cit., p. 22.

inferno, que – a pedido do Profeta e ao som de uma voz do alto que lhe ordena não contradizer Muḥammad – entreabre uma porta e obriga-o a ver os horrores dos infernos. Muḥammad vê os sete estratos ou níveis do inferno e é advertido para lembrar a seu povo sobre os tormentos que acaba de presenciar. Terminado o episódio da visão do inferno, a viagem prossegue com a ascensão aos demais céus, como na primeira redação desse ciclo.

Sempre segundo Asín, se omitirmos o fato de o episódio da visão infernal de Muḥammad ter-se dado no terceiro céu – o que geralmente ocorre na superfície terrena –, o cotejo com a descrição do inferno de Dante oferece analogias consideráveis. Vejamos as principais.

Em primeiro lugar, a arquitetura dantesca do reino da dor parece ser indiscutivelmente calcada na arquitetura da lenda islâmica. Segundo a ficção dantesca, sob a crosta terrestre há um imenso abismo, em forma de funil ou cone invertido, até o centro da Terra. Nesse abismo há nove andares, destinados a servir de morada aos condenados às penas eternas; cada andar é destinado a uma determinada categoria de pecado cometido durante a vida terrena: quanto maior e mais grave for a culpa, mais funda a morada e maior o tormento. Esses nove andares têm, cada qual, subdivisões que abrigam os condenados segundo o grau da imoralidade de seus pecados.

O inferno é também formado por andares descendentes: são sete estratos que abrigam, cada qual, uma categoria de pecador. Cada andar se subdivide em outras várias moradas superpostas que abrigam os pecadores, segundo o grau da imoralidade de suas faltas.

Uma das maiores coincidências, assinalada pelo arabista espanhol, entre as duas concepções da vida futura, islâmica e dantesca, é a figura do anjo guardião do inferno, que, comparada à figura do barqueiro Caronte ou à do severo Minos de Dante, em ambas as narrativas é negada aos viajantes a entrada nas regiões infernais. Há uma série de outras coincidências, como a cidade de fogo islâmica e a cidade de Dite[25], que, nos versos de Dante, tem torres que se parecem a minaretes de "mesquitas, que surgem do fundo do vale, rubras e incandescentes, como se das chamas tivessem emergido [...]"[26].

25. DANTE ALIGHIERI, *Divina Comedia*, *Inferno* VIII: 67. A cidade de Dite é também chamada por Dante de Plutão.
26. Ibid., VIII:70.

Essa redação B já traz, segundo Asín, muitas sincronias evidentes e suficientes para provar aos dantófilos que a originalidade da obra de Dante poderia ser abalada.

Quanto à redação C do segundo ciclo, ela é considerada apócrifa pela totalidade dos tradicionalistas, pois parece ter sido forjada por um persa do século VIII, Maysara b. ᶜAbd al-Rabīᶜi. Essa redação se detém mais nos últimos episódios do *miᶜrāj*, ou melhor, nas visões de Muḥammad depois de sua chegada ao último céu (o que é apenas esboçado nas redações A e B desse ciclo). Texto prolixo e monótono, segundo Asín, essa redação tem como tema principal a ascensão, prescinde da viagem noturna e "incrusta uma tentativa falida de pintura do inferno"[27]. Paisagens e personagens celestes são descritos hiperbolicamente, "critério que foge a todos os recursos materiais e grosseiros usados no *Corão* para a pintura do paraíso e se esforça para usar, na medida do possível, apenas elementos pictóricos como a luz, a cor e a música."[28]. Segundo Asín, o episódio final da redação C deve ter sido habilmente acrescentado por seu autor como "concessão às idéias acerca do paraíso que fluíam entre o vulgo e o clero ortodoxo do Islã, cuja pintura no *Corão* não tem muito de idealista", por seu materialismo explícito. Ao forjar a lenda, o recurso serviria para autenticá-la diante de um público ortodoxo, mas denuncia seu autor como sendo "um muçulmano contagiado pelo neoplatonismo, a saber, um místico da escola *išrāqī* e pseudo-empedocleana, tão apegada às analogias luminosas e aos símbolos geométricos de forma circular para exemplificar as idéias metafísicas"[29]. Atribuída já no século X ao persa Maysara b. ᶜAbd al-Rabīᶜi, há de se lembrar, como afirma Asín, que talvez a fé deste muçulmano "não teria apagado os vestígios das crenças zoroástricas de sua pátria, recém-convertida ao Islã pela força das armas"[30]. As visões das mansões do paraíso corânico (no episódio final), segundo Asín, "são de um caráter tão pouco espiritual que dificilmente poder-se-ia ver nesta lenda qualquer nexo com o tão delicado e artístico poema de Dante"[31].

27. ASÍN PALACIOS, op. cit., p. 30.
28. Ibid.
29. Ibid., p. 40-41.
30. Ibid.
31. Ibid., p. 40.

Mais adiante retomaremos essa observação de Asín Palacios, quando apontaremos algumas incoerências nas idéias de sua tese.

Feitas essas ressalvas, a similitude mais óbvia entre os dois relatos é a concepção pictórica imaterial do paraíso. Em ambas as narrativas, predomina quase exclusivamente o elemento luminoso. Luzes e cantos, como em Dante, descrevem o paraíso dessa redação. Excluído o mar de trevas atravessado por Muḥammad, as principais etapas da ascensão, em ambos os relatos, oferecem uma descrição em que prevalecem a luminosidade e os cantos de louvor entoados pelos espíritos celestiais. Também é clara a semelhança da reiteração dos viajantes em não conseguir descrever o que vêem na mudança de uma etapa para outra. A cada nova etapa do céu que se apresenta, Muḥammad fica ofuscado pelo brilho das luzes, cuja intensidade seus olhos não suportam; o mesmo se repete em várias cenas do paraíso dantesco, como, por exemplo, quando Beatriz se reveste de tão intensos esplendores, na esfera da Lua, que os olhos de Dante não suportam.

Asín Palacios assinala uma série de outras analogias entre o poema de Dante e a lenda islâmica, tal qual a tarefa, seja de Gabriel como de Beatriz, de guiar, instruir e confortar, de esfera em esfera, seus respectivos viajantes. Não se trata apenas de paralelismos entre pequenos traços descritivos, como a visão dantesca da águia gigantesca no céu de Júpiter e o imenso galo da visão de Muḥammad ao inaugurar sua ascensão; podem ser encontrados flagrantes paralelismos em traços gerais de episódios inteiros. Em ambos os relatos da visão desses animais, anjos agrupados na águia entoam hinos, em Dante, assim como as asas do galo se agitam ao entoar cantos religiosos, na lenda islâmica.

O terceiro ciclo interessa a Asín por apresentar uma modalidade diferente na evolução da lenda, que, ao sistematizar-se, faz fundirem em um só relato *isrā'* e *mi'rāj*.

Embora amálgama das redações dos ciclos primeiro e segundo, esse ciclo interessa porque oferece uma redação de um primeiro e mais arcaico tipo de lenda medieval, não cristã, cujos episódios principais, a visita ao inferno e ao purgatório e a ascensão ao paraíso, se sucedem como no poema dantesco. É plausível que seja de data anterior ao século IX, porque o historiador e exegeta Al-Ṭabarī conservou a lenda em seu monumental *Tafsīr* – ou comentário do *Corão* – atribuindo-a a tradicionalistas anteriores.

Da única redação analisada desse ciclo, Asín conclui que a sua Introdução é idêntica à da redação A do segundo ciclo. Os episódios se repetem literalmente, com igual variedade de circunstâncias. Muḥammad dormia e é despertado pelo anjo, o qual, depois de proceder ao ritual de purificação, guia-o até Jerusalém e depois ao céu. Logo no início da caminhada, eles se encontram com uma idosa, coberta de adornos, que convida Muḥammad a desistir da jornada. Gabriel explica que ela representa o mundo enfeitado, como ela, com deleites para seduzir, e caduco como ela, "já que sua vida é tão breve que equivale aos fugazes dias da velhice"[32]. Muḥammad ouve vozes vindas de sua direita e esquerda que, segundo o anjo, representam o judaísmo e o cristianismo, que, em vão, tentam convertê-lo e converter seu povo a seus respectivos credos. Uma última tentação surge quando o diabo tenta desviar Muḥammad do reto caminho. Vencidos esses perigos, três profetas, Abraão, Moisés e Jesus, vêm ao encontro dos viajantes e os saúdam calorosamente.

As visões se sucedem em duas categorias: umas alegóricas e outras dos suplícios infernais, ora semelhantes, ora não, às já descritas nas redações anteriores. Depois de atravessar o vale infernal, chegam à Mesquita de Jerusalém, meta da viagem noturna, de onde ascendem aos céus, cujas descrições são quase idênticas às da redação A do segundo ciclo. Fazem a travessia das sete esferas astronômicas, passam pela *Sidrat al-Muntahà* até chegar ao Trono de Deus, assim como está no *mi^{c}rāj* supracitado. A narrativa se encerra com o diálogo entre Deus e Muḥammad.

O arabista espanhol se detém nas adaptações dos símbolos islâmicos que estão na *Divina Comédia*, como, por exemplo, a representação do mundo na figura da idosa, visão semelhante à de Dante ao chegar ao quinto círculo do purgatório. Nessa redação do terceiro ciclo, simbiose entre o *isrā'* e o *mi^{c}rāj*, a descrição do jardim de Abraão oferece notáveis semelhanças com a do purgatório de Dante, onde o poeta deve passar pelo ritual da tripla purificação para entrar nas mansões celestiais – semelhante ao da tripla ablução dos muçulmanos nos três rios do jardim de Abraão, a que se vêem submetidas as almas pecadoras e penitentes.

32. Ibid., p. 59.

Na comparação entre as viagens, dantesca e islâmica, Asín conclui que as semelhanças não se limitam apenas aos resultados decisivos expostos até aqui. "Além das linhas gerais da ação dramática, dos principais traços da topografia do além, e sem contar, enfim, os muitos episódios análogos, ambas as lendas estão animadas por um idêntico espírito"[33]. O estudioso se refere ao sentido alegórico-moral que Dante infundiu em seu poema, sentido que já havia sido tratado pelos sufis, principalmente por Ibn ᶜArabī de Múrcia. Todos os místicos muçulmanos, assim como também Dante, se serviram da ação dramática da supostamente real e histórica viagem de Muḥammad – este, um homem que atravessou as regiões celestes e infernais –, cujo significado está na regeneração moral das almas pela fé nas virtudes teológicas. A viagem é o símbolo da vida moral dos seres humanos, que, postos por Deus na Terra, devem merecer a visão beatífica, suprema felicidade, fim que não podem alcançar sem a teologia, sua guia, já que a razão somente poderá conduzi-los nas etapas iniciais da jornada, símbolo das virtudes intelectivas e éticas. As mansões do paraíso, símbolo das virtudes teológicas, só serão alcançadas com a graça iluminadora. O que aqui interessa frisar, segundo Asín, é a condição absolutamente humana aliada à alegoria idealista que os autores das imitações literárias da ascensão de Muḥammad, Dante e os místicos muçulmanos apresentam. Nessas viagens ao além, os peregrinos são simples homens, pecadores e imperfeitos, e os personagens episódicos encontrados ao longo do percurso são homens reais e históricos[34]. No sufismo, a adaptação das cenas da ascensão de Muḥammad a cenas representadas por homens, embora dotados de virtudes teológicas, poderia ser vista como uma "audácia", que, porém, somente os sufis puderam permitir-se, uma vez que se orgulhavam de poder atingir a dignidade profética, pois, assim agindo, estariam atingindo o seu objetivo maior, a propagação da fé islâmica e a indicação a uma vida plenamente ética[35].

As adaptações literárias de cunho alegórico-místico da lenda do *miᶜrāj*, ou ascensão de Muḥammad às mansões celestes, surgiram no mundo islâmico a partir do momento em que a ortodoxia islâmica estabeleceu o texto

33. Ibid., p. 117.
34. Ibid., p. 117-118.
35. Ibid., p. 75, n. 3.

autêntico. Desde as primeiríssimas adaptações literárias em que se descreve a ascensão da alma de um defunto, que atravessa os céus até chegar diante do Trono de Deus para ser julgada, até as elaboradas adaptações feitas pelos sufis e místicos, viu-se um crescente e fecundo desenvolvimento da lenda, individual e coletivo, cuja forma, embora com todo tipo de alterações literárias, manteve sempre uma compatibilidade com o texto consagrado pelo dogma. Sem dúvida, a adaptação mais célebre pertence a Muḥī al-Dīn Ibn ᶜArabī e se intitula *Livro da Viagem Noturna até a Majestade do mais Generoso*[36]. Contudo, merece destaque uma outra adaptação do mito, a *Epístola do Perdão*, de Abū al-ᶜAlā' al-Maᶜarrī[37], o poeta cego do Islã.

Epístola do Perdão de Abū al-ᶜAlā' al-Maᶜarrī

Célebre por suas sátiras contra os dogmas islâmicos, Abū al-ᶜAlā' al-Maᶜarrī deixou-nos a *Epístola do Perdão*, escolhida por Asín Palacios para corroborar a sua tese da influência islâmica na obra de Dante. Sobre Abū al-ᶜAlā', Asín Palacios nos informa que, já no século XII, o bibliógrafo sevilhano Abū Bakr b. Jayr conhecia todas as obras do sábio poeta, inclusive essa *Epístola*. O orientalista alemão Ignaz Goldziher confirma que as epístolas e poesias de Abū al-ᶜAlā' eram conhecidas e imitadas na Espanha ainda durante a vida do poeta[38].

A *Epístola do Perdão* tornou-se conhecida dos estudiosos europeus quando o orientalista inglês R. A. Nicholson descobriu, na Biblioteca de Shakespeare, alguns manuscritos árabes, dentre os quais, o mais importante, a *Epístola* de Abū al-ᶜAlā' al-Maᶜarrī, escrita em 1032. A *Epístola* é a resposta a uma carta que Abū al-Ḥasan ᶜAlī ibn Manṣūr, melhor conhecido

36. Ibid., p. 76-77.
37. Abū al-ᶜAlā' Aḥmad ibn ᶜAbd Allāh al-Maᶜarrī nasceu em 973, em Maᶜarrat al-Nuᶜmān, aldeia situada entre Ḥamā e Alepo, na Síria.
38. Cf. ASÍN PALACIOS, op. cit., p. 566.

por Ibn al-Qāriḥ[39], escrevera a Abū al-ᶜAlā' criticando-o e criticando um grupo conhecido por *zindiq*, espécie de ateu ou hipócrita religioso. Ibn al-Qāriḥ também escreve sobre lições de literatura, filosofia, história e gramática. Abū al-ᶜAlā' aproveita a oportunidade para compor um texto, dividido em duas partes, em que aborda inicialmente o tema do perdão obtido pelos poetas para depois responder a questões sobre o tempo, o espaço, a transmigração da alma etc. A *Epístola do Perdão* é uma simbiose de lendas, descrições, críticas, comentários, ciências, filosofia, história e teologia. As lendas, interessantes, são repletas de diálogos, que, porém, às vezes pecam pela monotonia; as descrições são estranhas e hiperbólicas; a crítica, severa e irônica, se dirige à literatura, à religião, às tradições, aos fatos sociais, com variados trocadilhos e eufemismos. Em relação à literatura, o autor tece comentários elogiosos à originalidade e ao equilíbrio, e nega o exagero e a desarmonia das palavras e das rimas. A crítica à ciência, à filosofia e à história é relevante e denuncia o conhecimento enciclopédico de seu autor.

A fértil imaginação de Abū al-ᶜAlā' está demonstrada na sua capacidade de compor novas imagens, singulares e originais, a partir de histórias comuns, correntes e conhecidas. As descrições de seu paraíso são calcadas no *Corão*, na poesia pré-islâmica e nas lendas árabes. Assim, as imagens dos rios caudalosos que atravessam as moradas celestiais, cujas águas protegem aqueles que delas bebem, os rios de mel que protegem contra enfermidades, os rios de leite que nunca azeda, são todas elas imagens corânicas; as formosas *ḥūris*, acariciadas por lençóis de seda, que saboreiam deliciosos frutos, cantam e dançam ao som de músicas, são imagens corânicas que, no entanto, Abū al-ᶜAlā' transforma em cenas movimentadas, diferentes das corânicas em que predominam paz e quietude. O paraíso de Abū al-ᶜAlā' é repleto de imagens terrenas, com inclinações, emoções e sentimentos humanos, falhas, desobediências, distrações, desejos do proibido etc. A imaginação do poeta inunda seu paraíso de delícias e prazeres sensuais, bem ao gosto do real Ibn al-Qāriḥ, o protagonista da viagem.

39. Nasceu em Alepo em 962 e morreu em Mosul depois de 1030. Foi professor de literatura na Síria e no Egito.

Contudo, todas essas cenas de banquetes e convívios refletem o desejo paradisíaco de um “enclausurado”, privado dos prazeres terrenos, como foi Abū al-^{c}Alā’ durante sua existência.

Quase cego já aos três anos de idade, Abū al-^{c}Alā’ teve uma infância dedicada aos estudos da filosofia e literatura árabe, ensinadas por seu pai, que notara a precoce inteligência do filho. Depois da morte do pai, perde o direito à herança familiar e, sentindo-se profundamente injustiçado, abandona a cidade natal. Muda-se para Bagdá, onde, porém, permanece apenas um ano, em razão de desavenças com um notável. Com a morte de sua mãe, exila-se voluntariamente em sua casa natal, onde passa a se dedicar aos estudos e ao ensino, durante quase meio século. Abū al-^{c}Alā’ se autoproclama como alguém “detido em duas prisões”, a casa e a cegueira. De constituição frágil, saúde debilitada, pele estigmatizada pela varíola contraída aos três anos de idade, Abū al-^{c}Alā’ viveu só e indiferente ao mundo. Desprezado por seu aspecto físico, a amargura tornou-o um ferrenho crítico. Sua cegueira, no entanto, foi responsável por sua prodigiosa memória, que gerou lendas como a de que sabia de cor a maioria dos dicionários árabes. Teve opiniões audaciosas, ofendeu alguns e ironizou algumas crenças vigentes. Contudo, sua ironia não pretendia provocar o riso, e sim a reflexão. Criticou os hábitos sociais, o poder, as ilusões dos filósofos, sempre com uma carga muito grande de pessimismo. Morreu em março de 1057. Quarenta e oito poetas prestaram-lhe homenagem em seu funeral.

A *Epístola* é uma ficção literária de uma viagem ao além, uma das versões mais sóbrias da lenda do *isrā’*, a viagem noturna de Muḥammad. Seu autor censura com fina ironia o moralismo de alguns doutores da Lei que, em detrimento da infinita misericórdia divina, condenaram ao fogo eterno muitos dos célebres literatos, especialmente os poetas, muçulmanos ou não. A oportunidade de escrever a *Epístola* surgiu quando Abū al-^{c}Alā’ recebeu de seu amigo Ibn al-Qāriḥ uma carta em que este censurava os poetas e sábios que viviam na libertinagem e na impiedade. Embora tenha um objetivo literário, a *Epístola* de Abū al-^{c}Alā’ tende a demonstrar um objetivo teológico, ao apresentar numerosos poetas libertinos que, no momento de sua morte, entregaram-se à infinita piedade divina e, obtendo o perdão por suas culpas, foram recebidos no paraíso.

Ibn al-Qāriḥ, o protagonista, é um apologista da fé islâmica e exortador à penitência que, já no Prólogo, o autor ironicamente situa na morada celeste, jardim de delícias, bem ao gosto humano, com rios de vinho, mel, água e leite que fluem sem cessar. Árvores frondosas, carregadas de frutos, fazem sombra àqueles que, arrependidos, obtiveram o perdão por seus pecados. Formam-se tertúlias de poetas, gramáticos, novelistas, filólogos e críticos, que espairecem e conversam serenamente sobre temas literários, com seus corações purificados e livres de qualquer sentimento de inveja que possa lhes ter envenenado a existência. A narrativa é permeada de ironias, como o encontro com o poeta Maymūn al-A^{c}šà, que relata como se livrou do inferno, apesar de seu gosto pelo vinho, graças à intercessão de Muḥammad, que o recompensou por seus versos sobre a missão divina do Profeta. Os sucessivos episódios descrevem animadas conversas com eminentes mestres de cada gênero literário, em que surgem, às vezes, alusões a versos de poetas ausentes, que o viajante manifesta o desejo de encontrar. Banquetes, concertos e bailes animam o paraíso dos literatos. A um dado momento, o peregrino se vê conversando com duas formosas mulheres que ele crê serem *ḥūris*[40], mas que, rindo, dizem ser mulheres daquele mundo que ele certamente conhece e se apresentam. Uma delas, a mulher mais feia de Alepo, repudiada por seu marido; a outra, uma serva da biblioteca de Bagdá. O viajante não entende o enigma e um anjo lhe explica que há duas espécies de *ḥūris*: as criadas por Deus para pertencerem apenas ao céu e as que são mulheres que foram recompensadas por suas virtudes e penitências em vida.

Com toques de sutil ironia, Abū al-^{c}Alā' apresenta um paraíso habitado por poetas que se regozijam nos prazeres mundanos após se arrependerem de seus pecados.

Depois desse convívio com os sábios – de épocas anteriores e posteriores ao Islã –, Ibn al-Qāriḥ empreende sua viagem ao inferno, cujos horrores fortalecem sua gratidão para com a misericórdia divina. No caminho, vê cidades dispersas em profundos e sombrios vales, habitadas por gênios que acreditaram na missão do Profeta. Na entrada de uma gruta, se depara com

40. Virgens que habitam o paraíso islâmico.

um ancião que lhe recita poemas e cantos épicos que celebram os feitos de sua linhagem.

A narrativa se desenvolve com uma série de perigos, encontros com aparentes feras que, no entanto, dirigem-lhe a palavra e explicam que serviram à missão profética de Muḥammad[41]. Depois de vários encontros com poetas e literatos, a descida aos infernos culmina no encontro com Iblīs, com quem o viajante empreende um diálogo. O diabo pergunta seu nome e profissão, a que Ibn al-Qāriḥ declara ser um literato de Alepo. "Péssimo ofício!", replica Iblīs, "Mal dá para comer, muito menos para manter uma família. Além disso, é muito perigoso para a alma. Quantos os que se perderam! Feliz és, se conseguiste salvar-te!" Segue-se uma animada conversa entre os dois em que surge o nome de um poeta cego da época dos abássidas, Baššār ibn Burd, que em vida fora executado por seus versos ímpios porque anti-islâmicos. Esse mesmo poeta sai das profundezas do inferno, com os olhos arregalados, para que seu tormento se amplifique. Ibn al-Qāriḥ lamenta a triste sorte do poeta, que não foi capaz de se arrepender, mas aproveita para pedir-lhe esclarecimentos sobre alguns pontos obscuros de sua poesia. O poeta, mal-humorado, se recusa a responder.

O viajante expressa o desejo de falar com o poeta Imru' al-Qays, considerado por Muḥammad o pai da poesia árabe pré-islâmica. Iblīs o indica e os dois entabulam uma animada conversa em que o viajante pede esclarecimento sobre pontos obscuros e discutidos de suas *qaṣīdas* mais célebres. Ibn al-Qāriḥ vislumbra, em meio às chamas, o poeta épico ᶜAntara, cujos cantos narram os feitos guerreiros da Arábia pré-islâmica. Este responde a algumas dúvidas do peregrino e, lamentando-se de sua desgraça, não se conforma com a própria sorte, ele, artista tão digno e sublime.

E assim continua o relato. O inferno é povoado por poetas e letrados, alguns mais e outros menos célebres, que se contorcem entre as chamas, todos inconformados com seu destino. O viajante, porém, com sua curiosidade satisfeita, retorna ao paraíso, onde, nas pradarias verdejantes e jardins exuberantes, pode entregar-se aos deleites, acompanhado de uma belíssima donzela. Depois

41. Há um conhecido *ḥadīṯ* em que um lobo prediz aos árabes a missão profética de Muḥammad.

de algumas peripécias das *ḥūris*, chega finalmente a um jardim habitado apenas pelos poetas que compunham seus versos na métrica *rajaz*, considerada imperfeita pelos mestres que ensinavam as regras da poética.

A *Epístola do Perdão* nada tem de mística, seus personagens não são nem santos nem profetas, o protagonista é um simples mortal, e os episódios narrados são protagonizados por pecadores e infiéis. De caráter realista, isto é, terrestre e humano, a narrativa muito se assemelha às duas primeiras partes da *Divina Comédia*. Embora haja diferenças notáveis entre as duas fábulas[42], Asín Palacios segue seu objetivo – ressaltar os pontos em que se assemelham – e apresenta um extenso agrupamento de similitudes entre as duas obras. Todavia, conclui que os dois poetas aproveitaram-se da matéria teológica para realizar uma composição artística. A *Epístola do Perdão*, adaptação literária da viagem maometana, oferece uma grande habilidade na arte da rima arábica, que faz brilhar o estilo poético típico dos árabes, o da prosa rimada. A *Divina Comédia*, embora de conteúdo moral, também "oferece-se ao leitor, antes de mais nada, como obra soberana da arte literária, esforço gigantesco do poeta florentino para fundir, no burilado molde de inspirados tercetos, uma lenda de além-túmulo"[43].

O *Livro da Escada*

A instigante obra de Asín Palacios continuou a inspirar inquietudes científicas das mais diversas. As polêmicas que se seguiram à publicação do livro suscitaram trabalhos de muita discussão e controvérsia. Asín soube sempre responder às críticas, alicerçado em um apurado trabalho documental. Permaneceu, todavia, a interrogação por parte dos dantistas, que demandavam provas que pudessem evidenciar um eventual intercâmbio cultural entre Dante e o Islã. Como poderia o poeta ter tido acesso ao tema da escatologia

42. Cf. ASÍN PALACIOS, op. cit., p. 99, n. 1.
43. Ibid., p. 108.

islâmica, uma vez que desconhecia a língua árabe e não simpatizava com a doutrina islâmica?

Embora alguns defendessem e outros se opusessem à tese de Asín, isto é, a imitação por Dante dos temas escatológicos islâmicos, foi somente em 1947 – três anos após o falecimento de Asín e vinte e oito anos depois da publicação de sua polêmica obra – que se descobriu que os relatos árabes sobre a viagem de Muḥammad às moradas do além já eram conhecidos no século XIII pela Europa cristã.

A descoberta deu-se por outro eminente arabista espanhol, José Muñoz Sendino, que teve acesso a dois manuscritos[44] que provam a veracidade da tese de Asín Palacios. A importância dessa descoberta deve-se ao testemunho da transmissão das concepções islâmicas acerca do além para a Europa cristã desde 1264, quando, em Sevilha, a lenda da ascensão do Profeta aos céus e sua descida aos infernos foi pela primeira vez traduzida para uma língua ocidental. Quase na mesma época em que, em Florença, nascia Dante, Alfonso, o Sábio, encomendara a um judeu a tradução para o espanhol, que no entanto se perdeu. Buonaventura di Siena, um italiano que vivia na corte espanhola, verteu ao francês e ao latim a tradução espanhola da lenda. Sendino se questiona sobre as razões que levaram o rei espanhol a encomendar essa tradução e conclui que o fenômeno da fusão e interpenetração das culturas islâmica e cristã, na Península Ibérica, não necessita de muitas explicações, já que se trata de um processo "de domínio comum que qualquer História Universal assinala"[45]. A corte espanhola mantinha estreitos contatos com a Itália, atraindo da Toscana e da Lombardia embaixadores, poetas, homens de ciências e letras, sábios, religiosos, sem que nos esqueçamos dos espanhóis que freqüentavam a Universidade de Bolonha. Nesse intercâmbio cultural, a tradução da lenda islâmica penetrou no círculo do bispo Pedro, o Venerável, e, antes do término do século XIII, já percorrera toda a Europa. Há ainda uma outra via de transmissão, mais discreta, porém muito eficaz: nos centros de tradução das obras

44. 1) Ms. Land. Misc. 537 (Biblioteca Bodleiana de Oxford), que traz a versão francesa da lenda; 2) Cod. Lat. 6064 (Biblioteca Nacional de Paris), que traz a versão para o francês; há ainda um terceiro manuscrito, Cod. Lat. Vat. 4072 (Biblioteca Vaticana), com a versão para o latim, mas que, infelizmente, Sendino não pôde microfilmar, em função das dificuldades que a Europa pós-guerra enfrentava em 1946.

45. SENDINO, op. cit., cap. II.

científicas greco-árabes, em Toledo e Sevilha, cabe lembrar o afã dos sábios judeus que muito colaboraram com suas traduções para a difusão das obras em língua árabe. Nesse ambiente trabalham, entre outros, os judeus Abraham al-Ḥakīm, responsável pela tradução da lenda do árabe para o espanhol, e Emmanuel b. Salomo, amigo íntimo de Dante. Em uma época de intensa espiritualidade, como o Medievo, o conhecimento de especulações religiosas e filosóficas era incentivado, e as crenças islâmicas não poderiam deixar de suscitar curiosidade, embora "o fragor das batalhas diminuísse questões de outra índole"[46]. Sendino se pergunta como seria possível que Dante voltasse as costas à cultura islâmica, dado que em seu poema há toda uma atmosfera envolta no saber islâmico, nas intensas e dramáticas polêmicas filosófico-dogmáticas dos pensadores cristãos sobre as idéias de Avicena, Averróis e Al- Ġazālī? Segundo Sendino, não seria possível conceber que, em suas peregrinações pela Europa, a lenda do *miᶜrāj* não tivesse jamais se encontrado com a vida literária do poeta florentino. O erudito espanhol acredita ainda que teria bastado a Dante ter em mãos um único texto para que transpusesse para a *Divina Comédia* a arquitetura e a disposição geral que o seu poema apresenta, acrescidas de um caudal de episódios fantásticos, "facilmente transformáveis por uma filosofia superior, arte literária e concepção religiosa das mais apuradas, livre de materialismo e desvarios imaginativos"[47]. Portanto, a Dante bastou o conhecimento do *Livro da Escada*, pois esse texto contém a grande parte dos elementos que serviram à composição da *Divina Comédia*.

De uma primeira tradução para o espanhol – e desta para o francês e para o latim, como vimos – de um texto árabe de devoção popular cujo original ainda é desconhecido, o *Livro da Escada* ou *Miᶜrāj* contém o mais completo relato de tudo o que há sobre o tema na literatura islâmica. Segundo Sendino, não era necessário que Asín Palacios fizesse derivar a inspiração de Dante de outras fontes, tivesse o sábio espanhol tido em mãos o *Livro da Escada*. Livre de hipérboles e de enfadonhas repetições, esse resumo do *miᶜrāj* tem autoridade suficiente para persuadir qualquer leitor disposto a comprovar os fecundos sinais de semelhança entre ele e a *Divina Comédia*.

46. Ibid.
47. Ibid., cap. IV.

Descrições de uma atmosfera carregada de luz, cores e sons são muito próximas dos recursos cênicos e estilísticos que servem para ilustrar, no poema dantesco, a atmosfera espiritual em que vivem os seres do além. No *Livro da Escada* há um bom número de episódios, não recolhidos por Asín, que são comparados por Sendino a seus similares no poema dantesco. Sendino defende a idéia de que as partes principais e mais discutidas – para efeito de comparação entre a lenda e o poema – que Asín extraiu das diversas redações ou ciclos e das coletâneas canônicas dos *ḥadīṯs* do Profeta ou de seus mais eminentes exegetas, todas, ou quase todas, estão nesse texto, além do fato de haver nele também alguns elementos aos quais Asín não encontrou referência islâmica documentada. As semelhanças entre as descrições da topografia do céu, as visões apoteóticas do paraíso, a visão beatífica de Deus, os profetas distribuídos nas diversas esferas celestes[48], a águia gigantesca, as descrições de ventos e furacões, das pradarias ocultas que separam o purgatório do paraíso, as abluções que fazem os eleitos antes do ingresso no paraíso, a donzela belíssima que se encontra com o seu amado no paraíso, o paraíso apresentado como um jardim murado, e muitas mais analogias entre o poema e o *Livro da Escada*[49], justificam a idéia de Sendino da irrelevância de recorrer a Ibn ᶜArabī ou ao resto da imensa literatura que trata da escatologia islâmica, para estabelecer o elo, não encontrado por Asín, entre o poema de Dante e as concepções escatológicas islâmicas. Pois, coube à tradução feita na corte de Alfonso, o Sábio, trazer a inspiração a Dante, cujo grande mérito foi incorporar a corrente de uma cultura diversa na amplidão oceânica de seu poema.

No mesmo ano em que Sendino publica o resultado de suas pesquisas, outro importante livro veio à luz. Trata-se da obra do orientalista italiano Enrico Cerulli, *Il Libro della Scala e la questione delle fonti arabo-spagnole della Divina Comedia*[50].

48. Asín acreditou que Dante emprestara de Ibn ᶜArabī, das *Futūḥāt*, a cena do artifício que este último apresenta ao fazer o teólogo ir ao encontro dos profetas que o acolhem e com ele conversam animadamente. Esta cena está completa no texto apresentado por Sendino.
49. O episódio da escada do Templo de Jeusalém até o céu, que Asín tomara do Ms. 105 de Gayangos e de outros comentadores teológicos do Islã, é apresentado aqui integralmente no cap. v.
50. CERULLI, op. cit., 1949.

Cerulli concorda com a dimensão grandiosa do estudo de Asín Palacios, mas acrescenta que este não propõe ainda uma solução satisfatória. A comparação de Cerulli não se fundamenta nas fontes árabes apresentadas por Asín, mas neste outro texto, o *Livro da Escada*. O estudo de Cerulli se diferencia do de Sendino, por trazer outros testemunhos do conhecimento e da difusão do *Livro da Escada* na literatura ocidental até o século XV. Apresenta, ainda, textos de autores medievais ocidentais, do século IX ao XIV, em que proliferam notícias sobre as tradições escatológicas islâmicas.

Esses dois estudos, de Sendino e de Cerulli, nasceram independentes, isto é, sem que um autor tivesse conhecimento do trabalho do outro. Todavia, ambos têm o mesmo objetivo. Com a descoberta dos manuscritos das versões latina e francesa do relato do *mi^c^rāj* e com a demonstração da difusão das concepções escatológicas islâmicas na Europa medieval cristã, passa-se a aceitar, como fato, que Dante possa bem tê-las conhecido, ainda que desconhecesse a língua árabe. Cabe aqui a aguda observação de José Ortega y Gasset de que "a Idade Média européia não pode ser corretamente compreendida se a história daqueles séculos for centralizada na perspectiva exclusiva das sociedades cristãs"[51].

Considerações sobre a Escatologia Islâmica

Cabe-nos aqui tecer algumas considerações – não exaustivas, porém – sobre as conclusões de Asín quanto à influência das concepções escatológicas islâmicas na obra de Dante, segundo o levantamento de documentos por ele apresentados. A nosso ver, nem sempre o documento que o erudito espanhol denomina "escatológico" na literatura consultada corresponde às concepções islâmicas da vida futura. Asín Palacios, quase obcecado pela

51. ORTEGA Y GASSET, José. Prólogo. In: IBN HAZM. *El Collar de la Paloma*. 3. ed. Madrid: Alianza Editorial, 1971.

idéia da "imitação" de uma escatologia islâmica, por Dante, classificou, como pertencentes ao credo islâmico, textos bastante heterogêneos e distantes da escatologia teológica islâmica. Sua obra teria tido um melhor título se houvesse sido denominada *A Literatura Islâmica na Divina Comédia*, já que foi pouco o contato de Asín com os textos propriamente escatológicos do credo islâmico.

Inicialmente, é bom lembrar que Asín tomou como fundamento do *isrā'* e do *mi^c^rāj* a breve passagem de *Corão* XVII:1. Embora Asín se refira às suras LIII e LXXXIV, que tratam das recompensas e castigos na vida *post-mortem*, ele não as considera em seu estudo por acreditá-las ambíguas.

A sura XVII é, na verdade, a que se refere ao *isrā'*. Porém, quanto ao *mi^c^rāj*, outros versículos do *Corão* devem ser assinalados, como os da sura *Al-Najm (A Estrela)* LIII:13-18:

> E, com efeito, (o Profeta) viu-o outra vez, junto da *Sidrat al-Muntahà*; junto dela, está o Jardim de *Al-Ma'wà*. Quando encobriu *al-Sidra* o (esplendor indescritível) que a encobriu, a vista não se lhe desviou nem foi além. Com efeito, ele viu algo dos grandiosos sinais de seu Senhor[52].

Devemos frisar que Asín Palacios avalia por "islâmica" a terceira redação do ciclo II, ao passo que na realidade ela é o produto literário de uma fértil imaginação sobre o *isrā'* e o *mi^c^rāj*, o que não significa em absoluto que seja conforme ao credo islâmico. Por fato islâmico deve ser considerado apenas o que é mencionado no *Corão* ou no *corpus* autêntico do *Ḥadīṯ*. Qualquer atribuição de "islâmico" a concepções que, por serem escatológicas, semelhantes ou não às islâmicas, escapam do exato significado doutrinal da palavra pode pecar pela imprecisão. A terceira redação do ciclo II de Asín é atribuída a um persa do século VIII, Maysara b. ^c^Abd al-Rabī^c^i, que, "contagiado de neoplatonismo", segundo o próprio Asín, apresenta alguns elementos da escola mística dos *išrāqiyyūn* e de outros pseudo-empedocleanos, conservando, talvez, "crenças zoroástricas de sua pátria, recém-convertida ao Islã pela força das armas"[53]. Constitui um lapso do erudito espanhol

52. NASR, op. cit., p. 878.
53. Cf. ASÍN PALACIOS, op. cit., p. 40-41.

o fato de ter aceitado como "islâmica" a escatologia dessa redação, de fundo nitidamente neoplatônico e com elementos de um Oriente anterior ao Islã. E, ainda, há o episódio do galo gigantesco, que Muḥammad vê no primeiro céu e que, "batendo as asas, como um arauto, entoava cânticos de louvor a Deus que todos os galos na terra repetiam", baseia-se num *ḥadīṯ*, mencionado por exegetas e historiadores árabes, mas que foi considerado inautêntico pela teologia islâmica.

Asín recolheu um acervo monumental de documentos para comprovar a sua tese da "imitação". Porém, neste seu afã, recorreu a uma literatura oriental que não pode ser considerada islâmica, do ponto estritamente doutrinal. Ao comparar o limbo dantesco com o dos muçulmanos (*Al-A^c^rāf*), Asín colecionou um sem-número de interpretações do limbo, em grande parte inautênticas, e fundiu-as a fim de comprovar a sua tese. A sua interpretação do *Al-A^c^rāf*, como vestíbulo do inferno, não corresponde em absoluto ao que diz o *Corão*. Do mesmo modo, as descrições topográficas do inferno não correspondem em nada à concepção corânica, que indica apenas as penas e castigos a que serão submetidos os condenados. Nada é mencionado no *Corão* acerca da localização do inferno "sob a crosta terrestre", ou que seja um "abismo negro e sombrio", uma "concavidade tão profunda [...]", muito menos é indicado o seu mapa geográfico "na região de Jerusalém, mais precisamente, junto ao muro ou atrás do muro oriental do Templo de Salomão"[54]. Asín se serve de uma literatura que chama de "tradições maometanas"[55], que não corresponde à descrição do inferno transmitida pelo *Corão*[56]. Influenciado pela topografia do inferno dantesco e sua localização nas profundezas da Terra, Asín atribuiu o mesmo mapeamento às tradições islâmicas para comprovar sua tese. E, finalmente, como fazer de Jerusalém, cidade sagrada para os muçulmanos, o ponto inicial da entrada no inferno? O próprio Asín observa que se valeu de tradições populares que corriam de boca em boca, e não de obras teológicas, e acrescenta que "essas mesmas e análogas descrições dos pisos infernais passaram aos contos das *Mil e Uma*

54. Ibid., p. 135-136.
55. Ibid., p. 135.
56. Ver *Corão* XIX:68; XL:71; LXVI:6; IV:56; XXII:21-22; XXXVIII:56; XIII:18; XVIII:29; LVI:51; 55; XXXVII:64-67; XXII:19-20; LXXVII:29-34; L:30; XV:43-44.

Noites"[57]. Ora, seguindo o seu raciocínio, deveríamos também considerar essa clássica obra como "escatologia islâmica"? Ainda, o erudito espanhol destaca que o "genial arquiteto" dessa topografia fundamenta-se na "fantasia fecunda do povo indiano que concebeu planos similares para o inferno de sua religião búdica, nos quais poder-se-ia, talvez, encontrar o arquiteto primevo da imitação muçulmana"[58]. E, quanto ao suplício do frio, *zamharīr*, Asín acrescenta que trata-se de

> um típico caso de assimilação de uma crença zoroástrica pelo Islã. O literato e teólogo muçulmano Jāḥiẓ (séc. IX) assegura, em uma de suas obras, que o suplício do frio é característico e exclusivo do inferno persa, imaginado por Zoroastro, cuja religião tem o fogo por sagrado[59].

O próprio Asín aceita tradições não-islâmicas como descrições da escatologia islâmica, fato que nos parece de grande incoerência.

A descrição do purgatório de Dante também não corresponde à noção transmitida pelo islamismo. O purgatório islâmico não é um lugar, mas um estado em que devem permanecer as almas pecadoras até receberem o perdão divino[60]. Muito menos trata-se de um lugar sobre a Terra, ou uma "colina entre o inferno e o céu, precisamente situada fora e sobre aquele"[61], como conclui Asín, depois de "fundir os dados descritivos" entre as várias lendas por ele levantadas.

Há menção, no *Ḥadīṯ*, de um caminho (*ṣirāṭ*) que as almas devem percorrer no dia do Juízo final, que vai do inferno ao paraíso. Segundo a doutrina islâmica, este caminho (*ṣirāṭ*) deverá ser percorrido tanto pelos bem-aventurados, cujo destino é o paraíso, como pelos condenados ao inferno. Não é um lugar como o purgatório cristão, mas um caminho a ser percorrido para atingir o destino eterno. Percorrido o caminho, os bem-aventurados ingressam no paraíso, e os condenados se precipitam no inferno. O islamismo também se refere ao *Ḥauḍ*, espécie de fonte de água da qual bebem os pecadores, depois

57. ASÍN PALACIOS, op. cit., p. 140, n. 1.
58. Ibid., p. 143.
59. Ibid., p. 167.
60. Ver *Corão* XL:17; IX:102; XCIX:7-8; IV:48; XXXIX:53.
61. ASÍN PALACIOS, op.cit., p. 180.

de pagarem por seus pecados. Ao beber dessa água, o pecador, redimido pelo fogo, volta a seu estado original sem máculas. Com relação ao purgatório cristão, que serve de modelo à *Divina Comédia*, não há no islamismo nada parecido. Asín Palacios atribui ao islamismo uma série de características do purgatório cristão, além de utilizar elementos persas como se fossem islâmicos. Muitas vezes empresta elementos da descrição do limbo e os insere na descrição que dá do purgatório da escatologia islâmica, embora reconheça ser difícil encontrar uma descrição clara do que seria o purgatório islâmico.

Quanto às descrições do paraíso na escatologia islâmica, não há coincidência com o material apresentado por Asín. Para começar, não há no islamismo qualquer indicação a uma topografia com divisões como a que Dante descreve em seu poema. Não há na doutrina islâmica do *Corão* dois paraísos, o terrestre e o celeste, bipartição que Asín afirma precipitadamente existir nas Tradições e comentários dos exegetas islâmicos:

> As Tradições atribuídas a Muḥammad pelas primeiras gerações islâmicas, os comentários dos exegetas, as especulações dos teólogos e místicos contribuíram pelo menos tanto quanto a palavra do *Corão* para fixar os pontos essenciais do credo muçulmano, no que tange à glória paradisíaca. E entre todas as tradições atribuídas a Muḥammad, nenhuma, talvez, seja tão interessante para estudar este dogma como a lenda de sua ascensão[62].

E conclui que nenhuma foi tão relevante para pintar o paraíso islâmico como a redação C do ciclo II, diferente da "tão grosseira e sensual como a que o *Corão* nos oferece em seus versículos".

A fim de corroborar a sua tese da "imitação", Asín Palacios apresenta textos de fontes místicas e neoplatônicas, principalmente de *Al-Futūḥāt*, de Ibn ᶜArabī, e da obra dos Irmãos da Pureza, *Iḫwān al-Ṣafa'*, uma sociedade secreta do século X de tendência ismailita (xiita). Esses autores anônimos compuseram uma espécie de enciclopédia filosófico-religiosa, que contém cinqüenta e dois tratados (*Rasā'il*), fundados nas ciências da Antigüidade e que corresponderiam às revelações divinas feitas ao longo dos séculos. De influência neoplatônica, esses tratados continham muitos elementos

62. Ibid., p. 213.

do gnosticismo e do hermetismo. Embora compostos em ambiente islâmico, não correspondem às doutrinas escatológicas propriamente islâmicas. Essas *Epístolas* descrevem um paraíso terrestre, situado sobre o cume de uma montanha, a mais alta da terra, cuja localização geográfica é discutida. Poderia estar na Síria, na Pérsia, na Caldéia ou na Índia. A montanha leva o nome de "Monte do Jacinto", o qual, segundo os geógrafos árabes, é o "Pico de Adão", situado na ilha de Serendib – ou Ceilão –, na Índia. De tão alta, chega a tocar o céu.

O paraíso terrestre de Dante também está situado numa ilha cercada pelo oceano. Porém, sua localização é diametralmente oposta a Jerusalém, sob a linha do Equador. Embora haja diferenças em tais "pormenores geográficos", como diz Asín, "a diferença não é tão grande em ambas as topografias"[63].

Muitas outras descrições retiradas da literatura árabe são trazidas por Asín para sustentar a sua tese da escatologia islâmica embutida na *Divina Comédia*, como a que ele aproveitou do *Qurrat al-ᶜuyūn*, de Samarqāndī (século X), sobre a entrada do bem-aventurado no paraíso, onde o espera sua noiva. O episódio dessa lenda é comparado ao de Beatriz, que desce do céu em socorro de seu amado poeta. Um manancial de outros exemplos nos é dado por Asín para ratificar a sua tese, mas que nada tem a ver com o paraíso do dogma islâmico. As lendas sobre o além certamente brotaram fecundas em solo islâmico, criando uma vasta e belíssima literatura. Contudo, trata-se de uma literatura que, apesar de produzida em ambiente islâmico, não reflete o caráter essencial da escatologia islâmica. O paraíso do *Corão* contém rios que podem ser de água, de leite, de mel ou de vinho; nos jardins de delícias, abundam suculentos frutos e se descansa bebendo água de jasmim ou vinho de almíscar, e todos se reclinam em leitos com almofadas verdes e vestidos em sedas bordadas de ouro, servidos por jovens imortais, belas como pérolas, sob a sombra de frondosas árvores etc.[64] O que essas descrições significam é a abundância de tudo por oposição à carência de um estado de satisfação plena, que se conhece na vida terrena. Muito se disse sobre as descrições alegóricas do *Corão*, mas não cabe desenvolvê-las aqui.

63. Ibid., p. 196.
64. *Corão* III:133; LVII:21; XLVII:15; XXXVII:40-49; LXXVI:12-19; LXXXIII:23; 25-28; LXXVI:14; XVIII:31; LV:54; 76; XXXV:33-35; XXV:15; IX:21; XV:45-48; X:10.

Insatisfeito com a documentação de que dispunha e confiante em sua tese, Asín recorreu a fontes na filosofia neoplatônica e no sufismo, inclusive a uma redação apócrifa, a redação C do ciclo II. Concluiu, com Ibn ᶜArabī, que há dois paraísos na escatologia islâmica, o terrestre e o celeste, "um sensível e outro ideal, aquele para o vulgo, este para os escolhidos"[65]. "[...] Naquele gozam da felicidade os espíritos animais e as almas racionais; neste, apenas as almas racionais. E este paraíso ideal é o céu das ciências e das intuições"[66]. Ibn ᶜArabī, certamente um muçulmano, bebeu nas fontes da filosofia neoplatônica e recebeu críticas do jurista Ibn Taymiyya (m. 1327)[67] e do teólogo Taftāzānī (m. 1390)[68]. Houve muita controvérsia a seu respeito no mundo islâmico; foi tido como santo e amigo de Deus por alguns e como *zindiq* (ateu) por outros. Asín se serviu muito de *Al-Futūḥāt*, de Ibn ᶜArabī, para a descrição de um paraíso celeste nos moldes da escatologia muçulmana. Porém, há que salientar que certos elementos usados por Asín não correspondem à doutrina da escatologia islâmica, como a estrutura celeste em divisões destinadas aos eleitos segundo critérios ético-morais; a vida gloriosa no paraíso, rica de imagens e de idéias filosófico-teológicas, e a noção do *lúmen gloriae*, noção em que insiste Santo Tomás de Aquino e que "fortalece e torna perfeita a aptidão natural do entendimento humano para ser capaz de elevar-se à visão beatífica"[69].

Conclusão

Para concluir, cremos oportuno lembrar que foi a descoberta simultânea do *Livro da Escada* por Muñoz Sendino e Cerulli que mais contribuiu para selar a influência da literatura islâmica na obra-prima de Dante Alighieri. Até essa

65. ASÍN PALACIOS, op. cit., p. 216.
66. IBN ᶜARABĪ. *Al-Futūḥāt al-Makkiyya* (As Iluminações de Meca), II, 809.
67. Autor de *Siyāsa šarᶜiyya.*
68. Autor de *Šarḥ al-ᶜaqā'id al-nasafiyya.*
69. Cf. ASÍN PALACIOS, op. cit., p. 249.

descoberta, a opinião crítica estava dividida entre a defesa inquestionável da originalidade de Dante e a dúvida dos que, embora aceitando uma possível influência islâmica na *Divina Comédia*, não encontravam nada satisfatório que evidenciasse o acesso de Dante a essas fontes. O *Livro da Escada*, que circulou nos meios cristãos europeus nas versões latina e francesa, parece ser a prova definitiva que todos esperavam para aceitar a influência que Dante recebera da literatura acerca da escatologia islâmica. Sem dúvida, o *Livro da Escada* é uma obra que nasce do *mi*ᶜ*rāj* de Muḥammad, fiel à escatologia islâmica, mas que não serviu à tese de Asín Palacios, já que este a desconhecia. Contudo, embora apoiado em fontes discutíveis acerca da escatologia islâmica, o eminente arabista merece todos os créditos por sua brilhante intuição.

Referências Bibliográficas

AL-MAᶜARRĪ, Abū al-ᶜAlā'. *Risālat al-Ġufrān*. Ed. Emín Hindie. Cairo, 1907.

ASÍN PALACIOS, Miguel. *La Escatología musulmana en la Divina Comedia*. 4. ed. Madrid: Ediciones. Hiperión, 1984. (1. ed. Madrid: Real Academia Española, 1919; 2. ed. Madrid: Escuelas de Estudios Árabes de Madrid y Granada, 1943; 3. ed. Madrid: Instituto Hispano Árabe de Cultura, 1961).

CERULLI, Enrico. Il Libro della Scala e la questione delle fonti arabo-spagnole della Divina Comedia. *Studi e Testi*, Città del Vaticano: Biblioteca Apostolica Vaticana, n. 150, 1949.

____. Nuove ricerche sul Libro della Scala e la conoscenza dell'Islam in Ocidente. *Studi e Testi*, Città del Vaticano: Biblioteca Apostolica Vaticana, n. 271, 1972.

D'ANCONA, Alessandro. *I Precursori di Dante*. Firenze: Sansoni, 1874.

GRAF, Arturo. *Miti, legende e superstizioni del Medioevo*. Torino: Loescher, 1892/1893.

NASR, Helmi. Tradução do sentido do *Nobre Alcorão* para a língua portuguesa. Al-Madinah Al-Munauarah KSA., Arábia Saudita: Complexo do Rei Fahd para imprimir o Alcorão Nobre, 2005.

ŒUVRES Complètes d'Antoine Frédéric Ozanam. Paris: Lecoffre, 1859. T. V.

ŒUVRES de Dante Alighieri. Paris: Charpentier, 1858.

ORTEGA Y GASSET, José. Prólogo. In: IBN HAZM. *El Collar de la Paloma*. 3. ed. Madrid: Alianza Editorial, 1971.

SENDINO, José Muñoz. *La Escala de Mahoma*. Traducción del árabe al castellano, latin y francés, ordenada por Alfonso X, el Sábio. Madrid: Ministerio de Asuntos Exteriores, 1949. (Exemplar n. 433).

COLEÇÃO PERSPECTIVAS

Eleonora Duse: Vida e Arte, Giovanni Pontiero
Linguagem e Vida, Antonin Artaud
Aventuras de uma Língua Errante, J. Guinsburg
Afrografias da Memória, Leda Maria Martins
Mikhail Bakhtin, Katerina Clark e Michael Holquist
Ninguém se Livra de Seus Fantasmas, Nydia Lícia
O Cotidiano de uma Lenda, Cristiane Layher Takeda
A Filosofia do Judaísmo, Julius Guttman
O Islã Clássico: Itinerários de uma Cultura, Rosalie Helena de Souza Pereira
Todos os Corpos de Pasolini, Luiz Nazario
Fios Soltos: A Arte de Hélio Oiticica, Paula Braga (org.)
História dos Judeus em Portugal, Meyer Kayserling
Os Alquimistas Judeus: Um Livro de História e Fontes, Raphael Patai
Memórias e Cinzas: Vozes do Silêncio, Edelyn Schweidson
Giacometti, Alberto e Diego: A História Oculta, Claude Delay
Cidadão do Mundo: O Brasil diante do Holocausto e dos Judeus Refugiados do Nazifascismo (1933-1948), Maria Luiza Tucci Carneiro
Pessoa e Personagem, Michel Zéraffa
Vsévolod Meierhold: Ou a Invenção da Cena, Gérard Abensour
Oniska: Poética do Xamanismo na Amazônia, Pedro de Niemeyer Cesarino
Sri Aurobindo ou a Aventura da Consciência, Satprem
Testemunhas do Futuro: Filosofia e Messianismo, Pierre Bouretz
O Redemunho do Horror, Luiz Costa Lima
Eis Antonin Artaud, Florence de Mèredieu
Averróis: A Arte de Governar, Rosalie Helena de Souza Pereira
Sábato Magaldi e as Heresias do Teatro, Maria de Fátima da Silva Assunção
Diderot, Arthur M. Wilson
A Alemanha Nazista e os Judeus (2 voolumes), Saul Friedländer
Norberto Bobbio: Trajetória e Obra, Celso Lafer
Hélio Oiticica: Singularidade, Multiplicidade, Paula Braga
Caminhos do Teatro Ocidental, Barbara Heliodora
Alda Garrido: As Mil Faces de uma Atriz Popular Brasileira, Marta Metzler
Na Senda da Razão: Filosofia e Ciência no Medievo Judaico, Rosalie Helena de Souza Pereira (org.)

FILOSOFIA NA PERSPECTIVA

O Socialismo Utópico, Martin Buber (D031)
Filosofia em Nova Chave, Susanne K. Langer (D033)
Sartre , Gerd A. Bornheim (D036)
O Visível e o Invisível , M. Merleau-Ponty (D040)
Linguagem e Mito , Ernst Cassirer (D050)
Mito e Realidade, Mircea Eliade (D052)
A Linguagem do Espaço e do Tempo, Hugh M. Lacey (D059)
Estética e Filosofia, Mikel Dufrenne (D069)
Fenomenologia e Estruturalismo, Andrea Bonomi (D089)
A Cabala e seu Simbolismo, Gershom Scholem (D128)
Do Diálogo e do Dialógico, Martin Buber (D158)
Visão Filosófica do Mundo, Max Scheler (D191)
Conhecimento, Linguagem, Ideologia , Marcelo Dascal (org.) (D213)
Notas para uma Definição de Cultura , T. S. Eliot (D215)
Dewey: Filosofia e Experiência Democrática, Maria Nazaré de C. Pacheco Amaral (D229)
Romantismo e Messianismo , Michel Löwy (D234)
Correspondência , Walter Benjamin e Gershom Scholem (D249)
Isaiah Berlin: Com Toda a Liberdade , Ramin Jahanbegloo (D263)
Existência em Decisão , Ricardo Timm de Souza (D276)
Metafísica e Finitude, Gerd A. Bornheim (D280)
O Caldeirão de Medéia , Roberto Romano (D283)
George Steiner: À Luz de Si Mesmo, Ramin Jahanbegloo (D291)
Um Ofício Perigoso, Luciano Canfora (D292)
O Desafio do Islã e Outros Desafios, Roberto Romano (D294)
Adeus a Emmanuel Lévinas, Jacques Derrida (D296)
Platão: Uma Poética para a Filosofia, Paulo Butti de Lima (D297)
Ética e Cultura, Danilo Santos de Miranda (D299)
Emmanuel Lévinas: Ensaios e Entrevistas, François Poirié (D309)
Preconceito, Racismo e Política, Anatol Rosenfeld (D322)
Razão de Estado e Outros Estados da Razão, Roberto Romano
Homo Ludens , Johan Huizinga (E004)
Gramatologia , Jacques Derrida (E016)
Filosofia da Nova Música , T. W. Adorno (E026)
Filosofia do Estilo , Gilles Geston Granger (E029)
Lógica do Sentido , Gilles Deleuze (E035)
O Lugar de Todos os Lugares , Evaldo Coutinho (E055)
História da Loucura , Michel Foucault (E061)

Teoria Crítica I, Max Horkheimer (E077)
A Artisticidade do Ser, Evaldo Coutinho (E097)
Dilthey: Um Conceito de Vida e uma Pedagogia, Maria Nazaré de C. P. Amaral (E102)
Tempo e Religião, Walter I. Rehfeld (E106)
Kósmos Noetós, Ivo Assad Ibri (E130)
História e Narração em Walter Benjamin, Jeanne Marie Gagnebin (E142)
Cabala: Novas Perspectivas, Moshe Idel (E154)
O Tempo Não-Reconciliado, Peter Pál Pelbart (E160)
Jesus, David Flusser (E176)
Avicena: A Viagem da Alma, Rosalie Helena de S. Pereira (E179)
Nas Sendas do Judaísmo, Walter I. Rehfeld (E198)
Cabala e Contra-História: Gershom Scholem, David Biale (E202)
Nietzsche e a Justiça, Eduardo Rezende Melo (E205)
Ética contra Estética, Amelia Valcárcel (E210)
O Umbral da Sombra, Nuccio Ordine (E218)
Ensaios Filosóficos, Walter I. Rehfeld (E246)
Filosofia do Judaísmo em Abraham Joshua Heschel, Glória Hazan (E250)
A Escritura e a Diferença, Jacques Derrida (E271)
Mística e Razão: Dialética no Pensamento Judaico. De Speculis Heschel, Alexandre Leone (E289)
A Simulação da Morte, Lúcio Vaz (E293)
Judeus Heterodoxos: Messianismo, Romantismo, Utopia, Michael Löwy (E298)
Estética da Contradição, João Ricardo Carneiro Moderno (E313)
Pessoa Humana e Singularidade em Edith Stein, Francesco Alfieri (E328)
Ética, Responsabilidade e Juízo em Hannah Arendt, Bethania Assy (E334)
Arqueologia da Política: Leitura da República Platônica, Paulo Butti de Lima (E338)
A Presença de Duns Escoto no Pensamento de Edith Stein: A Questão da Individualidade, Francesco Alfieri (E340)
Ensaios sobre a Liberdade, Celso Lafer (EL038)
O Schabat, Abraham J. Heschel (EL049)
O Homem no Universo, Frithjof Schuon (EL050)
Quatro Leituras Talmúdicas, Emmanuel Levinas (EL051)
Yossel Rakover Dirige-se a Deus, Zvi Kolitz (EL052)
Sobre a Construção do Sentido, Ricardo Timm de Souza (EL053)
A Paz Perpétua, J. Guinsburg (org.) (EL055)
O Segredo Guardado, Ili Gorlizki (EL058)
Os Nomes do Ódio, Roberto Romano (EL062)
Kafka: A Justiça, O Veredicto e a Colônia Penal, Ricardo Timm de Souza (EL063)
Culto Moderno dos Monumentos, Alois Riegl (EL064)

O Islã Clássico: Itinerários de uma Cultura, Rosalie Helena de Souza Pereira (org.) (PERS)
A Filosofia do Judaísmo, Julius Guttmann (PERS)
Averróis, a Arte de Governar, Rosalie Helena de Souza Pereira (PERS)
Testemunhas do Futuro, Pierre Bouretz (PERS)
Na Senda da Razão: Filosofia e Ciência no Medievo Judaico (PERS), Rosalie Helena de Souza Pereira (org.) (PERS)
O Brasil Filosófico, Ricardo Timm de Souza (K022)
Diderot: Obras I – Filosofia e Política, J. Guinsburg (org.) (T012-I)
Diderot: Obras II – Estética, Poética e Contos, J. Guinsburg (org.) (T012-II)
Diderot: Obras III – O Sobrinho de Rameau, J. Guinsburg (org.) (T012-III)
Diderot: Obras IV – Jacques, o Fatalista, e Seu Amo, J. Guinsburg (org.) (T012-IV)
Diderot: Obras V – O Filho Natural, J. Guinsburg (org.) (T012-V)
Diderot: Obras VI (1) – O Enciclopedista – História da Filosofia I, J. Guinsburg e Roberto Romano (orgs.) (T012-VI)
Diderot: Obras VI (2) – O Enciclopedista – História da Filosofia ii, J. Guinsburg e Roberto Romano (orgs.) (T012-VI)
Diderot: Obras VI (3) – O Enciclopedista – Arte, Filosofia e Política, J. Guinsburg e Roberto Romano (orgs.) (T012-VI)
Diderot: Obras VII – A Religiosa, J. Guinsburg (org.) (T012-VII)
Platão: República – Obras I , J. Guinsburg (org.) (T019-I)
Platão: Górgias – Obras II, Daniel R. N. Lopes (intr., trad. e notas) (T019-II)
Hegel e o Estado, Franz Rosenzweig (T021)
Descartes: Obras Escolhidas, J. Guinsburg, Roberto Romano e Newton Cunha (orgs.) (T024)
Spinoza, Obra Completa I: (Breve) Tratado e Outros Escritos, J. Guinsburg; N. Cunha e R. Romano (orgs.) (T029)
Spinoza, Obra Completa II: Correspondência Completa e Vida, J. Guinsburg; N. Cunha e R. Romano (orgs.) (t029)
Spinoza, Obra Completa III: Tratado Teológico-Político, J. Guinsburg; N. Cunha e R. Romano (orgs.) (T029)
Spinoza, Obra Completa IV: Ética e Compêndio de Gramática da Língua Hebraica, J. Guinsburg; N. Cunha e R. Romano (orgs.) (T029)
Comentário Sobre a República, Averróis (T30)
As Ilhas, Jean Grenier (LSC)

Este livro foi impresso na cidade de Cotia,
nas oficinas da Meta Brasil, para a Editora Perspectiva.